Frank Laufenberg
Ingrid Hake

Frank Laufenbergs Rock- und Pop-Lexikon

Bd. 2 Patti LaBelle – ZZ Top

ECON Taschenbuch Verlag

Originalausgabe

Umschlaggestaltung: Molesch/Niedertubbesing, Bielefeld
Satz: Formsatz GmbH, Diepholz
Druck und Bindearbeiten: Ebner Ulm
Printed in Germany
ISBN 3-612-26102-9

Frank Laufenbergs Rock- und Pop-Lexikon

Bd. 2 Patti LaBelle – ZZ Top

ECON Sachbuch

Zum Buch:
Dieses Lexikon beinhaltet Artikel über die wirklich populären Persönlichkeiten der Rock- und Popmusik von A bis Z seit dem Beginn der 40er Jahre. Jeder Interpret und jede Gruppe, die ab 1940 in den amerikanischen, britischen oder deutschen Top 10 waren, sind aufgenommen, einschließlich der Künstler, über die man bislang in noch keinem Buch nachlesen konnte. Alle Biographien sind auf dem aktuellen Stand (1993); zusätzlich zu jedem Eintrag ist außer dem größten Hit auch ein LP/CD-Tip mit der entsprechenden Plattenfirma und eine Bestellnummer angegeben. Frank Laufenberg ist einer der bekanntesten deutschen Rock- und Popmusikexperten. Seine Bücher erscheinen, einmalig in der Musikbranche, als Lizenzen in den USA und in Großbritannien. Mit seinem Lexikon legt er das umfassendste und aktuellste Buch zu diesem Thema vor, das es zur Zeit auf dem deutschen Markt gibt.

Die Autoren:
Frank Laufenberg gilt als einer der versiertesten Kenner der internationalen Rock- und Popszene. Vor nunmehr 20 Jahren gehörte er zu den »Erfindern« und Mitbegründern von SWF 3. Musiksendungen wie »Pop Shop« oder Frank Laufenbergs Reihe »Facts und Platten« leisteten sozusagen Pionierarbeit auf diesem Gebiet. Inzwischen hat Frank Laufenberg neben seinen Rundfunksendungen auch zahlreiche Fernsehsendungen zum Thema Musik moderiert, wie z. B. »Ohne Filter«.
Sein umfangreiches Wissen über das Thema Popmusik vermittelt der Musik-Fan seit Jahren in zahlreichen Büchern. Er hat Monographien über Joe Cocker und Cliff Richard veröffentlicht sowie umfassende Werke über die Geschichte der Popmusik.
Ingrid Hake arbeitet als Journalistin und Übersetzerin.

Frank Laufenbergs Rock- und Pop-Lexikon
Bd. 2 Patti LaBelle – ZZ Top

L

LaBelle, Patti

* 24.5.1944 als Patricia Holt. Patti und Cindy Birdsong waren 1961 Mitglied bei den Ordettes. Ihre beiden Schulfreundinnen Sarah Dash und Nona Hendryx sangen bei den Del Capris. Als sich diese beiden Gruppen im Herbst 1961 auflösten, machten die vier Mädchen als Blue Belles weiter. Ab Mitte 1963 nannten sich die Mädchen dann Patti LaBelle & The Blue Belles. 1967 ging Cindy Birdsong zu den Supremes, 1971 kürzte das Trio den langen Namen auf Labelle. *»Lady Marmalade«* wurde im Januar 1975 Spitzenreiter für das Trio in den USA und Platz 17 in Deutschland und in GB. 1977 trennten sich die Mädchen und versuchten ihr Glück als Solistinnen. Zusammen mit Michael McDonald hatte Patti im Frühjahr 1986 Platz 1 in den USA, 2 in GB und 18 in Deutschland mit *»On My Own«*.

Der Hit: *Lady Marmalade*
Der Tip: *Nightbirds* (Epic 80566)

La Bionda

Die Brüder Carmelo und Michelangelo La Bionda hatten Mitte 1978 mit *»One For You, One For Me«* einen der Sommerhits des Jahres, Platz 3 in Deutschland. Zu diesem Zeitpunkt waren die beiden Italiener keine Neulinge im Plattengeschäft mehr. Sie hatten Amanda Lear entdeckt und *»Tornero«* mit der Gruppe I Santo California produziert. Außerdem schrieben sie Hits für Middle Of The Road, Milva oder Ricchi E Poveri. Die meisten ihrer Aufnahmen hatten die Brüder im Münchener Country-Lane-Studio aufgenommen, in dem sie auch in der Folgezeit arbeiteten und vorwiegend mit deutschen Studiomusikern spielten, die jedoch auch nicht helfen konnten, den Hit zu wiederholen.

Der Hit: *One For You, One For Me*
Der Tip: *La Bionda* (Ariola 26146)

Lady Lili

* 17.7.1958 als Erica Goetz. Zusammen mit ihrer Schwester Gitti war Lady Lili 1978 mit dem Titellied aus der TV-Serie *»Heidi«* in Deutschland erfolgreich. Produziert wurden sie von Christian Bruhn, mit dem Lili bzw. Erica seit 1976 verheiratet ist. Auch als Lady Lili war sie mit Melodien aus TV-Serien erfolgreich. Besonders prädestiniert, solche Erfolge nach sich zu ziehen, sind die alljährlichen Mehrteiler zum Jahresende. Damit hatte Lady Lili gleich mehrfach Glück. Zunächst erreichte sie Anfang 1985 mit der Musik aus dem Weihnachtsmehrteiler »Patrik Pacard« Platz 11 der deutschen Hitparade. Genau ein Jahr später gelang ihr dann wieder mit einem TV-Song ein Top-10-Hit: *»Non è Vero«* aus der Serie *»Oliver Maass«* kam bis auf Platz 7. Als sie es 1991 mit dem Thema aus *»Hans im Glück«* wieder versuchte, tauschte sie einen Goldbatzen gegen eine Scheibe, die wie Blei in den Regalen liegenblieb.

Der Hit: *Non è Vero*

Lage, Klaus

* 16.6.1950. 1968 gewann Klaus Lage bei einem Bandwettbewerb. Ab 1974 spielte er beim Berliner Rockensemble mit. Im Frühjahr 1980 erschien seine erste Solo-LP, die schon deutlich in Richtung deutschsprachigen Rock ging. Bemerkenswert seine kongeniale Übersetzung des Janis-Joplin-Liedes *»Mercedes Benz«*. 1982 erschien als nächste LP *»Positiv«*, auf der er mit seiner Begleitband Druck spielte. Der Titel *»1000 und 1 Nacht (Zoom!)«* kam Mitte 1984 in die deutsche Hitparade und erreichte Platz 5. Von dem Reim *»Tausendmal berührt, tausendmal ist nichts passiert«* fühlten sich offenbar viele angesprochen. Im Herbst 1985 sang er für den Schimanski-Film »Zahn um Zahn« den Titel *»Faust auf Faust«*, der es ebenfalls unter die ersten 10 in Deutschland brachte. Nicht in die deutschen Charts kam sein Lied *»Monopoly«*, das zwar erfolgreich im Funk lief, in den Verkaufscharts aber bei Platz 47 hängenblieb. Darin die Zeile »Deinen Job macht jetzt ein Stückchen Silikon, wen juckt das schon«.

Der Hit: *1000 und 1 Nacht (Zoom!)*
Der Tip: *Single Hit Collection* (EMI 7 99833 2)

Laid Back

Tim Stahl, key; John Guldberg, g.
Das dänische Duo überraschte Mitte 1983 mit dem relaxten Sommerhit *»Sunshine Reggae«*, der in Deutschland bis auf Platz 1 kam und vergoldet

wurde. Udo Jürgens sollte sich später mit seinem Titel *»Die Sonne und du«* an diesen Hit anlehnen. Als Nachfolge-Single kam die Veröffentlichung *»High Society Girl«* noch im gleichen Jahr unter die Top 10, und in den USA erreichte die B-Seite von *»Sunshine Reggae«*, *»White Horse«*, die Dance-Charts und Platz 26 in den Pop-Charts. Danach schien Laid Back vergessen, bis sie plötzlich Ende 1989 mit *»Bakerman«* wieder in der deutschen Hitparade standen, dieses Mal auf Platz 9. Im Hintergrund sang die ebenfalls aus Dänemark stammende Sängerin Hanne Boel mit, die auch ausgezeichnete Soloplatten veröffentlichte.

Der Hit: *Sunshine Reggae*
Der Tip: *Hole In The Sky* (Ariola 260 263)

Laine, Cleo

* 28.10.1927 als Clementina Dinah Campbell. Diese britische Sängerin und Schauspielerin gab ihr Filmdebüt 1940 in »Der Dieb von Bagdad«. Ab 1951 machte sie professionell Musik und wurde 1952 Sängerin in der Band von John Dankworth, den sie 1958 heiratete. Sie stieg dann aber aus der Band aus und arbeitete nur noch sporadisch mit ihm zusammen. Ende 1960 wurde sie erstmals in den britischen Charts verzeichnet. Ihre zweite Notierung war gleichzeitig ihr größter und letzter Hit: *»You'll Answer To Me«*, im September 1961 Platz 5. Bemerkenswert an Cleo Laine ist ihre Stimme, die vier Oktaven umfaßt. Ihr Scat-Gesang ist dem einer Ella Fitzgerald durchaus ebenbürtig. Für ihre Fans ist sie ganz einfach die beste Sängerin der Welt.

Der Hit: *You'll Answer Me*
Der Tip: *The Fantastic Cleo Laine* (RCA 26.21673)

Laine, Frankie

* 30.3.1913 als Frank Paul Lovecchio. Der amerikanische Sänger begann seine Karriere 1937 mit der Freddy-Carlone-Band. Er löste dort Perry Como ab, der gerade mit Erfolg seine Solokarriere startete. Vorher hatte Frankie die Jahre der Depression unter anderen dadurch überstanden, daß er bei sogenannten *»Dance Marathon Contests«* mitmachte und jahrelang den Weltrekord mit 3 510 durchtanzten Stunden hielt, aufgestellt in Atlantic City im Jahre 1932. Laine blieb nicht lange bei Freddie Carlone. Wenig später wurde er Sänger bei einem Radiosender in New York. Nach dem Zweiten Weltkrieg war er mit dem Pianisten Carl Fischer die Sensation in einem Hollywood-Nachtclub. Ab 1974 war er als Solist erfolgreich. Fischer blieb bis zu seinem Tod 1954 Musikchef bei allen Aufnahmen von Laine. Die Liste seiner Erfolge begann im Frühjahr 1947 mit dem Millionseller und

Platz 4 in den USA »*That's My Desire*«. Sie reicht bis zum Ende der 60er Jahre und beinhaltet 70 Hit-Notierungen in den USA. Seine stärkste Zeit hatte er Ende der 40er/Anfang der 50er Jahre, als ihm mit drei Platten sowohl Spitzenreiter als auch Millionseller in den USA gelangen: »*That Lucky Old Sun*«, »*Mule Train*« und »*The Cry Of The Wild Goose*«. In GB hatte Frankie Laine Ende 1952 seinen ersten Hit. Seine Version von »*High Noon*« erreichte Platz 7. In seiner Heimat war es ein Platz 5 und ein Millionseller gewesen. »*I Believe*«, »*Hey Joe*« und »*Answer Me*« waren drei Spitzenreiter für Laine 1953 in GB. Platz 1 gelang ihm noch einmal im Herbst 1956 mit »*A Woman In Love*«. Laine machte auch im Duett mit Jo Stafford, Jimmy Boyd, Doris Day und Johnnie Ray erfolgreiche Aufnahmen. Laine gilt zusammen mit Johnnie Ray als einer der wichtigsten und erfolgreichsten Sänger der direkten Vor-Rock-'n'-Roll-Ära. Mitte der 80er Jahre zog er sich auf sein am Meer gelegenes Anwesen in San Diego zurück.

Der Hit: *That Lucky Old Sun*
Der Tip: *16 Most Requested Songs* (CBS CK 45029)

Lake, Greg

* 10.11.1947. Greg Lake war die Stimme von Emerson, Lake & Palmer. Im Januar 1969 wurde er Gründungsmitglied von King Crimson. Mitte 1970 kam es dann zur Formierung von Emerson, Lake & Palmer. Deren bekanntester Titel war der von Greg geschriebene Song »*Lucky Man*«. Mehrfach fiel die Band auseinander und kam doch wieder zusammen. Greg selbst hatte einen Solo-Erfolg, die Weihnachtsplatte »*I Believe In Father Christmas*«, die sich zum Fest 1975 auf Platz 2 festgesetzt hatte. 1992 war Lake bei der Reformierung von EL&P wieder mit dabei. 1983 ersetzte er für kurze Zeit John Wetton bei der Formation Asia.

Der Hit: *I Believe In Father Christmas*
Der Tip: *Works Vol. II EL&P* (Atlantic 19147-2)

Lambrettas

Jez Bird, v/g; Doug Sanders, g/v; Mark Ellis, b/v; Paul Winter, d.
Die Lambrettas wurden zusammen mit einigen anderen britischen Formationen 1979/80 im Zuge des Mod-Revivals populär. Ihre erste Single-Veröffentlichung auf Elton Johns Rocket Label erregte kein Aufsehen, aber mit einem Remake des Leiber/Stoller-Hits »*Poison Ivy*« sicherten sie sich 1980 Platz 7 in den britischen Charts. Noch im gleichen Jahr gelang ihnen ein Top-20- und ein Top-50-Hit; ihre Debüt-LP erreichte noch die Top 30 – und das war's dann.

Der Hit: *Poison Ivy*
Der Tip: *Beat Boys In The Jet Age* (Rocket Records 6302 034)

L.A. Mix

Hinter diesem Kürzel steht der britische Radio- und Club-DJ Les Adams. Nachdem ihm mit »*Don't Stop (Jammin')*« die erste Hit-Notierung gelang, kam im Frühjahr 1988 »*Check This Out*« bis auf Platz 6 in GB. 1989 und 1990 gelangen ihm weitere Chart-Erfolge, unter die ersten 20 kam er jedoch nicht mehr.

Der Hit: *Check This Out*

Lance, Major

* 4.4.1941. Dieser amerikanische Soulsänger war zwischen 1963 und 1965 erfolgreich. Nachdem er sich als Amateurboxer und Tänzer bei Record Hop TV-Shows versucht hatte, sang er mit den Five Gospel Harmonaires und wurde Mitglied bei den Ideals. 1959 nahm er seine erste Soloplatte auf. Sein erster Top-10-Erfolg war auch seine erste Hit-Notierung: »*The Monkey Time*«, Mitte 1963 Platz 8 in den USA. Im Frühjahr 1964 kam »*Um, Um, Um, Um, Um, Um*« in die Hitparade und erreichte Platz 5. Nachdem ihm Anfang der 70er Jahre in den USA nichts mehr gelang, zog er von 1972 bis 1974 nach GB. 1975 gründete er zusammen mit Al Jackson von den MGs ein eigenes Plattenlabel, auf dem er nun auch seine Platten veröffentlichte. Zwischen 1978 und 1981 saß er wegen Kokainhandels im Gefängnis.

Der Hit: *Um, Um, Um, Um, Um, Um*
Der Tip: *Monkey Time* (Edsel Records ED 124 TIS)

Landers, Audrey

* 18.7.1958. Diese amerikanische Schauspielerin wurde bei uns durch die Rolle der Afton Cooper bekannt, die sie von 1981 bis 1984 in der TV-Serie »Dallas« spielte. Lediglich in Deutschland war sie auch als Sängerin erfolgreich. Ihr erster Hit war im Frühjahr 1983 »*Manuel Goodbye*«, der es gerade bis auf Platz 10 in den Charts brachte. Es blieb ihr größter Erfolg. 1985 wirkte sie in der Verfilmung des Broadway Musicals »*A Chorus Line*« mit.

Der Hit: *Manuel Goodbye*
Der Tip: *Little River* (Ariola 205 810-320)

Landscape

Richard James Burgess, v/d; Andy Pask, b; Christopher Heaton, key; Peter Thomas, tr/syn; John Walters, syn.

Nachdem das 1975 gegründete britische Quintett keinen Erfolg mit seiner an Jazz-Funk orientierten Instrumentalmusik hatte, schwenkte es ab 1980 auf die Segnungen der Technik um. Sie setzten Computer und Synthesizer ein und sangen jetzt auch. Die erste Single in diesem Stil wurde gleich ein Dance-Hit, aber kein Chart-Erfolg. Der kam 1981 mit dem Titel *»Einstein A Go-Go«*, ein Platz 5 in GB. Die folgende Single beschäftigte sich mit dem Hitchcock-Psychopathen *»Norman Bates«* und erreichte noch die britischen Top 40. Zu fünft nahmen sie noch einige Platten auf, 1983 schrumpften sie zum Trio Landscape 3. 1984 löste sich die Formation endgültig auf. Burgess machte sich einen Namen als Produzent von Spandau Ballett oder Living In A Box.

Der Hit: *Einstein A Go-Go*
Der Tip: *Manhattan Boogie-Woogie* (RCA PL 25426)

Lang, Don

* als Gordon Langhorn. Der britische Sänger begann seine Karriere als Posaunist in diversen Tanzkapellen. Dann übernahm er den Gesang bei Aufnahmen von z. B. dem Orchester von Cyril Stapleton. Mitte der 50er Jahre wagte er sich dann auch an Soloaufnahmen. Nach einigen erfolglosen Veröffentlichungen erreichte er Ende 1955 zum erstenmal die britischen Top 20 mit *»Cloudburst«*, einer Scat-Nummer. Unter die Top 10 kam er ein einziges Mal: im Frühjahr 1958 mit einer Cover-Version des David-Seville-Hits *»Witch Doctor«*, der es bis auf Platz 5 brachte. Nach 1960 war seine Gesangskarriere wieder vorüber.

Der Hit: *Witch Doctor*

Lanza, Mario

* 31.1.1921 als Alfredo Cocozza, † am 7.10.1959. Möglich, daß aus ihm der größte Tenor des 20. Jahrhunderts geworden wäre – wäre nicht auch anderes an ihm groß gewesen, z. B. sein Hunger und sein Durst. Sein letzter Hit war *»Trink, trink, trink«* aus *»Der Bettelstudent«*. Als Mario am 7. Oktober 1959 in Rom starb, hatte das Brüderlein entschieden zu viel getrunken. Sein Herz machte den Durst und den Hunger nicht mit, es reagierte mit einer Embolie. Von 1950 bis 1959 hatte sich das Gewicht von Mario Lanza in einem stetigen Auf und ab befunden. Um Filmverträge zu erfüllen, verzichtete er auf seine heißgeliebten Spaghetti, bis

er wieder so aussah, wie ihn die Filmleute haben wollten. Groß waren auch sein Einkommen und sein Jähzorn. Während die Eltern zu Hause in Philadelphia ihre Caruso-Platten hörten, trällerte der kleine Alfredo die Lieder mit. Zuerst konnte er sein Talent nicht in Dollars umsetzen. Er versuchte sich in so ehrenhaften Berufen wie Möbelpacker, Gemüseverkäufer, Lastwagenfahrer, Boxer, Baseballspieler, Gewichtheber und Semiprofi im American Football. Im Sommer 1942 wurde er eingeladen, bei einem Festival zu singen. Statt dessen zog ihn die Air Force ein. Nach dem Krieg trat er in der Hollywood Bowl in L. A. auf, und dort entdeckte ihn Louis B. Meyer – der Meyer von Metro Goldwyn – und gab ihm einen Siebenjahresvertrag. Meyer sagte voraus, er werde einen singenden Clark Gable aus ihm machen. 1949 kam mit *»That Midnight Kiss«* sein erster Film in die Kinos. 1950 dann *»Toast Of New Orleans«*, in dem er den Titel *»Be My Love«* sang, der Ende 1950 in die US-Charts kam, Spitzenreiter und zwei Millionen mal verkauft wurde. Sein dritter Film 1951 war *»Der große Caruso«*. In allen Biographien kann man nachlesen, daß in diesen drei Jahren Ruhm und Gewicht von Lanza proportional zunahmen. Der Film *»Der große Caruso«* spielte insgesamt fünf Millionen Dollar ein, was für damalige Verhältnisse eine unglaublich hohe Summe war. Mario Lanza hatte zu diesem Zeitpunkt einen Stellenwert, wie ihn ansonsten nur Frank Sinatra erreichte. Schon 1953 begann er, sich langsam selbst zu demontieren. Er verließ seine Frau und seine vier Kinder, ging nach Rom und machte dort weitere drei Filme. Vorher hatte er in den USA noch mit *»The Loveliest Night Of The Year«* 1951 und *»Because You're Mine«* 1952 Top-10-Erfolge und Millionseller. Überall kann man nachlesen, daß Mario Lanza am 31.1.1921 geboren sei. Er selbst hat einmal erzählt, daß dieses Geburtsjahr die Idee seiner Plattenfirma MGM war. 1921 ist Caruso gestorben, deshalb mußte er in diesem Jahr geboren sein. Richtig sei 1922.

Der Hit: *Be My Love*
Der Tip: *Unvergessen* (RCA PL 43200)

Larosa, Julius

* 2.1.1930. 1953 war das Glücks- und das Pechjahr dieses amerikanischen Sängers. Mit *»Anywhere I Wander«* und *»Eh Cumpari«* hatte er zwei Top-10-Erfolge in den USA. Am 19.10.1953 wurde er während einer Live-TV-Sendung aus dem Studio geschmissen. Trotzdem hatte er bis Ende 1958 noch neun weitere Hits in den Charts.

Der Hit: *Eh Cumpari*

Larson, Nicolette

* 17.7.1952. Die Amerikanerin begann ihre Karriere als Session-Sängerin bei Neil Young, Jesse Colin Young, Linda Ronstadt, Van Halen und vielen anderen. Ab 1978 war sie dann selbst in den Charts zu finden. Die von Neil Young geschriebene Nummer »*Lotta Love*« erreichte 1978 Platz 8 in den USA. Nach 1982 konzentrierte sie sich anscheinend wieder mehr auf ihre Studioarbeit. Zumindest gelang ihr kein Solo-Erfolg mehr.

Der Hit: *Lotta Love*
Der Tip: *In The Nick Of Time* (WB 56 750)

LaSalle, Denis

* 16.7.1939 als Denise Craig. Nachdem ihre Karriere als Romanautorin nicht von Erfolg gekrönt war, wandte sich die Amerikanerin Ende der 60er Jahre dem Songschreiben zu und nahm ersten Platten auf, die ebenfalls erfolglos waren. 1969 gründete sie zusammen mit ihrem Mann eine Produktionsfirma und arbeitete weiterhin als Autorin und Produzentin für andere Künstler. Anfang der 70er Jahre reichte ihr das nicht mehr, und sie nahm ihre Kompositionen auch wieder selbst auf. Ihr erster Erfolg war eine Notierung in den amerikanischen Top 20 und ein Millionseller: »*Trapped By A Thing Called Love*« 1971, ein Platz 1 in den Rhythm-&-Blues-Charts, in denen sie bis 1980 weiter aufgeführt wird. Ihre höchste Chart-Notierung hatte sie in GB und in Deutschland mit der Novelty-Nummer »*My Toot Toot*«, Mitte 1985 Platz 6 bzw. 11. Diese mit Cajun-Feeling angelegte Platte wurde noch im gleichen Jahr von etlichen Interpreten, darunter auch Fats Domino, gecovert. Bis in die 90er Jahre nahm sie weiter Platten auf.

Der Hit: *My Toot Toot*
Der Tip: *My Toot Toot* (Epic 26603)

L.A. Style

Denzil Slemming, ein holländischer DJ, steckte hinter dem Dancehit »*James Brown Is Dead*«, der Ende 1991 in die deutschen Charts kam und Platz 6 erreichte. Im April 1992 wurde der Titel erstmals in den US-Charts notiert. Dort kletterte er bis auf Platz 59, dann merkten die Amerikaner, daß James Brown noch lebt. Die ebenfalls niederländische Formation Holy Noise merkte das auch und veröffentlichte die Platte »*James Brown Is Still Alive*«, was wiederum die Gruppe Traumatic Stress veranlaßte, »*Who The Fuck Is James Brown*« auf einer Platte zu fragen. Die Frage war zumindest so blöd wie die Aussage, James Brown sei tot. Der wird sich

Nicolette Larson *(Warner Records)*

vielleicht sogar über die kostenlose Promotion gefreut haben – Hauptsache, der Name ist richtig geschrieben.

Der Hit: *James Brown Is Dead*

Lattisaw, Stacy

* 25.11.1966. Die amerikanische Pop-Soul-Sängerin war gerade mal 12 Jahre alt, als sie ihre erste LP aufnahm. Ab 1979 war sie in den US-R&B-, ab 1980 auch in den Pop-Charts erfolgreich. *»Jump To The Beat«* erreichte Mitte 1980 Platz 3 in GB. Obwohl sie danach durch die 80er Jahre Platten veröffentlichte, schaffte sie es weder in GB noch in den USA erneut unter die ersten 20. Stacy, die eine Jugendfreundin von Johnny Gill ist, nahm mit ihm zusammen 1984 die Nummer *»Perfect Combination«* auf – war es leider nicht, denn sie kam nur bis auf Platz 75. Ab 1986 veröffentlichte sie ihre Platten bei Tamla Motown und ließ Jellybean Benitez produzieren – es half auch nicht. Der Sprung vom frühreifen Kinderstar zur akzeptierten Funk-Sängerin ist nie richtig gelungen.

Der Hit: *Jump To The Beat*
Der Tip: *Let Me Be Your Angel* (Cotillion Records COT 50 710)

Lauch, Peter & die Regenpfeifer

Diese deutsche Gruppe überraschte Ende 1964 mit dem Titel *»Das kommt vom Rudern, das kommt vom Segeln«*. Die Platte erreichte Platz 1 in der deutschen Hitparade. Das Stück befand sich textlich auf einem Stammtischniveau, das kaum noch zu unterbieten war. Rudern und Segeln waren im Text lediglich Synonyme für Pudern und Vögeln. Während weltweit die Beatles und der Mersey-Beat erfolgreich waren, wurde bei uns vom Rudern und Segeln gesungen. 1962 hatte Lauch mit *»Blaue Tavernen«* seine erste Hit-Eintragung. Anfang 1965 stand *»So ein Seemann macht* es *richtig«* auf Platz 8, und ein halbes Jahr später war *»Im Bett«* der letzte Erfolg dieser Gruppe.

Der Hit: *Das kommt vom Rudern, das kommt vom Segeln*

Lauer, Martin

* 2.1.1937. Martin Lauer wurde in den 50er Jahren zum ersten deutschen Leichtathlet und Zehnkämpfer von Weltklasse. 1958 wurde er Europameister über 110 m Hürden. Sein 1959 in Zürich aufgestellter Weltrekord hatte über 15 Jahre Bestand. Insgesamt gewann er 16 Deutsche Meistertitel. Olympisches Gold gewann er mit der 4-x-100-m-Staffel in Rom. Dann fesselte ihn eine Blutvergiftung für längere Zeit ans Bett, und Martin vertrieb sich die Langeweile durch Gitarrenspiel und Gesang. Außerdem begann er, Schlager zu komponieren und zu texten. Dem angehenden Akademiker wurden jedoch durch den cleveren

Produzenten Kurt Feltz Songs auf den Leib geschneidert – die wiederum zu singen kosteten Martin zunächst, wie er später zugab, reichlich Überwindung: »Ja, ich komme morgen schon hin, Sacramento, zu meiner Marylin«. *»Sacramento«* wurde im Herbst 1962 die erste Hit-Notierung für Lauer. Im November 1962 kam die Nachfolgesingle *»Die letzte Rose der Prärie«* in die Hitparade und erreichte Platz 5. In diese Kerbe wurde nun noch mehrfach geschlagen: *»Wenn ich ein Cowboy wär'«* 1963, *»Sein bestes Pferd«* 1964 und *»Taxi nach Texas«* 1965 wurden weitere Titel von Lauer, die es unter die ersten 10 schafften. 1969 zog sich Martin ganz aus dem Schlagergeschäft zurück und arbeitete seit dieser Zeit als Diplomingenieur.

Der Hit: *Die letzte Rose der Prärie*
Der Tip: *Taxi nach Texas* (Bear Family BCD 15 485)

Lauper, Cyndi

* 20.6.1953 als Cynthia Anne Stephanie Lauper. Die in New York geborene Cyndi begann ihre Karriere 1974 bei Doc West, war danach bei Flyer und 1978 schließlich Gründungsmitglied bei Blue Angel. Diese Gruppe veröffentlichte 1980 eine LP, die nicht erfolgreich war, worauf die Band wieder auseinanderging. 1983 erhielt sie einen Solo-Plattenvertrag, und noch im selben Jahr erschien ihr Debütalbum *»She's So Unusual«*. Darauf auch ihr erster Hit, der im Dezember 1983 in die Charts kam: *»Girls Just Want To Have Fun«*, US und GB Platz 2, Deutschland Platz 6. Seit diesem Zeitpunkt ist sie, immer durch längere Pausen unterbrochen, erfolgreich. *»Time After Time«* war im Frühjahr 1984 Platz 1 in den USA, 3 in GB und 6 in Deutschland, *»She Bop«* Mitte 1984 Platz 3 in den USA. Alle bisher genannten Platten waren zumindest Millionseller. *»All Through The Night«* noch 1984, *»The Goonies 'R' Good Enough«* 1985, *»True Colors«* und *»Change Of Heart«* 1986, *»I Drove All Night«* 1989 waren ihre weiteren Top-10-Erfolge.
Anfang der 90er Jahre ließ sie sich wieder einmal Zeit. Mitte 1992 erschien die Single *»The World Is Stone«* aus dem Musical-Soundtrack *»Tycoon«*, das auf der französischen Produktion *»Starmania«* aus dem Jahr 1978 beruhte. Die Musik stammte von Michel Berger, die englischen Texte von Tim Rice. Cyndis Interpretation dieser Ballade wurde von Michel Berger so kommentiert: »Es ist, als hätte ich diesen Song allein für Cyndi geschrieben.« 1993 veröffentlichte sie dann die LP *»Hat Full Of Stars«*. Zum Anfang ihrer Karriere hatte Cyndi das Image eines farbenprächtigen Punk-Paradiesvogels, der einerseits den Jugendlichen gefiel, die Eltern aber auf der anderen Seite nicht beunruhigte. Im Laufe der Zeit wandelte sich das, und sie zeigte, daß sie als Sängerin und Songschreiberin ernst zu nehmen ist. Sie selbst sagte dazu: »Die Leute, die früher mit Steinen nach mir warfen, weil

ich mich so unkonventionell kleidete, laufen jetzt selbst in aberwitzig bunten Klamotten herum und färben sich die Haare bunt.«

Der Hit: *Girls Just Want To Have Fun*
Der Tip: *She's So Unusual* (Portrait CD PRT 25792)

Laurel & Hardy

Stan Laurel (* 16.6.1890 als Arthur Stanley Jefferson, † 23.2.1965); Oliver Hardy (* 18.1.1892, † 7.8.1957).
Bei uns waren sie Dick & Doof, in den USA schlicht Laurel & Hardy – hier wurde also erst der Dünne, dann der Dicke genannt. Doof war von den beiden sowieso keiner. Sie gelten als das cleverste und erfolgreichste Komikerduo aller Zeiten – und das mit Recht. 1917 drehten sie in den USA zusammen ihren ersten Film, *»Lucky Dog«*. Im Laufe der nächsten 30 Jahre spielten sie gemeinsam in mehr als 100 Filmen. In dem Streifen *»Way Out West«* aus dem Jahr 1937 sangen sie den Titel *»The Trail Of The Lonesome Pine«*, der sich Ende 1975 in GB zu einem posthumen Hit entwickelte und dort Platz 2 in den Charts erreichte.

Der Hit: *The Trail Of The Lonesome Pine*
Der Tip: *The Golden Age Of Hollywood Comedy* (UA UAG29676)

Laurens, Rose

* 4.3.1953. Die Tochter eines Polen und einer Französin wurde in Paris geboren. Zuerst arbeitete sie als Schauspielerin, dann auch als Sängerin. Mitte 1982 erschien unter dem Titel *»Déraisonnable«* ihre erste LP. Ein Jahr später folgte als Single der Titel *»Africa (Voodoo Master)«*, der in Frankreich Spitzenreiter wurde und in Deutschland Platz 3 erreichte. Als Nachfolgesingle kam in Deutschland noch *»Mamy Yoko«* in die Top 40 und damit an den ersten Erfolg nicht heran.

Der Hit: *Africa (Voodoo Master)*
Der Tip: *Rose Laurens* (WEA 24-0218-2)

Lavi, Daliah

* 12.10.1940 als Daliah Levenbuch. Daliah wuchs in einem kleinen Dorf in Israel auf. 1952 spielte Kirk Douglas die Hauptrolle in dem Film *»Der Gaukler«*, der in jenem Dorf Shave Zion gedreht wurde. Die Geschichte erzählt, daß Kirk ihr zum zwölften Geburtstag ein Ballettrikot und die dazugehörenden Schuhe schenkte. Zwei Jahre später schrieb er ihr einen Brief und bot ihr an, in Schweden Ballett zu

studieren. Mit 15 mußte sie auf Anraten des Arztes aufgeben, weil ihr Blutdruck zu niedrig sei. 1956 drehte sie ihren ersten Film, *»Brennender Sand«*. Seit diesem Zeitpunkt war sie die exotische Brünette in internationalen Filmen. Mit Christopher Lee drehte sie *»Der Dämon und die Jungfrau«*, mit Lex Barker *»Das Stahlnetz des Dr. Mabuse«* und mit Thomas Fritsch *»Das schwarz-weiß-rote Himmelbett«*. Die Aufzählung zeigt schon die Bandbreite der Schauspielerin Lavi, die speziell Karl-May-Fans aus *»Old Shatterhand«* (1964) kennen. 1965 spielte sie mit Curd Jürgens und Peter O'Toole in *»Lord Jim«*. Ab 1969 widmete sie sich auch dem Gesang. 1970 unterschrieb sie einen Plattenvertrag, und Mitte des gleichen Jahres hatte sie ihre erste Hit-Notierung mit *»Liebeslied jener Sommernacht«*; Ende 1970 ihren ersten Top-10-Erfolg und größten Hit *»Oh, wann kommst du«*. *»Willst du mit mir gehn«* war im Herbst 1971 ein weiterer Top-10-Hit. Letztmalig wurde sie 1984 mit *»Ich wollt' nur mal mit dir reden«* verzeichnet. In vierter Ehe ist sie heute mit einem amerikanischen Industriellen verheiratet und lebt in Miami. Sporadisch tritt sie im deutschen Fernsehen bis in die 90er Jahre auf.

Der Hit: *Oh, wann kommst du*
Der Tip: *Starportrait* (Polydor 2618004)

Lawrence, Elliot

* 14.2.1925 als Elliot Lawrence Broza. Der amerikanische Pianist und Bandleader hatte 1946 mit *»Who Do You Love I Hope«* seinen ersten und 1947 mit *»Near You«* seinen letzten Top-10-Erfolg in den USA. In den 50er Jahren moderierte er eine tägliche Radiosendung bei CBS. In den 60er Jahren zeichnete er als musikalischer Leiter für einige der erfolgreichsten Broadway-Musicals verantwortlich und arrangierte 1974 z. B. das Musical *»Music! Music!«*.

Der Hit: *Near You*

Lawrence, Lee

† Februar 1961. Der Brite, der sein Geld auch gut als Operntenor hätte verdienen können, gehörte zu der Garde Sänger, die in der ersten Hälfte der 50er Jahre amerikanische Hits für den britischen Markt nachsangen. Die Aufnahme *»Crying In The Chapel«* kam mit ihm im November 1953 in die GB-Charts und erreichte Platz 7. Ein Jahr später gelang ihm ein Top-20-Erfolg mit *»Suddenly There's A Valley«*. 1956 veröffentlichte er *»Rock 'n' Roll Opera«*, eine Nummer über Elvis Presley, Bill Hailey, Gene Vincent und andere aufkommende Stars, die jetzt die »Alten« aus den Hitparaden verdrängten.

Der Hit: *Crying In The Chapel*

Lawrence, Steve

* 8.7.1935 als Steven Leibowitz. Der aus Brooklyn stammende Sänger studierte Piano, Saxophon, Komposition, Arrangement, gewann 1952 einen Talentwettbewerb und nahm 1953 seine ersten Platten auf. Großen Erfolg hatte er ab 1954 für vier Jahre in der TV-Sendung »*Tonight Show*«. Steve heiratete die ebenfalls zum Team gehörende Sängerin Eydie Gorme. Ab 1959 hatten die beiden ihre eigene Fernsehsendung. Seinen ersten Erfolg als Solist hatte Steve 1957 mit »*Party Doll*«. »*Pretty Blue Eyes*« 1959, »*Foolsteps*« 1960 – auch in GB Top 10 – und »*Portrait Of My Love*« 1961 waren weitere Top-10-Hits. Ende 1962 gelang ihm sein größter Erfolg: »*Go Away Little Girl*« wurde ein Spitzenreiter in den USA. Steve sang auch mit seiner Frau im Duett. In der britischen Hitparade gelang den beiden als Steve & Eydie im August 1963 der Top-10-Erfolg »*I Want To Stay Here*«. In den USA war diese Platte auch ihr gemeinsamer größter Erfolg, Top 30. Seit den 70er Jahren sah man sie vorwiegend in Nachtclubs. 1979 nahmen sie als Parker & Penny Platten auf. Seit Mitte der 60er Jahre hatte sich Lawrence außerdem eine Karriere als Broadway- und TV-Schauspieler aufgebaut.

Der Hit: *Go Away Little Girl*
Der Tip: *The Best Of Steve And Eydie* (CBS 32663)

Lawrence, Vicki

* 26.3.1949. Mit 15 Jahren wurde Vicki Mitglied bei den Young Americans, einer Gesangstruppe, die durch die USA zog und regelmäßig in Fernsehsendungen auftrat. Eines Tages machte sie ein Reporter auf ihre verblüffende Ähnlichkeit mit dem Comedy-Star Carol Burnett aufmerksam. Vicki schickte daraufhin ein Bild und einen Brief an Carol Burnett, und zu ihrer großen Überraschung wurde sie von ihr angerufen. Sie sei auf der Suche nach einer Schauspielerin, die in einer Fernsehserie ihre jüngere Schwester spielen sollte. Obwohl gerade erst 18 Jahre alt und ohne jede schauspielerische Ausbildung, erhielt Vicki diesen Job und war bis 1979 in dieser Rolle zu sehen. 1973 schrieb Bob Russell, mit dem sie zu diesem Zeitpunkt kurzfristig verheiratet war, den Song »*The Night The Lights Went Out In Georgia*«. Die Platte wurde ein Millionseller und im Frühjahr 1973 Platz 1 in den USA. Im gleichen Jahr gelangen ihr noch zwei weitere Hit-Notierungen. Über einen Platz 75 kam sie jedoch nicht hinaus. Ab 1983 hatte sie ihre eigene Comedy-Serie, »*Mama's Family*«, die über etliche Jahre lief.

Der Hit: *The Night The Lights Went Out In Georgia*
Der Tip: *The Night The Lights Went Out In Georgia* (EMI IC 062-94 488)

Leandros, Leo

* als Leo Papathanassiou. Bevor er in die Bundesrepublik kam, war Leo bereits ein erfolgreicher Sänger und Komponist in seiner Heimat Griechenland. 1957 hatte Leo mit dem »*Banana Boat Song*« einen Platz 11 in Deutschland. Mitte 1960 gelang ihm eine Nummer 1 in der Hitparade mit »*Mustafa*«. Bis Mitte 1963 hatte er noch weitere vier Titel in den Charts, von denen aber keiner unter die ersten 20 kam. Im Januar 1965 war er dann als Five Tops mit dem Titel »*Rag Doll*«, im Original ein Stück der Four Seasons, auf Platz 4. Ab 1965 hatte auch seine Tochter Vicky Erfolg, um deren Belange er sich in der Folgezeit vermehrt kümmerte.

Der Hit: *Mustafa*

Leandros, Vicky

* 23.8.1948 auf Korfu als Vassiliki Papathanassiou. Ihre Jugend verbrachte Vicky teilweise in Athen und dann in Hamburg. Mit »*Messer, Gabel, Schere, Licht*« gelang ihr – damals noch nur unter ihrem Vornamen Vicky – Mitte 1965 ein Platz 16 in den deutschen Charts. Bis 1970 veröffentlichte sie weitere Singles als Vicky. 1967 vertrat sie Luxemburg beim Grand Prix Eurovision und belegte mit »*L'Amour Est Bleu*« den vierten Platz. Instrumentalversionen dieses Titels waren mit Paul Mauriat, der die Nummer geschrieben hatte, und mit Jeff Beck erfolgreich. 1972 – nun als Vicky Leandros – vertrat sie Luxemburg erneut beim Grand Prix. Dieses Mal sollte sie mit »*Après Toi*« gewinnen. Die Platte wurde Platz 11 in Deutschland und vergoldet. In England kam sie als »*Come What May*« bis auf den zweiten Platz. »*Ich hab' die Liebe geseh'n*« war Mitte 1972 ein weiterer Millionseller für sie und ein Platz 2. Ein Jahr später erreichte sie die deutschen Top 10 mit »*Die Bouzouki klang durch die Sommernacht*«, Mitte 1974 die Spitze in Deutschland mit »*Theo, wir fahr'n nach Lodz*«. Der Nachfolgesong »*Du läßt mir meine Welt*« wurde wieder Top 10, ihren letzten hatte sie 1977 mit der Feststellung »*Auf dem Mond, da blühen keine Rosen*«. Inzwischen ist sie mit Enno Baron von Ruffin verheiratet und Mutter dreier Kinder.

Der Hit: *Après Toi/Come What May/Dann kamst du*

Lear, Amanda

* 18.11.1946. 1973 sah man Amanda Lear erstmals auf der Plattenhülle einer LP. Roxy Music hatte sie für »*For Your Pleasure*« auf dem Cover abgelichtet. Ihre Plattenfirma stellte sie folgendermaßen vor: »Am 18. November wurde sie als

Sohn eines britischen Marineoffiziers und einer Chinesin in Hong Kong – einige Jahre später ließ sie sich operativ vollständig zur Frau umwandeln – geboren. Sie wuchs in Südfrankreich und London auf, studierte in Paris mit 16 Kunst und bereiste später als gefragtes Fotomodell die ganze Welt.« Ab 1976 machte sie Platten, und nur die Deutschen fielen auf die Sängerin rein. *»Queen Of China-Town«* erreichte im Herbst 1977 Platz 2, *»Follow Me«* im Frühjahr 1978 3. Ihre letzte Hit-Notierung aus dem Jahr 1981 hieß *»Egal«* – genau! In den 70er Jahren war sie lange Modell für Dali gewesen, in dessen Haus sie auch lebte. In den 80ern kam sie dann selbst als Malerin.

Der Hit: *Queen Of China-Town*

Led Zeppelin

Robert Plant, v (* 20.8.1948); Jimmy Page, g (* 9.1.1944); John Paul Jones, b/key (* 3.6.1946 als John Baldwin); John Bonham, d (* 31.5.1947 † 25.9.1980).
Nachdem die Yardbirds im Juli 1968 auseinandergefallen waren, beschlossen der britische Sänger und Songschreiber Jimmy Page und Bassist Chris Dreja, als New Yardbirds weiterzumachen. Die Gruppe wurde für eine zehntägige Tour durch Skandinavien gebucht. Als Page neue Musiker in die Gruppe aufnehmen wollte, ging Chris Dreja und wurde Photograph. Der ehemalige Session-Musiker und Arrangeur John Paul Jones kam als Bassist. Terry Reid und B. J. Wilson von Procol Harum lehnten das Angebot, Mitglied der Gruppe zu werden, ab. Reid schlug statt dessen den 19jährigen Rhythm-&-Blues-Sänger Robert Plant vor. Jimmy Page und Bandmanager Peter Grant sahen Robert Plant bei einem Auftritt mit der Band Hobbstweedle in Birmingham. Plant hatte sein Plattendebüt bereits 1966 als Mitglied der Gruppe Listen gegeben. 1967 veröffentlichte er zwei Solo-Singles, die beide erfolglos blieben. Im gleichen Jahr wurde er Mitglied von Band Of Joy (diese Band hatte damals keine Platten veröffentlicht, erst 1978 brachte die Polydor Archivmaterial heraus). Page machte Robert ein Angebot. Der nahm an und schlug John Bonham als Schlagzeuger für die New Yardbirds vor. Nachdem die Gruppe innerhalb von zwei Wochen ihre erste LP aufgenommen hatte, begann sie mit der Tournee. Zurück in GB hörte Jimmy Page einen Spruch von Keith Moon, der ihm gefiel: »Wenn das so weitergeht, fallen wir runter wie ein bleierner Zeppelin (. . . going down like a lead zeppelin)«. Keith meinte damit immer Auftritte, die absolut in die Hose gingen. Page strich das »a« aus »lead«, und fertig war Led Zeppelin. Ihr erster Hit war Ende 1969/Anfang 1970 *»Whole Lotta Love«*, Platz 4 in den USA und Spitzenreiter in Deutschland. Ein Jahr später erreichte der *»Immigrant Song«* Platz 6 bei uns und Mitte 1973 *»The Ocean«* Platz 8. Die Gruppe zählt mehr zu den LP-Verkäufern. Das schönste Stück von Led Zeppelin wurde, wohl wegen der Länge, nie als Single veröffentlicht: *»Stairway To*

Heaven«. 1992 gab eine australische Comedy-TV-Show an 22 verschiedene Künstler den Auftrag, jeweils ihre persönliche Interpretation des Led-Zeppelin-Songs einzuspielen. Die 22 australischen Interpreten lieferten skurrile, komische und überwältigende Versionen ab. Kommerziell am erfolgreichsten war Rolf Harris, der es in GB damit zu einem Top-10-Hit brachte. Nach dem Tod von John Bonham am 25.9.1980 erklärten die übrigen Mitglieder, sie wollten nach dem »Verlust eines lieben Freundes« nicht mehr als Gruppe weitermachen. Ab April 1981 sang Plant mit seiner immer mal wieder zusammenkommenden Band Honeydrippers und veröffentlichte im Juli 1982 seine erste Solo-LP. Daraus ausgekoppelt wurde die sehr schöne Single *»Big Log«*, die Platz 11 in GB und Platz 20 in den USA erreichte. Im Frühjahr 1988 kamen die drei verbleibenden Musiker von Led Zeppelin plus Jason Bonham, der in die Rolle des verstorbenen Vaters schlüpfte, zusammen und spielten im Madison Square Garden in New York zur Feier des 40jährigen Bestehens von Atlantic Records *»Stairway To Heaven«* und *»Whole Lotta Love«*. Speziell Robert Plant fand das nicht besonders komisch. Wenig später erschien Jimmy Pages erstes Solo-Album. Led Zeppelin gilt als eine der anspruchsvollsten Heavy -Bands der Rock-Ära und hat eine Reihe nachfolgender Musiker beeinflußt. 1993 kam Jimmy Page zusammen mit David Coverdale von Deep Purple mit dem Projekt Coverdale/Page. Robert Plant veröffentlichte die ausgezeichnete LP *»Fate Of Nations«* mit der hervorragenden Single *»29 Palms«*.

Der Hit: *Whole Lotta Love*
Der Tip: *Remasters* (Atlantic 7567-80415-2)

Lee, Brenda

* 11.12.1944 als Brenda Mae Tarpley. Mit 12 Jahren erhielt diese amerikanische Pop- und Country-Sängerin einen Plattenvertrag. Als Profi hatte sie bereits im Alter von sechs Jahren begonnen. In ihren Anfangstagen nannte man sie Little Miss Dynamite. *»One Step At A Time«* wurde im Frühjahr 1957 ihre erste Hit-Notierung. *»Sweet Nothin's«* kam Ende 1959 in die US-Charts und wurde dort wie in GB Platz 4. Der Nachfolge-Hit war Mitte 1960 *»I'm Sorry«*, Spitzenreiter in den USA, ebenso wie drei Monate später *»I Want To Be Wanted«*. *»Emotions«* 1960, *»You Can Depend On Me«*, *»Dum Dum«* und *»Fool # 1«* 1961, *»Break It To Me Gently«*, *»Everybody Loves Me But You«* und *»All Alone Am I«* 1962 und *»Losing You«* 1963 waren ihre weiteren Top-10-Erfolge in den USA. In GB brachte Brenda es auf insgesamt sieben Top-10-Hits. Wie auch z. B. Wanda Jackson sang Brenda eine Reihe von deutschsprachigen Stücken. Dazu gehören die beiden Hit-Notierungen *»Wiedersehn ist wunderschön«* und *»Ich will immer auf dich warten«* aus dem Jahr 1964. Die deutschen Produzenten waren mit fertigen von James Last

eingespielten Instrumentalbändern nach Nashville gekommen, wo Brenda nur noch die Gesangsstimme darüber aufnehmen mußte. In den Hitparaden ereichte sie bis 1966 Top-20-Positionen. In den 70er Jahren machte sie Country-Platten, die in den entsprechenden Hitparaden erfolgreich waren. 1981 sah man sie im Burt Reynolds/Jackie Gleason-Film *»Smokey And The Bandit II«*, 1990 war sie auf dem Soundtrack zum Film *»Dick Tracy«* zu hören.

Der Hit: *I'm Sorry*
Der Tip: *The Very Best Of Vol. I & II* (MCA DMCL 1713/4)

Lee, Curtis

* 28.10.1941. Der amerikanische Sänger und Songschreiber, der seine Plattenkarriere 1959 begann, wurde Anfang der 60er Jahre von Phil Spector produziert, was ihm zwei Eintragungen in die US-Pop-Charts bescherte: *»Pretty Little Angel Eyes«* wurde Mitte des Jahres Platz 7, *»Under The Moon Of Love«* drei Monate später Platz 46. Beide Titel wurden später von Rockabilly-Formationen, speziell aus GB, neu aufgelegt. Neben Spectors unbestrittenen Fähigkeiten hat zum Erfolg sicher beigetragen, daß Lees Stimme der von damaligen Teen-Idolen stark ähnelte. Obwohl Curtis bis Ende der 60er Jahre noch Platten veröffentlichte, gelang ihm kein Hit mehr.

Der Hit: *Pretty Little Angel Eyes*
Der Tip: *Pretty Little Angel Eyes* (Dunes LP DU 2000)

Lee, Dee C.

* 6.6.1961 als Diane Sealey. Die britische Sängerin und Songschreiberin begann als Chorsängerin mit Wham! und Style Council. In der Hauptsache bestritt sie ihren Lebensunterhalt jedoch als Fotomodell. Ab 1985 veröffentlichte sie auch Soloplatten und hatte mit *»See The Day«* Ende 1985/Anfang 1986 einen Top-10-Hit in GB. Die Nachfolgesingle kam gerade noch unter die Top 50.

Der Hit: *See The Day*

Lee, Dickey

* 21.9.1941 als Richard Lipscomb. Der amerikanische Country- und Pop-Sänger und Songschreiber nahm während seiner High-School-Zeit in Memphis ab 1957 erste Platten für das dort ansässige Sun Label auf. Sein größter Hit gelang ihm 1961 mit der Ballade *»Patches«*, ein Millionseller und sein einziger Top-10-Erfolg in

den Pop-Hitparaden. Nach einigen erfolgloseren Veröffentlichungen wandte er sich schließlich ganz der Country-Music zu und war in der entsprechenden Hitparade bis in die 80er Jahre regelmäßig vertreten. Seinen größten Erfolg hatte er dort 1975 mit *»Rocky«*, ein Spitzenreiter. Interpreten wie Don Williams, Brenda Lee, Anne Murray oder Glen Campbell nahmen von Lee verfaßte Titel auf.

Der Hit: *Patches*

Lee, Jackie

* 29.5.1936. Ihre musikalische Karriere begann die irische Sängerin bereits als Kind unter dem Pseudonym Child Star. 1956 nahm sie erste Platten auf, und Ende der 50er Jahre wurde sie Mitglied in der Showband Squadronaires. Zusammen mit ihrem Mann gründete sie in den 60er Jahren Jackie & The Raindrops. 1967 nahm sie eine Solo-Single als Emma Rede auf, wie alle bisherigen Projekte ohne Erfolg. Der kam 1968 mit der Titelmelodie aus einer britischen Kinderfernsehserie, *»White Horses«*. Die Single hatte sie als Jacky aufgenommen und erreichte damit gerade die Top 10. Im Januar 1971 veröffentlichte sie unter ihrem richtigen Namen die Single *»Rupert«*, die es auf Platz 14 brachte. In den USA sang sie Ende der 60er Jahre für einige Soundtracks, z. B. *»Barbarella«*.

Der Hit: *White Horses*

Lee, Johnny

* 3.7.1946 als John Lee Ham. In den frühen 60er Jahren spielte dieser amerikanische Sänger und Songschreiber in verschiedenen Rockbands, dann gründete er seine eigene Gruppe Road Runners. Zurück aus Vietnam, war er Mitglied in der Band von Mickey Gilley und trat in dessen Club in Pasadena, Texas, auf. Später eröffnete Lee einen eigenen Club, nur wenige Meilen von Mickeys entfernt. 1975 hatte er seine erste Eintragung als Solist in die Country-Charts. 1980 kam er dort auf Platz 1, hatte einen Millionseller und erreichte Platz 5 in den amerikanischen Pop-Charts mit *»Lookin' For Love«*. Das Stück stammte aus dem Film *»Urban Cowboy«*. In den Jahren danach gelangen ihm viele weitere Country-Erfolge, darunter vier Nummer-1-Hits. Für die Top 40 des Pop reichte es nicht mehr. Von 1982 bis 1984 war er mit der Schauspielerin Charlene Tilton verheiratet, bekannt als Lucy aus »Dallas«.

Der Hit: *Lookin' For Love*

Lee, Leapy

* 2.7.1942 als Lee Graham. Die britischen Sänger Leapy Lee, Tom Jones und Engelbert hatten den gleichen Manager. Dieser Gordon Mills war eingestandenermaßen ein Fan der Nashville Music. Mit Leapy Lee produzierte er zunächst den Titel *»Little Arrows«*, der im August 1968 ein Platz 2 in GB, 16 in den USA und 4 in Deutschland wurde. Lee spielte in Nashville eine LP ein, aus der die Nummer *»Good Morning«* ausgekoppelt wurde, die zumindest noch unter die ersten 30 kam. Dann beschäftigte sich der sprunghafte Lee mehr mit Trinkgelagen und gelegentlichen Raufereien, bis er schließlich wegen Körperverletzung verurteilt wurde und ins Gefängnis mußte. Danach arbeitete er kurzfristig als Produzent und zog schließlich nach Mallorca, wo er in Bars auftrat.

Der Hit: *Little Arrows*

Lee, Peggy

* 26.5.1920 als Norma Deloris Egstrom. Die amerikanische Sängerin und Schauspielerin begann in Nachtclubs in Hollywood in Bands von Jack Wardlaw oder Will Osborne. 1941 sah Benny Goodman Peggy und verpflichtete sie für seine Band. *»Somebody Else Is Taking My Place«* wurde im Frühjahr 1942 für Benny und Peggy Nummer 1 in den USA. Ihr erster Millionseller war *»Why Don't You Do Right«*, im Januar 1943 Platz 4. Im März 1943 verließ Peggy Goodman zusammen mit dessen Gitarristen Dave Barbour, den sie heiratete. Als Solistin war sie ab 1945 erfolgreich. Der Titel *»Waitin' For The Train To Come In«* war Ende des Jahres ihre erste Hit-Notierung und gleich ein Top-10-Erfolg. Anfang 1948 stand sie für neun Wochen auf Platz 1 in den USA mit der Nummer *»Manana (Is Soon Enough For Me)«*. Die Platte wurde außerdem ein Millionseller. Ebenso der Titel *»Lover«* Mitte 1952. Peggy Lees Erfolge reichten bis zum Ende der 60er Jahre. Am bekanntesten wurden sie in Deutschland mit der Nummer *»Fever«*, die Mitte 1958 erschien. Ihr letzter Hit war das von Leiber/Stoller geschriebene Stück *»Is That All There Is«*, Ende 1969 Platz 11 in den US-Charts. Ab 1950 sah man Peggy auch in etlichen Filmen. Für ihre Rolle in *»Pete Kelly's Blues«* 1955 war sie für einen Oscar nominiert. Daß Peggy auch ohne Hits eine akzeptierte Sängerin war, sieht man daran, daß Musiker wie Quichy Jones oder Duke Ellington mit ihr gespielt haben, als sie nicht mehr in den Charts stand.

Der Hit: *Manana*
Der Tip: *Collectors Series* (Capitol CDP 7 93195 2)

Leeds United FC

Die aktuelle Mannschaft dieses Fußballvereins aus Leeds muß im April des Jahres 1972 sehr gut gewesen sein. Der Song *»Leeds United«* erreichte Platz 10 in GB, und offensichtlich müssen danach die Qualitäten der Fußballer und der Sänger nachgelassen haben. Ein weiterer Hit gelang ihnen bis jetzt nicht.

Der Hit: *Leeds United*

Left Banke

Michael Brown, key (* 25.4.1949 als Michael Lookofsky); Steve Martin, v; Jeff Winfield, g; Tom Finn, b; George Cameron, d.
Die aus New York stammende Gruppe formierte sich 1966. Der Vater von Mike Brown hatte ein eigenes Aufnahmestudio und verschaffte den Jungs einen Plattenvertrag. Die erste Notierung von Left Banke in den Charts war der Titel *»Walk Away Renee«*, der im Herbst 1966 Platz 5 in den USA erreichte. Die Nachfolge-Single *»Pretty Ballerina«* erreichte noch Platz 15, danach gelang ihnen kein weiterer Hit mehr. 1968 fiel die Band wieder auseinander. Mike Brown formierte eine weitere erfolgreiche Band, die Stories. Danach versuchte er sich als Solist und gründete später The Beckies.

Der Hit: *Walk Away Renee*

Leismann, Renate & Werner

Die Geschwister Renate (* 16.4.1942) und Werner (* 31.12.1936) waren ab Mitte 1962 in Deutschland bis 1974 erfolgreich. Ihr größter Hit war Ende 1962 ein Platz 3 in den deutschen Charts: *»Gaucho Mexicano«*. Entdeckt hatte die beiden, die vorher als Textildesigner gearbeitet hatten, Peter Frankenfeld in seiner Sendung »toi toi toi«.

Der Hit: *Gaucho Mexicano*

Lemon Pipers

Ivan Browne, v/g (* 1947); Bill Barlett, g (* 1946); R.G. Nave, org (* 1945); Steve Walmsley, b (* 1949); Bill Albuagh, d (* 1948).
Die Band begann in ihrer Heimatstadt Cincinnati als Ivan & The Sabres. Daraus wurden 1967 die Lemon Pipers, die versuchten, eine Mixtur aus Psychedelic und Bubblegum zu prodzieren. Ihre erste Hit-Notierung war gleich ihr größter Erfolg, ein Spitzenreiter und Millionseller: *»Green Tambourine«* Ende 1967. 1968 gelangen

ihnen noch zwei weitere Eintragungen, die jedoch nicht über Platz 40 hinausgingen. Das Problem der Gruppe wird wohl gewesen sein, daß sie sich auf der einen Seite nicht mit dem Bubblegum-Image von Bands wie Ohio Express oder 1910 Fruitgum Co. identifizieren konnten, auf der anderen Seite aber mit ihnen in einen Topf geschmissen wurden. Bill Barlett tauchte 1977 mit Ram Jam in den Charts auf. Ansonsten hörte man nach 1969 von den anderen Bandmitgliedern nichts mehr.

Der Hit: *Green Tambourine*

Lennon, John

* 9.10.1940, † 8.12.1980. Eine häufig zu lesende Kurzbeschreibung von John Lennon lautete: Rebell, Genie und Idol der Beatle-Ära. Wer vom Schreiberteam Lennon/Mc Cartney was geschrieben hat, läßt sich inzwischen in der einschlägigen Literatur nachlesen. In den meisten Fällen hört man es allerdings auch gut raus. Seichte Melodien wie *»Yesterday«*, *»All My Loving«*, *»Let It Be«*, *»The Long And Winding Road«* waren Pauls Sache, härtere Stücke wie *»A Hard Day's Night«*, *»Come Together«*, *»Lucy In The Sky With Diamonds«* oder *»Ballad Of John And Yoko«* Johns Domäne. Die Beatles waren noch zusammen, als John Lennon mit *»Unfinished Music No. 1/Two Virgins«* im November 1968 sein erstes Solowerk auf den Markt brachte. Von Musik kann man allerdings im Zusammenhang mit der Platte nicht sprechen. Das erste Studioalbum erschien im Dezember 1970 und brachte Highlights wie *»Mother«* oder *»Working Class Hero«*. Knapp ein Jahr später kam die LP *»Imagine«*, die reifste Platte von John Lennon mit Stücken wie *»Jealous Guy«*, *»How Do You Sleep«* oder dem Titelsong *»Imagine«*. Lennons erste Solo-Single in den internationalen Charts war im Juli 1969 *»Give Peace A Chance«*, die in GB bis auf Platz 2, in den USA bis auf Platz 14 und in Deutschland auf 4 kam. *»Instant Karma«* Anfang 1970 erreichte in GB Platz 5, in den USA wurde es ein Millionseller und Platz 3. *»Imagine«* stieg Ende 1971 in die US-Charts ein und wurde Platz 3, in Deutschland Platz 18. In GB kam die Single erst 1975 in die Hitparade und stieg bis Platz 6. Nach dem Tode von John Lennon im Dezember 1980 wurde die Single nach ihrem Re-Entry in die britischen Charts Spitzenreiter. Neben seinen musikalischen Aktivitäten betätigte sich Lennon auch auf anderen künstlerischen Gebieten. Zusammen mit seiner Frau Yoko Ono organisierte er seit den 60er Jahren z. B. Bed Ins für den Frieden und veranstaltete Performances – Bagism, das Pflanzen von Eicheln als Symbol der Vereinigung von Ost und West – und sorgte gemeinsam mit Yoko dafür, daß den Medien auch nicht das geringste Ereignis ihrer Beziehung entging. Bis sich John Lennon nach 1975 mehr oder weniger vollständig aus dem Musikgeschäft zurückzog, gelangen ihm noch folgende Top-10-Hits: *»Power To The People«* 1971 in GB, *»Happy Xmas (War Is Over)«*

1972 in GB, *»Whatever Gets You Thru The Night«* und *»# 9 Dream«* 1974 in den USA. Nach der Geburt seines Sohnes Sean 1975 kümmerte sich John für einige Jahre um Haushalt und Kindererziehung, während Yoko Ono die nicht unerheblichen geschäftlichen Angelegenheiten betreute. In der Presse war in zunehmendem Maße von seinen persönlichen Schwierigkeiten und seinem Kampf mit der amerikanischen Einwanderungsbehörde zu lesen. Im Juli 1976 erhielt John endlich seine Green Card. Bei der Anhörung hatten Künstler wie Gloria Swanson, Norman Mailer oder John Cage zu seinen Gunsten ausgesagt. Obwohl diese Anhörung mehr oder weniger eine Formalität war, hielt sie den Richter nicht davon ab, zu fragen, ob er dem Staat denn möglicherweise zur Last falle oder um Sozialhilfe bitten werde. Lennon amüsierte sich königlich darüber, daß die heiß begehrte Green Card in Wirklichkeit blau war. Nach der fünfjährigen Pause wurde im Herbst 1980 die LP *»Double Fantasy«* angekündigt. Auf den Yoko-Ono-Teil der Phantasie hätte man gut verzichten können. Die erste Vorabauskopplung *»(Just Like) Starting Over«* brachte es in den USA und in GB gleich auf Platz 1. Auch die LP kam bei ihrem Erscheinen weltweit in allen LP-Charts auf den Spitzenplatz. Auf der Platte befinden sich sieben Lieder von John Lennon und sieben von Yoko Ono, und sicher nicht nur wegen des Todes von John Lennon wurde sie mit einem Grammy als Album des Jahres bedacht. Am Abend des 8. Dezember 1980 kehrte John Lennon gerade von Promotionaktivitäten für diese neue LP in seine Wohnung im Dakota Building in New York City zurück, als er von Mark David Chapman vor dem Haus erschossen wurde. Die weltweite Reaktion war eminent. Die Frankfurter Allgemeine Zeitung schrieb: »Die Bestürzung wird wohl bei allen aus der Generation der 30jährigen ähnlich tief gewesen sein. Da ist etwas von und in uns mitgetroffen, und das geht über reine Betroffenheit hinaus. John Lennon ist Sinnbild einer poetischen Existenz, er verkörpert die friedliche Seite unseres Gefühlshaushalts.« Daß John Lennon ganz anders sein konnte, wurde durch viele Bücher klar, die nach seinem Tode über ihn geschrieben wurden, wenn auch manches darin in das Reich der Fabelwelt gehört. Chapman wurde zu 20 Jahren Gefängnis verurteilt und wird wohl danach in eine Nervenheilanstalt eingewiesen. Im Dezember 1992 sagte er in einem Fernsehinterview, er hätte niemals eine reale Person töten wollen, sondern lediglich eine Vorstellung und ein Albumcover. Ein anderer Aspekt – ähnlich wie nach dem Tode von Jimi Hendrix, Janis Joplin, Elvis Presley und vielen anderen – war die Vermarktung von Johns Tod. Plattenzusammenstellungen wurden veröffentlicht, die Single *»Woman«* kam im Januar 1981 in die Hitparade und wurde ein Millionseller, *»Watching The Wheels«* erreichte zwei Monate später auch noch die Top 10.

Der Hit: *Imagine*
Der Tip: *Lennon* (Parlophone CDP 9752212/22/32/42)

Lennon, Julian

* 8.4.1963. Sein Platten-Debüt gab Julian bei der Nummer *»Ya Ya«*, die auf der LP *»Walls And Bridges«* seines Vaters zu finden ist. Julian spielte, gerade 11 Jahre alt, bei dieser Aufnahme Schlagzeug. Daß er John Lennons Sohn ist, ist unüberhör- und -sehbar. 1984 erschien seine erste Platte. Die erste Hit-Notierung war im Oktober 1984 *»Too Late For Goodbyes«*. Die Nummer erreichte in GB Platz 6, in den USA im Frühjahr 1985 Platz 5. Julian erspielte nur noch einen weiteren Top-10-Erfolg: *»Valotte«*. Nachdem die Amerikaner diesen Titel als erste Single Ende Oktober 1984 veröffentlicht hatten, stieg er bis auf Platz 9. Obwohl Julian in den folgenden Jahren weitere durchaus auch gute Aufnahmen veröffentlichte, kam er lange nicht mehr in die Top 20. Erst im Sommer 1991 kam *»Salt Water«* auf Platz 6 in GB.

Der Hit: *Too Late For Goodbyes*
Der Tip: *Valotte* (Charisma 610 251-2)

Lennox, Annie

* 25.12.1954. Die britische Sängerin und Songschreiberin gründete zusammen mit Dave Stewart und dessen bestem Freund Peet Coombs das Trio The Catch, das mit *»Borderline«* einen kleinen Hit in Holland hatte. Im Juni 1979 kamen weitere Mitglieder zu dieser Formation, die nun ihren Namen in Tourists änderte. 1979/80 gelangen ihnen zwei Top-10-Erfolge. Im Oktober 1980, noch während die Band durch Australien tourte, trennte man sich. Annie und Dave machten als Eurythmics weiter, die bis 1986 erfolgreich waren. Im Duett mit Aretha Franklin hatte Annie den Hit *»Sisters Are Doin' It For Themselves«*, im Duett mit Al Green *»Put A Little Love In Your Heart«*. Danach nahm Annie Lennox eine Babypause, um schließlich im Frühjahr 1992 mit dem hervorragenden Album *»Diva«* auf den Markt zu kommen. Daraus ausgekoppelt wurde als erste Single *»Why«*, die in GB Platz 5 erreichte. Der Nachfolger *»Walking On Broken Glass«* kam im August 1992 auf Platz 8, *»Little Bird«* im Februar 1993 auf Platz 3.

Der Hit: *Little Bird*
Der Tip: *Diva* (RCA PD 75 326)

Leonard, Jack

Der Amerikaner war der Starsänger in den frühen Tagen der Tommy-Dorsey-Band. Begonnen hatte er bei Bert Block 1935. 1936 ging er zu Dorsey bis Ende 1939. Für Dorsey sang Leonard z. B. den Millionseller und Spitzenreiter in den

USA *»Marie«*. Ab 1940 nahm Jack als Solist Platten auf und hatte mit *»Never Mention Your Name«* im September 1943 Platz 8 in den USA und seinen einzigen Top-10-Erfolg. Danach wurde er zum Militär eingezogen. Als er 1946 zurückkam, versuchte er seine Karriere fortzusetzen, was ihm mißlang. Er wurde Road Manager und Radiopromoter für Tommy Dorsey, ließ sich in Los Angeles nieder und arbeitete weiter hinter den Kulissen im Plattengeschäft.

Der Hit: *Never Mention Your Name*

Lester, Ketty

16.8.1934 als Revoyda Frierson. Geboren wurde die amerikanische Sängerin und Schauspielerin in dem inzwischen berühmten Ort Hope im Staate Arkansas. Ihre musikalische Karriere begann in San Francisco. Nach einer Europatournee ging sie zu Cab Calloway. Nachdem sie nach New York gezogen war, erhielt sie einen Plattenvertrag und hatte 1962 einen Top-10-Hit auf beiden Seiten des Atlantiks mit *»Love Letters«*, 1945 ein Hit für Dick Haymes, 1987 einer für Alison Moyet. Es blieb Kettys einzige Notierung unter den ersten 10. Sie wandte sich dann der Schauspielerei zu und tauchte in Fernsehserien wie *»Dr. med Marcus Welby«*, *»Days Of Our Lives«*, *»Rituals«* auf und ab 1978 bis 1983 in *»Das kleine Haus in der Prärie«* – hier spielte sie die Hester Sue Terhune. In *»Morning Star/Evening Star«* übernahm sie 1986 die Rolle der Nora Blake.

Der Hit: *Love Letters*

Lettermen

Bob Engemann (* 19.2.1936), Tony Butala (* 20.11.1940); Jim Pike (* 6.11.1938), alle v.

1960 kam es in Los Angeles zur Gründung der Lettermen, die Ende 1961 mit einer Coverversion des Doris-Day-Hits aus dem Jahre 1952, *»When I Fall In Love«*, Platz 7 in den USA belegten. Vorher hatten Bob und Jim, die beide an der Brigham Young University in Utah studierten, gemeinsam in örtlichen Clubs gesungen. Ein weiterer Platz 7 gelang den Lettermen Ende 1967 mit einer Mixtur aus den beiden Songs *»Goin' Out Of My Head/Can't Take My Eyes Off You«*. Die Lettermen sangen vorwiegend seichtes Standardmaterial, das sich auf Langspielplatten besser verkaufte als auf Singles. So brachten sie es im Laufe der Jahre auf 32 Hit-Notierungen in den amerikanischen LP-Charts, vier davon waren Millionseller. Auch als Live-Act war das Trio sehr gefragt. Ihre LP *»The Lettermen!!! . . . And Live!«* aus dem Jahre 1967 war ihre erfolgreichste. 1968 verließ Bob Engemann die

Band und wurde durch Gary Pike, Jims Bruder, ersetzt, für den wiederum sechs Jahre später Donny Pike kam. Nach 1971 ließ der Erfolg nach.

Der Hit: *Goin' Out Of My Head/Can't Take My Eyes Off You*
Der Tip: *Best 20* (Capitol CP 32-5294)

Level 42

Mark King, b/v (* 20.10.1958); Phil Gould, d (* 28.2.1957); Boon Gould, g (* 4.3.1955); Mark Lindup, key (* 17.3.1959); Gary Husband, d; Alan Murphy, g († Oktober 1989).
Der Name kommt aus dem Kult-Buch »Per Anhalter durch die Galaxis«, in dem »42« die Antwort auf die Frage ist, worin der Sinn des Lebens liegt. Mark King war der Gründer dieser Band, die sich 1980 zusammenfand. In den Anfangstagen spielte die Gruppe rein instrumentalen Jazz-Funk. Im Mai 1980 erschien auf einem kleinen Independent-Label mit *»Love Meeting Love«* die erste Single der Gruppe, auf der Mark auf Drängen des Produzenten nun auch sang. Die Platte wurde zwar kein großer Hit und fiel lediglich in den Discotheken besonders auf, führte aber zu einem Plattenvertrag mit einer großen britischen Plattenfirma. Diese Company veröffentlichte erst einmal die alte Single der Band neu, die nun auch in die Charts kam. Mitte 1983 kam die Band mit *»The Sun Goes Down (Living It Up)«* auf Platz 10 in GB. Weitere Top-10-Erfolge waren *»Something About You«* 1985, *»Lessons In Love«* – diese Platte wurde Spitzenreiter in Deutschland – 1986 und *»Running In The Family«*, *»To Be With You Again«* und *»It's Over«* 1987. Ende 1987 verließen die beiden Brüder Gould die Band. 1988 waren außer King und Lindup noch Gary Husband und Alan Murphy zu hören. 1989 erkrankte Murphy schwer und starb im Oktober desselben Jahres. Auf der LP *»Guaranteed«*, die im Herbst 1991 erschien, spielte Level 42 in Trio-Besetzung mit Gastmusikern.

Der Hit: *Lessons In Love*
Der Tip: *Running In The Family* (Polydor 831 593)

Levert

Gerald Levert, Sean Levert, Mark Gordon, alle v.
Vater der beiden Brüder ist Eddie Levert, der über viele Jahre hinweg der Kopf der O'Jays war. Die Gruppe Levert war von vielen Plattenfirmen abgelehnt worden, weil sie zu sehr nach den O'Jays klang. 1985 erhielten sie einen Vertrag bei einem Independent Label, und nun wurde ihre Debüt-Platte *»I'm Still«* veröffentlicht, die es in die Rhythm-&-Blues-Hitparade brachte. Danach wechselten sie zu der großen Plattenfirma Atlantic, die der Band den Hit *»(Pop, Pop, Pop,*

Pop) Goes My Mind« bescherte, Platz 1 in den Rhythm-&-Blues-Charts. Ihren bisher größten Erfolg sollte sie im Sommer 1987 haben, als die Platte *»Casanova«* Nummer 1 in den Rhythm-&-Blues-Charts, Millionseller, Platz 5 in den US-Pop-Charts, 9 in GB und 10 in Deutschland wurde. In den Rhythm-&-Blues-Charts gelangen dem Trio weitere Erfolge, in den Pop-Charts bisher noch nicht.

Der Hit: *Casanova*
Der Tip: *The Big Throwdown* (Atlantic 781 773-1)

Lewie, Jona

* 14.3.1947. Nachdem er in etlichen britischen Bands gespielt hatte, ging Jona 1969 in die USA und veröffentlichte dort fünf Titel auf dem Yazoo-Label. Zurück in GB, wurde er Mitglied bei Brett Marvin & The Thunderbolts. Der Höhepunkt in der Karriere dieser Band, in der niemand Brett Marvin hieß, kam, als sie im Vorprogramm von Derek & The Dominos spielen durften. In der Folge davon wurde eine Single, die sie vorher schon aufgenommen hatten, wiederveröffentlicht. Dieses Mal jedoch unter dem Gruppennamen Terry Dactyl & The Dinosaurs. Das Stück hieß *»Seaside Shuffle«* und war Mitte 1972 ein Platz 2 in GB. Danach verließ Jona die Band, veröffentlichte einige Soloplatten und gründete 1976 die Jive Bombers. 1977 unterschrieb er einen Plattenvertrag bei der kleinen innovativen Firma Stiff Records. Im Frühjahr 1980 kam mit *»You'll Always Find Me In The Kitchen At Partys«* die erste Hit-Notierung für ihn. Zu Weihnachten des gleichen Jahres rückte Jona mit *»Stop The Cavalry«* bis auf Platz 3 in GB und hatte damit seinen ersten und einzigen Top-10-Erfolg.

Der Hit: *Stop The Cavalry*
Der Tip: *Heart Skips Beat* (Repertoire 4253-WY TIS)

Lewis, Barbara

* 9.2.1943. Diese amerikanische Sängerin, Songschreiberin und Multi-Instrumentalistin hat angeblich schon im Alter von neun Jahren ihre ersten Lieder geschrieben. Ihre ersten Platten nahm sie 1961 auf. Zwischen 1963 und 1967 gelangen ihr zehn Hit-Notierungen in den US-Charts. Ihr erster war gleich ihr größter Hit: *»Hello Stranger«*, im Frühjahr 1963 Platz 3 in den USA. Barbara hatte die Nummer selbst geschrieben. Im Hintergrund sangen die Dells. In den frühen 70er Jahren stieg sie aus dem Plattengeschäft aus.

Der Hit: *Hello Stranger*

Lewis, Bobby

* 17.2.1933. Das amerikanische Waisenkind wurde im Alter von 12 Jahren von einer Familie aus Detroit adoptiert. 1952 machte Bobby erste Plattenaufnahmen. Seine ersten beiden Hit-Notierungen waren auch seine beiden größten Erfolge: »*Tossin' And Turnin'*« wurde im Frühjahr 1961 Spitzenreiter in den USA, die Nachfolgesingle »*One Track Mind*« vier Monate später Platz 9. Nach zwei weiteren Plazierungen im unteren Bereich wurde er in den Pop-Charts nicht mehr gesichtet. Bis in die 90er Jahre trat er bei Oldie-Konzerten auf.

Der Hit: *Tossin' And Turnin'*
Der Tip: *Tossin' And Turnin'* (Line BLCD 9.00323 L)

Lewis, Charles D.

1989 war Lambada der große Tanzrenner in Film, Funk und Fernsehen. 1990 war es schon wieder vorbei, und es gab einen neuen Trend. Der von der Insel St. Vincent stammende und auf Barbados aufgewachsene Charles D. Lewis hatte den Tanzhit 1990: »*Soca Dance*«, eine Mischung aus Soul und Calypso, USA und Karibik, wurde eine Nummer 2 in Frankreich und 10 in Deutschland. Lewis hatte 1973 mit ein paar Schulfreunden seine erste Band Harmony gegründet, die es auf den Kariben zu einigen Hits brachte. Schließlich engagierte Eddy Grant sie als seine Begleitgruppe. Während einer Deutschland-Tournee benannte sich die Band um in Caribbean Rhapsody, blieb in Deutschland und veröffentlichte hier einige Platten. 1981 verließ Lewis die Gruppe und schloß sein Baß-Studium in München ab. Im August 1989 führte er erstmals mit einem selbst gesungenen Stück die karibischen Charts an, und dann kam das Soca-Fieber – für einen Sommer.

Der Hit: *Soca Dance – Do You Feel It*
Der Tip: *Soca Dance* (Metronome 847 167-1)

Lewis, Gary & The Playboys

Gary Lewis, v/d (* 31.7.1946 als Gary Levitch); Alan Ramsey, g (* 27.7.1943); John West, g (* 31.7.1939); David Costell, b (* 15.3.1944); David Walker, key (* 12.5.1943).
Seinem Vater, dem Filmschauspieler Jerry Lewis, sieht er sehr ähnlich. Gary war Schlagzeuger, Sänger und Kopf der 1964 gegründeten Band Gary Lewis & The Playboys. Anfang 1965 kam »*This Diamond Ring*« in die US-Charts und kletterte bis auf Platz 1. Mitgeschrieben war die Nummer von Al Kooper. Es folgten immer

mit wenigen Monaten Abstand mit *»Count Me In«*, *»Save Your Heart For Me«*, *»Everybody Loves A Clown«*, *»She's Just My Style«*, *»Sure Gonna Miss Her«* und *»Green Grass«* sechs weitere Top-10-Erfolge. Anfang 1967 wurde Gary zum Militär eingezogen, und 1968 fiel die Band auseinander. Anfang der 90er Jahre zog er mit etlichen anderen Acts aus den 60er Jahren für vier Monate durch die USA in einer 30-Years-Of-Rock-'n'-Roll-Tour. Mitte 1992 kündigte er an, er wollte eine LP mit neuem Material veröffentlichen. Zumindest in Deutschland ist sie bisher nicht erschienen.

Der Hit: *This Diamond Ring*
Der Tip: *Golden Greats* (EMI CDP 7 91474 2)

Lewis, Huey & The News

Huey Lewis, v (* 5.7.1950 als Hugh Antony Cregg III); Sean Hopper, key (* 31.3.1953); Johnny Colla, g/sax (* 2.7.1952); Mario Cipollina, b (* 10.11.1954); Bill Gibson, d (* 13.11.1951); Chris Hayes, g (* 24.11.1957).
1967 trampte der Amerikaner Huey als Straßenmusiker durch Europa. Zurück in den USA, spielte er zuerst mit Slippery Elm und schließlich mit Clover, die 1976 ihre Debüt-Single *»Chicken Funk«* veröffentlichten. Der Produzent war Nick Lowe. 1977 brachte Clover vier weitere Singles und zwei LPs. Leadsänger war Huey – kein Erfolg! Außerdem begleiteten sie Elvis Costello auf dessen LP *»My Aim Is True«*. Im Mai 1979 trennte sich Clover, und genau ein Jahr später wurde die Gruppe The News gegründet. *»Do You Believe In Love«* kam im Frühjahr 1982 in die amerikanischen Charts und wurde Platz 7. Von diesem Zeitpunkt bis zum Jahre 1988 waren Huey Lewis & The News eine der führenden Mainstream-Rockbands. *»I Want A New Drug«* kam im Januar 1984 in die US-Charts und wurde ein Millionseller. *»The Power Of Love«* aus dem Film *»Zurück in die Zukunft«* wurde ebenfalls ein Millionseller und Mitte 1985 Spitzenreiter in den USA, Platz 9 in GB und 16 in Deutschland. *»Stuck With You«* 1986 und die Bruce-Hornsby-Komposition *»Jacob's Ladder«* 1987 waren weitere Spitzenreiter in den US-Charts. In den 90er Jahren ist Huey Lewis bisher noch kein Hit gelungen.

Der Hit: *The Power Of Love*
Der Tip: *The Best Of* (Chrysalis 3 21934 2)

Lewis, Jerry

* 16.3.1925 als Joseph Levitch. Daß dieser ausgezeichnete Komiker hier in diesem Buch zu finden ist, verdankt er der Tatsache, Ende 1956 den alten Al-Jolson-Hit aus dem Jahre 1918 noch einmal neu aufgenommen zu haben und damit bis auf

Jerry Lewis *(WEA)*

Platz 10 der US-Charts gekommen zu sein: »*Rock-A-Bye Your Baby With A Dixie Melody*«. Erstmals war er in der US-Hitparade 1948, als er zusammen mit Dean Martin das Stück »*That Certain Party*« sang. Als Kinder haben wir ihn geliebt, war er doch in seinen Filmen genauso verrückt, wie wir gerne gewesen wären. Er war anarchistisch. Wenn er etwas anpackte, ging es zu Bruch. Und nicht nur das: Keiner war sauer darüber. Im Gegenteil, alles grölte los und schlug sich vor Vergnügen auf die Schenkel. Meist spielte er in den frühen Tagen seiner Filmkarriere zusammen mit Dean Martin, der neben dem Flappmann den supercoolen Typ raushängen ließ. Die beiden hatten sich 1942 zum erstenmal gesehen. Sie traten im gleichen Club auf: Lewis als Pantomime, Martin als Sänger. Ab 1946 taten sie sich zusammen und waren für zehn Jahre das Top-Komikerpaar in den USA. Die Rituale waren genau festgelegt. Martin, der Siegertyp, Lewis, die taube Nuß, die nichts richtig machen konnte. Als sich die beiden trennten, sagte man ihnen nach, daß der eine ohne den anderen wertlos sei. Sicher falsch, denn Martin wurde ein erfolgreicher Sänger, Jerry Lewis auch ohne Martin ein erfolgreicher Schauspieler. Alleine spielte er immer noch den Trottel vom Dienst; nur war er am Schluß derjenige, der die Prinzessin bekam. Neben seinen Filmen ist Lewis vor allem dafür bekannt, daß er sich unermüdlich für wohltätige Zwecke einsetzt, speziell für die Belange von Kindern.

Der Hit: *Rock-A-Bye Your Baby With A Dixie Melody*

Lewis, Jerry Lee

* 29.9.1935. Er war genau der Typ, wie er von Chuck Berry in seinem Song »*Johnny B. Goode*« besungen wurde. Er war der Knabe aus den Hinterwäldern, wo sich die »rabbits and foxes goodnight« sagen. Jerry Lee begann Mitte der 50er Jahre mit seinen Kollegen Elvis Presley, Carl Perkins und Johnny Cash bei der kleinen Plattenfirma SUN in Memphis, Tennessee. 1957 erschien seine erste Platte »*Crazy Arms*«, danach »*Whole Lotta Shakin' Going On*«, die Platz 3 in den USA, 8 in GB wurde. Ende 1957 war dann »*Great Balls Of Fire*« Platz 2 in den

Jerry Lee Lewis *(WEA)*

USA, Spitzenreiter in GB. Lewis, der sich auch gern Killer nannte, fühlte sich nun offensichtlich am Ziel seiner Träume und unschlagbar. Aber war Elvis der König des Rock und Johnny Cash der angehende King of Country, so wurde Jerry der King der Schlagzeilen. Seine Konzerte waren wüst wie die von Little Richard, der zur gleichen Zeit erfolgreich war. Er bearbeitete das Klavier mit Händen und Füßen, sprang auch schon mal auf den Kasten und peitschte die Meute seiner Fans an. Bei dieser Gelegenheit ging dann hin und wieder auch einmal eine Club-Einrichtung zu Bruch, oder Jerry verbrannte auf der Bühne sein Piano. Im Frühjahr 1958 erschien *»Breathless«*, wieder ein Top-10-Erfolg für ihn in den USA und in GB. Schon zeichnete sich ein Knick in seiner Karriere ab. Seine Vorliebe für junge Mädchen brach ihm das Genick. Er hatte seine 13jährige Cousine zweiten Grades geheiratet – die britische Presse zerriß ihn während einer Tour durch England, die er nach wenigen Auftritten entnervt beenden mußte. Zurück in den USA, hatte sich das dort inzwischen auch rumgesprochen, und die Radiostationen wollten keine Platten mehr von ihm spielen. Er wechselte mehrfach die Plattenfirma und auch seinen Stil. Für Millionenverkäufe reichte es aber nicht mehr. Einen letzten Top-10-Erfolg hatte Lewis Mitte 1961 in GB mit seiner Version von *»What'd I Say«*. Mitte der 70er Jahre wurde er im Zuge der Nostalgiewelle wieder ausgegraben, verdiente erneut gutes Geld mit seinen Auftritten. Nun machte er auch wieder neue Rockplatten, die sich durchaus hören lassen konnten. Für hohe Positionen in Pop-Hitparaden reichte es jedoch nicht mehr. Ein Ausspruch von ihm: »Man ist entweder heiß oder kalt. Wenn man lauwarm ist, wird einen der Herr ausspucken.«

Der Hit: *Great Balls Of Fire*
Der Tip: *Up Through The Years, 1956 – 1963* (Bear Family BCD 15 408)

Lewis, Linda

Linda Lewis

Die britische Sängerin mit dem außergewöhnlichen Stimmumfang von fünf Oktaven begann ihre Karriere im Showgeschäft als Statistin in Filmen wie *»Help«* oder *»A Taste Of Honey«*. Während ihrer Schulzeit spielte sie in Bands und gründete bald ihre eigene Formation White Rabbit, bevor sie zu Ferris Wheel ging. Anfang der 70er Jahre wurde sie eine gesuchte Session-Sängerin. So ist sie z. B. auf Platten von Al Kooper, Cat Stevens, Manfred Manns

Earthband, Peter Bardens, Chris Spedding, Rod Stewart oder David Bowie zu hören. Mitte 1973 gelang Linda ein Hit in eigener Regie: »*Rock-A-Doodle-Doo*«, von ihr selbst geschrieben, brachte es in GB bis auf Platz 15. Zwei Jahre später machte sie eine Coverversion des Betty-Everett-Hits »*The Shoop Shoop Song (It's In His Kiss*« – bei Linda wurde Shoop Shoop gestrichen und die Platte hieß nur »*It's In His Kiss*« – und erreichte Platz 6 in GB. Cher hatte übrigens mit wieder dem gleichen Song im Frühjahr 1991 Platz 1 in GB. Linda brachte noch zwei weitere Top-40-Hits in die britischen Charts und war dann wieder als Session-Sängerin beschäftigt.

Der Hit: *It's in His Kiss*
Der Tip: *Not A Little Girl Anymore* (Arista ARTY 109)

Lewis, Ramsey

* 27.5.1935. Die erste Station dieses amerikanischen Keyboarders und Songschreibers waren die Cleffs. Als die sich 1955 auflösten, machte Ramsey mit dem Bassisten Eldee Young und dem Schlagzeuger Isaac Red Holt das Ramsey-Lewis-Trio. Sie veröffentlichten eine ganze Reihe recht erfolgreicher LPs und hatten mit der Nummer »*The ›In‹ Crowd*« Mitte 1965 sogar einen Top-10-Hit. Danach trennte sich das Trio – Holt und Young holten sich einen neuen dritten Mann und machten als Holt-Young-Trio weiter. Lewis seinerseits gründete mit dem Bassisten Cleveland Eaton und dem Drummer Maurice White – der spätere Chef von Earth, Wind & Fire – eine neue Ausgabe des Ramsey-Lewis-Trios. Die Nummer »*Wade In The Water*« wurde Mitte 1966 zumindest ein Top-20-Erfolg. 1982 kam die ursprüngliche Formation wieder zusammen.

Der Hit: *The »In« Crowd*
Der Tip: *Ramsey Lewis* (Chess 6.24473 AL)

Leyton, John

* 17.2.1939. Der britische Sänger und Filmschauspieler begann seine Karriere als Nebendarsteller in der TV-Serie »Biggles«. Sein gutes Aussehen verhalf ihm zu einem Plattenvertrag. Robert Stigwood übernahm sein Management, Joe Meck wurde sein Produzent. Seine erste Platte war eine Coverversion von »*Tell Laura I Love Her*«, die aber floppte, weil Ricky Valance ebenfalls einen Nachzieher aufgenommen hatte und mit seiner Version Spitzenreiter in GB wurde. Leytons dritte Single, »*Johnny Remember Me*« kam im August 1961 in die GB-Charts und wurde Spitzenreiter. Robert Stigwood sorgte dafür, daß er das Stück in der Serie »*Harper's West One*«, in der er den Popsänger Johnny St. Cyr spielte, singen

konnte, was wohl zu dem Erfolg beigetragen hat. Die Nachfolge-Single »*Wild Wind*« kam noch auf Platz 2, danach ließ sein Erfolg langsam, aber sicher nach. Im Film »*Gesprengte Ketten*« feierte er 1962 neben Steve McQueen, Charles Bronson, James Coburn, James Garner, David McCallum und Richard Attenborough – damals noch ohne Sir – seinen größten Erfolg als Schauspieler. Er spielte noch in weiteren Filmen mit und wurde schließlich ein erfolgreicher Geschäftsmann. Neben seiner Arbeit als Schauspieler, Drehbuchautor und Filmproduzent wurde John Vorstand einer Kette, der u. a. ein bekanntes Londoner Restaurant gehört.

Der Hit: *Johnny Remember Me*
Der Tip: *The Best Of... Plus* (See For Miles SEECD 201)

Lieutenant Pigeon

Robert Woodward, p; Stephen Johnson, b; Nigel Fletcher, d.
»*Mouldy Old Dough*« heißt im Deutschen »immer die Knete«. Der Titel kam im September 1972 in die Hitparaden, war aber schon acht Monate zuvor veröffentlicht worden. Das Trio hatte vorher unter dem Namen Stavely Makepiece die erfolglose Single »*Edna*« aufgenommen. Der Wechsel zu Lieutenant Pigeon brachte dann den Hit. Diese Instrumentalaufnahme enthält außer der gesprochenen Wiederholung des Titels und dem »Vo-De-O-Do«, gesungen wie durch ein Megaphon der 20er und 30er Jahre, keinen Text. Als Nachfolge-Single erschien »*Desperate Dan*«, die es noch bis auf Platz 17 brachte und dem Vorgänger sehr ähnlich war. Danach quittierte Leutenant Taube den Dienst.

Der Hit: *Mouldy Old Dough*

Lightfoot, Gordon

* 17.11.1938. Bob Dylan oder Elvis Presley, Jerry Lee Lewis oder Pete Seeger, Peter, Paul & Mary oder Johnny Cash, Barbra Streisand oder Judy Collins – sie alle haben schon mal eine Nummer von Lightfoot aufgenommen und damit einen Hit gehabt. Bevor Gordon als Solist erfolgreich wurde, arbeitete er als Pianist und Arrangeur für Werbejingles. Als nächstes begann er, beeinflußt von Tom Paxton und Bob Dylan, Songs zu schreiben. Sein erster Erfolg als Autor war »*For Lovin' Me*« mit Peter, Paul & Mary im Januar 1965. Im gleichen Jahr nahm der Kanadier dann auch selbst Platten auf. Seine erste Hit-Notierung hatte er Ende 1970 mit dem wunderschönen Titel »*If You Could Read My Mind*«, der in den USA bis auf Platz 5 kam. Im Frühjahr 1974 gelang ihm der Millionseller und Spitzenreiter in den USA »*Sun Down*«. Vier Monate später folgte der Top-10-Hit »*Carefree*

Gordon Lightfoot *(Warner Records)*

Highway«, im Herbst 1976 Platz 2 in den USA mit *»The Wreck Of The Edmund Fitzgerald«*. Die letzte Platte erzählte die Geschichte eines Schiffes, das im November 1975 im Lake Superior, einem der Großen Seen Nordamerikas, sank. Gordon Lighfoot schrieb weiter Songs, ohne jedoch in den Hitparaden vertreten zu sein. 1993 veröffentlichte er das Album *»Waiting For You«*, seine erste Studio-LP seit 10 Jahren.

Der Hit: *Sun Down*
Der Tip: *Gord's Gold* (Reprise 2237-2)

Limahl

* 19.12.1958 als Christopher Hamill. Sein Künstlername ist ein Anagramm seines Nachnamens. Mit der Teenie-Band Kajagoogoo hatte er ab 1983 einige Hits, bevor er noch im selben Jahr die Gruppe verließ, um als Solist weiter zu singen. Speziell die deutschen Fans hielten ihm die Stange. »*Only For Love*« wurde Ende 1983 ein Top-10-Erfolg für ihn in Deutschland. International hatte er seinen einzigen nennenswerten Erfolg mit »*Never Ending Story*«, dem Thema aus der Michael-Ende-Verfilmung »Die unendliche Geschichte«, geschrieben von Giorgio Moroder: die Platte kam im Herbst 1984 erst in die deutsche Hitparade, erreichte Platz 2, wenig später in GB auf Platz 4 und im Frühjahr 1985 in den USA auf Platz 17. Hiermit endete zumindest vorerst die Geschichte von Limahl, der bis in die 90er Jahre weiter erfolglose Singles veröffentlichte.

Der Hit: *Never Ending Story*
Der Tip: *Don't Suppose* (EMI IC 064 240156 1)

Limmie & The Family Cookin'

Martha Stewart, Jimmy Thomas, Limmie Snell, alle v.
Dieses Soul-Trio aus Ohio kam Anfang der 70er Jahre zusammen. Die beiden Schwestern Martha Stewart und Jimmy Thomas hatten vorher schon zusammen bei der Band Sugarcakes gesungen, Bruder Limmie veröffentlichte als Lemmie B Good Soloplatten. Ende 1972 wurde das Trio erstmals in der US-Pop-Hitparade mit »*You Can Do Magic*« notiert. Mitte 1973 kam diese Aufnahme in die britische Hitparade und erreichte Platz 3. Knapp ein Jahr später stand »*A Walkin' Miracle*« wieder unter den ersten 10 der GB-Charts. Danach gelang ihnen zwar kein Hit mehr, aber in den Diskotheken waren sie als Live-Act noch in den nächsten 10 Jahren sehr beliebt.

Der Hit: *You Can Do Magic*

Lind, Bob

* 25.11.1942. Mitte der 60er Jahre erhielt der Amerikaner einen Plattenvertrag und wurde von seiner Firma als Folk-Rocker angekündigt. Seine ersten Aufnahmen, die er machte, wurden von Jack Nitzsche produziert, mit Leon Russell am Piano. Unter den aufgenommenen Titeln war auch die Nummer »*Elusive Butterfly*«, die im Januar 1966 in die amerikanische Hitparade kam und sowohl in den USA als auch in GB Platz 5 wurde. Alle weiteren Veröffentlichungen von Bob Lind kamen nicht über einen Platz 60 hinaus. Andere Interpreten jedoch hatten mit

Songs aus seiner Feder Erfolg. Dazu gehören Cher, Adam Faith, Marianne Faithfull, Noel Harrison, Bobby Sherman, Nancy Sinatra, die Turtles und die Yardbirds. Seine letzte Single veröffentlichte Bob 1971. Danach zog er sich aus dem Plattengeschäft zurück und ging in die Wüste von New Mexico und schrieb Romane und Kurzgeschichten.

Der Hit: *Elusive Butterfly*

Lind, Gitta

* 17.4.1925 als Rita Maria Gracher, † 9.11.1974. 1954 sang sie den Titel *»Peterle«*, der recht erfolgreich war. Ende 1965 hatte Gitta Lind eine goldene Schallplatte und Platz 2 in den deutschen Charts mit *»Weißer Holunder«*. Der Nachfolgehit war *»Ich sage dir adieu«*, der es ebenfalls unter die ersten 10 brachte. 1959 gelang ihr im Duett mit Christa Williams Platz 3 in Deutschland mit *»My Happiness«*. Nach 1962 gelang ihr kein Erfolg mehr. Sie war in zweiter Ehe mit dem Schauspieler Joachim Fuchsberger verheiratet.

Der Hit: *Weißer Holunder*

Linden, Kathy

Die amerikanische Sängerin Kathy Linden erreichte im Frühjahr 1958 die amerikanischen Charts mit der Nummer *»Billy«*. Es wurde ein Platz 7. Im darauffolgenden Jahr stand *»Goodbye, Jimmy, Goodbye«* auf Platz 11. Ab 1960 gelang ihr kein weiterer Erfolg mehr.

Der Hit: *Billy*

Lindenberg, Udo

* 17.5.1946. Als 12jähriger erhielt Udo ein Schlagzeug, auf dem er in den folgenden Jahren üben und bald als Musiker in Jazz-Bands und Ami-Clubs spielen sollte. 1968 trommelte er in der Hamburger Folk-Truppe City Preachers. Ein Jahr später gründete er mit Orbit seine erste eigene Band. Daneben arbeitete er als Studiomusiker und hatte Auftritte mit Knut Kiesewetter. Schließlich verschlug es ihn von Hamburg nach München, wo er 1970 Mitglied bei Klaus Doldinger im Jazzquartett, bei Motherhood und bei Passport wurde. 1971 spielte er in der Jazz-Rock-Gruppe Emergency und veröffentlichte seine erste Soloplatte, noch in englischer Sprache. *»Daumen im Wind«* war ein Jahr später seine erste deutschsprachige LP, die richtungsweisend für den deutschsprachigen Rock werden sollte.

Udo Lindenberg *(Teldec)*

Vertraten viele deutsche Musiker bis zu diesem Zeitpunkt vehement die Meinung, Rockmusik und deutsche Sprache könnten nicht miteinander harmonieren, so belehrte Udo sie eines Besseren. Die LPs *»Andrea Doria«* 1972, *»Ball Pompös«* 1974, *»Wotan Wahnwitz«* 1975 brachten eine gelungene Mixtur aus Rock und Blödelsongs. Ausgedehnte Tourneen von Udo waren stets gut besucht. Sein erster Single-Erfolg war Ende 1981 ein Duett mit dem zehnjährigen Pascal – Sohn des Pianisten Jean-Jacques Kravetz –, der Antwort auf die Frage suchte *»Wozu sind Kriege da?«*. Im Frühjahr 1983 gelang Udo der erste Top-10-Hit mit dem *»Sonderzug nach Pankow«*. Eine der Promotionaktivitäten für diese Platte war ein offener Brief an den Staatsratsvorsitzenden Erich Honecker, in dem er um eine Jodel-Lizenz für die DDR bat. Heute im Rückblick wird ihm diese Episode wahrscheinlich selbst sehr merkwürdig vorkommen. Der »*Sonderzug nach Pankow*« hieß im Original »*Chattanooga Choo Choo*«. Es erschienen noch weitere Singles von ihm in den Charts, die jedoch nicht mehr unter die ersten 10 kamen. Dafür sind die meisten seiner zahlreichen LPs absolute Verkaufserfolge geworden.

Der Hit: *Sonderzug nach Pankow*
Der Tip: *Alles unter Kontrolle* (Quality Entertainment 9031-77481-2)

Lindisfarne

Alan Hull, v/g/p (* 20.2.1945); Simon Cowe, g (* 1.4.1948); Ray Jackson, harm (* 12.12.1948); Rod Clements, b/vln (* 17.11.1947); Ray Laidlaw, d (* 28.5.1948). Das nordenglische Quintett nannte sich zunächst Downtown Fraction, ab 1968 Lindisfarne, nach einer Insel vor der Küste von Northumbria. Im darauffolgenden Jahr erschien die Debüt-LP der Folk-Rocker. Das nächste Album nannten sie »*Fog On The Tyne*«. Im Frühjahr 1972 erschien die Single »*Meet Me On The Corner*« in den britischen Charts und erreichte Platz 5. Die Nachfolge-Single »*Lady Eleanor*« übertraf den Erfolg noch und kam bis auf Platz 3. Nach einigen Umbesetzungen trennte sich die Band 1975, um dann jedoch 1976 wieder in Originalbesetzung zusammenzukommen. »*Run For Home*« wurde Mitte 1978 ihr letzter Top-10-Erfolg. Im November 1990 stand die Formation nach langer Pause wieder in den britischen Charts: zusammen mit dem Fußballer »Gazza« Paul Gascoigne, der ebenfalls aus Newcastle stammt, nahmen sie ihren Titel »*Fog On The Tyne*« noch einmal auf.

Der Hit: *Lady Eleanor*
Der Tip: *Finest Hour* (Charisma CAS 1108)

Lindsay, Mark

* 9.3.1942. Der Amerikaner Mark Lindsay war Sänger, Saxophonist und Songschreiber mit Paul Revere & The Raiders, deren Ursprünge bis 1959 zurückgehen. Mark und Paul hatten zu diesem Zeitpunkt ein Instrumentalduo gegründet, das seinen ersten Hit mit »*Like, Long Hair*« hatte. Richtigen Erfolg sollten sie allerdings erst ab 1965 haben, nachdem sie drei weitere Musiker dazugenommen hatten. Inzwischen war Mark der Sänger der Band, die es auf etliche Top-10-Erfolge brachte. Ab 1969 versuchte sich Mark als Solist. Mit dem Millionseller und Top-10-Erfolg »*Arizona*« hatte er seinen größten Hit. Den Raiders blieb er allerdings bis 1975 verbunden: er produzierte sie auch weiterhin. Nach 1977 zog er sich

ganz aus dem Plattengeschäft zurück, begann aber 1990 mit der Arbeit an seinem ersten Solo-Album nach 18 Jahren.

Der Hit: *Arizona*
Der Tip: *You've Got A Friend* (CBS S64600)

Linear

Charlie Pennachio, v; Wyatt »Riot« Pauley, v/g; Joey »Bang« Restivo, v/per. Das Trio formierte sich Ende der 80er Jahre in Fort Lauderdale, Florida. Im Alleingang nahmen sie den Titel *»Sending All My Love«* auf und schafften ohne Unterstützung einer großen Plattenfirma damit einen Radiohit in Florida, Texas und Kalifornien. Nachdem bereits 50 000 Exemplare verkauft worden waren, erhielten sie einen Plattenvertrag. *»Sending All My Love«* wurde noch einmal aufgenommen, kam im Frühjahr 1990 in die US-Charts und erreichte Platz 5. Dabei ist es bisher geblieben.

Der Hit: *Sending All My Love*
Der Tip: *Linear* (Atlantic 7567-82090-1)

Lingo, Laurie & The Dipsticks

Dave Lee Travis, Paul Burnett. Die beiden bekannten britischen Diskjockeys nahmen im Frühjahr 1976 eine Cover-Version des C. W. McCall Hits *»Convoy«* auf und machten daraus *»Convoy G. B.«*. Daß ein Convoy in GB anders ist als einer, der auf den Highways der Staaten fährt, ist sonnenklar. Nebel ist eine typische britische Angelegenheit, und damit beginnt der Song, der sicher spaßig gemeint war, oder? 1985 nahm Paul Burnett als Pee Bee Squad nochmal eine Platte auf, die allerdings noch weniger spaßig war und deshalb auch weniger Erfolg hatte.

Der Hit: *Convoy G. B.*

Linx

David Grant, v (* 8.8.1956); Sketch Martin, b (* 1954); Bob Carter, key; Andy Duncan, d; Canute Edwards, g.
Obwohl hier fünf Musiker genannt werden, war die britische Formation eher ein Duo. Grant und Martin waren jedenfalls diejenigen, die die Richtung bestimmten. Im Herbst 1980 wurde mit *»You're Lying«* der erste Hit von Linx notiert, danach folgte mit *»Intuition«* der größte Erfolg – die Platte erreichte Platz 7 in GB. Nach

vier weiteren Titeln in den Charts fiel die Gruppe auseinander und David Grant hatte als Solist einige Erfolge. Er wurde durch seine Plattenfirma als die britische Antwort auf Michael Jackson angeboten. Das war vielleicht ein bißchen zuviel des Guten und wurde David übel genommen.

Der Hit: *Intuition*
Der Tip: *Go Ahead* (Chrysalis 204 058-320)

Lipps, Inc.

Steven Greenberg, multi-instr; Cynthia Johnson, v.
Dieses Funkmusik-Projekt kam aus Minneapolis und wurde von dem Produzenten, Songschreiber und Multi-Instrumentalisten Steven Greenberg geleitet. Anfang des Jahres 1980 kam die erste Platte von Lipps, Inc. in die US-Charts, wurde über eine Million mal verkauft und erreichte Platz 1: »*Funky Town*«. Sängerin der Nummer war die Schwarze Miss Minnesota des Jahres 1976, Cynthia Johnson. Die Platte wurde wenig später Platz 2 in GB, 1 in Deutschland – hier gab es eine Goldene Schallplatte. Mehrere Versuche, den Erfolg zu wiederholen, mißlangen.

Der Hit: *Funky Town*
Der Tip: *Designer Music* (Casablanca 6480 069)

Liquid Gold

Im Zuge der Discomusic formierte sich diese Band um die Sängerin Ellie Hope und hatte Ende 1978 mit »*Anyway You Do It*« ihren ersten Hit. Im Frühjahr 1980 kam »*Dance Yourself Dizzy*« in die britischen Charts und erreichte Platz 2. Die Nachfolge-Single war »*Substitute*«, ein weiterer Top-10-Erfolg. Danach gelangen der Formation noch drei weitere Hit-Notierungen, bevor sie sich verflüssigte.

Der Hit: *Dance Yourself Dizzy*
Der Tip: *Dance Yourself Dizzy* (Creole Records 6.24392)

Lisa Lisa & Cult Jam

Lisa Velez, v (* 1967); Mike Hughes, per (* 1963); Alex »Spanador« Mosley, g/b/key (* 1962).
1984 kam diese Rhythm-&-Blues-Formation in New York zusammen. Gleich ihre erste Platte, »*I Wonder If I Take You Home*«, erreichte Mitte 1985 die Top 40 in den USA und Platz 12 in GB. Im Studio begleitet und produziert wurde das Trio von der Gruppe Full Force, die 1978 als Amplifiers gegründet worden war. Full

Force selbst hatte etliche Hits in der Rhythm-&-Blues-Hitparade, schaffte aber nicht den Crossover zu den Pop-Charts. Ein Jahr nach dem ersten Hit erreichte *»All Cried Out«* die amerikanischen Top 10. Wiederum knapp ein Jahr später kamen sie mit *»Head To Toe«* auf Platz 1 in den USA. Die Nachfolge-Single *»Lost In Emotion«* schaffte ebenfalls die Spitzenposition. Der letzte Hit gelang ihnen bisher Mitte 1991 mit *»Let The Beat Hit 'Em«*.

Der Hit: *Head To Toe*
Der Tip: *Spanish Fly* (CBS 450 463 1)

Little Anthony & The Imperials

Anthony Gourdine (* 8.1.1940), Ernest Wright Jnr. (* 24.8.1941), Clarence Collins (* 17.3.1941), Tracy Lord, Glouster Rogers (* 1940), Sammy Strain, alle v.
Seine ersten Plattenaufnahmen machte der kleine Anthony 1955 als Mitglied der Formation Duponts, bevor er zu den Chesters ging, die sich nach Abschluß eines Plattenvertrages in Imperials umbenannten. Auf die Idee, Little Anthony davorzusetzen, kam der Diskjockey Alan Freed. Schon im August 1958 kam der Titel *»Tears On My Pillow«* in die US-Charts und wurde Platz 4. Von diesem Zeitpunkt bis 1974 wurden Hits der Gruppe verzeichnet. *»Goin' Out Of My Head«* Ende 1964 und *»Hurt So Bad«* Anfang 1965 waren zwei weitere Top-10-Erfolge. Sammy Strain, der 1964 Mitglied der Imperials wurde, verließ die Band 1975 und ging zu den O'Jays, Anthony Gourdine nahm in den 80er Jahren religiöse Platten auf. 1989 sang er im Hintergrund auf einer LP von Nancy Wilson mit. Clarence Collins tritt mit einigen Musikern immer noch in Las Vegas und ähnlichen Vergnügungsorten als Imperials auf. Ernest Wright wurde eines der vielen Platters-Mitglieder.

Der Hit: *Tears On My Pillow*
Der Tip: *The Best Of* (EMI CDP 7 93468 2)

Little Caesar & The Romans

David Caesar Johnson (* 16.6.1934), Leroy Sanders, Johnny O'Simmons, Early Harris, Carl Burnette, alle v.
David sang bereits als Kind im Kirchenchor. Nach der High-School ging er zur Air Force, und während er in Alaska Dienst tat, gründete er die Gospelgruppe Northern Crusaders. Zurück im Zivilleben, sang er mit den Ivory-Tones. 1958 ging er nach Los Angeles und nahm mit den Cubans einige Titel auf. Aus den Cubans wurden die Upfronts – zu diesem Zeitpunkt sang in der Band Bobby Relf,

der später ein Teil von Bob & Earl werden sollte. Die Upfronts nahmen zwei Singles auf. Keine davon war erfolgreich. Der nächste Schritt war dann die Umbenennung in Little Caesar & The Romans. Man bastelte längere Zeit an der Nummer »*Those Oldies But Goodies (Remind Me Of You)*«, die schließlich Mitte 1961 in die US-Charts kam und Platz 9 wurde. Die Nachfolgeplatte »*Hully Gully Again*« kam gerade mal auf Platz 54, und ihre dritte Single »*Memories Of Those Oldies But Goodies*« nicht einmal mehr unter die ersten 100. Die Band fiel auseinander, Caesar sang bis in die frühen 70er Jahre als Solist, bevor er 1975 die Romans reformierte. 1978 war immerhin Rickie Lee Jones für ein halbes Jahr Mitglied in dieser Band. Die Gruppe bestand bis in die 90er Jahre. Von den alten Römern war außer Johnson niemand mehr dabei.

Der Hit: *Those Oldies But Goodies (Remind Me Of You)*

Little Dippers

Delores Dinning, Emily Gilmore, Darrell McCall, Hurshel Wigintin, alle v.
Die Little Dippers waren eine der vielen Gesangstruppen von der Sängerin und Produzentin Anita Kerr. Im Januar 1960 gelang dem Quartett mit »*Forever*« ein Platz 9 in den USA, bevor sie für immer verschwanden.

Der Hit: *Forever*

Little Eva

* 29.6.1945 als Eva Narcissus Boyd. Sie war Babysitter bei Carole King und deren damaligem Mann Gerry Goffin, als die beiden ihr den Vorschlag machten, eine neue Komposition für ein Demoband zu singen. Allerdings war das kein Zufall, denn Carole King hatte Little Eva für sich arbeiten lassen, weil sie wußte, daß sie gut singen konnte und es nur eine Frage der Zeit war, bis sie eine Platte machen würde. Eva sang das Demo von »*The Loco-Motion*«, und dieses Band sollte Dee Dee Sharp vorgespielt werden, für die das Lied eigentlich gedacht war. Dee Dee lehnte jedoch ab, und so kam es zu der Veröffentlichung von Little Eva. Mitte 1962 wurde dieser Titel Nummer 1 in den USA, 2 in GB und 23 in Deutschland. Als die Platte genau 10 Jahre später noch einmal in GB veröffentlicht wurde, erreichte sie Platz 11. Die Nachfolgesingle »*Keep Your Hands Off My Baby*« kam noch bis auf Platz 12, »*Let's Turkey Trot*« kam im Frühjahr 1963 auf den Markt und wurde in den USA und in GB ein Top-20-Erfolg. Ihren letzten Top-10-Hit hatte sie im Duett mit Big Dee Irvin. »*Swinging On A Star*«, 1944 ein Spitzenreiter für Bing Crosby in den USA, erschien ebenfalls im Frühjahr 1963 und kam in GB bis auf Platz 7. Nach 1964 gelang ihr kein Erfolg mehr. »*The Loco-Motion*« wurde noch

einmal eine Nummer 1 in den USA: 1974 mit Grand Funk. 1988 stand Kylie Minogue mit ihrer Version auf dem zweiten Platz in GB.

Der Hit: *The Loco-Motion*
Der Tip: *LLLLLoco-Motion* (London 820 615-2)

Little Richard

* 5.12.1932 als Richard Wayne Penniman. Für sogenannte normale Bürger hatten die Rock 'n' Roller um 1959 alle eine Ecke ab – die konnten doch irgendwie nicht normal sein! Elvis, der mit seinem Unterkörper zuckte; Jerry Lee Lewis, der mit den Füßen sein Piano bearbeitete; Gene Vincent in seinen speckigen Klamotten usw. Aber alle Rocker waren harmlos gegen einen Mann, der von allen ein bißchen in sich hatte: Little Richard. Wenn er loslegte, zitterten die Wände. Er kreischte, was das Zeug hielt, sang von Sachen, die die Älteren nicht verstehen konnten. Schon alleine seine Nummer *»Tutti Frutti«*: was war denn das? Konnte man das essen? Und dann die Zeile »A wop bopa loo bop – a lop bam boom«, das war die Härte. Wahrscheinlich verbarg sich dahinter irgendeine Schweinerei. Auf der Bühne strahlte der Kerl puren Sex ab. An seinen Fingern steckten goldene Ringe, mit Diamanten besetzt. Protzheini sagten die einen, Rockgott die anderen. Little Richard ist wirklich eine Ausnahmeerscheinung im Rock 'n' Roll gewesen. An den meisten seiner Hits hat er selbst mitgeschrieben. Elvis konnte da nicht mithalten. Wenn Elvis lange hüftlahm war, konnte Little Richard immer noch einen Zahn zulegen. In einigen Filmen spielte Richard mit – immer nur sich selbst. Mit gefletschten Zähnen, das Piano traktierend, grinste er in die Kamera und kreischte – unglaublich. *»Long Tall Sally«* war Anfang 1956 sein erster Top-10-Erfolg weltweit. *»Jenny Jenny«* und *»Keep A Knockin«* 1957 und *»Good Golly, Miss Molly«* 1958 waren weitere Top-10-Hits für ihn in den USA. In GB brachte er noch *»The Girl Can't Help It«* und *»Lucille«* 1957 und *»Baby Face«* 1959 unter die ersten 10. Seine allererste Plattenaufnahme machte er am 16. Oktober 1951. Er sang den Titel *»Get Rich Quick«*. 1986, nachdem er sich lange aus dem Showgeschäft zurückgezogen hatte, spielte er mit in dem Film *»Down And Out in Beverly Hill«* – wieder einmal seine liebste und beste Rolle: Little Richard. Aus diesem Film kam der Titel *»Great Gosh A'Mighty! (It's A Matter Of Time)«*, der sowohl in die amerikanische als auch britische Hitparade kam. 1961 legte er sein Examen in Theologie ab und wurde zum Geistlichen geweiht. Von 1959 bis 1962 und wieder Mitte der 70er Jahre nahm er etliche Gospelplatten auf. 1986 wurde er in die Rock 'n' Roll Hall of Fame aufgenommen. Man kann Little Richard zweifellos als eins der wichtigsten Verbindungsglieder zwischen Rhythm & Blues und Rock 'n' Roll bezeichnen.

Der Hit: *Long Tall Sally*
Der Tip: *22 Classic Cuts* (Ace CDCH 195)

Little River Band

Glenn Shorrock, v (* 30.6.1944); David Briggs, g (* 26.1.1951); Beeb Birtles, g (* 28.11.1948 als Gerard Birtlekamp); Graham Goble, g (* 15.5.1947); Rick Formosa, g; Roger McLaclan, b; George McArdle, b (* 30.11.1954); Derek Pellicci, d; John Farnham, v (* 1.7.1949).

Diese Pop-Rockgruppe wurde 1975 in Australien formiert. Einige Mitglieder hatten vorher in London in der Gruppe Mississippi gespielt. Glenn Shorrock hatte bereits 1965 seine ersten Plattenaufnahmen mit den Twilights gemacht. Von 1969 bis 1971 spielte er mit Axiom, danach machte er etliche Soloplatten. 1975 veröffentlichte die LRB ihr Debüt-Album, das in Australien zum Album des Jahres gewählt wurde. Im April 1976 erhielten sie einen weltweiten Plattenvertrag, der jetzt dafür sorgte, daß man Platten der Band überall kaufen konnte. Ihre erste Hit-Notierung in den USA – der Mainstream-Pop-Rock der Band war für den britischen Markt nicht geeignet – war der Top-30-Erfolg *»It's A Long Way There«*. Mitte 1978 gelang mit *»Reminiscing«* der erste und größte Top-10-Erfolg. *»Lady«*, *»Lonesome Loser«* und *»Cool Change«* 1979, *»The Night Owls«* und *»Take It Easy On Me«* 1981 waren weitere Top-10-Hits in den USA. Es folgten zahllose personelle Änderungen bis 1985. 1987 kehrte Shorrock zurück, und John Farnham startete eine erfolgreiche Solokarriere. 1991 erschien die CD *»Worldwide Love«*. Von den Urmitgliedern waren Shorrock und Goble mit dabei.

Der Hit: *Reminscing*
Der Tip: *Greatest Hits* (Capitol 1C 064-86632)

Liverpool FC

Manchmal hat man den Eindruck, daß Profifußballer nicht richtig ausgelastet sind, denn anders fällt es schwer zu erklären, weshalb immer wieder solche Mannschaften mit Plattenaufnahmen und sogar in den Hitparaden auftauchen. Der Liverpool FC schaffte bisher seit 1977 vier Eintragungen in die britischen Charts, davon eine unter den ersten 10. Mitte 1988 stand *»Anfield Rap (Red Machine In Full Effect)«* auf Platz 3 in GB.

Der Hit: *Anfield Rep (Red Machine In Full Effect)*

Living In A Box

Richard Darbyshire, v/g (* 8.3.1960); Marcus Vere, key (* 29.1.1962); Anthony Critchlow, d.

1987 erschien die Debüt-LP dieses britischen Pop-Trios. Gleich ihre erste Single-

Notierung – Titel gleich Gruppenname – erreichte im Frühjahr 1987 Platz 5 in den GB-Charts, 4 in Deutschland und die ersten 20 in den USA. *»Blow The House Down«* und *»Room In Your Heart«* waren 1989 zwei weitere Top-10-Erfolge in GB. Darbyshire sang zwischenzeitlich auf Jellybeans Album *»Jellybean Rocks The House«* mit.

Der Hit: *Living In A Box*
Der Tip: *Living In A Box* (Chrysalis 258 355)

LL Cool J

* 16.8.1969 als James Todd Smith. Ladies Love Cool James, so der vollständige Bühnenname des amerikanischen Rappers, wurde 1985 in dem Film *»Krush Groove«* gesichtet. Ein Jahr später veröffentlichte er seine erste LP. Mitte 1987 tauchte er mit *»I'm Bad«* erstmals in der amerikanischen und britischen Hitparade auf. *»I Need Love«* war im Herbst 1987 ein Platz 8 in GB, 6 in Deutschland und der einzige Top-10-Erfolg für den coolen James. Der Titel *»I'm That Type Of Guy«* stand Mitte 1989 in den US-Charts, erreichte Platz 15 und wurde Millionseller. Obwohl solche Texte gerade bei Rappern leider keine Seltenheit sind, wurde James speziell in den USA wegen seiner offensichtlichen Frauenfeindlichkeit nicht sonderlich geschätzt. 1993 kam die LP *»14 Shots To The Dome«*, auf der – wie die Plattenfirma sagte – »Street Sound vom feinsten« zu hören sei. »Die 14 auf dem Album enthaltenen Songs weisen den Weg: Rap und Hiphop-Elemente – tanzbar, gnadenlos und cool.« Schöner kann man's nicht sagen.

Der Hit: *I Need Love*
Der Tip: *Mama Said Knock You Out* (DefJam 467315 2)

Lobo

* 31.7.1943 als Roland Kent Lavoie. Der Amerikaner Lobo spielte mit einigen Gruppen zusammen: Rumours, Sugar Beat, Me & The Other Guys und 1961 bei Legends – hier spielten Jim Stafford und Gram Parsons mit. Anfang der 70er Jahre kam er als Solist. *»Me And You And A Dog Named Boo«* erreichte als erster Titel im Frühjahr 1971 die Charts und wurde 5 in den USA, 4 in GB. Mit dem Millionseller *»I'd Love You To Want Me«* schaffte er es im Herbst 1972 auf Platz 2 in den USA, ein Jahr später Platz 1 in Deutschland und Mitte 1974 Platz 5 in GB. Der Erfolg in Deutschland war darauf zurückzuführen, daß das Stück mehrfach in der Krimiserie »Der Kommissar – Sonderbare Vorfälle im Hause des Professor S.« zu hören war. *»Don't Expect Me To Be Your Friend«* war Ende 1972 sein letzter Top-10-Erfolg. Bis zum Ende der 70er Jahre hatte er Pop-Hits, danach tauchte er mehr in den

Country-Hitparaden auf. 1974 hatte er bereits seinen eigenen Verlag gegründet. Zusammen mit zwei anderen Musikern bildete er außerdem die Country-Gruppe Wolfpack.

Der Hit: *I'd Love You To Want Me*
Der Tip: *Greatest Hits* (Curb D2-77302)

Lobo

Holländischer Sänger, der mit einer karibischen Disco Show auf Tournee war und dessen einziger Hit auch genau so hieß: »*The Caribbean Disco Show*« – im Juli 1981 Platz 8 in GB, 18 in Deutschland. Danach versuchte er mit Medleys wie »*Lobo's Gospel Show*« oder »*The Soca Calypso Party*« in die gleiche Kerbe zu hauen, was gründlich mißlang.

Der Hit: *The Caribbean Disco Show*

Lobos, Los

Cesar Rosas, g/v (* 1954); Conrad Lozano, b; David Hidalog, g/v; Steve Berlin, sax; Luis Perez, d.
1974 formierte sich diese Gruppe in Los Angeles. Zwei Jahre probten sie, bevor sie das erstemal öffentlich auftraten. Ihre vorwiegend akustisch gespielte Musik ist eine Mixtur aus Rock 'n' Roll, Rockabilly und mexikanischer Folklore. Die gängige Abkürzung dafür lautet Tex-Mex-Music. 1978 nahmen sie auf eigene Kosten ihr Debüt-Album »*Just Another Band From L. A.*« auf, das sie bei Auftritten an Zuschauer verkauften. Ein Auftritt 1980 im Vorprogramm von Public Image Ltd in Los Angeles mußte nach zehn Minuten abgebrochen werden: das Punk-Publikum konnte mit der Musik nichts anfangen und bewarf Los Lobos mit Flaschen. Ein Gutes hatte das Ereignis dennoch: die Musikindustrie wurde auf die Formation aufmerksam. 1983 erhielten sie einen Plattenvertrag. Ihre erste Hit-Notierung war die interessante Frage »*Will The Wolf Survive?*«. Zwei Jahre später stand »*La Bamba*« auf Platz 1 der amerikanischen und britischen Hitparade, in Deutschland auf Platz 7. Das Stück stammte aus dem gleichnamigen Film, in dem das Leben von Ritchie Valens erzählt wurde, der ebenfalls Amerikaner mexikanischer Abstammung war. Die Gruppe spielte selbst auch im Film mit. »*Come On, Let's Go*«, ebenfalls aus dem Film, wurde noch ein weiterer Single-Erfolg. Danach gelang ihnen erst einmal kein Hit mehr.

Der Hit: *La Bamba*
Der Tip: *La Bamba Soundtrack* (Metronome 828 058 2)

Locklin, Hank

* 15.2.1918. Als Kind arbeitete der amerikanische Country-Sänger, Gitarrist und Songschreiber auf den Baumwollfeldern seiner Heimat Florida, lernte aber auch schon das Gitarrespielen und trat bald bei lokalen Radiostationen und Tanzveranstaltungen auf. Ende der 30er Jahre startete er seine Karriere als Profimusiker und arbeitete in den 40ern für verschiedene Radiostationen. Seinen ersten Hit in den Country-Charts hatte er 1949, 1953 seine erste Nummer 1. Sein größter Erfolg war 1960 der Titel »*Please Help Me, I'm Falling*«: 14 Wochen auf Platz 1 der Country-Charts, Platz 8 in der amerikansichen Pop-Hitparade und 9 in GB. Es war sein erster und einziger Crossover-Hit in den USA. Im selben Jahr wurde Locklin Mitglied der Grand Ole Opry. In GB hatte er bis 1966 noch drei weitere Hit-Notierungen. Eine seiner schönsten Kompositionen ist die Nummer »*Send Me The Pillow You Dream On*«, mit der Johnny Tillotson 1962 und Dean Martin 1965 erfolgreich waren. Locklin zog in den 60er Jahren wieder in seinen Heimatort McLellan zurück und wurde dort zum Bürgermeister gewählt.

Der Hit: *Please Help Me I'm Falling*

Loeb, Caroline

Die Französin wurde Mitte 1987 zur europäischen Sommerüberraschung in allen Diskotheken. »*C'est La Ouate*« erreichte selbst in der Bundesrepublik, in der es französische Platten im allgemeinen recht schwer haben, die Top 10. Der Nachfolge-Hit »*A Quoi Tu Penses?*« schaffte schon nicht einmal mehr den Sprung unter die ersten 60.

Der Hit: *C'est La Ouate*

Logan, Johnny

* 13.5.1955 als Sean Patrick Michael Sherrard O'Hagan in Melbourne. Der Sohn irischer Einwanderer machte noch in Australien mit seinem Bruder Mike und dem gemeinsamen Freund Rob die Band Rob Strong & The Gates. Nach einem erfolglosen Jahr ging Johnny Logan nach Irland, beteiligte sich an einem Talentwettbewerb und erhielt die Hauptrolle in dem Rockmusical »*Adam & Eve*«. Danach erneut eine Rockgruppe, dieses Mal Sean O'Hagan & The Rainbow. Die Band hielt auch nicht lange durch, machte aber einen Produzenten auf den Sänger aufmerksam, dem dann ein Solovertrag angeboten wurde. Der erste große Erfolg kam für Johnny Logan, als er für Irland beim Grand Prix Eurovision startete und 1980 mit »*What's Another Year*« gewann. Die Platte wurde im

Frühjahr 1980 Spitzenreiter in GB, Platz 2 in Deutschland. Danach muß er etliche Probleme mit seinem Manager, seiner Ehefrau und sich selbst gehabt haben. Er verschwand für einige Zeit in die Türkei, und zur Überraschung aller tauchte er 1987 wieder beim Grand Prix mit dem selbstgeschriebenen Lied *»Hold Me Now«* auf, gewann ein zweites Mal und erreichte mit dieser Platte Platz 2 in GB und in Deutschland. Aber auch dieses Mal gelang es ihm nicht, seinen Ruhm über den Grand-Prix-Titel hinaus zu festigen.

Der Hit: *What's Another Year*
Der Tip: *Hold Me Now* (Epic 45 1073 1)

Loggins, Dave

* 10.11.1947. Der amerikanische Sänger und Gitarrist ist ein Cousin von Kenny Loggins und im Gegensatz zu ihm ein echtes One-Hit-Wonder. Mit dem zugegebenermaßen sehr schönen Titel *»Please Come To Boston«* gelang ihm Mitte 1974 ein Platz 5 in der amerikansichen Pop-Hitparade. Der Nachfolge-Titel *»Someday«* kam nicht einmal mehr unter die ersten 50. Als Studiomusiker ist Dave auf Platten von Anne Murray, Jimmy Buffett, Crystal Gayle oder Bobby Bare zu hören.

Der Hit: *Please Come To Boston*
Der Tip: *Apprentice (In A Musical Workshop)* (Epic 80 622)

Loggins, Kenny

* 7.1.1947. Der amerikanische Pop- und Rocksänger, Gitarrist und Songschreiber machte mit den erfolglosen Gruppen Gator Creek und Second Helping seine ersten Plattenaufnahmen. Nachdem er 1969 mit der schon nicht mehr erfolgreichen Band Electric Prunes getourt war, wurde er fest angestellter Songschreiber. Er erhielt 100 Dollar die Woche. 1971 schrieb er die Nummer *»House At Pooh Corner«*, die ein Hit für die Nitty Gritty Dirt Band wurde. Nach diesem Erfolg erhielt Kenny einen Plattenvertrag als Solist. Das ehemalige Buffalo-Springfield- und Poco-Mitglied Jim Messina wurde als Produzent für Kenny verpflichtet. Die beiden entschlossen sich jedoch, ein Duo zu gründen, das in den folgenden vier Jahren zusammen spielte. Nach der Trennung machten beide als Solisten weiter, wobei Kenny erfolgreicher war. Sein erster Top-10-Erfolg war im Sommer 1978 *»Whenever I Call You Friend«*, Platz 5 in den USA. Bei dieser Nummer sang Stevie Nicks von Fleetwood Mac. Mit *»I'm Alright«*, dem Thema aus dem Film *»Caddyshack«* hatte er Mitte 1980 einen weiteren Top-10-Erfolg. Im Januar 1984 brachte er *»Footloose«* aus dem gleichnamigen Film an die Spitze der amerikani-

schen Hitparade, auf Platz 6 in GB und auf 4 in Deutschland. Auch seine beiden weiteren Top-10-Hits waren Titel, die aus Filmen stammten: »*Danger Zone*« 1986 aus »*Top Gun*« und »*Nobody's Fool*« 1988 aus »*Caddyshack II*«.

Der Hit: *Footloose*
Der Tip: *Nightwatch* (CBS 82 665)

Loggins & Messina

Kenny Loggins, v/g (* 7.1.1947); Jim Messina, v/g (* 5.12.1947).
Der Amerikaner Jim Messina spielte von September 1967 bis Mai 1968 bei Buffalo Springfield Baß, um dann mit Richie Furay im August 1968 Poco zu gründen. Jim blieb bis November 1970 und wurde dann Produzent für CBS. Diese Firma hatte, nachdem er den Hit »*House At Pooh Corner*« für die Nitty Gitty Dirt Band geschrieben hatte, den Sänger und Songschreiber Kenny Loggins als Solokünstler unter Vertrag genommen. Messina sollte die erste LP von Loggins betreuen, doch die Zusammenarbeit wurde dermaßen intensiv, daß sie dann als Kenny Loggins With Jim Messina veröffentlicht wurde. Ende 1972 gelang den beiden mit »*Your Mama Don't Dance*« ein Millionseller und Platz 4 in der amerikanischen Hitparade. Nach diesem Hit wurden weitere gemeinsame Projekte als Loggins & Messina veröffentlicht, ein Top-10-Erfolg gelang ihnen jedoch nicht mehr. Im November 1976 trennten sie sich und versuchten sich beide als Solisten. Messina mit weniger, Loggins mit mehr Erfolg. Als sich im Januar 1989 die Urformation von Poco wieder zusammenfand, war auch Jim Messina mit dabei.

Der Hit: *Your Mama Don't Dance*
Der Tip: *The Best Of Friends* (CBS CK 34388)

Lolita

* 17.1.1931 als Ditta Zuser, verh. Einzinger. Die Österreicherin war Kindergärtnerin und kaufmännische Sachbearbeiterin, bevor sie in Linz erstmals im Radio sang und als Schlagersängerin entdeckt wurde. 1957 gab sie ihren bürgerlichen Beruf auf und widmete sich nur noch dem Gesang. Im gleichen Jahr hatte sie die Nummer »*Der weiße Mond von Maratonga*« auf Platz 2 in den deutschen Charts. 1958 hatte sie vier Top-10-Erfolge: »*Addio Amigo*«, »*Mexicano*«, »*Eine blaue Zauberblume*« und »*Manakoora*«. Im Frühjahr 1960 gelang ihr dann mit »*Seemann (Deine Heimat ist das Meer)*« ein Millionseller und Platz 2 in Deutschland, 5 in den USA. Wie ihr Landsmann Freddy Quinn wurde nun auch Lolita auf Seemannslieder festgelegt. Ihr letzter Top-10-Erfolg war Mitte 1961 »*Über alle sieben Meere*«. Nach 1966 gelang ihr kein Hit mehr, dafür moderierte sie ab 1967

über 50 Sendungen der Reihe »Im Krug zum Grünen Kranze« beim SR. In Österreich blieb sie ein gefeierter Star und veröffentlichte bis in die 90er Jahre Platten.

Der Hit: *Seemann (Deine Heimat ist das Meer)*

Lombardo, Guy

* 19.6.1902, † 5.11.1977. Der kanadische Orchesterchef gründete zusammen mit seinen Brüdern Carmen und Lebert 1924 eine eigene Band, die sich Guy Lombardo & His Royal Canadians nannte. Später kam als vierter Bruder noch Victor zur Band. Guy war der Leader, Carmen spielte Saxophon und sang. Bis 1955 hatten die Brüder über 100 Millionen Platten verkauft, brachten es auf insgesamt 218 Hit-Notierungen und standen in der US-Hitparade 26mal auf Platz 1! Der erste Hit, *»Charmaine«*, stand Ende 1927 sieben Wochen an der Spitze und war 1951 ein Millionseller für Mantovani. Im Laufe der Jahre wurde die Band in ganz Nordamerika fester Bestandteil des Silvesterabends: Sie spielte im Radio. Das neue Jahr war in greifbarer Nähe, wenn Guy Lombardo mit dem Titel *»Auld Lang Syne«* begann – in die Hitparade kam er mit diesem Titel jedoch nie. Und weil alle Amerikaner und Kanadier ihn mochten, machte er für sie »the sweetest music this side of heaven«. Zu seinen größten Hits nach *»Charmaine«* gehörten z. B. Spitzenreiter wie *»You're Driving Me Crazy«* 1930, *»We Just Can't Say Goodbye«* 1932, *»Stars Fell On Alabama«* 1934, *»Red Sails In The Sunset«* 1935, *»Boo Hoo«*, *»September In The Rain«* und *»It Looks Like Rain In Cherry Blossom Lane«* 1937 und *»The Third Man Theme«* 1950. Alle genannten Titel standen zumindest einen Monat oder auch länger auf Platz 1 in den USA. Guy starb am 5.11.1977, sein Bruder Carmen am 17.4.1971.

Der Hit: *Third Man Theme*
Der Tip: *The Best Of* (MCA 2-4041)

London, Julie

* 26.9.1926 als Julie Peck. Als Teenager sang die Amerikanerin in verschiedenen West-Coast-Bands. Ihr Aussehen verschaffte ihr 1944 einen Filmvertrag. Im gleichen Jahr war sie in dem Streifen *»Jungle Woman«* zu sehen. Neben vielen anderen Rollen spielte sie 1956 in *»The Girl Can't Help It«*. 1955 hatte sie ihre erste LP, *»Julie Is Her Name«*, auf der sie lediglich begleitet durch Baß und Gitarre romantische Liebeslieder sang, veröffentlicht. Darauf war auch ihr einziger Top-10-Erfolg *»Cry Me A River«* aus demselben Jahr, den sie dann in oben genanntem Film sang. In erster Ehe war sie von 1945 bis 1953 mit dem Schauspieler,

Produzenten und Regisseur Jack Webb verheiratet. Später heiratete sie den TV-Schauspieler Bobby Troup, der ihr Co-Star in der Fernsehserie *»Emergency«* wurde. Schon während der späten 50er und frühen 60er Jahre hatte Julie in etlichen Serien mitgespielt.

Der Hit: *Cry Me A River*
Der Tip: *Best 20* (Liberty CP 32-5293)

London, Laurie

* 19.1.1944. Der britische Kinderstar hatte mit *»He's Got The Whole World In His Hand«* Ende 1957 Platz 12 in GB, 1 in den USA und 5 in Deutschland. Daraufhin ging Laurie von der Schule ab, um eine Gesangskarriere zu machen und nahm weitere Pop/Gospel-Singles auf. Um seinen Sohn richtig managen zu können, kündigte der Vater seinen Job. Trotz dieses hohen Einsatzes gelangen ihm keine weiteren Erfolge mehr. Für den deutschen Markt nahm er Titel wie *»Wild und heiß«*, *»Mandolino Pling Plang Plong«* oder *»Schenk mir einen Traum«* auf, die alle floppten. Heute arbeitet Laurie London in der Textilindustrie.

Der Hit: *He's Got The Whole World In His Hands*
Der Tip: *He's Got The Whole World In His Hands* (Bear Family BFX 15133)

Londonbeat

Jimmy »Chirpy« Chambers, v (* 20.1.1946); George Chandler, v; Jimmy »Helmsy« Helms, v/g (* 1944); William »Willy« M., g (* als William Henshall).
Dave A. Stewart, der mit den Eurythmics und seinen vielen anderen Projekten offensichtlich zeitlich nicht ausgelastet war, gründete 1988 seine eigene Plattenfirma Anxious. Eine seiner ersten Bands, die er unter Vertrag nahm, war Londonbeat. 1987 war die Gruppe als Beat Jockeys gegründet worden, drei der Mitglieder – Chambers, Helms und Chandler – hatten gesanglich Paul Young unterstützt. Ihren ersten Hit hatte die Band im November 1988 mit *»9 A.M. (The Comfort Zone)«*, im Herbst 1990 gelang ihnen der Superhit *»I've Been Thinking About You«*, der es in GB auf Platz 2, in Deutschland und den USA auf Platz 1 brachte. Mitte 1992 gelang ihnen mit *»You Bring On The Sun«* zumindest in GB ein weiterer Top-10-Erfolg. Jimmy Helms hatte übrigens schon Hits vor seiner Zeit mit Londonbeat. 1973 war ihm in GB der Top-10-Erfolg *»Gonna Make You An Offer You Can't Refuse«* gelungen.

Der Hit: *I've Been Thinking About You*
Der Tip: *In The Blood* (RCA ZD 74 810)

London Boys

Edem Ephraim, v (* 1.7.1963), Dennis Fuller, v (* 19.6.1963).
Das britische Duo wurde in Deutschland entdeckt und produziert. Daß die beiden in Hamburg wohnen, versuchten sie in Interviews möglichst immer zu verschweigen. Sie wollten nicht als deutsche Disco-Truppe abgetan werden. Ihre erste Platte, »*Requiem*«, kam Ende 1988 in die britischen Charts und belegte Platz 59. Vier Monate später schaffte sie einen Re-Entry und belegte nun Platz 4. Die Nachfolge-Single »*London Nights*« kam Mitte 1989 in die GB-Charts und wurde Platz 2. Mit diesem Titel wurden sie erstmals auch in Deutschland verzeichnet: auf 24. Mit dem Anfang der 90er Jahre ließ der Erfolg des Duos nach.

Der Hit: *London Nights*
Der Tip: *The 12 Commandments Of Dance* (Teldec 246 036-2ZP)

Long, Johnny

* 1916, † 31.10.1972. Das außergewöhnlichste an Johnny war die Tatsache, daß er linkshändig Geige spielte. Ab 1937 begann seine Profikarriere mit einer eigenen Band. Ab 1941 wurde er in den US-Charts verzeichnet. Im Januar 1943 gelang ihm mit »*Why Don't You Fall In Love With Me?*« der erste Top-10-Erfolg. »*My Dreams Are Getting Better All The Time*« aus dem Film »*In Society*« erreichte im Frühjahr 1945 Platz 3 in den USA und wurde sein größter Hit. Johnny war bis in die 50er Jahre erfolgreich, zog sich dann langsam aus dem Musikgeschäft zurück.

Der Hit: *My Dreams Are Getting Better All The Time*

Long, Shorty

* 20.5.1940 als Frederick Earl Long, † 29.6.1969. Der amerikanische Pianist, Sänger und Songschreiber machte 1962 seine ersten Platten. Sein einziger nennenswerter Erfolg war die Novelty-Nummer »*Here Comes The Judge*«, die es Mitte 1968 auf Platz 8 in den USA, 30 in GB und 38 in Deutschland brachte. Möglich, daß seine Karriere noch weiter gegangen wäre, aber Mitte 1969 ertrank er bei einem Bootsunglück auf dem Detroit River in Kanada.

Der Hit: *Here Comes The Judge*

Look

»I Am The Beat« war im Dezember 1980 ein Platz 6 in GB mit dieser britischen Formation, der mit *»Feeding Time«* im August 1981 noch ein Platz 50 in GB gelang und dann nichts mehr. Die Band hinterließ keinerlei weitere Spuren.

Der Hit: *I Am The Beat*

Looking Glass

Elliot Lurie, v/g (* 19.8.1948); Larry Gonsky, key; Pieter Swerval, b; Jeffrey Grob, d. 1969 wurde diese amerikanische Band als Rockgruppe gegründet. Danach wurden sie in ihrem Stil etwas seichter. Nachdem sie bei Motown und Rolling Stones Records Plattenverträge hatten, die nichts brachten, verbuchten sie Mitte 1972 auf Epic Records ihren ersten und einzigen Erfolg: *»Brandy (You're A Fine Girl)«* wurde Spitzenreiter in den USA. Ein Jahr später gelang ihnen mit *»Jimmy Loves Mary-Anne«* noch ein Top-40-Eintrag. Als sie nach ihrem Spitzenreiter auf Tour gingen, enttäuschten sie das Publikum, da *»Brandy«* absolut untypisch für ihre Live-Auftritte war. Sie spielten normalerweise viel härtere Sachen, als dieser Hit ahnen ließ. Bald darauf trennte sich die Formation, und Lurie versuchte sich erfolglos als Solist. Später wurde er Produzent vor allem für Filmmusik, so z. B. für *»Perfect«* mit Jamie Lee Curtis und John Travolta.

Der Hit: *Brandy (You're A Fine Girl)*
Der Tip: *Looking Glass* (Epic 65 041)

Lopez, Trini

* 15.5.1937 als Trinidad Lopez III. Seine Mixtur aus Tex-Mex, Folk und Happy Time Music brachte ihm Mitte 1963 einen weltweiten Erfolg: *»If I Had A Hammer«* erreichte Platz 3 in den USA, 4 in GB, 2 in Deutschland. Speziell in den gerade aufkommenden Diskotheken in den USA war diese Nummer, die ursprünglich ein Protest-Folksong von Pete Seeger war, erfolgreich. Der amerikanische Plattenproduzent Don Costa hatte den Sänger und Gitarristen entdeckt, als er im berühmten PJ's Nachtclub in Los Angeles spielte. Er verschaffte ihm einen Plattenvertrag auf dem Frank-Sinatra-Label Reprise. Einen weiteren Top-10-Erfolg hatte Lopez nur noch in Deutschland. Hier kam seine Version von *»America«* Ende 1963 auf Platz 3. 1966 spielte er in »Das dreckige Dutzend« neben Lee Marvin, Ernest Borgnine, Charles Bronson, John Cassavetes und Robert Ryan die Rolle des Pedro Jiminez. Lopez gehört zu den Künstlern, die live immer am besten sind. So entstanden viele seiner LPs während Auftritten in

Clubs, und auch seine beiden Top-10-Hits sind live eingespielt. Seine erfolgreichste Studio-Single-Produktion war der Titel *»Lemon Tree«*, der im Januar 1965 in den USA Platz 20 und in Deutschland Platz 38 wurde. Bis Ende der 70er Jahre nahm er weitere Platten auf, während der 80er sang er hauptsächlich in Las Vegas.

Der Hit: *If I Had A Hammer*
Der Tip: *Le Plus Beaux Succès* (Reprise 2292-41952-2)

Lor, Denise

Die amerikanische Sängerin brachte es genau auf eine Hit-Notierung: *»If I Give My Heart To You«*, begleitet von Joe Candulo und seinem Orchester, wurde im September 1954 Platz 8 in den USA. Dieser Erfolg war sicher zurückzuführen auf ihre Popularität, die sie durch ihre Arbeit im Fernsehen genoß. Anfang der 50er Jahre spielte sie für zwei Jahre in der *»Garry Moore Show«* mit. 1951 gehörte sie zum Ensemble von *»Seven At Eleven«* und 1954 zum Rateteam in der Quizshow *»Droodles«*.

Der Hit: *If I Give My Heart To You*

Lorain, A'Me

* 1968. A'Me sang zusammen mit ihrem Verlobten Victor Indrizzo und ihrem Bruder Fred Trujillo in der Gruppe Family Affair. Im Januar 1990 erschien ihre Debüt-Single *»Whole Wide World«* aus dem Film *»True Love«*. Der Film wurde ein Flop, die Platte kletterte in den US-Charts bis auf Platz 9. Mit *»Follow My Heartbeat«* hatte sie noch eine weitere Hit-Notierung.

Der Hit: *Whole Wide World*

Lords

Lord Ulli, g (* 24.7.1942 als Ulli Günther); Klaus Peter »Leo« Lietz, g (* 31.12.1943); Rainer Petry, g (* 5.7.1944); Knut Kuntze, b; Bernd Zamulo, b (* 16.8.1944); Peter »Max« Donath, d (* 11.8.1944).
Die Lords kamen 1959 als Skiffle Lords zusammen, was ein deutlicher Hinweis auf ihren damaligen Musikstil ist. Ab 1963 nannten sie sich nur noch Lords und konzentrierten sich auf an britischem Beat orientierte Musik. In der Besetzung Günther, Lietz, Petry, Kuntze und Donatz gewannen sie im legendären Hamburger Star-Club im September 1964 bei einem Wettbewerb unter dem Motto »Wer spielt so wie die Beatles?« den ersten Preis: einen Plattenvertrag. Ihre

Debüt-Single nahmen sie noch in deutscher Sprache auf. Nach einem schweren Autounfall mußte Knut Kuntze im Februar 1965 ersetzt werden. Für ihn kam zunächst Heinz Hegemann und ab August 1965 Bernd Zamulo. Ihre erste Hit-Notierung hatten sie im August 1965, nachdem sie sich auf englischsprachige Aufnahmen verlegt hatten, mit *»Shakin' All Over«*, im Original ein Titel von Johnny Kidd & The Pirates. Die Lords erreichten Platz 11. Zwei Monate später erschien *»Poor Boy«*, geschrieben von Peter Lietz, auf Platz 12 in Deutschland. Hier lernten wir dann, daß er direkt nach seiner Geburt weder sprechen noch gehen konnte. Den größen Erfolg hatten die Lords im Herbst 1967 mit der Lonnie-Donegan-Nummer *»Gloryland«*, mit der sie Platz 5 erreichten. Wenn sie inzwischen auch als arrivierte deutsche Beatband galten, so kann man an Aufnahmen wie *»Greensleeves«*, *»Lost John«*, *»Seven Daffodils«* oder *»Have A Drink On Me«* die Skiffle-Vergangenheit der Formation heraushören. Mit Beginn der 70er Jahre verschwanden die Lords aus den Hitparaden. Mitglieder wechselten, und die Band war zeitweise ganz aufgelöst. Regelmäßig kamen sie jedoch wieder für Oldie-Konzerte zusammen.

Der Hit: *Gloryland*
Der Tip: *Gold Collection* (EMI CDP 7 90063 2)

Loring, Gloria

Wieder einmal eine amerikanische TV-Größe, die es auch ins Plattengeschäft drängte. Gloria spielte in der Fernsehseifenoper *»Days Of Our Lives«* die Rolle der Liz Curtis. Carl Anderon war ebenfalls Schauspieler, der allerdings auch schon Erfolge als Sänger hatte. Am Broadway und im Film spielte er in der Rockoper *»Jesus Christ Superstar«* den Judas. 1984 tauchte er mit dem Titel *»Magic«* in der amerikanischen Rhythm-&-Blues-Hitparade auf. *»Friends And Lovers«* kam mit Gloria und Carl im Juli 1986 in die amerikansiche Pop-Hitparade und erreichte Platz 2. Es blieb ihr einziger Erfolg. Auch Solo-Aktivitäten der beiden – sollte es sie gegeben haben – zeichneten sich nicht in den Hitparaden ab.

Der Hit: *Friends And Lovers*

Lou & The Hollywood Bananas

Der Belgier Lou Deprijk war Mitglied der Formation Two Men Sound und Produzent von Plastic Bertrand. Im Herbst 1979 nahm er zusammen mit zwei nicht genannten Sängerinnen den französischen Titel *»Kingston Kingston«* auf, der in Deutschland bis auf Platz 6 kam. Lou bezeichnete ihn als ersten Versuch, französischen Reggae zu machen. Ob er in Frankreich oder Belgien weitere Erfolge hatte, weiß man nicht. In Deutschland jedenfalls blieb es bei diesem einzigen Hit.

Der Hit: *Kingston Kingston*
Der Tip: *Greatest Hits* (Hansa 202 456-320)

Louis, Lil

Der aus Detroit stammende Diskjockey hatte einen der Dancefloor-Hits des Sommers 1989: das mit stumpfsinnigem Rhythmus unterlegte Liebesgestöhn *»French Kiss«* wurde Platz 2 in GB. Die Platte schien genau den Nerv der isolierten Diskothekengänger getroffen zu haben, die so zumindest den Eindruck zwischenmenschlicher Intimität akustisch »genießen« konnten, ohne sich selbst mit anderen Menschen beschäftigen zu müssen. Auch weitere Platten von Louis waren musikalisch und textlich eher schlichter Natur.

Der Hit: *French Kiss*

Love Affair

Steve Ellis, v (* 7.4.1950); Morgan Fisher, key (* 1.1.1950); Lynton Guest, key; Mick Jackson, b; Rex Brayley, g; Maurice Bacon, d.
Angeblich ließ ein Damenhandtaschenhersteller namens Sidney Bacon in Musikblättern Musiker suchen, die er zu einer Band zusammenstellen wollte. 10 000 Pfund wollte er an Vorschuß zahlen, 500 Pfund für die Bühnenkleidung und 30 Schilling pro Nacht, Roadie inbegriffen. Es meldeten sich die oben genannten Musiker mit Ausnahme von Lynton Guest, der Morgan Fisher für kurze Zeit ablöste. Die Gruppe nahm einen Hit des Amerikaners Robert Knight, *»Everlasting Love«*, auf und machte daraus ihre erste Single, die im Januar 1968 in die britische Hitparade kam und Spitzenreiter wurde. Viele Jahre später erzählte Produzent Mike Smith, außer dem Leadsänger Steve Ellis sei damals bei der Aufnahme des Titels kein Mitglied von Love Affair auch nur in der Nähe des Studios gewesen. Sie waren ihm einfach zu schlecht, und so stellte er dem Sänger Studiomusiker zur Seite. Die oben erwähnte Geschichte könnte natürlich auch so sein, daß Sidney Bacon um seinen Sohn Maurice Musiker gesucht hatte, damit aus dem ein erfolgreicher Musiker würde. *»Rainbow Valley«* und *»A Day Without Love«* 1968 und *»Bringing On Back The Good Times«* 1969 waren noch drei weitere Top-10-Erfolge, bevor sich die Band 1970 auflöste. Steve Ellis blieb weiter im Musikgeschäft. Er gründete die Formation Ellis, mit der er zwei LPs aufnahm, und war seit

1976 bei den Widowmakers. Fisher spielte später mit den British Lions, Mott The Hoople und machte auch Solo-LPs. Bacon wurde Musikverleger.

Der Hit: *Everlasting Love*
Der Tip: *The Golden Era Of Pop Music* (CBS S 68255)

Love & Rockets

David Jay, v/b/key; Daniel Ash, v/g/key; Kevin Haskins, d/key.
1983 war die britische Band Bauhaus auseinandergefallen. Peter Murphy begann eine Solokarriere. Ash und Haskins arbeiteten als Tones On Tail, Jay spielte mit Jazz Butcher. Weihnachten 1985 kamen Jay, Ash und Haskins wieder zusammen und gründeten Love & Rockets. 1987 stand ihre LP »*Express*« auf Platz 72 in den US-Charts. Überhaupt kristallisierte sich heraus, daß Love & Rockets auf dem amerikanischen Markt sehr viel erfolgreicher werden würden als in GB. Im Frühjahr 1989 kam eine weitere LP in die US-Charts und erreichte Platz 14. Im August des gleichen Jahres wurde daraus »*So Alive*« ausgekoppelt und erreichte Platz 3 der amerikanischen Single-Charts. Begünstigt wurde der Hit durch ein professionell gemachtes Video, in dem sehr viel Bein gezeigt wurde. 1991 erschien eine Soloplatte von David Jay.

Der Hit: *So Alive*
Der Tip: *Love And Rockets* (RCA PD 90 344)

Loverboy

Mike Reno, v (* 8.1.1955); Paul Dean, g; Doug Johnston, key; Scott Smith, b; Matthew Frenette, d.
Diese kanadische Band wurde 1978 gegründet. Im Januar 1981 erreichte »*Turn Me Loose*« als erste Single der Band die US-Charts. Der erste Top-10-Erfolg war Mitte 1985 »*Lovin' Every Minute Of It*«. Ein weiterer gelang im Januar 1986 mit »*This Could Be The Night*«. Loverboy dürfte man auch eher als LP-Gruppe zählen. Am besten verkaufte sich die LP »*Get Lucky*«, die Ende 1981 erschien und mehr als 3 Millionen mal abgesetzt wurde. Als typische Mainstream-Rockband hatte die Gruppe keinen Erfolg in GB. Der Sänger Mike Reno nahm im Duett mit Ann Wilson von der ebenfalls aus Kanada stammenden Formation Heart das Stück »*Almost Paradise ... Love Theme From Footlosse*« auf und hatte damit Mitte 1984 Platz 7 in den USA. Ende der 80er Jahre löste sich die Band auf.

Der Hit: *Lovin' Every Minute Of It*

Love Sculpture

Dave Edmunds, g (* 15.4.1944); John Williams, b; Tommy Riley, d; Bob »Congos« Jones, d.
Zusammen mit der Gruppe Human Beans machte der britische Gitarrist, Sänger und Songschreiber Dave Edmunds 1967 seine erste Platte mit dem Titel *»Morning Dew«*. Im Frühjahr 1968, nachdem die Single ein Flop war, änderten sie ihren Namen in Love Sculpture. Ende desselben Jahres gelang ihnen mit dem *»Sabre Dance«* von Khatchaturian ein Platz 5 in GB, Platz 28 in Deutschland. Im Laufe des Jahres verließ Tommy Riley die Band, für ihn kam Bob Jones. Die Band fiel bald darauf, im Frühjahr 1969, auseinander. Dave Edmunds war danach als Solist erfolgreich.

Der Hit: *Sabre Dance*
Der Tip: *The Early Edmunds* (EMI CDS 7 96717 2)

Love Unlimited Orchestra

Das aus 40 Personen bestehende Studioorchester wurde von Barry White dirigiert, der auch für die Arrangements verantwortlich war. Ursprünglich sollten die Musiker nur die Platten des Mädchentrios Love Unlimited begleiten, das es mit *»Walkin' In The Rain With The One I Love«* im Frühjahr 1972 auf einen Millionseller und Platz 14 brachte. Auf der Nummer war auch Barry Whites Stimme zu hören, allerdings nur am Telefon. Auch auf Singles von Barry White selbst spielte das Orchester mit. Ein eigener Hit gelang dem Love Unlimited Orchestra Ende 1973 mit *»Love's Theme«*: Spitzenplatz in den USA, Platz 10 in GB, 22 in Deutschland. 1977 spielten sie das Thema zum Dino-De-Laurentis-Film »King Kong«. Ein Mitglied des Orchesters wurde später als Solist erfolgreich: Saxophonist Kenny G.

Der Hit: *Love Theme*
Der Tip: *Just For You* (Mercury 314 514 143-2)

Lovich, Lene

* 30.3.1954 als Marlene Premilovich in Detroit mit englischer Mutter und jugoslawischem Vater. Im Alter von 13 kehrte sie mit ihrer Mutter nach GB zurück. 1979 erschien ihre erste Platte: *»Lucky Number«* wurde gleich ein Platz 3 in GB. Es blieb der größte Erfolg von Lene, die von der englischen Presse als Horrormieze, als Mischung aus Rapunzel und Rosenrot oder aber auch als

Lene Lovich *(Stiff)*

erfrischender Nicht-Routinier bezeichnet wurde. Zumindest gab sie vielen Mut, es doch auch einmal mit Popmusik zu versuchen und Songs zu schreiben.

Der Hit: *Lucky Number*
Der Tip: *Stateless* (Stiff 6.23653)

Lovin' Spoonful

John Sebastian, v/g/harm (* 17.3.1944); Zal Yanovsky, g/v (* 19.12.1944); Steve Boone, b/v (* 23.9.1943); Joe Butler, d/v (* 19.1.1943); Jerry Yester, key.

Die amerikanische Band wurde von John Sebastian 1965 gegründet. Die Gruppe spielte eine fröhliche Mischung aus Country- und Folk-Music mit einem leichten Flower-Power-Touch. Die Aufnahme *»Do You Believe In Magic«* war im August 1965 die erste Platte von Lovin' Spoonful, die in den USA notiert und auch gleich ein Top-10-Erfolg wurde. Es folgten immer im Dreimonatsrhythmus *»You Didn't Have To Be So Nice«*, *»Daydream«*, *»Did You Ever Have To Make Up Your Mind?«* und schließlich im Sommer 1966 *»Summer In The City«*. Diese Platte wurde Millionseller, Spitzenreiter in den USA, Platz 8 in GB und 5 in Deutschland. Mit *»Rain On The Roof«* und *»Nashville Cats«*, beide 1966, kamen die letzten beiden Top-10-Erfolge. Nach sieben weiteren Hit-Notierungen in den USA löste sich die Gruppe 1968 auf. Zal Yanovsky verließ die Gruppe bereits 1967 und versuchte sich als Solist. Er wurde durch Jerry Yester ersetzt. Nach dem Ende von Lovin' Spoonful wurde John Sebastian erfolgreicher Songschreiber und Solokünstler.

Der Hit: *Summer In The City*
Der Tip: *The Lovin' Spoonful Kama Sutra Box* (Kama Sutra TECP-98904-7)

Low, Bruce

* 26.3.1913 als Ernst Bjelke, † 4.3.1990 in München. Nachdem er einen Großteil seiner Jugend in Holländisch-Guayana verbracht hatte, kam er zurück in die Niederlande und nahm ein Sportstudium auf. Nach einem Sportunfall 1934 sattelte er auf Musik um. Er studierte eine Zeitlang in Berlin. Wieder in Holland, sang er im Niederländischen Kammerchor. Nach dem Krieg versuchte er sich als Unterhaltungskünstler, vornehmlich mit Hillbilly-Songs und Spirituals. Es folgten erste Radio-Auftritte und Engagements für Galas und bunte Abende in Holland. Bruce Low trat in bester Al-Jolson-Manier als Schwarzer verkleidet vor das Publikum. Mit diesem Programm war er 1949 in Wien engagiert und erhielt dort ein Angebot für einen Schallplattenvertrag. Noch in Wien wurden 1949 die ersten Plattenaufnahmen gemacht. Dazu gehörten *»Riders In The Sky«* in englischer und *»Heimweh nach Virginia«* in deutscher Sprache. Im November 1950 nahm er *»Leise rauscht es am Missouri«* auf und hatte damit seinen ersten Erfolg in Deutschland. 1953 hatte er zwei große Hits: *»So viel Wind und keine Segel«* und *»Tabak und Rum«*. Ein großer Erfolg 1955 war *»Das alte Haus von Rocky Docky«*. 1956 – inzwischen gab es die Hitparade – belegte er Platz 3 in Deutschland mit *»Wenn die Sonne scheint in Texas«* und Platz 2 mit *»Es weht der Wind«*. Nach 1957 schien die Karriere von Bruce Low beendet, da tauchte er 1971 mit dem Stück *»Noah«* auf und erreichte Platz 5. 1974 *»Das Kartenspiel«* und 1978 *»Die Legende von Babylon«* waren weitere Top-10-Erfolge.

Der Hit: *Das alte Haus von Rocky Docky*
Der Tip: *12 Uhr mittags* (Bear Family BCD 15511)

Lowe, Jim

* 7.5.1927. Der amerikanische Sänger, Songschreiber und Diskjockey schrieb für Rusty Draper den Song »*Gambler's Guitar*«, der in der deutschen Version »*Der lachende Vagabund*« für Fred Bertelmann 1957 ein Spitzenreiter war. Jim selbst war erfolgreich im Herbst des Jahres 1956 mit dem Titel »*The Green Door*«, der in den USA Platz 1, in GB 8 und in Deutschland 15 wurde. 1981 wurde es wieder ein Spitzenreiter mit Shakin' Stevens. 1957 hatte Jim noch vier weitere Hit-Notierungen in den USA. Danach arbeitete er weiter als Diskjockey.

Der Hit: *The Green Door*

Lowe, Nick

* 25.3.1949. Der britische Bassist, Sänger und Songschreiber gründete zusammen mit dem Gitarristen Brinsley Schwarz 1965 Kippington Lodge, die in den darauffolgenden Jahren fünf Singles veröffentlichten, die alle nicht in die Hitparaden kamen. Im Oktober 1969 entschlossen sich Nick und Brinsley, die Gruppe in Brinsley Schwarz umzubenennen. Es erschienen vier LPs, die ebenfalls keine kommerziellen Knüller wurden. Im März 1975 trennte sich die Gruppe. Nick wurde Produzent von Kursaal Flyers, Dr. Feelgood und Graham Parker. Unter den Pseudonymen Disco Brothers und Tartan Horde veröffentlichte er zwei Singles – ohne Erfolg. Im August 1976 erschien seine erste Solo-Single – man ahnt es bereits: ohne Erfolg. In der Folge produzierte er Damned, Elvis Costello, die Clovers – zu diesem Zeitpunkt war Huey Lewis Mitglied der Gruppe – und Dave Edmunds. 1976 war er Mitbegründer von Stiff Records und gehörte zu den Pionieren des Punk. Im Juli 1977 wurde Nick Mitglied in Edmunds' Gruppe Rockpile. Nebenher versuchte er sich weiter an einer Solokarriere. Ab 1978 gelangen ihm endlich Hits: »*I Love The Sound Of Breaking Glass*« wurde im Frühjahr Platz 7 in GB, »*Cruel To Be Kind*« kam im Sommer in GB und in den USA auf Platz 12. Verheiratet ist Lowe mit Carlene Carter, der Stieftochter von Johnny Cash. Wie Mickey Jupp, den er auch produzierte, Graham Parker, Elvis Costello, Ian Dury oder Dave Edmunds gehört auch Nick Lowe zu den Fans von Chuck Berry, was man etlichen seiner Produktionen deutlich anhört. Lowe nimmt immer noch eigene Platten auf, die jedoch kommerziell nicht erfolgreich sind. Sehr schön sind z. B. seine Titel »*I Knew The Bride (When She Used To Rock 'n' Roll)*« oder »*All Men Are Liars*«. Als Produzent ist er nach wie vor anerkannt, und 1992 kam er mit Ry Cooder, Jim Keltner und John Hiatt für das Projekt Little Village zusammen, das eine hervorragende LP veröffentlichte.

Der Hit: *I Love The Sound Of Breaking Glass*
Der Tip: *Best Of* (Demon Fiend CD 142 TIS)

L.T.D.

Jeffrey Osborne, v (* 9.3.1948); Carle Vickers, tr; Jimmie Davis, org/p/syn; Henry Davis, b; Billy Osborne, syn; Lorenzo Carnegie, sax; Johnny McGhee, g; Alvino M. Bennett, d; Jake Riley, pos; Abraham Miller, sax; Leslie Wilson, v; Andre Ray, v.
Diese amerikanische Rhythm-&-Blues-Funk-Formation, deren Gruppenname für Love, Togetherness and Devotion steht, erzielte 1976 mit *»Love Ballad«* ihren ersten Top-20-Erfolg in den USA. Ende 1977 kam der Millionseller *»(Everytime I Turn Around) Back In Love Again«* auf Platz 4 in der amerikanischen Hitparade. Bis 1980 hatte die Band noch drei weitere Hit-Notierungen. Dann verließ Jeffrey Osborne die Gruppe und startete eine Solokarriere, die 1982 mit dem ersten Top-40-Hit begann und bis in die 90er Jahre reichte. Als Ersatz für ihn kamen Leslie Wilson und Andre Ray.

Der Hit: *(Everytime I Turn Around) Back In Love Again*
Der Tip: *Something To Love* (A&M AMLH 64646)

Lukas-Trio

Offensichtlich konnten sich 11 Jahre nach Kriegsende schon viele mit dem, was sie hatten, nicht mehr begnügen. Sie waren unzufrieden. *»Sei zufrieden«* sangen das Lukas-Trio und das Rodgers-Gesangsduett. Obwohl Rogers diesen Titel bereits 1951 aufgenommen hatte, kam *»Sei zufrieden«* erst Ende 1956 in die Hitparade. Das Lukas-Trio wurde Spitzenreiter in Deutschland, Rodgers kam zumindest unter die ersten 10. Kernaussage des Liedes: »Wer keine Sorgen hat, ist tot.« Ein weiterer Hit gelang beiden Formationen nicht mehr.

Der Hit: *Sei zufrieden*

Luke, Robin

* 19.3.1942. Der in Los Angeles geborene Amerikaner hat lediglich einen Hitparadenerfolg gehabt: *»Susie Darlin'«*, ein Lied, das er angeblich für seine kleine Schwester schrieb. Der Vater von Robin arbeitete bei Douglas Aircraft, weshalb die Familie viel in den USA umherziehen mußte. Von L. A. zog sie nach Atlanta, von dort nach Hawaii. Hier erlernte Luke das Gitarrenspiel, hier schrieb er das Lied und hier nahm er auch die Platte bei einer kleinen unabhängigen Plattenfirma auf. Nachdem die Platte zu einem Hit auf den Inseln geworden war, interessierte man sich auch im restlichen Amerika für diesen netten Song und diesen netten Jungen. Die Platte kam im August 1958 in die US-Charts und wurde Platz 5, in GB Platz 23. Über Nacht war Robin zum Teenager-Idol in den

Staaten geworden. Unzählige Auftritte in TV-Shows folgten, und es wurden bis 1962 noch etliche Platten mit Luke aufgenommen, aber keine kam mehr in die Charts. 1959 war Robin nach seinem Schulabschluß nach Kalifornien gezogen, studierte dort und machte schließlich seinen Doktor. Mit Musik hatte er ab 1962 nichts mehr im Sinn.

Der Hit: *Susie Darlin'*
Der Tip: *Susie Darlin'* (Bear Family BCD 15 547)

Lulu

* 3.11.1948 als Marie McDonald McLaughlin Lawrie. Gerade mal 15 Jahre alt, leitete sie die Gruppe Glen Eagles, die ihren Namen in Luvvers umänderte, und als eine der ersten erfolgreichen Gruppen der Beat-Ära gilt. Mit einer Coverversion des Isley-Brothers-Titels »*Shout*« hatten Lulu & The Luvvers im Frühjahr 1964 ihren ersten Top-10-Hit – diese Nummer bescherte Lulu 22 Jahre später wieder einen Hit: »*Shout – Brand New 1986 Re-Recording*« erreichte Mitte 1986 Platz 8 in GB. Dazwischen lag eine lange Latte von sehr unterschiedlichen Hits. »*Leave A Little Love*« 1965 und »*The Boat That I Row*«, eine Neil-Diamond-Komposition, 1967 waren ihre nächsten Top-10-Hits in GB. Im gleichen Jahr spielte sie neben Sidney Poitier die Rolle eines frechen Cockney-Girls im Film »*To Sir With Love*« – sie sang auch den Titelsong des Films, der in den USA im Herbst 1967 Platz 1 wurde. »*Me The Peaceful Heart*« und »*I'm A Tiger*« waren 1968 wieder in den Top 10 – letztgenannter Titel war in Deutschland Platz 4. 1969 sang sie für GB beim Grand Prix Eurovision und wurde Sieger mit »*Boom Bang A Bang*«. In den Charts wurde dies Platz 2 in GB, 8 in Deutschland. Mit der David-Bowie-Nummer »*The Man Who Sold The World*« erreichte sie im Frühjahr 1974 Platz 3 in GB und 13 in Deutschland – dann kam eine lange Pause. Zwischendurch war sie von 1969 bis 1973 mit Maurice Gibb von den Bee Gees verheiratet. 1993 erschien mit »*Independence*« wieder eine hervorragende LP von ihr, von der der Titelsong Anfang des Jahres als Single erschien und Platz 11 in GB erreichte. Im gleichen Jahr veröffentlichte Tina Turner die Nummer »*I Don't Wanna Fight*«, an der Lulu mitgeschrieben hatte.

Der Hit: *Shout*
Der Tip: *Independence* (EMI 7 81304 2)

Luman, Bob

* 15.4.1937 als Robert Glynn Luman, † 27.12.1978. Von seinem Vater lernte der amerikanische Rockabilly-Sänger, Songschreiber und Gitarrist die Liebe zur

Countrymusic. Mit seiner Band gewann er einen Talentwettbewerb, in dessen Jury auch Johnny Horton saß. Seine ersten Platten machte er 1955. Im Herbst 1960 gelang ihm mit dem Rockabilly-Stück *»Let's Think About Living«* ein Platz 7 in den US-Charts, 6 in GB. Danach mußte er zum Militär, und als er zurückkam, waren gerade die Beatles aktuell. Schon aus diesem Grund verlegte er sich auf die Countrymusic. Von 1964 bis zu seinem Tod 1978 gelangen ihm 38 weitere Hits in der Country-&-Western-Hitparade. Für die Pop-Charts reichte es nicht mehr.

Der Hit: *Let's Think About Living*

Lunceford, Jimmie

* 6.6.1902, † 13.7.1947. Jimmie spielte gleich mehrere Blasinstrumente und war außerdem Gitarrist, Pianist und Sänger. Ende der 20er Jahre hatte er seine erste eigene Band, und in den 30er und 40er Jahren galt er als einer der außergewöhnlichsten Bandleader der USA. Seine erste Hit-Notierung hatte er 1934. Im Frühjahr 1935 stand er auf Platz 1 der US-Hitparade mit *»Rhythm Is Our Business«*. Die Liste seiner Erfolge reicht bis zu seinem Tod im Jahre 1947. Sein größter Erfolg in den 40er Jahren war *»Blues In The Night«* im Frühjahr 1942.

Der Hit: *Rhythm Is Our Business*

Lund, Art

* 1.4.1915, † 30.5.1990. Der in Salt Lake City geborene Sänger Art Lund sang zwischen 1941 und 1942 als Art London mit Benny Goodman. Danach mußte er zum Militär, und nach dem Zweiten Weltkrieg sang er zunächst wieder mit Benny Goodman, dieses Mal als Art Lund. 1947 machte er seine ersten Single-Platten. Seine erste Hit-Notierung, *»Mam'selle«*, wurde noch im gleichen Jahr ein Spitzenreiter in den USA und ein Millionseller. Zwei Monate später stand er auf Platz 4 mit *»Peg O'My Heart«*. 1956 war er Star im Broadway-Musical *»The Most Happy Fella«*. Nach 1958 wurde er nicht mehr in den US-Charts verzeichnet. 1961 trat er wieder am Broadway in *»Donnybrook!«* auf. Er starb 1990 an Krebs.

Der Hit: *Mam'selle*

Lundberg, Victor

* 1923. Als Victor Ende des Jahres 1967 bis auf Platz 10 der amerikanischen Hitparade mit *»An Open Letter To My Teenage Son«* kam und einen Millionseller erreichte, war er der Besitzer einer Firma, die sich auf Radio- und Fernseh-

werbespots spezialisiert hatte. Offensichtlich haben ihn die Hippies mit ihren langen Haaren und alles, was mit der Flower-Power-Generation zu tun hatte, schwer beschäftigt. Im offenen Brief an seinen Sohn setzte es Ratschläge zuhauf, und wohl deshalb wurde diese Platte die schnellstverkaufte gesprochene Aufnahme in der Geschichte der Schallplatte überhaupt. Er versuchte danach, eine ganze LP mit netten Ratschlägen an die Leute zu bringen. Das war ein bißchen zuviel des Guten.

Der Hit: *An Open Letter To My Teenage Son*

Luv

Marga Scheide, Patty Brard (* 25.3.1955 auf Neuguinea), José Andreoli (* als José Wijdeven), Ria Thielsch, alle v.
Das holländische Mädchentrio kam 1977 zusammen und trat zunächst in einer heimischen TV-Serie auf. Ab 1977 konnten sie in ihrer Heimat auch erste Hits verzeichnen. Zum Jahresanfang 1978 standen Luv auf Platz 1 der deutschen Hitparade mit *»You're The Greatest Lover«*. Es gab dafür eine goldene Schallplatte. Der Nachfolge-Hit war *»Trojan Horse«*, der im gleichen Jahr Platz 3 in Deutschland belegte. Mitte 1979 war *»Casanova«* ihr letzter Top-10-Erfolg. 1980 wurde Patty durch Ria Tielsch ersetzt, und nach 1980 wurden sie nicht mehr in den Charts notiert. Im September 1981 schrieb die Plattenfirma: »Nun ist es also endgültig wahr. Luv, die für zwei bis drei Jahre Hit auf Hit in die Charts lieferten, dem deutschen Fernsehpublikum bestens vertraut waren, haben sich aufgelöst.« Man veröffentlichte noch schnell eine LP, die *»Goodbye Luv«* hieß, und damit war die Sache erledigt. Erstaunlich, daß auf vier Langspielplatten der Formation kein einziges Mal der Name der drei Mädchen genannt wird. Schaut man sich die Bilder auf den Hüllen genauer an, stellt man fest, daß dahinter Methode stand. Lediglich die blonde Sängerin, die mit Vornamen Marga heißt, blieb konstant bei der Formation. Wer neben ihr hüpfte, war völlig egal. 1990 kam eine neue Platte von Luv, auf der einige der größten Hits in einem Medley zu hören waren. Dazu schrieb die Plattenfirma: »Neben dem Original-Mitglied Marga gibt es zwei neue Mitglieder: Diana und Michelle.« Wieder nur Vornamen, damit man sie möglichst schnell wieder austauschen kann. Ein Erfolg wurde es nicht. 1993 kam ein *»Luv Dance Medley«*. Wer weiß, wer darauf sang. Wen interessiert's?

Der Hit: *You're The Greatest Lover*
Der Tip: *With Luv* (Carrere 2934 105)

Lyman, Abe

* 4.8.1897 als Abraham Simon, † 23.10.1957. Der amerikanische Schlagzeuger, Bandleader und Songschreiber war ab 1923 mit seinem California Orchestra in den amerikanischen Hitparaden vertreten. In den 20er Jahren begleitete er außerdem den Sänger Al Jolson bei dessen Top-Ten-Hits *»Mandalay«*, *»My Mammy«* und *»Dirty Hands! Dirty Face!«*. Abes erste eigene Eintragung war gleich ein Top-10-Hit: *»Midnight Rose«* 1923. Bis 1945 stand er noch 14mal unter den ersten 10. Ende der 40er Jahre zog er sich aus dem Musikgeschäft zurück und ging ins Restaurantmanagement.

Der Hit: *Little Old Lady*

Lyman, Arthur

* 1934 auf Hawaii. Arthur spielte Vibraphon, Gitarre, Piano und Schlagzeug. Am Ende der 50er Jahre spielte er mit dem Martin-Denny-Trio, das sich als Band mit »Exotic Sound« verkaufte und mit *»Quiet Village«* im Frühjahr 1959 einen Platz 4 in den USA belegte. Mitte des gleichen Jahres kam mit *»Taboo«* der erste Instrumentalhit von Arthur in die US-Charts, dann gründete er die Arthur Lyman Group und erreichte mit dem Titel *»Yellow Bird«* im Frühjahr 1961 Platz 4 in den USA. Nach zwei weiteren Jahren schaffte er noch einmal eine Notierung in den US-Charts, dann verschwand er in der Versenkung.

Der Hit: *Yellow Bird*

Lymon, Frankie & The Teenagers

Frankie Lymon, v (* 30.9.1942, † 28.2.1968); Sherman Garnes, v (* 8.6.1940); Joe Negroni, v (* 9.9.1940, † 1977); Herman Santiago, v (* 18.2.1941); Jimmy Merchant, v (* 10.2.1940).
Viele Biographien vergleichbarer Gruppen wie Frankie Lymon & The Teenagers ähneln sich sehr. Meist kamen vier oder fünf Freunde aus der Nachbarschaft zusammen, um wie z. B. die Spaniels, Five Keys, Moonglows und andere an Straßenecken das Repertoire ihrer Vorbilder zum besten zu geben. Einige dieser Streetcorner-Bands wurden entdeckt, die meisten brachten es nie zu einer Plattenaufnahme. Viele von denen, die es dazu brachten, ließ man nach einer erfolglosen Platte wieder fallen. Wenn sie jedoch einen Hit schafften, wurden sie in der Regel von Managern über den Tisch gezogen und um ihre Tantiemen betrogen. Frankie Lymon stammte aus New York und gründete, gerade mal 13 Jahre alt, die Premiers. Wenig später wurde daraus Frankie Lymon & The

Teenagers. Anfang 1956 erschien *»Why Do Fools Fall In Love«* und wurde Platz 6 in den USA und Spitzenreiter in GB. Frankie hatte den Titel zumindest mitgeschrieben. Es folgten noch weitere Top-20-Erfolge und mit *»Baby Baby«* im Frühjahr 1957 noch einmal ein Platz 4 in GB. Danach verließ Frankie die Gruppe und versuchte sich ohne Erfolg als Solist. Ob er die Gruppe wirklich aus freien Stücken verlassen hat oder ob man nicht versuchen wollte, aus Frankie Lymon einen Solokünstler und aus den Teenagers eine Erfolgsband zu machen, um so den Gewinn zu verdoppeln, läßt sich nicht mehr in Erfahrung bringen. Frankie Lymon starb, gerade erst 25 Jahre alt, an einer Überdosis Heroin. Bis zu diesem Zeitpunkt hatte er bereits drei Ehen hinter sich. Lymon ist ein Beispiel dafür, daß jemand zu früh Erfolg hatte und damit nicht fertig wurde.

Der Hit: *Why Do Fools Fall In Love*
Der Tip: *The Best Of* (EMI CDP 7 93443 2)

Lynch, Kenny

* 18.3.1939. Seine musikalischen Erfolge begannen mit Coverversionen von US-Hits für den britischen Markt. Die erste Hit-Notierung hatte Kenny Mitte 1960 mit *»Mountain Of Love«*, der erste Top-10-Erfolg war Ende 1962 *»Up On The Roof«*, im Original ein Hit der Drifters. Die nächste Single *»You Can Never Stop Me Loving You«*, in den USA erfolgreich mit Johnny Tillotson und in Deutschland als *»Das kannst du mir nicht verbieten«* mit Bernd Spier ein Spitzenreiter, kam Mitte 1963 ebenfalls unter die ersten 10. Nach 1965 wurde er für längere Zeit nicht mehr verzeichnet. Im August 1983 hatte er noch einmal einen Platz 50 in GB mit *»Half The Day's Gone And We Haven't Earned A Penny«*. Aber auch wenn er nicht in den Hitparaden auftauchte, hat er noch einige Pennies verdient. Sein Bühnen-Debüt gab er bereits im Alter von 12 Jahren zusammen mit seiner Schwester. Einige Jahre später sammelte er erste musikalische Erfahrungen in einer Band. Seit Mitte der 60er Jahre gehört er zu den bekanntesten und meistbeschäftigten schwarzen britischen Entertainern im Fernsehen. Außerdem wirkte er in einigen Filmen mit, war als Songschreiber an dem Nummer 1 Hit der Small Faces, *»Sha La La La Lee«*, beteiligt, der bei Kenny Lynch Music Ltd. verlegt wurde.

Der Hit: *You Can Never Stop Me Loving You*

Lynn, Barbara

* 16.1.1942 als Barbara Lynn Ozen. Entdeckt wurde die amerikanische Sängerin, Gitarristin und Songschreiberin in einem Club in Texas. Mit der selbstverfaßten

Nummer »*You'll Lose A Good Thing*« hatte sie 1962 einen Spitzenreiter in den Rhythm-&-Blues-Charts und Platz 8 in der Pop-Hitparade. Bis 1968 gelangen ihr noch acht weitere Hit-Notierungen in den US-Charts, von denen aber keine über einen Platz 60 hinauskam. Ihren Titel »*Oh! Baby (We Got A Good Thing Goin')*« nahmen die Rolling Stones für ihre LP »*Rolling Stones, Now*« auf.

Der Hit: *You'll Lose A Good Thing*

Lynn, Tami

Die aus New Orleans stammende Tami nahm 1965 den von Bert Berns geschriebenen Titel »*I'm Gonna Run Away From You*« auf. Erstmals wurde die Nummer 1967 veröffentlicht, ohne in irgendeiner Hitparade registriert zu werden. Vier Jahre später erschien die Platte in GB und erreichte Platz 4 in den Charts. Wiederum vier Jahre später kam sie noch einmal in GB auf den Markt und erkletterte Platz 36. Tami Lynn hatte 1962 ihre ersten Platten aufgenommen, die zumindest in New Orleans erfolgreich waren. Ansonsten betätigte sie sich mehr als Backgroundsängerin, z. B. bei Plattenaufnahmen von Dr. John. 1972 sang sie mit den Rolling Stones auf der Platte »*Exile On Main Street*«.

Der Hit: *I'm Gonna Run Away From You*

Lynn, Vera

* 20.3.1919 als Vera Welch. Vera begann in den Orchestern von Joe Loss, Charlie Kunz und Ambrose. Später wurde sie die erfolgreichste britische Sängerin während des Zweiten Weltkrieges und in den Jahren danach. Ihre erste Schallplatte hieß »*The Rhythm Rascals*«, erschienen im November 1935, und war nur in den britischen Woolworth-Läden zu kaufen. Im Zweiten Weltkrieg verdiente sie sich den Spitznamen Forces Sweetheart. 1942 machte sie ihren ersten Film mit dem Titel »*We'll Meet Again*«. Ab 1948 war sie auch in den USA erfolgreich. Ihre Version von »*You Can't Be True, Dear*« wurde dort Mitte des Jahres ihre erste Hitnotierung und ihr erster Top-10-Erfolg. Mitte 1952 wurde sie die erste britische Künstlerin, die einen Platz 1 in der amerikanischen Hitparade hatte: »*Auf Wiederseh'n Sweetheart*« wurde außerdem ein Millionseller. Ihre nächste Single in den USA »*Yours (Quiereme Mucho)*« wurde ebenfalls ein Top-10-Erfolg. Als die Briten am 14. November 1952 mit ihrer ersten Hitparade starteten, war Vera Lynn mit drei Aufnahmen unter den ersten 10 vertreten: »*Forget Me Not*«, auf 7, »*Homing Waltz*« auf 9 und »*Auf Wiedersehen*« auf Platz 10. Ihr einziger Spitzenreiter in GB war im Oktober 1954 »*My Son My Son*«. Nach 1957 war ihre

Plattenkarriere beendet. Sie trat verstärkt in Rundfunk und Fernsehen auf. 1969 begann ihre eigene TV-Serie, die sieben Jahre dauern sollte. In den 80er Jahren trat sie nur noch bei großen Ereignissen auf, nahm aber auch immer noch Platten auf. 1975 wurde sie Dame of the British Empire. Pink Floyd setzten ihr ein ironisches Denkmal, als sie 1979 auf ihrer LP »*The Wall*« fragten: »Does anybody here remember Vera Lynn, remember how she said that we would meet again some sunny day«. Dieses angesprochene »*We'll Meet Again*« war 1964 am Ende des Films »*Dr. Seltsam oder wie ich lernte, die Bombe zu lieben*« zu hören. Erstaunlich ist, daß The Forces Sweetheart ihre größten Erfolge mit englischen Versionen von »*Du kannst nicht treu sein*«, »*Der treue Husar*« und »*Auf Wiedersehen*« hatte.

Der Hit: *Auf Wiedersehen*
Der Tip: *The Greatest Years* (Decca DPA 3023/4)

Lynyrd Skynyrd

Ronnie van Zant, v (* 15.1.1949, † 20.10.1977); Gary Rossington, g (* 4.12.1951); Allen Collins, g (* 19.7.1952, † 23.1.1990); Billy Powell, key (* 3.6.1952); Leon Wilkeson, b (* 2.4.1952); Bob Burns, d; Artimus Pyle, d; Steve Gaines, g (* 14.9.1949, † 20.10.1977).

Lynyrd Skynyrd formierten sich schon 1965 während der Schulzeit der meisten Mitglieder dieser Gruppe in Jacksonville, Florida. Der Gruppenname ist die Verballhornung des Namens Leonard Skinner, der damals ihr Sportlehrer war. Mit ihrem ersten hatte die Gruppe auch gleich ihren größten Hit: »*Sweet Home Alabama*« kam Mitte 1974 auf Platz 8 in den USA. Der Song war eine Antwort auf Neil Youngs Titel »*Southern Man*« und »*Alabama*«, in denen er den Süden und die Südstaatler stark kritisierte. Lynyrd Skynyrd sangen nun ihrerseits, daß man Neil Young in den Südstaaten nicht braucht. Al Kooper war es, der diese Gruppe entdeckt hatte und sie produzierte. Die Gruppe war gerade auf dem Weg, eine der erfolgreichsten Southern-Rockgruppen zu werden, doch dann stürzten Ronnie van Zant, Steve Gaines, dessen Schwester Cassie und der Manager der Gruppe mit einem Privatflugzeug ab. Alle kamen ums Leben. 1979 kamen Collins und die ehemaligen Skynyrd-Mitglieder Rossington, Powell und Wilkeson zur Rossington-Collins-Band zusammen, die sich jedoch 1982 schon wieder auflöste.

Allen Collins gründete seine eigene Band. Nach einem Autounfall 1986, bei dem seine Freundin ums Leben kam, war Allen querschnittgelähmt – er war betrunken gefahren. Als Lynyrd Skynyrd 1987 auf eine Reunion-Tour gingen, kam Collins bei einem Konzert in seinem Rollstuhl auf die Bühne und erzählte von seinen Erfahrungen. Ein Video dieses Auftritts wurde bei allen folgenden Konzerten der Tour gezeigt. Am 23. Januar 1990 starb er an einer Lungenentzündung. 1991 erschien die LP »*1991*« in der Besetzung Rossington, Ed King, Randall Hall, Wilkeson, Powell, Pyle, Custer und Johnny van Zant.

Der Hit: *Sweet Home Alabama*
Der Tip: *Greatest Hits* (MCA 256 313-2)

M

M

M ist der britische Musiker Robin Scott, der im Frühjahr 1979 mit der Nummer *»Pop Muzik«* Platz 2 in GB und wenig später Platz 1 in den USA und Deutschland belegte. Er hatte als Musiker in der Band von David Bowie begonnen, wurde dann der Manager der Gruppe Roogalator und gründete schließlich das Plattenlabel Do It, um der Band die Möglichkeit zur Veröffentlichung einer LP zu bieten. 1978 ging Robin nach Paris und produzierte dort einige französische Bands, darunter Slits. Hier kam ihm auch die Idee für sein Projekt M – er sah dieses große M immer, wenn er in die Nähe einer Metro-Station kam. Als erste Single erschien *»Modern Man«*, die jedoch ein Flop wurde. Die zweite Platte war dann der Multimillionseller *»Pop Muzik«* – wobei Music in der Schreibweise Muzik eher als ein Schimpfwort zu verstehen ist. Die Musik, die in Supermärkten oder Fahrstühlen läuft, wird in den angelsächsischen Ländern als Muzik oder Muzak bezeichnet. Eine LP wurde mit Hilfe einiger Mitglieder der Roogalators und von Studiomusikern aufgenommen. Auf einer zweiten war der zu diesem Zeitpunkt noch unbekannte Mark King zu hören, der danach Level 42 gründen sollte. Danach hatte man in New York, London, Paris, Munich genug von Robins Muzak.

Der Hit: *Pop Muzik*
Der Tip: *New York, London, Paris, Munich* (MCA 201 268-320)

Mac Band

Ray, Derrick, Charles und Kelvin McCampbell, alle v; Mark Harper, g; Ray Flippin, b; Rodney Frazier, key; Slye Fuller, d.
Die Mac Band machte, wie es ihre Plattenfirma so schön schrieb, »Sophisti-Funk«. Die aus Dallas, Texas, stammenden Brüder gingen unterschiedliche musikalische Wege, bevor sie sich 1984 zusammenschlossen. Sie gewannen mehrere Talentwettbewerbe und erhielten schließlich einen Plattenvertrag. Ihr bisher einziger nennenswerter Hit war Mitte 1988 die Nummer *»Roses Are Red«*, die es in den USA bis auf Platz 1 der R&B-Charts, in GB auf 8 und in Deutschland auf 20 in den

Pop-Charts brachte. L.A. Reid und Babyface waren die Produzenten des Hits. Die Plattenveröffentlichungen gingen bis in die 90er Jahre – ein Pop-Hit war bisher nicht mehr dabei.

Der Hit: *Roses Are Red*
Der Tip: *Mac Band* (MCA 255 680 2)

MacColl, Kirsty

* 10.10.1959. Die Britin schrieb seit ihren Jugendtagen Songs. Das Talent hatte sie wohl von ihrem Vater, dem Folk-Sänger Ewan MacColl geerbt, von dem z. B. der wunderschöne Titel »*First Time Ever I Saw Your Face*« stammt, den er 1968 geschrieben hatte und der durch Roberta Flack im Frühjahr 1972 zum Millionseller und Spitzenreiter in den USA wurde. Kirstys erste Station war die Gruppe Addixx. Nach einem Konzert mit dieser Band lernte sie den Stiff-Chef Dave Robins kennen, dem sie ihr Lied »*They Don't Know*« vorstellte. Sie erhielt einen Plattenvertrag, und ihre Debüt-Single war dann auch diese Nummer, die von Tracey Ullman gehört und gecovert wurde. Tracey hatte den Hit, Kirsty das Nachsehen. Ende 1980 ging sie zu einer anderen Firma und veröffentlichte dort die Nummer »*There's A Guy Works Down The Chip Shop Swears He's Elvis*«, die im Juni 1981 in die britischen Charts kam und Platz 14 erreichte. Danach trat eine längere Pause ein. Kirsty wurde zweimal Mutter und machte nur noch sporadisch Plattenaufnahmen. »*A New England*«, geschrieben von Billy Braggs, kam im Frühjahr 1985 in die britische Hitparade und brachte es bis auf Platz 7. Auf Alben von Simple Minds, den Rolling Stones, Talking Heads oder den Pogues sang sie im Hintergrund mit – die Pogues hatten mit ihr ihren größten Erfolg. Die Weihnachtssingle »*Fairytale Of New York*« erschien als Pogues featuring Kirsty MacColl und erreichte Platz 2 in GB. Bei einer Wiederveröffentlichung zum Weihnachtsfest 1991 kam sie noch einmal unter die ersten 40. Mit ihren Solo-Aktivitäten ließ sie sich danach wieder Zeit, und erst im Jahre 1989 kam sie mit der Nummer »*Days*«, im Original ein Stück der Kinks, wieder unter die englischen Top 20.

Der Hit: *New England*
Der Tip: *Kite* (Virgin KMLP 1)

MacGregor, Byron

* 1948. Die gesprochene Platte »*Americans*«, unterlegt mit der Musik »*America The Beautiful*« kam mit Byron im Januar 1974 in die amerikanischen Charts, wurde ein Millionseller und erreichte Platz 4. Byron war zu dem Zeitpunkt, als er diesen Text sprach, Nachrichtenchef bei einem Sender in Detroit. Der Text selbst

stammte von Gordon Sinclair und war ein Beitrag zur Lage der US-Amerikaner Mitte 1973. Daraus ging hervor, was die Amerikaner doch für tolle Hechte sind, wie sie der ganzen Welt helfen und wie sie von der ganzen Welt im Stich gelassen werden, wenn sie selbst einmal in Schwierigkeiten sind. Besonders die Japaner und die Deutschen kriegen ihr Fett weg. Ihnen, so heißt es in *»Americans«*, hat man nach dem Krieg geholfen, die Städte wieder aufzubauen. Und wenn mal ein kleiner Hurrikan über die USA zieht, wer hilft dann? Die Amerikaner haben die beste Technologie, sagt Byron und belegt das mit den Astronauten, die die Amerikaner auf den Mond geschossen haben. Dazu hätte sich Byron besser auch gesellt.

Der Hit: *Americans*

MacGregor, Mary

* 6.5.1948. Die amerikanische Sängerin hatte mit ihrem ersten auch gleich ihren größten Hit: *»Torn Between Two Lovers«* wurde ein Millionseller, erreichte Ende 1976 Platz 1 in den USA, einige Monate später 4 in GB und 40 in Deutschland. Geschrieben und produziert wurde dieser Hit von Peter Yarrow, selbst erfolgreich mit Peter, Paul & Mary. MacGregor selbst konnte den Titel angeblich überhaupt nicht ausstehen. Bis 1980 wurde sie noch in den amerikanischen Hot 100 notiert, ohne je noch einmal unter die Top 30 zu kommen.

Der Hit: *Torn Between Two Lovers*
Der Tip: *Torn Between Two Lovers* (Ariola 28 575)

Machucambos, Los

Hinter diesem Gruppennamen verbarg sich ein Trio, bestehend aus zwei Männern und einer Frau. Mit dem Titel *»Pepito«*, angelehnt an südamerikanische Folklore, gelang den dreien ein Platz 2 im September 1961 in Deutschland und ein Platz 1 in Frankreich. Außerdem hatten sie in den darauffolgenden Jahren noch Erfolge mit *»Quando Calienta El Sol«* und *»Non Monsieur, Je Ne Vous Connais Pa-Pa-Pa-Pa-Pa-Pas«* in Frankreich. Bei uns gelang ihnen kein weiterer Hit mehr.

Der Hit: *Pepito*

Mack, Lonnie

* 18.7.1941 als Lonnie McIntosh. Der amerikanische Sänger und Gitarrist hatte mit einer Instrumentalversion des Chuck-Berry-Songs *»Memphis«* Mitte 1963

seinen einzigen Top-10-Erfolg, Platz 5 in den USA. 1954 gründete er seine erste Country-Band, Lonnie & The Twilighters. Anfang der 60er Jahre machte er zusammen mit Troy Seals Platten, dann sein größter Erfolg und drei weitere Hitnotierungen bis 1965. Als Session-Musiker spielte Lonnie auf Platten von Freddy King, James Brown, Dobie Gray, Michael Nesmith oder den Doors mit. Von 1971 bis 1977 zog er sich ganz aus dem Musikgeschäft zurück und veröffentlichte dann zwei LPs, um danach wieder eine lange Pause einzulegen. 1985 kam er mit einer neuen LP, die von Stevie Ray Vaughan mitproduziert wurde.

Der Hit: *Memphis*
Der Tip: *The Wham Of That Memphis Man* (Edsel ED 158 TIS)

MacKenzie, Gisele

* 10.1.1927 als Gisele LeFleche in Kanada. Sie spielte sehr gut Violine und Piano, hatte aber ihre ersten Erfolge 1952 als Sängerin. *»La Fiacre«* kam im Februar jenes Jahres in die US-Charts und erreichte Platz 20. Zwischen 1953 und 1957 sang sie regelmäßig die aktuellen Hits in der TV-Sendung »Your Hit Parade«. Mitte 1955 gelang ihr mit *»Hard To Get«* ein Platz 4 in den US-Charts. Der Song war durch die NBC-TV-Show »Justice« populär geworden. Nach 1956 war ihre Chart-Karriere wieder vorüber.

Der Hit: *Hard To Get*

Mackenzie, Nick

* 2.3.1950. Mit 15 Jahren sang der in Indonesien geborene Holländer in der Gruppe Secrets. Nächste Station war Road, mit der er den zumindest regional erfolgreichen Titel *»Never Leave Me Lonely«* hatte. Als Solist erreichte er mit der Nummer *»One Is One«* den Spitzenplatz in Holland, Belgien und Luxemburg. Dann kam im Frühjahr 1974 *»Juanita«* und ein Platz 4 in Deutschland. Bis 1980 folgten noch weitere Hitnotierungen, dann war er wieder verschwunden.

Der Hit: *Juanita*

Mackintosh, Ken

* 4.9.1919. Bereits als Kind spielte der Brite Saxophon. 1939 wurde er zum Militär eingezogen, und nach dem Kriege gründete er 1948 eine eigene Band, die schnell in den Dancehalls und in Radiosendungen populär wurde. 1950 erhielten sie einen Plattenvertrag. Im Januar 1954 hatte er seinen größten Erfolg mit der

Eigenkomposition »*The Creep*«, einen Platz 10 in GB. Sein Orchester begleitete auch Plattenaufnahmen von Interpreten wie Frankie Vaughan oder Alma Cogan. Bis in die 60er Jahre gelangen ihm weitere Hits. Von 1963 bis 1970 spielte er regelmäßig im Empire Ballroom am Leicester Square, dann wechselte er zum Hammersmith Palais und blieb dort ebenfalls sieben Jahre. Ende der 70er Jahre spezialisierte er sich und seine Orchester auf das Begleiten von Künstlern, die in GB auf großer Tournee waren. Dazu gehörten Matt Monroe, Pat Boone, Tom Jones oder Shirley Bassey. Bis in die 90er Jahre spielte er dort, wo man »zu gepflegter Musik tanzen« und sich an die guten alten Zeiten erinnern wollte.

Der Hit: *The Creep*

Macnee, Patrick & Honor Blackman

Mit Schirm, Charme und Melone und einem Goldfinger – oder war es eine Pussy Galore? – machten sich diese beiden über »*Kinky Boots*« her. Emma Peel wäre sicher überrascht gewesen, hätte sie nicht bei John Steed mit allem rechnen müssen. Die Platte, die die beiden herausbrachten, war so gewaltig, daß sie die selbstsüchtigen Briten nur in ihrem Königreich vertreiben ließen. In Deutschland wurden keinerlei Fußstapfen des Songs entdeckt. Es gibt wirklich Platten, die sollten sich die Briten nur alleine anhören dürfen.

Der Hit: *Kinky Boots*

MacRae, Gordon

* 12.3.1921, † 24.1.1986. Der amerikanische Sänger begann in den frühen 40er Jahren in der Band von Horace Heidt. Nach seinem Militärdienst spielte er eine Rolle in dem Broadway-Musical »*Three To Make Ready*«, 1949 drehte er seine ersten Filme »*Look For The Silver Line*« und »*The Daughter Of Rosie O'Grady*«. Ab 1950 spielte er neben Doris Day in vier Filmen: »*Tea For Two*«, »*The West Point Story*«, »*On Moonlight Bay*« und »*By The Light Of The Silvery Moon*«. Mitte der 50er Jahre spielte er Hauptrollen in den Filmversionen solcher Musicals wie »*Oklahoma!*«, »*Carousel*« oder »*The Best Things In Life Are Free*«. Danach zog er sich aus dem Filmgeschäft zurück und konzentrierte sich mehr auf Theater- und TV-Arbeit. 1967 sah und hörte man ihn wieder am Broadway – er spielte im Musical »*I Do, I Do!*« mit. In den Pop-Hitparaden war Gordon schon 1947 vertreten. »*Hair Of Gold, Eyes Of Blue*« war im Herbst 1948 sein erster Top-10-Hit. Zusammen mit Jo Stafford, mit der er unzählige Duette gesungen hat, belegte Gordon auch noch 1948 mit »*My Darling, My Darling*« Platz 1. Ebenfalls mit Jo gelang ihm 1949 der Millionseller »*Whispering Hope*«. Seinen letzten Top-

20-Erfolg hatte Gordon 1958 mit der Nummer »*The Secret*«. 1986 starb er an den Folgen eines Krebsleidens.

Der Hit: *Hair Of Gold, Eyes Of Blue*
Der Tip: *The Best Of* (Capitol CDP 7 93749 2)

Maddox, Johnny

* 1929. Bereits im Alter von vier Jahren spielte Johnny Klavier. In den frühen 50er Jahren arbeitete er in seiner Heimatstadt Galatine, Tennessee, in Randy Woods Plattengeschäft und hatte nebenher ein kleines Orchester, das er The Rhythmasters nannte. Der Besitzer des Plattengeschäftes war der Meinung, Johnny müsse unbedingt eine Platte herausbringen. Er brachte ihn zu einer Radiostation und ließ ihn ein paar Songs herausbringen. Dann veröffentlichte Randy Wood die Platten ab Herbst 1952 auf seinem neu gegründeten Plattenlabel DOT Records. »*The Little Grass Shack*« war der erste Erfolg von Johnny Maddox Ende 1952 in den US-Charts. Nach vier weiteren Hits gelang ihm im Frühjahr 1955 mit »*The Crazy Otto*«, einem Medley aus acht deutschen Liedern, ein Platz 2 in den USA. Die Titel waren im Honky-Tonk-Stil aufgenommen und ähnelten dem, was der deutsche Fritz Schulz-Reichel, dessen Pseudonym »Schräger Otto« war, in Deutschland machte. Nach 1958 war die Hitzeit von Maddox vorüber. DOT Records entwickelte sich zu einer gigantischen Firma, bei der z. B. die Hilltoppers, Billy Vaughn, Pat Boone, die Fontane Sisters oder Gale Storm unter Vertrag waren. Maddox und sein Piano waren auch auf anderen Produktionen des Hauses DOT zu hören.

Der Hit: *The Crazy Otto*

Madness

Suggs McPherson, v (* 13.1.1961 als Graham McPherson); Mark Bedford, b (* 24.8.1961); Mike Barson, key (* 21.4.1958); Chris Foreman, g (* 8.8.1958); Lee Thompson, sax (* 5.10.1957); Chas Smash, v/tr (* 14.1.1959 als Cathal Smyth); Dan Woodgate, d (* 19.10.1960).
Die Ursprünge von Madness gehen zurück bis in das Jahr 1976. In London gründeten Barson, Foreman und Thompson die Bluebeat-Band The Invaders. Im Laufe des nächsten Jahres kamen weitere Mitglieder hinzu, und aus dem Bluebeat entwickelten sie ihren sogenannten Nutty Sound. Im Januar 1979 änderten die Invaders ihren Namen in Madness. Wenige Monate später erhielten sie ihren ersten Plattenvertrag. Ihre Debüt-Single »*The Prince*« war eine Hommage an den Ska-Helden Prince Buster, dessen Song »*Madness*« sie zu ihrem

Namen inspiriert hatte. Sie erreichte im Herbst 1979 Platz 16 in den britischen Charts. Drei Monate später erschien mit *»One Step Beyond«* ihr erster Top-10-Erfolg. Bis Ende 1983 sollten 14 weitere Top-10-Hits folgen. Ihre einzige Nummer 1 war im Frühjahr 1982 der Titel *»House Of Fun«*. Eine ihrer schönsten Aufnahmen ist *»Our House«*, die Ende 1982 erschien, der einzige Top-10-Erfolg von Madness in den USA war und im Frühjahr 1992 als Wiederveröffentlichung noch einmal ein Top-40-Erfolg wurde. Ähnlich wie die Kinks in den 60er Jahren porträtierten Madness in ihren Stücken auf lustige und dennoch melancholische Weise das Leben in London. Ende 1983 verließ Gründungsmitglied Barson die Gruppe und zog mit seiner holländischen Frau in die Niederlande. Mit ihm ging offensichtlich eine ganze Portion Kreativität verloren. Nach längerer Zeit hatten sie im Frühjahr 1992 noch einmal einen Top-10-Erfolg mit *»It Must Be Love«*. Diese Platte war jedoch Ende 1981 ebenfalls in die Top 10 gekommen und damit auch eine Wiederveröffentlichung. 1984 gründeten Madness ihre eigene Plattenfirma. Smyth und McPherson veröffentlichten 1985 Platten als The Fink Brothers. Im September 1986 kündigte die Gruppe an, sie werde sich trennen. Im Februar 1988 kamen vier der Mitglieder wieder als The Madness zusammen. 1990 wurde McPherson hauptberuflich Manager der Gruppe The Farm, deren erste Single er schon 1985 produziert hatte.

Der Hit: *House Of Fun*
Der Tip: *Divine* (Virgin CDV 2692.354 517)

Madonna

* 16.8.1958 als Madonna Louise Ciccone. Nachdem sie längere Zeit Tanzunterricht genommen hatte, so z. B. bei Alvin Ailey in New York, arbeitete sie mit der Choreographin Pearl Lang. Nebenher übernahm sie Jobs als Model. 1979 war sie in Frankreich mit der Patrick-Hernandez-Revue unterwegs, der gerade mit *»Born To Be Alive«* einen großen Erfolg hatte. Nachdem sie diese Show wieder verlassen hatte, gründete sie mit ihrem Freund die Gruppe Breakfast Club. Zuerst spielt sie Schlagzeug, dann wurde sie die Sängerin. 1980 schließlich startete sie ihre eigene Band Emmenon, wenig später auf Emmy abgekürzt. Während dieser Zeit trat sie auch in einer Billigfilmproduktion auf. 1982 erhielt sie endlich den lang ersehnten Plattenvertrag, und mit Songs wie *»Everybody«* und *»Physical Attraction«* hatte sie ihre ersten Club-Hits in den USA. Mitte 1983 erschien mit *»Holiday«* ihre erste Hitnotierung in den USA und ihr erster Top-10-Erfolg in GB, geschrieben und produziert durch Jellybean Benitez. *»Borderline«* wurde im Frühjahr 1984 ihr erster Top-10-Hit in den USA. Seit diesem Zeitpunkt ist Madonna eine der erfolgreichsten US-Interpretinnen. Viele ihrer Songs hat sie selbst geschrieben. Läßt die Aufmerksamkeit nach, tut sie alles, um sie wieder auf sich zu ziehen. So

war sie 1991 die erste Schauspielerin bei den Filmfestspielen in Cannes, die ihr Kleid auszog und sich in ihrer Unterwäsche von Gaultier präsentierte. Der Stern dazu: »Madonnas züchtiger Strip vor der Zuschauermenge wird in die Geschichte der Festspiele eingehen, genau wie es der Popstar plante.« Ein anderes Beispiel ist ihr Video zu *»Like A Prayer«*, in dem sie Erotik und Religion so verband, daß es vom Vatikan verdammt wurde und Pepsi-Cola sich genötigt sah, einen Sponsorenvertrag mit Madonna zu kündigen. Ähnliches Aufsehen erregte die Veröffentlichung ihres Buches »Erotica« 1992, das nur in zusätzlicher Verpackung über den Ladentisch gehen durfte. Und »Im Bett mit Madonna« dürfte recht interessant sein. Sicher ist vieles von dem, was Madonna macht, geplant und genau kalkuliert. Ohne eine gehörige Portion Fleiß und Talent wäre ihr lang anhaltender Erfolg jedoch nicht möglich. *»Like A Virgin«* wurde Ende 1984 ihr erster Spitzenreiter in den USA und Millionseller. Seit diesem Zeitpunkt schaffte sie in GB bis Ende 1992 27 Top-10-Erfolge, davon mit *»Into The Groove«* 1985, *»Papa Don't Preach«* und *»True Blue«* 1986, *»La Isla Bonita«* und *»Who's That Girl«* 1987, *»Like A Prayer«* 1989 und *»Vogue«* 1990 Platz 1. In den USA war sie zumindest genau erfolgreich. Nach *»Like A Virgin«* gelangen ihr 19 weitere Top-10-Erfolge, darunter mit *»Crazy For You«* und *»Angel«* 1985, *»Like A Prayer«* und *»Express Yourself«* 1989 und *»Keep It Together«*, *»Vogue«* und *»Hanky Panky«* 1990 und *»This Used To Be My Playground«* und *»Erotica«* 1992 Millionseller. *»This Used To Be My Playground«* stammte aus dem Film *»A League Of Their Own«*, in dem Madonna eine Hauptrolle spielte. Auch ansonsten gab es etliche Filme mit ihr: *»Dick Tracy«*, *»Who's That Girl«*, *»Shanghai Surprise«*, *»Desperately Seeking Susan«* oder *»In Bed With Madonna«*. Die Reaktionen auf diese Filme waren recht unterschiedlich. Daß sie ausgesprochen geschäftstüchtig ist, zeigt sich darin, daß sie ihre gesamten Aktivitäten unter eigener Regie mit ihrer Produktionsfirma Maverick selbst kontrolliert.

Der Hit: *Like A Prayer*
Der Tip: *Immaculate Collection* (Sire/WB 7599-26 440-2)

Madriguera, Enric

* 17.2.1904, † 7.9.1973. Der in Barcelona geborene Violinist und Orchesterchef ist einer derjenigen, die die lateinamerikanische Musik in den USA populär machten. Nachdem er am Konservatorium in Barcelona studiert hatte, tourte er durch Spanien, Frankreich und landete auf Kuba. Schließlich wurde er Direktor von Columbia Records in Kolumbien. In den späten 20er Jahren gründete er, wieder auf Kuba, seine erste eigene Tanzband. 1929 kam er nach New York. Ab 1930 spielte er regelmäßig in Radiosendungen und nahm Platten auf. *»It Was So Beautiful«* war Mitte 1932 sein erster Top-10-Erfolg in den USA. Mit *»The*

Carioca« gelang ihm im Frühjahr 1934 sein erster und einziger Spitzenreiter. Bis zum Ende des Zweiten Weltkrieges gelangen ihm noch 13 weitere Hitnotierungen, davon vier Top-10-Erfolge. In den 50er Jahren schwand sein Ruhm.

Der Hit: *The Carioca*

Maerz, Marion

* 17.8.1946 als Marion Litterscheid. Der erste Erfolg gelang Marion Ende 1965, sie sang zu diesem Zeitpunkt noch nur unter ihrem Vornamen, mit *»Er ist wieder da«*. Die Platte erreichte Platz 6 in den deutschen Charts. Wenig zuvor war sie in Hannover auf einer Messeveranstaltung entdeckt worden. Nach zwei weiteren Hitnotierungen 1966 verschwand sie aus den Hitparaden bis Ende 1972. Dann kehrte sie als Marion Maerz wieder zurück, kam jedoch nicht mehr in die Top 10. Ende der 70er Jahre zog sie sich wieder aus dem Plattengeschäft zurück, um Anfang der 90er Jahre ein Comeback im Bereich volkstümlicher Schlager zu versuchen.

Der Hit: *Er ist wieder da*

Maffay, Peter

Peter Maffay *(Teldec)*

* 30.8.1949 als Peter Alexander Makkay. 1963 kam der in Kronstadt, Rumänien, geborene Peter mit seinen Eltern in die Bundesrepublik, kaufte sich für 70 Mark eine Gitarre und gründete seine erste eigene Band, The Dukes, die sich musikalisch an die Kinks anlehnten. 1969 wurde er in München von Michael Kunze entdeckt, der zusammen mit Peter Orloff die Nummer *»Du«* schrieb, die Maffay schließlich im Frühjahr 1970 einen Platz 1 in Deutschland bescherte. In den Anfangstagen seiner Karriere konnte Peter Maffay sicher nicht ahnen, daß er einmal einer der bekanntesten Rocksänger Deutschlands werden würde. Und ganz ehrlich: In jenen Anfangstagen sah es sicher auch nicht so aus, als würde er jemals im Vorprogramm der Rolling Stones spielen. Nach seinem ersten Hit *»Du«* 1970 hatte er weitere Top-10-Erfolge mit *»Du bist anders«* 1970, *»Josie«* 1975, *»Und es*

war Sommer« 1976, *»So bist du«* 1979, *»Über sieben Brücken mußt du geh'n«* 1980 und *»Lieber Gott«* 1982. Hier sollte man jedoch erwähnen, daß Peter Maffay mehr ein LP-Verkäufer ist. Ende der 70er Jahre erschien das Album *»Steppenwolf«*, das zweimal vergoldet und 1979 Spitzenreiter in den deutschen LP-Charts wurde. Platz 1 hatte noch im gleichen Jahr *»Frei sein«*, und Ende 1980 kam die LP *»Revanche«* auf den Markt, die sich über eine Million mal verkaufte. *»Ich will leben«* 1982, *»Carambolage«* 1984 und *»Sonne in der Nacht«* 1985 waren weitere Spitzenreiter und wurden alle mit Platin bedacht, d.h. verkauften sich mehr als 500 000mal. Platin setzte es selbst für sein Märchen *»Tabaluga«* 1983. Die Single-Hits von Peter Maffay machen nicht deutlich, daß Peter textlich sehr viel Tiefgründigeres zu bieten hat als Schlager, in denen »Du« vorkommt. Peter Maffay gehört zu den seltenen Fällen, daß sich jemand vom sanften Schlagersänger zum Rocksänger wandelte, ohne die eine oder andere Fraktion der Fans zu verprellen. Die Konzerte von ihm zeigen auch eine erstaunliche Bandbreite. Die, die 1970 *»Du«* liebten, blieben ihm so treu wie die, die erst 1990 nach *»Tiefer«* oder *»Steh auf«* hinzugekommen sind. Wenn man Peter auf der Bühne beobachtet, sieht man sehr deutlich, daß er das, worüber er singt, wirklich meint. Er ist nicht einer der stets Betroffenen, sondern artikuliert seine Wut über Zustände und Gegebenheiten recht deutlich. Sozial engagiert und für die Probleme der Kleinen eingesetzt hat er sich schon immer. Jemand, der wie er auf die Hilfe der hier Wohnenden angewiesen war, als er selbst neu hinzuzog, weiß viel über diese Problematik. Der Grafiker Gottfried Helnwein hat über Maffay, den er im übrigen ausgezeichnet porträtiert hat, gesagt: »Er hat in Deutschland sicher den Stellenwert, den in den USA jemand wie Bruce Springsteen hat.« Wolfgang Niedecken, dessen musikalischer Background sicher meilenweit von Maffays entfernt ist, sagte über Peter: »Man mag zu Maffay stehen wie man will, aber allein die Tatsache, daß er für *›Nackt im Wind‹* mit Leuten ins Studio geht, von denen er weiß, daß sie nicht besonders auf ihn stehen, ist doch wahnsinnig gut.« Daß er als Chef jemand ist, mit dem man auch über längere Zeit zusammenarbeiten möchte, beweist die Tatsache, daß viele seiner Mitmusiker mit ihm schon seit etlichen Jahren zusammen spielen. Auch als Schauspieler hat Peter Maffay keinen schlechten Eindruck hinterlassen. 1986 war er neben Tahnee Welch, Michael York und Armin Mueller-Stahl in dem Krimi »Der Joker« als Kommissar Jan Bogdan zu sehen, der seiner Arbeit als Polizist überdrüssig ist und erst, nachdem er als Krüppel im Rollstuhl sitzt, richtig aufräumt. Peter Maffay baute sich ein eigenes Aufnahmestudio und gründete eine eigene Plattenfirma, unter anderem, um Nachwuchsförderung in Deutschland zu betreiben.

Der Hit: *So bist du*
Der Tip: *Tausend Träume weit* (Teldec 8.25 935 ZP)

Main Ingredient

Donald McPherson (* 9.7.1941 † 4.7.1971); Luther Simmons, jr. (* 9.9.1942); Tony Sylvester (* 7.10.1941); Cuba Gooding (* 27.4.1944), alle v.

Das aus New York stammende Soul-Trio kam 1964 als The Poets zusammen und nahm einige Platten auf, ändert seinen Namen in The Insiders und schließlich in Main Ingredient. Angeblich haben sie den Gruppennamen einer Colaflasche entnommen. In den späten 60er Jahren erhielten sie einen Plattenvertrag, und mit *»You've Been My Inspiration«* hatten sie Mitte 1970 ihre erste Chart-Notierung in den USA. 1971 starb McPherson an Leukämie, und für ihn kam Cuba Gooding. Mit ihm kam auch der große Erfolg. *»Everybody Plays The Fool«* 1972 und *»Just Don't Want To Be Lonely«* 1974 waren Top-10-Erfolge und Millionseller. Danach verließ Sylvester die Gruppe und versuchte sich als Plattenproduzent. Er hatte Erfolg mit Discoproduktionen von Künstlern wie Sister Sledge, Linda Lewis und Ben E. King. Nach 1975 gelang der Gruppe kein Erfolg mehr. Gooding versuchte sich ab 1977 als Solist, kam aber 1979 wieder mit Simmons und Sylvester zusammen. Bis in die 80er Jahre nahm das Trio weitere Platten auf.

Der Hit: *Everybody Plays The Fool*
Der Tip: *Bitter Sweet* (RCA LSP 4677)

Maisonettes

Lol Mason, v; Elaine Williams, v; Denise Ward, v; Mark Tibbenham, key; Nick Parry, d; Carla Mendoca, v; Lisa Richards, v.

Gegründet wurde diese britische Band 1982 von Tibbenham und Mason. Mark hatte davor mit mittelmäßigem Erfolg in diversen Bands gespielt, Lol hatte mit seiner Gruppe City Boy Mitte 1978 den Top-10-Erfolg *»5-7-0-5«* und einige andere sehr schöne Titel. Die erste Single als Maisonettes nahmen sie mit den Backgroundsängerinnen Williams und Ward auf: *»Heartache Avenue«* kam Ende 1982 in die britischen Charts und bis auf Platz 7. Eine zweite Single wurde mit den neuen Backgroundsängerinnen Mendoca und Richards aufgenommen, erreichte aber schon nicht mehr die Hitparaden.

Der Hit: *Heartache Avenue*
Der Tip: *Maisonettes For Sale* (Ready Steady Go! INT 148.115)

Mai Tai

Jetty Wells, Carolien de Windt, Mildred Douglas, alle v.

Jetty Wells war auf Surinam geboren und in Holland aufgewachsen. Erste Erfolge als Sängerin verbuchte sie mit der Soulband The Free. Später avancierte sie in Holland zur gefragten Studiosängerin. So lernte sie Mildred Douglas kennen, die von der Insel Curacao kam. Von der gleichen Insel kam auch Carolien de Windt, die mit der Gruppe Fruitcake gesungen hatte. Im Herbst 1983 suchte der holländische Produzent Jochem Fluitsma eine Dance-Band und stellte diese drei als Trio zusammen. 1985 kamen sie mit dem Titel *»History«* in die britische Hitparade und erreichten Platz 8. Die gleiche Nummer wurde wenig später ein Top-30-Erfolg in Deutschland. Die Nachfolgesingle *»Female Intuition«* ein Chart-Erfolg in den US-Hot-100. Allerdings kam die Platte nur bis auf Platz 71. Wie bei so vielen Discogruppen war nach wenigen Nummern die Luft raus.

Der Hit: *History*
Der Tip: *Cool Is The Rule* (CNR 208 811)

Makulis, Jimmy

* 12.4.1935. Ende der 40er Jahre gewann Makulis in seiner Heimat Griechenland einen Nachwuchswettbewerb und wurde in den frühen 50er Jahren dort ein gefeierter Star. Mit der Feststellung *»In Kuba sind die Mädchen braun«* hatte er im September 1956 einen Platz 5 in der deutschen Hitparade. Im Herbst 1959 kam sein größter Erfolg mit *»Gitarren klingen leise durch die Nacht«*, Platz 4 in Deutschland. *»Nachts in Rom«* 1960 und *»Sweetheart Guitar«* 1961 waren weitere Top-10-Hits für Jimmy. Zusammen mit Lolita 1958 und Nina 1961 hatte er im Duett Erfolge. Mitte der 60er Jahre ging er nach Amerika und versuchte sich dort im Showgeschäft. Seit Ende 1991 und ohne Spuren in den US-Hitparaden hinterlassen zu haben ist er wieder in Deutschland aktiv. So veröffentlichte er die LP *»Einmal noch Athen sehn«*.

Der Hit: *Gitarren klingen leise durch die Nacht*

Malcolm, Carl

Malcolm ist ein weiterer jamaikanischer Interpret, der es mit einem einzigen Stück in GB unter die ersten 10 schaffte und danach wieder verschwunden war. Der ansprechende Titel *»Fattie Bum Bum«* kam im Herbst 1975 in die GB-Charts und wurde Platz 8. Verfügte der Mann vielleicht über hellseherische Fähigkeiten und wußte etwas über einen Tennisstar im Jahre 2030? Er wurde danach jedenfalls nicht mehr gesehen. Zur gleichen Zeit hatte sich die britische Formation Diversions ebenfalls mit *»Fattie Bum Bum«* versucht, erreichte aber nur Platz 34.

Der Hit: *Fattie Bum Bum*

Malmkvist, Siw

* 31.12.1936. Die schwedische Sängerin und Schauspielerin war ab Mitte der 50er Jahre in ihrer Heimat erfolgreich. Mit »*Trocadero 9910*« hatte sie Mitte 1960 ihren ersten Eintrag in der deutschen Hitparade, zwei Monate später stand ihre Version von »*Die Liebe ist ein seltsames Spiel*«, aufgenommen unter dem Pseudonym Jolly-Sisters, auf Platz 26 in Deutschland. »*Danke für die Blumen*« war Mitte 1961 ihr erster Top-10-Erfolg. 1963 folgten »*Mr. Casanova*« und »*1999*«. 1964 gewann sie die Schlagerfestspiele in Baden-Baden mit dem Titel »*Liebeskummer lohnt sich nicht*«, der Spitzenreiter in Deutschland wurde. 1965 kam »*Küsse nie nach Mitternacht*« unter die ersten 10, 1968 »*Harlekin*«. Mitte 1964 war sie auch einmal in der amerikanischen Hitparade verzeichnet. Zusammen mit dem italienischen Sänger Umberto Marcato stand »*Sole Sole Sole*« in den Hot 100. Nach 1971 war Siw aus den Charts verschwunden. 1992 kam sie mit neuen Produkten.

Der Hit: *Liebeskummer lohnt sich nicht*
Der Tip: *Trocadero 9910* (Bear Family BCD 15 659)

Mamas & Papas

John Phillips, v/g (* 30.8.1935); Holly Michelle Gilliam Phillips, v (* 4.6.1945); Dennis Doherty, v (* 29.11.1941); Cass Elliott, v (* 19.9.1941 als Ellen Naimoi Cohen, † 29.7.1974).

Der amerikanische Gitarrist, Sänger und Songschreiber John Phillips begann in der Gruppe Smoothies zusammen mit Scott McKenzie, mit dem er dann auch im Folk-Trio Journeymen war, das nach 1961 drei Langspielplatten bei Capitol veröffentlichte. 1964 gründete Phillips zusammen mit Denny Doherty, Michelle Gilliam, die er 1962 heiratete, und Cass Elliott die New Journeymen. Ende 1965 unterschrieben sie einen Plattenvertrag und benannten sich in Mamas & Papas um. Barry McGuire hatte inzwischen die John-Phillips-Komposition »*California Dreamin'*« aufgenommen und im Oktober 1965 veröffentlicht. Mit dem gleichen Playback nahmen nun die Mamas & Papas eine eigene Version des Titels auf, der im März 1966 ein Millionseller wurde, Platz 4 in den USA erreichte und in GB und Deutschland ein Top-40-Hit wurde. »*Monday Monday*« wurde im selben Jahr ebenfalls Millionseller, Spitzenreiter in der amerikanischen Hitparade, 3 in GB und 2 in Deutschland. Die weiteren Top-10-Erfolge in den USA waren »*I Saw Her Again*« und »*Words Of Love*« noch 1966, »*Dedicated To The One I Love*« und »*Creeque Alley*« 1967 Platz 2 in den USA und in GB. Im Juli 1968 trennte sich die Formation bereits wieder, und wenig später zerbrach auch die Ehe von Michelle und John. Mama Cass machte ab 1968 Soloplatten und hatte zwei Hits mit »*Dream A Little Dream Of Me*« und »*It's Getting Better*«. Sie starb im Juli 1974. Im Mai 1970 erschien die erste LP von John Phillips, auf der sein einziger Solohit

»*Mississippi*« zu finden war, der in die amerikanischen Top 40 kam. Ende 1971 kamen die Mamas & Papas noch einmal zusammen, aber nach einer einzigen LP trennten sie sich wieder. Michelle wechselte zur Schauspielerei und war z. B. in »*The Last Movie*« neben Dennis Hopper zu sehen, den sie später für acht Jahre heiratete. Weitere Filme mit ihr: »*Dillinger*« und Ken Russells Film-Bio von Rudolph Valentino 1975. 1977 veröffentlichte Michelle eine Soloplatte, die floppte. Im Juli 1980 wurde Phillips wegen Kokainbesitzes verhaftet, im April 1981 zu fünf Jahren Gefängnis verurteilt, aber schon nach 30 Tagen wird die Strafe umgewandelt in 250 Stunden gemeinnützige Arbeit. John unternahm eine Vortragsreise durch die USA, bei der er gegen Drogen predigte. Denny hatte inzwischen zwei erfolglose Solo-Alben veröffentlicht und war Moderator einer populären kanadischen TV-Sendung geworden. Im März 1982 machten John und Denny eine Reunion-Tour. Den Part der beiden Sängerinnen übernahmen Johns Töchter MacKenzie und Spanky McFarlane, die früher mit Spanky & Our Gang zusammen war. Diese Formation veröffentlichte kein neues Material, die Tour durch die USA war jedoch sehr erfolgreich. Als Songschreiber hatte John, der einst für Scott McKenzie den Welthit »*San Francisco*« geschrieben hatte, u. a. für die Beach Boys den 1988er Hit »*Kokomo*« verfaßt. Nachdem sich eine chice und anmutige Bekleidungsfirma entschloß, ihre Werbung mit dem Titel »*Dream A Little Dream Of Me*« zu unterlegen, kam die Platte im April 1992 in die deutsche Hitparade und wurde Platz 5. Als Interpreten wurden Mamas & Papas angegeben, obwohl es sich ursprünglich um eine Soloveröffentlichung von Mama Cass handelte. Chynna, die gemeinsame Tochter von John und Michelle Phillips, führt die musikalische Familientradition zusammen mit den Brian-Wilson-Töchtern Wendy und Carnie als Wilson Phillips erfolgreich fort.

Der Hit: *Monday Monday*
Der Tip: *Golden Greats* (MCA DMCM 5001)

Manchester, Melissa

* 15.2.1951. Die amerikanische Sängerin begann ihre Karriere im Background-Chor ihrer Freundin Bette Midler. Ab Mitte 1975 war sie auch als Solistin erfolgreich. Ihre erste Hitnotierung war auch gleich ihr erster Top-10-Erfolg: »*Midnight Blue*«. »*Don't Cry Out Loud*« 1978 und »*You Should Hear How She Talks About You*« 1982 waren ihre weiteren Top-10-Hits. Nach 1986 tauchte sie nicht mehr in den Pop-Charts auf. Als Songautorin gelangen ihr etliche große Erfolge, so z. B. zusammen mit Kenny Loggins dessen Hit »*Whenever I Call You Friend*«. Inzwischen betätigt sie sich in erster Linie als Drehbuchautorin und Schauspielerin.

Der Hit: *Don't Cry Out Loud*
Der Tip: *Greatest Hits* (Arista ARCD 8004)

Manchester United Football Club

Dreimal schaffte diese Fußballmannschaft aus Manchester den Einzug in die britische Hitparade. Im Mai 1976 zum erstenmal mit *»Manchester United«*, genau sechs Jahre später mit *»Glory Glory Man, United«* und schließlich wieder genau zwei Jahre später mit *»We All Follow Man, United«* – endlich zum erstenmal ein Top-10-Erfolg. Wie bei allen anderen Platten, die von Fußballclubs gesungen werden, geht es weniger um Gesangs- als vielmehr um Mitgrölqualität.

Der Hit: *We All Follow Man, United*

Mancini, Henry

* 16.4.1924. Der amerikanische Orchesterleiter und Komponist war zwischen 1952 und 1958 bei Universal Pictures als festangestellter Songschreiber beschäftigt. Nebenher arbeitete er wie so viele andere auch für das Fernsehen. Mit der Titelmelodie für die TV-Serie *»Peter Gunn«* schrieb er 1958 einen Millionseller für sich und einen Hit für viele andere, z. B. Ray Anthony, Duane Eddy, Emerson Lake & Palmer und Art Of Noise. Ab 1960 wurde er selbst in den US-Charts verzeichnet. Sein *»Love Theme From Romeo & Juliet«* kam im Frühjahr 1969 in die US-Charts, wurde ein Spitzenreiter und Millionseller. Henry Mancini hatte seine Karriere bei den Mel-Tones, der Begleitband von Mel Tormé, begonnen. Im Laufe der Jahre sollte Henry mehr Oscars – insgesamt vier – und mehr Grammys – insgesamt 20 – als die meisten anderen Popkünstler gewinnen. Besonders schön sind seine Themen aus den Filmen *»Pink Panther«*, *»Charade«*, *»Hatari«* oder aus *»Frühstück bei Tiffany«*, *»Moon River«*. Mit dem Thema aus der Fernsehserie *»Drei Engel für Charlie«* hatte er 1977 seinen letzten Hitparadeneinzug. Mancini brachte es auf knapp 40 Eintragungen in die LP-Hitparade. Seine erfolgreichste LP stand 96 Wochen in den US-Charts, davon 12 Wochen auf Platz 1 und wurde ein Millionseller: *»Breakfast At Tiffany's«*.

Der Hit: *Love Theme From Romeo & Juliet*
Der Tip: *Pure Gold* (RCA PD 83667)

Manfred Mann

Manfred Mann, key (* 21.10.1940 als Michael Lubowitz in Johannesburg); Mike Hugg, d/vib (* 11.8.1942); Paul Jones, v (* 24.2.1942 als Paul Pond); Mike D'Abo, v (* 1.3.1944); Dave Richmond, b; Tom McGuinness, b (* 2.12.1941); Jack Bruce, b (* 14.5.1943); Klaus Voormann, b (* 29.4.1938); Mike Vickers, fl/g/sax (* 18.4.1941); Mick Rogers, v/g (* 20.9.1946); Colin Pattenden, b; Chris Slade, d (* 30.10.1946); Chris Thompson, v/g (* 9.3.1948).

Manfred Mann *(Ariola)*

1962 firmierten Hugg und Mann als Mann-Hugg-Blues-Brothers. Sie hatten sich in einem Feriencamp getroffen und nahmen Jones, Vickers und Richmond hinzu, um die Formation zu komplettieren. Im Frühjahr 1963 gaben sie im Marquee Club in London ihr Debüt, im Mai des gleichen Jahres erhielten sie einen Plattenvertrag und nannten sich nun Manfred Mann. Ihre Debüt-Single *»Why Should We Not?«*, eine jazzige Rhythm-&-Blues-Instrumentalnummer, kam nicht in die Hitparade. Auch ihre zweite Single *»Coc-A-Hoop«*, eine R&B-Gesangsnummer, verfehlte die Charts. Im Januar 1964 verließ Richmond die Gruppe und wurde durch Tom McGuinness ersetzt, der vorher mit Eric Clapton bei den Roosters und mit Casey

Jones & The Engineers gespielt hatte. Dann wurde die Gruppe gefragt, ob sie nicht das Thema für eine neue britische TV-Popsendung mit dem Titel *»Ready Steady Go«* schreiben wollte. Sie wollten, und das Ergebnis *»5-4-3-2-1«* wurde mit Hilfe der Fernsehsendung und der Tatsache, daß sie darin regelmäßig zu Gast waren, im Januar 1964 ihre erste Hitnotierung, ein Platz 5 in GB. Mitte des gleichen Jahres gelang ihnen mit *»Do Wah Diddy Diddy«*, im Original von der US-Gruppe Exciters, ein Platz 1 in GB und in den USA, Platz 4 in Deutschland. Bis Mitte 1966 hatten sie noch weitere vier Top-10-Erfolge, darunter im April 1966 *»Pretty Flamingo«*. Ende 1965 hatte es wieder Umbesetzungen gegeben. Vickers verließ die Band, McGuinness übernahm die Gitarre, und neuer Bassist wurde Jack Bruce. Der wurde jedoch schnell wieder durch Studiomusiker ersetzt, und schließlich kam für ihn der Deutsche Klaus Voormann. Wichtiger war die Tatsache, daß Mitte 1966 Paul Jones die Band verließ und durch Mike D'Abo ersetzt wurde, weil Rod Stewart, Long John Baldry und Wayne Fontana beim Vorsingen durchgefallen waren. Mit dem neuen Sänger kam als erster Top-10-Hit die Dylan-Nummer *»Just Like A Woman«* im April 1966 in die GB-Charts. Bis zum Ende der 60er Jahre sollten noch sechs Top-10 Hits folgen, darunter der Spitzenreiter *»Mighty Quinn«*, ebenfalls eine Bob-Dylan-Komposition. Im Juni 1969 fiel die Band auseinander. Mann gründete die Gruppe Emanon, die rückwärts gelesen No Name hieß und nicht lange hielt. McGuinness gründete zusammen mit Hughie Flint, Benny Gallagher, Graham Lyle und Dennis Coulson McGuinness Flint. Ende der 70er Jahre sollten Paul Jones und Tom McGuinness in der Blues-Band wieder zusammenkommen. Ende 1969 gründete Mann mit Hugg und wechselnden Studiomusikern Manfred Mann Chapter 3. Sie machten jetzt wieder mehr jazzorientierte Musik, die sich nur schwer verkaufen ließ. Im März 1972 kam dann Manfred Mann's Earth Band. Die Besetzung war Mann, Slade, Pattenden und Rogers. Diese Band war rockiger orientiert und hatte mit *»Joybringer«* 1973, *»Blinded By The Light«* 1976 und *»Davy's On The Road Again«* 1978 drei Top-10-Erfolge. Ab 1976 war Mick Rogers gegen den Neuseeländer Chris Thompson ausgewechselt worden. In den 80er Jahren erschienen noch einige sehr schöne und gut gemachte LPs von Manfred Mann's Earth Band. Chris Thompson machte als Solist Aufnahmen.

Der Hit: Manfred Mann: *Do Wah Diddy Diddy*
Earth Band: *Blinded By The Light*
Der Tip: Manfred Mann: *The Definitive Collection* (Ascot CDP-796096-2)
Earth Band: *Blinded By The Light* (Arcade 8800068)

Mangano, Silvana

* 21.4.1930. Die italienische Schauspielerin hatte mit dem Titelsong aus dem Film *»Anna«* im Frühjahr 1953 in den USA einen Millionseller und belegte Platz 5. Das war ihr einziger Ausflug in die Gefilde der Popmusik. Ab 1946 hatte sie Filme gedreht. 1949 kam *»Bitterer Reis«* in die Kinos, der sie zum Weltstar machte. Im gleichen Jahr heiratete sie den Filmproduzenten Dino De Laurentis und spielte ab diesem Zeitpunkt in dessen Leben und in dessen Filmen eine große Rolle. Möglich, daß aus ihr ein noch größerer Star geworden wäre, hätten sich nicht Gina Lollobrigida und Sophia Loren auch fürs Filmgeschäft interessiert.

Der Hit: *Anna*

Mangione, Chuck

* 29.11.1940 als Charles Frank Mangione. Chuck schaffte den Tanz zwischen Jazz und Pop spielend mit seinem Flügelhorn. Zusammen mit seinem Bruder Gaspare machte er schon 1960 seine ersten Platten als Jazz Brothers. Bis 1964 spielten sie zusammen und veröffentlichten drei LPs. Nebenher war 1962 bereits die erste Solo-LP von Chuck erschienen. Mitte der 60er Jahre ging er nach New York, wo er mit Musikern wie Woody Herman, Art Blakey, Kay Winding und Maynard Ferguson spielte. Ab Anfang der 70er Jahre war Chuck eine eigenständige Größe im Jazz, aber auch in den Pop-Charts konnte er überzeugen. Seine erste Hitnotierung hatte er Mitte 1971. Sein größter Erfolg war im Frühjahr 1978 *»Feels So Good«*, ein Platz 4 in den US-Charts. Mit der Nummer *»Give It All You Got«* begann die US-TV-Station ABC jeweils die Berichterstattung von den Olympischen Winterspielen 1980. Die Platte kam bis auf Platz 18 in den USA.

Der Hit: *Feels So Good*
Der Tip: *Feels So Good* (A&M MLH 64 658)

Manhattans

George »Smitty« Smith († 1970), Winfried »Blue« Lovett (* 16.11.1943), Edward »Sonny« Bivins (* 15.1.1942), Kenneth »Wally« Kelly (* 9.1.1943), Richard Taylor († 7.12.1987), Gerald Alston (* 8.1.1942), alle v.
Die Geschichte dieser amerikanischen Gesangsgruppe beginnt in den frühen 60er Jahren, als Bivins und Taylor die Gruppe Dulcets gründeten. Nach etlichen Umbesetzungen und dann auch der Umbenennung kam es 1962 zu der Urbesetzung der Manhattans. Im gleichen Jahr beteiligten sie sich im Apollo-Theater in New York an einer der vielen Amateur-Night-Competitions, belegten zwar nur

Platz 3, erhielten aber doch einen Plattenvertrag. 1965 kam die erste Notierung in den Pop-Charts. In der Folge waren sie in der Rhythm-&-Blues-Hitparade regelmäßig vertreten, brachten es in der US-Pop-Hitparade aber bis 1975 zu keinem Top-30-Erfolg. Das sollte sich im Frühjahr 1976 ändern, als *»Kiss And Say Goodbye«* Spitzenreiter und Platinplatte wurde. In GB erreichte der Titel Platz 4, ebenso der Nachfolger *»Hurt«*. Inzwischen war 1970 Smith ernsthaft erkrankt und durch Gerald Alston ersetzt worden. Mit ihm war auch der größere Erfolg gekommen. 1980 wurde *»Shining Star«* Millionseller und Platz 5 in den US-Charts. 1976 hatte Rick Taylor die Manhattans verlassen und versuchte erfolglos eine Solokarriere. Für ihn kam kein Ersatz. Alston verließ 1988 die Gruppe und versuchte sich ebenfalls als Solist. Zwischenzeitlich war Regina Belle Mitglied bei den Manhattans. Sie sollte später als Solistin recht erfolgreich sein.

Der Hit: *Kiss And Say Goodbye*
Der Tip: *The Best Of* (CBS Embassy 31806)

Manhattan Transfer

Tim Hauser (* 1940), Laurel Masse (* 1954), Alan Paul (* 1949), Janis Siegel (* 1953), Cheryl Bentyne, alle v.
Die Band war 1973 durch Tim Hauser gegründet worden und wurde schnell in New York eine Attraktion. Ihre nostalgischen Bezüge, kombiniert mit exzellenten Bühnenauftritten, einem hervorragenden Satz- und Scatgesang, machten sie schnell populär. 1975 hatten sie mit *»Operator«* einen Platz 22 in den US-Pop-Charts. 1975 gelang ihnen ihr einziger Top-10-Erfolg in den USA mit *»Boy From New York City«*, im Original 1965 ein Hit der Ad Libs. Ihr Titel *»Chanson D'Amour«*, ebenfalls eine Coverversion, die 1958 mit Art & Dotty Todd und den Fontane Sisters in den USA erfolgreich war, brachte es im Frühjahr 1977 auf Platz 1 in GB. 1979 wurde Laurel Masse durch Cheryl Bentyne ersetzt, was der musikalischen Qualität der Formation keinen Abbruch tat. 1988 zeigte die Nummer *»Soul Food To Go«*, daß sie musikalisch sehr anpassungsfähig sind. Witzig auch das dazugehörende Video.

Der Hit: *Chanson D'Amour*
Der Tip: *The Offbeat Of Avenues* (CBS 468 283 2)

Manic Street Preachers

James Dean Bradfield, v/g (* 21.2.1969); Richey Edwards, g (* 27.12.1969); Nicky Wire, b; Sean Moore, d (* 30.7.1970).
Die aus Wales kommende Band sorgte zunächst mit Live-Gigs für Furore.

Angeblich haben diese teilweise nicht länger als 10 Minuten gedauert, weil sie spätestens bis dahin im Power-Rausch ihr eigenes Equipment zerstört hatten. Die Plattenfirma: »Die vier rotzfrechen Jungs zeigen sämtliche Posen aus 30 Jahren Rock- und Pop-Geschichte, und ihre Musik lebt einem vor, was Jugend pur bedeutet.« Was soll man dazu sagen? Im Frühjahr 1992 erschien ihr Debütalbum *»Generation Terrorists«*. Darauf auch ihr erster Top-20-Hit in GB, *»Slash 'N' Burn«*. Mit einer Coverversion des Themas aus der TV-Serie »M.A.S.H.«, das 1980 schon einmal auf Platz 1 in der britischen Hitparade stand, erreichte die Gruppe im Herbst 1992 Platz 7. Die englische Musikzeitschrift New Musical Express hatte einen Sampler veröffentlicht, auf dem britische Nummer-1-Hits der 70er/80er Jahre in Coverversionen versammelt waren. Für diesen Sampler hatten die Manic Street Preachers sich diese Nummer ausgesucht und waren damit überraschend erfolgreich.

Der Hit: *Theme From M.A.S.H. (Suicide Is Painless)*
Der Tip: *Generation Terrorists* (CBS 471 060 2)

Manilow, Barry

* 17.6.1946 als Barry Alan Pinkus. Der amerikanische Sänger und Pianist begann als Single-Schreiber. Auf diesem Gebiet sollte er auch dann noch Erfolg haben, als er bereits als Interpret etabliert war. In den USA ist der McDonald-Slogan »You Deserve a Break Today« untrennbar mit Barrys Stimme verbunden. Als Musiker hatte er 1972 die ersten Erfolge. Er traf auf Bette Midler, die ihn zu ihrem musikalischen Begleiter machte. Ende 1974 kam seine erste Platte in die Hitparade: *»Mandy«* wurde Millionseller und Spitzenreiter. Das Lied war bereits vorher schon einmal ein Hit gewesen. Scott English, der Autor, sang den Titel als *»Brandy«*. *»Could It Be Magic«*, inspiriert durch Chopins Prélude in c-Moll, erreichte Platz 6 in den Charts. Dieser Titel war bereits 1971 schon einmal veröffentlicht worden. Damals wurde als Interpret Feather Bed feat. Barry Manilow genannt. Ende 1975 gelang ihm mit *»I Write The Songs«*, geschrieben von Bruce Johnston von den Beach Boys, wieder ein Spitzenreiter und Millionseller. Die Liste seiner Hits geht bis ins Jahr 1988. Außer den bereits genannten gelangen ihm noch acht weitere Top-10-Erfolge, darunter die Millionseller *»Looks Like We Made It«*, 1977 Spitzenreiter, *»Can't Smile Without You«* und *»Copa Cabana (At The Copa)«* 1978. In den 80er Jahren bat ihn die Witwe des Songtexters Johnny Mercer, zu bisher unveröffentlichten Texten ihres Mannes die Musik zu schreiben. Einige dieser Aufnahmen übernahm Nancy Wilson für ihr 1991 erschienenes Album *»With My Lover Beside Me«*.

Der Hit: *I Write The Songs*
Der Tip: *Greatest Hits* (Arista ARCD 8039)

Mann, Barry

* 9.2.1939 als Barry Iberman. Barry Mann gilt als einer der erfolgreichsten Songschreiber der Popmusik-Ära. Zusammen mit seiner Frau Cynthia Weil verfaßte er unzählige Hits, darunter *»You've Lost That Lovin' Feelin'«*, *»I'm Gonna Be Strong«*, *»Blame It On The Bossa Nova«* oder *»We Gotta Get Out Of This Place«*. Mitte 1961 wollte er es selbst einmal wissen. Er nahm die Nummer *»Who Put The Bomp (In The Bomp, Bomp, Bomp)«* auf. Diese Noveltyplatte erreichte Platz 7 in der amerikanischen Hitparade. Barry hat noch drei weitere Eintragungen in den Pop-Charts, die jedoch über einen Platz 70 nicht hinauskamen. Die Gesangsausflüge von ihm kann man eher als Hobby betrachten, obwohl er als recht ehrgeizig auf diesem Gebiet galt. Carole King, eine alte Freundin von Barry, lud ihn 1971 zu einem Konzert ein. Sie bat ihn, innerhalb ihres Konzertes einmal eigene Kompositionen vorzutragen. Barry wollte. Im Billboard konnte man danach lesen: »Er kam in einem verrückten T-Shirt und Jeans heraus und benahm sich, als ob er gerade aus dem Untergrund gekommen wäre. Er hatte alle individualistischen Eigenheiten, um der nächste große Komponist und Interpret zu werden.« War wohl nix.

Der Hit: *Who Put The Bomp (In The Bomp, Bomp, Bomp)*
Der Tip: *Who Put The Bomp* (ABC-Paramount P 11 572)

Mann, Danny

* 1938 als Sybille Pagel. Die deutsche Sängerin nahm im Oktober 1955 ihre erste Single auf: *»Tingel-Tangel-Tambourin«*. Arrangeur des Titels war Paul Kuhn. Bis zu diesem Zeitpunkt hatte sich Danny mehr einen Namen als Jazzsängerin erworben. Entdeckt wurde sie beim Gesangswettbewerb »Die große Chance«, bei dem die ersten drei einen Plattenvertrag gewannen. Die beiden anderen Gewinner waren Ralf Bendix und der Pianist Ingfried Hoffmann. Bis Mitte 1958 veröffentlichte sie die Platten unter ihrem richtigen Namen, danach als Danny Mann und ab 1959 als Dany Mann. Ende 1958 kam sie mit einer deutschen Version des Georiga Gibbs/Teresa Brewer Hits *»Hula Hoop«* bis auf Platz 4 der deutschen Hitparade. Auch ihr zweiter Hit, *»Norman«*, war die deutsche Version einer amerikanischen Aufnahme. Sue Thompson hatte damit in den Staaten Erfolg. Ihre weiteren Platten, die sie Anfang der 60er Jahre aufnahm, waren ebenfalls durchweg Coverversionen. Ab Mitte der 60er Jahre spielte Dany Theater. Ihre letzte Platte machte sie 1968. Es war eine LP mit Volksliedern, die sie mit ihrem Bruder aufnahm.

Der Hit: *Hula Hoop*
Der Tip: *Sexie Hexy* (Bear Family BCD 15483)

Mann, Johnny, Singers

Johnny Mann (* 30.8.1928) war ab 1957 Musikchef in der »George Gobel Show«. Schon zu diesem Zeitpunkt trat er zusammen mit seinen Singers auf. Gleiches machte er 1959 in der »Eddie Fisher Show«, 1963/64 in der »Danny Kaye Show« und 1967 – 1969 in der TV-Talk-Show von Joey Bishop. 1971 bis 1973 war er Moderator der Musiksendung »Johnny Mann's Stand Up And Sheer«. In den Hitparaden wird Johnny Mann lediglich einmal notiert: Jimmy Webbs Nummer *»Up, Up And Away«* brachte ihm Mitte 1967 in den USA Platz 91, in GB 6. Zum gleichen Zeitpunkt waren die Fifth Dimension mit ihrer Version des Titels in den Top 10 der USA.

Der Hit: *Up, Up And Away*

Mann, Martin

* 10.3.1944 als Mario Löprich. Martin Mann versuchte immer den Eiertanz zwischen Schlager und Rock 'n' Roll zu bewältigen. Michael Holm entdeckte den Österreicher und produzierte ihn. Die deutsche Version des Simon-&-Garfunkel-Hits *»Cecilia«* war Mitte 1970 seine erste Top-40-Notierung in Deutschland. Ein Jahr später hatte er mit *»Meilenweit«* seinen ersten und letzten Top-10-Hit. Nach 1980 wurde er nicht mehr in den Pop-Charts aufgeführt, obwohl er bis in die 90er Jahre Platten aufnahm. Als Songschreiber hatte er Titel für Jürgen Marcus, Nicole, Roland Kaiser oder Wind geschrieben.

Der Hit: *Meilenweit*

Man To Man

Das aus zwei Männern bestehende amerikanische Duo hatte in den 80er Jahren einen Hit, nachdem es sich mit dem US-Mixer Man Parrish zusammengetan hatte. Ihr Titel *»Male Stripper«* kam im September 1986 erstmals in die britische Hitparade, allerdings nur unter die ersten 70. Nachdem die Nummer dann häufig in Homosexuellen-Kneipen zu hören war, schaffte sie es nach einem zweiten Re-Entry bis auf Platz 4 in GB. Die Nachfolge-Single *»I Need A Man/ Energy Is Eurobeat«* kam noch unter die Top 50, dann waren Man To Man ganz aus den Charts verschwunden.

Der Hit: *Male Stripper*

Mantovani

* 15.11.1905 als Annunzio Paolo Mantovani in Venedig, † 29.3.1980. Mantovanis Vater war erster Geiger an der Mailänder Scala unter dem Dirigenten Arturo Toscanini, spielte auch unter Saint-Saens und leitete später das Covent Garden Orchestra. Daß der Sohn Profimusiker werden wollte, lag also nah. Zunächst lernte er Klavier, wechselte dann aber zur Violine. Die Familie zog 1912 nach England, vier Jahre später gab Mantovani sein Debüt als Profi. Mit 20 hatte er ein eigenes Orchester im Londoner Hotel Metropole und begann mit Radiosendungen. Seine erste Hitnotierung in den USA hatte er bereits Ende 1935 mit *»Red Sails In The Sunset«*, ein Platz 2. *»Serenade In The Night«* war ein Jahr später ein weiterer Top-10-Erfolg, dann trat eine lange Pause ein. *»Charmaine«* kam Ende 1951 in die US-Charts, wurde ein Millionseller und ein Top-10-Erfolg. Weitere Top-10-Hits: *»White Christmas«* 1952 in GB, *»The Moulin Rouge Theme (Where Is Your Heart)«* 1953 in USA und GB, *»Swedish Rhapsody«* 1953 in GB und *»Cara Mia«* 1954 USA. Seine Hits reichten bis in die 60er Jahre. Mantovani war jedoch in erster Linie LP-Verkäufer. Von 1955 bis 1972 brachte er 45 LPs in die US-Charts. Von 1952 bis 1972 galt er als Amerikas erfolgreichster Orchesterchef. Seine Musik wurde dort als »beautiful music« bezeichnet, für die kaskadenartige Streicher charakteristisch waren.

Der Hit: *The Moulin Rouge Theme (Where Is Your Heart)*
Der Tip: *Golden Hits* (Decca SKL 4818)

Mantronix

Curtis »Mantronik« Kahleel, DJ/key; MC Tee (* als Tooure Embden), rap; Bryce Luvah; D.J.D.
Curtis bezeichnet sich selbst als Mixologen, der nicht nur geschickt diverse Stile der Dance Music, wie Hiphop, Soul, House usw. kombiniert, sondern auch die Besetzung seiner Gruppe häufig auffrischt. Er wurde auf Jamaika geboren, wuchs in Kanada und den USA auf. Als Produzent arbeitete er u. a. für Jaki Graham, Duran Duran und Jean-Paul Gaultier. Ende 1984 lernte er MC Tee kennen und veröffentlichte mit ihm 1985 seine erste Platte. Im Februar 1986 hatten sie mit *»Ladies«* ihre erste Hitnotierung in GB. 1989 verließ MC Tee Mantronix, für ihn kamen Luvah und D.J.D. Im Januar 1990 kam, veröffentlicht als Mantronix featuring Wondress, die Nummer *»Got To Have Your Love«* in die britischen Charts und erreichte Platz 4. Wondress war eine britische Sängerin. In der gleichen Besetzung kam *»Take Your Time«* vier Monate später in die GB-Charts und wurde ein weiterer Top-10-Erfolg. Ende der 80er Jahre mußten Mantronix einer neuen Generation von Rappern und Mixern weichen.

Der Hit: *Got To Have Your Love*
Der Tip: *This Should Move Ya* (Capitol CDP 7 91119 2)

Manuel & His Music Of The Mountains

Geoff Love (* 1916, † Juli 1991) war Ende der 50er/Anfang der 60er Jahre in GB ein bekannter Bandleader. Unter dem Pseudonym Manuel & His Music Of The Mountains verarbeitete er mit Vorliebe südamerikanische Einflüsse. Seine Musik würde heute noch jedem Fahrstuhl zur Ehre gereichen. Ende 1959 hatte er seine erste Hitnotierung in GB. Mit *»Rodrigo's Guitar Concerto De Aranjuez«* gelang ihm im Frühjahr 1976 ein Platz 3. Für drei Stunden jedoch konnte er sich als Spitzenreiter fühlen. Das für die Hitparaden verantwortliche Marktforschungsbüro hatte einen Fehler im Computer, so daß die Single-Hitparade falsch zusammengestellt wurde. Entdeckt wurde das erst, nachdem die BBC diese Charts bereits erhalten und gesendet hatte. Nach drei Stunden konnte dann das richtige Ergebnis verkündet werden. Damit ist Manuel der Interpret mit der kürzesten Verweildauer auf dem Spitzenplatz einer Hitparade: drei Stunden. Statt seiner Platte wurde *»December '63«* mit den Four Seasons Platz 1.

Der Hit: *Rodrigo's Guitar Concerto De Aranjuez*
Der Tip: *Bolero* (EMI CDP 524-7 92629-2)

Manuel & Pony

»Das Lied von Manuel« war im August 1979 ein Platz 5 in der deutschen Hitparade. Da offensichtlich Manuel und seine Partner Pony alles gesagt hatten, was wie wußten, gelang ihnen kein zweiter Erfolg. Manuel war Achim Rodewald, ein 14jähriger Junge, der aus Rösrath bei Köln kam und der als »männliches« Gegenstück zu Andrea Jürgens aufgebaut werden sollte. 1980 trennte er sich von Pony, einer vierköpfigen aus Jungen und Mädchen bestehenden Kindergruppe, da er auf dem Hit nur die Worte »Maria Dolores« singen durfte. Für ihn fand man als Ersatz den 13jährigen Engländer Christopher Sheppard. Dessen Mutter war eine in Düsseldorf lebende Fremdsprachenkorrespondentin, daher beherrschte auch der kleine Christopher die deutsche Sprache ganz gut. Die Formation nannte sich fortan Chris & Pony. Auf der im Sommer 1980 erschienenen Single *»Lieber Vater«* sang Manuel ohne Pony und ohne Erfolg. Chris & Pony sangen *»Ich denke viel an Blondie«* – ebenfalls ohne Erfolg.

Der Hit: *Das Lied von Manuel*

Manuela

* 18.8.1943 als Doris Wegener. Die Berlinerin wurde bei einem Talentwettbewerb von dem Produzenten Peter Meisel entdeckt. Hauptberuflich arbeitete sie zu diesem Zeitpunkt am Fließband einer Berliner Kondensatorenfabrik. Ihre erste Plattenveröffentlichung war Mitte 1963 eine deutsche Version von Eydie Gormes »*Blame It On The Bossa Nova*«. »*Schuld war nur der Bossa Nova*« wurde Nummer 1 in Deutschland und vergoldet. Ebenfalls Gold brachte die nächste Single, »*Ich geh noch zur Schule*«. Weitere Top-10-Erfolge: »*Schwimmen lernt man im See*« 1964, »*Küsse unterm Regenbogen*« 1965, »*Es ist zum Weinen*« 1966 und »*Monsieur Dupont*« 1967. Manuela sang auch im Duett mit Drafi Deutscher und hatte mit ihm 1966 den Hit »*Die goldene Zeit*«. Nach 1973 ließ der Erfolg nach. Manuela machte mehr Schlagzeilen mit einem angeblichen Bestechungsskandal beim ZDF. Es ging darum, daß ein ZDF-Redakteur von Manuela Schmiergeld für einen Auftritt verlangt haben sollte.

Der Hit: *Schuld war nur der Bossa Nova*
Der Tip: *Die großen Erfolge* (Hansa 88515)

Marbles

Trevor Gordon, v/key (* 5.5.1948); Graham Bonnet, v/g (* 12.12.1947).
Das Duo hatte sich erstmals in der Band Blues Sect kennengelernt. Trevor, ein Cousin der Bee Gees, schaffte es, daß er und Graham bei RSO, die auch die Bee Gees unter Vertrag hatten, vorspielen durften. Sie wurden genommen und veröffentlichten im Herbst 1968 den Titel »*Only One Woman*«, der es in GB auf 5, in Deutschland auf 6 brachte. Die Nummer war geschrieben und produziert von den Bee Gees. Auch die meisten anderen Titel der Marbles stammten aus den Federn der Familie Gibb. »*The Walls Fell Down*« kam im Frühjahr 1969 noch einmal unter die ersten 30 in GB, und nach ein paar Live-Auftritten, die sehr chaotisch abgelaufen sein müssen, und einer LP, die in GB nicht einmal veröffentlicht wurde, trennten sich die beiden wieder und versuchten sich als Solisten. Graham Bonnet hatte im Alleingang Erfolg mit der Nummer »*Night Games*«, im Frühjahr 1981 ein Top-10-Hit in GB. 1979 hatte er Ronnie Dio in Richie Blackmores Rainbow ersetzt. Außerdem hatte er in dem Film »*Three For All*« mitgespielt. Anfang 1992 kam er deutsche Schauspieler Uwe Ochsenknecht mit einer Coverversion von »*Only One Woman*« bis auf Platz 21 in den deutschen Charts.

Der Hit: *Only One Woman*
Der Tip: *Rock Legends* (RSO 2475 207)

Marcels

Cornelius »Nini« Harp, Ronald »Bingo« Mundy, Gene Bricker, Richard Knauss, Fred Johnson, Allen Johnson, Walt Maddox, alle v.
Die aus Pittsburgh stammende Doo-Wop-Formation veröffentlichte im Frühjahr 1961 eine neue Version eines Songs, den Paul Rodgers und Lorenz Hart 1934 geschrieben hatten: *»Blue Moon«*. Das Stück hatten die Marcels angeblich lediglich als Joke aufgenommen. Ob sich Rodgers und Hart *»Blue Moon«* so vorgestellt hatten, wie die Marcels es nun sangen, kann man bezweifeln. Nachdem die Platte Spitzenreiter in den USA und GB, Platz 13 in Deutschland war, verließen Dick und Gene die Band und wurden durch Allen Johnson, Freds Bruder, und Walt Maddox ersetzt. Mit diesen beiden gelang der Gruppe im Herbst 1961 ein weiterer Top-10-Erfolg: *»Heartaches«*, 1931 ein Hit für Guy Lombardo, 1947 Spitzenreiter in den USA mit Ted Weems. Immer noch in dem gleichen Jahr, 1961, verließ der erste Tenor, Mundy, die Band, und damit fiel sie in die Bedeutungslosigkeit zurück.

Der Hit: *Blue Moon*
Der Tip: *The Best Of* (EMI CDP 79 4555 2)

March, Peggy

* 8.3.1948 als Margaret Annemarie Battavio. Peggy gilt als die jüngste Sängerin, die je eine Nummer 1 in den USA hatte. Zu diesem Zeitpunkt nannte die Amerikanerin sich noch Little Peggy March. Petula Clark hatte 1962 den französischen Titel *»Chariot«* gesungen. Als Komponisten wurden Stole und Roma angegeben. Das waren Pseudonyme für die beiden Orchesterchefs Frank Pourcel und Paul Mauriat. Als *»I Will Follow Him«* kam das Ganze im Frühjahr 1963 in die amerikanische Hitparade und wurde ein Spitzenreiter für die kleine Peggy. In Deutschland erreichte sie Platz 6. Danach war sie fast ausschließlich in der Bundesrepublik erfolgreich, in die sie übersiedelte. *»Good Bye, Good Bye, Good Bye«* und *»Mit 17 hat man noch Träume«* 1965, *»Memories Of Heidelberg«* und *»Romeo und Julia«* 1967 – diese Nummer war Spitzenreiter und wurde vergoldet – waren weiter Top-10-Erfolge. *»Mit 17 hat man noch Träume«* brachte Peggy March 1965 den Sieg beim Schlagerfestival in Baden-Baden ein. Die Liste ihrer Hits reicht bis ins Jahr 1977. Als Texterin hatte sie einen Hit mit *»When The Rain Begins To Fall«* für Pia Zadora und Jermaine Jackson. In den 80er Jahren ging sie wieder in die USA, kehrte jedoch in den 90ern wieder nach Deutschland zurück.

Der Hit: *I Will Follow Him*
Der Tip: *Mit 17 hat man noch Träume* (Bear Family BCD 15 536)

Marchena, Guillermo

* 19.1.1947. Der in Wilhelmstad auf der Karibikinsel Curacao geborene Guillermo trommelte sich als Teenager durch etliche Rockbands. Ende der 60er Jahre kam er nach Europa, spielte hier erst einmal für ein paar Jahre in einer der vielen Club-Bands. Die folgenden Stationen waren Klaus Doldingers Passport, Head, Hearts & Hands, Connexion Latina, Irazu, Maniacs und Percussion Academia. Für die im Dezember 1987 ausgestrahlte Weihnachts-TV-Serie »Anna« sang Guillermo den Song *»My Love Is A Tango«*, der sich Anfang 1988 zum Knüller entwickelte und Spitzenreiter in der deutschen Hitparade wurde.

Der Hit: *My Love Is A Tango*
Der Tip: *My Love Is A Tango* (Ariola 258 991)

Marcus, Jürgen

* 6.6.1948 als Jürgen Beumer in Herne. Tagsüber machte er eine Lehre als Werkzeugschlosser, abends sang er in der Rockgruppe Crashes. 1967 gewann die Band beim European-Festival in Brüssel, 1968 und 1969 beim Beat-Festival in Recklinghausen. Danach verließ Jürgen die Band und wurde Mitglied im Hair-Ensemble. Er spielte den Claude und zog mit der Truppe durch ganz Deutschland. Dann traf er den Produzenten Jack White, der mit ihm die Nummer *»Nur Du«*, eine Cover-Version des Simon-&-Garfunkel-Hits *»El Condor Pasa«*, aufnahm. Die Platte wurde seine erste Hitnotierung und stand Mitte 1970 auf Platz 32. Ein Jahr später erreichte *»Eine neue Liebe ist wie ein neues Leben«* Platz 2 in den deutschen Charts. Es folgten *»Festival der Liebe«* und *»Schmetterlinge können nicht weinen«* 1973 und *»Ein Lied zieht hinaus in die Welt«* 1975 als weitere Top-10-Hits. 1977 hatte Jürgen im ZDF die eigene Unterhaltungsreihe »Halb und halb«, zwei Jahre später »Jürgen Marcus – Einer für viele«. Seine Hitliste geht bis in das Jahr 1981, danach wurde er nicht mehr notiert. Seine Plattenveröffentlichungen, deren inhaltliche Qualität sich im Laufe der Jahre verbesserte, reichen bis in die 90er Jahre. Zwischendurch nahm er als J. Marcus auch englischsprachige Titel auf.

Der Hit: *Eine neue Liebe ist wie ein neues Leben*
Der Tip: *Portrait* (Telefunken 6.28 508)

Maresca, Ernie

* 21.4.1939. Der aus der New Yorker Bronx stammende Sänger und Songschreiber schaffte es immer wieder, sich so an Hits anzulehnen, daß daraus wieder ein neuer Erfolg werden konnte und sich niemand beklaut vorkam. Von ihm stammen die Nummern *»Runaround Sue«* oder *»The Wanderer«*, die Hits für Dion waren.

Sich selbst schrieb er den Titel *»Shout! Shout! (Knock Yourself Out)«*, mit dem er in den USA im Frühjahr 1962 Platz 6 in den Charts schaffte. Dabei ist es geblieben.

Der Hit: *Shout! Shout! (Knock Yourself Out)*

Marie, Kelly

* 23.10.1957 als Jacqueline McKinnon. Ray Dorset, der Kopf von Mungo Jerry, hatte der britischen Sängerin Mitte 1980 die Nummer *»Feels Like I'm In Love«* geschrieben, mit der es Kelly bis auf Platz 1 in GB brachte. Es folgten noch drei weitere Hitnotierungen, die aber nicht mehr über einen Platz 20 hinauskamen. Nach 1981 war Kelly wieder aus den Charts verschwunden.

Der Hit: *Feels Like I'm In Love*

Marie, Teena

* 1957 als Mary Christine Brockert. Diese weiße Funk-Sängerin veröffentlichte in ihren Anfangstagen ihre Platten bei Tamla Motown. Teena galt als ausgezeichnete Sängerin, Komponistin, Keyboarderin, Gitarristin, Produzentin und arbeitete auch als Schauspielerin. Ihren ersten Erfolg hatte Teena mit *»I'm A Sucker For Your Love«*. Die Platte kam im Frühjahr 1979 in die Rhythm-&-Blues-Hitparade und wurde ein Top-10-Erfolg. Ihr erster Hit in den Pop-Charts war *»I Need Your Lovin«* Ende 1980. *»Lovergirl«* schaffte es Ende 1984 auf Platz 4 in den USA und wurde ihr größer Pop-Erfolg. Ihre letzte Eintragung in den Pop-Charts war die Nummer *»Ooo La La La«*, im Frühjahr 1988 Platz 85 in den Pop-Charts, Spitzenreiter in den Rhythm-&-Blues-Charts.

Der Hit: *Lovergirl*
Der Tip: *Star Child* (Epic 26 315)

Marietta

* als Marietta Waters. Die Amerikanerin, die auf Nachfrage nicht bereit war, ihr Alter oder andere persönliche Daten zu verraten, sang den Titelsong aus dem gleichnamigen Willy-Bogner-Film *»Fire And Ice«*, kam damit im Februar 1986 in die deutsche Hitparade und erreichte Platz 10. Das Stück hatte Harold Faltermeyer produziert und mitgeschrieben. Auch in dem Film *»Top Gun«* wirkte sie beim Soundtrack mit: Sie sang den Titel *»Destination Unknown«*.

Der Hit: *Fire And Ice*
Der Tip: *Feuer und Eis – OST* (CBS 70 294)

Marillion

Fish, v (* 25.4.1958 als Derek William Dick); Doug Irvine, b; Mick Pointer, d (* 22.7.1956); Steve Rothery, g (* 25.11.1959); Brain Jelliman, key; Mark Kelly, key (* 9.4.1961); Pete Trewavas, b (* 15.1.1959); Ian Mosley, d (* 16.6.1953); Steve Hogarth, v.
Ursprünglich nannte sich die Gruppe, als sie 1978 gegründet wurde, Silmarillion. Vorlage für den Namen bot eine Geschichte von J. R. R. Tolkien. Im Laufe des Jahres 1979 kam es zur Umbenennung in Marillion und erst 1981 zu den ersten Demoaufnahmen. 1982 spielten sie im Londoner Marquee Club, machten Session-Aufnahmen für die BBC, erhielten einen weltweiten Plattenvertrag bei der EMI und hatten mit *»Market Square Heroes«* ihre erste Hitnotierung in den britischen Charts. Musikalisch angesiedelt zwischen Genesis und Barclay James Harvest war es vor allem der Sänger Fish, der die Fans an die Gruppe band. *»Kayleigh«* und *»Lavender«* waren 1985 die beiden ersten Platten der Gruppe unter den ersten 10 in GB, *»Incommunicado«* schaffte das Mitte 1987. Zu diesem Zeitpunkt hatte Fish bereits mit Tony Banks von Genesis die Single *»Short Cut To Somewhere«* veröffentlicht, die knapp in die Top 75 kam. Innerhalb der Band gab es mehr und mehr Schwierigkeiten zwischen Fish und den übrigen Mitgliedern. Fish war mit der Richtung, in die sich Marillion musikalisch bewegte, nicht einverstanden. Im September 1988 gaben die Beteiligten bekannt, daß sich Fish von der Band trennen werde. Im April 1989 wurde Steve Hogarth, vorher mit der Formation The Europeans, offiziell als neuer Leadsänger vorgestellt. Im Herbst des Jahres wurde Fish erstmals in den britischen Pop-Charts mit *»State Of Mind«* notiert. Zu einem Top-10-Hit brachte er es bisher nicht. Ohne Fish kam jedoch auch Marillion nicht mehr unter die ersten 10.

Der Hit: *Kayleigh*
Der Tip: *A Singles Collection* (EMI 7 99370 2)

Marilyn

Die Freundschaft zu Boy George verschaffte Marilyn einen Plattenvertrag. Der britische Sänger kam mit seiner ersten Platte, *»Calling Your Name«*, bis auf Platz 4 in den britischen Charts. Stimmlich unterstützt wurde er auf dieser und den folgenden Platten von Claudia Fontaine und/oder von Naomi. Das starke Interesse an der Person Marilyn lag wohl weniger an seinen gesanglichen Qualitäten als an der herzlichen Männerfreundschaft zwischen ihm und Boy George. Und da es nach dem ersten Hit nichts weiter mehr zu sagen gab, kamen seine nächsten Platten auf die Plätze 31, 40, 70, und danach war er wieder vergessen.

Der Hit: *Calling Your Name*

Marina, Imca

Was Sangria saufen, südliche Sonne, Stierkampf schauen und Sex im Sperrbezirk von Arenal alles aus Urlaubern macht, ist hinlänglich bekannt. Daß ihnen dann häufig schlichte Urlaubsweisen die Erinnerung, soweit sie dazu fähig sind, an herrliche Urlaubstage zurückbringen, ist Tatsache. Und so kommt es, daß sich Lieder wie *»Viva Espana«* untrennbar mit den oben genannten Urlaubsfreuden verbinden. Daß es ausgerechnet eine Holländerin sein muß, die *»Viva Espana«* singt, wäre eigentlich nicht nötig gewesen. Angeblich hatte sie spanische Vorfahren, deshalb wollen wir es gelten lassen. Daß sie allerdings ein Jahr, nachdem *»Viva Espana«* Mitte 1972 ein Top-10-Hit in Deutschland geworden war, es mit *»Bella Italia«* versuchte, wurde dadurch bestraft, daß sie nur noch auf Platz 43 und danach überhaupt nicht mehr in den Hitparaden auftauchte. Ein bißchen Treue zum Urlaubsland muß schon sein.

Der Hit: *Viva Espana*

Marini, Marino

Der italienische Sänger befriedigte Ende der 50er Jahre die Sehnsucht der Briten nach südlichen Ländern. Mit *»Volare«* stand er im Oktober 1958 erstmals in den GB-Charts. Noch im gleichen Monat gelang ihm mit seiner Version von *»Come Prima«*, der B-Seite des ersten Hits, ein Top-10-Erfolg. Im Frühjahr 1959 verabschiedete er sich brav aus den britischen Charts mit *»Ciao Ciao Bambina«*. Das hat Stil.

Der Hit: *Come Prima*

Marketts

Ben Benay, g; Mike Henderson, sax; Ray Pohlman, b; Gene Pello, d; Richard Hobriaco, key; Tom Hensey, key.
Dieses amerikanische Surf-Instrumentalmusikquartett wurde in der Zeit groß, als die Beach Boys gerade ihre Hit-Phase begannen und Jan & Dean ihre ersten Hits schon hinter sich hatten. *»Surfer's Stomp«* kam im Januar 1962 in die US-Charts und wurde ein Top-40-Hit. Ende 1963 kam ihr Titel *»Out Of Limits«*, basierend auf

der Titelmusik zur Fernsehsendung *»The Twilight Zone«*, bis auf Platz 3 in den USA. Ihre Version des *»Batman Theme«*, wieder aus einer TV-Serie, war Anfang 1966 ihre letzte Top-20-Notierung.

Der Hit: *Out Of Limits*
Der Tip: *The Surfing Scene* (Liberty K22P-176)

Mar-Keys

Charles Axton, sax; Wayne Jackson, tr; Don Nix, sax (* 27.9.1941); Jerry Lee »Smoochie« Smith, key; Steve Cropper, g (* 21.10.1941); Donald »Duck« Dunn, b (* 24.11.1941); Terry Johnson, d.
Diese Instrumentalgruppe formierte sich 1958 in Memphis. Die Mitglieder waren fest angestellt bei der Plattenfirma STAX und begleiteten alle Sänger, die zu diesem Zeitpunkt für dieses Label Platten aufnahmen. 1961 gelang ihnen mit dem Stück *»Last Night«* ein Platz 3 in den US-Charts. Nach drei weiteren Hitnotierungen, die nicht mehr über einen Platz 60 hinauskamen, war es wieder mit ihrer Hit-Zeit vorüber. Dunn und Cropper sollten später Mitglieder von Booker T. & The MG's werden. Don Nix machte etliche sehr schöne Soloplatten.

Der Hit: *Last Night*

Markus

* 27.8.1959 als Markus Möhrl. Markus war einer der kurzlebigen Stars der Neuen Deutschen Welle, der 1982 aus dem Nichts auftauchte, in das er nach 1983 wieder verschwand. Dabei wäre Markus sicher einer der Künstler gewesen, der eine längere Hit-Phase verdient gehabt hätte. 1988 veröffentlichte er die Single *»Irgendwann, irgendwo«*, die einen gereifteren Markus zeigte, der aber beim Publikum nicht mehr gefragt war. *»Ich will Spaß«* kam Mitte 1982 in die deutsche Hitparade und wurde Platz 1. Das Lied propagierte die freie Fahrt für freie Bürger (»Und kost' Benzin auch drei Mark zehn, scheißegal, es wird schon geh'n.«), sollte aber durchaus auch ironisch aufgefaßt werden, was die Konsumenten jedoch nicht alle bemerkten. Der Nachfolger *»Schön sind wir sowieso«* (»Wir wollen alles, wollen Neues, denn das andere ha'm wir schon.«) wurde ebenso schnell auf sich selbst bezogen und somit fehlinterpretiert. Aus einem Spitzenreiter glaubte die Filmindustrie einen ganzen Streifen machen zu können. Der Film zur Drei-Minuten-Nummer hieß »Gib Gas, ich will Spaß«. Im Film spielte auch Sanges- und Labelkollegin Nena mit. Das Lied *»Kleine Taschenlampe brenn«* stand Mitte 1983 auf Platz 5 der Verkaufscharts und war der letzte größere Erfolg für Markus. 1985 versuchte er sich zusammen mit dem Briten Mark Jefferis im Duo T.X.T. *»Girls Got A Brand New Toy«* wurde ihr größter Erfolg, ein Platz 21.

Der Hit: *Ich will Spaß*
Der Tip: *Kugelblitze und Raketen* (CBS 85 732)

Marky Mark & The Funky Bunch

Mark Wahlberg (* 5.6.1971). Noch bevor die New Kids On The Block einen Plattenvertrag hatten, war Mark zusammen mit seinem Bruder Donnie Mitglied dieser Formation. Nachdem die New Kids bei den Teenies weltweite Erfolge feierten, half Donnie seinem Bruder bei einer eigenständigen Karriere, die ihn inzwischen so bekannt machte, daß er schon zeigen kann, wie kleine Unterhosen er trägt. Mitte 1991 erschien *»Good Vibrations«* – nicht zu verwechseln mit dem Beach-Boys-Titel – in den US-Charts, wurde Millionseller und Spitzenreiter. In GB erreichte die Platte Platz 14, in Deutschland 3. Neben Marky Mark und seiner Gruppe The Funky Bunch waren auch noch einige Samples aus Loletta Holloways 1989er Disko-Hit *»Love Sensation«* darauf zu hören. Der Nachfolger *»Wildside«*, eine Neubearbeitung des Lou-Reed-Hits *»Walk On The Wildside«*, kam Ende 1991 in die US-Charts, wurde ebenfalls Millionseller und erreichte Platz 10. Den ersten Erfolgen läuft Marky Mark inzwischen hinterher. The Funky Bunch waren DJ Terry Yancey, drei männliche und zwei weibliche Tänzer.

Der Hit: *Good Vibrations*
Der Tip: *Music For The People* (Interscope 7567–91737-2)

Marley, Bob & The Wailers

Bob Marley, v/g (* 6.2.1945 als Robert Nesta Marley, † 11.5.1981); Peter Tosh, v/g (* 19.10.1944 als Winston Hubert McIntosh, † 11.5.1987); Bunny Wailer, v/per (* 10.4.1947 als Neville O'Riley Livingston); Carlton Barrett, d (* 17.12.1950); Aston »Family Man« Barrett, d (* 22.11.1946).

Bob Marley war die Kultfigur der Reggae-Bewegung. Seine ersten Platten nahm er 1961 auf. Sie zeigen ihn allerdings noch in eher braver Manier. 1964 gehörte er der Gruppe Wailers an, die für die Entwicklung und Propagierung des Reggae weltweit enorm viel geleistet hat. Der Erfolg stellte sich ein, nachdem ihn der gebürtige weiße Jamaikaner und Eigner von Island Records, Chris Blackwell, unter Vertrag nahm. *»No Woman No Cry«* war im Herbst 1975 seine erste Hitnotierung, ein Platz 22 in GB. Als die Platte kurz nach seinem Tode wiederveröffentlicht wurde, erreichte sie dort Platz 8. *»Jamming/Punky Reggae Party«* kam Ende 1977 in die GB-Charts und war sein erster Top-10-Erfolg. *»Is This Love«* 1978 und *»Could You Be Loved«* 1980 waren weitere Top-10-Hits zu Marleys Lebzeiten. Nach seinem Tode kamen außer *»No Woman No Cry«* noch *»Buffalo Soldier«*

Bob Marley *(Ariola)*

1983, *»One Love/People Get Ready«* 1984 und *»Iron Lion Zion«* 1992 unter die ersten 10. In den USA konnte er sich mit seinen Liedern nie durchsetzen, wie es die Reggae Music überhaupt im übrigen nicht schaffte, dort Fuß zu fassen. Eric Clapton war dort mit dem von Marley geschriebenen Titel *»I Shot The Sheriff«* Mitte 1974 Spitzenreiter in den Charts. Als Geburtstag von Bob Marley kann man auch sehr oft den 6. April lesen. Das liegt daran, daß in der LP *»Burnin'«* auf der Innenhülle ein Auszug aus dem Paß von Bob Marley zu finden ist. Darin steht als Geburtsdatum einwandfrei der 6. April 1945. Inzwischen hat Jamaika den 6. Februar zum Bob-Marley-Tag und damit zum nationalen Feiertag ernannt. Also dürfte dieses Geburtsdatum stimmen. In einer dpa-Meldung vom 12. Mai 1981 konnte man lesen: »Der Reggae-Star Bob Marley ist in einer Klinik in Miami in Florida gestorben. Er erlag einem Gehirntumor, der im vergangenen Jahr entdeckt worden war. Marley hatte noch im März dieses Jahres vergeblich in einer Münchener Klinik Heilung gesucht.«

Der Hit: *Could You Be Loved*
Der Tip: *Legends* (Island 610 255-222)

Marmalade

Dean Ford, v (* 5.9.1946 als Thomas McAleese); Graham Knight, v/b (* 8.12.1946); Pat Fairley, g (* 1.4.1946); Willie Junior Campbell, v (* 31.5.1947); Alan Whitehead, d (* 24.7.1946); Sandy Newman, g/key/v; Garth Watt-Roy, g/v. Als Dean Ford & The Gaylords begann die aus Glasgow stammende Band schon 1961. Sie nahmen einige Platten auf, die sich jedoch nicht in den Charts plazieren konnten. Bis 1967 waren sie in jedem schottischen Nest unterwegs, zogen dann nach London, benannten sich um in Marmalade und hatten mit »*Lovin' Things*« im Frühjahr 1968 den ersten Top-10-Erfolg. Ende 1968 nahmen sie eine Coverversion des Beatles-Titels »*Ob-La-Di Ob-La-Da*« auf, die Spitzenreiter in GB und Platz 2 in Deutschland wurde. »*Baby Make It Soon*« und »*Reflections Of My Life*« 1969, »*Rainbow*« 1970, »*Cousin Norman*« 1971 und »*Radancer*« 1972 waren weitere Top-10-Erfolge. Dann stieg Junior Campbell aus der Band aus und hatte noch im gleichen Jahr mit »*Hallelujah Freedom*« einen eigenen Top-10-Erfolg. Zu diesem Zeitpunkt änderte sich auch das gesamte Image der Gruppe. Galten sie bisher als die netten Jungs von nebenan, so wurde durch eine britische Sonntagszeitung berichtet, wie sie sich auf Tourneen aufführten, was diesem Image gewaltigen Abbruch tat. Wenig später fiel die Band auseinander. Dean Ford versuchte sich ebenfalls als Solist, jedoch ohne Erfolg. 1976 kamen Knight und Whitehead mit zwei neuen Musikern, Newman und Watt-Roy, erneut als Marmalade. »*Falling Apart At The Seams*« wurde Platz 9 im Frühjahr des Jahres. Ansonsten gelang der Neuformierung nichts.

Der Hit: *Ob-La-Di Ob-La-Da*
Der Tip: *Reflections Of The Marmalade* (London 820 562-2)

Marrow, Lee

* 23.7.1957. Mit einer der typischen italienischen Discoproduktionen, die an Stumpfsinnigkeit und Schwachsinn der textlichen Aussage kaum noch zu unterbieten ist, hatte dieser italienische Diskjockey Mitte des Jahres 1985 unter dem Titel »*Shanghai*« Platz 8 in den deutschen Charts. Der Nachfolger »*Sayonara*« erreichte noch Platz 24. Dann wurde es längere Zeit still um ihn, bis er 1989 erneut Platten auch in Deutschland veröffentlichte. Dazu schrieb seine Platten-

firma: »Lee Marrow weiß ganz sicher, was angesagt ist. Seiner Auswahl an Witz, Beats und Power-Slogans kann man getrost vertrauen. Schließlich gilt er als einer der populärsten DJs in der Versilia-Region, neben Emilia Tomagna das Diskothekenzentrum Italiens.« Ah ja!

Der Hit: *Shanghai*

M/A/R/R/S

Martyn & Steve Young; Alex & Rudi Kane; Chris »CJ« Mackintosh, Mixer; Dave Dorrell, DJ.

Die Musikrichtung, die diese britische Formation produziert, nannte man Elektro-Funk. Im Herbst 1987 drehte die Gruppe mit *»Pump Up The Volume«* auf, brachte es zum Spitzenreiter in GB, auf Platz 2 in Deutschland und 13 in den USA. Die Platte beschäftigte auch Rechtsanwälte, denn speziell Stock/Aitken/Waterman waren der Meinung, daß hier Bruch des Copyrights vorlag, da ein oder zwei Sekunden ihres Titels *»Roadblock«* gesampelt waren. Fünf Tage lang konnte deshalb die Platte nicht vertrieben werden, was dazu führte, daß Rick Astley, damals unter den Fittichen von S/A/W, eine Woche länger den Spitzenplatz in GB mit *»Never Gonna Give You Up«* belegte.

Der Hit: *Pump Up The Volume*

Marshall, Keith

* 5.6.1956. Der britische Sänger, Leadgitarrist und Songschreiber begann in der Gruppe Hello, mit der er zwei Top-10-Erfolge vorweisen kann. Nach dem Auseinanderbruch der Band machte Keith als Solist weiter. Seinen größten Hit hatte er mit *»Only Crying«*, im Frühjahr 1981 Platz 12 in GB und 5 in Deutschland. Mehr schaffte er nicht, obwohl er auch weiterhin Platten veröffentlichte.

Der Hit: *Only Crying*
Der Tip: *Keith Marshall* (Polydor 2374 175)

Marshall, Tony

* 3.2.1938 als Herbert Anton Hilger. Seinen ersten Achtungserfolg hatte Tony mit der deutschen Version des französischen Chansons *»Aline«*, die zeigt, daß er durchaus über eine gute Gesangsstimme verfügt. Dann wurde er für Bierzelte und fürs Schunkeln entdeckt. Der erste Hit, der in diese Kerbe schlug, war die Goldplatte *»Schöne Maid«*, Mitte 1971 Platz 3 in Deutschland. Der Nachfolger, *»Komm, gib mir deine Hand«*, erhielt sogar Platin, kam Ende 1971 in die deutsche

Hitparade und wurde Spitzenreiter. Mit Ratschlägen wie *»Wir trinken Brüderschaft mit der ganzen Stadt«*, *»Wir wollen doch mal wieder Stimmung machen«*, *»Wir sind die Tramps«* und *»Mach dir das Leben doch schön«* erzeugte er die richtige Wir-Stimmung, die ihn auch für Fernsehsendungen wie *»Fröhlicher Alltag«*, *»Laß das mal den Tony machen«* oder *»Tony Marshall Show«* empfahlen. Über den »Fröhlichmacher der Nation« schrieb die HörZu: »Der hilft einem ja mehr als der Doktor« – bei der Akademikerschwemme kommt es halt auch zu Ausrissen.

Der Hit: *Komm, gib mir deine Hand*

Marshall Hain

Julian Marshall, key; Kit Hain, v.

Bevor die beiden sich 1978 zum Duo zusammenschlossen, sammelten sie unabhängig voneinander Erfahrungen in jazzorientierten Gruppen. Der Titel *»Dancing In The City«* brachte Marshall Hain Mitte 1978 Platz 3 in GB und Platz 1 in Deutschland. Nach *»Coming Home«*, im gleichen Jahr noch eine Top-40-Notierung, gelang ihnen kein weiterer Hitparadenerfolg mehr. Nach der Veröffentlichung einer LP, die ebenfalls floppte, die aber die Jazzvergangenheit der beiden deutlich dokumentierte, ließ man alle weiteren Plattenpläne fallen und trennte sich wieder. Marshall ging als Keyboarder zu Flying Lizards und gründete zusammen mit der Sängerin Deborah Berg das Duo Eye To Eye, das 1982 in den USA den Top-40-Hit *»Nice Girls«* hatte. Kit Hain startete eine Solokarriere, die ihr bisher aber noch keinen Hit brachte. Im Herbst 1987 versuchte der holländische Mixer Ben Liebrand, *»Dancing In The City«* noch einmal aufzumöbeln. Er mischte den Titel komplett neu ab und ließ noch einen Saxophonisten dazu spielen. Es nützte nichts, die Platte wurde nicht noch einmal ein Erfolg.

Der Hit: *Dancing In The City*

Der Tip: *Free Ride* (EMI IC 064-06716)

Martell, Lena

Die britische Schlagersängerin mit Country-Einschlag brachte 1974 mit *»That Wonderful Sound Of Lena Martell«* ihre erste LP in die britischen Charts. Seitdem verkaufte sie vorwiegend ihren eigenen Namen: *»The Best Of Lena Martell«*, *»Lena Martell Collection«* oder *»Lena's Music Album«*. Aus der letztgenannten LP, die Platz 5 in den Charts erreichte, war *»One Day At A Time«* ausgekoppelt worden, im September 1979 Spitzenreiter der GB-Single-Charts. Das Stück war von Kris Kristofferson geschrieben und zeigte recht christliche Einflüsse mit einem Touch Country Music und blieb ihr einziger Single-Hit.

Der Hit: *One Day At A Time*

Marterie, Ralph

* 24.12.1914, † 8.10.1978. Der in Neapel geborene und in Chicago aufgewachsene Ralph begann seine Karriere in den 30er Jahren als Trompeter von Enric Madriguera, Joe Sanders oder Billy Mills. Zwischen 1937 und 1943 spielte er festangestellt bei Radiostationen. Nach dem Zweiten Weltkrieg ging er zurück zum Radio in Chicago, gründete Ende der 40er Jahre seine erste eigene Band und hatte 1951 seine erste Hitnotierung mit *»So Long (It's Been Good To Know Yuh)«*. Sein erster Top-10-Erfolg war im Januar 1953 der Titel *»Pretend«*, der es auf Platz 6 in den USA brachte. Drei Monate später erreichte *»Caravan«* die gleiche Position, wurde aber außerdem noch ein Millionseller. Ralphs Version von *»Skokiaan«* 1954 und *»Shish-Kebab«* 1957 waren seine weiteren Top-10-Notierungen. Bis zu seinem Tod 1978 war er immer wieder noch mit einer Band auf Tournee.

Der Hit: *Caravan*

Martha & The Muffins

Martha Johnson, v/org (* 18.12.1950); Mark Gane, g/key (* 17.12.1953); Carl Finkle, b; Andy Haas, sax; Tim Gane, d; Martha Ladly, v/key/pos; Jocelyne Lanois, b/g/per; Nick Kent, d.

1975 leitete Martha die semiprofessionelle kanadische Band Martha & The Muffins. Zu diesem Zeitpunkt kam als Gitarrist und Keyboarder Mark Gane zur Gruppe, die sich daraufhin entschloß, Musik hauptberuflich zu betreiben. In den darauffolgenden Jahren erschienen etliche gut und witzig gemachte Platten. Große Erfolge blieben jedoch aus. Im Frühjahr 1980 kam der Titel *»Echo Beach«* in die britische Hitparade und erreichte Platz 10. Es blieb die einzige Hitnotierung. Für diesen Song erhielten sie in Kanada drei Juno Awards. 1981 erschien die LP *»This Is The Ice Age«*, auf der statt Carl Finkle Jocelyne Lanois, Schwester des Produzenten Daniel Lanois, Baß spielte. Bruder Daniel zeichnete für die Produktion der nächsten beiden LPs verantwortlich. *»Danseparc«* brachte mit Nick Kent statt Tim Gane einen neuen Schlagzeuger. 1984 wurde die Gruppe aufgelöst, und Mark Gane und Martha Johnson machten als M + M weiter. 1992 erschien mit *»Modern Lullaby«* wieder eine LP als Martha & The Muffins. Neben Mark und Martha waren jetzt David Piltch, Baß, Stuart Gordon, Violine, Michael Sloski und Tim Gane, Percussion, zu hören.

Der Hit: *Echo Beach*
Der Tip: *Metro Music* (Virgin 202 178-320)

Martha & The Vandellas

Martha Reeves (* 18.7.1941), Annette Sterling Beard, Rosalind Ashford (* 2.9.1943), Betty Kelly (* 16.9.1944), Lois Reeves, Sandra Tilley, alle v.
Martha hatte ihre Karriere mit der Gruppe Del-Phis begonnen, arbeitete aber hauptberuflich als Sekretärin bei Motown Records. Zwischendurch sang sie Background bei Plattenaufnahmen von Künstlern wie Marvin Gaye oder Mary Wells. Im Frühjahr 1963 gab man ihr die Möglichkeit, zusammen mit einigen ihrer Schulfreundinnen, eine eigene Platte aufzunehmen. Ashford und Beard kamen dazu, und man nannte sich Martha & The Vandellas. Die nächsten beiden Platten, *»Heat Wave«* und *»Quicksand«*, wurden Top-10-Erfolge. Im Sommer 1964 erreichten sie Platz 2 mit *»Dancing In The Street«*, ein Titel, der 1985 ein Top-10-Erfolg für Mick Jagger und David Bowie werden sollte. Beard verließ die Gruppe 1964 und wurde durch Betty Kelly, die vorher mit den Velvelettes gesungen hatte, ersetzt. Weitere Top-10-Erfolge waren *»Nowhere To Run«* 1965, *»I'm Ready For Love«* 1966 und *»Jimmy Mack«* 1967. Sheena Easton sollte letztgenannten Titel später noch einmal neu aufnehmen. Ab 1967 wurden die Platten dann als Martha Reeves & The Vandellas veröffentlicht. Ein Top-10-Erfolg gelang ihnen nicht mehr. 1969 löste sich die Gruppe auf. Zwei Jahre später formierte sie sich wieder neu mit Marthas Schwester Lois und Sandra Tilley, aber schon 1972 sang Martha Reeves nur noch solo. Mitte 1978 kam die Gruppe in ihrer ursprünglichen Besetzung wieder zusammen, um einige Benefizkonzerte zu geben. Im Oktober 1989 starteten sie eine Tournee durch GB. Die beiden anderen Mitglieder haben jedoch ihre Jobs, denen sie inzwischen nachgingen, beibehalten. Sterling arbeitete inzwischen in einem Krankenhaus, Ashford für eine Telefonfirma.

Der Hit: *Dancing In The Street*
Der Tip: *Dance Party* (Gordy 915)

Martika

* 18.5.1969 als Marta Marrero. Die in Los Angeles beheimatete Sängerin kubanisch/amerikanischer Abstammung begann ihre Karriere 1982 in dem Filmmusikal *»Annie«*. Im Kinder TV-Programm *»Kids, Incorporated«* war sie danach regelmäßig zu sehen. Ende 1988 erschien *»More Than You Know«* als ihre erste Single in der amerikanischen Hitparade. Danach kam *»Toy Soldiers«*, wurde Mitte 1989 Millionseller und Spitzenreiter in den USA, Platz 5 in Deutschland und in GB. Seit diesem Zeitpunkt kann sie regelmäßige Erfolge verzeichnen. Besonders hervorzuheben ist noch ihre Platte *»Love . . . Thy Will Be Done«*, die im Herbst

1991 Top 10 in den USA und in GB wurde. Die Nummer hatte sie zusammen mit Prince geschrieben.

Der Hit: *Toy Soldiers*
Der Tip: *Martika's Kitchen* (CBS 467 189 2)

Martin, Dean

* 17.6.1917 als Dino Crocetti. Nachdem er alles mögliche versucht hatte – Bergmann, Boxer, Tankwart usw. –, kam er als 27jähriger auf die Idee, Sänger zu werden. 1946 benötigte der Eigner eines Clubs in Atlantic City für seinen Laden einen Knüller. Er brachte Dean zusammen mit dem Nachwuchskomiker Jerry Lewis auf die Bühne. Als sich das Komikerpaar Martin und Lewis 1957 nach knapp zehn Jahren trennte, standen die Meinungen fest: Jerrys Karriere würde nach oben gehen, Deans sei damit erledigt. Zusammen mit Jerry hatte Dean Ende 1948 mit dem Titel »*That Certain Party*« seine erste Hitnotierung in den USA. Und während er seine Witzfilmchen mit Jerry drehte, arbeitete er stetig an seiner Karriere als Sänger. Schon im Frühjahr 1949 hatte er seine erste Hitnotierung unter den ersten 10: »*Powder Your Face With Sunshine (Smile, Smile, Smile)*«. »*That's Amore*« kam Ende 1953 in die US-Charts, erreichte Platz 2 in den USA und GB und wurde ein Millionseller. 1953 hatte er in GB außerdem den Top-10-Erfolg »*Kiss*«. Einen seiner größten Erfolge landete er Ende 1955 mit dem Titel »*Memories Are Made Of This*«. Die Platte wurde Nummer 1 in den USA und in GB. Ohne Jerry Lewis drehte Martin weitere Filme, so z. B. 1959 »*Rio Bravo*«. Die Liste seiner Hitnotierungen in den USA und in GB geht bis in das Jahr 1969. »*Everybody Loves Somebody*« war Mitte 1964 noch einmal ein Millionseller und Spitzenreiter für Dean in den USA. Dean, der auch zu dem Clan um Frank Sinatra gehörte, hatte von 1965 bis 1974 eine eigene Fernsehshow in den USA.

Der Hit: *Memories Are Made Of This*
Der Tip: *Collector Series* (Capitol CDP 7 91633 2)

Martin, Freddy

* 9.12.1906, † 1.10.1983. Der amerikanische Tenorsaxophonist, Bandleader und Songschreiber gründete Anfang der 30er Jahre seine eigene Band. Seine erste Hitnotierung hatte er jedoch nicht mit seinem, sondern mit dem Hotel Bossert Orchestra: »*In The Park In Paree*«, im Frühjahr 1933 Platz 8 in den USA. Seinen ersten eigenen Top-10-Erfolg hatte er im Dezember 1933 mit »*April In Paris*«. Zwischen 1933 und 1954 gelangen ihm 85 Eintragungen in die amerikanische Single-Hitparade. Sein erster Spitzenreiter war Mitte 1934 »*I Saw Stars*«. Weitere

Nummer-1-Hits waren *»Piano Concerto In B-Flat«* 1941, *»Rose O'Day (The Villa-Da-Gusha Song)«* 1942, *»Symphony«* 1945, *»To Each His Own«* 1946 und *»Managua, Nicaragua«* 1947. Sein letzter großer Erfolg war 1949 der Millionseller *»I've Got A Lovely Bunch Of Coconuts«*, ein typischer Novelty-Hit jener Tage. Bis zu seinem Tod blieb er aktiv im Geschäft.

Der Hit: *Piano Concerto In B-Flat*

Martin, Janis

* 27.3.1940. Die amerikanische Sängerin unterschrieb kurz nach Elvis bei RCA einen Plattenvertrag. Die Firma war der Ansicht, man müsse auch einen weiblichen Elvis haben. Bereits mit 11 hatte sie Auftritte im Radio, mit 13 nahm sie neben Ernest Tubb am Tobacco Festival teil. Mit 15 erhielt sie oben erwähnten Plattenvertrag. In den USA sollte sie ihre einzige Hitnotierung mit *»Will You, Willyum«* haben, Platz 50 Mitte 1956. In Deutschland gelang ihr mit *»Love And Kisses«* im Januar 1958 ein Platz 7 in der Hitparade. Es blieb ihr größter Erfolg. In Südafrika veröffentlichte RCA 1959 eine LP mit dem Titel *»Janis And Elvis«*, auf der Nummern von Elvis und einige ihrer Titel zu hören waren. Schon nach wenigen Tagen mußte die Platte auf Anweisung von Colonel Tom Parker, dem Manager von Elvis, wieder vom Markt genommen werden. Sie gilt unter Elvis-Fans als gesuchtes Sammelstück und bringt gut und gerne 2 000 Dollar.

Der Hit: *Love And Kisses*
Der Tip: *The Female Elvis* (Bear Family BCD 15406)

Martin, Juan

Der Spanier spielte auf seiner Gitarre den Briten im Januar 1984 die Themenmelodie der Fernsehserie *»Dornenvögel«* so ins Ohr, daß sie bis auf Platz 10 der britischen Hitparade kam. Es blieb seine einzige Hitnotierung außerhalb seiner Heimat.

Der Hit: *Love Theme From The Thorn Birds*

Martin, Marilyn

Die Amerikanerin wirkte als Backgroundsängerin auf Plattenaufnahmen von Joe Vitale, Joe Walsh, Kenny Loggins, Tom Petty oder Stevie Nicks mit. Das Liebesthema für den Film *»White Nights«*, *»Separate Lives«*, brachte ihr im Duett mit Phil Collins im Herbst 1985 eine Nummer 1 in den USA. Im Januar 1986 kam als

Solohit *»Night Moves«* in die US-Charts und erreichte Platz 28. Ansonsten wird sie wohl wieder mit Chorgesang beschäftigt sein.

Der Hit: *Separate Lives*
Der Tip: *Marilyn Martin* (Atlantic 780 207-1)

Martin, Mary

* 1.12.1913. Die amerikanische Sängerin gab 1938 ihr Debüt am Broadway in dem Musical *»Leave It To Me«*. Seit diesem Zeitpunkt gilt sie als einer der größten amerikanischen Musicalstars aller Zeiten. Am bekanntesten wurde sie in ihren Rollen in *»South Pacific«*, *»Peter Pan«*, *»The Sound Of Music«* und *»I Do, I Do«*. Ihr erster Singleplatten-Erfolg war im Januar 1939 *»My Heart Belongs To Daddy«* aus dem Musical *»Leave It To Me«*. *»I'll Walk Alone«* war im Herbst 1944 ein weiterer Top-10-Erfolg für Mary. In den 50er und 60er Jahren spielte sie weiter in Musicals und in Filmen mit. Ende der 60er Jahre zog sie sich aus dem Geschäft zurück und mit ihrem Mann nach Brasilien. 1973 sah man sie noch einmal in einem längeren TV-Special. Mary Martin ist die Mutter von Larry Hagman.

Der Hit: *I'll Walk Alone*

Martin, Ray

* 11.10.1918 als Raymond Stuart Martin, † Februar 1988. Martin wurde in Wien geboren, wo er auch Violine und Komposition studierte. 1937 zog er nach GB und tourte zunächst als Varietékünstler. 1940 ging er zur British Army und kam so nach Hamburg, wo er musikalischer Leiter von BFN wurde. 1946 ging er dann nach London zur BBC. Seine ersten Plattenaufnahmen machte er 1949 mit seinem Concert Orchestra als Begleitung für z. B. Julie Andrews oder Jimmy Young. In den Anfangstagen der britischen Hitparade hatte Ray Martin mit seinem Orchester drei Hitnotierungen. In der ersten britischen Hitparade vom 14. November 1952 belegte sein *»Blue Tango«* Platz 8. Ein Jahr später schaffte er Platz 4 mit *»Swedish Rhapsody«*. Mitte 1956 wurde er letztmalig mit dem *»Carousel Waltz«* notiert. Für über 20 BBC-Serien schrieb er die Musik, außerdem für viele Filme. Von 1957 bis 1972 lebte er in New York, dann kehrte er nach GB zurück, bis er sich in den 80er Jahren in Südafrika niederließ, wo er 1988 starb.

Der Hit: *Swedish Rapsody*

Martin, Tony

* 25.12.1912 als Alvin Morris Jr. Der amerikanische Sänger, Saxophonist und Filmschauspieler wirkte zwischen 1936 und 1957 als Typ »Romantischer Liebhaber« in vielen Filmen mit, u. a. in »Cashbah« 1948. Zusammen mit seiner zweiten Frau Cyd Charisse, die ebenfalls als Schauspielerin und vor allem als Tänzerin erfolgreich war, trat er ab 1948 regelmäßig in Nachtclubs auf. In den Hitparaden wurde er ab Frühjahr 1938 mit dem Orchester von Ray Noble notiert. So sang er z. B. dessen Top-10-Hit *»I Hadn't Anyone Til You«*. Auch als Solist tauchte er ab 1938 in den Charts auf. Seine erste Hitnotierung war *»Now It Can Be Told«*. Seinen ersten Millionseller hatte er Mitte 1946 mit *»To Each His Own«*, einen zweiten mit *»I Got Ideas«* Mitte 1951. Die Liste seiner Top-10-Erfolge geht bis in das Jahr 1956. Da erreichte *»Walk Hand In Hand«* Platz 10 in den USA, 2 in GB. Tony blieb bis 1957 im Plattengeschäft. 1976 veröffentlichte er zusammen mit seiner Frau die gemeinsamen Memoiren »The Two Of Us.«

Der Hit: *Walk Hand In Hand*
Der Tip: *The Best Of* (RCA NL 89468)

Martin, Ulli

* 19.7.1946 als Hans Ulrich Wiese. Leo Leandros, der Vater von Vicky, entdeckte Ulli Anfang der 70er Jahre und produzierte ihn. Sein Titel *»Monika«* kam Mitte 1971 in die deutschen Charts und wurde Platz 2. Mit *»Ich träume mit offenen Augen von dir«*, ebenfalls 1971, und *»Du mußt nicht weinen«* 1972 folgten zwei weitere Top-10-Erfolge. Die Liste seiner Hits geht bis in das Jahr 1974. Danach ging es bergab. Er mußte sich mit Disko-Auftritten und Veranstaltungen in Bierzelten über Wasser halten, tröstete sich mit Alkohol und verfiel in Depressionen. Anfang der 90er Jahre versuchte er ein Comeback.

Der Hit: *Monika*

Martindale, Wink

* 4.12.1934 als Winston Martindale. Wink arbeitete seit 1950 als Diskjockey. Mit der Nummer *»Deck Of Cards«*, im Original ein Country-Hit von T. Texas Tyler, hatte Wink im September 1959 seinen einzigen Top-10-Erfolg in den USA. In GB kam er mit dem Titel erstmals Ende 1959 in die Charts und erreichte Platz 18. Im Frühjahr 1963 kam er wieder rein und erreichte Platz 5. Im Herbst 1973 wurde die Platte erneut wiederveröffentlicht und erreichte Platz 22. Der Erfolg der Nummer veranlaßte Wink, aus seiner Heimat Tennessee nach Hollywood zu ziehen, wo er in den 60er Jahren die TV-Sendung *»Teenage Dance Party«*

moderierte. 1969 war er in *»Can You Top This?«* zu sehen, von 1978 bis 1985 moderierte er *»Tic Tac Dough«*.

Der Hit: *Deck Of Cards*

Martinelli

Hinter diesem Namen verbarg sich ein italienischer Produzent, der für Aufnahmen von Scotch oder Comanchero verantwortlich war. Mit *»Cenerentola (Cinderella)«* hatte Martinelli im Herbst 1985 Platz 8 in der deutschen Hitparade. Dann schlug es für ihn zwölf, und er mußte sich zur bösen Stiefmutter zurückziehen – oder so ähnlich.

Der Hit: *Cenerentola (Cinderella)*

Martino, Al

* 7.10.1927 als Alfred Cini. Al gehörte zu der ersten Generation der Italo-Amerikaner. Seine Eltern waren aus Italien in die USA eingewandert, er selbst wurde dort geboren. Die Familie lebte zu diesem Zeitpunkt in Philadelphia. Zu Als Jugendfreunden gehörte Mario Lanza, und dessen Erfolg ermutigte Al, sich ebenfalls als Sänger zu profilieren. Tagsüber arbeitete er als Maurer, abends sang er in Nachtclubs. Nachdem er in Arthur Godfreys TV-Talentwettbewerb den ersten Preis gewonnen hatte, bekam er einen Plattenvertrag bei einem kleinen Label und veröffentlichte als erste Single *»Here In My Heart«*, die Spitzenreiter in den USA und Millionseller wurde und zudem die Platte war, die die erste englische Hitparade 1952 anführte. Dieser Erfolg brachte ihm einen Plattenvertrag bei Capitol Records ein. Weitere Top-10-Hits waren *»Take My Heart«* 1952, *»Now«* und *»Rachel«* 1953, *»Wanted«* und *»The Story Of Tina«* 1954, *»I Love You Because«* 1963, *»I Love You More And More Everyday«* 1964 und *»Spanish Eyes«*, erstmals 1966 ein Platz 3 in Deutschland und Mitte 1973 Platz 5 in GB. Martino versuchte sich auch als Schauspieler. In dem Film *»Der Pate«* spielte er die Rolle, die viele lieber Frank Sinatra zugedacht hätten. Der Grund: Frank Sinatra hätte sich möglicherweise dort selbst gespielt. Die Verbindungen der Interpreten aus der italo-amerikanischen Ecke zur Mafia wurden nie geklärt, und viele werden sich noch heute hüten, das genau zu erforschen. Daß Künstler wie Vic Damone, Dean Martin, Al Martino und manch anderer von Freunden der Familie gefördert wurden, ist sicher kein Geheimnis. Man machte halt Angebote, die keiner ablehnen konnte. Bis in die 90er Jahre erschienen weitere Platten von Al Martino.

Der Hit: *Here In My Heart*

Der Tip: *Collector Series* (Capitol CDP 7 96430 2)

Marton, Sandy

* 4.10.1959. »*People From Ibiza*« war genau so ein Titel, der viele Freunde dieser Insel von der gleichnamigen vergraulte. Die im typischen italienischen Disco-Stil aufgebaute Nummer, vorgetragen von Sandy, der aussah, als wäre er dem Nekkermann-Katalog entsprungen, erreichte im Herbst 1984 Platz 10 in den deutschen Charts. Die gesangliche Leistung von ihm muß man nicht hoch bewerten. Dafür war er wieder der Typ, der in jedem Mickey-Mouse-Club die Mädchen begeisterte. »*Exotic And Erotic*« war im Frühjahr 1986 eine weitere Hitnotierung für ihn. Danach hörte man nichts mehr von ihm.

Der Hit: *People From Ibiza*

Marvelettes

Gladys Horton, Georgeanna Marie Tillman Gordon († 6.1.1980), Wanda Young, Katherine Anderson, Juanita Cowart, Anne Bogan, alle v.
Die aus Michigan stammende Rhythm-&-Blues-Mädchengruppe wurde 1960 von Gladys Horton mit Georgeanna, Wanda, Katherine und Juanita gegründet. Alle Mitglieder wurden angeblich 1944 in Detroit geboren. Im Herbst 1961 erreichte ihr Titel »*Please Mr. Postman*« Platz 1 in der amerikanischen Hitparade und die erste Nummer 1 für Berry Gordys Plattenfirma Tamla Motown überhaupt. Die Beatles nahmen den Titel 1963 auf ihre zweite LP, 1974 wurde er ein Hit für die Carpenters. »*Playboy*« 1962 und »*Don't Mess With Bill*« 1966 waren weitere Top-10-Erfolge in den Pop-Charts. Schon 1963 verließ Juanita Cowart die Marvelettes. Danach ging Georgeanna. 1968 wurde Leadsängerin Gladys durch Anne Bogan von den Andantes ersetzt. In der Rhythm-&-Blues-Hitparade schafften die Marvelettes neun Top-10-Erfolge bis zum Jahr 1967. Anfang der 70er Jahre fiel die Band ganz auseinander und kam mit unterschiedlichen Session-Sängerinnen um Gladys und Wanda 1980 und 1990 wieder zusammen.

Der Hit: *Please Mr. Postman*

Marvin, Lee

* 19.2.1924, † 30.8.1987. Der amerikanische Filmschauspieler war ab 1951 erfolgreich im Geschäft. Meist spielte er den Typ Bösewicht. Von 1957 bis 1960 war er in der Fernsehserie »*M Squad*« als Lt. Frank Bellinger zu sehen. 1962 drehte er »*The Man Who Shot Liberty Valance*«, 1965 – hier zeigte sich, daß er auch durchaus witzig sein konnte – »*Cat Balou*«, 1967 »*The Dirty Dozen*«. In »*Westwärts zieht der Wind*«, einer Filmversion des Lerner/Loewe-Musicals »*Paint*

Your Wagon«, brummte er das Lied *»Wand'rin' Star«*, das im Februar 1970 in die britische Hitparade kam und Spitzenreiter wurde. Auch in Deutschland kam die Platte auf Platz 12. Nur die Amerikaner konnten nichts mit einem singenden Lee Marvin anfangen. Marvin starb 1987 an Herzversagen.

Der Hit: *Wand'rin' Star*

Marx, Richard

* 16.9.1963. Der amerikanische Sänger, Pianist, Gitarrist und Songschreiber stammte aus einem musikalischen Elternhaus. Der Vater war ein erfolgreicher Jazzpianist und Jingle-Schreiber und setzte die ganze Familie für seine Werbe-jingles ein. Sowohl die Mutter als auch der kleine Richard mußten die Miniwerke singen. Richard begann damit, als er gerade mal 5 Jahre alt war. Seine Karriere als Songschreiber begann er für Bob Seger und Kenny Rogers, für die er auf Plattenproduktionen auch im Hintergrund sang. Lionel Richie war es, der Richards Talent erkannte und ihm empfahl, es doch mal als Solist zu versuchen. 1987 erschien sein Debütalbum und seither ist er eine feste Größe im amerikanischen Mainstream-Rock. *»Don't Mean Nothing«* war Mitte 1987 sein erster Top-10-Erfolg in den USA. Es folgten *»Should've Known Better«*, ebenfalls 1987, und *»Endless Summer Nights«* 1988. Mit *»Hold On The Nights«* noch 1988, *»Satisfied«* und *»Right Here Waiting«* 1989 gelangen ihm drei Spitzennotierungen hintereinander. *»Right Here Waiting«* war auch die erste Platte von Richard, mit der er sich außerhalb der Staaten richtig durchsetzen konnte. Die Nummer erreichte in GB Platz 2, in Deutschland Platz 12. Die Liste seiner Top-10-Erfolge reicht bis in das Jahr 1992. Da hatte er mit *»Hazard«* Platz 9 in den USA, Platz 3 in GB.

Der Hit: *Right Here Waiting*
Der Tip: *Repeat Offender* (EMI CDP 7 90380 2)

Mary Jane Girls

Joanne McDuffie, Candice Ghant, Kim Wuletick, Yvette Marine.
Diese Band gilt als die erste weibliche Funk-'n'-Roll-Formation der USA. Für sich selbst suchte Rick James eine Band, die er Mary Jane Girls nennen wollte. In einem Interview sagte er, wie er sich die vorstellt: »Meine Konzeption ist es, weibliche Charaktere zu entwickeln, mit denen sich Frauen musikalisch identifizieren können. Ich will eine Gruppe formen, die dieselbe Art von Theatralik und Spaß ausströmt, die ich in meiner Rolle als Rick James etabliert habe.« 1982 begann er mit der Suche. In L. A. und in New York hörte und sah er sich über 200 Mädchen

an, bis er die vier herausgefiltert hatte, die oben genannt werden. Als erste Single erschien die von Rick James geschriebene und produzierte Nummer *»Candy Man«*, die es im Frühjahr 1983 auf eine Notierung in den US-R&B-Charts und in der britischen Pop-Hitparade brachte. In GB brachte es das Quartett noch im gleichen Jahr 1983 auf zwei weitere Hits, dann fielen sie dort wieder aus den Charts. In ihrer Heimat USA kamen sie im Frühjahr zum erstenmal in die Pop-Hitparade und hatten gleich ihren ersten und einzigen Top-10-Hit: *»In My House«* wurde Platz 7. Nach 1986 hatte Rick James offensichtlich das Interesse an den Mädels verloren.

Der Hit: *In My House*
Der Tip: *Mary Jane Girls* (Motown 260.15.057)

Masekela, Hugh

* 4.4.1939 in Südafrika. Der Trompeter, Band-Leader, Sänger und Songschreiber begann seine Karriere bereits 1955 noch in Südafrika. 1960 emigrierte er in die USA. Mit Hilfe von Harry Belafonte bekam er eine Aufenthaltsgenehmigung, spielte zusammen mit Art Blakey und machte 1962 sein erstes Album *»Trumpet Afrika«*. 1964 heiratete er die Sängerin Miriam Makeba, die ebenfalls durch Harry Belafonte protegiert worden war. 1967 spielte Masekela beim legendären Monterey Festival, Mitte 1968 hatte er mit dem Titel *»Grazing In The Grass«* seinen einzigen Pop-Erfolg und Millionseller in den Single-Charts, eine Nummer 1. Ansonsten konzentrierte sich Hugh auch mehr auf LPs. Anfang der 70er Jahre verließ er die USA, ging nach GB und für ein Jahr nach Guinea, wo sich seine 1966 wieder von ihm geschiedene Frau niedergelassen hatte. Ab der zweiten Hälfte der 70er Jahre pendelte er zwischen Orten in Afrika, GB und den USA hin und her. Hatte er nicht mehr genug Geld, unterschrieb er einen Plattenvertrag und machte schnell ein paar Aufnahmen – so geschehen mit A&M Records, mit deren Boß Herb Alpert er zwei für seine Verhältnisse recht seichte Platten machte. Hugh nahm bis in die 90er Jahre Platten auf, die mehr dem Jazz- als dem Pop-Bereich zuzurechnen sind.

Der Hit: *Grazing In The Grass*
Der Tip: *The Best Of* (Jive 6.26 844)

Mash

Mit dem *»Theme From M.A.S.H. (Suicide Is Painless)«*, dem Thema der gleichnamigen TV-Serie und des Films, in dem Donald Sutherland eine Hauptrolle spielte, wurde im Mai 1980 die Spitze der britischen Charts erreicht. Sicher waren davon viele überrascht – am meisten diejenigen, die die Platte 10 Jahre zuvor veröffentlicht hatten. Geschrieben worden war die Nummer von Mike Altman, dem Sohn des bekannten Regisseurs Robert Altman. Die Melodie oder die Serie hat die Briten dermaßen beeindruckt, daß sie in der Version der Manic Street Preachers 2 Jahre später noch einmal in die britischen Charts kam.

Der Hit: *Theme From M.A.S.H. (Suicide Is Painless)*

Mason, Barbara

* 9.8.1947. Die amerikanische Sängerin machte 1964 ihre ersten Plattenaufnahmen. Ihr erster war auch ihr größter Hit: »*Yes, I'm Ready*«. Die Platte kam Mitte 1965 in die US-Charts und wurde Platz 5. Danach hat sie bis in die 80er Jahre weiter Platten veröffentlicht, die sich jedoch nicht mehr unter den ersten 20 der Pop-Charts plazieren konnten. Die meisten ihrer Platten hat sich Barbara selbst geschrieben.

Der Hit: *Yes, I'm Ready*

Masquerade

Hinter diesem Gruppennamen verbirgt sich Drafi Deutscher, der mit dieser Maskerade Ende 1983 den Superhit »*Guardian Angel*« landete. Die Platte erreichte Platz 2 der deutschen Hitparade und kam nur deshalb nicht auf Platz 1, weil der von Nino de Angelo mit einer deutschsprachigen Version von »*Guardian Angel*«, »*Jenseits von Eden*«, blockiert wurde. Masquerade ist nur eins der vielen Pseudonyme, unter denen Drafi im Laufe seines langen Musikerlebens Platten veröffentlichte – lesen Sie mehr unter seinem Namen!

Der Hit: *Guardian Angel*
Der Tip: *Hits! Pseudonyme! Raritäten!* (Repertoire 4113-WZ TIS)

Masters, Frankie

* 12.4.1904. Der amerikanische Bandleader und Sänger spielte mit seiner eigenen Band ab Anfang der 30er Jahre vorwiegend in Hotels und Ballsälen. In seiner Heimatstadt Robinson in Indiana sang er bereits in den 20er Jahren in Bands. Seine erste Hitnotierung im Herbst 1939 war die Nummer »*Scatter-Brain*«, die er bis an die Spitze der US-Charts führte. Im Frühjahr 1940 gelang Masters mit »*Alice Blue Gown*« seine zweite und letzte Top-10-Notierung. Bis 1942 wurde er verzeichnet, dann ließ sein Erfolg nach. Trotzdem blieb er bis in die 70er Jahre aktiv.

Der Hit: *Scatter-Brain*

Matchbox

Fred Poke, b; Jimmy Redhead; Steve Bloomfield, g; Bob Burgos, d; Rusty Lipton, p; Wiffle Smith, v; Gordon Waters, v.

Diese britische Formation war eine der vielen Bands, die es nicht verwinden konnten, daß in den 80er Jahren der Rock 'n' Roll nicht mehr den Stellenwert hatte wie in den 50er Jahren. Ende 1979 kamen sie mit »*Rockabilly Rebel*« erstmals in die britischen Charts und erreichten Platz 18. »*Midnite Dynamos*« kam Mitte 1980 auf Platz 8 in Deutschland. Im Herbst des gleichen Jahres stand Matchbox mit »*When You Ask About Love*« auf Platz 4 in GB. Diese beiden Titel sind die größten Hits von Matchbox. In den USA hatten sie keinerlei Erfolg. Dort findet man von diesen Rockabilly-Revival-Truppen in jeder Stadt sieben. Nach 1982 war ihr Revival beendet.

Der Hit: *Midnite Dynamos*
Der Tip: *Midnite Dynamos* (Magnet 6.24510)

Matchroom Mob With Chas & Dave

Die britische Gesangsformation Matchroom Mob tat sich im Frühjahr 1986 mit Chas & Dave zusammen, um »*Snooker Loopy*« aufzunehmen. Die Platte wurde zur Überraschung aller Beteiligten ein Platz 6 in GB. Dabei beließen sie es.

Der Hit: *Snooker Loopy*

Mathieu, Mireille

* 22.7.1946 in Frankreich. Lange Zeit wurde Mireille als Nachfolgerin von Edith Piaf gehandelt. Entdeckt wurde sie, als sie am 15.12.1965 an einem Nachwuchswettbewerb teilnahm und ihn gewann. Am 27. Dezember desselben Jahres gab sie ihr Debüt in einem Programm von Sacha Distel im Olympia in Paris. Am 6. Februar 1966 trat sie bei einer Gedenkveranstaltung für Edith Piaf in New York auf. Die Platte »*Mon Credo*«, geschrieben von Paul Mauriat, war 1966 Platz 1 in der französischen Hitparade. Ihren ersten Top-10-Erfolg in

Mireille Mathieu *(Ariola)*

Deutschland hatte Mireille im Frühjahr 1969. *»Hinter den Kulissen von Paris«* erreichte Platz 5. *»Der Pariser Tango«* und *»Akropolis Adieu«* 1971, *»La Paloma Ade«*, Gold und Spitzenreiter 1973, und *»Der Zar und das Mädchen (besser frei wie ein Vogel zu leben als im goldenen Käfig zu sein)«* 1975 waren weitere Top-10-Erfolge. Platten von ihr wurden bis 1984 in den deutschen Charts verzeichnet. Mit Peter Alexander, Paul Anka und »Dallas«-Star Patrick Duffy nahm sie Titel im Duett auf.

Der Hit: *La Paloma Ade*
Der Tip: *Stars in Gold* (Ariola 85066 XU)

Mathis, Johnny

* 30.9.1935. Der aus San Francisco stammende Mathis machte mit 21 Jahren Musik, die einwandfrei für die ältere Generation bestimmt war. Johnny kam neu in das Musikgeschäft, als sich der Rock 'n' Roll gerade durchsetzte. Er studierte Sport und war eingeladen, sich an der Ausscheidung für die nächste Olympiade zu beteiligen. Seit seinem 13. Lebensjahr hatte er aber auch Gesang studiert – und jetzt galt es, sich zwischen Leichtathletik und Gesang zu entscheiden. Er entschied sich für die Gesangskarriere. Zuerst sollte er als Jazz-Sänger aufgebaut werden. Dann aber kam Mitch Miller von CBS Records und schlug vor, mit ihm Pop-Balladen gegen die Rocker zu singen. Seine erste Single erschien im Frühjahr 1957, hieß *»Wonderful! Wonderful!«* und wurde gleich ein wunderbarer Platz 14 in den USA. Mit Johnny hatte CBS nicht nur eine Single, wie in solchen Fällen üblich, sondern gleich eine ganze LP aufgenommen. Jetzt schickte man den jungen Mann auf Promotionreise durch die USA. In allen wichtigen TV-Sendern trat er auf – CBS selbst verfügte über genügend eigene Stationen. Als nächste Single kam *»It's Not For Me To Say«* auf den Markt, die im April 1957 in die Top 10 kam, dann erschien *»Chances Are«*, im Herbst 1957 Platz 1 in den USA. Damit hatte man den Interpreten etabliert. Ab Frühjahr 1958 wurde Mathis auch in GB populär. *»A Certain Smile«* war hier im Herbst 1958 sein erster Top-10-Erfolg. In den USA brachte er es zwischen 1957 und 1984 auf über 40, in GB auf knapp 20 Hits. Platz 1 in GB wurde 1978 das weihnachtliche *»When A Child Is Born«*, das im Original 1974 ein Hit für Michael Holm war und *»Tränen lügen nicht«* hieß. *»Too Much, Too Little, Too Late«*, im Duett mit Deniece Williams gesungen, war im Frühjahr 1978 Millionseller und Spitzenreiter in den USA und Platz 3 in GB. Jahrelang war die LP *»Johnny Mathis' Greatest Hits«* mit 490 Wochen die Platte mit der längsten Verweildauer in einer Hitparade.

Der Hit: *Chances Are*
Der Tip: *The First 25 Years* (CBS 88534)

Mathou

* als Rainer Matuscheck. Der Titel *»You Never Walk Alone«* wurde im Herbst 1992 Titelsong für die ZDF-Serie »Freunde fürs Leben«. Die Nummer gefiel den Deutschen so gut, daß sie im Dezember 1992 in die Hitparade kam und innerhalb von sechs Wochen Platz 6 erreichte.

Der Hit: *You Never Walk Alone*
Der Tip: *Friends* (Eurostar 398 10842)

Matt Bianco

Mark Reilly, v (* 20.2.1960); Daniel White, key (* 26.8.1959); Basia, v (* 30.9.1954 als Basha Trzetrzelewska in Polen); Mark Fisher, key; Kito Poncioni, b (* 7.5.1958 in Brasilien); Jenni Evans, v.
Diese britische Formation, die eine eigenwillige Mixtur aus Pop, Swing, Funk und Soul spielte, wurde 1982 gegründet. Im Februar 1984 kam der gut gemachte Titel *»Get Out Of Your Lazy Bed«* in die britischen Top 20. Im Sommer desselben Jahres erschien *»Whose Side Are You On?«*, ihre erste LP. In GB ist Matt Bianco nie ein Top-10-Hit gelungen. Und auch in den USA konnte sich die Gruppe nicht durchsetzen. Lediglich in Deutschland schaffte die Formation im Herbst 1985 mit der Nummer *»Yeh, Yeh«*, die mit Georgie Fame im Dezember 1964 ein Spitzenreiter in GB gewesen war, einen Platz 7. Im Frühjahr 1986 gab Mark Reilly bekannt, er wolle in Zukunft mit verschiedenen Besetzungen und in unterschiedlichen Kombinationen arbeiten. Möglich daß die Verabschiedung von Basia zu dieser Aussage beigetragen hat. Sie trennte sich von Matt Bianco, um eine Solokarriere zu beginnen und erschien im September 1986 in der deutschen Hitparade mit *»Prime Time TV«*, allerdings nur in den unteren Regionen. Matt Bianco veröffentlichte bis in die 90er Jahre weiter Platten.

Der Hit: *Yeh Yeh*
Der Tip: *Yeah! Yeah!* (East West 4509-91884-2)

Matthews Southern Comfort

Ian Matthews, v/g (* 16.6.1946 als Ian Matthew McDonald); Mark Griffiths, g; Carl Barnwell, g; Gordon Huntley, g; Andy Leigh, b; Raymond Duffy, d.
1966 wurde der britische Sänger, Gitarrist und Songschreiber Ian Matthews Mitglied bei der Gruppe Pyramid, die eine erfolglose Single veröffentlichte. Im Herbst 1967 wurde er Leadsänger bei Fairport Convention. Nach zwei LPs mit dieser Band gründete er im Januar 1969 Matthews Southern Comfort. Deren

größter Erfolg wurde das Stück »*Woodstock*«, von Joni Mitchell geschrieben und in den USA erfolgreich in der Version von Crosby, Stills, Nash & Young. Ians Version wurde im Herbst 1969 Spitzenreiter in GB, in Deutschland 27 und in den USA 23. Ab Januar 1971 ist er als Solist zu hören. Der Titel »*Shake It*« wurde Ende 1978 ein Platz 13 in den USA und bisher sein größter Solo-Erfolg. Bis in die 90er Jahre veröffentlicht Ian, der seinen Vornamen inzwischen Iain schreibt, sehr schöne Platten, z. B. 1992 die CDs »*Skeleton Keys*« oder »*Dark Side Of The Room*«.

Der Hit: *Woodstock*
Der Tip: *Skeleton Keys* (Line LICD 9.01182 0)

Maughan, Susan

* 1942. Die englische Sängerin begann ihre Karriere bereits 1958 in einer Band. 1961 schickten sie ein Demoband an die Plattenfirma Philips, und Susan erhielt daraufhin einen Solovertrag. Ihr erster war dann auch gleich ihr größter Hit: »*Bobby's Girl*«, ein Nachzieher des amerikanischen Originals von Marcie Blane, erreichte 1962 Platz 3 in GB. Obwohl die Hits ausblieben, machte Susan weiter Plattenaufnahmen.

Der Hit: *Bobby's Girl*

Mauriat, Paul

* 1925. Bereits mit 17 Jahren hatte Paul Mauriat sein erstes Orchester gegründet, mit dem er in seiner Heimat Frankreich auf Tournee ging. Charles Aznavour entdeckte ihn für seine Plattenaufnahmen, und bald begleitete Mauriat auch andere französische Künstler. Unter dem Pseudonym Del Roma schrieb Paul 1962 für Petula Clark an dem Hit »*Chariot*« mit, der als »*I Will Follow Him*« für Peggy March eine Nummer 1 wurde. Im Januar 1968 gelangte der erfolgreiche LP-Verkäufer in die internationalen Single-Charts. Sein Instrumentaltitel »*Love Is Blue*« bzw. »*L'Amour Est Bleu*« stand auf Platz 12 in GB, auf 1 in Frankreich und in den USA, wo er auch Millionseller wurde.

Der Hit: *Love Is Blue*

May, Billy

* 10.1.1916. Die Karriere des amerikanischen Orchesterleiters, Trompeters und Komponisten begann 1938 in der Band von Charlie Barnet. 1940 kam er als Leadtrompeter zu Glenn Miller. Billy spielt die Soli bei »*Song Of The Volga*

Boatman« oder *»American Patrol«*. Nach 1942 verließ er Miller und arbeitete als Arrangeur für Woody Herman und Alvino Rey. Ab Anfang der 50er Jahre hatte er seine eigene Band, mit der er Anfang des Jahres 1952 den Top-20-Hit *»Charmaine«* aufnahm. Billy arrangierte Platten von Frank Sinatra oder Nat King Cole, schrieb viele Film- und TV-Melodien und hatte mit seiner Version von *»Main Title Theme From Man With The Golden Arm«* im April 1956 seinen einzigen Top-10-Hit, und den noch in GB.

Der Hit: *Main Title Theme From Man With The Golden Arm*
Der Tip: *Swing Goes On* (Capitol IC 054-52717)

May, Brian

* 19.7.1947. Noch als Teenager war der Brite Mitglied in der Gruppe The Others, die es auf eine Single-Veröffentlichung in den USA und GB brachte. 1967 gründete er Smile. Auch diese Band kam nur auf eine Single. Ab 1970 gehörte er zu den Gründungsmitgliedern von Queen, war dort vorwiegend Gitarrist und Songschreiber, gelegentlich auch Sänger. Ganz ohne Zweifel prägte sein Gitarrenspiel den Sound der Gruppe Queen ebenso wie die Stimme von Freddie Mercury. 1983 veröffentlichte er als Brian May & Friends eine Soloplatte. Neben ihm spielten auf *»Star Fleet«*, der Titelmelodie einer englischen Science-Fiction-Serie, Eddie van Halen, Alan Gratzer, Phil Chen und Fred Mandel. Nach dem Tode von Mercury kam *»Driven By You«* Ende 1991 bis auf Platz 6 in den britischen Charts. *»Too Much Love Will Kill You«* stand im Herbst 1992 auf Platz 5 in GB. Weitere Veröffentlichungen als Queen wurden von den drei überlebenden Mitgliedern abgelehnt.

Brian May

Der Hit: *Too Much Love Will Kill You*
Der Tip: *Back In The Light* (Parlophone 7 80400 2)

May, Simon

Der britische Sänger und Orchesterchef schaffte mit der sehr sanften Nummer *»Summer Of My Life«* im Herbst 1976 Platz 7 in den britischen Charts. Ursprünglich war der Brite ein Lehrer, der zum erstenmal von sich reden machte, als er 1974 für Stephanie de Sykes den Top-10-Erfolg *»Born With A Smile On My Face«* schrieb. Auch ansonsten galt seine Hauptliebe stets dem Songschreiben. Zusammen mit einem eigenen Orchester schrieb und spielte Simon etliche Themenmelodien für TV-Serien der BBC.

Der Hit: *Sommer Of My Life*

Mayfield, Curtis

* 3.6.1942. Der amerikanische Sänger und Songschreiber begann 1957 als Sänger der Roosters, die sich 1958 in Impressions umbenannten. In jenen Anfangstagen war der Leadsänger der Impressions Jerry Butler. Der erste Erfolg von Jerry Butler & The Impressions, wie die Band sich zu diesem Zeitpunkt noch nannte, war *»For Your Precious Love«*, Mitte 1958 Platz 3 in den Rhythm-&-Blues-Charts und 11 in den Pop-Charts. Noch in demselben Jahr verließ Butler die Impressions und wurde durch Fred Cash ersetzt. Nachdem die Gruppe bis 1970 sehr erfolgreich war, verließ Curtis die Formation und machte Soloplatten. Seine erste Platte war die Supernummer *»(Don't Worry) If There's A Hell Below We're All Going To Go«*. Mitte 1972 gelang ihm der Millionseller *»Freddie's Dead (Theme From Superfly)«*. Aus dem gleichen Film kam der Titel *»Superfly«*, der ebenfalls ein Top-10-Erfolg und Millionseller wurde. Nach 1975 wird Curtis in den Popcharts nicht mehr notiert. In den Rhythm-&-Blues-Charts hat er bis Ende 1985 Erfolg. Kennzeichnend für seine Platten sind vor allem die sozialkritischen Texte von Curtis. So sang er z. B. von den Heimat- und Besitzlosen oder den sozialen Unterschieden zwischen Weißen und Schwarzen. Er schrieb auch Soundtracks für weitere Filme, z. B. *»Claudine«*, *»A Piece Of The Action«* oder *»Short Eyes«*. In dem Film *»Short Eyes«* sah man ihn auch als Schauspieler. Im August 1990 fiel während eines Auftritts ein Bühnenlicht auf ihn, und seitdem ist er von der Brust abwärts gelähmt.

Der Hit: *Freddie's Dead*
Der Tip: *Superfly* (Buddah Records 2318 065)

McCall, C.W.

* 15.11.1928 als William Fries. Der amerikanische Country-Sänger (oder Sprecher?!) war gelernter Werbefachmann und erfand für eine Brotwerbung die Figur des Truckfahrers C.W. McCall. Für einen Fernsehwerbespot lieh er 1973 eben dieser Figur seine Stimme. Danach stand er bis zum Ende der 70er Jahre mit seinen Novelty-Songs in der Country-&-Western-Hitparade. Sein größter Erfolg in den Pop-Charts war der Titel »*Convoy*«, der Ende 1975/Anfang 1976 Spitzenreiter in den USA und Platz 2 in GB wurde. Der Titel tauchte danach in dem gleichnamigen Film mit Kris Kristofferson auf. In den 80er Jahren konzentrierte McCall sich wieder auf Werbekampagnen. 1982 zog er nach Ouray in Colorado, wo er 1986 zum Bürgermeister gewählt wurde.

Der Hit: *Convoy*
Der Tip: *Black Bear Road* (MGM M3G-5008)

McCann, Peter

Der amerikanische Sänger und Songschreiber hatte seinen ersten Erfolg mit dem Song »*Right Time Of The Night*«, den Jennifer Warnes im Frühjahr 1977 unter die ersten 10 der US-Charts brachte. Danach gab man Peter als Interpret die Möglichkeit, seine Songs aufzunehmen. Noch 1977 erreichte er mit seinem selbstgeschriebenen Stück »*Do You Wanna Make Love*« auf Platz 5 in der amerikanischen Hitparade und hatte einen Millionseller. Es blieb seine einzige Hitnotierung in den USA. Hits schreiben und sie singen ist doch ein ander Ding.

Der Hit: *Do You Wanna Make Love*
Der Tip: *Peter McCann* (20th Century 6 370 257)

McCartney, Paul

* 18.6.1942 als James Paul McCartney. Enttäuscht waren viele, als im Frühjahr 1970 die erste Solo-LP von Paul erschien. Irgendwie hatten sie mehr erwartet. Aber ehrlich: konnte man den Erfolg einer solchen Gruppe wie der Beatles überhaupt noch übertreffen? Paul McCartney war derjenige, der offiziell verlauten ließ, die Beatles würden sich trennen. Er wurde dadurch trotzdem nicht zum Buhmann. Paul McCartney ist derjenige, der das meiste Geld mit den Beatles verdient hat und der heute locker zu den reichsten Männern der Erde gehört. Er ist trotzdem irgendwie der nette Junge von nebenan geblieben, der Lausbub, der er immer war. Paul McCartney hat die Fotografin Linda Eastman geheiratet, von der immer wieder zu lesen ist, daß sie in der zweiten Hälfte der 60er Jahre häufig

Paul McCartney

und gerne als Edelgroupie unterwegs war. Paul McCartney hat sich darüber hinweggesetzt, hat sie trotz erheblicher Stimmschwierigkeiten mit auf die Bühne und ins Plattenstudio geholt und es hat ihm nicht geschadet. Paulchen schwebt über allem – und wenn er heute tumbe Musikjournalisten zurechtstaucht, die ihn 1993 noch immer fragen, wann denn die Beatles wieder zusammenspielen, finden das die meisten lustig.

»*Another Day*« war im Frühjahr 1971 die erste Top-10-Plazierung für Paul in den britischen und amerikanischen Charts. Die Liste seiner Erfolge geht bis weit in die 90er Jahre, obwohl die großen Hitparadenknüller ab Mitte der 80er Jahre seltener wurden. In GB schaffte er mit »*Mull Of Kintyre/Girls School*« 1977 und »*Pipes Of Peace*« 1983 zweimal den Spitzenplatz in der Single-Hitparade. In den USA waren »*Uncle Albert/Admiral Halsey*« 1971, »*My Love*« 1973, »*Band On The Run*« 1974, »*Listen To What The Man Said*« 1975, »*Silly Love Songs*« 1976, »*With A Little Luck*« 1978, »*Coming Up (Live At Glasgow)*« 1980, »*Ebony And Ivory*« – zusammen mit Stevie Wonder – 1982 und »*Say Say Say*« – zusammen mit Michael Jackson – 1983 Spitzenreiter. 1990 wurde Paul mit dem Lifetime Achievement Grammy ausgezeichnet. Die erfolgreichsten der vielen erfolgreichen Langspielplatten sind »*Red Rose Speedway*«, »*Band On The Run*« – alleine in den USA drei Millionen mal verkauft – und »*Wings At The Speed Of Sound*«. Obwohl Paul McCartney in der Popmusik alles erreicht hat, was man erreichen kann, scheint ihm das nicht genug zu sein. 1991 erschien mit dem »*Liverpool Oratorium*« Paul McCartneys erstes klassisches Werk. Die Kritiken darüber waren recht geteilt. Von 1942, dem Geburtsjahr von McCartney und Shanty, dem Held des Oratoriums, bis in die Neuzeit geht die Handlung. Sie beginnt im Beiheft so: »Eine Welt im Kriegszustand. Sirenen heulen, während Bomben auf Liverpool fallen und verzweifelte Paare unterirdisch Schutz suchen. Inmitten der Brände und des Chaos bei einem Luftangriff wird ein Kind geboren, und es gibt Hoffnung.« Das achte Kapitel unter der Überschrift »Frieden« wird so beschrieben: »Shanty singt seinem neugeborenen Kind vor und preist das Wunder des Lebens. In seiner Predigt spricht der Geistliche vom zerbrechlichen Glück des Familienlebens, während Mary Dee und Shanty einander eine Zukunft mit ihrem Kind geloben. Sie wollen für immer zusammen bleiben, und feiern eine Liebe, die nie aufhören soll.« Hinter Friede hätte noch Freude und Eierkuchen gehört.

Der Hit: *Mull Of Kintyre*
Der Tip: *All The Best* (EMI CDP 7 485072)

McClinton, Delbert

* 4.11.1940. Der amerikanische Sänger, Songschreiber, Gitarrist und Mundharmonikaspieler begann in den späten 50er Jahren mit McClintons Straitjackets. In den frühen 60ern befreite er sich aus dieser Zwangsjacke, wechselte von der Gitarre an die Mundharmonika, spielte auf »*Hey! Baby*« von Bruce Channel, der

mit dieser Platte im Januar 1962 in die US-Charts kam und Spitzenreiter wurde, und ging mit ihm auf Englandtournee. Am 21.6.1962 spielten sie in New Brighton im Tower Ballroom. Das Ganze nannte sich *»Bruce Channel Show«*. Mit im Programm unter anderem die Big Three, die Four Jays und die Beatles. Bei diesem Aufeinandertreffen von McClinton und den Beatles brachte Delbert John Lennon bei, wie man richtig Mundharmonika spielt. Mitte der 60er Jahre war Delbert Kopf der Ron-Dels, deren einzige Hitnotierung Mitte 1965 *»If You Really Want Me To I'll Go«* war, ein Platz 97 in den USA. Danach bildete er mit Glen Clark das Duo Delbert & Glen, die es wiederum nur auf einen Hot-100-Erfolg brachten, Ende 1972 Platz 90 mit *»I Received A Letter«*. Ab 1975 machte Delbert Soloplatten, und jetzt gelang ihm mit *»Giving It Up For Your Love«* Ende 1980 in den USA sein einziger Top-10-Erfolg. 1992 veröffentlichte er die hervorragende CD *»Never Been Rocked Enough«*.

Der Hit: *I Received A Letter*
Der Tip: *Never Been Rocked Enough* (Curb 471 709 2)

McCoo, Marilyn & Billy Davis Jr.

Marilyn (* 30.9.1943) und Billy (* 26.6.1939) heirateten 1969. Beide waren Mitglieder bei den Fifth Dimensions, die 1966 gegründet worden waren und es auf eine ganze Reihe von Hits gebracht hatten. Ende 1975 verließen sie die Fifth Dimension und machten als Duo weiter. Mit dem Millionseller und Spitzenreiter der US-Hitparade *»You Don't Have To Be A Star (To Be In My Show)«*, der in GB Platz 7 wurde, gelang ihnen im Herbst 1976 ein großer Wurf. *»Your Love«* kam im Frühjahr 1977 noch auf Platz 15. Danach war ihre Single-Karriere beendet. Zwischen 1981 und 1984 und 1987/88 war Marilyn Mitmoderatorin der erfolgreichen amerikanischen Musik-TV-Sendung *»Solid Gold«*. 1991 brachte sie ein Gospel-Album auf den Markt.

Der Hit: *You Don't Have To Be A Star (To Be In My Show)*
Der Tip: *I Hope We Get To Love In Time* (ABC 28 156 XOT)

McCoy, Van

* 6.1.1944. Der amerikanische Sänger, Songschreiber, Pianist und Produzent begann mit der Gruppe Marylanders, gründete dann die Starliters, die 1959 ihre ersten Plattenaufnahmen machten. Nachdem es nicht zu Hits reichte, gründete er 1960 sein eigenes Plattenlabel, das er aber schnell wieder aufgab, und war von 1961 bis 1964 für die Firma Scepter Produzent für die Shirelles, Gladys Knight, Barbara Lewis, Peaches & Herb und die Drifters. Mitte der 60er Jahre gründete er

erneut eine eigene Plattenfirma. Nach 1968 gab es die Van McCoy Productions, die Interpreten wie Stylistics, Aretha Franklin, Nina Simone, Nancy Wilson, Tom Jones, Vikki Carr, Roberta Flack und Brenda & The Tabulations betreute oder Faith, Hope & Charity entdeckte. Ab 1974 machte er eigene Platten. Mit *»The Hustle«* gelang ihm im Frühjahr 1975 ein Millionseller und Platz 1 in den USA. Schon nach drei weiteren Notierungen in den Pop-Charts, die nicht mehr über Platz 40 hinauskamen, war seine Hitparadenzeit wieder vorüber. Van starb am 6.7.1979 nach einem Herzinfarkt.

Der Hit: *The Hustle*
Der Tip: *The Best Of* (H&L Records 28299 X)

McCoys

Rick Derringer, g (* 5.8.1947 als Richard Zehringer); Randy Zehringer, d (* 21.11.1949); Dennis Kelly, b; Ronnie Brandon, org; Randy Hobbs, b; Bobby Peterson, key.
Kopf der McCoys war Rick Derringer, der bereits 1963 seine erste Formation, Rick & The Raiders, gegründet hatte. Daraus wurde die Rick Z. Combo und ab 1965 die McCoys. Mit *»Hang On Sloopy«* kamen die McCoys Mitte 1965 in die internationalen Hitparaden, erreichten Platz 1 in den USA, 5 in GB und Deutschland. Der Nachfolger *»Fever«* – wenn man so will, eine amerikanische Beat-Version des alten Little-Willy-John- und Peggy-Lee-Hits – kam Ende 1965 auch in die Top 10. Alle weiteren Platten, die bis Ende 1968 erschienen, kamen nicht mehr unter die Top 20. 1969 wurden McCoys die Begleitband von Johnny Winter, und auch bei Bruder Edgar Winter mischten sie mit. Ab 1974 machte Rick auch Soloplatten. Sein Titel *»Rock And Roll Hoochie Koo«* kam im Januar 1974 in die US-Charts und bis auf Platz 23. Ricks Qualitäten als Gitarrist hört man auch auf Platten von Steely Dan, Dan Hartman, Todd Rundgren, Bette Midler, Donald Fagen, Meatloaf, Bonnie Tyler und vielen anderen.

Der Hit: *Hang On Sloopy*
Der Tip: *Hang On Sloopy... Plus* (See For Miles SEECD 236)

McCracklin, Jimmy

* 13.8.1921 als James David Walker. Der amerikanische Blues-Sänger, Pianist und Harmonikaspieler schlug sich zunächst im wahrsten Sinne des Wortes durchs Leben: als Profiboxer. 1945 beschloß er dann, es mal mit Singen zu versuchen. 1949 gründete er in San Francisco seine eigene Band, die Blues Blasters, aber Hits waren noch keine in Sicht. Erst 1958 konnte er einen Chart-Erfolg verbuchen:

»The Walk« wurde Platz 7 in der amerikanischen Hitparade. Bis 1967 gelangen ihm noch etliche Rhythm-&-Blues-Hits, aber kein Top-30-Erfolg in den Pop-Charts mehr. Seine Plattenveröffentlichungen reichen bis zum Ende der 80er Jahre.

Der Hit: *The Walk*

McCrae, George

George McCrae

* 19.10.1944. Knapp bevor sie selbst als KC & The Sunshine Band erfolgreich sein würden, hatten Casey und Finch Mitte 1974 einen Welthit geschrieben, der durch George McCrae Spitzenreiter in den USA, GB und Deutschland wurde und in weiteren 79 Ländern in die Hitparaden kam: *»Rock Your Baby«*. Angeblich wurden von dem Titel 15 Millionen Singles verkauft. George war jahrelang mit verschiedenen Bands umhergetingelt, ohne daß ihm etwas gelang. Jetzt galt er plötzlich als der König der Soul-Disco-Revolution. Aber wie so viele One-Hit-Wonder-Phänomene brachte er es nicht zu einem zweiten Top-30-Erfolg. Er sang später im Duett mit seiner Frau Gwen und wurde schließlich deren Manager. In den 80er Jahren tauchte er unter. Einige Publikationen haben ihn bereits als verstorben gemeldet – wahrscheinlich haben sie ihn mit Gordon MacRae verwechselt, der an dem Tag gestorben ist, der als George McCraes Todestag ausgeworfen wurde. McCrae hat längere Zeit in der Bundesrepublik gelebt und getingelt. 1990 erschien nach längerer Pause mit *»Breathless«* mal wieder eine neuere Single von ihm, die einem jedoch nicht den Atem verschlug.

Der Hit: *Rock Your Baby*
Der Tip: *Rock Your Baby* (RCA 26.21419)

McCrae, Gwen

* 21.12.1943. Die Amerikanerin war im Kielwasser ihres Mannes George McCrae weltweit erfolgreich, indem sie dessen Sound genau kopierte. Im Gegensatz zu George war sie allerdings bereits längere Zeit mit mittlerem Erfolg im Plattengeschäft. Mit George hatte sie 1969 ihre erste Platte gemacht, ohne ihn tauchte sie 1970 zumindest in den amerikanischen Rhythm-&-Blues-Charts auf. Die Nummer »*Rockin' Chair*« kam im Frühjahr 1975 in die US-Charts und erreichte Platz 9. Im Hintergrund sang George mit. Ähnlich wie Gatte George, der sie später managte, blieb es auch bei ihr bei diesem einen Erfolg.

Der Hit: *Rockin' Chair*

McDaniels, Gene

* 12.2.1935. Sein Vater war ein Reverend. Und wie viele farbige Kinder, die sich für Musik interessierten und dann auch noch vom Elternhaus in diese Richtung beeinflußt wurden, begann auch der kleine Gene in einem Gospel-Chor. Dem schloß er sich mit 13 Jahren an. Nach seiner Gospelzeit spielte er im Schulorchester Saxophon, dann gründete er seine eigene Gruppe und schließlich ein Gesangsquartett. Am Anfang der 60er Jahre traf er auf Snuff Garrett. Der galt in jenen Tagen als ein ausgezeichneter Produzent, betreute er doch Künstler wie Bobby Vee, The Crickets – ohne Buddy Holly –, Gary Lewis & The Playboys oder Johnny Burnett. Alles weiße Künstler – ein farbiger Sänger fehlte noch in seiner Sammlung. Snuff suchte für ihn den Titel »*A Hundred Pounds Of Clay*« aus, der für Gene ein Platz 3 in den USA und sein größter Erfolg wurde. Die Platte kam im Frühjahr 1961 in die Charts, und es folgten im gleichen Jahr noch zwei weitere Top-10-Hits: »*Tower Of Strength*« und »*Chip Chip*«. Nach 1963 war seine Hitzeit wieder vorüber. Danach machte Gene Platten, die sich mit den Problemen der Amerikaner beschäftigte – die wollte keiner kaufen.

Der Hit: *A Hundred Pounds Of Clay*
Der Tip: *Golden Greats* (EMI CDP 7 91681 2)

McDevitt, Charles

* 1935. Der Schotte war Gründer einer eigenen Skiffle-Gruppe, in der Nancy Whiskey mitsang. Diese Formation befriedigte in der zweiten Hälfte der 50er Jahre britische Bedürfnisse nach Skiffle und US-Folkmusic. Die Formation brachte es auf zwei Titel in den GB-Charts, beide 1957. »*Freight Train*« erreichte Platz 5, »*Greenback Dollar*« Platz 28. Beide Titel kamen im gleichen Jahr als Re-Entry noch

einmal in die britischen Charts, konnten ihre Positionen jedoch nicht verbessern. Nach einer EP verließ Whiskey die Gruppe und machte mit der Studioformation Skifflers weitere Platten bis Ende der 50er Jahre. McDevitt eröffnete eine Coffee Bar namens Freight Train in London und machte mit der Sängerin Shirley Douglas, die er später heiratete, weiter Plattenaufnahmen bis in die 70er Jahre.

Der Hit: *Freight Train*

McDonald, Michael

* 2.12.1952. Die Karriere von Michael McDonald begann 1974/75 bei Steely Dan. Dort spielte er Keyboards und als er im Frühjahr 1975 für den erkrankten Tom Johnson zu den Doobie Brothers kam, wurde er auch Sänger. Für diese Country-Rock-Formation schrieb er Hits wie »*What A Fool Believes*« oder »*It Keeps You Running*«. 1980 bekam Michael McDonald vier Grammys, u. a. für »*What A Fool Believes*« als Song des Jahres, den er zusammen mit Kenny Loggins geschrieben hatte. Ende 1981 gingen die Doobies auseinander, und Michael begann eine Solokarriere. Seine erste Hitnotierung wurde der amerikanische Platz 4 »*I Keep Forgettin' (Every Time You're Near)*«, im Herbst 1982 in den Charts. Besonders gut gelang ihm im Duett mit Patti LaBelle die Nummer »*On My Own*«, die im Frühjahr 1986 in die amerikanische Hitparade kam und Spitzenreiter wurde. Sein bisher letzter Top-10-Erfolg war die Nummer »*Sweet Freedom*«, Mitte 1986 Platz 7. Ende der 80er Jahre schlossen sich die Doobie Brothers wieder zusammen. Michael machte jedoch nicht mit. Michaels Stimme gehört zweifellos zu den besten des heutigen Soul/Rock, und es ist selten, daß ein Weißer so überzeugend schwarze Musik singen und schreiben kann.

Der Hit: *I Keep Forgettin' (Every Time You're Near)*
Der Tip: *Sweet Freedom* (WB 241 049-2)

McFadden & Whitehead

Gene McFadden (* 1948), John Whitehead (* 1948), beide v.
Der Titel »*Back Stabbers*« der O'Jays, »*I Always Love My Mama*« der Intruders oder »*Wake Up Everybody*« von Harold Melvin & The Bluenotes wurden von McFadden und Whithead geschrieben. Viele LPs von Archie Bell, Melba Moore, den Jacksons oder Lou Rawls wurden von ihnen produziert. Sie gelten als diejenigen, die im hohen Maße »The Sound of Philadelphia« mitgeprägt haben. Als Teenager waren sie Mitglieder bei den Epsilons. Dann tourten sie und wurden gemanagt von Otis Redding bis zu dessen Tod im Jahre 1967. In den R&B-Charts schaffte das Duo im Frühjahr 1979 den Spitzenreiter »*Ain't No Stoppin' Us Now*«,

der es in den USA zur Platinplatte und in der britischen Hitparade bis auf Platz 5 brachte. Ansonsten waren sie mehr im Hintergrund erfolgreich. John Whitehead veröffentlichte 1988 eine Solo-LP, aus der der Top-50-Hit *»I Need Money Bad«* in die Hot 100 kam. Außerdem zog sich John für einige Zeit selbst aus dem Verkehr, als er seine Steuerlast falsch berechnete, sie nicht zahlte und deshalb gesiebte Luft atmete.

Der Hit: *Ain't No Stoppin' Us Now*
Der Tip: *McFadden & Whitehead* (Philadelphia International 83 613)

McFerrin, Bobby

* 11.3.1950. Bobby stammt aus einer sehr musikalischen Familie. Sein Vater, einst ein erfolgreicher Bariton an der New York Metropolitan Opera, lieh Sidney Poitier im Film »Porgy & Bess« die Stimme. Ab Anfang der 80er Jahre kam Bobby McFerrin, dessen Stimme enorm wandlungsfähig ist und der in seinen Anfangstagen mehr in die Jazz-Ecke gestellt wurde, mit Soloplatten. Dabei klang er alleine wie eine Doo-Wop-Gruppe, benutzte seinen Körper als Rhythmusinstrument und setzte sogar das Geräusch des Atmens als Instrument ein. 1987 sang er das Thema der »Cosby Show« und ein populäres Jingle für die 501-Jeans. So war er also ein angesehener Jazz-Interpret, als ihm mit *»Don't Worry Be Happy«* aus dem Film »Cocktail« ein weltweiter Pop-Hit gelang. Mitte 1988 kam der Titel in die amerikanischen Charts, belegte dort und in Deutschland den Spitzenplatz, in GB Platz 2. Wer Bobby McFerrin einmal auf der Bühne gesehen hat, weiß, daß der Mann auch ohne Pop-Hits auskommen kann.

Der Hit: *Don't Worry Be Habby*
Der Tip: *Simple Pleasures* (EMI CDP 7 48059 2)

McGovern, Maureen

* 27.7.1949. Mit dem Liebesthema aus dem Film *»Der Untergang der Poseidon«*, *»The Morning After«*, hatte Maureen Mitte 1973 Platz 1 in der amerikanischen Hitparade und einen Millionseller. Danach schien Maureen auf Film- und Fernsehmusiken abonniert zu sein. In *»Flammendes Inferno«*, *»Superman«* oder in der TV-Serie *»Angie«* war sie zu hören. Ein Top-10-Erfolg ist

Maureen McGovern *(Warner Records)*

ihr jedoch nicht mehr gelungen. In GB war ihr größter Erfolg Mitte 1976 »*The Continental*«, ein Top-20-Hit. Vor ihrem großen Hit war Maureen lediglich als Hobby-Folksängerin in Clubs aufgetreten und hatte hauptberuflich als Sekretärin gearbeitet.

Der Hit: *The Morning After*

McGregor, Freddie

* 1956. Der Jamaikaner stieg bereits im Alter von sieben Jahren ins Musikgeschäft ein. In den 70er Jahren arbeitete er als Solokünstler, aber auch als Session-Musiker in seiner Heimat. Seine erste LP veröffentlichte er 1979. Er sang sowohl Soul-Rock als auch härtere Rasta-Titel. Ein Crossover-Hit in den Pop-Hitparaden gelang ihm im Sommer 1987: mit einer Cover-Version von Ronnie Dysons Titel »*I Just Don't Wanna Be Lonely*« erreichte Freddie Platz 9 der britischen Hitparade. Nach einer weiteren Notierung war er aus den Hitparaden verschwunden, veröffentlichte aber bis in die 90er Jahre weiter Platten.

Der Hit: *I Just Don't Wanna Be Lonely*

McGuinness Flint

Tom McGuinness, b (* 2.12.1941); Hughie Flint, d (* 15.3.1942); Dennis Coulson, key; Benny Gallagher, g/v; Graham Lyle, g/v; Paul Rutherford, sax; Dixie Dean, b/harm; John Bailey, g; Neil Innes, p.

Tom und Hughie kamen über etliche Stationen, zu denen Manfred Mann, die Roosters, John Mayall, Alexis Korner, Alan Price, Savoy Brown, Chicken Shack, Casey Jones gehörten, zu ihrer eigenen Band, die sie 1969 gründeten. Mit den beiden Top-10-Erfolgen »*When I'm Dead And Gone*« 1970 und »*Malt And Barley Blues*« 1971 gelangen der Formation mit einer Mixtur aus Folk und Pop schnell hintereinander zwei sehr schöne Hits. Beide wurden durch Gallagher und Lyle geschrieben, und als diese beiden die Gruppe verließen, gab es ernsthafte Schwierigkeiten. Als Ersatz kamen Dean, Bailey und Innes, aber Ende des Jahres 1971 trennte sich die Formation. Soulson, McGuinness, Flint und Dean nahmen 1972 eine weitere LP auf. Es folgten mit wechselnder Besetzung noch zwei Alben, aber da ihr früherer Erfolg sich nicht wiederholen ließ, trennte die Gruppe sich 1975 endgültig. Gallagher & Lyle sollten 1976 erfolgreich sein, und Tom McGuinness schloß sich mit seinem alten Freund aus Manfred-Mann-Tagen, Paul Jones, in der Blues-Band zusammen. 1983 jedoch nahm man gemeinsam als Lyle-McGuinness-Band das Album »*Acting On Impulse*« auf.

Der Hit: *When I'm Dead And Gone*

Der Tip: *McGuinness Flint* (Capitol SHZE 304)

McGuire, Barry

* 15.10.1937. Der amerikanische Sänger und Songschreiber begann seine Karriere in der 1961 gegründeten Formation New Christy Minstrels. Zusammen mit Randy Sparks, dem Gründer dieser Gruppe, schrieb er deren größten Hit: *»Green Green«*, Mitte 1963 ein Top-20-Erfolg in den USA. Mit der düsteren Prognose, daß wir alle am Vorabend der Zerstörung der Erde sind, traf er Mitte 1965 als Solist den Nerv der Jugendlichen. *»Eve Of Destruction«* wurde Spitzenreiter in den USA, 3 in GB und 6 in Deutschland. Begleitet wurde er auf dem Hit von der amerikanischen Formation Grass Roots. Glücklicherweise ist das, was er uns vorausgesagt hatte, doch nicht so schnell eingetroffen. Ein weiterer Hit – mit dem er ja seine eigene Aussage unglaubwürdig gemacht hätte – gelang ihm nicht mehr. 1990 nahm er eine teilweise neu getextete Version auf, die zugunsten der Rettung des Tropischen Regenwaldes veröffentlicht wurde. Waren in der Originalversion noch die Menschenmassen in Rot-China eine Bedrohung der Welt, so waren es jetzt die geschäftstüchtigen und geldgierigen Finanzhaie, die den Raum für Lebewesen zerstörten. In der Zwischenzeit war Barry am Broadway in dem Musical »Hair« aufgetreten und verlegte sich dann auf christliche und Gospelmusik.

Der Hit: *Eve Of Destruction*
Der Tip: *The World's Last Private Citizen* (ABC DS 500 33)

McGuire Sisters

Christine (* 30.7.1929), Dorothy (* 13.2.1930), Phyllis (* 14.2.1931) McGuire. Nachdem sie 1953 in der Talentshow von Arthur Godfrey gewonnen und die Chordettes als festen Bestandteil der Sendung abgelöst hatten, erhielten die drei Schwestern 1954 einen Plattenvertrag. Ihr erster Top-10-Erfolg war Mitte 1954 die Nummer *»Goodnight, Sweetheart, Goodnight«*. *»Muskrat Ramble«* war der Nachfolge-Top-10-Hit, dann kam im Januar 1955 der Nummer-1-Erfolg *»Sincerely«*. *»Something's Gotta Give«* und *»He«* 1955 waren weitere Top-10-Erfolge, bis ihnen Ende 1957 mit *»Sugar Time«* erneut ein Spitzenreiter gelang. Die Hitnotierungen des Trios gehen bis in das Jahr 1961. 1964 trennte sich Phyllis, die bis in die 80er Jahre in Las Vegas auftrat, von der Gruppe und machte als Solistin weiter. 1985 kamen die McGuire Sisters wieder zusammen und gingen auf eine ausgedehnte US-Tour. Danach traten sie noch bis in die 90er Jahre zusammen auf.

Der Hit: *Sincerely*
Der Tip: *Greatest Hits* (MCA MCAD 31341 Aris)

MC Hammer

siehe Hammer.

McIntyre, Hal

* 29.11.1914, † 5.5.1959. Bevor Hal zwischen 1937 und 1941 der Lead-Altsaxophonist in der Band von Glenn Miller wurde, hatte er seit 1935 seine erste eigene Band gehabt. Glenn verhalf ihm dann auch 1942 zu einer Reformierung dieser Band. Seine erste Hitnotierung hatte Hal im Herbst 1942 mit »*This Is The Army Mr. Jones*«. Im Frühjahr 1945 erreichte er erstmals die Top 10 mit »*Sentimental Journey*«. »*I'll Buy That Dream*«, ebenfalls 1945, und »*The Gypsy*« 1946 waren weitere Top-10-Erfolge. Sein Orchester behielt Hal bis in die 50er Jahre. Er starb bei einem Brand in seiner Wohnung.

Der Hit: *Sentimental Journey*

McKee, Maria

* 17.8.1964. Die kalifornische Sängerin, Keyboarderin, Gitarristin und Songschreiberin trat bereits mit 16 Jahren zusammen mit ihrem Halbbruder Bryan MacLean, der vorher mit Love gespielt hatte, in L. A.-Clubs auf. Mitte der 80er Jahre war sie bei Lone Justice, die gute Platten veröffentlichten, aber nicht zu Hits kamen. Ab 1989 machte Maria Soloplatten. Zwischendurch hatte sie die Nummer »*A Good Heart*« geschrieben, die durch Feargal Sharkey Spitzenreiter in GB wurde. Maria hatte ihrerseits im Herbst 1990 eine Nummer 1 in der britischen Hitparade mit »*Show Me Heaven*« aus dem Film »*Days Of Thunder*«.

Der Hit: *Show Me Heaven*
Der Tip: *You Gotta Sin To Be Saved* (Geffen GED 24508)

McKenzie, Scott

* 1.10.1939 als Philip Blondheim. Der amerikanische Sänger und Songschreiber stieg Anfang der 60er Jahre in die Gruppe Smoothies ein, die von John Phillips, dem späterem Chef der Mamas & Papas, geleitet wurde. Aus dieser Formation entwickelte sich Journeymen, die jedoch nach drei LPs wieder auseinanderfielen. 1967, John Phillips hatte sich inzwischen als Songschreiber etabliert, nahm Scott dessen Titel »*San Francisco (Be Sure To Wear Flowers In Your Hair)*« auf, der im Frühjahr 1967 in den USA ein Platz 4, in GB und Deutschland Spitzenreiter

wurde. Mit *»Like An Old Time Movie«* gelang ihm im Herbst des gleichen Jahres noch einmal ein Top-30-Erfolg, dann verschwand er wieder aus den Charts und lebte fortan als Fossil der Flower-Power-Bewegung. Erstmals hörte man wieder von Scott, als er 1988 als Mitautor von *»Kokomo«*, einem Hit der Beach Boys, auftauchte. Ansonsten zog er meist im Troß mit den Resten der Mamas & Papas mit Oldie-Veranstaltungen um die Erde.

Der Hit: *San Francisco (Be Sure To Wear Flowers In Your Hair)*
Der Tip: *San Francisco* (Embassy EMB 31 077)

McKinley, Ray

* 18.6.1910. Ray war zwischen 1935 und 1939 Schlagzeuger in der Band der Dorsey Brothers und von Jimmy Dorsey. Danach leitete er zusammen mit Will Bradley eine eigene Band. Zwischen 1943 und 1945 spielte er in Glenn Millers Army Air Force Band, machte aber auch schon seit 1943 Soloplatten. Danach arbeitete er als Diskjockey und übernahm 1956 mit Zustimmung von Glenn Millers Witwe Helen dessen Orchester. 1965 stieg er ganz aus der Musik aus. Seine Band übernahm Buddy DeFranco. In den 70er Jahren kehrte er noch einmal zurück, um hin und wieder Orchester zu leiten, die im Stil von Glenn Miller spielten. 1947 waren Ray zwei Top-10-Erfolge in den USA gelungen: *»Red Silk Stockings and Green Perfume«* und *»Civilization (Bongo, Bongo, Bongo)«*.

Der Hit: *Civilization (Bongo, Bongo, Bongo)*

McLachlan, Craig

* 1.9.1965. Der Australier begann seine Karriere als Schauspieler in der Fernsehserie »Neighbours«. Mit Kylie Minogue und Jason Donovan hatte sie bereits zwei Gesangsstars hervorgebracht, warum sollte es nicht auch mit einem dritten klappen? Craig gründete um sich herum die Gruppe Check 1-2. Auf den Gruppennamen war man durch den obligaten Ruf ins Mikrofon beim Soundcheck gekommen: »Check 1-2«. Mitte 1990 erschien *»Mona«*, eine Coverversion des Rock-'n'-Roll-Klassikers von Bo Diddley, die es bis auf Platz 2 in der britischen Hitparade brachte. Danach erschien eine recht anständig gemachte CD, die zeigte, daß Craig als Nur-Schauspieler, der mal singt, unterschätzt wird.

Der Hit: *Mona*
Der Tip: *Hands Free* (Epic 471 481 2)

McLaren, Malcolm

* 22.1.1946. Der britische Manager, Songschreiber und Soundsammler ist für die einen ein Scharlatan, für die anderen ein göttliches Talent. Er managte oder war Mastermind hinter Interpreten wie Sex Pistols, Adam Ant oder Bow Wow Wow. Malcolm beherrscht laut Aussage seiner Plattenfirma kein einziges Instrument und sieht sich als »musikalischer Maler, der sich ohne falsche Scham in den Klangwelten jedweder Epochen bedient«. Nachdem ihm die Punk-Bewegung, an der er fleißig mitgebastelt hatte, zeigte, daß man auch ohne Stimme und ohne musikalisches Talent in die Hitparaden kommen kann, nahm er ab 1982 auch eigene Platten auf. Seine beiden Top-10-Hits in GB waren *»Buffalo Gals«* 1982 und *»Double Dutch«* 1983.

Der Hit: *Double Dutch*
Der Tip: *Duck Rock* (Charisma 810 432-1)

McLean, Don

* 2.10.1945. Don McLean galt als introvertiert, als Narziß mit Gold-LP. *»American Pie«* war eine Superstory, die in der ganzen Welt von jedem, der mit Musik zu tun hatte, interpretiert wurde. Was gab es nicht alles zu enträtseln! Meinte Don mit dem Hinweis auf *»Jumpin' Jack Flash«* wirklich, daß die Rolling Stones zu denen gehören, die die Rockmusik getötet haben? Sehr wahrscheinlich! Auch die Beatles oder die Byrds werden in die Pfanne gehauen. Überhaupt: am 3. Februar 1959 ist die Musik gestorben. Nicht ein Musiker ist an diesem Tag mit einem kleinen Flugzeug abgestürzt, sondern die komplette Musik. Von Buddy Holly ist die Rede, der sicher eine wichtige Komponente in der Geschichte des Rock 'n' Roll war, aber auf keinen Fall die wichtigste. Da gab es ganz andere Musiker, die die Wege des Rock 'n' Roll bereitet haben. Vorwiegend Schwarze, die schon Rock 'n' Roll spielten, als die Weißen nicht einmal genau wußten, was denn mit dieser Bezeichnung gemeint sein könnte. Das Cover der LP *»American Pie«* zeigt die Richtung von Don McLean an: ein erhobener Daumen, der mit Stars und Stripes bemalt ist. Im Lied wird es noch deutlicher: es geht um eine Zeit, als die jungen Amerikaner noch stolz auf ihr Land waren. Die 50er Jahre waren die Zeit, in der es laut Don McLean so amerikanisch zuging, wie Apfelkuchen amerikanisch ist: »as American as apple pie«. Die Beatles, die Stones, Elvis Presley, die Byrds – alle machten die schöne alte Musik kaputt. Janis Joplin war eine Ausnahme, aber kaum daß Don McLean die Frage an sie richten konnte, was es denn neues unter Gottes schönen Sängern gebe, drehte sie sich selbst heim. Am ärgerlichsten an der Langspielplatte *»American Pie«* damals war, daß der Titelsong von einem viel schöneren Lied ablenkte, von *»Vincent«*. Das war bei weitem nicht so spektakulär

in seiner Aussage. Selbst wenn man nur mit einem halben Ohr zuhörte, war klar, daß es sich um eine Hommage an den Maler Vincent van Gogh handelte. Vielleicht hätte man, um *»American Pie«* zu erklären, ein paar Zeilen aus *»Vincent«* übersetzen müssen, und schon wäre alles klar gewesen: »Die Welt wurde nicht für einen wie dich gemacht; einen, der so wunderbar wie du. Jetzt verstehe ich, was du mir sagen wolltest. Sie wollten nicht auf dich hören, sie tun es auch jetzt noch nicht. Vielleicht hören sie niemals.« So, und wenn man jetzt den Namen Vincent durch Buddy ersetzt, ergibt das eine neue Interpretation von *»American Pie«* und von *»Vincent«*. Zwei auf einen Schlag und wahrscheinlich wieder beide daneben. *»American Pie«* kam im Herbst 1971 in die US-Charts, wurde Spitzenreiter, 2 in GB und 9 in Deutschland. Der Song *»Vincent«* erschien im Frühjahr 1972 als Single und wurde Spitzenreiter in GB. *»Crying«*, ein Song von Roy Orbison, kam im Frühjahr 1980 in die britischen Charts, wurde Platz 1 und sechs Monate später 5 in den USA. Angeblich handelt das Lied *»Killing Me Softly With His Song«*, ein Hit mit Roberta Flack im Frühjahr 1973, von Don McLean. Als Songschreiber gelangen ihm noch wunderschöne Titel wie *»Castles In The Air«*, *»And I Love You So«* oder *»Wonderful Baby«*. Später verlegte er sich mehr auf Country Music.

Der Hit: *American Pie*
Der Tip: *Favorites And Rarities* (UA 986 031/2)

McLean, Penny

* 4.10.1948 als Gertrude Münzer. Die Österreicherin wuchs bei ihrem Vater in Deutschland auf. Der schickte sie ins Internat, wo sie Klavier, Flöte und Gitarre lernte. Mit 17 heiratete sie, kurz darauf war sie wieder geschieden. In München gründete sie ihre erste eigene Band, die MTH-Singers. Bei einem Auftritt lernte sie einen Produzenten kennen, der ihr eine traumhafte Solokarriere versprach. Ende der 60er Jahre erschien *»Bananendampferkapitän«* – Interpretin ist Barbie Münzer. Es folgen neue Bands, Solo-Auftritte in Diskotheken und mehrfach Auftritte im ARD-Talentschuppen. Ein Zusammentreffen mit dem Produzenten Michael Kunze bringt ihr einen neuen Plattenvertrag. Zusammen mit einer weiteren Neuerwerbung von Kunze sang sie im Duo als Helmut & Barbara. Einen ersten Achtungserfolg errang sie mit *»Letter Of Miami«* unter dem Pseudonym Penny McLean. 1975 singt sie die Nummer *»Lady Bump«*, die ursprünglich für die Formation Silver Convention vorgesehen war. Penny erreicht Platz 1 und Goldstatus in Deutschland. Der Nachfolger *»1-2-3-4 ... Fire!«* wird im Frühjahr 1976 ein weiterer Top-10-Erfolg, doch inzwischen ist sie als Mitglied der Gruppe Silver Convention ebenfalls erfolgreich und hat sogar mit *»Fly, Robin, Fly«* einen Platz 1 in den USA. Der Fraktionszwang läßt ihre Solokarriere zurückstehen.

Nach 1977 taucht sie nicht mehr als Solistin in den Charts auf. Silver Convention schafften es allerdings auch nicht länger. Penny McLean hat sich inzwischen zur Esoterikexpertin entwickelt, die ihre Kenntnisse auch im Fernsehen zum besten gibt.

Der Hit: *Lady Bump*
Der Tip: *Penny McLean* (Teldec 6.24781)

M.C. Miker »G« & Deejay Sven

M.C. Miker »G« (* 27.9.1967). Die aus den Niederlanden stammenden Rapper hatten mit der Nummer *»Holiday Rap«* im August 1986 Platz 1 in Deutschland und Platz 6 in GB. Produziert wurden sie von dem niederländischen Mastermixer Ben Liebrand. Mit *»Celebration Rap«* gelang ihnen noch ein Platz 30. Danach machten sie *»And The Bite Goes On«*, und so war es dann auch.

Der Hit: *Holiday Rap*

McPhatter, Clyde

* 15.11.1932, † 13.6.1972. Der amerikanische Ausnahme-Soulsänger begann 1950 mit den Dominoes und hatte mit dieser Gruppe den Millionseller *»Sixty Minute Man«*. Die Platte wurde ein Hit und kam im August 1951 bis auf Platz 17 der Pop-Charts. In den Rhythm-&-Blues-Charts war sie 14 Wochen lang Spitzenreiter. 1953 war Clyde Gründungsmitglied der Drifters, und mit denen hatte er einen weiteren Millionseller: *»Honey Love«*, Ende 1954 Platz 21 in den Pop-Charts, für 11 Wochen Spitzenreiter in den R&B-Charts. Die Platte wurde als Clyde McPhatter & The Drifters veröffentlicht. Im April 1954 wurde er zur Armee eingezogen und durch Dave Baughan ersetzt. Zurück vom Militär, machte er ab 1956 Soloplatten. Die erste Hitnotierung war *»Seven Days«*, im Herbst 1958 hatte er den Top-10-Erfolg *»A Lover's Question«*. In der Folgezeit gelangen ihm jede Menge Hits auch in den Pop-Charts, die jedoch nicht mehr unter die ersten 20 kamen, bis im Frühjahr 1962 *»Lover Please«* veröffentlicht wurde. Diese Platte erreichte Platz 7 in den USA. Nach 1964 tauchte er nicht mehr in den Pop-Charts auf. Er starb 1972 nach einem Herzanfall, der auf langen Alkoholmißbrauch zurückgeführt wurde. 1987 wurde er in die Rock 'n' Roll Hall of Fame aufgenommen.

Der Hit: *A Lover's Question*
Der Tip: *Rock And Cry* (Charly R&B 1073 TIS)

McTell, Ralph

* 3.12.1944. 1967 hatte Ralph McTell das Lied *»Streets Of London«* geschrieben und veröffentlicht. Die Platte fand keinerlei Beachtung. Möglich, daß die Briten beschämt weghörten, denn angenehm ist es für sie und speziell für die Londoner sicher nicht. Es erschienen im Laufe der nächsten Jahre weitere Versionen dieses Songs auf verschiedenen Langspielplatten. Im Verkauf rührte sich nichts. Bei öffentlichen Auftritten fanden die Zuhörer – meist Jugendliche, Schüler und Studenten – das Lied ganz toll. Kaufen wollte es kaum einer. Dann nahm Ralph Ende 1974 eine Version auf, die sich von den anderen lediglich dadurch unterschied, daß ein schnulziger Chor den Text untermalte – oder sollte man besser sagen, verwässerte, leichter überhörbar machte? Jedenfalls wurde die Platte jetzt plötzlich doch ein Hit und erreichte in der britischen Hitparade Ende 1974 immerhin Platz 2. Und obwohl in der Folgezeit noch etliche sehr schöne Platten von Ralph McTell erschienen, blieb *»Streets Of London«* doch sein einziger Erfolg. Das ist sehr schade, denn der Mann hatte noch viel zu erzählen. In *»Streets Of London«* rechnete er mit den ewig Unzufriedenen ab, die auf die Frage, wie es ihnen denn geht, stets antworten, es könnte viel besser sein. Und da bietet sich Ralph McTell als Stadtführer an, der diesen vor Selbstmitleid triefenden Mitmenschen einmal die Seiten der Metropole London zeigen möchten, die diese wohl übersehen haben, denn sonst kämen sie zu einem anderen Urteil über ihr eigenes Leben. Tatsache ist natürlich, daß es diese Straßen nicht nur in London, sondern überall auf der Welt gibt. In den 80er Jahren machte er Kinderfernsehen, und wenn er heute gelegentlich auf Tour geht, hat er immer noch sein Publikum.

Der Hit: *Streets Of London*
Der Tip: *Streets ...* (WB 56105)

MC Tunes Versus 808 State

MC Tunes, die als Hardcore-Rapper mit einem ungewöhnlichen Faible für Hippie-Zeiten gelten, und 808 State, die Masterminds der Zukunftsmusik der Acid-Generation, trafen sich in Manchester. Diese Stadt galt eine Zeitlang als House-Hauptstadt Europas und der Schuppen Boardwalk als die Kernzelle. In diesem Laden kamen die beiden Formationen überein, zusammenzuarbeiten. Dabei machten die Texte MC Tunes, und die Musik kam von 808 State. Die Nummer *»The Only Rhyme That Bites«* brachte es im Frühjahr 1990 auf einen Platz 10 in GB. Wenig später erreichte *»Tunes Splits The Atom«* die britischen Top 20, danach spalteten sie sich selbst. 808 State war auch ohne MC Tunes erfolgreich.

Der Hit: *The Only Rhyme That Bites*
Der Tip: *North At Its Heights* (ZTT Records 9031-71946-1)

McVea, Jack

* 5.11.1914. Der amerikanische Tenor- und Baritonsaxophonist spielte in den 30er Jahren in einigen Bands, bevor er 1940 zu Lionel Hampton ging. 1947, als die Comedy-Nummer *»Open The Door, Richard«* in sieben verschiedenen Versionen in der amerikanischen Hitparade stand, wurde McVeas Version Platz 3. Ansonsten schaffte er nichts Eigenständiges. In den nächsten Jahren hatte er eine eigene kleine Rhythm-&-Blues-Band und spielte dann u. a. mit Benny Carter. Mitte der 60er Jahre bis in die 80er Jahre leitete McVea ein Trio in Disneyland in der Nähe von Los Angeles.

Der Hit: *Open The Door, Richard*

McVie, Christine

* 12.7.1943 als Christine Perfect. Die britische Sängerin, Tastenspielerin und Songschreiberin wurde, als sie in der Bluesgruppe Chicken Shack sang, mit der sie eine Reihe guter LPs aufnahm, von den Briten zur besten Blues-Sängerin gewählt. Einen Hit mit dieser Formation hatte sie Mitte 1969 mit *»I'd Rather Go Blind«*, der in die britischen Top 20 kam. Die zweite Blues-Gruppe von Format, die es in den späten 60er Jahren in GB gab, war Fleetwood Mac. Bei einer Plattensession lernte Christine den Bassisten John McVie kennen, den sie wenig später heiratete. Im August 1970, nachdem Peter Green Fleetwood Mac verlassen hatte, stieg Christine dort ein. Es folgten ein paar laue Jahre, bis ihnen 1975 erneut Hits gelangen, darunter die sensationelle LP *»Rumours«*, die weltweit über 15 Millionen mal verkauft wurde. Ab 1984 erschien Christine auch mit Soloplatten und hatte in demselben Jahr ihre einzige Top-10-Notierung mit *»Gotta Hold On Me«*.

Der Hit: *Gotta Hold On Me*
Der Tip: *Christine McVie* (WB 925 059-2)

Mead, Abigail & Nigel Goulding

Diese beiden Interpreten erschienen im Herbst 1987 mit dem Titel *»Full Metal Jacket (I Wanna Be Your Drill Instructor)«*. Das Lied war der Titelsong des Vietnam-Films von Stanley Kubrick. Der Streifen verfolgt das Schicksal einer Gruppe junger, naiver Marine-Infanteristen vom Ausbildungscamp in den USA bis zum Einsatz während der TET-Offensive 1968 in Vietnam. Für viele Kritiker war »Full Metal Jacket« der beste Antikriegsfilm aller Zeiten. Abigails und Nigels Komposition brachte eine bizarre Verquickung von Kasernenhof-Drill mit Rap- und Dance-

Elementen. Besonders die Briten und die Deutschen waren von dem Song angetan. In GB kam die Platte bis auf Platz 2, in Deutschland bis auf Platz 8.

Der Hit: *Full Metal Jacket (I Wanna Be Your Drill Instructor)*
Der Tip: *Full Metal Jacket* (WB 925 613-2)

Mead, Sister Janet

* 1938. Sister Janet war eine australische Nonne, die mit ihrer Platte an den weltweiten Erfolg *»Dominique«* von Soeur Sourire anknüpfte. In Australien war sie durch ihre wöchentliche Rockmesse und Radioprogramme sehr populär. *»The Lord's Prayer«* erschien im Frühjahr 1974, wurde ein Millionseller und Platz 4 in den USA. Geschmackssache, ob man das Vaterunser wirklich mit Rockmusik unterlegt haben muß. Im Land der zahlreichen Bibelradio- und -fernsehprogramme sicher eher normal als bei uns.

Der Hit: *The Lord's Prayer*

Meat Loaf

* 27.9.1947 als Marvin Lee Aday. 1967 machte er sich in L. A. in der Formation Meat Loaf Soul einen Namen, die sich später in Popcorn Blizzard umbenannte. Meat Loaf blieb drei Jahre. Die Band spielte im Vorprogramm von Acts wie The Who, Ted Nugent oder den Winter-Brüdern. Ab Mitte 1970 spielte er in etlichen Musicals mit, zuerst in der L. A.-Produktion von »Hair«, danach gibt er 1972 den Buddha in »Rainbow«, 1974 »More Than You Deserve« von Jim Steinman, 1975 »The Rocky Horror Show« – später auch in der Filmversion – und »National Lampoon Road Show« und schließlich 1976 in »Rockabye Hamlet«. Im August 1976 singt er auf Ted Nugents LP »Free For All«. Ein Jahr später erhält er einen Plattenvertrag und nimmt die LP *»Bat Out Of Hell«* auf. Daraus ausgekoppelt wurde die Nummer *»Two Out Of Three Ain't Bad«*, die bis auf Platz 11 der amerikanischen Hitparade kommt und ein Millionseller wird. Ebenfalls von der LP: *»You Took The Words Right Out Of My Mouth«*, ein Top-40-Erfolg Mitte 1978. Seinen ersten Top-10-Erfolg hat Meat Loaf im Duett mit Cher *»Dead Ringer For Love«*, Ende 1981 Platz 5 in GB. Aber ansonsten gehört seine Liebe doch eher dem Film. Meat Loaf war noch zu sehen in »Americathon« 1979, »Roadie« 1980, »Out Of Bounds« 1986 und »The Squeeze« 1987. Im Januar 1990 begann er öffentlich eine Crash-Diät. Im Herbst 1993 erschien die CD *»Bat Out Of Hell II«*.

Der Hit: *I'd Do Anything For Love (But I Won't Do That)*
Der Tip: *Bat Out Of Hell II* (Virgin CDV 2710)

Meco

* 29.11.1939 als Meco Monardo. Die Spezialität dieses amerikanischen Musikers und Produzenten war es, aus Filmmusiken Diskohits zu machen. Zumindest einmal ist ihm das auch mit einem enormen Erfolg gelungen. *»Star Wars Theme/Cantina Band«* kam im August 1977 in die US-Charts, wurde Spitzenreiter und erhielt Platin-Status. In GB erreichte die Nummer Platz 7. In den Jahren danach nahm er sich *»Close Encounters«*, *»Wizard Of Oz«*, *»The Empire Strikes Back«*, *»Shogun«* oder *»The Return Of The Jedi«* vor. Ein Top-10-Hit gelang ihm nicht mehr. Nach 1983 war seine Hitzeit vorüber. Noch vor seinem ersten großen Erfolg hatte er sich als Coproduzent von *»Never Can Say Goodbye«*, ein Superhit mit Gloria Gaynor Ende 1974, einen Namen gemacht.

Der Hit: *Star Wars Theme/Cantina Band*
Der Tip: *Star Wars And Other Galactic Funk* (RCA XL 13043)

Medeiros, Glenn

* 24.6.1970. Der auf Hawaii geborene amerikanische Sänger mit einem Gesicht, wie es die Teenie-Presse braucht, kam erstmals im Frühjahr 1987 in die US-Charts mit dem Titel *»Nothing's Gonna Change My Love For You«*, der es in den USA auf Platz 12 und anderthalb Jahre später in GB auf Platz 1 brachte. Zusammen mit Bobby Brown nahm Glenn im Frühjahr 1990 das Stück *»She Ain't Worth It«* auf. Dieses Mal erreichte er Platz 1 in den USA, 12 in GB und 15 in Deutschland.

Der Hit: *Nothing's Gonna Change My Love For You*
Der Tip: *Not Me* (Metronome 836 519-2)

Medicine Head

John Fiddler, g/v (* 25.9.1947); Peter Hope-Evans, v/harm (* 28.9.1947); John Davies, d; Keith Relf, b (* 22.3.1943, † 14.5.1976); Roger Saunders, g (* 9.3.1947); Ian Sainty, b; Rob Townsend, d (* 7.7.1947).
Die beiden britischen Schulfreunde Fiddler und Hope-Evans gründeten 1968 das Duo Medicine Head. Mitte 1971 hatten sie mit *»(And The) Pictures In The Sky«* einen Platz 22 in GB. Ende 1971 verließ Peter das Duo – John machte unter dem gleichen Namen mit Davies und Relf weiter. Im Sommer 1972 kam Peter zurück, die beiden anderen gingen, und das Duo machte weiter. Im Frühjahr 1973 erschien die Milchmädchenrechnung *»One And One Is One«*, die es in GB bis auf Platz 3, in Deutschland gar bis auf Platz 2 brachte. Nachfolger *»Rising Sun«* wurde im Herbst des gleichen Jahres 11 in GB und 8 in Deutschland. Nach

diesem Erfolg wurde Medicine Head mit Saunders, Sainty und Townsend zum Quintett erweitert, bis sie 1976 wieder auf das Ausgangsduo schrumpften. Es erschien als letzte LP *»Two Man Band«*, dann trennte sich auch das Duo. Fiddler ging zu Britisch Lions und nahm einige Soloplatten auf, bevor er 1983 zu Box Of Frogs ging. Inzwischen tritt er wieder als Solist auf. Hope-Evans spielte mit Townsend und in verschiedenen kurzlebigen Bands.

Der Hit: *One And One Is One*
Der Tip: *One And One Is One* (Polydor 2310 248)

Medley, Bill

* 19.9.1940. Der Amerikaner begann seine Karriere mit den Paramours und gründete 1962 zusammen mit Bobby Hatfield das Duo Righteous Brothers. Bill und Bobby nahmen ab 1963 Platten auf und brachten es auf eine respektable Liste von Hits. Sie gelten als eines der erfolgreichsten Blue-Eyed-Soulduos neben Hall & Oates. Im November 1967 verließ Bill das Duo, um sich als Solist, Clubbesitzer und Country-Interpret zu versuchen. 1974 kam er noch einmal mit Bobby zusammen und hatte einen weiteren Top-10-Erfolg mit ihm im Duett. Längere Zeit hörte man von Bill nichts mehr, was sich zum Teil sicher dadurch erklären läßt, daß seine Frau ermordet wurde. Dann sang er im Duett mit Jennifer Warnes den Titel *»(I've Had) The Time Of My Life«*, der es mit Hilfe des Films *»Dirty Dancing«* bis auf Platz 1 der amerikanischen, 6 der britischen und 5 der deutschen Charts brachte. Ende 1990 wurde die Platte noch einmal in GB veröffentlicht und erreichte wieder die Top 10. Danach gelang ihm kein weiterer Hit mehr.

Der Hit: *(I've Had) The Time Of My Life*
Der Tip: *The Best Of Bill Medley* (Curb Records 259 483)

Medwin, Michael, Bernard Bresslaw, Alfie Bass & Leslie Fyson

Diese vier Schauspieler erreichten einmal die britischen Top 10 mit dem Titel *»The Signature Tune Of The Army Game«*, im Mai 1958 Platz 5. Es handelt sich hierbei um die Melodie aus der TV-Serie *»The Army Game«*, die sich zu einem echten Publikumsrenner entwickelte und aus den Mitwirkenden beliebte Entertainer in GB machte. Bernard Bresslaw, der in der Serie den Idioten vom Dienst spielte, hatte ebenfalls 1958 einen weiteren Top-10-Hit in GB mit *»Mad Passionate Love«*.

Der Hit: *The Signature Tune Of The Army Game*

Mel & Kim

Melanie (* 11.7.1966, † 18.1.1990) und Kim (* 28.8.1961) Appleby.
Die beiden Schwestern zählten, bevor sie ihre Gesangskarriere 1986 begannen, zu der Crème de la crème der Londoner Fotomodellszene. Das Produzententeam Stock/Aitken/Waterman schrieb den beiden attraktiven Schwestern eine Reihe von Songs, die sich speziell auf dem Teenie-Markt gut absetzen ließen. Im Herbst 1986 kam *»Showing Out (Get Fresh At The Weekend)«* in die GB-Charts, wurde Platz 3 und drei Monate später Platz 1 in Deutschland. Der Nachfolger *»Respectable«* wurde im Frühjahr 1987 Spitzenreiter in GB und wieder auch in Deutschland. *»F.L.M.«* (Kürzel für das, was die meisten gerne haben und tun: Fun, Love und Money) 1987 und *»That's The Way It Is«* 1988 waren zwei weitere Top-10-Erfolge der beiden in GB. 1988 mußte Mel beim Festival in Montreux mit einem Rollstuhl abtransportiert werden. Als offizielle Begründung wurde ein Bandscheibenvorfall genannt. Später stellte sich heraus, daß Mel an Rückenmarkkrebs litt, der im Januar 1990 zu ihrem Tode führte. Kim nahm später eine Solokarriere auf.

Der Hit: *Respectable*
Der Tip: *F.L.M.* (Blow Up Int. 845.27)

Mel & Kim

Mel Smith, Kim Wilde (* 18.11.1960).
Der britische Sänger Mel Smith und die erfolgreiche Kim Wilde brachten zu Weihnachten 1987 eine Neuauflage des alten Brenda Lee Hits *»Rockin' Around The Christmas Tree«* und hatten damit einen Platz 3 in der britischen Hitparade. Im nachhinein wurde häufiger behauptet, Smith und Wilde hätten sich den Namen der beiden Schwestern Appleby nach dem Tode von Mel Appleby angeeignet. Das ist insofern nicht ganz richtig, daß der Hit von Smith und Wilde bereits in den Charts war, als Mel noch lebte. Im übrigen gingen alle Tantiemen dieser Platte an die britische Hilfsorganisation Comic Relief, die Bedürftige in GB und in Afrika unterstützt.

Der Hit: *Rockin' Around The Christmas Tree*

Mel & Tim

Mel Hardin; Tim McPherson. Die beiden Cousins Mel und Tim arbeiteten als Busfahrer in St. Louis und traten nebenher als Soulsänger auf. Ein Produzent hörte ein Demo von ihnen, war davon beeindruckt und nahm sie unter Vertrag. Ende

1969 schafften sie mit dem Titel *»Backfield In Motion«* einen Platz 10 in den USA, der sich zum Millionseller mauserte. Der Titel spielte mit Football-Bildern und nahm am Schluß eine überraschende Wendung. Als nächste Single erzählten sie 1970 die Geschichte *»Good Guys Only Win In The Movies«*. Zwei Jahre später gelang ihnen noch einmal ein Top-20-Hit mit *»Starting All Over Again«*, aber weitere Veröffentlichungen blieben erfolglos. Auch in den Rhythm-&-Blues-Charts wurden sie seit 1974 nicht mehr verzeichnet.

Der Hit: *Backfield In Motion*

Melanie

* 3.2.1947 als Melanie Safka. 1967 veröffentlichte die Plattenfirma Columbia ihre Nummer *»Beautiful People«*. Es wurde ein Flop. Erst nach ihrem Wechsel zu Buddah Records kam der Erfolg. 1969 hatten die Edwin Hawkins Singers mit dem Titel *»Oh Happy Day«* einen der Hits des Jahres. Zusammen mit diesen Edwin Hawkins Singers, die ebenfalls bei Buddah unter Vertrag waren, ließ man Melanie den Titel *»Lay Down (Candles In The Rain)«* singen, der es im Frühjahr 1970 bis auf Platz 6 der US-Charts brachte. Danach sang sie eine Version der Jagger/Richards-Nummer *»Ruby Tuesday«*, die sowohl in GB als auch in Deutschland Top 10 wurde. Zu ihrem größten Erfolg wurde Ende 1971 das Stück *»Brand New Key«*, Spitzenreiter in den USA, Platz 4 in GB und Millionseller. Letztgenannte Platte erschien bereits auf dem Label Neighbourhood, das sie kurz zuvor mit ihrem Mann Peter Schekeryk gegründet hatte. Bis weit in die 80er Jahre reicht die Reihe ihrer Plattenveröffentlichungen, die vom Gesang her immer noch so klangen, als habe sie ihre erste Unterrichtsstunde hinter sich und Unterstützung bitter nötig.

Der Hit: *Brand New Key*
Der Tip: *Candles In The Rain* (Repertoire RR 4043-C TIS)

Mellenkamp, John Cougar

* 7.10.1951. Als John 1979 seine erste Hitnotierung in den US-Charts hatte, war er immerhin schon 28 Jahre alt. Dabei hatte er schon mit 14 seine erste Gruppe gegründet. Ab 1975 sah er Land, als ihn der Manager von David Bowie unter seine Fittiche nahm und aus John Mellenkamp John Cougar machte. Überflüssig, wie sich später herausstellte. Ein weiterer Fehler war, seinen Schützling in einer der beliebt-berüchtigten Schubladen ablegen zu wollen. Sein Kästchen trug die Aufschrift »Jugendlicher Rebell« oder »Musikalischer James Dean«. 1979 kümmerte sich der Manager von Rod Stewart um Mellenkamp, und nun kam der erste Erfolg mit *»I Need A Lover«*, Ende des Jahres Platz 28 in den USA. *»Hurts So*

Good« und *»Jack & Diane«* waren im Frühjahr 1982 kurz hintereinander Millionseller und Top-10-Erfolge für Mellenkamp, der sich zu diesem Zeitpunkt immer noch John Cougar nannte. Nach diesen beiden Hits erschienen die Platten als John Cougar Mellenkamp. *»Grumblin' Down«* und *»Pink Houses«* 1983, *»Lonely Ol' Night«* und *»Small Town«* 1985, *»R.O.C.K. In The U.S.A.«* 1986, *»Paper In Fire«* und *»Cherry Bomb«* 1987 waren weitere Top-10-Hits. Ab Anfang der 90er Jahre war *»Cougar«* ganz verschwunden. *»R.O.C.K. In The U.S.A.«* war eine Verbeugung vor der Musik der 60er Jahre. Im Song ist von Frankie Lymon die Rede, von Bobby Fuller, Mitch Ryder, Jackie Wilson, den Shangri-Las, den Young Rascals, Martha Reeves und »Let's don't forget James Brown«. Kein einziger der großen britischen Künstler der 60er Jahre wird erwähnt. Beatlemania, Rollings Stones oder Mersey-Sound, die zwischen 1964 und 1966 für drei Jahre die US-Popmusik förmlich beherrschten, kommen nicht vor. Damit konnte John Mellenkamp offensichtlich wenig anfangen. Im Gegenzug ging es ja später vielen US-Rockerkollegen wie ihm selbst: sie kriegen kein Füßchen auf die britische Erde. Seinen letzten größeren Erfolg hatte er mit *»Get A Leg Up«*, Ende 1991 ein Top-20-Erfolg in den USA.

Der Hit: *Jack & Diane*
Der Tip: *American Fool* (Mercury 814 993-2)

Melvin, Harold & The Blue Notes

Harold Melvin (* 25.6.1939); Bernhard Wilson; John Atkins, v; Lawrence Brown; Teddy Pendergrass, v/d (* 26.3.1950); David Ebo, v.
Die Ursprünge dieser Soul-Gruppe aus Philadelphia gehen zurück bis ins Jahr 1954. Zu diesem Zeitpunkt gründeten sie die Blue Notes. 1956 machten sie ihre ersten Plattenaufnahmen. Bis zum Jahr 1970, als Schlagzeuger Teddy Pendergrass Leadsänger wurde, gab es zahllose personelle Veränderungen in der Gruppe. Erstmals wird die Gruppe 1960 in den Hitparaden notiert mit dem Titel *»My Hero«*. Zu diesem Zeitpunkt nennen sie sich noch nur Blue Notes. Mitte der 60er Jahre gelingt ihnen zumindest schon mal ein weiterer Rhythm-&-Blues-Hit, ab 1972 – jetzt mit Leadsänger Pendergrass – kommt der große Erfolg. *»If You Don't Know Me By Now«*, später ein Hit für Simply Red, wird ihr erster Millionseller und Top-10-Erfolg im Herbst 1972. *»The Love I Lost (Part I)«* schafft ein Jahr später gleiches. Nachdem Harold Melvin sich weigert, Teddy Pendergrass im Gruppennamen aufzuführen, verläßt der die Band. Er wird durch David Ebo ersetzt, der eine sehr ähnliche Stimme wie Pendergrass hat. Trotzdem läßt der Erfolg nach. In GB kommen sie mit einem bereits 1975 aufgenommenen Titel, *»Don't Leave Me This Way«*, im Januar 1977 noch einmal auf Platz 5. Pendergrass hat Mitte 1978 mit *»Close The Door«* einen Millionseller und Platz 25 in den US-Pop-Charts, kommt darüber aber nicht hinaus. Im März 1982 hat er einen Autounfall, nach

dem er teilweise gelähmt ist. 1984 nimmt er mit dem Frischling Whitney Houston ein Duett auf – war wohl noch etwas zu früh für Whitney. Harold Melvin und die Blue Notes veröffentlichten auch in den 80er Jahren weiter Platten und zogen durch die Lande. Im August 1984 haben sie ihre letzte Hitnotierung mit »*Today's Your Lucky Day*« in den GB Top 75.

Der Hit: *If You Don't Know Me By Now*
Der Tip: *All Their Greatest Hits!* (Philadelphia International 81 431)

Men At Work

Colin Hay, v (* 29.6.1953 in Schottland); Ron Strykert, g (* 18.8.1957 in Australien); Greg Ham, sax/key/fl (* 27.9.1953 in Australien); John Rees, b; Jerry Speiser, d.
1979 formierte sich diese australische Band in Melbourne. Nacht für Nacht spielten sie im legendären Cricketer's Arms Hotel Pub für ein paar Dollar. Dort wurden sie von einem Mitarbeiter der CBS Australien entdeckt. 1982 erschien ihre Debüt-Single »*Who Can It Be Now*«, die in Deutschland Platz 71, in England Platz 45 und in den USA Spitzenreiter wird. Die Nachfolge-Single »*Down Under*« wird ein weltweiter Hit: Gold und Nummer 1 in den USA, Spitzenreiter in England, Top 10 in Deutschland. 1983 gelingen der Band mit »*Overkill*« und »*It's A Mistake*« zwei weitere Top-10-Erfolge. Für 1982 gewannen sie in den USA einen Grammy als beste neue Künstler. 1984 verließen Speiser und Rees die Gruppe, 1987 machte Colin Hay, der Kopf der Gruppe, Soloplatten, nachdem nach 1985 er von den Originalmitgliedern alleine übriggeblieben war. 1990 kam er mit der Colin Hay Band.

Der Hit: *Down Under*
Der Tip: *Cargo/Business As Usual* (CBS 461 023 2)

Mendes, Sergio

* 11.2.1941. Der brasilianische Musiker gehört zu den Pionieren des Bossa Nova. International bekannt wurde er mit der Formation Sergio Mendes & Brasil '66. 1966 gelang ihm mit »*Mas Que Nada*« sein erster Pop-Erfolg in den USA. »*The Look Of Love*« aus dem Film »Casino Royal« und eine Coverversion des Lennon/McCartney-Titels »*The Fool On The Hill*« waren 1968 zwei Top-10-Erfolge für Mendes. Danach verflachte die Musik der Formation noch mehr als sie sowieso schon war, und sie tauchte nicht mehr in den Hitparaden auf. Ab 1983 kam Mendes als Solist: »*Never Gonna Let You Go*« wurde im Frühjahr 1983 Platz 4 für ihn in den USA. Alle seine Platten veröffentlichte Mendes auf dem Plattenlabel

A&M, dessen Mitbesitzer Herb Alpert war. Der hatte das Brazil '66-Mitglied Leni Hall geheiratet, was Sergio und seiner Truppe sicher geholfen hat.

Der Hit: *Never Gonna Let You Go*
Der Tip: *Sergio Mendes* (A&M 64 937)

Mental As Anything

Reg Mombasa, v/g (* als Chris O'Doherty in Neuseeland); Wayne Delisle, d; Martin Plaza, v/g (* als Martin Murphy); Greedy Smith, key/harm/v (* als Andrew Shmith); Peter O'Doherty, v/b/g.
Ende der 70er Jahre machte diese australische Band ihre erste Single, *»The Nips Are Getting Harder«*. Ihre erste LP, *»Get Wet«*, erreichte in Australien Goldstatus. Album Nummer 2 war *»Espresso Bongo«* 1980, und ein Jahr später kam die mit Platin ausgezeichnete *»Cats And Dogs«* LP heraus. 1982 gingen sie mit Men At Work auf Amerika-Tournee. Danach erschien die LP *»Creatures Of Leisure«*. 1985 sah man sich nach einem neuen Produzenten um und fand ihn in Richard Gottehrer, der bereits 1965 mit seiner Gruppe Strangeloves und *»I Want Candy«* von sich reden machte. International aufmerksam wurde man auf Mental As Anything, als der CBS-Konzern im Jahre 1988 eine Kampagne für australischen Rock machte. Gruppen wie Midnight Oil, Party Boys, Noiseworks, Ba Ba Nee oder Mental As Anything wurden weltweit promotet. Anfang 1987 hatte diese Formation in GB mit *»Live It Up«*, einer Platte, die man eher vom holländischen Pop gewohnt war, einen Platz 3 in der Hitparade. Musikalisch war die Gruppe nie richtig zu fassen, was vielleicht daran lag, daß sie zu viele verschiedene Musikstile kombinieren wollten, wie z. B. Rockabilly, Rock und Rhythm & Blues.

Der Hit: *Live It Up*
Der Tip: *Fundamental* (Epic 26 836)

Men Wihthout Hats

Ivan Doruschuk, v/syn; Jeremie Arrobas, d/syn; Stefan Doroschuk, g/vln; Colin Doroschuk, key; Allan McCarthy, d/key.
Der Nukleus dieser kanadischen Gruppe formierte sich im Frühjahr 1980 in Montreal. Die Band zählte schnell zur Avantgarde der kanadischen New-Wave-Szene. Die Ursprünge der Band gehen zurück bis in das Jahr 1976. Die drei Brüder Doroschuk spielten zusammen in der Gruppe Wave 21. 1979 stieg Ivan in eine Punkband in Montreal ein, die Heaven 17 hieß, aber nichts mit der englischen Formation zu tun hatte. Dort konnte er sich jedoch nicht mit seinem eigenen Song-Material durchsetzen und verließ, entnervt wegen solch schwer-

wiegender Probleme wie die richtige Griffweise für einen G-Dur-Akkord, die Formation. Er gründete Men Without Hats als Ein-Mann-Minimalprojekt, und erst später kamen weitere Musiker, darunter seine Brüder, hinzu. Den größten internationalen Single-Erfolg hatte diese Band Mitte 1983 mit »*The Safety Dance*«. Die Platte erreichte Platz 3 in den USA, 2 in Deutschland und 6 in GB. Danach hörte man sehr lange nichts mehr von der Band, bis sie 1987 mit dem Titelsong einer neuen LP, die hervorragend gemacht war, zumindest in den USA einen Top 20 Hit hatte: »*Pop Goes The World*«.

Der Hit: *The Safety Dance*
Der Tip: *Pop Goes The World* (Mercury 832 730-2)

Mercer, Johnny

* 18.11.1909 als John Herndon Mercer, † 25.6.1976. Der Amerikaner schrieb bereits im Alter von 15 Jahren seine ersten Titel. Als Texter arbeitete er später mit Hoagy Carmichael, James van Heusen, Gordon Jenkins, Jerome Kern, Henry Mancini und vielen anderen. 1933 hatte Johnny mit seiner Komposition »*Lazybones*«, gespielt von Ted Lewis, seinen ersten Spitzenreiter. Drei Jahre später schaffte das Benny Goodman mit Johnnys Titel »*Goody Goody*«: 1937 schrieb Mercer seine ersten Filmmusiken und ab 1938 machte er selbst Platten. Weil er mit der Arbeit der bestehenden Plattenfirmen unzufrieden war, gründete Johnny zusammen mit zwei anderen 1942 die Plattenfirma Capitol und veröffentlichte von da ab auf diesem Label seine Platten. Zwischen 1938 und 1952 gelangen ihm fast 30 Hits in den USA. Die größten waren »*Ac-Cent-Tchu-Ate The Positive*«, »*Grazy*« und »*One The Atchison, Topeka And The Santa Fe*« 1945 und »*Personality*« 1946, alles Spitzenreiter in den USA. Johnny hat im Laufe seiner Karriere die Texte zu mehr als 1000 Songs geschrieben. Darunter solche Klassiker wie »*That Old Black Magic*«, »*Fools Rush In*«, »*You Must Have Been A Beautiful Baby*«, »*Jeepers Creepers*« oder aber »*Moon River*«. Damit gilt er als der Texter mit den meisten Hits. Johnny starb 1976 an den Folgen einer Gehirnoperation.

Der Hit: *On The Atchison, Topeka And The Santa Fe*
Der Tip: *Collectors Series* (Capitol CDP 7 92125 2)

Mercouri, Melina

* 18.10.1925 als Maria Amalia Mersuris. Als Geburtsjahr liest man auch 1923 oder 1920. Melina ist das griechische Wort für Honig. Gegen den Willen ihres Vaters, ein bekannter Politiker aus Athen, begann sie mit 17 Jahren eine Schauspielkarriere. Richtig populär wurde sie, als sie 1959 in den Film »*Sonntags nie*« mitspielte.

»Phaedra« 1961, *»Topkapi«* 1964 und *»A Dream Of Passion«* 1978 sind weitere bekannte Filme von ihr. Schon in den späten 60er Jahren war Melina politisch sehr aktiv. Sie setzte sich ein gegen die Militärjunta in Griechenland, was dazu führte, daß man sie zum Staatsfeind erklärte. Ihr Paß wurde eingezogen, ihre Staatsbürgerschaft aberkannt. Erst 1974 kehrte sie nach Griechenland zurück und bewarb sich um einen Sitz im Parlament. Seit 1977 ist sie Mitglied und seit 1981 Kulturministerin von Griechenland. Auch als Sängerin wurde sie vor allem durch ihre politischen Chansons bekannt. Ihre erfolgreichste Platte war jedoch *»Ta Pedia Tou Pierea«*, bei uns in der deutschen Version *»Ein Schiff wird kommen«* im Herbst 1960 auf Platz 8 in der Hitparade. 1966 heiratete sie Jules Dassin, unter dessen Regie sie auch ihre bekanntesten Filme drehte.

Der Hit: *Ein Schiff wird kommen*
Der Tip: *Melina Mercouri* (Polydor 2393.021)

Mercury, Freddie

* 5.9.1946 als Frederick Bulsara auf Sansibar, † 24.11.1991. Der britische Sänger, Pianist und Songschreiber begann seine Karriere in der Gruppe Wreckage und versuchte sich dann als Solist mit einer Neuaufnahme des Beach-Boys-Hits *»I Can Hear Music«* unter dem Pseudonym Larry Lurex. 1971 kam es zur Gründung von Queen, die sich zu einer der erfolgreichsten und beständigsten Gruppen der 70er und 80er Jahre entwickelte. Freddie machte nebenher auch Soloplatten. Mit *»Love Kills«* – in Anbetracht der Tatsache, daß er an AIDS sterben sollte ein makabrer Titel – hatter er im Herbst 1984 seine erste Hitnotierung und gleich einen Top-10-Erfolg in GB. Die Nummer stammte aus dem Giorgio-Moroder-Soundtrack zu dem Film *»Metropolis«*. Die nächste Top-10-Notierung erreichte er im Frühjahr 1987 mit *»The Great Pretender«*, einer pompösen Coverversion des Platten-Hits. Zusammen mit der Opernsängerin Montserrat Caballé (* 12.4.1933) veröffentlichte er Ende 1987 die Nummer *»Barcelona«*, die es bis auf Platz 8 in GB brachte. Als dann 1992 die Olympischen Spiele in Barcelona stattfanden, erschien die Platte noch einmal und erreichte diesmal Platz 2 in GB. Im November 1991 starb Freddie Mercury an AIDS, kurz nachdem er bekanntgemacht hatte, daß er an dieser Krankheit litt. Freddie war eine der schillerndsten Persönlichkeiten im Showgeschäft, und bei mancher Plattenveröffentlichung, nicht nur bei *»Love Kills«*, muß man heute im Rückblick vermuten, daß damit Signale gesetzt wurden: *»Who Wants To Live Forever«*, *»Friends Will Be Friends«*, *»The Show Must Go On«* oder *»These Are The Days Of Our Lives«*. 1992 fand im Wembley-Stadion in London das Freddie-Mercury-Aids-Benefit-Konzert statt, das bei der weltweiten Übertragung die bisher größte Zuschauermenge vor die Fernseher lockte. Einer der Mitwirkenden, George Michael, sagte bei diesem Anlaß: »Ich glaube, viele

Leute – und nicht nur die, die etwas gegen Schwule haben – trösten sich mit der Tatsache, daß Freddie zwar an Aids starb, aber bisexuell war. Das ist ein sehr, sehr gefährlicher Trost. Man schätzt, daß im Jahr 2000 40 Millionen Menschen auf diesem Planeten mit HIV infiziert sein werden, und wenn Sie glauben, daß all diese Menschen schwul oder drogenabhängig sind, dann werden Sie wahrscheinlich auch dazu gehören. Also bitte, um Gottes willen und um Freddies willen, vor allem aber um Ihretwillen, seinen Sie vorsichtig.« Im Dezember 1992 kam Mercurys Single *»In My Defence«* in die britischen Charts und erreichte Platz 8, im Sommer 1993 stand *»Living On My Own«* an der Spitze.

Der Hit: *Living On My Own*
Der Tip: *The Freddie Mercury Album* (Parlophone 7 80999 2)

Mercy

Jack Sigler jr, g (* 1950); Ronnie Caudell, g; Buddy Goode, b; Debbie Lewis, org; Jamie Marvell, g; Brenda McNish, p; Rodger Fuentes, d.
Diese amerikanische Formation wurde Mitte der 60er Jahre in Florida von Sigler mit Freunden aus der High-School gegründet. Zunächst spielten sie bei örtlichen Tanzveranstaltungen, und nach einigen Umbesetzungen kam es 1968 zu der oben genannten Line-Up. Mit dem von Sigler geschriebenen Stück *»Love (Can Make You Happy)«* hatte die Gruppe im Frühjahr 1969 einen 2 Platz in den USA und einen Millionseller. Ein weiterer Top-Hit gelang ihnen nicht mehr. Nach einer LP-Veröffentlichung trennten sie sich, da der kommerzielle Erfolg ausblieb.

Der Hit: *Love (Can Make You Happy)*

Merry Macs

Joe († 1944), Ted & Judd McMichael, Cherry MacKay, Lynn Allen, alle v.
Die drei Brüder Joe, Ted und Judd plus Sängerin Cherry MacKay waren Ende der 30er Jahre in den USA eine sehr populäre Gesangsgruppe. Die McMichael-Brüder hatten ihre Karriere 1931 als Personality Trio begonnen. Mitte der 30er Jahre kam Cherry dazu, und sie änderten ihre musikalische Richtung. Zu diesem Zeitpunkt änderten sie auch ihren Namen in Merry Macs, sangen über CBS- und NBC-Radio, tourten mit Jack Hylton und waren ab 1938 in der »Fred Allen Show« zu hören. Ab Ende der 30er Jahre nahmen sie auch Platten auf. *»Jingle, Jangle, Jingle«* brachte ihnen 1942 den ersten Top-10-Erfolg. Ihr größter Erfolg war im Frühjahr 1944 *»Mairzy Doats«*, Spitzenreiter in den USA. 1943 wurde Joe durch Lynn Allen ersetzt. Joe starb 1944 im Krieg. Die Sängerin der Gruppe sollte im Laufe der

Jahre noch einige Male ausgetauscht werden. Die Merry Macs waren in etlichen Filmen zu sehen und arbeiteten bis in die 50er Jahre.

Der Hit: *Mairzy Doats*

Merseybeats

Tony Crane, v/g (* 1945); Billy Kinsley, v/b (* 1946), Aaron Williams, g; John Banks, d; Bob Garner, v/b; Jonny Gustafson, v/b.
Diese britische Band aus Liverpool gehört zum besten, was in der Mersey-Beat-Ära hochkam. Während ihre Singles meist langsame, romantische Nummern waren, brachten die EPs und Alben rockige Aufnahmen. Tony Crane und Billy Kinsley hatten zusammen bei den Mavericks gespielt. Sie waren dann die Gründer der Merseybeats und mit der Aufnahme *»It's Love That Really Counts«* hatten sie im Herbst 1963 ihren ersten Hit in den britischen Charts. Im Frühjahr 1964 kam *»I Think Of You«* in die GB-Charts und erreichte Platz 5. In der Sendung *»Juke Box Jury«* war diese Nummer den Beatles vorgespielt worden, und die hatten sich sehr lobend darüber geäußert. Bill Kinsley verließ unerwartet die Gruppe und wurde durch Bob Garner ersetzt. Für den kam 1967 von den Big Three Johnny Gustafson. Garner wurde Mitglied bei Creation. Die Merseybeats sollten noch fünf weitere Hits in den GB-Charts schaffen. Billy Kinsley kam auch wieder zurück in die Gruppe, trotzdem kündigte die Band im Januar 1966 an, sie würden sich trennen. Banks und Gustafson machten das Duo John & Johnny. Crane und Kinsley wurden die Merseys. Jahre später aktivierte Crane im Zuge der Oldie-Revivals die Merseybeats mit wechselnden Musikern und trat bis in die 90er Jahre auf.

Der Hit: *I Think Of You*
Der Tip: *Beat And Ballads* (Edsel ED 105 TIS)

Merseys

Tony Crane, v/g und Billy Kinsley, v/b.
Nachdem die Merseybeats sich im Januar 1966 getrennt hatten, machten Tony und Billy als Merseys weiter. Mit der Cover-Version des McCoy-Titels *»Sorrow«* gelang ihnen im April des Jahres ein Platz 4 in GB. Mit ihnen spielte auf der Platte eine andere Gruppe aus Liverpool, die Fruit Eating Bears. Crane und Kinsley blieben für etliche Jahre zusammen. In den 70er Jahren trennten sie sich, und Crane gründete eine eigene nach ihm benannte Formation. Kinsley wurde erfolgreich mit der Formation Liverpool Express.

Der Hit: *Sorrow*

Metallica

James Alan Hetfield, v/g (* 3.8.1963); Clifford Lee Burton, b (* 10.2.1962, † 27.9.1986); Kirk Hammett, g (* 18.11.1962); Lars Ulrich (* 26.12.1963 in Dänemark); Jason Newsted, b (* 4.3.1963); Dave Mustaine, g.
Diese Speed-Metal-Band wurde 1981 in Los Angeles gegründet. Gründungsmitglied Dave Mustaine verließ die Gruppe 1982 und wurde durch Kirk Hammett ersetzt. Dave wurde Kopf der Formation Megadeath. Baßist Cliff Burton starb bei einem Busunglück. Für ihn kam Jason Newsted. Ihre erste Hitnotierung hatte die Gruppe im August 1987 in GB mit »*The $ 5.98 E.P. – Garage Days Revisited*«. In ihrer Heimat, den USA, schafften sie Anfang 1989 mit der Nummer »*One*« zwar nur einen Platz 35, aber trotzdem einen Millionseller. In GB kam die Platte bis auf Platz 13. Mitte 1991 erschien die Single »*Enter Sandman*«, die sich in den USA wieder zum Millionseller entwickelte und Platz 16 erreichte und in GB und Deutschland Top 10 wurde. Im Frühjahr 1992 kam »*Nothing Else Matters*« auf den Markt, ebenfalls Top 10 in GB und Deutschland.

Der Hit: *Enter Sandman*
Der Tip: *Metallica* (Vertigo 510 022-2)

MFSB

Diese Abkürzung steht für Mothers, Fathers, Sisters And Brothers. Die Mitgliederzahl variierte stets und kam zusammen, wie sie halt für Aufnahmen der Plattenfirma Philadelphia International Records benötigt wurde. So spielten sie mit auf Platten von Billy Paul, den O'Jays oder auch Laura Nyro. Kenny Gamble und Leon Huff, die beiden erfogreichen Produzenten und Songschreiber, hatten diese Gruppe als reines Studioprojekt zusammengestellt. Die gleichen Musiker machten auch Platten als James Boys – unter diesem Namen hatten sie den Hot-100-Hit »*The Mule*«, Music Makers Ende 1967 ein Top-100-Hit mit »*United Part I*« – oder Family. Die Gamble/Huff-Komposition »*TSOP (The Sound Of Philadelphia)*« kam im Frühjahr 1974 in die US-Charts und wurde Millionseller und Spitzenreiter. In Deutschland erreichte die Platte Platz 5, in GB 22. Zusätzlich zu den Studiomusikern war noch die Gruppe Three Degrees zu hören, ebenfalls ein Act der Firma Philadelphia International. Ein weiterer Top-40-Erfolg ist MFSB nicht gelungen.

Der Hit: *TSOP (The Sound Of Philadelphia)*

Miami Sound Machine

siehe Gloria Estefan

Michael, George

* 25.6.1963 als Georgios Kyriacos Panayiotou in London. Zusammen mit seinem Freund Andrew Ridgeley und anderen gründete George 1979 eine Ska-Band namens Executives. 1981 änderten sie ihren Stil und ihren Namen: Wham! Nach anfänglichen Schwierigkeiten gelang ihnen Ende 1982 der erste Hit, und bis 1986 war das Duo Michael und Ridgeley überaus erfolgreich. Ende 1986 kündigten sie an, ab jetzt getrennte Wege zu gehen. George hatte schon vorab zwei Singles im Alleingang veröffentlicht: *»Careless Whisper«* war im Herbst 1984 Spitzenreiter in GB und in den USA, Platz 3 in Deutschland; *»A Different Corner«* erreichte im Frühjahr 1986 die Spitzenposition in GB und wurde Platz 7 in Deutschland und in den USA. Weitere Hits für George wurden *»I Knew You Were Waiting (For Me)«*, im Januar 1987 Spitzenreiter in den USA und GB, Platz 5 in Deutschland und ein Duett mit Aretha Franklin; *»Faith«*, Herbst 1987 GB 2, USA 1, Deutschland 5; *»Father Figure«*, Januar 1988 GB 11, USA 1 und Deutschland 18; *»One More Try«*, Frühjahr 1988 GB 8, USA 1; *»Monkey«*, Mitte 1988 USA 1; *»Praying For Time«*, Herbst 1990 USA 1, GB 6; zusammen mit Elton John *»Don't Let The Sun Go Down On Me«*, Ende 1991 USA und GB 1, Deutschland 4. George Michael, der sich die meisten seiner Hits im Alleingang selbst geschrieben hat, dürfte inzwischen zu den reichsten Männern des britischen Königreiches gehören. Im Frühjahr 1993 kam die EP *»Five Live«* auf den Markt, die in GB sofort auf Platz 1 schoß. Hier waren außer George die überlebenden Mitglieder der Gruppe Queen und Lisa Stansfield zu hören. Der Erlös aus den Verkäufen dieser Platte kommt dem Mercury Phoenix Trust zugute, einer AIDS-Hilfsorganisation.

Der Hit: *Faith*
Der Tip: *Faith* (Epic 460 000 2)

Michaels, Lee

* 24.11.1945. Der amerikanische Sänger, Tastenspieler und Songschreiber begann 1965 mit den Sentinels. Danach spielte er in der Joel Scott Hill Group. Ab 1968 kam er als Solist und hatte seinen größten Erfolg mit dem Stück *»Do You Know What I Mean«*, Mitte 1971 ein Platz 6 in den USA. Ein weiterer Hit ist Lee, der alle Voraussetzungen für einen Superstar hatte, nicht gelungen. Viele Jahre später hat er zugegeben, daß ihm seine eigene Faulheit im Weg gestanden hätte. Wenn er

Platten abzuliefern hatte, wollte er einfach nur schnell fertig sein, egal wie das Ergebnis aussah, anstatt immer zu versuchen, gute Platten abzuliefern. Wenn er sich zusammennahm, war das Ergebnis hingegen beeindruckend.

Der Hit: *Do You Know What I Mean*
Der Tip: *Lee Michaels Collection* (Rhino R2 70 374 TIS)

Michell, Keith

Der australische Sänger hatte Anfang der 70er Jahre seine erste Hitnotierung in den GB-Charts, aber erst *»Captain Beaky/Wilfred The Weasel«* brachte ihm im Januar 1980 einen Platz 5 und seinen einzigen Top-10-Erfolg.

Der Hit: *Captain Beaky/Wilfred The Weasel*

Michel'le

* 1971 als Michel'le Toussant. Die aus Los Angeles stammende Sängerin begann ihre Karriere als Hintergrundsängerin der World Class Wreckin Cru. Der Produzent Dr. Dre entdeckte das Stimmwunder und nahm mit ihr ein Debütalbum auf. Eine Single-Auskopplung aus der LP, die Hiphop-Nummer *»No More Lies«*, kam Ende 1989 in die US-Charts und kletterte kontinuierlich bis auf Platz 7. Die meisten Titel ihrer Debüt-LP hat sie zumindest mitgeschrieben. Die Texte drücken, wie es die Plattenfirma sagt, »das Selbstverständnis der unabhängigen Frauen der 90er« aus.

Der Hit: *No More Lies*
Der Tip: *Michel'le* (Atco 7567-91282-1)

Micky

Mit einem Titel, den offensichtlich viele deutsche Fräuleins aus ihrem Spanien-Urlaub mitbrachten, hatte Micky im Herbst 1976 einen Platz 9 in den deutschen Charts: *»Bye-Bye Fräulein«*. Die sehr schnulzige Nummer *»The Mouth Organ Boy (El Chico De La Armonica)«* hatte Micky schon einmal eine Platte in Deutschland beschert, die sich jedoch trotz der eingängigen Melodie nicht durchsetzen konnte. Alle Stücke von Micky werden von Fernando Arbex sowohl geschrieben als auch produziert. Das läßt die Vermutung zu, daß das der richtige Name von Micky ist. 1977 in London vertrat Micky Spanien beim Grand Prix Eurovision mit der Nummer *»Ensename A Cantar«*. Er belegte Platz 9.

Der Hit: *Bye-Bye Fräulein*

Middle Of The Road

Sally Carr, v (* 28.3.1948); Ian Lewis; Eric Lewis; Ken Andrews, key/d (* 28.8.1946).

Diese britische Gruppe machte ihrem Namen alle Ehre. 1970 in Schottland gegründet, blieben sie nach ersten Erfolgen im italienischen Genua mittellos hängen und konnten die Rückfahrt nach GB nicht bezahlen. Und wie das Märchen es will, hat ein RCA-Direktor in seinem italienischen Urlaubsort die Gruppe gehört und sie gleich ins Studio geschickt. Im Oktober 1970 erschien die Single *»Chirpy Chirpy Cheep Cheep«*, die sechs Monate später Platz 2 in Deutschland und noch später Spitzenreiter in England wurde. Danach folgten etliche Top-10-Hits, und *»Sacramento (A Wonderful Town)«*, veröffentlicht Anfang 1972, wurde ein weiterer Spitzenreiter für Middle Of The Road in Deutschland. In den USA konnte die Gruppe nicht Fuß fassen, in GB und Deutschland war die Band nach 1976 nicht mehr in den Charts anzutreffen.

Der Hit: *Chirpy Chirpy Cheep Cheep*
Der Tip: *Starke Zeiten* (Ariola 259 274-2)

Midler, Bette

* 1.12.1945. Die in New Jersey geborene Sängerin und Schauspielerin wuchs auf Hawaii auf und arbeitete nach der Schule zunächst in einer Ananasfabrik und als Sekretärin bei einer Radiostation, bevor sie 1965 ihren ersten Film machte: »Hawaii«. Sie zog nach New York und nahm die unterschiedlichsten Jobs an, bevor sie erste Erfolge als Tzeitel im Musical *»Fiddler On The Roof«* feierte. Für ihre LP *»The Divine Miss M«* gewann sie 1972 einen Grammy und wurde ein Star. Ihre erste Hitnotierung hatte Bette Ende 1972 mit *»Do You Want To Dance?«*, ihr erster Top-10-Erfolg war ein halbes Jahr später *»Boogie Woogie Bugle Boy«*, Platz 8 in den USA. Zu dieser Zeit war für drei Jahre Barry Manilow Bettes Begleiter bei ihren Plattenaufnahmen. Für *»The Rose«* erhielt Bette im Frühjahr 1980 eine goldene Schallplatte. Die Single erreichte Platz 3 in den USA. Das Stück stammte aus dem gleichnamigen Film, in dem das Leben von Janis Joplin nachgespielt wurde. Bette spielte die Hauptrolle und wurde für einen Oscar nominiert. Die Bandbreite ihres Könnens reicht von ersthaften bis zu komischen Rollen. Wunderbar war sie in *»Down And Out In Beverly Hills«* oder neben Danny De Vito in *»Ruthless People«*. 1988 war sie in *»Beaches«* zu sehen, dem ersten Film, der von ihrer eigenen Firma All Girls Production produziert wurde. Das vielseitige Talent gilt als einzige authentische Kabarettistin, die es schaffte, in einer rock-orientierten Zeit Erfolg zu haben. *»Wind Beneath My Wings«* aus dem Film *»Beaches«* kam im Frühjahr 1989 in die Charts, wurde Spitzenreiter in den USA und Platz 5 in GB.

Außerdem brachte dieser Titel ihr zwei Grammys ein: Platte und Song des Jahres. Ende 1990 gelang ihr mit »*From The Distance*« ein weltweiter Erfolg, Platz 2 in den USA, 6 in GB und 14 in Deutschland. 1993 stellte sie einen neuen Vorverkaufs-Rekord in New York City auf. Innerhalb eines Tages wurden für Auftritte in New York im Rahmen ihrer ersten Tournee nach 10 Jahren 50 000 Tickets für insgesamt mehr als 3 Millionen Dollar verkauft.

Der Hit: *Wind Beneath My Wings*
Der Tip: *Some People's Lives* (Atlantic 7567-82129-2)

Midnight Oil

Peter Garrett, v; Peter Jim Moginie, g; Martin Rotsey, g; Dwayne »Bones« Hillmann, b; Rob Hirst, d, Peter Gifford, b; James Andrew, b.
Die aus Sydney stammende Formation kam 1975 zusammen. Zuerst spielten sie als The Farm, dann kam der Student der Rechte und Glatzkopf Peter Garrett zur Gruppe, und vieles veränderte sich. Nachdem sie sich 1977 in Midnight Oil umbenannten, kam auch der Erfolg. Ihre erste Single erschien Ende 1978 und hieß »*Run By Night*«. Die Gruppe hat seit den Anfangstagen als Midnight Oil einiges anders als andere Bands gemacht. So behielten sie sich vor, welche Promotionmaßnahmen getroffen werden sollten, welche Photos an die Presse gingen und natürlich auch, über was sie singen wollten. Umweltschutz, Anti-Krieg, Anti-Atom und Anti-Establishment waren ihre Lieblingsthemen. 1984 bewarb sich der eloquente Garrett um einen Sitz im australischen Parlament, den er nicht errang. 1988 kam der Titel »*Beds Are Burning*« bis auf Platz 17 in den US-Charts. Ein Jahr später wurde die Nummer der erste Top-10-Erfolg für Midnight Oil in GB. In diesem Lied ging es um die Umweltproblematik und darum, daß die Natur ihr Recht fordert, während viele immer noch so tun, als ginge sie das nichts an.

Der Hit: *Beds Are Burning*
Der Tip: *Diesel And Dust* (CBS 460 005 2)

Midnight Star

Belinda Lipscomb, v; Bo Watson, v/key; Melvin Gentry, v/g; Jeff Cooper, g/key; Kenneth Gant, b; Bobby Lovelace, d; Bill Simmons, key/sax; Reginald Calloway, tr/v; Vincent Calloway, pos/v.
Diese amerikanische Rhythm-&-Blues- und Funk-Gruppe kam 1976 zusammen. Köpfe der Band waren bis 1988 die beiden Brüder Reginald und Vincent Calloway, die ab Mitte der 80er Jahre etliche Künstler produzierten und dann von Midnight Star weggingen und erfolgreich als Duo auftraten. Ab 1983 war

Midnight Star in den US-Charts vertreten. *»Operator«* war Ende 1984 der erste Top-20-Erfolg der Band in den USA und die erste Hitnotierung überhaupt in GB. Dort erreichten sie mit *»Midas Touch«* Ende 1986 bisher ihren einzigen Top-10-Erfolg.

Der Hit: *Midas Touch*
Der Tip: *Headlines* (Solar TSR 330 202)

Mighty Wah!

Pete Wylie, v/g; Carl Washington, b.
Anfang der 80er Jahre galt Wah! neben Echo & The Bunnymen als eine der wichtigsten Neuentdeckungen in England. Im August 1981 erschien das Debütalbum »Nah = Poo – The Art Of Bluff«. Das Duo Pete und Carl hatte sich 1980 formiert und nahm für Plattenaufnahmen immer wechselnde Begleitmusik. Die Single *»The Story Of The Blues«* kam Ende 1982 in die britische Hitparade und erreichte Platz 3. Mitte 1984, inzwischen nannte sich die Gruppe The Mighty Wah!, kam *»Come Back«* bis auf Platz 20 in GB. Mehr gelang den Hochgelobten nicht. 1986 kam Pete Wylie mit der Single *»Sinful«* in die britischen Charts und erreichte Platz 13. Wenig später erschien die gleichnamige Solo-LP.

Der Hit: *The Story Of The Blues*

Migil Five

Red Lambert, g/v; Alan Watson, sax; Gil Lucas, p; Lenny Blanche, b; Mike Felix, v/d.
Lucas, Blanche und Felix hatten ihre musikalische Karriere 1961 als Jazz-Trio begonnen. Dann kam Red Lambert zu ihnen, weckte ihr Interesse an Pop-Musik und sie nahmen Platten als Migil Four auf, bis dann auf Anraten von Kenny Ball noch der Saxophonist Alan Watson dazukam. Auf der Höhe des Bluebeat-Booms in GB gelang den Migil Five mit ihrer Version von *»Mockingbird Hill«* im Frühjahr 1964 ein Platz 10 in den britischen Charts. Es blieb ihr einziger Erfolg, und als Mike Felix dann eine Solokarriere anstrebte, trennte sich die Formation.

Der Hit: *Mockingbird Hill*

Mike & The Mechanics

Mike Rutherford, b (* 2.10.1950); Paul Carrack, v/key (* 22.4.1951); Paul Young, v (* 17.6.1947); Peter van Hooke, d (* 4.6.1950); Adrian Lee, key.

Obwohl die Gruppe Genesis und deren Erfolge für ein ausgefülltes Musikleben sorgen mußte, haben alle Mitglieder dieser Formation neben ihrer Arbeit mit der Band auch noch Soloprojekte gestartet. Der erfolgreichste ist ganz sicher Phil Collins, dann dürfte Mike Rutherford kommen. Sein erstes Solo-Album veröffentlichte Mike bereits 1979. Drei Jahre später erschien seine zweite LP mit dem Titel *»Acting Very Strange«*, die vor allem in GB ein großer Erfolg wurde. 1985 holte er sich für seine Band Mike & The Mechanics eine ganze Latte erstklassiger Musiker zusammen: Paul Carrack (u. a. bei Ace, Squeeze, Nick Lowe zu hören), Paul Young (früher Leadsänger bei Sad Cafe), Peter van Hooke (als Session-Musiker z. B. bei Van Morrision, Tanita Tikaram oder Rod Argent tätig) und Adrian Lee (Toyah). Bereits Ende 1985 hatte die Formation ihre erste Chart-Notierung mit *»Silent Running (On Dangerous Ground)«* aus dem Film *»On Dangerous Ground«*: in GB Top 30, in den USA 6 und in Deutschland 8. Der nächste Top-10-Erfolg war wenige Monate später *»All I Need Is A Miracle«*, Platz 5 in den USA. Anfang 1989 kam dann der Knüller *»The Living Years«*: in den USA wurde die Platte Spitzenreiter, in GB 2, in Deutschland 13. Der Titel erzählt von einem jungen Mann, der es bedauert, sich mit seinem Vater nicht zu dessen Lebzeiten ausgesprochen zu haben. 1991 erschien die CD *»Word Of Mouth«*. 1992/93 war für Mike Rutherford mal wieder Genesis angesagt. Jetzt kann man auf Neues gespannt sein.

Der Hit: *The Living Years*
Der Tip: *Living Years* (WEA 256 004-2)

Miles, John

* 23.4.1949. Musik war Johns erste Liebe und wird angeblich seine letzte sein. 1976 hat diese Liebe John einen Riesenhit in Europa beschert. *»Music«* erreichte Mitte des Jahres Platz 3 in den britischen Charts und 10 in Deutschland. Alan Parsons hatte diesen Hit mit John Miles in den Abbey-Road-Studios in London produziert, und schnell bezeichnete man John Miles als neuen Kometen am Hitparadenhimmel Englands. Bereits mit fünf Jahren bekam John seine ersten Klavierstunden – auf Drängen der Eltern, nicht auf eigenen Wunsch. Dementsprechend war auch seine Begeisterung, und wenn es ging, schwänzte er. In der Schule dann erwachte doch sein Interesse, und er ging wieder zum Unterricht. Nebenher lernte er später dann auch Gitarre. Während seiner College-Zeit gründete er mit Kommilitonen zusammen seine erste Band, The Influence. Um seine Musik finanzieren zu können, schmiß er das College und begann eine Lehre als Graveur. The Influence erwies sich als ausgesprochen talentierte Gruppe – mit dabei waren Schlagzeuger Paul Thompson, der später zu Roxy Music ging, und der Gitarrist und Songschreiber Vic Malcolm, der dann Geordie machte – und wurde ständig gebucht. Wegen ständiger Abwesenheit von seiner Lehrstelle

wurde Miles schließlich gefeuert. Trotz des Erfolges trennte sich die Band bald wieder. Nächste Station für John war seine John-Miles-Band. 1971 veröffentlichte er seine erste Single, die jedoch floppte. 1974 ging er dann von Nordengland nach London und veröffentlichte einige Singles, die ebenfalls erfolglos blieben. 1975 schließlich ging er zu Decca, und die stellten ihm als Produzenten Alan Parsons zur Seite. Ergebnis war der eingangs erwähnte Hit. Ein Platz 10 gelang John Mitte 1977 mit »*Slow Down*«. Danach war die Zeit für den hochgelobten Musiker trotz ausgezeichneter LP-Veröffentlichungen, wie »*Zaragon*« 1978, »*Sympathy*« 1980, »*Miles High*« 1981, »*Play On*« 1983 oder »*Tansition*« 1985 als Single-Interpret vorüber. Als Studiomusiker ist er zum Beispiel auf Platten von Alan Parsons Project zu hören.

Der Hit: *Music*
Der Tip: *Rebel* (London MCPS 820 080-2)

Milk & Honey

Diese aus drei Männern und einer Frau bestehende israelische Formation war der Grand-Prix-Eurovisionssieger des Jahres 1979. Der Siegertitel »*Hallelujah*« erreichte Platz 5 in den britischen Charts und, bei uns veröffentlicht als Gali Atari & Milk & Honey, Platz 11 in Deutschland. Die Formation gehört zu den vielen, die ihren Grand-Prix-Sieg mit Ausnahme des einen Titels nicht weiter kommerziell nutzen konnten.

Der Hit: *Hallelujah*
Der Tip: *Milk & Honey With Gali* (Polydor 2344 143)

Miller, Allen

Daß Eintagsfliegen und One-Hit-Wonder keine neue Angelegenheit der Pop-Ära sind, bewies Allen Miller mit seinem Orchester. Im Frühjahr 1943 erreichte er mit dem Titel »*It Can't Be Wrong*« erst- und letztmalig die US-Charts. Die Platte schoß hoch bis auf Platz 3, fiel wieder raus und ward vergessen.

Der Hit: *It Can't Be Wrong*

Miller, Chuck

Dieser Boogie-Woogie-Pianist aus Kalifornien nahm sich einen Titel, mit dem Freddie Slack 1946 einen Top-10-Hit in den USA hatte, und coverte ihn. Seine Version von »*The House Of Blue Lights*« kam Mitte 1955 bis auf Platz 9 in den US-

Pop-Charts. Interessant in diesem Zusammenhang: Bis weit in die 50er Jahre gab es drei miteinander konkurrierende Charts in den USA. Erstens, was sich gut verkaufte, also die Bestseller; zweitens, was im Funk lief, und drittens, was in den Musikboxen gedrückt wurde. Ginge es nur um Rundfunk und Musikboxen, wäre Chuck Miller nicht in diesem Buch. Nimmt man den Verkauf, und diese Position 9 zählt, dann ist er mit Recht drin. Nach einem weiteren Hot-100-Erfolg Ende 1956 war Chuck wieder vergessen.

Der Hit: *The House Of Blue Lights*

Miller, Frankie

* 6.11.1949. Der britische Sänger, Gitarrist und Songschreiber brachte etliche Band-Stationen hinter sich, bevor er mit der Mitgröl-Nummer *»Darlin'«* Ende 1978 einen Platz 6 in GB und 5 in Deutschland hatte. Zu seinen Stationen gehörten die Stoics, Jude, JB, Frankie Miller's Full House oder aber Studioarbeiten mit Thin Lizzy. Ab 1972 machte er Soloplatten.

Der Hit: *Darlin'*

Miller, Gary

* 1924 als Neville Williams, † 15.6.1968. Der britische Sänger war ab Mitte der 50er Jahre bis 1962 mit vorwiegend aus den USA gecoverten Titeln in den britischen Charts vertreten. Seine erste Hitnotierung war im Oktober 1955 ein Platz 13 mit *»Yellow Rose Of Texas«*. Seinen einzigen Top-10-Erfolg hatte Gary im Frühjahr 1956 mit der Nummer *»Robin Hood«*. Sie ereichte Platz 10. *»Garden Of Eden«* 1957 und *»Story Of My Life«* standen beide 1958 auf Platz 14, und nach *»There Goes That Song Again«* ging er wieder aus den Hitparaden. Im britischen Fernsehen erfreute er sich nach wie vor großer Beliebtheit und trat in mehreren Shows regelmäßig auf. In den 60ern war er auch in Bühneninszenierungen von Musicals zu sehen und konnte hier auch sein Tanztalent zur Geltung bringen. Er starb 1968 nach einem Herzinfarkt.

Der Hit: *Robin Hood*

Miller, Glenn

* 1.3.1904, † 15.12.1944. Das Orchester von Glenn Miller war ganz ohne Zweifel das beliebteste unter all den vielen Big Bands, die in den 30er und 40er Jahren in den USA populär waren. Glenn hatte seine Formation 1937 gegründet. Vorher

spielte er Posaune bei Ben Pollack, Red Nichols, Benny Goodmann und den Dorsey Brothers. Ab 1935 wurde er de facto Leiter von Ray Noble's American Band. Nebenher arrangierte er für Glenn Gray und andere populäre Orchester jener Jahre. Seine ersten Hitnotierungen stammen aus dem Jahr 1935. Zu diesem Zeitpunkt existierte seine Band noch gar nicht. Also müßten sie eigentlich unter Ray Nobles Orchester stehen. Der erste große Erfolg für Glenn war Mitte 1939 »*Moonlight Serenade*«. Die Platte wurde ein Millionseller und Platz 3 in den USA. Die Liste seiner Erfolge geht bis in das Jahr 1948 und umfaßt knapp 130 Hits. Die bekanntesten sind die Millionseller und Spitzenreiter »*In The Mood*« 1939, »*Tuxedo Junction*« 1940, »*Chattanooga Choo Choo*« 1941, »*A String Of Pearls*«, »*Moonlight Cocktail*« und »*(I've Got A Gal In) Kalamanzoo*« 1942. Spätestens ab 1941 war Glenn Miller eine nationale Berühmtheit in den USA. Im September 1942 trat er in die US Air Force ein. Wenig später hatte er ein Orchester zusammengestellt, das zur berühmtesten Truppenbetreuungsband des Zweiten Weltkrieges wurde. Wo immer die Amerikaner Land gewannen und sich festsetzen konnten – wenig später war Glenn mit seinen Musikern zur Stelle, um für sie zu spielen. Ende 1944 waren sie in GB, und für Weihnachten war ein Konzert in Paris geplant. Glenn Miller wollte alles vorbereiten und Quartier machen. Noch am Flughafen, als er die kleine Maschine sah, mit der es galt, den Kanal zu überqueren, bemerkte er, daß das doch ein verdammt kleiner Vogel sei. Glenn litt unter großer Flugangst und fragte, wo denn der Fallschirm sei. Darauf antwortete ihm ein Offizier: »Was ist los, Miller? Wollen Sie ewig leben?« Die Frage wurde wenig später beantwortet. Nachdem die Maschine gestartet war und in dem schlechten Wetter verschwand, das über dem Kanal herrschte, wurde sie nie wieder gesehen. Die Platten von ihm kommen hin und wieder als Wiederveröffentlichungen in die Charts. So stand »*Moonlight Serenade*« im Januar 1976 auf Platz 13 in den britischen Charts. Der gleiche Titel wurde 1983 in Deutschland wieder zu einem Rundfunkhit. Glenn Millers Leben wurde 1954 in Hollywood verfilmt mit James Stewart in der Hauptrolle.

Der Hit: *In The Mood*
Der Tip: *The Legend* (RCA PD 89713 [3])

Miller, Mitch

* 4.7.1911 als Mitchell William Miller. Die Karriere von Mitch begann als Oboist in einem klassischen Orchester. Nebenher spielte er allerdings auch schon immer in Bands, und Ende der 40er Jahre wurde er Produzent für die Plattenfirma CBS. Zu den Stars, die er mit seinem Orchester begleitete und die er produzierte, gehörten Guy Mitchell oder Tony Bennett. Sein Aufgabengebiet umfaßte auch die Entdeckung und Förderung neuer Talente. Wie er es außerdem geschafft hat,

nebenher auch noch Platten mit seinem eigenen Orchester aufzunehmen, ist schleierhaft. Zu den namhaften Interpreten, mit denen Miller Plattenaufnahmen machte, gehören Frank Sinatra, Doris Day, Frankie Laine, Rosemary Clooney, Johnny Mathis und Patti Page. 1949 überredete er Frankie Laine, den Titel *»Mule Train«* aufzunehmen. Das Stück wurde Spitzenreiter in den USA, und dadurch war Mitch Miller als Spürnase arriviert. Mitch Miller & His Orchestra's erste Hitnotierung war Mitte 1950 eine Adaption des israelischen Liedes *»Tzena, Tzena, Tzena«*. *»The Yellow Rose Of Texas«* kam im Herbst 1955 in die US-Hitparade und erreichte die Spitze. *»Theme Song From Song For A Summer Night«* war ein Jahr später ein weiterer Top-10-Erfolg. Speziell in Deutschland wurde Mitch bekannt durch den *»River Kwai March«*, der im Frühjahr 1958 Spitzenreiter in den deutschen Charts und vergoldet wurde. In den USA hatte Mitch Miller auch als TV-Künstler viel Erfolg. Seine regelmäßige Sendung hieß »Sing Along With Mitch«. Das System wurde später mit viel Erfolg von Gotthilf Fischer kopiert. Mitch und Gotthilf dirigierten, ein Chor sang mit und animierte alle, auch mitzusingen. Dazu erschienen gleichnamige LPs, und so saß man abends brav zu Hause und sang zu den Platten von Mitch Miller. Alleine zwischen 1958 und 1962 sind von ihm in den USA über 10 LPs erschienen, die alle mehr als eine Million mal verkauft wurden und auf dem Sing-Along-System aufbauten: *»Party Sing Along«*, *»Holiday Sing Along«*, *»Fireside Sing Along«*, *»Christmas Sing Along«* usw.

Der Hit: *The Yellow Rose Of Texas*
Der Tip: *Mitch's Greatest Hits* (CBS CK 1544)

Miller, Ned

* 12.4.1925 als Henry Ned Miller. Der amerikanische Country-Sänger und Songschreiber schaffte einen Crossover-Erfolg, also eine Platte, die sowohl in den Country- als auch in den Pop-Charts erfolgreich war: *»From A Jack To A King«*. Die Platte war ursprünglich 1957 aufgenommen worden, kam aber erst Ende 1962 in die Pop-Charts und erreichte Platz 6. In GB schaffte der Titel es sogar bis auf Platz 2. Einen solchen Erfolg konnte er nicht mehr wiederholen. In den Country-Charts wurde er bis in die 70er Jahre notiert. Ned schrieb den Titel *»Dark Moon«*, der mit Gale Storm und Bonnie Guitar erfolgreich war. In den 70er Jahren zog er für acht Jahre nach Arizona, bevor er nach Las Vegas zog, um sich endgültig aus dem Showgeschäft zurückzuziehen.

Der Hit: *From A Jack To A King*
Der Tip: *From A Jack To A King* (Bear Family BCD 15 496)

Miller, Roger

* 2.1.1936, † 25.10.1992. Der amerikanische Sänger, Gitarrist und Songschreiber war sowohl in den Pop- als auch in den Country-Charts erfolgreich. Mitte der 50er Jahre kam er als Songschreiber nach Nashville, wurde Schlagzeuger in der Faron-Young-Band und sang schließlich als Solist. Ab 1960 bis 1986 stand er regelmäßig in den Country-Charts. Mit *»Dang Me«* hatte er Mitte 1964 seinen ersten Top-10-Erfolg in den US-Pop-Charts. 1965 war sein Jahr: bei der Grammy-Verleihung erhielt er sechs Preise. Insgesamt hat er im Laufe seiner Karriere elf Grammys gewonnen. Vor allem der Titel *»King Of The Road«* hatte es den Amerikanern angetan. Die Platte wurde 1965 Millionseller und erreichte Platz 4 in den US- und Platz 1 in den GB-Charts. Weitere Top-10-Erfolge wurden *»Chug-A-Lug«* 1964 und *»Engine Engine # 9«* und *»England Swings«* 1965. Als Autor des Broadway-Musicals »Big River«, basierend auf den Abenteuern des Huckleberry Finn von Mark Twain, erhielt er 1985 den Tony Award. Miller selbst spielte in der Show Finns Vater, Pap. Roger starb 1992 an Krebs.

Der Hit: *King Of The Road*
Der Tip: *King Of The Road* (Bear Family BCD 15 477)

Miller, Steve

* 5.10.1943. Die Karriere dieses amerikanischen Sängers und Gitarristen begann zusammen mit seinem Bruder Jimmy und Boz Scaggs bei den Marksmen. Nach der Schulzeit war er weiter zusammen mit Scaggs in diversen Bands. Dann ging er nach Chicago, um Blues zu spielen. Zusammen mit Barry Goldberg gründete er die Miller Goldberg Blues Band, die es gerade mal auf eine Single brachte. 1966 kam es zur Gründung der Steve Miller Blues Band, die sich später auf Steve Miller Band und schließlich nur noch auf seinen Namen verkürzte. *»Living In The U.S.A.«* war Ende 1968 der erste Hit für Steve in der US-Hitparade. Mit dem Millionseller *»The Joker«* hatter er 1973 seinen ersten Spitzenreiter. Diese Platte sollte im August 1990 Nummer 1 in GB werden und wenig später Platz 7 in Deutschland – Levi's hatte die Nummer für eine Jeans-Werbung eingesetzt. *»Rock 'N Me«* war im Herbst 1976 sein zweiter Spitzenreiter in den USA und sein erster Hit in GB. Es folgten *»Fly Like An Eagle«* 1976, *»Jet Airliner«* 1977 und *»Abracadabra«*, 1982 wieder eine Nummer 1 in den USA und Platz 2 in GB und in Deutschland. Ende der 80er Jahre änderte Steve Miller seine musikalische Richtung. Er entfernte sich wieder von den rockigen Nummern und näherte sich eher dem Jazz-Rock, was zwar schön, aber kommerziell nicht erfolgreich war.

Der Hit: *The Joker*
Der Tip: *Greatest Hits 1974 – 1978* (Mercury 800 058-2)

Millie

* 6.10.1946. Die auf Jamaika geborene Millicent Smith behauptete ob ihrer Größe immer, ihr Name sei Small. Sie war eine der ersten Interpretinnen aus dem westindischen Raum, die einen internationalen Hit hatte: *»My Boy Lollipop«* wurde im Frühjahr 1964 Platz 2 in GB und in den USA, Platz 5 in Deutschland. Über dieser Nummer lag ein Hauch von Reggae, Bluebeat und Ska, was ihr den Spitznamen The Bluebeat Girl einbrachte. Nach diesem Titel hatte sie noch weitere Top-50-Erfolge. Danach war sie verschwunden. Sie bildete für kurze Zeit ein Duo mit Jackie Edwards als Jackie & Millie und veröffentlichte Nacktfotos in einem Herrenmagazin – beides half ihrer Karriere nicht. Eine Wiederveröffentlichung des Hits *»My Boy Lollipop«* 1987 brachte nur noch Platz 46.

Der Hit: *My Boy Lollipop*

Millinder, Lucky

* 8.8.1900 als Lucius Millinder, † 28.9.1966. Lucky war der Sänger der Mills Blue Rhythm Band in den 30er Jahren, bevor er seine eigene Swing-Band gründete. Ende der 20er Jahre hatte er als Tänzer und Conférencier in Clubs gearbeitet. Ab 1942 wurde er in den Charts verzeichnet. *»Who Threw The Whiskey In The Well?«*, gesungen von Wynonie Harris, war Mitte 1945 der einzige Top-10-Erfolg für ihn. In der Band von Lucky spielten Größen wie Dizzy Gillespie oder Bill Doggett. Erstaunlich war, daß Lucky weder ein Instrument spielen noch Noten lesen konnte, trotzdem aber in der Lage war, seine Band rein nach Gehör zu leiten. Ab 1952 stieg Lucky aus dem Musikgeschäft aus, arbeitete zweitweise als Diskjokkey und stellte nur noch für besondere Konzerte ein Orchester zusammen.

Der Hit: *Who Threw The Whiskey In The Well?*

Milli Vanilli

Robert Pilatus (* 8.6.1965), Fabrice Morvan (* 14.5.1966).

Als sich herausstellte, daß diese beiden Interpreten auf ihren Alben nicht gesungen hatten, mußten sie ihren Grammy, den sie 1989 als beste neue Künstler gewonnen hatten, wieder zurückgeben. Mit *»Girl You Know It's True«* hatte Milli Vanilli Mitte 1988 Platz 1 in Deutschland und einige Monate später 3 in GB und 2 in den USA. *»Baby Don't Forget My Number«*, *»Girl I'm Gonna Miss You«* und *»Blame It On The Rain«* standen alle 1989 auf Platz 1 in den USA, erhielten Gold oder sogar Platin. 1990 war *»All Or Nothing«* noch mal ein Top-10-Erfolg in den USA. Danach kam heraus, wer auf den Platten singt, nämlich Charles Shaw,

John Davis und Brad Howe. Milli Vanilli kündigten danach an, sie wollten nun Platten veröffentlichen, auf denen sie wirklich singen. 1993 war es endlich soweit, sie kamen mit dem Album *»Rob And Fab«*, das selbst von der Musikzeitschrift Rollings Stone zumindest wohlwollend beurteilt wurde: »Sie können singen.« Hinter dem Projekt Milli Vanilli steckte Frank Fabian, von dem man ja weiß, daß er auch schon andere Puppen tanzen ließ. Diejenigen, die die Nummern wirklich gesungen hatten, versuchten nun ihrerseits als The Real Milli Vanilli, in die Charts zu kommen. Erfolgreich war das nicht, und da sieht man eben mal, daß Gesangsqualität alleine nicht unbedingt ausreicht. Das Auge hört auch mit!

Der Hit: *Blame It On The Rain*
Der Tip: *The Remix Album* (Arista ARCE-8622)

Millowitsch, Willy

* 8.1.1909. Der Kölner Volkschauspieler, Autor vieler Bühnenstücke, Theaterbesitzer, Sänger, Fernsehkommissar und bereits zu Lebzeiten mit einem Denkmal geehrt, scheint unermüdlich zu sein. Als er 1989 im Fernsehen die Rolle des pensionierten Kriminalkommissars Klefisch übernahm, rümpften etliche die Nase. Millowitsch machte schnell deutlich, zu welch außerordentlichen schauspielerischen Leistungen er fähig ist und wie lange man ihn als Volkschauspieler unterschätzt hatte. Inzwischen erklärte man ihn zum populärsten Kölner nach dem Kölner Dom. Am 17. März 1989 machte man ihn zum Ehrenbürger der Stadt. In der Verleihungsurkunde hieß es: »Wir ehren in Ihnen einen Mann, der zu den bedeutendsten Schauspielern Deutschlands gehört.« Ab 1960 war Millowitsch auch in der deutschen Pop-Hitparade mit vier Titeln vertreten. *»Schnaps, das war sein letztes Wort«* kam Ende 1960 bis auf Platz 5.

Der Hit: *Schnaps, das war sein letztes Wort*
Der Tip: *Ich hab' Musik so gern* (EMI CDP 524748834 2)

Mills, Frank

* 27.6.1942. Der kanadische Pianist, Komponist, Produzent, Arrangeur und Songschreiber studierte in Montreal Musik und wurde Mitglied in der Formation Bells, die einige seiner Kompositionen aufnahm. 1972 startete er eine Solokarriere und kam mit seiner ersten Single, *»Love Me, Love Me, Love«* in die amerikanischen Top 50. Mitte der 70er Jahre nahm er ein Album auf, das er selbst finanzierte. Erst 1979 hörte es ein Mitarbeiter von Polydor, dem der Instrumentaltitel *»Music Box Dancer«* so gut gefiel, daß er sie als Single veröffentlichte: sie erreichte Platz 3 in den US-Charts. Das Album kam immerhin unter die ersten 30. Nach einer

weiteren Hitparaden-Notierung trat Mills ab Anfang der 80er Jahre wieder in Kanada in kleinerem Rahmen auf und veröffentlichte 1987 sein bisher letztes Album.

Der Hit: *Music Box Dancer*
Der Tip: *Music Box Dancer* (Polydor 2417 327)

Mills, Garry

* 13.10.1941. Der britische Sänger und Schauspieler begann seine Karriere Ende der 50er Jahre in dem legendären Londoner Club 2 Is. Dort wurde er von Dick Rowe entdeckt. Garry spezialisierte sich auf Cover-Versionen amerikanischer Hits für den britischen Markt und nahm z. B. Titel wie »*Teen Angel*«, »*Seven Little Girls*« oder »*Running Bear*« auf, bis er mit »*Look For A Star*« im Juli 1960 seinen ersten und einzigen Top-10-Hit in GB verzeichnen konnte. Danach gelang ihm kein Top-20-Erfolg mehr, und die Filme, in denen er mitspielte, sind heute auch vergessen. Das Original von »*Look For A Star*« stand in der amerikanischen Hitparade auf Platz 16, Garry auf Platz 26. Der Originalinterpret hieß Garry Miles. Möglich, daß sich viele Amerikaner beim Kauf der Platte für die falsche Version entschieden haben.

Der Hit: *Look For A Star*

Mills, Hayley

* 18.4.1946. Die Tochter des britischen Schauspielers John Mills begann ihre Karriere in dem Film »*Tiger Baby*« im Jahre 1959. Für ihre Rolle erhielt sie einen Preis bei den Berliner Filmfestspielen und danach einen Vertrag von Walt Disney für fünf Jahre. 1960 gewann sie einen Special Oscar für ihre Rolle in »*Pollyanna*«. Sie spielte weiterhin süße, unschuldige Kinder in anderen Disney-Produktionen, so z. B. 1961 in »*The Parent Trap*«. Aus diesem Film stammte das Lied »*Let's Get Together*«, das es im Herbst 1961 bis auf Platz 8 in den USA brachte. 1967 war sie in »*The Family Way*« nackt zu sehen, was ihr bisheriges Image gründlich veränderte. 1971 heiratete sie den 33 Jahre älteren Produzenten und Regisseur Roy Boulting. Die Ehe hielt nicht lange. Ihre Hitparadenkarriere auch nicht: schon 1962 war sie wieder vorbei.

Der Hit: *Let's Get Together*

Mills, Stephanie

* 1957. Im Alter von 10 Jahren trat Stephanie für vier Wochen im Apollo-Theater mit den Isley Brothers auf. Ein Jahr später sah man sie am Broadway in dem Musical »*Maggie Flynn*«. Im Alter von 15 übernahm sie die Hauptrolle der Dorothy in einer rein schwarzen Version des Broadway-Musicals »*The Wiz*«, die sie fünf Jahre lang spielte. Ihr ersten Plattenaufnahmen machte sie 1974. 1979 stand »*Whatcha Gonna Do With My Lovin'*« als erste Platte in den Single-Charts. »*Never Knew Love Like This Before*« entwickelte sich im Herbst 1980 zum Millionseller, Platz 6 in den USA und 4 in GB. Obwohl danach noch viele schöne Platten von ihr erschienen sind, konnte sie diesen Erfolg nicht wiederholen.

Der Hit: *Never Knew Love Like This Before*
Der Tip: *Greatest Hits* (Casablanca 832 519 2)

Mills Brothers

John jr. (* 1911, † 1935), Herbert (* 2.4.1912, † 12.4.1989), Harry (* 19.8.1913, † 28.6.1982), Donald (* 29.4.1915), John sen. (* 11.2.1889, † 8.12.1967).
Die Karriere der Mills Brothers begann in den 30er Jahren. Ihre erste Hitnotierung war Ende 1931 die Nummer »*Tiger Rag*«, ein Spitzenreiter in den USA. Sie hatten in den späten 20er Jahren begonnen, in Cincinnati regelmäßig in Radiosendungen zu singen. In den Anfangsjahren hat sie der ältere Bruder John noch begleitet. Nachdem er Ende 1935 gestorben war, übernahm Vater John sen. seinen Part, bis er sich 1956 aus dem Musikgeschäft zurückzog. Im Anfang ihrer Karriere spielten sie in etlichen Filmen mit, so z. B. »*The Big Broadcast Of 1932*«, »*Twenty Million Sweethearts*« 1934 und »*Broadway Gondoliers*« 1935. Die Hitnotierungen der Mills Brothers gehen bis in das Jahr 1968. Bis zu diesem Zeitpunkt schafften sie knapp über 70 Hits. Die Spitzenreiter waren »*Dinah*« 1932, »*Paper Doll*« 1943, »*You Always Hurt The One You Love*« 1944 und »*The Glow-Worm*« 1952. Bemerkenswert ihre Aufnahmen »*Get A Job*« 1958 oder »*Cab Driver*« 1968. Nach dem Tod von Harry machten Herbert und Donald eine Zeitlang als Duo weiter, und 1989 trat Donald zusammen mit seinem Sohn in Clubs auf und erntete gute Kritiken.

Der Hit: *Paper Doll*
Der Tip: *Great Hits* (MCA 31 035)

Milsap, Ronnie

* 16.1.1946 als Ronnie Lee Millsaps. Der amerikanische Country-Sänger, Gitarrist und Pianist ist von Geburt an blind. Bereits mit 12 Jahren war er ein ausgezeichneter Multi-Instrumentalist. Er spielte erst in der Band von J. J. Cale und gründete 1965 eine eigene Gruppe. Ab 1973 war er regelmäßig in den Country-Charts zu finden. Bis Ende 1988 belegte er dort 34mal Platz 1. In der Liste der erfolgreichsten Country-Interpreten belegte er Platz 30. Ab 1976 war er Mitglied der Grand Ole Opry. 1977 wählte man ihn zum Country-Entertainer des Jahres. In den Pop-Charts wird er seit 1970 verzeichnet, aber nur einmal gelang ihm ein Top-10-Hit mit *»(There's) No Gettin' Over Me«* Mitte 1981.

Der Hit: *(There's) No Gettin' Over Me*
Der Tip: *Back To The Grindstone* (RCA PD 82375)

Mimms, Garnet

* 16.11.1933 als Garrett Mimms. In den Gospelgruppen Evening Stars, Norfolk Four und Harmonizing Four begann die Karriere dieses amerikanischen Sängers. 1958 machte er seine eigene Gospelgruppe Gainors. In den drei darauffolgenden Jahren nahmen sie etliche Platten auf, die alle nicht erfolgreich waren. Schließlich verlegte sich die Gruppe mehr auf Soulmusik und nannte sich Garnett Mimms & The Enchanters. Jetzt sollte der Erfolg kommen. *»Cry Baby«* stand im Herbst 1963 auf Platz 4 der US-Charts. Bis 1966 folgten weitere Hits – keiner konnte jedoch in die Top 20 gelangen. Nachdem er nach 1964 nur noch unter seinem Namen aufgetreten war, machte er kurzzeitig in den 70er Jahren Garnett Mimms & Truckin' Company.

Der Hit: *Cry Baby*
Der Tip: *Warm & Soulful* (EMI EG 260292 4)

Mina

* 25.3.1940 als Anna Maria Mazzini. Schon mit 18 gelang der Sängerin der Durchbruch in ihrer Heimat Italien. Mitte 1962 stand sie auf Platz 1 der deutschen Hitparade mit *»Heißer Sand«*. Bis 1964 gelangen ihr noch sechs weitere Chart-Erfolge. Keiner kam jedoch mehr unter die ersten 10. Heute lebt sie mit ihrem Mann in Lugano. Von der Showbühne hat sie sich völlig zurückgezogen, nicht jedoch von der Musik. Jedes Jahr erscheint in Italien eine neue LP von ihr, meist mit vorwiegend anspruchsvollen Liedern.

Der Hit: *Heißer Sand*

Mindbenders

siehe Fontana, Wayne

Mineo, Sal

* 10.1.1939 als Salvatore Mineo, † 12.2.1976. Seine ersten Erfolge hatte der Amerikaner als Schauspieler. Unvergessen seine Rolle neben James Dean in *»Denn sie wissen nicht, was sie tun«*. 1952 hatte er am Broadway neben Yul Brunner in *»The King and I«* brilliert. Seine typische Rolle, die er in vielen Filmen spielte, war die des Problemjugendlichen. Mitte 1957 stand Sal mit dem Titel *»Start Movin' (In My Direction)«* unter den ersten 10 der amerikanischen Hitparade und auf Platz 16 in GB. Bis 1958 hatte er noch fünf weitere kleine Erfolge, dann war dieses Kapitel für ihn abgeschlossen. 1960 spielte er in *»Exodus«*. Für diese und für seine Rolle in *»Denn sie wissen nicht, was sie tun«* wurde er jeweils für den Oscar nominiert. 1962 sah man ihn in *»Der längste Tag«*, 1971 in *»Flucht vom Planet der Affen«*. Am 12.2.1976 wurde er auf dem Heimweg vom Theater erstochen.

Der Hit: *Start Movin' (In My Direction)*
Der Tip: *Make Believe, Baby* (Star Club Recors JAN 33-8029)

Minerebi, Marcello

Der italienische Orchesterleiter schaffte mit seiner Original-Soundtrack-Version von *»Zorba's Dance«* Mitte 1965, als der Film *»Alexis Sorbas«* auf dem Höhepunkt seiner Popularität war, einen Platz 6 in der britischen Hitparade. Der gleiche Titel war bei uns in Deutschland auf Platz 7 in den Charts, jedoch ohne Interpreten-Nennung und nur als Soundtrack *»Zorba Le Grec«*. Manchmal findet man als Interpreten auch die Angabe Mikis Theodorakis. Der jedoch hat dieses Stück lediglich geschrieben.

Der Hit: *Zorba's Dance*

Minnelli, Liza

* 12.3.1946 als Liza May Minnelli. Die Tochter von Judy Garland und dem Regisseur Vincente Minnelli tanzte schon als Kind auf der Bühne herum, während die Mutter sang. Ihren ersten großen Filmerfolg hatte Liza 1972 in der Rolle der Sally Bowles in dem Film *»Cabaret«*. Weitere erfolgreiche Filme waren *»New York*

New York« 1977 oder *»Arthur – Kein Kind von Traurigkeit«* 1981. Ihre ersten Schritte ins Showgeschäft hatte sie 1963 in New York im Off-Broadway-Stück *»Best Foot Forward«* gemacht. Zwei Jahre später wurde sie die jüngste Broadway-Schauspielerin, die einen Tony Award gewann. Sie spielte die Hauptrolle in *»Flora And The Red Menace«*. Schon zu diesem Zeitpunkt trat sie regelmäßig mit ihrer Mutter im London Palladium auf. Es folgten erste Platten und Fernsehauftritte und eine erste Tour durch die Nachtclubs. In Frankreich erhielt sie den Spitznamen »La petite Piaf americaine«. Ihr erster Film war 1967 *»Charlie Bubbles«*. 1969 wurde sie für ihre Rolle in *»The Sterile Cockoo«* für einen Oscar nominiert. 1972 schließlich gewann sie den Oscar als beste Schauspielerin für ihre Leistung in *»Cabaret«*. 1978 gewann sie einen weiteren Tony für ihre Darstellung im Musical *»The Act«*. Weitere große Filmrollen blieben ihr versagt, weil es die Sparte Film-Musical so gut wie überhaupt nicht mehr gibt. Einer ihrer größten LP-Erfolge war die Platte *»Liza With A Z«* 1972. Ihr größter Single- und einziger Top-10-Erfolg wurde von den Pet Shop Boys produziert. *»Losing My Mind«*, im Herbst 1989 Platz 6 in GB und 17 in Deutschland.

Der Hit: *Losing My Mind*
Der Tip: *Results* (Epic 465 511 2)

Minogue, Dannii

* 20.10.1970. Das Motto lautet: was die große Schwester kann, muß die kleine auch können. Wie Kylie ist Dannii in ihrer Heimat Australien ein TV-Serienstar. In *»Home And Away«* spielt sie die Emma und wird wöchentlich von 16 Millionen Zuschauern gesehen. So behauptet es zumindest ihre Plattenfirma. Das würde aber bedeuten, daß wirklich jeder Australier vor der Kiste sitzen müßte. Bereits mit sieben, also vor ihrer Schwester, hatte sie ihr TV-Debüt in *»Skyways«* gegeben. Als sie sich jedoch zweimal mit ihr zusammen um eine Rolle bewarb, gewann Kylie: bei *»The Sullivans«* und *»Neighbours«*. Nachdem Kylie als Sängerin sich ab 1988 auch in GB etabliert hatte, begann die Gesangskarriere von Dannii im Frühjahr 1991 mit dem Titel *»Love And Kisses«*. Die Platte erreichte Platz 8 in GB, ebenso der Nachfolger *»Jump To The Beat«*. Ende 1991 erschien *»Baby Love«* und kam auf Platz 14. Seitdem läßt sie auf weitere Hits warten.

Der Hit: *Jump To The Beat*
Der Tip: *Love And Kisses* (MCA MCD 10360)

Minogue, Kylie

* 28.5.1968. Kylie begann wie ihre Schwester als Schauspielerin in einer TV-Serie. Ab 1986 sah man sie in »*Neighbours*«, und als diese Serie auch in GB gezeigt wurde, war sie dort innerhalb weniger Wochen auch als Sängerin gefragt. Stock/Atiken/Waterman sorgten mit ihren in bewährter Manier für den Teenie-Markt produzierten Titeln dafür. Ihren ersten internationalen Hit hatte sie mit »*I Should Be So Lucky*«, im Frühjahr 1988 Platz 1 in GB und Deutschland, Platz 28 in den USA. In den nächsten Monaten und Jahren erschienen in Abständen von vier bis sechs Monaten neue Singles, die bis Anfang 1992 fast alle unter die ersten 6 der britischen Hitparade kamen. Ihre weiteren Spitzenreiter in GB waren: »*Hand On Your Heart*« 1989, »*Tears On My Pillow*« 1990 und zusammen mit Schauspielerkollege und Nachbar Jason Donovan »*Especially For You*« 1988. 1991 war sie ihr sauberes Image als das nette Mädchen von nebenan leid und zeigte sich mehr sexy. Dazu kam eine Affäre mit INXS-Sänger Michael Hutchence. Das brachte ihr zwar die Aufmerksamkeit der Presse, aber die weiteren großen Hitparaden-Erfolge sind seither ausgeblieben.

Der Hit: *I Should Be So Lucky*
Der Tip: *Greatest Hits* (PWL 4509-90574-2)

Minor, Morris & The Majors

Dieses britische Trio – Morris, Phil und Rusty – hatte Ende 1987 mit dem Titel »*Stutter Rap (No Sleep Til Bedtime)*« einen Platz 4 in den britischen Charts. Außerhalb von GB konnte man mit diesem Titel, der sich über körperliche Gebrechen lustig macht, recht wenig anfangen. Viel witziger war die B-Seite dieser Platte, die sie sinnigerweise »Another Boring B-Side« nannten und auf der sie nochmal klarstellen, mit welcher Lust- und Lieblosigkeit daran gearbeitet wird.

Der Hit: *Stutter Rap (No Sleep Til Bedtime)*

Minott, Sugar

* 25.5.1956 als Lincoln Minott. Der Jamaikaner machte seine ersten Platten Mitte der 70er Jahre zusammen mit Tony Tuff und Derrick Howard als African Brothers. Bei Studioaufnahmen fiel Sugars Stimme auf, man engagierte ihn fest und ließ ihn alles singen, was kam, meist Coverversionen. Nebenher spielte er auch Percussion und Gitarre und zeigte, daß er duchaus selbst Songs schreiben konnte. Seine erste Veröffentlichung in GB war 1979 der Titel »*Hard Time Pressure*«. Im Frühjahr 1981

hatte er mit »*Good Thing Going (We've Got A Good Thing Going)*«, Platz 4 in GB, seinen einzigen nennenswerten Hit. Auf Jamaika baute er eine Organisation auf, die sich um die Förderung junger Talente auf der Insel kümmerte. Das war sehr löblich, machte ihm aber Schwierigkeiten, weil er bei Solo-Vertragsverhandlungen immer zur Bedingung machte, daß dieses Youth-Promotion-Projekt Teil der Abmachung seine müsse. 1984 wählte die jamaikanische Plattenindustrie den »Reggae-Softie mit der Zahnlücke« zum besten Sänger. Bis in die 90er Jahre macht Sugar weiter Platten.

Der Hit: *Good Thing Going (We've Got A Good Thing Going)*

Minstrels

Mario Feurer, vln/v (* 1943); Pepe Solbach, g/v (* 1945); Dani Fehr, g/v (* 1946); Fritz Gelzer, b/banjo.
Die Minstrels entstanden 1967 in Zürich und wollten sich eigentlich auf Volksmusik spezialisieren. Mit dem eher als Blödelnummer verstandenen Stück »*Gruezi wohl, Frau Stirnimaa!*«, im Frühjahr 1970 ein Platz ein Platz 3 in der deutschen Hitparade, hatte das Quartett seinen einzigen überregionalen Erfolg.

Der Hit: *Gruezi wohl, Frau Stirnimaa!*

Mint Condition

Stokley Williams, v/key/g; Homer O'Dell, g; Larry Weddell, key; Jeffrey Allen, v; Keri Lewis, key; Ricky Kinchen, v.
Dieses Funk-Sextett aus Minneapolis tauchte Anfang 1992 zum erstenmal in den amerikanischen Hitparaden auf. Mit der Nummer »*Breakin' My Heart (Pretty Brown Eyes)*« arbeiteten sie sich bis auf Platz 6 der Single-Charts hoch. Auf dem erfolgreichen Soundtrack »*Mo Money*« zum gleichnamigen Film, ebenfalls aus dem Jahr 1992, war die Band mit der Nummer »*My Dear*« zu finden.

Der Hit: *Breakin' My Heart (Pretty Brown Eyes)*
Der Tip: *Meant To Be Mint* (A&M 361 001 2)

Miracles

William »Smokey« Robinson (* 19.2.1940), Emerson Rogers, Bobby Rogers (* 19.2.1940), Ronnie White (* 5.4.1939), Warren »Pete« Moore (* 19.11.1939), Claudette Rogers Robinson, William Griffin (* 15.8.1950), alle v.
Diese Formation gehört zu den erfolgreichsten Rhythm-&-Blues- und Tamla-

Motown-Gruppen aller Zeiten. Sie formierte sich bereits 1955 in Detroit. 1958 erschien mit *»Got A Job«* die erste Single der Band, die eine Antwort auf *»Get A Job«* von den Silhouettes darstellte. Die erste Platte der Miracles in den Charts war Ende 1959, noch auf dem Chess Label, *»Bad Girl«*. *»Shop Around«* kam ein Jahr später in die US-Hitparade und erreichte Platz 2. Seit diesem Zeitpunkt bis 1976 gelangen der Formation knapp 50 Hits. Bis 1966 nannten sie sich nur Miracles, danach Smokey Robinson & The Miracles. Nachdem Smokey 1972 die Band verlassen hatte, kam es wieder zu dem alten Gruppennamen. *»You Really Got A Hold On Me«* 1962, *»Mickey's Monkey«* 1963, *»I Second That Emotion«* 1967, *»Baby, Baby Don't Cry«* 1969 und die beiden Spitzenreiter *»Tears Of A Clown«* 1970 und *»Love Machine (Part I)«* 1975 waren die weiteren Top-10-Erfolge. Smokey Robinson als Solist sollte ebenfalls noch erfolgreich werden. Außerdem wurde er Vizepräsident von Tamla Motown und gilt als ausgezeichneter Songschreiber. Emerson Rogers hatte die Miracles 1956 schon verlassen und war durch seine Schwester Claudette ersetzt worden, die Smokey Robinson heiratete. Claudette zog sich jedoch 1964 schon wieder aus dem Musikgeschäft zurück. Als Smokey 1972 die Miracles verließ, wurde er durch William Griffin ersetzt. Die größten Erfolge der Formation in GB waren im Frühjahr 1969 *»Tracks Of My Tears«*, Platz 9, und im Herbst 1970 der Spitzenreiter *»Tears Of A Clown«*.

Der Hit: *Tears Of A Clown*
Der Tip: *18 Greatest Hits* (Tamla TCD 060 71TD)

Mirage

»Stars On 45«, *»Hooked On Classic«* oder *»Italo Boot Mix«* sind der Beweis für die These, daß die Musikfans mit einem einzigen Riff und dem Refrain eines Songs meist zufrieden sind. Die drei Zeilen, die sie mitsingen können, genügen ihnen. Besonders der Erfolg von *»Stars On 45«*, der aus dem Niederlanden kam und ab 1981 die Ohren zukleisterte, muß die Briten geärgert haben. Die englische Band Mirage schlug in diese Kerbe und hatte 1984 erstmals einen Erfolg mit dem Medley *»Give Me The Night«*. *»Jack Mix II/III«* kam im Mai 1987 in die britischen Charts und erreichte Platz 4. *»Jack Mix IV«* erreichte im November des gleichen Jahres Platz 8. Aus Hits Häppchen herauszunehmen und sie zu einer neuen Platte zu verarbeiten, ist allerdings keine Angelegenheit der 80er Jahre. Früher hießen die Dinger Potpourri und waren genauso sämig.

Der Hit: *Jack Mix II/III*

Mirror, Danny

Der holländische Sänger ist einer der vielen, die nach dem Tode von Elvis Presley noch schnell eine Mark verdienen wollten. Mirror und der Amerikaner Ronnie McDowell, dessen Titel »*The King Is Gone*« in den USA bis auf Platz 13 kam, sind die einzigen, deren Aufnahmen einigermaßen erträglich waren. Danny stand mit »*I Remember Elvis Presley (The King Is Dead)*« im September 1977 auf Platz 4 in den britischen, Platz 10 in den deutschen Charts. Ein weiterer internationaler Erfolg ist ihm nicht gelungen.

Der Hit: *I Remember Elvis Presley (The King Is Dead)*

Mr. Bean

* als Rowan Atkinson. Jemand, der in seinen Fernsehsendungen vorwiegend Pantomime macht, ist für eine Platte geradezu prädestiniert. Wohl aus diesem Grund holte sich der britische Komiker Bruce Dickinson (früher Iron Maiden) und die Gruppe Taste (Dicke Fliszar, Myke Gray, Andy Robbins, Neville MacDonald) zu Hilfe, um als Mr. Bean & Smear Campaign seinen Nachzieher des alten Alice-Cooper-Songs »*(I Want To Be) Elected*« akustisch zu vervollständigen. Mr. Bean war mit seiner Fernsehsendung zu diesem Zeitpunkt überaus populär in GB, und deshalb kam wohl auch die Platte im Frühjahr 1992 bis auf Platz 9 in der britischen Hitparade. Das Video zur Platte war jedoch eindeutig besser. Alle Tantiemen aus dem Verkauf der Platte kamen der Stiftung Comic Relief zugute, die sich um Bedürftige im GB und Afrika kümmert.

Der Hit: *(I Want To Be) Elected*

Mr. Big

Dicken, v/g (* 4.4.1950 als Jeff Robert Pain); Pete Crowther, b/v (* 10.3.1953); John Burnip, d; Eddie Carter, g (* 27.9.1952); Vincent John Chaulk, d/v (* 8.8.1952); John Robert Marter, d (* 31.7.1953).
Um gleich Verwechslungen auszuschließen: dieser Mr. Big ist britisch und war in den 70er Jahren erfolgreich. Dicken, Chaulk und Crowther gründeten 1970 das semiprofessionelle Trio Burnt Oak. 1974 erhielten sie einen Plattenvertrag bei der CBS und wurden Profis. Zur Band wurde nun John Burnip als Schlagzeuger genommen, nachdem Chaulk die Band für eine Zeit verlassen mußte, weil er einen Nervenzusammenbruch erlitten hatte. Auch nach Chaulks Rückkehr blieb Burnip, und man spielte mit zwei Schlagzeugern. Eddie Carter kam im April 1976 dazu und John Marter im Dezember 1976. John Burnip ging im Februar 1977 und

kümmerte sich danach mehr um das Management der Band. Ab 1975 hatte sich die Band in Mr. Big umbenannt, nachdem sie mit der EMI einen Vertrag unterzeichnet hatte, und noch im gleichen Jahr erschien ihre erste LP *»Sweet Silence«*. Den einzigen Top-10-Erfolg in den Single-Charts hatte Mr. Big im Frühjahr 1977 mit *»Romeo«*. Nachdem Mr. Big auseinandergefallen war, veröffentlichte Dicken einige sehr interessante, aber nicht erfolgreiche Soloplatten.

Der Hit: *Romeo*
Der Tip: *Mr. Big* (EMI 1C 064-98 588)

Mr. Big

Eric Martin, v (* 10.10.1960); Billy Sheehan, b (* 19.3.1953); Paul Gilbert, g (* 6.11.1966); Pat Torpey, d (* 13.12.1959).
Gegründet wurde dieses amerikanische Band durch Billy Sheehan, der bis Ende 1988 bei David Lee Roth gespielt hatte. Pat Torpey hatte u. a. bei Robert Plant getrommelt. Gitarrist Paul Gilbert spielte bei Racer X und Mike Varney. Eric Martin hatte Erfahrungen mit einer eigenen Band und später als Solokünster gesammelt. 1989 erschien die erste LP dieser Formation, die alle Spielarten des harten Bereichs wie Hard Rock, Heavy Metal, Thrash, Blues, Rock 'n' Roll, aber auch melodischen Mainstream beherrschte. Das erste Album war mit großen Erwartungen erschienen, schaffte dann aber doch nur einen Platz knapp unter den ersten 50 der amerikanischen LP-Hitparade. Im Frühjahr 1991 erschien die CD *»Lean Into It«*, die unter die ersten 20 kam und Platinstatus erreichte. Darauf war auch die sehr zarte Nummer *»To Be With You«*, die als Single ausgekoppelt wurde, Ende 1991 in die US-Single-Charts kam, Gold erreichte und Spitzenreiter wurde. Platz 1 schaffte sie auch in Deutschland, in GB Platz 3. Die Nachfolge-Single *»Just Take My Heart«* konnte sich in den USA zumindest noch unter den ersten 20 plazieren.

Der Hit: *To Be With You*
Der Tip: *Lean Into It* (Antlantic 7567-822092)

Mr. Bloe

Wer Mr. Bloe ist, läßt sich nicht mehr ermitteln. Auf der LP wird als Harmonikaspieler Harry Pitch und als Arrangeur der Pianist Zack Laurence angegeben. Produzent war Stephen James. Da die Mundharmonika dominiert, müßte Harry Pich Mr. Bloe sein. Der Titel *»Groovin' With Mr. Bloe«* kam im Sommer 1970 auf den zweiten Platz der britischen Hitparade. Nachdem die folgenden Plattenaufnahmen, darunter auch Kompositionen von Elton John, scheiterten, ließ Laurence das Projekt Mr. Bloe wieder fallen.

Der Hit: *Groovin' With Mr. Bloe*
Der Tip: *Groovin' With Mr. Bloe* (Hansa 80884)

Mr. Mister

Richard Page, v/b (* 16.5.1953); Steve George, key (* 20.5.1955); Pat Mastelotto, d (* 10.9.1955); Stevie Farris, g (* 1.5.1957); Buzz Feiten, g.
Ende der 70er Jahre gründete Richard Page die Gruppe Pages, die 1979 mit »*I Do Believe In You*« in den US-Hot-100 notiert wurde. 1982 entstand aus dieser Formation Mr. Mister. Begonnen hatte Richard als Session-Musiker für Quincy Jones, James Ingram, Molly Hatchet und als Songschreiber für Donna Summer, Michael Jackson, Kenny Loggings und Al Jarreau. 1984 erschien die erste Platte von Mr. Mister, »*I Wear The Face*«. Ihre zweite LP, »*Welcome To The Real World*«, wurde im Herbst 1985 Spitzenreiter in den US-LP-Charts und Platinplatte. Daraus ausgekoppelt wurden die drei Single-Hits »*Broken Wings*«, Spitzenreiter in den USA, Platz 8 in Deutschland, 4 in GB, »*Kyrie*«, Ende 1985 ebenfalls Nummer 1 in den USA und 7 in Deutschland, und »*Is It Love*«, im Frühjahr 1986 Top 10 in den USA. 1987 erschien die LP »*Go On*«, die wieder weniger erfolgreich war. Steve Farris verließ die Gruppe 1989 und wurde durch Buzz Feiten ersetzt, der vorher bei Stevie Wonder, Paul Butterfield's Blues Band und in der Larsen-Feiten-Band gespielt hatte.

Der Hit: *Broken Wings*
Der Tip: *Welcome To The Real World* (RCA PD 89 647)

Mitchell, Guy

* 27.2.1927 als Albert Cernik. Der amerikanische Sänger und Schauspieler hatte schon als Kind einen Plattenvertrag und sang live für Radiostationen. Nach dem Krieg wurde er Sänger in der Band von Carmen Cavallaro. 1950 entdeckte ihn Mitch Miller, der ihn zur CBS brachte und alle seine späteren Platten mit seinem Orchester begleitete. Seine erste Platte war gleich ein Millionseller und Platz 2 in den US-Charts: »*My Heart Cries For You*«, eine französiche Melodie aus dem 18. Jahrhundert, die im Original »*Chanson de Marie Antoinette*« hieß. Bis Ende 1960 gelangen Guy knapp 30 Hitparadenerfolge in den USA und rund 15 in GB. Seine beiden größten Erfolge waren die US-Spitzenreiter »*Singing The Blues*« 1956 und »*Heartaches By The Number*« 1959. In GB erreichte er Platz 1 mit »*She Wears Red Feathers*« und »*Look At That Girl*« 1953, »*Singing The Blues*« 1956 und »*Rock-A-Billy*« 1957. »*My Truly, Truly Fair*« 1951 und »*Pittsburgh, Pennsylvania*« 1952 erreichten zwar nicht die Spitze, wurden aber Millionseller. 1961 sah man ihn

als Schauspieler in dem Western *»Whispering Smith«*, im Fernsehen hatte er 1957/58 seine eigene »Guy Mitchell Show«. Neben Johnny Ray dürfte Guy Mitchell, der auch in den 80er Jahren wieder nach längerer Pause auftrat, die Inkarnation des Pop der 50er Jahre sein.

Der Hit: *Singing The Blues*
Der Tip: *Heartaches By The Number* (Bear Family BCD 15454)

Mitchell, Joni

* 7.11.1943 als Roberta Joan Anderson. Die kanadische Sängerin, Gitarristin und Songschreiberin trat Mitte der 60er Jahre in Toronto mit ihrem Mann Chuck Mitchell auf. Nach ihrer Scheidung 1967 zog sie nach New York, wo sie als Designerin Karriere machen wollte. Dort schrieb sie ihren ersten Hit *»Chelsea Morning«* und verdiente sich in Folkclubs ihr Geld. Inzwischen gilt Joni Mitchell als die poetischste der Popmusik-Komponistinnen und Folksong-Interpretinnen Amerikas. Ihr Lied *»Woodstock«*, das sie vor dem Fernseher in New York schrieb, »weil ich durch sieben Meilen lange Autoschlangen nicht zum Pop-Festival kommen konnte«, wurde durch Crosby, Stills & Nash und Mattews Southern Comfort ein Welthit. Ihre schönste Komposition dürfte die in mehr als 50 Schallplattenversionen verbreitete Nummer *»Both Sides Now«* sein. Joni selbst erreichte lediglich einmal die Top 10 der amerikanischen Single-Charts: *»Help Me«* wurde im Frühjahr 1974 Platz 7 in den USA. Ihr erster Erfolg war *»Big Yellow Taxi«*, der es Mitte 1970 bis auf Platz 11 in GB brachte. Im Falle Joni Mitchells sind Singles allerdings auch nicht empfehlenswert. Hier gilt es, ganze LPs zu hören. Für den Stern ist Joni Mitchell »die Rock-Fee aus dem Land der Steckrüben«. Die britische Band Nazareth machte aus ihrem Lied *»This Flight Tonight«* einen Hit. Auch Interpreten wie Bob Dylan, Fairport Convention, Judy Collins, Tom Rush, Gordon Lightfoot oder Johnny Cash bedienten sich gerne ihres Songschreibertalents.

Der Hit: *Help Me*
Der Tip: *Ladies Of The Canyon* (Reprice 6376-2)

Mixed Emotions

Drafi Deutscher (* 9.5.1946), Oliver Simon (* 1957).
Mixed Emotions war eine weitere Spielwiese für die unglaubliche Kreativität von Drafi Deutscher. Zusammen mit dem Münchner Unternehmersohn Oliver Simon machte er von 1986 bis zum Anfang der 90er Jahre neben seinen anderen Aktivitäten Duett-Platten. Der erste Erfolg war im Herbst 1986 der Titel *»You*

Want Love«, der es bis auf Platz 4 in den deutschen Charts brachte. Danach erschien noch eine Reihe weiterer Titel der beiden unter den ersten 20, ein Top-10-Hit war jedoch nicht mehr dabei. Nachdem sich Drafi von Oliver Simon getrennt hatte, nahm er ab 1991 den Sänger Andreas Martin als neuen Partner zu Mixed Emotions.

Der Hit: *You Want Love*
Der Tip: *Deep From The Heart* (EMI 1C 538-7-46776-2)

Mixmaster

Hinter The Mixmaster verbirgt sich der italienische Diskjockey und Produzent Daniele Davoli. Außer diesem Projekt betreute er Black Box und Starlight. Mit der Disco-Nummer *»Grand Piano«*, erschienen Ende 1989, schaffte er einen Platz 9 in der britischen, Platz 12 in der deutschen Hitparade. Danach wandte er sich anderen Projekten zu, und es hatte sich ausgemixt.

Der Hit: *Grand Piano*

Mixtures

Peter Williams, g/banjo/v (* 3.4.); Fred Wieland, g (* 3.3.); Chris Spooner, b (* 10.5.); Don Lebler, d (* 16.9.1949).
Dieser australischen Formation gelang mit dem *»Pushbike Song«*, der musikalisch sehr an *»In The Summertime«* von Mungo Jerry erinnert, im Frühjahr 1971 ein Platz 2 in der britischen Hitparade. Mungo Jerry stand ein halbes Jahr vor ihnen in den Charts. Eine weitere Vorlage für einen Hit haben sie wohl nicht gefunden.

Der Hit: *Pushbike Song*

Mizell, Hank

* als Bill Mizell. Über seine Entlassung aus der US Navy muß Mizell so glücklich gewesen sein, daß er danach zu singen und zu predigen begann. Anfang der 50er Jahre spielte er mit seiner eigenen Country-Band in Alabama und zog sich dort den Spitznamen Hank zu. 1957 nahm Mizell den Titel *»Jungle Rock«* auf, der sich überhaupt nicht verkaufte und ihm einen einzigen Tantiemenscheck in Höhe von 86 Cents einbrachte. Daraufhin gab Mizell die Musik als Profi auf. Er wurde Prediger und produzierte hin und wieder in den 60er und 70er Jahren Country-Platten. 1976 entdeckten britische Rockabilly-Fans *»Jungle Rock«* wieder, und der Titel kam bis auf Platz 3 in den GB-Charts. Ansonsten blieb Mizell, der auch in den

80ern hin und wieder ein paar Platten aufnahm, nur eingefleischten Fans ein Begriff.

Der Hit: *Jungle Rock*
Der Tip: *Jungle Rock* (Bellaphon BLPS 19244)

Mo, Billy

* 22.2.1913 als Peter Mico Joachim. Billy wurde auf Trinidad geboren. In den 50er Jahren kam er nach Deutschland und wurde hier Trompeter im Orchester von Bert Kaempfert. So ist es sein Spiel, das den Titel »*Mitternachtsblues*« im Frühjahr 1958 auf Platz 6 in die deutschen Charts brachte. Als man in Deutschland Anfang der 60er Jahre einen Spaßvogel à la Louis Armstrong suchte, der auch noch wie er Trompete spielen konnte, mußte man zwangsläufig auf Billy Mo kommen. Seine erste Hitnotierung war im Frühjahr 1960 »*Wenn die Elisabeth*«. Drei Jahre später – gerade rechtzeitig zur Karnevalssaison – kam »*Ich kauf' mir lieber einen Tirolerhut*« in die deutsche Hitparade, wurde Platz 1, erhielt Gold und ließ die Tatsache, daß Billy Mo ein ausgezeichneter Trompeter war, für viele Jahre in Vergessenheit geraten. Seine weiteren Hits zeigen, was man aus ihm gemacht hatte: »*Die große Trommel macht bum-bum*«, »*Bierdeckel-Polka*«, »*Das Humbta-Täterä*« oder »*Der Salon-Tiroler*«. Eigentlich komisch, daß man Billy Mo noch nie bei internationalen Tennisübertragungen in der ersten Reihe gesehen hat?!

Der Hit: *Ich kauf' mir lieber einen Tirolerhut*

Mobiles

Anna Maria, v; Chris Dowton, g; David Blundell, b; Jhon, key; Russ Madge, g; Eddie Fragile, d.
Von der Plattenfirma wurde die Gruppe mit der sämigen Geschichte, daß sich die Leadsängerin Anna Maria in Berlin unglücklich verliebt hat und deshalb den Song »*Drowning In Berlin*« schrieb, avanciert. Jedenfalls brachte diese Nummer der britischen Formation im Januar 1982 einen Platz 9 in den GB-Charts. Mit dem Nachfolger »*Amour Amour*« hat sie dann offensichtlich ihre Liebe gefunden – der erreichte nur Platz 45 in GB, und danach verschwanden sie wieder.

Der Hit: *Drowning In Berlin*

Moby

* als Richard Melville Hall. Die Musik zur Fernsehserie *»Twin Peaks«* hat Moby zu seinem Stück *»Go«* animiert. Dieser Titel kam erstmals Mitte 1991 in die britischen Charts bis auf Platz 46 und fiel dann wieder heraus. Drei Monate später – inzwischen hatte sich die Serie wohl in den Köpfen festgesetzt – kam das Stück erneut in die GB-Charts und erreichte diesmal Platz 10. Moby nennt sich der Interpret, weil er angeblich mit dem Schriftsteller Herbert Melville verwandt ist, der bekanntlich die Geschichte über den Wal »Moby Dick« verfaßte.

Der Hit: *Go*

Mocedades

Dieses spanische Sextett aus Bilbao, das von den Schwestern Amaya und Izaskum Amezaga angeführt wurde, beteiligte sich 1973 für Spanien am Grand Prix Eurovision mit der Nummer *»Eres Tu«*. Sie belegten Platz 2. Gewinner dieser Veranstaltung, die in jenem Jahr in Luxemburg stattfand, wurde die für Luxemburg startende Anne Marie David mit *»Tu Te Reconnaitras«*. Normalerweise tauchen Titel, die beim Grand Prix erfolgreich sind, in den USA nicht in den Hitparaden auf. Dies hier ist eine der Ausnahmen. Mocedades erreichten im Januar 1974 Platz 9 in den US-Charts. Für die Amerikaner hatte man die Nummer auf der B-Seite als *»Touch The Wind«* in englisch gesungen. In Deutschland erreichte die Platte Mitte 1973 Platz 15. Die Briten straften die Nummer mit Verachtung: Sie kam nicht einmal unter die ersten 75.

Der Hit: *Eres Tu*

Modernaires With Paula Kelly

Paula Kelly, Hal Dickinson († 18.11.1970), Ralph Brewster, Chuck Goldstein, Bill Goldstein, alle v.

Diese amerikanische Gesangsformation wurde bekannt, als sie mit Glenn Miller auf Titeln wie *»Chattanooga Choo Choo«*, *»Moonlight Cocktail«* und *»Kalamazoo«* sang. Die Besetzung dieser Gruppe änderte sich sehr häufig. Lediglich Hal und Ralph blieben bis in die 50er Jahre zusammen. Die Modernaires und Paula Kelly waren auch auf Titeln von Frank Sinatra und Les Brown zu hören. Ab 1945 waren sie auch unter ihrem Namen in den Charts vertreten. Der größte Erfolg gelang ihnen im Herbst 1946 mit dem Titel *»To Each His Own«*, Platz 3 in den USA. Nach 1956 werden sie nicht mehr verzeichnet.

Der Hit: *To Each His Own*
Der Tip: *Remember The Modernaires* (Fontana 6430 113)

Modern Romance

Geoffe Deanne, v (* 10.12.1954); David Jaymes, b (* 28.11.1954); Robbie Jaymes, key (* 3.10.1962); Paul Gendler, g (* 11.8.1960); Andy Kyriacou, d (* 19.4.1958); John du Prez, tr; Michael J. Mullins, v (* 9.11.1956).
Zusammen mit David Jaymes gründete Geoffe Ende der 70er Jahre die britische Punk und Reggae parodierende Gruppe Leyton Buzzards. Wenig später verzichteten sie auf Leyton und veröffentlichten als Buzzards 1979 eine LP. Diese Platte blieb weit hinter den Verkaufserwartungen des Duos zurück, und deshalb gründeten sie 1980 die mehr kommerziell ausgerichtete Disco-Salsa-Tanzgruppe Modern Romance. Ihre erste Platte in den Charts war im Herbst 1981 *»Everybody Salsa«*. Der Hopsa- und Tralala-Sound bescherte der Formation bis Ende 1983 etliche Hits, darunter die Top-10-Erfolge *»Ay Ay Ay Ay Moosey«* 1981, *»Best Years Of Our Lives«* 1982, *»High Life«* und *»Walking In The Rain«* 1983. Ende 1982 verließ Deanne die Gruppe, um Soloplatten zu veröffentlichen, und wurde durch Michael J. Mullins ersetzt. Nach ihrem letzten Hit trennte sich die Formation. Auch David Jaymes veröffentlichte Soloplatten, während Deanne inzwischen Comedy-Scripts schreibt.

Der Hit: *Best Years Of Our Lives*
Der Tip: *14 Super Tracks* (WEA 24-0311-1)

Modern Talking

Dieter Bohlen, g/v (* 7.2.1954); Thomas Anders, v (* 1.3.1963 als Bernd Weidung).
Dieses Duo gehört ganz ohne Zweifel zu den erfolgreichsten deutschen Acts zwischen 1985 und 1987. Dieter Bohlen schrieb die Songs, Thomas Anders sang sie. Die Singles *»You're My Heart, You're My Soul«*, *»You Can Win If You Want«* und *»Cheri, Cheri Lady«* 1985, *»Brother Louie«* und *»Atlantis Is Calling (S.O.S. For Love)«* 1986 waren außerdem im Sommer 1986 Platz 4 der britischen Charts. 1987. Nachdem es zu Streitigkeiten zwischen Dieter und Thomas gekommen war, trennte sich das Duo. Dieter machte als Blue System weiter, Thomas veröffentlichte 1989 seine erste Soloplatte.

Der Hit: *Brother Louie*
Der Tip: *Ready For Romance* (Hansa 207 705-630)

Modugno, Domenico

* 9.1.1928. Der italienische Sänger und Songschreiber versuchte sich zunächst als Schauspieler. 1955 spielte er einen Sänger und erhielt daraufhin einen Plattenvertrag. Er nahm vor allem selbstgeschriebene Titel auf. 1958 gewann er das Song-Festival in San Remo mit »*Nel Blu Dipinto Di Blu*«. Damit wurde er schlagartig über die Grenzen Italiens hinaus bekannt. Mit einem englischen Text versehen, wurde die Nummer als »*Volare*« Spitzenreiter in den USA und Platz 10 in GB. Mit diesem Titel hatte er sich auch beim Grand Prix Eurovision 1958 beworben. Er landete damit nur auf Platz 3. Als ob es für ihn wichtig wäre, hat er 1959 wieder beim Grand Prix mitgemacht und belegte diesmal mit »*Piove*« nur Platz 6.

Der Hit: *Volare*

Mojos

Stu James, v; Nicky Crouch, g; Terry O'Toole, p; Keith Alcock, b; Bob Konrad, d.
Die Mojos waren 1963/64 eine der erfolgreicheren Mersey-Beat-Gruppen. Sie hatten sich 1960 als Nomads zusammengefunden. Wie viele englische Bands dieser Zeit gingen auch sie durch die harte Schule der Hamburger Reeperbahn. Im Frühjahr 1964 gelang der Gruppe mit dem Stück »*Everything's Alright*» ein Top-10-Erfolg. Im gleichen Jahr gelangen ihnen zwar noch zwei weitere Chart-Entries, aber danach quälten sie sich bis 1967 und nahmen zwischenzeitlich als Schlagzeuger Aynsley Dunbar und als Bassist Lewis Collins hinzu. Dann fiel die Gruppe auseinander. James ging zu einem Musikverlag, Dunbar zu John Mayall's Bluesbreakers und Lewis Collins wurde Schauspieler. So wirkte er z. B. in der Serie »*Die Profis*« mit.

Der Hit: *Everything's Alright*
Der Tip: *The Mojos Working* (Edsel ED 110 TIS)

Moments

Al Goodman (* 31.3.1947), Harry Ray (* 15.12.1946, † 1.10.1992), William Brown (* 30.6.1946), Mark Greene, alle v.
In den Anfangstagen dieses Soultrios aus Hackensack, New Jersey, war der musikalische Kopf Mark Greene. Ende 1968 gelang den Moments mit »*Not On The Outside*« eine erste Chart-Notierung. Danach verließ Greene die Band, und mit William Brown und Al Goodman kamen zwei neue Sänger. »*Love On A Two-Way Street*« wurde im Frühjahr 1970 ein Millionseller und Platz 3 in den USA.

Nach diesem Hit kam als dritter Mann Harry Ray zu den Moments. In den USA hatten sie ein paar kleinere Hits, in GB gelangen ihnen mit *»Dolly My Love«* 1975 und *»Jack In The Box«* 1977 weitere Top-10-Erfolge. Zusammen mit den Whatnauts, einer weiteren amerikanischen Soulgruppe, hatte die Band im Frühjahr 1975 noch den Top-10-Erfolg *»Girls«*. Nachdem der Gruppe kein weiterer Hit mehr gelang, veröffentlichten sie ab Anfang der 80er Jahre Platten unter ihren Nachnamen als Ray, Goodman & Brown. Mit *»Special Lady«* sollte ihnen im Frühjahr 1980 noch ein großer Wurf gelingen: Platz 5 in den USA. Die Plattenveröffentlichungen des Trios reichten bis zum Ende der 80er Jahre. Ray starb 1992 nach einem Schlaganfall.

Der Hit: *Love On A Two-Way Street*
Der Tip: *Those Sexy Moments* (All Platinum 9109 300)

Moments & Whatnauts

siehe Moments

Money, Eddie

* 2.3.1949 als Edward Mahoney. Vor seiner Karriere als Rocksänger war Eddie Polizist in New York. 1978 erschien seine Debüt-LP, auf der sich auch sein erster Single-Hit *»Baby Hold On«* befand. *»Take Me Home Tonight«* kam 1986 in die US-Charts und erreichte Platz 4. Im Song sind Ausschnitte aus *»Be My Baby«* zu hören, die von Ronnie Spector gesungen werden. *»Walk On Water«* war Ende 1988 ein weiterer Top-10-Erfolg für ihn. *»Peace In Our Time«* erreichte Ende 1989 Platz 11. 1991 kam er mit der CD *»Right Here«*.

Der Hit: *Take Me Home Tonight*
Der Tip: *Greatest Hits – Sound Of Money* (CBS 465 993 2)

Monika & Peter

Dieses deutschsprachige Duo bestand aus Kurth Stephan – vom Comedian-Quartett und anderen erfolgreichen und kurzlebigen Hit-Formationen – und der in Basel 1932 geborenen Sängerin Nana Gualdi. Mit *»Drei weiße Birken«* hatten sie im Frühjahr 1961 einen Platz 8 in der deutschen Hitparade. *»Nimm Platz, mein Schatz«* war der Nachfolgehit, der es immerhin noch unter die ersten 30 brachte. Das war alles für dieses Duo.

Der Hit: *Drei weiße Birken*

Monkees

Michael Nesmith, g/v (* 30.12.1942 als Robert Michael Nesmith); Peter Tork, b/v (* 13.2.1944 als Peter Halsten Thorkelson); Davy Jones, v (* 30.12.1945); Mickey Dolanz, d/v (* 8.3.1945).
Der amerikanische Gitarrist, Sänger und Songschreiber Michael Nesmith begann seine Karriere als Michael Blessing. Unter diesen Namen nahm er seine ersten Platten auf. Nebenher schrieb er Lieder für andere Interpreten, so z. B. für die Stone Poneys den Hit *»Different Drum«*. Michael bewarb sich dann wie einige andere im September 1965 auf eine Zeitungsannonce, in der »vier verrückte Typen« für eine Fernsehserie über eine Musikgruppe gesucht wurden. Nach einigen Tests nahm man zwei Musiker – Michael und Folksänger Peter Tork – und zwei hoffnungsvolle junge Schauspieler – Mickey Dolanz und Davy Jones. Unter den Bewerbern, die abgelehnt wurden, befanden sich Stephen Stills (wegen seiner schlechten Zähne), Danny Hutton (der daraufhin Three Dog Night gründete) und Charles Manson (mit Recht!). Nesmith, Tork, Jones und Dolanz waren nun also die Monkees, und im September 1966 wurde die erste Folge der TV-Serie ausgestrahlt, die schnell sehr populär wurde. Singles, die in der Sendung gesungen wurden, kletterten in die Charts. *»Last Train To Clarksville«* wurde im Herbst 1966 der erste Spitzenreiter für die Gruppe in den USA. *»I'm A Believer«* noch 1966 und *»Daydream Believer«* 1967 waren weitere Spitzenreiter und Millionseller in den USA. *»A Little Bit Me, A Little Bit You«* und *»Pleasant Valley Sunday«* 1967 und *»Valerie«* 1968 kamen zwar nicht auf Platz 1, wurden aber trotzdem über eine Million mal verkauft. *»I'm A Believer«* wurde 1967 auch in GB Spitzenreiter. Peter Tork war der erste, der aus der Band aussteigen wollte. Um sich aus dem Vertrag freizukaufen, mußte er Ende 1968 160 000 Dollar bezahlen. Der Rest der Musiker trennte sich 1970. 1981 tourte Peter Tork mit seiner Band New Monks durch Japan. In einem Interview mit dem National Inquirer sagte er, er habe in den letzten Jahren als Kellner gearbeitet und sei ansonsten ein professioneller ehemals Erfolgreicher. 1986 sendete MTV die 52 alten Monkees-Episoden wieder, und daraufhin kamen Peter, Mickey und Davy wieder als Monkees zusammen. Es reichte mit *»That Was Then, This Is Now«* Mitte 1986 zumindest für einen Top-20-Erfolg. Nun war auch die Nachfrage nach dem alten Material der Monkees wieder da, und es kamen in der zweiten Hälfte des Jahres 1986 insgesamt sieben LPs der Gruppe in die US-Charts.

Der Hit: *I'm A Believer*
Der Tip: *Listen To The Band* (Rhino R 70566 TIS)

Monotones

Warren Davis, George Malone, Charles Patrick, Frank Smith, John Ryanes (†), Warren Ryanes (†), alle v.
Dieses Sextett wurde 1955 in New Jersey gegründet. Vorher hatten sie mit Dionne Warwick und Cissy Houston im Kirchenchor gesungen. 1956 gewannen sie bei einem TV-Talentwettbewerb den ersten Preis. Patrick, Malone und Davis schrieben noch in demselben Jahr den Titel *»Book Of Love«*, den die Monotones dann aufnahmen. Im Frühjahr 1958 kam die Nummer in die US-Charts und erreichte schließlich Platz 5. Die Gruppe befand sich gerade auf einer ausgedehnten Tournee mit Bobby Darin und Frankie Lymon & The Teenagers. Aus diesem Grund war sie nicht in der Lage, schnell eine Nachfolge-Single aufzunehmen. Als die dann endlich kam, war der Hitruhm schon verblaßt. Es erschienen drei weitere Singles, bevor die Gruppe auseinanderging. In den 80er Jahren traten die Monotones ohne die beiden verstorbenen Brüder Ryanes immer noch auf.

Der Hit: *Book Of Love*

Monro, Matt

* 1.12.1932 als Terrence Parsons, † 7.2.1985. Der britische Sänger suchte noch während seiner Militärzeit sein Glück als Sänger bei Nachwuchswettbewerben. Weil das nicht klappte, wurde er erst einmal Busfahrer. In den späten 50er Jahren wurde er professioneller Sänger. George Martin machte mit ihm unter dem Namen Fred Flange Parodien auf Frank-Sinatra-Titel. So ist er z. B. auf *»Songs For Swinging Sellers«* von Peter Sellers aus dem Jahre 1959 zu hören. Frank Sinatra, der diese Platte gehört hatte, sprach Matt ein Kompliment aus: gut getroffen. Von 1960 bis 1965 war er dann mit eigenen Platten erfolgreich. *»Portrait Of My Love«* kam Ende 1960 in die britischen Charts und erreichte Platz 3. Die Nachfolge-Single *»My Kind Of Girl«* kam im Frühjahr 1961 auf Platz 5 in GB und war in den USA der einzige Top-20-Erfolg für Matt. *»Softly As I Leave You«* 1962, *»Walk Away«* 1964 und *»Yesterday«* 1965 waren seine weiteren Top-10-Erfolge in GB. 1963 sang Matt das Thema zu dem James-Bond-Film *»From Russia With Love«*. Er starb 1985 an Leberkrebs.

Der Hit: *My Kind Of Girl*
Der Tip: *Softly As I Leave You* (MFP CDB 7 52006 2)

Monroe, Gerry

Der britische Sänger gab sein Debüt 1970 in der TV-Sendung *»Top Of The Pops«* mit einer Cover-Version des Gracie-Fields-Hits *»Sally«*. Dieser erste Hit war auch gleich sein größter: im Frühjahr 1970 erreichte er Platz 4 in der britischen Hitparade. *»My Prayer«* kam im Herbst des gleichen Jahres noch bis auf Platz 9. Seine letzte Hitnotierung hatte er im Februar 1972. Die erfolgreichsten Plattenaufnahmen von Gerry waren Cover-Versionen. Danach trat er vorwiegend in Clubs auf, bis ihn gesundheitliche Probleme zwangen, kürzerzutreten. Gerry Monroe starb im November 1989.

Der Hit: *Sally*

Monroe, Vaughn

* 7.10.1911, † 21.5.1973. Der amerikanische Sänger, Trompeter und Bandleader gehörte in den 40er Jahren zu den bekanntesten Radiopersönlichkeiten in den USA. Mit 15 war er in Wisconsin der Landessieger im Trompetenwettbewerb. Er studierte an der Carnegie School of Music und spielte Trompete in diversen Tanzbands. Austin Wylie, 1933/34, Larry Funk, 1934/35, und Jack Marshard, ab Mitte der 30er Jahre, waren seine nächsten Stationen. 1940 gründete Vaughn sein eigenes Orchester, und mit dem Titel *»There I Go«* gelang Vaughn Ende 1940 seine erste Hitnotierung in den USA, ein Platz 1. Die Liste seiner Erfolge reicht bis in das Jahr 1959 und umfaßt über 70 Titel. Nummer-1-Hits waren *»My Devotion«* und *»When The Lights Go On Again (All Over The World)«* 1942, *»Let's Get Lost« 1943, »There! I've Said It Again« und »Let It Snow! Let It Snow! Let It Snow!«* 1945, *»Ballerina«* 1947 und *»Riders In The Sky (A Cowboy Legend)«* und *»Someday«* 1949. Monroe war mit seiner Band auch in etlichen Filmen zu sehen und hatte seine eigene TV-Show Anfang der 50er Jahre. Ende der 50er zog er sich für einige Jahre aus dem Musikgeschäft zurück. 1964 machte er semiprofessionell wieder eine eigene Band. Das hielt er bis in die frühen 70er Jahre durch. Er starb im Mai 1973.

Der Hit: *Riders In The Sky (A Cowboy Legend)*
Der Tip: *Collectables* (MCA 1559)

Monte, Lou

* 2.4.1917. Der in New Jersey geborene Sänger italienischer Abstammung, was er in seinen Songs sehr kultivierte, hatte seinen ersten Hit mit *»At The Darktown Strutter's Ball«*, im Frühjahr 1954 Platz 7 in den US-Charts. Über Songs wie *»Italian Hucklebuck«* und eine italienische Version von *»The Sheik Of Araby«* kam er Ende

1962 zu seinem größten Erfolg, *»Pepino The Italian Mouse«*, Platz 5 in den USA. Seine letzte Notierung hieß *»Pepino's Friend Pasqual (The Italian Pussy-Cat)«*.

Der Hit: *Pepino The Italian Mouse*

Montecarlos

Jörg Maria Berg, Leo Hoppe, Rudi Kreuzberg, Rudi Resch.
Die Montecarlos traten ab 1955 auch als Blaue Jungs auf. Sie hatten sich 1955 als Vokal-Quartett formiert und standen in den deutschen Charts mit zwei Titeln, die beide Top 10 wurden: *»Andrea«* 1956 und *»Warum strahlen heut nacht die Sterne hell«* 1957. Jörg Maria Berg war auch mit Peter Kraus als James Brothers, zusammen mit Ernie Bieler und als Solist erfolgreich.

Der Hit: *Andrea*

Montenegro, Hugo

* 1925, † 6.2.1981. Der in New York geborene Orchesterchef hatte sich auf das Komponieren von Filmmusiken spezialisiert. Seinen größten Erfolg hatte er jedoch mit einem Titel, den Ennio Morricone für den Film »Zwei glorreiche Halunken« geschrieben hatte: *»The Good, The Bad And The Ugly«* kam im Frühjahr 1968 in die amerikanische Hitparade und erreichte Platz 2. Im Verlaufe des Jahres wurde der Titel Spitzenreiter in GB und Platz 17 in Deutschland. Montenegro kam 1955 zur Plattenindustrie und arbeitete zunächst als Manager und dann als Dirigent und Arrangeur für z. B. Harry Belafonte. In den 60er und 70er Jahren versorgte er Filme von Clint Eastwood, Dean Martin, Frank Sinatra oder auch einen Western mit Elvis Presley mit Musik.

Der Hit: *The Good, The Bad And The Ugly*
Der Tip: *Hugo Montenegro And His Orchesta* (Ariola 295 046)

Montez, Chris

* 17.1.1943 als Christopher Montanez. Der amerikanische Sänger kopierte den Stil seines Vorbildes Ritchie Valens, der Chris auch protegierte. Wie der stammte er aus dem Umfeld der Pachucos, die man später Chicanos oder Hispanics nannte. Man sprach in dem Zusammenhang auch von Tex-Mex-Music. Angeblich war Chris Montez ein Schulfreund der Beach Boys. Seine erste Platte machte er 1960. Ab Mitte 1962 war er für einige Jahre recht erfolgreich. Seine größten Hits waren *»Let's Dance«*, 1962 ein Platz 4 in den USA, 2 in GB und 7 in Deutschland

und bei einer Wiederveröffentlichung 10 Jahre später erneut Top 10 in GB, »*Some Kinda Fun*«, Ende 1962 Top 10 in GB, und »*The More I See You*«, Mitte 1966 Platz 3 in GB.

Der Hit: *Let's Dance*
Der Tip: *Let's Dance And Have Some Kinda Fun!!!* (Repertoire 4152 WZ TIS)

Monty Python

John Cleese (* 27.10.1939), Eric Idle (* 29.3.1943).
Daß die mit typisch britischem Humor und einer gehörigen Protion Sarkasmus ausgestattete Truppe jemals einen Hit haben würde, war klar. Am Ende des Songs »*Always Look On The Bright Side Of Life . . .*« heißt es ja überdeutlich, daß ganz zufällig die Platte zum Film »*The Life Of Brian*« im Foyer zu kaufen ist. Daß das jahrelang unbekannt war, lag an der Tatsache, daß sich so lange niemand das Stück angehört hatte und da das Lied auch am Ende des Films war, sind alle, bevor der Abspann kam, aufgesprungen und rausgerannt. Irgendwann ist jemand, der während des Films eingeschlafen ist, zu spät wach geworden und hat die Botschaft vernommen, die Platte gespielt – es handelt sich um eine Tante, die den Nachnamen BBC trägt –, und damit nahm das Unglück seinen Lauf. Die 1979 erschienene Platte kam schon Ende 1991 in die englische Hitparade und erreichte Platz 3. Gleiches Ergebnis erzielte sie wenig später auch in Deutschland, wo man eine Aufnahme des »*River Kwai March*« herausgehört hatte. So oder so ähnlich hat sich die Geschichte zugetragen, und wenn sie nicht gestorben sind, mögen sie immer noch Chinesen.
P.S.: Mal ganz im Ernst, Monty Python kamen 1967 zusammen. Die Schauspieltruppe arbeitete anfangs als Team für das britische Fernsehen und brachte bis 1972 abstruse und absurde Sketch-Episoden. Dann versuchten sie sich mit Kinofilmen. Nachdem sie knapp bei Kasse waren, half George Harrison aus, und mit seiner finanziellen Hilfe entstanden Filme wie: »*Die Ritter der Kokosnuß*« 1974, »*Das Leben des Brian*« 1979 oder »*Der Sinn des Lebens*« 1982. Das Spektrum von Monty Python umfaßt sanfte Ironie bis zu vulgärem Klamauk, intelligenten wie infantilen Humor, Tabuverletzung und Zerstörungswut, Persiflage und Zynismus. Danach trennte sich die Truppe, arbeitete aber weiter erfolgreich für Fernsehen und Kino. John Cleese und Erick Idle waren z. B. in »*Ein Fisch namens Wanda*« zu sehen. Cleese dreht außerdem Filme für Managerseminare.

Der Hit: *Always Look On The Bright Side Of Life . . .*
Der Tip: *Monty Python Sings* (Virgin MONTD 1)

Moody Blues

Denny Laine, v/harm/g (* 29.10.1944 als Brian Hines); Mike Pinder, p/key (* 12.12.1942); Ray Thomas, fl/v/harm (* 29.12.1942); Clint Warwick, b (* 25.6.1940); Graeme Edge, d (* 30.3.1944); Justin Hayward, v/p/g (* 14.10.1946); John Lodge, b (* 20.7.1945).

Im Mai 1964 wurde der Grundstock für die britische Gruppe Moody Blues gelegt. Denny Laine hatte gerade seine Gruppe Diplomats aufgelöst und suchte neue Musiker für eine Band, die sich zunächst MB Five nannte. Er fand sie in Ray Thomas, Mike Pinder – beide hatten gerade ein Jahr im Hamburger Top-10-Club mit den Crewcats gespielt –, Graeme Edge und Clint Warwick. Wenig später entschieden sie sich, daß M für Moody stand und B für Blues und nannten sich dementsprechend Moody Blues Five. Noch im August 1964 erschien ihre Debüt-Single *»Lose Your Money«*. Im Frühjahr 1965 erreichte *»Go Now«*, eine Cover-Version von Bessie Banks' US-Erfolg in den USA. Die nächsten Singles der Formation kamen jedoch nicht mehr über die Top 20 hinaus, und im Oktober 1966 entschied man sich, die Band aufzulösen. Denny Laine unterschrieb einen Solo-Plattenvertrag. Nachdem das nichts wurde, machte er mit Ex-Move-Mitglied Trevor Burton die Band Balls und ab 1973 spielte er mit Paul McCartneys Wings. Nur einen Monat nach der Trennung belebten Pinder, Thomas und Edge die Band neu. Sie suchten sich zwei neue Mitglieder: John Lodge und Justin Hayward. Ende 1967 erschien die von Hayward geschriebene Nummer *»Nights In White Satin«*, die es bis auf einen Platz 19 in GB brachte. Dieser Titel sollte sich im Laufe der Jahre zum Markenzeichen von Moody Blues entwickeln, kam im August 1972 in die amerikanischen Charts, wurde ein Millionseller und Platz 2. Jetzt zogen auch die Briten nach, und die Platte erreichte Ende 1972 Platz 9 in GB. Sieben Jahre später kam die Platte erneut bis auf Platz 14. *»Question«* war im Frühjahr 1970 in die britischen Charts gekommen und hatte Platz 2 erreicht. Dieser Titel wurde die erfolgreichste Aufnahme der Band in Deutschland: Platz 9. In den 70er Jahren wußte man nie, ob es die Gruppe noch gibt. Sie arbeiteten getrennt oder als Duos, wie z. B. Hayward und Lodge. Mitte 1978 nahmen sie *»Octave«*auf, ihre erste Platte seit sechs Jahren, die ihre erste Platin-LP überhaupt wurde. Danach verließ Mike Pinder die Band und wurde durch den Schweizer Patrick Moraz ersetzt, der bereits bei Refugee und Yes gespielt hatte. Auch in den 80er Jahren schien es so zu sein, daß die Gruppe immer dann mal wieder zusammenkam, wenn es galt, die Rente aufzubessern. Sehr schön ihre Langspielplatte *»The Other Side Of Life«* aus dem Jahr 1986. Daraus ausgekoppelt wurde die Single *»Your Wildest Dreams«*, die sich im Frühjahr 1986 zum Top-10-Erfolg in den USA entwickelte. 1988 erschien die LP *»Sur La Mer«*, 1991 *»Keys Of The Kingdom«*. 1993 spielte die Besetzung Thomas, Hayward, Lodge und Edge zusammen mit dem Colorado Symphony Orchestra das Live-Album *»A Night At Red Rocks«* ein.

Der Hit: *Nights In White Satin*
Der Tip: *Voices In The Sky* (Threshold 820 155-2)

Mooney, Art

* 1911. Ab Mitte der 30er Jahre leitete Art, meist in Detroit, seine eigene Band. Dann unterbrach der Krieg seine Karriere, aber danach setzte er nahtlos wieder an. 1948 gelang ihm der Spitzenreiter und Millionseller *»I'm Looking Over A Four-Leaf Clover«*. Auch seine nächsten beiden Platten waren Millionseller und Top-10-Erfolge: *»Baby Face«* und *»Blue Bird Of Happiness«*. *»Again«* war 1949 ein Top-10-Hit, *»Honey-Babe«* und *»Nuttin' For Christmas«* 1955 seine beiden letzten. Nach 1960 wurde er nicht mehr in den Charts notiert, aber Art trat mit seinem Orchester noch bis weit in die 70er Jahre auf.

Der Hit: *I'm Looking Over A Four-Leaf Clover*

Moore, Bob

* 30.11.1932. Der amerikanische Bassist und Songschreiber war in den 50er Jahren ein gesuchter Studiomusiker, der auf Platten von Connie Francis, Brenda Lee, Pat Boone, Elvis Presley, Red Foley und vielen anderen zu hören war. Mit seiner Band wurde er der ständige Begleiter auf den frühen Hits von Roy Orbison. Insgesamt hat er innerhalb von 30 Jahren auf 18 000 Schallplatten mitgewirkt. Im Herbst 1961 gelang ihm mit dem Titel *»Mexico«*, bei dem man sich ernsthaft fragt, was Bob darauf macht, ein Platz 7 in den USA und Spitzenreiter in Deutschland. Hier schaffte er mit *»Auf Wiedersehn, Marlen«* und *»Auf meiner kleinen Hacienda«* 1962 zwei weitere Top-10-Erfolge. Nach 1964 war auch hier seine Hit-Zeit vorüber.

Der Hit: *Mexico*
Der Tip: *Mexico* (Bear Family BFX 15 288)

Moore, Dorothy

* 1946. Zusammen mit der Formation Poppies hatte Dorothy als deren Leadsängerin, im Frühjahr 1966 den Hit *»Lullaby Of Love«*. Ab 1973 taucht sie erst nur in den Rhythm-&-Blues-, ab 1976 auch in den Pop-Charts auf. Im Frühjahr jenes Jahres stand ihr Titel *»Misty Blue«* auf Platz 3 in den US-, auf Platz 5 in den GB-Charts. Mit *»I Believe You«* erreichte sie im Herbst 1977 noch mal einen Top-30-Erfolg in den USA und GB. Die Liste ihrer R&B-Erfolge reicht bis in das Jahr 1982.

Der Hit: *Misty Blue*

Moore, Gary

* 4.4.1952 als Robert William Gary Moore in Belfast, Nordirland. Sein Vater war ein Konzertveranstalter. Daß von Irland hervorragende Pop-Musiker kommen, ist sicher nicht erst seit Van Morrison oder Rory Gallagher bekannt. Nachdem er den 16jährigen als Mitglied von Skid Row gehört hatte, sagte Gitarrenkollege Peter Green Gary Moore eine große Karriere voraus. Skid Row hatte im Vorprogramm von Peter Greens Fleetwood Mac gespielt.
Über die Wandlungsfähigkeit von Gary Moore werden sicher viele gestaunt haben. Gerade mal 16 Jahre alt, spielte Gary neben Phil Lynott in Irland in der Band Skid Row. Phil stieg allerdings schon nach wenigen Monaten aus, um sein Projekt Thin Lizzy zu gründen. Skid machte als Trio weiter. Neben Gary spielten Brendan Shields Baß und Noel Bridgeman Drums. 1970 ging die Gruppe von Belfast nach London und erhielt einen Plattenvertrag. Nach nur zwei Alben stieg Gary wieder aus, um 1973 sein erstes Solo-Album aufzunehmen. Nachdem das ein Flop wurde, ging Gary wieder zu seinem alten Freund Phil und ersetzte bei Thin Lizzy Eric Bell. Jedoch schon nach vier Monaten wurde Gary wieder durch Scott Gorham und Brian Robertson ersetzt. Gary verdiente sein Geld als Session-Musiker, spielte auf Platten von Eddie Howell und machte mit bei einer Rockversion von *»Peter und der Wolf«*. 1976 wurde er Mitglied bei Colosseum II, mit denen er drei Langspielplatten aufnahm. 1977 sprang er wieder einmal bei Thin Lizzy ein, ging wieder, wurde wieder festes Mitglied und verließ die Gruppe mitten während einer US-Tournee, um die Band G-Force zu gründen. Phil Lynott muß ihm jedoch immer wieder verbunden gewesen sein, denn im Frühjahr 1979 erschien Garys Single-Platte *»Parisienne Walkways«*, die von Phil gesungen wurde und die es bis auf Platz 8 in den britischen Single-Charts brachte. Es kamen weitere zwar schöne, aber kommerziell nicht sonderlich erfolgreiche Platten auf den Markt, bis 1984 *»Empty Rooms«* erschien und 1985 *»Out In The Fields«* – diese Single, wieder zusammen mit Phil Lynott, erreichte im Frühjahr Platz 5 in GB. Gerade glaubte man, Gary einordnen zu können, da machte er musikalisch eine Kehrtwendung hin zum Blues. Schien das nach den ersten Platten noch mehr eine Laune zu sein, so entwickelte sich seine Vorliebe für den Blues zu einem absoluten Renner. Den unerwarteten Erfolg von Gary Moores Album *»Still Got The Blues«* verdankte er sicher auch zum Teil jener Überraschung darüber, daß ein gestandener Gitarrist auf dem Sektor Rock und Jazz-Rock plötzlich eben mit dieser bodenständigen Musik kam. Als Gastmusiker waren auf *»Still Got The Blues«* George Harrison, Mick Weaver, Albert Collins und andere populäre Rockmusiker zu hören. Als nächste LP erschien *»After Hours«*, auf der unter anderem die Blues-Legende B. B. King mit ihm spielte. Ein Erfolgsgeheimnis von Gary Moore dürfte sein, daß er auf seinen Platten und auch bei seinen Auftritten Blues-Standards mit neu geschriebenem Material im Blues-Stil vermischt. Nach dem Erfolg von *»After*

Hours« erschien die CD *»Blues And More«*, auf der ein interessanter Querschnitt durch das musikalische Schaffen von Gary Moore zu finden war. Die Aufnahmen gingen von Skid Row über seine eigene Band, Colosseum, G-Force bis hin zum Hit *»Parisienne Walkways«* mit Phil Lynott. Gary Moore hat immer behauptet, der große Jeff Beck sei sein Vorbild. Inzwischen ist er selbst in die erste Liga der Gitarristen aufgestiegen. Ob er bei diesem Genre bleibt oder ob er nicht doch irgendwann als Jazzgitarrist wieder auftraucht, ist ungewiß. Wer von Gary Moore live mehr hören will, sollte sich unbedingt die CD *»Blues Alive«* anschaffen, die 1993 erschienen ist. Darauf war auch *»Parisienne Walkways '93«* zu finden, die als Single-Auskopplung in dieser Live-Version in die britischen Top 40 kam.

Der Hit: *Parisienne Walkways*
Der Tip: *Still Got The Blues* (Virgin CDV 2612)

Moore, Melba

* 29.10.1945 als Melba Hill. Die in New York geborene Sängerin begann ihre Karriere am Broadway und in der Filmproduktion von *»Hair«*, in der sie die Sheila spielte. Für ihre Rolle als Lutiebelle im Musical *»Purlie«* erhielt sie einen Tony Award. Ihr Titel *»This Is It«* erschien im Frühjahr 1976 in den internationalen Hitparaden und wurde in GB Platz 9. Diese Nummer hatte Van McCoy geschrieben, der neben Richad Tee, Eric Gale, John Tropea oder Steve Gadd auch selbst darauf mitspielte. Bis 1983 erschienen weitere Stücke von ihre in den Charts, jedoch nicht mehr unter den Top 10. In den Rhythm-&-Blues-Charts war sie ab 1975 bis in die 90er Jahre erfolgreich. 1986 hatte Melba eine eigene TV-Show in den USA.

Der Hit: *This Is It*
Der Tip: *This Is It* (Buddah Records MLP 15.729)

Moore, Phil

* 20.2.1918. Der Pianist und Combo-Leiter kam 1937, nachdem er Piano und Arrangement in Washington studiert hatte, nach Hollywood. In den frühen 40er Jahren leitete er Studio-Orchester bei MGM, schrieb Arrangements für Jack Teagarden und Mildred Baileys Radiosendung. Ab Mitte der 40er Jahre leitete er die Phil Moore Four – es waren vier Musiker und er selbst. Später begleitete er Sänger auf Platten und auf Tourneen, so z. B. Dorothy Dandridge und Lena Horne. In den 50er und 60er Jahren betreutete er Hollywood-Sänger. In den Hitparaden erreichte er mit den Phil Moore Four im Frühjahr 1945 einmal die Top 10 der USA: *»My Dreams Are Getting Better All The Time«*.

Der Hit: *My Dreams Are Getting Better All The Time*

Morgan, Al

* Der aus Chicago stammende Sänger und Pianist hatte Mitte 1949 mit *»Jealous Heart«* einen Platz 4 in den US-Charts. Bis 1951 gelangen ihm noch drei weitere Hitnotierungen. Keine kam jedoch unter die ersten 20. Al ist nicht zu verwechseln mit dem am 19.8.1908 in New Orleans geborenen gleichnamigen Tuba- und Baßspieler.

Der Hit: *Jealous Heart*

Morgan, Jane

* als Jane Currier. Die aus Boston stammende und in Florida aufgewachsene Sängerin studierte in New York Gesang. Nebenher jobbte sie in Nachtclubs und wurde dort Anfang der 50er Jahre von einem Franzosen entdeckt, der ihr ein Engagement in Paris verschaffte. Sie blieb einige Jahre in Europa, und nach ihrer Rückkehr in die USA trat sie dort als »The American Girl From Paris« auf. 1956 hatte sie ihre erste Hitnotierung. Mitte 1957 kam *»Fascination«* bis auf Platz 7 der US-Charts. Ihre Version des Gilbert-Bécaud-Hits *»The Day The Rains Came«* kam im Dezember 1958 in die britischen Hitparade und entwickelte sich zum Spitzenreiter.

Der Hit: *The Day The Rains Came*

Morgan, Jaye P.

* 3.12.1931 als Mary Margaret Morgan. Ab Anfang der 50er Jahre bis in die 70er war Jaye P. ständiger Gast in Game-Shows und anderen Fernsehsendungen. Ihre Brüder machten Platten als Morgan Brothers. Ihren ersten Erfolg hatte sie im Herbst 1953 mit *»Just A Gigolo«*. *»That's all I Want From You«* 1954 und *»The Longest Walk«* 1955 waren ihre Top-10-Erfolge. Ihre Gesangskarriere ging bis zum Ende des Jahres 1960. Als Sängerin war sie zwischen 1954 und 1955 in der Quiz-Show *»Stop The Music«* zu hören. 1956 hatte sie ihre eigene »Jaye P. Morgan Show«. Nachdem sie über viele Jahre völlig aus dem Showgeschäft verschwunden war, kehrte sie in den 70er Jahren als beliebtes Jurymitglied in witzigen Sendungen zurück, wie z. B. zwischen 1976 und 1980 in der »Gong Show«.

Der Hit: *That's All I Want From You*

Morgan, Russ

* 29.4.1904, † 8.8.1969. Der amerikanische Pianist, Posaunist, Songschreiber und Orchesterchef war ab 1935 mit seinem eigenen Orchester erfolgreich. Er hatte sich in den 20er Jahren, nachdem er seine Musikstunden als Bergarbeiter finanziert hatte, zu einem erfolgreichem Arrangeur entwickelt und arbeitete u. a. für Jean Goldkette, Fletcher Henderson, Louis Armstrong, die Dorsey Brothers und die Boswell Sisters. Seinen ersten Top-10-Erfolg hatte er Mitte 1935 mit *»Tidal Wave«*. Bis 1956 gelangen ihm knapp 60 Hitparaden-Erfolge. Seine Spitzenreiter waren *»The Merry-Go-Round Broke Down«* 1937, *»I've Got A Pocketful Of Dreams«* 1938 und *»Cruising Down The River«* und *»Forever And Ever«* 1949. Russ begleite auch Platten der Andrews Sisters, und als Komponist gelang ihm unter vielen anderen der Hit *»You're Nobody Til Somebody Loves You«*. Ab 1948 hatte er mit »Welcome Aboard« seine erste TV-Show, seine letzte war 1956 die »Russ Morgan Show«. 1951 wirkte er mit seiner Band in dem Film *»Disc Jockey«* mit. 1956 war er als Schauspieler in *»The Great Man«* zu sehen. Nach seinem Tode – er starb an den Folgen eines Schlaganfalls – führte sein Sohn Jack in den frühen 70er Jahren die Band in Las Vegas weiter.

Der Hit: *Cruising Down The River*
Der Tip: *Golden Favorites* (MCA DL7-4292)

Moroder, Giorgio

* 26.4.1940. Der aus Südtirol stammende Sänger, Songschreiber und Produzent beherrscht mehrere Instrumente und spricht fünf Sprachen. Als Giorgio hatte er in Deutschland die Top-30-Hits *»Looky, Looky«* 1969 und *»Underdog«* 1971. Seit Anfang der 80er Jahre gilt er als erfolgreicher Autor in den USA, der etliche erfolgreiche Filmmusiken schrieb. So erhielt er z. B. für *»Midnight Express«*, *»Flashdance«* sowie den Titelsong zu *»Top Gun«* je einen Oscar. 1984 stand er mit Paul Engemann und dem offiziellen Thema der Olympischen Spiele in Los Angeles, *»Reach Out«*, auf dem Spitzenplatz in Deutschland. Wenig später hatte er zusammen mit Phil Oakey einen Platz 3 in GB: *»Together In Electric Dreams«*. Für die Olympischen Spiele in Korea 1988 schrieb Giorgio die Nummer *»Hand In Hand«* für die Formation Koreana, die weltweit erfolgreich war. Die Vermutung, daß Moroder mit seinen Kompositionen bisher über 150 goldene Schallplatten eingeheimst hat, ist durchaus richtig. Die Bandbreite der von ihm produzierten Musiker reicht von Michael Holm, Ricky Shayne und Mary Roos über Donna Summer bis hin zu Sigue Sigue Sputnik. 1990 schrieb er mit an *»Un Estate Italiana«*, dem FIFA-Song für die Fußball-Weltmeisterschaft in Italien.

Giorgio Moroder *(Teldec)*

Der Hit: *Reach Out*
Der Tip: *16 Early Hits* (Hansa 261 991)

Morricone, Ennio

11.10.1928. Der Italiener komponierte ab Anfang der 60er Jahre erst für den einheimischen, dann für den internationalen Film. Vor allem seine Musiken zu den sogenannten Spaghetti-Western, wie *»A Fistful Of Dollars«* 1964, *»The Good, The Bad And The Ugly«* 1966 oder *»Once Upon A Time In The West«* 1968 machten ihn weltbekannt. Ab den 70er Jahren schrieb er auch für amerikanische Filme, z. B. für *»The Untouchables«* 1987, *»Frentic«* 1988 oder *»Bugsy«* 1992. Für die Musik zu den Film *»The Mission«* 1986 erhielt er einen Oscar. Seinen größten Single-Erfolg feierte Ennio im Frühjahr 1981 mit dem Titel *»Chi Mai«*. Das Stück war ein Thema für die BBC-TV-Serie *»The Life And Times Of David Lloyd George«*. International wurde die Nummer bekannt, als sie im Film *»Der Profi«* mit Jean-Paul Belmondo noch einmal zu hören war.

Der Hit: *Chi Mai*
Der Tip: *Film Music 1966 – 1987* (Virgin CDVD 2516)

Morrison, Van

* 31.8.1945 als George Ivan Morrison. Der Ire begann mit 15 bei der Band Monarchs als Saxophonist. 1964 war er Gründer der Gruppe Them, deren größter Hit 1965 *»Baby Please Don't Go«* war. 1966 trennte er sich von der Gruppe und nahm, vorwiegend in den USA, Soloplatten auf. Seine erste Hitnotierung war Mitte 1967 in den USA der Top-10-Hit *»Brown Eyed Girl«*. Mit *»Domino«* hatte er Ende 1970 einen weiteren Top-10-Erfolg. Ansonsten ist Van Morrison mehr ein Spezialist für LPs. Über die Jahre hinweg hat er einen sehr persönlichen Stil, in dem sich Blues, Soul, Country, Jazz und die keltische Tradition verbinden, entwickelt. Zudem ist er ein erstaunlicher Sänger, der wie nur wenige improvisieren kann und es versteht, durch scheinbar monotone Wortwiederholung einen fast hypnotischen Effekt zu erzielen. Was Van Morrison macht, ist, wenn man so will, eine eigene Kategorie. Unter den vielen schönen LPs, die er veröffentlicht hat und von denen viele in Fachzeitschriften zur jeweiligen Platte des Monats gekürt wurden, ragt *»Moondance«*, die 1970 erschienen war, noch besonders heraus. 1993 wurde er in die Rock 'n' Roll Hall Of Fame aufgenommen. Morrisons Komposition *»Have I Told You Lately«* wurde Mitte 1993 ein weltweiter Erfolg für Rod Stewart. Eine weitere hervorragende Komposition von ihm ist die Nummer *»Gloria«*.

Van Morrison *(Warner Records)*

Der Hit: *Domino*
Der Tip: *The Best Of* (Polydor 841 970-2)

Morrissey

* 22.5.1959 als Steven Patrick Morrissey. Im November 1982 gründete Morrissey die Gruppe The Smiths, deren erste Single *»Hand In Glove«* im Mai 1983 erschien. Die Band entwickelte sich schnell zu einer Kultgruppe, bis sie sich im Herbst 1987 plötzlich und unerwartet auflöste. Wenig später unterschrieb er einen Solovertrag, und schon im Februar 1988 erreichte die erste Soloplatte von Morrissey Platz 5 der britischen Charts: *»Suedehead«*. Die Nachfolger *»Everyday Is Like Sunday«*, ebenfalls 1988, *»Last Of The Famous International Playboys«* und *»Interesting Drug«* 1989 kamen ebenfalls unter die ersten 10. Zu der LP *»Your Arsenal«* aus dem Jahr 1992 schrieb die Zeitschrift Sounds: »Dieses Album zeigt den Musikus mit dem Grübler-Image erstaunlich körper- und lustbetont ... David Bowies ehemaliger Gitarrist Mick Ronson war für diese Verwandlung des einstigen Vertreters der ›neuen Innerlichkeit‹ zum weltoffenen Star, der gerne ein augenzwinkerndes Spiel mit Glamour-Posen treibt, genau der richtigen Produzent.« Wenn er nicht gerade verinnerlicht ist, kann er verdammt zynisch sein.

Der Hit: *Suedehead*
Der Tip: *Bona Drag* (EMI CDP 7 94298 2)

Morrow, Buddy

* 8.2.1919 als Muni Zudekoff. Der amerikanische Posaunist galt schon früh als absoluter Star seiner Zunft. 1934 – 1936 spielte er mit Paul Whiteman, 1938 mit Artie Shaw und Tommy Dorsey, 1945 mit Bob Crosby und Jimmy Dorsey. In den frühen 50er Jahren machte er seine eigene Swing Band. Seinen ersten und einzigen Top-10-Hit hatte Buddy Mitte 1951 mit *»Rose, Rose I Love You«*. Buddy war auch auf etlichen Hits von Sarah Vaughan zu hören. Seinen letzten Erfolg hatte er 1956. In den 60er Jahren spielte Buddy viel bei Studioaufnahmen und war ständiger Gast in der »Johnny Carson Show«. In den frühen 70er Jahren leitete er ein Jazzquartett, jobbte mit Dixieland-Combos oder aber mit Big Bands.

Der Hit: *Rose, Rose I Love You*

Morse, Ella Mae

* 12.9.1924. Die amerikanische Sängerin orientierte sich in Richtung Jazz und Swing. 1939 sang sie bei Jimmy Dorsey, danach mit Freddie Slack. Mit dem hatte sie ihre ersten Hits: *»Cow Cow Boogie«* 1942 und *»The House Of Blue Lights«* 1948 kamen unter die ersten 10 der amerikanischen Hitparade. Nebenher veröffentlichte sie aber ab 1943 auch Soloplatten und hatte so die Top-10-Hits *»Shoo Shoo Baby«* 1943, *»No Love No Nothin'«* 1944 und *»The Blacksmith Blues«* 1952, der außerdem ein Millionseller war. Zwischen 1946 und 1952 hatte Ella eine Pause eingelegt, ab 1957 zog sie sich ganz aus dem Musikgeschäft zurück. Ohne Zweifel gehört Ella Mae zu den Künstlern, die mithalfen, die neu gegründete Firma Capitol Records zum Erfolg zu führen.

Der Hit: *The Blacksmith Blues*
Der Tip: *The Hits Of* (Capitol 155 3041)

Motels

Martha Davis, v (* 19.1.1951); Jeff Jourard, g; Martin Jourard, key/sax; Michael Goodroe, b; Brian Glascock, d.
Mitte 1978 formierte sich diese US-Gruppe in Los Angeles. Sängerin Martha Davis hatte zu diesem Zeitpunkt schon einiges hinter sich. Mit 15 Jahren hatte sie geheiratet, dann zwei Kinder bekommen und in diversen Gruppen gesungen.

Anfang 1979 spielten die Motels regelmäßig im Whiskey A-Go-Go und waren die Hausband bei Madame Wong in Hollywood. Im Frühjahr desselben Jahres erhielten sie einen Plattenvertrag, und im September erschien ihr Debütalbum. *»Only The Lonely«* war im Frühjahr 1982 der erste Top-10-Erfolg der Band in den USA. Im Herbst 1983 folgte mit *»Suddenly Last Summer«* der zweite. 1987 trennte sich die Gruppe. Martha machte als Solistin weiter.

Der Hit: *Only The Lonely*
Der Tip: *No Reservations* (Capitol CDP 7 90930)

Moti Special

Manfred Thissy Thiers, v/b; Michael Cretu, key; Nils Tuxen, g; Dicky Tarrach, d; Anders Mossberg, b; Frank Adahl, key/v.
Die Karriere des zum damaligen Zeitpunkt im Hamburg beheimateten Quartetts begann 1981. Man hatte damals die Nummer *»Cold Days, Hot Nights«* geschrieben, brachte sie aber wegen der zu diesem Zeitpunkt rollenden Deutschen Welle nicht auf den Markt. Erst im Frühjahr 1985 wurde der Titel veröffentlicht, kam in die deutschen Charts und erreichte Platz 3. Wenig später erschien *»Don't Be So Shy«*, ein weiterer Top-10-Erfolg für die Gruppe. 1987 schien das Kapitel vergessen zu sein, da lernten Tarrach und Tuxen während einer Kopenhagener Session den schwedischen Bassisten Anders Mossberg kennen. Diese drei suchten anderthalb Jahre lang nach einem Sänger, inserierten in deutschen Fachzeitschriften, was ihnen Hunderte von Kassetten ins Haus bescherte, aber erst 1989 kam auf Vermittlung von Mossberg der ebenfalls schwedische Sänger und Keyboarder Frank Adahl zur Gruppe. Die Neuproduktionen waren jedoch nicht so erfolgreich, wie sich die Band das selbst gedacht hatte.

Der Hit: *Cold Days, Hot Nights*
Der Tip: *Motivation* (Teldec 6.26166 AS)

Motley Crue

Vince Neil, v (* 8.2.1961 als Vince Neil Wharton); Nikki Sixx, b (* 11.12.1958 als Frank Carlton Serafino Faranno); Mick Mars, g (* 4.4.1955 als Bob Deal); Tommy Lee, d (* 3.10.1962 als Tommy Lee Bass); John Corabi, v.
Im Januar 1981 hatte Nikki Sixx gerade die Band London verlassen, um mit Christmas eine neue Gruppe zu gründen. Mit Lee fand er einen neuen Schlagzeuger. Dann kamen sie auf den Gitarristen Bob Deal, der er in einer Zeitung in Los Angeles eine Anzeige aufgegeben hatte, daß ein lauter, rüder und aggressiver Gitarristen frei ist. Nachdem er von den beiden anderen angenommen wurde,

änderte er seinen Namen in Mick Mars. Als letzter kam Vince Neil zur Band. 1982 gründeten sie eine eigene unabhängige Plattenfirma und veröffentlichten darauf ihre erste LP *»Too Fast For Love«*. Die Plattenfirma ging jedoch schnell pleite, und im Frühjahr 1983 erschien ihre zweite LP, *»Shout At The Devil«*. Im Frühjahr 1984 wurden sie erstmals in den US-Single-Charts notiert: *»Smokin' In The Boys Room«*, eine Cover-Version des Brownsville-Station-Hits aus dem Jahre 1973, wird in den USA ihr erster Top-20-Erfolg. Im Herbst 1989 gelang ihnen der Millionseller und Top-10-Hit *»Dr. Feelgood«*. Im Frühjahr 1992 trennte sich Vince Neil von Motley Crue, brachte Soloplatten und wurde durch John Corabi ersetzt.

Der Hit: *Dr. Feelgood*
Der Tip: *Decade Of Decadence 1981 – 1991* (Elektra 77559-61204 2)

Motorhead

Lemmy, v/b (* 24.12.1945 als Ian Kilminster); Larry Wallis, g; Lucas Fox, d; Phil Taylor, d (* 21.9.1954); Eddie Clarke, g; Wurzel, g (* 23.10.1949 als Michael Burston); Philip Campbell, g (* 7.5.1961); Pete Gill, d.
Nachdem Lemmy im Frühjahr 1975 von der Gruppe Hawkwind rausgeschmissen wurde, gründete er Mitte des Jahres eine neue Band. Außer ihm spielten Larry Wallis und Lucas Fox. Nachdem die Gruppe Mitte des Jahres im Vorprogramm von Greenslade gespielt hatte, wurde eine LP für United Artists geplant. Produzent sollte Dave Edmunds sein, mit dem es aber bei den Aufnahmen schnell zu Schwierigkeiten kam. Im Dezember 1975 wurde Fox durch Phil Taylor ersetzt. Im Januar 1976 wurde ihr als Debüt geplantes Album von der Plattenfirma abgelehnt. Einen Monat später kam als zweiter Gitarrist Eddie Clarke hinzu, und schon nach der ersten Probe als Quartett verließ Wallis die Band. Diese Besetzung Lemmy, Clarke, Taylor gilt vielen Fans der Band als die definitive Motorhead Line-Up und hält sechs Jahre lang. Der erste Single-Erfolg stellte sich im Herbst 1978 ein. Die EP *»The Golden Years«* wurde im Mai 1980 ihre erste Top-10-Platte in GB. Im Frühjahr 1981 nahmen sie zusammen mit der Mädchen-Heavy-Rockband Girlschool eine EP auf, die ebenfalls unter die ersten 10 kommt, und Mitte 1981 erreicht *»Motorhead Live«* Platz 6 in GB. Im Mai 1982 verließ Clarke die Band, für ihn kamen einige Übergangslösungen. Im August 1983 gehen der Ersatz und Taylor. Übrig bleibt Lemmy. Nachdem er sich eine Reihe von Musikern angehört hat, kommen mit Phil Campbell, Wurzel und Pete Gill drei neue Mitglieder, die Motorhead jetzt zum Quartett machen. Nach 1986 gelang der Formation zwar kein Single-Erfolg mehr, aber sie machten weiter erfolgreiche LPs. In den 90er Jahren ist die Line-Up Wurzel, Campbell, der zurückgekehrte Taylor und Lemmy. 1991 sagt Lemmy: »Wir bestehen jetzt immerhin schon vier Jahre länger als das Dritte Reich.«

Der Hit: *Motorhead Live*
Der Tip: *The Best Of* (Roadrunner Records RR 9125 2)

Motorhead & Girlschool

Lemmy, Eddie Clarke, Phil Taylor. Kelly Johnson, v/g (* 20.6.1958); Enid Williams, b/v (* 28.4.1960); Kim McAuliffe, g/v (* 13.5.1959); Denise Dufort, d (* 18.10.1957).

Der Mädchen-Heavy-Metal-Band Girlschool gelang nie ein Top-10-Erfolg. Möglich, daß man sie deshalb mit den Label-Kollegen Motorhead zusammengetan hat, um ihnen einen kleinen Push zu geben. Die EP »*St. Valentine's Day Massacre*« mit drei Stücken darauf kam im Februar 1981 in die britischen Charts und erreichte Platz 5. Im nachhinein weiß man: Der Push hat nicht geholfen.

Der Hit: *St. Valentine's Day Massacre*

Motors

Nick Garvey, v/g (* 26.4.1951); Andy McMaster, b/v (* 27.7.1947); Bram Tchaikovsky, g/v (* 10.11.1950 als Peter Bramall); Ricky Slaughter, d/v (* als Rikky Wernham).

Nick Garvey und Andy McMaster kannten sich bereits von der Formation Ducks Deluxe. Als 1977 die Debüt-LP der Motors erschien, wurde die Gruppe hochgelobt. Die Nummer »*Dancing The Night Away*«, ausgekoppelt aus dieser Platte, wurde ihre erste Single-Notierung. Aber die eher ruhige Nummer »*Airport*«, die Mitte 1978 erschien, brachte den ersehnten Hit-Erfolg. Die Platte kletterte in den britischen Charts bis auf Platz 4. Nach 1980 gelang der Gruppe kein Erfolg mehr. Inzwischen hatte sich die Band auf das Duo Andy und Nick reduziert. Nach einer letzten LP 1980 trennten sich auch Andy und Nick und veröffentlichten von da an Soloplatten.

Der Hit: *Airport*
Der Tip: *Approved By The Motors* (Virgin V 2101)

Mott The Hoople

Overend Watts, v/b (* 13.5.1947 als Peter Watts); Mick Ralphs v/g (* 31.3.1944); Verden Allen, org (* 26.5.1944); Dale Griffin, v/d (* 24.10.1948); Ian Hunter, v (* 3.6.1946); Mick Balton, key; Morgan Fisher, key (* 1.1.1950); Ariel Bender, g/v (alias Luther Grosvenor * 23.12.1948); Blue Weaver, key (* 11.3.1947 als Mick Weaver); Mick Ronson, g/key/b (* 26.5.1949, † 30.4.1993).

Die Urbesetzung von Mott The Hoople kam im Mai 1969 zusammen. Bis 1973 gab es keine personellen Wechsel, bis der Keyboarder Verden Allen die Gruppe verließ, um sich mehr aufs Songschreiben zu konzentrieren. Zu diesem Zeitpunkt hatte die Gruppe mit *»All The Young Dudes«*, geschrieben, produziert und arrangiert von David Bowie, ihren ersten Hit, Platz 3 in GB im Herbst 1972. Im März 1972 hatte Mott The Hoople beschlossen, sich zu trennen. Das hatte David Bowie, der ein Fan dieser Gruppe war, gehört, und ihnen vorgeschlagen, einen seiner neuen Songs aufzunehmen. Zur Disposition stand *»Suffragette City«*, sie nahmen jedoch *»All The Young Dudes«*. Mit *»All The Way From Memphis«* und *»Roll Away The Stone«* gelangen der Gruppe 1973 zwei weitere Top-10-Erfolge in GB. Mitte 1973 kamen neue Musiker zur Band: Morgan Fisher, der vorher mit Love Affair gespielt hatte, und Mick Balton. Zwei Monate später verließ Mick Ralphs die Band, um Mitglied bei Bad Company zu werden. Für ihn kam von Spooky Tooth Luther Grosvenor, der sich jetzt Ariel Bender nannte. Im Juli 1974 verließ Balton aus religiösen Gründen die Gruppe wieder und wurde kurzfristig durch Blue Weaver von Amen Corner ersetzt. Im Herbst 1974 verließ Bender die Gruppe, für ihn kam Mick Ronson. Wenig später brach Hunter zusammen, und gegen Ende des Jahres beschloß die Gruppe, sich zu trennen. Schon im Januar 1975 machten Hunter und Ronson die Hunter Ronson Band. Griffin, Watts und Fisher machten als Mott weiter. Ian Hunter veröffentlichte wenig später seine ersten Soloplatten und trennte sich wieder von Mick Ronson.

Der Hit: *All The Young Dudes*
Der Tip: *Greatest Hits* (CBS 81225)

Mouskouri, Nana

* 13.10.1936. 1959 erschien die erste Platte dieser griechischen Sängerin und inzwischen kann sie auf mehr als 200 goldene Schallplatten zurückschauen. In ihrer Heimatstadt Athen erhielt sie eine klassische Ausbildung am dortigen Konservatorium. In ihren Anfangstagen als Sängerin versuchte sie, Ella Fitzgerald und Billie Holiday nachzueifern. Ihren ersten großen Erfolg in Deutschland hatte sie im Frühjahr 1961 mit der goldenen Schallplatte und dem Spitzenreiter *»Weiße Rosen aus Athen«*. Damit war sie für den deutschen Markt bis in die Steinzeit als Schlagersängerin festgelegt. Die Liste ihrer Hits reicht bis 1987. Weitere Top-10-Erfolge für sie waren *»Ich schau den weißen Wolken nach«*, *»Einmal weht der Südwind wieder«* und *»Am Horizont irgendwo«* 1962, *»Rote Korallen«* 1963 und *»Lieder, die die Liebe schreibt«* 1978. Als Live-Künstlerin war sie auch in den USA sehr gefragt. Dort gelang ihr jedoch kein Hitparaden-Erfolg. Anders in GB. Dort erreichte ihr Titel *»Only Love«* im Januar 1986 Platz 2 in den Pop-Charts. Der Titel stammte aus der Fernsehserie *»Mistral's Daughter«* und kam als *»Aber die Liebe*

bleibt« 1987 als ihre letzte Hitnotierung in die deutschen Charts. Single-Hits hat sie wohl auch nicht mehr nötig.

Der Hit: *Weiße Rosen aus Athen*
Der Tip: *The Most Beautiful Songs* (Fontana 6620 102)

Mouth & MacNeal

Mouth (* 31.3.1937 als Willem Duyn); Maggie MacNeal (* 5.5.1950 als Sjoukje van't Spijker).
Der Holländer Willem Duyn begann als Schlagzeuger im Holland-Quartett, wurde Sänger bei den Jay-Jays, dann Diskjockey und gründete schließlich 1970 die Band Speedway. 1971 machte er mit Maggie das Duo Mouth & MacNeal. Mit Titeln wie *»How Do You Do?«*, im Frühjahr 1972 Platz 5 in Deutschland, 8 in den USA und dort ein Millionseller, *»Hello-A«*, Mitte 1972 Spitzenreiter in Deutschland, und *»I See A Star«*, Mitte 1974 Platz 8 in GB, waren sie für drei Jahre international überaus erfolgreich. Die gesanglichen Qualitäten von Maggie sind recht hoch einzuschätzen. Sie ist auch auf Platten von Jan Akkerman, Cuby & The Blizzards und Livin' Blues zu hören. Als Solistin hat sie einige ansprechende Titel veröffentlicht, die jedoch wenig erfolgreich waren.

Der Hit: *How Do You Do?*

Move

Roy Wood, v/g (* 8.11.1946 als Ulysses Adrian Wood); Carl Wayne, v (* 18.8.1944); Ace Kefford, b (* 10.12.1946 als Christopher Kefford); Bev Bevan, d (* 24.11.1944); Trevor Burton, g (* 9.3.1944); Jeff Lynne, key (* 30.12.1947); Rick Price, b (* 10.6.1944).
Nachdem das britische Allroundtalent Roy Wood ab 1963 in seiner Heimatstadt Birmingham in diversen Bands gespielt hatte, gründete er im Februar 1966 Move. Die Band brachte eine gelungene Mixtur aus Flower Power, Psychedelic und britischem Beat. *»Night Of Fear«* war im Januar 1967 auf Platz 2 in GB und die erste Hitnotierung. *»I Can Hear The Grass Grow«* und *»Flowers In The Rain«* waren im gleichen Jahr, *»Fire Brigade«* und *»Blackberry Way«* 1968, *»Brontosaurus«* 1970 und *»California Man«* 1972 weitere Top-10-Erfolge. *»Blackberry Way«*, Spitzenreiter in GB, war der einzige Top-10-Hit der Band in Deutschland. Im Oktober 1971 gründete Roy Wood ELO, ließ Move aber noch ein Stückchen nebenherlaufen. Im August 1972 kam es zu einem weiteren Projekt: Wizzard. Aus Wizzard wurde 1977 die Wizzo Band, und 1981 startete er Roy Wood's Helicopters. Neben all diesen Projekten nahm der umtriebige Wood auch noch Soloplatten auf.

Der Hit: *Blackberry Way*
Der Tip: *On Blackberry Way* (Teldec Cube 8.26285)

Moyet, Alison

* 18.6.1961 als Genevieve Alison-Jane Moyet. Ihr französischer Vater gab der britischen Sängerin den Spitznamen Alf. Sie sang mit Gruppen wie Vicars und Screaming Abdabs, bevor sie Anfang 1982 zusammen mit Vince Clarke, der gerade Depeche Mode verlassen hatte, Yazoo gründete. Obwohl dieses Duo überaus erfolgreich war, gingen die beiden ab Mitte 1983 wieder getrennte Wege. Clarke machte erst Assembly und dann Erasure, Alison wurde Solistin. Ihr erster Chart-Erfolg war Mitte 1984 *»Love Resurrection«*. Es folgten, noch im gleichem Jahr, *»All Cried Out«*, dann *»That Ole Devil Called Love«* 1985, *»Is This Love?«* 1986 und *»Weak In The Presence Of Beauty«* und *»Love Letters«* 1987. Ihren größten Erfolg in Deutschland hatte sie 1985 mit *»For You Only«*. Alison verfügt über eine ausgezeichnete Blues-Stimme, die ihr eigentlich auch in den USA Erfolge hätte bescheren müssen. Nach einer zweiten Babypause kam sie 1991 wieder mit der LP *»Hoodoo«*.

Der Hit: *That Ole Devil Called Love*
Der Tip: *Raindancing* (CBS 450 154 2)

Mucke, Maria

* 15.8. Ab Anfang der 50er Jahre war Maria Mucke in Deutschland als Schlagersängerin erfolgreich. *»Zauber von Paris«* gehörte 1951, *»Heut' ist ein Feiertag für mich«* 1954 jeweils zu den Hits des Jahres. Der letztgenannte Titel stand im Frühjahr 1956 erneut in den deutschen Charts, dieses Mal auf Platz 8.

Der Hit: *Heut' ist ein Feiertag für mich*

Mud

Les Gray, v (* 9.4.1946); Ray Stiles, b/g/v (* 20.11.1946); Rob Davis, g/v (* 1.10.1947); Dave Mount, d/v (* 3.3.1947).
Diese britische Rock-'n'-Roll-Revival Truppe wurde 1966 gegründet. Nachdem sie auf dem RAK-Plattenlabel von Mickie Most ihre Platten veröffentlichten, kam der Erfolg. *»Crazy«* war im Frühjahr 1973 die erste Hitnotierung, *»Dyna-Mite«* im Herbst des gleichen Jahres der erste Top-10-Erfolg. In Abständen von wenigen Monaten wurden nun Singles der Band auf den Markt geworfen. *»Tiger Feet«* und

»Lonely This Christmas« 1974 und *»Oh Boy«* 1975 waren Spitzenreiter in GB. *»Oh Boy«* war in Deutschland die erfolgreichste Platte dieser Formation: sie erreichte Platz 2. Der letzte Top-10-Erfolg gelang der Band Ende 1976 mit *»Lean On Me«*. Inzwischen hatten sie sich vom RAK-Label getrennt, und die Erfolge ließen nach. Les Gray versuchte sich später als Solist. Sein größter Erfolg war im Frühjahr 1977 ein Platz 32 in GB mit einer Neuauflage von *»A Groovy Kind Of Love«*. Im Original war das Stück 1966 von den Mindbenders, Phil Collins sollte es 1988 mit sehr viel mehr Erfolg als Les ebenfalls covern.

Der Hit: *Oh Boy*
Der Tip: *The Best Of* (EMI CDP 7 93984 2)

Mudlarks

Mary Mudd (* 1939), Fred Mudd (* 1937), Jeff Mudd (* 1935), alle v.
Diese britsche Familienformation war wieder einmal nur gegründet worden, um amerikanische Hits zu covern. Der erste Erfolg war im Frühjahr 1958 *»Lollipop«*, im gleichen Jahr in den USA ein Hit für die Chordettes, und für die Mudlarks Platz 2 in GB. Danach erschien *»Book Of Love«*, in den USA ein Hit der Monotones, und wurde ebenfalls ein Top-10-Erfolg. Nach 1959 war der Spuk vorüber.

Der Hit: *Lollipop*

Münchener Freiheit

Stefan Zauner, v/key (* 30.6.1952); Alex Grünwald, key (* 7.9.1954); Micha Kunzi, b (* 27.8.1958); Aron Strobel, g (* 26.1.1958); Rennie Hatzke, d (* 30.11.1955).
Seine musikalische Laufbahn begann Stefan Zauner, Kopf der Band, 1965 als Schlagzeuger in der Gruppe Changers. Mit in der Band war der ebenfalls noch junge Harold Faltermeyer. 1966 spielte Stefan Baß bei Melodic Sound. Ab 1972 studierte er für zwei Jahre Bildende Künste in Basel, arbeitete danach als Maler und spielte ab Oktober 1975 mit Amon Düül II. Nebenher erschien im September 1976 seine erste Solo-LP *»Narziss«*, im Dezember 1977 *»Prism & Views«*. Ende der 70er, Anfang der 80er Jahre war Stefan in Los Angeles, um hier sein Glück als Musiker zu versuchen. 1981 kehte er frustriert nach München zurück und gründete die Münchener Freiheit. Im Frühjahr 1982 erschien die erste LP *»Umsteiger«*. Der erste Hit der Formation war 1986 *»Ohne dich (schlaf ich heut nacht nicht ein)«*, ein Platz 2. Weitere Top-10-Hits waren *»Tausendmal du«* 1986 und *»So lang' man Träume noch leben kann«* 1987. 1988 kam *»Bis wir uns wiederseh'n«* auf Platz 11. Der schönste Titel der Gruppe, *»Rumpelstilzchen«*, kam nicht in die Charts. Lag es vielleicht daran, daß es im Text hieß: »Ach wie

gut, daß niemand weiß, daß mein Stilzchen Rumpel heißt«? Jeder darf doch sein Stilzchen nennen, wie er will! Ende 1988 hatte die Gruppe als Freiheit auch in GB Erfolg: »*Keeping The Dream Alive*«, eine englischsprachige Version von »*So lang' man Träume noch leben kann*«, erreichte Platz 14. 1991 machten Mitglieder der Münchener Freiheit Platten als Deuces Wild. Die beiden hauptsächlichen Songschreiber waren Steve Fencer und Nora Leborts. Zaun hieß im englischen überigens fence, und wenn Sie Nora umdrehen, wissen Sie auch, wer das ist. 1993 vertraten Münchener Freiheit Deutschland beim Grand Prix mit der Eigenkomposition »*Viel zu weit*«. Sie landeten viel zu weit hinten auf Platz 18. Ob Stefan sich als Mitglied von Amon Düül II hat vorstellen können, Deutschland einmal beim Grand Prix zu vertreten?

Der Hit: *So lang' man Träume noch leben kann*
Der Tip: *Ihre größten Hits* (CBS 472 409 2)

Muldaur, Maria

* 12.9.1943 als Maria Grazia Rosa Domenica d'Amato. Zusammen mit ihrem Mann Geoff war sie Mitglied in Jim Kweskins Jug Band. Begonnen hatte sie in der Even Dozen Jug Band, in der gleichzeitig John Sebastian, Stefan Grossman und Steve Katz waren. Viele Jahre hat sie sich durch das Greenwich Village gesungen. Ihre Vorbilder waren Bob Dylan, Phil Ochs oder Joan Baez. Langsam, aber sicher kam der Wechsel vom Folk zum Rock. Das hat wohl auch sicher damit zu tun, daß sie sich von New York auf die andere Seite, nach Kalifornien, verzog. 1972 wurde sie von ihrem Mann geschieden. Im Frühjahr 1974 erschien »*Midnight At The Oasis*«. Die Single bescherte ihr Platz 6 in den USA, Platz 21 in GB. Der Nachfolge-Hit »*I'm A Woman*« brachte es in den USA zumindest noch auf Platz 12. Danach kam eine sehr lange Pause, und 1992 erfüllte sie sich einen Jugendtraum: Zusammen mit einer ganzen Reihe prominenter Künstler aus Louisiana, dazu gehören Dr. John und Mitglieder der Neville Brothers, veröffentlichte sie »*Louisiana Love Call*«. Zu schön für die Hitparaden.

Der Hit: *Midnight At The Oasis*
Der Tip: *Louisiana Love Call* (Black Top CD BT-1081 TIS)

Mungo Jerry

Ray Dorset, v/g (* 21.3.1946); Colin Earl, p/v (* 6.5.1942); Paul King, banjo/jug/g/v; Mike Cole, b.
Thomas Stearns Eliot schrieb 1939 »*Old Possum's Katzenbuch*«. Andrew Lloyd Webber ging hin und machte aus dieser Vorlage sein Musical »*Cats*«. Eine der

Hauptkatzen ist Mungo Jerry – neben Rumpleteaser und Grizabella, versteht sich! 1969 hatte der Brite Ray Dorset die Gruppe Mungo Jerry gegründet, mit der er in GB ein Skiffle-Revival einleitete. Ray Dorset wurde immer als Mungo Jerry angesehen – vor allem von denen , die T. S. Eliots Buch nicht kennen. Rays Komposition *»In The Summertime«* brachte den Briten den Sonnenschein, den die meisten nur vom Hörensagen her kennen, ins Haus. Frühsommer 1970, Festival in Hollywood. Nicht dem in Los Angeles oder Maimi, sondern bei Newcastle in GB. Zu den Künstlern, die keiner kennt und trotzdem auftreten, gehört die Gruppe Mungo Jerry. Sie trägt *»In The Summertime«* vor – das Lied wird zum Hit der Veranstaltung. Mitte des Jahres ist die Platte Spitzenreiter in GB und in den USA, in Deutschland immerhin Platz 3. Alles sah so aus, als wäre Mungo Jerry ein echtes One-Hit-Wonder – aber der Titel *»Baby Jump«*, im Frühjahr 1971 ein weiterer Spitzenreiter in GB, *»Lady Rose«*, ebenfalls 1971, und *»Alright, Alright, Alright«* Mitte 1973 wurden ebenfalls Top-10-Erfolge. Nach 1974 versuchte sich Ray als Solist, was weniger erfolgreich war. Als Songschreiber schaffte Ray für Kelly Marie mit *»Feels Like I'm In Love«* im Herbst 1980 wieder einen Spitzenerfolg in GB.

Der Hit: *In The Summertime*
Der Tip: *In The Summertime* (Repertoire 4177 WZ TIS)

Muppets

Ihren einzigen Top-10-Hit hatten die Muppets in GB: *»Halfway Down The Stairs«* kam im Frühjahr 1977 bis auf Platz 7. Gesungen wurde er von Kermits kleinem Neffen, Robin. Dahinter verbarg sich der Puppenspieler Jerry Nelson. Kopf der Muppets war Jim Henson, der damit 1954 begonnen hatte. Zuerst traten die Muppets in der Sesamstraße auf. Später hatten sie ihre eigene Show und ihren eigenen Film. Jim Henson war die Stimme von Kermit und Ernie. Ernie alias Jim Henson brachte es 1970 mit *»Rubber Duckie«* auf einen Platz 16 in den USA, Kermit und sein wunderbar falsch gesungenes Lied *»Rainbow Connection«* neun Jahre später auf Platz 25. Jim Henson starb Mitte 1990.

Der Hit: *Halfway Down The Stairs*
Der Tip: *The Muppet Show* (PYE 25 743)

Murmaids

Carol Fischer (* 1948), Terry Fischer (* 1946), Sally Gordon (* 1946), alle v.
Die beiden Schwestern Carol und Terry und ihre Freundin Sally bildeten kurzfristig, bevor sie ins College gingen, das Trio Murmaids. Ihre Mutter brachte sie zu einer kleinen Plattenfirma, und dort kamen sie unter die Fittiche von Produzent

Kim Fowley. Der nahm mit ihnen eine Nummer auf, die der spätere Kopf der Formation Bread, David Gates, geschrieben hatte. Nachdem der Titel fertig war, verschwanden die Mädchen ins College. Wider Erwarten wurde »*Popsicles And Icicles*« Ende 1963 ein Hit in den USA: Platz 3.

Der Hit: *Popsicles And Icicles*

Murphey, Michael

* 14.3.1946 als Michael Martin Murphey. Der eher zur Outlaw-Szene der Country Music zählende Murphey tourte 1967 als Travis Lewis mit der Lewis & Clarke Expedition durch die USA. Mit dem Titel »*I Feel Good*« hatten die beiden, der andere war Owen Castleman, im Herbst 1967 einen Top-100-Erfolg in den USA. Nebenher schrieb Murphey Songs für Flatt & Scruggs, die Nitty Gritty Dirt Band und ein Konzeptalbum für Kenny Rogers über die Geisterstadt Calico. Als sein Freund Michael Nesmith Mitglied der Monkees wurde, konnte er für die den Song »*What Am I Doin' Hanging Around*« schreiben, der ihm einen Vertrag als Songschreiber bei Screen Gems einbrachte. Für die schrieb er Fernsehmelodien und lebte in Los Angeles in der Singer-Songwriter-Szene mit Linda Ronstadt, Jackson Browne und anderen. 1971 ging er wieder zurück nach Texas und kam mit der dortigen Country-Szene in Berührung, zu der Musiker wie Willie Nelson oder Jerry Jeff Walker gehörten. Zu dieser Zeit schrieb er den Titel »*Geronimo's Cadillac*«, der zur Hymne der Indianerrechtsbewegung und im Herbst 1972 ein Top-40-Erfolg für Murphey wurde. 1974 ging er nach Colorado und dort schrieb er den Titel »*Wildfire*«, der im Frühjahr 1975 ein Millionseller und Platz 3 in den USA wurde. In den 80er Jahren nahm er – inzwischen unter seinem vollständigen Namen – ausgesprochen schöne LPs auf. Als Songschreiber ist er weiterhin auch für andere erfolgreich, z. B. Cher oder John Denver. Zu sehen war er auch in den Filmen »*Take This Job And Shove It*« und »*Hard Country*«.

Der Hit: *Wildfire*
Der Tip: *The Best Of* (EMI CDP 7 46556 2)

Murphy, Eddie

* 3.4.1961. Der amerikanische Schauspieler gehörte von 1981 bis 1984 zum festen Team der TV-Sendung »*Saturday Night Live*«, in der er sein komisches Talent bereits bestens unter Beweis stellte. Einem breiten Publikum wurde er durch seine Rolle in »*Beverly Hills Cop*« bekannt. Es folgten Filme wie »*48 Hours*«, »*The Golden Child*«, »*Der Prinz aus Zamunda*« oder »*Boomerang*«. Mit der Hilfe von Rick James nahm Eddie Ende 1985 den Titel »*Party All The Time*« auf, der in

den USA Platz 2 und Millionseller, in Deutschland Platz 9 wurde. *»Put Your Mouth On Me«* war ein Top-30-Hit 1989. 1993 wurde eine neue Platte mit ihm veröffentlicht.

Der Hit: *Party All The Time*
Der Tip: *How Could It Be* (CBS 26 687)

Murphy, Walter

* 19.12.1952. Keiner, weder die Plattenfirma noch Walter Murphy selbst, hatte damit gerechnet, daß sich seine moderne Version der Fünften Symphonie von Beethoven zu einem solchen Knüller entwickeln würde. Der New Yorker Murphy, der klassisches und Jazz-Piano studiert hatte, arrangierte vorher für Doc Severinsen und das Orchester der *»Tonight«* -Show. Mit sechs Jahren war er bereits für einen TV-Werbespot engagiert worden, in dem er Hammondorgel spielte. Mit 14 komponierte er seine ersten Songs für die High School Band und beschloß, Profimusiker zu werden. Nach Abschluß des College studierte er in der Manhattan School of Music. Er schrieb danach Musiken für Werbung und Kinder-TV-Shows, war Arrangeur und dann kam *»A Fifth Of Beethoven«* und wurde Mitte 1976 Spitzenreiter und Millionseller in den USA. Walter sagte dazu: »Es gibt keinen Grund, warum Pop, Rock, Jazz und klassische Musik nicht zusammenpassen sollten. Ich habe festgestellt, daß es in der Musik im Grunde keine Grenzen gibt.«

Der Hit: *A Fifth Of Beethoven*
Der Tip: *A Fifth Of Beethoven* (EMI 1C 062-98279)

Murray, Anne

* 20.6.1945 als Morna Anne Murray. Die Kanadierin arbeitete nach dem College ein Jahr als Lehrerin und ließ sich 1964 zur Teilnahme an einer Fernseh-Talentshow überreden, wurde statt dessen aber für eine andere Sendung verpflichtet, deren Moderator sie später heiratete. Ihre ersten Plattenaufnahmen machte sie 1969, und ein Jahr später konnte sie ihren ersten Hit verbuchen: *»Snowbird«* erreichte Mitte 1970 Platz 8 in den US-Charts und wurde Millionseller, in GB kam er unter die ersten 30. Der nächste Top-10-Hit gelang ihr 1973 mit *»Danny's Song«*, geschrieben von Kenny Loggins. Der größte Erfolg war 1978 *»You Needed Me«*, Millionseller und Spitzenreiter in den USA, Platz 22 in GB. In den Pop-Charts war sie bis 1986 vertreten, erfolgreicher war sie jedoch in den Country-Charts, in denen sie bis in die 90er Jahre zu finden ist. Anne Murray und Joni Mitchell waren die ersten Kanadierinnen, denen in den USA Millionseller gelangen.

Der Hit: *You Needed Me*
Der Tip: *Special Collection* (Capitol CDP 7 92073 2)

Murray, Ruby

* 29.3.1935 in Belfast. Die Irin war während der 50er Jahre eine der populärsten Sängerinnen in GB. Bereits im Alter von 12 Jahren trat sie erstmals im Fernsehen auf. Irisches Recht ließ weitere Aktivitäten in dieser Richtung nicht zu, und Ruby ging für zwei weitere Jahre in Belfast zur Schule. 1954 schloß sie sich in London der Revue des Komikers Tommy Morgan an und unterschrieb ihren ersten Plattenvertrag, der ihr noch im gleichem Jahr den Top-10-Hit *»Heartbeat«* brachte. Im Januar 1955 erreichte Ruby die Spitze der britischen Charts mit *»Softly, Softly«*, und bis 1959 gelangen weitere sechs Top-10-Hits: *»Happy Days And Lonely Nights«*, *»Let Me Go Lover«*, *»If Anyone Finds This I Love You«*, *»Evermore«* und *»I'll Come When You Call«*, alle noch 1955, und *»Goodbye, Jimmy, Goodbye«* 1959. In den frühen 60er Jahren trat sie zusammen mit Bernie Burgess auf, den sie 1957 heimlich geheiratet hatte. Ruby blieb bis in die 90er Jahre aktiv.

Der Hit: *Softly, Softly*
Der Tip: *Greatest Hits* (EMI CDB 7 52044 2)

Musical Youth

Kelvin Grant, Michael Grant, Junior Waite, Patrick Waite, Fred Waite, Dennis Seaton, alle v.
In den Anfangstagen sang Vater Fred Waite, der in den 60er Jahren die Reggaegruppe Techniques gegründete hatte, noch mit den Kids zusammen. Ende der 70er zog er sich dann zurück und wurde durch Dennis Seaton als Leadsänger ersetzt. Mit dem Titel *»Pass The Dutchie«* gelang dieser britischen Formation jamaikanischer Abstammung im Herbst 1982 ein Spitzenreiter in GB, Platz 2 in Deutschland, Platz 10 in den USA. Das Ganze war eine gesäuberte Version des Jamaika-Hits *»Pass The Kutchie«*. Ein Kutchie ist ein Joint, ein Dutchie ist ein Kochtopf. Im Februar 1983 schafften sie erneut einen Top-10-Erfolg in GB mit *»Never Gonna Give You Up«*. Es folgten noch vier weiter Hitnotierungen, danach waren die einzelnen Mitglieder wohl zu alt für eine Kindergruppe à la Jackson Five. Beim Titel *»Unconditional Love«* von Donna Summer sangen die Jungs mit. Das Stück wurde im September 1983 in GB Platz 14, in den USA 43. Ab Mitte 1983 kamen aus den USA New Edition, die Musical Youth in der Popularität der Kids verdrängten.

Der Hit: *Pass The Dutchie*
Der Tip: *The Youth Of Today* (MCA 205 197)

Music Explosion

Jamie Lyons, v; Don »Tudor« Atkins, g; Rick Nesta, g; Butch Stahl, b/org; Bob Avery, d/harm.
Diese amerikanische Formation war einer der frühen Produktionserfolge von Kasenetz/Katz, die mit Bubblegum und Bands wie Ohio Express oder 1910 Fruitgum Co. Hits haben sollten. Mit dem von den beiden Briten John Carter und Ken Lewis – einst Mitglieder bei Ivy League – geschriebenen Titel *»Little Bit O' Soul«* kam die Band Mitte 1967 in die amerikanische Hitparade, erreichte Platz 2 und schaffte einen Millionseller. Schon die nächste Single *»Sunshine Game«* kam nicht einmal unter die ersten 60. Nach etlichen erfolglosen Jahren gründete Lyons seine eigene nach ihm benannte Band. 1973 kam er mit den Capitol City Rockers. Avery blieb bei Kasenetz/Katz und ist als Schlagzeuger auf den Studioproduktionen von Crazy Elephant zu hören.

Der Hit: *Little Bit O' Soul*

Musikanten-Quartett

Mit dem von den Erfolgsautoren Werner Scharfenberger und Kurt Feltz geschriebenen Song *»Rosa, Rosa, Nina«* hatte das Quartett im Frühjahr 1956 Platz 2 in der deutschen Hitparade. Begleitet wurden sie vom Orchester Adalbert Luczkowski. Ansonsten veröffentlichten sie Lieder wie *»Wo der Wildbach rauscht«*, *»Du bist mein Herzenskamerad«*, *»Der alte Lumpensammler«*, *»Hohe Tannen«* oder *»Da hat die Mutter gesagt«* – alles Titel, die das deutsche Herz bis tief in die Grundfesten erbauten. Das Musikanten-Quartett war eine der vielen Erfindungen des Produzenten und Songschreibers Feltz. Der verteilte seine Kompositionen auf zahllose Pseudonymgruppen. Je nach Stimmlage wurden unterschiedliche Künstler eingesetzt. Dazu gehörten Lucie Schulz, Barbara Kist, Herbert Imlau, der Leiter des Comedian-Quartetts, und Werner Preuß.

Der Hit: *Rosa, Rosa, Nina*

Myhre, Wencke

* 15.2.1947. Die Norwegerin gehörte in den 60er und 70er Jahren zu den erfolgreichsten Schlagerstars in der Bundesrepublik. Ihren ersten Hit hatte sie

Ende 1964 mit *»Ja, ich weiß, wen ich will«*. Mitte 1965 gelang ihr der erste Top-10-Erfolg mit *»Sprich nicht drüber«*. 1966 war sie Siegerin beim Deutschen Schlagerfestival mit *»Beiß nicht gleich in jeden Apfel«*. Die Platte erreichte Mitte 1966 Platz 1. Ein Jahr später gelang ihr mit *»Komm allein«* ein weiterer Top-10-Erfolg. Der letzte war im Frühjahr 1969 *»Er steht im Tor«*. 1968 vertrat sie Deutschland beim Grand Prix Eurovision und erreichte mit *»Ein Hoch der Liebe«* immerhin Platz 6. Ansonsten sah man in jenen Jahren kaum eine Fernsehsendung ohne die vielseitige Sängerin und Tänzerin Wencke Myhre, die ein ausgeprägtes komisches Talent hat. Sie war einige Jahre mit dem Regisseur Michael Pfleghar verheiratet.

Der Hit: *Beiß nicht gleich in jeden Apfel*

Myles, Alannah

* 1965?. Der Farmerstochter aus Toronto gelang 1990 der Überraschungshit der Saison. Der Titel *»Black Velvet«* kam im Januar 1990 in die amerikanische Hitparade und kletterte bis auf Platz 1. Wenig später war sie auf 2 in Deutschland und in GB. Ein gut gemachtes Video, das alle Qualitäten von Alannah deutlich machte, tat sein übriges. Diesem Erfolg, der offensichtlich mehr an dem Song lag, lief Alannah seitdem hinterher. 1992 erschien die durchaus gut gemachte CD *»Rockinghorse«*, aus der sich jedoch auch kein Single-Hit auskoppeln ließ.

Der Hit: *Black Velvet*
Der Tip: *Alannah Myles* (Atlantic 7567-81956-2)

My Mine

Stefano Micheli, Carlo Malatesta, Danielo, Darren T. Hatch (* 1966).
Dieses italienische Elektronic-Disco-Trio, das seit Mitte der 70er Jahre mit Stefano, Danielo und Carlo bestand, schaffte im Frühjahr 1984 mit *»Hypnotic Tango«* einen Platz 5 in den deutschen Charts. Schon nach der ersten Single hatte Danielo die Gruppe verlassen, Stefano und Carlo machten das Duo weiter. Als Ersatz fand man in London Darren Hatch, den Sohn von Jackie Trent und Tony Hatch. Geholfen hat das nicht. Ein weiterer Hit gelang My Mine nicht mehr.

Der Hit: *Hypnotic Tango*
Der Tip: *Stone* (Blow Up Int 145.510)

Mysterious Art

Nicole Boeuf, v (* 13.6.1967); Michael Staab, b/key (* 5.4.1960); Tillmann Uhrmacher, b (* 14.5.1967); Michael Krautter, key (* 25.6.1969).
Mysterious Art galten in Deutschland als die Newcomer des Jahres 1989. Mit der Nummer *»Das Omen (Teil 1)«*, bei der als Vokalistin noch Stefanie genannt wurde, kam die Techno/Dancefloor-Formation im Mai 1989 in die deutsche Hitparade und erreichte Platz 1. Der Nachfolger *»Carma - Omen 2«* erreichte im Herbst 1989 noch Platz 9, und danach gelang ihnen erst einmal nichts mehr.

Der Hit: *Das Omen (Teil 1)*
Der Tip: *Mystic Mountains* (Dance Pool 468 595 1)

N

Nail, Jimmy

* 16.3.1954. In seiner Heimatstadt Newcastle versuchte Jimmy sich schon mit 16 Jahren als Rhythm-&-Blues-Sänger und -Bassist. Er wurde Mitglied in einer ganzen Reihe von Bands, was jedoch alles nichts brachte. Vierschrötig wirkt er, hünenhaft und auf den ersten Blick ein bißchen linkisch. Das brachte ihm zumindest einige Rollen in Fernsehserien ein. In »Auf Wiedersehen Pet« mimt er einen rauflustigen deutschen Maurer, in »Spencer« einen Polizisten und Antihelden im Stile Schimanskis. Seine Affinität zur Musik hat er nie aufgegeben. Im Frühjahr 1985 erschien eine Coverversion des Rose-Royce-Hits aus dem Jahre 1978 *»Love Don't Live Here Anymore«* und wurde mit Jimmy Platz 3 in den GB-Charts. Danach schien es wieder zu Ende zu sein, denn das zugleich veröffentlichte Album erwies sich als Flop. Etliche Jahre hörte man nichts mehr von ihm als Platteninterpret, und er hatte auch eigentlich nicht mehr vor, ein Plattenstudio zu betreten. Als es dann doch 1992 soweit war und Musiker wie David Gilmour, Gary Moore und George Harrison mit einstiegen, wurde ein neues Album realisiert. Die daraus ausgekoppelte Single *»Ain't No Doubt«* erreichte Mitte 1992 Platz 1 in GB, Platz 18 in Deutschland.

Der Hit: *Ain't No Doubt*
Der Tip: *Growing Up In Public* (East West 4509-90144-2)

Naked Eyes

Pete Byrne, v (* 9.6.1954); Rob Fisher, key/syn (* 5.11.1959).
Der britische Keyboarder, Bassist und Songschreiber Rob Fisher machte 1982 nach einem Studium an der Universität in Bath zusammen mit Pete Byrne das Duo Naked Eyes. Schon 1979 hatten die beiden mit ihrer Zusammenarbeit begonnen und im Wohnzimmer mit einem Zweispurrekorder Demos aufgenommen. Die zogen zwei Single-Veröffentlichungen nach sich, und um diese Songs live produzieren zu können, gründeten Pete und Rob eine Band, der u. a. auch Curt Smith und Roland Orzabel, die späteren Tears For Fears,

angehörten. Ab 1982 dann das Duo, das jedoch nicht in seiner Heimat, sondern in den USA erfolgreich sein sollte. Mit einer Neuauflage des Sandy-Shaw/Dionne-Warwick-Hits »*Always Something There To Remind Me*« brachten sie es dort im Frühjahr 1983 bis auf Platz 8. Die Nachfolgesingle »*Promises, Promises*« erreichte noch Platz 11. Die weiteren beiden Hitnotierungen kamen nicht mehr unter die ersten 30. 1984 trennten sie sich, und Rob Fisher wurde später Mitbegründer von Climie Fisher.

Der Hit: *Always Something There To Remind Me*
Der Tip: *Fuel For The Fire* (EMI 1C 064-2401891)

Napoleon XIV

* als Jerry Samuels. Jerry war von Beruf Tontechniker. Für 15 Dollar mietete er sich ein Studio und nahm innerhalb von anderthalb Stunden die Nummer »*They're Coming To Take Me Away, Ha-Haaa!*« auf. Für die B-Seite blieb ihm kein Geld mehr, deshalb drehte er das Band einfach um und ließ es rückwärts laufen. Da hieß die Platte dann »*Aaah-Ah, Yawa Em Ekat Ot Gnimoc Er'yeht*«. Der Titel handelt von einem Mann, der in eine Nervenheilanstalt will, weil ihn sein Hund verlassen hat – das kommt allerdings erst am Schluß des Titels raus. Die US-Radiostationen wollten die Nummer zuerst nicht spielen, weil sie glaubten, der Mann sei von seiner Frau verlassen worden. Trotzdem: Innerhalb von nur fünf Tagen wurden 500 000 Platten in den USA verkauft. Schließlich wurde sie ein Millionseller. Außer Jerry auf der Platte zu hören: Schlagzeug, Tambourin, Händeklatschen, Sirene, fertig. Mitte 1966 wurde die Platte in den USA ein Platz 3, in GB Platz 4.

Der Hit: *They're Coming To Take Me Away, Ha-Haaa!*
Der Tip: *They're Coming To Take Me Away, Ha-Haaa!* (Rhino RNLP 816)

Napoli, Francesco

* 26.2.1958. Was Stars On 45 und alle Disco-Medleys dieser Erde können, kann der italienische Schlager auch. Aus einer Ansammlung von notorischen italienischen Schmonzetten wie »*Come Prima*«, »*Azzurro*«, »*Quando, Quando*«, »*Una Lacrima Sul Viso*«, »*Oh Sole Mio*« und ähnlichen wurde die Nummer »*Balla...Balla! Vol. 1*« gestrickt, die im Herbst 1987 in die deutsche Hitparade kam und Platz 6 erreichte. Im Mai 1988 wurde Vol. 2 nachgeschoben, die aber nur noch Platz 50 erreichte. Die Masche wurde fallengelassen.

Der Hit: *Balla ... Balla! Vol. 1*
Der Tip: *Ciao – Balla Italia!* (Hansa 260 839)

Nash, Johnny

* 19.8.1940. Der amerikanische Sänger, Gitarrist, Songschreiber und Schauspieler wurde von vielen für einen Jamaikaner gehalten. Er wuchs in Houston, Texas, auf. Kaum 13 Jahre alt, sang er regelmäßig in Radioshows und im Fernsehen. Seine Plattenkarriere begann 1957. Ende des Jahres hatte er mit »*A Very Special Love*« einen Top-30-Hit in den USA. Zusammen mit Paul Anka und George Hamilton IV schaffte er das ein Jahr später wieder mit »*The Teen Commandments*«. Die nächsten Jahre machte er erfolglos weiter Platten und schrieb Songs, die durch andere Hits wurden, z. B. »*What Kind Of Love Is This*« 1962 mit Joey Dee. 1965 gründete Johnny seine eigene Plattenfirma JoDa. Ab 1968, inzwischen produzierte er seine Platten auf Jamaika, hatte er wieder Hits, jetzt auch unter den Top 10. »*Hold Me Tight*« war im August 1968 sowohl in den USA als auch in England auf Platz 5. »*You Got Soul*« und »*Cupid*« erreichten 1969 Platz 6 in GB. Dann kam Mitte 1972 »*I Can See Clearly Now*«, Platz 5 in GB, Platz 1 und Millionseller in den USA. Der Nachfolgehit »*There Are More Questions Than Answers*« erreichte in demselben Jahr Platz 19 in GB, »*Tears On My Pillow*« war Mitte 1975 Spitzenreiter in GB.

Der Hit: *I Can See Clearly Now*
Der Tip: *Johnny Nash Collection* (Epic 10 008)

Nashville Teens

Arthur »Art« Sharp, v (* 26.5.1941); Ray Phillips, v (* 16.1.1944 als Ramon John Phillips); Michael Dunford, g; John Hawken, p (* 9.5.1940); Pete Shannon, b (* 23.8.1941 als Peter Shannon Harris); Roger Groom, d; John Allen, g (* 23.4.1945 als John Samuel Allen); Barrie Jenkins, d (* 22.12.1944); Terry Crow, v.
Die Urbesetzung der Nashville Teens kam 1962 zusammen. 1963 verbrachten sie mehrere Monate in Hamburg, dann begleiteten sie Bo Diddley auf seiner Tournee durch GB. Bei der Gelegenheit sah sie Mickie Most, der gerade mit seiner Gruppe Minutemen tourte. Er produzierte die erste Single der Nashville Teens für die Plattenfirma Decca: eine Coverversion des John D. Loudermilk Titels »*Tobacco Road*«. Mitte 1964 kam die Single in die britischen Charts und erreichte Platz 6. Die Nachfolgesingle »*Google Eye*«, auch geschrieben von Loudermilk, wurde ebenfalls ein Top-10-Erfolg. Sicher hätte mehr aus dieser Band werden können, wenn sich ihre Plattenfirma mehr für sie eingesetzt hätte. Die Musikpresse lobte das große musikalische Potential dieser Beatband und war deshalb überrascht, daß sowenig für sie getan wurde. Im Laufe der nächsten Jahre sollte sie amerikanische Rockstars wie Chuck Berry oder Carl Perkins auf Tourneen durch GB begleiten. Nach 1966 hatten sie keine Erfolge mehr. 1969 fiel die Gruppe

auseinander. Barrie Jenkins hatte die Nashville Teens bereits 1966 verlassen. John Hawken spielte danach mit mehreren Bands, z. B. Vinegar Joe und Strawbs.

Der Hit: *Tobacco Road*
Der Tip: *The Beginning* (Decca ND 817)

Natasha

Die britische Sängerin tauchte 1982 kurz in den Charts ihrer Heimat auf. Ihre erste Notierung war auch gleich die erfolgreichste: Ihr Nachzieher des Dixie-Cups-Hits aus dem Jahr 1965 *»Iko Iko«* erreichte Mitte 1982 Platz 10 in GB. Ihre Version klang recht lieblos heruntergehoppelt. Einige Monate später tauchte sie mit *»The Boom Boom Room«* noch einmal unter den Top 50 auf. Das war's.

Der Hit: *Iko Iko*

Natural Selection

Elliot Erickson, key; Frederick Thomas, v/g.
Dieses amerikanische Funk-Duo aus Minneapolis veröffentlichte im Herbst 1991 die Single *»Do Anything«*, die es bis auf Platz 2 in den USA brachte. Der Nachfolger *»Hearts Don't Think (They Feel)!«* kam noch unter die Top 30. Die beiden hatten sich 1988 kennengelernt, schrieben ein paar Songs zusammen und nahmen sie als Demo in Fredericks Wohnung auf. Elliot hatte vorher bei einer Radiostation in Minneapolis gearbeitet. Er spielte das Demoband dem Programmchef vor, dem es gefiel. So kam es zu dem Plattenvertrag.

Der Hit: *Do Anything*

Naughton, David

* 13.2.1951. Der Amerikaner studierte zunächst englische Literatur und Schauspiel und drehte dann einige Werbespots. So lernten ihn in den späten 70er Jahren die Amerikaner als singenden und tanzenden Star in der Werbung von Dr. Pepper kennen. 1979 sang er den Themensong für die TV-Serie *»Makin' It«*, die auf dem Film »Saturday Night Fever« basierte. Daraufhin bot man ihm eine Rolle in der Serie an und er spielte den Billy Manucci. Der Titelsong kam im Frühjahr 1979 in die US-Charts, erreichte Platz 5 und wurde ein Millionseller. Im selben Jahr war derselbe Hit in dem Film »Meatballs« zu hören. Es blieb Davids einzige Platte. Als Schauspieler war er danach in weiteren Serien zu sehen.

Der Hit: *Makin' It*

Naughty By Nature

Anthony »Treach« Criss, Vincent Brown, Kier »dj KG« Gist.
Mit der Platinplatte *»O.P.P.«* hatte das Rap-Trio aus East Orange, New Jersey, im Herbst 1991 einen Platz 6 in den US-Charts. *»O.P.P.«* steht für Other People's Property. Die Nachfolgesingle *»Everything's Gonna Be Alright«* erreichte nur noch Platz 53.

Der Hit: *O.P.P.*
Der Tip: *Naughty By Nature* (East West 9031-75 465-2)

Nazareth

Dan McCafferty, v (* 14.10.1946); Pete Agnew, b (* 14.9.1946); Manuel Charlton, g (* 25.7.1941); Darrell Sweet, d (* 16.5.1947); Zal Cleminson, g (* 4.5.1949); Billy Rankin, g (* 25.4.1959).
1969 wurde diese britische Formation gegründet. Die vier Urmitglieder Dan, Manuel, Pete und Darrell waren bereits 1961 in der Gruppe Shadettes zusammengekommen. 1969 änderten sie ihren Namen in Nazareth. Darauf kamen sie durch den Titel *»The Weight«* von der Gruppe The Band. Nazareth versuchte immer, einen Mittelweg zwischen Hard Rock und Pop zu finden. Ihre erste Hitnotierung war *»Broken Down Angel«*, im Frühjahr 1973 ein Platz 9 in GB. Zwei Monate später folgte *»Bad Bad Boy«*, ebenfalls in den Top 10 in GB. Es gelangen ihnen danach einige Hits mit Nummern, die ursprünglich alles andere als Rock waren. So hatten sie ihren größten Erfolg mit einem Titel, den Joni Mitchell geschrieben hatte: *»This Flight Tonight«*, Ende 1973 Platz 11 in GB, Spitzenreiter in Deutschland. *»Love Hurts«*, im Herbst 1975 ihr einziger Top-10-Hit in den USA, war im Original ein Hit für die Everly Brothers. In den 80er Jahren stellten sie ihre Gruppenaktivitäten zurück, und McCafferty verfolgte Solopläne. 1985 sang er gar auf einer Platte mit Hans Hartz. 1989 erschien mit *»Snakes And Ladders«*, 1992 mit *»No Jive«* jeweils wieder ein Album von Nazareth. Zal Cleminson war zwischen 1978 und 1981 eine Verstärkung in der Gruppe. Für ihn kam danach Billy Rankin, der die Band 1984 wieder verließ, auf dem 1992er Album aber wieder mit dabei war. Nicht mehr in der Gruppe war Manuel.

Der Hit: *This Flight Tonight*
Der Tip: *Greatest Hits* (Vertigo 824 427-2)

Nazareth *(Vertigo)*

Neil

* als Nigel Planer. Der amerikanische Schauspieler war in der Mitte der 80er Jahre in der überaus erfolgreichen britischen Fernsehserie »The Young Ones« zu sehen.

Er spielte einen angejahrten Hippie, der tapfer weiter an der 60s-Love-and-Peace-Philosophie festhält. Aus dem von Dave Mason geschriebenen und von Traffic zum Hit gebrachten Stück *»Hole In My Shoe«* machte Neil Mitte 1984 eine sehr witzige Version, die es immerhin bis auf Platz 2 in GB brachte. Im Frühjahr 1986 tauchte die Mannschaft aus der TV-Sendung »The Young Ones«, Christopher Ryan, Rick Mayall, Adrian Edmondson und Neil – zusammen mit Cliff Richard und dessen Oldie *»Living Doll«* im Zuge des Comic-Relief-Programms auf Platz 1 der britischen Hitparade auf. Unübersehbar war die Cover-Ironie für sein *»Heavy Concept Album«*. Hinten Sgt. Pepper, vorne Grateful Dead.

Der Hit: *Hole In My Shoe*
Der Tip: *Neil's Heavy Concept Album* (WEA 240 524-1)

Nelson

Gunnar und Matthew Nelson (* 20.9.1967). Die Zwillingssöhne von Rick Nelson wuchsen natürlich mit Musik auf. Zu ihrem 12. Geburtstag schenkte der Vater ihnen einen Studiotermin, und sie nahmen einen selbstgeschriebenen Song auf. Im Hintergrund sangen die Pointer Sisters. Anfang der 80er Jahre spielten sie in der Heavy-Metal-Band Strange Agents, die sich später in Nelson umbenannte. 1990 unterschrieben die Zwillinge als Nelson einen Plattenvertrag und hatten gleich mit ihrer ersten Single-Veröffentlichung einen Spitzenreiter in den USA: *»(Can't Live Without Your) Love & Affection«*. Der Nachzieher *»After The Rain«* kam Ende 1990 ebenfalls unter die ersten 10. Mitte 1991 wurde *»Only Time Will Tell«* ein Top-30-Hit. Ob sie weiter Hits haben, wird die Zeit zeigen. Ihre ältere Schwester Tracy (* 25.10.1963) spielte ab 1982 regelmäßig in TV-Serien mit. Bei uns sah man sie z. B. als Schwester Stephanie in »Ein gesegnetes Team«.

Der Hit: *(Can't Live Without Your) Love & Affection*
Der Tip: *After The Rain* (Geffen 7599-24 290-2)

Nelson, Phyllis

Die in Chicago geborene Amerikanerin begann bereits mit vier zu singen. In Jacksonville gehörte sie zum Familienunternehmen Nelson Five. Diese Formation hatte ebensowenig Erfog wie die Gruppe Brown Sugar, Phyllis als Solistin oder Phyllis als Partnerin von Brandy Wells im Duo Breeze. Fast hätte sie sich aus dem Musikgeschäft zurückgezogen, da machte Phyllis Probeaufnahmen in Paris. Mit dem auf europäischen Dancefloor zugeschnittenen Label Carrere gelang ihr schließlich im Frühjahr 1985 ein Spitzenreiter in der britischen Hitparade: *»Move*

Nelson *(Geffen)*

Closer«. Zusammen mit Alain Delon machte sie die Titelmelodie zu dem Film »Der Panther«, *»I Don't Know«*.

Der Hit: *Move Closer*

Nelson, Ricky

* 8.5.1940 als Eric Hilliard Nelson, † 31.12.1985. Der amerikanische Sänger, TV-Star und Schauspieler war der Sohn des bekannten Bandleaders Ozzie Nelson

und seiner Frau, der Sängerin Harriet. Ab März 1949 trat Ricky zusammen mit seinem Bruder David in der Radio-Show der Eltern auf, die »The Adventures Of Ozzie & Harriet« hieß und von 1952 bis 1966 ins Fernsehen verlegt wurde. Ricky machte ab 1957 Platten und wurde zum ersten Teenager-Idol der Rock-Ära. Nach drei Hits für die Plattenfirma Verve wechselte er zu Imperial, die ihm als Begleitgruppe die Band von Bob Luman zur Verfügung stellte. Als Leadgitarrist spielte darin James Burton. *»A Teenager's Romance«* kam als erster Hit Mitte 1957 auf Platz 2 in den USA. *»Poor Little Fool«* wurde ein Jahr später Spitzenreiter und Platz 4 in GB. Ein weiterer Platz 1 in den USA gelang Ricky mit *»Travellin' Man«*, die Rückseite *»Hello Mary Lou«* erreichte 1961 in den USA und in Deutschland die Top 10. In GB wurde die Platte *»Hello Mary Lou/Travellin' Man«* als Doppel-A-Seite gezählt und erreichte Platz 2. Bis hierhin erschienen die Platten unter dem Namen Ricky Nelson. Ab jetzt strich er das »y«, weil er, wie er sagte, dafür nun zu alt sei. In den USA hatte er noch Top-10-Hits mit *»Teenage Idol«* und *»It's Up To You«* 1962 und *»For You«* 1963. Ab 1969 firmierte er als Rick Nelson & The Stone Canyon Band; 1972 gelang ihnen mit *»Garden Party«* ein Platz 6 in der amerikanischen Hitparade. Als Filmschauspieler blieb er vor allem in der Rolle eines jungen Scharfschützen im Film »Rio Bravo« (1959) in Erinnerung. Rick Nelson starb am 31.12.1985 beim Absturz einer Privatmaschine. Seine Söhne sind als Nelson ins Plattengeschäft eingestiegen, seine Tochter Tracy ist als Schauspielerin erfolgreich.

Der Hit: *Hello Mary Lou*
Der Tip: *The Best Of* (EMI CDP 7 903 172)

Nelson, Sandy

* 1.12.1938 als Sander L. Nelson. Als Beeinflussung für seine musikalischen Interessen gibt der Amerikaner Spike Jones an. Gerade sieben Jahre alt, sah er in Los Angeles Gene Krupa, woraufhin er sich zu Weihnachten ein Schlagzeug wünschte. Neben diesem Instrument kann er auch Piano, Gitarre und Baß spielen. Er begann als Mitglied von Kip Tyler & The Flips, mit denen der spätere Beach Boy Bruce Johnston Piano spielte. Dann wurde er Studiomusiker und trommelte bei Aufnahmen von Gene Vincent, den Teddy Bears und Jan & Dean.Während einer Aufnahmesession bat man Sandy, doch einmal eins der Stücke zu spielen, die er selbst geschrieben hatte. Er spielte *»Teen Beat«*, und das brachte ihm einen Plattenvertrag als Solist ein. Die Single erschien im Herbst 1959 und wurde Platz 4 in den USA. Bis zu seinem zweiten Hit mußte er zwei Jahre warten. Der Titel *»Let There Be Drums«* kam im Herbst 1961 in die US-Charts, belegte Platz 7 und später Platz 3 in GB. Die Nummer wurde die Erkennungsmelodie vieler Diskjockeys bei vielen Rundfunkstationen. Noch vor den Aufnahmen zu seinem zweiten Hit verlor Sandy bei einem Verkehrsunfall einen Fuß. Für einen

Schlagzeuger normalerweise das Aus, nicht so für Sandy. Seine letzte Hitnotierung hatte er Ende 1964. Bis 1975 veröffentlichte er noch Platten, dann zog er sich bis auf gelegentliche Aufnahmen aus dem Musikgeschäft zurück.

Der Hit: *Let There Be Drums*

Der Tip: *Best Now* (EMI Manhattan CP 32-9037)

Nelson, Willie

* 30.4.1933 als Willie Hugh Nelson. Schon früh handelte er sich den Spitznamen »King of the Outlaw Country Movement« ein. Seine Karriere begann er als Songschreiber. So gelang ihm mit der Nummer *»Crazy«* für Patsy Cline ein absoluter Dauerbrenner. 1992 wurde diese Platte als meistgedrückte Single aller Zeiten in amerikanischen Musikboxen ermittelt. Patsy war mit der Nummer 1961 in der Amerikanischen Top 10. Ende 1990 stand dieser Titel wieder hoch in der britischen Hitparade. *»Hello Walls«*, ebenfalls aus dem Jahre 1961, wurde mit Faron Young ein Millionseller. Seine ersten Platten in den Country-&-Western-Charts hatte der Amerikaner 1962. Inzwischen bringt er es dort auf weit über 100 Eintragungen und gehört zu den 10 erfolgreichsten Country-Interpreten aller Zeiten. In den Pop-Charts tauchte er erstmals 1975 auf mit *»Blue Eyes Crying In The Rain«*. Im Duett mit einem anderen Country Outlaw, Waylon Jennings, gelangen ihm einige Crossover-Erfolge. *»Always On My Mind«* kam im Frühjahr 1982 bis auf Platz 5 in den USA. Seinen größten Pop-Erfolg hatte er zusammen mit Julio Iglesias. Der Millionseller *»To All The Girls I've Loved Before«* kam im Frühjahr 1984 in die US-Charts, erreichte Platz 5, Platz 17 in GB und Platz 24 in Deutschland. Willie war auch in verschiedenen Filmen zu sehen, so z. B. in »The Electric Horseman« 1979, »Honeysuckle Rose« 1980 und »Barbarossa« 1982. 1989 verlieh man ihm den Living Legends Award. Anfang der 90er Jahre kam er in finanzielle Schwierigkeiten, weil er mit seinen Steuerzahlungen leicht in Rückstand geraten war: 16 Millionen Dollar galt es nachzuzahlen. Er veröffentlichte daraufhin das akustische Album *»IRS Tapes«* (IRS ist das amerikanische Finanzamt), das er nur über den Versandhandel vertrieb. Im Frühjahr 1993 erschien die CD *»Across The Borderline«*, produziert von Don Was. Als Gäste sind darauf u.a. Sinead O'Connor, Bonnie Raitt, Paul Simon, David Crosby und Bob Dylan zu hören.

Der Hit: *Always On My Mind*

Der Tip: *Across The Borderline* (CBS 4 729 422)

Nena

Nena (* 24.3.1960 als Gabriele Kerner), v; Uwe Fahrenkrog-Peterson, key (* 10.3.1960); Carlo Karges, g (* 31.7.1951); Jürgen Dehmel, b (* 12.8.1958); Rolf Brendel, d (* 13.6.1957).

Nena und Rolf Brendel gründeten 1979 in ihrer Heimatstadt Hagen die Stripes. Nach einigen erfolglosen Singles brach die Gruppe 1982 auseinander, und Nena und Rolf zogen nach Berlin. Dort wurde im Zuge der Neuen Deutschen Welle jede nur tragbare Formation produziert. Durch den Fotografen und Promoter Jim Rakete gesponsort, erhielten sie einen Plattenvertrag. Ihre erste Single, *»Nur geträumt«*, erschien im Herbst 1982 und wurde Platz 2 in der deutschen Hitparade. *»99 Luftballons«* kam im Januar 1983 in die deutschen Charts und wurde Spitzenreiter. In englischer Sprache als *»99 Red Balloons«* erreichte die Platte Platz 1 in England, in deutscher Platz 2 in den USA. Zusammen mit Markus, einem weiteren NDW-Interpreten, spielte sie mit in der Deutsch-Rock-Komödie »Gib Gas, ich will Spaß«. *»Leuchtturm«* und *»Fragezeichen«* waren 1983, *»Irgendwie, irgendwo, irgendwann«* 1984 und *»Feuer und Flamme«* 1985 weitere Top-10-Erfolge. Nach 1986 ließ der kommerzielle Erfolg nach, ein Jahr später trennte sich die Formation, und mit dem Namen Nena mußte man ab sofort nicht mehr die Gruppe, sondern nur noch die Sängerin Nena Kerner verbinden. Ein privater Schicksalsschlag – der im Februar 1988 geborene Christopher starb ein Jahr später – spiegelte sich in den Platten, die in den nächsten Jahren erschienen. 1989 veröffentlichte sie die im Alleingang aufgenommene Platte *»Wunder gescheh'n«*, 1990 *»Du bist überall«*. 1990 bekam sie dann Zwillinge, und mit *»Komm, lieber Mai«* erschien eine LP mit Kinderliedern. Mitte 1992 kam *»Manchmal ist ein Tag ein ganzes Leben«*. Jürgen Dehmel und Rolf Brendel spielten wieder mit Nena zusammen, ebenso Frank Becking, ein Gitarrist aus den ehemaligen Stripes-Tagen. Den Produktionen der 90er Jahre fehlte viel von der frischen Unbedarftheit der frühen Hits.

Der Hit: *99 Luftballons*
Der Tip: *Die Band* (Epic 4 691 002)

Nervous Norvus

* 1912 als Jimmy Drake, † 1968. Dem aus Oakland, Kalifornien, stammenden Lastwagenfahrer gelang mit der Novelty-Platte *»Transfusion«* Mitte 1956 ein Top-10-Erfolg in den USA. Die Nachfolgesingle *»Ape Call«* erreichte noch Platz 24. Danach hatte ihn die Straße wieder. Die Plattenfirma London weigerte sich, seinen größten Hit in GB zu veröffentlichen, da ihnen das Thema zu heikel war: Ein betrunkener Autofahrer sehnt sich nach einem Unfall nach einer Bluttransfusion.

Der Hit: *Transfusion*

Nevil, Robbie

* 2.10.1961. Der amerikanische Sänger und Gitarrist hatte seine ersten Erfolge als Songschreiber für die Pointer Sisters, Vanity und El DeBarge, bevor er 1986 sein erstes Soloalbum herausbrachte. Mit »*C'est La Vie*« gelang ihm Ende des gleichen Jahres ein Platz 2 in den amerikanischen Single-Charts, Platz 3 in GB und ebenfalls Platz 2 in Deutschland. Im Frühjahr 1987 kam »*Wot's It To Ya*« noch einmal bis auf Platz 10 in den US-Charts. Mitte 1991 erschien »*Just Like You*« und erreichte noch Position 25 in den USA.

Der Hit: *C'est La Vie*
Der Tip: *Robbie Nevil* (EMI CDP 7 463 902)

Neville, Aaron

* 24.1.1941. Aaron, der eine hervorragende und sofort erkennbare Kopfstimme besitzt, ist ein Mitglied der aus New Orleans stammenden Rhythm-&-Blues-Familiengruppe The Neville Brothers. 1957 wurde Aaron Mitglied in der Band seines Bruders, den Hawketts, die bereits 1954 einen regionalen Hit mit dem »*Mardi Gras Mambo*« hatte. 1960 erschien Aarons erste Soloplatte, »*Over You*«, die sich zumindest in den Rhythm-&-Blues-Charts auf Platz 21 plazieren konnte. Richtig erfolgreich wurde er, als Ende 1966 der Titel »*Tell It Like It Is*« in die amerikanischen Charts kam und Platz 2 erreichte. Der gleiche Song stand Mitte 1989 in der Version von Don Johnson auf Platz 2 der deutschen Hitparade. Danach hörte man als Solist lange nichts mehr von Aaron. 1978 schloß sich Aaron seinen Brüdern Art, Cyril und Charles in der Neville Family Band an, die sich bald in Neville Brothers umbenannte. Nebenher veröffentlichte Aaron weiter Soloplatten. Im Duett mit Linda Ronstadt kam »*Don't Know Much*« im Herbst 1989 in die US- und GB-Charts und erreichte jeweils Platz 2. Auch die Duett-Nachfolgeplatte »*All My Life*« kam im Frühjahr 1990 noch bis auf Platz 11 in den USA. Mitte 1991 stand »*Everybody Plays the Fool*« auf Platz 8. Wirklich hervorragende Produktionen wie »*Sitting In Limbo*« oder »*Fire On The Bayou*« haben erstaunlicherweise nie die internationalen Hitparaden erreichen können. 1981 befragte man Keith Richards nach der besten LP des Jahres. Er nannte »*Fire On The Bayou*« der Neville Brothers.

Der Hit: *Tell It Like It Is*
Der Tip: *Warm Your Heart* (A&M 397 148-2)

Newbeats

Larry Henley, v (* 30.6.1941); Lewis »Dean« Mathis, v (* 17.3.1939); Marcus »Marc« Mathis, v (* 9.2.1942).

Die beiden Brüder Marc und Dean spielten als Duo in den späten 50er Jahren und bliesen sich dann zu einer 8-Mann-Band auf. Während eines Auftritts dieser Formation kam Larry Henley und fragte, ob er einmal mitsingen dürfe. Er fügte sich so gut ein, daß man ihn bat, bei der Band zu bleiben. In den frühen 60er Jahren trennte sich die Gruppe. Einige Jahre später kamen die beiden Brüder und Henley überein, ein Trio zu gründen. Sie nahmen einige Demobänder auf und verschickten sie an verschiedene Plattenfirmen. Schließlich erhielten sie 1964 einen Plattenvertrag und veröffentlichten *»Bread And Butter«*. Im Herbst des gleichen Jahres erreichte die Platte Platz 2 und wurde der größte Top-10-Erfolg dieser Formation. Ende 1965, nach drei weiteren Hitnotierungen, kam *»Run, Baby Run«* auf den Markt und erreichte Platz 12 in den USA und Platz 10 in GB. Nach 1970 werden sie in den Charts nicht mehr notiert, machten aber noch bis in die 70er Jahre Platten. 1974 trennten sie sich, und Henley versuchte sich erfolglos als Solokünstler, um sich dann als Songschreiber zu betätigen – mit mehr Erfolg. So schrieb er z. B. mit an dem Bette Midler Hit *»Wind Beneath My Wings«*.

Der Hit: *Bread And Butter*

Newberry III., Booker

* 19.1.1956. Der amerikanische Soulsänger begann seine Karriere, wie sich das gehört, im Gospelchor seiner Eltern, den Wings Over Jordan. Nächste Station war die Gruppe Mystic Nights, bevor er 1975 nach Philadelphia zog und das Quintett Sweet Thunder gründete, das 1978/79 zumindest in den R&B-Charts vertreten war. 1979 trennte sich die Gruppe, und 1983 unterschrieb Booker einen Solovertrag. Im Frühjahr desselben Jahres erreichte die Single *»Love Town«* Platz 6 in den britischen Charts. Der Nachfolgehit *»Teddy Bear«* schaffte es noch unter die Top 50 in GB. In den USA gelang ihm überhaupt kein Pop-Hit, obwohl er weiter Platten aufnahm.

Der Hit: *Love Town*
Der Tip: *Love Town* (Polydor 815 012-1)

New Edition

Ralph Tresvant, v (* 16.5.1968); Ronald DeVoe, v (* 17.11.1967); Michael Bivins, v (* 10.10.1968); Ricky Bell, v (* 18.9.1967); Bobby Brown, v (* 5.2.1969); Johnny Gill, v (* 1965).

Diese schwarze amerikanische Kindertruppe sollte die Tradition der Jackson 5 in den USA fortsetzen. Doch ihren ersten Hit hatten die fünf Jugendlichen in GB. Dort fegten sie mit *»Candy Girl«*, im April 1983 Spitzenreiter in GB, die sich gerade stabilisierende, ähnlich gelagerte Band Musical Youth aus den Charts. Maurice Starr, der zwei Jahre später auch die New Kids On The Block entdekken und fördern sollte, brachte New Edition zusammen und produzierte sie. Maurice Starr scheint auf Kindergruppen abonniert zu sein. 1990 kam er wieder mit einem Trio, das zwischen 11 und 13 Jahren alt war und Perfect Gentlemen hieß. Nach dem Anfangserfolg in GB kam New Edition dort nicht mehr unter die ersten 10, aber ab Herbst 1984 begann auch ihre große Zeit in den USA. *»Cool It Now«* wurde zu diesem Zeitpunkt ein Millionseller und Platz 4 in den USA. Bobby Brown verließ die Truppe 1986. Für ihn kam Johnny Gill. *»If It Isn't Love«* stand Mitte 1988 wieder unter den ersten 10, und nach 1989 waren inzwischen alle so erwachsen, daß sie für den Teenie-Markt nicht mehr zu gebrauchen waren. Bell, Bivins und DeVoe machten ab 1990 ihr eigenes Trio und förderten nun ihrerseits schwarze jugendliche Künstler. Johnny Gill und Ralph Tresvant wurden erfolgreiche Solokünstler, ebenso wie Bobby Brown, der noch an Popularität gewann, als er 1992 den schwarzen Mega-Star Whitney Houston heiratete.

Der Hit: *Cool It Now*
Der Tip: *Greatest Hits Vol. I* (MCA 10 434)

New Kids On The Block

Joe McIntyre (* 31.12.1972), Donny Wahlberg, (* 17.8.1969), Danny Wood (* 14.5.1969), Jordan Knight (* 17.5.1970); Jon Knight (* 29.11.1968), alle v.
Was für den schwarzen Teenie-Markt in der ersten Hälfte der 80er Jahre New Edition, war für den weißen die ebenfalls von Maurice Starr gegründete und produzierte Truppe New Kids On The Block. Maurice Star (* 1954) strebte selbst eine Karriere als Rhythm-&-Blues-Sänger an, aus der jedoch nichts wurde. Danach beschloß er, Formationen zu schaffen, zu produzieren und zu managen, die seine Songs transportieren sollten. Bei New Kids On The Block kümmerte er sich auch um den äußerst lukrativen Nebenerwerb durch Marketing von Postern, T-Shirts, Aufklebern usw. Nach seinen zwei Erfolgsgruppen New Edition und New Kids On The Block nahm er in den 90ern Rick Wes, Perfect Gentlemen, Superiors, Homework, Tommy Page oder Ana unter seine Fittiche. Die New Kids On The Block versorgte er seit 1984 mit einer Mischung aus Rap und Pop, die maßgeschneidert für den weißen Teenie-Markt war. In den US-Charts gelang ihnen der Durchbruch jedoch erst Mitte 1988 gleich mit einem Top-10-Hit: *»Please Don't Go Girl«*. 1989 waren sie die umsatzstärkste Gruppe in den USA. *»You Got It (The Right Stuff)«* kam Ende 1988 in die amerikanische Hitparade, wurde Mil-

lionseller und Platz 3, Spitzenreiter in GB und Platz 12 in Deutschland. *»I'll Be Loving You (Forever)«* stieg im April 1989 in die US-Charts ein, wurde ebenfalls Millionseller, erreichte Platz 1 und 5 in GB. Drei Monate später erschien *»Hangin' Tough«*. Wieder wurde die Platte ein Spitzenreiter in den USA, und dieses Mal setzte es Platin. Ein halbes Jahr später wurde die Aufnahme auch Spitzenreiter in GB. *»Cover Girl«* wurde nur zwei Monate später veröffentlicht, wieder ein Millionseller und Platz 2 in den USA, Platz 4 in GB. Wieder nur zwei Monate später kam *»This One's For The Children«* in die Plattenläden, erreichte Platz 7 und war wieder ein Millionseller. Ein Jahr später – wieder um die Weihnachtszeit – wurde es ein Top-10-Hit in GB. Der nächste Schlag von NKOTB kam im Mai 1990: *»Step By Step«* erreichte wieder mal Platz 1 in den USA, wurde Platinseller und Top-10-Erfolg in GB und Deutschland. Weitere Top-10-Erfolge waren noch: *»Tonight«* und *»Let's Try It Again«* 1990 und *»If You Go Away«* 1991. Donny Wahlbergs jüngerer Bruder Mark, der in den Anfangstagen von NKOTB, als man sich Nynuk nannte, mit dabei war, hatte als Marky Mark Erfolg. Ende 1990 wurde einmal zusammengerechnet, was NKOTB verdient haben: Man kam auf die stolze Summe von 861 373 480 Dollar (richtig: 861 Millionen usw.). Davon wurden alleine 400 Millionen, also fast die Hälfte, durch Merchandising, d. h. den Verkauf von T-Shirts, Aufklebern, Baseballmützen, Gürteln usw. erzielt. Die Fan-Club-Mitglieder steuerten 10 Millionen Dollar bei; diejenigen, die über sogenannte 900er Telefonnummer in den USA die heißesten Informationen über NKOTB erfahren wollten, also z. B. ob Donny noch Halsschmerzen hat oder nicht, ebenfalls 10 Millionen. Leser von Büchern über NKOTB brachten gerade mal 2 Millionen ein.

Der Hit: *Step By Step*
Der Tip: *H.I.T.S.* (CBS 4 694 382)

Newley, Anthony

* 24.9.1931. Der britische Schauspieler, Komponist, Sänger und Regisseur wirkte seit 1947 in Filmen mit. So war er z. B. 1948 in »Oliver Twist« als Artful Dodger zu sehen. Nach vielen weiteren Filmen mimte er 1959 in »Idle On Parade« einen Rock-'n'-Roll-Sänger und sorgte auch gleich für den Titelsong. Damit begann für drei Jahre eine Karriere als Sänger. Seinen ersten Hit hatte er Mitte 1959 mit *»I've Waited So Long«*, Platz 3 in GB. Es folgten zwei Spitzenreiter 1960 mit *»Why«* und *»Do You Mind«*. Im selben Jahr gelang ihm der letzte Top-10-Eintrag mit *»Strawberry Fair«*. Anthonys Vortragsstil wurde von dem jungen David Bowie kopiert. Als Songschreiber blieb Newley weiterhin erfolgreich. So ist er z. B. einer der Autoren des Titels *»Goldfinger«* aus dem gleichnamigen James-Bond-Film. Auch an *»Candy Man«* aus dem Musical »Willy Wonka And The Chocolate

Factory«, für Sammy Davis Jr. ein Hit, war Newley beteiligt. Bis in die 90er Jahre schrieb Newley an vielen Musicals mit. Einige Jahre war er mit der Schauspielerin Joan Collins verheiratet.

Der Hit: *Why*

Newman, Randy

* 28.11.1943. Der Amerikaner hatte bereits mit 17 Jahren eine Festanstellung als Songschreiber. 1966 schrieb er für Gene Pitney *»Just One Smile«*. 1967 hatte Alan Price mit dem Stück *»Simon Smith And His Amazing Dancing Bear«* einen Hit, 1970 wurde seine Komposition *»Mama Told Me (Not To Come)«* für Three Dog Night ein Erfolg. Ray Charles, Ringo Starr, Peggy Lee oder Nina Simone nahmen Titel von Randy auf und hatten damit Erfolg. Er selbst veröffentlichte eine Reihe sehr guter und ironischer Songs über den American Way of Life. Seine Nummer *»Short People«* kam Ende 1977 in die US-Charts, wurde Millionseller und erreichte Platz 2. Die Liga der kleinen Menschen Amerikas protestierte gegen den Song, was ihm letztendlich nur noch half. Ansonsten ist Randy kein Titel unter den ersten 50 der Hitparade gelungen, obwohl zumindest 1988 *»It's Money That Matters«*, bei dem Mark Knopfler die Gitarre spielte, es wert gewesen wäre. Randy schrieb auch eine ganze Reihe von Filmmusiken. Für »Ragtime« 1981 erhielt er zwei Oscar-Nominierungen. »The Natural«, »Avalon« oder »The Three Amigos« waren ebenfalls Filme, in denen Musik von Newman zu hören war.

Der Hit: *Short People*
Der Tip: *Lonely At The Top* (WB 241 126-2)

New Order

Barney Sumner, g/v (* 4.1.1956 als Bernhard Dicken); Peter Hook, b (* 13.2.1956); Stephen Morris, d (* 28.10.1957); Gillian Gilbert, key/g (* 27.1.1961).
Sumner, der offensichtlich eine Vorliebe für Pseudonyme hat, war 1977 als Bernard Albrecht Mitbegründer der Formation Joy Division. Die Gruppe hatte im gleichen Jahr schon als Stiff Kittens und als Warsaw ihr Glück versucht. Von Joy Division stammte das Original des Titels *»Love Will Tear Us Apart«*, 1984 ein Hit für Paul Young. Joy Division kamen mit ihrer Version erstmals 1980 in die Charts und erreichten Platz 13. Im Oktober 1983 kam der gleiche Titel in GB auf Platz 19. In beiden Fällen hat Ian Curtis (* 15.7.1956, † 18.5.1980), der Sänger des Stücks, den Erfolg nicht mehr erlebt: Er hatte 1980 Selbstmord begangen. Die restlichen Mitglieder von Joy Division – Barney, Hook und Morris – kamen

Randy Newman

überein, als New Order weiterzumachen. Noch im Oktober 1980 nahmen sie als viertes Mitglied Stephens Freundin Gillian Gilbert, die in der Mädchen-Punkband The Inadequates gespielt hatte, in die Gruppe. Barney übernahm den Gesangspart. Im Frühjahr 1983 gelang ihnen mit dem Titel *»Blue Monday«* ein Platz 12 in GB, Platz 2 in Deutschland und als Re-Release noch im gleichem Jahr Platz 9 in GB. Diese Platte war lediglich als Maxi-Single erschienen und gilt als eine der meistverkauften Singles dieses Formats überhaupt: weltweit über drei Millionenmal. *»True Faith«* kam im Herbst 1987 in die Hitparaden, erreichte Platz 4 in GB,

8 in Deutschland. Und als *»Blue Monday«* als Remix 1988 noch einmal veröffentlicht wurde, erreichte sie Platz 3 in GB und in Deutschland. Mitte 1990 nahm die Gruppe zusammen mit der englischen Fußballnationalmannschaft den Titel *»World In Motion . . .«* auf, der Spitzenreiter in GB wurde. 1990 schien das Jahr zu sein, in dem sich New Order endgültig auflöste, aber offiziell war davon nie die Rede. Morris und Gilbert arbeiteten weiter an Filmmusiken, Hook war Mitbegründer von Revenge, und Sumner machte mit Johnny Marr und mit Unterstützung von Neil Tennant von den Pet Shop Boys das Projekt Electronic. Die vier Mitglieder veröffentlichten 1993 die gemeinsame CD *»Republic«* wieder als New Order.

Der Hit: *Blue Monday*
Der Tip: *Substance* (Factory FACD 200)

New Seekers

Eve Graham, v (* 19.4.1943 als Evelyn May Beatsom); Lyn Paul, v (* 16.2.1949); Peter Doyle, v/g (* 28.7.1949); Marty Kristian, v/g (* 27.5.1947); Paul Layton, v/g (* 4.8.1947).
1969 war die Gruppe Seekers auseinandergefallen. Keith Potger, der Gitarrist dieser Formation, suchte sich neue Musiker, mit denen er die New Seekers bilden wollte. In den Anfangstagen sang Keith noch mit der Gruppe, doch schon nach kurzer Zeit kümmerte er sich lediglich um das Management und die Produktionen dieser Neuformierung. Ihre erste Hitnotierung war im Herbst 1970 *»What Have They Done To My Song, Ma«*, im Original ein Stück von Melanie. *»Never Ending Song Of Love«* stand Mitte 1971 in den GB-Charts und erreichte Platz 2, in Deutschland Platz 4. Vom Image der Seekers, die mehr folkorientiert waren, hatten sich die New Seekers inzwischen meilenweit entfernt. Was sie machten, ist eher vergleichbar mit den Gruppen, die speziell für den Grand Prix Eurovision zusammengestellt werden. *»I'd Like The Teach The World To Sing (In Perfect Harmony)«* kam Ende 1971 in die GB-Charts und wurde Spitzenreiter und in den USA Platz 7. *»Beg, Steal Or Borrow«* war dann im Frühjahr 1972 für GB der Teilnehmer beim Grand Prix in Edinburgh. Die New Seekers belegten Platz 2 hinter Vicky Leandros, die Luxemburg mit *»Après Toi«* vertrat und gewann. *»Beg, Steal Or Borrow«* und *»Circles«* waren 1972 in GB weitere Top-10-Erfolge. Im Herbst 1973 hatten sie erneut einen Spitzenreiter in GB mit *»You Won't Find Another Fool Like Me«*. Nach *»I Get A Little Sentimental Over You«*, ihrem letzten Top-10-Erfolg in GB 1974, gelang der Formation kein Top-20-Erfolg mehr. Notiert werden sie bis 1978. Danach versuchten sich einzelne Mitglieder der Formation als Solisten.

Der Hit: *I'd Like To Teach The World To Sing (In Perfect Harmony)*
Der Tip: *In Perfect Harmony* (Polydor 2 383 241)

Newton, Juice

* 18.2.1952 als Judy Kaye Cohen. Mit 13 Jahren machte Juice Folkmusic, 1974 ging sie mit ihrer Band Silver Spur nach Los Angeles, die ab 1975 Platten aufnahm. 1978 löste sich die Gruppe auf, und Juice machte als Solistin weiter. Zu diesem Zeitpunkt ist sie regelmäßig in den Country-Hitparaden vertreten, brachte es aber auch auf einige Crossover-Hits. So war ihre Version von *»Angel Of The Morning«* im Frühjahr 1981 auf Platz 4 in den USA, und der Nachfolgehit *»Queen Of Hearts«* brachte es drei Monate später auf Platz 2. Beide Nummern wurden Millionseller. *»The Sweetest Thing (I've Ever Known)«* 1981 und *»Love's Been A Little Hard On Me«* 1982 brachten es noch bis auf Platz 7 in den USA. Danach hatte sie noch sechs weitere Notierungen in den Pop-Charts, aber weitaus mehr Erfolg auf dem Country-Sektor.

Der Hit: *Queen Of Hearts*
Der Tip: *Country Classics* (Capitol CDP 7 980 402)

Newton, Wayne

* 3.4.1942. Der amerikanische Sänger und Multi-Instrumentalist galt als der höchstbezahlte Las-Vegas-Entertainer. Seine Karriere begann nach einem Auftritt in der »Jackie Gleason TV-Show« im Jahre 1962. Bobby Darin sah ihn in dieser Sendung, nahm ihn unter Vertrag und produzierte seine erste Platte. Sein erster größerer Erfolg war Bert Kaempferts *»Danke schön«*, Mitte 1963 ein Platz 13 in den USA. Sein einziger Top-10-Erfolg war im Frühjahr 1962 der Millionseller *»Daddy Don't You Walk So Fast«*, der es in den USA bis auf Platz 4 brachte. Außerhalb der USA konnte man mit dem Las-Vegas-Gehabe von Wayne Newton recht wenig anfangen.

Der Hit: *Daddy Don't You Walk So Fast*
Der Tip: *Daddy Don't You Walk So Fast* (RCA 10 382)

Newton-John, Olivia

* 26.9.1948. Die australische Sängerin wurde in GB geboren und wanderte mit ihren Eltern 1953 nach Melbourne, Australien, aus. Ihr Vater war Professor für Deutsch am King's College im Cambridge gewesen, ihre Mutter stammte aus Deutschland. (Olivia Newton-John wird häufig mit Doris Day verglichen, die mit richtigem Nachnamen von Kappelhoff heißt und deutschstämmig ist. Da haben doch unsere Ahnenforscher wieder eine schöne Aufgabe.) Mit 12 Jahren gewann Olivia einen Wettbewerb, in dem es darum ging, möglichst so auszusehen wie

Hayley Mills. Als Sängerin trat sie mit drei anderen Mädchen in einer Schulgruppe auf, die sich Sol Four nannte. Sie brachten vorwiegend Folksongs. Danach sang sie in einem Caféhaus, das ihrem Schwager gehörte, als Solistin. Ein Gast brachte sie auf die Idee, sich an einem Talentwettbewerb zu beteiligen, der von dem bekannten australischen Musiker Johnny O'Keefe durchgeführt wurde. Olivia gewann eine Reise nach London. Sie blieb dort und bildete mit einer weiteren Australierin, Pat Carroll, ein Duo, das in Clubs und Kneipen auftrat. Nach zwei Jahren verließen beide GB und kehrten nach Australien zurück. Dort heiratete Pat den Gitarristen John Farrar. Olivia ging nun alleine nach GB zurück und erhielt die Möglichkeit zu einem Auftritt in Cliff Richards TV-Show – und der brachte für sie den Durchbruch. Sie trat von nun an regelmäßig dort auf, sang, trug Gedichte vor und wirkte in Sketchen mit. In dieser TV-Show traten auch regelmäßig die Shadows auf. Sie lernte Bruce Welch kennen und verlobte sich mit ihm. Und um die Seifenoper richtig rund zu machen: Als für die Shadows ein neuer Gitarrist gesucht wurde, brachte Lovely Livvy den Mann ihrer Freundin Pat ins Spiel. Zack: Damit haben wir John Farrar in London. John kümmerte sich neben seiner Arbeit für die Shadows auch um die Plattenproduktion von Olivia. Auf ihrer ersten LP werden als Arrangeure und Produzenten Bruce Welch und John Farrar genannt. Die Single-Auskopplung *»If Not For You«* (es handelt sich dabei um eine Bob-Dylan-Komposition, auf Folk getrimmt) erreichte im März 1971 Platz 7 in der britischen Hitparade und war somit ihr erster Hit und gleichzeitig ihre erste Top-10-Notierung. Es folgte eine beispiellose Karriere, vor allem in den USA. Zuerst hatte sie noch einmal in GB im Herbst 1971 mit *»Banks Of The Ohio«* einen Platz 6, dann begann ab Ende 1973 ihre große Zeit in den USA. *»Let Me Be There«* 1973, *»If You Love Me (Let Me Know)«* und *»I Honestly Love You«* 1974, *»Have You Never Been Mellow«* und *»Please Mr. Please«* 1975 waren alles Top-10-Erfolge und Millionseller. Die ruhigere Nummer *»Sam«* kam Mitte 1977 wieder nur in GB unter die ersten 10. Dann sang sie zusammen mit John Travolta im Film »Grease« *»You're The One That I Want«*, 1978 weltweit ein Spitzenreiter. *»Hopelessly Devoted To You«*, *»Summer Nights«* und *»A Little More Love«* brachten ihr 1978 weitere Top-10-Erfolge und Millionseller. 1980 kam sie zusammen mit ELO und den beiden Hits *»Magic«* und *»Xanadu«*. 1981 hatte sie einen der Hits des Jahres mit *»Physical«*, alleine in den USA 10 Wochen auf Platz 1. *»Make A Move On Me«* und *»Heart Attack«* 1982 und *»Twist of Fate«* 1983 waren weitere Top-10-Erfolge. Nach 1983 ließ der Erfolg nach. 1985 heiratete sie den Schauspieler und Tänzer Matt Lattanzi, den sie während der Dreharbeiten zu *»Xanadu«* kennengelernt hatte. Im Januar 1986 wurde Tochter Chloe geboren. 1990 erscheint ein Album mit dem Titel *»Warm And Tender«*, auf dem sie Kinder- und Schlaflieder singt.

Der Hit: *Physical*
Der Tip: *Back To Basics* (Mercury 512 641-2)

New Vaudeville Band

Geoff Stephens, v (* 1.10.1934); Alan Klein aka Tristram, Seventh Earl of Cricklewood, v (* 29.6.1942); Stan Heywood, key (* 23.8.1947); Neil Korner, b (* 6.8.1942); Mick Wilsher, g (* 21.12.1945); Hugh »Shuggy« Watts, pos (* 25.7.1941); Chris Eddy, b (* 4.3.1942); Bob Kerr, pos/sax (* 14.2.1943); Henry Harrison, d (* 6.6.1943).
Die Band wurde 1966 von Geoff Stephens gegründet, der seine Karriere als Sketch-Schreiber für die BBC begonnen hatte. Danach wurde er Autor für Hits der Applejacks, »*Tell Me Why*«, und Dave Berry, »*The Crying Game*« – in den 90ern wieder ein Hit für Boy George. Er entdeckte und produzierte Donovan und machte schließlich mit einer Ansammlung von Studiomusikern die New Vaudeville Band, die Platten im Sound der 30er Jahre aufnahm. »*Winchester Cathedral*« erschien im Herbst 1966 in den GB-Charts und wurde Platz 4, Spitzenreiter in den USA, Platz 15 in Deutschland. Nachfolger »*Peek-A-Boo*« erreichte im Frühjahr 1967 Platz 7 in GB. Nach zwei weiteren Notierungen im Jahre 1967 schaffte die Gruppe keinen Hit mehr, und Geoff wandte sich wieder anderen Projekten zu. So schrieb er z. B. für Herman's Hermits »*There's A Kind Of Hush*«.

Der Hit: *Winchester Cathedral*
Der Tip: *Winchester Cathedral* (C5 Records CD 558 TIS)

New World

John Lee (* 9.3.1944), John Kane (* 18.4.1946), Mel Noonan (* 10.11.1943), alle v.
Ende der 60er Jahre gehörten die drei Musiker von New World in ihrer Heimat Australien zu den erfolgreichen Bands. Ihren größten Erfolg hatten sie mit »*Try To Remember*«. Dann wurden sie von einer Schiffahrtsgesellschaft engagiert und kamen auf diese Art und Weise nach Europa. Sie erhielten einen Plattenvertrag bei RAK Records und ihr erster Hit war die Nummer »*Rose Garden*«, die im Februar 1971 Platz 15 in GB wurde. In den folgenden drei Jahren gelangen ihnen vier weitere Hits, darunter »*Tom Tom Turnaround*« 1971 und »*Sister Jane*« 1972 unter den ersten 10. 1972 nahmen sie die Nummer »*Living Next Door To Alice*« auf, mit der sie die Hitparade verfehlten, die dann aber von einer anderen RAK-Gruppe 1976 ein Top-10-Hit wurde: Smokie.

Der Hit: *Tom Tom Turnaround*
Der Tip: *New World* (RAK 1C 062-92 911)

Nicholas, Paul

* 3.12.1945 als Paul Beuselinck. Der Brite begann seine musikalische Karriere als Pianist bei Screaming Lord Sutch. 1964 begann er unter dem Pseudonym Paul Dean eine Solokarriere, änderte seinen Namen aber in Oscar, nachdem er keinen Erfolg hatte. Diese Namensänderung half zwar herzlich wenig, aber zu dieser Zeit baute er sich parallel eine Karriere in Musicals auf und stand zunächst in »Hair« oder »Jesus Christ Superstar« auf der Bühne, später in »Cats« und »Pirates«. Als Platteninterpret hatte er Hitparadenerfolge mit den Disko-Nummern *»Dancing With The Captain«*, im Herbst 1976 Platz 8 in GB, und *»Grandma's Party«*, wenige Monate später Platz 9. In den USA gelang ihm im Herbst 1977 mit *»Heaven On The 7th Floor«* ein Millionseller und Platz 6 in den Charts. Danach hat er die Singerei zugunsten der Schauspielerei aufgegeben und ist seitdem ein bekanntes Gesicht im britischen Fernsehen, zu sehen sowohl in komischen als auch ernsten Rollen.

Der Hit: *Dancing With The Captain*
Der Tip: *Paul Nicholas* (RSO 2 479 192)

Nickerbocker & Biene

Nikolaus »Nicky« Kalita, Sabine Kopera, beide v.
Mit dem von Nick R. Bocker geschriebenen Titel *»Hallo Klaus (i wü nur zruck)«* hatte dieses österreichische Duo Ende 1982 Platz 6 in den deutschen Charts. Kalita war in seiner Heimat Österreich als Komponist, Texter, Sänger, Produzent, Promotionmanager und Plattenchef erfolgreich. Anfang der 80er Jahre schrieb er unzählige Werbejingles für Waschmittel, Banken, Schokolade oder Eis. Zum englischen Hit *»Queen Of Hearts«* schrieb er den Dialekttext »Puppe (du bist a moderne Hex)«. Er veröffentlichte die Platte auf seinem eigenen Label Turbo Music. Im September 1982 erschien seine zweite Single, die er mit Sabine Kopera aufgenommen hat: »Hallo Klaus«. Wohin sie danach zurückgegangen sind und ob Klaus sie wieder genommen hat – Fragen, die durch keinen weiteren Hit beantwortet werden.

Der Hit: *Hallo Klaus (i wü nur zruck)*
Der Tip: *Spät-Zünder* (Teldec 625 322)

Nicks, Stevie

* 26.5.1948 als Stephanie Nicks. Zusammen mit Lindsey Buckingham war sie Mitglied in der Gruppe Fritz. Nachdem die Band 1971 auseinandergefallen war,

arbeiteten sie als Duo weiter. 1973 nahmen sie ihre Debüt-LP auf, und als die ein Flop wurde, arbeitete Buckingham als Sessionmusiker und tourte mit Don Everly, während Stevie als Bedienung in einer Kneipe in Hollywood jobbte. Als die ausgelaugte britische Band Fleetwood Mac Anfang 1975 nach dem Fortgang von Bob Welch eine Blutauffrischung benötigte, stießen sie auf dieses Duo. Mit Buckingham/Nicks ging es bei Fleetwood Mac wieder aufwärts. Ab 1981 machte Stevie auch Soloplatten. *»Stop Draggin' My Heart Around«* kam im Herbst 1981 auf Platz 3 in den USA. Mit ihr waren auf der Platte Tom Petty & The Heartbreakers zu hören. *»Stand Back«* 1983 und *»Talk To Me«* 1985 waren weitere Top-10-Erfolge für Stevie.

Stevie Nicks

Der Hit: *Stop Draggin' My Heart Around*
Der Tip: *The Best Of* (EMI CDP 7 976 232)

Nicole

* 25.10.1964 als Nicole Seibert. *»Flieg nicht so hoch, mein kleiner Freund«* war Mitte 1981 der erste Erfolg dieser deutschen Sängerin. 1980 hatte sie an einem Talentwettbewerb teilgenommen und wurde dabei von dem Produzenten und Komponisten Robert Jung entdeckt. 1982 siegte Nicole beim Grand Prix Eurovision mit dem Stück *»Ein bißchen Frieden«*. Die Platte wurde Spitzenreiter in Deutschland und erreichte Gold-Status. In GB kam Nicole mit der englischen Version *»A Little Peace«* ebenfalls bis an die Spitze. *»Ich hab' dich doch lieb«* war ihr letzter Top-10-Erfolg. Nicole, inzwischen verheiratet und Mutter, machte bis in die 90er Jahre Platten. Zur TV-Sendung »Heimat, deine Stars« veröffentlichte der SDR im Juni 1993: »Nicole 1993 ist eine rockorientierte Sängerin mit aggressiven Texten zu harten Tönen.« Aaaajah!

Der Hit: *Ein bißchen Frieden*
Der Tip: *Ein bißchen Frieden* (Jupiter Records 6.25200 BU)

Niesen, Gertrude

* 8.7.1910. Die Amerikanerin begann ihre Karriere im Tingeltangel-Theater Anfang der 30er Jahre und arbeitete sich hoch bis in die Top-Nightclubs. Ab Mitte der 30er Jahre trat sie auch im Radio auf, so z. B. in New York in der Radio City Music Hall. Es folgten Broadway-Musicals und schon ab 1933 auch Hitparadennotierungen. Ihren größten Erfolg hatte sie im Frühjahr 1945 mit *»I Wanna Get Married«*, Platz 10 in den US-Charts. Das Stück stammte aus dem Film »Follow The Girls«. Anfang der 50er Jahre zog sie sich aus dem Showgeschäft zurück.

Der Hit: *I Wanna Get Married*

Nightingale, Maxine

* 2.11.1952. Die britische Sängerin nahm 1968 ihre ersten Platten auf. In den frühen 70er Jahren spielte sie mit in den britischen Produktionen von »Hair«, »Jesus Christ Superstar«, »Godspell« und »Savages«. Mit der Discoproduktion *»Right Back Where We Started From«* gelang ihr im Herbst 1975 ein Welthit. Die Platte erreichte Platz 8 in GB, Platz 2 in den USA und wurde dort ein Millionseller. *»Lead Me On«* kam im Frühjahr 1979 in die US-Charts, wurde ebenfalls Millionseller und erreichte Platz 5.

Der Hit: *Right Back Where We Started From*
Der Tip: *Right Back Where We Started From* (UA 29 953)

Night Ranger

Jack Blades, v/b (* 24.4.1954); Brad Gillis, g (* 15.6.1957); Alan »Fitz« Gerald, key; Jeff Watson, g; Kelly Keagy, d.
1982 erschien mit *»Dawn Patrol«* das Debütalbum dieser kalifornischen Rockgruppe. Blades und Gillis waren vorher Mitglieder bei Rubicon. *»Sister Christian«* 1984 und *»Sentimental Street«* 1985 waren die Top-10-Erfolge der Band in den USA. Gerald verließ die Band 1988, ein Jahr später fiel Night Ranger ganz auseinander. Blades wurde Mitglied bei den Damn Yankees.

Der Hit: *Sister Christian*
Der Tip: *Midnight Madness* (Bellaphon 260.07.067)

Nilsen Brothers

Patrizius (* 8.6.1942 als Heinz Walter Leykauf), Pepe Ederer (* 21.3.1932 als Josef Ederer), Gerd Gudera.

Mit einer deutschen Version von »*Tom Dooley*« hatten die Nilsen Brothers Mitte 1958 Platz 1 in der deutschen Hitparade. Im Gegensatz zu den Amerikanern versuchten sich die Deutschen auch an »*Tom Dooley II*«. Was allerdings eine am Baum hängende Leiche noch für eine tolle Geschichte hergeben sollte, wurde auch den Plattenkäufern nicht klar. Der Titel erreichte nur noch Platz 40. Nach zwei weiteren Hitnotierungen schafften sie keinen Chart-Entry mehr. Ederer versuchte sich ab 1970 mit Soloplatten, wurde Komponist und Produzent. Leykauf machte als Patrizius ebenfalls Soloplatten, die mehr dem Bereich Volksmusik zuzuordnen sind. Er schrieb unter anderem für die Kastelruther Spatzen oder das Nockalm Quintett. Als Fernsehmoderator machte er die Sendung »Nachbarn, kommt rüber«.

Der Hit: *Tom Dooley*

Nilsson

* 15.6.1941 als Harry Edward Nelson III. In den frühen 60er Jahren versuchte sich der Amerikaner als Sänger unter dem Namen Johnny Niles. Seine Titel wurden aufgenommen von den Ronettes, den Monkees oder Three Dog Night. Er lieferte nicht nur die Kompositionen ab, sondern sang sie auch als Demo auf Band. Bei der Gelegenheit stellte man fest, daß er selbst über eine gute Stimme verfügte. Seine Version von »*Everbody's Talkin'*« aus dem Film »Midnight Cowboy« kam im Herbst 1969 in die US-Charts und wurde Platz 6. »*Without You*«, geschrieben von den beiden Badfinger-Köpfen Pete Ham und Tom Evans, kam Ende 1971 in die Hitparaden, erreichte den Spitzenplatz in den USA und in GB und wurde Platz 12 in Deutschland. Die Nummer »*Coconut*« war schließlich Mitte 1972 der letzte Top-10-Erfolg für Nilsson. Nilsson galt als enger Freund von John Lennon und Ringo Starr. Speziell mit John Lennon wurde er aus etlichen Kneipen rausgeschmissen. In den 80er Jahren zog Nilsson sich fast ganz aus dem Musikgeschäft zurück und kümmerte sich in erster Linie um seinen Filmverleih in Kalifornien.

Der Hit: *Without You*
Der Tip: *Greatest Hits* (RCA PD 89 081)

Nina & Frederick

Nina und Frederick von Pollandt. Diesem dänischen Duo gelang Ende der 50er Jahre mit ihrer Version von »*Mary's Boy Child*« ein erster Erfolg in GB. »*Little Donkey*« wurde Ende 1960 ein Platz 3 und ihr einziger Top-10-Erfolg. Das Ehepaar, das 1954 geheiratet hatte, trennte sich 1969, weil er sich aus dem Musikgeschäft zurückziehen wollte, sie hingegen nicht. Das Songschreiber-Duo

Greenaway/Cook hatte ihnen folkorientierte Schlager geschrieben, die sie eher schlecht als recht sangen. Dabei hielt sich Frederick mit seiner Stimme noch zurück, Nina schmetterte laut und unbedarft im Vordergrund. Der Baron, der die Singerei sicher immer als eine Art Hobby betrachtet hat, da er über ausreichend finanzielle Mittel verfügte, zog später nach Ibiza. Nina versuchte sich als Schauspielerin.

Der Hit: *Little Donkey*

Nina & Jimmy

Jimmy Makulis (* 12.4.1935), der ab 1956 als Solist in Deutschland erfolgreich war, sang auf dem Höhepunkt seiner Karriere zusammen mit Nina volkstümliche Schlager. Die Nummer *»Weites Land«* kam im Frühjahr1961 in die deutsche Hitparade und wurde der größte Erfolg dieses Duos. Nach *»Der bunte Hochzeitswagen«* wurden sie ab 1963 nicht mehr notiert.

Der Hit: *Weites Land*

Nina & Mike

Michaele Schäfer (* 19.6.1946); Lothar Schäfer (* 14.1.1944). Dieses von Jack White produzierte Ehepaar hatte mit *»Rund um die Welt geht das Lied der Liebe«* Mitte 1973 einen ersten Hit. Nummern wie *»Fahrende Musikanten«* 1973 oder *»Paloma Blanca«* 1975 wurden Top-10-Erfolge. Obwohl ihnen nach 1975 kein Verkaufserfolg mehr gelang, machten sie bis in die 90er Jahre Platten.

Der Hit: *Fahrende Musikanten*

1910 Fruitgum Co.

Joey Levine, v, Mark Gutkowski, Floyd Marcus, Pat Karwan, Steve Mortkowitz, Frank Jackell.

Diese Band war eine der vielen Studioproduktionen, die die Bubblegum-Könige Kasenetz/Katz gegründet hatten. Zwar werden obengenannte Musiker als Mitglieder der Formation bezeichnet. Richtig dürfte sein, daß ständig wechselnde Studiomusiker die Platten dieser und der anderen Bands aus dem Stall von Kasenetz/Katz wie Ohio Express, Crazy Elephant oder Music Explosion einspielten. Levine dürfte der Sänger aller Titel von 1910 Fruitgum Co. sein. Auf der LP *»Simon Says«* von 1910 steht, daß die einzelnen Mitglieder wechselweise als Leadsänger fungierten. *»Simon Says«* und *»1,2,3 Red Light«* 1968 und *»Indian*

Giver« 1969 waren sowohl Top-10-Erfolge als auch Millionseller in den USA. Speziell das simple Kinderlied *»Simon Says«* entwickelte sich zu einem weltweiten Hit. Als 1970 der Bubblegum-Boom vorüber war, verschwand auch 1910 wieder in der Versenkung.

Der Hit: *Simon Says*
Der Tip: *Simon Says* (Repertoire 4019-C TIS)

Nirvana

Kurt Cobain, v/g (* 20.2.1967); Chris Novoselic, b (* 16.5.1965); Dave Grohl, d (* 14.1.1969).
Eine der Überraschungen des Jahres 1991 war die aus Seattle stammende Rockgruppe Nirvana. Mit brachialer Härte und Rauhheit schaffte es die Nummer *»Smells Like Teen Spirit«* Ende 1991 in die amerikanische Hitparade, wurde Platz 6 und ein Millionseller. Im GB erreichte die Platte Platz 7, in Deutschland gar Platz 2. Die Nachfolgesingle *»Come As You Are«* wurde nur noch in GB Top 10. Danach schien die Band ihr Pulver verschossen zu haben. Das erste Album der Formation, *»Nevermind«*, entwickelte sich zum Renner, und vorher aufgenommene Werke der Gruppe wurden nachgeschoben. Ein weiteres Album mit neuem Material machte der Band offensichtlich Schwierigkeiten. Es kam zu Streitigkeiten zwischen Nirvana und ihrer Plattenfirma Geffen Records. Angeblich sei das fertiggestellte Album zu aggressiv. Von der Plattenfirma wurde jedoch betont, daß nicht das der Grund für die Nichtveröffentlichung gewesen sei, sondern die Tatsache, daß der Sänger Cobain mit einigen Gesangsparts unzufrieden war.

Der Hit: *Smells Like Teen Spirit*
Der Tip: *Nevermind* (Geffen 24 425)

Nitty Gritty Dirt Band

Jeff Hanna, g/v (* 11.8.1947); Bruce Kunkel, g/v; Glen Grosclose, d; Dave Hanna, g/v; Ralph Barr, g; Les Thompson, b/v; Jimmie Fadden, d/g (* 9.3.1948); Jackson Browne, g/v (* 9.10.1948); John McEuen, g/v (* 19.12.1940); Chris Darrow, g/v; Jim Ibbotson; Bob Carpenter, key.
Diese amerikanische Country-Folk-Rockgruppe wurde Mitte der 60er Jahre gegründet. In ihren Anfangstagen machten sie noch vorwiegend Country-Rock. Im Laufe der Jahre wandten sie sich mehr und mehr dem Folk-Rock zu. Zwischendurch nannten sie sich für etliche Jahre nur noch Dirt Band. Die Mitgliederfluktuation war relativ hoch. Die Band war mehr auf Langspielplatten abonniert. Ihre einzigen beiden größeren Single-Erfolge waren Jerry Jeff Walkers

»Mr. Bojangles«, Ende 1970 Platz 9 in den USA, und *»An American Dream«*, Ende 1979 Platz 13. Bei *»An American Dream«* sang Linda Ronstadt die Harmony-Vocals. 1968 war die Nitty Gritty Dirt Band in »Paint You Wagon« zu sehen. 1977 waren sie die erste amerikanische Rockgruppe, die durch die Sowjetunion tourte. Ihre schönste Langspielplatte war *»Will The Circle Be Unbroken«*, die Ende 1972 erschien und auf der Country-Cracks wie Earl Scruggs, Doc Watson, Roy Acuff, Merle Travis und Mother Maybelle Carter zu hören waren. 1992 erschien in der Besetzung Carpenter, Fadden, Hanna und Ibbotson die rockige LP *»Not Fade Away«*.

Der Hit: *Mr. Bojangles*
Der Tip: *Will The Circle Be Unbroken* (EMI CDP B 7 465891/2)

N-Joi

Saffron, v. Die zweite Single dieser britischen Disco-Formation, die EP *»Adrenalin«*, erschien im Februar 1991 in den GB-Charts und brachte der Gruppe den ersten Top-40-Hit und einen Auftritt in der Sendung »Top Of The Pops«. Daraufhin wurde ihre Single *»Anthem«*, die im Oktober 1990 schon einmal in der englischen Hitparade gestanden hatte, erneut veröffentlicht. Im Februar 1991 erreichte sie Platz 8 in GB und wurde bisher der einzige Top-10-Erfolg. Anfang 1992 arbeitete die Band, die sich mehr als Live-Act sah, an einem Studioalbum, das – sollte es inzwischen erschienen sein – keine Spuren hinterließ.

Der Hit: *Anthem*

Noble, Ray

* 17.12.1903 als Stanley Raymond Noble, † 3.4.1979. Ray Noble galt als einer der bekanntesten britischen Orchesterleiter. Er arbeitete zunächst als Pianist und Arrangeur. Ende der 20er Jahre war er der musikalische Leiter bei der Plattenfirma HMV in England. Seine ersten Plattenaufnahmen machte er mit dem New Mayfair Orchestra. 1934 ging er in die USA, und dort stellte ihm Glenn Miller eine Band aus amerikanischen Top-Musikern zusammen. Bereits 1931 hatte Ray in den USA seinen ersten Hit und Top-10-Erfolg *»Lady Of Spain«*. Bis 1949, zu diesem Zeitpunkt wird als letzter Hit eine neue Version von *»Lady Of Spain«* notiert, erreichte er knapp 60 Eintragungen in den Charts. Siebenmal belegte er Platz 1. Nach Beginn der 40er Jahre wurde nur *»Linda«* Spitzenreiter in den USA. Zusammen mit seinem Orchester war er auch in mehreren amerikanischen Filmen zu sehen und zu hören.

Der Hit: *Linda*

Nobles, Cliff

* 1944. Der amerikanische Soul-Bandleader und Sänger hatte mit der Instrumentalaufnahme »*The Horse*« Mitte 1968 Platz 2 und einen Millionseller in den USA. Eine weitere Notierung unter den ersten 60 in den USA gelang ihm nicht mehr. Die Erfolgssingle »*The Horse*« nahm Cliff nicht mit seiner eigenen Formation auf, sondern mit den James Boys, die Leon Huff zusammengestellt hatte. Später wurden sie zu MFSB, der Hausband des Sigma Labels.

Der Hit: *The Horse*

Nolan, Kenny

Der aus Los Angeles stammende Sänger und Songschreiber schaffte mit dem Millionseller »*I Like Dreamin'*« Ende 1976 Platz 3 in den USA. Ansonsten war er mehr als Songschreiber erfolgreich. Von ihm stammen Titel wie »*My Eyes Adored You*«, »*Lady Marmalade*« oder »*Get Dancin'*«. Seinen ersten Erfolg als Autor hatte er 1969, als die Gruppe Grassroots die Nummer »*Back To Dreamin'*« aufnahm. Nach 1980 wird Kenny als Sänger in den Charts nicht mehr erwähnt.

Der Hit: *I Like Dreamin'*

Nolans

Anne, Maureen (* 14.6.1954), Linda (* 23.2.1959), Bernadette (* 17.10.1960), Coleen Nolan.
Die aus Irland stammenden Schwestern schafften mit der Nummer »*Spirit Body And Soul*« 1979 ihren ersten Hit in GB. Ende des gleichen Jahres erreichten sie mit »*I'm In The Mood For Dancing*« Platz 3 in der englischen Hitparade. »*Gotta Pull Myself Together*« 1980 und »*Attention To Me*« 1981 waren weitere Top-10-Erfolge. Ab 1980 traten sie nur noch zu viert auf. Nach 1982 war ihre Hit-Zeit wieder vorüber.

Der Hit: *I'm In The Mood For Dancing*
Der Tip: *Making Waves* (Epic 982 943 2)

Nomad

Damon Rochefort, v; Sharon Dee Clarke, v; MC Mikee Freedom.
Damon war von seiner Heimatstadt Cardiff nach London gegangen, um dort für ein Blues- und Soulmagazin und die Popseiten der Tageszeitung »The Sun« und

»Sunday Sport« zu schreiben. In Englands Hauptstadt bekam er Kontakt zur Acid-Scene. Ende 1990 erschien die Single *»(I Wanna Give You) Devotion«*, die im Frühjahr 1991 in die britischen Charts kam und Platz 2 erreichte. In Deutschland wurde der Titel Platz 13. Die Nachfolgesingle *»Just A Groove«* kam in GB noch auf Platz 16.

Der Hit: *(I Wanna Give You) Devotion*

Norbert & Die Feiglinge

Norbert Bohnsack, v; Dirk Hachmann, v/tr; Frederik Timm, v/g; Peter Bohl, v/b. Die Hamburger Gruppe formierte sich im Sommer 1989. Als Anfang des Jahres 1990 nur das Wort Manta erwähnt werden mußte, und schon brach alles in Lachen aus, gelang der Formation mit dem Titel *»Manta«* ein Platz 7 in der deutschen Hitparade. Der Erfolg von Norbert & Die Feiglinge rief Nachahmer auf den Plan, die mit Liedern des gleichen intelligenten Inhalts auf den Markt kamen: *»Mein roter Manta«* mit Michael Kleiber, *»Der Manta-Prinz«* mit Meier, Müller, Schmitz, *»Du darfst«* mit Die trinkende Jugend oder *»Boah Ey!«* mit den Manta-Singers. Da das Thema heiß war, wurde auch sofort ein entsprechender Manta-Film gedreht, es erschienen Manta-Witzbücher, Manta-Fahrer wurden in Talk-Shows eingeladen und bestätigten in der Praxis manch graue Theorie.

Der Hit: *Manta*

Norman, Chris

* 25.10.1950. Über die Gruppe Kindness wurde Chris Leadsänger bei Smokie, die zwischen 1975 und 1981 erfolgreich waren. Danach fiel die Band auseinander, und Chris versuchte sich als Solist. Die treuen deutschen Fans ließen ihn nicht hängen und verschafften ihm mit *»Midnight Lady«* aus dem Schimanski-Tatort »Der Tausch« im Frühjahr 1986 Platz 1. Den Song hatte Dieter Bohlen geschrieben, der auch für *»Broken Heroes«* verantwortlich war, zwei Jahre später ein Platz 3 in Deutschland. Auch dieser Song stammte aus einem Schimanski-Tatort: »Gebrochene Blüten«.

Der Hit: *Midnight Lady*
Der Tip: *Hits From The Heart* (Hansa 258 948)

Numan, Gary

* 8.3.1958 als Gary Anthony James Webb. Der Brite gehört zu den Synthy-Techno-Poppern der frühen Generation. Sein erster Hit erschien noch unter dem Gruppennamen Tubeway Army: *»Are Friends Electric«* wurde im Frühjahr 1979 Spitzenreiter in GB. Alle weiteren Singles erschienen dann unter dem Namen Gary Numan. Schon im Herbst 1979 hatte Gary seine nächste und letzte Nummer 1 mit *»Cars«*. Der Titel wurde auch sein größter und einziger Erfolg in den USA: Platz 9. *»Complex«* 1979, *»We Are Glass«* und *»I Die: You Die«* 1980, *»She's Got Claws«* 1981 und *»We Take Mystery (To Bed)«* 1982 waren weitere Top-10-Erfolge. Er veröffentlichte Platten bis in die 90er Jahre. Ein Top-10-Hit gelang ihm jedoch nicht mehr.

Der Hit: *Cars*
Der Tip: *Exhibition* (Bega 88 CD)

Nu Shooz

John Smith, v; Valerie Day, v; Lewis Livermore, tr/key; Ron Regan, sax/key; Gary Fountaine, b; Marty Higgins, d.
Diese amerikanische Band machte eine Mixtur aus Soul und Pop, die zunächst ein Renner in den New Yorker Diskotheken wurde. Erstaunlicherweise hatte die Band erst einmal keinen Vertrag mit einer amerikanischen, sondern zunächst mit einer holländischen Plattenfirma. Die Köpfe der Band waren das Ehepaar John Smith und Valerie Day. Die Nummer *»I Can't Wait«* kam im Frühjahr 1986 in die US-Charts und wurde Platz 3, wenig später Platz 2 in GB und in Deutschland. Mit *»Point Of No Return«* folgte noch ein Top-30-Hit in den USA und Deutschland. Danach hörte man nichts mehr von der Band.

Der Hit: *I Can't Wait*
Der Tip: *Poolside* (Atlantic 7 81647-2)

O

Oak Ridge Boys

Duane David Allen (* 29.4.1943); Joseph Sloan Bonsall (* 18.5.1948), Richard Anthony Sterban (* 24.4.1943), William Lee Golden (* 12.1.1939), Steven Sanders (* 17.9.1941), alle v.
Die Ursprünge der Oak Ridge Boys, die als eines der erfolgreichsten Gesangsquartette der modernen Country-Music gelten, gehen zurück bis in das Jahr 1940. Zu diesem Zeitpunkt war diese Formation ein Gospel-Quartett. Nach dem Zweiten Weltkrieg trennte sich die Band und kam erst 1957 wieder zusammen. Bis in die frühen 70er Jahre gab es viele personelle Veränderungen. Ab 1973 werden sie regelmäßig in den Country-Charts notiert. Bis Ende 1988 gelangen ihnen alleine 15 Spitzenreiter in den C & W-Charts. Ihr erfolgreicher Crossover-Titel war die Nummer *»Elvira«*, die im Frühjahr 1981 in die US-Pop-Charts kam, Platz 5 und Platinstatus erreichte. Ein Jahr später kam *»Bobbie Sue«* noch bis auf Platz 12 in den Pop-Charts. Danach wurden sie dort nicht mehr unter den ersten 50 notiert. 1987 trennte sich Golden von der Band und begann eine Solokarriere. Für ihn kam Steven Sanders, der vorher der Gitarrist der Oak Ridge Boys war.

Der Hit: *Elvira*
Der Tip: *Fancy Free* (MCA 203 802-320)

Obernkirchen Children's Choir

Der Kinderchor aus Obernkirchen war sicher die Überraschung des Jahres 1954 in GB. Der in deutscher Sprache gesungene Titel *»Mein Vater war ein Wandersmann«*, der in GB *»The Happy Wanderer«* hieß, erreichte im Januar 1954 Platz 2 in GB. Ein halbes Jahr später kam die Platte erneut in die Charts, dieses Mal bis auf Platz 8. Was die Briten dazu brachte, neun Jahre nach dem Zweiten Weltkrieg ein in deutscher Sprache gesungenes Volkslied so zu favorisieren, daß es diese hohe Position in der Hitparade erreichte, ist heute nicht mehr nachzuvollziehen.

Der Hit: *The Happy Wanderer*

Oak Ridge Boys *(ABC)*

Ocean

Janice Morgan, v; David Tamblyn, g; Greg Brown, key/v; Jeff Jones, b; Charles Slater, d.

Dieses kanadische Pop-Quintett schaffte mit der Gospel-Pop-Nummer *»Put Your Hand In The Hand«* Anfang 1971 einen Millionseller und Platz 2 in der amerikanischen Hitparade, Platz 3 in Deutschland. Danach wurden sie mit drei weiteren Stücken in den Hot 100 notiert, ohne jedoch über Platz 70 hinauszukommen. Die Zeit Anfang der 70er Jahre brachte etliche Pop-Songs mit christlich angehauchten Inhalten in die Charts. In diesem Zusammenhang wäre *»Spirit In The Sky«* von Norman Greenbaum oder *»My Sweet Lord«* von George Harrison zu nennen. Greg Brown sagte später, daß sie dieses Gospel-Image auf keinen Fall ernsthaft gewollt hätten. Beruflich trennte sich die Formation 1975, obwohl die Mitglieder gemeinsam eine Farm in Kanada bewohnten. Slater beging in den 80er Jahren Selbstmord.

Der Hit: *Put Your Hand In The Hand*
Der Tip: *Put Your Hand In The Hand* (Kama Sutra 2319 008)

Ocean, Billy

* 21.1.1950 als Leslie Sebastian Charles. Der auf Trinidad geborene Sänger und Songschreiber ist in London aufgewachsen. Mit 15 singt er dort als Amateur mit Shades Of Midnight. Danach gründet er mit einigen Freunden The Co., singt mit Dry Eyes und schließlich als Solist. Bevor er als Billy Ocean erfolgreich sein sollte, sang er als Joshua, Les Charts, Lee Charles, Piggy Bank, Byron James und Scorched Earth. Seine erste Single war *»Pick A Rose In Bloom«*, aufgenommen als Joshua. Seit 1975 singt er als Billy Ocean und ist erfolgreich. *»Love Really Hurts Without You«* kam Anfang 1976 in die GB-Charts und erreichte Platz 2, in den USA immerhin Platz 22. *»Red Lights Spells Danger«* erreichte ein Jahr später die gleiche GB-Position wie der erste Hit.1982 zieht Billy sich für zwei Jahre aus dem Musikgeschäft zurück und kehrte dann erfolgreicher als je zuvor zurück. *»Caribean (European) Queen«* kam im Sommer 1984 in die internationalen Charts, wurde Spitzenreiter in den USA, Platz 6 in GB und Platz 2 in Deutschland. *»Lover Boy«*, noch1984, *»Suddenly«* und *»When The Going Gets Tough, The Tough Get Going«* 1985, *»There'll Be Sad Songs (To Make Me Cry)«* 1986 und *»Get Outa My Dream, Get Into My Car«* 1988 waren seine weiteren Top-10-Erfolge. Billy veröffentlicht bis in die 90er Jahre Platten.

Der Hit: *When The Going Gets Tough, The Tough Get Going*
Der Tip: *Greatest Hits* (Jive ZD 74286)

Oceanic

Diese aus Liverpool stammende Formation war eine Idee der beiden Studiobesitzer Dave Harry und Frank Crofts. Als Systems Exclusives und Trespercussio hatten sie bereits zwei erfolglose Ideen abgeliefert. Mit Hilfe der Sängerin Jorinde Williams gelang ihnen im Herbst 1991 der Hit *»Insanity«*. Die Platte entwickelte sich in GB schnell zu einem Dancefloor-Hit, kam in die Pop-Charts und erreichte Platz 3. *»Wicked Love«* 1991 und *»Controlling Me«* 1992 verschafften ihnen noch zwei weitere Top-30-Erfolge.

Der Hit: *Insanity*
Der Tip: *Oceanic* (East West 4509-90084-2)

O'Connell, Helen

* 23.5.1920, † 9.9.1993 an Krebs. Zwischen 1939 und 1943 sang sie im Orchester von Jimmy Dorsey, meist im Duett mit Bob Eberly. Die Titel *»Amapola«* und *»Green Eyes«* 1941 und *»Tangerine«* 1942 waren Spitzenreiter für Dorsey in den

USA und wurde von Helen und Bob gesungen. Als Solistin hatte Helen ab Anfang der 50er Jahre noch einige Erfolge. Das Stück *»Slow Poke«* kam Ende 1951 bis auf Platz 8 in den USA. 1953 begann sie zusammen mit Ray Anthony und Bob Eberly in den USA eine regelmäßige TV-Show: »TV's Top Tunes«. 1956 sah man sie in der »Russ Morgan Show«, und ab 1957 hatte sie ihre eigene Fernsehsendung. In TV-Sendungen war sie in den USA noch lange regelmäßig zu sehen, vor allem wenn Big Band Music in Nostalgiesendungen stattfand, moderierte und sang sie.

Der Hit: *Slow Poke*

O'Connor, Des

* Januar 1932. O'Connor gilt als einer der erfolgreichsten britischen Entertainer. Sein Talent hatte er entdeckt, als er 1950 in die Royal Air Force eingezogen wurde. Dort unterhielt er die Kameraden, gewann einen Talentwettbewerb und wurde nach seiner Militärzeit ein erfolgreicher Fernsehmoderator. 1958 moderierte er »Spot The Tune«. Der Erfolg als Sänger kam im Herbst 1967, als sein Titel *»Careless Hands«* Platz 6 in GB erreichte. Im Frühjahr 1968 erreichte *»I Pretend«* Platz 1 in GB. Der Song wurde von Les Reed und Barry Mason geschrieben, die auch schon für Tom Jones und Engelbert Humperdinck Hits abgeliefert hatten. Mit *»1-2-3 O'Leary«* gelang ihm im gleichen Jahr 1968 noch ein weiterer Top-10-Hit, dann ließ die Karriere wieder nach. Es sollten fast 16 Jahre vorüberziehen, bis Des zusammen mit Roger Whittaker und dem Titel *»The Sky Boat Song«* im November 1986 wieder unter die ersten 10 in GB kam.

Der Hit: *I Pretend*
Der Tip: *The Best Of* (EMI CDAX 701043)

O'Connor, Hazel

* 16.5.1955. Ihre Karriere startete die Britin als Tänzerin in einer Nebenrolle im Film »Girls Come First«. 1978 nahm sie ihre ersten Platten auf, im Punk-Film »Breakin' Glass« spielte sie zwei Jahre später eine Hauptrolle. Jetzt wurden ihre Platten Hits: *»Eighth Day«* kam im Herbst 1980 in die GB-Charts und erreichte Platz 5. *»D-Days«* und *»Will You«* kamen beide im Frühjahr 1981 unter die ersten 10, aber nach 1982 schien ihre Gesangskarriere wieder beendet. Im Frühjahr 1993 erschien mit *»To Be Freed«* eine neue, sehr gut gemachte LP.

Der Hit: *Eighth Day*
Der Tip: *To Be Freed* (CBS 473 687 2)

O'Connor, Sinéad

* 12.12.1966. 1987 erschien mit »*The Lion And The Cobra*« die Debüt-LP dieser irischen Sängerin. Die Auskopplung »*Mandinka*« kam im Januar 1988 in den GB-Charts unter die ersten 20. Bevor sie 1985 ihren ersten Plattenvertrag bekam, hatte sie in Dublin mit der Band Ton Ton Macoute gesungen. In ihren Anfangstagen klang Sinéads Stimme eher beißend und scharf. Mit der melodiösen, von Prince geschriebenen Ballade »*Nothing Compares 2 U*« gelang ihr im Frühjahr 1990 ein weltweiter Hit, Platz 1 in GB, USA und Deutschland. Kontinuität scheint nicht die Stärke von Sinéad zu sein, eher Provokation. 1992 erschien mit »*Am I Not Your Girl*« eine LP, die bei den Fans teilweise Kopfschütteln hervorrief. Sie sang ausschließlich Neufassungen alter Swing-Standards, Musicalmelodien und eigenwillige Interpretationen aus der goldenen Ära der Hollywood-Traumfabrik. Einzig das Stück »*Success Has Made A Failure Of Our Home*«, 1962 mit Loretta Lynn erfolgreich, stach positiv hervor. 1993 sang sie zusammen mit Willie Nelson auf dessen CD »*Across The Borderline*« eine recht ansprechende Version des Peter-Gabriel-Titels »*Don't Give Up*«.

Der Hit: *Nothing Compares 2 U*
Der Tip: *I Do Not Want What I Haven't Got* (Ensign 260 547)

O'Day, Alan

* 3.10.1940. In seinen Anfangstagen spielte der Amerikaner in Rock-'n'-Roll-Bands. Danach bekam er einen festen Job als Songschreiber, und Interpreten wie Cher, Dobie Gray, Dusty Springfield, Gary Glitter, Three Dog Night, Fifth Dimension und Bobby Sherman übernahmen seine Kompositionen. Helen Reddy war erfolgreich mit seiner Komposition »*Angie Baby*«, die Righteous Brothers mit »*Rock 'n' Roll Heaven*«. 1977 gab man Alan die Chance, einmal selbst einen seiner Titel zu singen. Er nahm »*Undercover Angel*« und machte daraus einen Millionseller und Spitzenreiter der amerikanischen Hitparade. Ein weiterer Top-50-Hit ist ihm nie mehr gelungen.

Der Hit: *Undercover Angel*
Der Tip: *Appetizers* (Pacific PC 50394)

Odyssey

Louise Lopez, v (* 22.2.1943); Lillian Lopez, v (* 16.11.1948); Carmen Lopez, v; Tony Reynolds, v; Bill McEachern, v.
Das New Yorker Soul Disco Trio hatte mit »*Native New Yorker*« im Herbst 1977

einen ersten Hit. Die Platte kam in den USA auf Platz 21, in GB erreichte sie Platz 5. Danach hörte man drei Jahre nichts mehr von Odyssey, Carmen Lopez verließ die Band und wurde durch Tony Reynolds ersetzt. *»Use It Up And Wear It Out«* kam Mitte 1980 bis auf Platz 1 in GB. *»If You're Lookin' For A Way Out«* 1980, *»Going Back To My Roots«* 1981 und *»Inside Out«* 1982 waren alle Top-10-Erfolge in GB. In den USA gelang ihnen nichts mehr in den Pop-Charts. Nach 1985 waren sie auch in GB wieder passé.

Der Hit: *Use It Up And Wear It Out*
Der Tip: *Greatest Hits* (Stylus SMD 735)

Ofarim, Esther & Abi

Esther Ofarim (* 13.6.1943 als Esther Zaled), Abi Ofarim (* 5.10.1939 als Abraham Reichstadt).
In der zweiten Hälfte der 60er Jahre war das Duo zuerst nur in Deutschland, dann auch in GB recht erfolgreich. Mit 17 Jahren hatte Esther ihren späteren Mann kennengelernt. Nachdem beide ihre Militärzeit in Israel hinter sich gebracht hatten, bildeten sie unter dem Künstlernamen Ofarim (= Gazelle) ein Gesangsduo. Als Entdecker von Esther Ofarim gilt der Hollywood-Regisseur Otto Preminger. Er engagierte sie für den Film »Exodus«, und über diesen Film lernte sie Frank Sinatra kennen. Der ließ sie in einer sechsteiligen Fernsehshow als Sängerin auftreten. 1963 vertrat Esther Ofarim die Schweiz beim Grand Prix Eurovision in London mit dem Titel *»T'en Va Pas«* und belegte den zweiten Platz hinter Jörgen und Grethe Ingmann, deren Siegertitel *»Dansevise«* stilistisch ungefähr das vorwegnahm, was Esther und Abi später machen sollten. Noch im gleichen Jahr drehten Esther und Abi den gemeinsamen Film *»Es war mir ein Vergnügen«*, 1964 unternahmen sie eine Amerika-Tournee, 1965 erschien ihre erste LP, *»Songs der Welt«*. Die witzig-sarkastische Nummer *»Noch ein Tanz«* war im Januar 1966 die erste Hitnotierung der Ofarims. Im Herbst 1967 sangen sie eine Coverversion des Bee-Gees-Titels *»Morning Of My Life«*, die es in der deutschen Hitparade bis auf Platz 2 brachte. Die Nummer *»Cinderella Rokkefella«* kam im Frühjahr 1968 in die britischen Charts und wurde Spitzenreiter. Komponist dieses Hits war der Gitarrist Mason Williams, der selbst mit *»Classical Gas«* Mitte 1968 erfolgreich werden sollte. In Deutschland erreichte *»Cinderella Rockefella«* Platz 5, in den USA Platz 68. Aus *»Noch ein Tanz«* wurde jetzt in GB *»One More Dance«* und die zweite und letzte Hitnotierung für die Ofarims, Platz 13. Am 1. März 1969 hatten sie in Köln ihren letzten gemeinsamen Auftritt. Danach flog Esther zu Filmarbeiten in die USA, Abi versuchte sich in London als Produzent. 1970 wurden sie geschieden. Ab 1972 veröffentlichte Esther im Alleingang Platten, die zwar gut, aber kommerziell nicht erfolgreich waren. Abi

Ofarim veröffentlichte ebenfalls Soloplatten. 1972 konnte man »mit schöner Regelmäßigkeit Skandälchen um den ausgeflippten Star Abi Ofarim, von Arroganz und Launenhaftigkeit« hören.

Der Hit: *Cinderella Rockefella*
Der Tip: *Esther & Abi Ofarim* (Mercury 17 907 7)

Off

Sven Väth (* 26.10.1964) erarbeitete sich in Frankfurt/Main als Diskjockey einen Namen. Zusammen mit dem Produzenten Michael Münzing gründete er Off, was von den beiden als Organisation For Fun verstanden wurde. »*Electric Salsa (Baba Baba)*« kam Ende 1986 in der Bundesrepublik in die Hitparade und erreichte Platz 3. Die Nachfolgesingle »*Step By Step*« kam noch bis Platz 28. Dann war die Disco-Masche der beiden ausgereizt.

Der Hit: *Electric Salsa (Baba Baba)*
Der Tip: *Organisation For Fun* (ZYX CD 80.020)

Off-Shore

Hinter diesem Studioprojekt stecken Jens Lissat und Peter Harder. Diese beiden hatten als Sigmund & seine Freunde Ende 1989 den Titel »*Erdbeermund*« auf Platz 18 in den deutschen Charts. Im Frühjahr 1990 kamen sie als Komtur mit der Nummer »*Hans von Stoffeln*« unter die ersten 30. Ende des Jahres erreichten sie als Off-Shore mit »*I Can't Take The Power*« Platz 7 in der Hitparade. Hinter welchen Dancefloor-Projekten sich die beiden noch verstecken, ist nicht bekannt.

Der Hit: *I Can't Take The Power*

Ohio Express

Joey Levine, v; Dale Powers, g; Doug Grassel, g; Jim Pflayer, key; Dean Krastan, b; Tim Corwin, d.
Wie bei 1910 Fruitgum Co. und anderen Bubblegum-Formationen von Kasenetz/Katz wurden auch die Nummern von Ohio Express vorwiegend von Studiomusikern eingespielt und nach Erfolg mit Mietmusikern aufgeführt. Und ebenfalls wie bei anderen Bubblegum-Formationen war die Schlichtheit von Musik und Text nur schwer zu unterbieten. Die erste Hitnotierung von Ohio Express war Ende 1967 die Nummer »*Beg, Borrow And Steal*«, die sie ein Jahr zuvor schon einmal unter dem Gruppennamen Rare Breed veröffentlicht hatten. »*Yummy*

Yummy Yummy« kam im Frühjahr 1968 in die US-Charts, erreichte Platz 4 und wurde Millionseller, Platz 5 in GB und Platz 3 in Deutschland. Noch im gleichen Jahr schafften sie mit *»Chewy Chewy«* einen weiteren Millionseller, der in den USA Platz 15, in Deutschland Platz 7 erreichte. Mit dem Beginn der 70er Jahre waren die Bubblegum-Gruppen durchgekaut.

Der Hit: *Yummy Yummy Yummy*
Der Tip: *Ohio Express* (Repertoire RR-4017-C TIS)

Ohio Players

Billy Beck, key; Leroy »Sugarfoot« Bonner, g/v; Martin Pierce, tr; Clarence »Satch« Satchell, sax/fl; Ralph »Pee Wee« Middlebrooks, tr; Marshall Jones, b; Jimmy »Diamond« Williams, d/per.
Die amerikanische Rhythm-&-Blues-Gruppe wurde 1959 gegründet. Zuerst waren sie auf Platten der Falcons als Instrumentalband zu hören. Ihre ersten eigenen Platten machten sie 1962. *»Funky Worm«* stand im Frühjahr 1973 auf Platz 15 in den USA und wurde ein Millionseller. *»Skin Tight«* schaffte im Herbst 1974 Platz 13 und wurde ebenfalls Millionseller. Gleiches Verkaufsergebnis erzielten auch *»Fire«* 1974 und *»Love Rollercoaster«* 1975, die aber außerdem beide Spitzenreiter in den USA wurden. Nach 1977 war die Zeit der Band wieder vorüber.

Der Hit: *Fire*
Der Tip: *Gold* (Mercury 6338722)

O'Jays

Bobby Massey, Walter Williams (* 25.8.42), Eddie Levert (* 16.6.1942), Bill Isles, William Powell († 26.5.1977), Sammy Strain, alle v.
Die Ursprünge dieser amerikanischen Rhythm -&-Blues-Gruppe gehen zurück bis zum Jahre 1958. Zu diesem Zeitpunkt formierten sie sich als Triumphs. Mitglieder der Band waren Levert, Williams, Powell, Massey und Isles. 1961 machten sie ihre ersten Plattenaufnahmen. Ein Diskjockey aus Cleveland, Eddie O'Jay, verpaßte ihnen den Namen O'Jays. 1963 gelang ihnen mit *»Lonely Drifter«* die erste Hitnotierung. Zwei Jahre später verließ Bill Isles die Gruppe. 1971 ging auch Massey und wurde Plattenproduzent. Die O'Jays machten als Trio weiter und schafften 1972 mit *»Back Stabbers«* Platz 3 in den USA und einen Millionseller. Im Frühjahr 1973 kamen sie bis an die Spitze der amerikanischen Hitparade mit der Single *»Love Train«*, die auch ihr einziger Top-10-Erfolg in GB und ebenfalls Millionseller wurde. Dieses Verkaufsergebnis erzielten sie noch drei weitere

Male: mit *»For The Love Of Money«* 1974, *»I Love Music (Part I)«* 1975 und *»Use Ta Be My Girl«* 1978. 1975 verließ Powell die Gruppe und wurde durch Sammy Strain ersetzt, der vorher mit Little Anthony & The Imperials aufgetreten war. Bis in die 90er Jahre erschienen weitere Platten der O'Jays.

Der Hit: *Love Train*
Der Tip: *The Best Of* (Repertoire 4322-WZ TIS)

Okay

Wieder eine der Diskoformationen, die es auf einen Hit brachte. Die Nummer *»Okay!«* kam im Frühjahr 1988 in die deutschen Charts und erreichte Platz 2. Hinter dem Projekt verbarg sich Marcus Gabler. Der Nachfolgetitel *»E-D-U-C-A-T-I-O-N«* schaffte noch einen Platz 32, dann war O.K. K.O.

Der Hit: *Okay!*
Der Tip: *Bang!* (CBS 465 829 2)

O'Kaysions

Donny Weaver, Ron Turner, Jim Spidel, Wayne Pittman, Jimmy Hennant, Bruce Joyner, alle v.
1964 begannen Donny Weaver und Jimmy Hannant als Duo. Im Laufe der folgenden Jahre kamen die weiteren Mitglieder der Band hinzu, die sich Kays nannte und vorwiegend Gospel- und Countrymusic machte. 1968 waren sie als O'Kaysions ganz weltlich in ihren Themen und veröffentlichten die Single *»Girl Watcher«*, die so vielen aus dem Herzen sprach, daß sie Platz 5 in der amerikanischen Hitparade und ein Millionseller wurde. Nach diesem einzigen Erfolg wußten die Mitglieder der Band nicht, welche der vielen musikalischen Richtungen sie einschlagen sollten und trennten sich noch im selben Jahr.

Der Hit: *Girl Watcher*
Der Tip: *Girl Watcher* (EMI SMC 74580)

O'Keefe, Danny

* 1943. Der amerikanische Sänger und Songschreiber schaffte mit *»Good Time Charlie's Got The Blues«* Ende 1972 einen Platz 9 in den amerikanischen Pop-Charts. Er hat vor- und nachher einige interessante LPs veröffentlicht, die jedoch für die Pop-Hitparaden wenig geeignet waren.

Der Hit: *Good Time Charlie's Got The Blues*
Der Tip: *Danny O'Keefe* (Atlantic 40 444)

Oldfield, Mike

* 15.5.1953. Der britische Multimusiker und Songschreiber gründete im Alter von 14 Jahren mit seiner Schwester Sally die Gruppe Sallyangie, die auch Platten aufnahm. Der nächste Schritt war die Band Barefeet. 1971 spielte er mit Kevin Ayers in dessen Formation The Whole World erst als Bassist, dann als Gitarrist. 1972 veröffentlichte er eine Solo-LP, die ihn mit einem Schlag weltberühmt machte: *»Tubular Bells«*. Für die Produktion dieser LP brauchte er acht Monate – er spielte fast alle Instrumente selbst. Als Passagen daraus im Film »The Exorcist« zu hören waren, kam es zum Hit: *»Tubular Bells«* erreichte Anfang 1974 Platz 7 in den US-Charts. Danach jedoch war Mike speziell in Europa erfolgreich. In GB hatte er die Top-10-Erfolge *»In Dulce Jubilo (On Horseback)«* 1975, *»Portsmouth«* 1976 und *»Moonlight Shadow«* 1983. Dieser von Maggie Reilly gesungene Titel stand auch bei uns unter den ersten 10, ebenso wie *»Shadow On The Wall«* 1983 – gesungen von Roger Chapman–, *»Pictures In The Dark«* 1985 und *»Innocent«* 1989. Auf den beiden letzten Platten singt Anita Hegerland, die einst zusammen mit Roy Black als Kinderstar *»Schön ist es auf der Welt zu sein«* trällerte und eine Zeitlang Frau Oldfield war. Als Michael Oldfield veröffentlichte Mike die LP *»Heaven's Open«*. Dazu sagte er: »Ich habe immer geglaubt, nicht singen zu können. Nur scheine ich da der einzige gewesen zu sein – alle anderen waren stets gegenteiliger Meinung und haben mich schließlich überzeugt.« Auskopplungen aus diesem Album kamen nicht in die Charts, und nun hat Mike wahrscheinlich die anderen überzeugt. 1993 erschien die Single *»The Bells«*, auf der Mike Oldfield erklären läßt, mit welchen Instrumenten er seine CD *»Tubular Bells II«* aufgenommen hat. Die englische Einführung der Instrumente spricht MC Viv Stanshall, für die deutschen Hörer und Plattenkäufer hat sich Otto Waalkes als MC Otto bereit erklärt, den Part zu übernehmen.

Der Hit: *Tubular Bells*
Der Tip: *The Complete* (Virgin CD MOC 1)

Old Merry Tale Jazzband

Dieter Bergmann, tr/v; Helmut Lamszus, kl/sax; Bernd Reiners, d; Reinhard Zaum, b/tub/v; Peter Mette, p; Wolfgang Ahlers, pos; Hans-Joachim Masch, banjo.
Im Mai 1985 löste sich nach 29 Jahren die 1956 gegründete Old Merry Tale Jazzband auf. Die Mehrzahl ihrer Mitglieder, die die erfolgreiche Stilrichtung

Mike Oldfield *(Ariola)*

fortsetzen wollten, gründeten unmittelbar im Anschluß an die Auflösung die Traditional Old Merry Tale Jazzband, die in obengenannter Besetzung in den 90er Jahren spielte. Die vier erstgenannten Mitglieder stammen noch aus der alten OMTJ. Mit der witzig gemachten Dixieland-Nummer *»Am Sonntag will mein Süßer mit mir segeln gehn«* Mitte 1960 hatte die Band einen Platz 4 in der deutschen Hitparade. Gesungen hatte die Nummer damals Reinhard Zaum. Es sind noch etliche Platten der Gruppe in dieser Mixtur aus Dixieland und altem deutschen Schlager der 30er und 40er Jahre erschienen, die es allerdings nicht mehr in die Charts schafften. Plattenveröffentlichungen reichen ebenfalls bis in die 90er Jahre.

Der Hit: *Am Sonntag will mein Süßer mit mir segeln gehn*
Der Tip: *Old Merry Tale Jazzband* (Brunswick 2654 101)

Oliver

* 22.2.1945 als William Oliver Swofford. Bevor der Amerikaner als Solist Platten machte, war er Mitglied der Band Good Earth. Mit einer auf seicht und Schlager getrimmten Nummer aus dem Musical *»Hair«* hatte Oliver im Frühjahr 1969 seinen ersten Hit: *»Good Morning Starshine«* erreichte Platz 3 in den USA und Platz 6 in GB. Die Nachfolgesingle *»Jean«* wurde in den USA ein Millionseller und

brachte es bis auf Platz 2, die Briten mochten die Nummer allerdings nicht. Nach 1970 war seine Hitzeit wieder vorüber. Er nahm danach Platten als Bill Swofford auf, was aber auch nichts daran änderte, daß ihm kein weiterer Erfolg mehr gelang.

Der Hit: *Good Morning Starshine*

Oliver, Stan

Mit dem Titel *»Das Geisterschiff vom Ohio«* hatte Stan Oliver im Frühjahr 1956 Platz 8 in der deutschen Hitparade. Mehr ist ihm nicht gelungen. Hinter diesem Pseudonym verbarg sich der Amerikaner Keith Engen, der in Deutschland vorwiegend als Opernsänger tätig war. Mit Rücksicht auf die Verträge mit der Oper hatte er sich diesen Decknamen zugelegt.

Der Hit: *Das Geisterschiff vom Ohio*

Oliver Onions

Guido De Angelis (* 22.12.1944), Maurizio De Angelis (* 22.2.1946).
Dieses italienische Songschreiber- und Sängerduo hatte mit *»Flying Through The Air«* im Frühjahr 1973 einen Platz 4 in der deutschen Hitparade. *»Dune Buggy«* erreichte Ende 1974 Platz 8. *»Orzowei«* stand im Frühjahr 1977 gar an der Spitze der deutschen Hitparade. *»Bulldozer«* kam Ende 1978 wieder auf Platz 2 und *»Santa Maria«* im Herbst 1980 auf Platz 1. Die Musikstücke stammten meist aus Filmen, vorwiegend mit Bud Spencer und Terrence Hill wie z. B. »Zwei Himmelhunde auf dem Weg zur Hölle«, »Auch Engel essen Bohnen« oder »Plattfuß in Afrika«. Die meisten dieser Filme waren so anspruchsvoll wie die Musik, die die beiden Brüder dazu verfaßten. Vom kommerziellen Standpunkt aus gesehen, hätten sie es jedoch nicht besser machen können.

Der Hit: *Santa Maria*
Der Tip: *The Best Of Vol. 1 & 2* (Edel Company SIL 5106-2/1530-2)

Ollie & Jerry

Ollie Brown, v; Jerry Knight, v.
Dieses Duo war gemeinsam in Ray Parkers Gruppe Raydio. Mitte 1984 hatten sie mit *»Breakin'... There's No Stopping Us«* ihren einzigen Erfolg, Platz 9 in den USA, Platz 5 in GB. Das Stück stammte aus dem Film »Breakin'«. Einen weiteren Top-50-Erfolg hatten sie nicht mehr. Ollie hatte seine musikalische Karriere 1975 als

Schlagzeuger für Stevie Wonder, Edwin Starr oder die Rolling Stones begonnen, bevor er 1978 zum erstenmal mit Raydio spielte. Anfang der 80er war er verstärkt als Produzent tätig, z. B. für Patti Austin. Jerry Knight verdiente sich seine ersten Sporen in der Band von Bill Withers, bevor er als Bassist und Sänger zu Parkers Gruppe kam.

Der Hit: *Breakin' ... There's No Stopping Us*

Olympics

Walter Ward (* 1940); Eddie Lewis (* 1937); Charles Fizer (* 1940); Walter Hammond; Melvin King; Julius McMichael; Kenny Sinclair.
Diese amerikanische Rhythm-&-Blues-Gruppe wurde 1954 als The Challengers gegründet. 1956 machten sie ihre ersten Platten noch unter diesem Namen. 1958 ging Fizer, für ihn kam Melvin King. Als Fizer 1959 zurückkam, blieb King trotzdem Mitglied der Band als Ersatz für Walter Hammond, der nun die Band verließ. Fizer wurde während des Aufstandes 1965 im Los-Angeles-Vorort Watts von der Nationalgarde erschossen. Er wurde durch Julius McMichael ersetzt. King trennte sich 1966 von der Gruppe, 1970 schloß sich Kenny Sinclair an. Die große Zeit der Formation war zwischen 1958 und 1966. Ihr einziger Top-10-Erfolg war ihre erste Hitnotierung überhaupt: »*Western Movies*« belegte Mitte 1958 Platz 8 in den USA und Platz 12 in GB.

Der Hit: *Western Movies*
Der Tip: *Doin' The Hully Gully* (Line LLP 5178 AS)

O'Neal, Alexander

* 15.11.1953. 1978 kam O'Neal zu der Formation Flyte Tyme, die zur Backing Band von Prince wurde. Mit dabei waren die späteren Produzenten Jimmy Jam und Terry Lewis. Alexander blieb nicht lange: Er wurde bald gefeuert, weil er sich nicht richtig unterordnen konnte. Also begann er in den 80er Jahren eine Solokarriere. Seine erste Platte 1984 wurde von Jam und Lewis produziert. Zunächst wurde Alexander in den Rhythm-&-Blues-Charts notiert, ab 1986 auch in den Pop-Hitparaden. Seinen ersten Hit hatte er im Frühjahr 1986 in den USA zusammen mit der Sängerin Cherelle: »*Saturday Love*«. In GB kam zum gleichen Zeitpunkt seine Single »*If You Were Here Tonight*« unter die Top 20. Überhaupt ist er in GB im Laufe der Jahre erfolgreicher gewesen als in den USA. Seine Nummer »*Criticize*« stand dort Ende 1987 auf Platz 4, in Deutschland auf Platz 24. Mit seinen Platten ist Alexander in GB bis in die 90er Jahre erfolgreich, auch wenn er zwischendurch wegen Drogen- und Alkoholproblemen therapiert werden mußte.

Der Hit: *Critisize*
Der Tip: *This Thing Called Love* (Epic 471 714 2)

One Hundred Ton And A Feather

Jonathan King (* 6.12.1944). Dies ist eins der vielen Pseudonyme, unter denen Jonathan King Hits aufnahm. Mit *»It Only Takes A Minute«* hatte diese Mimikri-Gruppe Mitte 1976 Platz 9 in GB.

Der Hit: *It Only Takes A Minute*

100 Proof Aged In Soul

Steve Mancha (* als Clyde Wilson), Joe Stubbs, Eddie Holiday (* als Eddie Anderson), alle v.
Dieses Soul-Trio aus Detroit war ab Ende der 60er Jahre erfolgreich in den Pop-Charts. Der Millionseller *»Somebody's Been Sleeping«* kam im Herbst 1970 in die US-Charts und erreichte Platz 8. Joe Stubbs ist der Bruder von Levi Stubbs, der mit der Four Tops erfolgreich war. Vorher hatte er mit den Contours und den Falcons gesungen. Nach 1972 gelang ihnen kein Pop-Erfolg mehr.

Der Hit: *Somebody's Been Sleeping*

Opus

Herwig Rüdisser, v (* 8.11.1956); Ewald Pfleger, g (* 6.5.1955); Niki Gruber, b (* 24.3.1956); Kurt René Plisnier, key (* 7.2.1957); Günter Grasmuck, d (* 21.7.1957).
Dieses österreichische Rock-Quintett entstand 1973 und war zu diesem Zeitpunkt noch mehr jazzorientiert. 1980 erschien ihr Debütalbum *»Daydreams«*. Die Singles *»Eleven«* und *»Flyin' High«* wurden die ersten Spitzenreiter in Österreich für Opus. *»Live Is Life«*, eine durch ihre Einfachheit äußerst ein- und aufdringliche Aufnahme, kam im Frühjahr 1985 in die deutsche Hitparade, erhielt Gold und wurde Spitzenreiter. Im Sommer erreichte sie auch die englische Hitparade und kletterte hier bis auf Platz 6. In den USA wurde der Bierzelt-Rock immerhin noch ein Platz 32. Alben der Gruppe erschienen bis in die 90er Jahre.

Der Hit: *Live Is Life*
Der Tip: *Live Is Life* (Polydor 825 542-1)

Opus III

Die Plattenfirma konnte sich auch nicht darüber auslassen, wer oder was Opus III sind. Sie schrieben: »Ihre Identität halten sie geheim, nur ein paar Fotos ihrer Sängerin Kristy sind erhältlich. Doch die exzentrischste Verbindung zu Opus III ist der Lyriker Edward Barton – Performance Artist, Bildhauer und einer der Außenseiter-Gitarristen Manchesters.« Im Frühjahr 1992 erschien die Nummer *»It's A Fine Day«*, die in den frühen 80er Jahren schon einmal von einer Sängerin namens Jane veröffentlicht wurde. Die Platte kam nicht in die Charts, und Jane soll zu den Zeugen Jehovas gegangen sein. Die neue Techno-Version von *»It's A Fine Day«* brachte es in GB auf Platz 5, in Deutschland auf Platz 18. Nachfolgende Singles kamen nicht mehr unter die ersten 50. Noch einmal möchte ich die Plattenfirma zitieren. Zur Veröffentlichung der CD *»Mind Fruit«* schrieb sie: »Opus III riskieren etwas; mit ihrer Musik wollen sie nicht nur die Dancefloor-Fans erreichen. Als sphärisch-esoterisches Dancefloor-Album mit Techno-Einsprengseln könnte man Mind Fruit bezeichnen.«

Der Hit: *It's A Fine Day*
Der Tip: *Mind Fruit* (PWL 4509-90065-2)

Orange Juice

Edwyn Collins, v/g; James Kirk, v/g; David McClymont, b; Steven Daly, d; Malcolm Ross, v/g; Zeke Manyika, d.
Diese britische Band verknüpfte Anfang der 80er Jahre Pop-Traditionen mit »neuzeitlichem Groove«. Ende der 70er Jahre waren sie in Schottland zusammen gekommen, und bereits vor ihrem ersten Erfolg waren Kirk und Daly ausgestiegen und durch Ross und Manyika ersetzt worden. Ihr Titel *»Rip It Up«* war im Februar 1983 in den britischen Charts und erreichte Platz 8. Es wurden der Band von 1981 bis 1984 noch acht weitere Titel in den Charts notiert, von denen keiner unter die ersten 40 kam. Die Stimme des Leadsängers Collins erinnerte stark an einen müden Bryan Ferry. Nach einigen musikalischen Differenzen reduzierte sich die Gruppe auf Collins und Manyika, bis die beiden Soloprojekte verfolgten.

Der Hit: *Rip It Up*
Der Tip: *Rip It Up* (Polydor 2383 651)

Orb

Im Grunde besteht die Formation Orb nur aus einem Mann: Alex Paterson. Der ehemalige Roadie und A&R-Mann gründete Orb zusammen mit Jimmy Cauty von

KLF. Später kam Youth von Killing Joke oder Brilliant hinzu. Cauty verließ die junge Gruppe bald zugunsten von KLF, und auch Youth hielt nichts bei Orb. Ende 1991 gesellte sich Thrash zu Paterson, und Orbs Debütalbum erschien 1991. Den ersten und bisher einzigen Single-Erfolg konnte Orb Mitte 1992 mit *»Blue Room«* verbuchen: Platz 8 in GB. Die CD-Singleveröffentlichung in Deutschland fiel vor allen Dingen deshalb auf, weil sie eine Laufzeit von 65 Minuten aufwies. Vier Monate später erschien *»Assassin«* und schaffte es in GB bis auf Platz 12. Die Laufzeit dieser Single-CD betrug 55 Minuten.

Der Hit: *Blue Room*

Orbison, Roy

* 23.4.1936, † 6.12.1988. Gerade war ein neues Album der Gruppe Traveling Wilburys erschienen, in der neben George Harrison, Jeff Lynne, Tomy Petty und Bob Dylan Roy Orbison mitgemacht hatte, als er nach einer Herzattacke starb. Zu früh und mit 52 viel zu jung. Ganz in Schwarz war er immer aufgetreten, Klamotten und Haare aufeinander abgestimmt. Wenn er seine Songs vortrug, stand er meist völlig emotionslos am Mikrophon. Aber seine Stimme steigerte sich im Verlauf seiner kleinen Dramen, die in der Verkleidung als Pop-Songs daherkamen, in unglaubliche Höhen. Drei Oktaven schaffte er dabei spielend. Und jeder litt mit diesem Mann, der so viel Leid ertragen mußte – in seinen Liedern und im richtigen Leben. Die Songs begannen in seinen besten Zeiten in einer eher zerknirschten Stimmung, dann steigerte sich sein Tenor-Falsett, und es schien, als würde sich damit auch seine Wut über irgendein Unrecht potenzieren, das ihm widerfahren war. Dann schließlich kam der Höhepunkt. Wut und Zorn des enttäuschten Liebhabers platzten aus ihm heraus, und er schien zusammenzubrechen. Dann war das Lied aus, und es brandete der Applaus auf, den Orbison fast schüchtern entgegennahm. Das Abbild dessen, was man sich hinlänglich unter einem Rockstar vorstellt, war er beileibe nicht. Die Berliner Morgenpost schrieb nach einem Auftritt von Roy im Jahre 1980 in der Philharmonie: »Er ist wahrlich kein flinker Showmann, er steht gerührt lächelnd vor dem Mikrophon. Dabei scheint die Grenze zwischen Kunst und Schmalz nicht mehr vorhanden – die Ehrlichkeit und Sensibilität, mit der er seine Hits präsentiert, überzeugt.« Wie Elvis, Jerry Lee Lewis, Carl Perkins, Charlie Rich und viele andere Rocker der 50er Jahre suchte auch Roy sein Glück in Memphis bei der kleinen Plattenfirma von Sam Phillips. Mitte 1956 hatte er mit *»Ooby Dooby«* seine erste Hitnotierung. Danach sollte es jedoch vier Jahre dauern, bis er wieder in den Charts stand. Zwischenzeitlich hatte der seine Frau Claudette abgöttisch liebende Roy für sie ein Liedchen geschrieben, das mit den Everly Brothers im Mai 1958 in die US-Hitparade kam: *»Claudette«*. Mit *»Only The Lonely (Know How I Feel)«*,

Mitte 1960 Platz 2 in den USA und Spitzenreiter in GB, begannen dann vier große Jahre für Roy Orbison. *»Blue Angel«*, ebenfalls 1960, *»Running Scared«* und *»Crying«* 1961, *»Dream Baby (How Long Must I Dream)«* 1962, *»In Dreams«* und *»Mean Woman Blues«* 1963 und *»It's Over«* und *»Oh, Pretty Woman«* 1964 waren alle Top-10-Erfolge für ihn. In GB waren außerdem noch *»Falling«* und *»Blue Bayou«* 1963, *»Pretty Paper«* 1964 und *»Too Soon to Know«* 1966 unter den ersten 10 in der Hitparade. In der zweiten Hälfte der 60er Jahre war Roy privat vom Pech verfolgt. Erst verunglückte 1966 seine Claudette, die hinter ihrem Mann auf dessen Motorrad saß, hinunterstürzte und sich tödlich verletzte. Dann kamen zwei Jahre später zwei seiner drei Söhne bei einem Feuer in seinem Haus in der Nähe von Nashville ums Leben. Der Mann, dem etliche Jahre hintereinander Hits eingefallen sind, war damit ausgelaugt. Er machte seichte Countrymusic und einige sehr mittelmäßige LPs. Trotzdem waren es viele der später erfolgreichen Popmusiker, die bei der Aufzählung ihrer Vorbilder Roy Orbison erwähnten. Zwischen 1967 und 1989 war von Roy wenig zu hören. Jeff Lynne und Tom Petty schrieben für ihn die Nummer *»You Got It«*, mit der er Anfang 1989 sowohl in den USA, in GB als auch in Deutschland unter den ersten 10 stand. Erlebt hat Roy es jedoch nicht mehr. Zum Tode von Roy Orbison schrieb die Zeit: »Roy Orbison bewies, daß man sehr wohl aus dem hintersten Texas kommen, daß man dazu noch übergewichtig, brillantiert und kurzsichtig wie ein Maulwurf sein und trotzdem die Wahrheit und nichts als die Wahrheit singen konnte.« Posthume Hits gelangen Orbison noch mit *»I Drove All Night«*, im Sommer 1992 Platz 7 in GB, und *»Crying«*, im Duett mit k.d. lang im Herbst 1992 Platz 13 in GB.

Der Hit: *Oh, Pretty Woman*
Der Tip: *For The Lonely: 16 Greatest Hits* (Rhino R2 71493 TIS)

Orchestral Manoeuvres In The Dark

Paul Humphreys, v/key (* 27.2.1960); Andrew McCluskey, v/key (* 24.6.1959); Malcolm Holmes, d; Martin Cooper, div (* 1.10.1958).

Die Besetzung in den Anfangstagen von Orchestral Manoeuvres In The Dark bestand aus Andy McCluskey und Paul Humphreys. Die Karriere dieser beiden Musiker begann 1977 in Liverpool. Beide spielten zusammen und auch getrennt in meist kurzlebigen Schulbands, eine davon trug den sinnigen Namen Hitlerz Underpantz. Für eine der weiteren Formationen, Euqinox, hatte Andy den Titel *»Orchestral Manoeuvres In The Dark«* geschrieben und dabei sicher noch nicht daran gedacht, daß daraus einmal ein Gruppenname werden könnte. Im September 1977 gründeten Andy und Paul die Formation Id. Mitglieder waren außerdem Gary Hodgson, g; Steve Hollis, b; und Malcolm Holmes, d. Die Gruppe spielt vorwiegend das Material, das dann später von OMD übernommen wird. *»Julia's*

Song« wird sogar von Id auf Platte aufgenommen und veröffentlicht. Im August 1978 fällt Id auseinander. Nach einigen anderen Versuchen machen Andy und Paul eine neue Band, VCL XI. Einer ihrer ersten Auftritte findet im Liverpooler Club Eric's statt. Das Duo läßt sich begleiten von eigenen Aufnahmen, die von ihrem Tonbandgerät mit dem Namen Winston eingespielt werden. Schon wenig später benennen sie sich dann nach McCluskey's altem Song OMD. Mitte 1979 erscheint die erste Single. Im Frühjahr 1980 kam ihre zweite, *»Red Frame White Light«*, in die britischen Charts und wird ihr erster Chart-Entry. Ihre nächste Veröffentlichung, *»Messages«*, kam schon in die Top 20 und dann gelang ihnen mit *»Enola Gay«* Ende 1980 der erste Top-10-Erfolg. Was sicher viele speziell in Deutschland nicht gewußt haben: bei *»Enola Gay«* handelt es sich nicht um eine Person, sondern um den Namen des Flugzeuges, das 1945 die erste Atombombe über Hiroshima abgeworfen hat. *»Souvenir«* und *»Joan Of Arc«* 1981, *»Maid Of Orleans (The Waltz Of Joan Of Arc)«* 1982 und *»Locomotion«* 1984 waren weitere Top-10-Erfolge des Duos. Im Frühjahr 1980 erschien ihr erstes Album. Als Mitmusiker waren Dave Fairbairn, Malcolm Holmes und Martin Cooper genannt, aber in der Hauptsache kann man davon ausgehen, daß die meisten Dinge von Andy und Paul im Alleingang gemacht wurden. Auch in der Folgezeit wurden auf Plattenhüllen hin und wieder bis zu vier Musiker abgebildet. Trotzdem muß man OMD als Duo-Projekt sehen. 1983 erschien das Album *»Dazzle Ships«*, das für viele Fans und Kritiker eine Überraschung, für manche gewiß eine Provokation war. Hatten sich OMD auf *»Architecture And Morality«* als Liebhaber elektronischen Wohlklangs gezeigt, der sie mit überladenen, hart an der Grenze zum Kitsch verlaufenden Kompositionen in die Nähe der New Romantics rückte, so klang die neue LP vergleichsweise fremdartig. Immer wieder wurden Harmonien und Melodik von verschiedenstem akustischem Reizmaterial wie Radionachrichten, computerprogrammierten Signalen, Kurzwellengefiepe, Stimmgewirr und Maschinengeräuschen durchsetzt, ja zersetzt. Das menschlichste aller Instrumente, die Stimme, wurde auf alle möglichen Weisen elektronisch manipuliert. Gegen Ende der 80er Jahre fällt das Duo auseinander. Paul Humphries gründet mit Listening Pool eine eigene Band. Andy bleibt allein OMD. Über die Gruppe konnte man im Laufe der Jahre lesen: »Technik mit Herz.« »Aus dem Elektronikland.« »Warme Klänge aus dem kalten Synthesizer.« »Auch Maschinen bewegen sich ...« »Stille Manöver im Dunkeln.« »Götterdämmerung.« »Sie sind eine der hoffnungsvollsten Formationen der neuen englischen Rockgeneration.« »Wieder gänzlich unerwartete Manöver.« »Die Bühnen sind schwarz, der Sound aus den kleinen Geräten ist erdrückend. Die Welt von Orchestral Manoeuvres In The Dark ist von Anfang an heller.« Andy McCluskey über sich und die Band: »Die Jungs, die mit mir spielen, sind nicht nur Staffage, wenn ich im Fernsehen auftrete, jeder in der Band hat seine ganz spezifische Rolle. So ist Stuart als Co-Autor nicht mehr wegzudenken. Phil ist unser Sound-Mann, der alle Computer programmiert und zum Klingen bringt, und Nigel unser musikalischer Direktor, mit dem ich mich auf der Bühne köstlich amüsiere.« »Für mich ist in erster Linie entscheidend, ob ein Song gut ist und Unterhaltungswert besitzt.« »Wir begannen ungefähr mit 16. Inspiriert hatte uns der Kraftwerk-Titel *›Autobahn‹*. Eines der ersten Stücke, das ich schrieb, war eine elektronische Komposition für drei Radiogeräte und Kriegsgeräusche.« »In jenen Tagen benutzten wir einen Baß, einen lärmenden Generator und zwei geliehene Echogeräte.« »Unser langer Erfolg liegt wohl daran, daß ich den Dreh heraushabe, Melodien zu schreiben, die die Leute, wenn sie sie morgens im Radio gehört haben, noch an der Bushaltestelle pfeifen.«

Der Hit: *Maid Of Orleans (The Waltz Of Joan Of Arc)*
Der Tip: *The Best Of* (Virgin 258 604-222)

Orlando, Tony

* 3.4.1944 als Michael Anthony Orlando Cassavitis. Der amerikanische Sänger hatte Mitte 1961 seinen ersten Top-40-Erfolg mit *»Halfway To Paradise«*. *»Bless You«* wurde wenig später sein erster und einziger Top-10-Hit, Platz 5 in GB. Danach lief erst einmal nichts mehr. Tony arbeitete in der Plattenindustrie als Promotionmann, dann als Manager für einen Musikverlag. Ende der 60er Jahre formierte sich in einem New Yorker Studio eine Gruppe namens Wind. Leadsänger war Tony Orlando. Mit *»Make Believe«* konnten sie sich im Herbst 1969 unter den ersten 30 der amerikanischen Hitparade plazieren. 1970 erhielt Hank Medress, einst Mitglied der Tokens und jetzt Produzent für Bell Records – ein Demoband von Telma Hopkins und Joyce Vincent, die sich selbst Dawn nannten, zugeschickt. Er bat Tony, doch noch eine Leadstimme über das fertige Band zu singen – und damit begann der Erfolg von Tony Orlando & Dawn. 1977 zog sich Tony Orlando aus dem Musikgeschäft zurück, um wenig später erneut als Solist in Erscheinung zu treten.

Der Hit: *Bless You*
Der Tip: *Bless You* (Epic BN 611)

Orlando Riva Sound

Tony Monn, prod (* 17.3.1944); Rainer Pietsch, arr (* 12.4.1944); Herbert Ihle, v (* 30.6.1945); Wolfgang Emperhoff (* 20.6.1944), v; Sophia Reaney, v.
Die deutsche Formation ORS, wie sie sich manchmal auch auf den Plattenhüllen nannte, wurde 1977 von einem Komponisten und einem Toningenieur gegründet. Es kam danach zu einigen Umbesetzungen, bis 1979 die endgültige Line-Up stand.

Ihle, Pietsch und Emperhoff hatten schon bei der Formation Tanned Leather gemeinsam gesungen. Im Frühjahr 1980 gelang der Formation mit der John-D.-Loudermilk-Komposition *»Indian Reservation«* im Discosound ein Platz 7 in den deutschen Charts. Nach 1981 und zwei weiteren Hitnotierungen fiel die Gruppe wieder auseinander. Emperhoff gehört seit mehr als 20 Jahren zu den qualifiziertesten deutschen Studiosängern.

Der Hit: *Indian Reservation*

Orleans

Lawrence Hoppen, v/key/g (* 1951); John Hall, g/v (* 1948); Lance Hoppen, b (* 1954); Wells Kelly, org/v; Jerry Marotta, d; Bob Leinbach, g/v; R. A. Martin, d.
Diese amerikanische Softrockgruppe wurde in New York 1972 gegründet. Mitte der 70er Jahre erhielten sie einen Plattenvertrag und hatten mit *»Let There Be Music«* im Frühjahr 1975 eine erste Hitnotierung. Mitte des gleichen Jahres erreichten sie mit *»Dance With Me«* die US-Top-10. Genau ein Jahr später stand *»Still The One«* auf Platz 5. Ihre letzte Hitnotierung war im Frühjahr 1979 Platz 11 in den USA mit *»Love Takes Time«*. Inzwischen war es zu Umbesetzungen gekommen. Hall und Marotta hatten die Gruppe 1977 verlassen und waren durch Leinbach und Martin ersetzt worden.

Der Hit: *Still The One*
Der Tip: *Waking And Dreaming* (Asylum 53044)

Orlons

Rosetta Hightower (* 23.6.1944), Marlena Davis (* 4.10.1944), Steve Caldwell (* 22.11.1942), Shirley Brickley (* 9.12.1944, † 13.10.1977), Audrey Brickley, alle v.
Noch während der Schulzeit der Mitglieder wurde diese amerikanische Gruppe gegründet. Nach ein paar Jahren gingen sie wieder auseinander, um sich jedoch später erneut zu formieren. Sie traten zusammen mit einer Band auf, die sich Cashmeres nannte und aus denen später die Dovells werden sollten. Leadsänger dieser Band war Len Barry, der 1960 einen Kontakt zur Plattenfirma Cameo herstellte, der schließlich zu einem Plattenvertrag führte. Im darauffolgenden Jahr erschien mit *»I'll Be True«* die erste Single der Orlons. Mitte 1962 gelang den Orlons dann mit *»The Wah Watusi«* ein Platz 2 in den USA. Die Nachfolger *»Don't Hang Up«* 1962 und *»South Street«* 1963 kamen ebenfalls unter die ersten 10. *»Not Me«* und *»Crossfire!«* waren 1963 weitere Top-20-Erfolge. Dann verließen Davis und Caldwell die Band, und als Ersatz kam Audrey Brickley. 1968

trennte sich die Gruppe. Rosetta Hightower zog nach England, um eine Solokarriere zu verfolgen. Shirley Brickley starb 1977 an einer Schußverletzung. Rosetta Hightowers Solokarriere in London ist nie richtig in die Gänge gekommen.

Der Hit: *The Wah Watusi*
Der Tip: *Best Of* (London HAU 8504)

Osbourne, Ozzy

* 3.12.1948 als John Michael Osbourne. Der britische Hard-Rock-Sänger begann Ende der 60er Jahre mit Gruppen wie Polka Tulk, Rare Breed und ab 1968 mit Earth, die im folgenden Jahr in Black Sabbath umbenannt wurde. Ende 1977 trennte er sich wieder von dieser Formation, kam noch einmal zurück und ging dann im Sommer 1979 endgültig. Ab 1980 machte er Soloplatten. Seine Singles waren nicht sonderlich erfolgreich. Dafür erreichten LPs wie *»Blizzard Of Ozz«* und *»Diary Of A Madman«* 1981 jeweil Platinstatus. Zusammen mit der Heavy-Metal-Kollegin Lita Ford hatte Ozzy im Frühjahr 1989 den Millionseller und Top-10-Hit *»Close My Eyes Forever«*.

Der Hit: *Close My Eyes Forever*

Osmond, Donny

* 9.12.1957 als Donald Clark Osmond. Mitte der 60er Jahre kam Donny als weiteres Mitglied zu den Osmonds. Mit ihm hatte die Gruppe ihre größten Erfolge. Ähnlich wie bei den Jackson Five nahm man auch aus den Osmonds den Leadsänger – bei den Jackson Five Michael Jackson – heraus und machte mit ihm außerdem noch Soloplatten. Der erste Soloerfolg zeigte deutlich, wie man den kleinen Donny verkaufen wollte: *»Sweet And Innocent«* wurde im Frühjahr 1971 Millionseller und Platz 7 in den USA. Die Nachfolgesingle *»Go Away Little Girl«* erreichte Platz 1 in den USA. *»Hey Girl«*, immer noch 1971, *»Puppy Love«* 1972 und *»The Twelfth Of Never«* 1973 waren, wie alle bisher genannten Solosingles, Millionseller und Top-10-Erfolge. In GB standen außerdem noch *»Too Young«* und *»Why«* 1972 und *»Young Love«* und *»When I Fall In Love«* 1973 unter den ersten 10. Aber nur mit Donny als Mitglied der Osmonds und als Solist gaben sich die Verantwortlichen hinter der Familientruppe nicht zufrieden, sondern man ließ Donny auch noch mit seiner Schwester Marie Platten aufnehmen. Nach 1976 ließen die Erfolge nach. Sämtliche Bemühungen von Donny, sich bei Plattenfirmen mit neuen Demos Gehör zu verschaffen, schlugen fehl. Die Verantwortlichen hatten einfach Angst, daß das Saubermann- und Kinder-Image von Donny nicht

Ozzy Osbourne

mehr ankommen würde und Veränderungen nicht erfolgreich wären. Nachdem man gut 10 Jahre kaum etwas von Donny gehört hatte, kam er mit *»Soldier Of Love«* im Frühjahr 1989 wieder unter die ersten 10 in GB. 1992 war er, inzwischen Vater von vier Söhnen, in der Andrew-Lloyd-Webber-Produktion »Joseph & The Amazing Technicolor Dreamcoat« zu sehen. Für die Rolle hatte er ganz normal vorgesprochen und sie nicht erhalten, weil er Donny Osmond war, sondern weil er richtig war für den Part.

Der Hit: *Go Away Little Girl*
Der Tip: *Alone Together* (MGM 2315 210)

Osmond, Donny & Marie

Donny (* 9.12.1957), Marie (* 13.10.1959), beide v.
Ab Mitte 1974 war dieses amerikanische Geschwisterpaar erfolgreich. Ihre Single *»I'm Leaving It (All) Up To You«* kam zu diesem Zeitpunkt in die US-Charts, wurde Millionseller und Platz 4. Der Nachfolger *»Morning Side Of The Mountain«* erreichte ebenfalls die Top 10, und bis 1978 wurden noch fünf weitere Erfolge notiert, die jedoch alle nicht mehr in die Top 10 kamen. Donny und Marie moderierten von 1976 bis 1978 ihre eigene Musiksendung im Fernsehen. Sie spielten 1978 mit in dem Film »Going Coconuts«. Nach Beendigung ihrer Pop-Karriere faßte Marie ab Mitte der 80er Jahre als Country-Sängerin schneller wieder Fuß als ihr Bruder Donny.

Der Hit: *I'm Leaving It (All) Up To You*
Der Tip: *Greatest Hits* (Curb D2-77610)

Osmond, Little Jimmy

* 16.4.1963. Das jüngste Mitglied der kinderreichen Familie Osmond kam in der Hochzeit der Osmonds zumindest in GB auch noch zu zwei Hits: *»Long Haired Lover From Liverpool«* kam Ende 1972 bis auf Platz 1 in GB. Nachfolger *»Tweedle Dee«* erreichte noch Platz 4. Seit er erwachsen ist, arbeitet er hinter den Kulissen weiter im Musikgeschäft.

Der Hit: *Long Haired Lover From Liverpool*

Osmond, Marie

* 13.10.1959. Auch Marie begann bereits in recht jungen Jahren, zusammen mit ihren Brüdern bei Konzerten aufzutreten. In der Zeit zwischen 1971 und 1974, als alles, was von dem Familienclan der Osmonds kam, erfolgreich war, hatte auch Marie ihre Hits. *»Paper Roses«* kam Ende 1973 in die US-Charts, wurde Millionseller und Platz 5. In GB erreichte die Platte zwei Monate später Platz 2. Zusammen mit ihrem Bruder Donny hatte sie bis Ende 1974 noch weitere Erfolge. Als die Uhr für die Osmonds abgelaufen war, suchte sie neue Betätigungsfelder und fand sie in der Countrymusic. Ab Mitte der 80er Jahre wird Marie dort sehr erfolgreich. *»Meet Me In Montana«* wurde Mitte 1985 Platz 1 in den Country-&-Western-Charts. Mit Duetten hatte sie es immer noch. Mit Dan Seals sang sie *»There's No Stoppin' Your Heart«*, ebenfalls 1985, und mit Paul Davis *»You're Still New To Me«* 1986. Beide Titel waren Spitzenreiter in den C&W-Charts.

Der Hit: *Paper Roses*

Osmonds

Alan (* 22.6.1949), Wayne (* 28.8.1951), Merrill (* 30.4.1953), Jay (* 2.3.1955), Donny (* 9.12.1957) Osmond, alle v.
Die Geschichte dieser Familiengruppe aus Utah beginnt im Jahre 1959. Die vier älteren Brüder begannen als Quartett, sangen religiöse Lieder und Barbershop-Songs. Damit bezeichnet man einen unbegleiteten Männergesang. Andy Williams entdeckte sie und nahm sie von 1962 bis 1967 regelmäßig in seine TV-Sendungen. Ab 1963 kam als fünftes Mitglied Donny Osmond zur Band. Ab 1971 war die Gruppe erfolgreich. Ihre erste Hitnotierung war gleich ein Spitzenreiter und ein Millionseller in den USA: *»One Bad Apple«*. *»Yo-Yo«*, ebenfalls 1971, und *»Down By The Lazy River«* 1972 waren weitere Millionseller und Top-10-Erfolge. In den USA war Mitte 1974 *»Love Me For A Reason«* auf Platz 10. In GB erreichte die Platte Platz 1. Dort schafften sie im Mai 1975 mit *»The Proud One«* ihren letzten Top-10-Erfolg. Nach 1976 verschwanden sie aus den Pop-Charts und wandten sich wie ihre Schwester Marie der Countrymusic zu. Ab 1982 nannten sie sich dann Osmond Brothers. Das wird wohl rechtliche Gründe haben. Ab 1990 kam die nächste Generation der Osmonds in die Hitparaden. Als Osmond Boys veröffentlichten vier Söhne von Alan Osmond Platten.

Der Hit: *One Bad Apple*
Der Tip: *Greatest Hits* (Curb D2-77529)

Osterwald-Sextett

Hazy Osterwald (* 18.2.1922 als Rolf Osterwalder). Mit 16 – also 1938 – spielt der Schweizer in einem Schülerorchester Klavier. Seine heimliche Liebe aber gehört der Trompete. 1941, nach dem Abitur, wird er zweiter Trompeter im Orchester von Fred Böhler, 1944 ist er der erste Trompeter bei den Teddies unter Eddie Brunner. Noch im gleichen Jahr gründet er ein eigenes Orchester, 1949 das berühmte Hazy-Osterwald-Sextett. In den ersten Jahren ist dieses Sextett jazzorientiert, nimmt an Jazz-Festivals teil und macht Tourneen durch ganz Europa. 1954 beginnt die Filmkarriere der Formation und damit auch die Hinwendung zur Pop- bzw. Schlagermusik. Schließlich hat Hazy eine eigene TV-Show in Deutschland. Der *»Kriminal Tango«* wurde Ende 1959 eine Nummer 1 und der größte Schlagererfolg des Sextetts. *»Panoptikum«* 1960 und *»Konjunktur Cha Cha«* 1961 waren weitere Top-40-Hits. Allein auf Auftritte und Plattenaufnahmen wollte sich Hazy Osterwald nicht verlassen. Er schuf sich eine Möglichkeit, live zu spielen – einen eigenen Club – und gründete einen Musikverlag und eine Schallplattenproduktion. Ganz ohne Zweifel dürfte Hazy Osterwald neben Vico Torriani der bekannteste Musikschaffende aus der Schweiz sein.

Osmonds *(MGM)*

Der Hit: *Kriminal Tango*
Der Tip: *Hazy Osterwald* (Polyphon 833 410-2)

O'Sullivan, Gilbert

* 1.12.1946 als Raymond Edward O'Sullivan. Der irische Sänger begann in der Formation Rick's Blues. Kopf der Band war Rick Davies, der später Supertramp gründen sollte. Ab Anfang der 70er Jahre war Gilbert für fünf Jahre überaus erfolgreich. Sein erster Top-10-Hit war *»Nothing Rhymed«*, Ende 1970 unter den ersten 10 in GB. *»Alone Again (Naturally)«* kam Mitte 1972 auf Platz 1 in den USA und wurde ein Millionseller. Diesen Verkaufserfolg erreichten auch *»Clair«*, ebenfalls 1972, und *»Get Down«* 1973. Beide Titel wurden Spitzenreiter in GB. *»Get Down«* stand auch auf Platz 1 in Deutschland. Nach 1975 trennte er sich von seinem Manager Gordon Mills, gegen den er 1982 prozessierte und gewann: Mills mußte alle Masterbänder und alle Copyrights an O'Sullivan wieder zurückgeben. Nachdem man fünf Jahre lang in den Charts nichts mehr von ihm gesehen hatte, kehrte er Ende 1980 mit *»What's In A Kiss«* unter die ersten 20 der GB-Charts zurück. Weitere große Erfolge sollten ihm jedoch leider nicht mehr gelingen.

Der Hit: *Get Down*
Der Tip: *20 Greatest Hits* (Repertoire 4260-WG TIS)

Other Ones

Jayney Klimek, v; Alf Klimek, (* 3.2.1956), v, Johnny Klimek, b; Andreas Schwarz-Ruszczynski, g; Stephan Gottwald, key; Uwe Hoffmann, d.
Diese deutsch-australische, in Berlin lebende Sechser-Formation schaffte 1987 mit »*Holiday*« einen der Sommerhits des Jahres. Die Platte erreichte in Deutschland Platz 4, in den USA Platz 29. Alf Klimek hatte vorher bei der Berliner Formation Spliff in deren »Radio Show« mitgemacht.

Der Hit: *Holiday*
Der Tip: *The Other Ones 2* (Virgin CDV 2404)

Otis, Johnny

* 28.12.1921 als John Veliotes. Der amerikanische Sänger, Schlagzeugspieler, Vibraphonist, Tastenspieler, Bandleader und Songschreiber ist für viele Jahre der Vater des Rhythm & Blues. Viele glauben zwar, daß Johnny ein Farbiger ist, aber er ist griechischer Abstammung! Schon ab 1939 spielte er Schlagzeug in verschiedenen Bands. 1945 gründete er seine eigene. Er entdeckte und produzierte Künstler wie Little Esther Phillips, Charles Brown, die Robins, Big Mama Thornton, Etta James, Johnny Guitar Watson, Sugarcane Harris, Little Willie John, Hank Ballard und viele andere. Als Kansas City Bill & Orchestra ist er auf »*Hound Dog*«, dem größten Hit von Big Mama Thornton, zu hören. Sein Johnny Otis Orchestra hatte 1950 Spitzenreiter in der Rhythm-&-Blues-Hitparade mit »*Double Crossing Blues*«, »*Mistrustin' Blues*« und »*Cupid's Boogie*«. Die Johnny-Otis-Show konnte sich auch in den Pop-Hitparaden plazieren: »*Ma He's Making Eyes At Me*« wurde 1957 ein Top-10-Hit in GB, »*Bye Bye Baby*« 1958 Platz 20. In den USA stand er 1958 mit »*Willie And The Hand Jive*« auf Platz 9.

Der Hit: *Willie And The Hand Jive*
Der Tip: *The Capitol Years* (Capitol CDP 7 92858 2)

Ottawan

Annette (* 1960), Patrick (* 1956). Dieses Duo aus Martinique produzierte Retortenhits, die Anfang der 80er Jahre von Frankreich aus den Diskothekenmarkt überschwemmten. Patrick lebte bereits seit Mitte der 60er Jahre in Paris, und als Annette 1976 dort hinzog, hatte er sich schon einen Namen im Musikgeschäft gemacht. Ihr Titel »*D.I.S.C.O.*« kam im Frühjahr 1980 in die deutsche Hitparade und erreichte Platz 2. Nach dem Sommerurlaub kam die Platte in den britischen Charts ebenfalls bis auf Platz 2. Ein Jahr später stand »*Hands Up (Give*

Me Your Heart)« auf Platz 2 in Deutschland und Platz 3 in GB. 1982 zerstritten sich Annette und Patrick und gingen auseinander.

Der Hit: *D.I.S.C.O.*
Der Tip: *D.I.S.C.O.* (Carrere 2934 123)

Our Kid

Kevin Rown (* 1964), Brian Farrell (* 1963), Terry McCreight (* 1961), Terry Beccino (* 1961), alle v.
Mitte der 70er Jahre gewann das Quartett aus Liverpool in der britischen TV-Talentshow »New Faces« den ersten Preis und wurde direkt von der Plattenfirma Polydor unter Vertrag genommen. Im Frühjahr 1976 erschien ihre erste Single *»You Just Might See Me Cry«* und erreichte Platz 2 in den britischen Charts. Dieser Erfolg zog natürlich Live-und Fernsehauftritte nach sich, die jedoch von den örtlichen Jugendbehörden untersagt wurden, weil die netten Jungs von nebenan noch zu jung seien und eigentlich Hausaufgaben machen müßten. Als die nächsten beiden Single-Veröffentlichungen keinen Erfolg mehr brachten, taten sie das dann auch.

Der Hit: *You Just Might See Me Cry*

Outfield

Tony Lewis, v/b (* 21.12.1957); John Spinks, g/key/v (* 28.11.1955); Alan Jackman, d (* 24.10.1958).
Mitte der 80er Jahre kam dieses britische Trio zusammen. Zu Beginn des Jahrzehnts hatten sie bereits in der Formation Sirius B zusammengespielt. Tony und Alan versuchten danach ihr Glück in unzähligen Pub-Rockbands, John wurde Gitarrist in der Heavy-Metal-Band Running Wild. Im Frühjahr 1986 erschien mit *»Play Deep«* das Debütalbum von Outfield. Sie brachten melodischen Rock, wie man ihn eher aus den USA erwartet hätte. Dort war die Band auch wesentlich erfolgreicher als in ihrer Heimat. *»Your Love«* vom Debütalbum kam in den US-Charts bis auf Platz 6. Nachdem bis Ende der 80er Jahre kein weiterer Top-10-Erfolg gelang, trennte sich Jackman von Outfield. Die beiden anderen machten als Duo weiter, und Anfang 1993 gelang ihnen mit *»Going Back«* in Deutschland ein Radio-Hit. Es wäre vielleicht auch ein Verkaufserfolg geworden, hätte man häufiger Titel und Interpret erwähnt.

Der Hit: *Your Love*
Der Tip: *Rockeye* (MCA 10 476)

Outsiders

Sonny Geraci, v (* 1948); Tom King, g; Bill Bruno, g (* 1946); Merdin Madsen, b; Rick Baker, d (* 1949); Ritchie D'Amato (* 1949).
Dieses amerikanische Rock-Quintett war 1966 erfolgreich. Das Jahr begann mit »*Time Won't Let Me*«. Die Platte brachte es auf Platz 5 in den USA. Erst ein Jahr zuvor war die Band als Starfires zusammengekommen. Tom King hatte sich im Laufe des Jahres aus verschiedenen anderen Gruppen die Band zusammengestellt und Demos an verschiedene Firmen geschickt. Es folgte die Umbenennung in Outsiders und der erste Hit, danach drei weitere Hitnotierungen, und als das Jahr 1966 vorbei war, wurde die Band nicht mehr verzeichnet. Nachdem Madsen durch D'Amato ersetzt worden war, ging die Formation auseinander. 1972 kam Sänger Geraci mit einer neuen Gruppe namens Climax.

Der Hit: *Time Won't Let Me*

Overlanders

Paul Arnold Friswell, v; Laurie Mason, v; Peter Bartholomew, v; Terry Widlake, b; David Walsh, d; Ian Griffith, v.
Paul, Laurie und Peter hatten die Band 1963 als Folk-Trio gegründet. Sie veröffentlichten eine ganze Latte von erfolglosen Singles, bis sie 1965 die beiden übrigen Mitglieder in die Gruppe nahmen. Im Januar 1966 kam eine Coverversion des Beatles-Titels »*Michelle*« in die britischen Charts und wurde Platz 1. Noch im Oktober des gleichen Jahres verließ Paul Arnold die Band und wurde durch Ian Griffith ersetzt, der die Gruppe jedoch auch nicht retten konnte. Die Overlanders blieben ein One Hit Wonder. 1969 gründete Paul Arnold die New Overlanders, die einige Platten veröffentlichten, Chart-Erfolge jedoch auch nicht mehr zustande brachten.

Der Hit: *Michelle*
Der Tip: *Michelle* (Repertoire 4095-WZ TIS)

Owen, Reg

* Februar 1928. Reg ist einer der vielen britischen Bandleader, die insgeheim auch auf den amerikanischen Markt schielten. Mit der Instrumentalnummer »*Manhattan Spiritual*« gelang ihm Ende 1958 ein Top-10-Erfolg in den USA. Erst danach kam diese Platte auch in die britische Hitparade und wurde Platz 20. In den Jahren danach wurden etliche seiner Platten mit Swingmusik und vielen Blechbläsern in den USA veröffentlicht. Keine konnte jedoch den ersten Erfolg wiederholen.

Der Hit: *Manhattan Spiritual*

Owens, Jack

Der amerikanische Sänger wurde in den 40er Jahren durch die überregional ausgestrahlte Radiosendung »Breakfast Club« bekannt. Sein Titel *»How Soon (Will I Bee Seeing You)«* war im Herbst 1947 Platz 2 in den US-Charts. Es folgten bis 1950 vier weitere Notierungen. Seine letzte war *»Dream A Little Dream Of Me«*, im Herbst 1950 Platz 14. Den Sprung ins Fernsehen schaffte er nicht und auch keine weiteren Hits.

Der Hit: *How Soon (Will I Be Seeing You)*

Ozark Mountain Daredevils

Larry Lee, v/g/key/d (* 5.1.1947); Steve Cash, harm/v (* 5.5.1946); John Dillon, g/v (* 6.2.1947); Michael Granda, v/b (* 24.12.1950); Randle Chowning, v/g; Buddy Brayfield, v/key; Steve Canaday, g/d (* 12.9.1944); Jerry Mills, mand; Rune Walle, v/g; Ruell Chappell, key/v; D. Clinton Thompson, g/v.
Diese amerikanische Formation aus Springfield, Missouri, kam Anfang der 70er Jahre aus diversen anderen Bands zusammen. Bevor sie sich entschlossen, als Ozark Mountain Daredevils aufzutreten, hatten sie unter etlichen anderen Bezeichnungen schon zeitweise zusammengespielt. 1973 produzierten sie ihre erste Platte, und ihre Debütsingle *»If You Wanna Get To Heaven«* kam im Frühjahr 1974 promt in die US-Charts und erreichte Platz 25. Ein Jahr später kam *»Jackie Blue«* auf den Markt, ein Platz 3 in den USA. Ansonsten war diese musikalisch sehr breit gefächerte Gruppe mit ihren Langspielplatten recht erfolgreich. Sie spielten alles: vom Bluegrass bis zum Rock, wobei die Rock-Elemente stärker betont waren. Der Harmoniegesang der Band lehnte sich zeitweise an die Eagles an. Die Mitgliederzahl in der Band schwankte. In der Hauptsache dürften Cash, Dillon, Granda und Lee das Rückgrat der Gruppe bilden.

Der Hit: *Jackie Blue*
Der Tip: *It'll Shine When It Shines* (A&M 88 469)

P

Pablo Cruise

Dave Jenkins, v/g (* 29.8.1947); Bud Cockrell, v/b; Cory Lerios, key (* 10.2.1951); Stephen Price, d (* 17.8.1951); Bruce Day, b (* 4.5.1951); John Pierce, b; Angelo Rossi, g.

Dieses Pop/Rock-Quartett aus San Francisco wurde 1973 gegründet. Ihre erste Singlenotierung war *»Whatcha Gonna Do«*, im Frühjahr 1977 Platz 6 in den USA. Ein Jahr später erreichten sie die gleiche Position mit *»Love Will Find A Way«*. Die Hitnotierungen der Gruppe gehen bis in das Jahr 1981. Schon 1977 war Cockrell gegen Day ausgetauscht worden, der seinerseits später gegen Pierce. Rossi kam 1980 als fünfter Mann zur Band. Nach 1982 wollte ihnen jedoch kein Hit mehr gelingen.

Der Hit: *Whatcha Gonna Do*
Der Tip: *Worlds Away* (A&M 64697)

Pace, Thom

Ab 1968 verdiente sich der Amerikaner Thom Pace sein Geld durch Klubauftritte und Theater-Gigs. Der große Erfolg blieb aus. Dann erhielt er das Angebot, die Musik zur TV-Serie »Grizzly Adams« zu schreiben. Der gewünschte Erfolg blieb wieder aus, und der Titel wurde nicht einmal veröffentlicht. Dann kam die Serie als »Der Mann aus den Bergen« nach Europa, und im Mai 1979 erreichte das erwähnte Thema, *»Maybe«*, Platz 14 in GB. Ein halbes Jahr später lief die Serie auch im deutschen Fernsehen an. Die Platte kam in die Charts und wurde Spitzenreiter. In der Folgezeit wurden in Europa noch etliche Platten von ihm veröffentlicht. Nichts konnte sich mehr plazieren.

Der Hit: *Maybe*
Der Tip: *Maybe* (Capitol 1C 064-86094)

Page, Patti

* 8.11.1927 als Clara Ann Fowler. Die amerikanische Sängerin trat in den späten 40er Jahren zusammen mit Al Klauser & His Oklahomans regelmäßig in Radiosendungen als Ann Fowler auf. Über den gleichen Sender sang für die Page Milk Company eine Sängerin namens Patti Page. Als diese den Sender verließ, übernahm Ann Fowler ihren Job und ihren Namen. 1947 sang sie dann in der Band von Jimmy Joy und erhielt im gleichen Jahr einen Plattenvertrag. Zu diesem Zeitpunkt gehörte sie zu den ersten, die einen Multi-Voice-Effect auf Platte einsetzten. Spitzenreiter in den US-Charts gelangen ihr mit *»All My Love«* und *»The Tennessee Waltz«* 1950, *»I Went To Your Wedding«* 1952 und *»(How Much Is) That Doggie In The Window«* 1953 – dieser Titel kam auch in GB unter die ersten 10. Weitere Top-10-Hits in den USA waren *»Allegheny Moon«* 1956, *»Old Cape Cod«* 1957 und *»Hush, Hush, Sweet Charlotte«* 1965. In den 50er Jahren verkaufte sie mehr Platten als jede andere Sängerin. Zwischen 1955 und 1958 moderierte sie im Fernsehen ihre eigene Show, 1957/58 außerdem noch die TV-Serie »The Big Record«. Nachdem sie nach 1968 keine Hitnotierung in den Pop-Charts mehr schaffte, tauchte sie von 1970 bis 1982 noch mit rund 15 Hits in der C&W-Hitparade auf.

Der Hit: *(How Much Is) That Doggie In The Window*

Page, Tommy

* 24.5.1969. Entdeckt wurde der in New Jersey geborene Page von einem New Yorker Diskjockey, dem er ein Demo vorspielte. Anfang 1989 erschien mit *»A Shoulder To Cry On«* sein erster Hit in den US-Charts, der es bis auf Platz 29 brachte. Danach schrieb er zusammen mit Jordan Knight und Donny Wood von New Kids On The Block den Titel *»I'll Be Your Everything«*. Mit diesen beiden und Donny Wahlberg, ebenfalls von NKOTB, nahm er diesen Titel auf, der es bis an die Spitze der amerikanischen Hitparade brachte. Zusammen mit NKOTB ging er auf eine 72 Konzerte umfassende US-Tournee und brachte so die Kids auf seine Seite.

Der Hit: *I'll Be Your Everything*
Der Tip: *Paintings In My Mind* (Sire 7599-26148-2)

Paige, Elaine

* 5.3.1951 als Elaine Bickerstaff. Die ausgezeichnete britische Sängerin begann ihre Karriere in Musicals wie »Jesus Christ Superstar«, »Evita«, »Cats«,

Tommy Page *(Sire)*

»Abracadabra« oder »Chess«, um nur einige zu nennen. Meist übernahm sie Hauptrollen in den Theatern des Londoner West Ends und war auch auf den entsprechenden Plattenaufnahmen zu hören. Ihren ersten Hit hatte sie Mitte 1981 mit *»Memory«* aus dem Musical »Cats«. Die Platte kam bis auf Platz 6 in der britischen Hitparade. Im Duett mit Barbara Dickson gelang ihr mit *»I Know Him So Well«* aus dem Musical *»Chess«* ein Platz 1 in GB. 1991 erschien mit *»Love Can Do That«*, wie die Plattenfirma selbst bemerkt, ihr »erstes wirkliches Pop-Album«. Als

Songschreiber wirkten Diane Warren, Nik Kershaw, Mike Chapman und Tim Rice mit.

Der Hit: *Memory*
Der Tip: *Stages* (Polydor 825 200-1)

Palmer, Robert

* 19.1.1949 als Alan Palmer. Der britische Sänger und Songschreiber war, bevor er im Jahre 1974 eine sehr erfolgreiche Solokarriere begann, neben seiner Tätigkeit als Grafiker Mitglied in diversen Gruppen. Dazu gehörten Mandrake Paddle Steamer, Alan Bown Set, Dada und Vinegar Joe. Seine erste Hitnotierung hatte er mit *»Man Smart, Woman Smarter«* Ende 1976. *»Every Kinda People«* kam im Frühjahr 1978 in die US-Charts und wurde Platz 16. Seine ersten Top-10-Erfolge hatte Robert Palmer in Deutschland. *»Johnny And Mary«* stand 1980, *»Looking For Clues«* 1981 unter den ersten 10. In den USA und in GB gelang ihm die erste Notierung unter den Top 10 im Frühjahr 1986 mit dem Millionseller *»Addicted To Love«*. Die Nummer wurde Spitzenreiter in den USA, Platz 5 in GB. *»I Didn't Mean To Turn You On«* kam ebenfalls unter die ersten 10 in den USA und in GB. *»She Makes My Day«* und *»Simply Irresistible«* erreichten 1988 in GB bzw. USA die Top 10. Zwischenzeitlich war Palmer 1985 Mitglied bei Power Station, die jedoch nur kurz bestanden und es auf zwei Top-10-Erfolge brachten. Längere Zeit hatte man nichts mehr von ihm gehört, als er 1990 zusammen mit der britischen Gruppe UB 40 die relaxte Nummer *»I'll Be Your Baby Tonight«* bis unter die ersten 10 der britischen Charts brachte. *»Mercy Mercy Me/I Want You«* war 1991 ein weiterer Top-10-Hit für Palmer in GB. 1992 veröffentlichte er mit *»Ridin' High«* eine CD, die fast ausschließlich alte Swing-Titel beinhaltete. Sie rief sowohl bei den Fans als auch bei den Kritikern leichtes Kopfschütteln hervor.

Der Hit: *Addicted To Love*
Der Tip: *Addictions, Volume I* (Island 260 309)

Paola

* 5.10.1950 als Paola del Medico. Bereits 1965 war sie in ihrer Schweizer Heimat ein Gesangsstar. Ab 1969 hatte sie auch in Deutschland Erfolg. In jenem Jahr nahm sie mit der Nummer *»Bonjour, Bonjour«* für die Schweiz am Grand Prix Eurovision teil und belegte Platz 2. Allerdings war das in dem unsäglichen Jahr, in dem mit Lulu, Lennie Kuhr, Frida Boccara und Maria Rosa Marco gleich vier Titel auf Platz 1 landeten. Noch im gleichen Jahr hatte sie mit *»Stille Wasser, die sind tief«* ihre erste Hitnotierung. Ihr einziger Top-10-Erfolg war im Januar 1981 *»Der*

Robert Palmer *(Island)*

Teufel und der junge Mann«. Kurz zuvor hatte sie den Schweizer TV-Moderator Kurt Felix geheiratet. Paola und Kurt moderierten jahrelang die Fernsehshow »Verstehen Sie Spaß?«, bis sie 1992 durch Harald Schmidt abgelöst wurden.

Der Hit: *Der Teufel und der junge Mann*
Der Tip: *Ihre größten Erfolge* (CBS 84 926)

Papa Bue

Arne »Bue« Jensen, pos (* 1928); Finn Otto Hansen, tr; Jorgen Svare, kl; Bjarne Liller, banjo/v; Mogens Seidelin, b; Ib Lindschouw, d.
In den späten 50er Jahren war diese Dixieland-Band in ihrer Heimat Dänemark überaus populär. Im Frühjahr 1960 erreichte ihre Version von *»Schlafe, mein Prinzchen«* Platz 8 in der deutschen Hitparade. Nach zwei weiteren Hitnotierungen war die Liebe der Deutschen zum Dixieland wieder erkaltet. Zu diesem Zeitpunkt waren Interpreten wie Chris Barber und Kenny Ball, die ähnlich gelagerte Musik machten, ebenfalls in Deutschland erfolgreich.

Der Hit: *Schlafe, mein Prinzchen*
Der Tip: *Greatest Hits* (Storyville CD 836)

Paper Lace

Phil Wright, v/d (* 9.4.1948); Cliff Fish, b/v (* 13.8.1949); Michael Vaughan, g (* 27.7.1950); Chris Morris, g (* 1.11.1954); Carlo Santanna, g (* 29.7.1947).
Diese britische Formation wurde 1969 gegründet. Ihren ersten großen Hit hatten sie mit dem britischen Spitzenreiter *»Billy, Don't Be A Hero«* im Frühjahr 1974. In den USA war nur deshalb Paper Lace mit eben dieser Nummer nicht erfolgreich, weil der amerikanische Partner der britischen Plattenfirma nicht überzeugt war. Von den Autoren wurde daraufhin der Titel einer anderen Firma angeboten, die ihn an Bo Donaldson & The Heywoods weitergab, die daraus einen Spitzenreiter in den USA machten. Bei der nächsten Veröffentlichung von Paper Lace war der amerikanische Partner vorsichtiger. Die Nummer *»The Night Chicago Died«* kam in GB und Deutschland bis auf Platz 3, in den USA wurde sie Spitzenreiter und Millionseller. Noch im gleichen Jahr, 1974, gelang ihnen mit *»The Black Eyed Boys«* Platz 11 in GB und Platz 41 in den USA. Danach tauchten sie unter. Im März 1978 sangen sie zusammen mit dem Fußballclub Nottingham Forest FC *»We've Got The Whole World In Our Hands«*. Der Titel brachte ihnen Platz 24 und wäre eigentlich für einen Handballverein passender gewesen.

Der Hit: *The Night Chicago Died*
Der Tip: *Stars For Millions* (Philips 6303 137)

Paradis, Vanessa

* 22.12.1972. Dieser französischen Sängerin gelang im Alter von knapp 15 Jahren mit »*Joe Le Taxi*« im Herbst 1987 ein Platz 8 in Deutschland und wenig später Platz 3 in GB. Gelenkig wie ein Holzbock trug sie den Titel im Fernsehen vor, und alle Kids freuten sich mit der Gleichaltrigen. Wer nun der Meinung war, damit sei die Sache ausgestanden, lag falsch. Mit Hilfe von Lenny Kravitz gelang ihr im Herbst 1992 mit »*Be My Baby*« ein Platz 6 in GB und Platz 10 in Deutschland. Außerdem war sie in französischen Filmproduktionen z. B. neben Bruno Cremer zu sehen und wurde für die aufwendige Werbekampagne des Chanel-Parfüms Coco verpflichtet, was in Frankreich fast einer Adelung gleichkommt.

Der Hit: *Be My Baby*
Der Tip: *Vanessa Paradis* (Polydor 513 954-2)

Paris, Mica

* 24.7.1969 als Michelle Warren. Der britischen Sängerin gelang im Frühjahr 1988 mit »*My One Temptation*« ein Platz 7 in der britischen, Platz 30 in der deutschen Hitparade. Die Briten feierten sie als neuen Soulstar, den sie mit Aretha Franklin oder Anita Baker verglichen. Im Alter von fünf Jahren begann sie, Gospelmusik zu singen. Mit 14 gründete sie ihr eigenes Vokalquintett. Ein Engagement bei Hollywood Beyond bringt sie mit dem Style-Council-Bassisten Paul Powell zusammen. Mit ihm und dem Produzenten Leon Ware, der schon mit Marvin Gaye und Jermaine Jackson gearbeitet hatte, wurde die erste, obengenannte Single produziert. In den Jahren danach erschienen Solo- oder Duettplatten von Mica, die sich jedoch bisher nicht mehr unter die ersten 10 drängen konnten.

Der Hit: *My One Temptation*
Der Tip: *So Good* (Island 209 285)

Paris, Ryan

* 12.3.1953 als Fabio Roscioli in Rom. Nach einem abgebrochenen Studium der Architektur tingelte er quer durch die Welt. Ende1981 kehrte er nach Italien zurück und versuchte sich als Schauspieler. Dann wurde er von einem Produzenten entdeckt, der mit ihm den Titel »*Dolce Vita*« aufnahm. 1983 gelang Ryan damit bei uns einer der Sommerhits des Jahres: »*Dolce Vita*«, mitgeschrieben von Gazebo, erreichte Platz 3 in der deutschen Hitparade und Platz 5 in GB.

Der Hit: *Dolce Vita*

Paris Sisters

Albeth (* 1944), Priscilla (* 1945) und Sherrell (* 1939) Paris.
Die Aufnahme »*I Love How You Love Me*« der drei Schwestern aus San Francisco war im Herbst 1961 ihr einziger Top-10-Erfolg. Mit dem gleichen Titel erreichte Bobby Vinton sieben Jahre später ebenfalls die Top 10. Die Paris Sisters hatten sich bereits in den frühen 50er Jahren als Gesangstrio zusammengeschlossen. Angeleitet dazu hatte sie ihre Mutter, eine ehemalige Opernsängerin. Als die Andrews Sisters in San Francisco auftraten, sorgte die Mutter dafür, daß die drei Mädchen – alle gleich angezogen – die gesamten drei Wochen während des Engagements der Andrews Sisters in der ersten Reihe saßen und jedes Lied Wort für Wort stumm mitsangen. Nachdem die Andrews Sisters sich das jeden Abend angesehen hatten, holten sie die drei Mädchen auf die Bühne und ließen sie ihre Version von »*Rum And Coca-Cola*« singen. Das Publikum war begeistert. Ein Agent sah sie, nahm sie unter Vertrag und schickte sie auf Tournee. Die Mädchen waren 9, 10 und 15 Jahre alt und mußten in Las Vegas von Mitternacht bis sieben Uhr morgens auftreten, älter gemacht durch ausgestopfte BHs, Hüftpolster, Perücken, falsche Wimpern und Tonnen von Make-up. Der Vater fälschte außerdem ihre Geburtsdaten. Sie sangen mit Frank Sinatra und lernten den jungen Elvis Presley kennen. 1959 erhielten sie schließlich einen Plattenvertrag. Als sie ihren einzigen Top-10-Hit aufnahmen, war Priscilla – inzwischen 15 – sinnigerweise schwanger. 1967 verließ Priscilla, die immer im Mittelpunkt des Trios gestanden hatte, die Schwestern, um eine Solokarriere zu beginnen. Erfolgreich war sie nicht. Anfang der 70er Jahre zog sie nach Paris und veranstaltete Seminare für Handelsvertreter. Nebenher nahm sie weiter Platten auf. Sherrell gründete eine eigene Band, mit der sie bis Ende der 70er Jahre tourte. Dann wurde sie Produktionsassistentin. Albeth gründete mit ihrem Mann eine TV-Produktionsfirma.

Der Hit: *I Love How You Love Me*

Park, Simon

* März 1946. Der britische Orchesterchef und Songschreiber kam im November 1972 mit dem Titel »*Eye Level*« in den britischen Charts bis auf Platz 41. Knapp ein Jahr später kam das Stück erneut in die Hitparade und wurde dieses Mal ein Spitzenreiter. Die Nummer war inzwischen in der Fernsehserie »Van der Valk« als Themamusik verwendet worden und gilt als die erste Nummer, die mit Hilfe einer TV-Serie bis auf Platz 1 der Single-Charts kam.

Der Hit: *Eye Level*

Parker, Fess

* 16.8.1927. Der populäre amerikanische Schauspieler spielte 1955 die Hauptrolle in dem Film »Davy Crockett«. Dazu gab es die Themenmusik als *»Ballad Of Davy Crockett«*, die es im Frühjahr 1955 bis auf Platz 5 in den US-Charts brachte. Gleichzeitig lief nicht nur der Film, sondern auch eine Fernsehproduktion mit Fess Parker als Davy Crockett an. Sein Titel *»Wringle Wrangle«* kam Anfang 1957 in die US-Charts und erreichte Platz 12. Auch dieses Stück stammte aus einem Film: »Westward Ho The Wagons«. Zwischen 1964 und 1970 war er Hauptdarsteller der Fernsehserie »Daniel Boone«. In den 80er Jahren beschäftigte er sich in erster Linie mit Immobilienhandel und anderen Geschäften.

Der Hit: *Ballad Of Davy Crockett*

Parker, Ray Jr.

* 1.5.1954. Der amerikanische Gitarrist, Sänger und Songschreiber begann seine Karriere als Studiomusiker für Boz Scaggs, LaBelle, Barry White, Marvin Gaye oder Stevie Wonder. Ab 1977 war er erfolgreich mit seiner Gruppe Raydio. *»Jack And Jill«* wurde Anfang 1978 Platz 8 in den USA und Millionseller, Platz 11 in GB. Ein Jahr später erreichte *»You Can't Change That«* Platz 9. Nach diesen beiden Hits nannte er seine Band Ray Parker Jr. & Raydio. Unter dieser Firmierung kam im Frühjahr 1981 *»A Woman Needs Love (Just Like You Do)«*. Ab 1982 verschwand Raydio ganz, und Parker veröffentlichte Platten nur noch unter seinem Namen. *»The Other Woman«* wurde im Frühjahr 1982 Platz 4 in den USA, und Mitte 1984 kam sein wohl größter Erfolg mit *»Ghost Busters«*. Die Platte erreichte die Spitze der amerikanischen Hitparade, Platz 2 in GB und Platz 4 in Deutschland. Sie stammte aus dem gleichnamigen Film, der bei den Kids sehr erfolgreich war. 1991 erschien die LP *»I Love You Like You Are«*, mit der die Plattenfirma Ray Parker als »Soul-Romantiker« anpries.

Der Hit: *Ghost Busters*
Der Tip: *Chart Busters* (Arista 206 621)

Parker, Robert

* 14.10.1930. Dieser amerikanische Saxophonist, Sänger und Bandleader gehörte in den 50er und 60er Jahren zu den führenden Studiomusikern in New Orleans. So ist er z. B. auf Platten von Professor Longhair, Joe Tex oder Ernie K-Doe zu hören. Als Solist gelang ihm mit *»Barefootin'«* im Frühjahr 1966 ein Platz 7 in den USA. 1987, nachdem mit Knetmännchen-Videos zu Titeln von Jackie Wilson oder

Nina Simone erfolgreich alte Nummern wiederveröffentlicht wurden, bot man »*Barefootin'*« als Knetmännchen-Video Nummer 3 an. Ein Knetmännchen zuviel.

Der Hit: *Barefootin'*

Parkinson, Jimmy

Der australische Sänger kam mit seiner Version von »*Great Pretender*« im März 1956 in die britische Hitparade und erreichte Platz 9. Noch im gleichen Jahr hatte er zwei weitere Hitnotierungen, die es aber nicht mehr in die Top 10 schafften.

Der Hit: *Great Pretender*

Parr, John

* 18.11.1954. Nachdem in der ersten Hälfte der 80er Jahre John Parr diverse erfolglose Plattenproduktionen – teilweise auch in Deutschland aufgenommen – hinter sich gebracht hatte, gelang ihm Ende 1984 mit »*Naughty Naughty*« ein erster Top-30-Erfolg in den USA. Ein halbes Jahr später ließ man ihn den Titelsong zum Film »St. Elmo's Fire« mitschreiben und auch singen. Die Platte brachte es in den USA bis auf Platz 1, in Deutschland und GB auf Platz 6. Ein weiterer Top-30-Erfolg ist ihm nicht gelungen.

Der Hit: *St. Elmo's Fire*
Der Tip: *John Parr* (Mercury 826 384-2)

Parsons, Alan Project

Alan Parsons, g/key (* 20.12.1948); Eric Woolfson, v/key.
Alan und Eric arbeiteten gemeinsam in den Abbey Road Studios in London. Alan war Toningenieur, Woolfson Songschreiber. Die beiden bedeutendsten Projekte, an denen Alan mitgearbeitet hat, waren Pink Floyds »*Dark Side Of The Moon*« und das »*Abbey Road*«-Album der Beatles. Außerdem arbeitete er mit Pilot, Al Stewart, Cockney Rebel und den Wings. Seine ersten Erfolge hatte das Projekt Mitte 1976 in den USA. Der Titel »*(The System Of) Doctor Tarr And Professor Fether*« kam Mitte 1976 unter die ersten 40 in den USA. Ihren ersten Top-10-Erfolg hatten sie mit »*Lucifer*« Ende 1979 in Deutschland. »*Eye In The Sky*« war Mitte 1982 Platz 3 in den USA und dort der einzige Top-10-Hit. In Deutschland brachte es die Nummer »*Don't Answer Me*« im Frühjahr 1984 noch einmal unter die ersten 10. Ansonsten waren es vorwiegend die LPs der beiden, die erfolgreich waren. So hatten sie z. B. in den USA zwischen 1977 und 1984 sieben LPs in den

Alan Parsons

Charts. Vier davon wurden vergoldet, drei erhielten Platin. Mit dem Duo arbeitete eine ganze Reihe von hervorragenden britischen Studiomusikern und Sängern. So sangen z. B. außer Eric Woolfson Elmer Gantry, Dean Ford, Colin Blunstone, Lenny Zakatek, Arthur Brown oder Gary Brooker. In ihrer Heimat GB kam keine ihrer Singles über einen Platz 50 hinaus. Auch ihre LPs waren dort nicht so erfolgreich wie in Deutschland und in den USA.

Der Hit: *Eye In The Sky*
Der Tip: *The Best Of* (Arista 610 052 222)

Partners In Kryme

Keymaster Snow (* als James P. Alpern), MC Golden Voice (* als Richard A. Usher). Kryme soll als Kürzel für Keeping Rhythm Your Motivating Energy stehen. Was in den 40er/50er Jahren Märchenfiguren wie Bambi waren, wurden am Anfang der 90er Jahre vier eklige Schildkröten, die als Ninja-Kämpfer den Kindern zeigten, wie man sich auf dem Schulhof richtig zu verprügeln hat. Aber immer fair! 1990 kam der Film »Teenage Mutant Ninja Turtles« in die Kinos und wurde ein Riesenerfolg. Der Soundtrack zum Film brachte Musik von Johnny Kemp, MC Hammer, Hi Tek 3 oder eben von dem Rap-Duo Partners in Kryme. Der Titel *»Turtle Power«* kam im Frühjahr 1990 in die amerikanische Hitparade, wurde dort ein Millionseller und Platz 13, und als der Film wenige Monate später nach Europa schwappte, erreichte die Single Platz 1 in GB, Platz 12 in Deutschland. Die Schildkröten waren erstmals 1984 in einem amerikanischen Comic zu sehen. 1988 wurden sie fürs Fernsehen entdeckt und gehörten schnell zu den beliebtesten Figuren des amerikanischen Kinderprogramms. Von Muppet-Erfinder Jim Henson wurden sie für die Leinwand zum Leben erweckt – für die Geschichte kann er ja nichts: »Als Baby-Schildkröten gingen sie einem kleinen Jungen verloren, fielen in eine radioaktiv verseuchte Brühe und mutierten zu vier ca. 15 Jahren alten Teenagern, die in der Riesenratte Splinter ihren Mentor, Lehrer und Namensgeber fanden. Splinter weist die vier jungen und stets zu Witzen aufgelegten Panzer-Teens in die alte japanische Kampfkunst der Ninja ein und gibt ihnen die Namen Leonardo, Donatello, Raphael und Michelangelo. Die Kanalisation ist ihr Zuhause und überall, wo es nach Pizza und Party riecht, tauchen sie auf, um die aberwitzigsten Abenteuer zu bestehen.« So wurde der Inhalt des Films von der Plattenfirma, die den Soundtrack mit großem Erfolg veröffentlichte, erklärt. Es folgte eine Flut von Merchandising-Produkten, die geradezu danach schrie, die Geschichte der Panzer-Teens fortzusetzen. Folge II kam 1991 in die Kinos, Folge III 1993. Amerikanische Künstler drängelten sich förmlich danach, mit ihren Stücken im Soundtrack vertreten zu sein. Etliche der Titel, die darin zu hören waren, wurden auch als Singles erfolgreich. Teilweise wurden Uralt-Nummern wie *»Tarzan Boy«* von Baltimora dadurch wieder in die Hitparaden befördert. Zur Veröffentlichung der Single *»Turtle Power«* schrieb die Plattenfirma: »Turtle Power entstand nur an einem einzigen Wochenende, worauf die Partners In Kryme auch ein wenig stolz sind. Denn mit Turtle Power haben sie nicht nur inhaltlich die Welt der Teenager amüsant auf den Punkt gebracht, sondern befriedigen mit diesem Rap-Song jeden Heranwachsenden auch musikalisch. Turtle Power – nicht nur für Schildkröten!« Was wurde eigentlich aus Bambi?

Der Hit: *Turtle Power*

Der Tip: *Teenage Mutant Ninja Turtles* (SBK CDP 91066)

Parton, David

* als David Edward Stanley Parton. In den 60er Jahren gründete der aus Newcastle stammende Parton seine erste Beatband Strange Fox. Nachdem das nichts wurde, verlegte er sich mehr aufs Songschreiben und wurde Partner von Tony Hatch, der zu den erfolgreichsten britischen Songschreibern gehörte. Vor allen Dingen Petula Clark hat viele Songs von Tony übernommen. Parton war derjenige, der die britische Disco-Truppe Sweet Sensation entdeckte und für sie den Ende 1974 auf dem Spitzenplatz stehenden Hit *»Sad Sweet Dreamer«* schrieb. Als Songschreiber firmiert Parton häufig unter der Abkürzung D.E.S., den Initialen seiner drei Vornamen. Als Des Parton veröffentlichte er nach dem Hit der Sweet Sensation ein erstes Album – ohne Erfolg. Im Januar 1977 brachte David eine britische Version des Stevie-Wonder-Titels *»Isn't She Lovely«* auf den Markt, die bis auf Platz 4 in den GB-Charts kam. Der Erfolg dieses Titels mag auch darauf beruhen, daß Stevie Wonder seine Version nicht als Single veröffentlichte. Die Nummer blieb sein einziger Ausflug in die Hitparaden als Sänger. Es entbehrt nicht einer gewissen Ironie, daß ein Songschreiber seinen einzigen Hit mit einer Fremdkomposition erreicht.

Der Hit: *Isn't She Lovely*

Parton, Dolly

* 19.1.1946. Dolly Parton gehört in den USA zu den erfolgreichsten Country-Interpreten aller Zeiten. Sie ist erfolgreich als Sängerin, Songschreiberin und auch als Schauspielerin. Im Alter von 11 Jahren machte sie ihre ersten Plattenaufnahmen. 1964 ging sie nach Nashville, wo sie von 1967 bis 1973 Ensemble-Mitglied in der »Porter Wagoner TV-Show« war. Nebenher machte sie jedoch auch weiter Platten als Solistin. Ihre erste Chartnotierung hatte sie in der C&W-Hitparade im Januar 1967 mit der Nummer *»Dumb Blonde«*. Daß sie das nicht war, zeigte sie ab 1969, als ihre erste LP in die Pop-Charts kam. Ihr Titel *»Jolene«* war im Januar 1974 ihre erste Platte in der Pop-Single-Hitparade. Die gleiche Nummer wurde zweieinhalb Jahre später Platz 7 in GB. *»Here You Come Again«* wurde Ende 1977 Millionseller in den USA und Platz 3. Ende 1980 kam der Titelsong aus dem Film »9 To 5« bis auf Platz 1 in den USA und wurde ebenfalls Millionseller. Ihren größten Erfolg hatte Dolly im Herbst 1983 mit einem Titel, den die Bee Gees schrieben: Im Duett mit Kenny Rogers sang sie *»Islands In The Stream«*. Als Schauspielerin sah man sie noch in »The Best Little Whorehouse In Texas«, »Rhinestone« und »Magnolien aus Stahl«. Ihre erfolgreichste Komposition wurde die Nummer *»I Will Always Love You«*. Dolly sang sie erstmals 1974 und hatte damit einen Spitzenreiter in der C&W-Hitparade. Für den Film »The Best Little

Whorehouse In Texas« wurde der Titel 1982 wieder verwendet und brachte es erneut auf den ersten Platz in der C&W-Hitparade und stand auf Platz 53 in den Pop-Charts. Schließlich wurde dem Titel ein drittes Mal Leben eingehaucht, als Whitney Houston ihn für ihren Film »Bodyguard« aufnahm und damit einen der größten Hits des Jahres 1992 landete. Dolly Parton ist eine ausgesprochen intelligente und clevere Frau, die es allerdings auch nicht an Witz fehlen läßt. Auf die Frage, wie lange man denn für ihre Frisur brauche, antwortete sie, sie habe keine Ahnung, da sie selbst nie dabei sei. Ihre zahlreichen Unternehmungen hat sie in dem Imperium »Dollywood« zusammengefaßt.

Der Hit: *9 To 5*
Der Tip: *The RCA Years 1967 – 1986* (RCA 66 127-2)

Partridge, Don

* 1945 – Der britische Sänger nannte sich selbst »King of the Street Singers«, und das aus gutem Grund. Entdeckt wurde er auf einem Londoner Straßenmarkt, wo er als Ein-Mann-Band die Passanten unterhielt. Er erinnerte an den ganz frühen Donovan. Mit der selbst geschriebenen Single *»Rosie«*, deren Produktionskosten immerhin 8 Pfund betrugen, hatte er Anfang 1968 einen Platz 4 in der britischen Hitparade. Der Nachfolger *»Blue Eyes«* kam Mitte des gleichen Jahres in die Charts und bis auf Platz 3. 1969 kam er mit *»Breakfast On Pluto«* noch unter die britischen Top 30. Dann machte er da weiter, wo er begonnen hatte, und trat bis in die 90er Jahre als Straßenmusikant auf.

Der Hit: *Blue Eyes*
Der Tip: *Don Partridge* (EMI SMC 74 477)

Partridge Family

Shirley Jones (* 31.3.1934), David Cassidy (* 12.4.1950); Susan Dey (* 10.12.1952), Danny Bonaduce (* 13.8.1959), Jeremy Gelbwaks, Suzanne Crough.

Immer wieder die alte Geschichte: Eine Familie, die durch eine alleinerziehende Mutter über Wasser gehalten wird, ist fröhlicher Dinge und musiziert gerne – nicht nur am heimischen Kamin. Die Trapp-Familie läßt grüßen. Die Familie Partridge singt in jeder TV-Folge ein nettes Liedchen, das sich danach zum Hit entwickelt. Was die Familie Nelson in den 50er Jahren, machten die Partridges am Anfang der 70er. Mit *»I Think I Love You«* hatten sie im Herbst 1970 den Spitzenplatz in den USA und einen Millionseller. *»Doesn't Somebody Want To Be Wanted«* wurde ebenfalls Millionseller und Top-10-Hit 1971. Im gleichen Jahr kam noch *»I'll Meet You Halfway«* in den USA unter die ersten 10. Danach ging der Erfolg in den USA zurück, in GB begann er jetzt aber erst richtig. *»Breaking Up Is Hard To Do«* Mitte 1972 und *»Looking Through The Eyes Of Love« und »Walking In The Rain«* 1973 wurden dort Top-10-Hits. Nach Einstellung der Serie 1974 war auch die Zeit der Plattenhits vorüber. Zumindest David Cassidy, der bei einigen Hits der Partridge Family schon als »featuring« besonders genannt wurde, konnte sich nebenher auch noch eine Solokarriere aufbauen. Susan Dey ist inzwischen aufgestiegen. Sie spielt heute in der TV-Serie »L.A. Law« eine Anwältin. Shirley Jones, die vor der Serie als Filmschauspielerin in den Musicals »Oklahoma« und »The Music Man« erfolgreich war, machte in diesem Genre weiter und spielte 1979/80 in der TV-Serie »Shirley«. Daß sie eine Schauspielerin der Sonderklasse sein konnte, zeigte sie 1960, als sie für ihre Rolle einer Prostituierten in dem Film »Elmer Gantry« einen Oscar gewann. David Cassidy, der in der »Partridge Family« Shirleys Sohn spielt, war im richtigen Leben »nur« ihr Stiefsohn. Sie hatte dessen Vater, den Schauspieler Jack Cassidy, geheiratet und bekam mit ihm den gemeinsamen Sohn Shaun Cassidy. Am Schluß jeder Folge der TV-Serie »The Partridge Family« – man will ja aufbauend und positiv sein – lachten alle Familienmitglieder samt Lassie, Flipper, Fury, Clarence, dem schielenden Löwen, die Cartwrights und die Partridges noch einmal erlöst auf. Wir alle freuen uns auf das nächste Abenteuer, das andere für uns bestehen, weil wir zu faul sind, unseren Hintern aus dem Fernsehsessel zu bewegen.

Der Hit: *I Think I Love You*
Der Tip: *Greatest Hits* (Arista ARCD-8604)

Pasadenas

Michael Milliner (* 15.2.1962), David Milliner (* 15.2.1962), Jeff Aaron Brown (* 12.12.1964), John Andrew Banfield (* 14.11.1964), Hammish Seelochan (* 11.8.1964), alle v.
Die fünf Mitglieder der Pasadenas formierten sich Anfang der 80er Jahre unter dem Namen Finesse. Ihre Spezialität war zunächst nicht der Gesang, sondern der Tanz. Schnell galten sie als eine der gefragtesten Dance Companies Englands. Sie wirkten mit in zahllosen Videos von Topstars und in dem Film »Absolute Beginners«. Erst 1988 entschlossen sie sich, nicht mehr nur aus Spaß, sondern jetzt auch professionell zu singen. Ihr erster Hit *»Tribute«* kam im Mai 1988 in die britischen Charts und wurde Platz 5. In dem Titel wurden viele derjenigen genannt, die für Rock 'n' Roll und Soul mitverantwortlich waren: Little Richard, Elvis, Sam Cooke, Jackie Wilson, James Brown, Marvin Gaye, Stevie Wonder, Smokey Robinson, die Supremes, Jimi Hendrix, Jackson Five und der Philly- und Motown-Sound. In den USA kam diese Platte trotz dieser Nennung fast aller

amerikanischen Soulgrößen nur bis auf einen Platz 52. Offensichtlich verfügen die Amerikaner über genügend eigene Gruppen, die eine Mixtur aus Soul, Rhythm & Blues und Gospel vorlegen. Pete Wingfield, der in der Anfangstagen für die Erfolge von Dexy's Midnight Runners und auch eigene verantwortlich war, hat diese Nummer produziert. Nachdem sie einige Zeit nicht mehr in Spitzenpositionen der Hitparade auftauchten, gelang ihnen mit *»I'm Doing Fine Now«* im Frühjahr 1992 Platz 4 in GB.

Der Hit: *I'm Doing Fine Now*
Der Tip: *Yours Sincerely* (CBS 471 264 2)

Pastor, Tony

* 26.10.1907 Antonio Pestritto, † 31.10.1969. Die Karriere des amerikanischen Tenorsaxophonisten und Sängers begann 1928 im Orchester von Irving Aaronson. Danach spielte er mit Vincent Lopez und ab 1936 für drei Jahre mit Artie Shaw. Ab 1941 war Tony mit seinem eigenen Orchester erfolgreich. Sein erster Hit war Mitte dieses Jahres *»Maria Elena«*, Platz 9 in den USA. In den 40er Jahren gelangen ihm noch 16 weitere Erfolge. Sein größter war Mitte 1945 *»Bell-Bottom Trousers«*, ein Platz 2. Ende der 40er Jahre sangen in seiner Band die beiden Schwestern Rosemary und Betty Clooney. Nach 1950 gelang ihm kein Hit mehr, aber bis Ende der 50er Jahre leitete er eine eigene Big Band. In den 60er Jahren reduzierte er die Formation auf eine kleine Gruppe, mit der er in Kasinos in Nevada auftrat und zu der auch seine Söhne gehörten.

Der Hit: *Bell-Bottom Trousers*

Pat & Mick

Die beiden Briten Pat Sharp und Mick Brown gehörten Ende der 80er Jahre zu den populärsten Radio-DJs und Fernsehmoderatoren in GB. Mit ihren täglichen Sendungen haben sich beide bei Capitol Radio landesweit einen Namen gemacht. Mit Hilfe von Stock/Aitken/Waterman nahmen sie 1988 eine neue Version von Michael Zagers Nummer *»Let's All Chant«* auf, die es bis auf Platz 11 brachte. Im Frühjahr 1989 gelang ihnen auf *»I Haven't Stopped Dancing Yet«* der erste und einzige Top-10-Erfolg. Nach *»Use It Up And Wear It Out«* im April 1990, Platz 22 in GB, waren sie wohl verbraucht.

Der Hit: *I Haven't Stopped Dancing Yet*

Patience & Prudence

Patience McIntyre (* 1945), Prudence McIntyre (* 1941).
Die beiden Schwestern waren 1956 zum Zeitpunkt ihrer Hits gerade mal 11 bzw. 14 Jahre alt. Im August 1956 erreichten sie die US-Charts mit *»Tonight You Belong To Me«*. Der Titel wurde ein Platz 4. Im Herbst des gleichen Jahres gelang ihnen mit *»Gonna Get Along Without You Now«* noch ein Platz 11, und danach gingen sie wohl wieder zur Schule.

Der Hit: *Tonight You Belong To Me*

Patti, Guesch

* 16.3.1953 als Patricia Porasse. Die Französin begann als Elevin an der Pariser Oper und wurde dann Solotänzerin in verschiedenen Companies. Schließlich spielte sie die Hauptrolle in dem Musical »Les Misérables« und gründete danach das Mädchentrio Dacapo. 1987 erschien Guesch Pattis Debütsingle *»Etienne«*, die es in den deutschen Charts bis auf Platz 9 brachte. Möglich, daß nicht die Musik für den Hit entscheidend war, sondern das recht frivole Video zum Titel, das in Cannes mit einem Silbernen Bären prämiert wurde. Die Nachfolgesingle *»Let Be Must The Queen«* kam noch bis auf Platz 21. Auf ihrem zweiten Album, »Nomades«, erzählt Patti skurrile Geschichten über fleischfressende Pflanzen und die Nomaden in französischen Großstädten. 1992 erschien das Album »Gobe«, das in den Paisley Park Studios von Prince in Minneapolis produziert wurde. Im Titelsong ruft sie ihren Landsleuten zu: »Erstickt doch an eurer naiven Gutgläubigkeit und Gleichgültigkeit. Laßt euch weiterhin von machtgeilen Politikern verarschen und vegetiert brav vor euch hin.« Außerdem kritisiert sie auf dieser LP die Verstümmelung der französischen Sprache durch Amerikanisierung und den Verlust der kulturellen Identität und Tradition Frankreichs durch das schematisierte Rollenverhalten der meisten Menschen. Das Allroundtalent Patti machte sich auch einen Namen als Kleider- und Bühnendekorateurin, ebenso als Choreographin und Videoregisseurin. Der Künstlername Guesch Patti setzt sich zusammen aus Kosewörtern ihrer Kindheit.

Der Hit: *Etienne*
Der Tip: *Labyrinthe* (EMI CDP 7 90563 2)

Patto

Hinter diesem schwarz/weißen Disco-Rap-Duo verbergen sich Patrick Gammon und Thomas Fuchsberger. *»Black And White«* kam im Frühjahr 1984 in die deutsche Hitparade und wurde Platz 6. Es blieb der einzige Erfolg dieses Duos. Sie versuchten sich auch als Solisten, und besonders Thomas Fuchsberger, Sohn des Schauspielers und TV-Moderators Blacky Fuchsberger, unter den verschiedensten Pseudonymen.

Der Hit: *Black And White*

Paul, Bernie

* 12.2.1950 als Bernd Vonficht. Bereits im Alter von 14 Jahren gründete er seine erste Band. Ende der 60er Jahre spielte er mit Seven Up, 1973 mit Family Child. Danach wurde er Senderbetreuer bei der Ariola, die ihn gleichzeitig als Talentsucher einsetzte. Seine ersten Erfolge hatte er als Produzent und schließlich ab 1978 auch als Sänger. Pauls erste Hitnotierung war im Herbst 1978 die Nummer *»Lucky«*, mit der er es bis auf Platz 6 brachte. *»Oh No No«*, musikalisch angelehnt an John Paul Youngs *»Standing In The Rain«*, brachte ihm Mitte 1981 Platz 2 in Deutschland. Obwohl er bis in die 90er Jahre weiter Platten veröffentlichte, war seine Hit-Zeit nach 1982 vorüber. Als Songschreiber und Produzent hatte er weiterhin Erfolg.

Der Hit: *Oh No No*
Der Tip: *It's A Wild Life* (Ariola 203 766-320)

Paul, Billy

* 1.12.1934 als Paul Williams. Bereits im Alter von 11 Jahren hatte der aus Philadelphia stammende amerikanische Sänger seine ersten Auftritte im Radio. In den 50er Jahren sang er in Jazzclubs seiner Heimatstadt und kurz mit Harold Melvin & The Blue Notes. Erfolg hatte er jedoch erst, als er in dem Produzenten Kenny Gamble einen Förderer fand. Mit seinem ersten hatte Billy auch gleich seinen größten Hit: die herzzerreißende Seitensprunggeschichte von *»Me And Mrs. Jones«* wurde Ende 1972 Spitzenreiter in den USA und wenig später Platz 12 in GB. Billy nahm weiterhin sehr schöne Platten auf, konnte seinen Debüterfolg jedoch nicht mehr wiederholen.

Der Hit: *Me And Mrs. Jones*
Der Tip: *The Sound Of Philadelphia* (Castle Communications BLATCD 14)

Paul, Les & Mary Ford

Les Paul, g (* 9.6.1916 als Lester Pollfuss); Mary Ford, v (* 7.7.1928 als Colleen Summers, † 30.9.1977).

Innerhalb von nur fünf Jahren verkaufte dieses Duo in den USA 15 Millionen Platten. Das war in der Zeit von 1949 bis 1954, als solche Verkaufszahlen noch absolute Raritäten waren. »*Mockin' Bird Hill*« kam im Februar 1951 in die US-Charts, erreichte Platz 2 und wurde Millionseller. Einen Monat später kam schon »*How High The Moon*« in die US-Hitparade, wurde Spitzenreiter und ebenfalls Millionseller. Und immer noch 1951 war »*The World Is Waiting For The Sunrise*« in den US-Charts wieder Platz 2, wieder Millionseller. »*Vaya Con Dios (May God Be With You)*« kam Mitte 1953 in die US-Charts, war 11 Wochen lang Spitzenreiter und selbstverständlich auch ein Millionseller. Die Art von Les Paul, Gitarre zu spielen und sie aufzunehmen, wurde von vielen anderen Künstlern später kopiert. Vor allem gilt er als Erfinder des Playback-Verfahrens, also immer wieder mit sich selbst zu spielen und damit einen Sound aufzubasteln, der wie ein ganzes Gitarrenorchester klang. Für die Gitarrenfirma Gibson entwickelte er eine nach ihm benannte Gitarre. Wer ein solches Modell heute noch hat, besitzt eine fast unbezahlbare Rarität, beinahe schon zu vergleichen mit der Blauen Mauritius bei den Briefmarken. Gerade bluesorientierte Musiker waren ganz scharf auf das Gibson-Les-Paul-Modell, dessen Qualitäten im geschlossenen Korpus, der Verwendung mehrerer Tonabnehmer und einem speziellen Hals lagen. In den 40er Jahren produzierte Les Paul Platten für die Firma Capitol. Bei einer Aufnahme-Session lernte er die junge Sängerin Mary Ford kennen, die er 1949 heiratete. Capitol baute gerade den nach der Firma benannten Tower in L. A. Die Baukosten beliefen sich auf zwei Millionen Dollar. Nur in einem einzigen Jahr wurde das Geld durch die Plattenverkäufe von Les Paul & Mary Ford wieder reingeholt. Als 1955 die Rock-'n'-Roll-Ära begann, waren Les und Mary unter den ersten 10 mit »*Humming Bird*«. Danach ging es kontinuierlich nach unten. Nach 1961 gelang ihnen kein Erfolg mehr. Im Mai 1963 trennten sie sich. Damit ging eine Ära zu Ende, in der zwei Musiker komplette Plattenaufnahmen ablieferten. Hört man heute die alten Aufnahmen von Les Paul & Mary Ford, kann man kaum glauben, daß hier kein Schlagzeug, kein Baß oder Chor mitmachen. Nur eine Gitarre und eine Stimme, im sogenannten Multi-Track-Verfahren immer wieder übereinander gemischt, manchmal das Aufnahmeband beschleunigt, manchmal verlangsamt. Ende der 70er Jahre ging Paul mit Chet Atkins für zwei Alben ins Studio. Dann zog er sich wieder zurück und tritt seit den 80er Jahren sporadisch auf, so z. B. 1992 bei dem Gitarrenfestival in Spanien. Mary starb 1977 an Diabetes.

Der Hit: *Vaya Con Dios (May God Be With You)*
Der Tip: *The Best Of* (Capitol CDP 7 91299 2)

Paul, Owen

* 1.5.1962. Der britische Sänger und Songschreiber machte ab 1983 Soloplatten. Vorher hatte er bereits als 15jähriger bei den Venigmas gespielt. Mit »*My Favourite Waste Of Time*« gelang ihm Mitte 1986 ein Platz 3 in den britischen Charts. Geschrieben hatte die Nummer Marshall Crenshaw. Es blieb bei diesem einen Hit.

Der Hit: *My Favourite Waste Of Time*
Der Tip: *As It Is ...* (Epic 57 114)

Paul & Paula

Paul (* 21.12.1940 als Ray Hildebrand), Paula (* 20.5.1942 als Jill Jackson).
Mit der von Ray geschriebenen Nummer »*Hey Paula*« hatte dieses amerikanische Duo Ende 1962 einen Platz 1 und Millionseller in den USA, Anfang 1963 Platz 8 in GB und Platz 16 in Deutschland. Die Platte war bereits im Frühjahr 1962 unter ihren richtigen Vornamen Jill & Ray erschienen. Nach einem Wechsel der Namen und der Plattenfirma wurde der Titel noch im gleichen Jahr erneut auf den Markt gebracht – und diesmal klappte es. Im Frühjahr 1963 schafften sie mit »*Young Lovers*« einen zweiten Top-10-Erfolg in den USA und in GB, und nach drei weiteren Hitnotierungen noch im gleichen Jahr waren sie wieder aus den Charts verschwunden. 1982 kamen sie noch einmal für ein Country-Album zusammen.

Der Hit: *Hey Paula*

Paulsen, Ralf

* 3.4.1929. Ende der 50er Jahre schaffte er mit einer deutschen Version von »*Chi Chi*« – Barry De Verzon hatte dieses Stück unter dem Pseudonym John Buck als Instrumentaltitel in die deutsche Hitparade gebracht – als »*Tränen in deinen Augen*« bei uns Platz 7. Anfang der 60er Jahre verlegte sich Ralf mehr auf Western-Songs. Sein größter Erfolg in diesem Genre wurde eine deutschsprachige Version des TV-Themas aus »Bonanza«: im Frühjahr 1963 ebenfalls Platz 7. Nach 1963 war er nicht mehr in den Hitparaden vertreten. Ralf sang auch im Lukas Trio mit. In TV-Sendungen trat er nach wie vor auf.

Der Hit: *Bonanza*

Pavarotti, Luciano

* 12.10.1935. Der in Modena, Italien, geborene Sänger gab sein Operndebüt 1961 in »La Bohème«, nachdem er vorher als Lehrer und Versicherungskaufmann gearbeitet hatte. Inzwischen ist er einer der gefragtesten Operntenöre der Gegenwart. Seine Interpretation von *»Nessun Dorma«* aus der Oper »Turandot« erreichte Mitte 1990 Platz 2 in den britischen Pop-Charts. So sind sie, die Briten.

Der Hit: *Nessun Dorma*
Der Tip: *Tutto Pavarotti* (Decca 425 681-2)

Pavone, Rita

* 23.8.1945. Die kleine, burschikose Rita hatte in ihrer Heimat Italien bereits 1963 den Millionseller *»La Partita Di Pallone«*. Ihre Popularität wurde gesteigert durch regelmäßige Auftritte in der begehrten italienischen Show »Studio 1«. Ihren Einstand in der deutschen Hitparade gab sie mit dem Titel *»Wenn ich ein Junge wär«*, der es Ende 1963 bis auf Platz 2 brachte. Ein Jahr später gelang ihr im Duett mit Paul Anka der Top-10-Erfolg *»Kiddy Kiddy Kiss Me«*. Mitte 1968 kam *»Arrivederci Hans«* noch einmal bis auf Platz 6 der deutschen Hitparade. Nach 1969 war ihre Zeit auf dem deutschen Markt wieder vorbei. In der britischen Hitparade gelangen ihr mit *»Heart«* 1966 und *»You Only You«* 1967 zwei Top-30-Erfolge. In den USA ist sie 1965 im Madison Square Garden in New York aufgetreten. Ihr Titel *»Remember Me«* hatte es Mitte 1964 dort bis auf Platz 26 gebracht. Die Gesamtauflage von Rita Pavones verkauften Platten wird auf über 30 Millionen geschätzt. Dem Wunsch, ein Junge zu sein, kam sie durch ihr Äußeres recht nahe: kurzgeschnittene Haare, nur 149 Zentimeter groß und meist mit Hose und/oder Lederjacke.

Der Hit: *Wenn ich ein Junge wär*
Der Tip: *Wenn ich ein Junge wär* (Bear Family BCD 15 585)

Payne, Freda

* 19.9.1945 als Freda Charcilia Payne. Die amerikanische Jazz- und Soulsängerin studierte zusammen mit ihrer Schwester Scherry, die zu den Supremes kam, als Diana Ross ging, in ihrer Heimatstadt Detroit Gesang. In den 60er Jahren sang sie mit Pearl Bailey, Quincy Jones und Duke Ellington. 1965 machte sie ihre erste Soloplatte, ab Anfang der 70er Jahre war sie erfolgreich. Ihr erster Hit war im Frühjahr 1970 *»Band Of Gold«*, Platz 3 und Millionseller in den USA, Spitzenreiter

in GB. Ein weiterer Millionseller gelang ihr mit *»Bring The Boys Home«* ein Jahr später, obwohl der Titel auf Platz 12 hängenblieb. In den frühen 80er Jahren war sie Moderatorin der Talkshow »For You, Black Woman«.

Der Hit: *Band Of Gold*
Der Tip: *Deeper And Deeper* (HDH CD 005TIS)

Peaches & Herb

Francine Barker (* 1947 als Francine Hurd), Herb Fame (* 1942 als Herbert Feemster), Marlene Mack (* 1945), Linda Greene, alle v.
Das Soulduo aus Washington, D.C., war ab 1966 bis in die 80er Jahre erfolgreich. Ihr erster Erfolg war Ende 1966 *»Let's Fall In Love«*. Direkt danach kam der Top-10-Hit *»Close Your Eyes«*. Ihre erfolgreichste Zeit war 1978/79. Mit *»Shake Your Groove Thing«* hatten sie einen Millionseller und Platz 5 in den USA, Platz 26 in GB. *»Reunited«* erreichte gar Platinstatus, wurde Spitzenreiter in den USA, erreichte Platz 4 in GB und Platz 30 in Deutschland. Nach 1980 war ihre Hitzeit vorüber. Konstante in der Gruppe war Herb Fame. Er hatte bereits früher Soloplatten veröffentlicht und dann mit Francine, die von den Sweet Things kam, das Duo begonnen. 1968/69 verließ sie die Band und wurde durch Marlene Mack ersetzt. Danach fiel das Duo ganz auseinander, Herb ging zur Polizei. 1977 nahm sich Fame als neue Partnerin Linda Greene und sollte mit ihr die erfolgreichste Zeit haben.

Der Hit: *Reunited*
Der Tip: *2 Hot* (Polydor 2391 378)

Pearls

Die erfolgreichste Zeit dieses weiblichen britischen Duos lag zwischen 1972 und 1974. *»Third Finger, Left Hand«* war im Mai 1972 der erste Erfolg, *»Guilty«* Mitte 1974 ein Platz 10 in GB und die einzige Platte, die in die oberen Regionen vorstieß.

Der Hit: *Guilty*

Pearson, Johnny

* 18.6.1925. Der britische Pianist, Bandleader und Songschreiber hatte mit dem Sounds Orchestral Ende 1964/Anfang 1965 den Welthit *»Cast Your Fate To The Wind«*: Platz 5 in GB, Platz 10 in den USA und Platz 14 in Deutschland. Als Solist

hatte er einen einzigen Top-10-Erfolg 1971 in GB mit *»Sleepy Shores«* aus der BBC-Fernsehserie »Owen M.D.«. Ansonsten ist er auf Plattenproduktionen von Cilla Black, Shirley Bassey, Lena Horn oder Conny Francis zu hören.

Der Hit: *Sleepy Shores*

Pebbles

* 29.8.1964 als Perri Alette McKissack. Den Spitznamen Pebbles gab ihr die Familie, weil sie in ihrer ganzen Art sehr an die Zeichentrickfigur Pebbles Flintstone erinnerte. Schon als Teenager sang sie mit der Gruppe Con Funk Shun. Verheiratet ist sie mit dem Sänger, Songschreiber und Produzenten L.A. Reid. Der war auch schon beim ersten Hit seiner Frau – *»Girlfriend«*, im Frühjahr 1988 Platz 5 in den USA, Platz 8 in GB. Platz 14 in Deutschland – behilflich. *»Mercedes Boy«* erreichte Mitte 1988 Platz 2 in den USA. Ende 1990 kam *»Giving You The Benefit«* in die amerikanische Hitparade und erreichte Platz 4. Pebbles stellte die weibliche Formation TLC zusammen und managte sie. TLC veröffentlichte 1992 das Album *»Ooooooohhh... On The TLC TIP«*, das sich bis Ende 1992 bereits zwei Millionen Mal verkaufte.

Der Hit: *Mercedes Boy*
Der Tip: *Pebbles* (MCA 255 259-2)

Peels

1966 pries die deutsche Plattenfirma Hansa die Novelty-Nummer *»Juanita Banana«* mit den Peels als den großen US-Comic-Hit an. In den USA hatte die Platte jedoch lediglich Platz 59 erreicht. Dafür kam sie in Deutschland dann auf Platz 8.

Der Hit: *Juanita Banana*

Peers, Donald

* 1909 als Donald Rhys Hubert Peers, † 9.8.1973. Ende der 40er und Anfang der 50er Jahre schaffte es dieser britische Sänger und Sohn eines Bergarbeiters, die englischen Frauen zu ganz unbritischen Begeisterungsstürmen hinzureißen. Eigentlich sollte Donald Lehrer werden. Er lief aber von zu Hause weg, arbeitete als Maler, Steward und schließlich als Sänger. 1944 nahm er seine ersten Platten auf und wurde in seiner Heimat sehr populär. Er bekam zunächst eine eigene Radio-, dann eine Fernsehsendung und drehte einige Filme. Ende der 50er Jahre arbeitete

er vor allem in Südafrika, Indien und Australien, wo er sich eine schwere Rükkenverletzung zuzog. 1968 stand er unter den britischen Top 10 mit *»Please Don't Go«*, einer Adaption der Barcarole aus »Hoffmanns Erzählungen« von Offenbach. 1960 hatte Elvis Presley diesen Titel als *»Tonight Is So Right For Love«* für den Film »G.I. Blues« aufgenommen. Da es zum damaligen Zeitpunkt jedoch Copyright-Probleme für Europa gab, nahm man für die europäische Edition des Albums »G.I. Blues« einen anderen Titel. Er hieß *»Tonight's Alright For Love«* und basierte auf »Geschichten aus dem Wienerwald« von Johann Strauß. Bis Anfang der 70er Jahre blieb Peers aktiv und Mitte 1972 gelang ihm noch ein Top-40-Erfolg mit *»Give Me One More Chance«*.

Der Hit: *Please Don't Go*

Penguins

Cleveland Duncan (* 23.7.1935), Dexter Tisby (* 1936), Bruce Tate (* 1935), Curtis Williams (* 1935), alle v.
1954 wurde diese Rhythm-&-Blues-Gruppe in den USA gegründet. Sie benannte sich nach Willie The Penguin, dem Markenzeichen der Zigarette Kool. Ende 1954 kam *»Earth Angel (Will You Be Mine)«* in die Rhythm-&-Blues-Charts und wurde Platz 1. In der Pop-Hitparade erreichte sie Platz 8. Zu diesem Zeitpunkt wurden in den vorwiegend weißen Radiostationen noch vorwiegend weiße Interpreten favorisiert. Der Nachzieher der Nummer mit der weißen, aus Kanada stammenden Formation Crew-Cuts erreichte im Frühjahr 1955 Platz 3 in den US-Charts. Ein weiterer Hit gelang den Penguins nicht. Trotzdem setzten sie sich mit diesem einen Titel ein Denkmal. Die Nummer gilt als der Rock-'n'-Roll-Klassiker schlechthin und gehört zu den meistgespielten Platten im amerikanischen Radio. Nach zwei weiteren Titeln, *»Ookey Ook«* und *»Be Mine Or Be A Fool«* 1955, war ihre Gesangskarriere bereits wieder beendet. Bis in die 80er Jahre trat Cleve mit verschiedenen neuen Mitgliedern in Clubs als Penguins auf und war im Fernsehen in größeren Rockshows zu sehen.

Der Hit: *Earth Angel (Will You Be Mine)*
Der Tip: *Earth Angel* (Ace CDCH 249 TIS)

Peniston, Ce-Ce

* 6.9.1969 als Cecelia Peniston. 1989 wurde Ce Ce Miss Black Arizona. Auf so etwas läßt sich auch eine Gesangskarriere aufbauen. Ende 1991 erschien die Nummer *»Finally«*, die es in den USA zum Millionseller und Platz 5 in den Charts brachte. In GB kam die Platte im Frühjahr 1992 bis auf Platz 2. Der Nachfolger *»We Got A Love Thang«* erreichte zur gleichen Zeit noch Platz 20 in den USA.

Der Hit: *Finally*
Der Tip: *Finally* (A&M 397 176-2)

Peppers

Tonio Rubio, b (* 1938); Mat Camison, key (* 1941); Pierre-Alain Dahan, d (* 1944).
Diese drei französischen Musiker sind in ihrer Heimat gesuchte Studio-Cracks. Angeblich soll die Nummer *»Pepper Box«* durch Zufall entstanden sein. Die drei obengenannten Musiker fummelten mit einem Tontechniker im Studio an einem neuen Sound und heraus kam *»Pepper Box«*. Obwohl das Stück in Deutschland im »Kommissar« zu hören war, erreichte es im Herbst 1973 nur Platz 40. Sehr viel erfolgreicher war die Nummer in GB ein Jahr später: Platz 6. Es blieb der einzige Erfolg des Trios.

Der Hit: *Pepper Box*

Pepsi & Shirlie

Lawrie »Pepsi« Damacque (* 10.12.1958), Shirlie Holliman (* 18.4.1962), beide v.
Die weiße Shirlie und die dunkelhäutige Pepsi gehörten zum festen Stamm um die Gruppe Wham! Ab 1987 machten sie Duo-Platten. *»Heartache«* kam im Januar 1987 bis auf Platz 2 in GB und Platz 8 in Deutschland. Der Nachfolger *»Goodbye Stranger«* erreichte noch Platz 9 in GB. Noch 1987 gelangen zwei weitere Chart-Entries, doch keiner kam über Platz 50 hinaus.

Der Hit: *Heartache*
Der Tip: *All Right Now* (Polydor 833 724)

Peret

Es steht zu vermuten, daß sich hinter Peret P. Pubill Calaf verbirgt. Jedenfalls vertrat dieser Interpret, der in Klammern als Peret bezeichnet wurde, Spanien 1974 beim Grand Prix Eurovision und belegte Platz 9. Peret ohne irgendwelche Namenszusätze hatte im Herbst 1971 einen Platz 1 in Deutschland mit *»Borriquito«*. Diese Platte hatte wohl viele Touristen aus dem Spanien-Urlaub mitgebracht.

Der Hit: *Borriquito*

Perfect Gentlemen

Corey Blakely, Maurice Starr jr., Tyrone Sutton, alle v.
Eine weitere amerikanische Kinder-Gesangstruppe, hinter der Maurice Starr steckte. Dieses Mal hat er sogar seinen eigenen Sohn mit verbraten. Im Frühjahr 1990 kam *»Ooh Lala (I Can't Get Over You)«* in die US-Charts und erreichte Platz 10. Ihre erste LP, »Rated PG«, brachte es Mitte 1990 auf einen für Maurice Starr sen. schlappen Platz 72.

Der Hit: *Ooh Lala (I Can't Get Over You)*
Der Tip: *Rated PG* (CBS 466 935-1)

Perkins, Carl

* 9.4.1932 als Carl Lee Perkins. Der amerikanische Sänger, Gitarrist und Songschreiber war wie viele der jungen Rock-'n'-Roll-Interpreten Mitte der 50er Jahre bei der kleinen Firma Sun unter Vertrag. Ende 1955 schrieb er den Song *»Blue Suede Shoes«* und nahm ihn am 19. Dezember 1955 auf. Als er richtig in die Promotion dafür einsteigen wollte, verunglückte er am 21.3.1956 auf der Fahrt zu einem New Yorker Fernsehsender. Sein Bruder wurde bei dem Autounfall getötet, ebenso sein Manager. Carl mußte für einige Monate ins Krankenhaus und konnte so für seine Platte nichts mehr tun. Die Karriere von Carl, die noch nicht richtig begonnen hatte, war damit schon wieder beendet. *»Blue Suede Shoes«*, im Frühjahr 1956 Platz 2 in den USA und Platz 10 in GB blieb sein größter Erfolg. Für viele war Carl Perkins der definitive Rockabilly-Künstler. Die Beatles nahmen seine Kompositionen *»Matchbox«*, *»Honey Don't«* und *»Everybody's Trying To Be My Baby«* auf. Carl machte später Country-music und brachte 1986 mit alten Kumpels aus der Sun-Zeit – Roy Orbison, Jerry Lee Lewis und Johnny Cash – die LP »Class Of '55«. 1987 wurde er in die Rock 'n' Rock Hall of Fame aufgenommen, und 1989 erschien die gut gemachte CD »Born To Rock«, 1992 »Friends Family And Legends«.

Der Hit: *Blue Suede Shoes*
Der Tip: *The Classic* (Bear Family BCD 15 494)

Perry, Steve

* 22.1.1949. Der amerikanische Sänger kam 1977 zur 1973 gegründeten Band Journey. Nebenher verfolgte er auch eine Solokarriere. *»Oh Sherrie«* war im Frühjahr 1984 Platz 3 in den USA und sein einziger Top-10-Erfolg. 1987 wurde bekannt, daß sich Journey trennen würde. Steve versuchte weiterhin sein Glück als Solist, kam aber auf keinen Hit mehr.

Der Hit: *Oh Sherrie*
Der Tip: *Street Talk* (CBS 25 967)

Peter & Gordon

Peter Asher (* 22.6.1944), Gordon Waller (* 4.6.1945).
1964 wurde dieses britische Duo gegründet. Peter Ashers Schwester Jane war Paul McCartneys Freundin, und da bekanntlich kleine Geschenke die Freundschaft erhalten, reichte Paul an Peter & Gordon die Nummer *»World Without Love«* weiter, die es im Frühjahr 1964 auf Platz 1 in GB und den USA brachte. *»Nobody I Know«* im gleichen Jahr und *»True Love Ways«* und *»To Know You Is To Love You«* 1965 waren weitere Top-10-Erfolge für die beiden. In den USA kamen noch *»I Go To Pieces«* 1965 und *»Lady Godiva«* 1966 unter die ersten 10. Schön, aber kein Top-10-Erfolg, war das Stück *»Woman«*, das Anfang 1966 erschien und von einem gewissen Webb geschrieben wurde. Dahinter verbarg sich wieder Paul McCartney. 1968 ging das Duo auseinander. Soloversuche von Gordon Waller schlugen fehl. Peter wurde erst A&R-Manager bei der Beatles-Firma Apple, dann Produzent in den USA, z. B. für James Taylor, Linda Ronstadt oder in den 80er Jahren für 10 000 Maniacs.

Der Hit: *World Without Love*
Der Tip: *Best Of* (Rhino R2 70748 TIS)

Peter, Paul & Mary

Peter Yarrow (* 31.5.1938), Paul Stookey (* 30.11.1937 als Noel Stookey), Mary Travers (* 7.11.1937), alle v.
Die drei standen zwischen 1962 und 1965 als Synonym für akustische Folkmusik in den USA. 1960 wurde der New Yorker Peter Yarrow zum Folk-Festival nach Newport eingeladen. Albert Grossman, der Produzent von vielen namhaften Folk-Künstlern werden sollte, entdeckte Peter in der Fernsehsendung »Folk Sound USA«. Grossman stellte auch die Formation zusammen und als Vorbild hatte er den Erfolg des Kingston Trios vor Augen. Bevor Peter, Paul & Mary richtig loslegten, mußte erst noch der Vorname von Stookey geändert werden. Grossman war der Meinung, Peter, Noel & Mary würde nicht flüssig genug klingen. Bob Dylan muß ihnen noch heute die Füße küssen, weil er diesen dreien seinen ersten kommerziellen Erfolg verdankt. Ihre Version von *»Blowin' In The Wind«* kam Mitte 1963 in die US-Charts und wurde Platz 2. Vorher hatte das Trio mit *»If I Had A Hammer«* 1962 und *»Puff The Magic Dragon«* 1963 schon zwei Top-10-Erfolge gehabt. Eine weitere Bob-Dylan-Komposition, *»Don't Think Twice It's All Right«*,

brachte im Herbst 1963 wieder einen Top-10-Hit. Mitte der 60er Jahre hatten sie einen Durchhänger, dann kam im Herbst 1967 *»I Dig Rock 'n' Roll Music«* unter die ersten 10, und ganz am Ende der 60er Jahre die John-Denver-Komposition *»Leaving On A Jet Plane«* auf Platz 1 in den USA. Die Platte wurde ein Millionseller und erreichte auch Platz 2 in GB. 1970 trennten sich Peter, Paul & Mary und versuchten sich alle drei mit recht wenig Erfolg als Solisten. 1978 kam eine sogenannte Reunion-LP, aber der alte Schwung war hin. 1987 kam ihre LP »No Easy Walk To Freedom« mit knapper Not unter die ersten 200 der amerikanischen LP-Hitparade.

Der Hit: *Leaving On A Jet Plane*
Der Tip: *Best Collection* (TF JASRAC R-250062)

Peter, Sue & Marc

Peter Reber (* 1949 in Bern), Sue Schell (* 1950 in New York), Marc Dietrich (* 1948 in Bern).
Dieses in der Schweiz beheimatete Trio war in den 70er Jahren in seiner Heimat sehr populär. Das Stück *»Cindy«* schaffte im Frühjahr 1977 einen Platz 10 in der deutschen Hitparade und wurde der einzige Erfolg in der Bundesrepublik. Das Trio vertrat die Schweiz viermal beim Grand Prix Eurovision und belegte zweimal den vierten Platz: 1976 mit *»Djambo Djambo«* und 1981 mit *»Io Senza Te«*.

Der Hit: *Cindy*

Peters & Lee

Lennie Peters, v/key (* 1939 als Leonard Sargent); Dianne Lee, v (* 2.6.1950 als Dianne Littlehales).
Die beiden Briten schlossen sich 1970 zu einem Duo zusammen. Peters war mit 16 Jahren erblindet. Er begann, in Clubs zu singen und Piano zu spielen. Schließlich erhielt er einen Plattenvertrag und veröffentlichte drei Singles. Kurzzeitig war er Mitglied bei den Migil Five, verließ die Gruppe aber, bevor sie ihren größten Hit mit *»Mocking Bird Hill«* hatte. Ab 1964 war er regelmäßig in Radio- und Fernsehsendungen zu sehen und traf in Clubs schon häufig auf Dianne Lee, die zusammen mit ihrer Cousine Liz als Tänzerin auftrat. Die beiden waren Ende der 60er Jahre als Hailey Twins ein erfolgreicher Tanz-Act. Nachdem Liz ihre Karriere als Tänzerin wegen Fußschmerzen aufgeben mußte, bildete Lee mit Peters ein Duo. Als Peters & Lee gewannen sie den britischen Fernsehwettbewerb »Opportunity Knocks« und erhielten einen gemeinsamen Plattenvertrag, der ihnen 1973 den Spitzenreiter der GB-Charts *»Welcome Home«* einbrachte.

Ihr Album führte ebenfalls die entsprechende Hitparade an. Ein weiterer Top-10-Hit gelang ihnen 1974 mit *»Don't Stay Away Too Long«*. 1981 trennten sie sich, kamen aber Ende der 80er Jahre wieder zusammen und gehörten bis 1992 zu den bekanntesten Club Acts in GB.

Der Hit: *Welcome Home*
Der Tip: *Rainbow* (Philips 6308 208)

Petersen, Paul

* 23.9.1945. Der amerikanische Sänger und Schauspieler war als Jungendlicher einer der Mouseketeers. Von 1958 bis 1966 spielte er Jeff Stone in der »Donna Reed Show«. Nach dem Motto: Wer spielt, kann auch singen, veröffentlichte er 1962 *»She Can't Find Her Keys«*, und die Platte wurde ein Top-20-Erfolg. Ende des gleichen Jahres erschien die Single *»My Dad«*, die es in den USA bis auf Platz 6 brachte und zur schlechtesten Platte des Jahres gewählt wurde. Nachdem die »Donna Reed Show« ausgelaufen war, geschah gleiches mit Pauls Karriere. In den späten 60er Jahren machte er vor allem Schlagzeilen durch seinen Drogenkonsum und seine schnellen Autos. In den 70er Jahren veröffentlichte er eine Romanserie mit einem James Bond ähnlichen Helden namens Eric Safeman. 1977 erschien sein Buch »Walt, Mickey And Me«, womit der Bogen zu den Mouseketeers wieder geschlagen war.

Der Hit: *My Dad*

Peterson, Ray

* 23.4.1939. Der Texaner startete seine Gesangskarriere in seinen frühen Teenage-Tagen, als er wegen einer Polioerkrankung im Krankenhaus lag und seinen Mitpatienten vorsang. 1959 erschien seine erste Platte in den US- und GB-Charts: *»The Wonder Of You«*. 1960 gelangen ihm zwei Top-10-Erfolge in den USA: *»Tell Laura I Love Her«* und *»Corinna, Corinna«*. Nach 1964 war seine Karriere wieder beendet.

Der Hit: *Tell Laura I Love Her*
Der Tip: *All His Hits* (Bear Family BFX 15 245)

Pet Shop Boys

Neil Francis Tennant, v (* 10.7.1954); Christopher Sean Lowe, key (* 4.10.1959). Im Herbst 1981 treffen sich die beiden Mitglieder dieses Duos erstmals. Neil hatte bei der Folkband Dust, Chris mit One Under The Eight gespielt. Zwei Jahre lang schreiben sie Songs und schicken Demos an die verschiedensten Plattenfirmen. Aber erst im August 1983 werden die Weichen für den Erfolg des Duos gestellt. Neil ist in New York, um mit Sting ein Interview für das Popmagazin »Smash Hits« zu machen, in dem Neil regelmäßig Artikel veröffentlicht. Bei der Gelegenheit trifft er auf den Disco-Produzenten Bobby Orlando, der sich selbst als Produzent anbietet. Mitte 1984 wird die Orlando-Produktion »*West End Girls*« eine Kultplatte in Frankreich und Belgien, nicht aber im Rest Europas. Im Frühjahr 1985 erhalten sie einen neuen Plattenvertrag, und ihre erste Veröffentlichung, »*Opportunities (Let's Make Lots Of Money)*« erscheint Mitte des Jahres. Die Platte wird zwar häufig im Radio gespielt, kommt aber trotzdem nicht in die Charts. Ende des Jahres nehmen sie den Titel »*West End Girls*« noch einmal neu auf, und Ende November steht er erstmals in den britischen Charts. Im Januar 1986 erreicht die Nummer den Spitzenplatz in GB und verkauft alleine dort 700 000 Exemplare. In den USA erreicht sie ebenfalls Platz 1, in Deutschland Platz 2. Der Nachfolger »*Love Comes Quickly*« erreicht Platz 19. Die Wiederveröffentlichung von »*Opportunies (Let's Make Lots Of Money)*« belegt Platz 11. Ab Oktober 1986 sind sie für vier Jahre nicht mehr aus den Hitparaden wegzudenken. Sie schaffen neun Top-10-Erfolge, davon dreimal Platz 1: »*It's A Sin*« und »*Always On My Mind*« 1987, »*Heart*« 1988. Alle drei genannten Platten werden auch Spitzenreiter in Deutschland. Sehr schön und sehr erfolgreich war auch ihre Zusammenarbeit mit Dusty Springfield. Das Stück »*What Have I Done To Deserve This*« belegt im Herbst 1987 Platz 2 in GB und in den USA, Platz 4 in Deutschland. Die Pet Shop Boys dürften mit ihrem Elektro-Disco-Popsound zu den erfolgreichsten britischen Duos der 80er Jahre gehören. Auch durch ihre Produktionsarbeit für andere, so z. B. Liza Minnelli oder Eighth Wonder. 1989 kommt Tennant mit Bernhard Sumner und Johnny Marr zum Trio Electronic zusammen, ohne jedoch die Arbeit mit Lowe aufzugeben. Die Erfolge des Duos reichen bis in die 90er Jahre.

Der Hit: *West End Girls*
Der Tip: *Discography* (EMI CD PMTV 3)

Petty, Tom & The Heartbreakers

Tom Petty, v/g (* 20.10.1953); Mike Campbell, g (* 1.2.1954); Benmont Tench, key (* 7.9.1954); Ron Blair, b (* 16.9.1952); Stan Lynch, d (* 21.5.1955); Howard Epstein, b.

Bereits 1968 gründet der amerikanische Gitarrist, Sänger und Songschreiber Tom Petty seine erste Band. Über die Namen Sundowners und Epics kommen sie schließlich zu Mudcrutch. 1973 versucht Tom Petty, Demobänder der Band in Los Angeles an den Mann zu bringen, und gleich sieben Plattenfirmen interessieren sich dafür. Tom hat die Auswahl und entscheidet sich für Denny Cordells Shelter Records. 1975 erscheint eine einzige Single mit dem Titel *»Depot Street«* – und floppt. Danach fällt die Band auseinander, und Cordell möchte Petty als Solisten behalten. Der jedoch fühlt sich im Bandformat besser und gründet die Heartbreakers. Von Mudcrutch übernimmt er Campbell und Tench. Blair und Lynch kommen neu hinzu. Ende 1976 erscheint die Debüt-LP der neuen Formation, die innerhalb von drei Monaten sage und schreibe 6500mal verkauft wird. Ende 1977 haben sie mit *»Breakdown«* eine erste Notierung in den US-Charts: Platz 40. Bereits vorher stand *»Anything That's Rock 'n' Roll«* unter den ersten 40 der britischen Hitparade. Jetzt verkauft sich plötzlich auch das Debütalbum besser und erreicht doch noch Platz 55 und Goldstatus. *»Don't Do Me Like That«* ist Ende 1979 die erste Top-10-Single der Band in den USA. *»Stop Draggin' My Heart Around«* wird Mitte 1981 Platz 3 in den USA, und als Interpreten werden Stevie Nicks with Tom Petty & The Heartbreakers genannt. Seit 1989 erscheinen die Platten nur noch als Tom Petty. *»Free Fallin'«* wird Ende 1989 Platz 7 in den USA. Ab 1988 hatte Tom außerdem zusammen mit George Harrison, Bob Dylan, Roy Orbison und Jeff Lynne als Traveling Wilburys sehr schöne Platten veröffentlicht.

Der Hit: *Free Fallin'*
Der Tip: *Full Moon Fever* (MCA 255 929-2)

PhD

Jim Diamond, v (* 28.9.1953); Tony Hymas, key.
Mit Tony Hymas, ehemaliger Tastenspieler von Jeff Beck und Jack Bruce, schloß sich Jim Diamond, der bis zu diesem Zeitpunkt mit Bandit, Alexis Korner und Zoot Money gearbeitet hatte, zum Duo PhD zusammen. Die Nummer *»I Won't Let You Down«* entwickelte sich Anfang des Jahres 1982 zuerst in Deutschland zu einem Platz 14 und zwei Monate später zu einem Platz 3 in GB. Gerade hatten sie Erfolg, da erkrankte Jim Diamond an Hepatitis und war für einige Zeit außer Gefecht gesetzt. So blieb es bei diesem einzigen Hit des Duos, und ab 1984 startete Jim Diamond eine erfolgreiche Solokarriere.

Der Hit: *I Won't Let You Down*
Der Tip: *PhD* (WEA K 99150)

Phillips, Esther

* 23.12.1935 als Esther Mae Jones, † 7.8.1984. Die amerikanische Sängerin, die auch etliche Instrumente spielte und im Laufe ihrer langen Karriere Blues, Rhythm & Blues, Pop und Disco sang, wurde mit 13 von Johnny Otis entdeckt und unter

Vertrag genommen. Als Little Esther trat sie bis 1954 in dessen Revue auf und hatte dort Hits wie *»Double Crossing Blues«*, *»Mistrustin' Blues«* und *»Cupid's Boogie«*, alle 1950 Spitzenreiter in der Rhythm-&-Blues-Hitparade. Ab 1962 war sie dann als Solistin und ohne Little erfolgreich. *»Release Me«* wurde Ende jenes Jahres Platz 8 in der amerikanischen Pop-Hitparade. Ihren weltweit erfolgreichsten Hit hatte Esther mit einer sehr gut gemachten, fast jazzigen Discoversion von *»What A Difference A Day Makes«*: im Herbst 1975 Platz 20 in den USA, Platz 6 in GB und Platz 16 in Deutschland. Sie starb 1984 an Leber- und Nierenversagen.

Der Hit: *What A Difference A Day Makes*
Der Tip: *Esther Phillips* (Kudu 23)

Phillips, Phil

* 14.3.1931 als John Phillip Baptiste. Die Karriere des amerikanischen Sängers begann in der Gospelgruppe Gateway Quartet. Seinen einzigen Erfolg als Solist hatte Phil Mitte 1959 mit dem Titel *»Sea Of Love«*. Die Platte wurde Platz 2 in der amerikanischen Hitparade. Mit ihm spielte die Band The Twilights. Danach erschienen vier weitere Singles, die alle floppten, obwohl Brook Benton und auch die Jordonaires im Hintergrund sangen. Nachdem nichts mehr funktionierte, wurde Phillips schließlich Discjockey in Jennings, Louisiana. *»Sea Of Love«* wurde 1982 von Del Shannon, 1984 von den Honeydrippers gecovert. 1989 wurde *»Sea Of Love«* in der Version mit Phil Phillips Titelsong des gleichnamigen Thrillers mit Al Pacino und Ellen Barkin und war auch im Verlauf des Films öfter zu hören.

Der Hit: *Sea Of Love*

Piaf, Edith

* 19.12.1915 als Edith Giovanna Gassion, † 11.10.1963. Von der französischen Sängerin und Songschreiberin wird erzählt, daß ihr Vater sie gezwungen habe, auf den Straßen von Paris zu singen, um damit Geld zu verdienen. Dabei wurde sie von einem Nachtclubbesitzer entdeckt, und aus der armen Straßensängerin wurde die berühmteste Chansonsängerin aller Zeiten: der Spatz von Paris, der nun seinerseits talentierten Sängern und Songschreibern, wie z. B. Georges Moustaki, Charles Aznavour, Eddie Constantine oder Yves Montand half. Ihr Lied *»La Vie En Rose«*, erstmals aufgenommen 1946, wurde 1950 ein Millionseller und Platz 23 in den US-Charts. *»Non Je Ne Regrette Rien«* aus dem Jahr 1960 gehört zu ihren besten, *»Milord«*, Ende 1960 Spitzenreiter in Deutschland, Platz 24 in GB, zu ihren erfolgreichsten Chansons. In Frankreich belegte sie Platz 1

in der Hitparade mit »*L'Hymne A L'Amour*« 1950, »*Padam Padam*« 1952, »*Bravo Pour Le Clown*« und »*Johnny Tu N'Es Pas Un Ange*« 1953, »*La Goulante Du Pauvre Jean*« 1954, »*Les Amants D'un Jour*« 1956 und »*L' Homme A La Moto*« 1956, »*C'est A Hambourg*« und »*La Foule*« 1957, »*Mon Manège A Moi*« 1958, »*Milord*« 1959, »*Exodus*« und »*Non Je Ne Regrette Rien*« 1961 und zusammen mit ihrem Lebensgefährten Théo Sarapo »*A Quoi Ça Sert L'Amour*« 1962.

Der Hit: *Milord*
Der Tip: *L'Intégrale De Ses Enregistrements 1946–1963* (EMI Piaf CD 9)

Pickett, Bobby »Boris«

* 11.2.1940. Der amerikanische Novelty-Sänger und Songschreiber bemühte sich um eine Karriere als Filmschauspieler. In seiner Jugend hatte er im Kino seines Vaters viele Filme mit Boris Karloff gesehen und kam so auf den Titel »*Monster Mash*« – für Halloween 1962 genau der richtige Song und sein einziger Hit: im Herbst 1962 Spitzenreiter in den USA, Mitte 1973 noch einmal ein Platz 10 und in GB Platz 3. In GB wurde die Nummer erst 1973 ein Erfolg, weil sich 1962 die BBC geweigert hatte, den Titel zu spielen. Als die Platte 1973 neu veröffentlicht wurde und wieder in die Hitparaden kam, suchte man Bobby. Angeblich fand man ihn als Taxifahrer in New York.

Der Hit: *Monster Mash*
Der Tip: *Monster Mash* (London XPAS 71063)

Pickett, Wilson

* 18.3.1941. De amerikanische Soulsänger und Songschreiber gehörte zu den bekanntesten und erfolgreichsten dieses Genres in den 60er Jahren. 1959 wurde er Mitglied bei den legendären Falcons, einem Rhythm-&-Blues-Quintett aus Detroit. Ihr einziger Hit mit Wilson als Leadsänger war »*I Found A Love*« 1962. Ab 1963 machte Pickett Soloplatten. Nach einigen nicht sonderlich erfolgreichen Singles kam Wilson mit dem Gitarristen und Produzenten Steve Cropper in Memphis zusammen. Damit begann Wilsons Aufstieg. Sein größter Erfolg war 1966 »*Land Of 1000 Dances*«, Platz 6 in den USA, Platz 22 in GB. Ein weiterer Top-10-Hit gelang ihm 1967 in den USA mit »*Funky Broadway*«. 1971 stand er mit den Millionsellern »*Don't Let The Green Grass Fool You*« und »*Don't Knock My Love Pt. 1*« unter den amerikanischen Top 20. Bis in die 90er Jahre blieb Pickett als Musiker aktiv.

Der Hit: *Land Of 1000 Dances*
Der Tip: *Greatest Hits* (Atlantic 781 737-2)

Pickettywitch

Polly Brown, Maggie Farran, beide v.
1970 war das Jahr dieser Formation, die anfänglich aus den beiden obengenannten Sängerinnen und wechselnden Studiomusikern bestand. Nach dem ersten Hit hat offensichtlich Maggie Farran die Band verlassen. Später leitete sie erfolgreich eine PR-Agentur in London. Das Jahr 1970 begann für Pickettywitch mit *»That Same Old Feeling«*, Platz 5 in der britischen Hitparade. Nach *»(It's Like A) Sad Old Kinda Movie«*, Platz 16, und *»Baby I Won't Let You Down«*, Platz 27, war das Jahr und damit auch ihre Hitzeit vorüber. Es folgten weitere Veröffentlichungen, die jedoch nicht mehr in die Hitparaden kamen. 1974 machte Polly Brown zusammen mit Tony Jackson das englische Soul/Reggae-Duo Sweet Dreams. Deren Titel *»Honey Honey«* stand Mitte des Jahres auf Platz 10 in GB. Kurz danach veröffentlichte Polly als Solistin Platten, und ihr Titel *»Up In A Puff Of Smoke«* erreichte im Herbst 1974 Platz 43 in GB, Anfang 1975 Position 16 in den USA.

Der Hit: *That Same Old Feeling*

Pied Pipers

John Huddleston, Chuck Lowry, Hal Hopper, Woody Newbury, Whit Whittinghill, Bud Hervey, George Tait, Jo Stafford, June Hutton, alle v.
1937 schloß sich diese exzellente Gesangsgruppe, die durch ihren Satzgesang und ihre gute Phrasierung schnell populär wurde, als Männerseptett zusammen. In den späten 30er Jahren sangen sie häufig im Radio und vergrößerten sich mit der Sängerin Jo Stafford auf ein Oktett. Erfolgreich wurden sie, als sie sich Tommy Dorsey anschlossen und auf einer Reihe seiner Hits mitwirkten, darunter *»I'll Never Smile Again«*, Mitte 1940 ein Millionseller und für 12 Wochen Platz 1 in den USA. Neben den Pied Pipers sang der junge Frank Sinatra. 1944 wurde Jo Stafford von June Hutton abgelöst, die bis in die frühen 50er Jahre blieb. Zwischendurch gab es auch bei den Männern etliche personelle Wechsel. Die Pied Pipers waren auch auf etlichen Hits von Johnny Mercer zu hören, so z. B. auf *»Candy«*, Anfang 1945 Spitzenreiter in den USA. Als eigenständige Formation waren sie ab 1944 erfolgreich. Ihre erste Hitnotierung war der Novelty-Song *»Mairzy Doats«*, Platz 8 in den USA. Ihr größter Hit wurde im Frühjahr 1945 *»Dreams«*, Millionseller und Spitzenreiter in den USA und ursprünglich das Schlußthema für Johnny Mercers Radiosendung. Der letzte große Erfolg der Pied Pipers war *»My Happiness«*, Mitte 1948 Millionseller und Platz 3 in der amerikanischen Hitparade. June Hutton wurde später durch Virginia Marcy und Sue Allen ersetzt. Als der Big Band Sound unmodern wurde, schwand auch die Popularität der Pied Pipers, die aber weiterhin zusammen auftraten und im

Fernsehen zu sehen waren. Als Mitte der 60er Jahre Sam Donohue die Tommy Dorsey Band leitete, waren die Pied Pipers mit dabei.

Der Hit: *Dreams*

Pigbag

Simon Underwood, b; James Johnstone, g/key; Ollie Moore, sax; Chris Lee; tr/ukulele; Chip Carpenter, d; Roger Freeman, per; Brian Nevill, d/sax; Oscar Verden, key; Angela Jaeger, v; Kofi, d.
Diese britische Formation fand Ende 1980 zusammen. Die erste Hitnotierung der Instrumentalband war 1981 *»Sunny Day«*. Ihren einzigen Top-10-Erfolg, im Frühjahr 1982 Platz 3 in GB, hatten sie mit *»Papa's Got A Brand New Pigbag«*. Das britische Massenblatt Sun schrieb: »Er hat keinerlei Text, keinen Catchy Gimmick, nicht einmal eine bestimmte Melodie.« »Der Sound von Pigbag, Punk-Jazz mit unkonventionellen Arrangements, war geradezu unkommerziell. Nach einer weiteren Single, *»The Big Bean«*, war die Gruppe wieder aus den Hitparaden verschwunden. Später nahm man noch eine Sängerin hinzu, und es fanden zusätzlich Umbesetzungen statt.

Der Hit: *Papa's Got A Brand New Pigbag*
Der Tip: *Dr. Heckle And Mister Jive* (Intercord 149 000)

Piglets

1971 nahm Jonathan King (* 6.12.1944 als Kenneth King), der bekannt für seine zahlreichen Pseudonyme ist, mit einigen Sessionmusikern als Piglets die Single *»Johnny Reggae«* auf. Die Platte erreichte im Herbst 1971 Platz 3 in den britischen Charts und verkaufte sich schneller als jede andere Veröffentlichung von King. Nachdem zwei weitere Episoden, *»This Is Reggae«* und *»Johnny Reggae's Don't Get Your Knickers In A Twist«*, keinen Erfolg hatten, wandte sich King neuen Projekten zu.

Der Hit: *Johnny Reggae*

Pilot

David Paton, v/g (* 29.10.1951); Bill Lyall, key (* 26.3.1953, † Dezember 1989); Ian Bairnson, g (* 3.8.1953); Stuart Tosh, d (* 26.9.1951).
Der britische Sänger, Bassist und Songschreiber David Paton war 1973 Mitbegründer des Trios Pilot. Ein Jahr später nahm man als vierten Mann den Gitarristen

Bairnson hinzu und mit »*Magic*« gelang ihnen im selben Jahr ein Platz 11 in GB und im Frühjahr 1975 Platz 5 in den USA. Im Januar 1975 kam die Nummer »*January*« in die britischen Charts und belegte Platz 1. Produziert wurden die Platten alle von Alan Parsons. Es gelangen Pilot noch zwei weitere Top-40-Hits in GB, und 1977 erschien mit »*Two's A Crowd*« ihr letztes Album. Tosh ging zu 10cc. Bairnson und Paton wurden Studiomusiker, u. a. für Kate Bush, Alan Parsons oder Chris DeBurgh. Lyall veröffentlichte eine Solo-LP und ging dann zu Dollar. Im Dezember 1989 starb er an Aids.

Der Hit: *January*
Der Tip: *The Best Of* (EMI 0C 054-07341)

Pinetoppers

Vaughn Horton, mand/g; Roy Horton, b; Ray Smith; Rusty Keefer; Johnny Browers; Trudy Marlin, v; Gloria Marlin, v.
Die beiden Brüder Horton kamen aus dem tiefsten Pennsylvania 1935 nach New York. Dort hatten sie über NBC und CBS eine eigene Radiosendung. Im Laufe der Jahre kamen die anderen Musiker und Sänger hinzu und man nannte sich The Pinetoppers. Ihren größten Erfolg hatten sie Anfang 1951 mit »*Mockin' Bird Hill*«. Die Platte erreichte Platz 3 in den Country-, Platz 10 in den Pop-Charts. Der Gesang wurde von den beiden Schwestern Trudy und Gloria Marlin übernommen, die als Beaver Valley Sweethearts auftraten. Nach den Pinetoppers kamen Les Paul & Mary Ford mit ihrer Version von »*Mockin' Bird Hill*« in die Hitparaden und waren erfolgreicher. Die zweite Hitnotierung gelang den Pinetoppers ebenfalls 1951: »*Lonely Little Robin*« erreichte Mitte des Jahres Platz 14. Dieses Mal wurden als Sänger die Marlin Sisters & Ray Smith angegeben.

Der Hit: *Mockin' Bird Hill*

Ping-Ping

Diese belgische Formation war 1961/62 mit drei Titeln in der deutschen Hitparade vertreten. Ihr erster war auch gleich ihr größter Erfolg: »*Sucu-Sucu*« erreichte Anfang 1961 Platz 5. Nach »*Marianne*« und »*Esperanza*« verschwanden sie wieder. In der britischen Hitparade wurden Ping-Ping & Al Verlaine aufgelistet, als belgisches Duo bezeichnet und erreichten Platz 41 mit »*Sucu-Sucu*«.

Der Hit: *Sucu-Sucu*

Pinkees

Diese britische Formation erreichte mit *»Danger Games«* im Herbst 1982 einen Platz 8 in den GB-Charts. Ansonsten hinterließen sie keinerlei Spuren in den Hitparaden – allerdings sorgte die Band für einen Umbruch in GB, was die Ermittlung der Charts angeht. Ihr Hit war um Position 30 herumgekrebst und machte am 23.10.1982 einen ungewöhnlich hohen Sprung von 27 auf diesen schon erwähnten Platz 8. Es kam der Verdacht auf, daß hier manipuliert wurde zwischen einem Mitarbeiter der Plattenfirma der Gruppe und dem British Market Research Bureau (BMRB), das im Auftrag der BBC die wöchentliche Hitparade ermittelte. Sogar Scotland Yard wurde eingeschaltet. Der Vertrag zwischen der BBC und BMRB wurde gekündigt, und seit dem Januar 1983 liegt die Ermittlung der GB-Charts beim Meinungsforschungsinstitut Gallup.

Der Hit: *Danger Games*

Pinkerton's Assorted Colours

Samuel »Pinkerton« Kemp, v; Tony Newman, g; Tom Long, g; Barrie Bernard, b; Dave Holland, d.
Die britische Formation wurde 1964 als Liberators gegründet. Reg Calvert, der Manager der Fortunes, wurde auf die Gruppe aufmerksam, änderte ihren Namen, verpaßte ihnen als Bühnenkleidung grellrosa Jacketts. Anfang 1966 schaffte die Band mit *»Mirror Mirror«* Platz 9 in GB. Nach einer weiteren Hitnotierung im gleichen Jahr verschwand die Gruppe wieder, verkürzte ihren Namen auf Pinkerton's Colours und schließlich Pinkerton. Tony Newman tauchte später als Sänger bei Flying Machine auf, die es zumindest in den USA auf einen Top-10-Hit brachten.

Der Hit: *Mirror Mirror*

Pink Floyd

Syd Barrett, v/g (* 6.1.1946 als Roger Barrett); David Gilmour, g/v (* 6.3.1946); Roger Waters, v/b (* 6.9.1944); Nick Mason, d (* 27.1.1944); Rick Wright, key (* 28.7.1945).
Single-Erfolge sind bei dieser britischen progressiven Rockband rar. *»Arnold Layne«* kam im Frühjahr 1967 in die GB-Charts und erreichte Platz 20. Nachfolger *»See Emily Play«* kam bis auf Platz 6. Den nächsten Single-Erfolg schaffte Pink Floyd mit *»Money«*, Mitte 1973 Platz 13 in den USA. *»Another Brick In The Wall (Part 2)«* kam Ende 1979 in die Hitparaden und wurde in GB, den USA und

Deutschland ein Spitzenreiter. Einen weiteren Top-10-Hit hatte diese Gruppe nicht, die es erklärtermaßen auch darauf nicht anlegte. Die Ursprünge der Band gehen zurück bis in das Jahr 1965. Waters, Wright und Mason trafen sich als Studenten am Regent Street Polytechnikum in London. Sie waren Mitglieder in verschiedenen Studentenbands. Waters bringt seinen Freund Syd Barrett ins Spiel und die vier gründen ein Quartett, dem Syd den Namen Pink Floyd gibt. Namensgeber sind die beiden Bluesmusiker aus Georgia, Pink Anderson und Floyd Council. Pink Floyd spielte zu diesem Zeitpunkt auch Blues. Ab 1966 schlug die Band musikalisch eine andere Richtung ein und verlegte sich auf Psychedelic Underground. Die erste LP von Pink Floyd in den britischen LP-Charts war *»Pipers At The Gates Of Dawn«*, im Herbst 1967 Platz 6. Anfangs wurde das Material der Gruppe vorwiegend von Syd Barrett geschrieben, der schnell immer abgehobener und schließlich laut Aussage von Nick Mason wirklich verrückt wurde. Syds Verhalten bringt den Rest der Gruppe zunehmend in Schwierigkeiten, und 1968 bringt Waters als fünften Mann David Gilmour zu Pink Floyd. Im April des gleichen Jahres wird Syd gebeten, die Band zu verlassen. Er macht einige sehr verschrobene Soloplatten, die kommerziell nicht erfolgreich sind. Anders Pink Floyd, die erst jetzt eine konstante musikalische Richtung verfolgen. Mitte 1968 erscheint mit *»A Saucerful Of Secrets«* erneut ein Top-10-Erfolg in der LP-Hitparade. Die LPs *»Atom Heart Mother«* 1970, *»Wish You Were Here«* 1975 und *»The Final Cut«* 1983 wurden Spitzenreiter in GB. In den USA setzten sich an die Spitze *»The Dark Side Of The Moon«* ab 1973 – keine Langspielplatte in der Geschichte der amerikanischen LP-Charts konnte sich länger in der Hitparade halten als diese Platte: insgesamt blieb sie über 740 Wochen drin und verkaufte sich 12 Millionen Mal –, *»Wish You Were Here«* 1975 und *»The Wall«* 1979. Pink Floyd hat ganz sicher Maßstäbe in diversen Richtungen gesetzt. Ihre Konzerte waren spektakulär, ihr Plattensound perfekt. Zu den Höhepunkten der enormen Rock shows von Pink Floyd gehört ganz ohne Zweifel das Spektakel *»The Wall«*. 1982 wurde *»The Wall«* mit Bob Geldof in der Hauptrolle verfilmt. 1980 verließ Wright die Band, nachdem er Schwierigkeiten mit Roger Waters hatte. Aber auch die anderen scheinen inzwischen mit Waters nicht mehr richtig zurechtzukommen. Die LP *»The Final Cut«* aus dem Jahr 1983 kann man schon fast als Soloalbum von Waters bezeichnen. Mitte der 80er Jahre scheint Pink Floyd ganz auseinanderzufallen. Die einzelnen Mitglieder arbeiten an Soloprojekten, und schließlich sind es 1987 Gilmour und Mason, die als Pink Floyd wieder zusammenkommen und eine neue LP aufnehmen: *»A Momentary Lapse Of Reason«*. Nachdem nun Waters nicht mehr dabei ist, kommt Wright wieder dazu, jedoch nicht als Bandmitglied, sondern als bezahlter Studiomusiker. Auch ohne Roger Waters wird die Platte überaus erfolgreich und verkauft sich allein in den USA über drei Millionen Mal. Soloprojekte von Waters konnten an die großen Erfolge von Pink Floyd nicht anknüpfen. *»The Pros And Cons Of Hitch Hiking«* 1984, *»Radio*

K.H.A.O.S.« 1987 oder *»Amused To Death«* 1992 blieben hinter den Erwartungen zurück. Nach dem Fall der Berliner Mauer führte Roger Waters mit einer illustren Schar von Gastmusikern wie Scorpions, Ute Lemper, Cyndi Lauper, Snowy White, Thomas Dolby, Sinéad O'Connor, Joni Mitchell, Bryan Adams, Paul Carrack, Van Morrison, The Band oder Marianne Faithfull am 21. Juli 1990 *»The Wall«* noch einmal am Potsdamer Platz in Berlin auf. 200 000 Zuschauer sehen das Spektakel und sind begeistert. Das Konzert wird weltweit live übertragen, und der Erlös geht an einen Katastrophenfonds. 1992 stellen Gilmour und Mason eine Box vor, die *»Shine On«* heißt und in der die wichtigsten Titel von Pink Floyd zusammengefaßt sind. Bei der Gelegenheit geben sie bekannt, daß sie an einer neuen LP arbeiten und damit auf Tour gehen wollen.

Der Hit: *Another Brick In The Wall (Part 2)*
Der Tip: *Shine On* (EMI 7 80557 2)

Pinza, Ezio

* 18.5.1892, † 9.5.1957. Der Italiener sang in der New York Metropolitan Opera von 1926 bis 1948. Ein Jahr später war er der Star am Broadway im Musical »South Pacific«. Der Song *»Some Enchanted Evening«* aus diesem Musical kam im Herbst 1949 in die US-Charts, erreichte Platz 7 und wurde ein Millionseller. Es blieb der einzige Ausflug des Opernsängers in die Niederungen der Pop-Hitparaden. Ezio spielte auch in etlichen Filmen mit und war 1954 wieder am Broadway mit »Fanny« erfolgreich.

Der Hit: *Some Enchanted Evening*

Pipkins

Roger Cook, v (* 19.8.1940); Tony Burrows, v (* 14.4.1942).
Dieses britische Studioprojekt brachte es mit der Klamauk-Nummer *»Gimme Dat Ding«* im Frühjahr 1970 auf einen Platz 6 in GB, Platz 9 in den USA. Der Titel wurde häufig in den Benny Hill Shows als Background-Musik verwendet. Ursprünglich war er vom Songschreiber-Duo Hammond/Hazelwood für die TV-Kinderserie »Oliver And The Overlord« geschrieben worden.

Der Hit: *Gimme Dat Ding*
Der Tip: *Gimme Dat Ding* (EMI 1 C 062-91 744)

Piranhas

Bob Grover, v/g; John Helmer, g; Zoos Alors, sax; Reginald Fredrick Hornsburg, b; Dick Slexia, d.

Der Melody Maker nannte sie die Woody Allens des Rock. 1977 begann diese britische Formation professionell zu arbeiten. »Damals«, so erzählte die Gruppe, »konnten wir nichts falsch machen, weil Punk gerade groß angesagt war. Niemand im Publikum wußte so recht, was in dieser Woche gerade modern war, und so konnte man alles präsentieren. Hauptsache, man hatte die richtigen Klamotten an.« Wegen ihrer ausgeflippten Kleidung wurden sie schnell in Brighton und Umgebung bekannt. Ihr unprofessioneller Habitus, »am Anfang nicht gewollt, sondern mangels Erfahrung«, machte Eindruck auf das Publikum. Mit einer Neuauflage des Titels *»Tom Hark«*, im Original mit der südafrikanischen Gruppe Elias & His Zigzag Jive Flutes 1958 ein Top-10-Hit in GB, belegten die Piranhas im Herbst 1980 Platz 6 in GB. Zwei Jahre später kam *»Zambesi«* mit den Piranhas noch unter die ersten 20. Danach hatten sie wohl so viel gelernt, daß das Publikum sie nicht mehr als aufregend empfand.

Der Hit: *Tom Hark*
Der Tip: *Piranhas* (Hansa 202 927-320)

Pitney, Gene

* 17.2.1941 als Gene Francis Pitney. Der Amerikaner wurde als Sproß polnischer Einwanderer geboren. Zusammen mit Ginny Arnell nahm er 1959 als Jamie & Jane seine ersten Platten auf. Ab 1960 machte er Soloplatten, erst als Billy Bryan, dann unter seinem richtigen Namen und war bis 1974 in den Hitparaden zu finden. Sein erster Top-10-Erfolg war im Frühjahr 1962 *»(The Man Who Shot) Liberty Valance«*. Die Nachfolgesingle *»Only Love Can Break A Heart«* kam im Herbst des gleichen Jahres bis auf Platz 2. In GB sollten Gene zwischen 1963 und 1967 zehn Top-10-Erfolge gelingen. Die erfolgreichsten waren *»I'm Gonna Be Strong«* 1964 und *»Nobody Needs Your Love«* 1966, beide Platz 2. Eine Nummer 1 ist ihm nie gelungen, bis er nach langer Abwesenheit aus den Hitparaden 1989 zusammen mit dem Briten Marc Almond eine Neuaufnahme von *»Something's Gotten Hold Of My Heart«* sang. Die Platte erreichte Platz 1 in GB und in Deutschland. Auch als Songschreiber für andere war Gene erfolgreich. So schrieb er z. B. für die Crystals *»He's A Rebel«* oder Ricky Nelsons *»Hello Mary Lou«*.

Der Hit: *Only Love Can Break A Heart*
Der Tip: *Anthology 1961 - 1968* (Rhino RNCD 75896 TIS)

Plastic Bertrand

* 24.2.1958 als Roger Jouret. Der Belgier hatte etwas von Sid Vicious für Kinder. 1976 war er Schlagzeuger in der Gruppe Hubble Bubble. Dann wurde er von dem Produzenten Lou Deprijk entdeckt, der gerade mit Two Man Sound erfolgreich war. Im Oktober 1977 erschien *»Ça Plane Pour Moi«* und entwickelte sich zu einem Hit in Europa. In Deutschland kam die Platte im Mai 1978 in die Charts und erreichte Platz 6, in GB Platz 8. Im gleichen Jahr kam *»Sha La La La Lee«* in GB noch unter die ersten 40. Ein weiterer Hit gelang ihm nicht.

Der Hit: *Ça Plane Pour Moi*
Der Tip: *Grands Succès* (Hansa 204 020-320)

Plastic Penny

Brian Keith, v; Paul Raymond, key; Tony Murray, b (* 26.4.1945); Mick Grabham, g; Nigel Olsson, d (* 5.2.1949).
Die britische Formation kam 1968 zusammen und gehörte zu den ersten Interpreten, die für das neu gegründete Label Page One von Larry Page Platten aufnahmen. Mit einer Coverversion des Box-Tops-Titels *»Everything I Am«* standen sie Anfang 1968 auf Platz 6 in GB. Weitere Single-Versuche scheiterten, und bereits vor Fertigstellung der einzigen LP verließ Keith die Gruppe. Danach trennten sich auch die anderen. Grabham gründete zunächst die Formation Cochise, bevor er zu Procol Harum ging. Murray spielte mit den Troggs, Raymond mit Chicken Shack und Savoy Brown, während Olssen mit der Spencer Davis Group und Elton John arbeitete.

Der Hit: *Everything I Am*

Platters

Tony Williams (* 5.4.1928, † 14.8.1992), David Lynch (* 1929, † 2.1.1981), Paul Robe (* 1931, † 1.2.1989), Herb Reed (* 1931), Zola Taylor (* 1934), Sonny Turner, Sandra Dawn, Nate Nelson, alle v.
Diese amerikanische Gruppe formierte sich 1953. Ihr Manager Buck Ram hatte die Nummer *»Only You«* geschrieben, die 1954 erschien und ein Flop war. Ein Jahr später bot Buck den Titel einer größeren Firma an, die eine Neuaufnahme von *»Only You«* machte. Diese neue Version von *»Only You«* erreichte Ende 1955 Platz 5 in den USA. Noch im gleichen Jahr hatten sie mit *»The Great Pretender«* Platz 1 in den USA und später in GB Platz 5. *»(You've Got) The Magic Touch«* kam im Frühjahr 1956 auf Platz 4. Dann hatten sie drei Spitzenreiter in den USA mit *»My*

Prayer« 1956, *»Twilight Time«* und *»Smoke Gets In Your Eyes«* 1958. Letztgenannter Titel belegte 1959 auch den ersten Platz in GB. Nach 1959 begann der lange Abstieg der Band, der sicher nicht nur damit zu tun hatte, daß im Laufe der Jahre etliche Mitglieder ausgewechselt wurden. Auch das endgültige Ausscheiden von Leadsänger Tony Williams war es nicht, was der Band schadete. Als der ging, hatten sich die Platters schon selbst schachmatt gesetzt. Passiert war folgendes: Am 10. August 1959 wurden die vier männlichen Mitglieder der Band in einem Hotelzimmer in Cincinnati festgenommen. Offensichtlich hatte man die Musiker angezeigt. Im Zimmer sollen außer den Sängern auch noch Prostituierte gewesen sein, und es soll stark nach Marihuana gerochen haben. Die Presse stürzte sich gleich auf dieses Thema und machte damit dem Erfolg der Gruppe ein Ende. Als sich schließlich herausstellte, daß die Anschuldigungen vollkommen übertrieben und teilweise sogar total falsch waren und sie nach einer Gerichtsverhandlung freigesprochen wurden, kamen die Jungs nicht wieder in Tritt. Inzwischen waren ihre Platten von den Spiellisten der Radiostadionen gestrichen worden. Einige Veranstalter hatten bereits fest gebuchte Termine wieder abgesagt. Es ging bergab. Als dann schließlich 1960 auch noch der Leadsänger Tony Williams ging, war es ganz aus. Nicht wenige amerikanische Musikjournalisten, die die Ära des Rock 'n' Roll miterlebt haben, schreiben heute davon, daß es Rassisten waren, die die Platters damals angezeigt haben, weil sie es wohl nicht ertragen konnten, daß eine farbige Gruppe über Jahre hinweg in den »weißen« Hitparaden die obersten Plätze belegte. In der Tat waren die Platters die erste schwarze Gruppe, die auch beim weißen Publikum unglaublich beliebt war und die an die Weißen auch Platten verkaufte. Und um lästige Konkurrenz zu vertreiben, war den neidischen Kollegen wohl jedes Mittel recht. Im Laufe der Jahre hat Buck Ram, der die Rechte am Namen Platters hat, mehr als 50mal gegen Musiker geklagt, die als Platters auftraten. Damit wird er wohl bis ans Ende seiner Tage, er starb am 1.1.1991, beschäftigt gewesen sein. Immer wieder tauchen Musiker auf, die sich Platters nennen, *»Only You«* im Repertoire und nichts mehr mit den Original-Platters zu tun haben.

Der Hit: *Smoke Gets In Your Eyes*
Der Tip: *Golden Hits* (Mercury 826 447-2)

Player

Peter Beckett, v/g; John Crowley, v/g; Ronn Moss, b; Wayne Cooke, key; John Friesen, d.

Diese Pop-Rockgruppe wurde in Los Angeles gegründet. Gleich ihre erste Hitnotierung war Ende 1977 der Millionseller und Spitzenreiter in den USA *»Baby Come Back«*. Die Nachfolgesingle *»This Time I'm In It For Love«* erreichte noch Platz 10. Vier weitere Notierungen kamen nicht mehr über Platz 20 hinaus. Ab 1988 wurde John Crowley erfolgreich als Country-Sänger.

Der Hit: *Baby Come Back*
Der Tip: *Player* (Philips 9124 370)

Players Association

Chris Hill, b/d/key/v; Bob Mover, sax; Karl Ratzer, g; Mike Mandel, syn; Bob Berg, sax; Tom Harrell, tr; Pat Rebillot, key; Herb Bushler, b.
Chris Hill ist der Kopf dieser Vereinigung von bekannten amerikanischen Jazzmusikern. Die Aufnahme »*Turn The Music Up!*« war in den USA nicht erfolgreich, in GB kam sie bis auf Platz 8 in den Charts. Sie gilt als Beweis dafür, daß Discomusik auch anspruchsvoll sein kann. Es folgten noch zwei weitere Titel der Band in den GB-Charts, aber keine kam über Platz 40 hinaus.

Der Hit: *Turn The Music Up!*
Der Tip: *Turn The Music Up!* (Vanguard 064 CRY 62698)

Playmates

Donny Conn (* 29.3.1930), Morey Carr (* 31.7.1932), Chic Hetti (* 26.2.1930), alle v.
Dieses amerikanische Trio verstand sich mehr als Blödel-, weniger als Gesangstruppe. Zu Beginn der 50er Jahre hatten sie sich als Nitwits zusammengeschlossen. Ab 1956 nahmen sie Novelty-Songs in ihr Repertoire auf und änderten ihren Namen in Playmates. Im selben Jahr machten sie ihre erste Platte. Die erste Hitnotierung hatten sie Anfang 1958 mit »*Jo-Ann*«. Ihr größter Hit wurde »*Beep Beep*«, Ende des gleichen Jahres Platz 4 in den USA. Nach insgesamt 10 Hits waren sie nach 1962 aus den Charts wieder verschwunden.

Der Hit: *Beep Beep*
Der Tip: *The Story Of Rock And Roll* (Roulette 200 626-241)

PM Dawn

Prince B (* 15.5.1970 als Attrell Cordes), DJ Minute Mix (* 17.7.1971 als Jarrett Cordes).
Die beiden aus dem Staat New York stammenden Brüder wurden in ihrer Familie schon früh mit Musik konfrontiert. Die Mutter engagierte sich im obligatorischen Gospelchor der Heimatstadt, der Stiefvater war Gründungsmitglied bei der Funk-

Band Kool & The Gang. PM Dawn hatte ihre ersten Erfolge in GB. Die Nummer »*Set Adrift On Memory Bliss*« kam dort im August 1991 in die Charts und wurde Platz 3. Die gleiche Position erreichte die Platte einen Monat später in Deutschland und wiederum einen Monat später kam sie in die US-Charts und wurde dort Spitzenreiter. Als Mitautor der Nummer wurde Gary Kemp angegeben, denn Anklänge an das Stück »*True*« von Spandau Ballet waren nicht zu überhören. Ihr zweiter großer Erfolg war im Herbst 1992 der Millionseller und Platz 3 in der amerikanischen Hitparade »*I'd Die Without You*«. Der Titel war auch deshalb so erfolgreich, weil er im Film »Boomerang« mit Eddie Murphy zu hören war. Der Name PM Dawn soll sagen, daß aus der tiefsten Finsternis die Erleuchtung kommt!

Der Hit: *Set Adrift On Memory Bliss*
Der Tip: *Of The Heart . . .* (Island 262 830)

Pogues

Shane MacGowan, g/v (* 25.12.1957); Jem Finer, banjo; James Fearnley, acc; Peter »Spider« Stacy, tin whistle/v; Caitlin O'Riordan, b; Andrew Ranken, d; Joe Strummer, v (* 21.8.1952).
Die britische Band formiert sich 1983 in London und spielt in ihren Anfangstagen eine Mixtur aus Country, Rockabilly und Folk. Auf ihrem eigenen Plattenlabel Pogue Mahone veröffentlichen sie ihre Debütsingle »*The Dark Streets Of London*«. Zu diesem Zeitpunkt nennt sich die Formation noch Pogue Mo Chone – ein gälischer Ausdruck für »Leck mich am Arsch«. Schon aus diesem Grunde spielt die BBC die Debütsingle nur zögerlich. Mitte des Jahres 1984 wechseln sie zu der Plattenfirma Stiff Records, die die Band überredet, den Namen auf Pogues abzukürzen. »*A Pair Of Brown Eyes*« ist im Frühjahr 1985 die erste Single der Gruppe in den britischen Charts. »*Fairytale Of New York*« kommt im Dezember 1987 in die GB-Charts und erreicht Platz 2. Vier Jahre später kommt sie erneut in die Hitparade, dieses Mal bis auf Platz 36. Bei diesem Titel ist außer der Gruppe Pogues Kirsty MacColl zu hören. Zusammen mit den Dubliners haben die Pogues im Frühjahr 1987 den Titel »*The Irish Rover*« aufgenommen, der es bis auf Platz 8 in den GB-Charts bringt. Die Plattenveröffentlichungen der Gruppe reichen bis in die 90er Jahre. 1991 verläßt Shane MacGowan die Band und wird durch Joe Strummer von Clash ersetzt. Seit Juni 1992 hat Stacy den Job des Leadsängers übernommen.

Der Hit: *Fairytale Of New York*
Der Tip: *The Best Of* (Warner Brothers 9031-75405-2)

Pointer Sisters

Ruth (* 19.3.1946), Anita (* 23.1.1948), Bonnie (* 11.7.1950) und June (* 30.11.1954) Pointer, alle v.
Die Pointer Sisters kamen 1971 in ihrer Heimatstadt Oakland als Gesangsgruppe zusammen. Ein Jahr später kam als viertes Mitglied Schwester June dazu. Bevor ihre Karriere als Soulgruppe begann, sangen sie Gospelmusik, was bei den Eltern – sie sind Pfarrer – kein Wunder ist. Sie sangen jedoch auch im Hintergrund bei Plattenaufnahmen von Elvin Bishop, Boz Scaggs, Grace Slick und vielen anderen. Schon 1971 hatten sie einen eigenen Plattenvertrag. Ihre erste Hitnotierung war »*Yes We Can Can*« im Herbst 1973. 1977 trennen sie sich kurz. Bonnie beschließt, eine Solokarriere zu machen, die drei anderen machen als Trio weiter. Der größte Erfolg von Bonnie wird Mitte 1979 »*Heaven Must Have Sent You*«, Platz 11 in den USA. Die Bruce-Springsteen-Nummer »*Fire*« brachte den Schwestern Ende 1978 einen Millionseller und Platz 2 in den USA. »*He's So Shy*« 1980 und »*Slow Hand*« waren ebenfalls Millionseller und Top-10-Hits in den USA. »*Slow Hand*« schaffte auch Platz 10 in GB. »*Automatic*« und »*Jump (For My Love)*« waren 1984 Top-10-Erfolge in den USA und in GB. »*I'm So Excited*« und »*Neutron Dance*« kamen ebenfalls noch 1984 unter die ersten 10 in den USA.

Der Hit: *Slow Hand*
Der Tip: *Black & White* (WEA PL 52 300)

Poison

Bret Michaels, v (* 15.3.1962 als Bret Sychalk); Bobby Dall, b (* 2.11.1958 als Kuy Kendall); C.C. DeVille, g (* 14.5.1963 als Cecil De Ville); Rikki Rockett, d (* 8.8.1959 als Richard Ream).
Dieses amerikanische Hard-Rock-Quartett formierte sich 1984. Mit der Single »*Talk Dirty To Me*« schafften sie ihren ersten Hitparadenerfolg, im Frühjahr 1987 Platz 9 in den USA. 1988 kam »*Nothin' But A Good Time*« bis auf Platz 6, und Ende des gleichen Jahres wurde »*Every Rose Has Its Thorn*« Millionseller und Spitzenreiter in den USA. »*Your Mama Don't Dance*« 1989, »*Unskinny Bop*« und »*Something To Believe In*« 1990 wurden ebenfalls Top-10-Erfolge, die beiden letztgenannten Platten auch Millionseller. Hatte sich die Gruppe in ihren Anfangstagen mehr wie eine Mischung aus Travestie und Alice Cooper gegeben, so kamen sie in den 90er Jahren mit Metaller-Image.

Der Hit: *Every Rose Has Its Thorn*
Der Tip: *Open Up And Say . . . Ahh!* (Capitol CDP 7 48493 2)

Police

Sting, v/b (* 2.10.1951 als Gordon Summer); Andy Summers, g (* 31.12.1942); Stewart Copeland, d (* 16.7.1952).

Die Band kam im Januar 1977 zusammen. In den Anfangstagen war als Gitarrist Henri Padovani mit dabei. Diese drei nahmen die erste Single von Police, *»Fall Out«* auf, die sich nur 15 000 Mal verkaufte. Im August 1977 kommt als viertes Mitglied Andy Summers zur Band. Im September spielt Police als Quartett beim South Of France Punk Festival in Mont de Marson. Zurück in GB verläßt Padovani, »weil die Chemie nicht stimmt«, die Band und läßt sie als Trio zurück. Andy Summers hatte vorher z. B. bei Eric Burdon & The Animals, Soft Machine, der Kevin Ayers Band und der Zoot Money Big Roll Band gespielt, teilweise unter dem Pseudonym Andrew Somers. Copeland war vorher Mitglied bei Curved Air gewesen, Sting Bassist bei Earthrise, den River City Jazzmen, der Newcastle Big Band, Last Exit und außerdem in einem bürgerlichen Beruf tätig als Grundschullehrer für Sport und Musik. Police entwickelte sich schnell zu einer der innovativsten Rockbands der 70er Jahre. Ihre Mixtur aus New Wave, Punk-Manierismen, Reggae und Rock faszinierte nicht nur die Briten. Noch im Jahr 1977 arbeiten sie mit dem Deutschen Eberhard Schoener an dessen Album »Video Flashback«. Im Frühjahr 1978 wirken sie in einem Werbespot für Wrigleys Kaugummi im amerikanischen Fernsehen mit. Um den amerikanischen Vorstellungen von britischer Punk-Rock-Bewegung gerecht zu werden, färbt sich das Trio die Haare blond. Im April 1978 erscheint die Single *»Roxanne«*, die aber nicht in die Hitparaden kommt, weil die Gruppe keine Zeit hat, dafür Promotion zu machen. Wieder ist sie in Deutschland und arbeitet mit Eberhard Schoener an dessen Laser-Theater. *»Can't Stand Losing You«* ist im Herbst 1978 die erste Chart-Single des Trios, die, als sie Mitte 1979 noch einmal veröffentlicht wird, bis auf Platz 2 in GB kommt. Auch die erwähnte Platte »Roxanne« wird im Frühjahr 1979 noch einmal neu veröffentlicht und erreicht dieses Mal Platz 12. *»Message In A Bottle«* wird im Herbst 1979 Spitzenreiter in GB. Ende des gleichen Jahres erreicht *»Walking On The Moon«* ebenfalls Platz 1. Weitere Spitzenreiter in GB waren *»Don't Stand So Close To Me«* 1980, *»Every Little Thing She Does Is Magic«* 1981 und – auch Platz 1 in den USA und Millionseller – *»Every Breath You Take«* 1983. Schon früh begannen die einzelnen Mitglieder, auch an Projekten neben Police zu arbeiten. So veröffentlichte Copeland unter dem Namen Klark Kent Mitte 1978 eine Platte. Sting spielte in diversen Filmen mit, so z. B. »The Great Rock 'n' Roll Swindle«, »Quadrophenia«, »Dune«, »The Bride« und »Plenty«. Mitte 1982 erschien die erste Soloplatte von Sting. Es tauchten viele Gerüchte auf, daß die Band nun auseinanderfallen würde, die sich aber nicht bestätigten. Auch Andy Summers veröffentlichte Soloplatten oder nahm zusammen mit dem Gitarristen Robert Fripp von den Kritikern hochgelobte Alben auf. Zwischenzeitlich blieb immer noch Luft, auch Musik für Filme zu schreiben. Summers z. B. für »Zoff in Beverly Hills« , Copeland für Coppolas »Rumble Fish«. 1988 gründete er mit Deborah Holland und Stanley Clarke Animal Logic. Die erfolgreichsten Aktivitäten neben Police dürften auf das Konto von Sting gehen. Zwischen 1978 und 1983 veröffentlichte Police fünf LPs, die zweifellos inzwischen Klassiker sind. Sie sind sozusagen ungeschlagen abgetreten und darin mit den Beatles zu vergleichen, die ebenfalls aufgehört haben, bevor man sich fragt: »Sind die denn immer noch da?«.

Der Hit: *Every Breath You Take*
Der Tip: *Greatest Hits* (A&M 540 030-2)

Pollard, Su

Über ein Jahr lang beobachtete ein britisches TV-Team den Verlauf des ersten Ehejahres von Marc und Karen Adams-Jones. Daraus machte die BBC die sechsteilige TV-Serie »The Marriage«. Thema-Musik war *»Starting Together«*, gesungen von Su, die mit ihrer Krankenkassengestellbrille und eher dezentem Make-up wie ein Mauerblümchen unter den hypergestylten Synthie-Bands und grellbunten Musik- und Modesettern in GBs Hitszene wirkte. Su erreichte mit ihrer Platte im Frühjahr 1986 Platz 2 in GB, und ihr Produzent war sich sicher, auch ohne Hilfe einer TV-Serie mit seinem Schützling Hits landen zu können. Irren ist menschlich. Vor ihrem einzigen Erfolg hatte Su als Schauspielerin am Theater und in Musicals gearbeitet. Danach setzte sie diese Karriere fort.

Der Hit: *Starting Together*

Poni-Tails

Toni Cistone; La Verne Novak; Patti McCabe; alle v.
Die drei Amerikanerinnen gründeten 1956 ihr Trio und nahmen 1957 ihre ersten Platten auf. Mit *»Born Too Late«* hatten sie Mitte 1958 ihren einzigen Top-10-Erfolg in den USA und in GB. Nach zwei weiteren Hitnotierungen im Bereich Platz 80 bis 90 tauschten sie 1960 ihre Pferdeschwänze gegen Ehemänner ein. Anfang der 90er Jahre arbeitete LaVerne für einen Grundstücksmakler in Ohio und hatte inzwischen fünf Enkelkinder. Toni arbeitete an einer High-School, Patti war im Januar 1989 an Krebs gestorben.

Der Hit: *Born Too Late*

Ponny-Boys

Herbert Imlau, Karl-Heinz Nowack, Fred Ritter, Werner Schliebitz.
Hinter dieser Gruppe versteckte sich das Comedian Quartett. Herbert Imlau war einst Mitglied bei den Comedian Harmonists. Als Ponny-Boys schafften sie mit »*So wie es früher war*« Ende 1957 einen Platz 2 in der deutschen Hitparade.

Der Hit: *So wie es früher war*

Poole, Brian & The Tremeloes

Brian Poole, v/g (* 3.11.1941); Rick West, g (* 7.5.1943 als Richard Westwood); Alan Blakley, g (* 1.4.1942); Alan Howard, b (* 17.10.1941); Dave Munden, d (* 12.12.1943).
Die Anfänge dieser britischen Beat-Formation gehen zurück bis in das Jahr 1958. Die Formation spielt zu diesem Zeitpunkt vorwiegend Coverversionen amerikanischer Rock-'n'-Roll-Hits. Am 1.1.1962 spielen sie und die Beatles bei der Plattenfirma Decca vor, um einen Vertrag zu erhalten. Den Zuschlag erhalten Brian Poole und seine Tremeloes, weil sie in London wohnen und damit schneller zur Verfügung stehen. Im März 1962 erscheint die Debütsingle »*Twist Little Sister*«. Ihr erstes Album ist eine Ansammlung von Coverversionen und heißt »*Big Hits Of '62*«. Außerdem spielt die Gruppe auf der Vernons-Girls-Single »*Loco-Motion*«, auf Mike Sarnes »*Come Outside*« und auf John Leytons »*Wild Wind*«. Als Anfang 1963 der Mersey-Beat-Boom beginnt, hängt sich Brian Poole an. Ihre erste Hitnotierung wird Mitte 1963 »*Twist And Shout*«, Platz 4 in GB. Drei Monate später erscheint »*Do You Love Me*« und wird Spitzenreiter. »*Candy Man*« und »*Someone Someone*« erreichen beide 1964 die ersten 10. Danach haben sie noch drei weitere Chart-Erfolge, aber keinen Top-10-Hit mehr. Am 28. Januar 1966 verkünden Poole und die Tremeloes, daß sie sich trennen werden. Poole beginnt eine Solokarriere, die nicht erfolgreich ist. Die Tremeloes hingegen haben zumindest bis 1971 etliche Top-10-Hits. In den 90er Jahren tritt Poole mit einigen der Original-Tremeloes bei den zahlreichen Oldie-Revivals auf.

Der Hit: *Do You Love Me*
Der Tip: *Twist And Shout* (Decca 6.25273)

Pop, Iggy

* 21.4.1947 als James Jewel Osterburg. Der amerikanische Sänger, Songschreiber und Schlagzeuger wurde 1964 Mitglied bei den Iguanas (aus dieser Zeit stammt auch der Name Iggy), später spielte er als Drummer für Junior Wells, Buddy Guy

oder die Shangri-Las. 1965 kam er zu den Prime Movers, 1966 als Schlagzeuger zur Butterfield Blues Band. 1967 gründete er die Psychedelic Stooges, die sich ab 1969 nur noch Stooges nannten. 1971 fiel die Band auseinander, und Iggy verdiente sich danach seinen Lebensunterhalt als Rasenmäher auf Golfplätzen in Florida. 1972 kommt es durch Protektion von David Bowie, mit dem Iggy dessen Hit »*China Girl*« schrieb, zu einer Neuauflage der Stooges, aber 1974 fallen sie wieder auseinander. 1975 verschwindet Iggy ganz von der Bildfläche. Wie sich später herausstellte, war er für längere Zeit in einer psychiatrischen Klinik, um von seinen Drogenproblemen geheilt zu werden. Der einzige, der ihn in dieser Zeit besuchte, war David Bowie. Im April 1977 erscheint Iggys erste Solo-LP: »*The Idiot*«. Seither veröffentlicht er in regelmäßigen Abständen Platten. »*Real Wild Child (Wild One)*« kommt Ende 1986 bis auf Platz 10 der GB-Charts.

Der Hit: *Real Wild Child (Wild One)*
Der Tip: *Blah-Blah-Blah* (A&M 395 145-2)

Pop-Corn Makers

Mit der Synthie-Simpel-Nummer »*Pop Corn*«, geschrieben von Gershon Kingsley, hatten Hot Butter, Anarchic System und die Pop-Corn Makers 1972 Erfolg. Die Version der Pop-Corn Makers erreichte im Herbst 1972 in Deutschland Platz 7.

Der Hit: *Pop Corn*

Poppy Family

Susan Jacks, v; Terry Jacks, g (* 29.3.1946); Craig MacCaw, g; Satwan Singh, perc. Dieses kanadische Pop-Quartett hatte im Frühjahr 1970 mit »*Which Way You Goin' Billy?*« einen Millionseller und Platz 2 in den USA, Platz 7 in GB. Der Nachfolger »*That's Where I Went Wrong*« schaffte in den USA noch eine Position unter den ersten 30, und nach drei weiteren Hitnotierungen im Jahr 1971 verschwand die Band aus den Charts. 1973 trennte sich die Gruppe und auch das Ehepaar Jacks. Susan hatte wenig Erfolg, Terry 1974 den Welthit »*Seasons In The Sun*«.

Der Hit: *Which Way You Goin' Billy?*
Der Tip: *Which Way You Goin' Billy?* (Decca SLK 16 676)

Pop Tops

Phil Trim, v (* 5.1.1940) war der Leadsänger und Songschreiber dieser Formation, die 1967 in Madrid gegründet wurde. Die einzelnen Mitglieder kamen aus Casablanca, von Teneriffa und Trinidad. Ihren ersten Erfolg hatten sie im Herbst 1968 in den USA mit *»Oh Lord, Why Lord«*, eine Adaptierung des Kanons von Pachelbel. Der größte Hit für die Pop Tops war *»Mamy Blue«*, Ende 1971 Spitzenreiter in Deutschland und Top-40-Hit in GB. Die Nachfolger *»Suzanne Suzanne«* und *»Hideaway«*, beide 1972, kamen in Deutschland unter die ersten 30. In Spanien war diese Gruppe über viele Jahre sehr populär.

Der Hit: *Mamy Blue*

Post, Mike

* 29.9.1944. Von diesem amerikanischen Plattenproduzenten, Komponisten und Orchesterleiter stammen unendlich viele TV- und Filmmelodien. Zwischen 1969 und 1971 leitete er das Orchester der »Andy Williams Show«, zwischen 1974 und 1976 das der »Mac Davies Show«. Seine Themamusik zur TV-Serie »Detektiv Rockford« kam 1975 bis auf Platz 10 in den USA. Gleiches Ergebnis schaffte er sechs Jahre später mit *»Theme From Hillstreet Blues«*. Ob »L.A. Law« oder »Magnum«, »The A-Team« oder »The Greatest American Hero« – die Musik stammt immer von Mike Post.

Der Hit: *Theme From Hillstreet Blues*
Der Tip: *Music From L. A. Law And Otherwise* (Polydor 422-833-985-1)

Pourcel, Franck

* 1.1.1915. Als Violinist spielte der Franzose in seinen Jugendjahren vorzugsweise in Jazzbands. Ende der 40er Jahre war er der Chef der French Fiddlers, Anfang der 50er Jahre erhielt er den ersten Plattenvertrag mit seinem Orchester. Seine Version von *»Blue Tango«* war 1952 in Frankreich sehr erfolgreich. Mit *»Only You«*, einer Instrumentalversion des Platters-Hits, gelang Franck im Frühjahr 1959 ein Platz 9 in den US-Charts – es blieb sein einziger internationaler Erfolg. Als Songschreiber sind ihm noch etliche Hits gelungen, so z. B. *»Chariot«* mit Petula Clark. Little Peggy March machte daraus *»I Will Follow Him«* – und diesen Titel sang 1992 Whoopi Goldberg im Film »Sister Act«.

Der Hit: *Only You*

Powell, Cozy

* 29.12.1947. Der britische Drummer und Songschreiber spielte von April 1971 bis Juni 1972 in der Jeff Beck Group, gründete dann im November des gleichen Jahres Beast, aus denen im Mai 1973 Bedlam wurde, die bis zum April 1974 zusammen blieben. Nebenher machte Cozy auch Soloplatten. Ende 1973 kam er mit »*Dance With The Devil*« in die britische und deutsche Hitparade und erreichte Platz 3 bzw. 4. Sein zweiter Top-10-Hit war im Sommer des darauffolgenden Jahres die Single »*Na Na Na*«, Platz 10 in GB. Im Mai 1974 startete er die Formation Cozy Powell's Hammer, die bis April 1975 hielt, spielte dann für zwei Monate mit Strange Brew und trommelte ab September 1975 für Rainbow. Nachdem sich Ritchie Blackmore 1984 wieder mit seinen alten Kollegen von Deep Purple zusammengetan hatte, wurde Cozy für eine LP Mitglied bei Emerson, Lake & Powell. 1990 tauchte er als Mitglied bei Black Sabbath auf.

Der Hit: *Dance With The Devil*
Der Tip: *Over The Top* (Polydor POCP-1811)

Powers, Joey

* 1939. Zunächst hatte Powers es mehr mit dem Sport: er arbeitete kurze Zeit als Lehrer für Ringen an der Universität von Ohio und produzierte die »John Hill's Exercise Show«. Als Interpret gelang ihm mit »*Midnight Mary*« Ende 1963 Platz 10 in den USA, mehr nicht.

Der Hit: *Midnight Mary*

Power Station

Robert Palmer, v (* 19.1.1949); Andy Taylor, g (* 16.2.1961); John Taylor, b (* 20.6.1960); Tony Thompson, d (* 15.11.1954).
Als diese Superstar-Formation im Januar 1985 zusammenkam, war das ganze Projekt für eine LP angelegt. John und Andy Taylor kamen von Duran Duran, Tony Thompson war Schlagzeuger von Chic, und Robert Palmer war als Solist arriviert. Aus der LP »*The Power Station*« wurden »*Some Like It Hot*« und »*Get It On*«, ein Revival des T.-Rex-Hits, ausgekoppelt und kamen zumindest in den USA unter die ersten 10. Aber als es galt, noch im gleichen Jahr auf eine Konzerttournee zu gehen, machte Robert Palmer schon nicht mehr mit. Für ihn sprang Michael Des Barres ein. Eine zweite LP gab es nicht.

Der Hit: *Some Like It Hot*
Der Tip: *The Power Station* (Capitol CDP 7 46127 2)

Pozzoli, Silver

* 19.7.1953. Angeblich soll der Mailänder seine Karriere als Backgroundsänger bei Stevie Wonder, Steve Winwood und David Crosby begonnen haben. Danach beschränkte er sich wieder auf den italienischen Raum und war zu hören im Hintergrund von Baltimora, Raf, Edoardo Bennato und Eros Ramazotti. 1983 wurde er Leadsänger der Gruppe Clubhouse, die mit einem Medley aus *»Do It Again«* und *»Billy Jean«* Mitte 1983 in Europa recht erfolgreich war. 1985 begann Pozzoli eine Solokarriere. Seine erste Single, *»Around My Dream«*, wurde ein Spitzenreiter in Spanien und Südafrika. *»Around My Dream«* kam im Frühjahr 1985 in die deutsche Hitparade und erreichte Platz 9.

Der Hit: *Around My Dream*

Prado, Perez

* 11.12.1916, † 14.9.1989. Der kubanische Tastenspieler und Songschreiber wurde in den 50er Jahren in den USA zu »El Rey de Mambo«. Von Kuba war er 1949 nach Mexico City ausgewandert und gründete dort eine Big Band. Ab 1954 tourte und arbeitete er in den USA. In dem Film »Under Water!« war er mit *»Cherry Pink And Apple Blossom White«* zu hören. Die Platte kam im Frühjahr 1955 bis auf Platz 1 in den amerikanischen, britischen und deutschen Hitparaden. Der Titel *»Patricia«* wurde Mitte 1958 ein Millionseller und ebenfalls Spitzenreiter in den USA und Deutschland, Platz 8 in GB. Nach dem Ende der 50er Jahre ließ das Interesse an der Mambo-Musik nach und damit auch das Interesse am »King of Mambo«. Er starb nach einem Schlaganfall.

Der Hit: *Cherry Pink And Apple Blossom White*
Der Tip: *Havanna 3 a.m.* (Bear Family BCD 15462)

Praise

Praise war ein Projektname für die Werbemusik von Fiat Tempra in GB. Verantwortlich für den Titel *»Only You«* waren Andros Georgiou als Produzent und Peter Lorimer als Produzent und Remixer. Andros ist übrigens ein Cousin von George Michael. Auf der Platte wurde Miriam Stockley als Vokalistin angegeben. *»Only You«* kam im Frühjahr 1991 in die GB-Charts und erreichte Platz 4.

Der Hit: *Only You*

Pratt & McClain

Truett Pratt, v; Jerry McClain, v.
1966 hatte McClain zusammen mit Michael Omartian die Band The American Scene gegründet. 1970 brachte Omartian Pratt und McClain zusammen, und mit einigen anderen Musikern machten sie Brother Love. Die Formation arbeitete vorwiegend bei Studioaufnahmen und nahm viele Werbespots auf. 1974 erhielten sie einen Plattenvertrag. Im Frühjahr 1976 machten sie die Themenmelodie zu der TV-Serie »Happy Days«, die es in den USA bis auf Platz 5 brachte. Als Interpreten wurden Pratt & McClain with Brother Love genannt. Produziert wurden sie von Steve Barri und Michael Omartian.

Der Hit: *Happy Days*

Prefab Sprout

Wendy Smith, v/g (* 31.5.1963); Paddy McAloon, g/v (* 7.6.1957); Martin McAloon, b (* 4.1.1962); Neil Conti, d (* 12.2.1959).
Das Trio wurde 1982 in Newcastle von dem Englisch-Studenten Paddy McAloon gegründet. In den Anfangstagen war als Schlagzeuger noch Mick Salmon dabei. Nachdem etliche Plattenfirmen Prefab Sprout abgelehnt hatten, veröffentlichten sie auf eigene Kosten 1000 Exemplare von *»Lions In My Own Garden«*. 1983 hatten sie mit *»The Devil Has All The Best Tunes«* einen ersten Hit in den Independent Charts. *»Don't Sing«* war 1984 ihr erster Chart-Entry. Im November des gleichen Jahres kam als neuer Schlagzeuger Neil Conti in die Gruppe. *»The King Of Rock 'n' Roll«* wurde im Frühjahr 1988 der einzige Top-10-Hit dieser Formation. Die Platte hatte Thomas Dolby produziert, der die Gruppe auch bis in die 90er Jahre weiter betreute.

Der Hit: *The King Of Rock 'n' Roll*
Der Tip: *From Langley Park To Memphis* (CBS KW CD 9)

Presley, Elvis

* 8.1.1935 als Elvis Aaron Presley, † 16.8.1977. Wochenlang hatten Scotty Moore, Bill Black und Elvis Presley für den 5. Juli 1954 geübt. An diesem Tag sollten sie bei Sam Phillips zum erstenmal eine Platte aufnehmen. *»I Love You Because«*, *»That's Alright«*, *»Harbor Lights«* und *»Blue Moon Of Kentucky«* kamen an diesem und dem darauffolgenden Tag in den Kasten. Und damit begann das, was später als die Weltgefahr Nummer 3 gleich hinter dem Atomwettrüsten und der asiatischen Grippe genannt wurde: das Phänomen Elvis Presley Superstar. Zwischen diesem

5. Juli und dem erfolgreichsten Showstar aller Zeiten lagen knapp drei Jahre. In diesen drei Jahren hat Elvis seine beste Musik gemacht und wurde der ideelle Hoffnungsträger einer ganzen Generation. In der »Zeit« konnte man 1956 über ihn lesen, er sei ein wimmernder Zitteraal mit einem Backpfeifengesicht. Der Abstieg vom Rocker Elvis zum Kuschel-Schmeichelbär wurde durch seinen Manager Tom Parker verursacht, von dem behauptet wird, er habe in seiner Jugend gelbgefärbte Spatzen als Kanarienvögel verkauft. Tom Parker machte aus dem Teenie-Liebling und Bürgerschreck eine wandelnde Litfaßsäule, einen substanzlosen Werbeträger für Lippenstifte und Unterhosen, Waschmittel und allerlei Schnickschnack. In dümmlichen Filmen, deren Handlungen inhaltsloser als das Fernseh-Testbild waren, mußte der inzwischen schon mit Bauchansatz kämpfende Elvis agieren. Dabei hatte er doch begonnen als aufmüpfiges Idol gegen die Langeweiler à la Frank Sinatra oder Vera Lynn – zumindest sahen die Jugendlichen der damaligen Zeit das so. Besonders die Art seiner Auftritte brachte seine Kritiker zum Kochen. Man bezeichnete ihn als rasenden Minnesänger, als Jungendverführer, als Elvis the Pelvis. Drei Monate, nachdem die erste Platte erschienen war, mußte sich Elvis bei einem Auftritt in Nashville raten lassen: »Geh' wieder nach Memphis und fahr' weiter Lastwagen.« Trotzig gab Elvis 1954 seinen regulären Job als Lkw-Fahrer bei der Firma Crown Electric auf und wurde der King of Rock 'n' Roll. Nachdem er 1954 seine ersten Platten aufgenommen hatte, war in der Tat nicht der große Elvis-Rummel ausgebrochen. Am 10. Januar 1956 betrat der zu diesem Zeitpunkt zwar regional, aber keinesfalls nationenweit bekannte Elvis zum erstenmal ein Plattenstudio der RCA. Sein Manager hatte ihn für die zum damaligen Zeitpunkt unglaublich hohe Summe von 40 000 Dollar von der kleinen Plattenfirma Sun an den Medienriesen verhökert. Parker hatte erkannt, daß Elvis bei Sun Records keine Chance hatte, in den ganzen USA bekannt zu werden. Da mußte eine Firma her, die Promotion für eine Platte über die gesamten Vereinigten Staaten machen konnte. RCA hatte jede Menge eigene Radio- und TV-Stationen, und das war die richtige Voraussetzung für eine erfolgreiche Promotion. An diesem 10. Januar nahm Elvis die Nummer *»Heartbreak Hotel«* auf, die im März des gleichen Jahres in die US-Charts kam und es bis auf Platz 1 brachte, den sie acht Wochen lang hielt. Was danach passierte, ist eine eigene Buchreihe wert. Es gibt kaum einen Interpreten, nicht einmal John Lennon, über den es annähernd so viel zu lesen gibt wie über Elvis. Und in einem Buch über ihn kann man in der Tat mit Superlativen um sich werfen. Zwischen 1956 und 1982 hatte Elvis 149 Platten in den US-Charts, davon waren 17 Millionseller und 18 Spitzenreiter in den USA. Auch in GB ist er einer der erfolgreichsten Interpreten aller Zeiten. Wie die Beatles belegte er 17 Mal Platz1, schaffte aber bei einer Zählung der gesamten Hitnotierungen bis Platz 20 mit 1141 Wochen Hits in den Charts vor Cliff Richard – der noch aufholen kann – Platz 1. Auch bei den Hitnotierungen liegt Elvis mit 109 immer noch vor Cliff Richard, der recht nah

an ihn herangerückt ist. Bei der Auflistung seiner LP-Erfolge schaffte er bis 1987, 95 LPs in die US-Charts zu bekommen. Seine erfolgreichste LP war »*Aloha From Hawaii Via Satellite*«, die sich zwei Millionen Mal verkaufte. Die Platte, die sich die längste Zeit auf Platz 1 halten konnte, war »*Blue Hawaii*« 1961 – 20 Wochen an der Spitze.

Die Zeit, in der sich Hit an Hit reihte, dauerte von 1956 bis 1962. In diese Zeit fällt auch die Wandlung vom Rock 'n' Roller mit »*Jailhouse Rock*«, »*All Shook Up*« oder »*One Night*« hin zum seichten Elvis à la »*It's Now Or Never*«, »*Are You Lonesome Tonight*« oder »*Can't Help Falling In Love*«. Nach 1963 trat eine Durststrecke für ihn ein, die 1965 durch »*Crying In The Chapel*« unterbrochen wurde und bis 1969 anhielt. Mit »*In The Ghetto*«, »*Suspicious Minds*« und »*Don't Cry Daddy*« 1969 und »*The Wonder Of You*« 1970 war er wieder groß im Geschäft. Ende 1972 hatte er mit »*Burning Love*« den letzten Millionseller, den er erlebte. Vor seinem Tode wurde die Nummer »*Way Down*« veröffentlicht, die sich nach seinen Tode wie »*My Way*«, die nächste Veröffentlichung, zum Millionseller entwickelte. Als Elvis im Alter von 42 Jahren starb, wurde als Todesursache Herzversagen angegeben, verursacht durch langjährigen Medikamentenmißbrauch.

Was nach dem Tode von Elvis noch in seinem Namen an Geld verdient wurde, ist unglaublich. Im Mai 1983 beantragten in den USA Priscilla Presley, Ginger Rogers und die Erben von W.C. Fields und Lou Costello die Einführung eines Gesetzes, das die kommerzielle Ausbeutung Prominenter nach ihrem Tod verhindern soll. Besonders Priscilla Presley betonte, wie scham- und geschmacklos sie die Art und Weise findet, auf die nach dem Tod von Elvis mit seinem Namen und seinem Konterfei Geschäfte gemacht werden. Zwei Jahre später erschien ihr Buch »Elvis und ich«. Nur Hype kann den Erfolg eines Künstlers über einen solchen Zeitraum nicht ausmachen. Da muß schon wesentlich mehr dahinter sein. Elvis ist ohne Zweifel der König des Rock 'n' Roll gewesen. Für die Entwicklung dieser Musik hat er recht wenig getan. Kaum ein Lied hat er selbst geschrieben, und wenn er als Autor genannt wurde, war das meist ein Trick von Colonel Tom Parker. Als Sänger ist Elvis unerreicht.

Der Hit: *Don't Be Cruel/Hound Dog*
Der Tip: *The Complete 50's Masters* (RCA 07863 66050 2)

Preston, Billy

* 9.9.1946. Bereits mit 10 Jahren stand er als Profi auf der Bühne. Als Gospel-Klavierspieler durfte er in einer TV-Show Mahalia Jackson begleiten. Die fand den kleinen Billy so gut, daß sie ihn gleich mit auf Tournee nahm. Noch im gleichen Jahr 1956 spielte Billy neben Nat King Cole und Ella in dem Film »St. Louis Blues«.

Billy Preston & Syreeta

Cole spielte die Rolle des W.C. Handy, Billy spielte W.C. als Kind. 1962 war Billy zusammen mit Little Richard auf Tournee. Dabei kamen sie auch nach Hamburg und spielten dort im Starclub. Zum gleichen Zeitpunkt waren dort die noch recht unbekannten Beatles engagiert. Billy befreundete sich mit den Jungs, was ihm später noch sehr nützlich sein sollte. Auch Sam Cooke hat Billy auf seiner Europatournee begleitet – und für SAR, die Plattenfirma von Cooke, machte Billy seine erste Soloplatte. Als die Beatles Jahre später ihre eigene Plattenfirma Apple aufmachten, nahmen sie Preston unter Vertrag. Billy spielte auch bei einigen Stücken der Beatles Tasteninstrumente. Später war er auch auf Platten der Rolling Stones zu hören. Auch John Lennon, George Harrison und Ringo Starr haben für ihre Soloplatten mit Billy gespielt – nur Paul McCartney hat auf ihn verzichtet. Beim »Concert For Bangla Desh«, organisiert von Harrison, war Billy ebenfalls dabei. Sein erster Hiterfolg war Mitte 1969 der Titel *»That's The Way God Planned It«*, der es in GB bis auf Platz 11 brachte. *»Outa-Space«* 1972, *»Will It Go Round In Circles«*, *»Space Race«* 1973 und *»Nothing From Nothing«* 1974 waren alles Millionseller und Top-10-Hits in den USA. Zusammen mit Syreeta sang er 1979 *»With You I'm Born Again«*, die es in den USA und GB unter die ersten zehn schaffte. Als Songschreiber besorgte er z. B. für Joe Cocker den wunderschönen Titel *»You Are So Beautiful«*.

Der Hit: *Will It Go Round In Circles*
Der Tip: *The Best* (A&M 393 205-2)

Preston, Johnny

* 18.8.1939 als Preston Courville. Johnny wurde durch den Discjockey und Songschreiber J.P. Richardson entdeckt, der als Big Bopper selbst einen Hit hatte. J.P. schrieb die Nummer *»Running Bear«*, mit der Johnny im Herbst 1959 in die US-Charts kam und Spitzenreiter wurde. Anfang 1960 belegte er mit diesem Titel auch Platz 1 in GB und Platz 36 in Deutschland. Möglich, daß diese Komposition durch den tragischen Tod von J.P. – er war zusammen mit Buddy Holly und Ritchie Valens am 3.2.1959 mit einer kleinen Sportmaschine abgestürzt – durch die US-Sender besonders gepusht wurde. Es reichte noch für zwei weitere Hits: *»Cradle Of Love«* kam im Frühjahr 1960 in die Charts, wurde Platz 7 in den USA, Platz 2 in GB, und *»Feel So Fine«*, in beiden Ländern Top 20. Danach waren das Thema und Johnny Preston für die Medien vergessen.

Der Hit: *Running Bear*
Der Tip: *Running Bear* (Bear Family BCD 15 473)

Pretenders

Chrissie Hynde, v/g (* 17.9.1951); James Honeyman-Scott, g (* 4.11.1956, † 16.6.1982); Peter Farndon, b (* 2.6.1952, † 14.4.1983); Martin Chambers, d (* 4.9.1951); Robbie MacIntosh, g; Malcolm Foster, b.
1973 kommt die Amerikanerin Chrissie Hynde nach GB, verkauft Lederhandtaschen auf der Oxford Street und trifft einen Journalisten des New Musical Express, der sie einlädt, Mitarbeiter seiner Zeitschrift zu werden. Das macht sie auch, arbeitet nebenher im Klamottenshop von Punk-Guru Malcom McLaren. 1974 geht sie nach Paris und wird Mitglied bei den Frenchies. Ein Jahr später geht

sie zurück nach Ohio und spielt mit der Rhythm-&-Blues-Gruppe Jack Rabbit. Wiederum ein Jahr später geht sie zurück nach GB, gründet für kurze Zeit die Berk Brothers, singt im Februar 1977 im Hintergrund von Chris Speddings LP *»Hurt«* und macht ihre ersten Demoaufnahmen. Im März 1978 stellt sie die Gruppe zusammen, die schließlich die Pretenders werden sollen. Anfang 1979 haben die Pretenders ihre erste Hitnotierung mit der Ray-Davies-Nummer *»Stop Your Sobbing«*. Ende des gleichen Jahres wird *»Brass In Pocket«* Spitzenreiter in GB. Die Nummer wird auch die erste Hitnotierung der Gruppe in den USA: dort erreicht sie Platz 14. *»Talk Of The Town«* 1980, *»I Go To Sleep«* 1981, *»Back On The Chain Gang«* 1982, *»Don't Get Me Wrong«* und *»Hymn To Her«* 1986 sind weitere Top-10-Erfolge. Ab 1985 drehte sich das Personalkarussell recht schnell. Chrissie Hynde nahm zusammen mit UB 40 im Sommer 1985 die Nummer *»I Got You Babe«* auf, die Spitzenreiter in GB wurde. *»Breakfast In Bed«*, wieder mit UB 40, war Mitte 1988 ein weiterer Top-10-Erfolg. Privat war sie ab 1980 für drei Jahre mit Ray Davies verbunden. Abgelöst wurde der durch den Leadsänger der Simple Minds, Jim Kerr, den sie 1984 heiratete. Von beiden bekam sie jeweils eine Tochter. 1990 erschien *»Packed«*, eine neue CD der Pretenders. Im Video zu einem Titel tauchte der britische Boxer Gary Stretch auf, der Kerr in der Zwischenzeit abgelöst hatte.

Der Hit: *Brass In Pocket*
Der Tip: *The Singles* (WEA 242 229-2)

Pretty Poison

Jade Starling, v; Whey Cooler, multi-instr.
Jade und Whey gründeten die Band 1984. Sie zählte schnell zu den heißesten Club-Bands in ihrer Heimatstadt Philadelphia. Die aus dem Film »Hiding Out« stammende Nummer *»Catch Me (I'm Falling)«* kam im Herbst 1987 in die US-Charts, kletterte bis auf Platz 8 und wurde ein Millionseller. Ein weiterer Pophit ist der Formation nicht gelungen.

Der Hit: *Catch Me (I'm Falling)*

Pretty Things

Phil May, v (* 9.11.1944); Dick Taylor, g (* 28.1.1943); Brian Pendleton, g (* 13.4.1944); John Stax, b (* 6.4.1944 als John Fullegar); Viv Prince, d (* 9.8.1944); Skip Alan (* 11.6.1948 als Alan Skipper); d; Wally Allen, b/v; John Povey, key/v (* 20.8.1944); Peter Tolson, g (* 10.9.1951); Stuart Brooks, b; Gordon Edwards, key (* 26.12.1946); Jack Green, b (* 12.3.1951).

Diese britische Gruppe versuchte, in die Tür zu kommen, die durch die Rolling Stones aufgetreten wurde. Was ihr fehlte, war allerdings eine Figur wie Mick Jagger. Dick Taylor hatte 1962 mit Little Boy Blue & The Blue Boys gespielt. Mitglied in dieser Gruppe war ein gewisser Keith Richards. Als diese Formation ihren Namen in Rollin' Stones änderte und das Geschäft professionell betreiben wollte, stieg Taylor aus. Zusammen mit dem Rhythm-&-Blues-Fan Phil May gründete er ein Jahr später die nach einem Titel von Bo Diddley benannten Pretty Things. Ihre erste Hitnotierung ist Mitte 1964 das Stück *»Rosalyn«*, der Nachfolger *»Don't Bring Me Down«* wird der einzige Top-10-Erfolg der Band. 1965 wurde Prince durch Skip Alan ersetzt, später kamen Allen und Povey für Pendleton und Stax. Aber auch alle Umbesetzungen nützen nichts. Die Gruppe, die konsequent ihren Rock-Stil durchhält, wird nach 1966 nicht mehr in den Hitparaden verzeichnet. 1969 verläßt Taylor die Gruppe. 1971 trennen sich auch die anderen, kommen aber ein halbes Jahr später in der Besetzung May, Povey, Alan, Tolson, Brooks und Edwards wieder zusammen. Drei Jahre später wird Brooks durch Green ersetzt. 1976 gehen die Pretty Things ein zweites Mal auseinander. 1980 kommen die Pretty Things wieder zusammen, touren durch Clubs und veröffentlichen erneut eine LP. 1987 erschien die in Deutschland aufgenommene CD *»Out Of The Island«*. Von der Urbesetzung waren Phil May und Dick Taylor dabei. In der einen oder anderen Besetzung machen sie bis in die 90er Jahre weiter.

Der Hit: *Don't Bring Me Down*
Der Tip: *Singles A's & B's* (Harvest SHSM 2022)

Price, Alan

* 19.4.1941. Der britische Tastenspieler, Sänger, Songschreiber, Arrangeur und Produzent spielte die Keyboards auf den ersten Hits der Animals: *»The House Of The Rising Sun«* und *»We've Gotta Get Out Of This Place«*. 1965 verließ er die Animals und formierte Alan Price Set, die mit *»Simon Smith & His Amazing Dancing Bear«* und *»The House That Jack Built«* 1967 jeweils einen Platz 4 in GB hatten. Anfang der 70er Jahre erschien Price zusammen mit einem weiteren britischen Popstar der 60er Jahre, Georgie Fame, als Fame & Price Together. Mit *»Rosetta«* standen sie 1971 auf Platz 11 in GB. 1974 brachte Price die wunderschöne LP *»Between Yesterday And Today«* heraus. Daraus ausgekoppelt wurde der *»Jarrow Song«* und erreichte Platz 6 in der britischen Hitparade. 1976 und 1983 kamen die originalen Animals kurzfristig und für einige Plattenproduktionen wieder zusammen. 1989 hatte Alan bei uns den Top-30-Hit *»Changes«* – VW verwandte den Titel für einen Werbespot. Seit den 70er Jahren arbeitet Price auch als Schauspieler, vor allem für das britische Fernsehen, und schreibt Musicals.

Alan Price

Der Hit: *Jarrow Song*
Der Tip: *The World Of Alan Price* (Decca ND 584)

Price, Lloyd

* 9.3.1933. Der amerikanische Rhythm-&-Blues-Sänger, Pianist und Songschreiber gründete 1949 seine erste eigene Band. Ab 1952 war er in der amerikanischen R&B-Hitparade sehr erfolgreich. *»Lawdy Miss Clawdy«* mit Fats Domino am Klavier wurde Mitte des Jahres Spitzenreiter und *»Ooh Ooh Ooh«* ein halbes Jahr später ein Platz 4. Gerade schwang sich der Rhythm & Blues zum Renner auch für ein weißes Publikum auf, da mußte Lloyd von 1953 bis 1956 in die Army. Zurück, gründete er eine eigene Plattenfirma, mußte aber dann wenig später einen Vertrag mit ABC Paramount abschließen. 1963 versuchte er es dann noch einmal und gründete die Plattenfirma Double-L. Inzwischen war er ein arrivierter Star. Sein größter Erfolg in der amerikanischen Pop-Hitparade war Ende 1958 der Spitzenreiter *»Stagger Lee«*, in GB Platz 7. Unter die amerikanischen und britischen Top 10 kam er 1959 noch mit *»Personality«*, in Deutschland ein Top-20-Erfolg. *»I'm Gonna Get Married«* wurde im selben Jahr sein letzter Top-10-Hit in den USA. Die Liste seiner Notierungen in den Pop-Charts geht bis in das Jahr 1964. Price ist auch in den späteren Jahren weiterhin mit Musikproduktionen und als Künstleragent im Geschäft geblieben.

Der Hit: *Stagger Lee*
Der Tip: *The Story Of Rock 'n' Roll* (ABC Records 27 355 ET)

Priest, Maxi

* als Max Elliott. Die ersten Erfolge hatte dieser in London geborene Sänger und Songschreiber in GB mit *»Strollin' On«* im Frühjahr 1986. *»Wild World«*, eine Coverversion eines Cat-Stevens-Titels, brachte Maxi Mitte 1988 Platz 5 in GB, Platz 25 in den USA. *»Close To You«* kam Mitte 1990 in die Charts, wurde Platz 7 in GB, Platz 4 in Deutschland und Spitzenreiter in den USA. Seine Mixtur aus Soul und Reggae brachte ihm in den 90er Jahren weitere Erfolge. In dem Film »Scam« spielt er einen Taxifahrer.

Der Hit: *Close To You*
Der Tip: *Best Of Me* (Island DI XCD 111)

Prima, Louis

* 7.12.1911, † 24.8.1978. Schon mit 17 Jahren erhielt Louis in seiner Heimatstadt New Orleans einen Job als Trompeter. 1930 spielte er in New York in der Band von Red Nichols. 1933 gründete er eine eigene Dixieland-Gruppe, spielte in einigen Hollywood-Filmen mit und war 1940 so weit, seine erste eigene große

Band zu gründen. Er war bis 1962 verheiratet mit der Sängerin Keely Smith. Die beiden zusammen haben etliche Platten aufgenommen, darunter *»Oh, Babe«* 1950 und *»That Old Black Magic«* 1958. Seine ersten Hitnotierungen hatte Louise Mitte 1935. *»The Lady In Red«* und *»In A Little Gypsy Tea Room«* waren 1935 seine ersten Top-10-Erfolge. Beide Titel hat er auch selbst gesungen. *»Bell-Bottom Trousers«* 1945 und *»Civilization (Bongo Bongo Bongo)«* 1947 waren weitere Notierungen unter den ersten 10 für Louis. Im Herbst 1957 kam er mit dem Titel *»Buona Sera«* in die deutsche Hitparade und erreichte Platz 3. Weil die meisten Deutschen Louis Prima mit diesem Titel in Verbindung bringen, halten sie ihn meist für einen Rock 'n' Roller. Dabei wird stets vergessen, daß er ein ausgezeichneter Jazztrompeter war. 1966 lieh er in dem Walt-Disney-Film »Jungle Book« King Louis, dem Orang-Utan, seine Stimme. Louis starb im August 1978, nachdem er nach einer Gehirntumoroperation lange im Koma gelegen hatte.

Der Hit: *Buona Sera*
Der Tip: *The Hits Of Louis And Keely* (Capitol CDP 7 91208 2)

Primitives

Kieron, v; Tracy Tracy, v (* 18.8.1965); Paul Court, v/g (* 27.7.1965); Steve Dullaghan, b (* 18.12.1966); Pete Tweedie, d.
Dieses Quartett aus Coventry wurde 1985 gegründet. Bereits nach kurzer Zeit wurde die ursprüngliche Sängerin Kieron durch die Australierin Tracy Tracy ersetzt. Die Primitives gründeten ihr eigenes Plattenlabel, Lazy Records, und wurden mit ihren Singles und LPs hoch in den Independent Charts notiert. In der Indie-Szene und der britischen Poppresse waren sie bald zu erklärten Lieblingen avanciert. Mit *»Crash«* gelang ihnen im Frühjahr 1988 der Durchbruch in die Pop-Charts. In GB erreichten sie Platz 5, in Deutschland Platz 42. Die Primitives sind beeinflußt durch die Monkees, die Ramones, die Fugs oder Blondie. Bis Ende 1989 erschienen noch vier weitere Singles in den Pop-Charts, aber keine kam mehr über Platz 20 hinaus.

Der Hit: *Crash*
Der Tip: *Lovely* (RCA PD 71688)

Prince

7.6.1958 als Prince Rogers Nelson. Wenn der Satz von Graham Greene, daß eine entbehrungsreiche Kindheit eine Goldgrube für einen Schriftsteller ist, stimmt, so können wir von Prince noch viel erwarten. Statt zum Psychoanalytiker zu gehen, hat Prince diese Jugendzeit im Film »Purple Rain« aufgearbeitet. Als er Anfang der 80er Jahre nach dem Kontakt zu seinen Eltern gefragt wurde, sagte er: »Wir reden nicht mehr viel miteinander, aber ich glaube, sie leben noch.« So richtig ernstgenommen haben ihn viele nicht, als ihm mit 18 Jahren als jüngstem Künstler in der Geschichte des Plattenkonzerns Warner Brothers eingeräumt wurde, die totale Kontrolle über seine Produktion zu behalten. Er komponierte, arrangierte und spielte alle Instrumente im Playbackverfahren selbst ein. Im November 1978 erschien sein Debütalbum *»For You«* nach fünf Monaten Produktionszeit. Es wurde doppelt so teuer, wie es hätte sein dürfen. Trotzdem hat sich die Investition gelohnt: die Presse verglich ihn danach mit Stevie Wonder. Schon auf dieser ersten Platte stand fest, was sich als Hauptthema durch alle seine späteren Werke ziehen sollte: Sex. Die Nummer *»Soft And Wet«* war die erste Single-Auskopplung von Prince und kam in die Hot 100. Ein Jahr später erschien seine nächste LP, die nur noch *»Prince«* hieß und bereits ein Millionseller wurde. Alles hatte sich Prince selbst beigebracht – Piano, Gitarre, Schlagzeug und 23 andere Instrumente. Bei der Veröffentlichung seiner ersten LP beschäftigte er nicht einmal einen Cover-Designer, auch das besorgte er selbst. Zehn Jahre war er alt, da nahm ihn sein Stiefvater mit auf ein Konzert von James Brown. Nachdem er gesehen hatte, wie der auf der Bühne arbeitete, stand der Entschluß für ihn fest: er wollte Musiker werden. Zwei Jahre später setzte er den in die Tat um.

1970 lief Prince von zu Hause weg. Sein richtiger Vater, John Nelson, war Jazzpianist im Prince Rogers Trio. Nach diesem Trio benannte er seinen Sohn Prince Rogers Nelson. In diesem Trio hatte auch seine Mutter mitgesungen. Die heiratete später Hayward Baker, vor dem Prince nun ausriß und sich zu seinem richtigen Vater durchschlug. Der kaufte ihm eine Gitarre, und Prince brachte sich selbst das Spielen bei. 1972 überredete ihn der Cousin und Schlagzeuger Charles Smith, in der Gruppe Grand Central mitzuspielen. Er willigte ein, und in den folgenden Monaten spielte diese Formation aktuelle Hits nach, die von Prince neu arrangiert wurden. 1973 wurde aus Grand Central die Gruppe Champagne, in der neben Prince nun auch Morris Day spielte. In jenen Tagen spielte Prince mit Alexander O'Neal, Colonel Abrams und vielen anderen zusammen, die später mit ihrem Minneapolis Sound in die Pop-Geschichte eingehen. 1976 machte Prince auf den englischen Studiotechniker Chris Moon, der das Talent von Prince erkannte, einen solchen Eindruck, daß der ihm beibrachte, wie man mit Studiotechnik umgehen muß. Mitte des gleichen Jahres ging er nach New York und versuchte, einen Plattenvertrag zu erhalten. Schon zu diesem Zeitpunkt geht er an die Vertragsverhandlungen mit der Prämisse heran, daß er nur unterschreibt, wenn er alles unter Kontrolle behält. Im März 1977 spielt er bei Warner Brothers vor und die gehen mit ihm dieses Wagnis ein. Sicher haben sie schon vorher gewußt, was sie an ihm hatten. Spätestens nachdem Mitte 1984 die Langspielplatte *»Purple Rain«* erschienen war und sich mehr als 10 Millionen Mal verkauft hatte, mußten sie ganz sicher sein. Zur Platte gab's den gleichnamigen Film, der eine semi-autobiographische Geschichte über die Karriere von Prince brachte. In der Presse konnte man danach lesen, daß dieser Film wahrscheinlich der pfiffigste und anspruchsvollste Rock-'n'-Roll-Film aller Zeiten war. In Los Angeles verstiegen sich Filmkritiker gar zu Vergleichen mit Marlon Brando oder Orson Welles. Zu den gut gemachten, innovativen, technisch perfekten Platten kam von Anfang an eine geniale Bühnenshow. Die verleitete den Stern dazu, unter der Überschrift *»Macho im Rüschenhemd«* zu schreiben: »Er treibt es auf der Bühne wie andere nur im Schlafzimmer... Eindeutiger hat sich seit Jimi Hendrix keiner auf der Bühne aufgeführt. Und so feiern ihn Anhänger längst als dessen Nachfolger, als besten laufenden Phallus in der Geschichte des Rock 'n' Roll.« Wäre es das nur alleine gewesen, würde heute sicher niemand mehr von Prince sprechen. Prince ist nicht nur ein genialer Musiker und Schauspieler, sondern auch ein erfolgreicher Geschäftsmann. Nach dem Erfolg von *»Purple Rain«* erschien seine nächste Langspielplatte, *»Around The World In A Day«*, auf seinem eigenen Plattenlabel Paisley Park. Inzwischen hatte er lange sein eigenes Plattenstudio, in dem er sich und andere Größen des Popgeschäfts produzierte. Von seinem Songschreibertalent profitierten schon viele. So hatten z. B. die Bangles, Sheila E., Martika, Sheena Easton, Tom Jones oder Sinéad O'Connor große Erfolge mit von Prince verfaßten Nummern. Er selbst hatte seinen ersten Millionenseller in den USA 1979 mit *»I Wanna Be Your Lover«* und seinen ersten Top-10-Hit 1983 mit *»Little Red Corvette«*. Er brachte es auf über 30 Hits, davon vier Mal die Nummer 1, die auch alle Million- bzw. Platinseller waren: *»When Doves Cry«* und *»Let's Go Crazy«* 1984, *»Kiss«* 1986, *»Batdance«* 1989 und *»Cream«* 1991. In den 90er Jahren ist Prince auch noch in das Plattenfirmen-Management eingestiegen. Man möchte ihm wünschen, daß er sich dabei nicht zu sehr verzettelt. Im März 1991 wählten ihn die Leser der renommierten Musikzeitschrift »Rolling Stone« zum besten Songschreiber des Jahres. Wenn man zu viele Verträge unterschreiben muß, in denen es um Banknoten geht, könnte Kreativität verlorengehen. Was seine Popularität angeht, so kann man Prince sicher nur mit Madonna oder Michael Jackson vergleichen. Inzwischen hat er sich einen neuen Namen gegeben. Wie der ausgesprochen wird, weiß bisher niemand. Jedenfalls soll dieses Zeichen die Vereinigung der beiden Symbole für Mann und Frau darstellen. Ob Vanity 6 oder Apollonia, Sheena Easton oder die Bangles, Sheila E. oder Cat – mit wem immer Prince zusammenarbeitete, ihm wurde nachgesagt, er »habe« auch was mit ihnen. Prince und seine Rolle als Sex-Maniac wird von der einschlägigen Presse natürlich auch gerne breitgetreten. Falsch ausgelegt wurde sicher »Sexy MF«. MF steht in diesem Fall als Abkürzung für jemand, den man attraktiv und scharf findet, und ist in diesem Sinn ein gängiger, nicht abwertender Slangausdruck. Nachdem Prince 1993 angekündigt hatte, er wolle in den nächsten Jahren kein Aufnahmestudio mehr betreten, und damit gegen seinen sehr lukrativen Vertrag verstieß, der ihn zwingt, in den nächsten Jahren noch etliche LPs zu veröffentlichen, sagte er: »Ich habe noch so viel fertiges Material in den Schubladen liegen. Ich kann noch bis zum Jahre 2000 Platten mit unveröffentlichten Titeln auf den Markt bringen, ohne auch nur ein einziges Mal ein Studio zu betreten.«

Der Hit: *When Doves Cry*
Der Tip: *Purple Rain* (WB 9 25110-2)

Princess

* 28.11.1962. Mitte der 80er Jahre, als Stock/Aitken/Waterman für die einen ein Schimpfwort, für die anderen Götter waren, machten sich die drei Produzenten über Princess her und bügelten für sie den Hit *»Say I'm Your No. I«*, der es im Herbst 1985 bis auf Platz 7 in GB und Platz 2 in Deutschland brachte. An diesem Erfolg wurde die Sängerin jetzt immer gemessen. Erreicht hat sie ihn nie wieder, obwohl von ihr noch vier weitere Songs aus der Werkstatt S/A/W geschmiedet wurden. Danach wechselte sie die Produzenten, und von nun ab ging es ihr noch schlechter. Ihre letzte Hitnotierung war Mitte 1987 *»Red Hot«*, Platz 58 in GB. Vor 1985 hatte sie eine Punkplatte besungen, war für zwei Jahre bei Osibisa und arbeitete mit Mai Tai und Precious Wilson.

Der Hit: *Say I'm Your No. I*
Der Tip: *Princess* (Chic 6.26320)

Proby, P.J.

* 6.11.1938 als James Marcus Smith. 1957 machte der Amerikaner als Jett Powers seine ersten Platten. 1958 sang er mit den Mello Kings und danach mit seiner eigenen Band, den Moon Dogs. Ende der 50er/Anfang der 60er Jahre verdiente er sich seinen Lebensunterhalt damit, daß er, weil seine Stimme so ähnlich klang, Demobänder für Elvis Presley sang und in Filmen kleinere Rollen spielte. Außerdem schrieb er Songs für andere Interpreten. 1961 erschien seine erste Single als P.J. Proby in den USA: *»Try To Forget Her«*. 1963 tauchte er als P. J. Proby in GB auf. *»Hold Me«* wurde im Frühjahr 1964 Platz 3 in GB, *»Together«* wird Mitte des gleichen Jahres Top 10, *»Somewhere«* und *»Maria«*, beides Nummern aus der »West Side Story«, schaffen das 64/65. Sein einziger nennenswerter Erfolg in den USA war die Nummer *»Niky Hoeky«*, die es Anfang 1967 in den Staaten bis auf Platz 23 brachte. Seine Bühnenshow brachte in GB die Mädchen zum Kreischen. Sämtliche Stripteasetänzerinnen der Welt wirkten gegen Proby wie eine Ansammlung von Holzböcken. Daß er auch wirklich ein guter Sänger war, wurde dabei meist vergessen. Im Januar 1965 passierte Proby bei Bühnenauftritten ein

Mißgeschick: ihm platzte die Hose. Nicht irgendwo, sondern an sehr auffälliger Stelle, sozusagen frontal zum Publikum. Das geschah jetzt häufig – und bald hatten ihn die prüden britischen Medienmogule aus den Auftrittshallen und TV-Sendungen verband. Er veröffentlichte *»I Apologise«* und erreichte trotz des Medienbanns Platz 11 in GB. Aber bald war er die Anfeindungen der Presse satt, ging zurück in die USA und versuchte dort mal wieder sein Glück. Ende der 60er Jahre geht er wieder zurück nach GB und nimmt mit den Musikern, die wenig später Led Zeppelin werden, die LP *»Three Weeks Hero«* auf. 1970 spielte er mit in »Catch My Soul«, einer Rock-Oper nach Othello. 1978 stand er wieder auf der Bühne in GB. Diesmal spielte er im Musikportrait »Elvis On Stage« mit. Lange hielt es ihn nicht, und Proby wäre nicht Proby, wenn er es mal ein wenig länger irgendwo ausgehalten hätte. Nachdem das Stück mehrere Wochen lief, begann er vom vorgeschriebenen Text abzuweichen und sich in bester Elvis-Las-Vegas-Manier von der Bühne herab mit dem Publikum zu unterhalten. Der Veranstalter feuerte ihn. Im gleichen Jahr veröffentlichte er zusammen mit der niederländischen Gruppe Focus die LP *»Focus Con Proby«* – so hat er es halt gerne: alles Licht auf ihn!

Der Hit: *Hold Me*
Der Tip: *Rough Velvet* (EMI 7 80544 2)

Proclaimers

Craig Reid (* 1962), v/tamb/bongos/marraccas; Charlie Reid (* 1962), g/b/v.
Die aus Schottland stammenden Zwillinge wurden von den Housemartins für das Musikgeschäft entdeckt. Mit ihrer Vielseitigkeit – Folkmusik und Country-Rock, aber auch lyrische Balladen – überzeugten sie auch schnell die Plattenfirma Chrysalis, die sie unter Vertrag nahm. Nachdem sie in verschiedenen Punkbands in der Umgebung von Edinburgh gespielt hatten, gründeten sie 1983 ihr gemeinsames Duo Proclaimers. 1986 schließlich gingen sie als »special guests« mit den Housemartins auf Tour und erhielten daraufhin den begehrten Plattenvertrag. 1987 erschien ihr erstes Album *»This Is The Story«*, und die britische Presse ließ sich prompt zu Vergleichen mit den Everly Brothers hinreißen. Ausgekoppelt wurde als erste Single *»Letter From America«*, die Ende 1987 bis auf Platz 3 in GB kletterte. Produzent des ersten Hits war Gerry Rafferty. 1988 erschien mit *»Sunshine On Leith«* das zweite Album der Proclaimers. Die daraus ausgekoppelten Singles waren zwar sehr schön, aber nicht unter den Top 10 zu finden. Das schafften die Proclaimers erst 1990 mit der LP *»King Of The Road«* und einer Coverversion eben dieses Titels von Roger Miller, die Ende 1990 in GB bis auf Platz 9 kam. Mit dazu beigetragen hat vielleicht auch, daß die Nummer in dem Film »The Crossing« zu hören war. Ihre bereits 1988 erschienene Single *»I'm*

Procol Harum *(Chrysalis)*

Gonna Be (500 Miles)«, Platz 11 in GB, kam Mitte 1993 in den amerikanischen Charts unter die ersten 10 und wurde Millionseller: sie war im Film »Benny and Joon« zu hören.

Der Hit: *I'm Gonna Be (500 Miles)*
Der Tip: *This Is The Story* (Chrysalis 258 411-222)

Procol Harum

Gary Brooker, v/p (* 29.5.1945); Robin Trower, g (* 9.3.1945); Matthew Fisher, org (* 7.3.1946); Barry Wilson, d (* 18.3.1947); Ray Royer, g (* 8.10.1945); Dave Knights, b (* 28.6.1945); Bobby Harrison, d (* 28.6.1943); Chris Copping, org/b (* 29.8.1945); Dave Ball (* 30.3.1950); Alan Cartwright, b (* 10.10.1945); Mick Grabham; Keith Reid (* 10.10.1946).

»A Whiter Shade Of Pale« ist zweifellos inzwischen ein Schmuse-Klassiker geworden, musikalisch angelehnt an einen wahren Klassiker, die Air auf der G-Saite von Bach. *»A Whiter Shade Of Pale«* erreichte Mitte 1967 die britische Hitparade, wurde dort Spitzenreiter, wenig später Platz 5 und Millionseller in den USA und Spitzenreiter in Deutschland und der größte Erfolg für Procol Harum. Brooker und Trower kannten sich bereits seit ihrer Schulzeit und hatten im zarten Alter von 14 Jahren ihre erste Band, die Paramounts, gegründet. Der Entschluß, Profimusiker zu werden, stand bald fest, und nach Abschluß der Schule setzte

man ihn in die Tat um. 1963 erhalten die Paramounts, zu denen inzwischen auch Barry Wilson gehört, einen Plattenvertrag und veröffentlichen ein Jahr später als erste Single eine Coverversion von *»Poison Ivy«*. Damit kommen sie immerhin unter die ersten 40 der britischen Charts. 1966 löst sich die Gruppe auf, weil die Mitglieder mit der Qualität ihrer Auftritte nicht mehr zufrieden sind – sie mußten Sandie Shaw und Chris Andrews begleiten. Trower und Wilson spielten in verschiedenen R&B-Bands, während Brooker mit dem Texter Keith Reid ein Songschreiberteam bildet. 1967 ist man auf der Suche nach einer Band, um das Material umzusetzen, und gründet die Pinewoods mit Brooker, Fisher, Royer, Knights und Harrison, die als erste Version von Procol Harum mit *»A Whiter Shade Of Pale«* besagten Spitzenreiter erzielen. Wenig später gelingt ihnen mit *»Homburg«* ihr einziger weiterer Top-10-Hit: Platz 6 in GB. Zu diesem Zeitpunkt findet bereits die erste Umbesetzung statt: Royer und Harrison gehen, dafür kommen Trower und Wilson wieder. Nachdem 1969 auch Fisher und Knights gehen, ist mit Copping wieder ein Mitglied der Schulzeit-Paramounts bei Procol Harum. Die Band spielt inzwischen im Vorprogramm von Jimi Hendrix und mit Größen wie Ike & Tina Turner, John Mayall, The Band, Chuck Berry, Janis Joplin, den Byrds u. a. bei großen Festivals Ende der 60er Jahre. Mitte 1971 verläßt Trower die Band, für ihn kommt Dave Ball, während Alan Cartwright als Bassist Copping entlasten soll. Ball wiederum wird 1972 durch Mick Grabham ersetzt. In diese Zeit fällt die letzte Hitnotierung von Procol Harum: *»Conquistador«* erreicht in den USA Platz 16, in GB Platz 22. Die letzte Umbesetzung findet 1976 statt, als Cartwright geht und für kurze Zeit Pete Solley dazukommt. 1977 beschließt die Formation, die im Grunde nie eine wirkliche Band gewesen ist, sich zu trennen, da sie für ihre Art von Musik im Zuge der aufkommenden Punk- und New-Wave-Bewegung keine Zukunft mehr sieht. Brooker versucht sich ohne nennenswerten Erfolg als Solist. Als in den 90er Jahren viele Arten von Dinosauriern immer beliebter werden, tauchen auch Procol Harum wieder auf: in der Besetzung Brooker, Fisher, Trower und dem als Mitglied genannten Texter Reid erscheint das Album *»The Prodigal Stranger«*.

Der Hit: *A Whiter Shade Of Pale*
Der Tip: *The Collection* (Castle Communications CCSCD 120)

Prodigy

Dieses Techno-Quartett um Mastermind Liam Howlett wurde den Plattenkäufern von der Plattenfirma mit der Bemerkung »Ein Muß für Freunde des intelligenten Techno-Raves« ans Herz gelegt. In der Hiphop- und Dance-Szene kam man dem gut gemeinten Rat nach und kaufte. Im Sommer 1991 hatten sie mit *»Charly«* ihren ersten Top-10-Hit in GB: Platz 3. Anfang des nächsten Jahres gelang ihnen mit »*Everbody In The Place*« ihr bisher größter Erfolg, Platz 2 in der britischen Hitparade. Als letzte Top-10-Notierung in GB folgte die Single »*Out Of Space*«, die in Deutschland unter die ersten 20 kam. Ihre Coverversion des Arthur-Brown-Hits »*Fire*« mußte sich im Herbst 1992 mit Platz 11 begnügen. 1993 kommentierte die Plattenfirma die neue Veröffentlichung von Prodigy mit den Worten: »Die Sounds und Beats scheinen aus anderen Welten, der Gesang vom guten Donald Duck zu stammen.«

Der Hit: *Everbody In The Place*

Promises

Leslie Knauer, v (* 20.8.1957); Ben Knauer (* 1958); Jed Knauer (* 1956).
Es begann in der Tat sehr vielversprechend für die drei aus Kanada stammenden und in Kalifornien lebenden Geschwister mit deutschen Vorfahren. Nachdem sie in verschiedenen Formationen zusammen und getrennt gearbeitet hatten, verschaffte ihnen Produzent Steve Verroca einen Plattenvertrag und schrieb mit ihnen zusammen ein paar Titel. Es ging, zumindest in Deutschland, vielversprechend weiter: »*Baby It's You*«, ausgekoppelt aus ihrer 1978 erschienenen LP, kam Anfang 1979 in die Hitparade und bis auf Platz 4. Mitte desselben Jahres wurde »*Let's Get Back Together*« bei uns noch unter den ersten 20 notiert, und das war's. Es werden eben nicht alle Versprechen auch eingelöst.

Der Hit: *Baby It's You*
Der Tip: *Promises* (Bovema Negram 5N 064-77026)

Propaganda

Claudia Brücken, v (* 7.12.1963); Michael Mertens, per; Susanne Freytag, v; Ralf Dorper, key; Betsi Miller, v; Derek Forbes, b; Brian McGee, d.
Bevor es 1982 zur Gründung von Propaganda kam, hatte Claudia Brücken in dem Düsseldorfer Mädchenquartett Topolinos gesungen, Michael Mertens war Mitglied des Düsseldorfer Symphonie-Orchesters. »Wir hatten eine präzise Vorstellung von unserem Sound: elektronische Musik, die hart und laut sein sollte, ohne dabei auf Harmonie und auf Elemente zu verzichten, die einen Song angenehm machen«, sagte die Band über ihre Konzeptvorstellung. Ein Demoband schickten sie an den britischen Journalisten Paul Morley, der für den New Musical Express schrieb und seinen Job gerade aufgab. Zusammen mit Trevor Horn gründete er ZTT Records. Die beiden nahmen Propaganda unter Vertrag. Claudia Brücken heiratete Morley wenig später. Die Single »*Dr. Mabuse*« kam im Frühjahr unter die ersten 30 in den britischen Charts und auf Platz 7 in

Propaganda

Deutschland. »*Eye To Eye*« wurde 1985 ein Top-30-Hit in GB und Deutschland, »*P-Machinery*« im selben Jahr nur in GB. Der Veröffentlichung weiterer Platten standen für einige Zeit Rechtsschwierigkeiten mit ZTT im Wege. Susanne Freytag verließ das Showgeschäft und widmete sich wieder ihrem alten Beruf als Goldschmiedin. Claudia verwirklichte Solopläne und gründete mit Thomas Leer Act. Inzwischen gehörten Forbes und McGee, beide ehemalige Mitglieder von Simple Minds, fest zur Band. Von der Urbesetzung blieb nur noch Mertens übrig. Als neue Sängerin kam die Amerikanerin Miller, die mit 12 Jahren aus Idaho mit ihren Eltern nach Deutschland ausgewandert war.

Der Hit: *Dr. Mabuse*
Der Tip: *Wishful Thinking* (ZTT Island 207 439-273)

Pseudo Echo

Brian Canham, v/g (* 1963); James Leigh, key/v; Pierre Gigliotti, g/key/v; Vince Leigh, d/v.

Dieses australische Techno-Rock-Quartett wurde Ende 1983 in Melbourne gegründet. Nachdem sie in ihrer Heimat recht erfolgreich waren, kamen sie 1987 mit einer internationalen Version ihrer in Australien erfolgreichen LP »*Love An Adventure*« auf den Markt. Die erste Single-Auskopplung, »*Living In A Dream*«, wurde in den USA zumindest bemerkt: sie kam im Frühjahr 1987 unter die ersten 60. Mehr Glück hatten sie mit der zweiten Single, einer Coverversion des Lipps-Inc.-Hits »*Funky Town*«. Die australische Version von Pseudo Echo erreichte Mitte 1987 Platz 6 in den USA, Platz 8 in GB und Platz 16 in Deutschland.

Der Hit: *Funky Town*
Der Tip: *Love An Adventure* (RCA PD 90024)

Public Image Ltd.

John Lydon (* 31.1.1956); Keith Levene, g; Jah Wobble, b (* als John Wordle); Jim Walker, d; Martin Atkins, d (* 3.8.1959); Pete Jones, b (* 22.9.1957).
Der britische Punker, Sänger und Songschreiber Johnny Rotten war 1975 Mitbegründer der Sex Pistols. Nach dem Ende dieser Formation nahm er 1978 wieder seinen richtigen Namen, John Lydon, an und gründete seine eigene Formation Public Image Ltd. in der Besetzung Lydon, Levene, Wobble und Walker. Noch im selben Jahr erscheint mit »*Public Image*« ihre Debüt-Single und wird im Herbst ein Top-10-Hit in GB. Auf dieser Platte firmieren sie noch als Image Ltd., auf allen folgenden kürzen sie sich PiL ab. Anfang 1979 verläßt Walker die Band und wird durch Atkins ersetzt. 1980 gehen auch Atkins und Wobble, 1981 kommt Jones. Nachdem 1983 auch Levene nicht mehr dabei ist, bleibt von der Originalbesetzung nur noch Lydon, der 1982 seinen festen Wohnsitz in New York bezogen hat. 1983 wird »*This Is Not A Love Song*« zum bisher größten Erfolg für PiL: Platz 5 in GB und Platz 10 in Deutschland. Von Anfang an zeichnen sich die Live-Auftritte der Formation, in welcher Besetzung auch immer, dadurch aus, daß Band und Publikum sich gegenseitig mit Gegenständen bewerfen, viel zu Bruch geht und es immer zu Krawallen kommt. Bis in die 90er Jahre erscheinen Platten von PiL, die mit wechselndem Erfolg in den britischen Charts auftauchen.

Der Hit: *This Is Not A Love Song*
Der Tip: *This Is What You Get* (Virgin 206 297-620)

Puckett, Gary & The Union Gap

»General« Gary Puckett, v (* 17.10.1942); »Sergeant« Dwight Benett, sax (* 1945); »Corporal« Kerry Chater, b (* 7.8.1945); »Private« Gary Withem, p (* 22.8.1946); »Private« Paul Whitebread, d (* 8.2.1946).
Gary Puckett und seine Band Union Gap tauchten 1967 mehr oder weniger aus dem Nichts auf. Im selben Jahr hatten sie sich als The Outcasts formiert und dann in Union Gap umbenannt. Sie traten in Klamotten aus dem amerikanischen Bürgerkrieg auf – ein ewiger Kostümball. In ihrer Heimat Kalifornien fielen sie

einem Mann auf, der zwar nicht in ihrer Band spielen sollte, aber der wichtigste in der Hitmaschinerie war: Jerry Fuller, Songschreiber und Produzent. Der erste Hit unter Producer Fuller war gleich ein Millionseller: »*Woman Woman*«, Ende 1967 Platz 4 in den USA. Dort lag zunächst ihr Hitgebiet. Der Titel »*Young Girl*« brachte sie dann im Frühjahr 1968 auf Platz 2 in der amerikanischen und auf Platz 1 in der britischen Hitparade. In Deutschland landete »*Young Girl*« auf Platz 6. Diese beiden ersten Hits erschienen unter dem Gruppennamen Union Gap. Danach drängelte sich Gary nach vorne, und man nannte sich Gary Puckett & The Union Gap. Ihre dritte Single wurde wieder ein weltweiter Hit: »*Lady Willpower*«, 1968 Platz 2 in den USA, Platz 5 in GB und Platz 16 in Deutschland. Zwei weitere Top-10-Notierungen in der amerikanischen Hitparade gelangen ihnen noch mit »*Over You*« 1968 und »*This Girl Is A Woman Now*« 1969, dann ließ der Erfolg langsam nach. Gary Puckett und Jerry Fuller trennten sich, 1971 fiel die Band auseinander. 1974 wurde »*Young Girl*« – immer wieder ein beliebtes Thema in der Popmusik: älterer Mann weist junges Mädchen zurück; darüber singen Popstars gerne! – wieder neu in GB veröffentlicht und erreichte noch einmal die Top 10. Gary wandte sich der Schauspielerei zu und trat im Fernsehen und im Theater auf. In den 80er Jahren trat er in Las Vegas auf und versuchte sich mit einer Australientournee.

Der Hit: *Young Girl*
Der Tip: *Greatest Hits* (Columbia CK 1042)

Pure Prairie League

Craig Lee Fuller, v/g; George Powell, v/g; William Frank Hinds, d; John Call, g; Jim Lanham, b; Jim Caughlin, d; Michael Connor, key; Vince Gill, v/g/fiddle/banjo (* 5.4.1957); Michael Reilly, b/v; Jeff Wilson, g/v.
Diese amerikanische Country-Rock-Formation wurde 1971 in Cincinnati als Trio mit Fuller, Powell und Hinds gegründet. In dieser Besetzung nahmen sie 1972 zwei LPs auf, von denen die zweite, »*Bustin' Out*«, erst drei Jahre später in die amerikanische Hitparade kam und ein Millionseller wurde. Die Band zeichnet sich vor allem durch enorme personelle Fluktuation aus. Sehr lange hielt es Country-Sänger Vince Gill aus, der von 1979 bis 1983 ihr Leadsänger war. In den Hitparaden werden sie bis Anfang der 80er Jahre verzeichnet. Ihr größter Erfolg war Ende 1980 der Titel »*Let Me Love You Tonight*«, ein Platz 10 in den USA.

Der Hit: *Let Me Love You Tonight*
Der Tip: *Firin' Up* (Casablanca 6399 078)

Purify, James & Bobby

James Purify (* 12.5.1944), Robert Lee Dickey (* 2.9.1939), Ben »Bobby« Moore. 1965 gründete James Purify zusammen mit seinem Cousin Robert Lee Dickey in Florida das Soul-Duo James & Bobby Purify. Anfang der 60er Jahre hatte Dickey als Sänger und Gitarrist in dem Dothan Sextett gearbeitet. Als dessen Leadsänger eine Solokarriere startete, brachte Dickey seinen Cousin James als Ersatz mit. Auf der Bühne sangen sie oft im Duett und wurden so populär, daß man ihnen wiederum als Duo einen Plattenvertrag anbot. Mit ihrer ersten Single hatten sie auch gleich ihren größten Hit: *»I'm Your Puppet«* wurde Ende 1966 ein Platz 6 in den USA. Es blieb ihr einziger Top-10-Hit. Ende der 60er Jahre hatte Dickey keine Lust mehr, und James machte als Solist weiter, bis 1974 mit Ben Moore, der sich fortan Bobby nannte, ein neuer Duettpartner kam. Mit einem Remake des ersten Hits *»I'm Your Puppet«* standen diese beiden im Frühjahr 1976 unter den ersten 20 in GB. Als weitere Hits ausblieben, trennten sich auch diese beiden.

Der Hit: *I'm Your Puppet*

Pursell, Bill

Der kalifornische Pianist und Sänger lernte schon im Kindergartenalter Klavierspielen. Also nur konsequent, daß er nach der High-School das Musikkonservatorium in Baltimore besuchte. Während des Zweiten Weltkrieges arbeitete er als Arrangeur für die Air Force Band in Washington, D.C. Nach dem Krieg erwarb er einen Abschluß in Komposition. Schließlich zog er nach Nashville, wurde dort Mitglied des Symphonieorchesters und unterrichtete an der Vanderbilt University. 1962 nahm er das Instrumentalstück *»Our Winter Love«* auf, das Anfang 1963 Platz 9 in der amerikanischen Hitparade und sein einziger Erfolg wurde. Danach spielte er bei Sessions in Nashville und unterrichtete weiter an der Universität.

Der Hit: *Our Winter Love*

Pussycat

Betty Dragstra, (* 23.6.1952), Marianne Hewson, John Theunissen, Theo Coumans, Theo Wetzels, Lou Wille, Tony Wille, alle v.

Die drei Schwestern Betty, Marianne und Tony hatten in Limburg als »Fräulein vom Amt« gearbeitet, bis Tony ihren späteren Mann Lou kennenlernte, der mit seiner Band in der Stadt spielte. Nach der Hochzeit gründeten sie die Band Sweet Reaction zusammen mit Theunissen, Coumans und Wetzels, die vorher in der Band Scam gespielt hatten. Sweet Reaction erhielten einen Plattenvertrag, und als erstes änderte der Produzent einmal ihren Namen in Pussycat. Ihre erste Aufnahme war der Titel *»Mississippi«*, geschrieben vom Gitarrenlehrer der drei Schwestern, Werner Theunissen (nicht verwandt mit John). Diese erste Single wurde Anfang 1976 Spitzenreiter in Deutschland und erreichte ein halbes Jahr später dieselbe Position in GB. Noch 1976 gelangen ihnen weitere Top-10-Hits in Deutschland mit *»Georgie«* und *»Smile«*. Letztgenannter Titel kam in GB noch unter die ersten 30. Bis 1981 sind sie in der deutschen Hitparade noch unter den ersten 50 vertreten, dann hört man von dem bekanntesten Export Limburgs – nach dem Käse – nichts mehr.

Der Hit: *Mississippi*
Der Tip: *Mississippi* (Imperial CDP 7 94282 2)

Python Lee Jackson

David Bentley, key/v; Mike Liber, g; Tony Cahill, b; Gary Boyle, g; David Montgomery, d.
Der Australier David Bentley begann mit seiner Band Python Lee Jackson in Sydney. Nachdem mehrere Platten dieser Gruppe erschienen waren, die alle Hits in Australien wurden, ging Bentley nach England. Hier suchte er sich neue Musiker und fand eine Plattenfirma, die bereit war, seine Komposition *»In A Broken Dream«* zu veröffentlichen. Sänger dieser Aufnahme war jedoch nicht Bentley, sondern Rod Stewart, der als Demo-Session-Sänger lediglich die Führstimme singen sollte. Als die Platte erschien, war jedoch kein anderer Sänger auf der Platte außer Rod zu hören. Als Honorar soll er angeblich so viel Geld erhalten haben, daß er sich damit Schonbezüge für den Fahrersitz seines Autos kaufen konnte. In den Anfangstagen wurde immer versucht, Stewart totzuschweigen. Seine Stimme ist jedoch so prägnant, daß man sie gleich heraushört. Die Angaben, wann die Platte aufgenommen wurde, schwanken zwischen 1967 und 1970. Klar ist nur, daß sie bei der ersten Veröffentlichung nicht in die Hitparade kam. Erst im Herbst 1972 erreichte die Single dann in der britischen Hitparade Platz 3, in den USA Platz 56. Außer diesem Titel ist Python Lee Jackson nichts gelungen – und wenn man's genau nimmt, war *»In A Broken Dream«* mehr eine Platte von Rod Stewart.

Der Hit: *In A Broken Dream*
Der Tip: *In A Broken Dream* (Youngblood International SLK 16 783)

Q

Quantum Jump

Rupert Hine, v/key (* 1948); John G. Perry, b/v; Mark Warner, g/v; Ray Cooper, per; Morris Pert, per; Trevor Morais, d.
Die britische Formation hatte mit dem Titel »*The Lone Ranger*« Mitte 1979 ihren ersten und einzigen Top-10-Hit: Platz 5 in GB. In dem Stück ging es um den »Lone Ranger«, bei uns »Der Held mit der Maske«, eine TV-Serie, die am 15. September 1949 zum erstenmal ausgestrahlt wurde. Damals spielte Clayton Moore die Titelrolle, Jay Silverheels den Tonto. Rupert Hine hatte 1965 als 17jähriger bereits seine ersten Platten aufgenommen. Es erschienen zwei Alben, danach schrieb er Songs für Doris Troy und Yvonne Elliman. Auch als Produzent arbeitete er an etlichen Produktionen, so z. B. bei Mike Oldfield, Nico oder Kevin Ayres. 1976 erschien das Debütalbum von Quantum Jump. Auf dieser LP war das Stück »*The Lone Ranger*« erstmals zu hören. Da aber die Freundschaft des Westernhelden Lone Ranger mit seinem indianischen Bruder Tonto als Beziehung zweier kiffender Pooftahs – eine englische Slang-Bezeichnung für Homosexuelle – ironisiert wurde, spielte die BBC den Titel nicht. Das Zungenbrecher-Intro der Nummer, eine Verballhornung eines indianischen Dialekts, gefiel dem britischen Fernsehmann Kenny Everett so gut, daß er es bei jeder passenden Gelegenheit in seiner »Kenny Everett Video Show«, einer Comedy-Serie im Abendprogramm, ablaufen ließ. Das machte er fast drei Jahre, und immer mehr Zuschauer fragten, was das für eine Aufnahme sei, deren Ende nie zu hören war. Daraufhin wurde die Platte erneut veröffentlicht und nun kam sie in die Charts. Zu diesem Zeitpunkt hatte sich Quantum Jump als Gruppe schon wieder aufgelöst. In den folgenden Jahren war Rupert Hine als Produzent/Musiker bei Anthony Phillips, Murray Head, Jona Lewie, Chris de Burgh, Robert Palmer, Tina Turner, Power Station, Fixx oder Thinkman zu hören.

Der Hit: *The Lone Ranger*
Der Tip: *Mixing* (Electric Record Company INT 146 353)

Quarterflash

Rindy Ross, v/sax; Marv Ross, g/v; Jack Charles, g/v; Rich Gooch, b; Rick DiGiallonardo, key; Brian David Willis, d.
Das aus Portland, Oregon, stammende Ehepaar Ross entschloß sich 1977, in Zukunft sein Glück als Musiker zu versuchen. Sie spielten in der Umgebung ihrer Heimatstadt in diversen Clubs und wurden häufig von wechselnden Backingbands unterstützt. 1980 hatten sie als Seafood Mama den Titel *»Harden My Heart«* aufgenommen, der zu einem lokalen Funk-Hit avancierte. Kurz darauf fusionierte Seafood Mama mit Pilot, einer weiteren Clubband aus Portland, und damit war Quarterflash entstanden. Ende 1981 erschien eine Neuaufnahme von *»Harden My Heart«*, und dieses Mal wurde die Platte ein nationaler Hit. Die Single erreichte Platz 3 in den Hitparaden. In den vier darauffolgenden Jahren sind weitere Singles in den Charts erschienen, wovon jedoch nur *»Find Another Fool«* 1982 und *»Take Me To Heart«* 1983 in die Top 20 kamen. 1985 trennte sich Quarterflash, kam jedoch 1990 wieder zusammen.

Der Hit: *Harden My Heart*
Der Tip: *Quarterflash* (Geffen 85 438)

Quartz

Ronnie Herel, key/per; Dave Rawlings, key/per.
Mit der Coverversion eines alten Carole-King-Songs, *»It's Too Late«*, erreichte dieses britische Soul/Pop-Duo Anfang 1991 Platz 8 in GB. Der Gesang wurde von Dina Carroll übernommen. Weitere Singles des Duos, teilweise gesungen von Dina oder aber von Karen Wells, schafften es nicht mehr in die Top 20. Ihre Mixtur aus populärer Popmusik, Hiphop, Dancefloor und diversen Mix-Spielereien fand in den jeweiligen Sparten zu wenig Anhänger. Sie haben sich wohl etwas verfitzelt.

Der Hit: *It's Too Late*
Der Tip: *Perfect Timing* (Vertigo 848 730-2)

Quatro, Suzi

* 3.6.1950. Die aus Detroit stammende Sängerin und Bassistin kam 1970 nach England und unterschrieb dort bei Mickie Mosts RAK-Label einen Vertrag. Ihr erster Hit, gleich ein Spitzenreiter in GB und Deutschland, war im Frühjahr 1973 *»Can The Can«*. *»48 Crash«*, ebenfalls 1973, der Spitzenreiter *»Devil Gate Drive«* und *»The Wild One«* 1974 und *»If You Can't Give Me Love«* 1978 waren weitere

Top-10-Erfolge in GB und Deutschland. In ihrer Heimat USA gelang Suzi zusammen mit Chris Norman, dem Leadsänger von Smokie, Anfang 1979 der Millionseller und Platz 4 in den Charts *»Stumblin' In«*. In Deutschland erreichte der Titel Platz 2 und Goldstatus. Die ältere Schwester von Suzi war Bassistin bei der Gruppe Fanny. 1977 wirkte Suzi in der TV-Serie »Happy Days« mit. Ihre Plattenveröffentlichungen reichen bis in die 90er Jahre.

Der Hit: *Can The Can*
Der Tip: *Greatest Hits* (EMI CDP 7 93986-2)

Queen

Freddie Mercury, v (* 5.9.1946 als Frederick Bulsara, † 24.11.1991); Brian May, g/v (* 19.7.1947); John Deacon, b (* 19.8.1951); Roger Taylor, d (* 26.7.1949 als Roger Meddows-Taylor).
May, Taylor und ein gewisser Tim Staffell gründeten 1967 die Gruppe Smile, die 1969 lediglich in den USA die Single *»Earth«* veröffentlichte. Die Platte wurde ein Flop. 1970 trafen May und Taylor auf Freddie Mercury, der sich bis zu diesem Zeitpunkt in der Gruppe Wreckage als Sänger versuchte. Als vierter Mann stieß im Februar 1971 John Deacon zur Band. Und dann sollte es noch zweieinhalb Jahre dauern, bis die erste Platte von Queen erschien. Wohl weil Freddie Mercury der Queen-Kiste nicht ganz traute, veröffentlichte er im Juli 1973 als Larry Lurex, eine Frühform von Gary Glitter, noch im Phil-Spector-Stil eine Coverversion des Beach-Boys-Titels *»I Can Hear Music«*. Am 9. April 1973 hatte die Plattenfirma von Queen Journalisten und Publikum im Londoner Marquee Club die Gruppe vorgestellt. Die erste Single von Queen, *»Keep Yourself Alive«*, wurde ein Flop. Die zweite war *»Seven Seas Of Rhye«* und erreichte im Frühjahr 1974 Platz 10 in den britischen Charts. Von diesem Zeitpunkt bis zum Tod von Freddie Mercury war Queen eine der erfolgreichsten britischen Bands. Nach den ersten Erfolgen kamen auch schon die ersten Neider. Freddie Mercury wurde als homophiler Schönling und konzertante Hard-Rock-Königin bezeichnet, die Band als Ersatz-Led-Zeppelin abgestempelt. Die Frankfurter Rundschau schrieb von »gitarrenlastigem Heavy-Rock, immer wieder durchbrochen von subtilen Satzgesängen und farbenprächtigen Harmonie-Zitaten aus der Kunstmusik«. Ihr international größter Erfolg, *»Bohemian Rhapsody«*, im Herbst 1975 Platz 1 in GB, Platz 9 in den USA und Platz 7 in Deutschland, wurde als »überaus manieriert und strapaziös« bezeichnet. Die Fans der Gruppe liebten den Titel, und mit *»Bohemian Rhapsody«* sollte ein neues Zeitalter beginnen. Niemand war sich dessen bewußt, aber als Queen zu dieser Platte einen Promotionfilm drehte, schlug die Geburtsstunde der Videoclips. Immerhin sollte es noch rund fünf Jahre dauern, bis mit MTV der Sender für diese Musikkurzfilme kam. *»Bohemian Rhapsody«* kam Ende 1991, nach

Queen

dem Tode von Freddie Mercury, wieder weltweit in die Hitparaden. In GB erreichte sie Platz 1, in Deutschland Platz 16, in den USA Platz 2. Zu einer Hymne der Kids, Fußballspieler und sonstiger Sportler entwickelte sich die Platinplatte *»We Are The Champions«*, die Ende 1977 in die Hitparaden kam und ein Top-10-Erfolg in den USA und in GB wurde. Zu den weiteren herausragenden Hits von Queen gehört *»Innuendo«*, im Frühjahr 1991 erschienen und auf Platz 1 in die britische Hitparade eingestiegen. 1991 zeichnete sich stark ab, daß Freddie Mercury krank war, aber erst einen Tag vor seinem Tod gab er bekannt, daß er Aids hatte. Er hatte so lange gewartet, weil er seine Krankheit als Privatangelegenheit betrachtete und befürchtete, nach Bekanntwerden immer nur danach befragt zu werden, obwohl er lieber seine Musik in den Mittelpunkt stellen wollte. Seine Freunde und die Familie wußten Bescheid, und das war ihm wichtiger. Mit Freddie Mercury starb ganz ohne Zweifel einer der besten britischen Rocksänger aller Zeiten. Nach seinem Tod gaben die anderen drei Musiker bekannt, daß sie nicht als Queen weiter Platten machen wollten. Brian May kam Ende 1991 mit seiner Single *»Driven By You«* in die britischen Charts und erreichte Platz 6. Der Nachfolger *»Too Much Love Will Kill You«* wurde im Herbst 1992 Platz 5. John Deacon hatte bereits Mitte 1986 zusammen mit Lenny Zakatek und Robert Ahwai als The Immortals eine Platte aufgenommen. Roger Taylor machte nach einigen Soloplatten in der zweiten Hälfte der 80er Jahre die Band The Cross. Im Frühjahr 1993 erschien unter dem Titel *»Five Live«* eine CD mit fünf Titeln von George Michael und Queen mit Lisa Stansfield. *»Somebody To Love«* von Michael und Queen stammte von dem Freddie-Mercury-Konzert im April 1992 ebenso wie das Duett *»These Are The Days Of Our Lives«* mit George Michael und Lisa Stansfield. Alle Tantiemen dieser Mini-LP gehen an den Mercury Phoenix Trust, eine Aids-Hilfsorganisation.

Der Hit: *Bohemian Rhapsody*
Der Tip: *Greatest Hits* (EMI CDP 7 46033 2)

Queensryche

Geoff Tate, v (* 14.1.1959); Chris DeGarmo, g (* 14.6.1963); Michael Wilton, g (* 21.2.1962); Eddie Jackson, b (* 20.1.1961); Scott Rockenfield, d (* 15.6.1963).
Die amerikanische Hard-Rock-Band wurde 1981 in Seattle gegründet. Zehn Jahre haben sie gebraucht, um einen Single-Hit zu schaffen. Ihre erste Notierung, ein Platz 59 in GB, war im Frühjahr 1989 *»Eyes Of A Stranger«*. Aber erst *»Silent Lucidity«* brachte im Frühjahr 1991 den internationalen Durchbruch: Platz 9 in den USA und im Herbst 1992 Platz 18 in GB. Die Langspielplatten dieser Formation waren ab 1984 in den USA erfolgreich. *»The Warning«* wurde in jenem Jahr vergoldet. Die LP *»Empire«* kam im Herbst 1990 unter die ersten 10 der US-LP-Charts und über die 2-Millionen-Verkaufsgrenze.

Der Hit: *Silent Lucidity*
Der Tip: *Empire* (EMI CDP 7 95069 2)

? & The Mysterians

Rudy Martinez, v (* 1945); Frankie Rodriguez, key (* 9.3.1951); Robert Lee »Bobby« Balderrama, g (* 1950); Francisco Hernandez »Frank« Lugo, b (* 15.3.1947); Eduardo Delgardo »Eddie« Serrato, d (* 1947).
Die Mitglieder dieser Tex-Mex-Gruppe wurden alle in Mexiko geboren, wuchsen jedoch in Saginaw, Michigan, auf. Ihr Titel *»96 Tears«*, mit dem die Formation im Herbst 1966 auf Platz 1 der US-Charts kam und einen Millionseller schaffte, gilt als frühe Punknummer. Sie hatten den Titel auf dem in Texas beheimateten Pa-Go-Go Label veröffentlicht. Nachdem die Band in Michigan erfolgreich wurde und die Nachfrage nach der Nummer sich verstärkte, brachte die Band die Platte zu einer lokalen Radiostation. Dort entwickelte sich die Nummer schnell zu einem Hit. Dann wurde sie in Detroit gespielt, und schließlich nahm sie das überregionale Label Cameo in seinen Vertrieb. Die Nachfolgesingle *»I Need Somebody«* erreichte noch Platz 22 in den USA. Und obwohl sie noch viele weitere Singles

und viele personelle Veränderungen hinter sich brachten, kam nichts mehr in die Charts. Bis weit in die 70er Jahre traten sie noch in amerikanischen Clubs auf.

Der Hit: *96 Tears*

Quiet Riot

Kevin DuBrow, v (* 1955); Carlos Cavazo, g; Rudy Sarzo, b; Frankie Banali, d; Chuck Wright, b; Paul Shortino, v; Sean McNabb, b.
Dieses amerikanische Heavy-Metal-Rock-Quartett wurde 1975 in Los Angeles gegründet. Die ersten beiden Alben der Band, die 1978/79 erschienen, waren speziell für den japanischen Teen-Markt zugeschnitten. 1983 erschien die LP *»Metal Health«*, die es zum Erstaunen aller Amerikaner bis auf Platz 1 in den LP-Charts brachte und über viermillionenmal verkauft wurde. Darauf war auch die Slade-Nummer *»Cum On Feel The Noize«*, die vergoldet wurde und bis auf Platz 5 in den US-Single-Charts kam. Die nachfolgende LP *»Condition Critical«* wurde 1984 ebenfalls ein Millionseller. Darauf mit *»Mama Weer All Crazee Now«* wieder eine Slade-Nummer, die es jedoch nur noch bis auf Platz 51 brachte. Danach kam es zu personellen Umbesetzungen. Sarzo wurde 1985 durch Wright ersetzt, DuBrow und Wright verließen 1987 die Band und für sie kamen Shortino und McNabb. 1988 trennte sich die Formation.

Der Hit: *Cum On Feel The Noize*
Der Tip: *Metal Health* (Epic 25 322)

Quinn, Freddy

siehe Freddy

R

Rabbitt, Eddie

* 27.11.1944 als Edward Thomas Rabbitt. Seine ersten Platten machte der Amerikaner 1964. Nachdem sie erfolglos blieben, ging er 1968 nach Nashville und wurde dort Songschreiber für den Verlag Hill & Range mit einem Gehalt von 37 Dollar pro Woche. Das änderte sich, als Elvis Presley 1971 mit Eddies Titel *»Kentucky Rain«* einen Millionseller hatte. Mitte 1976 hatte Eddie seinen ersten eigenen Hit in den Pop-Charts: *»Rocky Mountain Music«*. 1980 kam *»Drivin' My Life Away«* aus dem Film »Roadie« bis auf Platz 5 in den USA und wurde ein Millionseller. Der Nachfolger *»I Love A Rainy Night«* erreichte ebenfalls dieses Verkaufsergebnis, außerdem aber noch Platz 1 in den USA. Mitte 1981 stand *»Step By Step«* unter den ersten 10, ein Jahr später der Titel *»You And I«*, den er zusammen mit Crystal Gayle aufgenommen hatte. Nach 1983 hatte er keine Pophits mehr, dafür war er aber regelmäßig hoch in den Country-Hitparaden zu finden. In diesen Charts gelangen ihm zwischen 1976 und 1988 16 Spitzenreiter.

Der Hit: *I Love A Rainy Night*
Der Tip: *Greatest Hits Vol. II* (Mercury 814 364-1)

Racey

Phil Fursdon, v/g (* 1952); Richard Gower, v/key (* 1950); Pete Miller, v/b (* 1952); Clive Wilson, v/d (* 1951).
Als der erste Hit dieser britischen Gruppe, »Lay Your Love On Me«, Ende 1978 bis auf Platz 3 in den GB-Charts kam, hatten die Musiker bereits eine lange Zeit in erfolglosen Combos gespielt. Der clevere Mickie Most und das Autorengespann Chinn/Chapman verpaßten ihnen mit dem ersten Hit und mit *»Some Girls«*, im Frühjahr 1979 Platz 2 in GB, zwei Nummern, mit denen jede x-beliebige Gruppe ebenfalls in die Charts gekommen wäre. Und wie in anderen Fällen auch: nachdem sich Interpreten von Chinn/Chapman losgelöst hatten, weil sie nicht mehr deren simple Teenie-Liedchen singen wollten, ließ der Erfolg schlagartig nach. Racey schaffte noch zwei Chart-Entries, darunter Ende 1980 eine Neu-

auflage des Dion-Hits »*Runaround Sue*«. Nach ihrer Erfolgszeit nahm die Band einen fünften Mann hinzu, der jedoch auch nichts retten konnte.

Der Hit: *Some Girls*
Der Tip: *Smash And Grap* (RAK IC 074-63261)

Radenkovic, Radi

* 1.10.1934 als Petar Radenkovic. Der Jugoslawe hatte 1956 bei den Olympischen Spielen in Melbourne als Torwart seiner Nationalmannschaft eine Silbermedaille gewonnen. Nachdem er in der Bundesrepublik zuerst bei Wormatia Worms im Tor gestanden hatte, kam Radenkovic 1960 zu 1860 München. Dort avancierte er schnell zum Liebling bei den Fußballfans der Bayern-Metropole. Radi, wie er liebevoll genannt wurde, war gefürchtet und geliebt zugleich wegen seiner Showeinlagen. Er liebte Ausflüge bis in den gegnerischen Strafraum. 1966 gewann 1860 München mit Radi im Tor die deutsche Fußballmeisterschaft. 1967 ergab eine Umfrage, daß Radi für deutsche Kinder zwischen 5 und 17 Jahren neben John F. Kennedy, Winnetou und Albert Schweitzer als eins der größten Vorbilder galt. 1970 gab er das Fußballspielen auf und machte sich als Gastronom in München einen Namen. Bei einer solchen Popularität muß man auch als Schlagerstar erfolgreich sein. Im Frühjahr 1965 war er mit »*Bin i Radi – bin i König*« auf Platz 5 der deutschen Hitparade. »*Bißchen Glück in Liebe (– bißchen Glück in Spiel)*« kam im gleichen Jahr noch in die Top 40. Danach wurde er wieder der Ausflugstorwart.

Der Hit: *Bin i Radi – bin i König*
Der Tip: *Vom Stadion ins Studio* (Bear Family BCD 15 621)

Raff

* 29.9.1959 als Raffaele Riefoli. Dem Italiener gelang mit dem selbst geschriebenen Stück »*Self Control*« im Frühjahr 1984 Platz 2 in den deutschen Charts. Laura Branigan erreichte mit einem Nachzieher des Titels zum gleichen Zeitpunkt Platz 1 in Deutschland. Ab 25. Juni 1984 belegten die beiden Versionen von »*Self Control*« für drei Wochen die beiden ersten Plätze. Auch international war es Laura, die erfolgreich war: USA Platz 4, GB Platz 5. Raffs Nachfolgehit »*Change Your Mind*« erreichte Anfang 1985 noch die ersten 20. Danach war er zumindest in Deutschland nicht mehr erfolgreich.

Der Hit: *Self Control*
Der Tip: *Raff* (Carrere 825 238-1)

Rafferty, Gerry

* 16.4.1947. Der Brite begann seine Karriere 1968 bei der Folkformation Humblebums, die 1970 nach zwei LPs auseinanderfiel. 1971 veröffentlichte er seine erste Solo-LP, die kein Erfolg wurde. 1972 gründete er Stealers Wheel, die eine schottische Version von Crosby, Stills & Nash sein sollten. Nach dem Top-10-Hit »*Stuck In The Middle With You*«, im Frühjahr 1973 Platz 6 in den USA und Platz 8 in GB, trennte sich die Band im März 1975. Gerry hatte in den folgenden Jahren Schwierigkeiten mit seinem Management und seiner Plattenfirma. Erst 1978 erhielt er einen neuen Plattenvertrag und veröffentlichte die ausgezeichnete LP »*City To City*«. Ausgekoppelt daraus wurde »*Baker Street*«, im Frühjahr 1978 Platz 3 in GB und Deutschland, Platz 2 in den USA. Ein weiterer Top-10-Erfolg gelang ihm mit »*Night Owl*«, Mitte 1979 Platz 5 in GB. In den 80er Jahren veröffentlichte er weitere Platten, die wenig beeindruckten. 1987 produzierte er »*Letter From America*« für die Proclaimers. Seine letzte Hitnotierung war Ende 1992 in Deutschland »*Don't Give Up On Me*«, Platz 51. Offensichtlich hatte man schon aufgegeben.

Der Hit: *Baker Street*
Der Tip: *Right Down The Line* (Polydor 841 729-2)

Rage

siehe En-Rage

Raggio Di Luna

Die 1963 in Frankreich geborene Moon Ray hatte einen griechischen Vater und eine brasilianische Mutter. Sie wurde bekannt durch ihr Mitwirken in den Musicals »Jesus Christ Superstar«, »Hair« und »Evita«. Mitte der 80er Jahre war sie Mitglied im Ensemble im Musical »All That Jazz«, das auf allen europäischen Konzertbühnen zu sehen war. Während eines Italien-Urlaubs lernte sie mit Aldo Martinelli und Fabrizio Gatto zwei der wichtigsten Disco-Produzenten des Landes kennen. Die beiden überredeten Moon Ray, im Studio den Titel »*Comanchero*« zu singen. Anfang 1985 kam die Platte in die deutschen Charts und erreichte Platz 3. Einen Nachfolger gab es nicht. Und ob Moon Ray wirklich so heißt, darf man bezweifeln.

Der Hit: *Comanchero*

Rah Band

Richard A Hewson (* 17.11.1943) ist der Kopf dieser reinen Studioformation. Er schreibt die Songs, produziert sie, arrangiert sie und spielt die meisten Instrumente. Mit der Nummer *»The Crunch«* kam die Rah Band Mitte 1977 in die britische Hitparade und erreichte Platz 6. Dann hörte man einige Jahre gar nichts mehr von ihr, und ab Ende 1980 gelangen ihr/ihm fünf Top-75-Erfolge. Im Frühjahr 1985 kam die gut gemachte Story von der einsamen Frau Johnson, die ihren Mann, einen Flight Commander auf dem Weg zum Mars, anruft. Sie stellt z. B. die interessante Frage, wie denn so das Wetter ist. Nach einigen atmosphärischen Störungen bricht das Gespräch zusammen, und die Frau verspricht, nächstes Jahr wieder anzurufen. *»Clouds Across The Moon«* erreichte Platz 6 in GB und wurde gesungen von »Dizzy« Lizzy. Dahinter verbarg sich Richards Frau Liz. Offensichtlich hat sie ihren Mann bisher noch nicht erreicht, denn sonst hätte man schon mehr Hits gehört. In den 80er Jahren konzentrierte Hewson sich aufs Schreiben und Produzieren, z. B. für Toya, Five Star, Shakin' Stevens oder Cliff Richard.

Der Hit: *Clouds Across The Moon*
Der Tip: *Past, Present And Future* (RCA PL 70888)

Raiders

siehe Revere, Paul

Rainbirds

Katharina Franck (* 28.7.1963); Beckmann, g/v (* 20.7.1961); Wolfgang Glum, d (* 26.4.1958); Ulrike Haage, key.

Die Rainbirds wurden 1986 von Katharina Franck, Beckmann und Wolfgang Glum gegründet. Katharina war, nachdem sie ihre Jugend in Portugal und Brasilien verbracht hatte, Anfang der 80er Jahre nach Berlin gekommen und studierte dort Musik. Vor den Rainbirds spielte sie in der Formation Les Block Carnations. Die Rainbirds hatten Anfang 1988 mit der Nummer *»Blueprint«* einen Platz 7 in Deutschland und damit ihren bisher einzigen Top-10-Erfolg. Weitere schöne Single-Veröffentlichungen waren *»Call Me Easy, Say I'm Strong«*, *»Sea Of Time«* oder *»Not Exactly«*. Besonders fällt die eigenwillige Stimme von Katharina auf, die gleichzeitig kraftvoll und zerbrechlich klingt. 1989 trennten sich Beckmann und Glum von Katharina, die seitdem mit Ulrike Haage als Rainbirds weiterhin eine Mischung aus New Wave, Pop und Rock macht.

Der Hit: *Blueprint*
Der Tip: *Rainbirds* (Phonogram 834 023-2)

Rainbirds *(Mercury)*

Rainbow

Ritchie Blackmore, g (* 14.4.1945); Ronnie James Dio, v (* 10.7.1948 als Ronald Padavona); Mickey Lee Soule, key; Craig Gruber, b; Gary Driscoll, d; Tony Carey, key (* 16.10.1953); Jimmy Bain, b; Cozy Powell, d; Bob Daisley, b; David Stone, key; Don Airey, key; Roger Glover, b; Bob Rondinelli, d; Graham Bonnet, v; Joe Lynn Turner, v; David Rosenthal, key; Chuck Burgi, d.

Aus den Trümmern der Gruppe Elf nahm sich 1975 Ritchie Blackmore die Musiker für seine Neugründung Rainbow. Vorher hatte er mit Deep Purple gespielt. Es steht zu vermuten, daß der Exzentriker Blackmore der felsenfesten

Überzeugung war, daß es eigentlich keine Rolle spielte, wer neben seinem herrlichen Gitarrenspiel sonst noch auf der Bühne fungierte. Der kleine Ronnie James Dio, dessen Geburtsjahr 1948 ihm sehr schmeichelt, konnte ihm kaum gefährlich werden. Schon auf der ersten LP 1975 zeigte sich, daß Dio zusammen mit Blackmore ein gutes Songschreiber-Team bildete. Ritchie machte die Musik, Ronnie die Texte. In regelmäßigen Abständen, meist jeweils nach einem Jahr, erschienen neue LPs von Rainbow, die besonders in GB sehr erfolgreich waren. Bei der zweiten LP, *»Rising«*, hatte Blackmore fast die gesamte Mannschaft von Elf ausgetauscht. Übrig war nur Dio, während Powell, Carey und Bain neu hinzukamen. Getreu der Devise, daß Hard-Rock-Fans auch Live-Musik ihrer Lieblingsgruppe mit Freude konsumieren, erschien als dritte LP *»On Stage«*. Bei der vierten LP, *»Long Live Rock 'n' Roll«*, war der Keyboarder David Stone neu, der von der kanadischen Gruppe Symphonic Clam kam, und außerdem der australische Bassist, der vorher mit der Gruppe Widow Makers gespielt hatte. Die fünfte LP brachte Ritchie wieder etwas mehr auf den Teppich: sie hieß *»Down To Earth«*. Ronnie Dio hatte sich von der Band getrennt, um Soloplatten zu machen. Für ihn war Bonnet gekommen. Der hatte vorher zwei Solo-LPs veröffentlicht, die nur mäßig beeindruckten. Als neuer Tastenspieler war Don Airey mit dabei, der vorher bei Colosseum II, Strife und mit Gary Moore gespielt hatte. Als neuer Bassist und Produzent gesellte sich Roger Glover zu Blackmore. 1981 erschien mit *»Difficult To Cure«* das erfolgreichste Album von Rainbow. Die siebte LP, *»Straight Between The Eyes«*, brachte mit David Rosenthal mal wieder einen neuen Keyboarder. Ansonsten blieb die Besetzung. Im Informationsblatt seiner Plattenfirma stand zu lesen, daß Ritchie »schon immer zum Musikerwechsel neigte« und »in der Personalpolitik ein schwer zu befriedigender Zeitgenosse« sei. Bei der letzten LP, *»Beat Out Of Shape«* setzte es zumindest einen neuen Musiker: Chuck Burgi wurde der neue Schlagzeuger. Unter den ersten 10 Single-Charts stand Rainbow dreimal in GB mit: *»Since You've Been Gone«* 1979, *»All Night Long«* 1980 und dem größten Hit *»I Surrender«* 1981. Nach 1983 war das Kapitel Rainbow abgeschlossen, und ein Jahr später formierte sich die erfolgreiche Besetzung von Deep Purple – Blackmore, Gillan, Glover, Lord und Paice – wieder neu.

Der Hit: *I Surrender*
Der Tip: *Difficult To Cure* (Polydor 2391 506)

Rainbows

Diese deutsche Gruppe hatte mit dem Titel, dessen Namen Programm ist, Ende 1965 einen Platz 3 in der deutschen Hitparade: *»Balla Balla«*. Auch der Nachfolgehit *»Kommando Pimperle«* zeigt die geistige Richtung dieser Formation an.

Der Hit: *Balla Balla*

Rainford, Tina

* 25.12.1946. Die gebürtige Berlinerin sang zunächst neben ihrer Arbeit als Ground Hostess einer Fluggesellschaft in einem Club. Dort wurde sie Mitte der 70er Jahre von Drafi Deutscher entdeckt, der ihr unter dem Pseudonym Renate Valplus den Hit »*Silverbird*« schrieb und als Drafi Deutscher produzierte. Der Titel kam im Herbst 1976 in die deutsche Hitparade und erreichte Platz 5. Im März 1977 kam sie mit »*Charly Boy*« noch auf Platz 14. In der amerikanischen Country-&-Western-Hitparade schaffte Tina im Frühjahr 1977 mit »*Silverbird*« immerhin einen Platz 25. Nach diesem Erfolg trat sie in den USA mit Country-Stars wie Johnny Cash oder Tammy Wynette auf und sang sogar in der Grand Ole Opry in Nashville. Nachdem sie sich dann viele Jahre zurückgezogen hatte, kam sie 1989 mit einer Neuaufnahme von »*Silverbird*« – jedoch nicht in die Hitparaden.

Der Hit: *Silverbird*

Rainwater, Marvin

* 2.7.1925 als Marvin Karlton Percy. Marvin, ein Cherokee-Indianer nahm als Künsternamen den Mädchennamen seiner Mutter an. 1946 wurde er Mitglied in der Truppe um Red Foley. Nebenher begann er, Songs zu schreiben, die von Teresa Brewer, Justin Tubb und Connie Francis aufgenommen wurden. Das brachte ihm schließlich einen eigenen Plattenvertrag. »*Gonna Find Me A Bluebird*« war im Frühjahr 1957 seine erste Hitnotierung und kam unter die ersten 20 in den USA. Seinen größten Erfolg hatte Marvin Anfang 1958 in GB. Sein Titel »*Whole Lotta Woman*« wurde dort Spitzenreiter. Anfang der 60er Jahre mußte er sich einer Stimmbandoperation unterziehen, die ihn als Sänger erst einmal aus dem Rennen warf. Als Vorbild gab Marvin, der in späteren Jahren auf beiden Seiten des Atlantiks mit Rockabilly und Country auftrat und wieder Platten veröffentlichte, immer Hank Williams an.

Der Hit: *Whole Lotta Woman*
Der Tip: *Classic Recordings* (Bear Familiy 15 600 DI)

Raitt, Bonnie

* 8.11.1949. Der Vater dieser amerikanischen Sängerin, Gitarristin und Songschreiberin war John Raitt, Star der ersten Produktion von Rodgers und Hammersteins »Carousel« 1945. Bonnie machte ab 1971 Platten und gilt als ausgezeichnete Bluesgitarristin, besonders auf der Slide-Guitar. Erstmals tauchte sie in den

US-Pop-Charts Mitte 1977 mit dem Titel *»Runaway«* auf, einer neuen Version des Del-Shannon-Hits. Neben ihren Soloprojekten ist sie auch auf vielen Platten von Little Feat, Jackson Browne, James Taylor und anderen zu hören. Richtig erfolgreich wurde sie jedoch erst 1990, als sie für ihre im Jahr zuvor erschienene LP *»Nick Of Time«* mit drei Grammys geehrt wurde. Einen vierten Grammy erhielt sie für ihre Zusammenarbeit mit John Lee Hooker auf dessen LP *»The Healer«*. *»Something To Talk About«*, ausgekoppelt aus der LP *»Luck Of The Draw«*, kam Mitte 1991 in die US-Charts und erreichte Platz 5. *»I Can't Make You Love Me«* kam noch im gleichen Jahr unter die amerikanischen Top 20. Bonnie ist jedoch kein Fall für eine Single, sondern für komplette LPs. Davon hat sie eine ganze Reihe anhörenswerter auf dem Markt. Am 28. April 1991 heiratete Bonnie den Schauspieler Michael O'Keefe, der im Film »Caddyshack« und in der TV-Serie »Against The Law« bekannt wurde.

Bonnie Raitt *(Warner Records)*

Der Hit: *Something To Talk About*
Der Tip: *Nick Of Time* (Capitol CDP 7 91268 2)

Ram Jam

Myke Scavone, v; Bill Bartlett, g (* 1949); Howie Blauvelt, b; Pete Charles, d.
Bill Bartlett war einst Leadgitarrist der Lemon Pipers. Ram Jam machte im Gegensatz zu den Lemon Pipers jedoch eine ausgesprochen harte Musik. Blauvelt war vorher zusammen mit Billy Joel in dessen Gruppe The Hassles. Mit dem Stück *»Black Betty«*, das einst der legendäre schwarze Folksänger Huddie Leadbelly geschrieben hatte, kam diese amerikanische Band Mitte 1977 in die US-Charts und erreichte Platz 18. Im Herbst des gleichen Jahres kamen sie bis auf Platz 7 in GB und Platz 25 in Deutschland. Eine Wiederveröffentlichung des

Stückes Anfang 1990 erreichte in GB Platz 13. Möglich, daß Leadbelly seine eigene Komposition nicht wiedererkannt hätte.

Der Hit: *Black Betty*
Der Tip: *Ram Jam* (Epic 822 15)

Ramona

* 18.10.1954 als Ramona Kraft. 1969 nahm die Tochter eines farbigen US-Piloten und einer deutschen Mutter an einem Nachwuchswettbewerb einer Frankfurter Brauerei teil. Im Herbst 1970 war *»Du – ich brauch was und das bist du«* ihre erste Hitnotierung in Deutschland. *»Alles was wir woll'n auf Erden«* kam 1971 in die deutsche Hitparade und wurde Platz 8. Inzwischen hatte sie Gesangs-, Schauspiel-, Tanz- und Klavierunterricht genommen. *»Lieber dich und kein Geld«* kam Anfang 1972 in die deutsche Hitparade und war ihre letzte Hitnotierung. Sie schien schon fast vergessen, als sie im Trio Silver Convention Mitte 1975 als Ramona Wulf auftauchte, das weltweit erfolgreich wurde.

Der Hit: *Alles was wir woll'n auf Erden*

Ramones

Johnny Ramone, g (* 8.10.1951 als John Cummings); Dee Dee Ramone, b (* 18.9.1952 als Douglas Colvin); Joey Ramone, d (* 1952 als Jeffrey Hyman); Tommy Ramone, d (* 29.1.1952 als Tommy Erdelyi); Marky Ramone, d (* als Mark Bell); Richie Ramone, d (* als Richard Beau); C.J. Ramone, b.
Diese amerikanische Punk-Rock-Quartett wurde 1974 in New York gegründet. 1976 erschien ihre Debüt-LP. Die Debüt-Single *»Blitzkrieg Bop«* kam nicht unter die ersten 100 der Pop-Charts. Darin tauchten sie mit *»Sheena Is A Punk Rocker«* Mitte 1977 zum erstenmal auf. Im Mai 1978 verließ Tommy die Ramones, blieb ihnen als Produzent jedoch verbunden. Für ihn kam Mark Bell. 1979 spielten sie in dem Film *»Rock 'n' Roll High School«* mit. 1980 veröffentlichten sie die LP *»End Of The Century«*, produziert von Phil Spector. Der ließ die Ramones den von ihm 1964 für die Ronettes geschriebenen Titel *»Baby I Love You«* aufnehmen, der es bis auf Platz 8 in GB brachte. Diese Platte ist der einzige Top-10-Erfolg der Band. 1983 verließ Marky die Gruppe und wurde durch Richie ersetzt. Mitte 1985 veröffentlichen die Ramones die umstrittene Platte *»Bonzo Goes To Bitburg«*. In dem Lied verarbeiteten sie Ronald Reagans Besuch eines Kriegsgräberfriedhofs bei Bitburg, auf dem auch SS-Angehörige begraben sind. Im August 1989 verließ Dee Dee die Ramones und wurde der Rapper Dee Dee King. Für ihn kam C.J. 1990 unternahmen die Ramones in dieser Besetzung eine erfolgreiche US-Tournee zusammen mit Deborah Harry, Jerry Harrison und Tom Tom Club.

Der Hit: *Sheena Is A Punk Rocker*
Der Tip: *End Of The Century* (Sire 201 332-320)

Ramrods

Vincent Bell Lee, g (* als Vincent Gambella); Claire Lane, d/v; Richard Lane, sax; Eugene Moore, g.
Dieses 1956 gegründete Instrumentalquartett aus Connecticut hatte mit einer an den Gitarrenstil von Duane Eddy erinnernden Version von *»(Ghost) Riders In The Sky«* im Frühjahr 1961 Platz 30 in den USA, Platz 8 in GB und Platz 21 in Deutschland. Die vier arbeiteten danach hauptsächlich als Sessionmusiker, und Vince wurde als Vincent Bell noch einmal in den US-Charts notiert: *»Airport Love Theme (Gwen And Vern)«* erreichte im Frühjahr 1970 Platz 31.

Der Hit: *(Ghost) Riders In The Sky*

Ramsey, Bill

* 17.4.1931 als William McCreery Ramsey. Bill kam 1952 mit der US Air Force in die Bundesrepublik, arbeitete hier für den AFN und später als Diskjockey für RTL und den SR. Vorher hatte er Soziologie und Wirtschaftswissenschaft in Yale, Frankfurt/Main und New Haven studiert. Seine musikalische Karriere begann er als Gewinner mehrerer Jazz-Wettbewerbe. Nebenher ließ er sich auch auf Schlager ein und hatte mit *»Wumba Tumba Schokoladeneisverkäufer«* im Frühjahr 1959 Platz 4 in der deutschen Hitparade. *»Souvenirs«*, ebenfalls 1959, und *»Pigalle«* 1961 wurden gar Spitzenreiter in Deutschland und legten Bill Ramsey musikalisch fest. Nebenher spielte er in etlichen deutschen sogenannten Filmkomödien mit. *»Zuckerpuppe«*, noch 1961, *»Ohne Krimi geht die Mimi nie ins Bett«* 1962 und *»Maskenball bei Scotland Yard«* 1963 waren weitere Top-10-Erfolge für ihn. Zusammen mit Peter Alexander hatte er 1961 noch den Top-10-Hit *»Missouri-Cowboy«*. Nach 1964 war die große Schlagerzeit von Ramsey beendet. Er kümmerte sich wieder mehr um die Jazzmusik und engagierte sich als Förderer des Musikernachwuchses. Als Onkel Bill produzierte er 1967 eine LP mit Kinderliedern. 1971 moderierte er »Schlager für Schlappohren«. Danach wurde er Redakteur und Moderator der Folkloresendung »Show ohne Schuh«. Ab 1974 moderierte er den »Talentschuppen« und ab 1976 »Geheimtip«. Jazzplatten von ihm erschienen bis in die 90er Jahre. Für die meisten Deutschen blieb er jedoch bedauerlicherweise immer der Wumba Tumba Schokoladeneisverkäufer.

Der Hit: *Souvenirs*
Der Tip: *Souvenirs* (Bear Family BCD 15 672 AH)

Randy & The Rainbows

Dominick »Randy« Safuto (* 19.4.1947), Frank Safuto (* 26.9.1938), Mike Zero (* 4.4.1947), Sal Zero (* 30.10.1942), Ken Arcipowski (* 26.5.1945), Vinnie Carella (* 8.4.1947), alle v.
Die Mitglieder dieser amerikanischen Band begannen 1961 als Dialtones. Der Vater eines Gruppenmitgliedes kannte den Songschreiber Neil Levenson, dem er die Gruppe vorstellte. Neil hatte gerade den Titel *»Denise«* geschrieben, den er der Band anbot, ihnen gleichzeitig aber riet, ihren Gruppennamen in Randy & The Rainbows zu ändern. *»Denise«* erschien und erreichte Mitte 1963 Platz 10 in den US-Charts. Eine weitere Single kam knapp unter die ersten 100, und danach hatte die Band keinen Erfolg mehr, bestand aber noch weiter. 1974 verließ Sal Zero die Gruppe und wurde gegen Vinnie Carella ausgetauscht. Die Gruppe spielte bis weit in die 80er Jahre vorwiegend an der Ostküste der USA.

Der Hit: *Denise*

Rare Earth

Gil Bridges, sax/fl (* 14.8.1942); John Persh, pos/b; Pete Rivera, d; Ed Guzman, per; Rob Richards, g; Ray Monette, g (* 7.5.1946); Kenneth James, key; Mark Olson, key; Michael Urso, b/pos; Peter Hoorelbeke, v/per.
Aus Detroit stammte diese Band, die zu den wenigen weißen Künstlern der Plattenfirma Tamla-Motown gehörte. Extra für Weiße hatte sie das Unterlabel Rare Earth gegründet – und darauf war die Band ab 1970 erfolgreich. In den 60er Jahren hatten die drei erstgenannten Musiker als Sunliners begonnen. In den späten 60er Jahren arbeiteten sie mit Dennis Coffey zusammen, der mit der Gruppe ein Medley aus zwei früheren Motown-Hits, *»Stop In The Name Of Love«* und *»Where Did Our Love Go«*, aufnahm, das zwar kein Hit wurde, ihnen aber einen Vertrag bei Rare Earth brachte. *»Get Ready«* und *»(I Know) I'm Losing You«* waren 1970 Top-10-Erfolge für die Band. Beide Titel waren vorher Hits für die Temptations. Die Nummer *»Get Ready«* zeichnete sich vor allen Dingen dadurch aus, daß sie von Rare Earth auf über 20 Minuten gestreckt worden war. Mitte 1971 erschien *»I Just Want To Celebrate«* und wurde ihr letzter Top-10-Hit. *»Warm Ride«*, geschrieben von den Bee Gees, war im Frühjahr 1978 der letzte Top-40-Erfolg dieser Gruppe. Schon 1970 hatte es erste Umbesetzungen in dieser Band gegeben. Im Laufe der nächsten Jahre sollten etliche Musiker mit Rare Earth spielen, die bis in die 90er Jahre Platten veröffentlichten.

Der Hit: *Get Ready*
Der Tip: *Get Ready/Ecology* (Motown ZD 72497)

Rascals

Felix Cavaliere, v/key (* 29.11.1944); Dino Danelli, d (* 23.7.1945); Eddie Brigati, v (* 22.10.1946); Gene Cornish, g/b/v (* 14.5.1944); Robert Popwell, d; Buzzy Feiten, b; Ann Sutton, v.
Im Frühjahr 1964 waren als Mitglieder bei Joey Dee & The Starliters Brigati, Cornish und Cavaliere. Diese drei waren es satt, ewig mit Joey Dee den *»Peppermint Twist«* zu spielen, nahmen Danelli hinzu und gründeten die Young Rascals. 1967 strichen sie das Young aus ihrem Namen, und im Mai 1972 brach die Band auseinander. Cavaliere machte Soloalben und wurde Produzent z. B. von Laura Nyoaro. Der erste Hit der Formation war im Frühjahr 1966 der amerikanische Spitzenreiter *»Good Lovin'«*. Ein Jahr später standen sie erneut auf Platz 1 in den USA und hatten einen Millionseller mit *»Groovin'«*. Diese Platte erreichte auch die Top 10 in GB. *»A Girl Like You«* und *»How Can I Be Sure«* waren weitere Top-10-Erfolge 1967. 1968, inzwischen als Rascals, hatten sie die beiden Millionseller *»A Beautiful Morning«* und – wieder Platz 1 – *»People Got To Be Free«*. Die Hitliste der Band geht bis in das Jahr 1971. Dann verließen Brigati und Cornish die Gruppe, und Popwell, Feiten und Sutton kamen neu hinzu, bis die Gruppe ein Jahr später aufgab. Danelli und Cornish gründeten die Formationen Bulldog und Fotomaker und kamen 1988 mit Cavaliere zu einer ausgedehnten Rascals Revivaltour wieder zusammen. 1989 verklagen Danelli und Cornish Cavaliere, weil der seine neue Band wieder The Young Rascals nannte. Ein New Yorker Gericht entscheidet, daß Danelli und Cornish sich selbst The New Rascals und Cavaliere »Formerly of the Young Rascals« nennen darf.

Der Hit: *People Got To Be Free*
Der Tip: *Ultimate Rascals* (WB 9-27605 2)

Raspberries

Eric Carmen, v/g (* 11.8.1949); Wally Bryson, g (* 18.7.1949); David Smalley, b (* 10.7.1949); Jim Bonfanti, d (* 17.12.1948); Scott McCarl, b; Michael McBride, d.
Diese amerikanische Band wurde 1970 gegründet. Smalley, Bonfanti und Bryson waren vorher in der Band Choir. Star der Raspberries war ganz ohne Zweifel Eric Carmen, der auch die meisten Hits der Band geschrieben hat. Die erste Hitnotierung hatten sie Mitte 1972. Noch im gleichen Jahr gelang ihnen mit *»Go All The Way«* ein Millionseller und Platz 5 in den US-Charts. *»I Wanna Be With You«*, auch noch 1972, und *»Overnight Sensation (Hit Record)«* 1974 waren zwei weitere Top-20-Erfolge. 1974 verließen Smalley und Bonfanti die Gruppe und wurden durch McCarl und McBride ersetzt. 1975 verließ Eric Carmen die

Raspberries, die damit in die Bedeutungslosigkeit fielen. Als Solist wurde Carmen recht erfolgreich.

Der Hit: *Go All The Way*
Der Tip: *Raspberries' Best* (Capitol CP 28-1020)

Rattles

Achim Reichel, g/v (* 28.1.1944); Hans Joachim Kreuzfeld, g; Herbert Hildebrandt, b/v (* 23.1.1943); Volker Reinhold, g; Dieter Sadlowsky, d; Dicky Tarrach, d (* 21.9.1944); Hermann Rugenstein, g; Frank Dostal, v; Bernd Schulz, g; Rainer Degner, v; Peter Becker, d; Henner Hoyer, v; Frank Mille, g (* 3.10.1949); George Meier, g/v (* 9.10.1951); Lude Lafayette, key/v (* 13.1.1953 als Jochen Peters); Kurt »Zappo« Lüngen, b/g (* 8.3.1946); George Miller, d (* 2.6.1947); Edna Bejarano, v; Herbert Bornhold, d.
Diese deutsche Rock- und Beatband wurde 1961 von Reichel, Hildebrandt, Reinhold und Sadlowsky gegründet. Im Laufe der Jahre spielten etliche Musiker mit dieser Formation. Schon Ende 1961 kam für Reinhold Kreuzfeld. 1962 spielte die Band im neu eröffneten Hamburger Star-Club und gewann einen Preis als beste Beatband. Anfang 1962 kam für Sadlowsky Tarrach. Im Herbst 1963 spielten die Rattles erstmals in England und hinterließen dort einen recht guten Eindruck. Sie wurden vom Melody Maker als das deutsche Äquivalent zu den Beatles bezeichnet. Im Frühjahr 1965 drehte sich das Besetzungskarussell weiter. Für Kreuzfeld kam Rugenstein. In der Besetzung Reichel, Hildebrandt, Tarrach und Rugenstein spielten sie im Sommer 1966 als Vorgruppe der Beatles auf deren Deutschlandtournee. Und auch angelehnt an ihre Vorbilder Beatles drehten sie den Film »Hurra, die Rattles kommen«. Danach verließ Achim Reichel die Band, weil er zur Bundeswehr einberufen wurde. Für ihn kamen der Sänger Frank Dostal und der Gitarrist Bernd Schulz. Im Herbst 1967 verließen Dostal und Tarrach die Rattles, um mit Achim Reichel, Helmut Franke und Les Humphries Wonderland zu gründen. Degner und Becker kamen für sie zu den Rattles. 1968 ging Hildebrandt, für ihn kam Lüngen. Noch im gleichen Jahr wechselte die Rattles-Besetzung fast komplett. Henner Hoyer und George Meier kamen für Schulz, Degner und Rugenstein. Das Quartett Hoyer, Meier, Lüngen und Becker nahm 1968 den Titel *»The Witch«* auf, der als B-Seite der Single *»Geraldine«* veröffentlicht wurde und anderthalb Jahre lang keine Beachtung fand. Ende 1969 lösten sich die Rattles auf. Inzwischen fand der Titel *»The Witch«* vor allen Dingen in den USA Beachtung. Noch im Frühjahr 1970 formierten sich die Rattles neu, dieses Mal in der Besetzung Edna Bejarano, Miller, Lüngen und Bornhold. Die vier nahmen den Titel *»The Witch«* ein zweites Mal auf und brachten es damit in GB auf Platz 8, in Deutschland auf Platz 4. Diese Besetzung hielt sich relativ lange.

1972 nahm man als weiteren Musiker Lude Lafayette dazu. Bis sich die Gruppe Ende 1976 wieder auflöste, waren noch weitere Mitglieder zu verzeichnen. Ein Hit gelang ihnen nicht mehr. 1989 formierten sich die Rattles neu, dieses Mal mit Achim Reichel, Herbert Hildebrandt, Dicky Tarrach und Henner Hoyer. 1992 hatte Reichel von dem Projekt offensichtlich wieder die Nase voll. Die drei anderen machten als Trio weiter. Reichel verfolgte seine Solokarriere weiter. Zwischen 1960 und 1977 gab es insgesamt vierzehn verschiedene Rattles-Besetzungen.

Der Hit: *The Witch*
Der Tip: *Rattles Story* (Star Club Records 838 781-2)

Rawls, Lou

* 1.12.1935. Nach seiner Militärzeit war Lou von 1956 bis 1959 Mitglied der Gospelgruppe Pilgrim Travellers. Danach sang er in der Begleitgruppe von Sam Cooke und ist z. B. auf dessen Single-Hit *»Bring It On Home To Me«*, der Mitte 1962 in die US-Top-10 kam, zu hören. Noch im gleichen Jahr begann er eine Solokarriere. *»Three O'Clock In The Morning«* war Mitte 1965 seine erste Hitnotierung. *»You'll Never Find Another Love Like Mine«* brachte Lou Mitte 1976 seinen größten Erfolg. Die Platte wurde ein Millionseller und erreichte in den USA Platz 2 in den Pop-Charts. Seine Plattenveröffentlichungen gehen bis in die 90er Jahre. In dem Disco- und Rap-Getümmel sticht seine warme und sympathische Stimme angenehm heraus.

Der Hit: *You'll Never Find Another Love Like Mine*
Der Tip: *Greatest Hits* (Repertoire 4244-WZ TIS)

Ray, Johnnie

* 10.1.1927, † 25.2.1990. Man nannte ihn den Prototyp eine Popsängers, die Heulboje, die 1-Million-Dollar-Träne. Im Alter von 10 Jahren wurde der Amerikaner beim Spielen in die Luft geworfen und landete auf dem Kopf. Seitdem hatte er einen Hörschaden und war – laut einer Pressemitteilung – fortan ein stilles, einsames Kind. Und genau das spielte er auf der Bühne so richtig aus. Wenn seine Show langsam, aber sicher zum Höhepunkt kam, brach er in Tränen aus, krümmte sich wie ein Aal, schien umzufallen, rappelte sich wieder auf, um erneut zu schluchzen – mit Tränen, die an die Niagarafälle erinnerten. Nun machte er das nicht ein- oder zweimal im Jahr. Dann hätte man ihm das vielleicht als wieder durchlebte Trauma abgenommen: er wird immer wieder in die Luft geworfen und knallt immer wieder mit dem Kopf auf die Erde. Aber nein, er machte das in jeder

Show, jeden Tag, wenn's sein mußte, auch zweimal. Vielleicht würde es heute stark zur Erheiterung beitragen, wenn ein Popstar das nachvollziehen wollte, aber damals war er die absolute Show. Die Fans, speziell die weiblichen, durchlebten die Hochs und Tiefs ihres Idols mit, rissen sich die Kleider vom Leibe und fielen reihenweise in Ohnmacht. Und sie nahmen ihm auch nicht übel, daß er einmal sagte: »Ich habe kein Talent, meine Stimme ist langweilig und flau. Ich bin so eine Art menschlicher Wachtelhund: die Leute kommen, um zu sehen, wie ich so bin. Ich lasse sie fühlen, ich nehme ihnen ihre Energie, ich zerstöre sie.« Dafür, daß er nicht singen konnte, wie er sagte, hatte er zwischen 1951 und 1957 erstaunlich viele Hits. Sein erster Millionseller war der *»Cry«*, der Ende 1951 in die Charts kam, Platz 1 erreichte und diese Position 11 Wochen hielt. *»Please, Mr. Sun«* wurde Anfang 1952 ein weiterer Millionseller. Seine Top-10-Erfolge in den USA waren *»The Little White Cloud That Cried«* 1951, *»Here I Am – Broken Hearted«* und *»Walkin' My Baby Back Home«* 1952, *»Somebody Stole My Gal«* 1953, *»Just Walking In The Rain«* 1956 und *»You Don't Owe Me A Thing«* 1957. In GB hatte Ray 11 Top-10-Hits, dreimal belegte er Platz 1: *»Such A Night«* 1954 – der Titel wurde später von Elvis auch aufgenommen, *»Just Walking In The Rain«* 1956 und *»Yes Tonight Josephine«* 1957. Die beiden letztgenannten Titel kamen auch in Deutschland unter die ersten 10. Auf den meisten seiner Platten wird er vom Orchester Ray Conniff begleitet. Auch anhörenswert seine Duette mit Doris Day und Frankie Laine. Im September 1956 stand jedoch schon der Nachfolger von Johnnie Ray mit beiden Füßen in den Startlöchern. Zuerst konnte sich das ältere US-Publikum mit dem Neuen nicht so richtig anfreunden, und die Jungs vom Fernsehen hatten das bemerkt. Aber jetzt mußten sie dem Druck der Jugend nachgeben und dem neuen, jungen Rebellen einen Platz in ihrem Medium einräumen. Am 9. September 1956 war es soweit: Elvis Presley betrat die Fernsehbühne in der »Ed Sullivan Show« und erzielte eine Einschaltquote von 82,6 %. 54 Millionen Amerikaner sahen zu. Ray starb an Leberversagen.

Der Hit: *Yes Tonight Josephine*
Der Tip: *Cry* (Bear Family BCD 15 450)

Rayburn, Margie

Margie war Mitglied der Formation Sunnysiders, die im Frühjahr 1955 in den USA mit *»Hey, Mr. Banjo«* einen Top-20-Hit hatten. Ende 1957 sang Margie *»I'm Available«*. Die Platte erreichte Platz 9 in den USA und blieb die einzige Hitnotierung für Margie. Auch auf Platten von Ray Anthony und Gene Autry ist sie zu hören. Nachdem der Erfolg ausblieb, gab sie Mitte der 60er Jahre ihre Plattenkarriere auf.

Der Hit: *I'm Available*

Raydio

siehe Ray Parker Jr.

Ray, Goodman & Brown

siehe Moments

Rays

Harold Miller (* 17.1.1931), Walter Ford (* 5.9.1931) Davey Jones (* 1931), Harry James (* 1932), alle v.
Diese amerikanische Rhythm-&-Blues-Gruppe formierte sich 1955 in New York. Noch im gleichen Jahr machten sie ihre ersten Plattenaufnahmen. Ende 1957 kam ihr Titel »*Silhouettes*« in die US-Charts und erreichte Platz 3. Die B-Seite dieser Aufnahme war »*Daddy Cool*«, ein Stück, das in den Jahren danach immer wieder von anderen Künstlern gecovert wurde. Nach zwei weiteren Hitnotierungen waren sie 1961 wieder aus den Charts verschwunden.

Der Hit: *Silhouettes*

Rea, Chris

* 4.3.1951. Der britische Sänger, Gitarrist und Songschreiber wurde 1978 in den USA zum Newcomer des Jahres gewählt. Bevor er eine Solokarriere startete, spielte er in der Band Magdalene. Er ersetzte David Coverdale, der zu Deep Purple ging. Die Gruppe benannte sich in Beautiful Losers um und gewann 1975 einen Talentwettbewerb – ohne Folgen. 1978 schließlich kam Reas Aufnahme »*Fool (If You Think It's Over)*« unter die ersten 20 in den USA, in GB war es ein Top-30-Hit. Danach schien es, als wäre es wirklich vorbei mit Rea, und in der Tat ist ihm in den USA nichts mehr gelungen. Auch ansonsten ist Chris Rea mehr ein Fall für die LP-Hitparaden, was für ihn spricht. Seinen einzigen Top-10-Erfolg hatte er Ende 1989 mit »*The Road To Hell Part 2*«. Speziell in Deutschland hat er sehr viele Fans und die sitzen in verstärktem Maße auch in den Funkhäusern. Viele seiner Platten kamen zwar in der Verkaufshitparade nicht unter die ersten 10, wohl aber in der Rundfunkhitparade, so. z. B. »*Josephine*« 1985, »*On The Beach*« 1986, »*Let's Dance*« 1987 oder auch »*The Road To Hell*« 1989.

Der Hit: *The Road To Hell*
Der Tip: *The Best Of* (WEA 243 841-2)

Chris Rea *(Magnet)*

Ready For The World

Malvin Riley, v/g/key; Gordon Strozier, g/b/d; Gregory Potts, key; Willie Trilett, per; John Eaton, b; Gerald Valentine, key.

Gründer und Masterminds dieser Formation aus dem US-Bundesstaat Michigan sind Strozier und Riley, die auch die meisten Songs schreiben. Die Musik der

Gruppe war angesiedelt zwischen den zu diesem Zeitpunkt angesagten Disco-Trends zwischen Pop und Funk. Ihr Titel »*Oh Sheila*« kam Mitte 1985 in die amerikanische Hitparade und wurde schließlich Spitzenreiter. Ende 1986 gelang mit »*Love You Down*« ein weiterer Top-10-Hit.

Der Hit: *Oh Sheila*
Der Tip: *Ready For The World* (MCA 252 251-1)

Real Life

David Sterry, v (* 31.3.1954); Alan Johnson, b (* 21.12.1957); Richard Zatorski, vln/key (* 20.8.1957); Danny Simcic, d (* 6.10.1962).
Diese australische Gruppe formierte sich in den frühen 80er Jahren. Im Frühjahr 1982 erhielten sie einen Plattenvertrag. Ende 1983 kam ihre eingängige Nummer »*Send Me An Angel*« in die US-Charts und erreichte die Top 30. Im Frühjahr 1984 kam die Platte auch in die deutsche Hitparade, wurde ein Millionseller und erreichte Platz 1. Der Nachfolger »*Catch Me I'm Falling*« kam zumindest in Deutschland noch unter die ersten 10. Nach 1985 war ihre Hitzeit wieder vorüber. Eine Neuauflage von »*Send Me An Angel*« kam im Frühjahr 1989 noch einmal unter die ersten 30 in den USA.

Der Hit: *Send Me An Angel*
Der Tip: *Heart Land* (Curb Int. 147.710)

Real Thing

Ray Lake, v (* 11.2.1946); Eddy Amoo, g/v/key (* 5.5.1950); David Smith, v (* 6.7.1952); Chris Amoo, v (* 14.10.1952).
Der Einstieg dieser schwarzen Gruppe aus Liverpool war grandios. »*You To Me Are Everything*« kam Mitte 1976 in die GB-Charts und wurde Spitzenreiter. Die Nachfolgesingle »*Can't Get By Without You*« erreichte Platz 2. »*Can You Feel The Force*« war im Frühjahr 1979 der letzte Top-10-Erfolg für die Band, die nach 1980 ganz verschwunden schien. Im Frühjahr 1986 wurden »*You To Me Are Everything*« und »*Can't Get By Without You*« als sogenannte »*Decade Remix*«-Versionen wieder veröffentlicht und kamen erneut unter die ersten 10. Jetzt wartet alles auf 1996.

Der Hit: *You To Me Are Everything*
Der Tip: *Best Of* (PRT CD NRT 1)

Rebels

Der aus Buffalo stammende Diskjockey Tom Shannon und der Produzent Phil Todaro nahmen 1959 den Titel »*Rockin' Crickets*« mit Hot-Toddys feat Bill Pennell am Saxophon auf. Die Platte kam nur bis unter die ersten 60. Ein Jahr später machten sie mit der aus Buffalo stammenden Gruppe Rebels eine Instrumentalaufnahme der Erkennungsmelodie von DJ Shannon, »*Wild Weekend*«. Diese Single wurde erstmals 1960 veröffentlicht, ohne bemerkt zu werden. Als sie Ende 1962 erneut auf den Markt kam, erreichte sie Platz 8 in den USA. Daraufhin veröffentlichten Shannon und Todaro die Nummer der Hot-Toddys noch einmal, diesmal unter dem Gruppennamen Rockin' Rebels. Aber auch beim zweiten Versuch erreichte der Titel die Top 50 nicht.

Der Hit: *Wild Weekend*

Redbone

Lolly Vegas, v/g (* 2.10.1939); Pat Vegas, v/b; Anthony Bellamy, g; Peter De Poe, d.
Diese amerikanische Band wurde 1968 in L.A. gegründet. Redbone gilt als die erste Indianergruppe, die sich in den USA durchsetzen konnte. Sie spielten sogenannten Swamp Rock. Die beiden Brüder Vegas hatten vorher schon als Sessionmusiker gearbeitet und sollten als Songschreiber erfolgreich werden. Sie lieferten Hits für P.J. Proby, Bobbie Gentry, Aretha Franklin oder die Righteous Brothers. Sie selbst wurden erstmals Ende 1970 in den US-Charts mit der Nummer »*Maggie*« aufgeführt. Ihr Titel »*The Witch Queen Of New Orleans*« war im Herbst 1971 Platz 2 in den englischen Charts, Platz 16 in Deutschland und Platz 21 in den USA. Ihre Nummer »*Come And Get Your Love*« war Anfang 1974 ein Millionseller und ein Platz 5 für Redbone in den USA. Ansonsten engagierte sich die Band sehr für die Belange der amerikanischen Indianer, was sie auch in ihren Songs zum Ausdruck brachten, z. B. in »*We Were All Wounded At Wounded Knee*«.

Der Hit: *Come And Get Your Love*
Der Tip: *Come And Get Your Redbone* (Epic EPC 88127)

Red Box

Simon Toulson-Clark, v/g; Julian Close, sax; Rob Legge, b; Paddy Talbot, key; Martin Nickson, d.
1982 wurde diese britische Formation als Quintett gegründet. Auf einem unabhängigen Label veröffentlichten sie ihre erste Single, und als sie einen Platten-

vertrag bei der WEA erhielten, reduzierten sie sich auf das Duo Toulson-Clark und Close. Im Sommer 1985 hatten sie dann auch kommerziellen Erfolg: *»Lean On Me (Ah-Li-Ayo)«* erreichte Platz 3 in der britischen Hitparade, ein Jahr später kamen sie mit *»For America«* wieder unter die Top 10. Bis in die 90er Jahre folgten weitere Plattenveröffentlichungen.

Der Hit: *Lean On Me (Ah-Li-Ayo)*
Der Tip: *The Circle & The Square* (WEA 242 037-1)

Redding, Otis

* 9.9.1941, † 10.12.1967. Starker Nebel liegt über dem zugefrorenen See Monana in der Nähe von Madison, Wisconsin. Man hatte sich entschlossen, den Weg zum nächsten Auftritt mit einer kleinen Privatmaschine zurückzulegen. Alle hatten es eilig und wollten möglichst schnell am nächsten Ort sein, um sich noch etwas zu erholen. Der Besitzer und Pilot des Flugzeugs, Otis Redding, war gerade 26 Jahre alt und auf dem Weg zu großem Starruhm. Und auch die anderen, die bei ihm waren, hatten sich als Musiker bereits einen Namen gemacht. Es könnte fast die Geschichte von Buddy Holly sein, aber der war nicht mal 26, als er mit einer kleinen Maschine abstürzte und mit Ritchie Valens und Big Bopper ums Leben kam. Überhaupt schienen und scheinen Popmusiker in den USA recht häufig mit kleinen Privatmaschinen zu verunglücken: Patsy Cline, Cowboy Copas, Jim Reeves, Jim Croce, Ronnie van Zant oder Steve Gaines ging es so. Otis Redding flog also zusammen mit vier Mitgliedern der Band Bar-Keys, die mit der Nummer *»Soul Finger«* gerade ihren ersten großen Hit hatte. Es wurde nach dem Absturz noch lange darüber diskutiert, ob es sich um einen Unfall oder um Sabotage handelte – beliebt war Otis Redding bei den Fans, seine Musikerkollegen mochten ihn nicht sonderlich. Auch sahen es viele Amerikaner nicht gerne, daß Otis Redding zusammen mit weißen Musikern auftrat und viele weiße Fans hatte. Der Werdegang von Redding ist vergleichbar mit dem vieler anderer Soulstars der 60er Jahre. Er stammte aus Georgia, wurde in Macon City groß und begann dort im Gospelchor. Bei Johnny Jenkins & The Pipetoppers durfte er manchmal im Background-Chor singen, ansonsten war er der Roadmanager der Band, d. h. Geräte wie Lautsprecher auf- und wieder abbauen, zum nächsten Auftritt fahren usw. Mit 19 machte Otis seine erste Soloplatte: *»South Bamalama«*. Hier hört man noch sehr gut den Einfluß eines anderen Musikers aus Macon: Little Richard. 1964 ändert Redding seinen Stil. Er wird ruhiger und hat damit mehr Erfolg. Seine erste Hitnotierung hat er 1963 mit *»These Arms Of Mine«*. *»Mr. Pitiful«* erscheint, dann *»Respect«* und schließlich singt er mit der »Queen Of Soul«, Carla Thomas, die Nummer *»Tramp«*. 1967 wählen ihn die Briten zum weltbesten Sänger. Otis tritt beim Monterey Pop Festival auf und

feiert Triumphe. Er ist also ein Star, als er auf dem Weg nach Madison ist. Kurz nach dem Festival in Monterey hatte er die Nummer *»(Sittin'On) The Dock Of The Bay«* aufgenommen. Daß sie Nummer 1 in der US-Hitparade und Millionseller wird, erlebt Otis Redding nicht mehr. Zu seiner Beerdigung kommen mehr als 4 500 Fans, darunter Soulgrößen wie Joe Tex, Solomon Burke, Percy Sledge oder Sam & Dave. Sie alle hatten in Otis Redding ihr musikalisches Vorbild gesehen. In der Tat ist der Soul-Boom nach dem Tod von Redding bald vorbei. Der Motor fehlte, denn neben seinen eigenen Hits hat er auch für andere Songs geschrieben, z. B. *»Sweet Soul Music«* für Arthur Conley. 1989 wurde Otis in die Rock 'n' Roll Hall of Fame aufgenommen. Seine beiden Söhne Otis III. und Dexter sowie deren Cousin Mark Locket treten seit 1980 als The Reddings auf.

Der Hit: *(Sittin'On) The Dock Of The Bay*
Der Tip: *The Otis Redding Story* (Atlantic 781 762-2)

Reddy, Helen

* 25.10.42. Die australische Sängerin wurde in eine Familie hineingeboren, die im Showgeschäft zu Hause war. Schon mit vier stand sie zum erstenmal auf der Bühne. Schließlich kam sie in ein englisches Internat, ging danach wieder zurück nach Australien und wurde dort eine populäre Künstlerin. In den 60er Jahren hatte sie in Australien eine eigene TV-Show. 1966 wurde ihr der fünfte Kontinent zu klein, und sie siedelte nach New York über. 1968 zog sie nach L.A. Sie spielte mit in den Filmen »Airport 1975« aus dem Jahr 1974, »Pete's Dragon« 1977 und »Sgt. Pepper's Lonely Hearts Club Band« 1978. Anfang der 70er Jahre war sie auch in den USA als Interpretin erfolgreich. Ihre erste Hitnotierung war der Top-20-Erfolg *»I Don't Know How To Love Him«* aus der Rockoper »Jesus Christ Superstar« im Frühjahr 1971. Ihr erster Spitzenreiter wurde *»I Am Woman«*, Mitte 1972 ganz oben und Millionseller. *»Delta Dawn«* erreichte ein Jahr später das gleiche Ergebnis. *»Leave Me Alone (Ruby Red Dress)«* wurde ebenfalls ein Millionseller, wurde aber Ende 1973 »nur« Platz 3. Wiederum ein Jahr später wurde *»Angie Baby«* wieder ein Millionseller und Spitzenreiter in den USA. Dieser Titel war ihr einziger Top-10-Erfolg in GB. *»You And Me Against The World«* 1974 und *»Ain't No Way To Treat A Lady«* 1975 waren ihren letzten Notierungen unter den Top 10.

Der Hit: *Angie Baby*
Der Tip: *Greatest Hits (And More)* (Capitol CDP 7 46490 2)

Red Hot Chili Peppers

»Antwan The Swan«, v (* 1.11.1962 als Anthony Kields); »Flea«, b (* 1.8.1962 als Michael Balzary); Dank Hillel Slovak, g († 25.6.1988); Jack Irons, d; John Frusciante, g; Chad Smith, d.
1983 wurde dieses amerikanische Quartett in L.A. gegründet. Zunächst nannten sie sich Los Faces. 1984 erschien die erste LP *»The Red Hot Chili Peppers«*. In ihren Anfangstagen machten sie eine merkwürdige Mischung aus Soul, Funk, Rap, Hard Rock und Metal Music. Die Gruppe selbst bezeichnete sich als »Psychedelic Sex Funk Band from Heaven«. Auch war die Formation bekannt durch ihre außergewöhnlichen Auftritte. Gerne gezeigt wird immer das Bild, auf dem die Jungs nackt bzw. mit nur einem Socken an exponierter Stelle bekleidet zu sehen sind. 1988 starb der in Haifa geborene Slovak an einer Überdosis Drogen. Das nahm Irons zum Anlaß, die Gruppe zu verlassen. Für die beiden kamen Frusciante und Smith. Im Mai 1992 stieg Frusciante wieder aus. Und das, obwohl sie zum ersten Mal Erfolg hatten. Der Titel *»Under The Bridge«* wurde in den USA Millionseller und Platz 2, in GB Platz 26 und in Deutschland Platz 11.

Der Hit: *Under The Bridge*
Der Tip: *Blood Sugar Sex Magic* (WB 7599-26681-2)

Reed, Jerry

* 20.3.1937 als Jerry Reed Hubbard. Der amerikanische Sänger, Gitarrist und Songschreiber vermischte Rock und Country-music. Zweimal gelang ihm ein Top-10-Hit in der amerikanischen Hitparade: *»Amos Moses«* wurde Millionseller und erreichte Ende 1970 Platz 8, *»When You're Hot You're Hot«* ein halbes Jahr später Platz 9. Reed schrieb auch Hits für andere Interpreten, so z. B. für Gene Vincent *»Crazy Legs«* und für Elvis Presley *»Guitar Man«*. Als Schauspieler konnte man ihn unter anderem in »Gator« und »Smokey & The Bandit« sehen. 1971 erhielt er einen Grammy als bester Country-Sänger.

Der Hit: *Amos Moses*

Reed, Lou

* 2.3.1942 als Louis Firbank. Der amerikanische Sänger und Songschreiber ist Mitbegründer der Formation Velvet Underground, die sich in der zweiten Hälfte der 60er Jahre Kult-Status erspielte. Lou Reed in eine Kategorie zu stecken, ist nur schwer möglich. Bereits ab den ersten Tagen mit Velvet Underground gab es kaum einen Musiker, der so viel Kontroversen auslöste wie Reed. Nach der

Lou Reed

Trennung von Velvet Underground mußte Lou zunächst einmal einen Drogenentzug machen. 1972 startete er eine Solokarriere, bei der dem »Vater der New Yorker Punkszene« von Musikern wie Iggy Pop oder David Bowie geholfen wurde. Besonders die Nummer *»Walk On The Wild Side«*, die von Bowie mitproduziert wurde und auf der er Saxophon spielt, machte Lou einem breiteren Publikum bekannt. Die Platte kam im Frühjahr 1973 in die US-Charts, wurde Platz 16 und

Platz 10 in GB. Seit dieser Zeit sind unendlich viele LPs von ihm erschienen. Zu seinen schönsten muß man *»New York«* aus dem Jahr 1988 zählen.

Der Hit: *Walk On The Wild Side*
Der Tip: *The Best Of* (RCA PD 83753)

Reese, Della

* 6.7.1931 als Delloreese Patricia Early. Die amerikanische Sängerin begann ihre Karriere 1945 in der Gospelgruppe um Mahalia Jackson. Sie blieb bis 1949 und arbeitete in den frühen 50er Jahren mit Erskine Hawkins. Ab 1957 sang sie als Solistin und hatte im gleichen Jahr ihre erste Hitnotierung mit *»And That Reminds Me«*. *»Don't You Know«* war im Herbst 1959 ihr einziger Top-10-Erfolg in den USA. Ihre letzte Hitnotierung hatte sie 1966. 1958 spielte sie in dem Film »Let's Rock« mit, 1989 in »Harlem Nights«. 1970 hatte sie eine eigene TV-Serie. Ab 1976 spielte sie für drei Jahre in der Comedy-Serie »Chico and the Man« die Rolle der Della Rogers. 1982/83 und 1986 war sie ebenfalls in TV-Serien zu sehen. In »The A-Team« spielte sie Mr. T's Mutter.

Der Hit: *Don't You Know*

Reeves, Jim

* 20.8.1924, † 31.7.1964. Der amerikanische Country-Sänger und Songschreiber wäre vielleicht ein großer Baseballspieler geworden, aber eine Verletzung des Fußgelenkes stoppte die angehende Karriere. Wenn man die angenehme Stimme von Jim Reeves hört, wundert es einen nicht, daß er als nächstes Diskjockey wurde. Er arbeitete in Shreveport, Louisiana, dem »Home of Louisiana Hayride«. 1950 machte er dann seine ersten Plattenaufnahmen, 1953 hatte er einen ersten Millionseller und den Top-Country-Hit des Jahres: *»Mexican Joe«*, Top 30 in der Pop-Hitparade. Seit diesem Titel gehörte er in den USA zu den wenigen Künstlern, die sich sowohl in den Country- als auch in den Pop-Charts behaupten konnten. Seinen nächsten Hit hatte er 1957 mit *»Four Walls«*, Platz 11. *»He'll Have To Go«* erreichte Ende 1959 Platz 2 in den USA, vier Monate später Platz 12 in GB. Vier Jahre später hatte er dort mit *»I Love You Because«* und *»I Won't Forget You«* weitere Top-10-Hits. *»Distant Drums«* schließlich wurde 1966 gar Spitzenreiter in GB und kam in Deutschland unter die ersten 40. Zum Zeitpunkt dieses Erfolges war Jim Reeves bereits tot. Am 31.7.1964 stürzte er mit seiner Privatmaschine ab. Seine Platten wurden sowohl in GB als auch in den USA in regelmäßigen Abständen wieder veröffentlicht. Noch in den 80er Jahren tauchte er mit seinen Singles in der Country-Hitparade auf. Seine letzte Top-10-Ein-

tragung in der C&W-Hitparade war 1981 *»Have You Ever Been Lonely (Have You Ever Been Blue)«*, ein Duett mit Patsy Cline, die wie er bei einem Flugzeugunglück ums Leben kam, im Jahre 1963.

Der Hit: *Distant Drums*
Der Tip: *Songs* (RCA CL 42209)

Reeves, Martha

siehe Martha & The Vandellas

Reeves, Vic

Was den Deutschen ihr Hape Kerkeling, ist den Engländern Vic Reeves. Er gilt als Englands Entertainer Nummer 1. Über Club-Entertainer und Komiker brachte er es zu einer eigenen TV-Show. Mit dem Stück *»Born Free«*, einer Neuauflage der alten Matt-Monro-Nummer, hatte er im Frühjahr 1991 einen Platz 6 in der britischen Hitparade. Das Stück *»Dizzy«*, einst ein Hit mit Tommy Roe, kam Ende des gleichen Jahres bis auf Platz 1 in GB. Mit von der Partie war die Formation Wonder Stuff.

Der Hit: *Dizzy*

Reflections

Tony Micale, v (* 23.8.1942); Daniel Bennie, v (* 13.3.1940); Phil »Parrot« Castrodale, v (* 2.4.1942); Raymond »Razor« Steinberg, v (* 29.10.1942); John Dean, v (* 1942).
Dieses Pop/Rock-Quintett aus Detroit schaffte mit *»(Just Like) Romeo And Juliet«* im Frühjahr 1964 einen Platz 6 in der amerikanischen Hitparade. Nach zwei weiteren Hitnotierungen, die nicht über die Position 50 hinauskamen, war die Band wieder verschwunden. Ihren einzigen großen Hit hatte die Gruppe nie ernst genommen. Der Titel gefiel ihnen nicht, und sie wollten eine komische Nummer daraus machen. Deshalb sangen sie Falsett. Nachdem daraus ein Erfolg geworden war, erwarteten die Plattenkäufer von ihnen, daß die nächsten Titel auch in diesem Stil blieben. Das wollten die Reflections jedoch nicht. Sie wechselten die Plattenfirma und schließlich auch den Namen und benannten sich in The High Aud The Mighty um, aber auch das brachte nichts. Sie spielten noch Jahre als Reflections in Clubs, bevor sie sich trennten. In den 80er Jahren tauchten Micale und Dean in einer Band namens Laredos in Detroit auf.

Der Hit: *(Just Like) Romeo And Juliet*

Regan, Joan

* 19.1.1928. In den 50er und 60er Jahren gehörte die Britin zu den populärsten Sängerinnen in ihrer Heimat. Sie hatte sich in verschiedenen Berufen versucht, bevor sie 1953 einen Plattenvertrag bekam. Sie hatte auf eigene Kosten zwei Titel als Demo aufgenommen. Ihre ersten Veröffentlichungen erschienen noch 1953, und im Dezember des Jahres stand sie mit *»Ricochet«* auf Platz 8 in der britischen Hitparade und hatte damit ihren ersten Chart-Erfolg. Sie trat dann als Sängerin in der Fernsehserie »Quite Contrary« auf und hatte dann ihre eigene Sendung »Be My Guest«. Ende der 50er/Anfang der 60er Jahre machte sie in London Shows mit z. B. Russ Conway, Cliff Richard oder Frankie Vaughan. Weitere Top-10-Hits gelangen ihr mit *»Someone Else's Roses«* und *»If I Give My Heart To You«* 1954, *»Prize Of Gold«* 1955 und *»May You Always«* 1959. Sie wird noch bis 1961 in der Hitparade notiert, jedoch mit nachlassendem Erfolg. Sie nahm auch Platten im Duett mit z. B. Dickie Valentine, Max Bygraves oder mit den Johnston Brothers auf. 1957 heiratete sie den Manager des Londoner Palladium Theaters. Mitte der 60er Jahre ließ sie sich von ihm scheiden, nachdem er 1963 zu fünf Jahren Gefängnis wegen Betrugs verurteilt worden war. Sie nahm ihre Karriere wieder auf und zog schließlich mit ihrem zweiten Mann 1968 nach Florida. 1984 rutschte sie in der Dusche aus, erlitt eine Gehirnblutung und war nach einer Notoperation teilweise gelähmt und konnte nicht mehr sprechen. Mit Sprach- und Bewegungstherapie gelang es ihr, sich zu erholen. Ende der 80er Jahre stand sie in England mit Russ Conway wieder auf der Bühne. Bis in die 90er Jahre tritt sie weiterhin auf.

Der Hit: *If I Give My Heart To You*

Regento Stars

Diese Formation hatte 1960 mit *»Lugano«* eine erste Hitnotierung in der deutschen Hitparade und mit *»Leila«* einen Platz 7. Ansonsten tauchten sie zumindest unter diesem Namen nicht mehr auf.

Der Hit: *Leila*

Regina

* als Regina Richards. Diese aus New York stammende Sängerin veröffentlichte Mitte 1986 den Titel *»Baby Love«*, der nichts mit dem gleichnamigen Stück der Supremes gemeinsam hatte. Die Platte erreichte Platz 10 in den USA, und es wurde auch eine Langspielplatte mit Regina auf den Markt gebracht. Trotzdem hat sie danach keinen weiteren Erfolg gehabt.

Der Hit: *Baby Love*
Der Tip: *Curiosity* (Atlantic 81 671)

Reichel, Achim

* 28.1.1944. Der Sänger und Songschreiber gründete 1960 die Rattles, mit denen er im Hamburger Star-Club einen der vielen Beatband-Wettbewerbe gewann. Es folgten vier Tourneen durch GB, was damals einer Sensation gleichkam. 1966 mußte Achim zur Bundeswehr. Seine Plattenfirma versuchte, ihn als Schlagersänger zu featuren, was gründlich mißlang. 1968 war er mit der Gruppe Wonderland und dem Titel »*Moscow*«, der Mitte des Jahres Platz 15 in der deutschen Hitparade erreichte, wieder da. 1970 ging er auf einen Elektroniktrip. Viel später gab er zu, sich gewundert zu haben, daß die Plattenfirma das alles so wortlos bezahlt und nichts verkauft hat. Nach fünf LPs in diesem Stil – die letzte 1973 – erschien er 1976 als Shantysänger, 1977 als Klabautermann, und seit Ende der 70er Jahre spielt er wieder Rock mit deutschen Texten. Seit den 80er Jahren erscheinen immer wieder schöne LPs von ihm. Sein größter Single-Erfolg war »*Aloha Heja He*«, Mitte 1991 Platz 5 in Deutschland.

Der Hit: *Aloha Heja He*
Der Tip: *Melancholie und Sturmflut* (WEA 9031-74352-2)

Reid, Mike

Dieser britische Sänger hatte mit »*The Ugly Duckling*« 1975 Platz 10 in GB. Weitere Hitnotierungen gelangen ihm nach der Geschichte vom häßlichen Entlein nicht mehr.

Der Hit. *The Ugly Duckling*

Reid, Neil

* 1960. Der kleine Neil war für die Briten das, was Heintje für die Deutschen war. Mit der Hymne an die Mami, »*Mother Of Mine*« kam er Anfang 1972 in die britischen Charts und erreichte Platz 2. Der Nachfolger »*That's What I Want To Be*« kam gerade mal unter die ersten 50. Mutterliebe o.k., Lebensplanung egal. Nachdem er einige Jahre durch Europa und Südafrika Tourneen unternommen hatte, war er es leid, immer wie ein 12jähriger singen zu müssen. Er arbeitete in einem Fast Food Restaurant, kehrte jedoch in den 80er Jahren kurz zum Showgeschäft zurück. Heute ist er Versicherungsmakler.

Der Hit: *Mother Of Mine*

Achim Reichel

Reim, Matthias

* 26.11.1957. Erste Erfolge hatte Matthias Reim mit Songs für Roy Black, Jürgen Drews oder Bernhard Brink, die er geschrieben und auch produziert hatte. Im Frühjahr 1990 erschien *»Verdammt, ich lieb' dich«* in den deutschen Charts, erreichte innerhalb von sechs Wochen Platz 1 und hielt den 16 Wochen lang.

Insgesamt wurden mehr als eine Million Singles von dieser Love Story verkauft. Die dazugehörende Langspielplatte *»Reim«* verkaufte sich mehr als zweimillionenmal. Auch der Nachfolger *»Ich hab' geträumt von dir«* kam hoch in die deutsche Hitparade: Platz 2 im Herbst 1990. Spätestens mit *»Ich hab' mich so auf dich gefreut«* bewies Matthias, daß er keine Eintagsfliege war. Im Herbst 1991 kam der Titel bis auf Platz 4 in den deutschen Charts.

Der Hit: *Verdammt, ich lieb' dich*
Der Tip: *Reim* (Polydor 843 622-2)

Matthias Reim *(Polydor)*

Reisman, Leo

* 11.10.1897, † 18.12.1961. Dieser amerikanische Violinist und Bandleader nahm 1921 seine ersten Platten auf und wurde in demselben Jahr bereits in der amerikanischen Hitparade notiert: *»Bright Eyes«* stand auf Platz 4. Bis zum Jahre 1941 sollten ihm knapp 80 Hits in den USA gelingen. Sein erster Spitzenreiter war im Frühjahr 1929 *»The Wedding Of The Painted Doll«*. Ende 1932 kam *»Night And Day«*, gesungen von Fred Astaire, begleitet von Leo Reisman & His Orchestra, in die Charts und wurde für 10 Wochen Spitzenreiter. Die nächste Nummer 1 war im Frühjahr 1933 der Titel *»Stormy Weather«*, den der Komponist der Nummer, Harold Arlen, als Sänger mit Leo und seinem Orchester aufnahm. Seinen letzten Top-10-Erfolg hatte Leo 1940 mit *»Down Argentina Way«*. 1931 nahmen Reisman und die Geschwister Fred und Adele Astaire für RCA Victor eine erste Platte auf, die über das übliche 3-4-Minuten-Zeitlimit der 78er Platte hinausging. Das Format konnte sich nicht durchsetzen, weil zum damaligen Zeitpunkt die Wirtschaftslage eine LP nicht zuließ.

Der Hit: *Stormy Weather*

Relax

Peter Volkmann, v (* 13.12.1951); Claus Mathias, g (* 6.6.1956); Felix Weber, key (* 1.12.1960); Klaus Scheldt, b (* 9.11.1950); Ornie Singerl, d (* 17.8.1952).
Mit Pop-Rock in bayerischer Sprache erreichte Relax im Herbst 1982 Platz 6 in den deutschen Charts: *»Weil i di mog«*, mitgeschrieben und produziert von Bernie

Paul. Bis Ende 1986 funktionierte das Ganze, und es kamen noch etliche Hitnotierungen. Jedoch erreichte keine weitere Single die Top 10.

Der Hit: *Weil i di mog*
Der Tip: *Relaxed samma* (Ariola 204 660-320)

R.E.M.

Michael Stipe, v (* 4.1.1960); Peter Buck, g (* 6.12.1956); Mike Mills, b (* 17.12.1958); Bill Berry, d (* 31.7.1958).
Diese amerikanische Band wurde 1980 gegründet. Ab 1983 hatten sie auch einige Hitnotierungen, die jedoch nie über Platz 70 hinauskamen. Erst im Herbst 1987 sollte ihnen mit *»The One I Love«* der erste Top-10-Erfolg gelingen. *»Stand«* stand Anfang 1989 auf Platz 6 in den USA. Spätestens ab diesem Zeitpunkt wurde die Formation, die seit ihren Anfangstagen von den Kritikern hoch gelobt wurde, einem breiten Publikum bekannt. Das Interesse an der Musik von R.E.M. – eine Abkürzung für Rapid Eye Movement, die schnellen Augenbewegungen zu Beginn der Traumphase eines schlafenden Menschen – wurde Anfang der 90er Jahre weltweit so groß, daß die ersten Alben der Gruppe komplett wieder neu veröffentlicht wurden. Nun gelangen ihnen auch außerhalb von Amerika Single-Erfolge. *»Losing My Religion«* war im Frühjahr 1991 Platz 4 in den US-Charts und erhielt einen Grammy. *»Shiny Happy People«* war Mitte 1991 die erste Single von R.E.M., die sowohl in den USA als auch in GB und Deutschland Top 10 wurde. *»Everybody Hurts«* kam im Frühjahr 1993 in die GB-Charts und wurde Platz 7. Die Zeitschrift Rolling Stone hatte R.E.M. einst zu Amerikas bester Rock-'n'-Roll-Band gekürt. Das scheint zu wenig zu sein, denn die Vielseitigkeit dieser Gruppe läßt eine solch simple Eingruppierung nicht zu. In ihrer Musik verarbeiten sie die unterschiedlichsten Strömungen. Peter Buck dazu: »Die Leute können unsere Musik aus verschiedensten Gründen mögen. Man kann dazu tanzen, Auto fahren, sogar dazu denken, obwohl Musik keine nur intellektuelle Erfahrung sein sollte.«

Der Hit: *Losing My Religion*
Der Tip: *Out Of Time* (WB 7599-26496-2)

Rembrandts

Phil Solem, v/g/key (* 1.7.1956); Danny Wilde, g/key/v (* 3.6.1956).
Die Mitglieder dieses Duos lernten sich schon Ende der 70er Jahre kennen. Phil und Danny spielten in der US-Band Great Buildings. Mit *»Apart From The Crowd«* erschien ein einziges Album. Danach löste sich die Formation wieder auf. Im Verlaufe der 80er Jahre baute sich Danny in seiner Garage ein eigenes Tonstudio

und nahm dort die Titel für seine erste Solo-LP auf, die 1986 erschien und *»The Boyfriend«* hieß. Es erschienen noch zwei weitere LPs von ihm, die jedoch auch nicht erfolgreich waren. 1990 gründete er wieder mit seinem alten Kumpel Phil die Rembrandts, denen mit *»Just The Way It Is Baby«* 1991 ein Platz 14 in den USA und Platz 6 in Deutschland gelang. Ihr gefälliger melodischer Pop müßte jederzeit für weitere Hits gut sein.

Der Hit: *Just The Way It Is Baby*
Der Tip: *The Rembrandts* (Atco 7567-91412-2)

Remmler, Stephan

* 25.10.1946. Nachdem sich 1986 die deutsche Formation Trio aufgelöst hatte, machte deren Sänger und hauptsächlicher Songschreiber Stephan Remmler Soloplatten. Mit *»Keine Sterne in Athen (3-4-5 x in 1 Monat)«* erreichte er Ende 1986 Platz 3 in Deutschland. Das gleiche Ergebnis gelang ihm mit der Nachfolgesingle *»Alles hat ein Ende, nur die Wurst hat zwei (Krause und Ruth)«*. Wie bei Trio brachte auch hier Remmler ein wenig Witz und Intelligenz in den manchmal doch trostlosen deutschen Schlager.

Der Hit: *Alles hat ein Ende, nur die Wurst hat zwei (Krause und Ruth)*
Der Tip: *Stephan Remmler* (Mercury 830 614-2)

Renaissance

Jim McCarty, d (* 25.7.1943); Keith Relf, v/g (* 22.3.1943, † 14.5.1976); John Hawken, key; Louis Cennamo, b/v; Jane Relf, v; Annie Haslam, v; Robert Hendry, g/v; John Tout, key; Jonathan Camp, b/v; Terry Slade, d; Mike Dunford, g/v; Terence Sullivan, d.

Die 1969 von den Geschwistern Jane und Keith Relf gegründete britische Band etablierte sich schnell als eine der führenden Folkrock-Gruppen GBs. Keith Relf und Jim McCarty waren vorher Mitglieder bei den Yardbirds und hatten 1968 als Together zwei Singles aufgenommen. Hawken kam von den Nashville Teens. Bereits Anfang der 70er Jahre stieg Keith Relf wieder aus, wenig später folgte seine Schwester. Ihren Platz als Leadsängerin nahm Annie Haslam, deren Stimme fünf Oktaven umfaßt, ein. Ab 1972 – keins der Urmitglieder war mehr dabei – trat die Gruppe in der Besetzung Haslam, Hendry, Tout, Camp und Slade auf. 1973 wurde Hendry durch Dunford ersetzt, 1975 Slade durch Sullivan. In der Regel waren lediglich die LPs von Renaissance erfolgreich. Mit der Single *»Northern Lights«* gelang der Band Mitte 1978 der einzige Top-10-Erfolg und ihre einzige Notierung in den Single-Charts überhaupt. 1977 waren Hawken,

McCarty und Jane Relf Mitglieder bei Illusion. 1980 verließen Tout und Sullivan Renaissance, die anderen machten weiter.

Der Hit: *Northern Lights*
Der Tip: *In The Beginning* (Capitol CDP 7 48451 2)

Renard, Jacques

Schon in den 20er Jahren gründete Renard seine Tanzkapelle und war ab 1930 bis 1943 in den Charts zu finden. Sein erster Hit war »*Sing Something Simple*«, Ende 1930 Platz 6 in den USA. Sein letzter Erfolg hieß »*As Time Goes By*«, im Frühjahr 1943 Platz 3 in der amerikanischen Hitparade. Diese Platte hatte er knapp 12 Jahre zuvor schon einmal in den US-Charts. Damals als Song aus dem Broadway-Musical »*Everybody's Welcome*«. Die 1943er-Version hat ihren Ruhm sicher der Tatsache zu verdanken, daß der Titel in dem Film »*Casablanca*« von Dooley Wilson zu hören war. Der Song war also nicht für »*Casablanca*« geschrieben worden, sondern für das Musical.

Der Hit: *As Time Goes By*

Renay, Diane

* als Renee Diane Kusher. Die aus Philadelphia stammende amerikanische Sängerin erreichte mit dem Titel »*Navy Blue*« Anfang 1964 Platz 6 in den USA. Der Nachfolger »*Kiss Me Sailor*« kam drei Monate später noch unter die ersten 30. Danach war die Seemannsmasche gegessen, und aus Liverpool kamen ganz andere Seeleute.

Der Hit: *Navy Blue*

René, Henri

Der deutschstämmige René studierte Piano in Berlin. Danach ging er in die USA und spielte dort in verschiedenen Orchestern Piano, Banjo und Gitarre. 1926 unternahm er mit einem eigenen Orchester eine Europa-Tournee. Er blieb in Berlin und arbeitete dort als Arrangeur für Plattenaufnahmen. Anfang der 30er Jahre mischte er beim neu aufkommenden Tonfilm mit. 1936 ging er zurück in die USA und wurde Chef für die internationale Abteilung von Victor Records. 1940 gründete er wieder eine eigene Band, die Musette-Musik im europäischen Stil spielte. Seine erste Hitnotierung war »*Lo-Lo-Lita*«, aufgenommen als René's Musette Orchestra. Henri wurde Arrangeur für Perry Como, Dinah Shore oder

Eartha Kitt. »*The Velvet Glove*« mit Hugo Winterhalter & His Orchestra kam im Herbst 1953 in die US-Charts und erreichte Platz 8. Henri spielte bei diesem Titel Akkordeon. Seinen ersten und einzigen Top-10-Erfolg hatte er mit »*The Happy Wanderer*«, Mitte 1954 Platz 8 in den USA.

Der Hit: *The Happy Wanderer*

Renée & Renato

Renée (* als Hilary Lefter), Renato (* als Renato Pagliari).
Der aus Rom stammende Renato arbeitete als Kellner in Birmingham und sang gelegentlich seinen Kollegen etwas vor. Die Plattenfirma erzählt, daß seine große Stunde kam, als ein Sänger ausfiel und er einspringen durfte. Bei nächsten Auftritten lernte er Hilary kennen, die in Renée umgetauft wurde und mit Renato den Titel »*Save Your Love*« aufnahm. Bevor die Platte Ende 1982 Spitzenreiter in den britischen Charts wurde, war Hilary schon wieder verschwunden, nachdem sie mit Renato u. a. noch den Titel »*Just One More Kiss*« aufgenommen hatte. Für Auftritte mit dem Spitzenreiter bekam die Sängerin Val Penny eine Perücke verpaßt und mußte Renée spielen. Danach machte Renato lieber als Solist weiter – ohne Erfolg.

Der Hit: *Save Your Love*
Der Tip: *Just One . . .* (Ultra Phone 6.25474)

Renegades

Kim Brown, g/v; Denys Gibson, g; Ian Mallett, b; Graham Johnson, d.
Die vier britischen Musiker kamen 1965 von Birmingham nach Finnland und wurden dort zum ersten Mal in ihrem Leben frenetisch gefeiert. Aus diesem Grund beschlossen sie, dort zu bleiben. Sie wurden schnell zu Teenager-Idolen und ihr Titel »*Cadillac*« zu einem Hit. Die Platte kam auch in die deutsche Hitparade und erreichte Platz 10. Nach etlichen Hits in Finnland gingen sie auf Tournee durch Italien und blieben für einige Zeit dort hängen. Die Band löste sich schließlich auf. Graham wurde Barbesitzer in Italien, Ian ließ sich bei der Plattenfirma WEA in Liverpool anstellen, die beiden anderen wurden Studiomusiker in GB.

Der Hit: *Cadillac*
Der Tip: *The Renegades* (WEA MID 26 070)

Reno, Mike & Ann Wilson

Mike Reno, v (* 8.1.1955); Ann Wilson, v (* 19.6.1950).
Mike war der Sänger der erfolgreichen amerikanischen Formation Loverboy, Ann leitete zusammen mit ihrer Schwester Nancy die kanadische Band Heart. Für den Film »Footloose« nahmen diese beiden das Stück *»Almost Paradise ... Love Theme From Footloose«*, auf, das im Frühjahr 1984 in die US-Charts kam und Platz 7 wurde. Es blieb die einzige erfolgreiche Zusammenarbeit der beiden.

Der Hit: *Almost Paradise ... Love Theme From Footloose*

REO Speedwagon

Terry Luttrell, v; Kevin Cronin, v/g (* 6.10.1951); Michael Murphy, v; Gary Richrath, g (* 10.10.1949); Neal Doughty, key (* 29.7.1946); Craig Philbin, b; Bruce Hall, b (* 3.5.1953); Alan Gratzer, d (* 9.11.1948); Graham Lear, d; Bryan Hitt, d; Jesse Harms, key/v; Dave Amato, g/v.
Diese amerikanische Gruppe formierte sich 1968. Sie benannte sich nach einem Feuerwehrauto der Firma Oldsmobile aus dem Jahre 1911 – REO ist die Abkürzung des Firmengründers: Ransom Eli Olds. 1972 wird Terry gegen Cronin ausgetauscht, und jetzt erhält die Gruppe einen Plattenvertrag. Die erste LP ist nicht sonderlich erfolgreich. Noch im gleichen Jahr wird eine zweite LP aufgenommen, dieses Mal erscheint als Leadsänger Mike Murphy. Cronin hatte die Band verlassen und sich als Solist versucht. Auch die nächsten LPs sind nicht so erfolgreich, wie die Plattenfirma sich das vorstellt. Murphy verläßt die Band wieder, und Mitte 1976 kommt Cronin zurück. Im Frühjahr 1977 erscheint das Live-Doppelalbum *»You Get What You Play For«*, das es in den US-LP-Charts zwar nur bis auf Platz 72 bringt, insgesamt aber über eine Million Mal verkauft wird und damit Platin erhält. Jetzt kommt es auch zu den ersten Single-Erfolgen. *»Keep On Loving You«* kommt Ende 1980 in die US-Charts, wird Spitzenreiter und Platin und der einzige Top-10-Erfolg der Formation in GB. Gold erhält die Nachfolgesingle *»Take It On The Run«*, die im Frühjahr 1981 auf Platz 5 kommt. *»Keep The Fire Burnin'«* wird Mitte 1982 ein weiterer Top-10-Erfolg. *»Can't Fight This Feeling«* kommt im Frühjahr 1985 in die US-Charts, wird wieder Gold und Spitzenreiter. Der größte LP-Erfolg der Gruppe wird *»Hi Infidelity«*, die Ende 1980 erschien, über 100 Wochen in den LP-Charts war, davon 15 Wochen auf Platz 1 und die sich siebenmillionenmal verkaufte.

Der Hit: *Keep On Loving You*
Der Tip: *The Second Decade Of Rock And Roll 1981 TO 1991* (Epic EK 48527)

Reunion

Joey Levine war der Leadsänger dieser Gruppe, die sich aus Studiomusikern der Plattenfirma RCA zusammensetzte. Joey war außerdem der Leadsänger der Studioformation Ohio Express. Der Titel *»Life Is A Rock (But The Radio Rolled Me)«* kam im Herbst 1974 in die US-Charts, wurde dort Platz 8, in GB Platz 33 und in Deutschland Platz 23. Innerhalb der zwei Minuten und 54 Sekunden, die diese Platte dauert, wurde versucht, so ziemlich jeden zu nennen, der irgendwie in der Pop-Geschichte mal Erfolg hatte. Die Zeile »Life is a rock but the radio rolled me, at the end of my rainbow lies a golden oldie« war genau das richtige für die amerikanischen Radiostationen. Da die meisten interessanten Namen der Pop History damit abgefeiert waren, gab es keinen Nachfolger.

Der Hit: *Life Is A Rock (But The Radio Rolled Me)*

Revere, Paul & The Raiders

Paul Revere, key (* 7.1.1938); Mark Lindsay, v/sax (* 9.3.1942); Drake Levin, g; Philip Volk, b; Mike Smith, d; Freddy Weller, g/v (* 9.9.1947); Charlie Coe, b (* 19.11.1944); Joe Correro jr., d (* 19.11.1946).
1959 sieht Mark Lindsay in seiner Heimatstadt Eugene in Oregon eine Band und fragt, ob er nicht mal mitsingen dürfe. Er beeindruckt so, daß er gebeten wird, den derzeitigen Sänger abzulösen und dessen Part zu übernehmen. Sie nennen sich nun Downbeats. 1960 nehmen sie einige Instrumentalplatten auf, und mit dem fertigen Band fährt Revere nach Los Angeles, um es dort an den Mann zu bringen. Eine Firma ist interessiert, ändert den Gruppennamen jedoch in Paul Revere & The Raiders um und veröffentlicht *»Like, Long Hair«*. Die Platte kommt in die Top 40 und bleibt für vier Jahre der einzige Hit. Richtig erfolgreich werden sie erst im Frühjahr 1966, als die Nummern *»Kicks«*, *»Hungry«* und *»Good Thing«* unter die ersten 10 kommen. Im Frühjahr 1967 gelingt ihnen mit *»Him Or Me – What's It Gonna Be«* ein weiterer Top-10-Erfolg. 1965 traten sie bereits regelmäßig in der ABC TV-Show »Where The Action Is« auf. 1968 hatten sie mit »Happening« eine eigene TV-Show. Inzwischen hatte man die gesamten Mitmusiker neben Paul und Mike ausgetauscht. Neu hinzugekommen waren Weller, Coe und Correro jr. Ab Anfang der 70er Jahre erschienen die Platten nur noch als Raiders. Mark Lindsay hatte inzwischen eine Solokarriere begonnen, blieb aber der Band als Produzent und manchmal auch wieder als Mitglied verbunden. Mitte 1971 sind die Raiders auf Platz 1 in den USA und haben einen Millionseller mit der John-D.-Loudermilk-Nummer *»Indian Reservation (The Lament Of The Cherokee Reservation Indian)«*. Sänger des Titels ist Freddy Weller, der später eine erfolgreiche Karriere

als Country-Sänger startet. Nach 1973 gelang der Gruppe, deren Personalkarussell sich in den letzten Jahren sehr schnell gedreht hatte, nichts mehr.

Der Hit: *Indian Reservation*
Der Tip: *Greatest Hits* (CBS 83 650)

Rey, Alvino

* 1.7.1911 als Alvin McBurney. Rey gilt als einer der ersten, der seine Musik mit einer elektrisch verstärkten Gitarre spielte. Der amerikanische Gitarrist und Bandleader kam über die Stationen Russ Morgan, Freddy Martin und Horace Heidt 1939 zu einer eigenen Band, die zwischen 1941 und 1948 recht erfolgreich war. Seine erste Hitnotierung war im Frühjahr 1941 der *»Tiger Rag«*. *»Deep In The Heart Of Texas«* wurde ein Jahr später Spitzenreiter in der amerikanischen Pop-Hitparade. Seine letzte Hitnotierung war der Top-10-Erfolg *»I'm Looking Over A Four-Leaf-Clover«* im Frühjahr 1948. In den 50er Jahren leitete er noch eine kleine Gruppe, in den 60ern wechselte er zum Fernsehen als Produzent und war z. B. für die Sendung »The King Family Show« verantwortlich, in der seine Frau und deren Schwester die Stars waren. In den 70ern zog er sich langsam aus dem Showgeschäft zurück.

Der Hit: *Deep In The Heart Of Texas*

Reynolds, Debbie

* 1.4.1932 als Mary Reynolds. Die amerikanische Schauspielerin und Sängerin machte ihren ersten Film 1948. Sie verkörperte in Hollywood den Typ »nettes Mädchen von nebenan«. 1950 spielte sie in »3 Little Words« die Boop-Boop-A-Doo-Sängerin Helen Kane, die Ende der 20er Jahre in den USA erfolgreich war und das Original von *»I Wanna Be Loved By You«* sang. 1952 spielte und sang sie neben Gene Kelly in *»Singing In The Rain«*. Ihre beiden größten Erfolge als Sängerin hatte Debbie mit Titeln, die sie in Filmen sang: aus »Two Weeks With Love« stammte der Millionseller *»Aba Daba Honeymoon«*, den sie zusammen mit Carleton Carpenter sang und der Anfang 1951 Platz 3 in den USA wurde, und aus »Tammy & The Bachelor« stammt *»Tammy«*, im Sommer 1957 Spitzenreiter in den USA und Platz 2 in GB. Es folgten ein paar weitere Platten, dann war die Gesangskarriere wieder vorbei. Debbie war vom 26.9.1955 bis 1959 mit dem damaligen Gesangsstar Eddie Fisher verheiratet. Der verließ Debbie, um einer der Ehemänner von Liz Taylor zu werden. Der Ehe Reynolds/Fisher entstammt Carrie Fisher, die in »Star Wars« Prinzessin Leia spielte und später einen Schlüsselroman veröffentlichte, der für Aufsehen sorgte und verfilmt wurde. Debbies bekannteste Filme in den 60er Jahren waren »How The West Was Won« 1963 und »The

Unsinkable Molly Brown« 1964. Mit den Comedy-Serien »Debbie Reynolds Show« 1969/70 und »Aloha Paradise« 1981 war Debbie auch im Fernsehen erfolgreich.

Der Hit: *Tammy*
Der Tip: *Memories* (abc 27 540)

Reynolds, Jody

* 3.12.1938. Der amerikanische Rockabilly-Sänger und Gitarrist gehört wieder in die Reihe der One Hit Wonders. Sein Titel *»Endless Sleep«*, den er selbst mitgeschrieben hatte, kam Mitte 1958 auf Platz 5 in den US-Charts. 20 Minuten hatte es gedauert, diesen Titel einzuspielen, der zu einer der erfolgreichsten der sogenannten Death-Rock-Nummern wurde. Andere Stücke in dieser Richtung sind z. B. Mark Dinnings *»Teen Angel«*, *»Leader Of The Pack«* der Shangri-Las oder Ray Petersons *»Tell Laura I Love Her«*. Noch im gleichen Jahr gelangte Jodys Titel *»Fire Of Love«* in die US-Charts, kam aber nicht über Platz 60 hinaus. Später eröffnete er in seiner Heimatstadt Yuma, Arizona, einen Gitarrenladen.

Der Hit: *Endless Sleep*

Reynolds Girls

Das Produzententrio Stock /Aitken/Waterman schrieb die Nummer *»I'd Rather Jack«*, in der es darum geht, daß heutzutage im Radio die Musik von Fleetwood Mac oder den Rolling Stones zu häufig zu hören ist: »golden oldies, Rolling Stones, we don't want them back«. Das Ganze war im typischen S/A/W-Sound gemacht, und da die beiden Reynolds Girls stimmlich unterstützt werden mußten, sang im Hintergrund Suzanne Rhatigan mit. *»I'd Rather Jack«* kam im Frühjahr 1989 in die GB-Charts und erreichte Platz 8. Sie sind weg, die Rolling Stones sind immer noch da.

Der Hit: *I'd Rather Jack*

Rhodes, Betty Jane

* 1921. Die amerikanische Sängerin war in den 40er Jahren in vielen Radiosendungen und Filmen zu hören. Ihr erster Film war 1940 »Oh Johnny, How You Can Love!« Der Titel *»Rumors Are Flying«* war im Herbst 1946 Platz 5 in den USA und ihr erster Top-10-Erfolg. Ihr letzter war zwei Jahre später *»Buttons And Bows«*.

Der Hit: *Rumors Are Flying*

Rhythm Heritage

Dies war eine Studioformation aus L.A., die vom Produzenten Steve Barri und dem Keyboarder Michael Omartian geleitet wurde. Oren und Luther Waters steuerten den Gesang bei. Die Themenmelodie zur Fernsehserie »S.W.A.T.«, *»Theme From S.W.A.T.«*, wurde Ende 1975 ein Hit in den USA. Die Platte erreichte Platz 1 und wurde ein Millionseller. Nach zwei weiteren Hitnotierungen wurde Rhythm Heritage nicht mehr aufgeführt.

Der Hit: *Theme From S.W.A.T.*

Ricchi E Poveri

Angela Brambati, v (* 20.10.1949); Marina Occhiena, v (* 19.3.1950); Franco Gatti, g/p/v (* 4.10.1945); Angelo Sotgiu, g/sax/v (* 22.2.1946).
Die Ursprünge dieser italienischen Formation gehen zurück bis in das Jahr 1966. Gatti und Sotgiu stiegen aus der Band Jet aus Genua aus und gründeten im Herbst 1967 Ricchi & Poveri. Beide Sängerinnen konnten zu diesem Zeitpunkt auch schon Bühnenerfahrung vorweisen. 1970 und 1971 wurden sie beim San Remo Festival jeweils zweite und in Italien entwickelten sie sich zu Stars. 1979 trafen sie den deutschen Autoren Fred Jay. Der lud das Quartett nach München ein, um dort unter seiner und der Regie von Toto Cutugno ein Album aufzunehmen. Ab Mitte 1981 waren sie auch bei uns erfolgreich. Inzwischen hatte Marina die Formation verlassen, die daraufhin als Trio weitermachte. »Sara' Perche' Ti Amo« kam Mitte 1981 in die deutsche Hitparade und wurde Platz 11. *»Made In Italy«* war ein Jahr später der einzige Top-10-Erfolg des Trios, das bis in die 90er Jahre Platten veröffentlichte.

Der Hit: *Made In Italy*
Der Tip: *Made In Italy* (Baby Records K-Tel TG 1469)

Rich, Charlie

* 14.12.1932. Der amerikanische Country-Sänger, Songschreiber und Pianist begann als Rockabilly-Interpret bei Sun Records seine Plattenkarriere. Vorher hatte er bereits in Jazz- und Popbands gespielt, hatte die Velvetons gegründet und war Moderator einer lokalen TV-Show gewesen. Bei Sun Records hatte er Johnny Cash, Roy Orbison und andere bei Plattenaufnahmen begleitet. Dann erschienen auch Soloplatten von ihm. *»Lonely Weekends«* war im Frühjahr 1960 sein erster Top-30-Hit in den USA. Richtig erfolgreich sollte er werden, als er in den frühen 70er Jahren auf Country umschwenkte. Die Nummer *»Behind Closed Doors«* kam

im Frühjahr 1973 in den USA und in GB in die Top 10 und wurde ein Millionseller. Die Nachfolgesingle »*The Most Beautiful Girl*« war im Herbst des gleichen Jahres ebenfalls Millionseller und Spitzenreiter in den USA, Platz 2 in GB und Platz 14 in Deutschland. Im Jahre 1974 wählte man ihn zum Country-Entertainer des Jahres. Nach 1981 hörte man vom »*Silver Fox*«, so sein Spitzname, nichts mehr.

Der Hit: *The Most Beautiful Girl*
Der Tip: *Behind Closed Doors* (Epic 65 716)

Richard, Cliff

* 14.10.1940 als Harry Rodger Webb in Lucknow/Indien. Im schnellebigen Musikgeschäft ist der Brite ohne Zweifel ein Phänomen. In seiner nun schon 35 Jahre anhaltenden Karriere hat er über 100 Singles veröffentlicht, mehr als jeder andere britische Künstler vor ihm. Bis 1993 veröffentlichte er 56 LPs. Als er 1958 seine erste Single »*Move It*« auf den Markt brachte, war er nichts anderes als einer der vielen Briten, die versuchten, auf den Rock-'n'-Roll-Zug aufzuspringen. 1959 hatte er mit »*Living Doll*« und »*Travellin' Light*« seine ersten beiden Spitzenreiter in GB. Im Dezember 1990 hatte Cliff Richard mit »*Saviour's Day*« seine bisher letzte Nummer 1. Da er in allen vier Jahrzehnten zuvor auch Spitzenreiter in GB hatte, kann er für sich in Anspruch nehmen, der einzige Künstler zu sein, dem Platz-1-Hits in fünf Jahrzehnten gelungen sind. Den ersten Platz in GB belegte er mit »*Please Don't Tease*« und »*I Love You*« 1960, »*The Young Ones*« und »*The Next Time/Bachelor Boy*« 1962, »*Summer Holiday*« 1963, »*The Minute You're Gone*« 1965, »*Congratulations*« 1968, »*We Don't Talk Anymore*« 1979, »*Living Doll*« – zusammen mit den Young Ones – 1986 und »*Mistletoe And Wine*« 1988. In Amerika tat sich Cliff Richard bis 1976 schwer. Mit »*Devil Woman*« gelang ihm in jenem Jahr ein Millionseller und sein erster Top-10-Erfolg in den USA. »*We Don't Talk Anymore*« 1979 und »*Dreaming*« 1980 waren weitere Top-10-Erfolge für ihn. Daß er sich in den USA so schwer tat, führte Cliff auf die mangelnde Unterstützung seiner amerikanischen Plattenfirma zurück.

In den ersten Jahren seiner Karriere bis 1969 wurde Cliff vorwiegend von seiner Band, den Shadows, begleitet. Die hatten als eigenständige Band von 1960 bis zum Ende der 70er Jahre ebenfalls etliche Top-10-Erfolge in GB. Daß die Popularität von Cliff Richard ungebrochen ist, bewies 1990 eine Tournee durch GB und Irland. Er wurde von 420 000 Menschen gesehen. 18mal hintereinander spielte er in der Londoner Wembley Arena vor ausverkauftem Haus. 1992 gibt er 42 restlos ausverkaufte Konzerte in sechs Städten. Neben seinen Popalben veröffentlichte Cliff, der sich 1966 offen zum Christentum bekannte, auch etliche Alben religiösen Inhalts. Er ist jedoch stets bemüht, Pop und christliche Ambitionen zu trennen. So erzählte er in einem Interview 1993, daß er christliche

Konzerte und Veranstaltungen ganz klar als solche kennzeichnet, weil er niemanden irreführen will. Im gleichen Interview von mir darauf angesprochen, weshalb er Anfang der 60er Jahre auch etliche Songs in anderen als seiner Muttersprache gesungen habe, antwortete er, das sei von den jeweiligen Partnern seiner britischen Plattenfirma gewünscht worden und japanisch und deutsch sei ihm am schwersten gefallen. *»Rote Lippen soll man küssen«* 1963 und *»Das ist die Frage aller Fragen«* 1964, eine deutsche Version von *»Spanish Harlem«*, waren beide Spitzenreiter in Deutschland. Die Mühe hat sich also gelohnt.

Der Hit: *We Don't Talk Anymore*
Der Tip: *40 Golden Greats* (EMI CDS 7 92425 2)

Richie, Lionel

* 20.6.1949. Der amerikanische Sänger, Keyboarder und Songschreiber war 1967 Mitbegründer der Mighty Mystics, aus denen noch im gleichen Jahr die Commodores wurden. Lionel sang und komponierte die meisten der großen Erfolge dieser Formation. Ab 1981 nahm er Soloplatten auf. Sein erster großer Erfolg war allerdings ein Duett mit Diana Ross: *»Endless Love«* stand Mitte 1981 für neun Wochen auf Platz 1 in den USA und wurde Platz 7 in GB. Zwischen 1982 und 1986 gelangen ihm 12 Top-10-Erfolge, davon vier Spitzenreiter, die auch alle Millionseller wurden: *»Truly«* 1982, *»All Night Long (All Night)«* 1983, *»Hello«* 1984 und *»Say You, Say Me«* 1985. Letztgenannter Song stammte aus dem Film *»White Nights«*. Nach 1987 ließ seine Karriere nach, was allerdings auch auf eine Erkrankung der Stimmbänder zurückzuführen war. Erst 1992 kehrte er wieder an die Front zurück und veröffentlichte die sehr schöne Hitzusammenstellung *»Back To The Front«* mit einigen Neuaufnahmen. Daraus ausgekoppelt hatte er einen Top-10-Erfolg mit *»My Destiny«*. Lionel dürfte der erfolgreichste Soft-Soulsänger der 80er Jahre sein.

Der Hit: *Hello*
Der Tip: *Back To The Front* (Motown 530 018-2)

Richman, Jonathan

* 16.5.1951. Anfang der 70er Jahre gründete der amerikanische Gitarrist und Sänger die Formation Modern Lovers. Diese Band spielte in der Tradition der Garagenbands und des Minimalistensounds. Mit dem Titel *»Roadrunner«* kam er Mitte 1977 bis auf Platz 11 in GB. Der Instrumentaltitel *»Egyptian Reggae«* erreichte im Herbst des gleichen Jahres Platz 5 und in Deutschland Platz 13. Danach wandte sich Jonathan immer mehr von der ursprünglichen Richtung ab

und der akustischen Musik zu. 1978 löste er die Modern Lovers auf und versuchte sich mit einer Solokarriere. Seine Titel zeugten von einer beinahe kindlichen Naivität, die sich offenbar von nichts und niemanden beeinflussen ließ. In den 80er Jahren reaktivierte er auch die Modern Lovers für diese Stilrichtung wieder, aber Erfolg hatte er keinen mehr.

Der Hit: *Egyptian Reggae*
Der Tip: *Rock 'n' Roll With The Modern Lovers* (Beserkley 6.23313)

Ricky-Boys

Hinter den Ricky-Boys verbarg sich der deutsche Sänger und Trompeter Peter Beil. Als er Mitte 1961 als Beil »*Corinna Corinna*« in den Charts hatte, wurde zwei Monate später die Nummer »*Hello, Mary-Lou*« nachgeschoben. Vielleicht war man der Meinung, daß zwei Hits des gleichen Künstlers zu schnell aufeinanderfolgen würden, und deshalb nahm man für den zweiten dieses Pseudonym Ricky-Boys. Peter Beil sang im Multi-Playback-Verfahren mehrere Stimmen. Es erschienen noch weitere Stücke des Ricky-Boys: »*Ein Kind aus Seide (Bye Bye Baby)*«, »*Sweet Rosalie*« oder »*My Sunny Baby (First Time)*«. Teilweise bekam er Verstärkung durch Frank Duval, der später als Komponist von TV-Melodien sehr erfolgreich wurde.

Der Hit: *Hello, Mary-Lou*

Riddle, Nelson

* 1.6.1921, † 6.10.1985. Der amerikanische Posaunist, Komponist und Orchesterchef spielte in den 40er Jahren bei Charlie Spivak und Tommy Dorsey. Nelson war es, der den angeschlagenen Frank Sinatra Anfang der 50er Jahre wieder ins rechte Lot brachte. Er begleitete dessen Plattenaufnahmen mit seinem Orchester, ebenso Nummern von Nat King Cole, Ella Mae Morse und noch in den 80er Jahren Linda Ronstadt. Seinen ersten eigenen Chart-Erfolg hatte er im Frühjahr 1954 mit der Instrumentalnummer »*Brother John*«, einer Adaption des französischen Songs »*Frère Jacques*«. Ende 1955 gelang Nelson ein Platz 1 in den US-Charts mit der im Jahre 1937 in Portugal geschriebenen Nummer »*Lisbon Antigua*«. 1975 erhielt er für seine Musik zum Film »*The Great Gatsby*« einen Oscar. Nelson starb an Herz- und Nierenversagen.

Der Hit: *Lisbon Antigua*
Der Tip: *The Best Of* (Capitol CDP 7 91228 2)

Ride

Mark Gardener, Andy Bell, Stephen Queralt, Laurence Colbert.
Das Quartett fand 1988 an der Art School in Oxford zusammen. Innerhalb kurzer Zeit machten sie sich mit ihrer Mischung aus Byrds auf Acid getrimmt, mehrstimmigem Chorgesang und Schneidbrennergitarren einen Namen in der alternativen Musikszene. Anfang 1990 tauchten sie mit der EP *»Ride«* zum erstenmal, wenn auch ganz knapp, in den britischen Charts auf. Danach ging es langsam aufwärts. Die nächste EP, *»Play«*, kam im Frühjahr 1990 bereits unter die ersten 40, ebenso ganz passend die EP *»Fall«* im Herbst. Sie versuchten, ihrem Erfolg durch ausgedehntes Touren auf die Sprünge zu helfen, was auch funktionierte. Anfang 1992 erreichten sie mit ihrer über acht Minuten dauernden Single *»Leave Them All Behind«* die britische Hitparade und kamen bis auf Platz 9. Mit der nächsten Veröffentlichung, *»Twisterella«* setzten sie die Tradition ihrer Top-40-Erfolge fort.

Der Hit: *Leave Them All Behind*
Der Tip: *Going Blank Again* (Sire 7599-26836-2)

Ridgway, Stan

* 5.4.1954 als Stanard Ridgway. Der amerikanische Sänger und Songschreiber gründete 1979 die Formation Wall Of Voodoo. Diese Electronic-Rockgruppe aus L.A. hatte im Frühjahr 1983 die Hitnotierung *»Mexican Radio«*. Danach machte er Soloplatten, besonders die Aufnahme *»Camouflage«* begeisterte Mitte 1986 das britische und deutsche Publikum: in GB Platz 4, in Deutschland Platz 8. In den USA kam die Nummer nicht einmal in die Hot 100. Auch in der Folgezeit sind spannende und sarkastische Geschichten von ihm erzählt worden, die von der subtilen Beobachtung seiner Mitmenschen und deren Handlungen und Unterhaltungen zeugen. Exemplarisch ist die tragische letzte Episode aus dem Leben von Bert, der von einem Flügel erschlagen wurde, sich aber ansonsten nicht beklagen konnte: *»Can't Complain«*. Seine Songs verschmelzen musikalisch Stilrichtungen aus Country & Western, Blues, Folk und urbanen Klängen.

Der Hit: *Camouflage*
Der Tip: *Songs That Made This Country Great* (I.R.S. CDP 7 131139-2)

Righeira

Stefano Righi (* 9.9.1960) und Stefano Rota (* 1.10.1961) wurden beide in Turin geboren. Das Duo schaffte im Sommer 1983 mit der spanisch gesungenen

Aufnahme *»Vamos A La Playa«* Platz 3 in der deutschen Hitparade. Produziert wurde das Ganze von La Bionda mit deutschen Musikern in München. Der Titel, der von den Deutschen als leichter Sommerhit abgetan wurde, handelte weniger von den Strandfreuden als vielmehr von der Umweltverschmutzung der Meere und den davon ausgehenden Gefahren. *»No Tengo Dinero«*, wieder auf spanisch, kam im Januar 1984 in die deutschen Charts und erreichte Platz 12. Auch diese Platte hatte einen kritischen Text, handelte von dem Gegensatz zwischen Arm und Reich in der Stadt, klang aber wieder wie ein ganz normaler Sommerhit. Nach einer weiteren Hitnotierung Mitte 1985 war das Duo wieder aus den Charts verschwunden.

Der Hit: *Vamos A La Playa*
Der Tip: *Righeira* (Teldec 6.25680)

Righteous Brothers

Bill Medley (* 19.9.1940), Bobby Hatfield (* 10.8.1940), beide v.
Dieses amerikanische Duo formierte sich 1962. Medley hatte vorher mit den Paramours gesungen. Ab 1963 nahmen sie gemeinsam Platten auf, die man als Blue Eyed Soul bezeichnete. Ihr erster weltweiter Hit war *»You've Lost That Lovin' Feelin'«*, Ende 1964 erstmals in den US-Charts und Spitzenreiter, ebenso in GB. Bei Wiederveröffentlichungen des Titels in GB erreicht er 1969 Platz 10, Ende 1977 Platz 42, Ende 1990 dann Platz 3. Ihr nächster Top-10-Erfolg in den USA ist *»Just Once In My Life«* 1965, und dann erscheint Mitte des gleichen Jahres *»Unchained Melody«*. Bei der Erstveröffentlichung wird der Titel Platz 4 in den USA, Platz 14 in GB und Platz 27 in Deutschland. 1990 wurde diese Nummer in dem Film »Ghost« eingesetzt und erreichte daraufhin Platz 13 in den USA, Platz 1 in GB und Platz 6 in Deutschland. Dabei war der Titel der Righteous Brothers nicht einmal das Original der Aufnahme. Die war etliche Jahre älter und stand im Jahre 1955 gleich mit vier Interpreten in den US-Charts: Les Baxter und sein Orchester erreichten Platz 1, der blinde Al Hibbler Platz 3, Roy Hamilton Platz 6 und June Valli Platz 29. Das Lied muß die Amerikaner unendlich beschäftigt haben. Sie kannten allerdings auch die Hintergründe zu dem Song. Das Lied stammte aus dem Film »Unchained«, der 1955 in die US-Kinos kam. Es ging um ein Gefängnis ohne Zellen, ohne Gitterstäbe. Die Vorlage war Hall Bartletts Buch »Prisoners Are People«. Es geht um einen Gouverneur, der in einem US-Bundesstaat neu gewählt wird. Über den Strafvollzug in den Gefängnissen ist er entsetzt. Er möchte es auf eine ganz neue Art versuchen und läßt die Zellengitter abreißen. Die Geschichte entwickelt sich zu einem Drama. Ob die Righteous Brothers den ursprünglichen Sinn des Liedes noch wußten, kann man bezweifeln. Alle Zeilen lassen sich auch auf alle Liebenden der Welt, die getrennt sind,

übertragen. *»Ebb Tide«* Ende 1965 und der Millionseller und Spitzenreiter *»(You're My) Soul And Inspiration«* 1966 waren die weiteren Top-10-Erfolge der nicht verwandten Brüder. Im November 1967 trennt sich das Duo. Bill versucht sich als Solist, Clubbesitzer und Country-Interpret. Auch Bobby macht Soloplatten, hat jedoch keine Erfolge. 1974 kommen Bill und Bobby noch einmal zusammen und singen die Nummer *»Rock 'n' Roll Heaven«*, die es bis auf Platz 3 in den USA bringt. Noch im gleichen Jahr werden zwei weitere Top-40-Hits verzeichnet. Danach ist wieder Pause. 1990, nach dem Erfolg von *»Unchained Melody«*, nehmen die Righteous Brothers den Titel noch einmal neu auf. Er wird nur als Kassette veröffentlicht, erhält in den USA Platinstatus und erreicht dort Platz 19. Zwischendurch war Bill Medley ab 1987 auch ohne Bobby erfolgreich: im Duett mit Jennifer Warnes kam die Nummer *»(I've Had) The Time Of My Life«* auf Platz 1 in den USA, Platz 6 in GB und Platz 5 in Deutschland. Der Titel stammte aus dem Film »Dirty Dancing«.

Der Hit: *Unchained Melody*
Der Tip: *Anthology (1962 – 1974)* (Rhino R2 71 488 TIS)

Right Said Fred

Richard Fairbrass, v (* 22.9.1960); Fred Fairbrass, g (* 2.11.1963); Rob Manzoli, g (* 29.1.1960).
In den Musikmarkt stieg Richard als Produzent von Videos für Stars wie Mick Jagger, David Bowie oder Boy George ein. Die beiden Brüder gründeten 1987 ein Duo, das sich auf akustische Musik spezialisierte. 1989 stieg Rob Manzoli ein. Mitte 1991 erschien ihre ironische Single *»I'm Too Sexy«*, die es in GB bis auf Platz 2 brachte. Ende des gleichen Jahres kam die Platte auch in die amerikanische Hitparade, erreichte Platinstatus und wurde Spitzenreiter. Danach kletterte sie in der deutschen Hitparade auf Platz 14. Als nächstes erschien die Nummer *»Don't Talk Just Kiss«*, auf der als Gastsängerin Jocelyn Brown zu hören war. Sie kam in GB bis auf Platz 3, in Deutschland auf Platz 2. Ihren bisher letzten Top-10-Erfolg hatte die Formation mit der Benefizplatte *»Stick It Out«*, die es im Frühjahr 1993 bis auf Platz 4 in GB brachte.

Der Hit: *I'm Too Sexy*
Der Tip: *Up* (Blow Up Int. 845.555)

Riley, Jeannie C.

* 19.10.1945 als Jeanne Carolyn Stephenson. Die Amerikanerin kam Mitte der 60er Jahre nach Nashville, arbeitete dort als Sekretärin und sang nebenher

Demoplatten. Mit der von Tom T. Hall geschriebenen Nummer »*Harper Valley P.T.A.*« gelang ihr im Herbst 1968 ein Platz 1 in den USA, Platz 12 in GB. In diesem Titel ging es um die heuchlerische Schulpflegschaft einer amerikanischen Kleinstadt, die einer verwitweten Mutter schriftlich mitteilt, daß sie wohl nicht in der Lage sei, ihre jugendliche Tochter angemessen zu erziehen, da sie ihr kein Vorbild biete. Ihre Kleider seien zu kurz, außerdem gehe sie aus, und man habe sie auch schon trinken sehen. Diese Mutter taucht nun bei der Versammlung der P.T.A. auf und geigt den Mitgliedern, daß man nicht mit Steinen werfen sollte, wenn man im Glashaus sitzt. In der Pop-Hitparade gelangen Riley noch vier weitere Hitnotierungen, von denen keine über Platz 50 hinauskam. In den Country-Charts war sie bis 1976 erfolgreich. Aus dem Hit machten die Amerikaner sowohl einen Film als auch eine Fersehserie. In beiden Fällen spielte Barbara Eden die Hauptrolle.

Der Hit: *Harper Valley P.T.A.*
Der Tip: *Golden Memories* (Woodford Music CD 5545)

Rios, Miguel

* 7.6.1944. Der Spanier spielte und sang in einer Rockband, als er von dem Manager einer Plattenfirma für den Titel »*A Song Of Joy*« vorgeschlagen wurde. Es handelte sich dabei um die »*Ode an die Freude*« aus Beethovens 9. Sinfonie. Beethoven wurde 1770 geboren – die Jahresfeiern zum 200. Geburtstag lagen an, und aus diesem Grunde wollte man in Spanien die Nummer »verpoppen«. Begleitet wurde Miguel vom Orchester Waldo de los Rios. Mag sein, daß sich der Rocker Miguel erst einmal nicht wohl gefühlt hat. Als dann die Platte jedoch Mitte 1970 in den USA bis auf Platz 14, in GB bis auf Platz 16 und in Deutschland gar auf den Spitzenplatz kam, hat er im nachhinein wohl die gleichnamige Ode für sich selbst angestimmt. Für einen richtigen internationalen Nachfolgehit reichte es jedoch nicht. Dabei hätte sich doch soviel Klassik angebiedert, die man hätte plündern können.

Der Hit: *A Song Of Joy*
Der Tip: *A Song Of Joy* (Polydor 23 10 043)

Rios, Waldo de los

† 28.3.1977. Der spanische Orchesterchef war international erfolgreich mit leicht angepoppter Klassikmusik. Er veröffentlichte Platten mit Titeln von Mozart, Brahms, Beethoven oder Opernarien. Der Titel »*Mozart Symphony No. 40 In G Minor K 550 1st Movement (Allegro Molto)*« kam im Frühjahr 1971 in die britische Hitparade und erreichte Platz 5. In Deutschland wurde er wenig später ebenfalls

ein Top-10-Erfolg. Bereits ein Jahr zuvor war Rios zusammen mit Miguel international mit »*A Song Of Joy*« erfolgreich. Der Erfolg mit Mozart war also quasi ein Nachfolgehit nach Beethoven.

Der Hit: *Mozart Symphony No. 40 In G Minor K 550 1st Movement*
Der Tip: *Mozart No. 40* (Polydor 2679 012)

Rip Chords

Terry Melcher, v (* 8.2.1942); Bruce Johnston, v (* 27.6.1944); Phil Stewart; Ernie Bringas; Arnie Marcus; Rich Rotkin
1964 nahm Terry Melcher, Produzent bei Columbia Records, das Quartett Rip Chords unter Vertrag. Er produzierte mit ihnen die Singles »*Here I Stand*« und »*Gone*«, die noch im gleichen Jahr die Hot 100 der US-Charts erreichten. »*Gone*« war geschrieben von Melcher und Johnston, der auch Background-Vocals sang. Diese beiden hörten den Titel »*Hey Little Cobra*«, den das frühere Teddy-Bears-Mitglied Annette Kleinbard unter dem Pseudonym Carol Connors geschrieben hatte. Er gefiel ihnen so gut, daß sie ihn aufnahmen. Zunächst wollten sie »*Hey Little Cobra*« als Bruce & Terry veröffentlichen, entschieden sich dann aber doch für Rip Chords, weil diese Formation ja bereits in den Hitparaden aufgetaucht war. Die Single erreichte Platz 4 der Hitparade. Im Frühjahr 1964 erreichten sie mit »*Three Window Coupe*« noch einen Top-30-Erfolg – wieder gesungen von Melcher und Johnston. Danach war die Zeit der Rip Chords wieder vorbei. Ab 1964 hatten Melcher und Johnston als Bruce & Terry auch einige kleinere Erfolge. Melcher kümmerte sich dann vorwiegend um Produktionen, Johnston wurde im April 1965 Mitglied der Beach Boys.

Der Hit: *Hey Little Cobra*
Der Tip: *Hey Little Cobra* (Request Records CD 13501)

Riperton, Minnie

* 8.11.1947, † 12.7.1979. Die amerikanische Sängerin, deren Stimme mehrere Oktaven umfaßte, begann mit den Gems, die bei Plattenaufnahmen von Johnny Nash, Etta James, Fontella Bass oder Ramsey Lewis im Hintergrund sangen, und machte 1966 ihre ersten Soloplatten unter dem Namen Andrea Davis. Nachdem der Erfolg ausblieb, wurde sie von 1967 bis 1970 Leadsängerin des Rock/Rhythm-&-Blues-Sextetts Rotary Connection. 1973 sang sie in der Formation Wonderlove, die Stevie Wonder begleitete. Im Januar erreichte der Titel »*Lovin' You*«, den sie zusammen mit ihrem Mann Richard Rudolph geschrieben hatte, die US-Charts

und wurde Spitzenreiter und Millionseller. In GB kam sie bis auf Platz 2. Obwohl sie noch eine ganze Reihe sehr schöner Platten veröffentlicht hat, blieb das ihr einziger Erfolg. Schon 1976 wurde bei Minnie Krebs diagnostiziert. Sie starb 1979 an dieser Krankheit.

Der Hit: *Lovin' You*
Der Tip: *The Best Of* (Capitol CDP 7 91784 2)

Ritchie Family

Diese aus Philadelphia stammende Discogruppe bestand aus diversen Sessionsängern und -musikern. Kopf war der Arrangeur und Produzent Ritchie Rome, der 1975 unter der Überschrift *»The Other Sound Of Philadelphia«* die Nummer *»Brazil«* versaute. Dieses Stück war 1939 von dem Brasilianer Ary Barroso geschrieben worden. Xavier Cugat und Jimmy Dorsey waren damit erfolgreich gewesen. Neben Rome mischte der Franzose Jacques Morali in dieser Formation mit. Morali sollte wenige Jahre später als Produzent von Village People weltweit Erfolg haben. *»The Best Disco In Town«* war im Herbst des Jahres 1976 der einzige Top-10-Erfolg der Ritchie Family in GB. In den USA kam die Nummer unter die ersten 20.

Der Hit: *The Best Disco In Town*
Der Tip: *Arabian Nights* (RCA 26.21807)

Ritter, Tex

* 12.1.1905 als Woodward Maurice Ritter, † 2.1.1974. Der amerikanische Country-Star zeigte schon Anfang der 30er Jahre seine Vorliebe für alles, was mit Cowboys zu tun hatte. Nachdem er im Radio als Sänger und Hörspielsprecher aufgetreten war, ging er 1936 nach Hollywood und spielte bis 1945 in rund 85 Filmen mit. Mit ihm spielte sein Pferd Whiteflash, und Tex verkörperte stets den strahlenden Helden. Neben Gene Autry und Roy Rogers war er der wichtigste der singenden Cowboys. Seinen ersten Plattenvertrag unterschrieb er bereits 1933. Von 1944 bis zu seinem Tod 1974 war er zumeist in den C&W-Charts erfolgreich. Seinen ersten Pophits hatte er mit *»I'm Wasting My Tears On You«*, 1944 Platz 11 in den USA. Es folgten *»High Noon«*, Ende 1952 Platz 12, und *»I Dreamed Of A Hill-Billy Heaven«*, 1961 Platz 20. Seinen einzigen Top-10-Erfolg in der Pop-Hitparade hatte er in GB. Dort erreichte *»Wayward Wind«* Mitte 1956 Platz 8. Schon 1964 wurde Ritter in die Country Music Hall of Fame aufgenommen. 1970 bewarb sich Tex erfolglos für die Republikaner als US-Senator

von Tennessee. Für einen Schauspieler in der Politik war die Zeit noch nicht reif! Tex Ritter starb nach einem Herzinfarkt.

Der Hit: *High Noon*
Der Tip: *High Noon* (Bear Family BCD 15 634)

Rivers, Johnny

* 7.11.1942 als John Ramistella. Der amerikanische Sänger, Gitarrist, Produzent und Songschreiber machte seine ersten Platten 1956 mit den Spades in Baton Rouge. 1956 kam er von Louisiana nach New York, wo er im übrigen geboren wurde, und traf dort Alan Freed, der dem jungen Sänger empfahl, seinen Namen zu ändern, und ihm zu einem Solo-Plattenvertrag verhalf. 1961 ging Johnny nach Los Angeles, 1963 war er dort Star im Whisky A Go Go. Es erschienen Platten, die in einem ähnlichen Stil aufgenommen wurden wie die von Trini Lopez – mit Live-Publikum, das mitsingt und -klatscht. Seine größten Erfolge in den USA waren die Top-10-Hits *»Memphis«* 1964 – in Deutschland unter den ersten 20 –, *»Secret Agent Man«* 1966, *»Baby I Need Your Lovin'«* 1967, *»Rockin' Pneumonia – Boogie Woogie Flu«* 1972 und *»Swayin' To The Music (Slow Dancin')«* 1977. Die beiden letztgenannten Titel waren außerdem Millionseller. Einen Spitzenreiter hatte er 1966 mit dem Titel *»Poor Side Of Town«*. 1966 gründete Johnny auch seine eigene Plattenfirma Soul City, für die er z. B. die Fifth Dimension verpflichtete. Bis in die 80er Jahre nahm Rivers weitere Platten auf.

Der Hit: *Poor Side Of Town*
Der Tip: *Portrait Of* (EMI CD AX 701479)

Rivieras

Marty Fortson, v/g; Otto Nuss, key; Bill Dobslaw, key/v; Joe Pennell, g; Doug Gean, b; Paul Dennert, d.
Diese amerikanische Teenager-Rock-'n'-Roll-Band aus Indiana begann als The Playmates. Als Rivieras hatten sie Anfang 1964 den Titel *»California Sun«* in den US-Charts, der es bis auf Platz 5 brachte. Danach ging der Sänger Fortson zu den Marines, und Bill Dobslaw, der bis zu diesem Zeitpunkt der Manager der Band gewesen war, übernahm den Gesangspart. Drei weitere Platten kamen knapp unter die ersten 100 in den US-Charts – ansonsten war mit der Gruppe nichts mehr los.

Der Hit: *California Sun*

Roachford

Andrew Roachford, v/key (* 1965); Phillip Linton, key/v; Hawi Gondwe, g/v; Paul Bruce, b/v; Chris Taylor, d.
Bereits in seiner Kindheit nahm der schwarze Brite Andrew Roachford Klavierunterricht. Mit 14 sammelte er erste Erfahrungen als Profimusiker. Er wurde von seinem Onkel, einem Jazz-Saxophonisten, für dessen Band engagiert und tingelte durch die Londoner Clubs. Sein nächster Schritt war eine Anstellung als Sessionsmusiker im Studio von Bernie Rhodes, dem Manager der Gruppe Clash. Hier lernte er die Pop- und Rockmusik von der Pike auf kennen. Anfang 1986 gründete er seine eigene Band, die er Roachford nannte. Schnell erhielt er einen Plattenvertrag, und Ende 1987 erschien die Debüt-Single »*Family Man*«. »*Cuddly Toy*« war die nächste Single, die es zur ersten Hitnotierung in GB brachte. Mitte 1988 kam sie in die GB-Charts und erreichte lediglich Platz 61. Als sie ein halbes Jahr später erneut auf den Markt gebracht wurde, erreichte sie Platz 4 in GB, 25 in den USA. Seitdem sind weitere schöne Singles erschienen, die aber nicht mehr unter die ersten 10 kamen. Roachford zählt in GB zu den Erneuerern der schwarzen Musik.

Der Hit: *Cuddly Toy*
Der Tip: *Roachford* (CBS 460 630 2)

Robbins, Kate

Diese britische Sängerin erreichte im Frühjahr 1981 mit der Nummer »*More Than In Love*« Platz 2 in den GB-Charts. Ansonsten nahmen weder die Plattenkäufer noch die einschlägige Musikpresse von Kate größere Notiz. Und da weiter nichts von ihr kam, ist es auch so geblieben.

Der Hit: *More Than In Love*

Robbins, Marty

* 26.9.1925, † 8.12.1982. Kaum ein US-Sänger der 50er Jahre war so vielseitig wie Marty Robbins. Wenn man böse wäre, könnte man sagen, er wußte nicht genau, wo seine Stärken lagen. Schaut man sich die Titel an, die er im Laufe seiner Karriere gesungen hat, finden sich mehrere Musikrichtungen: Country-Music, Rock 'n' Roll, Balladen, Schlager, Hawaii-Gejammer – einfach alles, was der Markt zuließ. Seine erste Platte nahm er 1951 auf. »*I'll Go On Alone*« kam Ende 1952 in die C&W-Charts und wurde Spitzenreiter. Anfang 1955 sang er eine Coverversion von Elvis Presleys erster Sun-Aufnahme »*That's Alright*« und kam immerhin unter die ersten 10 der C&W-Charts. Ab den späten 40er Jahren hatte er seine

eigene Radiosendung. 1951 machte er in Phoenix die TV-Sendung »Western Caravan«. Nachdem sich der Orchesterchef Ray Conniff des Sängers angenommen hatte, begann die Karriere von Marty. Seine Version von *»Singing The Blues«* kam Ende 1956 als seine erste Hitnotierung unter die ersten 20 der US-Charts. Seine nächste Veröffentlichung war *»A White Sport Coat (And A Pink Carnation)«* und kam im Frühjahr 1957 bis auf Platz 2 in den USA. Ende 1959 stand seine Ballade *»El Paso«* auf Platz 1 in den USA und wurde im Frühjahr des darauffolgenden Jahres ein Top-20-Hit in GB. *»Don't Worry«* war sein letzter Top-10-Erfolg im Frühjahr 1961 in den USA, in GB hatte er seinen ersten und einzigen Hit unter den ersten 10 im Herbst 1962 mit *»Devil Woman«*. Ab 1970 tauchte Marty nicht mehr in den Pop-Charts, dafür aber bis zu seinem Tode nach einem Herzinfarkt regelmäßig in den Country-Charts auf. In der Liste der erfolgreichsten Country-Interpreten der USA stand er lange unter den ersten 10. Marty gründete 1958 seine eigene Plattenfirma und spielte auch in diversen Filmen mit.

Der Hit: *El Paso*
Der Tip: *Rockin' Rollin' Robbins* (Bear Family BCD 15 566/7/9)

Roberts, Austin

* 19.9.1945. Mit der sämigen Teenager-Schnulze *»Rocky«* hatte Austin, der sich ansonsten als Mitarbeiter von Zeichentrickserien hervorgetan hatte, Mitte 1975 Platz 9 in den US-Charts, Platz 22 in GB. Vorher hatte er 1972 die Nummer *»Something's Wrong With Me«* bis auf Platz 12 und 1973 *»Keep On Singing«* bis auf Platz 50 in den USA gebracht. Roberts ist danach kein weiterer Erfolg mehr gelungen. Die deutsche Version dieses Songs sang der bis zu diesem Zeitpunkt noch recht unbekannte Frank Farian und hatte damit Anfang 1976 Platz 1 in Deutschland und eine goldene Schallplatte – »Rocky, ich habe noch niemals geliebt, ich weiß nicht, ob ich das bringe, denn es gehört doch mehr dazu als ein Flirt und ein paar Ringe. Ich sagte: Kopf hoch, Baby, lehn' dich an mich, es wird schon irgendwie gehn.« Dann lehnte sich Boney M. an Eruption und heraus kam Milli Vanilli.

Der Hit: *Rocky*
Der Tip: *Austin Roberts* (EMI 1C 062-98 093)

Roberts, Chris

* 13.3.1944 als Christian Klusacek. Der Münchner hatte mit der Gruppe Blue Rockets seine ersten regionalen Erfolge. Dann kamen seine ersten Soloplatten, die sich nicht verkauften, und schließlich die deutsche Version der Barry-Mason-

Nummer *»Robottom Square«*, die hier als *»Wenn du mal einsam bist«* im Frühjahr 1968 Platz 15 wurde. Danach folgten Aufnahmen wie *»Die Maschen der Mädchen«* 1969, *»Ein Mädchen nach Maß«* und *»Ich bin verliebt in die Liebe«* 1970, *»Hab' ich dir heute schon gesagt, daß ich dich liebe«* 1972, *»Hab' Sonne im Herzen«* 1972 und schließlich *»Du kannst nicht immer siebzehn sein«* 1974. Alle genannten Titel waren Top-10-Erfolge. In den großen Zeiten der ZDF-Mitklatsch-Zentrale in Berlin, die sich »ZDF Hitparade« nannte, gab es kaum eine Sendung ohne Chris Roberts. Immer wieder wurde darauf hingewiesen, daß er den jugendlichen Charme besitzt, der bei den Teenies und da speziell bei den Mädchen einschlägt. Den verströmte er auch in unsäglichen Filmen neben z. B. Theo Lingen, Uschi Glas, Roy Black usw. Die Reihe seiner Plattenerfolge geht bis in das Jahr 1980. In den 90ern war er als Serienschauspieler bei RTL zu sehen.

Der Hit: *Ich bin verliebt in die Liebe*

Roberts, Kenny

* 14.10.1927. Der amerikanische Country-Jodler begann seine Karriere in der Formation Downtowners. *»I Never See Maggie Alone«* kam Ende 1949 in die Pop-Charts und erreichte Platz 9. Die Single wurde außerdem ein Millionseller. In den Country-Charts hatte er noch drei weitere Notierungen. Seine Plattenveröffentlichungen reichen bis in die 90er Jahre.

Der Hit: *I Never See Maggie Alone*

Roberts, Malcolm

* 31.3.1944. Der britische Sänger studierte zunächst in seiner Heimatstadt Manchester Innenarchitektur und besuchte abends Schauspiel- und Musikunterricht. Nach einem kurzen Theater-Engagement war er in der britischen Lindenstraße, »Coronation Street« zu sehen, dann folgten Engagements in Londoner Musicals. Seine erste Platte veröffentlichte er 1967 mit *»Time Alone Will Tell«*, die unter die ersten 50 kam. Seinen einzigen Top-10-Erfolg hatte er Ende 1968 mit *»May I Have The Next Dream With You«*. Wiederum ein Jahr später gelang ihm mit *»Love Is All«* Platz 12 in GB und sein letzter Chart-Entry. In GB blieb er ein populärer Sänger. In den 80er Jahren wandte er sich wieder verstärkt den Musical-Bühnen zu.

Der Hit: *May I Have The Next Dream With You*
Der Tip: *This Is Malcolm Roberts* (EMI THIS 28)

Robertson, B.A.

* als Brian Robertson. Der aus Schottland stammende Robertson ging 1975 nach London. Obwohl er bereits 1973 eine erste LP mit dem Titel *»Wringing Applause«* veröffentlicht hatte, etablierte er sich dort zunächst als Songwriter. Unter anderem schrieb er für Cliff Richard, Fern Kinney und die Bellamy Brothers. Mitte 1979 erschien seine erste eigene Single, die es bis auf Platz 2 in GB brachte: *»Bang Bang«*. Es folgte *»Knocked It Off«*, ebenfalls ein Top-10-Erfolg. Im Frühjahr 1980 hatte er seinen letzten Titel unter den ersten 10 mit *»To Be Or Not To Be«*. Letztmalig stand er in den GB-Charts mit dem Titel *»Hold Me«*, den er zusammen mit Maggie Bell sang. Das Stück kam im Herbst 1981 unter die Top 20. Zur Veröffentlichung der LP *»Initial Success«* im Frühjahr 1980 schrieb die Plattenfirma: »Das Debütalbum – und schon ein Greatest-Hits-Album«. Das ist richtig und falsch. Richtig ist, daß auf dieser LP alle seine Hits zusammengefaßt sind. Falsch ist, daß es sein Debütalbum war. Produziert wurde B. A. von Terry Britten, der sehr oft mit Cliff Richard zusammen arbeitete.

Der Hit: *Bang Bang*
Der Tip: *Initial Success* (Asylum 52 216)

Robertson, Don

* 5.12.1922. Der in Peking geborene amerikanische Pianist und Songschreiber hatte seinen einzigen Erfolg im Frühjahr 1956. *»The Happy Whistler«* wurde Platz 6 in den USA, Platz 8 in GB und ein Millionseller. Ansonsten schrieb er Songs für z. B. Hank Snow, Eddy Arnold, Elvis Presley, Hank Locklin, Les Paul & Mary Ford, Faron Young, Kitty Wells oder Nancy Wilson. Don gilt als derjenige, der als erster den typischen Nashville-Pianostil spielte.

Der Hit: *The Happy Whistler*

Robic, Ivo

* 29.1.1926. Ivo war kein junger Nachwuchsinterpret mehr, als er 1959 seine erste Platte für den deutschen Markt aufnahm. In Jugoslawien war er bereits ein gefeierter Star, der mit einem 15 Mitglieder starken Orchester durch die Lande zog. Er studierte erst Musik und nahm dann rund 50 Platten für die jugoslawische Plattenfirma Jugoton auf, bis er schließlich für den deutschen Markt entdeckt wurde. Als im Herbst 1959 seine Single *»Morgen«* erschien, schoß sie hoch in der deutschen Hitparade bis auf Platz 2. Die warme, zarte Stimme von Robic kam auf Anhieb in Deutschland an. Es störte sich auch keiner sonderlich daran, daß seine

Aussprache nicht gut war. Erst recht störten sich die Briten und Amerikaner nicht daran. Die waren der Meinung, hier würde ein gewisser Morgan besungen. In GB kam die Platte bis auf Platz 23 und in den USA gar bis auf Platz 13. *»Morgen«* gilt als die erste in deutsch gesungene Platte, die sich in den USA in den Charts plazieren konnte. Allein in Deutschland gab es für *»Morgen«* zwei goldene Schallplatten. Der Nachfolger *»Muli-Song«* erreichte im Frühjahr 1960 Platz 7, und Ende des gleichen Jahres erschien *»Mit 17 fängt das Leben erst an«*. Es handelte sich dabei um eine deutschsprachige Version des Drifters-Hits *»Save The Last Dance For Me«*. Der Titel wurde Ivos einziger Spitzenreiter in Deutschland. *»Ein ganzes Leben lang«* war im Herbst 1962 sein letzter Top-10-Erfolg. Nach 1971 wurde er nicht mehr in den deutschen Charts notiert. In seinem Heimatland blieb er noch sehr lange ein Star.

Der Hit: *Mit 17 fängt das Leben erst an*
Der Tip: *Mit 17 fängt das Leben erst an* (Bear Family BCD 15 671)

Robinson, Floyd

* 1937. Der in Nashville geborene Sänger, Gitarrist und Songschreiber begann in der High-School-Band Eagle Rangers und arbeitete für die lokale Radiostation, als er 12 Jahre alt war. Später hatte er eigene Sendungen in zwei großen Sendern in Nashville. Floyd hatte nur ein einziges Mal einen Hit in den Charts, und das war Mitte 1959. Der Titel *»Makin' Love«* kam in den USA auf Platz 20, in GB hingegen bis auf Platz 9. Weder in den Pop- noch in den Country-Charts wurde Floyd danach noch einmal gesichtet.

Der Hit: *Makin' Love*

Robinson, Smokey

* 19.2.1940 als William Robinson. Der amerikanische Sänger und Songschreiber schrieb unzählige Hits für seine Formation Miracles und sich selbst. Seine erste Gruppe gründete er schon 1955 noch als Schüler: die Matadors, aus denen sich später die Miracles entwickeln sollten. 1958 erscheint *»Got A Job«*, die erste Single der Miracles, die eine Antwort auf *»Get A Job«* von den Silhouettes darstellt. Smokey hatte mit den Miracles bis 1972 sechs Top-10-Hits, davon 3 als Smokey Robinson & The Miracles. Ohne die Miracles, die er 1972 verließ, hatte er ab 1973 regelmäßig Chart-Notierungen in den USA. *»Cruisin'«* wurde Ende 1979 sein erster Top-10-Hit. *»Being With You«* kam im Frühjahr 1981 in die US-Charts, wurde ein Millionseller und Platz 2, in GB gar ein Spitzenreiter. *»Just To See Her«* und *»One Heartbeat«* waren 1987 weitere Top-10-Erfolge für ihn. Seine Platten-

Smokey Robinson *(Bellaphon)*

veröffentlichungen gehen bis in die 90er Jahre. Smokey schrieb nicht nur für die Miracles und für sich Hits, sondern für ein gutes Dutzend weiterer Tamla-Motown-Künstler. Dieser Firma war er so verbunden, daß er schließlich Vizepräsident wurde. Erst 1988 gab er diesen Posten wieder auf. 1987 hatte man ihn in die Rock 'n' Roll Hall of Fame aufgenommen, 1989 überreichte man ihm für sein Lebenswerk einen Grammy.

Der Hit: *Being With You*
Der Tip: *18 Greatest Hits* (Tamla TCD 060 71 TD)

Robinson, Tom

* 1.7.1950. 1977 konnte man im Melody Maker über Tom lesen: »Robinson ist der handgemachte Rockstar des Jahres 1977, kompromißlos engagiert und ohne jede leeren Posen. Und seine Band ist einfach pures Dynamit und stampft satte, kompakte, fetzende Rockmusik heraus.« Tom Robinson veranstaltete in England viele Aktionen gegen den Neonazismus und Rassismus mit. Mit seinem Lied *»Glad To Be Gay«* stärkte er all jenen Homosexuellen den Rücken, die nicht den Mut besaßen, sich zu ihrer Veranlagung zu bekennen. Im Herbst 1977 erschien die Single *»2-4-6-8 Motorway«*, die es bis auf Platz 5 in GB brachte. *»War Baby«* war Mitte 1983 sein zweiter und letzter Top-10-Erfolg. Nach 1984 wurde er nicht mehr in den Charts notiert. Tom Robinson, der Musik für Minderheiten, Schwule, Farbige oder andere Randgruppen der Gesellschaft macht, wird sich darüber sicher nicht gewundert haben.

Der Hit: *2-4-6-8 Motorway*
Der Tip: *The Collection 1977 – '87 (EMI CDP 7 48543 2)*

Rob 'n' Raz

siehe K., Leila

Rocker's Revenge

Mit der Eddie-Grant-Nummer *»Walkin' On Sunshine«* kam Rocker's Revenge Featuring Donnie Calvin im Herbst 1982 bis auf Platz 4 in GB. Das Ganze klang wie der Versuch, Sly & The Family Stone auf britisch zu trimmen. Mit der Jimmy-Cliff-Nummer *»The Harder They Come«* stand die Band Anfang 1983 noch einmal unter den ersten 30 der GB-Charts – danach war die Rache vorüber. Produziert wurden die beiden Hits durch Arthur Baker, der sich später einen Namen als ganz großer Mixer machen sollte.

Der Hit: *Walkin' On Sunshine*

Rockin' Berries

Geoffrey Turton, v/g (* 11.3.1944); Chris »Clive« Lea, v (* 16.2.1942); Bryan Charles Botfield, g (* 11.11.1943); Roy Austin, g (* 27.12.1943); Terry Bond, d (* 22.3.1943).
Dieses aus Birmingham stammende Quintett begann mit Coverversionen von Rhythm-&-Blues-Titeln. Dann machten sie auf Tokens und nahmen einen Nachzieher von deren *»He's In Town«* auf, was ihnen 1964 einen Platz 3 in den britischen Charts einbrachte. Bei Live-Auftritten gingen sie bald dazu über, andere Künstler zu parodieren und kleine Sketche aufzuführen. Bis 1966 tauchten sie in den britischen Charts auf, davon noch ein weiteres Mal unter den ersten 10: *»Poor Man's Son«* wurde im Frühjahr 1965 Platz 5. 1968 verabschiedete sich Turton von der Gruppe und startete eine Solokarriere unter dem Namen Jefferson. Im Frühjahr 1969 hatte er mit *»Colour Of My Love«* einen Top-30-Hit in GB. Die anderen machten als Berries weiter.

Der Hit: *He's In Town*
Der Tip: *The Rockin' Berries In Town* (Repertoire RR 4099-WZ TIS)

Rockingham's XI, Lord

Harry Robinson; Chery Wainer, org; Red Price, sax; Rory Blackwell, d.
Der schottische Bandleader Robinson spielte mit seinen Musikern Ende der 50er Jahre unter dem Pseudonym Lord Rockingham's XI Novelty-Instrumentals. Als erste Platte veröffentlichten sie im Frühjahr 1958 den Titel *»Fried Onions«*, der unbemerkt blieb. Im Herbst des gleichen Jahres kam die von Robinson geschriebene Nummer *»Hoots Mon«* auf den Markt und wurde Spitzenreiter in GB. Charakteristisch war der wiederholte Ausruf mit schönster schottischer Färbung: »Hoots mon, there's a moose in the hoose«. Der Nachfolger *»Wee Tom«* schaffte Anfang 1959 noch einen Platz 16, dann war es mit den Hits vorbei. Robinson hatte danach Bands wie Harry Robinson' XV oder die Robinson Crew. Bei dem Hit *»My Boy Lollipop«* 1964 ist er es, der Millie begleitet.

Der Hit: *Hoots Mon*

Rocksteady Crew

Crazy Legs (* 1.1.1966 als Richard Colon), Prince Ken Swift (* 13.8.1966 als Kenneth Gabbert), Doze (* 28.5.1964 als Jeffrey Green), Kuriaki (* 1.3.1965 als Lorenzo Soto); Buck 4 (* 23.2.1964 als Gabriel Marcano), Baby Love (* 1.12.1968 als Daisy Castro), alle v.

Die auf den Straßen von Harlem und der Bronx aufgewachsenen Mitglieder dieser amerikanischen Formation sind groß geworden mit Rap, Graffiti und Breakdance. Breakdance ist die Verkörperung der Rap music. Die Rocksteady Crew machte genau auf diesem Gebiet durch ihre akrobatischen Einlagen auf sich aufmerksam. Mitglied Doze ist übrigens derjenige, der für Jennifer Beals in »Flashdance« den Stuntman macht. Danach wirkte die Rocksteady Crew auf Malcolm McLarens *»Duck Rock«*-Album mit. Im Herbst 1983 demonstrierte die Tanztruppe im Rahmen der Royal Variety Show ihr Können vor der englischen Königin Elizabeth II. Zu diesem Zeitpunkt kam auch die Nummer *»(Hey You) The Rocksteady Crew«* in die GB-Charts und wurde Platz 6. Im Frühjahr des darauffolgenden Jahres erzielten sie noch eine weitere Hitnotierung im unteren Bereich. Danach hatte es sich ausgetanzt.

Der Hit: *(Hey You) The Rocksteady Crew*
Der Tip: *Ready For Battle* (Virgin 206 298-620)

Rockwell

* 15.3.1964 als Kennedy Gordy. Als Rockwell mit 19 Jahren seine Gesangskarriere begann, wußte niemand, daß er der Sohn das Tamla-Motown-Gründers Berry Gordy Jr. ist. Erst nachdem sich seine erste Single-Veröffentlichung *»Somebody's Watching Me«* Anfang 1984 zum Millionseller, Platz 2 in den USA und Deutschland und Platz 6 in GB entwickelt hatte, wurde es bekannt. Hilfreich war bei dieser Nummer die bekannte Tatsache, daß Michael Jackson im Hintergrund mitsang und dessen Bruder Jermaine Jackson ebenfalls mit von der Partie war. In seinem zweiten Hit wurde Rockwell zwar nicht mehr observiert, sondern nur noch von obszönen Telefonanrufen belästigt: *»Obscene Phone Caller«* war als Nachfolge-Single Top 40 in den USA. Danach hatte er offensichtlich alles Interessante über sich erzählt. Beide Titel hat er im Alleingang geschrieben. Es erschienen zwar weitere Platten, aber kein Hit mehr. Da konnte auch Vater Berry nicht helfen. Umgekehrt – daß Rockwell der Sohn des Tamla-Motown-Besitzers ist, hat vermutlich so viele Neider auf den Plan gerufen, daß es Rockwell in mancher Hinsicht schadete.

Der Hit: *Somebody's Watching Me*
Der Tip: *Somebody's Watching Me* (Motown ZL 72147)

Rodgers, Clodagh

* 5.3.1947. Diese irische Sängerin hatte mit ihrem ersten Hit auch gleich ihren größten: *»Come Back And Shake Me«* kam im Frühjahr 1969 in die britischen

Charts und wurde Platz 3. Der Nachfolger *»Goodnight Midnight«* erreichte Position 4. Die gleiche Position gelang ihr im Frühjahr 1971 mit *»Jack In The Box«*. Mit diesem Titel hatte sie GB beim Grand Prix Eurovision in Dublin vertreten und ebenfalls Platz 4 erreicht. Nach 1971 ist ihr nichts mehr gelungen, und sie tritt nur noch sporadisch auf.

Der Hit: *Come Back And Shake Me*

Rodgers, Jimmie

* 18.9.1933 als James Frederick Rodgers. Dieser amerikanische Sänger, Gitarrist, Tastenspieler und Songschreiber ist nicht zu verwechseln mit dem einflußreichen Country-Star, dessen große Zeit zwischen 1927 und 1932 lag und der 1933 starb. Dieser Jimmie Rodgers ist mehr ein Popinterpret mit einem Schuß Folk. Noch während er bei der Air Force war, gründete er seine erste eigene Band. 1956 hörte ihn ein Freund in einem Club in Nashville und gab ihm den Tip, es doch einmal in New York zu versuchen. Bei Roulette Records stellte er zwei seiner Songs vor, und als erste Veröffentlichung erschien *»Honeycomb«*. Die Platte kam im Herbst 1957 bis auf Platz 1 in den USA. Noch im gleichen Jahr erschien *»Kisses Sweeter Than Wine«*, die es auf Platz 3 in den USA und Platz 7 in GB brachte. *»Secretly«* und *»Are You Really Mine«* waren 1958 Jimmies letzte Top-10-Erfolge in den USA, *»English Country Garden«* Mitte 1962 sein letzter in GB. Am 2.12.1967 wurde er auf der Heimfahrt von einem Polizisten, der nicht im Dienst war, gestoppt, weil er offensichtlich Schlangenlinien gefahren war. Als Rodgers mit dem Vorgehen des Polizisten nicht einverstanden war, holte der sich noch zwei weitere zu Hilfe. Später am Tage wurde Rodgers mit einer Schädelfraktur und einem gebrochenen Handgelenk in ein Krankenhaus eingeliefert. Er behauptete, die Polizisten hätten ihn so zugerichtet. Die wiederum sagten, er sei unglücklich gefallen. Rodgers zu dem Vorfall: »Mein Doktor hat mir gesagt, ich hätte von meinem Auto springen müssen, mit dem Kopf nach unten, und das achtmal, um mir diese Art von Verletzung zuzuziehen.« Am 28. Januar 1969 kehrte er zwar wieder auf die Bühne zurück, aber seine Karriere kam nie wieder in Tritt.

Der Hit: *Honeycomb*
Der Tip: *The Best Of* (Roulette CDP 7 90767 2)

Rodgers, Duo

Karl Golgowsky, Rudi Stemmler
Im November 1956 hatten gleich drei Interpreten mit der Nummer *»Sei zufrieden«* einen Top-10-Erfolg: das Lukas-Trio, das Roland Trio und eben das

Rodgers Duo. Am erfolgreichsten war das Lukas-Trio, das es bis auf Platz 1 brachte. Das Roland Trio erreichte Platz 6, das Rodgers Duo Platz 8. Noch etwas hatten alle drei gemeinsam: ein weiterer Hit ist keinem gelungen. Ob sie trotzdem zufrieden waren? Zumindest dürften Golgowsky und Stemmler als Komponisten und Texter allen Grund gehabt haben. So stammte von Stemmler z. B. der Titel *»Das alte Försterhaus«*. Während Stemmler bereits vor Jahren starb, lebt Golgowsky, der seine Karriere im Rudi Schuricke Terzett begann, 1993 83jährig in Hamburg.

Der Hit: *Sei zufrieden*

Roe, Tommy

* 9.5.1942. Der amerikanische Sänger, Gitarrist und Songschreiber gründete noch während seiner Schulzeit 1958 die Gruppe Satins, die 1960 den Titel *»Sheila«* aufnahm, den Tommy im Alter von 14 Jahren geschrieben hatte. Diese Version sollte allerdings keine Spuren in den Charts hinterlassen. Ab 1962 machte er dann Soloplatten und nahm den Titel *»Sheila«* erneut auf. Dieses Mal klappte es: Mitte 1962 Spitzenreiter in den USA, Platz 3 in GB und Platz 9 in Deutschland. Ein Jahr später stand er mit *»Everybody«* in den USA und in GB wieder unter den ersten 10. Bis zum nächsten Top-10-Hit dauerte es fast drei Jahre: *»Sweet Pea«* und *»Hooray For Hazel«* erreichten Mitte bzw. Ende 1966 Plätze unter den ersten 10 in der amerikanischen Hitparade. In der Zwischenzeit hatte Tommy seine Militärzeit absolviert. 1969 gelang ihm mit *»Dizzy«* auf beiden Seiten des Atlantiks ein Spitzenreiter, in Deutschland wurde die Nummer Platz 4. Ende desselben Jahres hatte er seinen letzten Hit mit *»Jam Up And Jelly Tight«*. Mitte der 60er Jahre war Tommy nach GB ausgewandert, 1969 kehrte er in die USA zurück. Wie viele seiner Kollegen, die in den USA in den 60er Jahren erfolgreich waren, wandte sich Tommy nach seiner Erfolgszeit als Popinterpret der Country-music zu. Sein größter Hit dort war *»Let's Be Fools Like That Again«* Ende 1986. 1991 stand Tommys größter Hit *»Dizzy«* in der Version von Vic Reeves und Wonder Stuff wieder an der Spitze der britischen Hitparade.

Der Hit: *Dizzy*
Der Tip: *16 Original World Hits* (MCA 8.62015 LZ)

Roger

* als Roger Troutman. Der Amerikaner arbeitete mit Sly Stone und George Clinton. Außerdem war er Chef der Familientruppe Zapp, in der neben ihm seine Brüder Lester, Tony und Larry waren. Die Gruppe spielte innovativen Electro-

Funk. Ab 1981 machte Roger außerdem auch Soloplatten. Seine Version von *»I Heard It Through The Grapevine«* kam im Herbst 1981 bis auf Platz 1 der Rhytm-&-Blues-Charts. Sein größter Soloerfolg war Ende 1987 *»I Want To Be Your Man«*, Platz 3 in den USA, Platz 19 in Deutschland. Die Nummer hat Rogers Bruder Larry geschrieben. 1988 war er als Gastmusiker auf dem Stück *»Boom! There She Was«* von Scritti Politti zu hören.

Der Hit: *I Want To Be Your Man*
Der Tip: *Bridging The Gap* (Reprise 7599-26524-2)

Roger, Mike

* 22.3.1930 als Hermann Glöckler, † 12.4.1984. Der gelernte Autoschlosser wirkte schon in jungen Jahren als Pianist in einer Band mit. Nach dem Zweiten Weltkrieg arbeitete er als Angestellter beim Labour Service der US-Truppen. Abends in den Soldatenclubs hörte er Hillbilly-Musik, und 1953 gründete er mit drei anderen deutschen Musikern Circle 4 Ranch Boys. In den Jahren danach entwickelte sich der Pianist Roger immer mehr zum Sänger. Ab 1958 war er Chef einer neuen Vier-Mann-Kapelle, und 1962 wurde er in einem Amerikaner-Club auf die neue Tanzart Slop aufmerksam. Schnell wurden zwei Titel geschrieben, die in diese Richtung gingen. *»Let's Slop«* kam Mitte 1963 in die deutsche Hitparade und erreichte Platz 10. Das machte aus Mike Roger den »King of Slop«. Es folgten noch weitere Plattenveröffentlichungen, aber ein Erfolg gelang ihm nicht mehr. Ein Höhepunkt seiner Karriere muß 1968 ein viermonatiges Gastspiel in New York gewesen sein, bei dem er zusammen mit seinem großen Vorbild Fats Domino, dem er auch äußerlich nacheiferte, auftrat. Nach 1969 wurde es ruhig um Mike. Er wurde Gastronom. Ende der 70er Jahre mußte er mehrere Male ins Krankenhaus und starb schließlich in seiner Nürnberger Wohnung an den Folgen eines chronischen Leberleidens.

Der Hit: *Let's Slop*
Der Tip: *Seine größten Erfolge* (Abanori ABL 9001)

Rogers, Julie

* 6.4.1943 als Julie Rolls. Der britischen Sängerin gelang mit einer Coverversion des argentinischen Stückes *»La Novia«* als *»The Wedding«* ihr größter Hit. Die Platte erschien im Herbst 1964, erreichte Platz 3 in GB, Platz 10 in den USA und Platz 16 in Deutschland. In GB erschienen bis Mitte 1965 noch zwei weitere Platten in den Charts. In die Top 20 kam sie jedoch nicht mehr.

Der Hit: *The Wedding*

Rogers, Kenny

* 21.8.1938 als Kenneth Donald Rogers. Nachdem der amerikanische Sänger und Bassist ab 1958 in der High-School-Band Scholars gespielt hatte, wurde er Mitglied beim Bobby Doyle Trio, einer populären, jazzig angehauchten Formation aus Houston. Als nächstes sang er kurz mit Kirby Stone Four und war ab 1966 einer der New Christy Minstrels. 1967 gründete er die Gruppe First Edition, deren erster Hit *»Just Dropped In (To See What Condition My Condition Was In)«* im Frühjahr 1968 in den US-Charts stand. Nach einem weiteren Top-20-Hit wurde die Gruppe im Frühjahr 1969 in Kenny Rogers & The First Edition umbenannt. Unter diesem Namen hatten sie den weltweiten Hit *»Ruby, Don't Take Your Love To Town«*, in der zweiten Hälfte des Jahres 1969 Platz 6 in den USA, Platz 2 in GB. *»Something's Burning«* kam im Frühjahr 1970 auf Platz 8 in GB, Platz 11 in den USA. In den Charts war die Band bis zum Frühjahr 1972 vertreten. Als nichts mehr gelang, trennte Kenny sich von der Gruppe und veröffentlichte ab 1976 Soloplatten. *»Lucille«* wurde im Frühjahr 1977 sein erster Millionseller, Platz 5 in den USA, -1 in GB und -10 in Deutschland. *»She Believes In Me«* erzielte zumindest in den USA das gleiche Ergebnis zwei Jahre später. *»Coward Of The County«* kam Ende 1979 in die Hitparade, wurde Platz 3 in den USA, Platz 1 in GB, Platz 18 in Deutschland und ebenfalls Millionseller. Seinen ersten Spitzenreiter in den USA hatte er 1980 mit der von Lionel Richie geschriebenen Nummer *»Lady«*. Seinen bisher letzten Spitzenreiter hatte Kenny zusammen mit Dolly Parton und der Nummer *»Islands In The Stream«*. Diesen mit Platin geehrten Titel hatten die Bee Gees geschrieben. Er erreichte zudem Platz 7 in GB und Platz 11 in Deutschland. Überhaupt gibt es einige sehr erfolgreiche Duettplatten von ihm, so z. B. die US-Top-10-Erfolge *»Don't Fall In Love With A Dreamer«* 1980 mit Kim Carnes oder *»We've Got Tonight«* 1983 mit Sheena Easton. Auch im Fernsehen war Rogers als Moderator zu sehen. Als Filmschauspieler sah man ihn in *»The Gambler I – 3«*, *»Coward Of The County«* und *»Six Pack«*. Nach 1985 ließ seine Karriere nach. Allerdings hatte er in der Zwischenzeit sein Geld so gut angelegt, daß er es auch nicht mehr nötig hatte: in Georgia züchtet er Araber, außerdem besitzt er Aufnahmestudios und Spielhallen, beschäftigt über 200 Angestellte und hat Häuser in Malibu, Beverly Hills und Bel Air.

Der Hit: *Lady*
Der Tip: *25 Greatest Hits* (EMI CDPB 7 466731/2)

Roland Trio

Von den drei Aufnahmen des Titels *»Sei zufrieden«*, die im November 1956 in der deutschen Hitparade standen, war die Version des Roland Trios die zweiterfolgreichste. Ob sie wollten oder nicht, sie mußten sich damit zufriedengeben, obwohl von diesem Trio noch viele weitere Platten erschienen sind. Es war von Kurth Stephan und Fred Ritter vom Comedian Quartett zusammen mit Wilfried Pakusa 1955 als Conny Roland Trio gegründet worden. Nachdem Ritter zum Comedian Quartett zurückgegangen war, kam für ihn Richard Gatermann und wenig später für Pakusa Martin »Benno« Berndt. 1961 ging Berndt in die USA und für ihn kam Hans Joachim Kipka. Das Roland Trio sang bei den ersten Aufnahmen von Margot Eskens im Hintergrund.

Der Hit: *Sei zufrieden*

Rolling Stones

Mick Jagger, v (* 26.7.1943 als Michael Philip Jagger); Keith Richard, g (* 18.12.1943 als Keith Richards); Brian Jones, g (* 28.2.1942 als Lewis Brian Hopkin-Jones, † 3.7.1969); Ian Stewart, p (* 1938, † 12.12.1985); Bill Wyman, b (* 24.10.1936 als William Perks); Charlie Watts, d (* 2.6.1941 als Charles Robert Watts); Mick Taylor, g (* 17.1.1948); Ron Wood, g (* 1.6.1947).
Kurz bevor er 50 Jahre alt wurde, kam Mick Jagger nach Hamburg und holte sich dort für über 300 000 verkaufte Tonträger seines Soloalbums *»Wandering Spirit«* eine goldene Schallplatte ab. Ich gehe einmal davon aus, daß er sich darüber gefreut hat, denn so erfolgreich, wie er sich das sicher gewünscht hatte, sind seine Solo-Aktivitäten nicht gewesen. *»She's The Boss«*, seine erste Solo-LP, hat sich in den USA zwar über eine Million Mal verkauft, erreichte dort aber 1985 nur Platz 13. Als Mick Jagger mit der Gruppe Rolling Stones begann, wird er sicher nicht damit gerechnet haben, einmal Mitglied der dienstältesten Rock-'n'-Roll-Kapelle der Welt zu sein. Als sie begannen, hatten sie mit Rock 'n' Roll sowieso wenig am Hut. Alle Mitglieder dieser Gruppe, die am 12.7.1962 erstmals als The Rollin' Stones auftrat, waren mehr Rhythm-&-Blues-Fans. Zu diesem Zeitpunkt bestand die Band aus Jagger, Richard, Jones, Dick Taylor, Ian Stewart und Mick Avory – er sollte später Schlagzeuger der Gruppe Kinks werden. Ihren Namen hatten sie sich von einem Muddy-Waters-Song entliehen. Im Oktober des gleichen Jahres nahmen sie in einem Londoner Studio eine Coverversion des Muddy-Waters-Songs *»Soon Forgotten«* und drei weitere Titel auf. Statt Dick Taylor und Mick Avory spielte hier Tony Chapman mit. Diese Demo-Aufnahmen wurden an Plattenfirmen weitergereicht, die wenig Interesse zeigten. Ende 1962 kam der Bassist Wyman zur Band, im Januar 1963 Watts. Damit war die Urbesetzung der Rolling Stones komplett. Noch im gleichen Monat machten sie fünf weitere Demo-Aufnahmen unter der Leitung von Glyn Jones, der später ein erfolgreicher Rock-Produzent werden sollte. Am 9. Mai 1963 unterschrieben sie einen Drei-Jahres-Vertrag mit der Plattenfirma Decca Records, die immer noch daran

Rolling Stones *(WEA)*

knabberte, daß sie die Beatles abgelehnt hatte. Schon einen Tag später nehmen sie den Chuck-Berry-Song *»Come On«* auf, der von der Plattenfirma als gräßlich bezeichnet wird. Der Titel wird noch einmal neu aufgenommen, erscheint Mitte des Jahres und wird Platz 21 in GB. Die nächste Single ist die Lennon/Mc Cartney-Komposition *»I Wanna Be Your Man«*, die es auf Platz 12 bringt. Dann erscheint *»Not Fade Away«*, eine Buddy-Holly-Komposition im Bo-Diddley-Stil und schließlich *»It's All Over Now«*, im Original ein Titel der Valentinos, ihre erste Nummer 1. *»Little Red Rooster«*, noch 1964, *»The Last Time«*, *»(I Can't Get No) Satisfaction«* und *»Get Off Of My Cloud«* 1965, *»Paint It, Black«* 1966, *»Jumping Jack Flash«* 1968 und *»Honky Tonk Women«* 1969 sind ihre weiteren Spitzenreiter in GB. In den USA wird der erste Nummer-1-Hit auch gleichzeitig ihr erster Millionseller: *»Satisfaction«*. *»Get Off Of My Cloud«* 1965, *»Paint It, Black«* 1966, der Millionseller

»Ruby Tuesday« 1967, *»Honky Tonk Women«* 1969, *»Brown Sugar«* 1971, die Millionseller *»Angie«* 1973 und *»Miss You«* 1978 sind dort die Spitzenreiter in den Charts. Die erfolgreichsten LPs der Rolling Stones waren, außer Hitzusammenstellungen, *»Let It Bleed«* 1969, *»Some Girls«* 1978, *»Tattoo You«* 1981 und *»Steel Wheels«* 1989. Alle genannten Platten haben zumindest zwei Millionen Exemplare allein in den USA verkauft. Die LP *»Let It Bleed«* kann als Einschnitt in die Karriere der Rolling Stones gezählt werden. Es war die letzte LP, auf der noch Brian Jones, und die erste, auf der sein Nachfolger Mick Taylor zu hören war. Brian Jones, der kurz vor seinem Tod 1969 wegen musikalischer Differenzen aus der Gruppe ausgestiegen war, ertrank in seinem Swimmingpool. 1975 kam für Mick Taylor Ron Wood. Ebenfalls im Jahre 1969 fand das umstrittene Altamont-Konzert der Rolling Stones statt, bei dem ein Zuschauer von einem Mitglied der Hell's Angels erstochen wurde. Mit Langspielplatten wie *»Sticky Fingers«* 1971, *»Exile On Main Street«* 1972, *»Goats Head Soup«* 1973, *»It's Only Rock 'n' Roll«* 1974, *»Black And Blue«* 1976 – die erste LP, auf der Ron Wood mitspielte –, *»Some Girls«* 1978 und *»Emotional Rescue«* 1980 bewiesen die Rolling Stones eine konstante Leistung durch die 70er Jahre. Alle genannten Platten erreichten Platz 1 der amerikanischen LP-Hitparade. 1986 erhielten die Rollling Stones für ihr Lebenswerk einen Grammy. 1989 wurde die Gruppe in die Rock 'n' Roll Hall of Fame aufgenommen. Ende 1992 verließ Wyman die Band und ließ die Fans der Gruppe im unklaren, wie es mit der Band weitergehen sollte. Die Rolling Stones muß man neben den Beatles als die wichtigste und stilbildendste Formation der Rockmusik nennen. Bemerkenswert bei den Rolling Stones auch die Tatsache, daß sie es immer wieder verstanden, neue musikalische Strömungen, die nicht unbedingt mit Rock 'n' Roll zu tun hatten, in ihre Plattenproduktionen einfließen zu lassen. Abgesehen von den am Anfang erwähnten Soloprojekten von Mick Jagger haben es sich auch die anderen Mitglieder der Band nie nehmen lassen, ebenfalls mit eigenen Formationen oder/und als Solisten zu arbeiten. Jedoch war es Mick Jagger, dessen Projekte am erfolgreichsten waren.

Der Hit: *(I Can't Get No) Satisfaction*
Der Tip: *The London Years* (Abkco 1218-2)
Rewind 1971 – 1984 (Rolling Stones 90176)

Romantics

Wally Palmer, v/g; Coz Canler, g/v; Mike Skill, g/v; Richard Cole, b/v; Jimmy Marinos, d/v; David Petratos, d/v.

Dieses amerikanische Rockquartett wurde 1977 in Detroit mit Palmer, Skill, Cole und Marinos gegründet. Ihr erster Chart-Erfolg war im Frühjahr 1980 der Top-50-Hit *»What I Like About You«*. *»Talking In Your Sleep«* wurde Ende 1983 Platz 3 in den USA. Statt Skill wird auf dieser Platte Coz Canler angegeben. 1984 und 1985 erfolgte jeweils eine weitere Hitnotierung. Marinos verließ die Band und wurde durch Petratos ersetzt. Die Besetzung der 1985 erschienenen LP *»Rhythm Romance«* war Palmer, Canler, Skill und Petratos. Die Band konnte sich jedoch nicht außerhalb der USA durchsetzen und war nach 1985 auch dort wieder aus den Charts verschwunden.

Der Hit: *Talking In Your Sleep*
Der Tip: *In Heat* (Epic 25 765)

Romeo, Max

* 1947 als Max Smith. Der Jamaikaner tauchte im Februar 1969 in den britischen Top 10 mit einem Titel auf, der sich durchgesetzt hatte, obwohl ihn keine einzige Radiostation spielte: *»Wet Dream«*. Er machte in diesem Stil mit Titel wie *»Mini Skirt Vision«* weiter, hatte aber keinen Hitparadenerfolg mehr. Daneben veröffentlichte er auch politische Songs oder witzige Titel über das Leben auf Jamaika. 1979 erschien das Album *»I Love My Music«*, das mit der Hilfe von Keith Richards entstanden war, aber auch kein Erfolg wurde. 1981 erschien *»Holding Out My Love To You«*. Wieder half Keith Richards, aber auch Robbie Shakespeare und Sly Dunbar spielten mit und schrieben vier Titel für dieses Album. Es half nichts. Romeo veröffentlicht bis in die 90er Jahre Platten.

Der Hit: *Wet Dream*
Der Tip: *Holding Out My Love To You* (Shanachie 43 002)

Rondo, Don

Der amerikanische Baritonsänger aus New York hat auf vielen TV- und Radio-Werbejingles gesungen. Ende 1956 gelang ihm mit *»Two Different Worlds«* ein Platz 11 in den USA. Mitte des nächsten Jahres war *»White Silver Sands«* Platz 7 in den USA, und nach einer weiteren Hitnotierung im gleichen Jahr hörte man nichts mehr von ihm.

Der Hit: *White Silver Sands*

Ronettes

Veronica »Ronnie« Bennett (* 10.8.1945); Estelle Bennett (* 22.7.1944); Nedra Talley Ross (* 27.1.1946).
Die Schwestern Bennett und ihre Cousine Nedra versuchten mit allen Mitteln,

Anfang der 60er Jahre ins Showgeschäft zu kommen. Sie waren groß geworden in New Yorks Stadtteil Spanish Harlem und hatten ihre ersten Erfolge als tanzende und stimmliche Unterstützung von Joey Dee in der Peppermint Lounge. 1961 nahmen sie ihre ersten Platten auf, die jedoch nicht erfolgreich waren. Dann nahm sie Phil Spector unter seine Fittiche, der von 1968 bis 1974 mit Ronnie verheiratet war. *»Be My Baby«* kam im Herbst 1963 in die US-Charts und wurde Platz 2. In GB erreichte die Platte Platz 4. Der Nachfolgehit *»Baby I Love You«* wurde in den USA nur Platz 24 und in GB Platz 11. Obwohl von Spector für die Ronettes komponiert, waren es doch andere Interpreten, die später damit erfolgreich sein sollten. Ende 1966 kam die letzte Hitnotierung der Band, die sich inzwischen The Ronettes featuring Veronica nannte, in die US-Charts. 1966 fiel die Gruppe auseinander. Ronnie machte als Solistin Platten, die aber nicht erfolgreich waren. Nach ihrer Trennung von Spector ging sie zu Buddah Records und veröffentlichte mit Denise Edwards und Chip Fields zunächst als Ronnie & The Ronettes, später als Ronnie Spector & The Ronettes Platten. Nach diesem Zwischenspiel versuchte sie sich wieder als Solistin. Dabei kamen zwar keine Hits, aber durchaus interessante Platten heraus. So ist z. B. ihre Version des Billy-Joel-Hits *»Say Goodbye To Hollywood«*, die sie 1977 mit der E-Street Band von Bruce Springsteen einspielte, durchaus anhörenswert. Anfang der 80er Jahre nahm sie Genya Ravan, die ehemalige Sängerin der Band Ten Wheel Drive, auf ihrer eigenen Plattenfirma Polish Records unter Vertrag. Fast 18 Monate bastelten die beiden an der LP *»Siren«*, die jedoch auch kein Knüller wurde. In die Charts kehrte Ronnie zurück, als sie neben Eddie Money auf dessen Single *»Take Me Home Tonight«* sang. Die Nummer wurde im Herbst 1986 Platz 4 in den USA. Danach erschien auf dem Label, auf dem auch Money seine Platten veröffentlichte, eine neue Solo-LP von Ronnie, die *»Unfinished Business«* hieß. Unterstützt wurde sie von Mitsängern wie Money, Desmond Child oder Gregory Abbott.

Der Hit: *Be My Baby*
Der Tip: *The Best Of* (EMI 7 80316 2)

Ronny

* 10.3.1930 als Wolfgang Roloff. Der Bremer hatte in der Band von James Last den Baß gezupft, war gelernter Tontechniker und schließlich Besitzer eines eigenen Tonstudios. Anfang 1964 setzte er sich vor eines seiner Mikrophone und sang die Nummer *»Oh, My Darling Caroline«*, die es bis zur Spitze der deutschen Charts brachte. Im gleichen Jahr folgte *»Kleine Annabell«*, die wieder Platz 1 belegte. Und ebenfalls 1964 waren *»Kein Gold am Blue River«* und *»Kenn' ein Land«* Top-10-Erfolge. *»Darling Goodnight«* und *»Anja – Anja«* 1965, *»Dunja, du«* 1966, *»Laß die Sonne wieder scheinen«* und *»Adios My Darling«* 1967 und *»Er*

war nur ein armer Zigeuner« 1969 kamen alle unter die ersten 10. Aber nicht nur mit seinen eigenen Aufnahmen verdiente sich Ronny eine goldene Nase. Er war es auch, der die großen Hits des kleinen Holländers Heintje produzierte. Nach 1971 gelang ihm kein Hit mehr, aber sein Schäfchen dürfte er lange im trockenen haben.

Der Hit: *Oh, My Darling Caroline*

Ronny & The Daytonas

Ronny war der aus Nashville stammende Sänger John Wilkin (* 26.4.1946), der den Spitznamen Bucky trug. Er hatte sich auf Hot-Rod-Musik spezialisiert und ließ sich auf seinen Platten von wechselnden Studiomusikern begleiten. Dazu gehörten Bobby Russell (* 19.4.1941, † 19.11.1992), Chips Moman oder Johnny MacRea. Im August 1964 kam die Nummer »*G.T.O.*« in die US-Charts und erreichte Platz 4. Daraufhin stellte Ronny eine Band zusammen, mit der er auf Tournee ging und die im Herbst 1967 als Hombres mit der Nummer »*Let It Out (Let It All Hang Out)*« einen Platz 12 in den USA haben sollte. Bis 1966 folgten noch vier weitere Hitnotierungen für Ronny, von denen »*Sandy*« Ende 1965 in die Top 30 kam.

Der Hit: *G.T.O*

Ronstadt, Linda

* 15.7.1946. Die amerikanische Sängerin begann schon während ihrer Schulzeit im Folk-Trio The 3 Ronstadts. Die beiden anderen waren ihre Schwester und ihr Bruder. 1964 gründete sie die Band Stone Poneys, die mit der sehr schönen Nummer »*Different Drum*« Ende 1967 einen Platz 13 in den USA hatten. Ab 1968 nahm sie als Solistin Platten auf. In ihrer Begleitgruppe spielten 1971 Glenn Frey, Don Henley, Randy Meisner und Bernie Leadon, aus denen wenig später die Eagles werden sollten. Lindas Version von »*You're No Good*«, einst ein Erfolg für Betty Everett und in GB für die Swinging Blue Jeans, brachte ihr Anfang 1975 eine Nummer 1 in den USA ein. Produzent des Titels war der Brite Peter Asher. »*When Will I Be Loved*« – im Original ein Stück der Everly Brothers – war im Frühjahr 1975 Platz 2 in den USA. »*Heatwave*« 1975, die Platinplatte »*Blue Bayou*« und »*It's So Easy*« 1977, »*Ooh, Baby Baby*« 1978, »*How Do I Make You*« und »*Hurts So Bad*« 1980 waren weitere Top-10-Erfolge. Ein Duett von Linda mit James Ingram aus dem Film » *An American Tail*« brachte Linda nach dreijähriger Abwesenheit aus den Charts Ende 1986 wieder einen Platz 2 in den USA. Drei Jahre später sang sie zusammen mit Aaron Neville die Nummer »*Don't Know*

Much«, die wieder auf Platz 2 kam, Millionseller wurde und den beiden einen Grammy einbrachte. Linda wurden häufig wechselnde Affären nachgesagt. Dazu sie selbst: »Ich wünschte, ich hätte so viele Männer im Bett gehabt, wie mir die Zeitungen andichten.« Wirklich zusammen war sie mit dem kalifornischen Gouverneur Jerry Brown und dem Star-Wars-Regisseur George Lucas. Zwischendurch machte Linda Ronstadt auch am Broadway von sich reden. 1981 feierte sie Triumphe in »The Pirates of Penzance«. Ihr Operndebüt als Mimi in »La Bohème« wurde von den New Yorker Kritikern sehr gelobt. Bemerkenswert auch ihre beiden Hit-LPs mit Standards, die sie unter der Leitung von Nelson Riddle aufgenommen hat: *»What's New«* und *»Lush Life«*. Vielleicht wird sie gerade wegen ihrer Vielseitigkeit von vielen nicht ernstgenommen.

Der Hit: *Blue Bayou*
Der Tip: *Greatest Hits Vol. 1 & 2* (Asylum 64106-2/252255)

Rooftop Singers

Erik Darling, v/g (* 25.9.1933); Willard Svanoe, v/g; Lynne Taylor, v († 1982).
Erik Darling kam als Teenager von Baltimore nach New York und fand dort schnell Gefallen an der Folk-Szene in Greenwich Village. Mit 23 Jahren gründete er seine erste Gruppe, die Tune Tellers, danach das Trio Tarriers, das mit dem *»Banana Boat Song«* Ende 1956 einen Top-10-Hit in den USA hatte. Neben der Gitarre beherrschte er auch das fünfsaitige Banjo, und als Pete Seeger 1958 die Formation Weavers verließ, nahm Erik seinen Platz ein. Eines Tages hörte er einen Song aus dem Jahr 1930, der ihm so gut gefiel, daß er ihn aufnehmen wollte: *»Walk Right In«*. Zusammen mit dem Gitarristen Svanoe und der Jazzsängerin Lynne Taylor, die schon mit Tommy Dorsey und Benny Goodman gesungen hatte, gründete er zu diesem Zeitpunkt die Rooftop Singers. Im Januar 1963 erreichte der Titel die amerikanische Hitparade und wurde Spitzenreiter. In GB kam er in die Top 10. Die Rooftop Singers hatten 1963 noch zwei weitere Notierungen mit *»Tom Cat«* und *»Mama Don't Allow«*. 1967 trennten sie sich. Darling ist heute Psychologe, Bill Drehbuchautor.

Der Hit: *Walk Right In*

Roos, Mary

* 9.1.1949 als Marianne Rosemarie Schwab. Die aus Bingen am Rhein stammende Sängerin nahm bereits im Alter von neun Jahren ihre erste Schallplatte auf. In dem Film »Die Straße« war sie kaum älter. Ihren ersten Erfolg in der deutschen Hitparade hatte Mary 1965 mit *»Geh' nicht den Weg«*. Ihren einzigen Top-10-

Hit hatte Mary Mitte 1970 mit *»Arizona Man«*. Produziert wurde dieser Hit von Michael Holm, der ihn zusammen mit Giorgio Moroder auch geschrieben hat. Mary spielte eine Hauptrolle in dem Film »Un Enfant Dans La Ville« und war die einzige deutsche Künstlerin, die Gast in der *»Muppet Show«* war. Mary vertrat Deutschland zweimal beim Grand Prix Eurovision. 1972 belegte sie Platz 3 mit *»Nur die Liebe läßt uns leben«*, 1984 Platz 13 mit *»Aufrecht geh'n«*. Das Lied hätte mehr verdient. Ihre Schwester, Monika Schwab, trat als Tina York auf. Mary war einige Jahre verheiratet mit Werner Böhm, der als Gottlieb Wendehals erfolgreich war.

Der Hit: *Arizona Man*
Der Tip: *Mary Roos* (CBS 64 171)

Ros, Edmundo

* 7.12.1910. Der britische Schlagzeuger, Sänger und Bandleader wurde in Venezuela geboren. Als Jazz-Drummer machte er 1938 zusammen mit Fats Waller in London seine ersten Plattenaufnahmen. Dann gründete er 1940 sein eigenes Orchester, das sich an lateinamerikanische Musik anlehnte. Seinen ersten Hit hatte Ros Anfang 1950 in den USA mit *»The Wedding Samba«*. Der Titel *»Melodie D'Amour«* kam Anfang 1958 in die deutsche Hitparade und erreichte Platz 4. Danach wurde er sehr erfolgreich in Japan. In den 60er Jahren zog er sich in die Schweiz zurück.

Der Hit: *Melodie D'Amour*

Rose, David

* 15.6.1910, † 23.8.1990. David wurde in London geboren und wanderte im Alter von vier Jahren mit seinen Eltern nach Amerika aus. In Chicago studierte er Musik und wurde Profi im Chicago Orchestra. Später wurde er Arrangeur für eine Radiostation und ging schließlich in gleicher Funktion nach Hollywood. Inzwischen arrangierte er auch für bekannte Orchester, so z. B. für Benny Goodman dessen Spitzenreiter *»It's Been So Long«* aus dem Jahr 1936. Noch im Zweiten Weltkrieg gründete er seine erste eigene Band, und mit der Nummer *»Holiday For Strings«* hatte er Mitte 1943 einen Millionseller und Platz 2 in den USA. *»Poinciana (Song Of The Tree)«* war im Frühjahr 1944 Platz 11 in den USA, und dann sollte man lange nichts mehr von ihm in den Charts hören. Er arbeitete weiter für den Film und für viele TV-Serien, so z. B. für »Bonanza« oder »Unsere kleine Farm«. Speziell Tony Martin und der Komiker Red Skelton arbeiteten mit David in Radio- und TV-Programmen. Auf vielen Platten von Connie Francis ist

David mit seinem Orchester zu hören. Im Frühjahr 1962 erschien in den US-Charts die Nummer *»The Stripper«*, die es zum Spitzenreiter brachte. Irgendwie muß ihm dieser Titel unangenehm gewesen sein. In der Royal Albert Hall hat sich Rose angeblich einmal bei der Halle selbst für die Nummer entschuldigt. Normalerweise waren die Arrangements und die Songs, die er schrieb, meist auf Geigen ausgerichtet, wie sich schon am Hit *»Holiday For Strings«* ablesen läßt. *»The Stripper«* hingegen wird von Bläsern dominiert. Auch auf Tourneen hat er immer Bläser dabeigehabt, die dann die Nummer spielten, wenn im Publikum jemand danach rief. Jedenfalls hat ihm dieser Titel einen Batzen Dollars eingebracht, die er sicher in sein größtes Hobby gesteckt hat: seine Leidenschaft für Züge. Auf seinem Grundstück im San Fernando Valley hatte er über drei Km Schienen verlegt, die er mit 10 kleinen Zügen befuhr, die mit Kohle betrieben wurden und bis zu 30 Personen befördern konnten.

Der Hit: *The Stripper*

Rose, Randolph

* 7.6.1954. Der in Bamberg geborene Rose stammte aus einer Zigeunerfamilie. Sein Vater war angeblich Stoffhändler aus Indien, seine Großmutter Rumänin, seine Mutter Deutsche. Bei einem Nachwuchswettbewerb in Berlin belegte er einen zweiten Platz, der ihm einen Plattenvertrag bescherte. *»Silver Moon Baby«* kam im Frühjahr 1971 in die deutschen Charts und wurde der einzige Top-10-Erfolg für Randolph. Es folgten weitere Veröffentlichungen und Hitparadennotierungen, von denen keine über Platz 20 hinauskam. Nach 1973 war er ganz aus den Charts verschwunden. Randolph spielte eine Hauptrolle in der Fernsehserie »Tommy Tulpe«. In den 90er Jahren wirkte er mit in dem Duo Twice Nice.

Der Hit: *Silver Moon Baby*

Rosenberg, Marianne

* 10.3.1955. Die geborene Berlinerin gewann 1969 bei einem Talentwettbewerb und durfte danach *»Mr. Paul McCartney«* ihr Liebesleid klagen. Die Platte wurde Mitte 1970 ein Top-40-Hit in Deutschland. Ein Jahr später war *»Fremder Mann«* ihr erster Top-10-Erfolg. *»Er ist nicht wie du«* und *»Jeder Weg hat mal ein Ende«* 1972, *»Er gehört zu mir«* 1975 und *»Marleen«* 1976 waren weitere Top-10-Erfolge für sie. Nach 1982 schien ihre Karriere beendet. Schließlich arbeitete sie mit Rio Reiser, Annette Humpe, Wolf Maahn und Extrabreit, gründete mit Marianne Enzensberger die Frauenband Rouge Et Noir, und statt in großen TV-Shows trat sie auf Berliner Kleinkunstbühnen auf. Ab 1989 wurde sie wieder in den

Hitparaden notiert. Ihre Platten aus den 70er Jahren hatten inzwischen in gewissen Kreisen Kultstatus. Speziell ihre Nummer »*Marleen*« bekommt, wenn man sie anstatt mit 45 mit 33 Umdrehungen abspielt, einen ganz anderen Dreh. Im Zeitalter der CD fallen solche Spielchen leider weg.

Der Hit: *Marleen*

Rose Royce

Gwen Dickey, v; Kenji Brown, g; Victor Nix, key; Kenny Copeland, tr; Freddie Dunn, tr; Michael Moore, sax; Lequient »Duke« Jobe, b; Henry Garner, d; Gerrai Santiel, d.

Die aus acht Mitgliedern bestehende Formation wurde in den frühen 70er Jahren in Los Angeles gegründet. Zuerst nannten sie sich Total Concept Unlimited und waren die Begleitgruppe für Edwin Starr. Gleiches machten sie danach für die Temptations und schließlich für Undisputed Truth. 1976 kam mit Gwen Dickey eine Sängerin zur Band, und man nannte sich nun Rose Royce. Ihre erste Hitnotierung war die Platinplatte »*Car Wash*«, die es Ende 1976 bis auf Platz 1 in den USA und Platz 9 in GB brachte. Bei einer Wiederveröffentlichung des Titels Mitte 1981 kam er in GB erneut unter die ersten 20. Das Stück stammte aus dem Film »Car Wash«, für den Rose Royce den gesamten Soundtrack übernommen hatten. Daraus ausgekoppelt wurde auch »*I Wanna Get Next To You*«, in den USA ebenfalls ein Top-10-Erfolg. Danach sind der Formation in den USA bis 1978 noch vier weitere Hitnotierungen gelungen, aber keine kam über Platz 30 hinaus. In GB hingegen standen sie 1978 mit »*Wishing On A Star*« und »*Love Don't Live Here Anymore*« noch unter den ersten 10.

Der Hit: *Car Wash*
Der Tip: *Greatest Hits* (Whitfield Records 3457-2)

Rosie & The Originals

Rosalie Hamlin, v; Noah Tafolla, g; Tony Gomez, sax; David Ponci, g; Carl von Goodat, d.

Diese aus San Diego stammende amerikanische Band hatte mit dem Titel »*Angel Baby*« Ende 1960 ihren einzigen Top-10-Erfolg in den USA. Dieser Titel dürfte eine der quäkigsten Aufnahmen sein, die es je bis auf Platz 5 der amerikanischen Hitparade geschafft hat. Als Autor des Titels wurde immer Ponci angegeben. Tatsächlich jedoch hatte ihn die 15jährige Rosalie als Gedicht an ihren ersten Freund geschrieben. Rosie war stinksauer über die falsche Angabe, und die Formation trennte sich. Hamlin versuchte sich ohne Erfolg als Solistin und heiratete dann Tafolla, von dem sie sich 1984 wieder trennte. Danach trat sie in Oldie Shows auf und wurde Mitglied von L. A. Rhythm Section.

Der Hit: *Angel Baby*

Ross, Diana

* 26.3.1944 als Diane Ernestine Ross. Sie war der unbestrittene Superstar bei den Supremes, die zwischen 1964 und 1969 das erfolgreichste schwarze Mädchentrio der Welt waren. Als sich Diana Ende 1969 entschloß, als Solistin ihre Karriere fortzusetzen, sangen die Supremes mit ihr als letzten Hit *»Someday We'll Be Together«* – bis heute ist das nicht eingetroffen und wird es wohl auch nicht mehr. Ohne Diana Ross sind die Supremes zwar nicht ganz aus den Charts verschwunden, aber die großen Zeiten waren vorbei. Mitte 1970 erreichte hingegen Diana ohne die Supremes Platz 1 in den USA und Platz 6 in GB mit *»Ain't No Mountain High Enough«*. *»Touch Me In The Morning«* 1973, *»Theme From Mahogany (Do You Know Where You're Going To)«* 1975, *»Love Hangover«* 1976 und *»Upside Down«* 1980 waren alles Spitzenreiter in den USA. Zweimal schaffte Diana außerdem noch Platz 1 in GB mit *»I'm Still Waiting«* 1971 und *»Chain Reaction«* 1986. Zu diesen erwähnten Hits kommen noch weitere Top-10-Erfolge und Hits, die sie mit Michael Jackson – dessen Karriere sie seit 1969 begleitete –, Marvin Gaye, Smokey Robinson, Stevie Wonder oder den Temptations aufgenommen hat. Es sei in diesem Zusammenhang noch die Nummer *»Endless Love«* erwähnt, die 9 Wochen hintereinander auf Platz 1 in den USA stand und die sie mit Lionel Richie im Duett sang. Diana war als Schauspielerin in etlichen Filmen zu sehen, in denen sie eine sehr gute Figur machte: »Lady Sings The Blues« 1972, »Mahogany« 1975 und mit Michael Jackson in »The Wiz« 1977. Für ihre Hauptrolle als Billie Holiday in »Lady Sings The Blues« wurde sie gar für einen Oscar nominiert. 1986 heiratete sie einen norwegischen Schiffsmagnaten – danach ließ sie die Karriere etwas ruhiger angehen. Ihre Plattenveröffentlichungen gehen bis in die 90er Jahre.

Der Hit: *Upside Down*
Der Tip: *14 Greatest Hits* (Motown MCD06072MD)

Ross, Jack

* 1916, † 16.12.1982. Der amerikanische Nachtclub-Entertainer und Trompeter kam Anfang 1962 mit der Novelty-Instrumentalnummer *»Happy José (Ching-Ching)«* in die US-Charts und erreichte Platz 57. Als die Platte wenig später in Deutschland veröffentlicht wurde, kam sie bis auf Platz 7. *»Cinderella«*, eine Comedy-Platte, stand ebenfalls im Frühjahr 1962 auf Platz 16 in den USA. In

Deutschland wurde sie nicht notiert. Das war die Hitparadenkarriere von Jack Ross.

Der Hit: *Happy José (Ching-Ching)*

Rosso, Nini

* 19.9.1926 als Celeste Rosso. Mit 19 Jahren lief der junge Italiener von zu Hause weg, weil die Eltern in ihm einen Akademiker sahen, er aber Musik machen wollte. In Nizza wurde er schließlich von der Polizei aufgegriffen: Man fand ihn als Trompeter in einem Nachtclub. Nun waren auch die Eltern davon überzeugt, daß ihr Sprößling mehr zur Musik tendierte, und ließen ihn spielen. Jahre später galt er als der beste Jazztrompeter Italiens. Davon ist bei der Nummer *»Il Silenzio«* wenig zu merken. Dafür allerdings wurde der Titel zum Superknüller in der ganzen Welt: Nummer 1 in den Hitparaden von Italien, Deutschland, Österreich, Belgien, der Schweiz und immerhin Top 10 in GB. Eddie Calvert machte in GB eine eigene Version, in den USA Al Hirt. Verdient hat an allen Versionen immer Nini Rosso. Er hat das Stück mitgeschrieben. Insgesamt wurden allein von Rossos Version fünf Millionen Exemplare verkauft. Mit *»Schlafe, mein Prinzchen, schlaf ein«* ebenfalls 1965 und *»La Montanara«* 1966 gelangen ihm noch zwei weitere Top-20-Erfolge in Deutschland.

Der Hit: *Il Silenzio*
Der Tip: *Golden Instrumental Sound* (Hansa 203 526-270)

Roth, David Lee

David Lee Roth *(Warner Records)*

* 10.10.1955. Der amerikanische Sänger und Songschreiber war Mitglied bei den Red Ball Jets, aus denen mit den Brüdern van Halen Mommoth wurde. Nachdem sie sich zur lautesten Gruppe westlich des Mississippi gemausert hatten, nannten sie sich ab 1975 Van Halen. Ab 1978 wurden sie in den Hitparaden verzeichnet und hatten ihren größten Hit mit dem Millionseller *»Jump«*. Nach seinem ersten Soloerfolg *»California Girls«*, Anfang 1985 Platz 3 in den USA, gibt David im Juni des Jahres bekannt, daß er Van Halen verlassen

werde. Im Februar 1986 versucht die Plattenfirma Warner Brothers, den Brüdern Eddie und Alex klarzumachen, daß sie den Namen Van Halen ohne David nicht mehr verwenden sollten. Die kümmern sich nicht darum und stellen Sammy Hagar als Ersatz für David vor. Der hatte weitere Solohits mit »*Just A Gigolo Just Ain't Got Nobody*«, im Frühjahr 1985 einen Top-20-Hit in den USA, und »*Just Like Paradise*«, Top 10 in den USA, Top 30 in GB.

Der Hit: *California Girls*
Der Tip: *Skyscraper* (WB 925 671-2)

Round One

John Anthony und Ralf Thomas nahmen in den Kölner On Line Studios als Round One ein Discomedley aus den beiden Nummern »*Gonna Fly Now*« und »*Eye Of A Tiger*« auf, das Mitte 1985 bis auf Platz 4 der deutschen Hitparade kam. Damit man auch genau wußte, wo man die Titel schon mal gehört hatte, nannten sie diesen Mix »*Theme From Rocky*«. Alles wartet auf die zweite Runde.

Der Hit: *Theme From Rocky*

Roussos, Demis

* 15.6.1946 als Artemios Roussos. Der Grieche begann als Sänger bei der von ihm mitgegründeten Formation Aphrodite's Child. Ab Anfang der 70er Jahre und nach dem Auseinanderbruch der Gruppe machte er Soloplatten. »*We Shall Dance*« war Ende 1971 seine erste Hitnotierung in Deutschland. Im Frühjahr 1973 wurde »*Good-Bye, My Love, Good-Bye*« vergoldet und Spitzenreiter in Deutschland. Im Herbst des gleichen Jahres kamen »*My Friend The Wind*« und »*Schönes Mädchen aus Arcadia*« ebenfalls unter die ersten 10 in Deutschland. Das schaffte er im Frühjahr 1975 noch einmal mit »*Schön wie Mona Lisa*«. Ende 1975 wurde er plötzlich in GB populär. »*Happy To Be On An Island In The Sun*« kam in die britischen Top 10, und Mitte 1976 stand er auf Platz 1 in GB mit der EP »*The Roussos Phenomenon*«. Auf dieser Platte waren vier Titel: »*Forever And Ever*«, »*Sing An Ode To Love*«, »*So Dreamy*« und »*My Friend The Wind*«. Ende des gleichen Jahres erreichte »*When Forever Has Gone*« Platz 2. Von der Stimme und der Art seines Auftrittes erinnert er mehr an einen Operntenor (die Statur wäre allerdings für Baßrollen besser geeignet). Nur zwischendurch hatte er sich mal seiner Walle-Walle-Gewänder entledigt: da hatte er gerade unglaublich abgenommen und dazu sein Buch promotet, wie er das geschafft hat. Er nahm bis in die 90er Jahre Platten auf.

Der Hit: *My Friend The Wind*
Der Tip: *The Golden Voice Of Demis Roussos* (Philips 830 768-2)

Rowles, John

* 25.3.1947. Der Neuseeländer tauchte 1968 mal kurz mit zwei Titeln in den britischen Charts auf und war danach wieder verschwunden. *»If I Only Had Time«*, eine englische Version des Michel-Fugain-Titels *»Je N'Aurai Pas Le Temps«* brachte ihm im Frühjahr Platz 3 in GB und Platz 15 in Deutschland. *»Hush Not A Word To Mary«* kam Mitte 1968 noch bis auf Platz 12. Der Karriere von Rowles war sicher nicht förderlich, daß er stimmlich und mit seinen Titeln zwischen Tom Jones, Engelbert und P.J. Proby lag.

Der Hit: *If I Only Had Time*
Der Tip: *The Exciting John Rowles* (MCA MAPS 1357)

Roxette

Marie Fredriksson, v/g/key, (* 30.5.1958 als Gun Marie Frederiksson), Per Gessle, g/key/v (* 12.1.1959 als Per Hakan Gessle).
Als das schwedische Duo Roxette im restlichen Europa bekannt wurde, waren sie in ihrer Heimat schon populär. Per war lange Zeit Sänger und Autor der erfolgreichen Formation Gyllene Tider. Nach deren Auflösung startete er 1984 zwei neue Karrieren, die eine als Solokünstler, die andere als Songschreiber. Marie hatte als Solistin bereits etliche Hits hinter sich, bis sie in Per Gessle den idealen Partner fand. Ab 1985 bildeten sie das Duo Roxette, und 1986 erschien mit *»Pearls Of Passion«* ihr Debütalbum. Seit 1989 haben sie weltweit Erfolg. Ihr Titel *»The Look«* kam Anfang 1989 in die US-Charts, wurde Millionseller und Spitzenreiter. In Deutschland belegten sie ebenfalls Platz 1, in GB Platz 7. Noch im gleichen Jahr kam *»Listen To Your Heart«* in den USA auch wieder auf Platz 1, und Ende 1989 stand *»Dangerous«* noch in den US-Charts und wurde Platz 2. Die beiden letztgenannten Aufnahmen erreichten auch die Top 10 in Deutschland. *»It Must Have Been Love«* aus dem Film »Pretty Woman« wurde wieder Millionseller und Spitzenreiter in den USA und Top 10 in GB und Deutschland. Erneut Nummer 1 in den USA und in Deutschland, Top 10 in GB, wurde 1991 *»Joyride«*. Weitere Top-10-Erfolge waren *»Fading Like A Flower (Everytime You Leave)«* und *»Spending My Time«* 1991, *»How Do You Do!«* 1992.

Der Hit: *It Must Have Been Love*
Der Tip: *Tourism* (EMI 7 99929 2)

Roxy Music

Bryan Ferry, v/key (* 26.9.1945); Brian Eno, key (* 15.5.1948); Graham Simpson, b; Rik Kenton, b (* 31.10.1948); Paul Thompson, d (* 13.5.1951); Phil Manzanera, g (* 31.1.1951); Andy Mackay, sax (* 23.7.1946); Dexter Lloyd, d; Roger Bunn, g; David O'List, g.
Ende 1970 beschließen Ferry und Simpson, eine eigene Band zu gründen. Im Januar 1971 kommen Mackay und Eno dazu. Mitte des gleichen Jahres geben sie eine Anzeige im Melody Maker auf, in der sie weitere Musiker suchen. Es melden sich Bunn und Lloyd. Die Band spielt zwar nicht live, nimmt aber Demobänder mit Material auf, das Bryan Ferry geschrieben hat. Die Plattenfirmen lehnen dankend ab. Danach gehen Bunn und Lloyd wieder und neu kommen hinzu David O'List, der vorher mit Nice gespielt hatte, und Thompson. Anfang 1972 spielt die BBC in ihrer Sendung *»Sound Of The Seventies«* Bänder mit Demos von Roxy Music. O'List geht, Manzanera kommt. Im Frühjahr 1972 erhalten sie einen Plattenvertrag und nehmen ihre Debüt-LP auf. Danach verläßt Simpson die Band und wird durch Kenton ersetzt. Nachdem sie im Vorprogramm von Rory Gallagher und Alice Cooper gespielt haben und in BBC 2's »The Old Grey Whistle Test« aufgetreten sind, entwickelt sich die Debüt-LP zu einem Hit und wird Platz 10 in den LP-Charts. Die Single *»Virginia Plain«* kommt in die Pop-Charts und wird Platz 4. *»Pyjamarama«* und *»Street Life«* 1973, *»Love Is The Drug«* 1975, *»Dance Away«* und *»Angel Eyes«* 1979, *»Over You«* und *»Oh Yeah (On The Radio)«* 1980, *»Jealous Guy«* 1981 und *»More Than This«* 1982 sind alle Top-10-Erfolge in GB. Zwischenzeitlich hatte Bryan Ferry eine erfolgreiche Solokarriere gestartet. Auch die anderen Mitglieder der Band versuchten sich – meist mit weniger Erfolg – als Solisten. Zwischenzeitlich wechselten die Musiker. Besonders häufig wurde der Bassist ausgetauscht. 1983 trennte sich die Band, die vor allen Dingen mit ihrem Habitus und ihrem Äußeren viele britische Bands der New-Wave- und New-Romantic-Bewegung beeinflußt hat.

Der Hit: *Jealous Guy*
Der Tip: *20 Great Hits* (Polystar 829 362-2)

Royal, Billy Joe

* 3.4.1942. Noch während er zur High-School ging, gründete der amerikanische Gitarrist, Pianist, Schlagzeuger und Sänger seine eigene Band, die Corvettes. 1962 machte er seine ersten Plattenaufnahmen. Mitte 1965 gelang ihm mit der Joe-South-Nummer *»Down In The Boondocks«* Platz 9 in der amerikanischen Hitparade. Joe South war auch der Produzent dieser Aufnahme. Bis Ende 1967 produzierte South noch vier weitere Nummern mit Royal, von denen aber

Roxy Music *(Island)*

keine unter die ersten 10 kam. 1969 gelang Billy Joe mit »*Cherry Hill Park*« noch einmal Platz 15 in den USA. 1971 und 1978 erreichte er noch knapp die US-Hot-100. Danach hörte man nichts mehr von ihm, obwohl seine Plattenveröffentlichungen bis in die 90er Jahre reichen. Stimmlich lag Billy Joe sehr nahe bei Gene Pitney.

Der Hit: *Down In The Boondocks*
Der Tip: *Hush* (CBS 63328)

Royal Guardsmen

Barry Winslow, v/g; Chris Nunley, v; Tom Richards, g; Bill Balough, b; Billy Taylor, org; John Burdette, d.
Dieses Novelty-Popsextett aus Florida belebte die alte Geschichte, die Peanuts-Erfinder Schulz zwischen dem Hund Snoopy und dem deutschen Baron von Richthofen spielen ließ, wieder neu. Der größte Traum von Snoopy war es, jenem »Roten Baron« zu zeigen, daß ein Hund doch der bessere Pilot ist. Der Kampf zwischen diesen beiden Giganten des Himmels wurde als »*Snoopy Vs. The Red Baron*« Ende 1966 ein Millionseller und Platz 2 in den USA. In GB erreichte die

Platte Platz 8, in Deutschland Platz 14. Die Deutschen hatten mal wieder nicht gemerkt, daß es hier einem nationalen Flieger-As an den Kragen ging. Die Fortsetzung des Titels, *»The Return Of The Red Baron«*, brachte der Gruppe einen Nachfolge-Top-20-Hit. Danach dümpelten sie meist in den Niederungen der US-Charts bis Ende 1968. Dann wurden sie selbst abgeschossen.

Der Hit: *Snoopy Vs. The Red Baron*

Royal Philharmonic Orchestra

Unter der Leitung des Briten Louis Clark, der sich auch als Arrangeur für ELO betätigt hatte, war sich das Royal Philharmonic Orchestra nicht zu schade, mit einem Medley aus insgesamt zehn vorwiegend klassischen Nummern als *»Hooked On Classics«* in den Pop-Charts aufzutauchen. In GB erreichte das Werk Platz 2, in den USA Platz 10. Verarbeitet wurden u. a. Tschaikowskis Klavierkonzert Nr. 1, *»Der Hummelflug«*, Mozarts Sinfonie Nr. 40, die *»Rhapsody In Blue«*, die Karelia-Suite, die *»Hochzeit des Figaro«* oder *»Romeo und Julia«*. Von diesem Orchester sind in den britischen LP-Charts etliche Werke aufgetaucht. Auch Nichtklassik spielten sie, so z. B. Titel von Pink Floyd oder Queen.

Der Hit: *Hooked On Classics*
Der Tip: *Hooked On Classics* (Telefunken 6.24950 AO)

Royal Scots Dragoon Guards

Im Frühjahr 1972 wurden 48 Mitglieder der in Herford stationierten Militärkapelle die neuen Stars der Popmusik. Ihre Version von *»Amazing Grace«* kam in GB bis auf Platz 1 und in den USA und Deutschland bis auf Platz 11. Das Solo spielte der Chef der Truppe Pipe Major Tony Crease. Weltweit wurden über 1 Million Exemplare dieses Titels verkauft. Auch andere britische Armee-Orchester tauchten vorher und nachher in Pop-Hitparaden auf. So brachte z. B. die Band der berühmten Offiziersschule Sandhurst eine LP mit Beatles-Stücken auf den Markt. Für die Königinmutter spielten sie Melodien aus »Jesus Christ Superstar«. Im Laufe des Jahres 1972 sind von den Royal Scots noch zwei weitere Platten in die Pop-Charts gekommen.

Der Hit: *Amazing Grace*

Royal Teens

Bob Gaudio, g/v (* 17.10.1942); Bill Crandall, Billy Dalton; Tom Austin; Larry Qualiano; Joseph Francavilla, v, Al Kooper.

Diese Band startete 1956 in New Jersey. Kopf war Bob Gaudio, der 1960 Mitglied und Songschreiber bei den Four Seasons war und weltbekannt werden sollte. Mit den Royal Teens gelang ihm der Novelty-Hit »*Short Shorts*«, der erstmals 1957 veröffentlicht und im Januar 1958 Platz 3 in den USA wurde. Es kamen noch zwei weitere kleine Hits, dann ging Bob, und von der Band hörte man nichts mehr, obwohl 1959 der noch recht junge Al Kooper zur Gruppe gestoßen war. Koopers Zeit sollte später und nicht mit den Royal Teens, sondern mit dem Blues Projekt und Blood, Sweat & Tears kommen. Einige Mitglieder machten als Royal Teens bis Mitte der 60er Jahre weiter, hatten aber keinen Charterfolg mehr.

Der Hit: *Short Shorts*

Roza, Lita

* 1926. Die britische Sängerin begann ihre künstlerische Karriere bereits als Teenager. Mit 17 Jahren ging sie mit Harry Roy auf Tour, sang dann in London und später mit Edmundo Ros, bevor sie in die USA zog. 1950 kam sie nach GB zurück und bewarb sich erfolgreich bei der Band von Ted Heath, bei der sie vier Jahre blieb. Nebenher machte sie erste Soloplatten. 1953 erreichte sie mit ihrer Version von »*(How Much Is) That Doggie In The Window*« den Spitzenplatz der britischen Hitparade. Mit »*Hey There*« und »*Jimmy Unknown*« gelangen ihr 1955 und 1956 noch zwei weitere Top-20-Erfolge. Ansonsten sang sie vorwiegend weiterhin amerikanisches Material für den britischen Markt nach und trat in Funk und Fernsehen auf. Sie veröffentlichte bis in die 80er Jahre weiterhin Platten.

Der Hit: *(How Much Is) That Doggie In The Window*

Rozalla

18.3.1964 als Rozalla Miller in Sambia. Getrost kann man den Gesang als ein Hobby von Rozalla betrachten. Sie ist Erbin einer großen Eisen- und Stahlfirma. In Zimbabwe gewann sie einen Gesangswettbewerb und bekam einen Plattenvertrag. Danach ging sie nach London und schaffte mit »*Everybody's Free (To Feel Good)*« im Herbst 1991 Platz 6 in GB und Deutschland. In den USA wurde die Aufnahme Mitte 1992 ein Top-40-Hit. Die Nachfolgesingle »*Are You Ready To Fly*« kam im Frühjahr 1992 zumindest unter die britischen Top 20.

Der Hit: *Everybody's Free (To Feel Good)*

Rubettes

Paul Brewer, v; Pete Arnesen, key; Alan Williams, v/g (* 22.12.1950); Tony Thorpe, g (* 20.7.1947); Bill Hurd, key (* 11.8.1946); Mick Clarke, b (* 10.8.1948); John Richardson, v (* 3.5.1947).

Regelmäßig gibt es in GB Bands, die den amerikanischen Doo Wop Sound der 50er Jahre neu beleben und damit auch noch Erfolg haben. Showaddywaddy und die Rubettes waren in den 70er Jahren die erfolgreichsten Vertreter dieser Richtung. Die Rubettes begannen als Sextett, doch bevor es richtig losging, gab es schon einige Veränderungen. Ursprünglich war die Nummer *»Sugar Baby Love«* im Frühjahr 1974 von sechs Studiomusikern als Backing Track für einen Sänger aufgenommen worden. Aber alle möglichen Aspiranten wollten die Nummer nicht haben. Die Falsettstimme des Titels sang schließlich Paul Brewer alias Da Vinci, der die Rubettes nach der fertigen Produktion der Single wieder verließ. Paul Da Vinci hatte Mitte 1974 mit der Nummer *»Your Baby Ain't Your Baby Anymore«* einen Top-20-Erfolg in GB. Als dann in der populären BBC-Sendung »Top Of The Pops« ein Künstler ausfiel, die Rubettes einsprangen und *»Sugar Baby Love«* sangen, kam die Platte in die britische Hitparade und wurde dort wie auch in Deutschland Spitzenreiter. Noch im gleichen Jahr gab es die erste Umbesetzung. Pete Arnesen verließ die Band und wurde nicht ersetzt. *»Juke Box Jive«* 1974, *»I Can Do It«* 1975 und *»Baby I Know«* 1977 waren weitere Top-10-Erfolge der Band in GB. In der Bundesrepublik war die Band bis 1978 erfolgreich. Die Plattenveröffentlichungen reichen bis in die 80er Jahre. Zuerst reduzierte sich das Quintett auf ein Quartett und schließlich auf ein Trio. Williams und Richardson dürften als die hauptsächlichen Betreiber der Rubettes gelten.

Der Hit: *Sugar Baby Love*
Der Tip: *Best Of* (State Records 2339 102)

Ruby & The Romantics

Ruby Nash Curtis, Edward Roberts, George Lee, Ronald Mosley, Lery Fann († 1973), alle v.

Roberts, Lee, Mosley und Fann sangen bereits im Chor ihrer High-School zusammen. Als sie die Schule beendet hatten, zogen sie nach New York und nahmen als Supremes erste Platten auf, die nicht erfolgreich wurden. Fann brachte dann die aus Ohio stammende Ruby zur Gruppe, und man benannte sich um in Ruby & The Romantics. Im Gegensatz zu den Männern hatte Ruby noch nie in einem Plattenstudio gestanden. Es war für sie also das erste Mal, als sie *»Our Day Will Come«* aufnahmen. Die Single kam Anfang 1963 in die amerikanische Hitparade und wurde Spitzenreiter. Die nächste Single *»My Summer Love«*

kam wenige Monate später noch unter die ersten 20. Alle nachfolgenden Veröffentlichungen des Quintetts bis 1965 waren nur noch mäßig erfolgreich. 1971 trennten sie sich. Ruby heiratete, gründete eine Familie und arbeitet für eine Telefongesellschaft. Ed und George zogen nach New York. Ed arbeitet in einer Bank, George als Lkw-Fahrer. Fann wurde 1973 getötet.

Der Hit: *Our Day Will Come*

Ruffin, Bruce

Wieder einer der vielen Reggae-Interpreten von Jamaika, die mal kurz in GB erfolgreich sind und dann wieder untertauchen. Bruce stand mit der Nummer *»Rain«* im Mai 1971 in den britischen Top 20. Mitte 1972 gelang es ihm, *»Mad About You«* unter die ersten 10 der GB-Charts zu bringen. Möglich, daß der gelernte Zahntechniker wieder diesem Beruf nachgeht.

Der Hit: *Mad About You*

Ruffin, David

* 18.1.1941, † 6.1.1991. Der amerikanische Gospel- und Soulsänger war zwischen 1964 und 1968 Leadsänger der Temptations. Bevor er dort als Ersatz für Elbrigde Bryant einstieg, hatte er ab 1960 schon Soloaufnahmen gemacht. Der größte Hit während seiner Mitgliedschaft war *»My Girl«*, Anfang 1965 Platz 1 in den USA. Danach machte er als Solist weiter, und gleich seine erste Solo-Hitnotierung war ein Top-10-Erfolg: *»My Whole World Ended (The Moment You Left Me)«*. *»Walk Away From Love«* kam Ende 1975 in die amerikanischen und britischen Top 10. Danach hörte man lange nichts mehr von ihm. Anfang der 80er Jahre mußte er wegen Steuerhinterziehung kurz ins Gefängnis. Mitte der 80er kam es zu einer kurzen Reunion der Temptations und danach zu einer Partnerschaft mit Eddie Kendrick. Mit ihm und Hall & Oates trat Ruffin im New Yorker Apollo Theater auf und wurde gefeiert. David starb an einer Überdosis Crack.

Der Hit: *Walk Away From Love*

Ruffin, Jimmy

* 7.5.1939. Der ältere Bruder von David Ruffin begann 1961 als Backgroundsänger bei Motown-Produktionen. Seine ersten Soloplatten machte er ebenfalls schon ab 1961. *»What Becomes Of The Brokenhearted«* wurde Mitte 1966 ein Top-10-Erfolg in den USA und in GB. Eine Wiederveröffentlichung der Platte acht

Jahre später erbrachte für die Nummer Platz 4. »*Farewell Is A Lonely Sound*«, »*I'll Say Forever My Love*« und »*It's Wonderful*« 1970 und »*Hold On To My Love*« 1980 waren weitere Top-10-Erfolge für ihn. Letztgenannte Platte war durch Robin Gibb geschrieben und produziert worden. Jimmy nahm zusammen mit seinem Bruder auch etliche Duett-Platten auf, die zwar schön, aber nicht sonderlich erfolgreich waren.

Der Hit: *What Becomes Of The Brokenhearted*
Der Tip: *Greatest Motown Hits* (Tamla Motown 530 057-2)

Rufus

siehe Chaka Khan

Rundgren, Todd

* 22.6.1948. Bevor dieser amerikanische Sänger, Gitarrist, Produzent und Songschreiber 1967 seine Band Nazz gründete, war er Mitglied bei Money und Woody's Truckstop. Ab 1970 veröffentlichte er Platten unter dem Pseudonym Runt. Mit »*We Gotta Get You A Woman*« hatte er nun seinen ersten Top-20-Erfolg in den USA. Die Nummer »*Hello It's Me*« wurde dann unter seinem Namen Ende 1973 sein erster und einziger Top-10-Erfolg. Der vielseitige Musiker gründete nun eine Band, die er Utopia nannte und mit der er im Frühjahr 1980 einen Top-30-Hit hatte: »*Set Me Free*«. Er produzierte Gruppen oder Interpreten wie Badfinger, Tubes, Grand Funk, Fanny, Sparks, New York Dolls, Meat Loaf, XTC und Patti Smith und stellt seine vielen Talente nach wie vor in Eigen- und Fremdproduktionen unter Beweis.

Der Hit: *Hello It's Me*
Der Tip: *2nd Wind* (WB 7599-26478-2)

Run-D.M.C.

Run, v (* 14.11.1964 als Joseph Simmons); D.M.C., v (* 31.5.1964 als Darryl McDaniels); Jam Master Jay, DJ (* 21.1.1965 als Jason Mizell).
Die drei Mitglieder von Run-D.M.C. wuchsen im New Yorker Stadtteil Hollis/Queens auf. 1977 arbeitete Run, gerade 12 Jahre alt, als DJ für Kurtis Blow, der damals von Runs Bruder Russell gemanagt wurde. Jam Master Jay begann als Gitarrist und Bassist für die Two-Fifth Down. 1982 nahm Russell die drei unter seine Fittiche und produzierte mit ihnen »*It's Like That*«. Ihre erste Hitnotierung,

und darüber wird man sich in Herzogenaurach sehr gefreut haben, war die Nummer *»My Adidas«* Mitte 1986. Danach kam *»Walk This Way«* in die US-Charts und wurde Platz 4. Bei diesem Titel handelte es sich um eine Neuauflage des Aerosmith-Top-10-Erfolges aus dem Jahre 1977. Steve Tyler und Joe Perry von Aerosmith mischten bei der neuen Version von Run-D.M.C. zweckmäßigerweise auch gleich mit. Die Platte wurde auch in GB ein Top-10-Erfolg und ist der bisher einzige Titel der Gruppe, der sich in einer internationalen Hitparade unter die ersten 10 drücken konnte.

Der Hit: *Walk This Way*
Der Tip: *Raising Hell* (Metronome 828 018-1)

Rush, Jennifer

* 28.9.1960 als Heidi Stern. Die in New York geborene Sängerin begann ihre Karriere unter ihrem bürgerlichen Namen. Ab 1983 sang sie unter dem Pseudonym Jennifer Rush und war mit der Nummer *»25 Lovers«* Mitte 1984 erstmals in der deutschen Hitparade vertreten. Ein internationaler Erfolg gelang ihr Anfang 1985 mit *»The Power Of Love«*. Die Platte kam in Deutschland bis auf Platz 9, in GB bis auf Platz 1. *»Destiny«*, ebenfalls 1985, und zusammen mit Elton John *»Flames Of Paradise«* 1987 waren ihre weiteren Top-10-Erfolge. Ganz ohne Zweifel verfügt Jennifer Rush über eine ausgezeichnete Stimme, die Hits jederzeit wieder möglich macht.

Der Hit: *The Power Of Love*
Der Tip: *The Power Of Jennifer Rush* (CBS 469 163 2)

Rush, Merrilee & The Turnabouts

Merrilee Rush, v; Carl Wilson, g; Neil Rush, sax; Terry Craig, b; Pete Sack, d.
Die aus Seattle kommende Sängerin Merrilee Rush begann bereits im Alter von 18 Jahren durch die Clubs und Tanzschuppen des Nordwestens der USA zu touren. Bei der Gelegenheit wurden sie und ihre Band von Paul Revere & The Raiders entdeckt, die sie in ihr Vorprogramm einbauten. Im Frühjahr 1968 nahm Merrilee zusammen mit den Turnabouts den Titel *»Angel Of The Morning«* auf, der es in den USA bis auf Platz 7 brachte. In GB sollte P.P. Arnold mit der Nummer erfolgreich sein. Nach zwei weiteren Singles noch im gleichen Jahr verschwand Merrilee ganz aus den Charts und kam erst neun Jahre später mit *»Save Me«* zumindest noch einmal unter die Top 100. Was sie machte, war angenehm produzierte Easy-Listening-Musik.

Der Hit: *Angel Of The Morning*
Der Tip: *Merrilee Rush* (UA 30106 XOT)

Rushen, Patrice

* 30.9.1954. Die amerikanische Sängerin, Pianistin und Songschreiberin wuchs in Los Angeles auf und besuchte in Kalifornien auch die Universität. Als Teenager wandte sie sich vom klassischen Piano ab und dem Jazz zu. In den 70er Jahren arbeitete sie als Sessionmusikerin z. B. mit Lee Ritenour, Donald Byrd, Sonny Rollins, Jean-Luc Ponty oder Stanley Turrentine. Ab Ende der 70er konzentrierte sie sich stärker aufs Singen und wurde ab 1980 als Solistin in den Charts notiert. In ihrer Heimat USA kam sie über die Top 30 nicht hinaus, aber in GB gelang ihr im Frühjahr 1982 mit *»Forget Me Nots«* ein Platz 8. Nach 1984 wird sie in den Hitparaden nicht mehr notiert. Ende der 80er spielt sie mit Wayne Shorter und Carlos Santana.

Der Hit: *Forget Me Nots*

Russell, Andy

* als Andy Rabajos. Der Sohn spanisch-mexikanischer Eltern war in den USA populär als Sänger romantischer Lieder, der sowohl in englisch als auch in spanisch Platten machte. In den frühen 40ern hatte er als Schlagzeuger und Sänger mit z. B. Gus Arnheim oder Alvino Rey gearbeitet. In der amerikanischen Hitparade wird er ab 1944 notiert. Gleich sein erster Hit kam unter die Top 10: *»Besame Mucho«* 1944. Kurz darauf erreichte der spanische Titel *»Amor«* Platz 5. Weitere Erfolge unter den ersten 10 waren *»I Dream Of You«* 1944, *»I Can't Begin To Tell You«* 1945, *»Laughing On The Outside (Crying On The Inside)«*, *»They Say It's Wonderful«* und *»Pretending«* 1946 und der *»Anniversary Song«* 1947. In den 40er Jahren war er außerdem im Hörfunk sehr populär und wirkte auch in Hollywood-Filmen mit. Ab Ende der 40er Jahre fand er sein Publikum vor allem in Mexico City, wo er in Radio- und Fernsehsendungen und Filmen zu sehen war. Gelegentlich trat er in den 60er und 70er Jahren auch noch in den USA auf.

Der Hit: *Laughing On The Outside (Crying On The Inside)*

Russell, Brenda

* als Brenda Gordon in New York. Im Alter von 12 Jahren kam sie nach Toronto. Dort wurde sie später Mitglied im schwarzen Trio Tiara. Nachdem dies nicht

erfolgreich war, machte sie 1978 zusammen mit ihrem damaligen Mann Brian Russell das Duo Brian & Brenda. Außerdem war sie als Sessionsängerin auf Platten von Elton John, Barbra Streisand, Bette Midler und Robert Palmer zu hören. Nebenher schrieb sie noch Stücke, die durch Anne Murray, Cheryl Ladd und Rufus aufgenommen wurden. Und weil das alles noch nicht genug ist, war sie Mitmoderatorin der kanadischen TV-Serie »Music Machine«. 1979 gelang ihr mit *»So Good, So Right«* ihre erste Hitnotierung, ein Top-30-Erfolg. Der nächste Hit kam im Frühjahr 1988 mit der Nummer *»Piano In The Dark«*, die es in den USA bis auf Platz 6 brachte. Mit ihr sang bei dieser Nummer Joe Esposito von der Gruppe Brooklyn Dreams. Auch ansonsten waren auf der dazu erschienenen Solo-LP *»Get Here«* Top-Musiker wie David Sanborn, Stanley Clarke oder André Fischer zu hören. 1990 erschien die LP *»Kiss Me With The Wind«*.

Brenda Russell *(Warner Records)*

Der Hit: *Piano In The Dark*
Der Tip: *Get Here* (A&M 395 178-2)

Ruts

Malcolm Owen, v († 14.7.1980); Paul Fox, g/v; John »Segs« Jennings, b; Dave Ruffy, d; Gary Barnacle, v.
Der erste Erfolg dieser durch Reggae und Punk beeinflußten britischen Band, *»Babylon's Burning«*, kam Mitte 1979 in die britischen Charts und wurde Platz 7. Zum letztenmal wurden sie 1980 in der Hitparade notiert. Daß der erste Erfolg nicht fortzusetzen war, lag sicher auch am Drogentod des Sängers Owen. Die anderen Bandmitglieder machten zusammen mit Gary Barnacle als Ruts D.C. – D.C. steht hier für da capo, d. h. wieder von vorne – weiter und veröffentlichten zwei Alben, die eine Mischung aus Funk und Reggae boten, hatten jedoch keine kommerziellen Erfolge mehr.

Der Hit: *Babylon's Burning*
Der Tip: *The Crack* (Virgin 200 988-270)

Ryan, Barry

* 24.10.1948 als Barry Sapherson. Zusammen mit seinem Zwillingsbruder Paul begann er, 1965 im Duett Platten aufzunehmen. Ende 1965 gelang ihnen mit *»Don't Bring Me Your Heartaches«* ein Platz 13 in GB. Es war ihr größter Erfolg. Bis Mitte 1967 gelangen ihnen noch sieben weitere Hitnotierungen. Dann entschloß sich Paul, nur noch als Songschreiber im Plattengeschäft zu bleiben. Im Herbst 1978 kam Barry Ryan mit dem von Paul geschriebenen Titel *»Eloise«* in GB auf Platz 2 und einen Millionseller, in Deutschland gar auf Platz 1. Die fast sechs Minuten dauernde Nummer war ein Stück Monumental-Pop, wie er auch z. B. bei *»MacArthur Park«* von Richard Harris zu finden ist. Bis Ende 1972 hatte Barry fünf weitere Platten in den britischen Charts, von denen aber keine über Platz 20 hinauskam. Anders in Deutschland: *»Love Is Love«* 1969, *»Kitsch«* 1970 und *»Zeit macht nur vor dem Teufel halt«* 1972 waren weitere Top-10-Erfolge für ihn. Danach war über viele Jahre nichts mehr von ihm zu hören. Er hatte sich ganz aus dem Showgeschäft zurückgezogen und seine Talente als Maler und Modefotograf entdeckt. Paul Ryan ging als Musikverleger in die USA. Erst 1989 kam Barry wieder zurück. Paul hatte ihm den Titel *»Turn Away«* vorgelegt, der Barry überzeugte, nicht jedoch die Plattenkäufer. Anfang 1993 starb Paul an Lungenkrebs.

Der Hit: *Eloise*
Der Tip: *The Very Best Of* (Polydor 511 830-2)

Ryan, Marion

Die britische Sängerin begann Anfang der 50er Jahre im Orchester von Edmundo Ros. Im britischen Fernsehen wurde sie schnell zum Publikumsliebling in zahlreichen Serien und war auch im Film zu sehen. Als Solistin gelang ihr eine einzige Hitnotierung: *»Love Me Forever«* kam Anfang 1958 in die GB-Charts und wurde Platz 5. 1948 hatte sie die Zwillinge Paul und Barry zur Welt gebracht, die auch als Musiker Erfolg haben sollten. Marion zog sich Anfang der 60er Jahre aus dem Showgeschäft zurück.

Der Hit: *Love Me Forever*

Rydell, Bobby

* 26.4.1942 als Robert Louis Ridarelli. Zu den Schulfreunden dieses amerikanischen Sängers gehörten Fabian und Frankie Avalon. Sie alle stammten aus Philadelphia und hatten nur ein Ziel: Stars zu werden. Zusammen mit Avalon

als Trompeter spielte Bobby – er war der Schlagzeuger – 1956 bei Rocco & The Saints. 1957 machte Bobby seine ersten eigenen Platten, und wie viele andere High-School-Rocker jener Tage wirkte er auch in einigen belanglosen Filmchen mit. Seine erste Hitnotierung hatte Bobby Mitte 1959 mit *»Kissin' Time«*. Im Herbst des gleichen Jahres gelang ihm mit *»We Got Love«* sein erster Top-10-Erfolg. *»Wild One«*, *»Swingin' School«* und *»Volare«* 1960, *»The Cha-Cha-Cha«* 1962 und *»Forget Him«* Ende 1963 waren seine weiteren Notierungen unter den ersten 10. Nach 1965 wurde er nicht mehr in den Charts notiert. Er tritt nach wie vor in Clubs und bei Oldies Revivals auf.

Der Hit: *Wild One*
Der Tip: *18 Golden Hits* (Cameo Parkway C 200 1)

Ryder, Mitch & The Detroit Wheel

Mitch Ryder, v (* 26.2.1945 als William Levise); Jim McCarty, g; Joe Cubert, g; Earl Elliott, b; »Little« John Badanjek, d.
Der amerikanische Sänger und Songschreiber Ryder gründete 1963, nachdem er bei den Peps gewesen war, Billy Lee & The Rivieras, die noch im gleichen Jahr ihre erste Platte machten. Im Juli 1965 wollte man sich einen neuen Namen zulegen, tippte im Telefonbuch auf den Namen Mitch Ryder und setzte, um den Namen voller klingen zu lassen, Detroit Wheels hinzu. Somit hieß die Formation ab sofort Mitch Ryder & The Detroit Wheels. Ihr erster Hit war ein Medley aus zwei Rock-Oldies: aus *»C.C. Ryder«* und *»Jenny Jenny«* wurde *»Jenny Take A Ride!«*, 1965 Top 10 in den USA. Weitere Hits unter den ersten 10 der amerikanischen Hitparade wurden *»Devil With A Blue Dress On & Good Golly Miss Molly«* 1966 und *»Sock It To Me-Baby!«* 1967. Ab Mitte 1967 versuchte sich Mitch als Solist. Sein größter Erfolg wird ein Platz 30 mit *»What Now My Love«* in demselben Jahr. Seine Band Detroit Wheels veröffentlicht ohne ihn drei weitere Singles und löst sich dann auf. 1971 gründet Mitch eine neue Band, Detroit. Weitere Plattenveröffentlichungen folgen, die jedoch kommerziell nicht erfolgreich sind.

Der Hit: *Devil With A Blue Dress On & Good Golly Miss Molly*
Der Tip: *Rev Up* (Roulette CDP 7 93632 2)

Rytm Syndicate

Evan Rogers, v; Carl Sturken, g; John Mevin, b/v; Rob Mingrino, sax/v; Mike McDonald, g/v; Kevin Cloud, d.
Die Amerikaner Sturken und Rogers bildeten schon seit einigen Jahren ein erfolgreiches Autoren- und Produktionsteam. Auch als Sessionsmusiker hatten

sie einen guten Namen. Rogers sang für Springsteen und die Bee Gees, Sturken spielte für Musiker des Sugarhill Labels. Als Team schrieben sie Songs für Stephanie Mills, Cheryl Lynn, Jennifer Holliday oder Donny Osmond. 1991 gründeten sie mit den obengenannten Musikern das am schwarzen Rhythm & Blues orientierte Sextett. Ihre Debütsingle *»P.A.S.S.I.O.N.«* kam Mitte 1991 in die US-Charts und erreichte Platz 2. Dem Titel hört man an, daß Sturken und Rogers Fans von Prince sein müssen. Die Nachfolgesingle *»Hey Donna«* kam im Herbst des gleichen Jahres auf Platz 13. Das war es vorerst.

Der Hit: *P.A.S.S.I.O.N.*
Der Tip: *Rythm Syndicate* (Impact CDP 7 45002-2)

S

Sabrina

* 15.3.1968 als Sabrina Salerno. Bereits als Teenager beschloß die Italienerin, daß aus ihr etwas Besonderes werden müßte. Sie wußte, wo ihre Stärken lagen, ging an den Strand und wurde bald für Schönheitswettbewerbe entdeckt. Mit 16 sang und tanzte sie im italienischen Fernsehen und hatte mit 17 sogar eine eigene Show. Sie wurde bekannt in der Disco-Szene und hatte mit 19 einen Riesenhit: »*Boys*« erreichte im Sommer 1987 Platz 2 in Deutschland und fast ein Jahr später Platz 3 in GB. Es blieb ihr einziger Top-10-Hit.

Der Hit: *Boys*
Der Tip: *Super* (Metronome 837 941-1)

Sad Cafe

Paul Young, v (* 17.6.1947); Ashley Mulford, g/v; Ian Wilson, g; Lenni Zaksen, sax/v; Vic Emerson, key; John Stimpson, b; Tony Creswell, d; David Irving, d; Des Tong, b.
Die aus Manchester stammende Formation kam 1976 zusammen. Die Gruppen Gyro und Mandala vereinigten sich zu Sad Cafe. 1977 erschien ihr Debütalbum »*Fanx Ta-Ra*«. 1978 wurde Creswell durch Irving ersetzt. Ihre Aufnahme »*Every Day Hurts*« kam im März 1979 in die britische Hitparade und erreichte Platz 3. Bis Ende 1980 erschienen fünf weitere Singles, von denen lediglich »*My Oh My*« im Frühjahr 1980 noch in die Top 20 kam. In den USA kam keine ihrer Single-Veröffentlichungen über Platz 70 hinaus. Die beiden LPs »*Facades*« 1979 und »*Sad Cafe*« 1980 wurden von Eric Stewart, dem Macher hinter 10 cc, in deren Strawberry-Studios produziert. Im Sommer 1980 wurde Stimpson Manager der Gruppe und am Baß durch Tong ersetzt. Bis Ende der 80er Jahre erschienen sporadisch weitere Platten von Sad Cafe. Paul Young sang ab 1985 mit Mike & The Mechanics.

Der Hit: *Every Day Hurts*
Der Tip: *Facades* (RCA PL 25 249)

Sade

* 16.1.1959 als Helen Folasade Adu. Sade wurde in Nigeria als Tochter einer Britin und eines Nigerianers geboren. Sie wuchs in England auf, studierte in London Modedesign, arbeitete als Model und sang 1980 mit Arriva. 1981 wurde sie Mitglied in der Funk-Band Pride. 1983 gründete sie ihre eigene Band. An den meisten ihrer Veröffentlichungen hat sie selbst mitgeschrieben. Ihr sexy Titel »*Your Love Is King*« erschien Anfang 1984 und erreichte in GB Platz 6. Ein Jahr später tauchte sie erstmals in der amerikanischen Hitparade auf und brachte die Nummer »*Smooth Operator*« bis auf Platz 5 in den USA. Gleiches Ergebnis gelang ihr Ende 1985 mit »*The Sweetest Taboo*«. Nach einer Welttournee 1988 legte sie eine längere Pause ein, heiratete den spanischen Videoproduzenten Carlos Scola und begann 1991 mit der Produktion von weiteren sehr schönen Platten. Keine Single konnte sich jedoch mehr unter den ersten 10 behaupten.

Der Hit: *Smooth Operator*
Der Tip: *Diamond Life* (Epic 26044)

Sadler, Barry Staff Sergeant

* 1940, † 5.11.1989. Sadler war zwischen 1958 und 1962 bei der US Air Force. Danach erlernte er das Gitarrenspiel und gründete in seinem Heimatstaat New Mexico eine eigene Gruppe. Nachdem die sich wegen Erfolglosigkeit aufgelöst hatte, ging Barry 1963 in die Army. Kurz nachdem er nach Vietnam geschickt worden war, verletzte er sich ein Bein beim Sturz in eine Bambusfalle des Vietkongs. Zurück in den USA, schrieb er sein Lied von den grünen Mützchen: »*The Ballad Of The Green Berets*« wurde Anfang 1966 Spitzenreiter in den USA, Platz 24 in GB und 4 in Deutschland. Nach einem kleineren Nachfolgehit widmete er sich wieder ganz dem Militär und seiner Vorliebe für Waffen: Im Dezember 1978 war er in den Mordfall am Songschreiber Lee Ermeson verwikkelt. 1981 war er an einer Schießerei mit einem ehemaligen Geschäftspartner beteiligt. 1988 – er trainierte inzwischen Kontrarebellen in Guatemala – traf ihn ein Schuß in den Kopf, der aber ohne Folgen blieb. Im Alter von 49 Jahren starb er in Tennessee an Herzversagen.

Der Hit: *The Ballad Of The Green Berets*

Safaris

Jim Stephens, v/p (* 1940); Richard Clasky, g (* 1942); Marvin Rosenberg (* 1942); Shelly Briar (* 1943).

Diese amerikanische Gruppe wurde 1959 in Los Angeles gegründet. Im Frühjahr 1960 schrieben Richard und Marvin die Nummer *»Image Of A Girl«*. Die Platte kam nach ihrer Veröffentlichung Mitte des Jahres in die amerikanische Hitparade und erreichte Platz 6. Für die Produktion mußte ein weiterer Musiker hinzugezogen werden: Bobby Rey machte das Ticken einer Uhr nach, indem er mit einem Drumstick auf einen Holzklotz schlug. Noch im gleichen Jahr hatten sie eine weitere Notierung in den Charts. Danach verließen Rich, Marv und Sheldon die Band, um zum College zu gehen. Jim Stephens versuchte sich als Solist. In den frühen 60er Jahren kamen die Original-Safaris hin und wieder noch einmal zusammen, um Platten aufzunehmen, die jedoch keine Spuren in den Charts hinterließen. Damit war die Zeit der Safaris wieder vorbei.

Der Hit: *Image Of A Girl*

Sager, Carole Bayer

* 8.3.1946. Die Amerikanerin schrieb schon als Teenager die Nummer *»A Groovy Kind Of Love«*, die mit den Mindbenders und Phil Collins zum Hit wurde. Ihre weiteren Songs wurden durch die Doobie Brothers, Carly Simon, Frank Sinatra, Michael Jackson, Aretha Franklin aufgenommen und erfolgreich. Auch für viele Filmmusiken schrieb sie die Texte. 1982 heiratete sie Burt Bacharach. Als Interpretin hat Carole zwar schöne, aber nicht sonderlich erfolgreiche Platten veröffentlicht. Ihren einzigen Top-10-Erfolg hatte sie Mitte 1977 in GB mit dem Titel *»You're Moving Out Today«*, den sie zusammen mit Bette Midler schrieb. Ihr größter Erfolg in den USA war *»Stronger Than Before«*, Mitte 1981 unter den ersten 30 plaziert.

Der Hit: *You're Moving Out Today*
Der Tip: *Carole Bayer Sager* (Elektra 52 059)

Sailor

George Kajanus, v/g (* 1946 als Georg Hultgren); Phil Pickett, b/nickelodeon/p/v; Henry Marsh, acc/nickelodeon/p/v; Grant Serpell, d/v (* 1946 als Pierre Benoit); Virginia David, v; Gavin David, v.
Diese britische Formation kam 1974 zusammen. Zunächst gehen sie mit Mott The Hoople auf Tournee, was ihrer eigenen Karriere aber nichts nützt. Danach sind sie mit Kiki Dee und Cockney Rebel unterwegs und werden nun auch eigenständig erfolgreich. Ihre Nummer *»A Glass Of Champagne«* erreichte Ende 1975 die britischen Charts und kletterte bis auf Platz 2, in Deutschland bis 3. Der Nachfolger *»Girls, Girls, Girls«* plazierte sich auf 7 in GB und 2 in Deutschland. Mit

»One Drink Too Many« und *»Stiletto Heels«* folgten noch weitere Singles, die in dieselbe Kerbe wie die beiden Hits schlugen. Weil Sailor merkte, daß sie musikalisch in eine Sackgasse geraten waren, lösten sie sich 1978 auf. Im September 1980 kam dann mit *»Dressed For Drowning«* eine neue LP von Sailor, auf der von der Urbesetzung jedoch nur noch Pickett und Marsh zu hören waren. Neu: die Sänger Virginia und Gavin David. Das Ehepaar David war vorher als Folklore-Duo aufgetreten. Da diese Formation wenig brachte, hielt sie auch nicht lange, und Sailor war eigentlich schon vergessen, als 1990 die Urbesetzung wieder zusammenkam und erneut Platten machte. Obwohl man versuchte, an das Erfolgsrezept von *»A Glass Of Champagne«* anzuknüpfen, kam es zu keinem weiteren Top-20-Hit.

Der Hit: *A Glass Of Champagne*
Der Tip: *Greatest Hits Vol. I* (Epic 82 754)

Sainte-Marie, Buffy

* 20.2.1941 als Beverly Sainte-Marie. Die kanadische Sängerin, Gitarristin und Songschreiberin indianischer Abstammung hatte ihre größten Erfolge nicht als Interpretin, sondern als Autorin für andere. Von ihr stammten *»Universal Soldier«*, *»Until It's Time For You To Go«* oder auch *»Up Where We Belong«*. Ihr größter eigener Hit war das Stück *»Soldier Blue«* aus dem Film »Das Wiegenlied vom Totschlag«. Diese Aufnahme brachte es Mitte 1971 unter die Top 10 in GB. Ende der 70er Jahre hatte sie sich als aktive Interpretin aus dem Geschäft zurückgezogen. Sie ließ sich auf Hawaii nieder, um auf einer kleinen Insel ihren Sohn aufzuziehen. Zusammen mit ihrem Freund und Techniker Roger Jacobs nahm sie dort auch in ihrem mit modernster Computertechnik ausgestatteten Studio Anfang der 90er Jahre sämtliche Tracks und Instrumente für eine neue LP auf, die sie dann per Modemanschluß nach London überspielte. Dort wurden die Stücke überarbeitet und mit Baß- und Percussion-Sequenzen angereichert. Heraus kam mit *»Coincidence And Likely Stories«* im Frühjahr 1992 eine hervorragende LP.

Der Hit: *Soldier Blue*
Der Tip: *Coincidence And Likely Stories* (Chrysalis Ensign CCD 1920)

St. Peters, Crispian

* 5.4.1944 als Robin Peter Smith. Der britische Sänger und Gitarrist erhielt 1965 einen Plattenvertrag. 1966 erschien seine Debüt-LP, auf der auch seine größten Single-Erfolge waren: *»You Were On My Mind«*, in GB auf Platz 2, und *»Pied Piper«*,

in GB auf Platz 5, in den USA 4 und in Deutschland 11. Noch im gleichen Jahr 1966 erschien eine weitere Single, die knapp unter die ersten 40 kam. Danach erschienen bis Mitte der 70er Jahre weitere Platten von ihm.

Der Hit: *Pied Piper*
Der Tip: *Follow Me* (Repertoire 4199-WZ TIS)

St. Winifred's School Choir

Weihnachtszeit 1980. Es gilt, daran zu denken, was man Weihnachten wohl alles geschenkt bekommen wird. Und niemand schenkt so schön wie die Oma. *»There's No One Quite Like Grandma«* sang aus vollem Kinderhals der Mädchenchor der Winifred's School und hatte damit Weihnachten 1980 den Spitzenreiter in der britischen Hitparade. Was die britischen Omis zu Weihnachten geschenkt haben, wissen wir natürlich nicht. Was sie bekommen haben, ist klar: die Platte.

Der Hit: *There's No One Quite Like Grandma*

Sakamoto, Kyu

* 1941, † 12.8.1985. Der in Kawasaki geborene Kyu war das 9. Kind eines Restaurantbesitzers aus Tokio. Als er Ende der 50er Jahre die High-School besuchte, sang er nebenher schon in Jazz-Clubs. 1959 unterschrieb er einen Plattenvertrag mit einer japanischen Firma, die einen Typ »Jungen von nebenan« suchten. Er wurde schnell zu einem gefeierten Star in seiner Heimat Japan. Dort hatte er bereits 15 erfolgreiche Singles veröffentlicht, bis sich 1963 der amerikanische Vertragspartner der japanischen Firma, Capitol Records, entschloß, ein Stück von ihm in den USA zu veröffentlichen. Die Nummer hatte den Titel *»Ue O Muite Aruko«*, was soviel bedeutet wie »Ich schaue nach vorne, wenn ich gehe«. Um den amerikanischen Diskjockeys die Aussprache zu erleichtern, titelte man den Song in *»Sukiyaki«* um. Das Stück wurde Spitzenreiter in den USA, Platz 6 in GB und 2 in Deutschland. Ein weiterer internationaler Erfolg gelang Kyu nicht. In Japan blieb er weiter ein Star, bis er am 12. August 1985 eins der über 520 Opfer war, die bei dem Absturz eines japanischen Jumbo-Jets ums Leben kamen. Schon 1963 hatte man versucht, Kyus Hit in die englische Sprache zu übertragen, was zu diesem Zeitpunkt zwar gelang, aber nicht zum Hit wurde. Erst 1981 sollte die amerikanische Soul-Formation A Taste Of Honey mit einer englischsprachigen Version auf Platz 3 in den USA kommen.

Der Hit: *Sukiyaki*

Salt 'N'Pepa

Salt, v (* 28.3.1967 als Cheryl James); Pepa, v (* 9.11.1965 als Sandra Denton); Spinderella, scratch (* 3.8.1969 als Dee Dee LaToya Roper).
Das aus Queens, New York, stammende Mädchen-Rap-Trio war ab 1987 als Salt 'N'Pepa erfolgreich. James und Denton hatten vorher als Super Nature bereits Platten aufgenommen und mit der Nummer *»The Show Stoppa«* 1985 in der Rhythm-&-Blues-Hitparade eine Notierung. Ihre erste Hit-Notierung in den US-Pop-Charts hatten sie mit dem Titel *»Push It«*, der Ende 1987 in die Top 20 kam und Platin erhielt. Nachdem die Platte in GB veröffentlicht wurde, kam sie dort bis auf Platz 2. Als zweite Single erschien in den USA *»Expression«*, die in den Pop-Charts dieses Mal nur unter die Top 30 kam, aber auch mit Platin bedacht wurde. Ihre nächste Top-10-Notierung hatten sie mit einer neuen Version von *»Twist And Shout«*, die Ende 1988 in GB bis auf Platz 4 kam. Es folgte eine zweijährige Pause und dann der Superhit *»Let's Talk About Sex«*, Ende 1991 Platz 13 in den USA, 2 in GB und Spitzenreiter in Deutschland. Es folgten weitere Platten, jedoch kein Top-10-Erfolg mehr.

Der Hit: *Let's Talk About Sex*
Der Tip: *The Greatest Hits* (FFRR 828 291-2)

Sam & Dave

Samuel Moore (* 12.10.1935); David Prater (* 9.5.1937, † 11.4.1988), beide v.
Die amerikanischen Soul-Sänger wurden in der zweiten Hälfte der 60er Jahre mit der Soul-Welle nach oben geschwemmt. Sam hatte in der Gospelgruppe Melionaires gesungen. Dave war als Solokünstler unterwegs, ehe sich die beiden 1961 in Miami kennenlernten. Ab 1962 nahmen sie gemeinsam Platten auf. Der Erfolg stellte sich ein, nachdem sie ab 1966 von Isaac Hayes und David Porter produziert wurden. Ihre erste Hit-Notierung hatten sie Anfang 1966 mit *»You Don't Know Like I Know«*. Ihr Song *»Soul Man«* kam im Herbst 1967 in die US-Charts, wurde Millionseller und Platz 2. Der Nachfolger *»I Thank You«* kam im Frühjahr 1968 ebenfalls in die Top 10, und danach bröckelte der Erfolg wieder ab. Ihren letzten nennenswerten Hit hatten sie Ende 1968 mit *»Soul Sister, Brown Sugar«*, zumindest in GB unter den Top 20. Ab 1970 gingen Sam und Dave getrennte Wege. Anfang 1987 nahm Sam zusammen mit Lou Reed eine neue Version von *»Soul Man«* auf, die in GB Platz 30 erreichte. Dave starb im April 1988 bei einem Autounfall.

Der Hit: *Soul Man*
Der Tip: *The Best Of* (Atlantic 781 202-1)

Sampson, P.M.

* 7.9.1960 als Phillip-Mychal Sampson. Der aus New York stammende Rapper kam Mitte des Jahres 1990 mit *»We Love To Love«* in die deutschen Charts und kletterte bis auf Platz 4. *»How I Miss You So«* war Ende des gleichen Jahres noch ein Top-20-Erfolg und *»You're The Only One For Me«* Mitte 1992 schon nur noch knapp unter den ersten 100. All seine Produktionen wurden in Deutschland aufgenommen. International gelang ihm überhaupt kein Hit.

Der Hit: *We Love To Love*
Der Tip: *Listen To My Heartbeat* (CBS 467 600 2)

Sam The Sham & The Pharaohs

Domingo »Sam« Samudio, v (* 1940); Ray Stinnet, g; David Martin, b; Butch Gibson, sax; Jerry Patterson, d.
Der Texaner Samudio hatte in einer Amateurband gesungen und Anfang der 60er Jahre die Rock-'n'-Roll-Novelty-Gruppe Sam The Sham & The Pharaohs gegründet. 1964 machten sie ihre ersten Plattenaufnahmen, und Mitte 1965 war die von Samudio geschriebene Nummer *»Wooly Bully«* Platz 2 und Millionseller in den USA, 11 in GB und Spitzenreiter in Deutschland. Vor allen Dingen fiel die Gruppe dadurch auf, daß sie sich als Araber verkleidete. Die vier Mitspieler hüllten sich in wallende, knöchellange Gewänder. Sam The Sham trug einen Turban, den er am Ende jeder Show ins Publikum warf. Einen weiteren Millionseller und Platz 2 hatte die Formation mit *»Lil' Red Riding Hood«* Mitte 1966. Nach 1967 wurden sie nicht mehr in den Charts notiert. Sie benannten sich in Sam The Sham Revue um, bevor Sam die Gruppe 1970 auflöste, um eine Solokarriere zu starten. 1974 gründete er eine neue Band. 1982 war er an dem Soundtrack zu dem Film »The Border« beteiligt. Später wurde Sam Straßenprediger in Memphis.

Der Hit: *Wooly Bully*
Der Tip: *The Best Of* (Polydor 827 917 2)

Sanderson, Richard

* 5.3.1953. Der britische Sänger und Songschreiber hatte das Glück, daß der Film *»La Boom – die Fete«* in das kleine Herzchen der Teenies einschlug. Darin zu hören war sein Titel *»Reality«*, der im Frühjahr 1981 veröffentlicht wurde und ein Jahr später auf Platz 20 in Deutschland kam. Nach einer Neuauflage des Films fünf Jahre später kam die Platte wieder in die deutschen Charts und wurde dieses Mal

Spitzenreiter. Es blieb der einzige Erfolg von Sanderson, obwohl bis in die 90er Jahre Platten von ihm erschienen.

Der Hit: *Reality*

Sandpipers

Jim Brady (* 24.8.1944), Michael Piano (* 26.10.1944), Richard Shoff (* 30.4.1944), alle v.
Die drei Sänger dieses in Los Angeles ansässigen Trios trafen sich, als sie Mitglieder im Mitchell Boys Choir waren. Mitte 1966 erschien ihr Titel *»Guantanamera«*, der es in den USA bis auf Platz 9, in GB auf 7 und in Deutschland bis auf 22 brachte. Obwohl in der Folgezeit noch etliche Singles erschienen sind, die ähnlich gelagert waren – sanfte Pop-Songs mit südamerikanischem Folk-Touch –, hatten sie keinen weiteren Top-10-Erfolg.

Der Hit: *Guantanamera*
Der Tip: *The Very Best* (A & M 396 911 2)

Sandra

* 18.5.1962 als Sandra Lauer. Mit 12 Jahren wurde die Saarbrückenerin bei einem Talentwettbewerb entdeckt und nahm mit dem Titel *»Andy, mein Freund«* ihre erste Single auf. Nachdem ihre Solokarriere nicht in Schwung kam, wurde sie 1978 für das Mädchentrio Arabesque engagiert. Zunächst wurden die drei zu Superstars in Japan, dann hatten sie auch in unseren Breiten Erfolg. Als der nachließ, trennten sich die drei 1983, und Sandra machte wieder als Solistin weiter. 1982 hatte sie ihren späteren Ehemann Michael Cretu kennengelernt, der schon zu diesem Zeitpunkt ein erfolgreicher Songschreiber und Produzent war. 1985 nahm Sandra die von Cretu mit Hubert Kemmler und Markus Löhr geschriebene Nummer *»Maria Magdalena«* auf, die in der deutschen Hitparade bis auf Platz 1 kletterte. Ihre weiteren Top-10-Hits in Deutschland waren *»In The Heat Of The Night«*, ebenfalls 1985, *»Hi! Hi! Hi!«* 1986, *»Everlasting Love«* 1987, *»Stop For A Minute«* und *»Secret Land«* 1988 und *»Hiroshima«* 1990.

Der Hit: *Maria Magdalena*
Der Tip: *Ten On One (The Singles)* (Virgin 258 530-222)

Sands, Tommy

* 27.8.1937. Der amerikanische Sänger und Filmschauspieler hatte zwischen 1957 und 1960 elf Titel in der amerikanischen Hitparade. Bereits im Alter von 12

Jahren hatte der Sohn eines Pianisten und einer Sängerin seine erste Platte aufgenommen. 1952 nahm ihn Colonel Tom Parker unter seine Fittiche und verschaffte ihm einen Plattenvertrag bei RCA. Er trat in Shows auf und spielte unter anderem mit Elvis Presley. Seinen Durchbruch hatte er 1957, nachdem er die Hauptrolle in der Fernsehsendung »The Singin' Idol« übernommen hatte. Ursprünglich hatte man die Rolle Elvis Presley angeboten, denn der Plot lehnte sich an dessen Geschichte an. Nachdem Elvis allerdings zeitlich nicht mehr zur Verfügung stand, verschaffte Colonel Parker Tommy Sands den Job. Am 30. Januar 1957 lief über NBC »The Singin' Idol«, und der Sender wurde mit 8000 Nachfragen nach dem Hauptdarsteller überschwemmt. Wenig später wurden Sands vier Hauptrollen in Filmen angeboten, darunter von der 20th Century Fox, die die Rechte an »The Singin' Idol« gekauft hatte. Mit der Titelmelodie aus dieser Sendung hatte Tommy seinen ersten und größten Hit: *»Teen-Age Crush«* wurde 1957 Platz 2 in den USA. 1960 war seine Plattenkarriere beendet. Dafür heiratete er für fünf Jahre Nancy Sinatra. Ende der 60er Jahre zog er nach Hawaii und eröffnete einen Club. Mitte der 70er Jahre startete er sein erstes Comeback, Ende der 80er Jahre sein zweites.

Der Hit: *Teen-Age Crush*
Der Tip: *The Worryin' Kind* (Bear Family BCD 15 643)

Sanford/Townsend Band

Ed Sanford, key; John Townsend, v.
Dieses aus Los Angeles stammende Rock-Duo schaffte Mitte 1977 mit *»Smoke From A Distant Fire«* Platz 9 in den USA. Als ihren größten Einfluß nannten sie Rhythm & Blues und Interpreten wie Wilson Pickett oder Allen Toussaint. Vorher hatte Sanford mit Larry Sims und Merle Brigante gespielt, die beide später zu Loggins & Messina gingen. Townsend war vorher Mitglied bei Feather, die 1970 eine Chart-Notierung in den USA hatten. Nachdem die beiden Bands auseinandergebrochen waren, begannen die beiden, in Teamarbeit Songs zu schreiben. 1976 wurde die LP *»Smoke From A Distant Fire«* veröffentlicht, und ein Jahr später kam dann die Single-Auskopplung des Titelsongs in die Charts. Nach diesem Erfolg sind andere, wie z. B. Loggins & Messina und Nigel Olsson, hingegangen und haben Kompositionen von Sanford und Townsend aufgenommen. Bis zum Ende der 70er Jahre erschienen weitere Platten der beiden, die sich jedoch nicht mehr in den Charts plazieren konnten.

Der Hit: *Smoke From A Distant Fire*

Sang, Samantha

* 5.8.1953 als Cheryl Gray. Die Karriere dieser australischen Sängerin begann 1961 bei einer Radiostation in Melbourne. Ende der 60er Jahre war sie in ihrer Heimat ein Topstar. Anfang der 70er Jahre kam sie nach GB, wo sie die Bee Gees traf. Robert Stigwood, der Manager dieser Band, gab ihr den Rat, ihren Namen in Samantha Sang zu ändern. Mit Hilfe der beiden Brüder Barry und Robin Gibb, die ihr die Nummer *»Emotion«* schrieben, kam Samantha Ende 1977 mit eben diesem Titel auf Platz 3 in den USA und auf 11 in GB. Barry Gibb sang bei dieser Nummer auch im Hintergrund mit. Weitere Plattenveröffentlichungen brachten international keinen Hit mehr.

Der Hit: *Emotion*
Der Tip: *Emotion* (Private Stock IC 064-60 735)

Santabarbara

Enrique Milian, b (* 1950); Mario Balaquer, g (* 1950); Alberto Lopez, d.
Das spanische Trio schaffte 1973 den Sommerhit aller Spanienurlauber. Die Nummer *»Charly«* kam im September in die deutsche Hitparade und erreichte Platz 5. Dabei war das Ganze eigentlich eine recht traurige Geschichte. Sie handelt von einer Taube, die von einem tierliebenden Jungen gefunden und gepflegt wird, bis sie schließlich wieder davonfliegt. Außer in Deutschland kam die Formation in keine internationale Hitparade.

Der Hit: *Charly*

Santa Esmeralda

Die aus Spanien stammende Studioformation um Leroy Gomez verstand es, Flamenco und Disco so zu mixen, daß daraus zumindest für einen Titel ein weltweiter Hit heraussprang. *»Don't Let Me Be Misunderstood«*, 1965 ein Hit für die Animals, kam im Herbst 1977 zuerst in die deutsche Hitparade und wurde Platz 1. Wenig später war sie auch in den USA erfolgreich, Platz 15, und erreichte in GB noch Platz 41. Bei der nachfolgenden Produktion tauchte Gomez nicht mehr auf, dafür Jimmy Goings. Man versuchte sich an einem weiteren Hit der Animals, *»The House Of The Rising Sun«*. Nur noch in Deutschland kam die Platte zumindest noch unter die ersten 30.

Der Hit: *Don't Let Me Be Misunderstood*
Der Tip: *Don't Let Me Be Misunderstood* (Philips 9101 149)

Santamaria, Mongo

* 7.4.1922 als Ramon Santamaria. Der kubanische Schlagzeuger, Bandleader und Songschreiber kam 1950 über Mexico City nach New York und spielte dort für drei Jahre in der Band von Perez Prado. Den Rest der 50er Jahre war er dann mit Tito Puente zu hören. Außerdem spielte er auf Platten von George Shearing, Dizzy Gillespie oder Jack McDuff. Ab 1958 machte Mongo auch eigene Platten. Seine Musik kann man als Fusion von Latin, Rhythm & Blues, Jazz und Soul bezeichnen. Seinen größten Single-Erfolg hatte er mit der von Herbie Hancock geschriebenen Nummer *»Watermelon Man«*. Die Platte kam im Frühjahr 1963 in die US-Charts und erreichte Platz 10. Bis in die 70er Jahre sind von ihm erfolgreiche Langspielplatten, bis in die 90er Jahre weitere LPs erschienen. 1966 wirkte er in dem Film »Made In Paris« mit.

Der Hit: *Watermelon Man*
Der Tip: *Greatest Hits* (CBS 64 114)

Santana

Carlos Santana, v/g (* 20.7.1947); Gregg Rolie, key; David Brown, b (* 15.2.1947); Michael Carabello, per; Jose Chepitos Areas, per; Michael Shrieve, per; Neal Schon, g (* 27.2.1954); Tom Coster; Armando Peraza; Raul Rekow; Graham Lear; Orestes Vilato; Coke Escovedo.

Der in Autlan de Jalisco, Mexiko, geborene Carlos war eins von sieben Kindern des Mariachi-Spielers José Santana. 1962, also mit 15, spielte Carlos in den Kneipen und Bordellen in den Vergnügungsvierteln der Grenzstadt Tijuana Gitarre. 1965 zieht die gesamte Familie nach San Francisco, und dort beginnt Carlos mit einigen Freunden als Santana Blues Band. Die Geschichte erzählt, daß Carlos nicht im Vordergrund stehen wollte, die lokale Musikergewerkschaft jedoch verlangte, daß jede Gruppe einen Kopf haben müsse. Den spielte Carlos. Zwei Jahre später wurde aus der Blues-Band das Rockseptett Santana, das einem breiten Publikum 1969 beim Woodstock Festival bekannt wurde. Dort trat die Band ohne Gage auf und wurde neben Joe Cocker eine der Entdekkungen. Danach ging Santanas Karriere steil nach oben. Die erste Hit-Notierung hatte Santana kurz nach Woodstock mit *»Jingo«*. Im Frühjahr 1970 kam mit *»Evil Ways«* der erste Top-10-Erfolg und noch im gleichen Jahr mit *»Black Magic Woman«* der letzte. *»Black Magic Woman«* war im übrigen eine Nummer, die der britische Gitarrist Peter Green für seine Formation Fleetwood Mac geschrieben und im Original aufgenommen hat. Nummern wie *»Oye Como Va«*, *»Se A Cabo«*, *»Europa«*, *»Aqua Marine«*, *»Samba De Sausalito«* oder vor allem *»Samba Pa Ti«* hätten höchste Hit-Notierungen verdient gehabt. Auf der anderen Seite sind

Carlos Santana *(CBS)*

es vorwiegend die LPs dieser Band gewesen, die erfolgreich waren. Schon die erste LP aus dem Jahr 1969 verkaufte sich zweimillionenmal, *»Abraxas«* 1970 gar viermillionenmal. Die Erfolge des Ausnahmegitarristen Santana gehen mit immer wieder wechselnden Musikern bis in die 90er Jahre. Carlos spielte außerdem mit exzellenten Musikern aus den Lagern Jazz, Rock und Blues auf deren Platten zusammen.

Der Hit: *Black Magic Woman*
Der Tip: *Hits Of* (CBS 466 257 2)

Santillan, Facio

Mitte des Jahres 1970 stand das amerikanische Duo Simon & Garfunkel für 7 Wochen auf Platz 1 der deutschen Hitparade mit der Folklore-Nummer »*El Condor Pasa*«. Paul Simon hatte zu dieser südamerikanischen Melodie einen englischen Text geschrieben und bei der Produktion auf die Formation Los Incas zurückgegriffen, die die typischen Indioflöten spielten. Santillan veröffentlichte eine Instrumentalversion dieses Titels, die im Herbst 1970 in Deutschland bis auf Platz 9 kam.

Der Hit: *El Condor Pasa*

Santo & Johnny

Santo Farina (* 24.10.1937), Johnny Farina (* 30.4.1941), beide g.
Die beiden in Brooklyn geborenen Brüder spielten ab Mitte der 50er Jahre als Duo Santo & Johnny. Ihre Schwester Ann half ihnen, einige Songs zu schreiben. Darunter war auch die Nummer »*Sleep Walk*«, die es Mitte 1959 zum Spitzenreiter in den USA brachte. Die beiden Brüder hatten bis 1964 weitere Erfolge in den Hot 100, von denen jedoch keiner unter die Top 10 kam. In diesen fünf Jahren machten sie sich außerdem einen Namen als Live Act.

Der Hit: *Sleep Walk*

Saragossa Band

Harry Carrere, v; Alfred Rudec, g/v; Henry Whisky, d; Thommy Brandner, Georg Klanthe, b; Helmut Schiffner; Pat; Gloria Rennalls; Dusty Klaerl; Pit Troja.
Die deutsche Formation hatte ab 1977 Erfolg. Sie machten eine Mixtur aus Reggae, Humbtata, Disco und dem, was sich Klein Hänschen unter Karibik-Feeling vorstellt. »*Big Bamboo*« hieß noch im gleichen Jahr ihr erster Erfolg in der deutschen Hitparade. Mit »*Rasta Man*« und »*Zabadak*« gelangen der Gruppe 1979 zwei Top-10-Erfolge. Ihre letzte Hit-Notierung stammt aus dem Jahre 1982.

Der Hit: *Zabadak*

Sarne, Mike

* 6.8.1939 als Michael Scheur. Der britische Filmschauspieler, Regisseur und Sänger begann seine Schauspielkarriere 1957. 1962 nahm er, mehr als Joke gedacht, zusammen mit der Schauspielkollegin Wendy Richard den Song »*Come Outside*« auf, der es schließlich Mitte des Jahres bis auf Platz 1 in GB brachte. Auch auf seinen nächsten Platten sang er im Duett, dieses Mal mit Billie Davis: »*Will I What*« wurde im Herbst 1962 ein Top-20-Hit. Nach zwei weiteren Hit-Notierungen 1963, die nicht mehr unter die Top 20 kamen, widmete er sich wieder mehr dem Filmgeschäft. 1970 wurde er nach zwei Filmen, bei denen er Regie geführt und für die er das Drehbuch geschrieben hatte, von der Kritik dermaßen zerrissen, daß er von der Bildfläche verschwand.

Der Hit: *Come Outside*

Sarstedt, Peter

* 10.12.1942. In der Begleitband seines älteren Bruders Richard, der als Eden Kane Anfang der 60er Jahre in GB erfolgreich war, spielte Peter Gitarre. Ende der 60er Jahre versuchte er sich als Solist, machte eine Mixtur aus Folk- und Pop-Musik und stand im Frühjahr 1969 mit der selbstgeschriebenen Nummer »*Where Do You Go To My Lovely*« auf Platz 1 in GB und 9 in Deutschland. »*Frozen Orange Juice*« kam Mitte des gleichen Jahres noch in die Top 10. Danach gelang ihm nichts mehr. Ein Zusammenschluß der Brüder Richard, Clive – der auch als Robin Sarstedt sein Glück als Solist versuchte – und Peter als Sarstedt Brothers 1973 brachte nichts mehr. Peter trat bis in die 90er Jahre in den entsprechenden Oldie-Sendungen auf und sang bei Nostalgie-Shows oft mit Gerry & The Pacemakers. 1986 nahm Peter zusammen mit seinem Bruder Robin/Clive das New-Age-Instrumentalalbum »*Asia Minor*« auf.

Der Hit: *Where Do You Go To My Lovely*
Der Tip: *The Best Of* (UA 5047 EMI Australia)

Sarstedt, Robin

* als Clive Sarstedt. Einer der drei Brüder Sarstedt, von denen Peter und Richard in den 60er Jahren in GB recht erfolgreich waren. Dieser Sarstedt machte Platten unter seinem richtigen Namen, aber auch als Robin. Im Frühjahr 1976 gelang ihm mit einer neuen Version der alten Hoagy-Carmichael-Nummer »*My Resistance Is Low*« Platz 3 in GB. Es blieb der einzige Erfolg von Clive/Robin, der auch zusammen mit seinen Brüdern Platten aufnahm.

Der Hit: *My Resistance Is Low*

Sauer, Wolfgang

* 2.1.1928. Der in Wuppertal geborene Sänger, Pianist, Komponist und Rundfunkmoderator erblindete schon in seinen Jugendjahren. Er studierte Philologie und Musikwissenschaft in Marburg und Köln und war Ende der 40er Jahre ein ausgemachter Fan von Nat King Cole. Ab 1952 arbeitete er auch als Pianist und Sänger. Ein Jahr später wurde er von dem Produzenten Friedel Berlipp entdeckt. Seine Nummer *»Glaube mir«* war 1954 eine der erfolgreichsten Platten des Jahres. Seine Version von *»Cindy Oh Cindy«* kam Anfang 1957 auf Platz 1 in der deutschen Hitparade. *»Warum strahlen heut nacht die Sterne so hell«*, eine deutsche Version von *»Singing The Blues«*, war ebenfalls im Frühjahr 1957 ein Platz 2 in den deutschen Hitparaden. Ende 1959 erreichte er mit *»Wenn die Glocken hell erklingen«* ein letztes Mal die Top 10. Songs wie *»Eine Melodie geht um die Welt«*, *»Du hast ja Tränen in den Augen«* oder *»Ich zähle täglich meine Sorgen«* sind mit seinem Namen verbunden. Daß er neben dem deutschen Schlager auch ein hervorragender Bluessänger und -pianist ist, ließ man ihn leider nur zu selten zeigen. Wolfgang Sauer ist auch als Rundfunkmoderator erfolgreich und glaubhaft. Ein Mann, der so nah die deutsche Nachkriegsmusikgeschichte erlebt hat, hat ja auch etliches zu vermitteln.

Der Hit: *Cindy Oh Cindy*
Der Tip: *Stars Hits Evergreens* (EMI 028 CRY 31055)

Savalas, Telly

* 21.1.1924 als Aristotle Savalas. Der amerikanische Lolly-Lutscher und glatzköpfige Film- und TV-Star hatte mit einer gesprochenen Version eines Bread Hits im Frühjahr 1975 Platz 1 in GB, 4 in Deutschland: *»If«*. Seine Karriere als Schauspieler begann erst, als er schon knapp 40 war. In dem Film »Birdman Of Alcatraz« 1962 war er so überzeugend, daß er für den Oscar der besten Nebenrolle nominiert wurde. Tellys Vielseitigkeit zeigte sich in so unterschiedlichen Filmen wie »The Greatest Story Ever Told« 1965, in dem er den Pontius Pilatus spielte, »Dirty Dozen« 1967, »Im Geheimdienst Ihrer Majestät« 1969, »Pancho Villa« 1972 oder »Muppet Movie« 1979. Als Fernsehstar entdeckte man Savalas erstmals 1961 für die Abenteuergeschichte »Acapulco«. Als Lt. Theo Kojak war er zwischen 1973 und 1978 überaus erfolgreich. 1974 erhielt er für diese Rolle einen Emmy Award. Als er in den 90er Jahren wieder als Kojak über die Mattscheibe huschte, hatten ihm die amerikanischen Zahnärzte verboten, weiterhin an seinem Lolly zu lutschen, um den Kindern kein schlechtes Vorbild zu sein. Entzückend!

Der Hit: *If*
Der Tip: *Telly Savalas* (MCA 6.22086)

Savitt, Jan

* 4.9.1913, † 4.10.1948. Der in St. Petersburg, Rußland, geborene Savitt wuchs in Philadelphia auf. Er lernte schon als Kind Violine und wurde mit 15 in das Philadelphia Symphony Orchestra aufgenommen. Nachdem er mit seinem Streichquartett häufig im Radio gespielt hatte, wandte er sich 1937 von der Klassik ab und gründete seine eigene Band, die Top Hatters. Seine erste Hit-Notierung hatte Jan Mitte 1938 mit dem Titel *»Hi-Yo, Silver«*. Im Herbst 1940 gelang ihm mit *»Make Believe Island«* sein einziger Top-10-Erfolg. Nach 1941 hatte er überhaupt keine Hit-Notierung mehr.
Nach dem Krieg leitete er ein Oktett. Er starb auf dem Weg zu einem Auftritt an einer Gehirnblutung.

Der Hit: *Make Believe Island*

Sayer, Leo

* 21.5.1948 als Gerard Hugh Sayer. 1972 begann dieser britische Sänger und Songschreiber seine Laufbahn als Mitglied der Gruppe Patches. Deren Manager war Dave Courtney, Ex-Schlagzeuger von Adam Faith. Dave war von Leo so begeistert, daß er ihn Adam Faith vorstellte, der ihn unter seine Fittiche nahm und zum Star machte. *»The Show Must Go On«* war die erste Hit-Notierung von Leo Ende 1973, in GB Platz 2 und in Deutschland 7. Weitere Top-10-Erfolge waren: *»One Man Band«* und *»Long Tall Glasses«* 1974, *»Moonlightning«* 1975, *»You Make Me Feel Like Dancing«* 1976, sein einziger Spitzenreiter *»When I Need You«* und *»How Much Love«* 1977, *»I Can't Stop Lovin' You (Though I Try)«* 1978, *»More Than I Can Say«* 1980 und *»Have You Ever Been In Love«* 1982. Danach hatte er vertragliche Schwierigkeiten mit dem Management und der Plattenfirma. Ein Rechtsstreit mit seinem ehemaligen Manager Adam Faith

Leo Sayer *(Chrysalis)*

endete damit, daß Leo 650 000 Pfund an ihm noch zustehenden Tantiemen zugesprochen wurden. Seine Plattenveröffentlichungen reichen bis in die 90er Jahre.

Der Hit: *When I Need You*
Der Tip: *All The Best* (Chrysalis 3 21980 2)

Scaffold

Mike McGear, v (* 7.1.1944 als Michael McCartney); John Gorman (* 4.1.1937); Roger McGough (* 9.11.1937).
Diese Liverpooler Formation wurde 1963 als The Liverpool One Fat Lady All Electric Show von Paul McCartneys Bruder Michael, dem Dichter McGough und dem Komiker Gorman gegründet. Zunächst traten sie in der Club-Szene mit satirischen Sketchen auf, und 1966 erhielten sie einen Plattenvertrag. Ihre erste Single hieß *»2 Day's Monday«* und war von George Martin produziert worden. Sie wurde wie die Nachfolgesingle *»Goodbat Nightman«* ein Flop. *»Thank You Very Much«* tauchte Ende 1967 in den britischen Charts auf und wurde gleich ein Top-10-Hit. Ein Jahr später hatten sie ihren größten kommerziellen Erfolg: *»Lily The Pink«* wurde Spitzenreiter in GB und Platz 5 in Deutschland. Beteiligt an der Aufnahme waren u. a. Graham Nash von den Hollies und Jack Bruce. Durch die ausgedehnte Nachbearbeitung ging Mikes Meinung nach der für das Stück typische Tanzrhythmus verloren, also nahm er ihn mit Ringo Starrs Bass Drum selbst auf. Zu den Session-Sängern gehörte auch Elton John, der zu jener Zeit noch Reg Dwight hieß und sich zwischen seinen Büropflichten bei einem Musikverlag als Session-Sänger Geld verdiente. 1973 machten die drei zusammen mit dem Torso einer anderen britischen Blödelkapelle, der Bonzo Dog Doo-Dah Band, die Gruppe Grimms auf. Plattenveröffentlichungen floppten. Erneut kam Scaffold zusammen und nahm die LP *»Fresh Liver«* auf, aus der Mitte 1974 *»Liverpool Lou«* ausgekoppelt wurde und unter die ersten 10 der britischen Hitparade kam. Nach einer weiteren LP löste Scaffold sich auf. McGear, der ab 1972 Soloplatten veröffentlicht hatte, verfolgte diese Karriere weiter und tauchte 1980 noch einmal als Mitglied der Four Bucketteers in der Hitparade auf. 1992 hatte sich die Foto-Arbeit von Mike gelohnt. Im Albert Dock Museum in Liverpool, wo er immer noch lebt, hatte er die Ausstellung »Liverpool Now«. Im September des gleichen Jahres veröffentlichte er das Kinderbuch »Sunny Joe And The Rindon Rhymes«.

Der Hit: *Lily The Pink*
Der Tip: *Best Of EMI Years* (EMI CPD 7 98502 2)

Scaffold *(Warner Records)*

Scaggs, Boz

* 8.6.1944 als William Royce Scaggs. Der amerikanische Sänger, Gitarrist und Songschreiber begann, mal mit, mal ohne Steve Miller, in Bands wie Markmen 1959, Ardells 1961, Fabulour Knighttrains 1961 und Wigs 1963. 1964 ging Boz

nach Europa und machte in Schweden seine erste Solo-LP, die jedoch auch nur dort erschien. Bis 1967 zog er durch die Welt, dann kehrte er in die Staaten zurück und wurde im September jenes Jahres Mitglied bei der Steve-Miller-Band. Ende 1968, nach zwei LPs, verläßt er Steve wegen musikalischer Differenzen und macht 1969 mit hervorragenden Studiomusikern, z. B. Duane Allman, eine ausgezeichnete Solo-LP, die kein Erfolg wird. Den hat er aber ab Anfang der 70er Jahre. Seine erste Hit-Notierung war »*We Were Always Sweethearts*« 1971. »*Lowdown*« kam Mitte 1976 in die Single-Charts, wurde Millionseller und ein Platz 3. Anfang 1976 kam seine LP »*Silk Degrees*« in die US-Charts, erreichte Platz 2 und verkaufte sich insgesamt viermillionenmal. Zu den schönsten Kompositionen, die Boz schrieb, zählt das Stück »*We're All Alone*«, mit dem Rita Coolidge 1977 erfolgreich war.

Der Hit: *Lowdown*
Der Tip: *Hits!* (CBS 35 DP 11)

Scala, Primo

* 1898 als Harry Bidgood, † 1955. Der britische Pianist begann in verschiedenen Hoteltanzkapellen und nahm in den 20er und 30er Jahren anonym Tanzmusik auf. Mitte der 20er Jahre zog er sich vom Musikgeschäft zurück und wurde musikalischer Leiter der Plattenfirma Vocalion. Mit der Hausband veröffentlichte er Platten unter verschiedenen Namen: Midnight Merrymakers, Kentucky Revellers usw. Einige Jahre später stellte er eine nur aus Akkordeons bestehende Band zusammen, Roma's Accordion Band, die auch als Don Porto Platten veröffentlichte. Dieselben Musiker tauchten dann auch noch als Primo Scala's Accordion Band auf. Das lag daran, daß die Platten jeweils auf einem anderen Label veröffentlicht wurden. In der amerikanischen Hitparade tauchten sie zusammen mit der Vokalgruppe Keynotes als Primo Scala & His Banjo & Accordion Orchestra With The Keynotes ab 1948 auf. Ihre erste Notierung, »*Underneath The Arches*«, kam gleich unter die Top 10, danach gelangen ihnen noch drei Top-30-Hits. Harry Bidgood dirigierte einige Jahre das London Symphony Orchestra und war musikalischer Leiter für British Columbia Pictures.

Der Hit: *Underneath The Arches*

Scandal

Patty Smyth, v (* 26.6.1957); Zack Smith, g; Ivan Elias, b; Benji King, key; Paul Shaffer, key; Ray Gomez, g; Frankie La Rocka, d.
Diese in New York ansässige Rock-Band hatte Ende 1982 mit »*Goodbye To You*«

ihre erste Hit-Notierung. Ab 1984 wurden die Platten als Scandal featuring Patty Smyth veröffentlicht. Das Stück *»The Warrior«*, produziert von Mike Chapman, kam Mitte 1984 in die US-Charts und erreichte Platz 7. Nach 1985 gelang der Gruppe kein Erfolg mehr. Patty Smyth wurde als Solo-Interpretin in den Charts notiert. Richtig erfolgreich wurde sie, als sie im Duett mit Ex-Eagle Don Henley im Herbst 1992 *»Sometimes Love Just Ain't Enough«* sang. Die Platte wurde ein Millionseller und Platz 2 in den USA und wäre sicher Spitzenreiter geworden, hätte nicht der Dauerbrenner *»End Of The Road«* von Boyz II Men Platz 1 für acht Wochen gehalten.

Der Hit: *The Warrior*
Der Tip: *Warrior* (CBS 25 860)

Scarbury, Joey

* 7.6.1955. Der amerikanische Sänger und Pianist machte mit 13 Jahren seine erste Platte. 1971 wurde er erstmals in den US-Charts notiert mit *»Mixed Up Guy«*. Danach war er auf Produktionen des Hitmachers Mike Post zu hören und als Backgroundsänger bei Loretta Lynn. Als Mike Post einen Sänger für das Thema zur TV-Serie *»Greatest American Hero«* suchte, erinnerte er sich an Joey und nahm die Platte mit ihm auf. Es wurde Joeys einziger großer Erfolg, die Platte kam im Frühjahr 1981 in die Charts, erreichte Platz 2 und wurde ein Millionseller.

Der Hit: *Theme From Greatest American Hero (Believe It Or Not)*

Schanze, Michael

* 15.1.1947. Auch eigene TV-Shows vermochten seinen bestimmt nicht schlechten Gesang in den Hitparaden nicht nach oben zu bringen. Seinen ersten Erfolg, *»Ich hab dich lieb«*, der Mitte 1970 in Deutschland unter den ersten 20 stand, konnte er in der ZDF-Hitparade nur mit Mühe vortragen. Wegen des banalen Textes fiel es ihm schwer, das Lachen zu unterdrücken. Inzwischen ist er als TV-Moderator ausgesprochen souverän. Als Sänger hat er zusammen mit der deutschen Fußballnationalmannschaft und dem Titel *»Olé Espana«* pünktlich zur Fußballweltmeisterschaft 1982 einen Top-10-Hit.

Der Hit: *Olé Espana*

Walter Scheel

Scheel, Walter

* 8.7.1919. Aus Jokus hat der Ex-Bundespräsident zusammen mit dem Düsseldorfer Männergesangverein den Hit *»Hoch auf dem gelben Wagen«* aufgenommen. Die Platte kam im Januar 1974 in die deutsche Hitparade und erreichte Platz 5. Er gilt auch als Mann mit Pferdeverstand und leidenschaftlicher Golfer.

Der Hit: *Hoch auf dem gelben Wagen*

Schieder, Illo

* 18.12.1923 als Ilse Lotte Dissmann. Diese deutsche Sängerin war ab Mitte der 50er Jahre erfolgreich. 1954 hatte sie den Hit *»Sieben einsame Tage«*. Ende 1955 war *»Teddy – mach Tanzmusik«* ihre erste Hit-Notierung und Top-10-Platte. Es folgte *»Freu dich auf Sonntag«*, im Frühjahr 1956 Platz 4 in Deutschland, und danach hörte man lange nichts mehr von ihr. Bis in die 90er Jahre veröffentlichte sie weiter Platten.

Der Hit: *Freu dich auf Sonntag*

Schilling, Peter

* 28.1.1956. Dieser deutsche Sänger und Songschreiber schaffte es, sich aus der Masse der Neuen-Deutschen-Welle-Künstler, die ab 1982 Deutschland überschwappten, vollig loszulösen. Sein Titel *»Major Tom (völlig losgelöst)«* kam im Januar 1983 in die deutsche Hitparade und wurde Spitzenreiter. Neun Monate später stand der Titel als *»Major Tom (Coming Home)«* auf Platz 14 in den US-Charts. Im Mai 1984 kam der Titel auch in die britische Hitparade und erreichte zumindest Platz 42. *»Die Wüste lebt (Alarmsignal ...)«* war im Mai 1983 sein zweiter Top-10-Erfolg in Deutschland. Danach sind noch viele Platten von ihm veröffentlicht worden, die jedoch nicht mehr in die Top 10 kamen.

Der Hit: *Major Tom (völlig losgelöst)*
Der Tip: *Fehler im System* (WEA 24.0026-1)

Schneider, Hawe & seine Spree-City-Stompers

Wie man aus dem Gruppennamen schon ablesen kann, machte diese aus Berlin stammende Band Dixieland. Die makabre Nummer *»Warte, warte nur ein Weilchen«*, deren Inhalt der Hannoveraner Massenmörder Fritz Haarman war, kam im Herbst 1961 in die deutsche Hitparade und wurde Platz 10. Textauszug: »Warte, warte nur ein Weilchen, bald kommt Haarman auch zu dir, und mit seinem Hackebeilchen macht er Büchsenfleisch aus dir.« Nach zwei weiteren Hit-Notierungen, ebenfalls 1961, *»Brigitte Bardot«* und *»Erinnern Sie sich«*, war Hawe wieder aus den Hitparaden verschwunden.

Der Hit: *Warte, warte nur ein Weilchen*

Schneider, Helen

* 23.12.1953. Die amerikanische Sängerin und Songschreiberin startete ihre Karriere 1978 in der Hamburger Musikkneipe Onkel Pö. Deutschland blieb sie auch seither verbunden, denn nur hier war sie erfolgreich. *»Rock 'n' Roll Gypsy«* war Ende 1981 ihre erste Hit-Notierung in Deutschland und ihr einziger Top-10-Erfolg. Nach 1983 wurde sie nicht mehr in den Hitparaden notiert. Im Fall Helen Schneider stehen Bekanntheitsgrad des Namens und kommerzieller Erfolg in einem krassen Mißverhältnis. Ende 1989 veröffentlichte sie *»A Walk On The Weill Side«* und versuchte sich an Kurts Liedern.

Der Hit: *Rock 'n' Roll Gypsy*

Schnelldorfer, Manfred

* 2.5.1943. Seine erste deutsche Meisterschaft im Eiskunstlauf gewann Manfred 1956. Bis 1964 gab er diesen Titel nicht mehr ab. Seine erfolgreichste Tat war der Gewinn von olympischem Gold bei den Winterspielen 1964 in Innsbruck. Im gleichen Jahr wurde er auch Weltmeister. Im August 1964 erklärte er seinen Rücktritt vom aktiven Eiskunstlauf, und schon einen Monat später tauchte er erstmalig in der deutschen Hitparade auf mit »*Wenn du mal allein bist*«. Der Titel stammte aus dem Film »Holiday in St. Tropez«. Im Frühjahr 1965 kam »*Traurigsein bringt nichts ein*« noch einmal unter die ersten 40. Damit war dieses Kapitel auch erledigt. Er wirkte in etlichen Spielfilmen und Eisrevuen mit. 1967 wurde er Bundestrainer im Deutschen Eislaufverband. 1981 eröffnete er in der Nähe von München ein Sportgeschäft.

Der Hit: *Wenn du mal allein bist*
Der Tip: *Vom Stadion ins Studio* (Bear Family BCD 15 621)

Schwarzwald-Trio

Die Anzahl der Mitglieder und ihre Herkunft ist bereits aus dem Gruppennamen ersichtlich. Ob ihr einziger Hit auch etwas mit ihnen zu tun hat, ist unbekannt. Im Frühjahr 1956 kamen sie unter die ersten 10 der deutschen Hitparade mit »*Das Waisenkind*«. Danach wurden sie offensichtlich adoptiert – oder pseudonymiert –, denn sie tauchten nicht mehr in der Hitparade auf. Weitere Plattenveröffentlichungen waren »*Im Tal der sieben Mühlen*«, »*Das Kuckucksührle*«, »*Ein Mädel vom Schwarzwald*« oder »*Der verlorene Sohn*«.

Der Hit: *Das Waisenkind*

Schulz, Purple

Purple Schulz, v/key (* 25.9.1956); Josef Piek, g (* 5.3.1957); Dieter Hoff, d/v (* 7.10.1953).
Purple Schulz ging aus dem recht glücklos agierenden Quintett Neue Heimat hervor. Diese Formation hatte mit »*Ich bau dir ein Schloß*« Mitte 1982 einen Top-40-Hit in Deutschland. Ende 1984 erschien die Nummer »*Sehnsucht*«, die es in Deutschland bis auf Platz 6 brachte. Als Interpreten wurden hier noch Purple Schulz & die Neue Heimat genannt – Mitspieler waren neben den oben genannten drei noch Haghü Schmitz als Bassist und Freddy Böhmer als Keyboarder. Die gingen nach der ersten LP, und das verbleibende Trio brachte Mitte 1985 mit »*Verliebte Jungs*« eine Single auf den Markt, die in den Verkaufscharts bis auf

Platz 15, in den Rundfunk-Charts jedoch bis an die Spitze kam. Anfang 1986 kam die Single *»Kleine Seen«* auf den Markt, die ein Top-30-Erfolg wurde. 1988 erschien die zweite LP von Purple Schulz, auf der Dieter Hoff schon nicht mehr mitspielte. Hoff versuchte sich als Solist und veröffentlichte u. a. 1993 die gut gemachte Nummer *»Der blöde Willi«*. Purple Schulz als Duo hatte den größten Erfolg mit *»Du hast mir gerade noch gefehlt«*, im Herbst 1990 Top 40.

Der Hit: *Sehnsucht*
Der Tip: *Die Singles 84–92* (EMI 7 81167 2)

Scorpions

Rudolf Schenker, g (* 31.8.1948); Karl-Heinz Vollmer, g; Achim Kirchhoff, b; Wolfgang Dziony, d/v; Werner Hoyer, v; Ulrich Worobiec, g; Bernd Hegner, v; Michael Schenker, g (* 10.1.1955); Klaus Meine, v (* 25.5.1948); Lothar Heimberg, b; Jürgen Rosenthal, d; Ulrich Roth, g; Achim Kirschning, key; Rudy Lenners, d; Matthias Jabs, g (* 25.10.1956); Francis Buchholz, b (* 19.2.1959); Herman Rarebell, d (* 18.11.1953); Ralph Riechermann, b.

Die Ursprünge dieser einzigen deutschen Hardrock-Formation mit internationalem Erfolg gehen zurück bis in das Jahr 1965. Der angehende Starkstromelektriker Rudolf Schenker erfüllt sich einen lang gehegten Wunsch und gründet die Scorpions. Zur Anfangsbesetzung gehören neben ihm Vollmer, Kirchhoff und Dziony. Die Musik, die diese Gruppe spielt, lehnt sich an Animals, Yardbirds und Pretty Things an. Ulrich Dieckmann wird Manager der ehrgeizigen Amateure und verschafft ihnen Gastspiele im Vorprogramm der Easybeats, Searchers, Dave Dee & Co., Lords und Rattles. 1967 kommt Hoyer zu den Scorpions, und als wenig später Leadgitarrist Vollmer zur Bundeswehr muß, löst Schenker die Scorpions wieder auf. Schenker und Dziony versuchen es mit einer Soul-Band, doch dann muß auch Rudolf zur Bundeswehr, und als er dort wieder entlassen wird, gründet er im Herbst 1968 die Scorpions neu. Mitglieder werden neben ihm Worobiec, Hegner und Heimberg. Nach einem Jahr wird Hegner wieder gefeuert, und auch Worobiec geht. Für letzteren kommt Rudolfs jüngerer Bruder Michael zur Gruppe. Michael Schenker hatte bei der Band Copernicus gespielt und von dort auch gleich den Sänger mitgebracht: Klaus Meine. 1971 werden die Niedersachsen Profis. 1972 erscheint ihr Debütalbum *»Lonesome Crow«* in der Besetzung Michael und Rudolf Schenker, Meine, Dziony und Heimberg. Der Erstling wird später als unausgegorenes Gebräu aus Psychedelic und Acid-Rock-Zutaten mit ausufernden Gitarrenimprovisationen und holprigen Texten geschrieben. Dazu Klaus Meine: »Das war die Zeit, als ich unsere englischen Texte noch mit dem Wörterbuch schrieb.« In der Folgezeit spielen sie im Vorprogramm von Rory Gallagher, Atomic Rooster, Uriah Heep und UFO. Als der UFO-Gitarrist Bernie

Scorpions

Marsden erkrankt, vertritt ihn Michael Schenker. Die Briten verpflichten ihn, und die Scorpions stehen vor der Auflösung. Schenker und Meine wollen die Gruppe jedoch am Leben erhalten und engagieren Roth, Buchholz und Rosenthal. Außerdem verpflichten sie mit Kirschning zum erstenmal einen Keyboarder. 1974 nehmen sie das Album *»Fly To The Rainbow«* auf. Trotz positiver Kritiken trennen sich die Hannoveraner wieder von ihrem Tastenspieler. Rudolf Schenker: »Wir waren und sind einfach eine Gitarrenband.« 1975 dreht sich wieder das Besetzungskarussell: für Rosenthal kommt der Belgier Lenners, und zum erstenmal nehmen sie mit Dieter Dierks, der als einer der besten Heavy-Metal-Produzenten der Welt gilt, ihre Platte *»In Trance«* auf. Die LP wird das bestverkaufte RCA-Album in Japan. Auch in den Benelux-Ländern und in Frankreich haben sie Erfolg, und von den einschlägigen Gazetten werden sie als die beste deutsche Rock-Band bezeichnet. Sie spielen als Opener auf der Europatournee von Sweet, machen eine Tour durch England, sind im Vorprogramm von Kiss und spielen bei den bedeutenden Open Air Festivals. 1976 erscheint die LP *»Virgin*

Killer«, deren Covergestaltung zu zwiespältigen Reaktionen führte und in manchen Ländern gar zensiert wurde. 1977 erkrankt Lenners, für ihn kommt Rarebell. Mitte 1978 verläßt Roth die Band, um seine eigene Formation Electric Sun zu gründen. Die Gruppe schaltet daraufhin eine Anzeige im Melody Maker. Es melden sich über 140 Musiker, und nach tagelangen Tests entscheiden sich die Scorpions für den Hannoveraner Jabs. Ab der LP »*Lovedrive*«, die 1979 erschien, spielen die Scorpions in der Erfolgsbesetzung Rudolf Schenker, Meine, Buchholz, Jabs und Rarebell. Zwischenzeitlich meldete sich noch einmal kurzfristig Michael Schenker zurück und hätte fast den gerade erst angetretenen Jabs verdrängt, aber auf der anschließenden Deutschland-Tournee mußte der von Drogen und Alkohol gebeutelte Michael schon nach zwei Wochen aufgeben, und Jabs kam wieder zurück. Michael Schenker gründete später MSG. Inzwischen hatten die Scorpions nicht nur in Europa und Japan Erfolg, sondern auch in den USA. »*Lovedrive*« war die erste LP der Band, die Gold erhielt. »*Love At First Sting*« erschien im Frühjahr 1984 und verkaufte sich über zweimillionenmal. Ihre erste Notierung in den Verkaufs-Charts in Deutschland hatten die Scorpions mit »*Still Loving You*« Ende 1984. Die Platte erreichte die Top 20. Ein weltweiter Erfolg gelang ihnen Anfang 1991 mit »*Wind Of Change*«. Die Platte wurde Nummer 1 in Deutschland, 4 in den USA und 2 in GB. Der Nachfolger »*Send Me An Angel*« kam zumindest in Deutschland bis auf Platz 5. 1992 schied Buchholz aus – für ihn kam Ralph Riechermann.

Der Hit: *Wind Of Change*
Der Tip: *Crazy World* (Mercury 846 908 2)

Scotch

Vince Lancini, v; Fabio Margutti, key.
Dieses italienische Disco-Duo kam Ende 1984 mit der Nummer »*Disco Band*« bis auf Platz 3 der deutschen Single-Charts. Nachfolger war im Frühjahr 1985 »*Delirio Mind*«, 6 in Deutschland. Nachdem »*Take Me Up*« noch ein Top-20-Erfolg wurde, stand ihre letzte Single, »*Mirage*«, nur noch auf Platz 56.

Der Hit: *Disco Band*
Der Tip: *Evolution* (ZYX Records 20041)

Scotland World Cup Squad

Wie immer bei Weltmeisterschaften träumen Fußballmannschaften davon, den Cup zu gewinnen. In den letzten Jahren waren es vor allem die Deutschen und die Briten, die ihre Wünsche und Hoffnungen auch in Liedern ausdrückten. 1982 sangen die Schotten »*We Have A Dream*«. Die Platte kam im Mai 1982 in die britischen Charts und wurde Platz 5. Nachdem sie in der Endrunde Neuseeland 5:2 geschlagen hatten, gegen die UdSSR unentschieden gespielt hatten und gegen Brasilien 4:1 unterlagen, kamen sie nicht einmal unter die letzten 8. Ihre Platte ist also erfolgreicher gewesen.

Der Hit: *We Have A Dream*

Scott, Freddie

* 24.4.1933. Der Amerikaner arbeitete als Songschreiber für Columbia Music, als er seine ersten Platten aufnahm. Gerade 30 Jahre alt geworden, gelang ihm mit »*Hey, Girl*« sein einziger Top-10-Erfolg in den USA. Scott wurde bis 1967 mit sechs weiteren Titeln notiert, von denen keiner die Top 30 erreichte. 1963 war in den USA für einen amerikanischen Interpreten auch kein guter Zeitpunkt, um eine Karriere zu starten. Dafür sollte die Übermacht der Briten sorgen.

Der Hit: *Hey, Girl*

Scott, Jack

* 28.1.1936 als Jack Scafone jr. Der kanadische Rock-'n'-Roll-Balladensänger, Gitarrist und Songschreiber zog 1946 nach Michigan. 1957 machte er seine ersten Platten, und sein Titel »*My True Love*« kam Mitte 1958 bis auf Platz 3 in den USA, 9 in GB. Es war die B-Seite seiner ersten Veröffentlichung »*Leroy*«. »*Goodbye Baby*« Ende 1958, »*What In The World's Come Over You*« und »*Burning Bridges*« 1960 waren weitere Top-10-Erfolge in den USA. Nach 1961 hatte Jack keine weiteren Hits mehr, trat aber bis in die 90er Jahre erfolgreich auf der ganzen Welt in Clubs auf.

Der Hit: *My True Love*
Der Tip: *The Legendary* (EMI 7 93187 2)

Scott, Linda

* 1.6.1945 als Linda Joy Sampson. Linda wurde in Queens, New York, geboren. In den späten 50er Jahren sang sie regelmäßig über Arthur Godfrey's CBS-Radioshow. Anfang 1961 gelang ihr mit der von Hammerstein und Kern in den 30er Jahren geschriebenen Nummer »*I've Told Every Little Star*« Platz 3 in den USA, 7 in GB. »*Don't Bet Money Honey*« war Mitte des gleichen Jahres ein weiterer Top-10-Erfolg. Danach plätscherte ihre Karriere bis Ende 1964 dahin und hörte dann ganz

auf. Nachdem ihre Hitparadenzeit zu Ende war, wurde sie neben Dick Clark Moderatorin der TV-Sendung »*Where The Action Is*«. 1970 ging sie für zwei Jahre in die Armee, machte später ihren Abschluß in Theologie und wurde Musiklehrerin und Direktorin an der Christian Academy in New York.

Der Hit: *I've Told Every Little Star*

Scritti Politti

Green Gartside, v (* 22.6.1956 als Green Strohmeyer-Gartside); Matthew Kay, key; Nial Jinks, b; Tom Morley, d; David Gamson, key; Fred Maher, d.
Angeregt von einem Sex-Pistols-Konzert, gründet Green 1977 zusammen mit zwei weiteren Freunden von der Leeds Art School, Morley und Jinks, diese Formation. Im Herbst 1979 erscheint als erste Plattenveröffentlichung der Band »*Four 'A'-Sides*«. Wenig später folgt die LP »*John Peel Session*«. Während sie 1979 mit Joy Division und Gang Of Four auf Tour waren, erlitt Green einen Kollaps mit Herzbeschwerden. Das gesamte Jahr 1980 verbrachte er bei seinen Eltern, um sich zu erholen. Nebenher schrieb er neue Songs. 1981 erschien wieder neues Material von der Gruppe und mit »*The Sweetest Girl*« auch ihre erste Hit-Notierung. In den nächsten Jahren änderte sich die Besetzung. Ab 1983 waren neben Green Gamson und Maher zu hören. »*Wood Beez (Pray Like Aretha Franklin)*«, im Frühjahr 1984 erschienen, war ihr erster Top-10-Erfolg. Ein Jahr später kam »*The Word Girl*« bis auf Platz 6 in GB. Im Herbst 1985 war ihr größter Erfolg in den USA der Titel »*Perfect Way*«, der bis auf Platz 11 kam. Eine der schönsten Aufnahmen der Band, »*Oh Patti (Don't Feel Sorry For Loverboy)*« mit Miles Davis als Gastmusiker an der Trompete, brachte es im Frühjahr 1988 in die Top 20. Drei Jahre später coverten sie »*She's A Woman*« von den Beatles und hatten damit Platz 20 in den USA. Als Mitsänger war Shabba Ranks dabei.

Der Hit: *The Word Girl*
Der Tip: *Cupid & Psyche* (Virgin V 2350)

Seal

* 19.2.1963 als Henry Samuel. Der in London geborene Sänger, Gitarrist und Songschreiber kann auf nigerianische, brasilianische und afro-karibische Ahnen zurückblicken. Der erste große Hit des Jahres 1990 war die Nummer »*Killer*«, die der Techno Wizard Adamski veröffentlichte und auf der Seal, der auch daran mitgeschrieben hatte, sang. Im November des gleichen Jahres erschien mit »*Crazy*« seine erste eigene Produktion. Das Stück wurde Platz 2 in GB und Deutschland und Platz 7 in den USA. Dieses Mal hatte Seal die Nummer im

Alleingang geschrieben. »*Killer*« nahm Seal, produziert durch Trevor Horn, noch einmal ohne Adamski auf und kam Ende 1991 damit zumindest unter die ersten 10 in GB. Im Mai 1991 erschien Seals Debüt-LP, auch die produziert von Trevor Horn. Als Gastsängerinnen waren z. B. Wendy & Lisa zu hören.

Der Hit: *Crazy*
Der Tip: *Seal* (ZTT 9031-74557-2)

Seals & Crofts

Jim Seals, v/g/sax/vln (* 17.10.1941); Dash Crofts, v/g/key/d/mandolind (* 14.8.1940).
Schon 1957 spielten die beiden mit dem texanischen Sänger Dean Beard. Nachdem die Gruppe Champs Anfang 1958 ihren Hit »*Tequila*« hatte, kamen Seals und Crofts dazu und blieben bis Mitte der 60er Jahre. Danach gründeten sie die Dawnbreakers, und ab Anfang der 70er Jahre kamen sie als Duo. Im Herbst 1972 hatten sie mit »*Summer Breeze*« ihre erste Hit-Notierung und ihren ersten Top-10-Erfolg. »*Diamond Girl*« war im Frühjahr des nächsten Jahres in den Top 10, »*Get Closer*« im Frühjahr 1976. Alle drei genannten Platten erreichten in den USA Platz 6. Die letzte Hit-Notierung war 1978. Danach zogen sie sich aus dem Musikgeschäft zurück, um sich ganz der Baha'i-Religion zu widmen, zu der sie 1969 konvertiert waren. Der Softsound des Duos Seals & Crofts blieb eine rein amerikanische Angelegenheit.

Der Hit: *Get Closer*
Der Tip: *Greatest Hits* (WB 3102-2)

Searchers

Mike Pender, v/g (* 3.3.1942 als Michael Prendergast); John McNally, v/g (* 30.8.1941); Tony Jackson, v/b (* 16.7.1940); Chris Curtis, d (* 26.8.1941 als Christopher Crummey); Frank Allen, v/b (* 14.12.1943 als Francis Renaud McNeice); John Blunt, d (* 28.3.1947); Billy Adamson, d; Spencer James, v/g.
Zwischen 1960 und 1963 gab es in Liverpool und Umgebung rund 380 Bands, die alle die gleiche Motivation hatten: durch Erfolg der Eintönigkeit dieser Industriestadt zu entrinnen. Eine davon war die Searchers, die als Begleitband des Sängers Johnny Sandon begann. Ein John-Wayne-Western namens »The Searchers« inspirierte sie zu ihrem Namen. Sandon war Mitglied bei den Remo Four, und Schlagzeuger Norman McGarry, der in den Anfangstagen mit ihnen gespielt hatte, wurde Ersatz für Ringo Starr bei Rory Storm & The Hurricanes. Für ihn kam im September 1962 Chris Curtis. Als sie im Herbst 1962 im Hamburger Star-Club

spielen, werden einige Stücke der Band live aufgenommen und veröffentlicht. Im Mai 1963 erhalten sie einen Plattenvertrag. Ihre erste Single-Veröffentlichung war eine Cover-Version der Drifters-Nummer »*Sweets For My Sweet*«, die Mitte 1963 in die GB-Charts kam und Spitzenreiter wurde. Noch im gleichen Jahr erreichte »*Sugar And Spice*« Platz 2, und 1964 begann mit den beiden Spitzenreitern »*Needles And Pins*« und »*Don't Throw Your Love Away*«. »*When You Walk In The Room*«, ebenfalls 1964, und »*Goodbye My Love*« 1965 waren die letzten beiden Top-10-Erfolge für die Band. Die einzige Platte der Searchers, die in den USA unter die ersten 10 kam, war »*Love Potion Number 9*«. Im August 1964 hatte Tony Jackson die Gruppe verlassen, um eine Solokarriere zu beginnen. Der Titel »*Bye Bye Baby*« kam Ende 1964 knapp in die Top 40 in GB. Ansonsten gelang ihm nichts. Für ihn kam Allen, der vorher mit Cliff Bennett & The Rebel Rousers gespielt hatte. Im Frühjahr 1966 wurde Chris Curtis sehr krank, und für ihn wurde als vorübergehender Ersatz John Blunt geholt. Curtis kehrte jedoch nicht zurück, wurde Produzent für die Plattenfirma Pye, bei der die Searchers ihre großen Hits veröffentlicht hatten, und Blunt blieb bis zum Dezember 1968. Dann wurde er durch Adamson ersetzt. In den 70er Jahren hat die Gruppe immer mal wieder Platten veröffentlicht und trat bei Oldie-Konzerten und British Re-Invasion Shows auf. Ende 1985 verließ Pender die Band, um Mike Pender's Searchers zu gründen. Für ihn kam Spencer James. Mitte 1988 versuchten die restlichen Searchers mit rechtlichen Schritten, Mike von dem Gebrauch des Namens Mike Pender's Searchers abzuhalten. In der Besetzung McNally, Allen, Adamson und James nahmen die Searchers 1988/89 etliche Platten in Deutschland auf. Hits waren keine mehr dabei.

Der Hit: *Needles And Pins*
Der Tip: *Greatest Hits* (Rhino R2 75773 TIS)

Sebastian, John

John Sebastian *(Warner Records)*

* 17.3.1944. Der amerikanische Sänger, Gitarrist, Mundharmonikaspieler und Songschreiber gründete 1965 *Lovin' Spoonful*. Er hatte vorher mit der Even Dozen Jug Band gespielt, als Session-Musiker gearbeitet und war dann mit Mama Cass Elliott und Denny Doherty, später bei Mamas & Papas, und Zal Yanovsky bei den Mugwumps. Zwischen 1965 und 1968 hatte die Gruppe Lovin' Spoonful neun Top-20-Hits in

den USA. 1968 löste sich die Formation auf, und John machte als Solist weiter. Mit der Themamusik zu der TV-Serie *»Welcome Back, Kotter«*, in der John Travolta seine ersten Erfolge hatte, gelang Sebastian im Frühjahr 1976 ein Platz 1 in den USA. Plattenveröffentlichungen folgten keine, aber Sebastian hatte trotzdem alle Hände voll zu tun: als Komponist für TV-Themen, als Kinderbuchautor, Moderator und nicht zuletzt als Musiker auf ausgedehnten Tourneen von Sha Na Na und NRBQ.

Der Hit: *Welcome Back*
Der Tip: *The Best Of* (Rhino R2 170 TIS)

Secada, Jon

* 4. Oktober 1963 in Havanna auf Kuba. 1972 flüchtete er mit seinen Eltern nach Miami, Florida. Miami – das wissen wir nicht erst, seit Crockett und Tubbs dort die Verbrecher jagen – ist eine amerikanische Stadt, in der nicht etwa Englisch die erste Sprache ist, sondern Spanisch. Das liegt vielleicht auch daran, daß man von Key West aus – sollten sich die Haifische mal eine kleine Pause gönnen – fast nach Kuba rüberschwimmen könnte. Fidel Castro und sein Zuckerrohrkommunismus haben dafür gesorgt, daß sich viele Kubaner in Florida und da speziell in Miami niederließen. Sollte Fidel Castro einmal gestürzt werden und der Kapitalismus auf Kuba Einzug halten, könnte es sein, daß halb Miami entvölkert ist. Selbstverständlich bildete sich auch eine eigene musikalische Szene in Miami, die von lateinamerikanischen Rhythmen geprägt ist. Daß Interpreten und Gruppen von Miami aus in spanischer Sprache den südamerikanischen Raum erobern, kommt häufiger vor. So geschah es auch mit Gloria Estefan, die 1960 von Kuba nach Florida gekommen war, als Mitglied der Formation Miami Sound Machine. Ende 1985 hatten sie mit *»Conga«* ihren ersten Millionseller in den USA und waren damit auch auf dem US-amerikanischen Markt etabliert. Wenig später nannte sich die Gruppe Gloria Estefan & Miami Sound Machine, und ab 1989 war nur noch von Gloria Estefan die Rede. So wie einst Gloria kam 12 Jahre später auch Jon Secada mit seinen Eltern nach Florida. Sein Interesse für Musik entdeckte er schon auf der High-School. Durch eine konservative Schulung entwickelte er seine Talente und erwarb sich einen Namen als Jazzmusiker noch vor seinem Schulabschluß. Während der Studienzeit erlernte er das Songschreiben und schulte seine Stimme im Studiengang Jazz-Gesang. Ende der 80er Jahre lernte er Emilio Estefan, den Mann von Gloria, kennen, und 1989 wird Jon als Backgroundsänger auf der Langspielplatte *»Cuts Both Ways«* genannt. Außerdem hatte er auf diesem Album mit *»Say«* einen ersten Titel geschrieben. 1991 erschien von Gloria *»Into The Light«*. Wieder war Jon Backgroundsänger, und wieder hatte er auch als Autor mitgearbeitet. Dieses Mal waren es jedoch mit *»Coming Out Of The Dark«*,

»What Goes Around«, *»Sex In The 90's«*, *»Light Of Love«*, *»Can't Forget You«* und *»Mama Yo Can't Go«* ein paar Titel mehr, die auf sein Konto gingen. *»Coming Out Of The Dark«* wurde im Frühjahr 1991 ein Spitzenreiter in den USA und war ein gutes Entrée für Jon Secada, sich nun um einen Solovertrag zu kümmern. Dabei wurde er von Gloria Estefan unterstützt, und seine Debüt-LP erschien Mitte 1992. Schon vorher war als erste Single die Nummer *»Just Another Day«* veröffentlicht worden, die im April 1992 in die amerikanische Hitparade auf Platz 99 einstieg. 14 Wochen lang kletterte die Platte nach oben und erreichte Platz 5, außerdem wurde sie ein Millionseller. Platz 5 wurde sie auch in der britischen Hitparade und in Deutschland gar ein Platz 3. Der Nachfolge-Hit *»Do You Believe In Us«* war sowohl in den USA als auch in Deutschland ein Top-20-Erfolg. Anfang 1993 erschien mit *»Angel«* sein dritter Top-20-Erfolg in Serie. Für den spanisch sprechenden Markt hatte Jon seine erste Langspielplatte in spanischer Sprache veröffentlicht. Bei einigen Texten war ihm seine alte Freundin Gloria Estefan bei der Übersetzung behilflich.

Der Hit: *Just Another Day*
Der Tip: *Jon Secada* (SBK 7 98845 2)

Secombe, Harry

* 8.9.1921 als Harold Donald Secombe. Nach dem Zweiten Weltkrieg nutzte der Brite die Chance, sich im Londoner Westend wie viele frisch aus der Armee Entlassene dem Publikum und möglicherweise auch Agenten zu präsentieren. 1949 bildete er zusammen mit Peter Sellers, Spike Milligan und Michael Bentine die Blödeltruppe Goons. Ab diesem Jahr drehte er auch Filme, die meist komischer Art waren. Daneben war er in zahllosen TV-Sendungen zu sehen und hatte in den 60ern und 70ern seine eigene Show. Zeitprobleme scheint er nicht gehabt zu haben, denn in Musicals trat er ebenfalls noch auf. In der britischen Hitparade tauchte er zum erstenmal 1955 mit *»On With The Motley«* auf, ein Top-20-Hit. Sein größter Erfolg nach einem weiteren Top-20-Hit im Jahre 1963 war im Frühjahr 1967 eine neue Version von *»This Is My Song«*, die es in GB bis auf Platz 2 brachte. Die Nummer war von Charlie Chaplin geschrieben worden.

Der Hit: *This Is My Song*

Secret Service

Ola Hakansson, v; Ulf Wahlberg, key; Tony Lindberg, g; Tim Norell, key; Leif Paulsen, b; Leif Johansson, d.

Diese schwedische Formation hatte im Januar 1980 mit dem Titel »*Oh! Susie*« Platz 9 in der deutschen Hitparade. Sechs Monate später gelang ihnen Platz 4 in Deutschland mit »*Ten O'Clock Postman*«. Es schien, als könne sich die Gruppe über einen längeren Zeitraum in den deutschen Hitparaden festsetzen, aber eine weitere Hit-Notierung ist ihr nicht mehr gelungen.

Der Hit: *Ten O'Clock Postman*
Der Tip: *Greatest Hits* (Ultra Phone 6.25407)

Sedaka, Neil

* 13.3.1939. Wer hätte gedacht, daß »*comma, comma, down-doo-be-doo-down down*« zu einem unsterblichen Satz des Rock 'n' Roll werden könnte? Vermutlich nicht einmal Mrs. Greenfield, eine Nachbarin der Familie Sedaka in New York. Sie schlug dem 13jährigen Neil vor, doch einmal zusammen mit ihrem drei Jahre älteren Sohn Howie einen Song zu schreiben. Im Alter von neun hatte Neil mit Klavierstunden begonnen und wurde drei Jahre später bereits in die Kinderklasse der berühmten Julliard School of Music aufgenommen. Obwohl Neil sagte, vom Songschreiben verstehe er nichts, kam Howie eine Woche später mal vorbei. Ein paar Tage später hatten die beiden Jungs ihren ersten Song fertig: »*My Life's Devotion*«. Es wurde kein Klassiker, aber so gut, daß Neil und Howie weiter zusammen arbeiten wollten. 1952 hörte Neil »*Earth Angel*« von den Penguins und wollte unbedingt einen Rock-'n'-Roll-Song schreiben: heraus kam »*Mr. Moon*«. Als Neil den Titel bei einem Talentwettbewerb in der High-School sang, erntete er stürmischen Beifall. Ungefähr ein Jahr später gründete er mit ein paar Freunden die Formation Tokens. Sie hatten einen kleinen Hit in New York, »*I Love My Baby*«, bevor sich ihre Wege wieder trennten. Später sollten sie ohne Neil den Welt-Hit »*The Lion Sleeps Tonight*« haben. Nach Abschluß der High-School war Neil hin und her gerissen zwischen Klassik und Rockmusik. Nachdem er einen Klavierwettbewerb gewonnen hatte – Prüfer war kein Geringerer als Arthur Rubinstein –, studierte er klassisches Piano und Komposition, schrieb aber auch weiter zusammen mit Howard Greenfield Songs, die z. B. von Clyde McPhatter, Lavern Baker oder den Clovers aufgenommen wurden. 1958 schrieben die beiden »*Stupid Cupid*« und versprachen ihn den Shepard Sisters. Nachdem Connie Francis den Titel gehört hatte, wollte sie ihn unbedingt haben. Sie bekam ihn, und Neil spielte auf ihre Bitte hin bei der Aufnahme Piano. Der Titel wurde ein Knüller, aber das Schreiben alleine reichte Neil nicht. Er wollte sein Material auch selbst aufnehmen. Er war z. B. unzufrieden mit der Aufnahme seines Songs »*The Diary*« von den Imperials. Neil nahm das Stück selbst auf und erreichte Platz 14 in den USA. Es folgte eine ganze Reihe weiterer Hits. 1959 hatte er mit »*I Go Ape*« seinen ersten Millionseller. Auch hier stammte der Text wieder von Howard Greenfield.

Im selben Jahr konnten die beiden einen zweiten Millionseller landen: *»Oh Carol«*, geschrieben für Carole King, eine Freundin seit High-School-Tagen. Weitere Erfolge wurden *»Calendar Girl«* und *»Happy Birthday Sweet Sixteen«*. Allein bis 1960 kam das Team Sedaka/Greenfield auf rund 400 Songs. Dann wollte Neil unbedingt etwas Rockiges schreiben. Also komponierte er ein Stück und ging damit zu Greenfield. Der war nicht besonders angetan. Neil versuchte es noch einmal, und Howard reagierte dieses Mal gnädiger. Es wurde ein Aufnahmetermin für *»Breaking Up Is Hard To Do«* vereinbart. In der Nacht davor konnte Neil einfach nicht einschlafen. Er hatte das Gefühl, daß dem Song noch irgend etwas fehlte. Mitten in der Nacht fiel es ihm ein. Er rief seinen Arrangeur an und sang ihm die Zeile vor: »down-doo-be-doo-down down, comma, comma . . .« Am 11. August 1962 erreichte die Nummer Platz 1 in der amerikanischen Hitparade. Nach 1963 widmete er sich für etliche Jahre nur noch dem Schreiben. Heraus kamen Hits für Tom Jones, Andy Williams, Peggy Lee oder David Cassidy. Dann ging Neil nach England, wo er immer noch sehr populär war. 1973 behauptete er, seine *»Tral-La Days Are Over«*. Zusammen mit den vier Musikern von 10 cc machte er die gleichnamige LP. Darauf zu finden die starke Nummer *»Standing On The Inside«*. 1974 erschien die LP *»Laughter In The Rain«*. Der Titelsong erreichte Ende 1974 Platz 1 in den USA. 1975 dann wieder eine Nr. 1 mit *»Bad Blood«*. Bei dieser Aufnahme sang Elton John im Hintergrund mit. Ebenfalls 1975 kam auch wieder *»Breaking Up Is Hard To Do«* in die Hitparade, allerdings in einer langsameren Version, und erreichte Platz 8. Im Frühjahr 1980 erreichte er zusammen mit seiner Tochter Dara und dem Titel *»Should've Never Let You Go«* noch einmal die Top 20 in den USA. Als Songschreiber dürfte er inzwischen auf über 1 000 Titel zurückblicken können. Als Interpret geht er ab und zu immer noch auf Tour.

Der Hit: *Breaking Up Is Hard To Do*
Der Tip: *16 Top Tracks* (RCA CD 90111)

Seduction

Idalis Leon, April Harris, Michelle Visage, Sinoa Loren, alle v.
Dieses gemischtrassige weibliche Gesangstrio stammt aus New York. Mit der Nummer *»(You're My One And Only) True Love«* kam die Formation Mitte 1989 erstmals in die US-Charts und erreichte einen Top-30-Platz. Ohne daß es auf der Platte vermerkt war, hatte Martha Wash, Mitglied der Weather Girls und auch als Solistin im Geschäft, die Leadstimme gesungen. Die Nachfolgeplatte war *»Two To Make It Right«*, die in den USA Millionseller und Platz 2 in den Charts wurde. In der Nummer waren Samples von der Art-of-Noise-Tom-Jones-Version des Titels *»Kiss«* zu hören. 1990 hatte die Gruppe mit *»Heartbeat«* und *»Could This Be Love«*

noch zwei weitere Top-20-Hits. Danach ließ der Erfolg wieder nach. 1990 verließ Leon das Trio und wurde durch Loren ersetzt.

Der Hit: *Two To Make It Right*
Der Tip: *Nothing Matters Without Love* (A&M 395 980-1)

Seekers

Judith Durham, v (* 3.7.1943); Keith Potger, g/v (* 2.3.1941); Bruce Woodley, g/v (* 25.7.1942); Athol Guy, b (* 5.1.1940).
1963 wurde in Australien das Folk-Trio durch die männlichen Mitglieder gegründet. 1964 kam als viertes Mitglied Judith Durham hinzu. Zum etwa gleichen Zeitpunkt war in GB das Folk-Trio Springfields auseinandergefallen. Hauptsächlicher Songschreiber dieser Gruppe war Tom Springfield, der Bruder von Dusty, die bekanntlich nach dem Auseinanderbruch der Formation eine Solokarriere begann. Tom hatte eine Reihe sehr schöner Songs geschrieben, auf denen er nun sitzenblieb. Sehr wahrscheinlich wird er sich deshalb sehr gefreut haben, als noch 1964 die Seekers nach GB kamen. Für die folk/pop-orientierte Musik, die Tom schrieb, war Judiths Stimme wesentlich besser geeignet als Dustys. Auf einem Passagierschiff verdienten sie sich die Überfahrt nach GB und trafen dort Tom Springfield, der in seiner Schublade u. a. den Song *»I'll Never Find Another You«* liegen hatte, den er mit den Seekers aufnahm. In den USA erreichte sie Platz 4. Nun ging es Schlag auf Schlag. Es folgten mit *»A World Of Our Own«* und dem nächsten Spitzenreiter *»The Carnival Is Over«* zwei weitere Springfield-Kompositionen, die erfolgreich waren. Auch die Top-10-Hits *»Walk With Me«* 1966 und *»Georgy Girl«* 1967 waren Titel aus der Feder von Tom Springfield. *»Georgy Girl«* wurde in den USA Millionseller und Platz 2 in den Charts. Bis 1969 hielt sich die Gruppe. Dann fiel sie auseinander. Ein Mitglied der Band, Keith Potger, gründete die New Seekers mit komplett neuen Musikern. Anfänglich mischte er selbst noch als Musiker mit, dann zog er sich auf den Produzentenstuhl zurück. Die New Seekers wurden durch die 70er sehr erfolgreich.

Der Hit: *I'll Never Find Another You*
Der Tip: *The Seekers* (EMI CDB 7 90650 2)

Seger, Bob

* 6.5.1945. Der amerikanische Sänger, Gitarrist und Songschreiber machte ab 1966 Platten. Zwei Jahre zuvor hatte er sein erstes eigenes Rock-Trio, die Decibels, gegründet. Nachdem das nichts wurde, spielte er mit Town Criers und Doug Brown & The Omens. Die Musiker der Omens nahmen im März 1966

Bob Seger *(Capitol)*

unter dem Pseudonym Beach Bums eine Parodie auf »*The Ballad Of The Green Berets*« auf. Bei ihnen waren es »*Yellow Berets*«. Nachdem Barry Sadler rechtliche Schritte angedroht hatte, wurde die Platte zurückgezogen. Im Mai 1966 kam dann Bobs erste Platte unter seinem Namen. Ab Januar 1968 hatte er einen Vertrag als Bob Seger System bei Capitol Records. Die erste Hit-Notierung war »*Ramblin' Gamblin' Man*«, Ende 1968 ein Top-20-Hit in den USA. Ab 1971 erschienen die Platten nur noch unter seinem Namen. »*Night Moves*« war im Frühjahr 1976 sein erster Top-10-Erfolg. »*Still The Same*« 1978, »*Fire Lake*« und »*Against The Wind*« 1980, »*Tryin' To Live My Life Without You*« 1981, »*Shame On The Moon*« 1982 waren weitere Top-10-Hits und sein einziger Spitzenreiter in den USA, wohl weil aus dem Film »*Beverly Hills Cop II*«, wurde Mitte 1987 »*Shakedown*«. Die meisten seiner Hits zwischen 1978 und 1986 nahm er als Bob Seger & The Silver Bullet Band auf. Seine Hit-Notierungen gehen bis in die 90er Jahre. Bob Seger repräsentiert die Art amerikanischer Rock-Musik, die auf dem britischen Markt nicht ankommt. In GB gelang ihm kein Top-40-Hit.

Der Hit: *Shakedown*
Der Tip: *Against The Wind* (Capitol CDP 7 46060 2)

Selecter

Noel Davies, g; Arthur Gaps Hendrickson, v; Pauline Black, v; Desmond Brown, key; Charlie Anderson, b; Crompton Amanor, g; Charles H. Bembridge, d.
Diese britische Band entstand Mitte 1979, als sie bereits ihre »Debüt-Single« veröffentlicht hatten. Die Formation Specials hatte für ihre erste Platte, *»Gangsters«*, eine B-Seite gesucht. Noel Davis nahm zusammen mit Prince Rimshot von den Specials und Barry Jones zu diesem Zweck den Titel *»The Selecter«* auf. Diese B-Seite wurde nach Erscheinen der Single ebensooft gespielt wie die A-Seite. Zwangsläufig kam der Punkt, daß eine Band her mußte, die dazu auftreten konnte. Bradbury spielte bei den Specials, und Jones arbeitete inzwischen bei einer Nachrichtenagentur, also stellte Davies eine neue Formation mit Hendrickson, Black, Brown, Anderson, Amanor und Bembridge zusammen. Die erste Single der Band war *»On My Radio/Too Much Pressure«*, die im Oktober 1979 in die britische Hitparade kam und Platz 8 erreichte. Im Jahre 1980 erschienen noch drei weitere Platten der Band in den GB-Charts. Die erfolgreichste war *»Three Minute Heroes«*, die viel von der frustrierten englischen Jugend jener Tage widerspiegelte und in die Top 20 kam. Trotzdem stand Selecter eindeutig im Schatten der Specials und erst recht von Madness. Nach 1980 wird die Band nicht mehr in den Charts verzeichnet. Die Band fiel in die Bedeutungslosigkeit zurück, und die Mitglieder wechselten häufig. Pauline Black verließ die Formation 1981, kam aber 1991 zurück, um mit Selecter im Zuge des britischen Ska Revivals auf Tour zu gehen.

Der Hit: *On My Radio/Too Much Pressure*
Der Tip: *Too Much Pressure* (Chrysalis 252 684)

Sellers, Peter

* 8.9.1925 als Richard Henry Sellers, † 24.7.1980. Der britische Schauspieler war eine der schillerndsten Persönlichkeiten des britischen Showgeschäfts. Er gehörte zu den besten und vielseitigsten Schauspielern in GB und drehte von 1951 bis 1979 Filme. Zu seinen bemerkenswertesten gehören *»Dr. Seltsam oder wie ich*

lernte, die Bombe zu lieben« 1964, *»What's New Pussycat«* 1965, »Casino Royal« 1967 und die Reihe der *»Pink-Panther«*-Filme, in denen er den Inspektor Clouseau darstellte. Als Mitglied der Gruppe Goons hatte er Top-10-Erfolge. Als Solist stand er ebenfalls in den Hitparaden. Erstmals gelang ihm ein Top-20-Hit 1957 mit *»Any Old Iron«*. Hinreißend schön seine Versionen des Beatles Stücks *»A Hard Day's Night/Help!«* von 1965. Seinen einzigen Top-10-Erfolg hatte er Ende 1960 im Duett mit der italienischen Schauspielerin Sophia Loren: *»Goodness Gracious Me«* erreichte Platz 4. Der Nachfolger *»Bangers And Mash«* kam nur noch unter die ersten 30. Peter starb 1980 nach einem Herzanfall.

Der Hit: *Goodness Gracious Me*
Der Tip: *The Songs Of Sellers* (EMI MFP 41 5640 1)

Sembello, Michael

* 17.4.1954. Der amerikanische Gitarrist, Produzent, Komponist und Sänger war zwischen 1974 und 1979 als Gitarrist auf den LPs von Stevie Wonder zu hören. Für den Film *»Flashdance«* schrieb er mit an dem Titel *»Maniac«*, der für ihn Mitte 1983 Spitzenreiter in den USA und Platz 6 in Deutschland wurde. Ohne Unterstützung des Films wäre die Platte sehr wahrscheinlich nicht so erfolgreich geworden. Im Windschatten dieses Hits kam *»Automatic Man«* noch in die Top 40. Danach wurde Michael Sembello wieder das, was er am besten konnte: gesuchter Studiomusiker und Songschreiber. So ist er z. B. auf Platten von Chaka Khan, Donna Summer, Randy Crawford, Sister Sledge, Deniece Williams oder Peabo Bryson zu hören.

Der Hit: *Maniac*
Der Tip: *Bossa Nova Hotel* (WB 92-3920-1)

Sensations

Yvonne Mills Baker, Sam Armstrong, Richard Curtain, Alphonso Howell, alle v.
Das aus Philadelphia stammende Rhythm-&-Blues-Vokalquartett kam 1954 zusammen. Ihre erste Plattenaufnahme machten sie 1956 mit *»Yes Sir, That's My Baby«*. Nach dieser Platte verließ Yvonne die Gruppe und heiratete. Die Band fiel auseinander. Im Frühjahr 1961 konnte Alphonso Yvonne überreden, zurückzukommen, und die Sensations wurden neu belebt. Ihre erste Single-Veröffentlichung im Herbst 1961 hieß *»Music, Music, Music«* und wurde ihr erster Chart-Erfolg. Anfang 1962 erreichte *»Let Me In«* Platz 4 in der amerikanischen Hitparade. Es wurde ihr einziger Top-10-Erfolg. Danach erschienen weitere Platten als Yvonne Baker & The Sensations, und unter diesem Namen erreichten

sie mit »*That's My Desire*« ein letztes Mal die Hot 100. 1964 trennte sich die Formation, und Yvonne nahm noch einige Soul-Platten auf.

Der Hit: *Let Me In*

Serendipity Singers

Mike Brovsky, v (* 1942); Brooks Hatch, v (* 1942); Bryan Sennett, v (* 1942); Diane Decker, v (* 1944); Tommy Tieman, v (* 1942); Lynne Weintraub, v (* 1944); Jon Arbenz, g (* 1942); John Madden, g (* 1939); Bob Young, b (* 1941).

Diese Pop/Folk-Gruppe wurde durch die Universität von Colorado organisiert und gefördert. Musikalisch lehnten sie sich an das an, was auch die New Christy Minstrels in jenen Tagen in der ersten Hälfte der 60er Jahre in den USA boten. Nachdem sie 1963 einen Plattenvertrag erhalten hatten, kamen sie im Frühjahr des darauffolgenden Jahres mit dem Titel »*Don't Let The Rain Come Down (Crooked Little Man)*« bis auf Platz 6 in den USA. Die Nummer hatte Ersel Hikkey mitgeschrieben, von dem auch der Beach-Boys-Hit »*Blue Birds Over The Mountain*« stammt und der selbst als Rockabilly-Interpret in der zweiten Hälfte der 50er Jahre recht schöne Platten gemacht hat. »*Beans In My Ears*« war drei Monate später wieder ein typischer Nachfolgehit, der es in die Top 30 brachte. Danach waren sie in den USA eine Live-Attraktion, die allerdings nicht mehr in den Hitparaden auftauchte.

Der Hit: *Don't Let The Rain Come Down (Crooked Little Man)*

Sevelle, Taja

* 18.3.1962 in Minneapolis. Taja ist eine der vielen Sängerinnen, die Prince entdeckt und gefördert hat. Im Herbst 1987 brachte sie auf dem Paisley Park Label die Nummer »*Love Is Contagious*«, die sie selbst geschrieben hatte, auf den Markt und erreichte im Frühjahr 1988 damit Platz 7 in GB, aber nur 62 in den USA. Warum es keine weiteren Hits von Taja gab, bleibt das kleine Geheimnis zwischen ihr und Prince, der offensichtlich schnell die Lust an seinen neuen Entdeckungen verliert, siehe auch Apollonia 6, Sheila E. oder Cat.

Der Hit: *Love Is Contagious*
Der Tip: *Taja Sevelle* (Reprise 925 546-2)

Séverine

* 10.10.1948 als Josiane Grizeau. Séverine begann als Sängerin in diversen Amateurbands und nahm 1969 ihre erste Platte auf. 1971 siegte sie beim Grand Prix Eurovision mit dem Titel »*Un Banque, Un Arbre, Une Rue*«, der es zumindest in GB bis auf Platz 9 in den Charts brachte. In Deutschland hatte sie mit einer deutschen Version des Titels, »*Mach die Augen zu (und wünsch dir einen Traum)*« mehr Erfolg als mit dem Original: sie erreichte Platz 20. Danach sang sie Prachtwerke wie »*Ja, der Eiffelturm*«, »*Der Duft von Paris*« oder »*Vergessen heißt verloren sein*«. Nach 1976 war sie für den deutschen Markt verloren, obwohl sie bis in die 90er Jahre Platten veröffentlichte.

Der Hit: *Un Banque, Un Arbre, Une Rue*

Seville, David

* 27.1.1919 als Ross Bagdasarian, † 16.1.1972. Der amerikanische Songschreiber, Schauspieler und Tontüftler schrieb bereits 1939 mit an der Nummer »*Come On-A-My House*«, die 1951 ein Riesenhit für Rosemary Clooney wurde. Anfang der 50er war er in Filmen wie »*Viva Zapata*« (1952) und »*Fenster zum Hof*« (1954) von Alfred Hitchcock zu sehen. Um neben seiner Aktivität als Schauspieler in Plattenstudios arbeiten zu können, legte er sich das Pseudonym David Seville zu. Nach mehreren Anläufen gelang ihm mit »*Witch Doctor*« im Frühjahr 1958 ein Spitzenreiter in den USA, 11 in GB. Danach erfand er die Chipmunks, indem er sich eines Tricks bediente, den er schon bei »*Witch Doctor*« angewandt hatte: Er sang alle Stimmen, die er dann mit unterschiedlichen Bandgeschwindigkeiten mischte. Die Chipmunks hatten etliche Top-10-Erfolge.

Der Hit: *Witch Doctor*

Sex Pistols

Johnny Rotten, v (* 30.1.1956 als John Lydon); Steve Jones, g (* 3.5.1955); Glen Matlock, b (* 27.8.1956); Paul Cook, d (* 20.7.1956); Sid Vicious, b/v (* 10.5.1957 als John Simon Beverly, † 2.2.1979).

Zwei Jahre lang, vom November 1975 bis zum Januar 1978, waren sie die erfolgreichste und tonangebende britische Punk-Band. Manager Malcolm McLaren sorgte schon in den Anfangstagen dafür, daß die Gruppe sich mehr über Provokationen und rüpelhaftes Benehmen definierte als über ihre Musik. Daß das Ganze mehr oder weniger eine gehypte Kiste war, wurde im Film »*The Great Rock 'n' Roll Swindle*« offengelegt. Die erste Single der Band war »*Anarchy In The UK*«, die Ende 1976 von der Plattenfirma EMI veröffentlicht wurde. Wenige Tage nach der Veröffentlichung wurde sie wegen des provozierenden Textes wieder zurückgezogen. Es genügte jedoch, um die Band bekannt zu machen, und mit Kußhand erhielten sie bei Virgin einen neuen Plattenvertrag. *»God Save The Queen«* erschien Mitte 1977 in den britischen Charts und wurde Platz 2. Inzwischen hatte Matlock Anfang 1977 die Band verlassen, und für ihn war Sid Vicious neu hinzugekommen. Der drehte das schlechte Image der Gruppe sogar noch mehr auf und war nachher ein solch großes Aushängeschild für die Gruppe, daß er später auf den Plattenhüllen extra genannt wurde. *»Pretty Vacant«* und *»Holidays In The Sun«* 1977, *»No One Is Innocent (A Punk Prayer By Ronald Biggs)/ My Way«* 1978, *»Something Else/Friggin' In The Riggin«*, *»Silly Thing/Who Killed Bambi«* und *»C'mon Everybody«* 1979 waren weitere Top-10-Erfolge dieser Band, die sich Anfang 1978 bereits aufgelöst hatte. Johnny Rotten hatte sich von der Gruppe getrennt und mit Public Image Ltd. eine eigene Band gegründet. Der Erfolg der letzten drei Top-10-Singles ist wohl auch auf den Tod von Sid Vicious Anfang 1979 in New York zurückzuführen. Im Oktober 1978 hatte man seine Freundin Nancy in seinem Hotelzimmer erstochen aufgefunden und Vicious daraufhin wegen Mordverdachts verhaftet. Einige Zeit später wurde er auf Kaution freigelassen und starb 1979 an einer Überdosis Heroin. *»Something Else«* und *»C'mon Everybody«* waren beide für den 1960 verstorbenen Rocker Eddie Cochran Hits gewesen und von ihm mitgeschrieben worden. Insofern könnte man zumindest vermuten, daß das Gedankengut, das er in seinen Liedern transportierte, sich auch von der Jugend Ende der 70er Jahre gut nachempfinden ließ. Aber wahrscheinlich wird sich das auch nie ändern, daß die Jugendlichen gegen die Werte der Erwachsenen ankämpfen, und um dann für ihr Anliegen genügend Popularität zu erreichen, sind ihnen viele Mittel recht. Die Provokationen und das Outfit der Sex Pistols oder, um es auf den deutschen Markt zu münzen, der Toten Hosen haben nur den Zweck, sich in den Medien, die ja von den Erwachsenen beherrscht werden, Aufmerksamkeit zu verschaffen. Wenn sie es dann geschafft haben, kommt unweigerlich der Erfolg, und kurz darauf werden sie brav, weil sie selbst zum Establishment gehören. Diese Geschichte wiederholt sich in der Pop-Musik von Elvis Presley über die Rolling Stones, Ramones und Sex Pistols bis zu . . . (bitte hier die neueste Band eintragen, die mit zwei Akkorden die Hitparaden aufrollt). Ende 1992 kam *»Pretty Vacant«* mit den Sex Pistols erneut in die Top 75 in GB.

Der Hit: *God Save The Queen*
Der Tip: *Never Mind The Bollocks Here's The Sex Pistols* (Virgin 25 593 XOT)

S-Express

Mark Moore, key (* 12.1.1967); Michelle, v; Chilo Harlo, v/per; Billy Ray Martin, v; Eric Robinson, d; Linda Love, key; Mark D.; Jocasta; Pascal.
Hinter diesem britischen Projekt steckt Mastermind Mark Moore, der Anfang 1988 die Dancefloor Music mit einem neuen Sound und neuen Techniken revolutionierte. Moore machte Acid-House Music, bevor dieser Begriff überhaupt geprägt wurde. Seine ersten Erfahrungen sammelte er als DJ im legendären Londoner Wag Club. Ihren ersten Hit hatte die Formation im Frühjahr 1988 mit »*Theme From S-Express*«. Die Platte wurde Spitzenreiter in GB und 2 in Deutschland. Der Nachfolger »*Superfly Guy*«, ebenfalls 1988, und »*Hey Music Lover*« 1989 erreichten ebenfalls die Top 10. Danach gab es noch zwei weitere Hit-Notierungen, die jedoch nicht unter die ersten 20 kamen.

Der Hit: *Theme From S-Express*
Der Tip: *Original Soundtrack* (Rough Trade L1-330)

Shadows

Hank B. Marvin, g (* 28.10.1941 als Brian Robson Rankin); Bruce Welch, g (* 2.11.1941); Jet Harris, b (* 6.7.1939 als Terence Hawkins); Tony Meehan, d (* 2.3.1943 als Daniel Meehan); Brian Bennett, d (* 9.2.1940); Brian »Licorice« Locking, b; John Rostill, b (* 16.6.1942, † 26.11.1973). Außerdem waren mit dabei: John Farrar, Alan Jones, Alan Hawkshaw, Geoff Hatherton, Cliff Hall, Alan Tarney, Dave Lawson, Dave Richmond u. a.
Lange Zeit stand diese britische Formation im Schatten von Cliff Richard. Ihre ersten Plattenaufnahmen ohne Cliff hatten sie noch als Drifters gemacht. Nachdem dann die gleichnamige amerikanische Gruppe davon Wind bekam und auf ihre älteren Rechte pochte, nannten sich die Briten Shadows. Mitte 1960 erschien die von dem britischen Gitarristen Jerry Lordan geschriebene Nummer »*Apache*« in GB und wurde Spitzenreiter. Auch in Deutschland kam »*Apache*« unter die ersten 10. Bis 1979 gelangen der Gruppe 15 weitere Top-10-Erfolge, davon vier weitere Spitzenreiter: »*Kon-Tiki*« 1961, »*Wonderful Land*« und »*Dance On*« 1962 und »*Foot Tapper*« 1963. Durch die Jahre waren es zwei Musiker, die die Richtung der Band bestimmten: Bruce Welch und Hank B. Marvin, dessen Idol Buddy Holly war und der sich aus diesem Grund eine Brille wie Buddy zulegte. Besonders Marvin ist es zu verdanken, daß die Shadows aus der langen Reihe von britischen Instrumental- und Begleitgruppen jener Tage Anfang der 60er Jahre hervorstachen. Zum einen ist er ein wirklich hervorragender Gitarrist, zum anderen ein ausgezeichneter Songschreiber, der im Laufe der Jahre nicht nur für die Shadows, sondern auch große Hits für Cliff Richard schrieb. Marvin hatte 1957 mit Bruce

Welch in ihrer gemeinsamen Heimatstadt Newcastle die Skiffle-Gruppe Rail Roaders gegründet. Im Mai 1958 gingen sie nach London und formierten die Five Chesternuts. Sie veröffentlichten erfolglos eine Single und wurden dann als Begleitmusiker für Cliff Richard engagiert, der im Oktober 1958 im Vorprogramm der Kalin Twins durch GB ziehen sollte. Der Name Shadows zieht sich bis in die 90er Jahre. 1991 veröffentlichten sie die LP »*Reflections*«. Im Laufe der Jahre sollten neben Hank B. Marvin und Bruce Welch etliche Musiker bei den Shadows spielen. Die Mitglieder der ersten Erfolgsbesetzung Meehan und Harris konnten Anfang der 60er Jahre, nachdem sie aus der Band ausgestiegen waren, gemeinsam und als Solisten Erfolge feiern. Tragisch das Schicksal von John Rostill, der zu Hause durch einen Stromschlag seines elektrischen Basses starb. Über den Australier John Farrar kam Bruce Welch an Olivia Newton-John, mit der er lange zusammen arbeiten sollte. Aber nicht Welch ging nach Australien, sondern Marvin. Dort lebt er heute noch. Trotzdem kommt es zu gelegentlichen Reunions.

Der Hit: *Apache*
Der Tip: *The Early Years 1959 – 1966* (EMI CDS 7 97171 2)

Shadows Of Knight

Jim Sohns, v; Joe Kelley, g; Jerry McGeorge, g; Norm Gotsch, b; Warren Rogers, b/g; Tom Schiffour, d; Dave »The Hawk« Wolinski, b/g.
Diese aus Chicago stammende Garagenband hatte im Frühjahr 1966, als diese Musik unter den Jugendlichen der USA gerade als chic galt, mit einer Version des Them/Van-Morrison-Hits »*Gloria*« einen Top-10-Erfolg in den USA. Es folgten noch vier weitere Hit-Notierungen bis 1968 und mit Aufkommen der Hippie-Glückseligkeit 1967 keine guten Zeiten mehr für diese Art von Musik.

Der Hit: *Gloria*

Shaft

Mark Pritchard und Adrian Hughes steckten hinter diesem Projekt. Ihr Titel »*Roobarb & Custard*« kam zu Weihnachten 1991 in die britischen Charts, erreichte Platz 7. Die Platte war eine ziemlich überflüssige und laue Mixtur aus Dance und Disco Music, die es nicht zu einem Nachfolgehit brachte.

Der Hit: *Roobarb & Custard*

Shag

Diese Gruppe war wieder einmal eins der Pseudonyme von Jonathan King. Mit seiner Version der Schlichtnummer *»Loop Di Love«* kam er im Herbst 1972 in die britischen Charts und erreichte Platz 4. Alles andere siehe unter Jonathan King.

Der Hit: *Loop Di Love*

Shai

Garfield A. Bright, Marc Gay, Carl Martin, Darrell van Rensalier, alle v.
Der Name dieser amerikanischen Gesangsformation, die sich an der Howard University in Washington zusammenfand, bedeutet »die Personifizierung des Schicksals«. Sie nahmen ein Demoband auf, das sie an die lokale Radiostation WPGC schickten, die den Titel toll fand und einsetzte. Andere Stationen in Detroit, Houston, Chicago und San Diego folgten, und nach Veröffentlichung der Platte im Herbst 1992 kletterte *»If I Ever Fall In Love«* in nur sechs Wochen bis auf Platz 2 der US-Charts. Anfang 1993 hatten sie mit *»Comforter«* einen weiteren Top-10-Erfolg. Das könnte der Beginn einer Karriere sein.

Der Hit: *If I Ever Fall In Love*
Der Tip: *... If I Ever Fall In Love* (Gasoline Alley MCD 10 765)

Shakatak

Jill Saward, v; Jackie, Rawe, v; Bill Sharpe, key; George Anderson, b; Keith Winter, g; Nigel Wright, key/syn; Roger Odell, d; Steve Underwood, b.
Diese britische Jazz/Funk-Gruppe hatte ihre Hit-Notierungen zwischen 1980 und 1988. Neben Level 42 waren sie die populärsten Vertreter dieses Stils in GB. Wright, Underwood und Odell kamen aus einer 12-Mann-Band, die im Stile der Crusaders vorwiegend um London herum spielten. Odell hatte außerdem eine Jazz-Rock-Band, die Tracks hieß. Darin spielten außerdem noch Sharpe und Winter. Diese fünf – Sharpe, Underwood, Odell, Winter und Wright – waren die Urbesetzung von Shakatak, und in dieser Besetzung nahmen sie auch ihre erste LP, *»Drivin' Hard«*, auf. Ihr Single-Chart-Debüt in GB gaben sie Ende 1980 mit *»Feels Like The Right Time«*. *»Night Birds«* 1982 und *»Down On The Street«* 1984 erreichten beide in GB Platz 9. Ansonsten dümpelte diese Formation meist im Mittelfeld der britischen Hitparade. 1982 hatte Underwood die Gruppe verlassen und war durch Anderson ersetzt worden. Im gleichen Jahr wurden als weitere Mitglieder der Gruppe zwei Sängerinnen, Jack and Jill, genannt. In

dieser Besetzung erschienen 1982 gleich zwei LPs. 1984 hatten sich Jackie und Wright verabschiedet. In der Besetzung Saward, Sharpe, Winter, Anderson und Odell spielten sie durch die 80er Jahre weitere Platten ein.

Der Hit: *Down On The Street*
Der Tip: *The Coolest Cuts* (Polydor 837 738-2)

Shakespear's Sister

Siobhan Marie Deidre Fahey-Stewart, v (* 10.9.1958); Marcella Detroit, v (* 21.6.1959).
Ende 1987 verließ Siobhan die erfolgreiche Formation Bananarama, um sich auf eine Solokarriere zu konzentrieren. Allerdings wurde es dann doch keine Solokarriere, denn zusammen mit der Amerikanerin Marcella Detroit machte sie das Projekt Shakespear's Sister. Detroit hatte zusammen mit Eric Clapton die Nummer *»Lay Down Sally«* geschrieben. Zum Zusammenspiel der beiden sagte Siobhan: »Wir sind nicht zusammen, weil sich jeder von uns bereits einen Namen gemacht hat, sondern weil wir bereit sind, neue Dinge zu versuchen. Durch ihre amerikanische Herkunft haben Marcella und Richard Feldman, unser Produzent, die Musik von Motown und George Clinton im Blut, während ich am meisten von der britischen Szene à la Roxy Music, The Smiths oder Marc Bolon inspiriert wurde. Jetzt endlich mache ich, was mir Spaß macht.« Ihre erste Single *»Break My Heart«* wurde ein Flop. Die Nachfolge-Single *»You're History«* kam Mitte 1988 bis auf Platz 7 in den GB-Charts. Mit *»Stay«* kam Anfang 1992 die erste Platte von Shakespear's Sister in die britischen Charts auf Platz 1. In Deutschland erreichte der Titel Platz 3, in den USA 4. *»I Don't Care«* wurde Mitte 1992 ein weiterer Top-10-Erfolg der beiden. Ab Mitte 1990 verzichteten die Schwestern auf das Apostroph bei Shakespears. Inzwischen lebt auch Siobhan Fahey in Los Angeles – zusammen mit ihrem Mann Dave Stewart, erfolgreich mit den Eurythmics und als Solist.

Der Hit: *Stay*
Der Tip: *Hormonolly Yours* (London Records 828 266 2)

Shaky & Bonnie

Shaky, v (* 4.3.1948 als Michael Barrett alias Shakin' Stevens); Bonnie, v (* 8.6.1953 als Gaynor Hopkins alias Bonnie Tyler).
Mit einer Neuauflage der Brook-Benton- und Dinah-Washington-Nummer *»A Rockin' Good Way«* aus dem Jahre 1960 kamen Shaky & Bonnie im Januar 1984 in

die britischen Charts und erreichten Platz 5. Ansonsten konzentrieren sie sich mehr auf ihre jeweiligen Soloaktivitäten.

Der Hit: *A Rockin' Good Way*

Shalamar

Jody Watley, v (* 30.1.1959); Jeffrey Daniels, v (* 24.8.1955); Gerald Brown; Howard Hewett, v (* 1.10.1955); Delisa Davis, v; Micki Free, v; Sydney Justin, v.
Dieses schwarze Gesangstrio wurde 1978 durch Don Cornelius, den Produzenten und Moderator der TV-Sendung »Soul Train«, gegründet. Im Frühjahr 1977 hatten unbekannte Session-Sänger als Shalamar eine Mixtur aus Soul-Hits unter der Hauptüberschrift *»Uptown Festival (Part 1)«* gesungen und waren damit bis auf Platz 25 der US-Charts vorgedrungen. Jody Watley hatte in »Soul Train« als Tänzerin ihre Karriere begonnen. Neben ihr waren in der Neugründung Shalamar Jeffrey Daniels und Gerald Brown. Brown stieg im Frühjahr 1979 wieder aus und wurde durch Hewett ersetzt. Ende 1979 stand *»The Second Time Around«* in den USA unter den ersten 10 und wurde ein Millionseller. Bis 1984 folgten weitere Hit-Notierungen. Dann verließen Watley und Daniels die Band, um Solokarrieren zu beginnen. Für sie kamen Delisa Davis, die vorher Miß Teenage Georgia und Miß Tennessee State geworden war, und Micki Free. Hewett verließ Shalamar ein Jahr später, und für ihn kam Sydney Justin, vorher ein Footballspieler bei den L.A. Rams. Was nicht mehr kam, waren Hits in den Pop-Charts. Zumindest Jody Watleys Solokarriere wurde sehr erfolgreich.

Der Hit: *The Second Time Around*
Der Tip: *Big Fun* (Solar FL 13479)

Shamen

Colin Angus, v/g/key (* 24.8.1961); Peter Stephenson (* 1.3.1961); Derek McKenzie, g (* 27.2.1964); Keith McKenzie, g (* 30.8.1961); William Sinnott, b (* 23.12.1960, † 23.5.1991); Mr. C, v; Jhelisa Anderson, v; Plavka Lonich, v.
1986 gaben die Shamen als Quartett ihr Debüt mit der Maxi *»They May Be Right«*. Im Sommer 1987 erschien ihre erste LP: *»Drop«*. Im gleichen Jahr entdeckte Colin seine Vorliebe für Hiphop und House-Underground, und der Gitarrist Derek McKenzie verließ die Band. Neu hinzu kam William Sinnott. Die nächste Single, *»Christopher Mayhew Says«*, zeigte, wie es weitergehen sollte. Samples erzeugten eine Atmosphäre, vergleichbar einem Film, der zerschnitten und wahllos wieder zusammengesetzt mit erhöhter Geschwindigkeit abgespult wird. »Christopher Mayhew« war im übrigen bis Mitte 1974 Labour-Mitglied und

britischer Verteidigungsminister, der sich in den 50er Jahren für LSD-Tests angeboten hatte. Die nächsten Platten brachten eine Fusion von Acid-House-Elementen und Rock, und auf der nächsten LP, *»In Gorbatchev We Trust«*, war die schottische Formation Shamen zum Duo Angus/Sinnott geschrumpft. In den Hitparaden tauchte die Gruppe erstmals im Frühjahr 1990 mit *»Pro-Gen«* auf. Schnell wurden sie als »The Monsters of Dance« bezeichnet, und als ihre direkten Konterparts sah ihre eigene Plattenfirma Künstler wie KLF, Dr. Alban oder Snap. Der große Erfolg kam für Shamen mit *»Move Any Mountain«*. Möglich, daß der tragische Tod von Sin bei den Dreharbeiten für ein Video zu dieser Platte vor Gomera Shamen erst richtig populär machte. Sinnott ertrank im Mai 1991, und zwei Monate später kam die Single Mitte 1991 in die Charts, erreichte Platz 4 in GB und wurde ein Top-40-Hit in den USA. Angus machte in der Folgezeit mit wechselnden Gastmusikern als Shamen weiter. *»LSI«*, *»Ebeneezer Goode«* – ein Spitzenreiter –, *»Boss Drum«* und *»Phorever People«* wurden 1992 Top-10-Erfolge für Angus.

Der Hit: *Ebeneezer Goode*
Der Tip: *Boss Drum* (Rough Trade RTD 130 139 2 2)

Sham 69

Jimmy Pursey, v; Albie Slider, b; Dave Treggana, b; Neil Harris, g; Johnny Goodfornothing, g; Billy Bostik, d; David Parsons, g; Mark Cain, d; Rick Goldstein, d.

Sham 69 war eine der Working-Class-Punk-Bands, die sich mit am längsten halten konnte. Sie wurde 1976 als Quintett von Pursey gegründet, der als absoluter Idealist galt und die erste Besetzung innerhalb eines Jahres feuerte, weil sie sich nicht genügend engagierten. Die neue Formation umfaßte Treggana, Cain und Parsons, der mit Pursey zusammen den Kopf bildete. In der britischen Hitparade tauchte Sham 69 zum erstenmal 1978 auf: *»Angels With Dirty Faces«* erreichte im Frühjahr die Top 20, und mit *»If The Kids Are United«* und *»Hurry Up Harry«* standen sie noch im selben Jahr unter den ersten 10. 1979 wurde Cain durch Goldstein ersetzt. *»Hersham Boys«* wurde im Herbst 1979 ihr letzter Top-10-Hit. Auch wenn die Plattenfirma der Gruppe es nicht gerne sah: nach 1980 war auch die Zeit für diese Punk-Formation vorbei. Pursey versuchte sich erfolglos als Solist, und Anfang der 90er Jahre kam die Formation zu Nostalgie- und Revivalkonzerten wieder zusammen.

Der Hit: *Hersham Boys*
Der Tip: *The Adventures Of Hersham Boys* (Teldec 6.28497)

Shangri-Las

Mary Weiss; Betty Weiss; Mary Ann Ganser († 1971); Marge Ganser (†).
Die Shangri-Las galten als die »punkiest« der vielen Girl Groups in der ersten Hälfte der 60er Jahre. Die beiden Schwestern Weiss und die Zwillinge Marge und Mary Ann waren zwischen 16 und 17 Jahre alt, als sie an ihrer Schule in Queens, New York, um 1963 herum zu singen begannen. Anfang 1964 nahmen sie ein Demo von *»Remember (Walking In The Sand)«* auf, bei dem ein junger Mann namens Billy Joel Piano spielte. Nach der Veröffentlichung der Platte kam die Nummer im August 1964 in die US-Charts und wurde Platz 5. In GB erreichte sie 14. Der Nachfolger wurde *»Leader Of The Pack«*, kam zwei Monate nach dem ersten Hit in die US-Charts und erreichte den Spitzenplatz, in GB bei der Erstveröffentlichung Platz 11, 1972 Platz 3, 1976 Platz 7. *»I Can Never Go Home Anymore«* Ende 1965 war der dritte und letzte Top-10-Erfolg der Shangri-Las. Auf vielen Plattenhüllen sind drei Shangri-Las abgebildet. Das hat damit zu tun, daß sie bei öffentlichen Auftritten häufig nur zu dritt waren, wenn einer der jungen Damen »mal übel war«. Das entwickelte sich im Laufe der Zeit zu einer schlechten Angewohnheit – aufgrund ihrer schlechten Angewohnheiten. Nach 1966 wurden sie nicht mehr notiert. Zu diesem Zeitpunkt verließ Marge das Quartett, und der Rest machte noch bis 1968 als Trio weiter. Mary Ann starb 1971 an Gehirnhautentzündung, ihre Schwester später an einer Überdosis Drogen.

Der Hit: *Leader Of The Pack*
Der Tip: *The Dixie Cups Meet The Shangri-Las* (Charly Records CD 38 TIS)

Shanice

* 14.5.1973 als Shanice Lorraine Wilson. Mit elf Jahren spielte Shanice in einer Los-Angeles-Aufführung des Musicals *»Get Happy«* und beeindruckte mit ihren Leistungen so sehr, daß sie ihren ersten Schallplattenvertrag erhielt, und 1987 erschien ihre erste LP, *»Discovery«*. *»(Baby Tell Me) Can You Dance«* war Ende 1987 ihre erste Hit-Notierung, ein Top-50-Hit. Danach sollte es noch vier Jahre dauern – inzwischen war sie bei Tamla Motown unter Vertrag –, bis mit der Nummer *»I Love Your Smile«* Ende 1991 ihre erste Erfolgs-Single erschien. Die Platte erreichte Platz 2 in den USA, in GB und Deutschland. Wiederum ein Jahr später kam sie auf Platz 4 in den USA mit einem Titel aus der TV-Serie »90210 Beverly Hills«, *»Saving Forever For You«*.

Der Hit: *I Love Your Smile*
Der Tip: *Inner Child* (Motown 374 636 319 2)

Shannon

* 1958 als Brenda Shannon Greene. 1983 erschien die Debüt-Platte dieser amerikanischen Sängerin. Es war »*Let The Music Play*«, die in den USA ein Millionseller und Platz 8, Anfang 1984 Platz 14 in GB und 5 in Deutschland wurde. Was sie sicher nicht wußte war, daß diese Nummer ihr größter Hit bleiben sollte. Jeweils 1984 und 1985 hatte sie noch weitere Hit-Notierungen in den amerikanischen Pop-Charts, die jedoch nicht über Platz 40 hinauskamen.

Der Hit: *Let The Music Play*
Der Tip: *Let The Music Play* (Bellaphon 260.19.001)

Shannon, Del

* 30.12.1939 als Charles Westover, † 8.2.1990. Der amerikanische Sänger und Songschreiber hatte während seiner Militärzeit in der U.S. Army über die Senderkette des AFN in Deutschland eine eigene Radio Show, die »Get Up And Go« hieß. Zurück in den USA, arbeitete er tagsüber in einem Teppichladen, nachts sang er in Clubs. Dort wurde er entdeckt und erhielt einen Plattenvertrag. Seine erste Hit-Notierung Anfang 1961 war die Nummer »*Runaway*«, die Platz 1 in den USA und in GB wurde. Der Nachfolger »*Hats Off To Larry*« war ebenfalls Top 10 in den USA und GB. »*So Long Baby*«, noch 1961, »*Hey, Little Girl*« und »*Swiss Maid*« 1962, »*Little Town Flirt*« und »*Two Kinds Of Teardrops*« 1963 waren Top-10-Erfolge nur in GB. Sowohl in den USA als auch in GB erreichte er mit »*Keep Searchin' (We'll Follow The Sun)*« Ende 1964 seinen letzten Top-10-Erfolg. Nach seinen großen Hits arbeitete er weiter als Songschreiber – so stammt von ihm z. B. »*I Go To Pieces*« für Peter & Gordon –, Produzent und Interpret. Speziell in GB hatte er noch so viele Fans, daß er dort immer noch auftreten konnte, nachdem seine Hochzeit in den Hitparaden schon lange vorüber war. Zu seinen späteren Produzenten gehörten Tom Petty oder auch Jeff Lynne. Petty produzierte Dels letzte Hit-Notierung »*Sea Of Love*« Ende 1981. Weil Petty und Lynne ausgemachte Shannon-Fans waren – Jeff ja schon, weil er am gleichen Tag Geburtstag hat –, vermutete man sicher nicht zu Unrecht, Del würde nach dem Tode von Roy Orbison dessen Platz bei den Traveling Wilburys einnehmen. Doch dazu kam es nicht mehr. Del erschoß sich, unter tiefen Depressionen leidend, am 8.2.1990. Posthum erschien das Album »*Rock On!*«, auf dem wieder Petty und Lynne, der es auch produziert hatte, mitspielten.

Der Hit: *Runaway*
Der Tip: *The Collection* (Line IMCD 9.00436 0)

Shapiro, Helen

* 28.9.1946. Noch während ihrer Schulzeit wurde die britische Sängerin und Schauspielerin wegen ihrer männlichen Stimme Nebelhorn genannt. Sie war immer noch Schülerin, als sie im Frühjahr 1961 mit *»Don't Treat Me Like A Child«* Platz 3 in den GB-Charts erreichte. Schon in diesen Anfangstagen wurde ihr Outfit auf so alt getrimmt – hochtoupierte Betonfrisur und Glockenrock-Cocktailkleid –, daß sie sich im Laufe der Jahre zu verjüngen schien. *»You Don't Know«* und *»Walkin' Back To Happiness«* waren noch 1961 Spitzenreiter in GB. *»Tell Me What He Said«* und *»Little Miss Lonely«* erreichten 1962 die britischen Top 10, und danach bröckelte ihr Erfolg in den Charts ab. Inzwischen sang sie auch Liedchen in deutscher Sprache. So wurde z. B. aus *»Tell Me What He Said« »Frag' mich nicht warum«*. Als Schauspielerin war sie zu sehen in *»It's Trad, Dad«* und *»Play It Cool«*, beide 1962. Später trat sie als Nancy in einem Revival von Lionel Barts Musical »Oliver!« auf und veränderte ihren musikalischen Stil in Richtung Jazz. 1987 nahm sie eine Platte mit Songs von Johnny Mercer auf.

Der Hit: *Walkin' Back To Happiness*
Der Tip: *The EP Collection* (See For Miles SEE CD 272 TIS)

Sharkey, Feargal

* 13.8.1958. Der Brite mit der unverkennbaren, prägnanten Stimme hatte seine ersten Erfolge 1978 als Leadsänger der Undertones, mit denen er bis in die Top 10 vordrang. Im Juni 1983 löste sich die Band auf, und Feargal machte mit Vince Clarke Assembly, deren Hit *»Never Never«* Ende 1983 in GB ein Top-10-Erfolg war. Clarke arbeitete aber offensichtlich gedanklich schon an seinem weiteren Projekt Erasure. Ende 1984 kam Feargal als Solist. Der Titel *»A Good Heart«*, geschrieben von Maria McKee und produziert von David A. Stewart (Eurythmics), wurde Spitzenreiter in GB und Platz 4 in Deutschland. Der Nachfolger *»You Little Thief«* war ein weiterer Top-10-Erfolg Anfang 1986. Danach erschienen regelmäßig weitere Veröffentlichungen, z. B. Anfang 1991 ein Platz 12 in GB mit *»I've Got News For You«*. Der Titel von der CD *»Songs From The Mardi Gras«*, die den Wandel in Sharkeys Titeln von Pop zu einer Musik zeigt, die mehr im Rhythm & Blues und Soul verwurzelt ist.

Der Hit: *A Good Heart*
Der Tip: *Feargal Sharkey* (Virgin CDV 2360)

Sharp, Dee Dee

* 9.9.1945 als Dione LaRue. Die aus Philadelphia stammende Sängerin begann ihre Karriere 1961. In jenem Jahr suchte die Firma Cameo-Parkway junge Backgroundsängerinnen, die außerdem Klavier spielen und Noten lesen konnten. Nachdem sie vorgesungen hatte, bekam Dee Dee den Job. Bei Aufnahmen von Bobby Rydell oder dem Titel *»Slow Twistin'«* von Chubby Checker ist sie z. B. zu hören. Ab 1962 war sie selbst als Solistin erfolgreich. Ihre größten Top-10-Hits waren *»Mashed Potato Time«*, *»Gravy (For My Mashed Potatoes)«* und *»Ride!«* 1963. Bis 1964 gelangen ihr noch fünf weitere Chart-Entries, und 1967 heiratete sie den erfolgreichen Songschreiber und Produzenten Kenny Gamble. Danach machte sie Platten als Dee Dee Sharp Gamble, die jedoch nicht so erfolgreich waren.

Der Hit: *Mashed Potato Time*
Der Tip: *Cameo Parkway Sessions* (London HAU 8514)

Shaw, Artie

* 23.5.1910 als Arthur Jacob Arshawsky. Der amerikanische Klarinettist, Komponist und Orchesterleiter spielte mit verschiedenen Bands, z. B. Red Nichols und Vincent Lopez, bevor er 1936 eines der erfolgreichsten Orchester der Swing-Ära gründete. Neben Benny Goodman gilt er als der größte Klarinettist dieser Zeit. Seine erste Hit-Notierung hatte Artie Ende 1936 mit dem Top-10-Erfolg *»There's Frost On The Moon«*. *»Begin The Beguine«* war im Herbst 1938 Millionseller und Spitzenreiter für ihn in den USA. Seine Plattenkarriere ging bis Ende 1952. Weitere Nummer-1-Hits waren *»They Say«* 1938, *»Thanks For Ev'rything«* 1939 und – wieder ein Millionseller – *»Frenesi«* 1940. Keine Spitzenreiter, aber Top 10 und Millionseller, waren noch 1941 *»Summit Ridge Drive«* und *»Dancing In The Dark«*. Shaw war achtmal verheiratet. Zu seinen Ehefrauen gehörten Lana Turner und Ava Gardner. Später wurde Artie Theater- und Filmproduzent. Seine Autobiographie schrieb er bereits 1952, die – vielleicht in Anlehnung an seine zahlreichen Ehefrauen – »Trouble With Cinderella« hieß.

Der Hit: *Frenesi*
Der Tip: *This Is Artie Shaw* (RCA VPS-6039/1-2)

Shaw, Georgie

Zusammen mit Jimmy Leyden und dessen Chor und Orchester hatte der amerikanische Sänger, der im Stil von Eddie Fisher sang, Anfang 1954 den Top-

10-Hit »*Till We Two Are One*« in den US-Charts. Noch im gleichen Jahr erreichte er die Top 30 mit »*Someone Else's Love Song*«. Bis Ende 1956 schaffte er es, noch 4 weitere Platten in die amerikanische Hitparade zu bringen, eine davon sang er im Duett mit Kitty Kallen. Danach war seine Erfolgszeit vorüber.

Der Hit: *Till We Two Are One*

Shaw, Sandie

* 26.2.1947 als Sandra Goodrich. Diese britische Sängerin hatte ihre große Zeit zwischen 1964 und 1969. Bei einem Konzert von Adam Faith kämpfte sie sich vor bis in dessen Garderobe, sang ihm etwas vor und beeindruckte ihn damit so sehr, daß er sie unter Vertrag für seine Managementfirma nahm. Produzent Tony Hatch kam auf die Idee, sie barfuß singen zu lassen, um der Presse einen Aufhänger für Berichte zu geben. Es heißt allerdings auch, daß sie immer barfuß auftrat, weil sie, sehr kurzsichtig, Angst davor hatte, mit Stöckelabsätzen über auf der Bühne herumliegende Kabel zu stolpern. Ihre erste Veröffentlichung war der Chris-Andrews-Titel »*As Long As You're Happy*«, der ein Flop wurde. Ihre erste Hit-Notierung war gleich der Spitzenreiter »*(There's) Always Something There To Remind Me*«. Die von Burt Bacharach und Hal David geschriebene Nummer hatte vorher in den USA Lou Johnson veröffentlicht. Schon nach einigen Fernsehauftritten wurde Sandy – die typisch war für den Look der 60er Jahre: groß, gutaussehend und mit Model-Zügen – enorm populär in GB. Fast alle ihre nächsten Hits hat Chris Andrews geschrieben. »*Girl Don't Come*«, noch 1964, »*I'll Stop At Nothing*«, der Spitzenreiter »*Long Live Love*« und »*Message Understood*« 1965 und »*Tomorrow*« 1966 waren weitere Top-10-Erfolge. 1967 vertrat sie GB beim Grand Prix Eurovision und gewann. Der Siegertitel »*Puppet On A String*« wurde Spitzenreiter in GB und Deutschland. Im Frühjahr 1969 gelang Sandie mit der von Christian Bruhn komponierten Nummer »*Monsieur Dupont*« ein Platz 6 in GB, ihr letzter Top-10-Erfolg. Nach 1969 wurde sie für viele Jahre nicht mehr in den Hitparaden notiert. Dann tauchte sie plötzlich 1982 mit dem von Martyn Ware (B.E.F.) produzierten Titel »*Anyone Who Had A Heart*« auf. 1984 landete sie dann auch wieder unter den ersten 30 der GB-Charts mit der Nummer »*Hand In Glove*«, die die beiden Smiths-Mitglieder Morrissey und Marr geschrieben hatten. Morrissey selbst hat sich immer als großen Fan von Sandie Shaw bezeichnet. Durch die 80er Jahre machte sie weitere Plattenveröffentlichungen, die zwar von der Presse beachtet und gelobt, aber nicht gekauft wurden.

Der Hit: *Puppet On A String*
Der Tip: *Puppet On A String* (PYE RR 4092-WZ TIS)

Shay, Dorothy

* 1923 als Dorothy Sims, † 22.10.1978. Diese amerikanische Sängerin und Komikerin, die in den 40er Jahren in den USA als »The Park Avenue Hillbilly« populär war, hörte man 1947 regelmäßig in der Spike Jones Radio Show. Mit einem Titel aus dem 1945 erschienenen Broadway-Musical »Laffing Room Only« hatte sie Mitte 1947 Platz 4 in den USA: *»Feudin' And Fightin'«*. Es blieb ihr einziger Erfolg. 1951 machte sie mit im Abbott-&-Costello-Film *»Comin' 'Round The Mountain«*. Später war sie in der TV-Serie *»The Waltons«* zu sehen. Dorothy starb nach einem Herzanfall.

Der Hit: *Feudin' And Fightin'*

Shayne, Ricky

* 4.6.1944 als Charles Albert Tabett. Seine ersten Erfolge hatte der Sohn eines Libanesen und einer Französin in Italien mit *»Stanotte«* und *»Uno Dei Mods«*. Neben Udo Jürgens und Joachim Fuchsberger spielte Ricky 1966 in dem Film *»Siebzehn Jahr, blondes Haar«*. Anfang 1967 begann dann seine Plattenkarriere in Deutschland. *»Ich sprenge alle Ketten«*, geschrieben von Giorgio Moroder und Michael Holm, wurde Mitte des Jahres sein erster deutschsprachiger Top-20-Hit. Seinen größten und einzigen Top-10-Erfolg hatte Ricky Ende 1971 mit einer deutschen Version des Pop-Top-Hits *»Mamy Blue«*, die vergoldet wurde. Nach 1972 kam Shayne nicht mehr in die Hitparaden, obwohl er es immer wieder versuchte. 1988 sang er den Titel *»Face The World Alone«*, der in der ZDF-Serie *»Eurocops«* mit Heiner Lauterbach zu hören war. Alles Ton in Ton, aber kein Erfolg.

Der Hit: *Mamy Blue*

Shearston, Gary

* 9.1.1939. Der australische Sänger, Gitarrist und Songschreiber trat mit 19 als Profi mit traditioneller australischer Musik in Clubs, aber auch in Funk und Fernsehen auf. Seine ersten Plattenaufnahmen machte er Ende der 50er Jahre und veröffentlichte bis Mitte der 60er einige Alben. 1965 wurde er für die beste Komposition des Jahres ausgezeichnet: *»Sometime Lovin'«* wurde u. a. auch von Peter, Paul & Mary aufgenommen. 1968 zog er für vier Jahre in die USA, dann nach GB. Dort nahm er zwei Alben für das Label Charisma auf. Seinen einzigen Top-10-Hit außerhalb Australiens hatte er 1974: *»I Get A Kick Out Of You«* wurde Ende des Jahres Platz 7 in GB. Er veröffentlichte weiter Alben und trat in

europäischen Folk-Clubs auf, bis er 1988 nach Australien zurückkehrte. 1991 wurde er dort Deacon of the Anglican Church.

Der Hit: *I Get A Kick Out Of You*
Der Tip: *Dingo* (Charisma CAS 1091)

Sheer, Ireen

* 25.2.1949. Die in England geborene Sängerin wurde Anfang der 60er Jahre bei einem Talentwettbewerb entdeckt. Danach sang sie bei der Gruppe Family Dogg, in der sich auch Steve Rowland, Albert Hammond und Mike Hazelwood engagierten und die vor allem für ihre häufigen Besetzungswechsel bekannt war. Ab 1970 arbeitete Ireen als Solistin. *»Goodbye Mama«* war im Frühjahr 1973 ihre erste Hit-Notierung und ihr einziger Top-10-Erfolg. 1978 vertrat Ireen in Paris Deutschland beim Grand Prix Eurovision und belegte mit der Nummer *»Feuer«* Platz 6. Ireen und ihr Mann Gavin du Porter waren häufig Gast in sämtlichen nur möglichen TV-Sendungen in Deutschland. Ireens Plattenveröffentlichungen reichen bis in die 90er Jahre. 1991 veröffentlichte sie die Nummer *»Und heut abend hab ich Kopfweh«*, von der viele sagten, sie habe *»Das gewisse Etwas«* – so hieß ihre 1993 erschienene CD.

Der Hit: *Goodbye Mama*

Sheer Elegance

Bev Gordon, Dennis Robinson, Herbert Watkins, alle v.
Die Debüt-Single dieses britischen Soul-Trios erschien Mitte 1975 mit *»Going Downtown«*. Zu diesem Zeitpunkt lebten die drei Sänger, die alle von den Westindischen Inseln stammen, aber nicht das geringste Interesse an Reggae-Musik hatten, bereits seit 12 Jahren in GB und hatten einige musikalische Erfahrungen gesammelt: Gordon als Solist, Robinson spielte in G. I.-Bases auf dem Kontinent, und Watkins hatte eine eigene Gruppe. *»Milky Way«* war Ende 1975 ihr erster Hit-Eintrag und kam unter die Top 20. Als nächste Single erschien im Frühjahr 1976 *»Life Is Too Short Girl«*, die es unter die ersten 10 in GB brachte – offensichtlich hat man damals von Aids noch nichts gehört. *»It's Temptation«* kam Mitte 1976 nicht einmal mehr unter die ersten 40 und war ihre letzte Platte in den Charts.

Der Hit: *Life Is Too Short Girl*

Sheila & B. Devotion

Sheila (* 16.8.1946 als Annie Chancel). Erstmals trat Sheila Ende 1962 im französischen Fernsehen auf und wurde schnell zu einer Größe im Showbusineß des französischen Sprachraums. Bis dahin hatte sie schon zahlreiche Auftritte hinter sich, bei denen sie mit den Guitar Brothers Titel von Elvis Presley, Johnny Hallyday oder Brenda Lee sang. Nachdem sie 1962 bei Claude Carrere auf dessen Version von *»Sheila«* mitgesungen hatte, nannte sie sich nach diesem Titel Sheila. Bereits ein Jahr später hatte sie in ihrer Heimat einen ersten Hit mit *»L'Ecole Est Finie«*. Es folgten weitere mit *»Vous Les Copains Je Ne Vous Oublierai Jamais«* 1964, eine französische Version von *»Doo Wah Diddy«*, *»L'Heure De La Sortie«* 1966, *»Petite Fille De Français Moyen«* 1969, *»Gondoles A Venise«* 1973 – zusammen mit Ringo Bayle – und *»Singin' In The Rain«* 1977 mit ihrer Gruppe B. Devotion. 1972 hatte sie in dem Film *»Bang Bang«* mitgespielt. Ihren ersten Hit in Deutschland hatte sie Ende 1977 mit *»Love Me Baby«*. Die Platte erreichte Platz 9. Anfang 1978 kam sie auf Platz 6 mit dem bereits erwähnten *»Singin' In The Rain«*, in GB bis auf Platz 11. Mit der von Bernard Edwards und Nile Rodgers geschriebenen und produzierten Nummer *»Spacer«* kam sie im Frühjahr 1980 ein letztes Mal in die deutschen Charts und erreichte noch einmal die Top 20 in GB. Ab 1981 veröffentlichte sie ihre Platten wieder nur noch als Sheila. Ihr Titel *»Little Darlin'«* war Ende 1981 ihre einzige Hit-Notierung in den USA, ein Top-50-Hit.

Der Hit: *Spacer*
Der Tip: *Sheila And B. Devotion* (Carrere 2934 127)

Shelley, Peter

Eins zumindest stand für den Briten von Anfang an fest: Er wollte unbedingt ins Musikgeschäft. Es stellte sich jedoch heraus, daß das nicht so einfach war. Mitte der 60er Jahre zog er sechs Monate von einer Company zur nächsten, bis er endlich einen Job als Promoter bei einer Plattenfirma fand. Dann wurde er Produktionsassistent bei der EMI, blieb ein halbes Jahr und lernte die Grundbegriffe der Plattenproduktion. Nächste Station war Decca, bei der er Talentscout wurde und Gruppen wie Amen Corner, Ten Years After oder King Crimson entdeckte. 1969 machte er sich als Produzent selbständig und nahm einige Jahre später Alvin Stardust unter seine Fittiche. Die meisten großen Erfolge von Alvin Stardust hat Shelley im Alleingang geschrieben. 1973 gründete er sein eigenes Label Magnet, auf dem nun Stardust seine Platten veröffentlichte. Auch andere erfolgreiche Interpreten sollten im Laufe der nächsten Jahre ihre Heimat beim Plattenlabel Magnet finden, darunter z. B. Chris Rea. Peter Shelley selbst veröffentlichte im Herbst 1974 seine Eigenkomposition *»Gee Baby«* und kam damit bis auf Platz 4 in GB. Der Nachfolger *»Love Me Love My Dog«* – diese Nummer schrieb er zusammen mit Marty Wilde – brachte es im Frühjahr 1975 auf Platz 3. Danach tauchte er nicht mehr in den Hitparaden auf, vielleicht auch deshalb, weil er jetzt ja wußte, daß er könnte, wenn er wollte.

Der Hit: *Love Me Love My Dog*

Shelton, Anne

* 10.11.1924 als Patricia Sibley. Die britische Sängerin, die schon mit 12 Jahren zusammen mit dem Orchester von Bert Ambrose über die BBC sang, machte 1944 Platten mit Bing Crosby, 1950 mit Percy Faith. Sie war die erste Engländerin, die den Titel *»Lili Marleen«* aufnahm. Bevor es 1952 in GB eine Hitparade gab, war sie bereits überaus erfolgreich. Auch in den USA hatte sie Hits, z. B. *»Be Mine«*, Anfang 1949 Platz 25. Nach Einführung der GB-Charts hatte sie ihre erste Hit-Notierung – unter den Top 20 – Ende 1955 mit *»Arrivederci Darling«*. Im Herbst 1956 gelang ihr mit *»Lay Down Your Arms«* ein Spitzenreiter in GB, im Frühjahr 1961 wurde ihre Version von *»Sailor«* ihr letzter Top-10-Erfolg und auch ihre letzte Hit-Notierung. 1979 sang sie in dem Film *»Yanks«* *»I'll Be Seeing You«*. Zum 80. Geburtstag der Königinmutter sang sie 1980 deren Lieblingslied *»You'll Never Know«*. Zusammen mit Vera Lynn dürfte sie eine der bekanntesten und erfolgreichsten britischen Nachkriegssängerinnen sein.

Der Hit: *Lay Down Your Arms*

Shep & The Limelites

James »Shep« Sheppard (* 1936, † 24.1.1970), Clarence Bassett, Charles Baskerville, alle v.

Nachdem Sheppard zwischen 1956 und 1958 Leadsänger der Heartbeats gewesen war, gründete er 1961 Shep & The Limelites. Mit den Heartbeats hatte er Ende 1956 den Hit *»A Thousand Miles Away«*. Von ihm stammt auch die Nummer *»Daddy's Home«*, die als Antwortsong auf den eben geannten Titel gilt. Dieses *»Daddy's Home«* kam im Frühjahr 1961 in die US-Charts und wurde Platz 2. Fünf weitere Veröffentlichungen kamen zwar in die Hitparade, aber nicht mehr unter die ersten 40. Trotzdem blieb die Gruppe bestehen, bis Shep im Januar 1970 tot in seinem Auto auf dem Long Island Expressway in New York aufgefunden wurde, nachdem man ihn ausgeraubt und ermordet hatte.

Der Hit: *Daddy's Home*

Shepard, Jean

* 21.11.1933 als Imogene Shepard. Die amerikanische Country-Sängerin und Bassistin gründete in den späten 40er Jahren die Mädchengruppe Melody Ranch Girls. Von 1953 bis 1978 war sie regelmäßig in der Country-Hitparade zu finden. Ihren ersten und einzigen Top-10-Erfolg in den Pop-Charts hatte Jean zusammen mit Ferlin Husky: »*A Dear John Letter*« – ein Titel, der sich auf den Korea-Krieg bezog – erreichte im Herbst 1953 Platz 4 in den USA. Verheiratet war Jean mit dem Country-Sänger Hawkshaw Hawkins, der 1963 bei einem Flugzeugabsturz ums Leben kam, als Jean gerade mit ihrem zweiten Sohn im achten Monat schwanger war. 1975 nahm sie den Titel »*Two Little Boys*« auf, eine Hommage an Hawkins, geschrieben von ihren beiden Söhnen.

Der Hit: *A Dear John Letter*

Sherbet

Daryl Braithwaite, v (* 11.1.1949); Garth Porter, key/v; Clive Shakespeare, g/v (* 3.6.1957); Bruce Worrall, b; Alan Sandow, d (* 28.2.1958); Tony Mitchell, b (* 21.10.1951); Gunther Gorman, g/v; Harvey James, g/v.
Diese australische Formation kam 1969 zusammen. Nachdem sie in ihrer Heimat 16 Hit-Singles und sieben Hit-LPs, 26 goldene und 7 Platinplatten einkassiert hatten, versuchten sie sich auch außerhalb des Fünften Kontinents. Mit der Nummer »*Howzat*« kam die Hit-Besetzung Braithwaite, Porter, Mitchell, Sandow und James im Herbst 1976 bis auf Platz 4 in den GB-Charts. Ein weiterer internationaler Hit wollte ihnen nicht gelingen. Auch eine Namensänderung in Sherbs brachte nichts. 1983 trennte sich die Formation. 1989 veröffentlichte Daryl mit »*Edge*« ein Solo-Album. Im gleichen Jahr trat er in Europa im Vorprogramm von Chris de Burgh auf. 1991 erschien eine weitere LP, »*Higher Than Hope*«, aus der es allerdings auch keine Hit-Auskopplung gab.

Der Hit: *Howzat*
Der Tip: *Howzat* (Epic 81623)

Sheridan, Tony

* 21.5.1940 als Anthony Esmond Sheridan McGinnity. Der britische Gitarrist, Sänger und Songschreiber begann als Skiffle-Musiker und wurde dann Mietmusiker von Marty Wilde, Conway Twitty, Gene Vincent und vielen anderen Künstlern, die durch die britischen Lande zogen. Er war einer der ersten, der erkannte, daß englische Musiker in Hamburg auf der Reeperbahn ihr Geld

Tony Sheridan

verdienen konnten. Heute im Rückblick erscheint er ein wenig wie eine tragische Figur. Der deutsche Produzent Bert Kaempfert nahm mit ihm 1961 einige Titel auf, die er mit seinem Orchester begleitete oder aber für die er eine Beat-Gruppe brauchte. Zusammen mit den Beat Brothers nahm Tony Sheridan den Titel »*My*

Bonnie« auf. Hinter diesen Beat Brothers versteckten sich die Beatles. Daß Kaempfert sie nicht als Beatles hat auftreten lassen, läßt sich nur dadurch erklären, daß er unter dem Namen Beat Brothers später z. B. auch die Starliters von Joey Dee, die Star Combo, Bobby Patrick Big Six oder einfach irgendwelche Studiomusiker firmieren lassen konnte.
Fakt ist, daß der Titel *»My Bonnie«* mit Tony Sheridan & The Beat Brothers alias Beatles Ende 1961 in die deutsche Hitparade kam und Platz 32 wurde. Somit ist Deutschland das erste Land, in dem die Beatles in der Hitparade standen. *»Let's Slop«*, eine Komposition des Deutschen Mike Roger, war Mitte 1963 der erste Top-10-Erfolg für Tony Sheridan. Diese Aufnahme wurde seinen Intentionen und seinem Können bei weitem nicht gerecht. Nachdem sich die Beatles zu einem weltweiten Knüller entwickelt hatten, wurde der Titel *»Skinny Minny«* veröffentlicht, der es bis auf Platz 3 in den deutschen Charts brachte. Wieder wurde diese Aufnahme verkauft als Tony Sheridan & The Beat Brothers, und alle vermuteten hinter den Beat Brothers die Beatles. In dem Fall stimmte es nicht, und somit ging Kaempferts Rechnung auf.
Mit Tony Sheridan traten als Beat Brothers Bobby Patrick Big Six auf. In den folgenden Jahren wurde Tony Sheridan bei Plattenveröffentlichungen und Interviews mehr nach den Beatles als nach sich selbst befragt. Seine Versuche, als deutschsprachiger Rocker Erfolg zu haben, wirkten eher peinlich. Da er in Deutschland mehr Erfolg hatte als in seiner Heimat, hat er sich schließlich hier ganz niedergelassen.

Der Hit: *Skinny Minny*
Der Tip: *Tony Sheridan The Singles Vol. 1, 2, 3* (Star Club Records 841 141/2-2 und 840 556-2)

Sheriff

Freddy Curci, v; Wolf Hassell, b/v; Arnold David Lanni, key/g/v; Steve DeMarchi, g/v; Rob Elliott, d.
Diese kanadische Band nahm 1983 den Titel *»When I'm With You«* auf, der es in den US-Charts bis auf Platz 61 brachte. Für die Musiker war diese schwache Plazierung ein Signal, sich andere Betätigungsfelder zu suchen, und die Band ging, nachdem sie für die Kinks auf deren US-Tour den Opener gemacht hatten, auseinander. 1988 begannen einige amerikanische Radiostationen, diesen Titel wieder auf ihre Playlist zu nehmen. Die Mitglieder waren inzwischen in alle Winde zerstreut. Lanni, der *»When I'm With You«* geschrieben hatte, und Hassell spielten z. B. in der Band Frozen Ghost. Die Platte kam Ende 1988 in die US-Charts, kletterte bis auf den Spitzenplatz und wurde ein Millionseller. Trotzdem kam die Band nicht wieder zusammen. Curci und DeMarchi gründeten 1990 die Forma-

tion Alias, die im Herbst des gleichen Jahres mit *»More Than Words Can Say«* Platz 2 in den USA hatte.

Der Hit: *When I'm With You*
Der Tip: *Sheriff* (Capitol CDP 7 91216 2)

Sherman, Allan

* 30.11.1924 als Allan Copelon, † 21.11.1973. Der Amerikaner war Produzent der TV-Serie »I've Got A Secret« und für diese und für andere Fernsehsendungen ein professioneller Gag-Schreiber. Er begann für Jackie Gleason, Joe E. Lewis und andere als Autor. Auf Ponchiellis *»Tanz der Stunden«* bastelte er die von allen Eltern der Welt nachzuempfindende Nummer *»Hello Mudduh, Hello Fadduh! (A Letter From Camp)«*, die im Herbst 1963 Platz 2 in den USA, 14 in GB wurde. Seine LP *»My Son The Folk Singer«* 1962 wurde ein Millionseller. Bis 1967 nahm er weitere Platten auf, hatte eine eigene TV-Sendung, arbeitete als Schauspieler und schrieb komische Bücher – seinen großen Erfolg konnte er jedoch nie wiederholen. Er starb an einer Erkrankung der Atemwege, die auf seine Fettleibigkeit zurückzuführen war.

Der Hit: *Hello Mudduh, Hello Fadduh! (A Letter From Camp)*

Sherman, Bobby

* 18.7.1943. Der in Kalifornien geborene Schauspieler machte nebenher zwischen 1969 und 1972 mal schnell eine Karriere als Plattenstar. Sein Erfolg begann 1964 in der TV-Serie »Shindig«. In dieser Sendung war er bis 1966 regelmäßig zu Gast. Von 1968 bis 1970 spielte er in der Abenteuerserie »Here Come The Brides« die Rolle des Jeremy Bolt. Im Anschluß daran war er in der Comedy-Serie »Getting Together« für zwei Jahre als Bobby Conway zu sehen. Wer so häufig im Fernsehen auftaucht, muß auch singen. Im Herbst 1969 kam seine Platte *»Little Woman«* in die US-Charts, wurde Millionseller und Platz 3. Noch im gleichen Jahr kam *»La La La (If I Had You)«* in die US-Charts, wurde wieder Millionseller und Top-10-Erfolg. *»Easy Come, Easy Go«* und *»Julie, Do Ya Love Me«* waren 1970 Top-10-Erfolge und Millionseller. Bis zum Frühjahr 1972 erschienen noch fünf weitere Singles von ihm in der US-Hitparade, keine kam mehr unter die Top 10. In GB war lediglich *»Julie, Do Ya Love Me«* verzeichnet: unter den Top 30. Danach lebte er glücklich und zufrieden von dem, was er erarbeitet hatte.

Der Hit: *Julie, Do Ya Love Me*

Sherwington, Pluto

Wieder einer der vielen Jamaikaner, die aus dem Nichts in der britischen Hitparade auftauchten. Pluto, der seine Songs selbst schrieb, brachte im Frühjahr 1976 die Platte *»Dat«* in die britische Hitparade und erreichte Platz 6. Die Nachfolge-Single kam nicht einmal mehr unter die ersten 40, und damit schien Pluto vergessen. Im Frühjahr 1982 tauchte er wieder auf, hatte seinen Nachnamen verloren und brachte *»Your Honour«* unter die ersten 20 in GB. Dat war's.

Der Hit: *Dat*

Shiner, Mervin

* 20.2.1921. Bereits als 16jähriger spielte der Amerikaner Mervin zusammen mit seiner Mutter professionell Gitarre. 1945 hatte er in Philadelphia Radiosendungen. Ende 1949 tauchte er mit *»Why Don't You Haul Off And Love Me«* seinen ersten Top-10-Erfolg in den US-Country-Charts. Die Nummer *»Peter Cottontail«* wurde im Frühjahr 1950 ein Millionseller und Platz 6 in den Country-, 8 in den Pop-Charts. Über viele Jahre wurde Murv nicht mehr in irgendwelchen Charts verzeichnet. Gegen Ende der 60er gelangen ihm dann zumindest noch einmal zwei Notierungen in den Country-Charts.

Der Hit: *Peter Cottontail*

Shirelles

Shirley Alston (* 10.6.1941 als Shirley Owens); Beverly Lee (* 3.8.1941); Doris Kenner (* 2.8.1941); Addie »Micki« Harris (* 22.1.1940, † 10.6.1982).
Schon während ihrer Schulzeit gründete Shirley die Gruppe Poquellos. Daraus entwickelten sich die Shirelles, die 1958 ihre ersten Platten aufnahmen. Im Frühjahr des gleichen Jahres gelang dieser als Rhythm-&-Blues-Girl-Group bezeichneten Formation aus New Jersey mit *»Met Him On A Sunday (Ronde-Ronde)«* der erste Chart-Entry. Richtig erfolgreich wurde das Quartett mit der King/Goffin-Nummer *»Will You Love Me Tomorrow«*. Diese Platte brachte es Ende 1960 auf Platz 1 in den USA, 4 in GB. *»Dedicated To The One I Love«*, *»Mama Said«* und *»Baby It's You«* 1961, der Spitzenreiter *»Soldier Boy«* 1962 und *»Foolish Little Girl«* 1963 waren weitere Top-10-Erfolge. Bis 1967 reichen die Hit-Notierungen dieser Gruppe, die es auf insgesamt 26 Eintragungen brachte. 1968 verließ Kenner die Gruppe, kam jedoch 1975 wieder zurück. Zu diesem Zeitpunkt ging dann Namensgeberin Shirley Alston, um eine Solokarriere zu starten. Sie nannte sich jedoch nicht Shirley, sondern Lady Rose.

Der Hit: *Will You Love Me Tomorrow*
Der Tip: *Remember When* (Scepter Records 200.131)

Shirley & Company

Shirley Goodman (* 19.6.1936 als Shirley Pixley). Zusammen mit ihrem Partner Leonard Lee, der wie sie aus New Orleans stammte, nahm sie 1952 ihre erste Platte *»I'm Gone«* auf. Schnell hatten die beiden »Sweethearts of the Blues« Erfolg. Nachdem sie einige Hits in den R&B-Charts hatten – *»I'm Gone«* 1952 und *»Feel So Good«* 1955 erreichten beide Platz 2 –, gelang ihnen mit *»Let The Good Times Roll«* im Herbst 1956 ein Platz 1 in den R&B- und 20 und den Pop-Charts. Bis 1961 hatten sie etliche Erfolge auch in den Pop-Hitparaden, und nach 1963 trennten sie sich. Shirley machte zusammen mit Jessie Hill als Shirley & Jessie weiter und arbeitete in New Orleans mit Mac Rebennack alias Dr. John. Danach ging sie an die Westküste und arbeitete als Session-Sängerin für z. B. Harold Battiste. Lee versuchte eine nicht sonderlich erfolgreiche Solokarriere und arbeitete für ein Armenprogramm in New Orleans. Ab 1974 trat Shirley wieder in Gesellschaft auf. Als Shirley & Company nahm sie zusammen mit einigen Studiomusikern die Nummer *»Shame, Shame, Shame«* auf. Geschrieben war sie von Sylvia Robinson, die früher im Duo Mickey & Sylvia erfolgreich war und dann den Boß von All Platinum Records, Joe Robinson, geheiratet hatte. Der Titel kam im Januar 1975 in die US-Charts und wurde Top 20, in GB erreichte sie Platz 6, in Deutschland gar die Spitze der Hitparade. Die Platte gilt als einer der ersten Disco-Hits. Wiederholen konnte Shirley ihren Erfolg nicht.

Der Hit: *Shame, Shame, Shame*
Der Tip: *Shame, Shame, Shame* (Philips 6310 604)

Shocking Blue

Fred Glover, v; Mariska Veres, v (* 1.10.1946); Robbie van Leeuwen, g (* 24.10.1946); Klaasje van der Wal, b (* 1.12.1949); Cornelius van der Beek, d (* 6.6.1948); Henk Smithskamp, b.
Mitte der 60er Jahre war eine der bekanntesten Gruppen der Niederlande neben Golden Earring, den Outsiders und Q'65 die Formation Motions. Deren Gitarrist van Leeuwen gründete 1967 seine eigene Band Shocking Blue. Anfänglich gehörte der Sänger Fred Glover dazu. 1968 erhielten sie einen Plattenvertrag und veröffentlichten ihre erste Single, *»Lucy Brown Is Back In Town«*. Nachdem sich der Erfolg nicht in dem Maße einstellte, wie man erwartet hatte, wurde Glover gefeuert und durch Veres ersetzt. Von nun an ging es bergauf. Ende 1969 kam die

Nummer »*Venus*« in die deutsche Hitparade und erreichte Platz 2. In den USA wurde sie ein Millionseller und Spitzenreiter. Anfang 1970 wurde der Titel auch in den britischen Top 10 notiert. In den USA und in GB war »*Venus*« der einzige Top-40-Erfolg. In Deutschland erreichte im Frühjahr 1970 »*Mighty Joe*« noch die Top 10 und »*Never Marry A Railroad Man*«, noch 1970, und »*Ink Pot*« 1972 jeweils Platz 12. Nachdem sich keine weiteren Hits einstellten, stieg 1973 van der Wal aus, und für ihn kam Henk Smithskamp. 1974 löste sich die Gruppe auf. Zwei Jahre später kam van Leeuwen mit einer neuen Gruppe: Galaxy Lin. Der kommerzielle Erfolg blieb aus. 1977 produzierte er einige Solo-Singles von Veres – auch ohne Erfolg. 1984 schloß sich die Band für sogenannte »Back To The 60's« -Festivals wieder zusammen. 1986 nahm die Formation Bananarama noch einmal die Nummer »*Venus*« auf und hatte damit einen weltweiten Hit. 1990 brachte die italienische Instrumentalgruppe Don Pablo's Animals »*Venus*« unter die ersten 10 in GB.

Der Hit: *Venus*
Der Tip: *Venus* (Zounds CD 272 00286 B)

Shondell, Troy

* 14.5.1944. Der amerikanische Sänger, Multi-Instrumentalist und Songschreiber, der sich zwischen Pop und Country bewegte, hatte im Herbst 1960 mit »*This Time*« seinen einzigen Top-10-Erfolg, der sich zu einem Swamp-Rock-Klassiker entwickelte. Danach kam noch eine weitere Platte unter die ersten 100 der USA, und er schien bald wieder vergessen. Ende der 70er Jahre und 1988 tauchte er dann noch einmal in den Country-Charts auf. Etliche amerikanische Musiker wurden von Troy beeinflußt. So nannte der Detroiter Gitarrist Tommy James seine Band Shondells. Jim Peterik, später Mitglied bei Ides Of March und Survivor, nannte seine erste Gruppe ebenfalls so.

Der Hit: *This Time*
Der Tip: *Many Sides Of* (Everest 1206)

Shore, Dinah

* 1.3.1917 als Francis Rose Shore. Die amerikanische Sängerin hatte zwischen 1940 und 1957 mehr als 80 Hits in den US-Charts. Ihre erste Hit-Notierung war im Herbst 1940 die Nummer »*You Can't Brush Me Off*«, die sie im Duett mit Dick Todd sang. Ihr erster Millionseller war im Frühjahr 1942 »*Blues In The Night*«. »*I'll Walk Alone*« hieß der Titel, mit dem sie Mitte 1944 ihren ersten Spitzenreiter in den USA hatte. »*The Gypsy*« 1946, »*Anniversary Song*« 1947 und »*Buttons And*

Bows« 1948 belegten ebenfalls noch den ersten Platz. Zwischen 1951 und 1963 hatte sie ihre eigene TV-Show. In den 70er Jahren leitete sie Talk-Shows mit dem Titel »Dinah And Her New Best Friends« und »Dinah's Place«. Im Laufe ihrer langen TV-Karriere hat sie etliche Emmy Awards erhalten, so z. B. 1954 und 1955 als beste Sängerin, 1956/57 als beste weibliche TV-Persönlichkeit. In den 80er Jahren war es ruhiger um sie geworden. Das letzte Mal wurde ihr Name wieder in allen Zeitungen erwähnt, als ihr Verhältnis zum 20 Jahre jüngeren Burt Reynolds bekannt wurde.

Der Hit: *Buttons And Bows*
Der Tip: *Greatest Hits* (RCA RJL-2654 [M])

Shorts

Diese holländische Kindertruppe begeisterte die Gleichaltrigen Mitte 1983 mit dem Titel *»Comment Ça Va«*, der es in Deutschland bis auf Platz 5 brachte. Der Nachfolger *»Je Suis, Tu Es«* kam noch unter die ersten 40. Danach gingen die vier wieder zur Schule.

Der Hit: *Comment Ça Va*
Der Tip: *Comment Ça Va* (EMI IC 064-1270331)

Showaddywaddy

Dave Bartram, v (* 23.3.1952); Bill »Buddy« Gask, v (* 18.12.1948); Russ Field, g (* 1.9.1949); Trevor Oakes, g (* 9.9.1946 als Trevor Leslie Oakes); Geoff Betts, b; Al James, b; Rod Deas, b (* 13.2.1951); Malcolm Allured, d (* 27.8.1945); Romeo Challenger, d (* 19.5.1950).
Diese britische Rock-'n'-Roll-Revival-Truppe kam 1973 zusammen. Einen Plattenvertrag erhielten sie, nachdem sie in der britischen TV-Talentshow »New Faces« aufgetreten waren. Im Frühjahr 1974 erschien *»Hey Rock 'n' Roll«* in den britischen Charts und stieg bis auf Platz 2. In Deutschland erreichte die Platte Platz 13, in den USA ist die Band nie erfolgreich gewesen. *»Three Steps To Heaven«* und *»Heartbeat«* 1975, *»Under The Moon Of Love«* – Spitzenreiter in GB und Platz 4 in Deutschland – 1976, *»When«*, *»You Got What It Takes«* und *»Dancin' Party«* 1977, *»I Wonder Why«*, *»A Little Bit Of Soap«* und *»Pretty Little Angel Eyes«* 1978 waren weitere Top-10-Erfolge. Die erste Top-10-Platte von Showaddywaddy hatte sich die Band, damals bestehend aus Allured, Bartram, Challenger, Deas, Field, Gask, James und Oakes, noch selbst geschrieben. Alle anderen Titel waren durchweg Nachzieher meist amerikanischer Rock-Nummern der 50er und 60er Jahre. Bis

1982 hatte die Gruppe noch acht weitere Hit-Notierungen. Dann verschwand sie.

Der Hit: *Under The Moon Of Love*
Der Tip: *25 Steps To The Top* (Repertoire REP 4171-WZ TIS)

Shut Up & Dance

PJ (* 1969 als Philip Johnson); Smiley (* 1969 als Carl Hyman).
Die beiden britischen Breakbeat-House-Künstler und Produzenten kamen 1988 als Duo zusammen. Ein Jahr später gründeten sie die gleichnamige Plattenfirma Shut Up & Dance und nahmen Künstler wie die Ragga Twins oder Nicolette unter Vertrag. Bei ihren eigenen Aufnahmen kombinieren sie Reggae-Basslines mit schnellem Hiphop, rappen dazu oder unterlegen das Ganze mit Techno. Dazu kommen kritische bis zynische Texte über Drogen, Gewalt, Geldgier, Obdachlosigkeit und auch die negativen Seiten des Musikgeschäfts. Sie veröffentlichten nicht nur als SUAD, sondern auch Private Party. In die Hitparaden kamen SUAD zum erstenmal im Frühjahr 1990 mit »*20 To Get In*«. Erfolgreich waren sie zwei Jahre später mit »*Raving, I'm Raving*«: Platz 2 in GB.

Der Hit: *Raving, I'm Raving*
Der Tip: *Death Is Noth The End* (Routh Trade RTD 1281391 2)

Sieben Raben

Im Herbst 1956 stand diese deutsche Formation mit dem Titel »*Smoky*« auf Platz 1 in der Hitparade. Während alle anderen Sänger jener Tage an das Fernweh der Deutschen appellierten – »*Komm ein bißchen mit nach Italien*« oder »*Arrivederci Roma*« – oder »*Heimweh*« hatten, muß man sich fragen, was die Sieben Raben denn wollten. Überhaupt, wer oder was war »*Smoky*«? Zuerst konnte man der Meinung sein, daß es sich um ein Pferd handelt – ein Kamerad, der durch dick und dünn getragen hatte. Das geht aber nicht, weil Smoky im Text ja bei Nacht mit einem Kanu den Fluß runter ist. Das machen Pferde einfach nicht. Alle anderen Freunde des Menschen, wie Schäferhunde, Laubfrösche oder Ziegenböcke scheiden auf Grund dieser Tatsache ebenfalls aus. »Warst mein bester Freund«, heißt es im Text. Was aber macht ein Freund zwischen Tag und Tau auf einem Fluß in einem Kanu? Wenig später ist die Welt im Lied wieder in Ordnung und so groß, daß sie das Lied der Einsamkeit spielen kann, wobei man sich da die berechtigte Frage nach der Melodie stellen kann. Wie dem auch sei, es hat selten einen Text von einem Spitzenreiter in der deutschen Hitparade gegeben, der den Hörer so im Regen stehen läßt. Vielleicht ist dieses Lied schuld daran, daß so viele Jugendliche der 50er Jahre sich dem englischen Schlager zuwandten. Was sich Kurt Feltz, der Texter dieses Stückes, dabei gedacht hat, wird sein kleines Geheimnis bleiben. Der Nachfolgehit hieß *»Oklahoma-Tom«* und erreichte immerhin im gleichen Jahr Platz 11. War er es auf dem Kanu?! Die Sieben Raben jedenfalls waren wieder die vier Mitglieder des Comedian-Quartetts: Herbert Imlau, Fred Ritter, Werner Schliebitz und Karl-Heinz Nowak. Die weiblichen Stimmen stammten von den Sängerinnen des Sunshine-Quartetts oder von Ille Wappler, Mitglied der Moonlights.

Der Hit: *Smoky*

Siffre, Labi

* 25.6.1945. Der in London geborene Sänger, Gitarrist und Songschreiber ist der Sohn einer Engländerin und eines Nigerianers. Während seiner Schulzeit wollte er zunächst Tierarzt werden, überlegte es sich dann jedoch anders, weil er Angst vor Tieren hatte, und verlegte sich auf Gitarrespielen und Singen. Der Einstieg ins Showgeschäft erwies sich jedoch als nicht so einfach, und so arbeitete Labi zunächst in den unterschiedlichsten Jobs vom Bürogehilfen bis zum Taxifahrer. Labi beschäftigte sich nun ernsthafter mit musikalischer Technik und spielte schließlich für neun Monate mit einem Trio, bevor er nach Cannes ging, um mit Soul-Bands zu arbeiten. Ab 1966 konzentrierte er sich aufs Singen und erhielt bald einen Job in einem Londoner Club. Seinen ersten kommerziellen Erfolg hatte Labi Ende 1971 mit *»It Must Be Love«*. Der Nachfolger *»Crying, Laughing, Loving, Lying«* kam wie der erste Hit unter die britischen Top 20. Nach *»Watch Me«*, Mitte 1972 ein Top-30-Hit, hatte Labi 15 Jahre keinen Erfolg mehr. Erst im Frühjahr 1987 erreichte *»(Something Inside) So Strong«* Platz 4 in den britischen Charts. Mit dieser Nummer unterstützte Labi Siffre den African National Congress (ANC), dessen Führer Nelson Mandela zu diesem Zeitpunkt seit über zwei Jahrzehnten in Südafrika in Haft gehalten wurde. Ein weiterer Top-50-Hit ist ihm nicht mehr gelungen, obwohl er in bewährter Art schöne und intelligente Songs schrieb.

Der Hit: *(Something Inside) So Strong*
Der Tip: *So Strong* (China Records 837 369-1)

Sigue Sigue Sputnik

Tony James, b; Martin Degville, v; Neal X, g; Ray Mayhew, d; Chris Cavanagh, d. Die Plattenfirma dieser britischen Formation kündigte die erste Single der Band, *»Love Missile F1-11«* folgendermaßen an: »Sigue Sigue Sputnik, das ist Stereo-

Technocolour-Neon-Sound plus Star Wars plus Space Invaders. Das sind wilde Apatschen auf Stiletto-Absätzen mit platinblonden und pinkorangenen Stachelschweinfrisuren – die selbst gestylte Zukunft des Rock 'n' Roll! Sigue Sigue Sputnik, das ist ein neues Konzept. Eine Rockband als »living movie«, als moderner Fantasy-Fan!« Giorgio Moroder produzierte diese britische Hype-Gruppe, deren erwähnte Debüt-Single bis auf Platz 3 in GB und in Deutschland kam. Die Nachfolge-Single kam nicht mehr über einen Platz 20 hinaus. Ab 1988 produzierten Stock/Aitken/Waterman diese Formation, was sie auch nicht besser machte. Die Band verstand sich als der lebende Beweis dafür, daß man auch zumindest eine Platte erfolgreich veröffentlichen kann, ohne von musikalischer Sachkenntnis getrübt zu sein. Tony James war vorher zusammen mit Billy Idol bei Generation X und ging später kurz zu den Sisters of Mercy, die anderen Mitglieder waren Designer. Auf der LP der Band war noch eine Warnung abgedruckt: »Platte nicht spielen, wenn man in Begleitung eines Erwachsenen ist.«

Der Hit: *Love Missile F1-11*
Der Tip: *Flaunt It* (EMI CDP 7 46342 2)

Silhouettes

William Horton (* 25.12.1929), Richard Lewis (* 2.9.1933), Earl Beal (* 18.7.1924), Raymond Edwards (* 27.9.1922), alle v.
Diese aus Philadelphia stammende Rhythm-&-Blues-Doo-Wop-Gruppe wurde von Horton 1955 als Gospel Tornadoes gegründet. Nach einiger Zeit begannen sie, Blues-Titel zu singen und nannten sich Thunderbirds. Ab 1957 traten sie als Silhouettes auf, und Anfang 1958 kamen sie in die US-Charts mit *»Get A Job«*, der Titel wurde Spitzenreiter. Die Anfangszeile des Songs war die Grundlage des Gruppennamens von Sha Na Na. Als nächste Single erschien *»Heading For The Poor House«*, die es nicht einmal unter die ersten 100 der Pop- und Rhythm-&-Blues-Charts brachte. Bis Anfang der 80er Jahre kam die Band für Auftritte immer wieder zusammen.

Der Hit: *Get A Job*

Silkie

Sylvia Tatler, v; Mike Ramsden, g/v; Ivor Aylesbury, g/v; Kevin Cuningham, b.
Die vier Briten traten neben ihrem Studium als Folk-Quartett auf, wurden von Brian Epstein entdeckt und unter Vertrag genommen. Kommerziellen Erfolg hatten sie mit der Lennon/McCartney-Nummer *»You've Got To Hide Your Love Away«*, die im Herbst 1965 in den USA Platz 10 wurde, in GB jedoch nur unter

die ersten 30 kam. Die Beatles hatten den Titel in dem Film *»Help!«* gesungen. Die Aufnahme von Silkie wurde von John Lennon und Paul McCartney produziert, während sich George Harrison um das Arrangement kümmerte. Es blieb der einzige Hit für Silkie, und auf dem Folk-Sektor wurden sie zudem bald von den Seekers eingeholt.

Der Hit: *You've Got To Hide Your Love Away*

Silver Convention

Penny McLean (* 4.10.1948 als Gertrude Münzer), Ramona Wulf (* 18.10.1954 als Ramona Kraft), Linda Thompson, Rhonda Heath (* 1956); Zenda Jacks (* 5.5.1955), alle v.
Als Silver Convention 1975 ihre erste Platte *»Save Me«* in die deutsche Hitparade brachten, war sie zu verstehen als eine Ansammlung von Münchner Studiomusikern unter der Leitung von Sylvester Levay, Mitglieder waren Garry London, Ewald Warning, Ronald Cairo, Humphrey Cairo, Harry Vincent Bebrout, Felicia King und Ken Taylor. Zur Veröffentlichung schrieb die Plattenfirma: »Zu ihnen kommen bei Live-Auftritten noch drei bildhübsche Mädchen, Ingrid und Wilma aus Deutschland und Monica aus Brasilien, die sie singend und tanzend unterstützen und weitere Farben und Reize in die bunte, bewegte Szene der Silver Convention bringen. Denn auch die Musikanten, alle um die 22 – 23 Jahre, sehen blendend aus und geben ein Bild von dunkler Schönheit und individueller Vielfalt.« Mit dem, wie wir Silver Convention kennen, hat diese Beschreibung nichts zu tun. Offensichtlich ist erst nach dem Erfolg der Single das Trio McLean, Wulf, Thompson zusammengestellt worden. Noch im gleichen Jahr, 1975, erschien der Titel *»Fly, Robin, Fly«* in der deutschen Hitparade und erreichte Platz 3. In GB kam sie unter die ersten 30, in den USA wurde es ein Millionseller und Spitzenreiter. *»Get Up And Boogie (That's Right)«* war Anfang 1976 ein weiterer Millionseller und Platz 2 in den USA. In GB erreichte die Platte Platz 7. Nach 1977 war Silver Convention wieder aus den Hitparaden verschwunden. Inzwischen hatte man Linda Thompson – die vorher bei den Les Humphries Singers gewesen war – durch Rhonda Heath ersetzt, was aber den Abstieg auch nicht mehr aufhalten konnte. 1978 erschien die LP *»Love In A Sleeper«*, auf der nur noch Ramona Wulf von der Erfolgsbesetzung übriggeblieben war. Penny McLean war gegen Zenda Jacks ausgetauscht worden. Für Penny McLean war die Zeit mit Silver Convention eine echte Doppelbelastung. Während der Hochzeit dieser Gruppe war sie als Solistin ebenfalls überaus erfolgreich.

Der Hit: *Fly, Robin, Fly*
Der Tip: *Success* (Ariola 27 436 OT)

Simon, Carly

Carly Simon

* 25.6.1945. Zusammen mit ihrer älteren Schwester Lucy tauchte diese amerikanische Sängerin und Songschreiberin im April 1964 als Simon Sisters auf. Die Nummer »*Winkin' Blinkin' And Nod*« kam in die amerikanische Hitparade. Der Vater der beiden war einer der Gründer des renommierten amerikanischen Verlagshauses Simon & Schuster. Dann heiratete Lucy, und das Duo fiel auseinander. Im Frühjahr 1971 brachte Carly als Solistin die Platte »*That's The Way I've Always Heard It Should Be*« in die US-Top-10. Im gleichen Jahr gewann sie einen Grammy als bester neuer Künstler. Im Frühjahr 1972 heiratete sie ihren Kollegen James Taylor. »*You're So Vain*« wurde Ende 1972 Spitzenreiter in den USA und Millionseller. Im Hintergrund sang Mick Jagger mit. Er konnte es also nicht sein, von dem Carly sang, er sei so eitel. Jahre später ließ sie verlauten, wen sie damit meinte: Warren Beatty. Die Platte wurde auch in GB und in Deutschland ein Top-10-Hit. Zusammen mit ihrem Mann hatte Carly im Frühjahr 1974 einen weiteren Millionseller: »*Mocking Bird*«. Mitte 1977 erschien ihr Beitrag zum James-Bond-Film »*Der Spion, der mich liebte*«: »*Nobody Does It Better*« war wieder ein Millionseller und erreichte in den USA Platz 2, in GB 7. »*You Belong To Me*« war im Frühjahr 1978 ihr letzter Top-10-Erfolg in den USA, »*Jesse*« kam zwar im Herbst 1980 nicht in die Top 10, wurde aber trotzdem ein Millionseller. Wunderschön war die Nummer »*Coming Around Again*« aus dem Film »*Sodbrennen*«, die 1987 ein Top-10-Hit in GB war. Bereits 1982 trennte sie sich von James Taylor, später wurde sie von ihm geschieden. Wieder aus einem Film, »*Working Girl*«, stammte ihr Titel »*Let The River Run*«, der zwar nur knapp unter die ersten 50 in den USA kam, dafür aber mit einem Oscar belohnt wurde. Auf ihrem 1990er Album »*Have You Seen Me Lately*« war ihre Schwester Lucy wieder als Gast zu hören.

Der Hit: *You're So Vain*
Der Tip: *The Best Of* (Elektra 109-2)

Simon, Joe

* 2.9.1943. Dieser amerikanische Sänger und Songschreiber machte mit den Golden Tones 1960 seine ersten Plattenaufnahmen. Ab 1965 war er als Solist erfolgreich. Seine erste Platte in den Pop-Charts war Mitte 1966 *»Teenager's Prayer«*. Die Singles *»The Chokin' Kind«* 1969, *»Drowning In The Sea Of Love«* 1971 und *»Power Of Love«* 1972 kamen alle drei nur knapp nicht in die Top 10, wurden aber alle Millionseller. Seinen einzigen Hit unter den ersten 10 hatte Joe im Frühjahr 1975 mit *»Get Down, Get Down (Get On The Floor)«*. Nach 1975 tauchte er in den Pop-Charts zwar nicht mehr auf, dafür wurde er in den Rhythm-&-Blues-Charts bis in die 80er Jahre notiert. Seine erfolgreichste Nummer in Europa, Mitte 1973 Platz 14 in GB, war *»Step By Step«*.

Der Hit: *Get Down, Get Down (Get On The Floor)*
Der Tip: *The Power Of Joe Simon* (Polydor 2391 060)

Simon, Paul

* 13.10.1941 als Paul Frederic Simon. Die Konfusion über den Geburtstag von Paul Simon ist wohl darin begründet, daß man in den Anfangstagen von ihm und seinem Kollegen Art Garfunkel, als sie als Tom & Jerry auftraten, die Daten nicht richtig zuordnen konnte, weil man nicht wußte, wer Tom und wer Jerry war. In den meisten Unterlagen wird als Geburtstag der 5. November genannt. In einer amerikanischen Biographie über Paul Simon liest man als Geburtsdatum den 13. Oktober 1941. An dem Tag soll aber angeblich Art Garfunkel geboren sein. Hier könnte nur einer der beiden aufklären.

Zusammen mit seinem Schulfreund Art schrieb Paul 1955 seine ersten Stücke. Paul hatte vorher schon mit der Band White Rabbit gespielt. 1957 nahmen die beiden als Tom & Jerry, wobei Jerry Landis Paul Simon ist und Tom Graph Art Garfunkel, den Titel *»Hey Schoolgirl«* auf, der Ende 1957 in die Top 50 der US-Hitparade kam. Weitere Platten folgten, waren jedoch nicht erfolgreich. 1958 veröffentlichte Paul als True Taylor die Soloplatte *»True Or False«*. 1959 – beide waren mit der High-School fertig – trennten sich Tom & Jerry und verloren sich aus den Augen. Paul studierte Englisch und machte nebenher Demoaufnahmen für andere Sänger. Er veröffentlichte weiter Singles als Jerry Landis und zwischen 1960 und 1963 außerdem Platten als Tico und Tico & The Triumphs. Seine erste Solo-Notierung hatte er mit *»The Lone Teen Ranger«* Anfang 1963 als Jerry Landis. Noch im gleichen Jahr wurde Paul durch den aufkommenden Folk-Boom in den USA beeinflußt und versuchte sich im New Yorker Greenwich Village auf diesem Gebiet. Paul ging für einige Zeit nach London – während der Sommerferien kam Art zu Besuch – und spielte dort in Folk-Clubs. Dort nahm er als Jerry Landis den

Paul Simon *(Warner Records)*

Titel *»He Was My Brother«* auf. In den USA erschien die Platte unter dem Namen Paul Kane und kam nicht in die Charts. Zurück in den USA, schloß er sich wieder mit Art Garfunkel zusammen, und die beiden veröffentlichten die LP *»Wednesday*

Morning, 3: A.M.« Danach ging er wieder zurück nach GB und nahm dort für den britischen Markt die LP *»The Paul Simon Songbook«* auf – heute würde man diese akustischen Titel als »unplugged« bezeichnen. Die Platte wird kein großer Erfolg, aber es sind darauf einige Nummern zu hören, die später – aufgenommen vom Duo – zu Hits werden. Beides mit Recht! Ohne Simon oder Garfunkel zu informieren, veröffentlichte die amerikanische CBS als Single-Auskopplung den Titel *»The Sound Of Silence«*, hat aber zu der rein akustischen Aufnahme noch Schlagzeug, Percussion und elektrische Gitarre aufgenommen. Und damit war der Grundstein für Simon & Garfunkel als eins der erfolgreichsten Duos der 60er Jahre gelegt. Schon Anfang 1970 stand fest, daß sich die beiden trennen wollten. Hin und wieder kamen sie noch zu besonderen Anlässen, wie z. B. bei einer Grammy-Verleihung im März 1971 oder für eine NBC-»Saturday Night Live«-Show im Oktober 1975 zusammen. 1975 gingen die beiden in Toronto noch einmal in ein Studio und nahmen eine neue gemeinsame Single auf: *»My Little Town«*. 1971 erschien Pauls erste Solo-LP, und mit *»Mother And Child Reunion«* hatte er im Frühjahr 1972 seinen ersten Top-10-Erfolg. *»Kodachrome«* und der Millionseller *»Loves Me Like A Rock«* 1973, der Spitzenreiter und Millionseller *»50 Ways To Leave Your Lover«* 1975, *»Slip Slidin' Away«* 1977 und *»Late In The Evening«* 1980 waren weitere Top-10-Hits in den USA. In GB waren *»Mother And Child Reunion«* 1972, *»Take Me To The Mardi Gras«* 1973 und *»You Can Call Me Al«* 1986 unter den ersten 10. Ansonsten sind seine LPs überaus erfolgreich und auch empfehlenswert, schon weil Paul auf diesen Platten musikalische Richtungen unterstützt, die ansonsten in der Pop-Musik wenig zu hören sind. So sind z. B. auf seiner hervorragenden CD *»Graceland«* Straßenmusikanten aus Soveto, Südafrika, zu hören.

Der Hit: *50 Ways To Leave Your Love*
Der Tip: *Greatest Hits Etc.* (CBS 86047)

Simon & Garfunkel

Paul Simon, v/g (* 13.10.1941 als Paul Frederic Simon); Art Garfunkel, v (* 5.11.1941 als Arthur Garfunkel).
Nach einigen Anlaufschwierigkeiten, die man bei Paul Simon und bei Art Garfunkel nachlesen kann, kam Ende 1965 die Single *»The Sound Of Silence«* in die US-Charts, erreichte Platz 1 und wurde Millionseller. *»Homeward Bound«* – diesen Titel hatte Paul Simon auf der Plattform einer Bahnstation in England geschrieben und dabei an seine Freundin Kathy Chitty gedacht – und *»I Am A Rock«* 1966, der Millionseller und Spitzenreiter *»Mrs. Robinson«* 1968, *»The Boxer«* 1970, der Millionseller und Spitzenreiter *»Bridge Over Troubled Water«* und der Millionseller *»Cecilia«* waren die weiteren Top-10-Erfolge des Duos in den USA. Bis auf

»Cecilia« und *»I Am A Rock«* wurden alle Titel auch in GB unter den ersten 10 notiert. *»Bridge Over Troubled Water«* wurde auch dort Spitzenreiter. Die erfolgreichste Single des Duos in Deutschland war Mitte 1970 *»El Condor Pasa«*, Nummer 1 in den Charts. 1975 kamen Simon & Garfunkel noch einmal unter die ersten 10 in den USA mit dem Titel *»My Little Town«*. 1990 wurden Simon & Garfunkel in die Rock 'n' Roll Hall of Fame aufgenommen. De facto hat dieses Duo lediglich zwischen 1965 und 1970 bestanden. Danach hatte man auch das Gefühl, obwohl sie sich hin und wieder bei Veranstaltungen trafen, daß sie nicht sonderlich gut miteinander auskamen. Beide starteten Solokarrieren, und beide waren erfolgreich.

Der Hit: *Bridge Over Troubled Water*
Der Tip: *The Simon & Garfunkel Collection* (CBS 24 005)

Simone, Nina

* 21.2.1933 als Eunice Waymon. Die amerikanische Sängerin tendierte stets mehr zum Jazz und spielte sehr gut Piano. Ihren ersten Pop-Hit hatte Nina im Herbst 1959 mit *»I Love You, Porgy«* aus Gershwins Oper *»Porgy And Bess«*. In den USA war diese Platte, die es bis auf Platz 18 brachte, ihr größter Single-Erfolg. In GB stand sie Ende 1968 erstmals auf Platz 2 mit *»Ain't Got No – I Got Life/Do What You Gotta Do«*. Ebenfalls Top 10 wurde ihre Version des Bee-Gees-Titels *»To Love Somebody«*. In den 70er Jahren beschäftigte Nina sich mehr mit Politik als mit Plattenproduktionen. 1987 wurde ihre Nummer *»My Baby Just Cares For Me«* für Chanel-Parfümwerbung benutzt, und das brachte den Titel aus dem Jahre 1979 bis auf Platz 5 in GB, 11 in Deutschland und Nina Simone wieder in Erinnerung.

Der Hit: *My Baby Just Cares For Me*
Der Tip: *My Baby Just Cares For Me* (Yesterday's Gold YDG 746 20)

Simple Minds

Jim Kerr, v (* 9.7.1959); Michael MacNeil, key (* 20.7.1956); Charles Burchill, g (* 27.11.1959); John Giblin, b (* 26.2.1952); Mel Gaynor, d (* 29.5.1959); Pete Vitesse, key; Malcolm Foster, b.
Diese schottische Band gab ihr Debüt im Februar 1978 in einem Glasgower Club. Die meisten Mitglieder der Band hatten vorher bei Johnny & The Self Abusers gespielt. Im Mai des gleichen Jahres nahmen sie ein Demo auf, und es kam zu ersten Plattenveröffentlichungen auf einem Independent Label. 1979 entstand ihre erste LP, *»Life In A Day«*. Ein Jahr später erscheint als zweite LP *»Real To Real Cacophony«*. Der erste Single-Erfolg für Simple Minds stellt sich im Frühjahr 1985

ein. *»Don't You (Forget About Me)«* war in dem Film *»The Breakfast Club«* zu hören und brachte es in den USA bis auf Platz 1, in GB auf 7 und in Deutschland auf 4. *»Alive & Kicking«* war noch im gleichen Jahr ein weiterer Top-10-Erfolg in den USA und in GB. *»Sanctify Yourself«* und *»All The Things She Said«* 1986, der Spitzenreiter *»Belfast Child«* 1989, *»Let There Be Love«* 1991 und *»Love Song«* 1992 waren die weiteren Top-10-Erfolge der Band in GB. Im Laufe der Jahre wechselten einige der Musiker. Konstante in der Band sind Kerr und Burchill, die auch die meisten Hits schrieben. 1984 heiratete Jim Kerr seine Kollegin Chrissie Hynde von den Pretenders, 1992 Patsy Kensit, die mit Eighth Wonder und als Solistin Platten machte.

Der Hit: *Don't You (Forget About Me)*
Der Tip: *Glittering Prize* (Virgin SMTVD 1)

Simply Red

Mick »Red« Hucknall, v (* 8.6.1960 als Michael James Hucknall); Tony Bowers, b (* 31.10.1956); Chris Joyce, d; Fritz McIntyre, key/v (* 2.9.1958); Sylvan Richardson, g (* 20.2.1965); Tim Kellett, key (* 23.7.1964); Heitor P. P., b; Shaun Ward, g; Ian Krikham, sax; Gota, d.

1984 trennt sich die ab 1979 bestehende Gruppe Frantic Elevators, deren Kopf der Sänger und Songschreiber Hucknall war. Sie hatten einige Singles veröffentlicht – darunter die Ballade *»Holding Back The Years«* –, von denen allerdings keine in die Charts kam. Hucknall gründete sofort eine neue Gruppe, die er nach seinen roten Haaren Simply Red nannte. 1985 erhielten sie einen Plattenvertrag, und ihre Debüt-Single *»Money's Too Tight (To Mention)«* kam Mitte des Jahres in GB bis auf Platz 13, in den USA in die Top 30. Im November 1985 nahmen Simply Red eine neue Version von *»Holding Back The Years«* auf, die bei ihrer Veröffentlichung erst einmal nicht in die Top 50 kam, dann aber im Frühjahr 1986 Spitzenreiter in den USA und Platz 2 in GB wurde. Ein Nachzieher des Harold-Melvin-&-The Bluenotes-Klassikers *»If You Don't Know Me By Now«* wurde Mitte 1989 ein Millionseller und Spitzenreiter in den USA und wieder nur Nummer 2 in GB. Bei der Grammy-Verleihung 1990 wird dieser Titel ausgezeichnet als der beste Rhythm-&-Blues-Song! Weitere Top-10-Erfolge waren *»Stars«* 1991 und *»For Your Babies«* 1992. Mögen die Musiker in der Gruppe auch hin und wieder wechseln, Aushängeschild ist ganz ohne Zweifel Mick Hucknall, der Simply Red als eine der besten Blue-Eyed-Soul-Formationen etablierte.

Der Hit: *If You Don't Know Me By Now*
Der Tip: *A New Flame* (WEA 244 689-2)

Simpsons

Diese Familie ist echt zum Kotzen. Vater Homer ist Sicherheitsfachmann im Atomkraftwerk und gibt einen Supergau an Blödheit ab, Mutter Margie ist nett, aber debil, die kleine Maggie hat stets den Schnuller dabei, Lisa spielt Saxophon, ist acht Jahre alt und macht auf intellektuell – und der 10jährige Bart ist ein verzogenes, freches Blag, das Lehrer und Eltern mit Sätzen wie »Ja, ich bin beschissen in der Schule und stolz darauf« nervt. Sie alle sind keine realen Menschen, sondern Figuren aus einer Zeichentrickserie. Wobei – diese Art Familie findet sich nicht nur in den USA an jeder Ecke: faul, dumm, häßlich und gefräßig und sich unentwegt streitend, was denn eigentlich ein kultiviertes Leben ausmacht. Diese Familie hier heißt mit Nachnamen Simpson und hatte Anfang der 90er Jahre in den USA eine eigene, überaus erfolgreiche TV-Serie, die dann bald auch bei uns zu sehen war. Viele schauten sich die Sendung an und lachten über die Deppen, ohne zu merken, daß sie lediglich ein Spiegelbild von sich selbst sahen. Ähnliches passiert ja auch bei »Eine schrecklich nette Familie« – oder denken Sie nur an die Familie Tetzlaff. In kleinen, nur 30 Sekunden dauernden Spots hatten die Simpsons 1987 in der Tracy Ullman Show ihre ersten Auftritte. Der Zeichner Matt Groening dehnte die Kurzgeschichten schließlich zu richtigen Sendungen aus und verdiente sich damit eine goldene Nase. Die Simpsons sind auch eine musikalische Familie. Und so wird wie in jeder richtigen schönen Familiensendung auch von den Darstellern musiziert. In den USA hielt sich die Begeisterung für den musikalischen Schrott der Simpsons in Grenzen – ganz anders in GB. Anfang 1991 kam *»Do The Bartman«* in die Charts und wurde gar Spitzenreiter. In Deutschland kam die Platte immerhin bis auf Platz 5. *»Deep Deep Trouble«* erreichte in GB noch die Top 10 – dann war der Sound der Simpsons ausgelutscht. Die Stimmen der TV-Helden wurden durch Dan Castellaneta (Homer), Julie Kavner (Margie), Nancy Cartwright (Bart), Yeardley Smith (Lisa) und den Schöpfer der Figuren, Matt Groening (Maggie), gesprochen. Bei der Plattenproduktion half als Co-Autor und Co-Produzent DJ Jazzy Jeff mit.

Der Hit: *Do The Bartman*
Der Tip: *Sing The Blues* (Geffen 7599-24308-2)

Sims, Joyce

* 6.8.1959. Die im Bundesstaat New York geborene Amerikanerin absolvierte ihr erstes musikalisches Training im Chor der lokalen Baptisten-Kirche. Ab dem Alter von 12 begann sie, sich eigene Songs zu schreiben, nachdem ihr Vater ihr ein Keyboard geschenkt hatte. 1983 wurde ihre Komposition *»Don't Walk Away«* beim American Song Festival präsentiert. Ihre erste Plattenveröffentlichung war

die Nummer »*All And All*«, die es in GB im Frühjahr 1986 bis unter die ersten 20 schaffte. Im Januar 1988 erschien »*Come Into My Life*« und brachte es bis auf Platz 7 in GB. Wie die meisten ihrer Platten hatte Joyce auch diese Nummer selbst geschrieben, arrangiert und mitproduziert.

Der Hit: *Come Into My Life*
Der Tip: *Come Into My Life* (London 8.26764 ZP)

Sims, Kym

* 28.12.1966. Ihre ersten Erfolge als Sängerin hatte die aus Chicago stammende Kym mit Jingles für die Soft-Drink-Firma Shasta, Kaugummis, McDonald's und ein Seifenpulver. Dann wurde sie von House-Vater Steve »Silk« Hurley entdeckt, der mit ihr die ersten Dance-Platten machte. Ende 1991 stand sie zum erstenmal in den US-Charts mit der Nummer »*Too Blind To See It*« unter den ersten 40. In GB erreichte die Platte Platz 5. Im Frühjahr 1992 erschien »*Take My Advice*«, danach »*A Little Bit More*« – beide Platten kamen in GB unter die ersten 30. Da kann also noch etliches kommen.

Der Hit: *Too Blind To See It*
Der Tip: *Too Blind To See It* (Atco 7567-92104-2)

Sinatra, Frank

* 12.12.1915 als Francis Albert Sinatra. Frank Sinatra dürfte das größte Stehaufmännchen sein, das es je in der Geschichte des Showbusineß gegeben hat. Kaum ein Interpret auf der Welt wird von sich behaupten können, daß er mehr als 50 Jahre auf der Bühne gestanden und Erfolg gehabt hat. Frank Sinatra ist eine Ausnahme, in jeder Beziehung. Weiß Gott wie oft hat er seine Karriere als beendet bezeichnet. Jedesmal kam er wieder zurück, jedesmal hatte er wieder Erfolg. Dabei steht fest, daß seine Stimme im Laufe der Jahre nicht besser, sondern schlechter geworden ist. Besser sind lediglich die Produktionsbedingungen geworden, unter denen Interpreten Platten produzieren können, und die es vielen – Sportler oder Fernsehstar – ermöglichen, ebenfalls ein Plättchen zu besingen. Stimme oder nicht, spielt da keine Rolle mehr. Ob Frank Sinatra jemals singen konnte, wird von vielen Fachleuten bezweifelt. Schon in seinen Anfangstagen wurde er als Crooner bezeichnet. Das kommt vom englischen Wort für summen oder leise singen und wird eigentlich auf Schnulzensänger angewandt. Vor Frank Sinatra war Bing Crosby Amerikas Lieblingscrooner – und über Bing hat die Jazzsängerin Dinah Shore einmal gesagt: »Bing singt so wie Tausende von Männern in der Badewanne singen.« Das dürfte weder Frank Sinatra noch Bing

Crosby kümmern. Kein Mann, der in der Badewanne singt, dürfte damit auch nur annähernd so viel verdient haben wie sie. Frank Sinatra ist längst ein Mythos. Hermann Schreiber schrieb im Mai 1975 anläßlich eines Comebacks im Spiegel: »Nein, der Sänger Frank Sinatra, den wir ins Plattenregal gestellt und manche sogar ins Herz geschlossen haben, kommt nicht wieder, hat kein Comeback. Er braucht auch keins. Er bleibt, wo er hingehört: auf dem von Erinnerungen getragenen Podest jener Perfektion, der er näher gekommen ist als irgendeiner seinesgleichen.«

Frank Sinatra hatte aber zeit seines Lebens nicht nur Fans, sondern auch viele, die ihm ans Fell wollten, aber das war dick. Dick geworden durch eine Jugend, die viel verlangte. Wer 1915 in Hoboken, New Jersey, in der Nähe von New York als Sohn eines italienischen Einwanderers zur Welt kam, hatte sicher keine rosigen Aussichten. Vielleicht hat ihm die Tatsache, daß er immer alles »my way« machte, geholfen, sich durchzuboxen. Boxer stand auch mal auf dem Zukunftsplan des jungen Sinatra oder als Alternative Sportjournalist. Nebenher immer Gesang mit ein paar Kumpels aus Hoboken. Davon gibt es allerdings keine Tonaufnahmen. Die Nähe zum Journalismus ist jedoch belegt: Von 1933 bis 1936 arbeitete er beim »Jersey Observer« – als Helfer auf einem LKW, der die Zeitungen ausfuhr. Ein Film mit Bing Crosby bringt ihn schließlich von seinen Zeitungsplänen weg: Er will so singen wie Bing, der zu diesem Zeitpunkt schon ein Star ist. 1935 gründet Sinatra mit Freunden die Hoboken Four, die immerhin einen Sieg in einem Nachwuchswettbewerb erringen. Preis ist ein Vertrag für eine kleine Tournee, die jedoch nichts bringt, worauf sich die vier trennen. Anfang 1939 arbeitet Frank als singender Kellner im Rustic Cabin, einem Lokal in New Jersey. Harry James hört ihn und nimmt ihn unter Vertrag. Er stellt gerade eine neue Band zusammen und braucht einen Chorussänger. Zur Wahl stehen Perry Como oder Frank Sinatra. Sinatra gewinnt. Mit Harry James nimmt er seine ersten Platten auf. Mitte 1939 wird *»From The Bottom Of My Heart«* produziert – ein Flop. Ein Titel jedoch, den Sinatra mit Harry James in diesen Tagen aufnimmt, entwickelt sich vier Jahre später zu einem absoluten Renner: *»All Or Nothing At All«*. Beim ersten Erscheinen der Platte werden rund 8 000 Exemplare abgesetzt. Zuwenig, um Eindruck zu machen. Das Verhältnis zwischen James und Sinatra ist sowieso sehr herzlich, aber wenig fruchtbar. Frank muß in der Tradition der Big-Band-Sänger brav auf seinem Höckerchen sitzen, und wenn alle Instrumente ihr Solo gespielt haben, kommt der Chorussänger. Außerdem gibt es neben Frank noch eine Sängerin. Anfang 1940 trennt man sich im guten. Frank geht zum bekannteren Orchester von Tommy Dorsey, der mit Glenn Miller und Benny Goodman die Spitze der US-Musik bildet. Dorsey nimmt den jungen Sänger gleich unter einen langfristigen Vertrag, und mit Dorsey hat Sinatra Mitte 1940 seine erste Nummer 1 in der US-Hitparade: *»I'll Never Smile Again«*. Frank Sinatra ist auf dem Weg zum Superstar, aber immer noch als Sänger einer Band.

Bis zum Sommer 1942 bleibt er bei Dorsey. Dann will er eine Solokarriere starten. Der Zeitpunkt ist jedoch denkbar ungünstig: Die Musiker streiken. Was Sinatra nicht wissen konnte: der Streik sollte zwei Jahre dauern. Zwischen Herbst 1942 und Herbst 1944 wurden keine Platten mit Musikern produziert. Die Plattenindustrie ging also hin und veröffentlichte alte Titel wieder neu. Darunter auch *»All Or Nothing At All«*. Dieses Mal wurden mehr als 8 000 Platten verkauft: über eine Million. Der Titel kletterte im Sommer 1943 auf Platz 2 in der Hitparade. Zu diesem Zeitpunkt war Sinatra in den ganzen USA regelmäßig in der Sendung »Your Hit Parade« zu hören. Seine Popularität stieg, besonders bei den Mädchen. Seinen ersten Auftritt als Solist hatte er im Oktober 1944 im New Yorker Paramount. Hermann Schreiber über die damalige Hysterie: »Das alles gemahnte freilich auch daran, daß die Sinatra-Romantik bereits vom Ursprung her etwas ganz anderes ist als die Love-Story-Romantik. Das war damals, mitten im Krieg, Mädchen ohne Männer, die den eigenen Hunger nach Helden kurios vermischten mit dem Drang, den Singsang des spindeldürren Knaben dort am Mikrophon für einen Schrei nach Liebe, Brot der Armen, zu nehmen und ihn zu füttern.« In der Radiosendung traten neben Sinatra auch Big Bands mit ihren jeweiligen Sängern auf. Eine davon war die gerade 20jährige Doris Kappelhoff, die unter dem Pseudonym Doris Day sang. Sie sagte später einmal über ihre Zusammenarbeit mit Sinatra: »Frank ist wunderbar. Mit ihm zu arbeiten, ist toll. Er hat das größte Herz der Welt. Er macht einfach alles für dich. Er ist die süßeste und größte Persönlichkeit, die ich in dem ganzen Geschäft kennengelernt habe.« Der Tag der Veteranen am 11. November eines jeden Jahres, zur Erinnerung an die Kriegsteilnehmer im Ersten Weltkrieg, wird für Sinatra zu einem weiteren Meilenstein. Am 11.11.1944 einigen sich endlich Musiker und Plattenfirmen. Es kann weiter produziert werden. Genau drei Tage später, am 14. November, ist Frank im Studio und nimmt den Titel *»There's No You«* auf. Alles war auf Erfolg programmiert. Es kamen Filmprojekte, und kaum etwas konnte schiefgehen. Vor allem: An entscheidenden Stationen wurde ihm, wie vielen Sängern italienischer Herkunft, von Nachtclubbesitzern, die ebenfalls auf dem Stiefel ihre Wurzeln sahen, geholfen. Da müßte man z. B. Buddy Greco erwähnen oder Al Martino, Eddie Fisher, die Four Aces, Dean Martin, Tony Bennett oder Vic Damone. Deshalb zu vermuten, die Cosa Nostra oder Mafia hätten hier die Hand im Spiel, ist sicher übertrieben. Der Erfolg Sinatras ging jedoch von Monat zu Monat zurück. Trennung von seiner ersten Frau Nancy und den Kindern – das sahen die Amerikaner nicht gerne. Dann die kurze, aber heftige Affäre mit dem damaligen Filmstar Nr. 1, Ava Gardner, und die Tatsache, daß er sich gern in der Gesellschaft von Freunden bewegte, die klar der Mafia-Szene zuzurechnen waren. Doch dann Anfang der 50er Jahre bewarb er sich mit aller Macht um die Rolle des Maggio in *»Bis in alle Ewigkeit«*. Schließlich gab er sich sogar mit der halben Gage zufrieden, was sich auch lohnte: Er bekam einen Oscar und seine Karriere neuen Auftrieb.

Diese Situation wird gerne verglichen mit einer Szene aus Mario Puzos *»Der Pate«*. Der Sänger Johnny Fontane kommt zum Paten und bittet ihn, ihm eine Rolle in einem für ihn sehr wichtigen Film zu besorgen. Und wie bei dem fiktiven Johnny Fontane weigerte sich bei Sinatra die Plattenfirma, weitere Aufnahmen mit ihm zu machen, weil er trank und an einem schlechten Image bastelte.
Nach dem Oscar für die beste männliche Nebenrolle geht es wieder aufwärts. Sinatra kann sich vor Filmangeboten kaum retten und findet auf Anhieb eine Plattenfirma, die ihm einen Vertrag anbietet: Capitol in Hollywood. In den 50er Jahren steht er ständig vor der Kamera neben bekannten und beliebten Gesichtern: Robert Mitchum, Debbie Reynolds, Tony Curtis, Natalie Wood, Gary Cooper, Rita Hayworth, Van Heflin, Tab Hunter, Dean Martin, Shirley MacLaine, Edward G. Robinson, Maurice Chevalier oder Doris Day, mit der er in *»Young At Heart«* spielt. Der Titelsong wird Anfang 1954 Platz 2 in den USA. Ein weiterer Film, der ihm Ruhm und Sympathien einbrachte, war *»Die oberen Zehntausend«*. Hier spielte er neben seinem ehemaligen Idol Bing Crosby und Grace Kelly und Louis Armstrong. Frank sang zusammen mit Bing die Nummer *»Well Did You Evah?«*.
Totale Kontrolle über sein Plattenprodukt hat man nur, wenn man eine eigene Plattenfirma besitzt. Weshalb sollte Sinatra das nicht machen? 1960 gründete er Reprise. Und auf seinem eigenen Label tummeln sich nun seine alten Freunde wie Dean Martin, Bing Crosby oder Sammy Davis jr. Und wie es sich für eine richtige Familie gehört, besorgt er auch seiner Tochter Nancy und seinem Sohn Frank jr. Plattenverträge. Der Sohn bekommt keinen Fuß auf die Erde. Es ist eben nicht alles vererbbar. Tochter Nancy ist erfolgreicher. Blickt man auf die Plattenkarriere von Sinatra zurück, so kommt er auf über 180 Eintragungen in der amerikanischen Hitparade. Zwischen 1940 und 1942 hatte er neben *»I'll Never Smile Again«* mit dem Orchester Tommy Dorsey noch etliche Hits, darunter im Frühjahr 1941 den Spitzenreiter *»Dolores«* aus dem Film *»Las Vegas Nights«*. Ab 1942 wird er als Solist notiert und hatte folgende Spitzenreiter und/oder Millionseller: *»All Or Nothing At All«* 1943, *»White Christmas«* 1944, *»Oh! What It Seemed To Be«* und *»Five Minutes More«* 1946, *»Mam'selle«* 1947, *»Young-At-Heart«* 1954, *»Learnin' The Blues«* 1955 und *»Strangers In The Night«* 1966 und dann *»Somethin' Stupid«* 1967 zusammen mit seiner Tochter Nancy und sein größter Erfolg. Mitte der 60er Jahre erlebte Sinatra mal wieder ein Hoch in seiner Karriere. Erst der Spitzenreiter mit der von Bert Kaempfert geschriebenen Nummer *»Strangers In The Night«* und dann *»Somethin' Stupid«*. Dieser Titel, der innerhalb von 35 Minuten aufgenommen wurde, bleibt über 30 Wochen in der Hitparade und wird auch in GB Nummer 1. Franks Spitzenreiter in GB waren außerdem *»Three Coins In The Fountain«* 1954 und *»Strangers In The Night«* 1966. Bemerkenswert die Liebe der Briten zum Titel *»My Way«*. Die Platte kam erstmals im April 1969 in die GB-Charts, fiel immer wieder raus und kam immer wieder rein, bis 1972 9mal.

Als Sänger war und ist Sinatra immer eine »1« gewesen, als Songschreiber eine absolute Null. Nie hat er selbst einen Hit geschrieben. Der Name Sinatra läßt sich unter keinem Plattentitel als Autor finden. Auch als Geschäftsmann war er nicht auf der Höhe. Sein Plattenlabel Reprise gedieh nicht so, wie er es sich vorgestellt hatte. Schon nach drei Jahren hatte er Schulden in Höhe von 2 Millionen Dollar. Da kam ihm der Umstand zustatten, daß der Medienriese WB ihm einen Vertrag für vier Filme anbot. Sinatra machte die Zusage davon abhängig, ob WB Reprise übernimmt und damit seine Schulden. Schuld am Mißerfolg von Reprise war sicher auch seine ehemalige Vertragsfirma Capitol. Die brachte nämlich massenweise alte LPs von ihm zu Billigpreisen auf den Markt. Sinatra wollte das gerichtlich verhindern, hatte jedoch keine Chance. Es kam zu einer Einigung mit WB. Sinatra behielt ein Viertel von Reprise, der Rest ging an WB, die zwei Drittel von Sinatras Schulden übernahmen und mit ihm den Filmvertrag abschlossen. Kaum war Frank nicht mehr Chef im Haus, hatte Reprise die ersten Hits mit Lou Monte und Trini Lopez. Später nahm die Company Jimi Hendrix, Randy Newman, Arlo Guthrie, Neil Young, Ry Cooder, Gordon Lightfoot und die späten Beach Boys unter Vertrag. Sinatra hätte all diese Musiker sicher nicht genommen. Es fehlte ihm am Geschäftssinn und an der richtigen Nase für Trends. Anfang der 70er Jahre begann dann der lange Abschied von »Ol' Blue Eyes«, der inzwischen über 23 Jahre dauert.

Die 80er Jahre begannen, und Sinatra war immer noch da. Seine Version von *»New York New York«* wurde im Frühjahr 1980 seine letzte Hit-Notierung in den USA. Die Platte erreichte Platz 32 und in GB nur 59. Bei einer Wiederveröffentlichung dieses Titels im Frühjahr 1986 stand *»New York New York«* auf Platz 4 in GB, eine Position, die der Nummer gerechter wurde, denn Sinatras Interpretation ist zweifellos die beste. Er singt sie glaubhaft – wohl, weil auch ein Stückchen seiner eigenen Geschichte darin beinhaltet ist: »Wenn ich es hier schaffe, schaffe ich es überall.« 1984 erschien die LP *»L.A. Is My Lady«*, produziert von Quincey Jones. Mit dabei Cracks wie Lionel Hampton, George Benson oder Lee Ritenour. Seine vorerst letzten Konzerte gab er im Frühjahr 1993. Fans der Kult-TV-Serie »Eine schrecklich nette Familie«, die in den 90er Jahren erfolgreich läuft, lernen Frank Sinatra kennen, ob sie wollen oder nicht. Sein Hit *»Love And Marriage«* aus dem Jahr 1955 ist der Titelsong dieser Serie. Ol' Blue Eyes will always be back!

Der Hit: *Strangers In The Night*
Der Tip: *The Voice 1943 – 1952 Vol. 1 & 2* (CBS 450 222-2)
Concepts (Capitol CDP 7 99956 2)
The Reprise Collection (Reprise 26340-2)

Sinatra, Nancy

* 8.6.1940. Papi hatte eine eigene Plattenfirma, und darauf tummelte sich ab Herbst 1965 Tochter Nancy. Ihren ersten TV-Auftritt hatte sie neben ihrem Vater und Elvis Presley 1959. Von 1960 bis 1965 war sie mit ihrem Kollegen Tommy Sands verheiratet. Der war auch kein begnadeter Sänger. Nach der Trennung begann dann ihre Karriere mit der Hit-Notierung *»So Long Babe«*. Der Nachfolger *»These Boots Are Made For Walkin'«* war Millionseller und Spitzenreiter in den USA. Noch im gleichen Jahr standen *»How Does That Grab You, Darlin'?«* und *»Sugar Town«* in den Top 10. Im Frühjahr 1967 sang sie zusammen mit ihrem Vater *»Somethin' Stupid«*. Im Vorfeld zu dieser Platte wurden sie von einem Angestellten der Plattenfirma Reprise darauf aufmerksam gemacht, daß es vielleicht ein schlechtes Licht auf sie werfen könnte, wenn Vater und Tochter ein Liebeslied singen. Frank war der Meinung, das ginge schon in Ordnung, man solle sich darüber nicht zu viel Gedanken machen. Er hatte recht: Die Platte wurde eine Nummer 1 weltweit, ohne daß sich jemand darüber Gedanken machte, daß der Vater seine Tochter z. B. mit der Zeile ansingt: »Ich weiß, ich steh' in der Warteschlange, um mit dir einmal einen Abend zu verbringen.« Man sollte das wohl auch abstrahieren können. Da sangen nicht Vater und Tochter, sondern zwei Künstler, und die Situation ist wohl gleichzusetzen mit der zweier Schauspieler, die eine bestimmte Rolle verkörpern und nicht reales Leben spielen. Dieser Hit *»Somethin' Stupid«* ist in der Pop-Geschichte einmalig. Vater und Tochter auf einem Platz 1 der US-Hitparade hat es bis zu diesem Zeitpunkt und auch danach nicht wieder gegeben. Vater Pat Boone hat jede Menge Hits auf Platz 1, und Tochter Debbie schaffte das zumindest einmal, aber nicht mit, sondern ohne ihn. 1966 spielte Nancy dann mit Elvis Presley in dem Film *»Speedway«*. Ihre Karriere ging trotzdem langsam, aber sicher zurück. Titel wie *»Jackson«* und *»Lady Bird«* 1967 und *»Some Velvet Morning«* 1968 kamen noch in die Top 30 und wurden von Nancy zusammen mit ihrem Produzenten Lee Hazlewood gesungen. Der hatte von Anfang an ihre Karriere begleitet und war auch der Autor der Hits *»These Boots Are Made For Walkin'«* und *»How Does That Grab You, Darlin'?«*. Nach 1969 gelang Nancy in den USA kein Hit mehr. Zusammen mit Lee Hazlewood hatte sie im Herbst 1971 noch einmal Platz 1 in GB mit *»Did You Ever«*. Nancy veröffentlichte 1985 eine Biographie ihres Vaters unter dem Titel »Frank Sinatra My Father« und überwachte auch deren Verfilmung. Heute lebt sie in Kalifornien, ist verheiratet mit dem Produzenten Hugh Lambert und hat zwei Kinder.

Der Hit: *These Boots Are Made For Walkin'*
Der Tip: *The Hit Years* (Rhino RNCD 75885 TIS)

Die singenden Gesellen

Wieder eine deutsche Formation, die das Volkslied und alle verwandten Spielarten schon in den 50er Jahren vermarktete. Die singenden Gesellen brachten Mitte 1957 *»Köhlerliesel«* auf den Markt und erreichten damit Platz 6 in der deutschen Hitparade. Die Nachfolgesingle *»Kleine Bimmelbahn«* brachte es noch auf Platz 10, dann war der Zug wieder abgefahren. *»'s Träumli«*, so noch einmal eine Notierung aus dem Jahre 1960, Platz 49, war wieder vorüber. Die singenden Gesellen waren eine Formation, die der Polydor-Produzent Gerhard Mendelsohn je nach Bedarf zusammenstellte. Rudi Kreuzberger und Rudi Resch, beide Mitglieder der Blauen Jungs, Helga Schramm, Inge Buchner von den Gloria Sisters oder die als Solistin recht erfolgreiche Lolita waren mit dabei.

Der Hit: *Köhlerliesel*

Singing Nun

siehe Sœur Sourire.

Sinitta

* 19.10.1966 als Sinitta Renet. Die in Seattle geborene Amerikanerin ging mit ihrer Mutter nach GB, als diese dort in der Londoner Version des Musicals *»Hair«* die Sheila spielte. Ihre Mutter ist die Tänzerin, Schauspielerin und Sängerin Miquel Brown, die den deutschen Fernsehzuschauern aus der ZDF-Sendung *»Show Express«* als Mitglied der Tanz- und Singgruppe Second Generation bekannt wurde. Als Interpretin hatte Miquel Brown im Herbst 1983 in den deutschen Top 30 *»So Many Men So Little Time«*, in GB hatte sie 1984/85 zwei Notierungen im unteren Bereich. Ihre Tante ist die erfolgreiche Sängerin Amii Stewart. Sinitta begann ihre Karriere in TV-Shows, dem Musical *»Cats«* und in *»The Wiz«*. 1981 sah man sie in dem Film *»Shock Treatment«*, 1986 in *»Foreign Bodies«* und in demselben Jahr spielte sie sich selbst in *»Little Shop Of Horrors«*. Im Frühjahr 1986 veröffentlichte sie die Platte *»So Macho/Cruising«*, die Mitte des Jahres bis auf Platz 2 vordrang. *»Toy Boy«* 1987, *»Cross My Broken Heart«* 1988 und *»Right Back Where We Started From«* 1989 waren ihre weiteren Top-10-Erfolge. Produziert wurde sie durch das Team Stock/Aitken/Waterman und Paul Hardcastle.

Der Hit: *So Macho/Cruising*
Der Tip: *The Hit Album* (Chic 6.26724)

Siouxsie & The Banshees

Siouxsie Sioux, v (* 27.5.1957 als Susan Dallion); Steve Severin, b (* 25.9.1955 als Steven Bailey); Pete Fenton, g; John McKay, g, John McGeoch, g; Kenny Morris, d; Robert Smith, g; Pete Budgie, d; John Carruthers, g; John Klein, g.

Die Karriere der britischen Sängerin, Gitarristin und Songschreiberin Siouxsie begann 1976, als sich die Gruppe Banshees formierte. Am 20. September 1976 spielten sie bei einem Punk-Festival in London mit Sid Vicious am Schlagzeug, Steve Havoc als Bassist und Marco Pironi als Gitarrist. Kurz darauf fiel die Band wieder auseinander. Havoc nahm den Namen Steve Severin an, Sid Vicious ging zu den Sex Pistols, und Pironi wurde erst Mitglied bei The Models und dann Adam Ants Songschreibpartner bei Adam & The Ants. Im Dezember des gleichen Jahres trat Siouxsie zusammen mit den Sex Pistols in der britischen TV-Show *»Today«* auf. Jetzt kam Morris zur Gruppe und wenig später erst Pete Fenton als Gitarrist, der nach nur fünf Monaten von John McKay abgelöst wurde. Mitte 1978 erhielt die Band einen Plattenvertrag, und wenig später waren sie als Siouxsie & The Banshees neben anderen britischen Punk-Bands im Film *»Punk Rock Movie«* zu sehen. Im September des gleichen Jahres kam ihre Debüt-Platte *»Hong Kong Garden«* in die britischen Top 10.

Ein Jahr später verlassen Morris und McKay mitten während einer Tournee die Gruppe und werden kurzfristig durch Pete Budgie am Schlagzeug und Robert Smith, eine Leihgabe der Gruppe Cure, an der Gitarre ersetzt. Das Jahr 1980 beginnt mit einem neuen Gitarristen, John McGeoch. In regelmäßigen Abständen werden Singles veröffentlicht, die meist in den Bereich 20 bis 40 der GB-Charts kommen. 1981 machen Siouxsie und Budgie als Nebenband die Creatures, die bis 1989 insgesamt vier Singles in die britischen Top 75 bringen. Am erfolgreichsten ist das Stück *»Right Now«*, das Mitte 1983 bis auf Platz 1 in GB kommt. 1982 wird McGeoch krank, und erneut kommt Smith von Cure zu Hilfe. Nach einigen Wochen sagt McGeoch, er werde die Banshees verlassen, weil er mit Siouxsies Einstellungen nicht leben kann. Im ersten Halbjahr 1983 arbeiteten Siouxsie und Budgie wieder als Creatures, während Severin und Smith, der inzwischen nicht nur bei The Cure, sondern auch bei den Banshees festes Mitglied ist, die Gruppe Glove bildeten. Mit *»Like An Animal«* hat Glove im Herbst 1983 eine Hit-Notierung im unteren Bereich. Im Herbst 1983 haben dann Siouxsie & The Banshees mit einem Nachzieher der Beatles Nummer *»Dear Prudence«* Platz 3 in GB und ihren größten Hit. Im Mai 1984 geht Smith zurück zu Cure, und für ihn kommt John Carruthers. Der geht wieder im März 1987 und wird durch John Klein ersetzt. Zum gleichen Zeitpunkt kommt als Keyboarder Martin McCarrick. Ende 1988 nehmen sie *»Peek-A-Boo«* auf und erreichten damit Platz 16 in GB und 53 in den USA. Nebenher belebt Siouxsie immer wieder ihr Projekt Creatures, das im Frühjahr 1990 erstmals in Nordamerika auftritt. Mitte 1992 erscheint mit

»Face To Face« ein Titel von Siouxsie & The Banshees, der auch im Film *»Batman Returns«* zu hören war.

Der Hit: *Dear Prudence*
Der Tip: *Twice Upon A Time – The Singles* (Polydor 517 160-2)

Sir Douglas Quintet

Doug Sahm (* 6.11.1941); Augie Meyers, org (* 31.5.1940); Francisco (Frank) Morin, horns (* 13.8.1946); Harvey Kagan, b (* 18.4.1946); Jack Barber, b; John Perez, d (* 8.11.1942); Wayne Talbert, p; Martin Fierro, horns; George Rains, d.
1955 nimmt der aus San Antonio, Texas, stammende Sahm als Little Doug die Platte *»A Real American Joe«* auf. Er erhält eine Einladung an die Grand Ole Opry, lehnt sie aber ab, weil er erst einmal mit der Schule fertig werden will. 1964 hat er dann das Sir Douglas Quintet mit den Mitmusikern Morin, Meyers, Barber und Perez. Die Formation entwickelte sich zur führenden Tex-Mex-Rock-'n'-Roll-Band. Im Frühjahr 1965 erscheint mit *»She's About A Mover«* ihre erste Hit-Notierung, die es in den USA auf 13, in GB auf 15 bringt. Im Frühjahr 1969 erscheint *»Mendocino«*, wird Top 30 in den USA und Platz 2 in Deutschland. Der Nachfolger *»Dynamite Woman«* kommt im Herbst 1969 in die deutschen Charts und erreicht Platz 7. Ihre letzte Hit-Notierung hatten sie mit *»Nuevo Laredo«* im Frühjahr 1970. Inzwischen drehte sich das Karussell der Musiker um Doug Sahm relativ schnell. 1976 trat er auf als Sir Douglas & The Texas Tornados, in den 80er Jahren wieder als Sir Douglas Quintet. Neben Doug war vorwiegend Augie Meyers mit dabei.

Der Hit: *Mendocino*

Sir Mix-A-Lot

Sir Mix-A-Lot (* als Anthony Ray); Kid Sensation (* als Steve Spencer); Gig Master (* als Ron Brooks); Maharaji (* als Terry Matthews).
Erstmals wird dieses Rap-Quartett aus Seattle Ende 1988 mit *»Posse' On Broadway«* in den Single-Charts notiert. Das Album *»Swass«* kommt zum gleichen Zeitpunkt in die US-LP-Charts, erreicht zwar nur Platz 82, erhält aber trotzdem Platin. Die Nachfolge-LP *»Seminar«* 1989 wird vergoldet, und im Frühjahr 1992 kommt das Top-10-Album *»Mac Daddy«*, das ebenfalls Platinstatus erreicht. Die daraus ausgekoppelte Single *»Baby Got Back«* erreicht Mitte 1992 Platz 1 in den Single-Charts und verkauft sich mehr als zweimillionenmal.

Der Hit: *Baby Got Back*
Der Tip: *Mac Daddy* (Def American 512 068-2)

Sister Sledge

Debra (* 9.7.1954), Joan (* 13.9.1956), Kim (* 21.8.1957), Kathie (* 6.1.1959) Sledge, alle v.

Die vier leiblichen Schwestern aus Philadelphia nahmen 1971 erstmals als Sister Sledge Platten auf. Danach arbeiteten sie als Hintergrundsängerinnen, und 1975 hatten sie ihre erste Hit-Notierung mit »*Love Don't You Go Through No Changes On Me*«. Ihr erster Top-10-Erfolg kam Anfang 1979 mit »*He's The Greatest Dancer*«. Dieser Titel stand auch in den britischen Top 10. »*We Are Family*« wurde in den USA Millionseller und Platz 2, in GB Platz 8. »*Lost In Music*« kam als Remix im Herbst 1984 in die GB-Charts und wurde Platz 4. Die Nummer »*Frankie*« war Mitte 1985 Platz 75 in den USA und Spitzenreiter in GB, 13 in Deutschland.

Der Hit: *We Are Family*
Der Tip: *The Very Best Of Sister Sledge 1973 – 93* (Atlantic 9548-31813-2)

Sisters Of Mercy

Andrew Eldritch, v (* 15.5.1959 als Andrew Taylor); Gary Marx, g; Wayne Hussey, g (* 26.5.1959); Ben Gunn, g; Craig Adams, b; Patricia Morrison, b; Andreas Bruhn, g; Tim Bricheno, g (* 6.7.1963); Tony James, b.

1980 wurde diese britische Formation als Trio in Leeds gegründet, das aus Eldritch, Marx und einem Drum Computer namens Doktor Avalanche bestand. Noch im selben Jahr veröffentlichen sie ihre Debüt-Single »*The Damage Done*« auf ihrem eigenen Label Merciful Release. Für Live-Auftritte holen sie schließlich Gunn und Adams zur Band und treten im Vorprogramm von Nico, The Clash oder den Psychedelic Furs auf. Als sie 1982 ihre zweite Single, »*Body Electric*« veröffentlichen, haben sie zumindest bei ihrer Kult-Fan-Gemeinde Erfolg. 1983 verläßt Gunn die Band und wird durch Hussey ersetzt. Mitte 1984 erscheint »*Body And Soul/Train*« und wird ihre erste Chart-Notierung. Diese Mixtur aus Psychedelic Rock, Wave-Anklängen, Düsternis und Heavy Metal tat sich in den Anfangsjahren beim Publikum schwer. 1985 trennt sich die Formation. Hussey und Adams gründen The Mission, Eldritch zieht nach Deutschland und taucht 1987 zusammen mit Patricia Morrison wieder als Sisters Of Mercy auf. »*This Corrosion*« wird im Herbst 1987 der erste Top-10-Erfolg des Quartetts. Ab Ende 1990 kommen die Sisters in der Besetzung Eldritch, Morrison, Bruhn, Bricheno und James und erreichen mit »*More*« die britischen Top 30. Die Nummer »*Temple Of Love (1992)*« kam im Frühjahr 1992 auf Platz 3 in GB und 5 in Deutschland. Mit zu hören war auf dem Stück die jemenitische Sängerin Ofra Haza.

Der Hit: *Temple Of Love (1992)*
Der Tip: *Floodland* (Merciful Release 242246-2)

Skellern, Peter

* 14.3.1947. 1969 war der britische Sänger und Songschreiber Mitglied der Gruppe The March Hare, die als Harlan County ein Country-Pop-Album aufnahmen und sich 1971 trennten. Peter, der immerhin Frau und zwei Kinder zu ernähren hatte, arbeitete als Hotelportier und spielte in einer Pizzabar in Soho Piano. Zwischendurch durfte er verschiedene Plattenaufnahmen anderer Künstler als Keyboarder begleiten. Erst im Herbst 1972 gelang ihm seine erste Hit-Notierung mit »*You're A Lady*«. Die Platte erreichte Platz 3 in GB und blieb der größte Erfolg für Peter. »*Hold On To Love*« kam im Frühjahr 1975 noch in die Top 20, und seine letzte Hit-Notierung stammt aus dem Jahr 1978. Danach schrieb Skellern einige Stücke für BBC-TV-Programme und trat darin auch auf. 1983 moderierte er die Sendung »Private Lives«. Zusammen mit Julian Lloyd Webber, Mary Hopkins und dem Gitarristen Bill Lovelady gründete er 1984 die Formation Oasis, die sich zur Aufgabe machte, klassische und Pop-Elemente zu verbinden. Erfolge hatten sie damit bisher nicht.

Der Hit: *You're A Lady*
Der Tip: *You're A Lady* (London 820 619-2)

Skid Row

Sebastian »Bach« Bierk, v (* 3.4.1968); Dave »The Snake« Sabo, g (* 16.9.1964); Scott Hill, g (* 31.5.1964); Rachel Bolan, b (* 9.2.1967); Rob Affuso, d (* 1.3.1963).
Diese amerikanische Band – nicht zu verwechseln mit der irischen Formation, in der z. B. Gary Moore und Phil Lynott mitspielten – stammt aus New York und macht Hard Rock. Mitte 1989 erschien mit »*Youth Gone Wild*« die erste Hit-Notierung von Skid Row. Mit »*18 And Life*« erreichte die Band im Herbst des gleichen Jahres Platz 4 in den USA und hatte einen ersten Millionseller. »*I Remember You*« kam Ende 1989 in die US-Charts und wurde Platz 6. Mit Beginn der 90er Jahre hatte die Band vorwiegend in GB Erfolge, so z. B. die beiden Top-20-Hits »*Monkey Business*« und »*Wasted Time*«, beide 1991. Eine Zeitlang sah es so aus, als könnten Skid Row und Guns N' Roses um den Thron der erfolgreichsten in ihrer Musiksparte miteinander konkurrieren. Inzwischen steht fest, daß Skid Row nicht der Gewinner ist.

Der Hit: *18 And Life*
Der Tip: *Skid Row* (Atlantic 781 936-2)

Skids

Richard Jobson, v (* 6.10.1960); Stuart Adamson, g/v (* 11.4.1958); Willie Simpson, b; Tom Kellichan, d.

Mitte 1977 formierte sich diese schottische Band, die noch deutliche Anklänge der Punk-Explosion beinhaltete. Noch 16jährig, erhielt Jobson mit seinen Musikern einen Plattenvertrag und veröffentlichte vor Weihnachten die erste Single, »*Charles*«. Aber erst ein Jahr später sollten sie mit »*Sweet Suburbia*« ihre erste Hit-Notierung haben. Im Frühjahr 1979 kam »*Into The Valley*« bis auf Platz 10 in GB und blieb der einzige Erfolg der Skids in den Top 10. In den USA und in Deutschland hinterließen sie in den Hitparaden überhaupt keine Spuren. Nach 1980 waren sie auch wieder aus den britischen Charts verschwunden, und 1982 trennten sich die Skids. 1983 startete Adamson die Formation Big Country. Jobson veröffentlichte ein Album mit seiner neuen Band Armoury Show, bevor er eine Solokarriere als Plattenkünstler, Dichter, Songschreiber und Moderator verfolgte.

Der Hit: *Into The Valley*
Der Tip: *Scared To Dance* (Virgin 200 423-320)

Sky

John Williams, g (* 24.4.1941); Kevin Peek, g (* 21.12.1946); Tristan Fry, per; Herbie Flowers, b; Francis Monkman, key; Steve Gray, key.

Die einzelnen Musiker dieser in GB stationierten Formation, die sich auf Adaptionen klassischer Themen spezialisierte, hatten bereits einige musikalische Erfahrungen hinter sich, als Sky 1979 gegründet wurde. Williams gilt als einer der besten klassischen Gitarristen der Welt. Flowers war Mitbegründer von Blue Mink und arbeitete als Session-Musiker mit Elton John, Bryan Ferry, T. Rex, David Bowie und Lou Reed – die klassische Baßlinie auf »*A Walk On The Wild Side*« spielt Flowers. Peek war als Studiogitarrist auf Platten von Cliff Richard, Olivia Newton-John, Shirley Bassey, Mary Hopkin, Peter Skellern und den New Seekers zu hören. Fry ist klassisch ausgebildeter Percussionist und Mitglied des London Philharmonic Orchestra. Als Session-Musiker war er bei Aufnahmen von Frank Sinatra, Duke Ellington, den Beatles, Elton John und David Essex dabei. Monkman war Mitglied bei Curved Air und Camel, spielte mit Phil Manzanera und machte auch Solo-LPs. Nach dem ersten und einzigen Hitparadenerfolg dieser Formation im April 1980, »*Toccata*«, die es in GB auf Platz 5 brachte, stieg Monkman aus. Gray, der ihn ersetzte, hatte vorher als Arrangeur für die Walker Brothers, Justin Hayward, Roger Daltrey, Paul McCartney, John Denver und Neil Diamond gearbeitet. Die ersten vier Alben von Sky, erschienen zwischen 1979 und 1982, kamen alle unter die ersten 10 der britischen LP-Charts. »*Sky 2*« war Mitte 1980 Spitzenreiter in GB. LPs der Formation werden bis 1985 notiert.

Der Hit: *Toccata*
Der Tip: *Sky 2* (Freestyle Sky CD 2)

Skylark

Donny Gerrard, v; Bonnie Jean Cook Foster, v; David Foster, key; Norman McPherson, g; Allan Mix, g; Steven Pugsley, b; Carl Graves, per; Duris Maxwell, d; Brian Hilton, d.
Die aus Vancouver, Kanada, stammende Band kam in den frühen 70er Jahren zusammen. Foster und Cook waren vorher Mitglieder in der Band hinter Ronnie Hawkins gewesen. Ursprünglich hatten sie sich neue Musiker zusammengeholt, um damit wieder andere Interpreten begleiten zu können. 1972 erhielten sie dann jedoch einen eigenen Plattenvertrag. Im Frühjahr 1973 kam die Single »*Wildflower*« auf den Markt, die es bis auf Platz 9 in den US-Charts brachte. Der Hit hat dieser Band offensichtlich nicht gutgetan. McPherson verließ die Gruppe, und für ihn kam Mix. Maxwell wurde durch Hilton ersetzt, und trotzdem fiel die Band kurz darauf auseinander. Foster wurde später Mitglied bei den Attitudes und machte Mitte der 80er Jahre erste Soloplatten. Sein Stück »*Love Theme From St. Elmo's Fire*« aus dem gleichnamigen Film kam im Herbst 1985 in die amerikanischen Top 20. 1986 sang er im Duett mit Olivia Newton-John »*The Best Of Me*«.
Inzwischen hatte er sich auch als Songschreiber einen Namen gemacht, und Interpreten wie Chicago oder Barbra Streisand sangen seine Titel.

Der Hit: *Wildflower*

Slack, Freddie

* 7.8.1910 als Frederic Charles Slack, † 10.8.1965. Der amerikanische Boogie-Woogie-Pianist, Bandleader und Komponist spielte 1935/36 mit Ben Pollock, von 1936 – 1939 mit Jimmy Dorsey und danach mit Bill Bradley. Auf dessen Hit »*Beat Me, Daddy, Eight To The Bar*«, der im Herbst 1940 in die Hitparaden kam und Platz 2 erreichte, ist Slack zu hören. Zwischen 1942 und 1946 wird er mit seinem eigenen Orchester und insgesamt 10 Titeln in den US-Charts aufgeführt. Seine beiden größten Erfolge, der »*Cow Cow Boogie*« 1942 und »*The House Of Blue Lights*« 1946 wurden von Ella Mae Morse gesungen. Außerdem gehörte zu seiner Band die Sängerin Margaret Whiting. Anfang der 50er Jahre gab Freddie sein Orchester auf und spielte in einem Piano-Duo oder mit einem eigenen Trio in

Clubs und Bars in Nevada. Er starb 1965 »aus ungeklärten Gründen« in Hollywood.

Der Hit: *The House Of Blue Lights*
Der Tip: *The Hits Of Freddie Slack* (Capitol 1553041 PM 231)

Slade

Noddy Holder, v/g (* 15.6.1946 als Neville Holder); Dave Hill, g (* 4.4.1946); Jimmy Lea, b (* 14.6.1949); Don Powell, d (* 10.9.1946).
Die Ursprünge dieser englischen Band gehen bis in die frühen 60er Jahre zurück. Kaum hatten sie die Schule verlassen, gründeten Powell und Hill die von den Shadows beeinflußte Band Vendors. Mitglieder waren neben den beiden der Sänger Johnny Howells, der Gitarrist Mickey Marston und der Bassist Dave Jones. Nachdem die Beatles groß wurden, änderten auch die Vendors ihren Stil und coverten nun amerikanische Rhythm-&-Blues-Songs. 1964 nahmen sie auf eigene Kosten eine LP auf, die kein Erfolg wurde. Danach änderten sie ihren Namen in N'Betweens. Unter diesem Namen erhielten sie einen Vertrag bei der französischen Plattenfirma Barclay Records und nahmen nun Platten für den französischen Markt auf. Ende 1965 kommt Holder ins Spiel, der als Gitarrist und gelegentlicher Sänger bei Steve Brett & The Mavericks gewesen war. Holder hatte bereits 1959 seine erste Band, die Rockin' Phantoms, gegründet. 1963 wurden daraus die Memphis Cut-Outs, ein Jahr später kam er zu den Mavericks. Im Frühjahr 1966 wurde er festes Mitglied bei den N'Beetweens. Zum gleichen Zeitpunkt kam auch Lea für Jones zur Band. Marston wurde rausgeworfen. Holder, Hill Lea und Powell bildeten nun die Gruppe hinter dem Sänger Howells. Am 1. April 1966 traten sie erstmals ohne Howells auf, und Holder übernahm den Gesang. Bei der Gelegenheit stellte man fest, daß man auch ohne Howells als eigenständige Formation bestehen könnte. Zusammen mit dem amerikanischen Produzenten Kim Fowley nahmen sie noch 1966 eine Single auf, die jedoch nicht erfolgreich war. Die N'Betweens spielten die nächsten zweieinhalb Jahre in England und versuchten, eine Londoner Plattenfirma für sich zu interessieren. Während um sie herum Flower Power und Psychedelic angesagt waren, spielten sie lauten und harten Geradeaus-Rock. Im Frühjahr 1969 erhielten sie den ersehnten Plattenvertrag mit Fontana Records. Die Firma stellte der Band Chas Chandler, den ehemaligen Animals-Bassisten und Jimi-Hendrix-Förderer, als Manager zur Seite. Seine erste Handlung: Er änderte den Namen in Ambrose Slade. Ihr Debütalbum mit dem Titel *»Beginnings«* und alle anderen Veröffentlichungen floppten. 1970 veränderte Chandler das Image der Gruppe und trimmte sie mehr in Richtung Skinheads, um endlich Aufmerksamkeit zu erregen. Der Name wurde auf Slade gekürzt, die Jungs ließen sich brav die Köpfe

kahlscheren, krempelten sich die Hosen um und zogen sich schwere Stiefel an. Die Skins konnten mit der Gruppe nichts anfangen, aber wenigstens gab es den gewünschten Presserummel. *»Get Down And Get With It«* wurde Mitte 1971 die erste Hit-Notierung für Slade in GB, ein Platz 16. Danach änderten sie ihr Image in Richtung Glitter Rock mit Plateausohlen und glänzenden Anzügen. Ihre erste Hochphase hatte die Band ab Herbst 1971 mit *»Coz I Luv You«* bis 1975. In dieser Zeit gelangen ihr in GB 13 Top-10-Hits, davon außer dem schon erwähnten Stück die weiteren Spitzenreiter *»Take Me Bak 'Ome«* und *»Mama Weer All Crazee Now«* 1972, *»Cum On Fell Noize«*, *»Skweeze Me Pleeze Me«* und *»Merry Xmas Everybody«* 1973. Nach 1975 ließ der Erfolg nach, aber 1981 kehrten sie zurück in die Top 10 mit *»Weel Bring The House Down«*. Ende 1983 belegten sie Platz 2 mit *»My Oh My«*. Ihren einzigen Top-20-Hit in den USA und letzten Top-10-Erfolg in GB hatten Slade mit *»Run Run Away«* 1984. Danach wurde es stiller um die Band, und nach 1987 schienen sie ganz vergessen. Ende 1991 brachten sie die Single *»Radio Wall Of Sound«* in die britischen Charts, und Mitte 1993 kam die Nummer *»Far Far Away«*, die Ende 1974 Platz 2 in GB und 8 in Deutschland war, dank C&A-TV-Werbung, wieder in die deutschen Top 20.

Der Hit: *Skweeze Me Pleeze Me*
Der Tip: *The Story Of Slade Vol. 1 & 2* (Bear Tracks BTCD 979 411/2)

Sledge, Percy

* 25.11.1941. Mit 20 schloß sich dieser amerikanische Soul-Sänger der lokal bekannten Esquires Combo an. Ende 1965 traf er den Diskjockey Quinn Ivy, der einen eigenen Plattenladen und ein Aufnahmestudio besaß, Songschreiber und Produzent war. Ivy machte mit Sledge die Aufnahme *»When A Man Loves A Woman«*, mit der Percy im Frühjahr 1966 in die US-Charts kam und Spitzenreiter wurde. In GB kam der Titel bis auf Platz 4, in Deutschland bis auf 13. Bis 1970 – also in der Hochphase der Soul-Musik – sollten Percy noch etliche Hits wie *»Warm And Tender Love«*, ebenfalls 1966, *»Take Time To Know Her«* 1968 und *»My Special Prayer«* 1969 gelingen. In die Top 10 kam er jedoch nicht mehr. Im Frühjahr 1987 stand *»When A Man Loves A Women«* wieder in den GB-Charts und erreichte Platz 2. Die Jeans-Firma Levi's hatte die Nummer für ihre 501-Werbung eingesetzt. Daß sie nicht Platz 1 wurde, verhinderte ein anderer Oldie: Ben E. King mit *»Stand By Me«*. Percy Sledge zog bis in die 90er Jahre durch alle Diskotheken dieser Erde und mußte vor allen Dingen *»When A Man Loves A Woman«* singen.

Der Hit: *When A Man Loves A Woman*
Der Tip: *The Ultimate Collection* (Atlantic 780 212-2)

Slik

Midge Ure, g/v (* 10.10.1953 als James Ure); Jim McGinlay, b (* 9.3.1949 als James Anthony McGinlay); Billy McIsaac, key (* 12.7.1949 als William McIsaac); Kenny Hyslop, d (* 14.2.1951 als Kenneth John Hyslop).
Die britische Gruppe Slik, die aus der Formation Salvation hervorging, war die letzte Teenie-Band der 70er Jahre, die wie die Bay City Rollers aus Schottland kam. Die Hits der Bay City Rollers hatten Bill Martin und Phil Coulter geschrieben. Das taten sie auch für Slik. Man steckte Slik dieses Mal nicht in Schottenklamotten, sondern in ein Baseball-Outfit, und der Presse wurden sie als die nächste Sensation vorgestellt. Die Single *»Forever And Ever«* kam im Januar 1976 in die britischen Charts und wurde Platz 1. Der Nachfolger Requiem schaffte noch Platz 24, und danach war die Zeit von Slik schon wieder vorüber. Die große Zeit von Ure sollte allerdings erst beginnen. Über Rich Kids und Visage wurde er der führende Kopf bei Ultravox und veröffentlichte Soloplatten.

Der Hit: *Forever And Ever*

SL 2

Die beiden britischen DJs Slipmatt und Lime waren in der englischen Rave-Szene Anfang der 90er Jahre keine Unbekannten mehr. Lime hatte die illegale Radiostation Awesome Radio, und Slipmatt war Besitzer eines eigenen Labels und DJ bei den Londoner Rainparties. *»Do The Dance«* und *»The Noise«* waren die ersten beiden Singles von SL 2, die ihren Namen vom Technics-Plattenspieler SL 1200 abgekupfert hatten. Im Frühjahr 1992 erschien ihre Single *»On A Ragga Tip«*, die eine Kombination aus Reggae und Techno darstellte. Die Single stieg auf Platz 7 in die britischen Charts ein und erreichte Platz 2. Ein weiterer Hit wird nicht verzeichnet. Allerdings hatten beide gesagt, daß sie planen, mit anderen Musikern neue Projekte anzugehen.

Der Hit: *On A Ragga Tip*

Sly & The Family Stone

Sly Stone, v (* 15.3.1944 als Sylvester Stewart); Freddie Stone, g (* 5.6.1946 als Freddie Stewart); Rosie Stone, p (* 21.3.1945 als Rosemary Stewart); Cynthia Robinson, tr (* 12.1.1946); Jerry Martini, sax (* 1.10.1943); Larry Graham, b (* 14.8.1946); Greg Errico, d (* 1.9.1946).
1967 gründete der Produzent und Diskjockey Sly Stone die Formation The Family Stone. Sly hatte bereits im Alter von vier Jahren Gospelplatten besungen. Später

wurde er Produzent für Bobby Freeman, The Mojo Men und The Beau Brummels. Seine erste Gruppe, die Stoners, hatte er 1966 gegründet, und daraus wurde dann ein Jahr später The Family Stone. Mit in der Band waren sein Bruder Freddie und seine Schwester Rosie, sein Cousin Graham und Robinson. Sie spielten eine Mixtur aus Funk, Jazz und Rock, die schnell die Bezeichnung Psychedelic Soul erhielt. Erstmals tauchte diese Familie mit der Nummer *»Dance To The Music«* in den US-Single-Charts auf und erreichte Platz 8. In GB kam das Stück sogar bis auf Platz 7. *»Everyday People«* wurde Ende des gleichen Jahres Millionseller und Spitzenreiter in den USA. Gleiches gelang 1970 *»Thank You (Falettinme Be Mice Elf Agin)«* und *»Family Affair«* 1971. 1969 war *»Hot Fun In The Summertime«* Platz 2 in den USA, und *»If You Want Me To Stay«* erreichte 1973 zwar nicht die Top 10, war aber ein Millionseller. Beim Woodstock Festival 1969 gehörten Sly & The Family Stone zu den Gewinnern. Mitte der 70er Jahre ließ die Karriere nach. Larry Graham verließ im Januar 1972 die Band und gründete Graham Central Station. 1976 mußte Sly Stone Bankrott anmelden. Es erschienen zwar noch weitere Veröffentlichungen der Band, die aber nicht sonderlich erfolgreich waren. 1982 arbeitete Sly mit George Clinton zusammen. Ende 1989 machte er Schlagzeilen, weil er wegen Kokainmißbrauchs für 55 Tage ins Gefängnis mußte.

Der Hit: *Dance To The Music*
Der Tip: *Anthology* (Epic EGK 37 071)

Sly Fox

Gary »Mudbone« Cooper, Michael Camacho, beide v.
Das amerikanische schwarz-weiße Gesangsduo formierte sich Anfang 1985. Cooper hatte acht Jahre lang als Sänger und Schlagzeuger mit Sly Stone, Bootsy's Rubberband und George Clintons legendärer Formation Parliament-Funkadelic gearbeitet und war auf insgesamt 14 Gold- und Platinaufnahmen zu hören. Camacho war in den USA bekannt als A-cappella-Sänger eines preisgekrönten Blue-Jeans-Werbespots. Tour- und Banderfahrung sammelte er mit Change Of Pace und Main Ingredient. Außerdem trat er als Schauspieler, Tänzer und Performer in mehreren Theaterstücken auf New Yorker Bühnen auf. Für ihr Debütalbum *»Let's Go All The Way«* schrieben die beiden acht Titel, die ein breites Spektrum von Funk, Rock, Rhythm & Blues und Latinoklängen aufwiesen. Die Single-Auskopplung des Titelstückes kam Ende 1985 in die US-Charts und erreichte Platz 7, in GB sogar Platz 3. Schnell wurde jedoch nachgewiesen, daß die beiden Jungs den Groove der Nummer *»Fly Girl«* der Boogie Boys kopiert hatten. Nach einer weiteren Single-Auskopplung, die knapp in die Hot 100 kam, waren sie wieder verschwunden.

Der Hit: *Let's Go All The Way*
Der Tip: *Let's Go All The Way* (Capitol 1A 064 24 0291 1)

Small Faces

Steve Marriott, v/g (* 30.1.1947, † 20.4.1991); Jimmy Winston, org (* 20.4.1945 als James Langwith); Ian McLagen, org (* 12.5.1945); Ronnie Lane, b (* 1.4.1946); Kenny Jones, d (* 16.9.1948).
Diese britische Gruppe wurde 1965 in London gegründet. Mitglieder waren Lane, Jones, Winston und Marriott. Ihre erste Single hieß *»Whatcha Gonna Do About It?«* und kam im Herbst des gleichen Jahres bis auf Platz 14 in GB. Im November 1965 verließ Winston die Gruppe und wurde durch McLagen ersetzt. Der Nachfolger *»Sha La La La Lee«* erreichte im Frühjahr 1966 Platz 3 in den Charts. Mitautor des Stückes war Mort Shuman. Mit *»Hey Girl«*, dem Spitzenreiter *»All Or Nothing«* und *»My Mind's Eye«* gelangen den Small Faces noch im gleichen Jahr drei weitere Top-10-Hits. Auch die darauffolgenden Jahre waren erfolgreich: *»Itchycoo Park«* und *»Tin Soldier«* 1967, *»Lazy Sunday«* 1968 waren weitere Top-10-Erfolge. In Deutschland kamen 1968 *»Tin Soldier«* und *»Lazy Sunday«* unter die ersten 10, in den USA schaffte die Formation nie einen Top-10-Hit. Im Februar 1969 trennt sich die Band. Lane, Jones und McLagen bleiben zusammen, nehmen Ron Wood und den Sänger Rod Stewart hinzu und machen weiter als Faces. Marriott gründet mit dem jungen Peter Frampton und anderen Musikern Humble Pie. Ende 1975 wurde in GB *»Itchycoo Park«* neu veröffentlicht und erreichte Platz 9. Das war der Grund, daß Marriott, Jones, McLagen und Neuzugang Rick Wills als Small Faces einige Alben aufnahmen, die jedoch alle nicht ankamen. Jones ging danach zu den Who als Ersatz für den verstorbenen Keith Moon, Wills in die USA zu Foreigner. McLagen wird Mitglied der Tourband der Rolling Stones. Marriott verbrannte 1991 in seinem Haus. Brandursache war vermutlich eine brennende Zigarette in seinem Schlafzimmer.

Der Hit: *All Or Nothing*
Der Tip: *Collection* (Line IMCD 9.00657 0)

Smart E's

Chris Powell, Tom Orton, Nick Arnold.
Die erste Single dieses britischen Trios erschien 1991 und war schon von ihrem Titel her nicht hitverdächtig: *»Fuck The Law«*. Da sie wohl doch lieber Erfolg haben wollten, verlegten sie sich auf ein unverfänglicheres Thema. Unter dem Titel *»Sesame's Treet«* nahmen sie eine Hommage an die seit vielen Jahren gern

gesehene Kinderserie »*Sesame Street*« auf und hatten Glück: Mitte 1992 erreichte die Nummer Platz 2 in GB und kam in den USA wenig später zumindest noch unter die ersten 60. Dabei blieb's.

Der Hit: *Sesame's Treet*

Smith

Gayle McCormick, v (* 1949); Steve Cummings; Rick Cliburn, g; Alan Parker, g; Larry Moss, key; Jerry Carter, b; Robert Evans, d; Jade Hass, b; Ed Beyer, key.
Die amerikanische Sängerin Gayle McCormick hatte bereits seit ihren Schultagen in St. Louis gesungen. Als Sängerin der Chevels hatte sie 1966 einige Singles aufgenommen, die jedoch nicht erfolgreich waren. Danach änderten sie den Namen in Gayle McCormick & The Klassmen. Auch hier wurden einige Platten aufgenommen, die sich jedoch nicht durchsetzen konnten. Genau zu dieser Zeit kam eine Band in die Stadt, die Smiths hieß. Gayle und Cummings, der auch bei den Klassmen war, machten zusammen mit Carter und Cliburn eine neue Band: Smith. 1969 spielten sie in San Fernando Valley in einem Club, der Rag Doll hieß. Del Shannon und Brian Hyland hörten sie dort, und Shannon bot ihnen an, sie zu produzieren und zu managen. Sie sagten zu. Einer der Titel, die jetzt aufgenommen wurden, war einst ein Hit der Shirelles und auch schon von den Beatles gecovert worden: »*Baby It's You*«. Die Platte kam im Herbst 1969 in die US-Charts und erreichte Platz 5. Allerdings muß es schon vor der Veröffentlichung innerhalb der Band sehr große Schwierigkeiten gegeben haben, denn die Fluktuation der Mitglieder war enorm. Schließlich war es 1970 so weit, daß von den ursprünglichen Mitgliedern nur noch Gayle übrig war. Sie machte für verschiedene Plattenlabels weitere Aufnahmen. Ihr größter Solo-Erfolg war die Nummer »*It's A Cryin' Shame*«, die es Ende 1971 in die Top 50 schaffte.

Der Hit: *Baby It's You*
Der Tip: *A Group Called Smith* (EMI 1C 062-90517)

Smith, Huey »Piano«

* 26.1.1934. Der amerikanische Rhythm-&-Blues-Pianist und Songschreiber spielte in den frühen 50er Jahren mit Earl King. Von 1951 bis 1954 war er Mitglied in der Band von Eddie »Guitar Slim« Jones, und zwischendurch spielte er mit auf vielen Platten von New-Orleans-Musikern, so z. B. bei Lloyd Price, Smiley Lewis oder auch Little Richard. 1957 gründete Huey seine eigene Band, die sich Huey »Piano« Smith And The Clowns nannte. Im Sommer des Jahres wurden sie in der R&B-Hitparade mit »*Rocking Pneumonia And The Boogie Woogie Flu*« unter den

ersten 10 notiert, ebenso im Frühjahr 1958 mit *»Don't You Just Know It«*. Diese Nummer kam auch in der amerikanischen Pop-Hitparade unter die Top 10. Gesungen wurde sie von Bobby Marchan. Bei Frankie Fords Hit *»Sea Cruise«* aus dem Jahr 1959 spielten Huey und seine Gruppe mit. In den frühen 70er Jahren zog sich Smith aus dem Showgeschäft zurück.

Der Hit: *Don't You Just Know It*
Der Tip: *Having A Good Time* (Line Records LLP 5175 AS)

Smith, Hurricane

* 1923 als Norman Smith. Der Brite begann in jungen Jahren etliche Instrumente zu spielen. In den frühen 60ern wurde er Angestellter in den Abbey Road Studios in London und war in den Anfangstagen der Beatles-Produktionen deren Tontechniker. Später wurde er Produzent von Pink Floyd, Barclay James Harvest und Pretty Things. Außerdem hatte er inzwischen etliche Songs geschrieben, die durch die Shadows und Billy J. Kramer aufgenommen wurden. Mitte 1971 schaffte er es dann selbst, als Interpret in die Charts zu kommen. Sein Pseudonym war angelehnt an den 1952 erschienen Film *»Hurricane Smith«*. *»Don't Let It Die«* kam Mitte 1971 in die GB-Charts und wurde Platz 2. Der Nachfolger *»Oh, Babe, What Would You Say«* wurde im Frühjahr 1972 Platz 4 in GB und 3 in den USA. Für den deutschen Markt nahm er eine deutschsprachige Version auf, die da hieß *»Oh, Baby mach die Türe zu«*. Wer nun erwartet, daß ein Produzent von Pink Floyd oder ein Mitarbeiter der Beatles progressive Musik bringt, wurde enttäuscht. Es klang eher so, als habe sich ein Megaphonsänger der 30er in ein Studio der 70er Jahre verirrt. Nach 1972 und dem letzten Top-30-Erfolg *»Who Was It«*, geschrieben von Gilbert O'Sullivan, bediente er wieder mehr die Regler, was er auch ohne Zweifel besser kann.

Der Hit: *Oh, Babe, What Would You Say*
Der Tip: *Hurricane Smith* (EMI 1C 0244-05 417)

Smith, Jack

* 1918. Der amerikanische Tenor sang ab 1933 mit den Three Ambassadors, die in den späten 30er Jahren in diversen Radiosendungen zu hören waren und sich 1939 wieder trennten. Mit dem Beginn der 40er Jahre sang Jack als Solist regelmäßig im Radio. *»Jack! Jack! Jack!«* war im Frühjahr 1947 seine erste Hit-Notierung in den US-Pop-Charts. Seine Version von *»Civilization (Bongo, Bongo, Bongo)«* war Ende des gleichen Jahres sein erster Top-10-Erfolg. Sein größter Erfolg war im Frühjahr 1949 eine der vielen Versionen von *»Cruising Down The*

River«, die es bis auf Platz 3 brachte. Mit dem Beginn der 50er Jahre war seine Gesangskarriere wieder beendet, dafür wurde er ein populärer TV-Mann, der Sendungen wie »*Place The Face*« 1953 und »*You Asked For It*« 1958/59, 1971 bis 1977 und 1981–1983 betreute.

Der Hit: *Cruising Down The River*

Smith, Kate

* 1.5.1907 als Kathryn Elizabeth Smith, † 17.6.1986. Für viele Jahre war diese amerikanische Sängerin eine der bekanntesten Radiopersönlichkeiten in den USA. Sie war es, die als erste das Lied »*God Bless America*« sang, das Irving Berlin 1918 für die Show »*Yip, Yip Haphank*« geschrieben, aber zunächst verworfen hatte. Dann gab er es 1938 an Kate, die es aufnahm. Erstmals kam es im Frühjahr 1939 in die US-Charts und wurde Platz 10. Mitte 1940 war es ein Platz 5 und im Frühjahr 1942 Platz 23. Ihre erste Hit-Notierung hatte Kate bereits Mitte 1927 mit »*One Sweet Letter From You*«. Im Herbst 1931 stand sie auf Platz 1 mit »*When The Moon Comes Over The Mountain*«. Dieses Stück war das Thema, mit dem sie immer ihre Radiosendungen begann. »*River Stay 'Way From My Door*« war Anfang 1932 ein weiterer Spitzenreiter in den USA. Die Liste ihrer Hit-Notierungen reicht bis 1948. Ihren letzten Top-10-Erfolg hatte sie Anfang 1945 mit »*Don't Fence Me In*«. Zwischen 1950 und 1954 hatte sie jeden Freitag eine eigene TV-Show in den USA. Bis Mitte der 70er Jahre, als ihr Gesundheitszustand sie zwang, sich zur Ruhe zu setzen, war sie regelmäßig in Fernsehsendungen zu sehen und sang immer wieder »*God Bless America*« und »*When The Moon Comes Over The Mountain*«. Bei der Emmy-Verleihung 1982 mußte sie bereits in einem Rollstuhl sitzen. Sie starb 1986 an den Folgen ihres Diabetes.

Der Hit: *God Bless America*

Smith, Michael W.

Obwohl Smith einen Grammy und mehrere Goldauszeichnungen gewonnen hatte und fast 200 seiner Songs von ihm oder anderen Künstlern aufgenommen wurden, blieb er ein Außenseiter und hier bei uns ein Unbekannter. Seine Tourneen durch die USA zählten zu den bestverkauften im Lande. Seine Aufnahmen wurden auf dem Plattenlabel Reunion veröffentlicht, das sich auf Songs mit christlichen Inhalten spezialisiert hatte. Seinen Grammy hat Smith für die »Best gospel performance male« 1984 erhalten. Ähnlich wie seine Kollegin Amy Grant, die sich ja auch vorwiegend auf diesem Gebiet profiliert hatte, bevor sie in die Pop-Charts kam, schaffte Smith Anfang der 90 den Crossover. Im

Frühjahr 1991 stand er mit dem Titel *»Place In This World«* auf Platz 6 in den amerikanischen Pop-Charts. Im gleichen Jahr gewann er den American Music Award in der Kategorie »Favorite New Artist AC«.

Der Hit: *Place In This World*
Der Tip: *Go West Young Man* (Reunion RRA CD 0063)

Smith, Muriel

Dieser britischen Sängerin gelang im Frühjahr 1953 mit dem Titel *»Hold Me Thrill Me Kiss Me«* ein Platz 3 in den GB-Charts. Weitere Spuren hinterließ sie nicht.

Der Hit: *Hold Me Thrill Me Kiss Me*

Smith, O.C.

* 21.6.1932 als Ocie Lee Smith. Schon während seiner Militärzeit in der U.S. Air Force von 1951 bis 1955 begann er als Sänger. Danach war er bei der Sy-Oliver-Band, machte 1956 seine ersten Soloplatten und war dann von 1961 bis 1963 in der Formation von Count Basie. Sein erster Solohit wird Anfang 1968 notiert mit *»The Son Of Hickory Holler's Tramp«*, Platz 40 in den USA und 2 in GB. Die Nachfolgesingle *»Little Green Apples«* wurde ein Millionseller und Platz 2 in den USA. Bis 1974 erschienen weitere schöne Platten von ihm, darunter Ende 1969 der Top-40-Hit *»Daddy's Little Man«*. Im Frühjahr 1977 kam er in den britischen Charts bis auf Platz 25 mit dem Stück *»Together«*.

Der Hit: *Little Green Apples*
Der Tip: *Greatest Hits* (CBS 64 153)

Smith, Patti

* 30.12.1946. Die amerikanische Sängerin, Songschreiberin, Malerin und Buchautorin wird oft als »New Wave Poet« bezeichnet. Bob Dylan habe ihre Texte beeinflußt, Elvis Presley ihren Auftrittsstil, sagt sie. Bevor ihr damaliger Freund Allen Lanier von Blue Oyster Cult sie zur Rockmusik brachte – Petti schrieb Texte für die Gruppe –, beschäftigte sie sich vor allem mit Malerei und dem Verfassen von Gedichten. 1972 erschien ihr Band »Seventh Heaven«. 1974 erschien ihre erste Single, *»Piss Factory«*. Es geht um das alltägliche Leben in unserer Industriegesellschaft. Ihren größten Hit hatte Patti mit *»Because The Night«*, im Frühjahr 1978 Platz 13 in den USA und 5 in GB. Sie hatte die Nummer zusammen mit Bruce Springsteen geschrieben. Anfang der 80er Jahre heiratete

Patti Smith *(EMI)*

sie den Ex-MC5-Musiker Fred »Sonic« Smith, zog sich bis 1988 aus dem Musikgeschäft zurück und veröffentlichte dann die gut gemachte CD *»Dream Of Life«.*

Der Hit: *Because The Night*
Der Tip: *Easter* (Arista ARCD 8166)

Smith, Rex

* 19.9.1956. Der amerikanische Schauspieler, Broadway-Musicalstar und Sänger spielte Ende der 70er Jahre mit in dem TV-Film *»Sooner Or Later«*. In diesem Film sang er das Stück *»You Take My Breath Away«*, das im Frühjahr 1979 ein Millionseller und Top-10-Erfolg für ihn wurde. Mitte 1981 sang er im Duett mit Rachel Sweet *»Everlasting Love«*, Top 40 in GB und in den USA. Ansonsten kümmerte er sich mehr um die Schauspielerei. Rex war z. B. zu sehen in der Broadwayproduktion und der Verfilmung von »The Pirates Of Penzance« und der TV-Serie »Streethawk«. Rex ist der jüngere Bruder des Starz-Leadsängers Michael Lee Smith.

Der Hit: *You Take My Breath Away*
Der Tip: *Sooner Or Later* (CBS 83688)

Smith, Sammi

* 5.8.1943. Die amerikanische Country-Sängerin trat bereits im zarten Alter von 12 Jahren öffentlich auf. 1967 kam sie nach Nashville und ist seit dieser Zeit in den Country-Charts zu finden. Den größten Erfolg in den Pop-Charts hatte Sammi mit ihrer Version der Kris-Kristofferson-Nummer *»Help Me Make It Through The Night«*, die es Anfang 1971 bis auf Platz 8 und zum Millionseller brachte. Ansonsten beschränken sich ihre Hits fast ausschließlich auf den Country-Sektor.

Der Hit: *Help Me Make It Through The Night*

Smith, Somethin' & The Redheads

Smtih, v/g; Saul Striks, p; Major Short, vln.
Smith war 1946 Gewinner in der Arthur-Godfrey-Talent-Scout-Sendung. Danach studierte er an der UCLA und lernte dort Striks und Short kennen. Sie gründeten ein Trio und spielten vorwiegend in der Nähe von Los Angeles. 1955, inzwischen hatten sie einen Plattenvertrag von der CBS erhalten, wurde die Single *»It's A Sin To Tell A Lie«* veröffentlicht, die es bis auf Platz 7 in den US-Charts brachte. Das Stück war vorher für Fats Waller 1936 ein Spitzenreiter. Es folgten bis zum Herbst 1956 noch 3 weitere Notierungen, dann war ihre Hit-Zeit wieder vorüber.

Der Hit: *It's A Sin To Tell A Lie*

Smith, Whistling Jack

* 2.2.1946 als Billy Moeller. Die Nummer *»I Was Kaiser Bill's Batman«* war eine Melodie von Roger Greenaway und Roger Cook, die von Studiomusikern aufgenommen wurde. Als die Platte Anfang 1967 in GB erschien, kam sie in die Charts und erreichte dort Platz 5, in Deutschland Platz 4 und wurde vergoldet. Damit hatte niemand gerechnet. Deshalb galt es nun, schnell jemand zu finden, der den Pfeifenkopf darstellen konnte. Man fand ihn in Billy Moeller, der den Titel nun in der Öffentlichkeit als Whistling Jack Smith präsentierte. Billy Moeller hatte für die Plattenfirma, die jetzt dringend den Pfeifer brauchte, unter dem Namen Coby Wells Platten aufgenommen. Sein älterer Bruder Tommy war Sänger der Formation Unit Four Plus Two.

Der Hit: *I Was Kaiser Bill's Batman*

Smiths

Morrissey, v (* 22.5.1959 als Steven Partick Morrissey); Johnny Marr, g (* 31.10.1963 als John Maher); Mike Joyce, d (* 1.6.1963); Andy Rourke, b (* 1963); Craig Gannon, g.
Der Brite Morrissey gründete diese Gruppe 1982. Als erste Single wurde 1983 *»Hand In Glove«* aufgenommen, die nicht in die Hitparade kam, aber in der Version von Sandie Shaw im Frühjahr 1984 die Top 30 erreichte. *»This Charming Man«* war Ende 1983 der erste Titel der Band in den GB-Charts. *»Heaven Knows I'm Miserable Now«* wurde Mitte 1984 Platz 10. Gleiches schaffte im Frühjahr 1987 *»Sheila Take A Bow«*. Für viele war die Gruppe Smiths Mitte der 80er Jahre eine Alternative zu den vielen Computerformationen, deren Musik teilweise doch recht eintönig klang. Trotzdem ist diese gitarrenorientierte Band zumindest von den Single-Käufern nie richtig akzeptiert worden. Die Langspielplatten hingegen erreichten fast alle die Positionen 1 oder 2 in den britischen LP-Charts. Von den insgesamt acht Hit-Notierungen kam nur eine Importplatte nicht unter die ersten 10. Die erfolgreichste LP war im Frühjahr 1985 *»Meat Is Murder«*. 1987 trennte sich Morrissey von der Gruppe und machte als Solist erfolgreich weiter. Viele Briten haben den Stellenwert der Formation erst in den 90er Jahren begriffen und erst dann die teilweise sehr sozialkritischen Texte von Morrissey verstanden. So wurde die Wiederveröffentlichung von *»This Charming Man«* neun Jahre nach der Erstveröffentlichung Platz 8 in GB.

Der Hit: *This Charming Man*
Der Tip: *Best I, II* (WEA 4509-90327-2 und 4509-90406-2)

Smoke

Mick Rowley, v/g (* 29.6.1946); Malcolm Luker, g/key (* 3.3.1946); Phil Peacock, g; John »Zeke« Lund, g/b (* 13.11.1945); Geoff Gill, d/g (* 15.5.1949).
Daß die britische Formation Smoke überhaupt jemals einen Erfolg hatte, verdankte sie den Träumen eines Kiesgrubenbesitzers und Selfmade-Millionärs, der unbedingt als Manager ins Pop-Geschäft einsteigen wollte. Offensichtlich hatte er Kies genug, und damit unterstützte er die obengenannten Musiker, die sich in ihren Anfangstagen Shots nannten. Die erste Single floppte, und Peacock stieg aus. Der Rest machte als Quartett unter dem Namen Smoke weiter und veröffentlichte im Februar 1967 die Single *»My Friend Jack«*, die es in GB auf Platz 45, in Deutschland jedoch auf Platz 2 brachte. Für viele Briten wurde die Zeile »My friend Jack eats sugar lumps« als ein Hinweis auf LSD-Konsum gewertet. Nachdem weitere Veröffentlichungen nichts wurden, wechselten sie die Plattenfirma und nahmen dort sowohl als Smoke als auch als Chords Five weiter Titel auf. Hits hatten beide nicht. Es folgten zahlreiche personelle Veränderungen in der Formation, die bis in die 70er durchhielt.

Der Hit: *My Friend Jack*
Der Tip: *It's Shoke Time* (Repertoire 4348–WZ TIS)

Smokie

Chris Norman, v (* 25.10.1950); Alan Silson, g (* 21.6.1951); Terry David Uttley, b (* 9.6.1951); Pete Spencer, d (* 13.10.1948 als Peter David Spencer); Alan Barton, v; Martin Bullard, key; Steve Pinnelli, d.
1975 wurde Smokie in der Schreibweise Smokey von der Plattenfirma RAK, die sich auf den Teenie-Markt spezialisiert hatte, generalstabsmäßig auf eben diesen Markt geworfen. Die Ursprünge dieser Band gingen zurück bis in das Jahr 1966, und bis die beiden Spezialisten Chinn/Chapman für sie den Namen Smokey fanden, hatten sie unter etlichen Gruppennamen firmiert, z. B. Yen, Sphynx, Elizabethans oder Kindness. Auf ihrer ersten LP 1975 spielte die Band vorwiegend selbst geschriebenes Material. Keine der Nummern konnte sich bei den Fans durchsetzen. Auf ihrer zweiten LP, die noch im gleichen Jahr erschien, waren dann die ersten Hits der Band. *»If You Think You Know How To Love Me«* kam Mitte 1975 auf Platz 3, *»Don't Play Your Rock 'n' Roll To Me«* auf 8. Nach diesen ersten Erfolgen meldete sich aus den USA Smokey Robinson und setzte durch, daß sich Smokey statt mit »ey« am Schluß mit »ie« schreiben mußte. *»Living Next Door To Alice«* 1976, *»It's Your Life«* und *»Needles And Pins«* 1977 und *»Oh Carol«* 1978 waren weitere Top-10-Erfolge für Smokie in GB. Erfolgreicher als in ihrer Heimat waren sie in Deutschland. Dort hatten sie mit *»Living Next Door To Alice«* einen

Spitzenreiter und eine goldene Platte und mit *»Lay Back In The Arms Of Someone«* 1977 und *»Mexican Girl«* 1978 weitere Spitzenreiter. Nach 1980 ließen die Erfolge der Band nach. 1981 fiel die Band auseinander. Chris Norman machte als Solist weiter und war besonders in Deutschland recht erfolgreich. 1986 – nach dem furchtbaren Stadionunglück beim Bradford City Football Club – wurde zugunsten der Hinterbliebenen eine Benefizplatte und ein Benefizkonzert organisiert. Smokie kam in der Originalbesetzung wieder zusammen und danach überein, es doch noch einmal gemeinsam zu versuchen. Sie gingen auf Tournee durch Europa, und dann ließ Norman verlauten, er wolle doch solo weitermachen. Chris Norman selbst war es, der einen alten Kumpel, Alan Barton, als neuen Leadsänger empfahl. Es erschien mit *»All Fired Up«* 1988 eine neue LP, auf der von der Originalbesetzung nur noch Silson und Uttley waren. Ein Jahr später kam *»Boulevard Of Broken Dreams«*, auf der mit Pinnelli und Bullard zwei neue feste Mitglieder hinzugekommen waren. In dieser Fünferbesetzung nahmen sie mit *»Whose Are These Boots?«* 1990 und *»Chasing Shadows«* 1992 weiter Platten auf. Die großen Hit-Zeiten waren jedoch vorüber. Hit-Notierungen, wenn auch mehr in den unteren Bereichen, gehen bis in die 90er.

Der Hit: *Living Next Door To Alice*
Der Tip: *Forever* (Ariola 353 923)

Smyth, Patty

* 26.6.1957. Nachdem die Amerikanerin mit ihrer Gruppe Scandal nach 1985 keine Hits mehr hatte, wurde sie zwei Jahre später erstmals als Solistin in den Charts mit *»Never Enough«* notiert. Als Solistin gelangen ihr einige weitere, jedoch nicht die ganz großen Erfolge. Zusammen mit Don Henley, einst Mitglied der Eagles, hatte sie im Herbst 1992 mit *»Sometimes Love Just Ain't Enough«* einen Millionseller und Platz 2 in den USA. Auf ihren großen Solo-Hit wartet sie weiter.

Der Hit: *Sometimes Love Just Ain't Enough*
Der Tip: *Patty Smyth* (MCA MCD 10633)

Snap

Turbo B (* 30.4.1967 als Durron Maurice Butler), Jackie Harris (* 10.9.1965 als Jacqueline Arlissa Harris), Penny Ford (* 6.11.1964), Janice Robinson, Thea Austin, Niki Harris, alle v.

Richtig betrachtet ist Snap das Werk der beiden Frankfurter Diskjockeys, Produzenten und Songschreiber Michael Münzing und Luca Anzilotti. Unter den Pseudonymen Benito Benitez und John Virgo Garrett III. produzierten sie 1990 das Album *»World Power«*. Der als G.I. nach Frankfurt versetzte Turbo B und seine Cousine Jackie Harris, die sich im Gesang mit Penny Ford abwechselte, wurden in das Projekt integriert. Der erste Hit *»The Power«* kam im Februar 1990 in die deutsche Hitparade und wurde Platz 2. Einen Monat später stand er auch in den GB-Charts und wurde dort Spitzenreiter. Im Mai schließlich erreichte *»The Power«* auch die US-Charts, erhielt dort Platinstatus und erreichte ebenfalls Platz 2. Allerdings sollte es noch gewisse Schwierigkeiten mit der Urheberschaft des Titels und der Mitwirkenden auf der Platte geben. Die Hook-Line »I've got the power« war aus der Platte *»Love Is Gonna Get You«* von Jocelyn Brown gesampelt, mit der sie Anfang 1986 unter den ersten 40 der US-Rhythm-&-Blues-Charts stand. Außerdem hatte man sich an das Stück *»Let The Words Out«* von Chill Rob G, produziert von DJ Mark the King, angelehnt. Wie dem auch sei, den weltweiten Hit hatte Snap. Beim Nachfolgehit *»Ooops Up«* war die Sache klarer. Hier stand der Gap-Band-Klassiker *»Don't Believe You Want To Get Up And Dance (Oops, Up Side Your Head)«* aus dem Jahre 1980 Pate. Der Titel wurde wieder Top 10 in GB und Deutschland, ebenso wie die immer noch 1990 erschienenen Platten *»Cult Of Snap«* und *»Mary Had A Little Boy«*. Das Jahr 1991 begann mit einem *»Megamix«* der bisherigen Hits, der zumindest in GB wieder Top 10 wurde. *»Colour Of Love«* war Ende 1991 Top 10 in Deutschland. *»Rhythm Is A Dancer«* kam im Frühjahr 1992 zuerst auf Platz 1 in Deutschland, dann in GB und schließlich auf 6 in den USA und wurde dort auch Millionseller. Der erste Hit des Jahres 1993 für Snap war *»Exterminate!«*, Platz 2 in GB, 3 in Deutschland. Inzwischen hatten Turbo B und Jackie die Gruppe verlassen und Solokarrieren gestartet. Wer bei Snap vorne auf der Bühne steht und auf der Plattenhülle abgebildet wird, ist ungefähr so wichtig wie Rob und Fab bei Milli Vanilli.

Der Hit: *The Power*
Der Tip: *World Power* (BMG 260 682-222)

Snoopy

Dieses in Holland produzierte farbige Mädchenduo brachte Ende 1978 eine Tralala-Hopsassa-Disconummer, die immer schön auf die eins zählte, in den deutschen Charts bis auf Platz 7: *»No Time For A Tango«*. Um den Anstrich von Karibik auch noch gleich mitzuliefern, erklang im Hintergrund der aus jenen Regionen bekannte Benzinfaßsound. Danach hatten die beiden das sowieso sehr dürftige Pulver verschossen.

Der Hit: *No Time For A Tango*

Snow, Phoebe

* 17.7.1952 als Phoebe Laub. Anfang der 70er Jahre begann diese amerikanische Sängerin, Gitarristin und Songschreiberin ihre Karriere in Greenwich Village. Ihren ersten Plattenerfolg hatte sie mit dem Titel »*Poetry Man*«, der es Anfang 1975 bis auf Platz 5 in den US-Charts brachte. Danach erschien das Stück »*Gone At Last*«, das Phoebe zusammen mit Paul Simon sang und das die Top 30 erreichte. Es erschienen bis in die 90er Jahre weitere schöne Platten von ihr, die allerdings für den Single-Hitparadenbereich nicht geeignet waren. Dafür waren ihre von Jazz und Folk beeinflußten Lieder zu anspruchsvoll. Ihre letzten Hit-Notierungen waren 1981 zwei Nummern, die es nicht unter die ersten 40 brachten. 1990/91 trat sie in Clubs in und um New York mit einer wechselhaft besetzten Band auf, zu der zeitweise Donald Fagen und Michael McDonald gehörten.

Der Hit: *Poetry Man*
Der Tip: *Phoebe Snow* (Shelter SR 2109)

Snyder, Bill

* 11.7.1916. Der amerikanische Tastenspieler, Komponist und Bandleader aus Chicago hatte mit der Instrumentalnummer »*Bewitched*« im Frühjahr 1950 einen Platz 3 in den USA und einen Millionseller. Der Titel stammte aus dem Broadway-Musical »Pal Joe«. Ansonsten gelang Mr. Snyder kein Hit.

Der Hit: *Bewitched*

Soeur Sourire

* 1933 als Jeanine Deckers, † 30.3.1985. Zu sagen, die belgische Ordensschwester Jeanine Deckers sei zum Plattenerfolg gekommen wie die Jungfrau zum Kind, klingt komisch, trifft es aber genau. Denn ganz sicher hatte die lächelnde Schwester nicht vor, mit ihren Liedern die Welt zu beglücken. Für ihre Mitschwestern fährt sie 1962 zur Plattenfirma Philips nach Brüssel, um dort eine Aufnahme zu machen. Im Sinn hat sie, daß rund 200 Platten gepreßt werden – basta. Die Mitarbeiter der Plattenfirma sind so begeistert, daß sie statt der geforderten 200 gleich mehrere tausend anfertigen lassen, und überreden die frommen Klosterfrauen vom Dominikanerorden Fichermont bei Waterloo, das Werk vertreiben zu dürfen. Als die Single »*Dominique*« erscheint, wird sie aus dem Stand ein Knüller. In England klettert sie im Dezember 1963 auf Platz 7, in Deutschland Anfang 1964 auf 6. In die US-Charts steigt sie im November 1963 ein und schafft kurz vor der Beatlemania Platz 1. Die Amerikaner mit ihrem Sinn fürs Praktische

waren es dann auch, die sie Singing Nun, die singende Nonne, nannten. Anfang 1964 ist sie also eine weltbekannte Sängerin, und das Kloster, dem der Großteil der Tantiemen zufloß, verdient gut. Aber die Türglocke bimmelt unaufhörlich. Fans wollen die singende Nonne sehen, wollen Autogramme von Soeur Sourire. Die Klosterruhe ist hin. Dazu kommt, daß die Mutter Oberin sich die lächelnde Schwester zur Brust nimmt und ihr klarmacht, daß ihre Texte etwas ernsthafter sein könnten. Dann das erstaunlichste: Hollywood will einen Film über sie drehen. Es kommt zu einer Auseinandersetzung mit der Mutter Oberin, und die Ordensschwester wirft den Schleier. Zusammen mit einer Freundin nimmt sie sich in Leuven eine Wohnung und will von nun an die Tantiemen selbst einstreichen. Auszug aus »*Dominique*«: »Guter Vater Dominikus, bewahre uns unsere Bescheidenheit und Frömmigkeit.« Dominikus bewahrt sie, heilig war out und Beatles in. Da half es auch nicht mehr, daß sie – nun als Luc Dominique auftretend – Gott in einem Liedchen für die Pille dankte. Jahre später näherte sie sich wieder der Kirche, gründete ein Heim für Kinder, die an Kontaktschwäche litten, mußte es aber 1984 aus Geldmangel wieder schließen. Am 30. März 1985 nahm sie sich zusammen mit ihrer Freundin durch eine Überdosis Schlaftabletten das Leben.

Der Hit: *Dominique*

Soft Cell

Marc Alamond, v (* 9.7.1957 als Peter Marc Almond); David Ball, syn (* 3.5.1950).

Die beiden Briten hatten sich während ihrer Studienzeit am College of Arts in Leeds kennengelernt. In den Anfangstagen mixten sie typisch britischen Pop mit Soul der 60er Jahre. 1980 erhielten sie einen Plattenvertrag. Mitte 1981 erschien der Titel »*Tainted Love*«, der es auf Platz 1 in GB und Deutschland, Platz 8 in den USA brachte. Das Stück hatte vorher bereits Gloria Jones aufgenommen. Sie war die Freundin von Marc Bolan und diejenige, die am 16.9.1977 den Autounfall verursachte, bei dem Marc Bolan ums Leben kam. Von Soft Cell folgten mit »*Bed Sitter*«, noch 1981, »*Say Hello Wave Goodbye*«, »*Torch*« und »*What*« 1982 weitere Top-10-Erfolge. Inzwischen galten die beiden schon als Klassiker und Pioniere des Techno-Pop. 1984 trennten sie sich, und Marc Almond wurde als Solist ein Star. Der Titel »*Tainted Love*« beschäftigte die Briten offensichtlich immer wieder mal. Im Frühjahr 1982 kam er zum zweitenmal in die GB-Charts und wurde Platz 43. Mitte 1982 erreichte er Platz 50, im Frühjahr 1985 wieder Platz 43, und Mitte 1991 kam er auf Platz 5.

Der Hit: *Tainted Love*
Der Tip: *The Singles* (Phonogram 830 708 2)

Soho

Pauline und Jacqueline Cuff, v (* 25.11.1962); Tim London, g/key/b (* 20.11.1960 als Timothy Brinkhurst); Eds Chester, d.

Der bisher einzige Erfolg dieses britischen Trios war die Nummer »*Hippychick*«, die erstmals im Frühjahr 1990 in GB erschien und Platz 67 wurde. Im September des gleichen Jahres stieg die Platte in den US-Charts ein, erreichte Platz 14 und wurde vergoldet. Daraufhin interessierten sich auch wieder die Briten für ihre Landsleute. Die Platte kam im Januar 1991 erneut in die britischen Charts und wurde Platz 8. Die Nummer beginnt mit der gesampelten Gitarre von Johnny Marr (The Smiths) aus dem Intro zu »*How Soon Is Now*«. Was danach kommt, ist wie eine Mixtur aus allen möglichen Musikstilen der letzten 30 Jahre, mit vielleicht ein bißchen zu viel Psychedelic-Touch, aber durchaus anhörenswert. Sie trafen damit den Nerv der Tanzwütigen, ragten aber aus dem Dancefloor-Einerlei heraus. Auf der 1992 erschienen CD »*Thug*« wurde als viertes Mitglied der Schlagzeuger Eds Chester genannt.

Der Hit: *Hippychick*
Der Tip: *Goddess* (East West 7567-91585-2)

Somerville, Jimmy

* 22.6.1961. 1984 war dieser Brite Mitbegründer des Trios Bronski Beat. Zwischen 1984 und 1986 hatte die Formation einige Top-10-Erfolge. Im Mai 1985 verließ Jimmy die Band und wurde durch John Jon ersetzt. Jimmy gründete zusammen mit dem Keyboarder Richard Coles das Duo Communards. Auch hier setzte es wieder Top-10-Erfolge, und ab 1989 machte Jimmy Soloplatten. Trotzdem war seine erste Hit-Notierung unter seinem Namen ein Duett: Zusammen mit June Miles Klingston sang er »*Comment Te Dire Adieu*« und brachte es Ende 1989 bis auf Platz 14 in GB und 25 in Deutschland. »*You Make Me Feel (Mighty Real)*« war Anfang 1990 sein erster Top-10-Hit, »*To Love Somebody*« Ende des gleichen Jahres sein zweiter. 1991 wurde die Nummer »*Smalltown Boy*« als Jimmy Somerville with Bronsik Beat neu veröffentlicht und kam wieder in die Top 40.

Der Hit: *You Make Me Feel (Mighty Real)*
Der Tip: *The Singles Collection 1984–1990* (London 828 226-2)

Sommers, Joanie

* 24.2.1941. 1954 war die amerikanische Sängerin mit ihren Eltern von Buffalo, New York, nach Kalifornien gezogen. Zuerst sang sie in High School Bands, später mit Gruppen am Santa Monica City College. Ein Talentscout der gerade neu gegründeten Plattenfirma Warner Brothers sah und hörte sie und nahm sie 1959 unter Vertrag. Ihren ersten Job bekam sie als Ersatz für Connie Stevens im Duett mit »77 Sunset Strip« Star Edd Byrnes. Sie durfte auch in einigen Episoden der Serie mitspielen. Auf Edds Debüt-LP hauchte sie die Worte »I dig you, Kookie«. Mitte 1960 gelang ihr mit der Nummer *»One Boy«* aus dem Broadway-Musical »Bye Bye Birdie« ein erster Hit. Zwei Jahre später erreichte *»Johnny Get Angry«* Platz 7 in den USA. Nach einer weiteren Hit-Notierung, die knapp unter die ersten 100 kam, war sie aus den Pop-Charts wieder verschwunden, obwohl sie noch jede Menge weitere Platten aufnahm und häufig in TV-Sendungen zu sehen war. Von Anfang bis Mitte der 60er Jahre war Joanie die Stimme der Pepsi-Cola-Werbejingles in den USA. Eine ihrer letzten Singles war 1977 *»Peppermint Choo Choo«*. Aus dem Showgeschäft ist sie nie ganz verschwunden.

Der Hit: *Johnny Get Angry*

Song Spinners

Diese amerikanische Gesangsformation profitierte Anfang der 40er Jahre vom Streit der Musiker mit den Plattenfirmen. Sie konnten ohne Instrumentalbegleitung Platten produzieren und waren somit vom Streik der Musiker nicht betroffen. Mitte 1943 erschien ihr Titel *»Comin' In On A Wing And A Prayer«*, der es bis auf Platz 1 in den US-Charts brachte. Die B-Seite der Single, *»Johnny Zero«*, erreichte noch Platz 4. Danach spielten die Musiker wieder, und Vokalgesangsgruppen ohne Begleitung waren nicht mehr so gefragt. Die Song Spinners begleiteten jedoch den populären amerikanischen Sänger Dick Haymes auf etlichen Platten, darunter 1943 der Millionseller *»You'll Never Know«*.

Der Hit: *Comin' In On A Wing And A Prayer*

Sonia

* 13.2.1971. Die aus Liverpool stammende Sängerin begann ihre Karriere in einer dortigen Band. In seiner Live Radio Show überraschte sie Pete Waterman, ein Drittel von Tock/Aitken/Waterman. Er nahm sie unter Vertrag, und gleich ihre erste Platte wurde Mitte 1989 Platz 1 in GB: *»You'll Never Stop Me Loving You«*. In Deutschland erreichte sie damit Platz 20. *»Listen To Your Heart«*, ebenfalls 1990,

und *»Only Fools (Never Fall In Love)«* 1991 wurden weitere Top-10-Erfolge für Sonia.

Der Hit: *You'll Never Stop Me Loving You*
Der Tip: *Everybody Knows* (Chrysalis CD 260 194)

Sonnenschein, Fred

* 4.2.1942. Hinter diesem Pseudonym verbirgt sich Frank Zander. Im Herbst 1981 gelang ihm mit *»Ja, wenn wir alle Englein wären«* ein Spitzenreiter in Deutschland, für den er auch eine goldene Platte erhielt. Alles Weitere zu Frank unter Zander.

Der Hit: *Ja, wenn wir alle Englein wären*

Sonny

siehe Bono, Sonny

Sonny & Cher

Sonny, v (* 16.2.1935 als Salvatore Bono); Cher, v (* 20.5.1946 als Cherilyn Sarkasian La Pierre).
Nachdem Sonny & Cher 1964 geheiratet hatten, machten sie ihre gemeinsamen Platten unter dem Pseudonym Caesar & Cleo. Ihre ersten beiden Singles, *»Baby Don't Go«* und *»Love Is Strange«*, wurden keine Erfolge. *»Baby Don't Go«* beeindruckte jedoch Ahmet Ertegun, den Chef und Besitzer von Atlantic Records. Er nimmt Sonny & Cher unter Vertrag, und als Debüt, denn dieses Mal singen sie erstmals als Sonny & Cher, erscheint die Single *»Just You«*. Sie wird kein Erfolg. Der Nachfolger *»I Got You Babe«*, geschrieben und produziert von Sonny, kommt Mitte 1965 in die US-Charts und wird Spitzenreiter und Millionseller. Auch in GB erreichte der Titel die Spitze, in Deutschland Platz 3. Jetzt wird die Nummer *»Baby Don't Go«* noch einmal aufgenommen und dieses Mal ein Top-10-Erfolg in den USA. *»The Beat Goes On«* 1967, *»All I Ever Need Is You«* 1971 und *»A Cowboy's Work Is Never Done«* 1972 sind weitere Top-10-Erfolge der beiden. Der Titel *»Little Man«* war im Herbst 1966 lediglich in GB und in Deutschland Top 10. Ab 1970 funktionierte allerdings die Solokarriere von Cher fast besser als ihr gemeinsames Projekt. Ihre letzte gemeinsame Hit-Notierung haben sie 1973. Am 26. Juni 1974 werden die beiden geschieden. Chers Solokarriere geht bis in die 90er Jahre. Im Frühjahr 1993 wurde ihre gemeinsame Single *»I Got You Babe«*

noch einmal in den GB-Charts verzeichnet. Sie war auf dem Soundtrack zu »Und täglich grüßt das Murmeltier« zu hören.

Der Hit: *I Got You Babe*
Der Tip: *The Best Goes On* (Atco 7567-91796-2)

S.O.S. Band

Mary Davis, v/key; Jason T.C. Bryant, key; Billy R. Ellis, sax; Willie Sonny Killebrew, sax/fl; John Simpson III, b/key; Bruno Speight, g; Abdul Raoof, v/tr/flh; James Earl Jones III., d; Jerome J.T. Thomas, d.
Diese amerikanische Funk- und R&B-Band stammte aus Atlanta. Ihre Debüt-Single *»Take Your Time (Do It Right) Part I«* kam im Frühjahr 1980 in die US-Charts, erhielt Platin und wurde Platz 3. Danach trat erst einmal für eine längere Zeit eine Hitpause ein. 1981 hatte man Raoof zur Band genommen und Schlagzeuger Jones gegen Thomas ausgetauscht. In der Folgezeit gab es zwar etliche Hit-Notierungen in den R&B-Charts, aber für die Top 10 der Pop-Hitparaden reichte es nicht mehr. 1987 trennte sich Mary Davis von der S.O.S. Band und machte als Solistin Platten. Damit war der Gruppenname endgültig hinfällig. Er stand als Kürzel für »Sounds of Success«.

Der Hit: *Take Your Time (Do It Right) Part I*
Der Tip: *The Very Best Of* (Arcade CD 01 4530 61)

Soul, David

* 28.8.1943 als David Solberg in Chicago. Viele waren 1976, als David Soul Spitzenreiter in GB und in den USA wurde, der Meinung, hier habe mal wieder die Fernsehpopularität einen Schauspieler zum Sänger gemacht. In dem Fall war das nicht richtig. Bereits Mitte der 60er Jahre hatte er als Folk-Sänger gearbeitet. Populär wurde er, als er ab 1975 den Ken Hutchinson in der TV-Serie *»Starsky & Hutch«* spielte. In den USA kannte man David auch durch seine größere Rolle in »Here Come The Brides«. In dieser Serie spielte er zwischen 1968 und 1970 Joshua Bolt. Schließlich seine Plattenkarriere. Sein erster Hit wurde *»Don't Give Up On Us«*, der Ende 1976 in die Charts kam und auf beiden Seiten des Atlantiks Platz 1 erreichte. Danach liebten ihn speziell die Briten. Seine Songs *»Going In With My Eyes Open«*, Spitzenreiter *»Silver Lady«* und *»Let's Have A Quiet Night In«* waren dort alle 1977 Top-10-Erfolge. Nach 1979 lief *»Starsky & Hutch«* aus, aber trotzdem war Soul regelmäßig in TV-Sendungen zu sehen. In der Fernsehaufbereitung von *»Casablanca«* 1983 spielte er Rick Blaine.

Der Hit: *Don't Give Up On Us*
Der Tip: *Silver Lady* (Woodford Music WMCD 5613)

Soul, Jimmy

* 24.8.1942 als James McCleese, † 25.6.1988. Der in Harlem geborene Soulsänger machte im Frühjahr 1962 mit *»Twistin' Matilda«* seine erste Platte, die es in den USA bis auf Platz 22 brachte. Genau ein Jahr später veröffentlichte er die Single *»If You Wanna Be Happy«*, die Spitzenreiter in den USA und Top 40 in GB wurde. Beide Titel waren Neuauflagen populärer Calypso-Melodien. Der Nachfolger *»Treat 'Em Tough«* kam schon nicht einmal mehr unter die ersten 100. Danach ging Jimmy in die Armee, und damit war seine Gesangskarriere beendet. 1991 war *»If You Wanna Be Happy«* in dem Erfolgsfilm »Meerjungfrauen küssen besser« mit Cher wieder zu hören. Laut einer britischen Quelle starb Soul im Juni 1988.

Der Hit: *If You Wanna Be Happy*

Soulful Dynamics

Frederik »Andy« Anderson (* 31.1.1947), Ernest J.G. Clinton (* 28.7.1949), Manfred »Maxi« Free (* 5.6.1946), Benjamin »Ben« Mason (* 3.9.1949), alle Multi-Instrumentalisten und v.

Diese vier aus Liberia stammenden Musiker begannen ihre Karriere Mitte der 60er Jahre in Monrovia. Auf selbstgebauten Instrumenten aus Blechkanistern wurde Elvis nachgespielt. Ihr erster Gruppenname war Dynamic Club. 1966 traten sie bei einem Wettbewerb an und gewannen gegen eine Profitruppe. Jetzt waren die Amateure die Nummer 1 in Liberia. Sie beschlossen, in die USA zu gehen, änderten ihre Meinung jedoch, denn Bens Schwester arbeitete zu jener Zeit im liberianischen Konsulat in Hamburg. 1969 trafen sie in Hamburg ein. Die Schwester hatte alle Schwierigkeiten aus dem Weg geräumt. Anfang 1970 erschien *»Mademoiselle Ninette«*, die es bis auf Platz 1 in Deutschland brachte. In der Folgezeit wurden die vier Liberianer in das Klischee lustige Popsongs vom Schwarzen Kontinent à la *»Saah-Saah-Kumba-Kumba«* oder *»Coconuts From Congoville«* gepreßt. Sie traten weiter live auf, und 1977 erschien mit *»Jungle People«* eine LP, zu der die Gruppe sagte: »Mit ›Jungle People‹ haben wir endlich unser Konzept verwirklichen können und müssen sagen, daß es sich gelohnt hat, nach Deutschland zu kommen.« Irgendwie klingt *»Jungle People«* nach *»Coconuts From Congoville«*. Sie hatten keine Erfolge mehr.

Der Hit: *Mademoiselle Ninette*

Soulsister

Jan Leyers, v/g (* 16.5.); Paul Michiels, v/key (* 15.6.1948).
Die beiden Belgier kamen 1986 in Antwerpen zu diesem Duo zusammen. *»The Way To Your Heart«* erreicht Anfang 1989 Platz 4 in den deutschen Charts, wurde vergoldet und kam in den USA bis auf Platz 41. Vielleicht war sie bei uns auch so erfolgreich, weil sich zu diesem Zeitpunkt die EMI eine neue Verkaufsstrategie ausgedacht hatte: Sie veröffentlichte u. a. diesen Titel als sogenannte »A-Single«, die nur 2,98 DM kostete. Auf der B-Seite war kein weiteres Stück der Band, sondern es wurden Informationen zu den Musikern erzählt. 1990 traten sie nicht mehr als Soulsister auf, sondern nannten sich Leyers, Michiels & Soulsister, besannen sich dann aber wieder auf Soulsister.

Der Hit: *Show Me The Way To Your Heart*
Der Tip: *It Takes Two* (EMI CDP 119240 2)

Soul Survivors

Charles Ingui, v; Richard Ingui, v; Kenneth Jeremiah, v; Paul Venturini, org; Edward Leonetti, g; Joey Forgione, d.
Diese weiße amerikanische Soulband nahm den von Gamble/Huff geschriebenen Titel *»Expressway To Your Heart«* auf und stand damit im Herbst 1967 auf Platz 4 in den USA. Nach zwei weiteren kleineren Hits fiel die Band auseinander, um 1972 aber noch einmal zusammenzukommen. Erfolge brachte das keine mehr. Kenneth Jeremiah kam später mit Shirley Goodman in Shirley & Company zusammen.

Der Hit: *Expressway To Your Heart*

Soul II Soul

Jazzie B, rap/v (* 26.1.1963 als Beresford Romeo); Nellee Hooper, arr; Caron Wheeler, v (* 19.1.1963); Do'Reen, v; Rose Windross, v; Ritchie Stevens, v; Victoria Wilson-James.
Kopf dieser britischen Formation ist Jazzie B. In den frühen 80er Jahren hat er sich sein Geld als Diskjockey und Rapper verdient. Mit Hooper begann er, eigene Platten aufzunehmen und veröffentlichte die Single *»Fair Play«*, die im Frühjahr 1988 die erste Hit-Notierung für ihn wurde. Schnell galt er als der Pionier des New British Soul Sound. Er brachte eine interessante Mischung aus hartem Beat und weichem Soul-Pop. *»Keep On Moving«* war im Frühjahr 1989 sein erster Top-10-Erfolg. Die Platte brachte es in Deutschland auf Platz 13, in den USA auf 11.

Mitte des gleichen Jahres stand »*Back To Life (However Do You Want Me)*« auf Platz 1 in GB, in den USA und Deutschland erreichte die Platte jeweils Platz 4. »*Get A Life*«, ebenfalls noch 1989, »*A Dream's A Dream*« 1990 und »*Joy*« 1992 waren weitere Top-10-Erfolge für die Gruppe, deren Sänger bzw. Sängerinnen wechselten und austauschbar waren. Zumindest Caron Wheeler hat inzwischen eine Solokarriere begonnen. Nellee Hooper produzierte zusammen mit Sinéad O'Connor deren Superhit »*Nothing Compares 2 U*«. Auch die Fine Young Cannibals oder Neneh Cherry nahmen gerne diese Dienste in Anspruch. Jazzie B zu den Intentionen von Soul II Soul: »Es ist ein Sound-System, eine Organisation, die die Karrieren derer fördern will, die bisher im musikalischen und künstlerischen Bereich wenig Glück gehabt haben.«

Der Hit: *Back To Life (However Do You Want Me)*
Der Tip: *Club Classics Vol. One* (Virgin DIX CD 82)

Sounds Orchestral

Johnny Pearson, p (* 18.6.1925); Tony Reeves, b (* 18.4.1943); Kenny Clare, d (* 8.6.1929, † 21.12.1984). Produzent John Schroeder.
Dieses Orchester bestand aus diversen britischen Studiomusikern unter der Leitung des Pianisten Pearson. Sie nahmen eine Version des 1960 von Vince Guaraldi geschriebenen Stückes »*Cast Your Fate To The Wind*« auf. Der Titel kam Ende 1964 in die GB-Charts und erreichte Platz 5, in Deutschland wenig später Platz 6 und in den USA 10. In allen Ländern gelang dem Sounds Orchestral kein weiterer Top-40-Hit, was darauf schließen läßt, daß das Konzept von Pearson doch nicht ganz richtig war. Er hatte gesagt: »Die Leute wollen etwas anderes hören als diesen unaufhörlichen Beat, und ich möchte mit Sounds dieses Bedürfnis befriedigen.«

Der Hit: *Cast Your Fate To The Wind*
Der Tip: *Cast Your Fate To The Wind* (Vogue MD. 9052)

Soup Dragons

Sean Dickson, v; Jim McCulloch, g; Sushil Dade, b; Ross A. Sinclair, d; Paul Quinn, d.
Diese britische Formation wurde 1985 gegründet. Musikalisch orientierte sie sich an den Buzzcocks. Davon lösten sie sich bald wieder und entwickelten einen eigenen Stil, eine Mischung aus tanzbaren Rhythmen und rauhem Gitarrensound. Ihre Debüt-Single war »*Mother Universe*«, die nicht in die Charts kam. Erstmals wurden sie mit »*Can't Take No More*« Mitte 1987 in den britischen Charts notiert.

Nach 1987 verschwanden sie erst einmal wieder für drei Jahre in der Versenkung, um Mitte 1990 mit der Jagger/Richards-Komposition *»I'm Free«* bis auf Platz 5 in den britischen Charts vorzudringen. Die Rolling Stones hatten die Nummer einst als B-Seite von *»Get Off Of My Cloud«* veröffentlicht. Die Platte war mit Hilfe von Junior Reid aufgenommen worden. Als nächste Single erschien jetzt erneut *»Mother Universe«*, die es dieses Mal unter die ersten 30 in GB brachte.

Der Hit: *I'm Free*
Der Tip: *Lovegod* (Big Life 842 985 1)

Source feat. Candi Staton

Die Quellen der Nummer *»You Got The Love«*, die mit der Phantasieformation The Source Anfang 1992 in den GB-Charts bis auf Platz 4 kam, waren *»Your Love«* von Jamie Principle und *»You Got The Love«*, ein Titel, den Candi Staton 1986 für ein Abnehm-Video aufgenommen hatte. Die 1992er Version war der erste Hit für das von Produzent Jon Truelove gegründete Label Truelove. Programm ist, die Fähigkeiten junger DJs mit alten Vokalaufnahmen zu kombinieren. Zumindest in diesem Fall ging die Rechnung auf.

Der Hit: *You Got The Love*

South, Joe

* 28.2.1940 als Joe Souter. Der amerikanische Sänger, Gitarrist und Songschreiber hatte bereits im Alter von 12 Jahren regelmäßige Auftritte bei einer Country-Radiostation seiner Heimatstadt Atlanta. 1957 spielte er in der Band von Pete Drake. 1958 veröffentlichte er seine erste Soloplatte, *»The Purple People Eater Meets The Witch Doctor«*, und erreichte knapp die Top 50 der US-Hitparade. Anfang der 60er Jahre wurde er Session-Gitarrist für die Muscle Shoal Studios in Nashville. Er begleitete Interpreten wie Marty Robbins, Eddy Arnold, Bob Dylan, Aretha Franklin und Simon & Garfunkel. Nebenher schrieb er seine ersten eigenen Titel: für die Tams *»Untie Me«* und für Billy Joe Royal *»Down In The Boondocks«*. Als Interpret hatte er seinen einzigen Top-10-Hit – in GB – Anfang 1969 mit *»Games People Play«*. In den USA erreichte der Titel Platz 12, in Deutschland 11. Dieselbe Position erreichte ein Jahr später *»Walk A Mile In My Shoes«*. 1971 verabschiedete sich Joe South aus dem Musikgeschäft. Das lag zum Teil an dem dauernden Termindruck, unter dem er stand, und am Tod seines Bruders Tommy, der Joe sehr naheging. Er zog sich eine Zeitlang in den Urwald von Maui, Hawaii, zurück und begann mit Plattenproduktionen erst wieder 1975.

Kein Fall mehr für die Hitparaden. Ende 1970 hatte Lynn Anderson mit seiner Komposition »*Rose Garden*« eine Nummer 1 in der US-Country-Hitparade.

Der Hit: *Games People Play*
Der Tip: *The Best Of* (Rhino R2 70994 TIS)

Souther, J.D.

* 2.11.1945 als John David Souther. Der amerikanische Gitarrist, Sänger und Songschreiber begann zusammen mit Glenn Frey bei Longbranch Pennywhistle, spielte dann mit Glenn als Duo und, nachdem der zu den Eagles ging, als Solist J. D. schrieb u. a. Hits für die Eagles, Bonnie Raitt oder Linda Ronstadt. Als Studiomusiker ist er auf vielen Platten bekannter West-Coast-Musiker zu hören. Mit der Souther, Hillman, Furay Band, die er mitbegründete, hatte er 1974 den US-Top-30-Hit »*Fallin' In Love*«. Als Solist war J. D. Souther ab Ende der 70er Jahre erfolgreich. Seine erste Hit-Notierung war im Herbst 1979 sein größter Erfolg: der Top-10-Hit »*You're Only Lonely*«. Im Frühjahr 1981 sang er im Duett mit James Taylor »*Her Town Too*« und kam damit in den USA bis auf Platz 11. In Europa setzte er sich nicht durch. Danach war er vor allem als Songschreiber erfolgreich und äußerst produktiv.

Der Hit: *You're Only Lonely*
Der Tip: *You're Only Lonely* (CBS 83753)

Sovine, Red

* 17.7.1918 als Woodrow Wilson Sovine, † 14.4.1980. Der amerikanische Country-Sänger, Gitarrist und Songschreiber galt als der »King of Trucker Songs«. Ab 1947 spielte er mit einer eigenen Band, den Echo Valley Boys. Als Solist hatte er ab Mitte der 50er Jahre Erfolg. Seine erste Nummer 1 in den Country-Charts war »*Giddyup Go*«. Seine erfolgreichste Crossover-Platte war das Stück »*Teddy Bear*«, das Mitte 1976 in die Country-Charts kam und dort Nummer 1 und Millionseller wurde. In der amerikanischen Pop-Hitparade kam der Titel bis auf Platz 40, die GB-Charts erreichte »*Teddy Bear*« fünf Jahre später und wurde Platz 4. Seinen einzigen Top-10-Hit erlebte Sovine nicht mehr: 1980 starb er an einem Herzinfarkt, den er am Steuer seines Wagens erlitt.

Der Hit: *Teddy Bear*

Space

Diese Formation ist ein Projekt des Songschreibers Didier Marouani, des Produzenten Jean-Philippe Iliesco und des Tastenspielers Roland Romanelli. Mit der Instrumentalnummer *»Magic Fly«* gelang Space Mitte 1977 ein Spitzenreiter in Deutschland, für den sie eine goldene Platte erhielten. Auch in GB wurde die Platte erfolgreich, sie erreichte Platz 2. 1978 erschien eine LP mit dem Titel *»Deliverance«*, auf der als Schlagzeuger Joe Hammer zu hören war und als Sängerin die Britin Madeline Bell. Im darauffolgenden Jahr erschien mit *»Just Blue«* eine weitere LP. Hits wurden nicht mehr ausgekoppelt. Auf *»Deeper Zone«* aus dem Jahr 1980 machte Madeline Bell nicht mehr mit, für sie war als Leadsängerin Cissy Stone zu hören.

Der Hit: *Magic Fly*
Der Tip: *Magic Fly* (Hansa 25 150)

Spagna

* 16.12.1960 als Ivana Spagna. Diese italienische Sängerin und Songschreiberin schwamm 1986 fröhlich auf der Discowelle mit. *»Call Me«* kam Mitte 1987 in die deutsche Hitparade und wurde Platz 10, in GB 2. Danach erschienen noch zwei weitere Hits in den Charts, aber Ivana gelang kein Top-10-Hit mehr.

Der Hit: *Call Me*
Der Tip: *Dedicated To The Moon* (CBS 450646 1)

Spandau Ballet

Tony Hadley, v (* 2.6.1960); Steve Norman, g/sax/per (* 25.3.1960); Gary Kemp, g (* 16.10.1960); Martin Kemp, b (* 10.10.1961); John Keeble, d (* 6.7.1959).
Diese britische Band wurde 1979 gegründet. Sänger Tony Hadley hatte 1974 einen Nachwuchswettbewerb gewonnen, Gary Kemp gründete 1976 die Makers mit seinen Schulfreunden Keeble, Norman und Richard Miller. Aus diesen Makers-Mitgliedern, Tony Hadley und Martin Kemp wurde schließlich 1979 Spandau Ballet. Ende 1979 erhalten sie ein Angebot von Island-Records-Boß Chris Blackwell, die Band unter Vertrag zu nehmen. Sie lehnen ab und nehmen sich einen Rechtsanwalt, der ihnen die Grundlage für eine eigene Plattenfirma schaffen soll. Im April 1980 ist es soweit, und die Gruppe unterschreibt einen Vertrag mit Chrysalis Records, die ihr eigenes Label Reformation vertreiben. In ihren Anfangstagen gelten sie als die Mitbegründer der New-Romantic-Welle. Die Anhänger dieses Stils legen sehr großen Wert auf Kleidung, Make-up und

möglichst häufiges Ausgehen in Clubs. Noch 1980 erscheint mit *»To Cut A Long Story Short«* die erste Single der Band auf Platz 5 in GB. *»Musclebound/Glow«* und *»Chant No. 1 (I Don't Need This Pressure On)«* 1981, *»Instinction«* und *»Lifeline«* 1982, *»True«* und *»Gold«* 1983, *»Only When You Leave«* und *»I'll Fly For You«* 1984 und *»Through The Barricades«* 1986 sind ihre weiteren Top-10-Hits in GB. Ihr größter Erfolg ist ohne Zweifel der Titel *»True«*, der nicht nur Spitzenreiter in GB, sondern auch Top 10 in Deutschland und den USA wird. 1992 erscheint die erste Solo-LP des Sängers Hadley mit dem Titel *»The State Of Play«*. Warum es für Spandau Ballet nicht zu weiteren Hits kam, lag vielleicht auch daran, daß die Brüder Kemp keine rechte Lust mehr hatten, da sie sich zunehmend als Schauspieler engagierten. Für ihre Mitwirkung in dem Film *»The Krays«* ernteten sie sehr gute Kritiken.

Der Hit: *True*
Der Tip: *The 12 Inch Mixes* (Chrysalis 258 276-222)

Spanky & Our Gang

Spanky, v (* 19.6.1942 als Elaine McFarlane); Malcolm Hale, g/v; Kenny Hodges, b; Lefty Baker, v/g; Nigel Pickering, g; John Seiter, d.
Diese amerikanische Formation wurde 1966 in Chicago gegründet. Kopf und Konstante war die Sängerin und Songschreiberin Elaine »Spanky« McFarlane. Ihre erste Single-Notierung war ihr größter Erfolg: *»Sunday Will Never Be The Same«* kam Mitte 1967 in die US-Top-10. Bis einschließlich 1969 wurden noch weitere acht Titel der Formation notiert, darunter die beiden Top-20-Hits *»Lazy Day«* 1967 und *»Like To Get To Know You«* 1968. Danach hörte man lange Zeit nichts mehr von Spanky McFarlane, bis sie 1982 bei einer Reunion der Mamas & Papas als Ersatz für die verstorbenen Mama Cass mitmachte – und das bis in die 90er Jahre.

Der Hit: *Sunday Will Never Be The Same*
Der Tip: *Spanky & Our Gang* (Line LMCD 9.51070)

Sparks

Ron Mael, key (* 12.8.1948 als Ronald Day); Russel Mael, v (* 5.10.1953 als Dwight Russell Day); Earle Mankay, g; Jim Mankay, b; Harley Femstein, d; Adrian Fisher, g; Ian Hampton, b; »Dinky« Diamond, d.
Die aus Los Angeles stammenden Brüder Ron und Russell waren der Nucleus der Formation Sparks, die überall, nur nicht in ihrer Heimat USA, erfolgreich war. Dort begannen sie als Kinder, Teenagermoden vorzuführen, und nahmen an

Seminaren für angehende Filmregisseure teil. 1970 gründeten sie mit weiteren Musikern die Garagenband Halfnelson. 1971 produzierte Todd Rundgren mit ihnen eine Platte, die nichts wurde. Nun benannten sie sich in Sparks um und veröffentlichten zwei weitere Platten, die ebenfalls in der Bedeutungslosigkeit versanken. 1973 trennten sich die Maels von ihren Mitmusikern, gingen nach London und versuchten sich dort wieder mit britischen Musikern als Sparks. In England wurden die verrückten Melodien mit ulkigen Texten und kauzigen Anspielungen schnell populär. »This Town Ain't Big Enough For Both Of Us« war im Frühjahr 1974 ein Platz 2 in GB. Der Nachfolger *»Amateur Hour«* erreichte Platz 7. Bis 1975 folgten noch vier weitere Hit-Notierungen. Dann schien das Kapitel Sparks beendet. *»Beat The Clock«* stand plötzlich Mitte 1979 wieder unter den ersten 10. Diesen Titel hatte Giorgio Moroder mit ihnen in München produziert. Danach herrschte wieder Stille. In den 80er Jahren veröffentlichten sie sogar Aufnahmen auf dem Tamla Motown Label.

Der Hit: *This Town Ain't Big Enough For Both Of Us*
Der Tip: *Mael Intuition* (Island IMCD 88)

Spears, Billie Jo

* 14.1.1937. Die amerikanische Sängerin trat bereits im Alter von 13 Jahren professionell auf. Zwischen 1968 und 1984 war sie sehr erfolgreich in der Country-Hitparade. Ihre erste Hit-Notierung in diesen Charts war *»He's Got More Love In His Little Finger«* Ende 1968, ihr erster Top-10-Erfolg. *»Mr. Walker, It's All Over«*. Mit *»Blanket On The Ground«* stand sie im Frühjahr 1975 auf Platz 1 in den Country-Charts, in den US-Charts erreichte sie nur Platz 78, in GB hingegen 6. Ein Jahr später, Mitte 1976, hatte sie erneut mit *»What I've Got In Mind«* eine Platte unter den ersten 10 in GB. Die Liste ihrer Country-Hits reicht bis in das Jahr 1984. Auch in GB ist ihr kein weiterer Top-30-Hit gelungen, obwohl sie dort Tammy Wynette als bestverkaufende Country-Interpretin ablöste.

Der Hit: *Blanket On The Ground*
Der Tip: *Country Classics* (EMI CDP 7 97907 2)

Specials

Terry Hall, v (* 19.3.1959); Jerry Dammers, key (* 22.5.1954 als Gerald Dankin); Neville Staples, v/per (* 11.4.1956); Lynval Golding, g (* 24.7.1951); Roddy Radiation, g (* als Rodney Byers); Sir Horace Gentleman, b (* als Horace Panter); John Bradbury, d; Gary McManus, b; John Shipley, g; Rhoda Dakar, v; Stan Campbell, v; Egidio Newton, v.

Die Ursprünge dieser britischen Ska-Band gehen zurück in das Jahr 1977. Dammers, Golding und Gentleman spielten als Coventry Automatics, die eine Mixtur aus Punk und Reggae machten. Im Laufe des Jahres 1978 kamen weitere Musiker hinzu, darunter der Sänger Terry Hall, und man nannte sich Coventry Specials, bevor sie sich in Special AKA umbenannten. Noch im gleichen Jahr spielten sie im Vorprogramm von The Clash. Mitte 1979 erhielten sie einen Plattenvertrag bei Chrysalis. Ihre erste Plattenveröffentlichung ist das Stück »*Gangsters*«, das es bis auf Platz 6 in den GB-Charts bringt. Ihre zweite Veröffentlichung noch im gleichen Jahr ist die Nummer »*A Message To You Rudy/ Niteclub*«, die ebenfalls in die Top 10 kommt. Im Januar 1980 wird die LP »*The Special AKA Live!*« Spitzenreiter in der britischen Hitparade. Danach verzichten sie auf AKA und haben als Specials mit »*Rat Race/Rude Boys Outa Jail*«, »*Stereotype/ International Jet Set*« und »*Do Nothing/Maggie's Farm*« 1980 und dem zweiten Spitzenreiter »*Ghost Town*« 1981 weitere Top-10-Erfolge. Ende 1981 zerbröselt die Band. Staples, Hall und Golding gehen und gründen Fun Boy Three, die es auch auf etliche Hits bringen. Nachdem die dann 1983 wieder auseinanderfallen, gründet Hall Colourfield. Byers gründet nach dem Auseinanderbruch der Specials die Rockabilly-Gruppe Roddy Radiation & The Tearjerkers. Panter schließt sich erst einer religiösen Sekte an und macht dann mit bei General Public. Lediglich Dammers bleibt bei der Stange und holt sich neue Musiker, mit denen er wieder als Special AKA weitermacht. In dieser Formation hat Special AKA im Frühjahr 1984 den letzten Top-10-Erfolg mit »*Nelson Mandela*«. Sein Engagement für Mandela und die Artists-Against-Apartheid-Organisation nimmt Dammers für die nächsten Jahre in Beschlag.

Der Hit: *Ghost Town*
Der Tip: *The Singles* (2 Tone CDP 321 823 2)

Spencer, Tracie

* 12.7.1975. Die in Waterloo im US-Bundesstaat Iowa geborene Sängerin ist jüngster Sproß einer traditionsreichen Musikerfamilie. 1988 erschien ihre Debüt-LP, nachdem sie 1986 in der Fernsehserie »*Star Search*« gewonnen und einen Plattenvertrag erhalten hatte. Immerhin war sie zum Zeitpunkt der Veröffentlichung ihrer ersten LP gerade mal 12 Jahre alt. Ende 1988 erschien mit »*Symptoms Of True Love*« ihre erste Hit-Notierung in den USA, Platz 38. Einige Monate vorher war der Titel in Deutschland bereits unter den ersten 30. Ende 1990 kam ihre erste Single »*This House*« in die US-Charts und wurde Platz 3. Sie galt damit als eine der hoffnungsvollsten Soul-Sängerinnen für die 90er Jahre.

Der Hit: *This House*
Der Tip: *Make The Difference* (Capitol CDP 7 92153 2)

Spider Murphy Gang

Günther Sigl, v/b (* 8.2.1947); Barny Murphy, g (* 2.3.1954 als Gerhard Gmell); Michael Busse, key (* 26.12.1956); Franz Trojan, d (* 22.1.1957); Willy Ray Ingram, sax (* 31.12.1950); Ludwig »Wiggerl« Seuss, p (* 1.7.1964).
Günther Sigl gründete 1977 diese Rockabilly-Band aus Bayern. Zuerst spielten sie vorwiegend Rock 'n' Roll aus den 50er Jahren, dann entschloß sich Sigl, deutschsprachige/bayerische Texte zu vermeintlich alten Melodien zu schreiben. Ende 1981 erschien *»Skandal im Sperrbezirk«*, erreichte Platz 1 in der deutschen Hitparade und wurde vergoldet. *»Wo bist du?«* und *»Ich schau' dich an«* waren 1982 weitere Top-10-Erfolge. 1984 vergrößerten sie sich mit dem Saxophonisten Ingram zum Quintett, zwei Jahre später wurde Keyboarder Busse durch Seuss ersetzt. Nach 1985 tauchten sie nicht mehr in der Verkaufs-, sondern nur noch in den Rundfunk-Hitparaden auf. Titel wie *»Ich grüße alle und den Rest der Welt«* vermittelten den Rundfunkredakteuren einen Einblick in die Welt der Zuhörer. Der Spider Murphy Gang ist jedenfalls mit gutgemachten Songs der Beweis gelungen, das Rock 'n' Roll und deutsche Sprache keine Dinge sind, die nicht zueinander passen. Zum Sound der Gruppe hat ohne Zweifel die Vorliebe des Produzenten Harald Steinhauer für die Musik der 50er Jahre beigetragen. Günther Sigl und Drummer Franz Trojan machten auch Soloveröffentlichungen.

Der Hit: *Skandal im Sperrbezirk*
Der Tip: *Single Hit Collection 1980–1983* (Electrola 7 81354 2)

Spier, Bernd

* 6.4.1944. Schon 1957 stellte Bernd seine erste Schülerband zusammen. Sie spielten vorwiegend auf Partys, Klassenfesten und hatten schließlich erste Auftritte in amerikanischen Clubs im Rhein-Main-Gebiet. Ab 1960 bemühte sich die Gruppe um einen Plattenvertrag. 1963 erhielt zwar nicht die Band, aber Bernd Spier vom damaligen CBS-Deutschland-Chef Bernhard Mikulski einen Plattenvertrag. Als erste Single erschien der Flop *»Heut' bei dir«*. Noch im gleichen Jahr kam eine deutsche Version des Titels *»You Can Never Stop Me Loving You«* von Johnny Tillotson als *»Das kannst du mir nicht verbieten«* in die deutsche Hitparade und wurde Spitzenreiter und Millionseller. Der Nachfolger *»Schöne Mädchen muß man lieben«* erreichte Mitte 1964 die Top 10. Anfang 1965 hatte er erneut Platz 1 mit *»Das war mein schönster Tanz«*. Bis Ende 1966 konnte er noch vier Titel unter den ersten 30 plazieren, dann wurde es durch den Beatboom schwierig für ihn. 1969 und 1971 gelangen ihm noch zwei Top-30-Titel.

Der Hit: *Das kannst du mir nicht verbieten*
Der Tip: *Ohne ein bestimmtes Ziel* (Bear Family BCD 15 591)

Spinners

G. C .Cameron, v; Phillippe Wynne, (* 3.4.1938, † 14.7.1984); Bobbie Smith (* 10.4.1936); Billy Henderson (* 9.8.1939); Henry Fambrough (* 10.5.1938); Pervis Jackson (* 17.5.1938); John Edwards (* 25.12.1944).

Harvey Fuqua, ehemals Leadsänger der Moonglows, entdeckte 1961 diese amerikanische Gesangsformation, die an einer High-School in der Nähe von Detroit als Domingoes begonnen hatte. Bei Fuquas Label Tri-Phi erhielten sie einen Vertrag und benannten sich in Spinners um. Als erste Single der Spinners und des Labels erschien 1961 *»That's What Girls Are Made For«* und erreichte Mitte des Jahres die Top 30. Die Leadstimme sang Fuqua, der jedoch nicht Mitglied der Spinners war, ebenso wie bei der zweiten Single *»Love (I'm So Glad) I Found You«*, die knapp die Hitparade erreicht. 1963 brachte Fuqua die Spinners zu Motown, aber erst zwei Jahre später erreichte als nächster Titel *»I'll Always Love You«* die Top 40 der US-Charts. 1967 kommt als Leadsänger G. C. Cameron hinzu, aber der große Durchbruch läßt noch auf sich warten. Im Sommer 1970 gelingt ihnen mit der von Stevie Wonder geschriebenen und produzierten Nummer *»It's A Shame«* Platz 14 in den USA und wenige Monate später auch ihr Chart-Debüt in GB unter den ersten 20. Dort treten sie als Detroit Spinners auf, um Verwechslungen mit der britischen Folk-Gruppe Spinners zu vermeiden. 1971 wird Cameron, der eine Solokarriere startet, durch Phillippe Wynne als Leadsänger ersetzt, und in darauffolgenden Jahr beginnt die ganz große Zeit der Spinners in der Hit-Besetzung Wynne, Smith, Henderson, Farmbrough und Jackson. Im Herbst 1972 gelingt ihnen mit *»I'll Be Around«* der erste Top-10-Hit in den USA, mit *»Could It Be I'm Falling In Love«* noch in demselben Jahr der zweite. Beide Titel waren außerdem Millionseller, wie auch ein Jahr später *»One Of A Kind«*. Ihren ersten Spitzenreiter hatten die Spinners 1974 zusammen mit Dionne Warwicke und dem Titel *»Then Came You«*, auch wieder ein Millionseller. Bis 1979 gelangen ihnen noch drei weitere Top-10-Notierungen und Millionseller mit *»They Just Can't Stop It (The Games People Play)«* 1975, *»The Rubberband Man«* 1976 und *»Working My Way Back To You/ Forgive Me Girl«*. 1980 erreichte *»Cupid/I've Loved You For A Long Time«* als letzter Titel die Top 10. Bereits 1977 hatte Wynne die Spinners verlassen, und Edwards übernahm die Position des Leadsängers. Seit 1973 schon war Edwards bei Live-Auftritten für Wynne eingesprungen. In GB gelangen den Detroit Spinners zwischen 1973 und 1980 drei Top-10-Hits: *»Ghetto Child«* 1973, der Spitzenreiter *»Working My Way Back To You/Forgive Me Girl«* und *»Cupid – I've Loved You For A Long Time (Medley)«* 1980. In Deutschland war *»Working My Way Back To You«* 1980 die erfolgreichste Single der Spinners, ein Platz 12. Wie in ihren Anfangstagen kam es in den 80er Jahren zu einigen personellen Veränderungen in der Formation, die 1982 zum letztenmal in der Hitparade notiert wurde, aber weiterhin erfolgreich live auftrat.

Der Hit: *Working My Way Back To You/Forgive Me Girl*
Der Tip: *The Very Best Of* (Rhino R2 71213 TIS)

Spitting Image

In den 80er Jahren gehörte die politische Satiresendung »Spitting Image« zu den Knüllern des britischen Fernsehens. Für Politker und andere Persönlichkeiten des öffentlichen Lebens war es sonntags abends Pflicht, sich die neuesten Bösartigkeiten der Puppen anzusehen, denn sie wußten ja nie, ob sie nicht Zielscheibe des Spotts sind. Die Erfinder der Puppen, Peter Fluck und Roger Law, hatten in den 70er Jahren zunächst Karikaturen für das Magazin Economist gezeichnet. In den 80ern entwickelten sie daraus Puppen, die ihre eigene Sendung bekamen und darin auch ziemlich schreckliche Lieder sangen. Eins davon war der *»Chicken Song«*, eine Parodie auf *»Agadoo«* von Black Lace. Im Frühjahr 1986 wurde dieser Titel Spitzenreiter in GB. Eigentlich erfüllten Spitting Image alle Voraussetzungen für ein ideales One-Hit-Wonder, aber Weihnachten 1986 erreichten sie mit *»Santa Claus Is On The Dole/First Atheist Tabernacle Choir«* noch Platz 22.

Der Hit: *The Chicken Song*

Spivak, Charlie

* 17.2.1907, † 1.3.1982. Spivak wurde in Kiew in der Ukraine geboren und wuchs in den USA auf. Schon als Kind erlernte er das Trompetenspielen. Mit 18 wurde er für sechs Jahre Trompeter bei Paul Specht. Nächste Station war für drei Jahre Ben Pollack, und ab 1934 spielte er mit den Dorsey Brothers, Ray Noble, Tommy Dorsey, Bob Crosby und Jack Teagarden. Als er 1940 seine eigene Band gründete, bekam er von kompetenter Seite Unterstützung: Glenn Miller gab ihm Starthilfe. Im Sommer 1941 stand Spivaks Orchester zum erstenmal in der Hitparade und gleich auf Platz 10 mit *»Intemezzo (A Love Story)«*. Bis 1950 gelangen ihm insgesamt 18 Hit-Notierungen. *»My Devotion«* war im Herbst 1942 Platz 2 in den USA und sein größter Erfolg. Den Gesangspart auf seinen Songs übernahmen Garry Stevens & Stardusters, zu denen June Hutton gehörte. Die Sängerin Irene Daye, die auch einige seiner Hits sang, hat er später geheiratet. Spivak war auch in etlichen Filmen zu sehen, darunter in *»Pin-Up Girl«* mit Betty Grable 1944. Spivaks Band spielte bis zum Ende der 50er Jahre. Dann ließ er sich in Florida nieder, trat aber weiterhin bis 1973 in Las Vegas auf. Er starb 1982 an Krebs.

Der Hit: *My Devotion*

Spliff

Herwig Mitteregger, v/d (* 6.9.1953); Bernhard Potschka, g/v (* 1.3.1952); Manfred Praeker, b/v (* 25.2.1951); Reinhold Heil, key/v (* 18.5.1954); Alf Klimek, v (* 3.2.1956).

Drei der Spliff-Mitglieder lernten sich 1973 kennen, als sie bei der Berliner Polit-Rockband Lokomotive Kreuzberg spielten. 1976 trafen sie auf Reinhold Heil und Nina Hagen und gründeten die Nina-Hagen-Band. 1980 trennten sie sich von Nina und stellten in Berlin ihre englischsprachige Rockrevue »*The Spliff Radio Show*« vor. Als weiteres Mitglied und Sänger war der Australier Alf Klimek an diesem Projekt beteiligt. Nachdem es nicht so erfolgreich war, wie sie sich das vorgestellt hatten, änderten sie ihr Konzept und brachten als Spliff Rock mit deutschen Texten. Klimek wurde dadurch überflüssig und gründete später mit zwei Geschwistern und zwei weiteren Berliner Musikern die Formation Other Ones.

Spliff wurde jetzt richtungweisend für viele deutsche Formationen. Mitte 1982 stand der erste Hit von Spliff in den deutschen Charts: »*Carbonara*«. Ende des gleichen Jahres erreichte »*Das Blech*« ebenfalls Platz 5 in der deutschen Hitparade. Gerade dieser Titel zeigt deutlich den Einfluß der Band auf spätere Formationen – siehe die Fantastischen Vier. Nach 1984 war ihre Hit-Zeit wieder vorüber. Die einzelnen Mitglieder profilierten sich als Songschreiber und Produzenten für Kollegen sowie mit Soloprojekten.

Der Hit: *Carbonara*
Der Tip: *Spliff (Remix)* (CBS 467 505 2)

Splodgenessabounds

Max Splodge, v; Baby Greensleeves, v; Miles Flat, g; Donkey Gut, key (* als Winston Forbe); Whiffy Archer, papier/kamm; Desert Joe Lurch Slyhte; Two Pints, der Hund; Robert Rodent, b; Ronnie Plonker, g; Smacked Arse O'Reardon, b; Poodle, d; Tone Tone The Garden Gnome, g.

Die Debüt-Platte dieser Chaotengruppe aus dem Süden Londons, die wie eine Mischung aus Alice Cooper und Sex Pistols auftraten, hieß »*Simon Templar/Two Pints Of Lager And A Packet Of Crisps Please*«. Das Stück kam gegen alle Erwartungen sämtlicher britischer Kritiker Mitte 1980 unter die ersten 10 der GB-Charts. Die Band hatte sich vorher durch die exzentrische Rock-Show – Trokkeneis, Feuerwerk, nackte Körperteile (vor allen Dingen von hinten) und derbe Ausdrücke – einen Namen gemacht. Die Besetzung wechselte sehr häufig und jede Line-Up kann nur eine Momentaufnahme darstellen. Anfangs bezweifelte man, daß das auf Platten übertragbar sei. Nach diesem ersten Top-10-Erfolg gelang ihnen mit einer neuen Version des Rolf-Harris-Hits »*Two Little Boys*« aus dem Jahre 1969 im Herbst 1980 noch ein Top-30-Erfolg und schließlich Mitte 1981 noch eine weitere Plazierung knapp unter den ersten 70. Danach hatte sich das Thema wieder erledigt, und das Publikum hatte sich am Hintern von Leader Max Splodge sattgesehen.

Der Hit: *Simon Templar/Two Pints Of Lager And A Packet Of Crisps Please*

Sportsmen

Der größte Erfolg dieser amerikanischen Gesangsgruppe war die Nummer »*Woody Woodpecker*«, die sie zusammen mit Mel Blanc Mitte 1948 bis auf Platz 2 in den US-Charts brachten. Mel Blanc war über viele Jahre die Stimme von Bugs Bunny, Daffy Duck und anderen Zeichentrickfiguren aus der Firma von Walter Lantz. Ohne weitere Begleitung hatten sie die Nummer »*You Can't Be True, Dear*«, eine englische Version von »*Du kannst nicht treu sein*«, die es im Frühjahr 1948 in die US-Top-10 brachte. Die Sportskameraden waren auch auf Titeln von Benny Goodman zu hören, so z. B. bei »*Give Me The Good Old Days*« 1948.

Der Hit: *Woody Woodpecker*

Spotnicks

Bo Winberg, g (* 27.3.1939); Bob Lander, g (* 11.3.1942 als Bo Starander); Björn Thelin, b (* 11.6.1942); Ove Johannsson, d; Derek Skinner, d (* 5.3.1944); Peter Winsens, org; Jimmy Nicol, d; Tommy Tausis, d (* 22.3.1946).

Die Briten hatten die Shadows, die Amerikaner die Ventures und die Schweden hatten die Spotnicks. Die Band wurde 1957 gegründet, also genau in dem Jahr, in dem die Russen ihren ersten Sputnik in den Weltraum schossen. Sputnik bedeutet Weggefährte, und das wollten die vier jungen Schweden wohl für ihre Fans auch sein. Zumindest Bo Winberg, der Gründer der Band, ist heute – nach mehr als 30 Jahren – immer noch im Geschäft. Den letzten großen Erfolg hatte er mit einer Instrumentalversion von »*If You Could Read My Mind*«. Die ARD hatte in ihrer Berichterstattung zur Olympiade 1972 in München einen Wettbewerb gestartet: gesucht wurde die schönste Teilnehmerin der Spiele. Gezeigt wurden in der Tat etliche ausgesprochen hübsche Mädchen, und untermalt wurden die Bilder mit der Nummer »*If You Could Read My Mind*«. Nachdem das ein paarmal so gesendet worden war, entwickelte sich der Titel zum Hit. Und auch nachdem der Wettbewerb wegen des Terroranschlags auf das Olympische Dorf abge-

brochen worden war, fragte die ganze Bundesrepublik nach dem Titel der Spotnicks. Das Stück kam im Oktober 1972 in die deutschen Charts und erreichte Platz 2. Erste Erfolge hatte die Gruppe jedoch schon im Jahr 1962 gehabt. Ihre erste Hit-Notierung war in GB in jenem Jahr »*Orange Blossom Special*« unter den Top 30. Plattenhüllen zeigten die vier jungen strahlenden Schweden in albernen Weltraumanzügen. »*Amapola*«, »*Johnny Guitar*« oder »*Havah Nagila*« waren auch bei uns recht bekannt, kamen aber nicht in die Charts.
Die Besetzung der Spotnicks wechselte im Laufe der Jahre häufig. Konstante war Bob Lander, der immer andere Musiker um sich scharte, die dann als Spotnicks auftraten. Bei einer LP aus dem Jahr 1989 mit dem Titel »*Spotnicks Unlimited*« spielt aus der alten Crew außer Lander noch Winberg mit. Schon Anfang der 70er Jahre hatte sich Lander sein eigenes Plattenstudio Tal & Ton gebaut. Die Spotnicks haben es in ihrer großen Zeit geschafft, einen unverwechselbaren Sound zu kreieren.

Der Hit: *If You Could Read My Mind*
Der Tip: *The Spotnicks* (Polydor 831 999-2)

Springfield, Dusty

* 16.4.1939 als Mary Catherine Isabel Bernadette O'Brien. Die britische Sängerin begann in der Formation Lana Sisters und gründete dann mit ihrem Bruder Tom und Tim Field zusammen Anfang der 60er Jahre das Folk-Trio The Springfields. Ab Herbst 1963 arbeitete Dusty als Solistin. Bis 1968 hatte sie alleine in GB zehn Top-10-Hits. Ihre erste Hit-Notierung war Ende 1963 »*I Only Want To Be With You*«. Weitere Erfolge unter den ersten 10 waren »*I Just Don't Know What To Do With Myself*« und »*Losing You*« 1964, »*In The Middle Of Nowhere*« und »*Some Of Your Lovin'*« 1965, der Spitzenreiter »*You Don't Have To Say You Love Me*«, »*Going Back*« und »*All I See Is You*« 1966 und »*I Close My Eyes And Count To Ten*« und »*Son Of A Preacher Man*« 1968. Cliff Richard sagte über Dusty, sie habe die schwärzeste Stimme, die er je bei einer weißen Frau gehört hat. Und Martha Reeves, eine farbige amerikanische Sängerin, hielt Dusty sogar für eine Schwarze. Zwischen 1973 und 1978 machte sie keine Plattenaufnahmen – mit einer Ausnahme: 1975 sang sie auf einer Platte von Anne Murray im Hintergrund.
1978 startete sie einen Comeback-Versuch, aber schließlich war es die britische Disko-Poptruppe Pet Shop Boys, die Dusty wieder in die Hitparaden brachte. In einem Interview hatten die Jungs einmal erklärt, Dusty sei ihre Lieblingssängerin aus Jugendtagen. Zu dritt sangen sie »*What Have I Done To Deserve This*«. Damit verdienten sie sich im Herbst 1987 Platz 2 in GB und in den USA und 3 in Deutschland.

Danach war sie auch wieder als Solistin erfolgreich: *»Nothing Has Been Proved«* aus dem Film »Scandal«, der von der Profumo-Affäre handelt, erreichte 1989 die britischen Top 20. Gleiches gelang ihr Anfang 1990 mit der Single *»In Private«*, die in Deutschland außerdem Platz 4 erreichte.

Der Hit: *You Don't Have To Say You Love Me*
Der Tip: *The Silver Collection* (Philips 834 128-2)

Springfield, Rick

* 23.8.1949. Der australische Sänger, Gitarrist und Songschreiber begann in der Formation Zoot. Als daraus nichts wurde, ging er 1972 in die USA und versuchte sich als Solist. Noch im gleichen Jahr gelang ihm dort der Top-20-Hit *»Speak To The Sky«*. Als danach seine Karriere nicht richtig weiterlief, wurde Rick Schauspieler. In der US-Vorlage zur »Schwarzwaldklinik« – »General Hospital« – spielte er eine Hauptrolle und wurde einem breiten Publikum bekannt. Er nahm einen erneuten Anlauf als Rockstar – jetzt klappte es besser. *»Jessie's Girl«* kam im Frühjahr 1981 in die US-Charts, wurde Millionseller und Spitzenreiter. Der Nachfolger war *»I've Done Everything For You«*, der wie *»Don't Talk To Strangers«* 1982, *»Affair Of The Heart«* 1983 und *»Love Somebody«* 1984 unter die ersten 10 kam. In Deutschland hatte Rick seinen größten Erfolg Mitte 1985 mit dem Titel *»Celebrate Youth«*, der nur hierzulande in die Top 10 kam. Nach *»Rock Of Life«* im Frühjahr 1988 gelang ihm bisher keine Hit-Notierung mehr. 1984 war er Hauptdarsteller in dem Film *»Hard To Hold«*.

Der Hit: *Jessie's Girl*
Der Tip: *Greatest Hits* (RCA PD 90394)

Springfields

Dusty Springfield, v/g (* 16.4.1939 als Mary Catherine Isabel Bernadette O'Brien); Tom Springfield, v/g (* 2.7. 1934 als Dion O'Brien); Tim Field, g/v; Mike Hurst, g/v (* als Mike Longhurst-Pickworth).
Der Zeitpunkt für dieses britische Folk-Trio war gut gewählt. Anfang der 60er Jahre war das Interesse an dieser Musikrichtung auch in GB in großem Maße vorhanden. Die meisten Nummern schrieb Tom. Ihr erster Hit kam im Herbst 1961 mit *»Breakaway«*. *»Island Of Dreams«* Ende 1962 und *»Say I Won't Be There«* im Frühjahr 1963 wurden beide Platz 5 in GB. Beim zweiten Hit war Tim Field gegen Mike Hurst ausgewechselt worden. Nach *»Come On Home«* Mitte 1963 entschloß sich Dusty, eine Solokarriere zu beginnen. Tom Springfield kam in Kontakt mit der australischen Gruppe Seekers und hat viele der großen Hits

für diese Formation geschrieben. Hurst wurde erst Manager eines Folk-Clubs, dann DJ und später ein bekannter Produzent, der z. B. Cat Stevens betreute.

Der Hit: *Island Of Dreams*

Springsteen, Bruce

* 23.9.1949. In den 80er Jahren wurde Bruce in den USA einer der führenden Rock-Interpreten. Bereits mit 14 Jahren hatte er mit der Band Castiles Plattenaufnahmen gemacht, die nie veröffentlicht wurden. Danach gründete er Child, aus denen später Steel Mill wurde, Dr. Zoom & The Sonic Boom und schließlich die E-Street Band. 1972 erhält er einen Vertrag, der ihm 10 LP-Veröffentlichungen zusichert. Die erste LP mit dem Titel *»Greetings From Asbury Park«* erscheint im Januar 1973. Man feierte ihn zu diesem Zeitpunkt als den neuen Bob Dylan. Die Nummer *»Born To Run«* ist im Herbst 1975 Springsteens erste Chart-Notierung. Einen ersten Top-10-Erfolg verzeichnet er Ende 1980 mit *»Hungry Heart«*. *»Dancing In The Dark«*, *»Cover Me«* und *»Born In The U.S.A.«* 1984, *»I'm On Fire«*, *»Glory Days«*, *»I'm Goin' Down«* und *»My Hometown«* waren alle Top-10-Hits, die aus der LP *»Born In The U.S.A.«* ausgekoppelt waren, die sich alleine in den USA 12 Millionen mal verkaufte. *»War«* 1986, *»Brilliant Disguise«* und *»Tunnel Of Love«* 1987 waren seine weiteren Top-10-Erfolge. In GB waren *»Dancing In The Dark«*, *»I'm On Fire/Born In The U.S.A.«* und *»Santa Claus Is Comin' To Town/My Hometown«* 1985 und *»Human Touch«* im Frühjahr 1992 seine bisherigen Top-10-Hits. Auf *»Human Touch«* singt bereits seine Frau Patti Scialfa mit, die ab 1993 Soloplatten veröffentlicht.

Der Hit: *Dancing In The Dark*
Der Tip: *The Wild, The Innocent And The E Street Shuffle* (CBS 65780)

Springwater

Hinter diesem britischen Projekt verbarg sich der Allround-Musiker und Komponist Phil Cordell. Die Instrumentalnummer *»I Will Return«* kam Ende 1971 in die britischen Charts und erreichte Platz 5, in Deutschland gar Platz 3. Mit einer deutschsprachigen Version unter dem Titel *»Du weinst um mich«* hatte Michael Holm im Frühjahr 1972 einen Top-20-Hit in Deutschland.

Der Hit: *I Will Return*
Der Tip: *Springwater* (Polydor 2383 162)

Squeeze

Chris Difford, v/g (* 4.11.1954); Glenn Tilbrook, g/v (* 31.8.1957); Julian »Jools« Holland, key (* 24.1.1958); Harry Kakoulli, b: Paul Gunn, d; Gilson Lavis, d (* 27.6.1951); John Bentley, b (* 16.4.1951); Paul Carrack, key/v (* 22.4.1951); Don Snow, key/v (* 13.1.1957); Keith Wilkinson, b; Andy Metcalfe, horns/key/moog; Matt Irving, key.

Im März 1974 gründen Difford, Tilbrook, Holland und Gunn die Gruppe Squeeze. Den Namen fanden sie auf einem Album der Gruppe Velvet Underground. 1976 erhalten sie ihren ersten Plattenvertrag. Inzwischen war Gunn durch Lavis ersetzt und mit Kalkoulli ein Bassist hinzugenommen worden. Mitte 1977 erscheint *»Packet Of Three«*, produziert vom ehemaligen Velvet-Underground-Mitglied John Cale. Squeeze gelten jetzt als New-Wave-Band. *»Take Me In Your Arms«* kommt im Frühjahr 1978 in die GB-Charts und wird Top 20. *»Cool For Cats«* und *»Up The Junction«* erreichen beide 1979 Platz 2 in GB. *»Labelled With Love«* ist Ende 1981 ihr letzter Top-10-Erfolg. Im August 1980 hatte Holland die Gruppe verlassen. Er wird später ein bekannter TV-Moderator und hat zwischen 1982 und 1987 seine eigene Band The Millionaires. Für ihn kommt als Ersatz von der Gruppe Ace Paul Carrack. Im Herbst 1981 verläßt Carrack die Band wieder, schließt sich erst Carlene Carters Gruppe an und wird später als Solist, mit Mike & The Mechanics und anderen Projekten erfolgreich. Für ihn kommt Don Snow. Ende 1982 kriselt es in der Band, und man beschließt, sich zu trennen. Difford und Tilbrook veröffentlichen ein gemeinsames Album, und im Januar 1985 schließt sich Squeeze doch wieder zusammen. Neben Difford, Tilbrook, Holland und Lavis kommt Keith Wilkinson. 1987 kommt als weiterer Keyboarder Metcalfe hinzu. 1990 verläßt Holland die Gruppe und veröffentlicht eine Solo-LP. Für ihn kommt Irving. Anfang 1992 kommt *»Cool For Cats«* noch einmal kurz in die GB-Charts.

Der Hit: *Cool For Cats*
Der Tip: *Singles* (A&M 68 552)

Stacey Q

* als Stacey Swain. Diese aus Los Angeles stammende Sängerin nahm 1985 den Titel *»Shy Girl«* auf, der allerdings erst im Frühjahr 1987 in die US-Hot-100 kam. Nach einem Wechsel der Plattenfirma veröffentlichte sie 1986 die LP *»Better Than Heaven«*. Daraus ausgekoppelt wurde Mitte 1986 die Single *»Two Of Hearts«*, die in den Pop-Charts Platz 3 erreichte, in Deutschland Platz 6. Es folgten weitere Veröffentlichungen, von denen jedoch keine mehr unter die ersten 30 kam.

Der Hit: *Two Of Hearts*
Der Tip: *Better Than Heaven* (Atlantic 781 676-1)

Stafford, Jim

* 16.1.1944. Der amerikanische Pop- und Country-Sänger trat, nachdem er von Florida nach Nashville übergesiedelt war, als One-Man-Band auf. Lobo produzierte seine ersten Platten. »*Swamp Witch*« war Mitte 1973 seine erste Hit-Notierung. Es folgte der Millionseller »*Spiders & Snakes*«, Ende des gleichen Jahres Platz 3 in den USA, 14 in GB. Diesen Hit hatte Stafford zusammen mit David Bellamy von den Bellamy Brothers geschrieben. »*Wildwood Weed*« stand Mitte 1974 auf Platz 7 in den US-Charts. Ab 1975 wurde er auch Fernsehmoderator, 1978 heiratete er die Sängerin Bobbie Gentry. Nach 1977 gelang ihm kein Pop-Hit mehr.

Der Hit: *Spiders & Snakes*
Der Tip: *Jim Stafford* (MGM SE 4947)

Stafford, Jo

* 12.11.1920. Die amerikanische Sängerin war der Liebling der amerikanischen Soldaten im Zweiten Weltkrieg. Nicht umsonst trug sie den Spitznamen »*G. I. Jo*«. Noch während ihrer High-School-Zeit hatte sie Gesangsunterricht und gründete mit ihren Schwestern Pauline und Christine ein Trio. Zwischen 1940 und 1942 sang sie mit Tommy Dorsey als Solistin und als Mitglied der Pied Pipers. Ab 1943 startete sie eine Solokarriere bei dem zu diesem Zeitpunkt gerade neu gegründeten Capitol Label und hatte mit »*Old Acquaintance*« ihre erste Hit-Notierung. Zusammen mit Johnny Mercer und den Pied Pipers gelang ihr Anfang 1945 Platz 1 in den USA. »*Shrimp Boats*« 1951, »*You Belong To Me*« und »*Jambalaya*« 1952 und »*Make Love To Me!*« 1954 waren Millionseller für Jo. Mit dem Musicalstar Gordon MacRae war sie zwischen 1948 und 1950 überaus erfolgreich. »*My Darling, My Darling*« war 1948 Spitzenreiter in den USA, »*Whispering Hope*« 1949 ein Millionseller. Auch mit Frankie Laine nahm sie etliche Duettplatten auf. Die meisten ihrer Aufnahmen wurden vom Orchester ihres Mannes Paul Weston begleitet. Ihre letzte Hit-Notierung hatte Jo 1957. Durch die 50er Jahre blieb sie aktiv im Musikgeschäft und zog sich 1966 daraus zurück.

Der Hit: *You Belong To Me*

Stafford, Terry

Er klang wie Elvis Presley und hatte seinen größten Hit mit einem Titel, den Elvis auch gesungen hatte: *»Suspicion«*. Elvis hatte den Titel, der auf seiner LP *»Pot Luck«* erschien, 1962 in Nashville aufgenommen. Terry Stafford hörte Presleys Version und beschloß, da Elvis sie nicht als Single veröffentlichte, das seinerseits zu tun. Der Produzent Bob Simmons spielte auf Staffords Version alle Instrumente mit Ausnahme des Basses, den Ron Griffith übernahm. Erst nachdem *»Suspicion«* in der amerikanischen Hitparade kletterte, entschied sich RCA, die Elvis-Version als Single auf den Markt zu bringen. Es war zu spät. Sie blieb bei 103 hängen. Die andere Seite der Elvis-Single, *»Kiss Me Quick«*, hingegen wurde ein Hit. Drei Monate später veröffentlichte Stafford *»I'll Touch A Star«*. Die Platte kam bis auf Platz 25, und danach hörten die Fans lieber wieder den Original-Elvis.

Der Hit: *Suspicion*
Der Tip: *Suspicion* (Crusader CLP 1001)

Stallone, Frank

* 30.7.1950. Der jüngere Bruder von Sylvester Stallone begann seine Karriere als Komponist, Autor, Interpret und Schauspieler. Seine ersten Erfolge hatte Stallone mit Soundtracks. In den Hitparaden tauchte er Ende 1980 mit dem von Joni Mitchell geschriebenen Song *»Case Of You«* erstmals auf. Für den Film »Staying Alive« sang Frank den Titel *»Far From Over«*, der Mitte 1983 sein einziger Top-10-Erfolg wurde. In dem von Sylvester Stallone produzierten Tanzfilm spielten John Travolta und Cynthia Rhodes die Hauptrollen. Man könnte vermuten, daß Sylvester hier den Bruder ein wenig protegierte. Die hauptsächliche Musik des Films stammte von den Bee Gees. Nachdem *»Darlin'«* im Frühjahr 1984 noch knapp unter die ersten 100 kam, war die Hit-Zeit für Frank vorbei.

Der Hit: *Far From Over*
Der Tip: *Frank Stallone* (Polydor 821 237-1)

Stampeders

Rick Dodson, g/b/v; Ronnie King, g/b/v; Kim Berly, g/d/v.
Diese kanadische Gruppe wurde Mitte der 60er Jahre nach dem jährlichen lokalen Rodeo-Ereignis als Calgary Stampede gegründet. Sie begannen als Sextett, aber nachdem sich kein Erfolg einstellte, gingen drei Musiker, und übrig blieben die oben genannten. *»Morning Magic«* war der erste Erfolg dieser Band in Kanada. *»Sweet City Woman«* kam im Herbst 1971 in die US-Charts und wurde

Platz 8. Danach beschränkte sich ihre Popularität für fünf Jahre wieder nur auf den kanadischen Raum, bis ihnen mit einer witzigen Version von »*Hit The Road Jack*« noch einmal ein Platz 40 in den USA gelang. Auf der Platte war ein Telefongespräch mit dem bekannten amerikanischen Diskjockey Wolfman Jack zu hören.

Der Hit: *Sweet City Woman*

Standley, Johnny

Wer einmal eine der vielen religiösen Radio- oder TV-Stationen genossen hat, kann sich eine Parodie darauf gut vorstellen. Genau das machte Johnny zusammen mit dem Orchester von Horace Heidt & His Musical Knights. Der Titel »*It's In The Book*« kam Ende 1952 in die US-Charts und wurde Spitzenreiter und Millionseller. Die hauptberuflichen Prediger wetterten gegen das Werk von allen nur möglichen Kanzeln – die Platte wurde trotzdem ein Hit. Ein Nachfolger gelang jedoch nicht.

Der Hit: *It's In The Book*

Stansfield, Lisa

* 11.4.1965. Bevor Lisa im August 1989 mit ihrem ersten Hit in die GB-Charts kam, hatte sie schon etliches hinter sich. Zuerst hatte sie noch in den 70er Jahren etliche Gesangswettbewerbe gewonnen und war dann regelmäßig in der britischen TV-Kindersendung »Razzamatazz« als Moderatorin zu sehen. Nachdem sie dafür zu alt geworden war, gründete sie 1983 zusammen mit ihrem Freund Andy Morris die weiße Soul-Band Blue Zone. Es kam zu einigen Plattenveröffentlichungen, die allerdings nicht erfolgreich waren. 1989 wurden die Musiker dieser Gruppe vom Produktionsteam der Band Coldcut eingeladen, auf der Platte »*People Hold On*« mitzumischen – nach Veröffentlichung der Single kam sie in GB bis auf Platz 11 in die Charts. Danach interessierte man sich für Lisa als Solistin, die jedoch ihren Freund und die Kumpels von Blue Zone als Songschreiber und Begleitmusiker mitbrachte. Die erste Single war dann im August 1989 »*This Is The Right Time*«, die in GB bis auf Platz 13, in Deutschland bis 17 kam. Die Stimme von Lisa beeindruckte Fans und Presse gleichermaßen. Die nächste Single, »*All Around The World*« erreichte noch 1989 Platz 1 in GB, 2 in Deutschland und 3 in den USA. In den Staaten erreichte die Single Platin-Status. »*Live Together (New Version)*« 1990, »*Change*« 1991 und »*Someday (I'm Coming Back)*« 1992 waren weitere Top-10-Erfolge. Ihre beiden hervorragenden LPs »*Affection*« 1989 und »*Real Love*« 1991 kamen in den britischen Charts ebenfalls unter die

ersten 10. Von Lisa kann man sowohl als Interpretin als auch als Songschreiberin noch viel erwarten.

Der Hit: *All Around The World*
Der Tip: *Affection* (Arista 260 379)

Staple Singers

Roebuck »Pop« Staples, (* 28.12.1915); Pervis Staples (* 1935); Cleotha Staples (* 1934); Yvonne Staples (* 1939); Mavis Staples (* 1940).
Chef im Ring dieser Formation war der Gitarrist und Sänger »Pop« Staples. Er spielte in seinen Teen-Jahren als Blues-Gitarrist und wurde Mitglied in der Golden Trumpet Gospel Group. Anfang der 50er Jahre gründete er eine eigene Gospelformation, die Staple Singers, in der neben seinem Sohn Pervis, der 1971 das Familienunternehmen wieder verließ, später seine drei Töchter Cleotha, Mavis und Yvonne sangen. 1953 wurde die erste Platte veröffentlicht. Im Laufe der Jahre veränderte sich der Stil immer weiter weg vom Gospel und hin zum Soul und Pop. 1967 standen sie erstmals mit *»Why? (Am I Treated So Bad)«* in den amerikanischen Hot 100. *»I'll Take You There«* war im Frühjahr 1972 die erste Top-10-Notierung und ein Spitzenreiter in den USA. Der Millionseller *»If You're Ready (Come Go With Me)«* war 1973 ein Erfolg. *»Let's Do It Again«*, geschrieben von Curtis Mayfield, wurde Ende 1975 wieder Millionseller und Spitzenreiter in den USA. Mavis Staples hatte bereits 1970 ihre ersten Soloaufnahmen gemacht. 1990 sah man sie in dem Film »Graffiti Bridge«. Die Plattenveröffentlichung der Staple Singers, die manchmal auch als Staples firmierten, gehen bis in die 90er Jahre. 1992 erschien von Pop Staples die Soloplatte *»Peace To The Neighbourhood«*. Als Gastmusiker waren darauf Jackson Browne, Bonnie Raitt, Jim Keltner oder Ry Cooder zu hören.

Der Hit: *Let's Do It Again*
Der Tip: *The Best Of* (Stax FCD-60-007)

Stapleton, Cyril

* 31.12.1914, † 25.2.1974. Der britische Bandleader hatte in der zweiten Hälfte der 50er Jahre seine großen Erfolge. Seine erste Hit-Notierung war im Frühjahr 1955 der *»Elephant Tango«*, der in die britischen Top 20 kam. *»Blue Star«* war Ende des gleichen Jahres Platz 2 in GB und der einzige Top-10-Erfolg für Cyril. *»The Italian Theme«* kam im Frühjahr 1956 bis auf Platz 18 in GB und 25 in den USA. Dort gelang ihm mit *»The Children's Marching Song (Nick Nack Paddywack)«* aus dem Film »Die Herberge zur 6. Glückseligkeit« noch einmal Platz 13. Die

Kinder, die im Film mitspielten, sangen hier mit Cyril zusammen. Nach seiner Zeit als aktiver Musiker wurde er A&R-Controller für Pye Records und unabhängiger Produzent, z. B. für Max Bygraves. In den Jahren vor seinem Tod ging er noch einmal mit einer neu zusammengestellten Band auf Tournee.

Der Hit: *Blue Star*

Starbuck

Bruce Blackman, v/key; Jimmy Cobb, b/v; Sloan Hayes, key/v; Darryl Kutz, g/v; David Shaver, key/v; Bo Wagner, per; Ken Crysler, d.
Dieses aus Atlanta, Georgia, stammende Septett kam 1974 zusammen. Bruce Blackman war vorher der Kopf der aus New Orleans stammenden Band Eternity's Children, die Mitte 1968 mit *»Mrs. Bluebird«* einen einzigen Hit hatte. 1975 erhielten Starbuck einen Plattenvertrag und veröffentlichten als ihre erste Single *»Moonlight Feels Right«*. Die Platte kam im Frühjahr 1976 in die US-Charts und wurde Platz 3. Leadsänger Blackman hatte diese Nummer selbst geschrieben. Bis 1978 folgten vier weitere Hit-Notierungen. Danach war die Zeit von Starbuck vorüber. Blackman gründete daraufhin die Formation Corona, die mit *»Let Me Be«* Anfang 1980 eine Hit-Notierung in den USA hatten.

Der Hit: *Moonlight Feels Right*

Stardust, Alvin

* 27.9.1942 als Bernard William Jewry. Die Karriere dieses britischen Sängers ähnelt in vielerlei Hinsicht der von Gary Glitter. Auch Stardust versteckte sich hinter Pseudonymen und erlebte einige Hochs und Tiefs. Anfang der 60er Jahre machte er Platten als Shane Fenton & The Fentones, deren größte Hits *»I'm A Moody Guy«* 1961 und *»Cindy's Birthday«* 1962 waren. Schlagzeuger der Fentones war übrigens Bobby Elliott, der später Mitglied der Hollies werden sollte. Zu den vielen Interpreten, die durch die Beatles aus den Plattenregalen und Hitparaden gefegt wurden, gehörte auch Shane Fenton. 1965 wurde er Manager und arbeitete mit Künstlern wie Hollies oder Lulu. Ab 1973 sah man ihn dann unter dem Namen Alvin Stardust. Seine erste Hitparaden-Notierung unter diesem Namen hatte er Ende 1973 mit *»My Coo-Ca-Choo«*, Platz 2 in GB, 3 in Deutschland. Anfang 1974 kam mit dem britischen Spitzenreiter *»Jealous Mind«* sein größter Erfolg. Auch bei uns erreichte dieser Titel die Top 10. Noch im selben Jahr folgten mit *»Red Dress«* und *»You You You«* zwei weitere Notierungen unter den ersten 10. Bis 1975 wurde er noch unter den Top 40 geführt, dann gab es eine Pause von sechs Jahren, bis er im September 1981 wieder in den britischen

Top 10 stand mit *»Pretend«*. Wiederum drei Jahre später gelang ihm zweimal Platz 7 mit *»I Feel Like Buddy Holly«* und *»I Won't Run Away«*. Bis 1985 wird er noch notiert, aber die große Hit-Zeit war vorbei.

Der Hit: *Jealous Mind*
Der Tip: *20 Of The Best* (Hollywood Nites HNC 0019)

Stargazers

Cliff Adams, Marie Benson, Fred Datchler, Bob Brown, Dave Carey, alle v.
Diese britische Formation war die populärste Gesangsgruppe, die es in der ersten Hälfte der 50er Jahre in GB gab. Der Londoner Arrangeur, Pianist und Trompeter Adams hatte sie schon 1949 gegründet. Erstmals kamen sie im Frühjahr 1953 in die GB-Charts mit dem Titel *»Broken Wings«*. Das Stück war eine Cover-Version des Hits der Amerikaner Art & Dotty Todd, mit der sie selbst in GB bis auf Platz 6 kamen. Eine dritte Version, gesungen von dem Briten Dickie Valentine, war dessen erster Hit, kam aber ebenfalls im Februar 1953 nur bis auf Platz 12 in GB. Ein Jahr nach ihrer ersten Nummer 1 kam *»I See The Moon«* ebenfalls an die Spitze der GB-Charts. Der Titel war als Parodie auf Doo-Wop-Songs gedacht. *»Close The Door«* und *»Twenty Tiny Fingers«* erreichten 1955 beide die britischen Top 10, und nach 1956 und dem Titel *»Hot Diggity«* hatte die Band keinen Erfolg mehr. Cliff Adams tauchte als Cliff Adams Orchestra mit der Nummer *»Lonely Man Theme«* im April 1960 unter den ersten 40 der GB-Charts auf. Zu diesem Zeitpunkt wurde Adams derjenige, der die alphabetische Liste der britischen Hits anführte. Für vierzehn Jahre, bis die Gruppe Abba kam, wurde er immer als der erste genannt, wenn es um die Interpreten ging, die jemals einen Hit in GB hatten. Cliff Adams machte sich auch noch einen Namen als der Chef der gleichnamigen Singers, die über viele Jahre in der Sendung »Sing Something Simple« im BBC Radio zu hören war.

Der Hit: *I See The Moon*

Starland Vocal Band

Bill Danoff, v (* 7.5.1946); Taffy Danoff, v (* 25.10.1944 als Kathleen Nivert); Jon Carroll, key/g (* 1.3.1957); Margot Chapman, p (* 7.9.1957).
Der amerikanische Sänger und Songschreiber Danoff schrieb zusammen mit John Denver den Hit *»Take Me Home, Country Roads«*. Der wurde 1971 der erste Millionseller für Denver. Im Hintergrund der Plattenaufnahme singt die Formation Fat City, und dazu gehörten Danoff und seine Frau Taffy Nivert. Dieses Quintett fiel auseinander, und das Ehepaar nahm Platten als Bill & Taffy auf. Mitte der 70er

Jahre gründete Denver sein eigenes Plattenlabel Windsong, und als erste Gruppe wurde die Starland Vocal Band unter Vertrag genommen, deren Single »*Afternoon Delight*« als erste Platte veröffentlicht. Mitte 1976 erreichte sie die Spitze der US-Charts, wurde Top 20 in GB und blieb der größte Hit für die Band. Im gleichen Jahr erhielten sie bei der Grammy-Verleihung als beste neue Künstler und für das beste Arrangement jeweils eine Auszeichnung. Bis 1980 folgten drei weitere Notierungen, die jedoch über einen Platz 60 nicht hinausgingen. Jon Carroll, inzwischen mit Margot Chapman verheiratet, konzentrierte sich danach aufs Songschreiben, z. B. für Linda Ronstadt. Bill und Taffy trennten sich privat, traten aber Ende der 80er Jahre wieder als Fat City auf.

Der Hit: *Afternoon Delight*

Starlight

Der Titel »*Numero Uno*« deutet schon auf das Herkunftsland dieser Gruppe hin: Italien mit seinen vielen kurzlebigen Disco-Produktionsteams, die schnell einen Hit schafften und danach wieder aus den Charts verschwunden waren. Das Produktionsteam Starlight hatte mit »*Numero Uno*« im Herbst 1989 Platz 9 in den GB-Charts und war damit wieder erledigt.

Der Hit: *Numero Uno*

Starr, Edwin

* 21.1.1942 als Charles Hatcher. Der amerikanische Soul-Sänger und Songschreiber begann mit der Gruppe Future Tones und machte 1957 seine ersten Platten. Zwischen 1963 und 1965 sang er mit Bill Doggett, dessen große Zeit jedoch schon vorüber war. Unter dem Namen Edwin Starr machte er ab 1965 Platten und hatte mit »*Agent Double-O-Soul*« im Herbst 1965 seine erste Hit-Notierung. Im Frühjahr 1969 erschien »*Twenty-Five Miles*« und wurde sein erster Top-10-Erfolg. Mitte 1970 kam »*War*« auf den Markt, wurde in den USA Spitzenreiter, in GB Platz 3 und in Deutschland 9. Bis Ende der 70er Jahre war Starr regelmäßig in den US-Charts vertreten. Seine größeren Erfolge hatte er jedoch in GB. Dort kamen »*Contact*« und »*H.A.P.P.Y Radio*« 1979 wieder in die Top 10. Edwins Plattenveröffentlichungen reichen bis in die 90er Jahre.

Der Hit: *War*
Der Tip: *The Hits Of Edwin Starr* (EMI IC 062-93523)

Starr, Freddie

Als der Brite Freddie Starr im Frühjahr 1974 mit *»It's You«* unter den ersten 10 in GB stand, wußten wahrscheinlich viele Briten nicht einmal, daß es sich bei ihm um den Freddie Starr handelte, der bereits Anfang der 60er Jahre in GB populär war. Freddie spielte mit Howie Casey & The Seniors, bevor er verschiedene eigene Bands gründete, darunter die Delmonts und die Midnighters. Freddie Starr & The Midnighters waren 1963 mit dem Mersy-Beat-Boom hochgekommen. Obwohl diese Formation etliche Platten veröffentlichte, darunter Produktionen mit dem Sound-Tüftler Joe Meek, der aus der Gruppe eine Mixtur aus Beatles und Buddy Holly machte, kam er nie in die Charts. Schließlich wurde aus ihm ein talentierter Komiker, der es im Fernsehen der 70er Jahre zu seiner eigenen Serie »Who Do You Do« brachte. Diese TV-Popularität verhalf Freddie dann wohl auch zu seinem Hit *»It's You«*. Weihnachten 1975 erreichte er mit seiner Version von *»White Christmas«* noch einmal die GB-Charts.

Der Hit: *It's You*

Starr, Kay

* 21.7.1922 als Katherine LaVerne Starks. Die Amerikanerin begann als Hillbilly-Sängerin, wirkte dann mit in den Bands von Joe Venuti, Bob Crosby, Glenn Miller und Charlie Barnet. Nach 1944 hatte sie Schwierigkeiten mit ihrer Stimme, und als sie wieder ins Geschäft zurückkehrte, klang sie wesentlich heiserer. Ab Ende 1948 wurde sie auch als Solistin in den Charts notiert. Ihr erster Top-10-Erfolg war Anfang 1949 *»So Tired«*. Ihre Karriere ging bis in das Jahr 1962, und in dieser Zeit schaffte sie über 40 Hits, darunter die beiden Spitzenreiter *»Wheel Of Fortune«* 1952 und *»Rock And Roll Waltz«* 1955. Ihre letzte Top-10-Notierung war im Herbst 1957 *»My Heart Reminds Me«*. Kay war auch in etlichen Filmen zu sehen, so z. B. in »Make Believe Ballroom« 1949 und »When You're Smiling« 1950. Nach 1962 ließ ihre Karriere nach. TV- und Clubauftritte reichten bis in die 70er Jahre.

Der Hit: *Wheel Of Fortune*
Der Tip: *The Fabulous Favourites!* (Capitol MFP 5603)

Starr, Ringo

* 7.7.1940 als Richard Starkey. Bevor er am 18. August 1962 ein Beatle wurde, hatte Ringo in der Eddie Clyton Skiffle Group und mit Rory Storm & The Hurricanes gespielt. Mit Storm trat er in sämtlichen Feriencamps an der Südküste

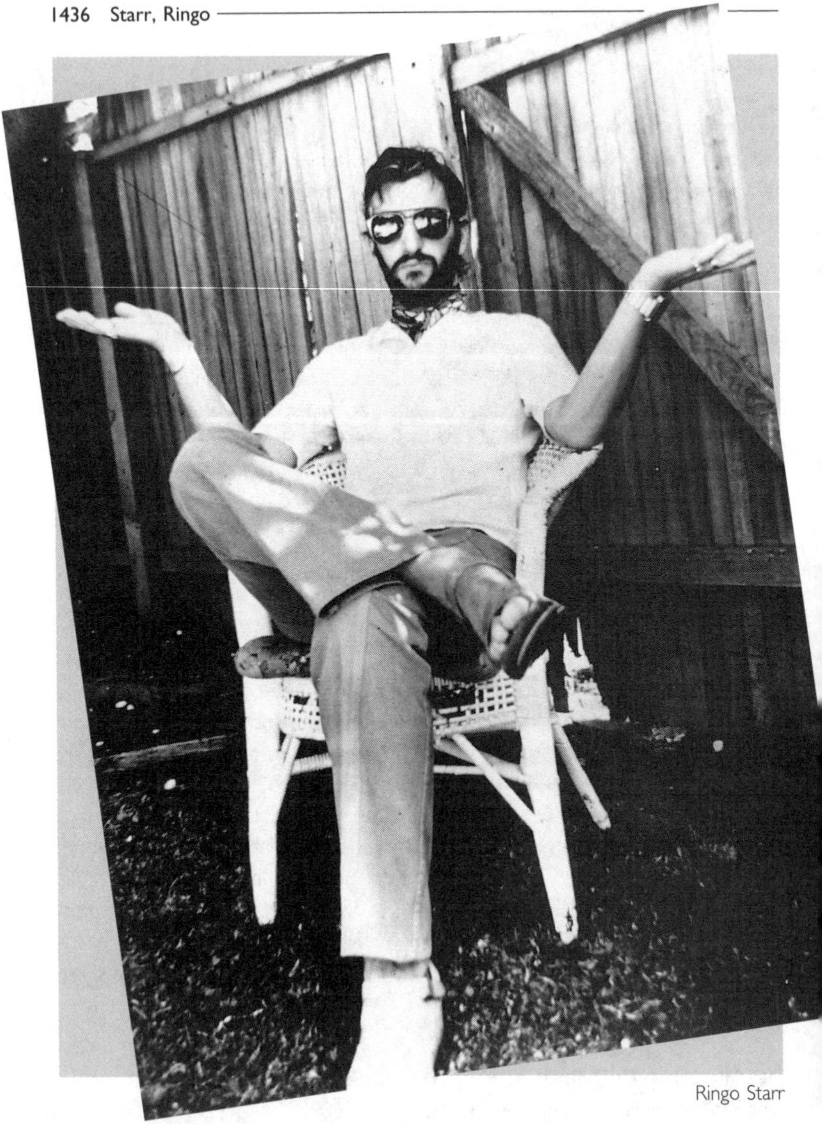

Ringo Starr

Englands auf. Seine Vorliebe für große Ringe und Künstlernamen machten aus Richard Starkey Ringo Starr. Anfang der 60er Jahre kam Rory Storm, wie so viele andere Bands auch, nach Hamburg, und dort trafen sich zwangsläufig Starr und die Beatles. Ringo sprang einige Male als Ersatzschlagzeuger ein, und nachdem Storm gehört hatte, daß ihn die Beatles haben wollten, machte er Ringo ein neues lukratives Angebot, doch der lehnte zu seinem Glück ab. An jenem 18. August

1962 spielte Ringo Starr erstmals mit den Beatles im Cavern Club in Liverpool. Von der lokalen Fernsehstation Granada TV wurde das Ereignis gefilmt und existiert heute noch als Dokument. Bei der ersten Plattenaufnahme der Beatles war George Martin von der Qualität des neuen Schlagzeugers anscheinend nicht sehr überzeugt. Er hatte als Session-Schlagzeuger Andy White zusätzlich engagiert. Wie jeder weiß, wurden die Beatles und damit auch Ringo Starr für den Rest der 60er Jahre die bestimmende Formation. Ringo war es auch, der 1970 nach dem Auseinanderbruch der Beatles seine Enttäuschung darüber zum Ausdruck brachte. Er wäre gerne weiterhin ein Beatle geblieben. Im April 1971 erschien seine erste Single in den GB-Charts und wurde Platz 4: *»It Don't Come Easy«*. In den USA erreichte die Platte die gleiche Position und wurde ein Millionseller. Dort hatte er seine erste Hit-Notierung bereits Ende 1970 mit *»Beaucoups Of Blues«*. In der ersten Hälfte der 70er Jahre ist Ringo nun auch als Solist überaus erfolgreich. Wie *»It Don't Come Easy«* produziert George Harrison auch seinen zweiten Top-10-Hit in GB und den USA: *»Back Of Boogaloo«*. 1973 hat er zwei Spitzenreiter und Millionseller in den USA, die auch in GB Top-10-Erfolge werden: *»Photograph«* und *»You're Sixteen«*. In GB gelingt ihm nun kein Top-10-Hit mehr. In den USA stehen *»Oh My My«* und *»Only You«* 1974 und der *»No No Song«* 1975 noch in den Top 10. Der schon zu seinen Beatles-Zeiten als witzig geltende Starr spielte in etlichen Filmen mit und heiratete 1981 die Schauspielerin Barbara Bach. Seine letzte Hit-Notierung in den USA war *»Wrack My Brain«*, Ende 1981 ein Top-40-Hit, geschrieben und wieder produziert von George Harrison. Die Plattenveröffentlichungen von Ringo gehen bis in die 90er Jahre. Die Single *»Weight Of The World«*, ausgekoppelt aus der CD *»Time Takes Time«*, kommt 1992 in die unteren Regionen der britischen und deutschen Charts. Auf dieser CD waren als Mitmusiker Doug Fieger und Berton Averre, einst The Knack, Jeff Lynne, Andrew Gold, Michael Landau oder Peter Asher zu hören. Ringo wurde einmal gefragt, warum er so viele Ringe an den Fingern habe. Antwort: »Weil ich sie nicht alle an die Nase kriege.«

Der Hit: *Photograph*
Der Tip: *Blast From Your Past* (EMI CDP 46663 2)

Stars On 45

Der Holländer Jaap Eggermont fand Anfang der 80er Jahre ein Rezept, wie man aus Oldies wieder neue Hits machen konnte. Er mixte bekannte Titel im durchgängigen Discosound und nahm aus den entsprechenden Stücken die allseits bekannten Parts heraus. *»Stars On 45«* beinhaltet *»Venus«*, *»Sugar Sugar«* und die Beatles-Nummern *»No Reply«*, *»I'll Be Back«*, *»Drive My Car«*, *»Do You Want To Know A Secret«*, *»We Can Work It Out«*, *»I Should Have Known Better«*, *»Nowhere

Man« und *»You're Going To Lose That Girl«*. Sie waren alle so aufbereitet, als wären es Schnipsel aus den entsprechenden Platten. In Wirklichkeit standen dahinter die Holländer Hans Vermeulen, Baas Muijs und Okkie Huijschens. Jaap Eggermont, der einst Schlagzeuger bei der holländischen Formation Golden Earring war, hatte diesen Aufguß mit simplem Disco-Klatschrhythmus von 118 Beat-Schlägen unterlegt und so auf eine Linie getrimmt. Die Platte wurde der absolute Knüller im Frühjahr 1981. In Deutschland und in den USA erreichte sie Platz 1 und wurde jeweils vergoldet. In GB erhielt Jaap Eggermont den Gruppennamen Starsound verpaßt und stand dort auf Platz 2. Der Nachfolger *»Stars On 45 II«*, wieder eine Mixtur diverser Beatles-Nummern, kam in GB noch auf Platz 2, ebenso in Deutschland, in den USA nicht einmal mehr unter die ersten 60. Es erschienen weitere Titel als *»Stars On 45 III«* oder *»More Stars On 45«*, aber nach 1982 war das Thema ausgelutscht. Ganz ohne Zweifel war dieses System, aus populären Nummern Schnipsel herauszunehmen und neu zu verarbeiten, später richtungsweisend für die Disco-Sample-Technik.

Der Hit: *Stars On 45*
Der Tip: *Greatest Stars On 45* (EMI CD-MFP 6031)

Starship

siehe Jefferson Airplane/Jefferson Starship

Starsound

siehe Stars On 45

Statler Brothers

Harold Reid (* 21.8.1939), Donald S. Reid (* 5.6.1945), Philip E. Balsley (* 8.8.1939), Lew C. DeWitt (* 8.3.1939, † 15.8.1990), Jimmy Fortune, alle v.
Das amerikanische Country-Vokalquartett aus Virginia formierte sich 1955 als Kingsmen. Von 1963 bis 1971 spielten sie vorwiegend zusammen mit Johnny Cash, machten aber ab 1965 auch eigene Platten. Ihre erste Hit-Notierung war auch gleichzeitig ihr größter Crossover-Hit: *»Flowers On The Wall«*. Die Platte kam im Herbst 1965 erst in die Country-Charts und wurde dort Platz 2, danach erreichte sie in den Pop-Charts Platz 4. Das Stück hatte Lew DeWitt geschrieben. Im Laufe der folgenden Jahre standen sie regelmäßig in den Country-Charts und schafften über 60 Hits. Lew DeWitt zog sich 1982 aus der Gruppe zurück und wollte eine Solokarriere beginnen, die jedoch nie richtig erfolgreich wurde. Er

starb 1990 an Morbus Crohn. Für ihn war 1982 Fortune gekommen. Die Statler Brothers hatten auch unter dem Namen Lester »Roadhog« Moran & His Cadillac Cowboys Platten veröffentlicht.

Der Hit: *Flowers On The Wall*
Der Tip: *Flowers On The Wall* (CBS CS 9249)

Staton, Candi

Die amerikanische Sängerin stammt aus Alabama und begann in den dortigen Muscle Shoals Studios ihre Pop-Karriere. Vorher war sie Mitglied im Jewel Gospel Trio, in das sie im Alter von 10 Jahren eingestiegen war. Ab 1968 machte sie Soloplatten. Dazu überredet hatte sie Clarence Carter, mit dem sie danach einige Zeit verheiratet war. Mit *»I'd Rather Be An Old Man's Sweetheart (Than A Young Man's Fool)«* hatte sie Mitte 1969 ihre erste Notierung in den US-Pop-Charts. Richtig erfolgreich wurde sie, nachdem sie ihren Stil mehr in Richtung Disco getrimmt hatte. *»Young Hearts Run Free«* 1976 und *»Nights On Broadway«* 1977 waren Top-10-Erfolge für Candi in GB. In den USA war ihre höchste Notierung im Frühjahr 1976 *»Young Hearts Run Free«*, Platz 20. Anfang 1992 stand sie zusammen mit The Force und dem Titel *»You Got The Love«* wieder unter den Top 10 in GB.

Der Hit: *Young Hearts Run Free*
Der Tip: *Young Hearts Run Free* (WB 56 259)

Status Quo

Rick Parfitt, v/g (* 12.10.1948); Francis Michael Rossi, g/v (* 29.5.1949); Roy Lynes, key (* 25.10.1943); Alan Lancaster, b (* 7.2.1949); John Coghlan, d (* 19.9.1946); Andy Bown, key (* 27.3.1947); John Edwards, b (* 9.5.1953); Pete Kircher, d; Jeff Rich, d (* 8.6.1953).
Die Karriere dieser britischen Band begann im Jahre 1962. Zu diesem Zeitpunkt wird die Gruppe Spectres gegründet. Diese Formation erhält Mitte 1966 einen Plattenvertrag und veröffentlicht als erste Single *»I (Who Have Nothing)«*, eine Komposition von Leiber und Stoller. Auch die beiden Nachfolge-Singles werden keine Erfolge, und die Jungs beschließen, ihren Namen in Traffic Jam zu ändern. Unter diesem Namen wird *»Almost But Not Quite There«* veröffentlicht. Auch diese Platte wird kein Erfolg, und um Komplikationen mit Steve Winwoods Traffic aus dem Weg zu gehen, erfolgt eine weitere Namensänderung. Ab November 1967 nennen sie sich Status Quo. Die Veröffentlichung *»Pictures Of Matchstick Men«*, eine Nummer, die eher der Psychedelic- als der Rockrichtung zuzurechnen

ist, kommt im Januar 1968 in die britischen Charts und wird Platz 7. Gleiches Ergebnis erreichen sie in Deutschland, in den USA wird diese Platte der einzige nennenswerte Erfolg von Status Quo, Platz 12. Der Nachfolger *»Ice In The Sun«* kommt im Sommer des gleichen Jahres wieder in die britischen Top 10. Anfang 1968 hatten die Musiker immer noch als Begleitband von Madeline Bell gespielt. Jetzt schwammen sie sich frei und machten eigenständige Tourneen durch GB. Nachdem weitere Single-Veröffentlichungen nicht mehr den gewünschten Erfolg bringen, beschließt die Gruppe Ende 1969, ihre musikalische Richtung zu ändern. Angesagt war jetzt Blues und Boogie. Nach 1970 gelingt der Gruppe erst einmal für drei Jahre nichts mehr. Im Januar 1973 erscheint ihre erste Platte auf dem Label Vertigo: *»Piledriver«*. Die Band hat ihr Image wieder verändert. Die Musiker haben sich ein rockigeres Aussehen zugelegt, die Haare lang wachsen lassen und sich die Attitüden der Heavy Metal Groups zu eigen gemacht. *»Paper Plane«* kommt noch im Januar 1973 in die GB-Charts und wird Platz 8. Von diesem Zeitpunkt bis in die 90er Jahre ist die Gruppe regelmäßig in den Charts vertreten. *»Down Down«* wird Ende 1974 ihr einziger Platz 1 in GB. Ansonsten veröffentlicht die Band selbst geschriebene Titel, die immer auf den gleichen drei Boogie-Akkorden aufgebaut sind. Im Frühjahr 1976 schließen Status Quo einen Marketingdeal mit der Jeansfirma Levi Strauss ab, der als eine der ersten Geschäftsverbindungen zwischen Wirtschaft und Rockmusik in GB gilt. Ab Oktober 1976 wird Andy Bown, einst Mitglied bei Herd, für Live-Auftritte fest in die Band genommen. Bown hatten bereits bei einigen Plattenproduktionen mitgespielt. 1977 läßt sich Lancaster in Australien nieder und spielt in der Folgezeit auf einer lockeren Basis immer mal wieder mit Status Quo. 1987 taucht er als Mitglied der australischen Band Party Boys auf. 1982 geht Coghlan und wird durch Kircher ersetzt, der vorher mit Honeybus und Original Mirrors gespielt hatte. In der Folgezeit bleiben Parfitt und Rossi, die die meisten der Hits von Status Quo geschrieben haben, die Konstante in der Band. Wer neben den beiden mit Status Quo spielt, ist im Grunde belanglos. Der bisher letzte Top-10-Erfolg war Ende 1990 *»The Anniversary Waltz – Part 1«*. Das Stück war ein Medley aus *»Let's Dance«*, *»Red River Rock«*, *»No Particular Place To Go«*, *»The Wanderer«*, *»I Hear You Knocking«*, *»Lucille«* und *»Great Balls Of Fire«*. Es könnte noch mehr kommen – mit mehr als 40 Hit-Notierungen in den GB-Charts gelten sie als die erfolgreichste britische Gruppe aller Zeiten. Sie liegen vor den Rolling Stones und den Hollies.

Der Hit: *Down Down*
Der Tip: *Rocking All Over The Years* (Vertigo 846 797-2)

Stealer's Wheel

Gerry Rafferty, v/g (* 16.4.1946); Joe Egan, v/key (* 18.10.1949); Paul Pilnick, g (* 17.3.1944); Tony Williams, b; Rod Coombes, d (* 16.5.1946); Luther Grosvenor, g (* 23.12.1948)

Diese britische Formation kam Ende der 60er Jahre zusammen. Vorläufer war die Formation Humblebums. Innerhalb der Band wechselten sehr häufig die Mitglieder. Die beiden Konstanten waren Joe Egan und Gerry Rafferty, die auch die meisten Titel der Band schrieben. Das Stück »*Stuck In The Middle With You*« kam im Frühjahr 1973 erst in die amerikanischen Top 10, dann auch in die britischen. Die Musik klang immer eher amerikanisch als britisch. Sowohl in den USA als auch in GB folgten noch zwei weitere kleine Hits, und lange war nichts mehr von ihnen zu hören, bis Anfang 1978 eine Solopatte von Gerry Rafferty, »*Baker Street*«, ein weltweiter Hit wurde. Auch Joe Egan veröffentlichte Soloplatten, die jedoch nicht sehr erfolgreich waren.

Der Hit: *Stuck In The Middle With You*
Der Tip: *Heroes Of Pop Music* (Arcade 01 3630 61)

Steam

Garret Scott, v (* als Gary De Carlo); Dale Frashuer; Paul Leka, key; Tom Zuke, v; Hank Schorz, v; Bill Steer, v; Mike Daniels; Ray Corriea; Jay Babina.

Einst hatten Leka und De Carlo gemeinsam in ihrer Heimatstadt Bridgeport, Connecticut, mit der Gruppe Chateaus gespielt. Dann wurde Leka Produzent und hatte etliche Hits, z. B. »*Green Tambourine*« mit den Lemon Pipers, produziert. Nachdem er zur Plattenfirma Mercury gewechselt war, überredete er den A&R-Chef dieser Firma, seinen alten Freund Gary De Carlo unter Vertrag zu nehmen. Paul nahm daraufhin mit Gary vier Titel auf. Nachdem alle vier Stücke nach Ansicht der Firma es wert waren, als A-Seite veröffentlicht zu werden, wurden die beiden gebeten, doch noch schnell eine B-Seite aufzunehmen. Sie willigten ein, und bei der Session kam mit Frashuer ein weiterer Kumpel aus den Chateaus-Tagen hinzu, und die drei einigten sich, eine gemeinsame Komposition aus dem Jahr 1961, »*Kiss Him Goodbye*«, mal schnell aufzunehmen. Da sie keinen Schlagzeuger hatten, nahm Paul von einer der fertigen Aufnahme von Gary die Schlagzeugspur herunter und spielte selbst Keyboard. Nachdem die Nummer nur zwei Minuten lang war, kam Paul auf die Idee, sie auf über vier Minuten auszudehnen, um die Rundfunk-DJs davon abzuhalten, den Titel zu spielen. Da sie keinen Text hatten, machten sie das, was man immer macht, wenn einem nichts einfällt: sie sangen »na na, hey hey«. Nachmittags um sechs Uhr hatten sie mit der Produktion begonnen, eine Stunde nach Mitternacht waren sie fertig und eigentlich der Meinung, daß der Text doch recht schwach sei. Auf der anderen Seite war er ja nur für die andere Seite eines Hits gedacht. Jetzt hörte der A&R-Mann von Mercury das fertige Produkt und fand es so gut, daß es ihm als B-Seite wieder zu schade war. Er beschloß, es nicht unter Garys Namen zu veröffentlichen, sondern unter dem Gruppennamen Steam. Die Platte kam Ende 1969 in die US-Charts, wurde Spitzenreiter und Millionseller. Auch in GB und in Deutschland stand die Platte in den Top 10. Erst danach wurden Musiker als Steam zusammengestellt. Ein zweiter großer Erfolg gelang ihnen jedoch nicht mehr.

Der Hit: *Na Na Hey Hey Kiss Him Goodbye*

Steele, Jon & Sandra

Der einzige Erfolg von Jon und Sandra war 1948 der Millionseller und Platz 2 in der amerikanischen Hitparade »*My Happiness*«. Es wird berichtet, daß bis 1969 fünf Millionen Platten davon verkauft wurden. Die beiden Autoren Betty Peterson und Borney Bergantine haben mit diesem Titel nicht nur in der Steele-Version Erfolg gehabt. Die Pied Pipers, Ella Fitzgerald, die Marlin Sisters und John Laurenz waren alle 1948 damit in der amerikanischen Hitparade. Die Mulcays erreichten 1953 die US-Charts, und Connie Francis stand Ende 1958 unter den britischen und amerikanischen Top 10 mit »*My Happiness*«.

Der Hit: *My Happiness*

Steele, Tommy

* 17.12.1936 als Thomas Hicks. Der Brite gilt als der erste Rock-'n'-Roll-Star in GB. Im September 1956 machte er einen Aufnahmetest bei einer Plattenfirma, zwei Tage später schon seine erste Produktion. Im Dezember 1956 kam seine erste Single in die britischen Charts – »*Singing The Blues*« wurde Spitzenreiter. »*Butterfingers*« und »*Water Water/Handful Of Songs*« 1957, »*Nairobi*« und »*Come On Let's Go*« 1958, »*Little White Bull*« 1959 und »*What A Mouth*« 1960 waren seine weiteren Top-10-Erfolge. Nachdem ihm ab 1961 keine weiteren Hits mehr gelangen, wurde Steele ein bekannter britischer Bühnen- und Filmschauspieler. Mit der Filmerei hatte er bereits 1957 begonnen. In jenem Jahr drehte er den Streifen »*The Tommy Steele Story/Rock Around The World*«. Einen seiner erfolgreichsten Filme drehte er 1967 in den USA »*The Happiest Millionaire*«.

Der Hit: *Singing The Blues*
Der Tip: *The Rock 'n' Roll Years* (See For Miles SEE CD 203 TIS)

Steeleye Span

Ashley »Tyger« Hutchinson, b (* Januar 1945); Terry Woods, v/g/mandolin; Gay Woods, v; Tim Hart, g/v (* 9.1.1948); Maddy Prior, v; Martin Carthy, v/g; Peter Knight, v/fiddle; Bob Johnson, g/v (* 17.3.1944); Rick Kemp, b; Nigel Pegrum, d; John Kirkpatrick, acc.
Diese britische Band gilt als eine der erfolgreichsten Folk-Rock-Gruppen in GB. Im April 1970 wird sie von Hutchinson (früher Fairport Convention) mit Tim Hart, Maddy Prior, Gay und Terry Woods gegründet. Im Sommer erscheint ihre erste LP, die kein Erfolg wird, und das Ehepaar Woods verläßt daraufhin die Formation wieder. Im Frühjahr 1971 erscheint ihr zweites Album, *»Please To See The King«*, das heute als eines der besten Folk-Alben gilt. In der Folgezeit spielen etliche Musiker in der Band, aber vor allem die Stimme von Maddy Prior macht den Sound der Gruppe aus. Die Single *»All Around My Hat«* kommt Ende 1975 in die GB-Charts und erreicht Platz 5. Ansonsten beschränkt sich der kommerzielle Erfolg dieser Formation auf den LP-Sektor. Die Plattenveröffentlichungen von Steeleye Span reichen bis in die 90er Jahre. Auf der 1989 erschienen LP *»Tempted And Tried«* war mit der Nummer *»The Fox«* ein Schnitt zu hören, der es durchaus verdient gehabt hätte, in die Hitparaden zu kommen. Von der alten Besetzung waren noch Prior, Knight und Pegrum mit dabei.

Der Hit: *All Around My Hat*
Der Tip: *The Best Of* (Chrysalis CCD 1467)

Steely Dan

Donald Fagen, key/v (* 10.1.1948); Walter Becker, b/v (* 20.2.1950); Jeffrey »Skunk« Baxter, g (* 13.12.1948); Denny Dias, g (* 20.12.1946); Jim Hodder, d († 5.6.1990 im Alter von 42).
Die beiden Musiker, die Steely Dan ausmachten, trafen sich 1967 am Bard's College in New York. Fagen und Becker studierten dort, und zwei Jahre später machte Fagen seinen Abschluß in englischer Literatur. Fagen und Becker versuchen, sich im Musikgeschäft zu etablieren, und schreiben den Soundtrack für den Richard-Pryor-Film »You Gotta Walk It Like You Talk It«. 1970 lesen sie eine Anzeige in der New Yorker Zeitung Village Voice, in der der Gitarrist Dias Musiker für seine Gruppe Demian sucht. Sie werden genommen, und es kommt zu ersten Demoaufnahmen. 1971 nimmt Barbra Streisand eine Komposition von Becker und Fagen auf. Die beiden verlassen Demian und werden Mitglieder bei Jay & The Americans, die zu diesem Zeitpunkt vorwiegend in New York auftreten und Demos für den Verlag Brill Building singen. Mitte 1972 kommt es zur Gründung von Steely Dan. Der Name ist dem William Burroughs Roman

»The Naked Lunch« entnommen. Im Frühjahr 1973 erscheint die erste LP *»Can't Buy A Thrill«*, und darauf ist *»Do It Again«* zu finden. Die Single war schon Ende 1972 in die US-Charts gekommen und erreichte Platz 6. *»Rikki Don't Lose That Number«* wird Mitte 1974 Platz 4 in den USA, *»Hey Nineteen«* Ende 1980 ihre letzte Top-10-Notierung. In GB erreichen sie nie die Top 10, haben aber mit *»Haitian Divorce«* Ende 1976 einen Top-20-Erfolg. In Deutschland ist diese intelligente Mixtur aus Jazz und Rock für den Single-Markt wohl zu kompliziert gewesen. 1981 trennen sich Becker und Fagen. Von Donald Fagen erscheint 1982 die sehr erfolgreiche und musikalisch ausgezeichnete Langspielplatte *»The Nightfly«*. Erst nach 12 Jahren kommt es wieder zu einer Zusammenarbeit zwischen Fagen und Becker. Auf Fagens CD *»Kamakiriad«*, die Becker produziert, sind sie wieder gemeinsam zu hören.

Der Hit: *Rikki Don't Lose That Number*
Der Tip: *The Best Of* (MCA MCAD-5570)

Stéphanie

* 1.2.1965. Die Prinzessin von Monaco sang im Frühjahr 1986 die Nummer *»Irresistible«*, die es in den deutschen Charts bis auf Platz 2 brachte. Die Nachfolgesingle *»One Love To Give«* wurde ebenfalls ein Top-10-Hit, und danach besann sie sich wohl wieder auf andere Dinge. Mitte 1991 kam sie mit *»Winds Of Chance«* noch einmal ganz knapp in die deutsche Hitparade. Man kann das Ganze als Freizeitbeschäftigung für jemand betrachten, der ansonsten recht wenig zu tun hat. Als ernsthaften Gesang kann man es nur schwer bezeichnen.

Der Hit: *Irresistible*

Steppenwolf

John Kay, v (* 12.4.1944 als Joachim Krauledat); Michael Monarch, g (* 5.6.1946); Goldy McJohn, key (* 2.5.1944); Rushton Moreve, b (* 1948, † 1.7.1981); John Russell Morgan, b; Nick St. Nicholas, b (* 16.5.1943 als Klaus Kassbaum); Mars Bonfire, g (* als Dennis Edmonton); Jerry Edmonton, d (* 24.10.1946); Larry Byrom, g (* 27.12.1948); George Biondo, b (* 3.9.1945); Kent Henry, g; Bobby Cochran, g; Wayne Cook, key.
1958 war John Kay mit seinen Eltern aus der DDR nach Kanada übergesiedelt. 1967 gründete er mit Monarch, Moreve, McJohn und Jerry Edmonton die Formation Sparrow. Nachdem ihre Single *»Tomorrow's Ship«* kein Erfolg wird, geht die Band von Kanada nach Kalifornien, ändert ihren Namen in Steppenwolf und erhält einen Plattenvertrag bei Dunhill Records. Nach einigen ersten Auf-

nahmen wird Moreve gegen Morgan ausgetauscht. Im Januar 1968 erscheint das Debütalbum *»Steppenwolf«*, und Mitte 1968 kommt *»Born To Be Wild«* in die amerikanische Single-Hitparade, erreicht Platz 2 und wird ein Millionseller. In GB kommt die Platte in die Top 30, in Deutschland in die Top 20. Im Song ist von »heavy metal thunder« die Rede. Heavy Metal wird später ein feststehender Begriff in der Pop-Musik. Noch im gleichen Jahr erscheint mit *»Magic Carpet Ride«* ein zweiter Millionseller und Top-10-Erfolg für Steppenwolf. Anfang 1969 ist *»Rock Me«* die letzte Top-10-Notierung. Peter Fonda eröffnet seinen Film *»Easy Rider«* mit den beiden Steppenwolf-Songs *»The Pusher«* und *»Born To Be Wild«*. 1969 verlassen Monarch und Morgan die Gruppe und werden durch Byrom und St. Nicholas ersetzt. St. Nicholas geht 1970 wieder, und für ihn kommt Biondo. Im Mai 1971 verläßt Byrom die Band und wird durch Henry ersetzt. Im Frühjahr 1972 löst Kay die Gruppe offiziell auf. Als Begründung gibt er an, daß sie musikalisch einfach zu sehr in eine bestimmte Richtung gepreßt wurden. Wenig später erscheint Kays erstes Soloalbum, und nachdem er mit seinem Material keinen sonderlichen Erfolg hat, kommt Steppenwolf Anfang 1974 wieder zusammen. Neben Kay sind McJohn, Edmonton, Biondo und Ex-Flying Burrito Brother Bobby Cochran mit von der Partie. Noch im gleichen Jahr verläßt McJohn die Band wieder und wird durch Cook ersetzt. 1976 fällt die Gruppe erneut auseinander. Monarch wird Mitglied in der Heavy-Metal-Band Detective. Wieder versucht sich Kay als Solist, und wieder stellt er 1980 eine Band als John Kay & Steppenwolf zusammen. Mitte 1981 kommt Moreve bei einem Autounfall in Los Angeles ums Leben. Was sich in den 80er Jahren als Steppenwolf durch die Gegend quält, ist großenteils peinlich. Plattenveröffentlichungen gehen bis in die 90er Jahre. Der alte Schwung ist dahin, und was aus der einst wilden Horde wurde, zeigt sich am besten, als 1990 in GB für die Shell-Tankstellen mit dem Song *»Born To Be Wild«* geworben wird.

Der Hit: *Born To Be Wild*
Der Tip: *16 Greatest Hits* (MCA MCAD-37049)

Steve & Eydie

siehe Lawrence, Steve und Eydie Gorme

Stevens, April

* 29.4.1936 als Carol Lo Tempio. Gerade mal 15 Jahre alt, hatte die amerikanische Sängerin Mitte 1951 mit dem Titel *»I'm In Love Again«* ihre erste Hit-Notierung und gleich einen Top-10-Erfolg. Noch im gleichen Jahr gelang ihr mit *»Gimme A*

Little Kiss, Will Ya, Huh?« ein weiterer Top-10-Hit. Nach einer weiteren Top-30-Notierung dauerte es acht Jahre, bis der Titel *»Teach Me Tiger«* zumindest knapp die amerikanische Hitparade erreichte. Zusammen mit ihrem Bruder Nino Tempo hatte April mit einer Neuaufnahme von *»Deep Purple«* – ein Spitzenreiter in den USA für Larry Clinton im Jahre 1939 und erstmals 1934 von Paul Whiteman und seinem Orchester gespielt – im Herbst 1961 Platz 1 in den USA, Top 20 in GB. Der Nachfolger *»Whispering«* kam Ende des gleichen Jahres noch in die amerikanischen und britischen Top 20. Mitte 1974 – jetzt nannte sie sich nur noch April – hatte sie ihre letzte Hit-Notierung mit dem Titel *»Wake Up And Love Me«*.

Der Hit: *I'm In Love Again*

Stevens, Cat

* 21.7.1947 als Stephen Demetri Georgiou. Schon in jungen Jahren beginnt der Sohn eines Griechen und einer Schwedin, der in London aufwächst, sich für Musik zu interessieren. 1966 macht er seine ersten Platten und hat mit *»I Love My Dog«* seine erste Hit-Notierung in GB. *»Matthew And Son«* und *»I'm Gonna Get Me A Gun«* sind im Frühjahr 1967 seine ersten Top-10-Erfolge. Auch als Songschreiber beweist er Qualität. *»First Cut Is The Deepest«* wird mit P. P. Arnold, *»Here Comes My Baby«* mit den Tremeloes ein Erfolg. Er hat, immer noch 1967, zwei weitere Hit-Notierungen und ist danach wie von Erdboden verschwunden. Nur langsam erfahren die Fans, was passiert ist: Cat Stevens hat Tuberkulose, ein Lungenflügel ist paralysiert, und es heißt, daß er wahrscheinlich nicht durchkommen wird. Doch dann ist er 1970 wieder da. *»Lady D'Arbanville«* kommt in die GB-Charts und wird Top 10. Stevens ist besser als je zuvor. *»Wild World«* ist im Frühjahr 1971 sein erster Top-20-Erfolg in den USA. *»Peace Train«* noch im gleichen Jahr seine erste Notierung unter den ersten 10. Anfang 1972 erscheint *»Morning Has Broken«*, Top 10 in den USA und in GB. 1974 steht er zum letzten Mal in den Top 10 mit *»Oh Very Young«* und *»Another Saturday Night«*. Es folgt eine Reihe von sehr schönen LPs, die deutlich zeigen, daß aus dem *»Matthew And Son«* -Sänger ein reifer Mann geworden ist. Ob er nun davon singt, daß Kinder in unserer Zeit und auf dieser Erde kaum noch Platz zum Spielen finden, vom Verhältnis zwischen Vater und Sohn oder von der Notwendigkeit eines allgemeinen Friedens – Cat Stevens ist glaubwürdig. Schließlich macht er die Musik für den inzwischen zum Kultfilm avancierten Streifen »Harold And Maude«, und alles deutet darauf hin, daß dieser Interpret mit seinen gescheiten Liedern noch lange im Geschäft bleibt und viele der üblichen Poplümmelchen überlebt. 1977 erreicht Rod Stewart mit seiner Version von *»First Cut Is The Deepest«* Platz 1 in GB. Die Verkaufserfolge von Stevens jedoch lassen nach. 1979 steigt Cat Stevens aus dem Plattengeschäft

Cat Stevens *(Island)*

aus. Er war inzwischen zum Islam übergetreten. Was diesen Wechsel vom Pop-Sänger zu Yusuf Islam, wie er sich jetzt nennt, bewirkt hat, wurde nie bekannt. Auf einer LP-Hülle aus dem Jahr 1984 – auf der Platte wurden viele seiner großen Hits neu veröffentlicht – steht zu lesen, daß er glücklich, gesund und zufrieden als Ehemann und Vater von drei Töchtern nur noch für die Verbreitung des Friedens und des Islams lebt. 1989 wird bekannt, daß er die Aufforderung, den Autor Salman Rushdie wegen seiner »Satanischen Verse« zu töten, unterstützt.

Der Hit: *Morning Has Broken*
Der Tip: *The Very Best Of* (Island 260 529)

Stevens, Connie

* 8.4.1938 als Concetta Rosalie Ann Ingolia. Die aus New York stammende Connie hatte ihre ersten Erfolge als Crickett Blake in der TV-Serie »Hawaiian Eye«, die in den USA von 1959 bis 1963 lief. Im Frühjahr 1959 unterstützte sie Edward Byrnes, der in der Serie »77 Sunset Strip« den Kookie spielte, auf dessen Platte *»Kookie, Kookie, Lend Me Your Comb«*. Sie war diejenige, die Kookies Kamm gerne mal ausleihen wollte. Der Titel erreichte Platz 4 in der amerikanischen Hitparade. Ein Jahr später hatte Connie ihre erste Soloplatte in den US-Top-10: *»Sixteen Reasons«*. Die Platte schaffte es auch unter die ersten 10 der GB-Charts. Bis 1965 gelangen ihr vier weitere Notierungen, von denen aber keine unter die ersten 50 kam. Nachdem »Hawaiian Eye« zu Ende war, spielte sie für zwei Jahre Wendy Conway in der Serie »Wendy And Me«. Auch in den 70er und 80er Jahren war sie regelmäßig in Serien zu bewundern. Sie war eine Zeitlang mit dem Sänger Eddie Fisher verheiratet. Vorgängerinnen waren Liz Taylor und Debbie Reynolds. Die Sängerin Tricia Lee-Fisher ist die Tochter aus der Verbindung Stevens/Fisher.

Der Hit: *Sixteen Reasons*
Der Tip: *The Best Of* (WB WPCP-3535)

Stevens, Dodie

* 17.2.1946 als Geraldine Ann Pasquale. Dieser amerikanische Kinderstar war gerade acht Jahre alt, als sie in einer TV-Show ein Liedchen sang und danach einen Plattenvertrag erhielt. Erste Plattenaufnahmen sang sie als Geri Pace 1954. Ihr Titel *»Pink Shoe Laces«* stand – jetzt als Dodie Stevens – Anfang 1959 auf Platz 3 in den USA und wurde ihr größter Hit. Vier weitere Chart-Notierungen folgten bis Ende 1960, dann war sie in etlichen Teenager-Filmchen zu sehen und heiratete mit 16. Später sang sie zusammen mit Sergio Mendes, tourte mit Rock-'n'-Roll-Revival-Shows und wurde eine gesuchte Studiosängerin, die auf Platten von z. B. Mac Davis zu hören ist.

Der Hit: *Pink Shoe Laces*

Stevens, Ray

* 24.1.1939 als Ray Ragsdale. Der amerikanische Sänger, Pianist, Schauspieler, Komiker und Songschreiber war ein Spezialist für sogenannte Novelty-Songs. Sein erster Erfolg war der fast unaussprechliche und überlange Titel *»Jeremiah Peabody's Poly Unsaturated Quick Dissolving Fast Acting Pleasant Tasting Green & Purple*

Pills«, der es im Herbst 1961 bis in die Top 40 brachte. *»Ahab, The Arab«* war Mitte 1962 sein erster Top-10-Hit in den USA. *»Gitarzan«* 1969 und die beiden Spitzenreiter *»Everything Is Beautiful«* 1970 und *»The Streak«* 1974 waren Millionseller. In GB hatte Ray mit *»Everything Is Beautiful«* Mitte 1970 seine erste Hit-Notierung und gleich einen Top-10-Erfolg. *»Bridget The Midget (The Queen Of The Blues)«* 1971, der Spitzenreiter *»The Streak«* 1974 und *»Misty«* 1975 waren dort seine weiteren Top-10-Hits. Seine letzte Notierung in den Pop-Charts hatte Ray, dessen Plattenveröffentlichungen bis in die 90er Jahre gehen, 1979 mit *»I Need Your Help, Barry Manilow«*. In den Country-Hitparaden tauchte er in den 80er Jahren immer wieder und auch in den höchsten Positionen auf.

Der Hit: *The Streak*
Der Tip: *Everything Is Beautiful* (Mammoth MMCD 5725)

Stevens, Shakin'

* 4.3.1948 als Michael Barratt. In den 60er Jahren gründet der Brite Bands wie The Denims oder Shakin' Stevens & The Sunsets. 1969 darf er in London den Anheizer für die Rolling Stones spielen. 1970 veröffentlicht er die Langspielplatte *»A Legend«*, die Dave Edmunds produziert. Ein Jahr später kommt das zweite Album von Shakin' Stevens & The Sunsets, *»I'm No J. D.«*, bei einer anderen Plattenfirma heraus. Als Live-Band spielt die Formation in ganz Europa und ist erfolgreich. Ihre Platten jedoch verkaufen sich nicht, und Mitte 1976 trennen sich die Sunsets. 1977 ist Stevens einer der drei Schauspieler neben P. J. Proby und Tim Whitnall, die in dem Musical *»Elvis«* in London das Leben von Presley nachspielen. Im Herbst 1978 erhält er einen Solovertrag, und im Frühjahr 1980 kommt *»Hot Dog«* als seine erste Platte in die GB-Charts. Zwischen 1981 und 1987 hat Shakin' Stevens 14 Titel in den britischen Top 10, darunter die Spitzenreiter *»This Ole House«* und *»Green Door«* 1981, *»Oh Julie«* 1982 und *»Merry Christmas Everyone«* 1985. Auch in der Bundesrepublik hat Shakin' mit seinem aufgewärmten Rockabilly-Sound viele Fans, die wie in GB dafür sorgen, daß Stevens bis in die 90er Jahre immer wieder mal in den Charts auftaucht. Zusammen mit Bonnie Tyler hatte er im Frühjahr 1984 als Shaky & Bonnie einen Top-10-Hit.

Der Hit: *This Ole House*
Der Tip: *The Epic Years* (Epic 472 422 2)

Stevenson, B.W.

* 5.10.1949 als Louis C. Stevenson, † 28.4.1988. Der amerikanische Sänger und Songschreiber hatte mit *»Shambala«* im Frühjahr 1973 seinen ersten und zwei Monate später mit *»My Maria«* seinen größten Chart-Erfolg, Platz 9 in den USA. Mit ihm zusammen spielten auf dieser Platte Studiocracks wie Joe Osborn, Larry Carlton oder Jim Gordon. Weitere Hits gelangen dem Rocksänger mit Folk-Touch nicht mehr. Stevenson starb nach einer Herzoperation.

Der Hit: *My Maria*
Der Tip: *My Maria* (RCA APL 1-0088)

Stewart, Al

* 5.9.1945. Der schottische Sänger verdiente sich erste musikalische Sporen in den 60er Jahren als Gitarrist bei der Formation Sabres. 1965 zog er nach London und spielte in verschiedenen Folk-Clubs, bevor er 1966 einen Plattenvertrag erhielt. Nach einer erfolgreichen Single wechselte er im darauffolgenden Jahr die Plattenfirma und veröffentlichte 1967 sein Debütalbum *»Bedsitter Images«*. 1969 kam mit *»Love Chronicles«* seine zweite LP, die von den britischen Musikkritikern zum Folkalbum des Jahres gewählt wurde. Bis 1975 kamen weitere LPs auf den Markt, die jedoch alle nicht sonderlich beeindruckten. Ab 1975 arbeitete er mit Alan Parsons zusammen, und 1976 erschien *»Year Of The Cat«*. Die Platte erreichte in den USA Platz 8, in GB 31. Der Titel handelte von dem britischen Komiker Tony Hancock. *»Time Passages«* war im Herbst 1978 ein weiterer Top-10-Erfolg für Al in den USA. Nach 1980 gelang Al kein Hitparaden-Erfolg mehr, obwohl er weiterhin sehr schöne Platten herausbrachte.

Der Hit: *Year Of The Cat*
Der Tip: *Chronicles* (EMI CDP 7 96370 2)

Stewart, Amii

* 1956 als Amy Stewart. Die amerikanische Sängerin und Tänzerin war gerade 19 Jahre alt, als sie in Miami in dem Musical *»Bubbling Brown Sugar«* ihre Karriere begann. Wenig später spielte sie in dem gleichen Musical am Broadway, mit dem sie 1977 nach London ging. Dort wurde sie von einem im Publikum sitzenden Songschreiber und Produzenten als Sängerin entdeckt. Ihr großer Erfolg kam, als sie eine Cover-Version von Eddie Floyds *»Knock On Wood«* sang. Die Platte wurde Spitzenreiter und Platin in den USA, dann Platz 6 in GB und 13 in Deutschland. Der Nachfolger *»Light My Fire/One Three Seven Disco Heaven«*

wurde Mitte des gleichen Jahres ein weiterer Top-10-Erfolg für Amii. Im Sommer 1985 wurden *»Knock On Wood/Light My Fire«* noch einmal neu gemixt und erreichten wieder die britischen Top 10. Wenn man Amii glauben darf, ist Disco nicht ihre bevorzugte Musikrichtung. Amii nahm auch Titel zusammen mit Johnny Bristol 1980 und Dion Estus 1986 auf. In beiden Fällen sang sie *»My Guy/My Girl«*.

Der Hit: *Knock On Wood*
Der Tip: *The Hits* (Hansa 207 485-630)

Stewart, Andy

* 1933, † Oktober 1993. Dieser schottische Sänger und Entertainer stand mit der Frage *»Donald Where's Your Troosers«* erstmals in den britischen Charts. Mit Liedern wie *»A Scottish Soldier«*, das aus dem Traditional *»Green Hills Of Tyrol«* entstand, *»The Battle's O'er«* und *»Dr. Finlay«* hatte Andy bis 1965 weitere Chart-Erfolge. Danach war er ganz vergessen, bis sein erster Hit zu Weihnachten 1989 wieder in die GB-Charts kam und dieses Mal Platz 4 erreichte. Der Erfolg dieser Lieder und dieses Interpreten kann sich nur auf die britischen Inseln beschränken. Die Briten würden allerdings dem *»Buuredanz«* der Bläck Fööss ähnlich verständnislos gegenüberstehen.

Der Hit: *Donald Where's Your Troosers*

Stewart, Billy

* 24.3.1937, † 17.1.1970. Der amerikanische Sänger, Komponist und Tastenspieler trug den Spitznamen »Fat Boy«. Er begann seine Karriere als Sänger bei den Rainbows in seiner Heimatstadt Washington. Bei dieser Band waren auch spätere Stars wie Marvin Gaye und Don Covay. Dann spielte Billy in der Begleitband von Bo Diddley Keyboards. Der förderte ihn und vermittelte ihm einen Plattenvertrag bei Chess Records, für die Billy zwischen 1956 und 1967 Platten aufnahm. Seine erste Chartnotierung hatte er Mitte 1962 mit *»Reap What You Sow«*. Rays größter Hit war eine eigenwillige Version von Gershwins *»Summertime«*, die Mitte 1966 die amerikanischen Top 10 erreichte. Zusammen mit Musikern seiner Band kam er 1970 bei einem tragischen Autounfall ums Leben.

Der Hit: *Summertime*
Der Tip: *One More Time* (MCA CHD-6027 TIS)

Stewart, Dave

* 30.12.1950. Der britische Tastenspieler und Songschreiber begann mit der Formation Arzachel 1969. Danach spielte er mit Egg, 1971 kurzzeitig mit Nazareth, ein Jahr später mit Khan und ab 1973 mit Hatfield & The North – alles ohne kommerziellen Erfolg. Anfang der 80er Jahre kam er als Solist. Seinen ersten Erfolg hatte er im Frühjahr 1981 mit einer Neuauflage von »*What Becomes Of The Brokenhearted?*«. Da auch dieser Dave Stewart kein begnadeter Sänger ist, nahm er sich als Sänger für diesen Titel, der es immerhin bis auf Platz 13 in den GB-Charts schaffte, Colin Blunstone. Zusammen mit der Sängerin Barbara Gaskin gelang ihm im Herbst des gleichen Jahres mit einer neuen Version von Leslie Gores 1963er Hit »*It's My Party*« ein Spitzenreiter in GB und ein Top-10-Erfolg in Deutschland. Weitere Platten, die er mit Gaskin zusammen aufnahm, erreichten nicht mehr die ersten 40. Nach 1986 gelang ihnen überhaupt keine Notierung mehr. Nachdem sich der Eurythmics Dave Stewart zwischen Vor- und Nachnamen ein A. gesetzt hatte, um sich von diesem hier zu unterscheiden, nannte der sich David L. Stewart.

Der Hit: *It's My Party*
Der Tip: *The Singles* (Line BRCD 9.00890 0)

Stewart, David A.

* 9.9.1952. Dieser britische Giarrist, Tastenspieler und Songschreiber gründete zusammen mit Annie Lennox 1977 die Tourists und ab 1981 Eurythmics. Beide Formationen waren in den Top 10 erfolgreich. Gegen Ende der 80er Jahre erschienen auch Soloplatten von ihm, und zusammen mit der holländischen Saxophonistin Candy Dulfer gelang ihm im Frühjahr 1990 ein Platz 6 in GB und Top 20 in Deutschland und den USA mit »*Lily Was Here*« aus dem gleichnamigen Film. Das scheint allerdings den Tatendrang von David A. nicht zu befriedigen. 1990 kam er auch noch mit einer Band, die er Dave Stewart & The Spiritual Cowboys nannte. Die Nummer »*Jack Talking*« kam zwar nur in Deutschland unter die ersten 50, hätte aber wesentlich mehr verdient gehabt. Und noch ein weiteres Projekt, das er Vegas nannte, kam Anfang der 90er Jahre auf den Markt. Hier arbeitete er zusammen mit Terry Hall, der mit den Specials, Fun Boy Three und Colourfield gesungen hatte. Nebenher produziert er erfolgreich andere Künstler. Verheiratet ist er mit Siobhan Fahey von Shakespear's Sister.

Der Hit: *Lily Was Here*
Der Tip: *Dave Stewart & The Spiritual Cowboys* (RCA PD 74710)

Stewart, Jermaine

* 7.9.1962. Der aus Chicago stammende Jermaine begann seine Karriere als Tänzer in der amerikanischen TV-Serie »Soul Train«. Nachdem er im Hintergrund auf Plattenaufnahmen von Shalamar, Gladys Knight, Millie Jackson und Culture Club gesungen hatte, kam er ab 1984 als Solist. Seine erste Hit-Notierung gelang Jermaine im Frühjahr 1985 in den USA mit *»The Word Is Out«*. *»We Don't Have To Take Our Clothes Off«* kam Mitte 1986 in die internationalen Hitparaden und erreichte in den USA und GB die Top 10. *»Say It Again«* war Anfang 1988 in GB und den USA ein weiterer Top-10-Erfolg für Jermaine. Ebenfalls 1988 gelangen ihm in Deutschland mit *»Get Lucky«* und *»Don't Talk Dirty To Me«* zwei Notierungen unter den ersten 10.

Der Hit: *We Don't Have To Take Our Clothes Off*
Der Tip: *Frantic Romantic* (Virgin 10 Records 207 582-620)

Stewart, John

* 5.9.1939. Der amerikanische Sänger und Gitarrist begann bei den Cumberland Three und ging 1961 als Ersatz für Dave Guard zum Kingston-Trio. Er blieb bis 1967 und machte danach Soloplatten, erst mit Natur-, dann mit elektrischer Gitarre und schließlich mit Rockbegleitung. 1969 hatte er seine erste Hit-Notierung in den USA mit *»Armstrong«*. Erst nach 10 Jahren gelang ihm der nächste Erfolg. *»Gold«* brachte es Mitte 1979 auf Platz 5 in den USA. Hilfreich zur Seite standen bei dieser Plattenproduktion Lindsey Buckingham und Stevie Nicks von Fleetwood Mac. *»Midnight Wind«* und *»Lost Her In The Sun«* waren noch im gleichen Jahr weitere Top-40-Erfolge. Danach war seine Hitzeit vorüber. Als Songschreiber hatte John seinen größten Erfolg mit der Nummer *»Daydream Believer«*, die 1967/68 mit den Monkees ein weltweiter Hit und Millionseller war.

Der Hit: *Gold*
Der Tip: *Bombs Away Dream Babies* (RSO 2394 228)

Stewart, Rod

* 10.1.1945 als Roderick David Stewart in London, obwohl er immer so tut, als sei er ein Schotte. Zumindest ist er schottischer Abstammung. In die Schule ging er zusammen mit den Brüdern Ray und Dave Davies und Pete Quaife, die ab 1964 als Kinks berühmt werden sollten. 1961 unterschrieb Rod einen Vertrag als Profispieler beim Fußball-Club in Brentford. Nach drei Wochen verließ er den Club, weil er bis zu diesem Zeitpunkt lediglich die Schuhe der anderen putzen durfte.

Rod Stewart

1968 gab die Jeff Beck Group in New York im Fillmore East ihr Amerika-Debüt. Der Leadsänger der Band war so schüchtern und nervös, daß er sich während der ersten Titel hinter großen Lautsprechern verbarg. Dieser Leadsänger war Rod

Stewart. Vor der Jeff Beck Group hatte Rod schon mit Bands wie Five Dimensions, Jimmy Powell, den Hoochie Coochie Men und Steampacket gesungen. Nach Jeff Beck kamen die Faces und ab November 1969 eine Solokarriere, die bis heute anhält. Sein Bühnenverhalten hat sich inzwischen grundlegend verändert. Von Rod ist bekannt, daß er gerne Fußballer geworden wäre. So wie er auf der Bühne hin- und herhetzt, wäre er auf jeden Fall ein großartiger Mittelstürmer geworden. Die Presse zu seinen Auftritten: »Er ist ein Magier, ein Irrwisch, ein Zappelphilipp mit einer aufgerauhten Stimme, die besonders auf Frauenherzen ihre Wirkung selten verfehlt.« – »Wenn Gilbert Bécaud schon Monsieur 100 000 Volt heißt, ist Rod Stewart Mister Megawatt.« – »Wer sein Alter auf dem Buckel hat und noch immer einen derart knackigen Arsch in der Lederhose – einem solchen Lausbuben verzeiht man vieles.« – »Rod Stewart beherrschte das Geschehen mit seiner Stimme, die sich anhört, als würde er jeden Morgen einen Eimer Sand durch die Kehle rinnen lassen.«

Mitte 1971 erschien die LP *»Every Picture Tells A Story«*. Darauf der weltweite Hit *»Maggie May«*. Dabei war dieser Titel eigentlich nur als B-Seite vorgesehen. Die A-Seite hieß *»Reason To Believe«*. Noch bevor seine Karriere richtig losging, hatte man ihn 1970 gebeten, für eine Aufnahme von Python Lee Jackson ein Demo zu singen, damit der wüßte, wie *»In A Broken Dream«* angelegt werden sollte. Als Honorar erhielt Rod Stewart gerade mal so viel Geld, daß er sich einen Schonbezug für seinen Autositz kaufen konnte. Nach dem großen Erfolg von *»Maggie May«* erschien *»In A Broken Dream«* mit der Interpretenangabe Phython Lee Jackson. Tatsächlich aber hatte man Python Lee Jackson den Titel nie neu singen lassen, sondern das Demo von Rod Stewart veröffentlicht. Es wurde ein Hit, aber von Rod Stewart als Sänger war keine Rede. Erst 1992, als diese Nummer auf der CD *»The Best Of Rod Stewart«* erschien, wurde erstmals dokumentiert, daß der Sänger dieser Aufnahme Rod Stewart war. So wie 1970 könnte man Rod Stewart heute nicht mehr über den Tisch ziehen. Was oben in den Zitaten schon anklingt, ist die unglaubliche Spielfreude, mit der Rod Stewart inzwischen auf die Bühne geht. Rod Stewart steht zwar bei den Konzerten im Vordergrund, weiß aber, daß die Musiker, die im Hintergrund mitspielen, stimmen müssen. Sonst kann's auch danebengehen. Deshalb versucht er, sich auf seinen Platten und bei seinen Konzerten mit den besten der besten Musiker zu umgeben, weshalb bei seinen Konzerten dann auch nichts danebengeht. Auf der anderen Seite hat es Rod Stewart natürlich auch leicht. Er kann mehrere Stunden hintereinander Titel an Titel reihen, und es ist immer ein Knüller. Alleine in der amerikanischen Hitparade gelangen ihm ab 1971 über 45 Hit-Notierungen. Zu seinen größten Erfolgen gehörten neben dem Millionseller *»Maggie May«* *»Tonight's The Night (Gonna Be Alright)«* 1976, *»You're In My Heart (The Final Acclaim)«* 1977, *»Da Ya Think I'm Sexy«* 1978, *»Passion«* 1980, *»Young Turks«* 1981, *»Infatuation«* und *»Some Guys Have All The Luck«* 1984, *»Love Touch«* 1986, *»My Heart Can't Tell You No«* 1988,

»Downtown Train« 1989, *»This Old Heart Of Mine«* 1990, *»Rhythm Of My Heart«* 1991 und *»Have I Told You Lately«* 1993. Alle genannten Platten standen unter den ersten 10 der US-Charts. Die erfolgreichste war *»Da Ya Think I'm Sexy«*, die vier Wochen den Spitzenplatz belegte und für die es Platin setzte. Das bedeutet, daß über zwei Millionen Singles davon alleine in den USA verkauft wurden. Obwohl Rod Stewart in der Vergangenheit zeigte, daß er sehr wohl in der Lage ist, sich eigenes Material zu schreiben, sind auch seine Interpretationen von Songs anderer Künstler gottvoll. Was er zum Beispiel aus den Tom-Waits-Nummern *»Tom Traubert's Blues (Waltzing Matilda)«* und *»Dowtown Train«* gemacht hat, ist mit den Vorlagen nicht zu vergleichen. Die musikalischen Vorbilder von Rod Stewart sind die großen Helden des amerikanischen Rhythm & Blues. So hat Rod einmal zugegeben, daß er in der Phrasierung immer versucht hat, sich an Jackie Wilson zu orientieren. Aber auch der Motown-Sound und die Soul-Musik der 60er Jahre – und da speziell Marvin Gaye – haben ihn stark beeinflußt. Wer es nicht glauben will, soll sich mal *»The Motown Song«* anhören, der Mitte 1991 erschien und den er zusammen mit den Temptations aufgenommen hat. Wer die Platte unvermittelt hört, könnte glauben, hier einen schwarzen Künstler vor sich zu haben. Auf der anderen Seite ist seine Stimme so prägnant, daß er *»Hänschen klein«* auf russisch singen könnte, und man würde sie heraushören. Erstaunlich auch die Gefühlsbandbreite von Rod. In einem Moment singt er *»Sweet Soul Music«* und im nächsten Moment *»Downtown Train«*. Hier der Gefühlsausbruch, dort die sentimentale Stimme der Mädels, die mit den Vorortzügen in die Stadt fahren, um einmal etwas zu erleben. Bemerkenswert auch sein Duett mit Tina Turner. Ende 1990 erschien ihre gemeinsame Platte *»It Takes Two«*. Marvin Gaye hatte das Lied 1967 zusammen mit Kim Weston gesungen. Rod und Tina ließen die Originalversion verblassen. Das war nicht die erste Zusammenarbeit zwischen den beiden. Schon 1982 hatten sie auf *»Absolutely Love«* *»Stay With Me«* zusammen gesungen.

Wer so vehement von sich behauptet, daß er sexy ist, dem möchte man schon nachsagen, er hat es nötig. Im März 1975 lernte er die schwedische Schauspielerin Britt Eklund kennen, mit der er eine langjährige Liaison hatte. Im April 1979 heiratete er Alana Hamilton, die Ex-Frau des amerikanischen Schauspielers George Hamilton. 1984 trennten sie sich wieder. Seine nächste große Liebe war Kelly Emberg, die mit Rod zwischen 1985 und 1990 lebte. 1990 heiratete er das Model Rachel Hunter.

Rod Stewart dürfte mehr erreicht haben als er wollte, denn: »Alles was ich aus diesem Musikgeschäft rausziehen wollte, war ein Austin Healey Sprite für 300 Pfund. Mehr habe ich nie erwartet.«

Der Hit: *Da Ya Think I'm Sexy*
Der Tip: *Storyteller* (WB 925 987-2)

Stigers, Curtis

* 18.10.1965. Die Karriere des amerikanischen Sängers, Saxophonisten und Songschreibers begann im Frühjahr 1990 in New York, wo er zusammen mit einem Schlagzeuger und einem Bassisten in einem Club auftrat und eine Mischung aus Rock, Blues, Jazz und Pop spielte. Im Herbst 1991 kam Stigers dann mit seiner ersten LP auf den Markt, die schlicht *»Curtis Stigers«* hieß. Anfang 1992 wurde die Single *»I Wonder Why«* ausgekoppelt und erreichte sowohl in Deutschland als auch in GB die Top 10. Kurz darauf erschien *»You're All That Matters To Me«*, schaffte aber nur noch in GB einen Platz 6. Noch 1992 kamen mit *»Sleeping With The Lights On«* und *»Never Saw A Miracle«* zwei weitere Titel der Debüt-LP als Singles, die es jedoch beide nicht mehr in die Top 30 schafften.

Der Hit: *I Wonder Why*
Der Tip: *Curtis Stigers* (Arista 18660-2)

Sting

* 2.10.1951 als Gordon Sumner. Seinen Spitznamen Sting verdankt der britische Bassist, Sänger, Songschreiber und Tastenspieler seiner Vorliebe für schwarzgelb gestreifte Pullover: Sting = Stachel = Biene = schwarz-gelb. Diesen Namen fängt er sich bereits zwischen 1971 und 1973 ein, während er als semiprofessioneller Musiker während seines Studiums bzw. ab 1972 neben seiner Tätigkeit als Grundschullehrer bei diversen britischen Jazzrockbands spielt. 1974 wird er Mitglied bei Last Exit, die 1975 die erfolglose Platte *»Whispering Voices«* herausbringen. Sting spielte hier Baß und war der Leadsänger. 1977 kommt es zur Gründung von Police, die zwischen 1979 und 1984 ihre Hit-Zeit haben. Nachdem Sting bereits in einigen Werbespots zu sehen war, übernimmt er 1979 die Rolle des Ace in dem Film *»Quadrophenia«* und die von Eddie Cochran in der amerikanischen Produktion »Radio On«. Schon während seiner Arbeit mit Police macht Sting Soloplatten, die ebenfalls sehr erfolgreich sind. Seinen ersten Chart-Erfolg hat er im Herbst 1982 mit *»Spread A Little Happiness«*, ein Top-20-Hit in GB. Dort erreichte er nie die ersten 10 der Hitparaden. Das schaffte er in den USA mit *»If You Love Somebody Set Them Free«* und *»Fortress Around Your Heart«* 1985, *»We'll Be Together«* 1987 und *»All This Time«* 1991. In Deutschland brachte er Anfang 1986 die Nummer *»Russians«* unter die ersten 10. Wie auch bei der Gruppe Police stehen bei Sting die LPs im Vordergrund. Hier werden nicht Platten produziert, um sie als potentielle Singlehits auf den Markt zu werfen. Mit *»The Dream Of The Blue Turtles«* 1985 *». . . Nothing Like The Sun«* 1987 und *»The Soul Cages«* 1991 kam er in den USA immer unter die ersten 10 in der LP-Hitparade und alle drei wurden mit Platin belohnt. Die beiden letztgenannten

Platten wurden in den britischen LP-Charts Spitzenreiter. Nebenher hat Sting auch seine Filmkarriere weiter betrieben. 1981 singt er in »The Secret Policeman's Other Ball« eine akustische Version von *»Roxanne«*. 1982 spielt er in dem TV-Film *»Brimstone And Treacle«*, aus dessen Soundtrack sein erster Solo-Hit stammt. Außerdem übernimmt er z. B. Rollen in *»Artemis«* 1981, *»The Great Rock 'n' Roll-Swindle«* 1982, *»Dune – der Wüstenplanet«* 1984, in *»Bring On The Night«*, als Frankenstein in *»The Bride«* und neben Meryl Streep in *»Plenty«* 1985, 1987 mit Kathleen Turner in *»Julia & Julia«*, 1988 in *»Stormy Monday«* mit Melanie Griffith, 1989 *»Die Abenteuer des Baron Münchhausen«*. 1989 wirkt er in einer amerikanischen Bühnenproduktion der *»Threepenny Opera«* mit. Zu seinen erfolgreichsten gesanglichen Vorträgen gehört auch sein Mitwirken auf dem Dire-Straits-Hit *»Money For Nothing«*. Als habe er nicht genug zu tun, veranstaltet er auch noch Konzerte zugunsten von Amnesty International und kümmert sich intensiv um die Rettung der brasilianischen Regenwälder.

Der Hit: *If You Love Somebody Set Them Free*
Der Tip: ... *Nothing Like The Sun* (A&M 393912-2)

Stock Aitken Waterman

Mike Stock (* 3.12.1951), Matt Aitken (* 25.8.1956), Pete Waterman (* 15.1.1947).

Als S/A/W galten sie als das erfolgreichste britische Songschreiber- und Produzententeam der 80er Jahre. Waterman war vorher Disk-Jockey und Promoter, bevor er Adrian Bakers Nummer *»Sherry«* mixte und ihr so zu einem Hit verhalf. Susan Cadogans Hit *»Hurt So Good«*, der es im Frühjahr 1975 zu einem Platz 4 in GB brachte, hat Waterman mitgeschrieben und produziert. Stock und Aitken waren beide Mitglieder in der wenig erfolgreichen Band Agents Aren't Aeroplanes. Die drei taten sich zusammen und hatten 1984 mit der Nummer *»You Spin Me Round (Like A Record)«* und der Formation Dead Or Alive einen ersten Spitzenreiter in GB. Nachdem sie Hazel Dean, Sinitta, Rick Astley, Kylie Minogue, Jason Donovan, Matt Bianco, Mel & Kim, Sam Fox, Princess, Mandy, Depeche Mode, Bananarama und viele andere erfolgreich produziert hatten, wollten sie beweisen, daß sie sogar aus sich selbst Plattenstars machen können. Mitte 1987 brachten sie *»Roadblock«* als erste Hit-Notierung in die britischen Charts. Im Herbst des gleichen Jahres kam *»Mr. Sleaze«* in GB bis auf Platz 3. Es gelangen bis Ende 1988 noch zwei weitere Hit-Notierungen. Dann konzentrierten sie sich wieder auf ihre Produktionsarbeit und ihre inzwischen gegründeten Plattenfirmen und hatten ein weiteres Mal bewiesen, daß man nicht gut singen können muß, um hoch in den Hitparaden zu landen. Nachdem zunächst Astley die Hit-Schmiede verlassen hatte, um eine andere musikalische Richtung einzuschlagen, ging 1991 auch Jason Donovan. Dann trennte sich Hauptsongschreiber Aitken vom Team, während Waterman drei neue Labels gründete.

Der Hit: *Mr. Sleaze*

Stoloff, Morris

* 1.8.1898, † 16.4.1980. Der amerikanische Orchesterleiter spielte bereits als Kind Violine im Los Angeles Philharmonic Orchestra. 1928 entdeckte der Film den Ton und damit auch die Musik – Stoloff wurde Konzertmeister für die Filmfirma Paramount und 1936 Musikdirektor bei Columbia Pictures, deren gesamte musikalische Leitung er 1940 übernahm. Für die Orchestrierung von *»Cover Girl«* 1940, *»The Jolson Story«* 1946 und *»Song Without End«* 1960 erhielt er jeweils einen Oscar. In den Pop-Charts tauchte Morris nur einmal auf: *»Moonglow And The Theme From Picnic«* kam im Frühjahr 1956 in die US-Hitparade und wurde Platz 1. In GB erreichte die Nummer Platz 7.

Der Hit: *Moonglow And The Theme From Picnic*

Stone, R. & J.

Der weiße Brite Russel Stone und die schwarze Amerikanerin Joanne Stone, geborene Williams, lernten sich im Chor von James Last kennen, der gerade durch GB tourte. Joanne war lediglich auf Urlaub in England und kam nur durch Zufall in diesen Chor. In den USA hatte sie in ihren Jugendtagen in diversen Gospelgruppen mitgesungen. Russel und Joanne heirateten und ließen sich in GB nieder. Russel hatte schon vorher viele Versuche gestartet, selbstgeschriebene Songs bei Verlagen und Plattenfirmen unterzubringen. Joanne brachte einen Schuß Soul in die Sache – und schon lief es besser. Die softig-romantische Eigenkomposition *»We Do It«* kam Anfang 1976 in die GB-Charts und erreichte Platz 5. Mehr gelang dem Ehepaar nicht.

Der Hit: *We Do It*

Stone Roses

Ian Brown, v (* 20.2.1963 als Ian George Brown); John Squire, g (* 24.11.1962); Andy Couzens, g; Pete Garner, b; Gary »Mani« Mounfield, b (* 16.11.1962); Reni, d (* 10.4.1964 als Alan John Wren).

Nachdem sie verschiedene erfolglose Bands in Manchester durchlaufen hatten, kamen die Stone Roses 1984 in der Besetzung Brown, Squire, Couzens, Garner und Reni zusammen. Nach drei Jahren gingen Couzens und Garner, als Bassist kam Mounfield. Die erste Single des Quartetts, *»Elephant Stone«*, die unter der Regie des New-Order-Produzenten Peter Hook entstand, konnte sich im Herbst 1988 drei Monate in den englischen Independent Charts halten. Die Gruppe wurde schnell zum Liebling der alternativen Musikpresse und der Nachtprogramme britischer Radiostationen. Ihre erste LP wurde folgendermaßen kommentiert: »Krachige, schrammende Gitarren, die seit Jesus & Mary Chain auch bei uns viele Liebhaber finden, und Harmoniegesänge zwischen Mamas & Papas und den Beatles.« Mitte 1989 steht mit *»She Bangs The Drums«* ihre erste Single in den britischen Charts. Der Nachfolger *»What The World Is Waiting For/Fool's Gold«* wird Ende des gleichen Jahres ihr erster Top-10-Erfolg. Im Frühjahr 1990 wird *»Elephant Stone«* erneut veröffentlicht und kommt dieses Mal in die Top 10. *»One Love«* kommt wenige Monate später in die GB-Charts und erreicht Platz 4. Noch im Jahre 1990 werden alle Singles der Stone Roses durch ihre kleine Plattenfirma Silvertone noch einmal veröffentlicht. Der Gruppe gefällt das nicht. Inzwischen bemühen sich die großen Companies um die Stone Roses, was Silvertone mit langwierigen Auseinandersetzungen vor Gericht zu verhindern sucht. Schließlich gewinnen die vier Musiker den Prozeß und schließen mit Geffen einen Vertrag. Bis Ende 1992 werden jedoch nur Platten von Silvertone notiert, allerdings nicht mehr unter den Top 10.

Der Hit: *One Love*
Der Tip: *The Stone Roses* (Silvertone ZD 74139)

Stories

Ian Lloyd, v/b (* 1947 als Ian Buonconciglio); Michael Brown, key (* 25.4.1949 als Michael Lookofsky); Steve Love, g (* 1951); Bryan Madey, d (* 1951); Ken Aaronson, b; Ken Bichel, key (* 1945).
1966 war Michael Brown Kopf der Formation Left Banke, die es mit *»Walk Away Renee«* zu einem Top-10-Hit brachte. Danach arbeitete er in einem kurzlebigen Projekt namens Montage, und 1971 gründete er Stories. Der erste Erfolg war Mitte 1972 *»I'm Coming Home«*. Als der Hot Chocolate Titel *»Brother Louie«* in den USA nicht veröffentlicht wurde, machten die Stories schnell eine Cover-Version, kamen damit Mitte 1973 in die US-Charts und hatten einen Spitzenreiter und Millionseller. Bis zum Frühjahr 1974 gelangen der Band noch zwei weitere Hit-Notierungen, die aber über einen Platz 50 nicht hinauskamen. Noch 1973 hatte Brown die Band verlassen und war durch Aaronson und Bichel ersetzt worden. Ab 1974 firmierten sie als Ian Lloyd & Stories, aber schon ab 1975 erschienen nur noch Soloplatten von Lloyd. Bei einer Aufnahmesession im Jahre 1976 wurde aus einigen der Musiker, die Ian Lloyd begleiteten, die Formation Foreigner gegründet. Auf LPs von Foreigner ist Lloyd dann auch zu hören.

Der Hit: *Brother Louie*
Der Tip: *Walk Away From The Left Banke Plus* (See For Miles SEE CD 238)

Storm, Gale

* 5.4.1922 als Josephine Owaissa Cottle. Die amerikanische Sängerin und Schauspielerin kam Ende der 30er Jahre nach Hollywood und wurde ab 1940 bis 1952 Hauptdarstellerin in vielen Filmen. Ab 1952 spielte sie die Margie Albright in »My Little Margie« bis 1955. 1956 war sie Moderatorin der NBC Comedy Hour, und im gleichen Jahr begann sie mit der Ausstrahlung der »Gale Storm Show« bis zum Jahre 1960. In den USA gehörte sie in den 50er Jahren zu den populärsten Fernsehkomikern. Von 1955 bis 1957 brachte sie es auf 12 Hit-Notierungen in den USA. *»I Hear You Knocking«* war im Herbst 1955 ihre erste Hit-Notierung und ihr erster Top-10-Erfolg. *»Memories Are Made Of This/Teen Age Prayer«* noch 1955, *»Why Do Fools Fall In Love«* und *»Ivory Tower«* 1956 und *»Dark Moon«* 1957 wurden ihre weiteren Top-10-Hits. Bei den meisten dieser Titel handelte es sich um weiße Nachzieher schwarzer Rhythm-&-Blues-Platten, die in der Regel wesentlich schlechter waren als die Originale. In den 60er und 70er Jahren trat sie nur noch selten im Fernsehen auf, und als sie 1979 zum erstenmal in der Serie »The Love Boat« auftauchte, hatten sie viele Zuschauer fast 20 Jahre nicht mehr gesehen. Danach war sie auch wieder in Talk-Shows zu sehen, in denen sie dann den Grund für ihre lange Abwesenheit erklärte: schwere Alkoholprobleme, die sie erst nach langem Kampf und einer harten Entziehungskur in den Griff bekommen hatte. Sie erzählte die ganze Geschichte in ihrer 1981 erschienenen Autobiographie »I Ain't Down Yet«.

Der Hit: *I Hear You Knocking*
Der Tip: *Hits* (Ace Records CH 102 TIS)

Storz, Erich

* 11.12.1927. 1957 hatte Storz mit *»Köhlerliesel«* und *»Kleine Bimmelbahn«* zwei Top-10-Erfolge. Der *»Wasserträger-Song«* war 1960 sein letzter Hit unter den ersten 30. Storz machte sich auch einen Namen als Texter, Komponist und Musikverleger. So stammt z. B. der Titel *»Der alte Lumpensammler«*, der 1959 mit dem Eichner-Duo – gleich Erich Storz und Wilfried Witte vom Welfen-Trio, später Medium-Terzett – und dem Lindner-Duo in der deutschen Hitparade stand, aus seiner Feder. Storz absolvierte bis 1987 mit seinem Storz-Trio öffentliche Auftritte.

Der Hit: *Die kleine Bimmelbahn*

Straker, Nick

* 1957. Der Brite hatte mit der Nummer »*A Walk In The Park*« Mitte 1979 einen Platz 3 in der deutschen Hitparade. In GB hatte es die Platte auf Platz 20 gebracht. Es folgten etliche weitere Veröffentlichungen von Straker, die aber keine Hits wurden, darunter 1987 eine neue Version von »*A Walk In The Park*«, dieses Mal produziert von Stock/Aitken/Waterman.

Der Hit: *A Walk In The Park*
Der Tip: *The Future's Above My Head* (Decca 6.24165)

Stranglers

Hugh Cornwell, v/g (* 28.8.1956); Jean-Jacques Burnel, b/v (* 21.2.1953); Dave Greenfield, key/v (* 14.4.1953); Jethro »Jet« Black, d/per (* 26.8.1938 als Brian Duffy); Paul Roberts, v; John Ellis, g.
Diese britische Punk-Band wurde 1974 als Guildford Stranglers gegründet. Zuerst hatten sie mehr den Doors-Stil gepflegt. Dann spülte sie die Punk-Welle nach oben. Ihren ersten größeren Auftritt hatten die Stranglers, wie sie sich inzwischen nannten, im Londoner Roundhouse als Vorprogramm von Patti Smith. Im Frühjahr 1977 erschien ihre Debüt-Single »*(Get A) Grip (On Yourself)*« und erreichte auf Anhieb die britische Hitparade. Kurz darauf kam »*Peaches/Go Buddy Go*« in die Top 10. »*Something Better Change/Straighten Out*« und »*No More Heroes*« – immer noch 1977 –, »*Golden Brown*« und »*Strange Little Girl*« 1982, »*European Female*« 1983 und »*All Day And All Of The Night*« 1988 waren ihre weiteren Top-10-Erfolge.
Bis zum Anfang der 90er Jahre hat sich die Besetzung nicht verändert, obwohl Burnel und Cornwell zwischendurch auch Soloprojekte veröffentlichten. 1990 verläßt Cornwell die Band und wird durch Roberts und Ellis ersetzt.

Der Hit: *Golden Brown*
Der Tip: *Singles – The U. A. Years* (Liberty CDP 7 91796 2)

Straßenmusikanten

Mit der Nummer »*Denke heute nicht an morgen*« versuchte diese Gruppe, den Deutschen Mitte 1957 ein wenig die Sorgen zu vertreiben. Sie erreichten damit Platz 10. Erfolgreicher als sie waren mit dem gleichen Titel einen Monat vorher die Straßensänger. Bei den Straßenmusikanten handelte es sich wieder einmal um eine der Pseudonymgruppen von Gerhard Mendelsohn. Den Stamm bildeten immer wieder Chormitglieder der Wiener Oper, umgeben von Rudi Kreuzberger, Lolita und anderen.

Der Hit: *Denke heute nicht an morgen*

Straßensänger

Im Mai 1957 hatte diese Formation mit »*Alles ist vergänglich*« ihre erste Notierung in der deutschen Hitparade, die es bis auf Platz 10 brachte. Im Juni des gleichen Jahres kam der Titel »*Denke heute nicht an morgen*« bis auf Platz 7 in Deutschland. Wie damals durchaus üblich, wurden Hits nicht nur von einer, sondern von mehreren Plattenfirmen veröffentlicht. Die Straßensänger waren beim EMI-Label Odeon unter Vertrag. Marktführer Polydor machte sofort einen Nachzieher von »*Denke heute nicht an morgen*« mit den Straßenmusikanten. Geschrieben hatten den Titel Joachim Relin und Peter Schöll. Die Straßensänger bestanden aus Lucie Schulz, Barbara Kist, Werner Preuß und anderen Sängern. Alle waren auch bei ähnlich gelagerten Formationen Ende der 50er/Anfang der 60er Jahre zu hören.

Der Hit: *Denke heute nicht an morgen*

Strawberry Alarm Clock

Ed King, g; Mark Weitz, key; Lee Freeman, g; Gary Lovetro, b; George Bunnel, b; Randy Seol, d.

Diese West-Coast-Psychedelic-Rockband hatte im Herbst 1967 mit dem Millionseller »*Incense And Peppermints*« eine Nummer 1 in den USA. Gesungen wurde das Stück jedoch nicht von einem Mitglied der Band, sondern von dem 16jährigen Greg Munford, der Kopf der aus Los Angeles stammenden Formation Shapes war. Der Titel war Anfang 1967 auf den Markt gekommen, als sich die Band noch The Sixpence nannte. Nach der Veröffentlichung suchte die Gruppe in Musikzeitschriften nach Besprechungen ihres Stückes. Als sie feststellen mußten, daß in der gleichen Woche wie sie auch eine Band namens Syxpence und eine weitere Gruppe, die einfach Sixpence hieß, Platten herausgebracht hatten, beschlossen sie, sich in Strawberry Alarm Clock umzubenennen. Sie veröffentlichten weitere Titel, von denen vier in der Hitparade verzeichnet werden, keine jedoch oberhalb von 20. Nachdem die Band auseinanderfiel, wurde King von 1973 bis 1975 Mitglied bei Lynyrd Skynyrd. Er ist Mitautor des größten Hits dieser Formation: »*Sweet Home Alabama*«. Nachdem sein Nachfolger bei Lynyrd Skynyrd durch ein Flugzeugunglück ums Leben kam, ist King zu dieser Band zurückgekehrt.

Der Hit: *Incense And Peppermints*

Strawberry Switchblade

Jill Bryson, v/g; Rose McDowall, v/g.
Dieses britische Mädchenduo wurde Mitte 1981 gegründet. Inspiriert wurden sie von den sanfteren Velvet Underground Songs, wie *»Sunday Morning«*, sowie gesanglich von den Mamas & Papas. Ihre zweite Single-Veröffentlichung war im Herbst 1984 die selbstgeschriebene Nummer *»Since Yesterday«*, die es in GB bis auf Platz 5 brachte. In den nächsten Monaten folgten noch zwei weitere Hit-Notierungen, darunter ein Nachzieher des Dolly Parton Klassikers *»Jolene«*. Keine kam jedoch über einen Platz 50 hinaus. Der Versuch, Sixties-Pop in moderner Produktionsverpackung abzuliefern, gelang nur einmal.

Der Hit: *Since Yesterday*
Der Tip: *Strawberry Switchblade* (Kode 11 240 525-1)

Strawbs

Dave Cousins, g/p/bj (* 7.1.1945); Tony Hooper, g; Ron Chesterman, b; John Ford, b/g (* 1.7.1948); Richard Hudson, d/g/sitar (* 9.5.1948 als Richard William Stafford Hudson); Rick Wakeman, key (* 18.5.1949); Blue Weaver, g/p (* 11.3.1947); Dave Lambert, g (* 8.3.1949); John Hawken, p; Chas Cronk, b; Rod Coombes, d (* 16.5.1946).
Dave Cousins gründete 1967 mit Tony Hooper und Arthur Phillips die Strawberry Hill Boys. Als Strawbs machten sie 1968 ihre erste LP. Über die Anfänge erzählte Cousins: »Damals waren wir ein englisches Folk-Trio. Wir spielten zwei akustische Gitarren und einen akustischen Baß. Als wir diese erste Platte aufnahmen, arbeiteten wir mit Gus Dudgeon. Der fragte uns, ob wir nicht noch andere Musiker an den Aufnahmen beteiligen wollten, weil sich Folk-Musik in England nicht verkauft. Wir ließen uns überzeugen und fanden in John Paul Jones, der später bei Led Zeppelin spielte, und in Nicki Hopkins, später Musiker mit den Rolling Stones und John Lennon, zwei weitere Studiomusiker. Wir fünf spielten diese LP ein: ich, Hooper, Chesterman, Jones und Hopkins. Nachdem die Platte erschienen war, wurden wir stark kritisiert. Wir hatten uns auf dem Folk-Sektor einen Namen gemacht und kamen jetzt mit einer Pop-Platte. Für die zweite LP nahmen wir Clare Deniz am Cello hinzu. Auf einigen Stücken spielte auch erstmal Rick Wakeman mit uns.« Die ersten LPs und Singles der Strawbs waren kommerziell keine Erfolge. Erst ihre vierte Langspielplatte, die Ende 1970 erschien und *»Just A Collection Of Antiques And Curios«* hieß, verkaufte sich gut. Auf diesem Album waren auch erstmals John Ford und Richard Hudson zu hören, und Wakeman war als festes Mitglied integriert. Es handelte sich um eine Live-Platte, die in der Queen Elizabeth Hall in London aufgenommen worden war.

Hudson und Ford waren es, die der Gruppe mehr Kommerzialität brachten. Ihre Anlehnung an mehr Folk-Rock brachte Schwung in die Gruppe. *»Lay Down«* war Ende 1972 die erste Hit-Notierung, ein Platz 12 in GB. 1971 ging Wakeman zu Yes und wurde durch Blue Weaver von Amen Corner ersetzt. 1972 verließ Hooper die Strawbs. Für ihn kam Lambert. Die Hudson/Ford-Komposition *»Part Of The Union«* brachte der Band im Frühjahr 1973 Platz 2 in GB. Danach kam es zu Schwierigkeiten innerhalb der Gruppe. Hudson und Ford machten sich als Duo selbständig und waren erfolgreich. Cousins hatte inzwischen eine Solo-LP veröffentlicht, auf der neben Rick Wakeman Musiker wie Miller Anderson, Roger Glover oder Jon Hiseman spielten. Im April 1974 erschien die LP *»Hero And Heroine«*. Neben Cousins waren jetzt Lambert, Hawken, Cronk und Coombes mit dabei. Kommerziellen Erfolg hatten die Strawbs nicht mehr. Es erschienen bis zum Ende der 80er Jahre weitere Platten der Band, in der lediglich Cousins die Konstante war.

Der Hit: *Part Of The Union*
Der Tip: *The Best Of* (A&M AMLM 66005)

Stray Cats

Brian Setzer, v/g (* 10.4.1959); Lee Rocker, b (* 1961 als Leon Drucher); Slim Jim Phantom, d (* 20.3.1961 als Jim McDonell).
Die Stray Cats formierten sich 1979 in New York, gingen dann aber nach England. Dort war der klassische 50er Jahre Rockabilly, wie er von der Gruppe gespielt wurde, sehr beliebt. Sie übernahmen Material von Eddie Cochran oder Carl Perkins, schrieben aber auch eigene Stücke in diesem Stil. In den Hitparaden werden sie zum erstenmal Anfang 1981 verzeichnet. *»Rock This Town«* erreicht die britischen Top 10, anderthalb Jahre später auch die amerikanischen. In den US-Charts gelingen ihnen unter den ersten 10 noch zwei weitere Notierungen mit *»Stray Cat Strut«* 1982 und *»(She's) Sexy And Seventeen«* 1983. Alle drei Hits wurden von Dave Edmunds produziert. Nachdem sich die Stray Cats 1984 aufgelöst hatten, machte Brian Setzer Soloplatten. Rocker und Phantom bildeten mit dem Gitarristen Earl Slick die Formation Phantom, Rocker & Slick. Im Frühjahr 1989 kam die Originalbesetzung der Stray Cats wieder zusammen.

Der Hit: *Rock This Town*
Der Tip: *Built For Speed* (EMI Manhattan CDP 7 46103 2)

Streisand, Barbra

* 24.4.1942 als Barbra Joan Streisand. Die amerikanische Schauspielerin, Sängerin und Songschreiberin gab 1962 ihr Debüt am Broadway in *»I Can Get It From Your Wholesale«* und spielte 1964 in *»Funny Girl«*, der Geschichte der Fanny Brice, die als Ziegfeld-Girl begann und dann eine große Karriere machte, die Hauptrolle. In der Kinoversion von *»Funny Girl«* gab Barbra 1968 ihr Filmdebüt und gewann – zusammen mit Katharine Hepburn – gleich einen Oscar als beste Schauspielerin des Jahres. Mit einem Lied aus *»Funny Girl«* begann auch ihre Hitparadenkarriere als Sängerin: *»People«* war ihre erste Notierung und wurde im Frühjahr 1964 Platz 5 in den USA. *»Stony End«* kam Ende 1970 in die US-Charts und wurde Platz 6. Ende 1973 war der Titelsong des Films *»The Way We Were«* Spitzenreiter in den USA und Millionseller. Gleiches schaffte genau drei Jahre später *»Love Theme From A Star Is Born (Evergreen)«*. Weitere Spitzenreiter und/oder Millionseller waren zusammen mit Neil Diamond *»You Don't Bring Me Flowers«* 1978, *»The Main Event/Fight«* und zusammen mit Donna Summer *»No More Tears (Enough Is Enough)«* 1979, *»Woman In Love«* und zusammen mit Barry Gibb *»Guilty«* 1980. *»Woman In Love«* wurde auch in GB und Deutschland Spitzenreiter. Insgesamt wurde sie 40mal in den US-Charts notiert. Ihr vorerst letzter Erfolg war die Nummer *»Til I Loved You«*, die Ende 1988 erschien und die sie zusammen mit Don Johnson sang. Als Schauspielerin war sie u. a. zu sehen in *»Hello Dolly«* 1969, »Die Eule und das Kätzchen« 1970, *»Is was, Doc«* 1972, *»The Way We Were«* 1973, *»Funny Lady«* 1975, *»A Star Is Born«* 1976, *»The Main Event«* 1979, *»Yentl«* 1983 und *»Herr der Gezeiten«* 1991. In den beiden letztgenannten Filmen war sie nicht nur Hauptdarstellerin, sondern auch Produzentin und Regisseurin. 1993 erschien ihr Album mit dem beziehungsreichen Titel *»Back To Broadway«* – dort hat ihre Karriere angefangen.

Der Hit: *Woman In Love*
Der Tip: *Greatest Hits . . . And More* (CBS 465 845 2)

String-A-Longs

Keith McCormack, g; Aubrey Lee de Cordova, g; Richard Stephens, g; Jimmy Torres, g; Don Allen, d.
Dieses amerikanische Instrumentalquintett machte 1960 die Originalversion von Norman Pettys *»Wheels«*. In den USA kam die Platte Anfang 1961 in die Single-Charts und wurde Platz 3. In GB und Deutschland erreichte sie Platz 8. Noch erfolgreicher als das Original wurde hierzulande die Version von Billy Vaughn. Nach zwei weiteren Hit-Notierungen noch im Jahre 1961, die nicht über die Position 30 hinauskamen, waren die String-A-Longs wieder aus den Charts

verschwunden. Es erschienen in den nächsten Jahren weitere Singles der Band, von denen man aber teilweise nicht einmal mehr nachvollziehen kann, ob die String-A-Longs von 1961 auch wirklich auf den Platten mitspielten. 1968 ersetzte McCormack Jimmy Gilmer als Leadsänger in der Formation Fireballs und blieb bis 1974. 1969 wurden Platten als String-A-Longs veröffentlicht, die in Wirklichkeit von den Fireballs aufgenommen waren.

Der Hit: *Wheels*
Der Tip: *Wheels* (Ace CDCHD 390 TIS)

Strong, Benny

* 17.3.1911. Der Sänger und Bandleader aus Chicago hatte seine erfolgreichste Zeit zwischen 1948 und 1950. Die Nummer *»That Certain Party«* kam im Herbst 1948 in die US-Charts, wurde Platz 9 und damit sein einziger Top-10-Hit. Sein letzter Hit war im Frühling 1950 *»If I Knew You Were Coming I'd 've Baked A Cake«.* Strong galt als ausgezeichneter Entertainer und Showman, der sich auf für Novelty-Nummern nicht zu schade war. Er hatte bereits 1936 seine erste Band gegründet und war nach dem Zweiten Weltkrieg einer der populärsten Bandleader.

Der Hit: *That Certain Party*

Style Council

Paul Weller, v (* 25.5.1958); Mick Talbot, key (* 11.9.1958); Dee C. Lee, v; Steve White, d.
Nachdem 1983 die Gruppe Jam auseinandergefallen war, gründete Weller mit Talbot, vorher bei Bureau, die Pop-Formation Style Council. Im März des gleichen Jahres kam mit *»Speak Like A Child«* die Debüt-Single, die es bis auf Platz 4 brachte. *»Long Hot Summer«* erreichte ebenfalls die Top 10. Ab Ende des Jahres nahmen sie sporadisch als Sängerin noch Dee C. Lee hinzu, die Weller drei Jahre später auch heiratete. Als Schlagzeuger tauchte in den nächsten Jahren immer wieder mal Steve White auf. *»My Ever Changing Moods«*, *»Groovin' (You're The Best Thing/Big Boss Groove)«* und *»Shout To The Top«* 1984, *»Walls Come Tumbling Down«* 1985 und *»It Didn't Matter«* 1987 waren weitere Top-10-Erfolge dieser Gruppe in GB. Lee hatte Ende 1985 mit *»See The Day«* einen eigenen Top-10-Erfolg in GB. 1990 trennte sich Style Council, und im darauffolgenden Jahr kam Weller mit einer neuen Formation, Paul Weller Movement.

Der Hit: *Long Hot Summer*
Der Tip: *The Singular Adventures Of The Style Council* (Polydor 837 896-2)

Style Council *(Polydor)*

Stylistics

Russell Thompkins (* 21.3.1951), Airrion Love (* 8.8.1949), James Smith (* 16.6.1950), James Dunn (* 4.2.1950), Herbie Murrell (* 27.4.1949), alle v.

Dieses amerikanische Quintett formierte sich 1968 aus den beiden Gruppen Monarchs und Percussions und nahm 1969 erste Platten auf. 1970 nahm sich einer der Philly-Sound-Spezialisten, Thom Bell, ihrer an. *»You're A Big Girl Now«* kam im Januar 1971 als ihre erste Platte in die US-Charts. Ihr poppiger Soul-Sound machte die Gruppe schnell in den USA und auch in GB sehr populär. *»You Are Everything«* kam Ende 1971 in die Top 10 und wurde ein Millionseller. *»Betcha By Golly, Wow«* und *»I'm Stone In Love With You«* 1972, *»Break Up To Make Up«* 1973 und *»You Make Me Feel Brand New«* 1974 erreichten das gleiche Ergebnis. In GB war *»I'm Stone In Love With You«* 1972 ihr erster Top-10-Erfolg. *»Rockin' Roll Baby«*, *»You Make Me Feel Brand New«* und *»Let's Put It All Together«* 1974, *»Sing

Baby Sing«, der Spitzenreiter *»Can't Give You Anything (But My Love)«* und *»Na Na Is The Sadest Word«* 1975 und *»Funky Weekend«*, *»Can't Help Falling In Love«* und *»16 Bars«* 1976 kamen ebenfalls in die britischen Top 10. Nach 1977 wurden sie für viele Jahre nicht mehr in den Pop-Charts gesichtet. Ende 1990 hatten sie zusammen mit Glenn Medeiros die Nummer *»Me – U = Blue«* in den US-Charts.

Der Hit: *You Make Me Feel Brand New*
Der Tip: *The Greatest Hits* (Mercury 512 985 2)

Styx

Dennis De Young, v/key (* 18.2.1947); John Curulewski, g; Tommy Shaw, g/v (* 11.9.1953); James Young, g/v (* 14.11.1949); Chuck Panozzo, b (* 20.9.1948); John Panozzo, d (* 20.9.1948); Glen Burtnick, g/v.
Diese amerikanische Band formierte sich 1964 in Chicago als Tradewinds. 1965 verändern sie ihren Namen in TW4, um sich von einer gleichnamigen New Yorker Band abzuheben. Durch die gesamten 60er Jahre spielt die Gruppe in und um Chicago. 1971 erhalten sie das Angebot für einen Plattenvertrag, und ab 1972 nennen sie sich Styx. Ihre erste Single-Notierung in den USA war im Herbst 1972 *»Best Thing«*. Ende 1974 kam *»Lady«* als erste Platte in die Top 10. Ende 1975 verläßt Curulewski die Band und wird durch Shaw ersetzt, der vorher mit Ms. Funk gespielt hatte. *»Come Sail Away«* 1977, Spitzenreiter und Millionseller *»Babe«* 1979, *»The Best Of Times«* und *»Too Much Time On My Hands«*1981, der Millionseller *»Mr. Roboto«* und *»Don't Let It End«* 1983 waren weitere Top-10-Erfolge. 1984 entschlossen sich De Young und Shaw, es als Solisten zu versuchen, und als Folge davon fiel die Band auseinander. 1990 kam sie wieder zusammen. Für Shaw, der inzwischen Mitglied bei den Damn Yankees war, spielte jetzt Glen Burtnick. Mit der Nummer *»Show Me The Way«* kam die Gruppe Ende 1990 in die US-Charts und erreichte Platz 3. Dazu beigetragen hatte der Golfkrieg, denn viele Amerikaner empfanden dieses Lied als einen patriotischen Song. Styx gelten als die Erfinder des Pomp-Rocks. Man könnte ihr Spiel jedoch auch Pop-Metal nennen.

Der Hit: *Babe*
Der Tip: *Classics Volume 15* (A&M CD 2513)

Sugarhill Gang

Wonder Mike (* als Michael Wright); Master Gee (* als Guy O'Brien); Big Bank Hank (* als Henry Jackson).
Dieses aus Harlem, New York, stammende Trio gilt als einer der ersten kom-

merziell erfolgreichen Rap-Acts. Ende 1979 erschien »*Rapper's Delight*«, wurde Top 40 in den USA, 3 in GB und Deutschland. Möglich, daß die Platte in den USA deshalb nicht erfolgreicher war, weil sie dort nur als 12-Inch-Single erschien. Als musikalische Unterlage für »*Rapper's Delight*« nahm man von der Formation Chic den Titel »*Good Times*«. 1981 und 1982 kamen noch zwei weitere Singles in die US-Charts, die jedoch über Position 50 nicht hinauskamen. Gegen die Rapper der 80er Jahre wirkte die Sugarhill Gang allerdings auch schon wieder sehr brav. Im Zuge der allgemeinen Remix-Wut der 80er Jahre wurde »*Rapper's Delight*« zehn Jahre nach der Erstveröffentlichung neu zusammengemixt, erreichte in GB allerdings gerade mal die Top 60.

Der Hit: *Rapper's Delight*

Sugarloaf

Jerry Corbetta, v/key (* 23.9.1947); Bob Webber, g (* 7.10.1945); Bob Raymond, b (* 4.3.1946); Bob MacVittie, d (* 1948); Robert Yeazel, g/v (* 1.11.1946); Myron Pollock, d.

In frühesten Jugendtagen wurde Jerry Corbetta von Swing- und Jazzmusik beeinflußt. Schon als Teenager war er zusammen mit seiner Schwester Nancy in einer Swing-Band und interessierte sich für alle Arten von Tasteninstrumenten. 1968 gründete Corbetta die Formation Sugarloaf, die er nach dem bekanntesten Berg seines Heimatstaates Colorado benannte. Sinn und Zweck der Band war es, neue musikalische Formen zu entdecken. In ihren Anfangstagen spielte die Band eine Mixtur aus Rock, Jazz und Swing. 1969 erhielten sie einen Plattenvertrag und veröffentlichten 1970 erste Platten. »*Green Eyed Lady*« kam im Herbst 1970 in die US-Charts und erreichte Platz 3. 1971 wurde als weiterer Musiker Yeazel hinzugenommen. Weitere Single-Veröffentlichungen kamen vorerst nicht über Platz 50 hinaus. 1974 verließ McVittie die Gruppe und wurde durch Pollock ersetzt. Die ironische Nummer »*Don't Call Us – We'll Call You*«, im Leben nicht nur vieler Musikgruppen in der Zusammenarbeit mit der Plattenindustrie eine gebräuchliche Formulierung, kam Ende 1974 in die US-Charts und erreichte Platz 9. Corbetta erzählte später, daß dieser Song autobiographisch sei und ihre Schwierigkeiten darstellte, nach dem ersten großen Hit und der folgenden Flaute einen neuen Plattenvertrag zu erhalten. Zwischendurch war Jerry Corbetta am Studioprojekt Disco Tex & The Sex-O-Lettes beteiligt. Nachdem ab 1975 nichts mehr gelingen wollte, löste Corbetta die Gruppe auf.

Der Hit: *Green Eyed Lady*
Der Tip: *Don't Call Us – We'll Call You* (Repertoire 4272-WP TIS)

Summer, Donna

* 31.12.1948 als Donna Adrian Gaines. Donna wuchs in Boston auf und wollte eine Sängerin wie Mahalia Jackson werden. Ihre Karriere begann in der Gruppe Crow, die in und um Boston herum spielte. 1967 kam sie nach Europa und spielte in der Münchener Aufführung von *»Hair«*, dann in Wien an der Volksoper in *»Porgy And Bess«* und *»Showboat«*. Giorgio Moroder und Pepe Bellotte entdeckten sie, während sie in deren Studio in einem Backgroundchor sang. Sie nahmen sie unter Vertrag und machten mit ihr die ersten Platten. Die Nummer *»Je T'Aime . . . Moi Non Plus«* von Gainsbourg und Birkin inspirierte sie zu dem Titel *»Love To Love You Baby«*, der Ende 1975 in die internationalen Hitparaden kam, Millionseller und Platz 2 in den USA, 4 in GB und 6 in Deutschland wurde. Schnell avancierte Donna Summer zur Queen of Disco. Bis in die 90er Jahre gelangen ihr Hits. Alleine in den USA hatte sie zehn Millionseller und zwei Platinplatten. *»I Feel Love«* 1977, *»Last Dance«* und *»MacArthur Park«* 1978, *»Heaven Knows«*, die beiden Platinplatten *»Hot Stuff«* und *»Bad Girls«*, *»Dim All The Lights«* sowie zusammen mit Barbra Streisand *»No More Tears (Enough Is Enough)«* 1979, *»On The Radio«* und *»The Wanderer«* 1980 und *»This Time I Know It's For Real«* 1989. Auch in GB und in Deutschland sind ihr jede Menge Top-10-Erfolge gelungen. Nebenher versuchte sie sich auch als Schauspielerin. In dem Film *»Thank God It's Friday«* war sie der Star. Außer mit Moroder und Bellotte arbeitete Donna mit Quincy Jones, Stock/Aitken/Waterman oder Clivilles & Cole.

Der Hit: *Bad Girls*
Der Tip: *The Best Of* (WB 9031-72909-2)

Sunnies & Coronels

Dieser deutschen Formation gelang mit einer typischen Nummer jener Tage im Frühjahr 1957 Platz 4 in Deutschland: *»Peter, komm heut abend zum Hafen«*. Weitere Hit-Notierungen unter diesem Namen sind der Gruppe nicht gelungen. Die Formation wurde von Erich Werner gegründet, der 1946 erst die Eriwers gründete, woraus ein Jahr später das Sunshine Quartett wurde. Neben ihm sangen Reni Kamberg, Maria Korn, Ina Bellé und Anneliese Fey. Mitte der 50er Jahre wurde Erich Werner immer mehr in die Feltz-Produktion eingebunden, und die vier Mädchen sangen als Sunnies weiter. Ab 1956/57 machten sie mit Peter Cornehlsen, Michael Lengauer und Dickie Kraft, die sich Cornel-Trio nannten, Plattenaufnahmen als Sunnies & Coronels, aber auch als Sunnies-&-Cornel-Trio und Sunnies & Cornels. Die Mitglieder dieser beiden Formationen waren Ende der 50er Jahre an nahezu allen deutschen Telefunken/Decca-Produktionen beteiligt.

Der Hit: *Peter, komm heut abend zum Hafen*

Sunny

* als Heather Weetman. Jahrelang hatte die Britin als Session-Sängerin und zusammen mit ihrer Schwester als Sue & Sunny gesungen. Bereits mit 11 Jahren gewann sie einen Gesangsnachwuchswettbewerb. Es kam zu einer ersten Plattenaufnahme, *»Let Me Cry«*, die jedoch nichts wurde. Nachdem weitere Platten ebenfalls floppten, ging sie zunächst weiter zur Schule, und als 15jährige versuchte sie sich bereits als professionelle Sängerin. Zusammen mit ihrer Schwester Sue wurde sie von einer Agentur in Newcastle gemanagt, und in den nächsten Jahren sangen sie unter diversen Namen, darunter auch Myrtells. Nachdem die Walker Brothers auseinandergefallen waren, engagierte sie John Walker für seine Show. Sie wurden zu diesem Zeitpunkt auch als Session-Musikerinnen beschäftigt, und ihre bekannteste Arbeit war 1968 ihre Mitwirkung auf der LP *»With A Little Help From My Friends«* von Joe Cocker. Nach diesem Erfolg von Cocker wurden sie gesuchte Studiosängerinnen bei z. B. Dusty Springfield, Lulu, Tom Jones, Engelbert, Petula Clark oder Shirley Bassey. Sie standen dabei im Hintergrund, was sich änderte, als sie mit anderen Studiomusikern als Brotherhood of Man den Titel *»United We Stand«* aufnahmen. Die Platte wurde im Frühjahr 1970 ein Top-10-Hit in GB. Da jedoch alle Beteiligten an dieser Produktion anderweitig beschäftigt waren, kam ein Nachfolgeprojekt mit anderen Musikern erst sechs Jahre später. Im Frühjahr 1974 sang Sunny als Solistin den Titel *»Doctor's Orders«*, der es in GB bis auf Platz 7 brachte. Weitere Erfolge konnte sie im Alleingang nicht erzielen.

Der Hit: *Doctor's Orders*
Der Tip: *Doctor's Orders* (CBS 80 219)

Supermax

* 1949 als Kurt Hauenstein. Der österreichische Studiomusiker wechselte 1976 von Wien nach Frankfurt und entwickelte dort zusammen mit dem deutschen Produzenten Peter Hauke die Idee für Supermax. Mit wechselnden Musikern verwirklichte Hauenstein seine Vorstellungen von europäischer Soul- und Discomusik. Der Titel *»Lovemachine«* kam im Herbst 1978 in die deutsche Hitparade und erreichte Platz 4. Heute im Rückblick gesehen war Hauenstein damals mit seiner Musik der Zeit voraus. Bis in die 90er Jahre veröffentlichte er weiter LPs bei wechselnden Plattenfirmen. Ein Single-Hit ist ihm jedoch nicht mehr gelungen.

Der Hit: *Lovemachine*

Supertramp

Roger Hodgson, v/g (* 21.3.1950); Rick Davies, v/key (* 22.7.1944); Dave Winthrop, sax (* 27.11.1948); Richard Palmer, g; Bob Miller, d; Kevin Currie, d; Frank Ferrell, b; John Helliwell, sax (* 15.2.1945); Dougie Thomson, b (* 24.3.1951); Bob C. Benberg, d (* 31.10.1949 als Robert Siebenberg).
1969 wurde diese britische Band gegründet, nachdem der junge holländische Millionär Stanley August Miesegaes in München Richard Davies getroffen hatte, der dort in der Band Joint spielte. Miesegaes bot Davies finanzielle Unterstützung für ein eigenes Projekt an, woraufhin dieser mit Hodgson, Palmer, Winthrop und Miller eine eigene Formation zusammenstellt. Zuerst will man der Band den Namen Daddy geben, dann einigen sie sich auf Supertramp, angelehnt an das Buch »The Autobiography Of A Supertramp« von W. H. Davies, veröffentlicht 1910. Im August 1970 erscheint das erste Album von Supertramp. Mitte 1971 verlassen Miller und Palmer die Band und werden durch Currie und Farrell ersetzt. Auch ihre zweite LP, die wenig später erscheint, kommt nicht in die Hitparaden, und Miesegaes gibt sein Mäzenatentum auf. Daraufhin verlassen alle Mitglieder bis auf Hodgson und Davies Supertramp. Im August 1973 kommen mit Helliwell, Thomson und Benberg drei neue Mitglieder und die erste Veröffentlichung in dieser Formation, die LP *»Crime Of The Century«*, erreicht Platz 4 in den britischen LP-Charts. In den USA wird die Platte vergoldet und bedeutet den Durchbruch für Supertramp. Die erfolgreichste LP wird im Frühjahr 1979 *»Breakfast In America«*, die eben dort sechs Wochen lang Platz 1 hält und vier Millionen mal verkauft wird. *»The Logical Song«* und *»Breakfast In America«* sind 1979 die einzigen Top-10-Erfolge in GB dieser sich mehr auf LPs konzentrierenden Formation. Supertramp gehört zu den Gruppen, deren LPs durchweg anhörenswert sind, so daß man sich keine Singles zulegen muß, um sich ein gutes Stück herauszupicken. In den USA stehen 1979 *»The Logical Song«* und *»Take The Long Way Home«* als Single-Hits unter den ersten 10. Nach der ebenfalls hervorragenden LP *»Famous Last Words«* verläßt Hodgson die Band, um eine Solokarriere zu beginnen. Der Rest macht als Quartett weiter. Die großen Erfolge sind damit für Supertramp auch vorüber, und ihr letzter Hitparaden-Eintrag in den amerikanischen Top 30 ist 1985 *»Cannonball«*.

Der Hit: *The Logical Song*
Der Tip: *The Very Best Of* (A&M 01 422061)

Supremes

Diana Ross (* 26.3.1944), Mary Wilson (* 6.3.1944), Florence Ballard (* 30.6.1943, † 22.2.1976), Cindy Birdsong (* 15.12.1939), Jean Terrell

Supertramp *(A&M Records)*

(* 26.11.1944), Lynda Lawrence, Sherrie Payne, Susaye Greene, Karen Jackson, alle v.
1959 wird ein weibliches schwarzes Gesangstrio zusammengestellt, um die ebenfalls zu diesem Zeitpunkt beginnende männliche Gruppe Primes bei der Bühnenarbeit zu unterstützen. Ihr Name wird Primettes, und die ersten Mitglieder sind Mary Wilson, Florence Ballard und Betty Travis. Als vierte kommt wenig

später Diana Ross hinzu. Im darauffolgenden Jahr verläßt Travis die Primettes, und für sie kommt Barbara Martin. Als es für sie nicht vorwärts geht, konzentrieren sich Ballard und Martin auf ihren Schulabschluß, Wilson und Ross machen als Duo weiter. Im gleichen Jahr kommen die vier noch einmal zusammen und nehmen für eine kleine Plattenfirma einige Titel auf. Als es darum geht, im Dezember des Jahres bei Berry Gordy einen Vertrag zu unterschreiben, verläßt Martin das Quartett erneut. Gordy ist es, der den Namen Primettes ändern möchte, und Ballard schlägt Supremes vor. Ross und Wilson mögen den Namen nicht, Gordy nimmt ihn. *»I Want A Guy«* ist die erste Single, die erscheint. Sie wird ebenso wie die zweite Platte, *»Buttered Popcorn«*, ein Flop. *»Your Heart Belongs To Me«* ist im Sommer 1962 der erste Hit-Erfolg für die Supremes. Zwei Jahre lang sind die Supremes mit einigen Titeln in den Charts vertreten, haben jedoch ihren großen Erfolg erst mit *»Where Did Our Love Go«* Mitte 1964. Die Platte erreicht Platz 1 in den USA, ebenso wie die Nachfolge-Singles *»Baby Love«*, *»Come See About Me«*, *»Stop! In The Name Of Love«* und *»Back In My Arms Again«*, die innerhalb von nur 10 Monaten erscheinen. *»I Hear A Symphony«*, auch noch 1965, *»You Can't Hurry Love«* und *»You Keep Me Hangin' On«* 1966, *»Love Is Here And Now You're Gone«* und *»The Happening«* 1967 waren weitere Spitzenreiter. Zu diesem Zeitpunkt hatte sich immer mehr herauskristallisiert, daß der Star in der Truppe Diana Ross war. Das muß Florence Ballard, die bei den frühen Aufnahmen der Supremes manchmal die Leadsängerin war, sehr verärgert haben, und sie wurde durch Cindy Birdsong, die von Patti Labelle & The Bluebelles kam, ersetzt. Der Name des Trios wurde nun in Diana Ross & The Supremes verändert. *»Love Child«* 1968 und *»Someday We'll Be Together«* 1969 waren weitere Nummer-1-Hits. Zwischen Gordy und Diana Ross herrschte über die Jahre ein sehr inniges und freundschaftliches Verhältnis, und Gordy tat alles, um Dianas Karriere zu unterstützen. So hatte er auch 1967 bestimmt, daß ab sofort Dianas Name vor der Gruppenbezeichnung stand. Er hatte wohl auch Diana eine Solokarriere zugesagt. Am 14. Januar 1970 absolvieren Diana Ross & The Supremes ihren letzten öffentlichen Auftritt im Frontier Hotel in Las Vegas. Als Ersatz für Diana kommt die Schwester des Boxers Ernie Terrell, Jean. Mit *»Up The Ladder To The Roof«* und *»Stoned Love«* gelangen den dreien 1970 noch zwei weitere Top-10-Erfolge, aber alles in allem muß man feststellen, daß die Karriere ohne Diana Ross nicht mehr richtig funktionierte. Außer den beiden genannten Top-10-Erfolgen, die es auch in GB unter die ersten 10 schafften, kamen dort noch *»Nathan Jones«* 1971 und *»Floy Joy«* und *»Automatically Sunshine«* 1972 in die Top 10. Im Laufe der nächsten Jahre sollte sich die Besetzung der Supremes noch häufig verändern. Cindy Birdsong verließ die Gruppe 1972 und wurde durch Lynda Lawrence ersetzt. Im folgenden Jahr gehen Terrell und Lawrence, und Mary Wilson macht mit der Schwester von Freda Payne, Sherrie, und der zurückgekehrten Cindy Birdsong weiter. 1976 geht Birdsong erneut, und für sie kommt Susaye Greene. Am 21. Februar 1976 stirbt

Florence Ballard an den Folgen einer Thrombose. Im Dezember 1976 geht mit Mary Wilson das letzte Originalmitglied der Supremes und wird durch Karen Jackson ersetzt. Die Plattenfirma Motown sieht jetzt allerdings wenig Verkaufschancen für die Supremes und löst die Gruppe ganz auf. 1978 ziehen Mary Wilson, Karen Jackson und Karen Raglan als Supremes durch GB. Motown sorgt dafür, daß sie den Namen nicht weiter benutzen dürfen. Ende 1981 kommt das Musical *»Dream Girls«* an den Broadway. Es basiert auf der Erfolgsstory der Supremes, die ganz ohne Zweifel in den 60er Jahren das dominierende schwarze Gesangstrio waren. Zum 25jährigen Bestehen von Motown Records kommen im Mai 1983 noch einmal Wilson, Birdsong und Ross als Supremes zusammen. 1988 wird das Trio in die Rock 'n' Roll Hall of Fame aufgenommen.

Der Hit: *Where Did Our Love Go*
Der Tip: *20 Greatest Hits* (Motown MCD 060 73 MD)

Surface

Bernard Jackson, David Townsend, Dave Conley.
Das US-Soul-Pop-Trio begann als Songschreiber für Interpreten wie New Edition oder Sister Sledge. Ihre ersten eigenen Hits hatten sie in GB: *»Falling In Love«* wurde dort Mitte 1983 ihre erste Hit-Notierung. In den USA wurden sie mit *»Happy«*, einem Top-20-Hit, 1987 erstmals verzeichnet. *»Shower Me With Your Love«* kam Mitte 1989 in die US-Charts und erreichte Platz 5. *»The First Time«* war das erste Mal, daß die Gruppe Ende 1990 einen Millionseller und Spitzenreiter in den USA hatte. Weitere Erfolge lassen auf sich warten.

Der Hit: *The First Time*
Der Tip: *The Best Of* (CBS 469 054 2)

Surfaris

Jim Fuller, g (* 1947); Bob Berryhill, g (* 1947); Pat Connolly, b (* 1947); Jim Pash, sax/kl (* 1949); Ron Wilson, d (* 1945, † 1989).
Diese amerikanische Teenager-Surfband kam aus Glendora, Kalifornien. Ihre selbstgeschriebene Nummer *»Wipe Out«* mit der B-Seite *»Surfer Joe«* kam Mitte 1963, als Surf Music à la Beach Boys und Jan & Dean gerade sehr populär war, in die US-Charts und wurde Platz 2. Die Instrumentalnummer *»Wipe Out«* wurde drei Jahre später noch einmal veröffentlicht und erreichte immerhin die Top 20. In GB war die Nummer 1963 ein Platz 5. Die Nummer beginnt mit dem ansteckenden und hämischen Lachen von Dale Smallins, dem damaligen Manager der Band. Hämisch ist das Lachen deshalb, weil wieder einmal jemand beim Surfen

vom Brett gefallen ist. Wipe out ist die obligate Bezeichnung der Surfer für jemanden, der das Gleichgewicht auf dem Brett verloren hat. Ansonsten gelang den Surfaris kein weiterer Top-40-Hit mehr. Nach einigen Umbesetzungen fiel die Formation auseinander. Wilson starb 1989 an einer Gehirnblutung.

Der Hit: *Wipe Out*

Survivor

Dave Bickler, v; Jim Peterik, key; Frankie Sullivan, g; Dennis Keith Johnson, b; Gary Smith, d; Marc Droubay, d; Stephan Ellis, b; Jimi Jamison, v; Bill Syniar, b; Mickey Curry, d.

Der Kopf dieser amerikanischen Formation ist Jim Peterik. Er hatte 1970 den Titel *»Vehicle«* geschrieben, mit dem die Formation Ides Of March einen Top-10-Hit hatte. 1973 war die Band auseinandergefallen, und Peterik versuchte eine Solokarriere. 1976 veröffentlichte er das Album *»Don't Fight The Feeling«*. Nebenher schrieb er Songs für z. B. 38 Special und den Titelsong für den Film *»Heavy Metal«*. Peterik traf Bickler in einem Aufnahmestudio, in dem sie Werbejingles produzierten. Diese beiden und Sullivan gründeten 1978 Survivor. Sie nahmen mit Johnson und Smith eine Rhythm-Section hinzu und veröffentlichten 1979 ihr erstes Album. *»Somewhere In America«* wurde im Frühjahr 1980 die erste Hit-Notierung dieser Band, die man als gemäßigte Rockgruppe bezeichnen kann. 1981 verließen Smith und Johnson die Gruppe und wurden durch Droubay und Ellis ersetzt. Mitte 1982 kam für Survivor der ganz große Erfolg. Im Film *»Rocky III«* war die Nummer *»Eye Of The Tiger«* zu hören, die es in den USA bis auf Platz 1 und zur Platinplatte brachte. In GB erreichte das Werk ebenfalls die Spitze, in Deutschland nur die Top 20. *»High On You«*, *»The Search Is Over«* und, dieses Mal aus »Rocky IV«, *»Burning Heart«* 1985 und *»Is This Love«* 1986 waren die weiteren Top-10-Erfolge der Band in den USA. *»Burning Heart«* erreichte in GB Platz 5, in Deutschland 6. 1984 wurde Bickler durch Jamison ersetzt, 1988 gingen Droubay und Ellis, und für sie kamen Syniar und Curry. Weitere Plattenveröffentlichungen von Survivor brachten keine Top-40-Erfolge mehr.

Der Hit: *Eye Of The Tiger*
Der Tip: *The Very Best* (Bellaphon 290.14.001)

Sutherland Brothers & Quiver

Iain Sutherland, v/g/key (* 17.11.1948); Gavin Sutherland, b/g/v (* 6.10.1951); Tim Renwick, g (* 7.8.1949); Bruce Thomas, b; Willie Wilson, d (* 8.7.1947).

Die beiden Brüder Iain und Gavin wurden 1972 Mitglieder der zwei Jahre zuvor gegründeten Band Quiver, die sich danach Quiverlands und schließlich Sutherland Brothers & Quiver nannte. Der Titel *»Arms Of Mary«* brachte der Formation Anfang 1976 einen Platz 5 in GB. Bis zum Ende der 70er Jahre folgten noch einige Hit-Notierungen. Ein Top-30-Erfolg war nicht mehr dabei. Gavin Sutherland ist der Autor der Nummer *»Sailing«*, die mit Rod Stewart ein Welthit wurde. Die eigenen Erfolge dieser Formation beschränken sich mehr auf den Folk-Sektor in GB.

Der Hit: *Arms Of Mary*
Der Tip: *Reach For The Sky* (CBS 69191)

Suzie

* 21.8.1946 als Martina Carina Peereboom. Die holländische Sängerin und Artistin arbeitete zunächst im Zirkus und dann ab 1960 als Schlagersängerin. Ihren Hit *»Johnny Loves Me«* übersetzte sie 1964 ins Deutsche und hatte mit *»Johnny, komm«* Mitte des Jahres ihre erste Hit-Notierung in Deutschland. *»Du, du gehst vorbei«*, ebenfalls 1964, *»Ich war allein«* 1965 und *»Ich will immer nur dich«* 1966 waren ihre weiteren Top-10-Erfolge.

Der Hit: *Du, du gehst vorbei*

Swan, Billy

* 12.5.1942 als Billy Lance Swan. Der amerikanische Sänger, Songschreiber, Keyboarder, Gitarrist und Produzent stand in den 60er Jahren an der Tür zu Elvis Presleys Haus Graceland und kontrollierte die Besucher. In den späten 50er Jahren hatte er Mert Mitley & The Rhythm Steppers gegründet. Songs, die er schrieb, wurden hin und wieder von anderen aufgenommen, so z. B. 1962 *»Lover Please«* von Clyde McPhatter. Billy ging dann nach Nashville, produzierte die ersten drei Alben von Tony Joe White und tourte mit Kris Kristofferson. Und dann hatte er endlich selbst einen Hit. *»I Can Help«* erreichte Ende 1974 die Charts, wurde Spitzenreiter in den USA und in Deutschland, Platz 6 in GB. 1986 gründete er mit Randy Meisner die Formation Black Tie, die ein Album veröffentlichte. Danach war Swan meist wieder mit Kristofferson auf Tour.

Der Hit: *I Can Help*
Der Tip: *The Best Of* (CBS 474 269 2)

Swayze, Patrick

* 18.8.1952. Der amerikanische Schauspieler, Sänger und Songschreiber wurde bei uns bekannt mit *»Fackeln im Sturm«* und *»Dirty Dancing«*. Im letztgenannten Film sang er zusammen mit Wendy Fraser den selbstgeschriebenen Hit *»She's Like The Wind«*, der Ende 1987 in den USA Platz 3 erreichte, in GB und Deutschland die Top 20. Zu jenem Zeitpunkt war er so populär – er hätte auch *»Hänschen klein«* auf Ki-Swahili singen können, es wäre ein Hit geworden. 1989 kam der Film *»Roadhouse«* in die Kinos, und wieder war Patrick mit zwei Titeln im Soundtrack vertreten.

Der Hit: *She's Like The Wind*

Sweat, Keith

Der in Harlem aufgewachsene Soul-Sänger und Songschreiber veröffentlichte 1987 sein Debütalbum *»Make It Last Forever«*. Daraus ausgekoppelt wurde *»I Want Her«*. In den USA wurde das Stück Millionseller und Platz 5 in den Charts. *»Make Me Sweat«* war Mitte 1990 ein weiterer Millionseller für Keith, der es jedoch nicht unter die ersten 10 der Verkaufs-Charts schaffte. Das Debütalbum und auch der Nachfolger aus dem Jahr 1990, *»I'll Give All My Love To You«* wurden jeweils mehr als zwei Millionen mal verkauft.

Der Hit: *I Want Her*
Der Tip: *I'll Give All My Love To You«* (Elektra 7559-60861-2)

Sweet

Brian Connolly, v (* 5.10.1945); Steve Priest, b/v (* 23.2.1948); Andy Scott, g/key (* 30.6.1949); Mick Tucker, d (* 17.7.1949); Gary Moberley, key.
Anfang 1968 gründen Connolly, Tucker, Priest und der Gitarrist Frank Torpey die Gruppe Sweetshop. Mitte des gleichen Jahres erscheint ihre Debüt-Single *»Slow Motion«*, die nicht in die Charts kommt. Zwei weitere Single-Veröffentlichungen sind ebenfalls erfolglos, und schließlich haben sie keinen Plattenvertrag mehr. 1970 verläßt Torpey Sweetshop, und für ihn kommt Scott. Nach dessen Beitritt nennt sich die Band nur noch Sweet. Im Frühjahr 1971 erhalten sie einen neuen Plattenvertrag, und mit der Nicki-Chinn/Mike-Chapman-Nummer *»Funny Funny«* hat die Band im Frühjahr 1971 Platz 13 in GB und 5 in Deutschland. Durch die 70er Jahre ist die Gruppe nun mit recht unterschiedlicher Musik – mal Tralala-Pop, mal Metal, mal Pomp-Rock – durchweg erfolgreich. In GB schaffen Sweet zehn Top-10-Erfolge, darunter Anfang 1973 den Spitzenreiter *»Blockbuster«*. In

Sweet *(RCA)*

Deutschland bringen sie es auf 15 Top-10-Hits, darunter die Nummer-1-Hits *»Co-Co«* 1971, *»Little Willy«* und *»Wig-Wam Bam«* 1972, *»Blockbuster«*, *»Hell Raiser«* und *»Ballroom Blitz«* 1973, *»Teenage Rampage«* 1974 und *»Fox On The Run«* 1975. In den USA hat die Band zwei Millionseller: *»Little Willy«* 1973 und *»Fox On The Run«* 1975. Ihr letzter international großer Erfolg ist *»Love Is Like Oxygen«*, der es 1978 zum Top-10-Erfolg in GB, den USA und Deutschland bringt. Anfang 1979 verläßt Connolly die Band. Priest übernimmt seinen Part als Leadsänger, und als Keyboarder kommt Gary Moberley. Anfang der 80er Jahre kommen wieder neue Mitglieder in die Gruppe, und 1981 löst man sich nach der sinnig betitelten LP *»Identity Crisis«* auf. Im Laufe der 80er Jahre kommen Sweet immer mal wieder für Oldies-Konzerte und -Tourneen zusammen. Bei einer dieser Gelegenheiten entstand 1989 im Londoner Marquee Club eine Live-LP. 1992 erschienen der Film *»Ballroom Blitz«* und von Andy Scott's Sweet die CD *»A«*. Von den alten

Sweet war in der Tat nur noch Scott dabei. Tucker hat sich aus gesundheitlichen Gründen im Herbst 1991 aus dem Musikgeschäft zurückziehen müssen.

Der Hit: *Ballroom Blitz*
Der Tip: *Starke Zeiten* (Ariola 258 867)

Sweet Dreams

Polly Brown, v; Tony Jackson, v.
Dieses britische Soul/Reggae-Duo stand Mitte 1974 mit dem Titel *»Honey Honey«* auf Platz 10 in den GB-Charts. Polly Brown war vorher die Leadsängerin der Formation Pickettywitch. Nach dem Hit verließ Polly Brown das Duo und begann eine Solokarriere. *»Up In A Puff Of Smoke«* stand im Herbst des gleichen Jahres unter den ersten 50 der GB-Charts. Ansonsten hatten sich die süßen Träume in Rauch aufgelöst.

Der Hit: *Honey Honey*

Sweet People

Hierbei handelt es sich um eine französische Formation, deren Lied *»Et Les Oiseaux Chantaient«* im Herbst 1980 Platz 4 in GB und 26 in Deutschland erreichte. Der Titel wurde sieben Jahre später in GB noch einmal veröffentlicht und schaffte zumindest noch den Sprung in die Top 75. Ansonsten sangen die süßen Vögelchen wohl mehr in ihrer französischen Heimat.

Der Hit: *Et Les Oiseaux Chantaient*

Sweet Sensation

Marcel King, v (* 4.1.1958); Junior Daye, v (* 26.6.1950); Vincent James, v (* 12.2.1951); St. Clair L. Palmer, v (* 4.3.1954); Leroy Smith, key (* 3.9.1952); Gary Shaugnessy, g (* 25.7.1953); Barry Johnson, b (* 20.8.1954); Roy Flowers, d (* 4.8.1951).
Als Sensations formierte sich diese englische Gruppe 1971. Nach etlichen Umbesetzungen gab ihnen die Agentur, bei der sie und auch die Gruppe Sweet unter Vertrag waren, den Namen Sweet Sensation, da sie festgestellt hatte, daß es noch eine andere Gruppe gab, die Sensation hieß. Als erste Single erschien der Titel *»Snow Fire«*. Die Nachfolgeplatte *»Sad Sweet Dreamer«* kam im Herbst 1974 in die britischen Charts und wurde Spitzenreiter, in den USA erreichte sie die Top 20, in Deutschland Top 30. Die dritte Single, *»Purely By Coincidence«*, kam in GB

noch auf Platz 11 und war der letzte Erfolg. Danach verließ Marcel King die Band, weil er sich für eine Solokarriere entschieden hatte, und für ihn übernahm der 17jährige Ricky Patrick die Leadstimme. Für einige Jahre galt Sweet Sensation als die beste Soulband GBs.

Der Hit: *Sad Sweet Dreamer*

Sweet Sensation

Betty LeBron, Margie Fernandez, Maria Fernandez, Sheila Bega, alle v.
1986 erschien die Debüt-Single des Trios Sweet Sensation. Betty und die Schwestern Margie und Maria – drei Amerikanerinnen mit puertorikanischen Vorfahren – hatten als Sweet Temptation den Titel *»Hooked On You«* aufgenommen, mußten aber kurz vor dessen Veröffentlichung ihren Namen auf Drängen des Managements der Temptations ändern. Also nannten sie sich Sweet Sensation, ohne zu wissen, daß es bereits eine britische Formation mit diesem Namen gab. Die Debüt-Single erreichte 1987 immerhin die unteren Regionen der amerikanischen Charts, bei der Wiederveröffentlichung Mitte 1989 wurde es ein Top-30-Hit. Sie veröffentlichten ein Album und gingen als Opening Act für die New Kids On The Block auf Tour. Im Frühjahr 1989 hatten sie mit *»Sincerely Yours«* – unter Mitwirkung des Rappers Romeo J. D. – ihren ersten Top-20-Hit. Ein Jahr später konnten sie das mit einer Cover-Version des Supremes Hits *»Love Child«* wiederholen. Mitte 1990 wurden die Träume der drei – inzwischen war Maria durch Sheila ersetzt worden – wahr: *»If Wishes Came True«* wurde Spitzenreiter in den USA. In Europa mußte sich die Band, um sich von der britischen Formation gleichen Namens abzuheben, New York's Sweet Sensation nennen.

Der Hit: *If Wishes Came True*
Der Tip: *Love Child* (Atco 7567-91307-2)

Swinging Blue Jeans

Ray Ennis, g/v (* 26.5.1942); Ralph Ellis, g/v (* 8.3.1942); Les Braid, b (* 15.9.1941); Norman Kuhlke, d (* 17.6.1942); Terry Sylvester, g/v (* 8.1.1945); Mike Gregory, b.
Mitte 1958 wurde in Liverpool die Gruppe Bluegenes gegründet, die in ihren Anfangstagen Skiffle, dann aber recht schnell Rock 'n' Roll spielten. Anfang 1961 traten sie regelmäßig im Liverpooler Cavern Club auf, und sie waren es auch, die in jenem Club eine neue Gruppe ankündigten, die Beatles. 1963 änderte man den Namen in Swinging Blue Jeans und, zu diesem Zeitpunkt erhielt jede Band aus

Liverpool einen Plattenvertrag, sie unterschrieben bei der EMI. Die erste Single der Band war »*It's Too Late Now*« und erreichte die Top 30. Ende des gleichen Jahres wurde in der BBC-TV-Show »*Juke Box Jury*« der Titel »*Hippy Hippy Shake*« vorgestellt, und die Beatles, die in der Jury saßen, tippten auf Hit. Sie sollten recht behalten. Die Platte kam in den GB-Charts bis auf Platz 2, in Deutschland auf 9. Mitte 1964 erreichte »*You're No Good*« Platz 3 in GB. Zwei Jahre später gelang ihnen eine letzte Chart-Notierung, und wenig später verließ Ellis die Gruppe. Er wurde ersetzt durch Terry Sylvester, der von den Escorts kam. Eine Woche später ging Braid, und wieder von den Escorts kam Mike Gregory. Mitte 1968 erschien eine neue Single der Band als Ray Ennis & The Blue Jeans. Nachdem die Platte auch kein Erfolg wurde, verließ Sylvester die Band und wurde sechs Monate später Mitglied bei den Hollies. Den Weggang von Sylvester nahm der Rest zum Anlaß, sich zu trennen. Ab 1973 kamen sie für Reunion-Shows immer wieder mal zusammen.

Der Hit: *Hippy Hippy Shake*
Der Tip: *The Swinging Blue Jeans* (EMI France 252 683-2)

Swing Out Sister

Corinne Drewery, v; Andy Connell, key; Martin Jackson, d.
Im Frühjahr 1987 erschien das Debütalbum »*It's Better To Travel*« dieses britischen Jazz/Pop-Trios. Vorher war schon die Single »*Break Out*« erschienen, die im Herbst 1986 Platz 4 der GB-Charts erreichte und auch in den USA die Top 10. »*Surrender*«, die Nachfolge-Single, brachte es Anfang 1987 auf Platz 7 in GB. Weitere Plattenveröffentlichungen der Formation, die sich ab 1989 auf das Duo Drewery und Connell reduzierte, kamen bis 1992 in die Charts, jedoch nicht mehr in die Top 20.

Der Hit: *Break Out*
Der Tip: *It's Better To Travel* (Mercury 832 213-2)

Sybil

* als Sybil Lynch. »Dionne Warwick und Gladys Knight sind wohl die beiden massivsten Einflüsse auf meine Art, mit Songs umzugehen.« Mit dem Warwick-Hit »*Don't Make Me Over*« hatte Sybil im Herbst 1989 einen Millionseller und Platz 20 in den US-Charts. In GB erreichte sie ebenfalls die Top 20. Auch die Nachfolge-Single »*Walk On By*« war ursprünglich ein Hit für Dionne Warwick. In GB kam Sybil damit Anfang 1990 bis auf Platz 6. Bevor die Amerikanerin ihr Glück als Sängerin versuchte, arbeitete sie im Bereich Theater- und Rundfunkjournalismus

und als Lektorin im Verlagswesen. Ihre Platten der weiteren 90er Jahre vermischen klassische Soul-Einflüsse, Dance Floor Sound und Rhythm-&-Blues-Klänge.

Der Hit: *Walk On By*
Der Tip: *Sybil* (Metronome 841 762-1)

Sylvers

Olympia-Ann (* 13.10.1951), Leon Frank III (* 7.3.1953), Charmaine Elaine (* 9.3.1954), James Jonathan (* 8.6.1955), Edmund Theodore (* 25.1.1957), Joseph Richard (* 3.10.1958), Angelica, Pat, Jonathan und Foster Emerson (* 25.2.1962) Sylvers.
Diese aus Memphis stammende zehnköpfige Geschwisterformation hatte mit *»Fool's Paradise«* im Herbst 1972 eine erste Hit-Notierung in den USA. Anfang 1976 kam *»Boogie Fever«* in die US-Charts und wurde Spitzenreiter. Zu diesem Zeitpunkt hatte James die Familientruppe wieder verlassen. Liebling war der kleine Foster, den man in der Art eines Michael Jackson aufzubauen versuchte. Noch im gleichen Jahr gelang den Sylvers mit *»Hot Line«* ein weiterer Millionseller und Top-10-Erfolg in den USA. Nach 1977 war die Erfolgsphase wieder vorüber. 1979 gründete Leon die Gruppe Dynasty, und weitere Veröffentlichungen zeigen, daß die Mitgliederzahl immer weiter abbröckelte. So sind auf der 1979 von Giorgio Moroder und Harold Faltermeyer produzierten LP *»Disco Fever«* nur noch sechs Geschwister vertreten. 1987 erschien eine LP von Foster Sylvers und seiner Gruppe Hy-Tech. In die Hitparaden gelangte er damit nicht.

Der Hit: *Boogie Fever*
Der Tip: *Showcase* (Capitol IC 062-82137)

Sylvester

* 1946 als Sylvester James, † 16.12.1988. Der in Los Angeles geborene Sylvester zog 1967 nach San Francisco. Dort sang er mit der Gruppe Cockettes, einer – Zitat seiner Plattenfirma – »betont anzüglichen Mimen-Truppe aus San Francisco, als deren Sänger Sylvester, in extravagante, offenherzig-laszive Frauengewänder spärlich und vielversprechend gehüllt, vormals die avantgardistische Underground-Szene der USA unsicher machte«. Er wirkte mit in dem Film *»The Rose«*, und ab Herbst 1978 wurde er ein Disco-Star. *»You Make Me Feel (Mighty Real)«* bescherte ihm in GB seine einzige Hit-Notierung, Platz 8. Auf seinen Platten wurde er begleitet von den Sängerinnen Martha Wash und Izora Rhodes, die später als Two Tons O'Fun und The Weather Girls bekannt wurden, und

Jeanie Tracy. Nach 1983 gelang Sylvester kein Erfolg mehr. Seine Stimme war ähnlich der von Jimmy Somerville, der dann auch Sylvesters größten Hit Anfang 1990 coverte und seinerseits damit einen Platz 5 in GB hatte. Sylvester erlebte das nicht mehr, er starb 1988 an Aids.

Der Hit: *You Make Me Feel (Mighty Real)*

Sylvia

* 6.3.1936 (andere Quellen nennen den 6.5 oder den 29.5.) als Sylvia Vanderpool. Ihre ersten Platten machte die aus New York City stammende Sängerin 1950 als Little Sylvia. Zusammen mit McHouston Mickey Baker stand sie zwischen 1957 und 1961 mit acht Titeln in den US-Charts. Ihr erfolgreichster war Anfang 1957 *»Love Is Strange«*, Platz 11. Danach heiratete sie Joe Robinson, den Besitzer von All Platinum/Vibration Records. Auf Vibration tauchte Sylvia dann als Solistin in den Hitparaden auf und hatte mit *»Pillow Talk«* Anfang 1973 einen Millionseller und Platz 3 in den USA. Drei Nachfolge-Singles kamen noch in die Charts, dann wurde sie nicht mehr verzeichnet. Später gehörte ihr das Label Sugar Hill Records, auf dem viele Jahre die besten Rapper aus Harlem und der Bronx zu hören waren. In Fachkreisen wird sie als die dynamischste schwarze Frau im Musikgeschäft bezeichnet.

Der Hit: *Pillow Talk*
Der Tip: *Pillow Talk* (London SHA-U 143)

Sylvia

Erstaunlicherweise gelang dieser schwedischen Interpretin im Sommer 1974 der Hit der Saison: *»Y Viva España«* kam in die britischen Charts und wurde Platz 4. Wer die Vorliebe der Briten für die Costa Brava kennt, kann sich vorstellen, wer dafür gesorgt hat, daß der Titel in GB so erfolgreich wurde. In Deutschland war nicht die Version von Sylvia, sondern die der Sängerinnen Imca Marina und Samantha im Sommer 1972 erfolgreich.

Der Hit: *Y Viva España*

Synch

Dieses amerikanische Pop/Rock-Sextett um den Sänger Jimmy Harnen hatte 1986 eine erste Hit-Notierung in den USA. Drei Jahre später – inzwischen nannte sich die Gruppe Jimmy Harnen With Synch – kam die Nummer »*Where Are You Now*« bis auf Platz 10 in den USA. Bei diesen beiden Erfolgen blieb es.

Der Hit: *Where Are You Now*

Syndicate Of Sound

Don Baskin, v/sax (* 9.10.1946); Jim Sawyers, g; Bob Gonzalez, b; John Sharkey, g (* 8.6.1946); John Duckworth, d (* 18.11.1946).
Diese amerikanische, aus San José stammende Band, war eine der vielen Garagenrockgruppen, die Mitte der 60er Jahre in den USA hochkamen. Das in San José ansässige Plattenlabel Scarlet machte mit den Lokalmatadoren den Titel »*Little Girl*«, der schließlich in den Vertrieb der großen Plattenfirma Bell übernommen und Platz 8 in den USA wurde. Bis 1970 gab es zwei weitere Titel in den unteren Regionen der US-Charts und als Live-Act gehörten sie zu den führenden kalifornischen Rock-'n'-Roll-Bands. Größere Verkaufserfolge gelangen ihnen jedoch nicht mehr.

Der Hit: *Little Girl*

System

Mic Murphy, v/g; David Frank, syn.
Dieses in New York ansässige gemischtrassige Techno/Funk-Duo hatte mit »*You Are In My System*« 1983 einen ersten Erfolg. Ihre zweite Hit-Notierung war im Frühjahr 1987 das Stück »*Don't Disturb This Groove*«. Die Platte erreichte Platz 4 in der amerikanischen Hitparade und blieb der größte Erfolg des Duos. Auch ihr Titelsong zum Eddie-Murphy-Film »*Coming To America*« wurde nicht der erwartete Knüller. Die Platte erreichte knapp die ersten 100. Produzent der letztgenannten Nummer war Nile Rodgers, was jedoch auch nicht half.

Der Hit: *Don't Disturb This Groove*
Der Tip: *Don't Disturb This Groove* (Atlantic 781 691-1)

T

T. Timmy

* 23.9.1967 als Timmy Torres. Der aus Fresno, Kalifornien, stammende Sänger brachte Ende 1990 eine kleine Sensation zustande. Meist sind es die großen amerikanischen Plattenlabel, die für die nationalen Hits sorgen. Bei Timmy war das anders. Er schaffte auf einem kleinen Independent-Label den Sprung bis auf Platz 1 in den USA und einen Millionseller. Bei *»One More Try«* bewies Timmy außerdem Vielseitigkeit. Er hatte diesen Titel nicht nur komponiert und getextet, sondern auch arrangiert und produziert. Sein erster Hit war Anfang des Jahres 1990 die Top-40-Notierung *»Time After Time«* gewesen. Nach *»What Will I Do«* Mitte 1990 dann *»One More Try«*, nicht nur Spitzenreiter in den USA, sondern auch Top 10 in Deutschland. Danach jubelte man »A new star is born«. Bisher halten die Geburtswehen für einen weiteren Hit an.

Der Hit: *One More Try*
Der Tip: *Time After Time* (Pump Records 70.007)

Taco

* 21.7.1955 als Taco Ockerse. Der in Indonesien geborene Sänger und Songschreiber wuchs in Holland auf. 1974 kam er nach Deutschland, gründete hier 1979 Taco's Bizz und machte ab 1981 Soloplatten. Mit dem 1929 von Irving Berlin geschriebenen Stück *»Puttin' On The Ritz«* kam Taco Ende 1982 in der deutschen Hitparade bis auf Platz 20 und ein halbes Jahr später in den USA bis auf Platz 4. Dort wurde es sogar ein Millionseller. Mit Titeln wie *»Singin' In The Rain«*, *»Cheek To Cheek«* oder *»Let's Face The Music«* versuchte Taco, noch einmal in die gleiche Kerbe zu hauen. Auch mit seinem Auftreten und seiner Kleidung stellte er den Bezug zu den Titeln aus den 20er und 30er Jahren her.

Der Hit: *Puttin' On The Ritz*
Der Tip: *After Eight* (RCA PL 28520)

Taffy

Die britische Sängerin hatte mit der in Italien produzierten Nummer *»I Love My Radio (Midnight Radio)«* im Januar 1987 Platz 6 in GB. Der Anbiederungsversuch bei den Funk-Leuten kam auch in Deutschland immerhin so gut an, daß sie es bis auf Platz 35 in der Hitparade schaffte. Ob sie auch noch *»I Love My TV«* gesungen hat, ist nicht bekannt.

Der Hit: *I Love My Radio (Midnight Radio)*

Tahiti-Tamoures

Manuela (* 18.8.1943 als Doris Wegener), Charlotte Marian, Chorbegleitung. Noch bevor Manuela mit *»Schuld war nur der Bossa Nova«* erfolgreich war, hatte sie als Mitsängerin der Tahiti-Tamoures im Frühjahr 1963 einen Spitzenreiter in der deutschen Hitparade mit *»Wini-Wini«*. Nach zwei weiteren kleinen Erfolgen im Top-40-Bereich wurden nach 1964 keine Hits der Formation mehr notiert.

Der Hit: *Wini-Wini*

Take That

Gary Barlow, Jason Orange, Robbie Williams, Mark Owen, Howard Donald, alle v. Diese Gruppe aus Manchester gilt als die britische Antwort auf die New Kids On The Block. Die Fanlager der beiden Gruppen zeigen ihr ganzes pickliges Pubertätsgehabe, indem sie sich gegenseitig beschimpfen, daß sie mit den jeweils anderen Poplümmelchen nichts zu tun haben wollen. Die erste Hit-Notierung war vielversprechend: *»Promises«* kam Ende 1991 in die Top 40 der GB-Charts. Angeheizt durch die britische Teenie-Presse und ausgestattet mit Melodien, die die meisten bereits in Fahrstuhlversionen kannten, wurde die Band innerhalb eines halben Jahres hochgehypet. Mit *»It Only Takes A Minute«*, 1975 ein Hit für die Tavares, hatten sie Mitte 1992 ihren ersten Top-10-Erfolg. *»A Million Love Songs«* und die alte Barry-Manilow-Nummer *»Could It Be Magic«* waren noch im gleichen Jahr weitere Top-10-Hits. *»A Million Love Songs«* bewies allerdings auch, daß die Gruppe durchaus in der Lage ist, sich ihre eigenen Songs zu schreiben. Auf dieser LP hatte Barlow alle vier Nummern geschrieben und drei davon auch produziert. Anfang 1993 kam *»Why Can't I Wake Up With You«* in die GB-Charts und erreichte Platz 2. Die Geschichte anderer Teenie-Bands zeigt deutlich, daß der Zenit einer solchen Gruppe in der Regel nach drei Jahren überschritten ist, wenn die pubertierenden Mädchen sich Personen aus ihrem Umkreis zuwenden (auch wenn sie das vorher vehement bestreiten). Von Barlow könnte man vermuten, daß er sich durchsetzt.

Der Hit: *Why Can't I Wake Up With You*
Der Tip: *Take That And Party* (RCA 74321 10923 2)

Talking Heads

David Byrne, v/g (* 14.5.1952); Jerry Harrison, key/g (* 21.2.1949 als Jeremiah Harrison); Tina Weymouth, b (* 22.11.1950 als Martina Weymouth); Chris Frantz, d (* 8.5.1951 als Charlton Christopher Frantz).
Diese amerikanische Gruppe dürfte eine der wenigen Formationen sein, die dem Anspruch New Wave wirklich gerecht wurden. Talking Heads sollten in der zweiten Hälfte der 70er und in den 80er Jahren richtungsweisend sein. Im Herbst 1974 gründeten die drei Absolventen der Rhode Island School of Art Byrne, Weymouth und Frantz ein Trio und gingen nach New York. Ihre erste Komposition war die Nummer *»Psycho Killer«*. Im Frühjahr 1975 nennen sie sich, nachdem einige andere Namen wie Portable Crushers oder Vague Dots wieder verworfen wurden, Talking Heads. Es folgen die ersten Auftritte im CBGB Club. Bei dieser Gelegenheit werden sie von dem Chef der Plattenfirma Sire Records gesehen, der ihnen einen Vertrag anbietet. Sie lehnen ab. Im April 1976 sieht Harrison die Gruppe während eines Konzerts in Boston und äußert den Wunsch, Mitglied zu werden. Harrison war zwischen 1970 und 1974 Mitglied bei Jonathan Richman. Im September '76 spielt er erstmals mit Talking Heads. Die Band erhält weitere Angebote der Plattenindustrie, so z. B. von Arista, RCA, CBS und Beserkley, aber Talking Heads unterschreiben schließlich doch bei Sire Records. Noch im Dezember 1976 erscheint die Debüt-Single *»Love Goes To Building On Fire«*, die ein Flop wird. Mitte 1977 heiraten Frantz und Weymouth, und schließlich ist es im Frühjahr 1978 der Titel *»Psycho Killer«*, der den ersten Chart-Eintritt der Gruppe in den USA markiert. *»Once In A Lifetime«* wird drei Jahre später der erste Hit in GB. *»Burning Down The House«* ist Mitte 1983 in den USA der einzige Top-10-Erfolg, *»Road To Nowhere«* im Herbst 1985 der einzige in GB. Ab Mitte 1981 macht das Ehepaar Frantz nebenher noch die Band Tom Tom Club, die Mitte des gleichen Jahres mit *»Wordy Rappinghood«* einen Top-10-Erfolg in GB verzeichnen kann. Auch die beiden anderen Mitglieder gehen zwischendurch ihre eigenen Wege und machen Soloplatten und produzieren andere Künstler. Sowohl von Byrne als auch von Harrison erscheinen ausgezeichnete LPs. Die Vielseitigkeit der Gruppenmitglieder beschränkt sich nicht nur auf die Musik. 1983 drehen sie den Film *»Stop Making Sense«*, der sich fast ausschließlich auf der Bühne abspielt, aufgenommen während eines Konzertes im Pentages Theater in London, und zeigt, daß die von Talking Heads gebotene Show zum

Besten gehört, was der Rock in den vergangenen Jahren zu bieten hatte. Kritiker schrieben: »Der beste Musikfilm, der je das Licht der Leinwand erblickt hat.« Mitte 1986 kommt »True Stories« in die Kinos, ein satirischer Rockmusikfilm. Regisseur und Hauptdarsteller David Byrne schrieb auch am Buch mit, der Soundtrack stammt von den Talking Heads. 1988 erscheint mit *»Naked«* die nächste LP von Talking Heads, die neben den gewohnten anglo-amerikanischen Jazz- und Pop-Einflüssen sowohl algerisch-marokkanische Klänge wie den Rai als auch Zouk, Samba und Tangorhythmen vereinigte. 1991 löst sich die Band auf. Die Anzahl der Soloprojekte, speziell von Byrne, ließ eine weitere Zusammenarbeit der vier Musiker wohl nicht zu. Byrne hatte inzwischen ein eigenes Plattenlabel gegründet, auf dem er im Laufe der Jahre etliche Sammlungen brasilianischer Musik veröffentlichte. Die Vorliebe für Sambarhythmen und südamerikanische Musik drückte sich schon auf der Solo-LP *»Rei Momo«* aus, auf der er sich von Musikern wie Ruben Blades, Tito Puente und Wilfredo Vargas unterstützen ließ. Vielleicht haben sie sich allerdings auch aufgelöst, weil sie sich an ein Interview aus ihren Anfangstagen erinnerten. Da sagten sie: »Wir haben ein bißchen Angst davor, ein Rädchen im System zu werden, gegen das wir uns bisher wenden. Denn warum wir überhaupt anfingen, lag z. B. daran, daß wir beim Malen im Studio alle diese schrecklichen Songs im Radio hörten und dachten, meine Güte, wenn diese Schmocks Platten machen können, dann können wir es auch. Vielleicht werden wir auch mal solche Arschlöcher auf hohen Denkmalsockeln – aber soweit wollen wir es gar nicht bringen.«

Der Hit: *Road To Nowhere*
Der Tip: *Popular Favorites 1976 - 1992* (EMI 7 80466 2)

Talk Talk

Mark Hollis, v/g/key (* 1955); Paul Webb, b (* 16.1.1942); Simon Brenner, key; Lee Harris, d.

1977 gründet Hollis die Gruppe Reaction. 1978 erscheint die Single *»I Can't Resist«*, die kein Erfolg wird. Für ein Punk-Album mit diversen Bands nimmt Reaction den Titel *»Talk Talk«* auf. Wieder kein Erfolg. 1979 fällt Reaction auseinander, und erst 1981 beginnt Hollis wieder mit neuen Demoaufnahmen. Sein Bruder Ed Hollis, Manager von Eddie & The Hot Rods, der auch schon Reaction unterstützt hatte, bringt Bruder Mark und Harris und Webb zusammen. Später kommt noch Brenner hinzu. Sie proben Stücke, die Hollis geschrieben hat, und nennen sich nun Talk Talk. Ende 1981 erhalten sie einen Plattenvertrag von der EMI, die von den Demos, entstanden unter der Regie von Rolling-Stones-Produzent Jimmy Miller, beeindruckt ist. Im Frühjahr 1982 erscheint die Single *»Mirror Mirror«*, die die Hitparade verfehlt. Die Nachfolge-Single *»Talk Talk«* wird die erste Chart-Notierung. Die Band veröffentlicht eine Reihe interessanter und gut gemachter Singles, die jedoch weder in den USA noch in GB jemals in die Top 10 kommen. Die erreicht Talk Talk Mitte 1984 mit dem Stück *»Such A Shame«* lediglich in Deutschland. Die Platte wird Platz 2. Im Frühjahr 1983 hatte sich Brenner von der Formation getrennt. Sein Ersatz wird Tim Friese-Greene, der zwar als offizielles Mitglied nie genannt wird, jedoch Keyboard spielt, mit Hollis fast alle Stücke gemeinsam schreibt und außerdem die meisten Stücke produziert. Die Langspielplatten der Band sind recht erfolgreich. Die LP *»The Colour Of Spring«*, die im Frühjahr 1986 in die britische LP-Hitparade kommt, erreicht dort die Top 10. Auf drei Stücken ist als Gastmusiker Steve Winwood zu hören. 1989 trennt sich die Band von der EMI und geht zu Polydor. Daraufhin veröffentlicht die EMI alte Aufnahmen neu und das Album *»Natural History: The Very Best Of Talk Talk«*, das es in den britischen LP-Charts bis auf Platz 3 bringt. Die LP-Veröffentlichung *»Laughing Stock«* ist bei weitem nicht mehr so kommerziell wie ihr altes Material.

Der Hit: *Such A Shame*
Der Tip: *Natural History: The Very Best Of Talk Talk* (EMI CDP 7 93976 2)

Tams

Charles Pope (* 7.8.1936); Joseph Pope (* 6.11.1933); Robert Lee Smith (* 18.3.1936); Floyd Ashton (* 15.8.1933); Horace Key (* 13.4.1934); Albert Cottle (* 1941), alle v.
Dieses aus Atlanta stammende Rhythm-&-Blues-Quintett machte 1960 seine ersten Plattenaufnahmen. *»Untie Me«* hieß Ende 1962 die erste Hit-Notierung der Formation in den USA. *»What Kind Of Fool (Do You Think I Am)«* war ein Jahr später der erste Top-10-Erfolg der Tams. 1964 wurde Ashton durch Cottle ersetzt. Nach 1968 gelang ihnen in den USA kein Erfolg mehr, dafür wurden sie jetzt in GB erfolgreich. Die sehr schöne Aufnahme *»Hey Girl Don't Bother Me«*, die Mitte 1964 ein Top-50-Hit in den USA war, wurde Mitte 1971 Spitzenreiter der britischen Charts. Danach hörte man über viele Jahre nichts mehr von dieser Gruppe, und erst Ende 1987 standen sie ein letztes Mal in den GB-Charts: auf Platz 21 mit *»There Ain't Nothing Like Shaggin'«*.

Der Hit: *Hey Girl Don't Bother Me*
Der Tip: *Atlanta Soul Connection* (Charly Rhythm-&-Blues CRB 1064 TIS)

Tarriers

Erik Darling, v/bj (* 25.9.1933); Bob Carey, b/g; Alan Arkin, v/g (* 26.3.1934).
Das amerikanische Folk-Trio lehnte sich musikalisch an die im Jahre 1956

vorherrschende Calypso-Welle an. Ihr erster Hit war jedoch zusammen mit Vince Martin im Herbst 1956 »*Cindy, Oh Cindy*«. Die Platte erreichte Platz 9 in den USA. Ende 1956 kamen sie mit ihrer Bearbeitung des Traditionals »*The Banana Boat Song*« bis auf Platz 4 in den USA. Inzwischen hatte Harry Belafonte den Titel ebenfalls bearbeitet und aufgenommen und wird bei uns heute eher mit der Nummer in Verbindung gebracht, weil er weltweit damit Erfolg hatte. Den Tarriers gelang kein weiterer Erfolg. Zwischen 1958 und 1962 war Darling Mitglied bei den Weavers als Ersatz für Pete Seeger. 1963 gründete er die Rooftop Singers, mit denen er den Hit »*Walk Right In*« schaffte.

Der Hit: *The Banana Boat Song*

Taste Of Honey

Janice Marie Johnson, v/b (* 18.1.); Hazel Payne, v/g (* 18.10.); Perry Kibble, key/v (* 10.6.1949); Donald Johnson, d/v (* 12.11.1948).
A Taste Of Honey formierte sich bereits 1972, als eine Band, in der Janice und Perry gespielt hatten, auseinanderfiel. Nach etlichen personellen Veränderungen kam es 1978 zur oben genannten Besetzung. Mit dem von Janice und Perry geschriebenen Stück »*Boogie Oogie Oogie*« hatte diese Soul-Disco-Band noch 1978 eine Nummer 1 und eine Platinplatte in den USA, Platz 3 in GB. Sie waren die erste schwarze Gruppe, die den Grammy als Best New Artist erhielt. 1980 blieben nur noch Janice und Hazel als A Taste Of Honey übrig. Diese beiden hatten 1981 mit einer überarbeiteten Version des japanischen Kyu-Sakamoto-Hits »*Sukiyaki*« aus dem Jahre 1963 – der neue englische Text hatte mit dem Original keinerlei Übereinstimmung – wieder einen großen Hit in den USA, der sich zum Millionseller mauserte. 1984 war dann auch die Uhr für das Duo abgelaufen.

Der Hit: *Boogie Oogie Oogie*
Der Tip: *Golden Honey* (Capitol CDP 7 91639 2)

Tavares

Antone »Chubby« (* 2.6.1947), Ralph (* 10.12.1945); Feliciano »Butch« (* 18.5.1948); Arthur »Pooch« (* 12.11.1946); Perry Lee »Tiny« (* 24.10.1954) und Vic Tavares, alle v.
Diese amerikanische Rhythm-&-Blues-Familiengruppe aus Massachussetts begann bereits in den späten 50er Jahren zu singen. 1963 wurden sie Profis und nannten sich Chubby & The Turnpikes. Anfang der 70er Jahre und nach Rückbesinnung auf ihren Familien- als Gruppennamen verließ Vic die Gruppe, obwohl inzwischen die Band bereits in Feriengebieten, wie den Bermudas, Bahamas oder Puerto Rico, sehr bekannt und beliebt war. Ihre erste Hit-Notierung hatten die Tavares im

Herbst 1973 mit dem Top-40-Hit »*Check It Out*«. Ihr Titel »*It Only Takes A Minute*« wurde Mitte 1975 ihr erster und einziger Top-10-Erfolg in den USA. Der Song »*Heaven Must Be Missing An Angel Part I*« wurde Mitte 1976 Platz 15 in den USA und ein Millionseller. In GB erreichte der Titel Platz 4, wie auch »*Don't Take Away The Music*« im Herbst 1976. »*Whodunit*« 1977 und aus dem Film »Saturday Night Fever« der Titel »*More Than A Woman*« 1978 waren weitere Top-10-Erfolge der Gruppe. Nachdem man acht Jahre lang nichts mehr von den Tavares gehört hatte, kam »*Heaven Must Be Missing An Angel*« im Frühjahr 1986 als Wiederveröffentlichung in GB auf Platz 12.

Der Hit: *Heaven Must Be Missing An Angel*
Der Tip: *Best Of* (Capitol CDP 7 91640 2)

Taylor, James

* 12.3.1948. Sie haben eine lange Tradition in den USA, die Singer/Songwriter, also Sänger, die sich ihre Lieder selbst schreiben. James Taylor gehört zu den Vertretern der leisen Töne, die allerdings nicht weniger beeindrucken als manches, was lauthals in die Welt trompetet wird. Vielleicht sind sie sogar beeindruckender, weil sie uns nicht in die Gehörgänge gepaukt werden, sondern nachdenklich machen. Wie die Geschichte von James Taylor, auf den viele Ende der 60er Jahre keinen Pfifferling mehr setzten, der abgeschrieben und als Versager in die Ecke gestellt wurde. Taylor hatte es ab Mitte der 60er Jahre als Sänger/Songschreiber versucht, mal mit einer Gruppe namens Flying Machine, mal als Solist. In GB hatte er seine erste große Chance, und dabei halfen ihm die Beatles, die ihn als ersten Künstler für ihr Apple Label unter Vertrag nahmen. Die LP, die er 1968 dafür aufnahm, war nicht schlecht, aber auch kein Superknüller. Als Bassist spielte auf dem wohl schönsten Stück der LP, »*Carolina In My Mind*«, Paul McCartney mit. Taylor ging zurück in die USA und nahm Peter Asher mit. Der wiederum war mit Gordon Waller als Peter & Gordon zwischen 1964 und 1967 erfolgreich, kannte alle Tricks und Raffinessen des Plattengeschäftes, hatte Gefühl für Musik und arbeitet noch heute für Taylor, wenn auch inzwischen mehr als Manager und persönlicher Freund. Taylor ist ohne Zweifel ein Sensibelchen. Er stammt aus einer Familie, die nicht gerade zu den Armen zu zählen ist, eher zu den Reichen. Außerdem ist es eine sehr musikalische Familie: sein älterer Bruder Alex brachte ihm die Folk- und Country-Musik näher. Seine Schwester Kate und Bruder Livingston machten ebenfalls Platten. 1969 erfährt die Karriere wieder eine Unterbrechung. Taylor bricht sich bei einem Motorradunfall beide Hände. Die LP »*Sweet Baby James*« aus dem Jahr 1970 wird der Wendepunkt im Leben von James Taylor. Er begibt sich auf die Gewinnerstraße, und vor allen Dingen ein Stück von der LP macht ihn populär: »*Fire And Rain*«. Das Lied erzählt von drei

verzweifelten Phasen in seiner Biographie: der Tod einer Freundin, das hoffnungslose Ausgeliefertsein an harte Drogen und der Aufenthalt in einer Nervenheilanstalt. *»Fire And Rain«* kommt in die amerikanische Single-Hitparade und erreicht Platz 8. Mitte 1971 gelingt ihm mit der Carole-King-Komposition *»You've Got A Friend«* ein Millionseller und Platz 1 in den USA und Platz 4 in GB. Auf der 1971er LP *»Mud Slide Slim«*, und daran kann man seinen schon damals hohen Stellenwert erkennen, spielen Carole King, Russ Kunkel oder Leland Sklar mit. Bei *»You've Got A Friend«* singt im Hintergrund Joni Mitchell. Ende 1972 heiratet er Kollegin Carly Simon, von der er 11 Jahre später wieder geschieden wird. 1973 spielt er neben Dennis Wilson von den Beach Boys in dem Road Movie »Two Lane Black Top« und macht dabei eine gute Figur. Zusammen mit Carly Simon gelingt ihm im Frühjahr 1974 der Millionseller und Top-10-Erfolg *»Mockingbird«*. Mitte des gleichen Jahres kommt *»How Sweet it Is (To Be Loved By You)«* ebenfalls unter die ersten 10. Zwei Jahre später wird seine Neuauflage des Jimmy-Jones-Hits *»Handy Man«* aus dem Jahre 1959 Platz 4 in den USA. Zusammen mit Art Garfunkel, Paul Simon und J. D. Souther gelangen ihm noch einige sehr schöne Hits, die jedoch nur bis in die Top 20 vorstießen. Für die Single-Hitparaden sind seine Plattenveröffentlichungen, die bis in die 90er Jahre reichen, nicht so geeignet. Seine LPs sind weiterhin großartig und werden in den USA meist vergoldet.

Der Hit: *Fire And Rain*
Der Tip: *Greatest Hits* (WB 256 309)

Taylor, Johnnie

* 5.5.1938. Der amerikanische Soulsänger begann in den frühen 50er Jahren mit der Gospel-Gruppe Highway QC's und wurde danach Mitglied bei den 5 Echoes, mit denen er 1954 seine ersten Plattenaufnahmen machte. Schließlich ging er als Ersatz für Sam Cooke zu den Soul Stirrers und machte ab 1961 Soloplatten. Die von Sam Cooke geschriebene Nummer *»Baby, We've Got Love«* war Ende 1963 seine erste Hit-Notierung. Mit seiner für Soul-Verhältnisse fast harten Nummer *»Who's Making Love«* hatte Johnnie Ende 1968 seinen ersten Top-10-Hit und Millionseller. Ein weiterer Millionseller gelang ihm Mitte 1973 mit *»I Believe In You (You Believe In Me)«*. Nach 1974 schien seine Zeit vorüber. Dann erschien *»Disco Lady«* und wurde Spitzenreiter in den USA. Diese Platte gilt als die erste Single, die von den Amerikanern mit Platin ausgezeichnet wurde. Das bedeutet nicht, daß nicht vorher schon Singles häufiger verkauft wurden als *»Disco Lady«*, sondern nur, daß Platin Anfang 1976 eingeführt wurde. Nach 1977 und weiteren Disco-Titeln wurde es stiller um ihn.

Der Hit: *Who's Making Love*
Der Tip: *Chronicle: The 20 Greatest Hits* (Stax FCD-60-006)

Taylor, R. Dean

* 1939. Der kanadische Sänger und Songschreiber begann seine Karriere als Session-Musiker bei der Plattenfirma Tamla Motown. Auf vielen Platten der Supremes und der Four Tops wirkte er mit. Als sich Motown entschloß, ein Label einzurichten, auf dem weiße Interpreten Titel veröffentlichen konnten, erhielt auch R. Dean eine Chance. Neu war das für ihn nicht. Bereits 1960 hatte er erfolglos erste Platten eingespielt. Mit *»Gotta See Jane«* hatte Taylor Mitte 1968 seinen ersten Top-20-Hit – nicht in den USA, sondern in GB. In den USA gelang ihm mit *»Indiana Wants Me«* im Herbst 1970 ein Platz 5. Im Frühjahr 1971 erreichte die Platte Platz 2 in GB. Dort hatte er drei Jahre später mit dem bereits 1966 aufgenommenen Titel *»There's A Ghost In My House«* noch einen Platz 3. Diese Nummer schrieb er zusammen mit dem Tamla-Motown-Erfolgsgespann Holland/Dozier/Holland. Taylor selbst war Mitautor von *»Love Child«*, 1968 Spitzenreiter für die Supremes. Nach 1974 hatte Taylor keine weiteren Hits.

Der Hit: *Indiana Wants Me*
Der Tip: *Indiana Wants Me* (Rare Earth 1C 062-92591)

T-Bones

Joe Saraceno (* 16.5.1937), Produzent; Danny Robert Hamilton, g; Joe Frank Carollo, b; Tommy Clark Reynolds, d.
Die T-Bones waren eine amerikanische Studiogruppe. Drei der Mitglieder waren Hamilton, Joe Frank & Reynolds, die ab 1971 als Trio erfolgreich werden sollten. Mit dem Aufblasen eines Alka-Seltzer-Jingles unter dem Titel *»No Matter What Shape (Your Stomach's In)«* hatten die T-Bones Ende 1965 Platz 3 in den USA. Sie versuchten, diesen Instrumentalhit zu wiederholen, und nahmen sich – der Titel sagt es – mit *»Sippin' 'n' Chippin«* dieses Mal das Werbejingle für ein in Fett gebackenes Grundnahrungsmittel vor. Das war nicht so appetitlich und brachte es nur unter die ersten 70.

Der Hit: *No Matter What Shape (Your Stomach's In)*

Teach-In

Getti, v; John Gaasbeek, p/b/v; Chris de Wolde, g/v; Ard Weeink, tr/b/v; Koos Versteeg, p/acc/v; Ruud Nijhuis, d.
Diese Formation kam 1973 in Enschede, Holland, zusammen. Ihre erste Platte erschien im März 1974, hieß *»Fly Away«* und wurde Spitzenreiter in der holländischen Hitparade. Noch im gleichen Jahr erschienen die Top-10-Hits *»In The*

Summer Night« und *»Tennessee Town«*. 1975 vertrat Teach-In die Niederlande beim Grand Prix Eurovision und wurde mit *»Ding-A-Dong«* Sieger. Zur Strafe wurde der Grand Prix 1976 in Den Haag ausgetragen. Die Platte erreichte Platz 13 in GB und 9 in Deutschland. 1979 wurden sie bei uns noch einmal mit *»Dear John«* in den Top 30 verzeichnet.

Der Hit: *Ding-A-Dong*
Der Tip: *Our Songs* (Telefunken 6.22229)

Teardrop Explodes

Julian Cope, v (* 21.10.1957); Michael Finkler, g; Paul Simpson, key; Gary Dwyer, d; Dave Balfe, key; Alfie Agius, b; Troy Tate, g; Ron Francois, b.
1978 kam diese Gruppe aus ehemaligen Liverpooler Bands zusammen, Cope kam z. B. von den Crucial Three. Anfang 1979 erschien mit *»Sleeping Gas«* die erste LP der Formation. Danach verließ Simpson die Band und wurde durch Balfe ersetzt. Als nächstes erschien *»Bouncing Babies«*, dann Anfang 1980 *»Treason (It's Just A Story)«* und im Herbst des gleichen Jahres *»When I Dream«*, ihr erster Hit in GB. Der Nachfolger *»Reward«* kam im Januar 1981 in die britischen Charts und wurde Platz 6. Bis 1983 erschienen fünf weitere Singles der Band in den Charts. Im September 1981 hatten bis auf Dwyer alle die Band verlassen, zwischendurch waren bereits Musiker wie Alan Gill oder Jeff Hammer kurzzeitig Mitglied gewesen. Bis zum Ende des Jahres hatte Cope es geschafft, Teardrop Explodes mit Alfie Agius, Troy Tate und dem Rückkehrer Balfe wieder zu beleben. Im Januar 1982 ging Agius wieder und wurde durch Francois ersetzt. Noch Mitte des gleichen Jahres verließ der zusammen mit Tate Teardrop Explodes und das Trio Cope, Dwyer, Balfe blieb zurück. Ende des Jahres löste Cope die Band auf. Trotzdem wurden noch weitere Singles veröffentlicht. Cope machte als Solist weiter. Anfang 1990 erschien die LP *»Everybody Wants To Shag«*, auf der ehemaliger Ausschuß als »rare old material and out-takes« verhökert wurde.

Der Hit: *Reward*

Tears For Fears

Roland Orzabal de la Quintana, v/g/key (* 22.6.1961); Curt Smith, v/b (* 24.6.1961).
Die beiden Briten Roland und Curt hatten bereits im Alter von 12 Jahren zusammen in einer Schulband gespielt. 1980 waren sie Mitglieder bei Graduate, deren Platte *»Elvis Should Play Ska«* fast zu einem Hit geworden wäre. 1981 löste sich die Gruppe auf. Curt und Roland gründen das Synthie-Pop-Duo Tears

For Fears und nehmen Demos von zwei Orzabal-Songs auf. Sie verschicken sie an die Industrie und erhalten auch prompt einen Plattenvertrag. Ende 1981 erscheint mit »*Suffer The Children*« die erste Single – und wird kein Erfolg. Im Frühjahr 1982 erscheint »*Pale Shelter*«, ebenfalls ohne Erfolg. Erst »*Mad World*« wird im Herbst 1982 Platz 3 in GB und somit ihr erster Top-10-Erfolg. »*Change*« und eine Neuveröffentlichung von »*Pale Shelter*« sind Top-Hits 1983, und Ende 1984 erscheint die Single »*Shout*«, die es bis auf Platz 4 in GB, in Deutschland bis auf Platz 1 bringt. Simultan kommt im März 1985 »*Everybody Wants To Rule The World*« in die amerikanischen und britischen Charts. In GB erreicht sie Platz 2, in den USA wird sie Spitzenreiter. Nun wird auch dort »*Shout*« veröffentlicht, kommt Mitte 1985 in die Charts, schafft es ebenfalls bis an die Spitze und wird Millionseller. Auch »*Head Over Heels*« kommt noch 1985 in den USA in die Top 10. Im Frühjahr 1986 veröffentlichen die Briten noch einmal »*Everybody Wants To Rule The World*« als Benefizplatte – mit einer Veränderung im Titel: statt »Rule« heißt es jetzt »Run« – und erreichen Platz 5. Ende 1986 ziehen sich Curt und Roland zurück, um ihr privates Leben zu ordnen, und beginnen mit einer neuen Produktion erst wieder im Februar 1988. Bei der Gelegenheit singt zum erstenmal Oleta Adams mit ihnen, die die beiden in einem Hotel in Kansas City entdeckt hatten. Im Herbst 1989 erscheint mit »*Sowing The Seeds Of Love*« eine Nummer, die an die Beatles in ihren besten Zeiten erinnert. Sie erreicht Platz 5 in GB und 2 in den USA. 1990 helfen sie Oleta Adams bei der Produktion ihres Debüt-Albums »*Circle Of One*«. 1993 erscheint mit »*Elemental*« eine neue CD von Tears For Fears, auf der Smith nicht mehr zu hören ist. Mitspieler von Orzobal sind Tim Palmer und Alan Griffith. Die Plattenhülle zeigt nur Roland.

Der Hit: *Shout*
Der Tip: *Tears Roll Down* (Fontana 510 939-2)

Technotronic

Manuella »Ya Kid K« Kamosi (* 26.1.1972); MC Eric (* 19.8.1970 als Eric Martin). Der belgische Disk-Jockey und Produzent Jo Thomas DeQuincy Bogaert steckte hinter diesem Projekt. Mit ihm waren die zu diesem Zeitpunkt 17 Jahre alte Rapperin Manuella und der Londoner Rapper MC Eric in dieses Projekt involviert. Im Herbst 1989 erschien der Titel »*Pump Up The Jam*« und wurde Platz 2 in GB, den USA und Deutschland. Als Interpreten wurden darauf Technotronic featuring Felly angegeben. Felly stammte wie auch Kamosi aus Zaire, war Model und arbeitete lediglich bei den Videos als optischer Blickfang mit. In den USA wurde die Platte mit Platin bedacht. Die Nachfolge-Single war »*Get Up! (Before The Night Is Over)*«, die wieder Platz 2 in GB und Deutschland, Millionseller und 7 in den USA wurde. Mit »*Rockin' Over The Beat*« und »*Megamix*« hatte Technotronic

1990 noch zwei Top-10-Hits in GB. *»This Beat Is Technotronic«* und der *»Megamix«* waren im gleichen Jahr Top-10-Erfolge in Deutschland. *»Move This«* war Mitte 1992 Top 10 in den USA.

Der Hit: *Pump Up The Jam*
Der Tip: *Pump Up The Jam* (BCM 50376)

Teddies

»Wir waren drei Kameraden« 1957 und *»Endlos sind die Straßen«* 1958 waren zwei Top-10-Hits dieser deutschen Vokalgruppe. Ende 1959 sangen sie *»Morgen wirst du um mich weinen«* und mußten feststellen, daß dem nicht so war.

Der Hit: *Wir waren drei Kameraden*

Teddy Bears

Carol Connors (* 1940 als Annette Kleinbard); Marshall Leib (* 26.1.1939); Phil Spector (* 26.12.1940), alle v.
Der amerikanische Songschreiber, Produzent und Sänger Phil Spector war gerade 17 Jahre alt, als er mit Connors und Leib die Teddy Bears gründete. Das Trio nahm die Nummer *»To Know Him Is To Love Him«* auf, hatte damit Ende 1958 einen Spitzenreiter und Millionseller in den USA und Platz 2 in GB. Spector hatte diese Zeile angeblich auf dem Grabstein seines Vaters gelesen. Der Erfolg brachte Phil einen Posten bei Atlantic Records ein. Hier schrieb er mit Leiber/Stoller für Ben E. King den Knüller *»Spanish Harlem«*. Spätestens seit diesem Zeitpunkt wurde er als wichtiger Songschreiber und Produzent gehandelt. 1961 gründete Phil seine eigene Plattenfirma und nahm Titel mit den Crystals, Ronettes und vielen anderen auf. Zwei seiner schönsten Produktionen sind *»You've Lost That Lovin' Feelin'«* mit den Righteous Brothers und *»River Deep Mountain High«* mit Ike & Tina Turner. Mit 21 Jahren war er Multimillionär und zog sich für einige Jahre aus dem Geschäft zurück, um ab Ende der 60er Jahre bei Produktionen der Beatles oder der einzelnen Mitglieder dieser Gruppe zu helfen. Connors wurde Songschreiberin, Leib wurde Sessiongitarrist und Produzent. 1989 wurde Spector in die Rock 'n' Roll Hall of Fame aufgenommen.

Der Hit: *To Know Him Is To Love Him*
Der Tip: *Phil Spector – Back To Mono* (Abkco 7118-2)

Tee Set

Peter Tetteroo, v; Hans van Eijck; Dill Bennink; Franklin Madjid; Joop Blom.
Ihre ersten Plattenaufnahmen machten die Holländer Mitte der 60er Jahre, zunächst vorwiegend Cover-Versionen englischer Hits. 1969 veröffentlichten sie die von Tetteroo und van Eijck komponierte Nummer »*Ma Belle Amie*«, die sie auch selbst produziert hatten. In den USA erreichte sie Anfang 1970 Platz 5, in Deutschland Platz 8. In den amerikanischen Charts wurden sie noch einmal in den unteren Regionen notiert. Ende der 70er Jahre trennte sich die Formation.

Der Hit: *Ma Belle Amie*
Der Tip: *The Hit Collection* (EMI CDM 7 90855 2)

Teens

Jörg Treptow, g (* 23.2.1962); Robert Bauer, v/g/p (* 20.12.1964); Uwe Schneider, g (* 2.5.1964); Alexander Möbius, b (* 28.2.1964); Michael Uhlich, d (* 26.9.1963).
1976 gründen Michael, Alex und Uwe die Gruppe Teens, die ab Frühjahr 1977 ihre ersten Auftritte in einer Berliner Kneipe absolvieren und Jörg als Leadgitarrist dazunehmen. Im Herbst des Jahres kommt als fünftes Mitglied Robert Bauer hinzu, und die Jungs bemühen sich mit Hilfe eines Managers, dem sie bei einem Auftritt aufgefallen waren, um einen Plattenvertrag. Im Frühjahr 1978 klappt es endlich, und als erste Single erscheint »*Gimme Gimme Gimme Gimme Gimme Your Love*«, erreicht im Juli 1978 Platz 7 in der deutschen Hitparade und bleibt ihr einziger Top-10-Hit. Danach werden sie noch neunmal notiert, kommen aber über die Top 20 nicht hinaus. Die Teens waren eine der typischen Zielgruppenformationen, die sich nur an Gleichaltrige richtete und deren Haltbarkeitsdauer sehr begrenzt ist. Ihre LPs wurden den Teenies dadurch schmackhaft gemacht, daß man Riesen-Farbposter dazulegte.

Der Hit: *Gimme Gimme Gimme Gimme Gimme Your Love*
Der Tip: *The Best Of* (Hansa 204 409-320)

Te Kanawa, Kiri

* 6.3.1943. Einem großen Publikum wurde die aus Neuseeland stammende Sopranistin mit irischen und Maori-Vorfahren 1981 bekannt, als sie bei der Hochzeit von Prince Charles und Lady Diana Spencer sang. Zehn Jahre später konnte sie sich mit dem Titel »*World In Union*« in den Pop-Charts plazieren: im September 1991 erreichte sie Platz 4 in GB. Dazu beigetragen hat sicher die

Tatsache, daß es sich dabei um die Themenmusik der ITV-Fernsehübertragung der Rugby Weltmeisterschaft handelte. Auch beim »Liverpool Oratorio« von Paul McCartney wirkte die vor allem als Mozart- und Strauß-Interpretin bekannte Dame Kiri Te Kanawa mit.

Der Hit: *World In Union*

Temperance Seven

Whispering Paul McDowell, v; Captain Cephas Howard, tr; Joe Clark, kl; Alan Swainston-Cooper, kl; Philip »Finger« Harrison, bj/sax; Canon Colin Bowles, p/harm; Clifford Beban, tuba; Dr. John Grieves-Watson, bj; Sheik Haroun el Wadi John R. T. Davies, pos/sax; Frank Paverty, sou.
Diese britische Truppe erinnerte an die Zeiten, als im britischen Empire die Sonne nicht unterging. Mit Nummern wie *»You're Driving Me Crazy«*, im Frühjahr 1961 Platz 1 in GB, oder *»Pasadena«*, noch im gleichen Jahr Platz 4, riefen sie die 20er bis 40er Jahre wieder wach. Noch im gleichen Jahr gelangen der Band zwei weitere Hit-Notierungen, dann kamen die Realität des Beatbooms und Liverpool und die Formation trennte sich Mitte der 60er Jahre. Der Spitzenreiter von Temperance Seven war die erste Nummer 1 für den Produzenten George Martin.

Der Hit: *You're Driving Me Crazy*

Tempo, Nino

* 6.1.1935 als Antonio Lo Tempio. Der amerikanische Saxophonist, Sänger und Songschreiber soll schon als Dreijähriger aufgetreten sein. Mit sieben sang er mit dem Orchester von Benny Goodman, später spielte er in der Band von Glenn Miller. Nachdem er dann einige Jahre als Session-Saxophonist gearbeitet hatte, schloß er sich in den frühen 60er Jahren mit seiner Schwester April Stevens zu einem Duo zusammen. Zum erstenmal wurden sie im Sommer 1962 mit *»Sweet And Lovely«* in den Charts notiert. Ihr größter Erfolg war ihre Version von *»Deep Purple«*, Ende 1963 Spitzenreiter in den USA und Top 20 in GB. Der Nachfolger *»Whispering«* erreichte noch Platz 11, alle weiteren Notierungen kamen über die Top 40 nicht mehr hinaus. 1967 wurden sie zum letztenmal in den Charts notiert und gingen danach wieder getrennte Wege. Nino arbeitete vor allem im Hintergrund mit dem Produzenten Phil Spector und als Songautor. In der amerikanischen Hitparade wurde er 1973 als Nino Tempo & 5th Ave. Sax noch einmal unter den ersten 60 mit *»Sister James«* notiert.

Der Hit: *Deep Purple*

Temptations

Eddie Kendricks (* 17.12.1939, † 5.10.1992), Paul Williams (* 2.7.1939, † 17.8.1973), Melvin Franklin (* 12.10.1942 als David English), Otis Williams (* 30.10.1941 als Otis Miles), Elbridge Bryant, David Ruffin (* 18.1.1941, † 1.6.1991), Dennis Edwards (* 3.2.1943), Ricky Owens, Richard Street (* 5.10.1942), Damon Otis Harris (* 3.7.1950), Glenn Leonard (* 11.6.1947), Louis Price, Ali Ollie Woodson, Ron Tyson, alle v.

In ihren Anfangstagen, zum Beginn der 60er Jahre, nannten sie sich Elgins. Sie entstanden aus den Gruppenmitgliedern der Primes und der Distants. 1961 erhalten die Elgins einen Vertrag von Berry Gordy jr. Im August 1961 benennen sie sich in Temptations um und veröffentlichen ihre Debüt-Single *»Oh Mother Of Mine«*. Nachdem 1962 auch die zweite Single der Gruppe nichts wird, geht Bryant und wird durch Ruffin ersetzt. Ende des gleichen Jahres beginnen sie eine Zusammenarbeit mit dem Songschreiber und Produzenten Smokey Robinson. Dessen Song *»The Way You Do The Things You Do«* ist Anfang 1964 Platz 11 in den USA und ihre erste Hit-Notierung. *»My Girl«*, ebenfalls ein Robinson-Titel, erreicht Anfang des darauffolgenden Jahres den Spitzenplatz in den USA. Leadsänger des Stückes ist David Ruffin. *»Beauty Is Only Skin Deep«* und *»(I Know) I'm Losing You«* 1966, *»All I Need«* und *»You're My Everything«* 1967, *»I Wish It Would Rain«*, *»Cloud Nine«* und *»I'm Gonna Make You Love Me«* – letztgenannter Titel zusammen mit Diana Ross & The Supremes – 1968, *»Run Away Child, Running Wild«* und der Spitzenreiter *»I Can't Get Next To You«* 1969, *»Psychedelic Shack«* und *»Ball Of Confusion (That's What The World Is Today)«* 1970, die beiden Spitzenreiter *»Just My Imagination (Running Away With Me)«* 1971 und *»Papa Was A Rolling Stone«* 1972 und *»Masterpiece«* 1973 waren die weiteren Top-10-Erfolge dieser Formation. Mitte 1968 verläßt Ruffin die Band und beginnt eine Solokarriere bei Motown. Für ihn kommt Dennis Edwards. Mitte 1971 verläßt Kendricks die Temptations und beginnt wie Ruffin eine Solokarriere bei Motown. Zum gleichen Zeitpunkt wird Paul Williams gebeten, die Band zu verlassen. Er hat Alkoholprobleme und Schwierigkeiten mit seiner Leber. Zwei Jahre später wird er tot in seinem Auto aufgefunden. Er hat sich selbst in den Kopf geschossen. Neu hinzu kommt Damon Harris. Weitere Personalwechsel finden statt. Im August 1975 geht Harris wieder, für ihn kommt Leonard. Ende 1977 geht Edwards und wird durch Louis Price ersetzt. Zwischendurch kommen noch einmal kurzfristig Ruffin und Kendricks zurück. 1983 kommt mit Ron Tyson wieder ein neuer Mann hinzu. Sämtliche weitere Bemühungen der Gruppe, noch einmal hoch in die Charts zu kommen, sind ab 1974 vergeblich. Mitte 1987 singen die Temptations zusammen mit Bruce Willis dessen Version von *»Under The Boardwalk«*. Die Platte wird Platz 2 in der britischen Hitparade. 1989 werden sie in die Rock 'n' Roll Hall Of Fame aufgenommen, und zu diesem

Temptations *(EMI)*

Zeitpunkt hatten sie sich bereits den Ruf als Amerikas beste Soul-Gruppe aller Zeiten erarbeitet. Mitte 1991 singen sie zusammen mit Rod Stewart »*The Motown Song*«, der in den USA und in GB die Top 10 erreicht. Als Anfang 1992 Macauley Culkin mit dem Film »My Girl« in die Kinos kommt, wird der gleichnamige Song der Temptations, der im Film zu hören ist, wieder veröffentlicht und erreicht Platz 2 in GB. 1991 war Ruffin an einer Überdosis Drogen gestorben, 1992 stirbt Kendricks an Lungenkrebs.

Der Hit: *My Girl*
Der Tip: *17 Greatest Hits* (Gordy ZD 72365)

10cc

Eric Stewart, v/g (* 20.1.1945); Graham Gouldman, v/b (* 10.5.1945); Lol Creme, v/g/key (* 19.9.1947 als Lawrence Creme); Kevin Godley, d/v (* 7.10.1945); Rick Fenn, g/v (* 23.5.1953); Duncan Mackay, key/v, (* 26.7.1950); Stuart Tosh, d/v (* 26.9.1947); Paul Burgess, d(* 28.9.1950).

Sie haben immer klein gekocht: Während sich andere Gruppen als Super, Greatest oder ähnliches bezeichneten, fuhren 10cc mit Sparmotor. Jedes Mofa hat heute mehr Kubikzentimeter, 50 cc ist absolut nichts Besonderes. Als sie 1972 begannen, waren sie zu viert, im Oktober 1976 halbierten sie sich. Zuviel Talent war da in einer Band zusammen. Lol Creme und Kevin Godley kochten nach der

Trennung ihr eigenes, teilweise sehr schmackhaftes Süppchen, obwohl einiges, um bei dem Bild zu bleiben, auch Magendrücken verursachen konnte. Das Markenzeichen 10cc behielten sich Eric Stewart und Graham Gouldman vor. Mit Recht, denn sie haben in der gemeinsamen Zeit als Quartett auch die meisten Hits geschrieben. Überhaupt sind die beiden Vollblutmusiker Phänomene. 1964 – er war gerade 19 Jahre alt – begann die Karriere von Eric Stewart bei Wayne Fontana & The Mindbenders. Fast zur gleichen Zeit schrieb der um ein Jahr jüngere Graham Gouldman schon Hits für die Hollies, Herman's Hermits oder die Yardbirds. Die vier Musiker von 10cc, die alle aus Manchester stammen, begegneten sich in den nächsten Jahren bei diversen Formationen und Produktionen immer mal wieder. 1970 hatten sie ihr Strawberry-Studio mit Geld, das sie durch Produktionen für Kasenatz Katz und seine Bubblegum-Truppen verdient hatten, mit neuen Aufnahmegeräten eingerichtet. Hier nahmen sie, um ihr neues Equipment zu testen, den Titel *»Neanderthal Man«* auf und hatten damit unter dem Gruppennamen Hotlegs einen Top-10-Erfolg in GB. 1971 schrieben, produzierten und spielten sie bei vielen Sessions in den Strawberry Studios mit. Unter anderem nahmen sie mit Neil Sekada die LP *»The Tra La La Days Are Over«* auf. 1972 produzierten sie ein Demo der Nummer *»Donna«*, und Jonathan King, ein alter Bekannter von Stewart, nahm sie auf seinem UK Label unter Vertrag. Er gab ihnen auch den Namen 10cc. Noch im gleichen Jahr erschien die Nummer *»Donna«*, die wie eine Single aus den 50er Jahren klang, und erreichte Platz 2 in GB. Von diesem Zeitpunkt an bis 1978 stand 10cc insgesamt 11mal unter den britischen Top 10. *»Rubber Bullets«* war im Frühjahr 1973 Spitzenreiter in GB. *»The Dean And I«*, ebenfalls 1973, *»Wall Street Shuffle«* 1974, *»Life Is A Minestrone«*, der Spitzenreiter *»I'm Not In Love«* – in den USA Platz 2, in Deutschland Platz 8 – und *»Art For Art's Sake«* 1975, *»I'm Mandy Fly Me«* und *»The Things We Do For Love«* – in den USA Millionseller und Platz 5 – 1976, *»Good Morning Judge«* 1977 und *»Dreadlock Holiday«*, wieder Spitzenreiter in GB, sind die Top-10-Erfolge von 10cc. Der letzte Hit spiegelte die Erfahrungen des Moody-Blues-Musikers Justin Hayward während eines Urlaubs in der Karibik wider. Stewart und Gouldman nahmen sich mit Fenn, Mackay, Tosh und Burgess neue Musiker in die Band, aber die Trennung der Original 10cc ist beiden Hälften nicht so recht bekommen. Auf der anderen Seite konnten gerade Godley & Creme auch andere Projekte, wie z. B. Videoproduktionen, verwirklichen. Anfang der 80er Jahre begannen auch die verbliebenen 10-cc-Musiker verstärkt, sich um eigene Projekte zu kümmern. Gouldman schreibt Filmmusiken und macht zusammen mit Andrew Gold das Projekt Wax. Stewart spielt ab 1982 öfter zusammen mit Paul McCartney auf dessen Platten.

Der Hit: *I'm Not In Love*
Der Tip: *Greatest Hits 1972 - 1978* (Mercury 800 056-2)

Ten City

Byron Stingily, v; Byron Burke, key; Herb Lawson, g/b.
Das aus Chicago stammende Trio galt als Vorreiter des Deep House, des Souls der späten 80er Jahre. Die Gruppe brachte unter dem Motto »Cello statt Computer« eine Rückbesinnung auf echte Instrumente, auf Melodien und Gefühl. Ihr erster war auch gleichzeitig ihr größter Hit: *»That's The Way Love Is«* kam Anfang 1989 in die GB-Charts und erreichte Platz 8, in Deutschland Top 20. Alle weiteren Platten landeten meist in den unteren Regionen der Hitparaden. Besonders in den USA hatte es die Band schwer. *»Only Time Will Tell«* war im Herbst 1963 die bisher letzte Hit-Notierung in GB – wir werden sehen.

Der Hit: *That's The Way Love Is*
Der Tip: *No House Big Enough* (eastwest records 7567-92170-2)

Tenpole Tudor

Edward Tudor-Pole, v (* 6.12.1955); Dick Crippen, b (* 18.10.1956); Bob Kingston, g; Gary Long, d.
Diese britische Punk-Band entstand 1977 aus den Resten der Visitors. Kopf war stets der »unvergleichliche« Edward Tudor-Pole, der diese Gruppe mehrfach auflöste und wieder zusammenbrachte. Mentor war Malcolm McLaren, der dafür sorgte, daß Edward in dem Film »The Great Rock 'n' Roll Swindle« mitspielen und mit seiner Gruppe auf den B-Seiten von *»Silly Thing«* und *»The Great Rock 'n' Roll Swindle«* der Sex Pistols *»Who Killed Bambi«* bzw. *»Rock Around The Clock«* plazieren konnte. *»Swords Of A Thousand Men«* kam im Frühjahr 1981 als erste Single von Tenpole Tudor in die britischen Charts und erreichte Platz 6. Der Nachfolger *»Wunderbar«* kam im gleichen Jahr auf Platz 16, und nach einer weiteren Hit-Notierung noch 1981 löste Edward die Band 1982 auf. In den nächsten Jahren kam er immer wieder mal mit einer neuen Formation, die er Tenpole Tudor nannte und die den unterschiedlichsten Musikrichtungen folgten. Er selbst verfolgte seine Schauspielkarriere in Theater, Film und Fernsehen.

Der Hit: *Swords Of A Thousand Men*
Der Tip: *Tenpole Tudor* (Stiff 6.24703 AP)

Ten Sharp

Marcel Kapteijn, v (* 1960); Niels Hermes, key (* 5.3.1959).
Die aus den Niederlanden stammende Formation Ten Sharp hatte bereits ab 1987 in seiner Heimat mit *»When The Snow Falls«*, *»Last Words«* oder *»Japanese

Love Song« etliche Erfolge. Zum damaligen Zeitpunkt war neben Marcel und Niels Bassist Ton Groen in der Band. Als Ten Sharp mit der Nummer *»You«* Ende 1991 in die deutsche Hitparade zog und Platz 4 erreichte, war Ten Sharp nur noch ein Duo. Marcel war der Sänger, und alle Instrumente wurden von Niels gespielt. Damit war Ton aber nicht aus dem Spiel, sondern zusammen mit Niels schrieb er die Songs. *»You«* kam im Frühjahr 1992 auch in die britische Hitparade und erreichte Platz 10. Der Nachfolger *»Ain't My Beating Heart«* schaffte schon nur noch einen Platz in den 60er Regionen.

Der Hit: *You*
Der Tip: *Under The Water-Line* (CBS 468 451 2)

Ten Years After

Alvin Lee, v/g (* 19.12.1944); Leo Lyons, b (* 30.11.1943); Chick Churchill, key (* 2.1.1949); Ric Lee, d (* 20.10.1945).
Die überlangen Stücke der britischen Rock/Blues-Band Ten Years After waren kaum geeignet für die Single-Hitparaden. *»Love Like A Man«* kam Mitte 1970 in die GB-Charts und erreichte Platz 10, in Deutschland Platz 9. Alle anderen Plattenveröffentlichungen, wenn es dann mal eine Single gab, kamen höchstens bis auf Platz 40. Die Anfänge der Band gehen zurück bis in das Jahr 1965. Alvin Lee, Lyons und Ric Lee schlossen sich zu dem Trio Jaybirds zusammen. 1966 waren sie für die Formation Ivy League während einer GB-Tour die Backing Band. Im November des gleichen Jahres kam als vierter Mann Churchill hinzu. Sie nannten sich Ten Years After und erhielten 1967 einen Plattenvertrag. Im Oktober des Jahres erscheint ihr Debüt-Album, ein Jahr später erscheint das Live-Album *»Undead«*, und im Frühjahr 1969 gehen sie auf US-Tournee, und ihr Album *»Stonedhenge«* erreicht in den GB-Charts Platz 6. Im August 1969 spielen sie beim Woodstock Festival und werden vom Publikum frenetisch gefeiert. Die Alben *»Sssh«* noch 1969 und *»Cricklewood Green«* im Frühjahr 1970 erreichen beide Platz 4 in den LP-Charts. Anfang 1971 erscheint mit *»Watt«* ein weiteres Album der Band in den Top 10. Bis zum März 1974 hält Ten Years After noch, dann löst Alvin Lee die Gruppe auf und gründet Alvin Lee & Co. Wie in den nächsten Jahren Alvin Lee durch die Gegend zieht, hat mit den musikalischen Vorstellungen, die man mit Ten Years After in Verbindung bringt, wenig zu tun. Mal kommt Alvin Lee solo, mal als Ten Years After, aber mit dem Blues- und Rock-Feeling der Endsechziger kann das alles nicht mithalten. 1988 werden sie von einem deutschen Veranstalter gefragt, ob sie nicht noch einmal in der Originalbesetzung auftreten wollen. 1989 erscheint in der Urbesetzung die CD *»About Time«*.

Der Hit: *Love Like A Man*
Der Tip: *The Classic Performance* (Chrysalis CCD 1134)

Terrell, Tammi

* 24.1.1946 als Thomasina Montgomery, † 16.3.1970. Die amerikanische Soul-Sängerin machte 1961 ihre ersten Platten und arbeitete dann in der James-Brown-Revue. Einen Namen machte sie sich durch ihre Duette mit Marvin Gaye. Mit ihm zusammen hatte sie die Top-10-Erfolge *»Your Precious Love«* und *»If I Could Build My Whole World Around You«* 1967 und *»Ain't Nothing Like The Real Thing«* und *»You're All I Need To Get By«* 1968. Schon 1967 war Tammi während eines Konzertes mit Marvin auf der Bühne zusammengebrochen, während sie gerade das Lied *»My Precious Love«* sangen, und später wurde ein Gehirntumor festgestellt. Nach mehreren Operationen und einigen hoffnungsvollen Neuanfängen – sie hat im Rollstuhl sitzend mehrere Male bei Motown an Plattenaufnahmen teilgenommen – starb sie 1970.

Der Hit: *Your Precious Love*

Tesla

Jeff Keith, v; Frank Hannon, g/key/v; Tommy Skeoch, g/v; Brian Wheat, b/v; Troy Lucketta, d.
Die aus Sacramento stammende Hardrock-Band hatte mit *»Little Susie«* im Frühjahr 1987 ihre erste Hit-Notierung in den USA. 1986 war ihr Debüt-Album *»Mechanical Resonance«* erschienen, 1989 kam mit *»The Great Radio Controversy«* die zweite LP. Mit Radios hatten sie es sowieso, denn ihren Namen leiteten sie von Nikola Tesla ab, der als Mitentwickler der drahtlosen Nachrichtenübermittlung gilt. Beide Alben verkauften sich mehr als eine Million mal in den USA. Der *»Love Song«* wurde von der zweiten LP als Single ausgekoppelt, kam im Herbst 1989 in die US-Charts, wurde Millionseller und erreichte Platz 10. Am 2. Juli 1990 nahmen sie im Trocadero in Philadelphia ein Album auf, das sie *»Five Men Acoustical Jam«* nannten. Der Titel lehnte sich an die kanadische Gruppe Five Men Electrical Band an, die Mitte 1971 den Millionseller *»Signs«* in den US-Charts hatte. Genau dieses *»Signs«* erschien nun Anfang 1991 als Single auf dem Markt und kletterte bis auf Platz 8. Tesla kann sich rühmen, mit dieser Platte zu denjenigen zu gehören, die die Unplugged-Welle auslösten.

Der Hit: *Signs*
Der Tip: *Five Men Acoustical Jam* (Geffen 9 24311 2)

Teter, Jack

Das nach ihm benannte Trio – Piano, Gitarre, Orgel – schaffte mit dem *»Johnson Rag«* Ende 1949 einen Platz 6 in den US-Charts. Ansonsten hinterließ Mr. Teter keine Spuren in der Chart-Geschichte.

Der Hit: *Johnson Rag*

Tex, Joe

* 8.8.1933 als Joseph Arrington, † 13.8.1982. Im berühmten Apollo Theater gewann der Amerikaner 1954 einen Nachwuchswettbewerb. Schon 1955 veröffentlichte er seine ersten Platten, aber erst ab 1964 war er erfolgreich. Ende jenes Jahres stand *»Hold What You've Got«* erstmals in den US-Charts und gleich auf Platz 5. 1967 kam er mit dem Millionseller und Top-10-Hit *»Skinny Legs And All«*. Wieder vergingen einige Jahre, bis er erneut mit einem Millionseller zuschlug: *»I Gotcha«* wurde im Januar 1972 Platz 2. Und um den Rhythmus zu halten: *»Ain't Gonna Bump No More (With No Big Fat Woman)«* wurde im Frühjahr 1977 zwar nur ein Platz 12 in den USA, aber wieder ein Millionseller und sein einziger Top-10-Hit in GB. Schon 1972 hatte er seinen Namen in Joseph Hazziez umgewandelt und war zum Islam übergetreten. Er starb nach einem Herzinfarkt.

Der Hit: *I Gotcha*
Der Tip: *25 Greatest Hits* (Repertoire 4270-WG TIS)

Texas

Sharlene Spiteri, v/g (* 7.11.1967); John McElhone, b (* 21.4.1963); Alistair McErlaine, g (* 30.10.1968); Stuart Kerr, d (* 16.3.1963); Eddie Campbell, key; Richard Hynd, d.
Nach der ersten Platte dieser schottischen Formation überschlugen sich die Kritiker und feierten sie als Sensation. Die vier – Spiteri, McElhone, McErlaine und Kerr – brachten eine gekonnte Mischung aus Slide-Gitarrensound, Blues-Klängen, Country-Zitaten ud Südstaaten-Rock. *»I Don't Want A Lover«* kam als Single im Frühjahr 1989 in die britischen Charts und erreichte Platz 8. Gegründet war die Formation lediglich zwei Jahre vorher. Das erste Album *»Southside«* war vielversprechend, kam in den USA jedoch nur knapp unter die ersten 100. Auch ansonsten hätte man bei dieser Art Musik mit mehr Erfolg in den USA gerechnet. Alle Nachfolge-Singles der Band erreichten eher die unteren Regionen der GB-

Charts. Lediglich ihr Remake eines Al-Green-Hits aus dem Jahre 1971, »*Tired Of Being Alone*«, brachte es im Frühjahr 1992 auf Platz 19.

Der Hit: *I Don't Want A Lover*
Der Tip: *Southside* (Phonogram 838 171-2)

Them

Van Morrison, v (* 31.8.1945 als George Ivan Morrison); Billy Harrison, g (* 14.10.1942); Alan Henderson, b (* 26.11.1944); Ronnie Millings, d; Eric Wiksen, p; Jack McAuley, key (* 14.12.1946); Pat John McAuley, d (* 17.3.1944); Peter Bardens, key (* 19.6.1945); Joe Baldi, g; John Wilson, d (* 6.11.1947); Jim Armstrong, g (* 24.7.1944); Ray Elliott, p/sax (* 13.9.1943); Terry Noone, d; Dave Harvey, d; Ken McDowell, v.

Diese irische Rhythm-&-Blues-Gruppe wurde 1963 gegründet. Zu diesem Zeitpunkt waren Morrison, Wiksen, Harrison, Henderson und Millings die Mitglieder dieser Formation. Im Laufe der nächsten Jahre sollte sich die Besetzung dieser Formation so oft ändern, daß es heute nur noch schwer nachzuvollziehen ist, welcher der oben genannten Musiker wann mitgespielt hat. Die erste Single-Veröffentlichung war eine Neuaufnahme von Slim Harpos »*Don't Start Crying Now*«. Der Nachfolger »*Baby Please Don't Go*«, im Original von Big Joe Williams, kam im Januar 1965 in die GB-Charts und erreichte Platz 10. Drei Monate später erschien »*Here Comes The Night*« und stieg bis auf Platz 2 in GB. Diese Nummer hatte Bert Berns geschrieben, der Morrison auch später in die USA lockte. Berns hatte seit Anfang der 60er Jahre als Songschreiber Erfolg. Darunter waren Titel wie »*Twist And Shout*« mit den Isley Brothers/Beatles oder »*Hang On Sloopy*« für die McCoys. Von seinem verdienten Geld hatte er die Plattenfirma Bang gegründet, auf der die McCoys, Neil Diamond und später auch Van Morrison ihre Platten veröffentlichten. Nach »*Here Comes The Night*« kamen weitere Singles, so z. B. der Morrison-Titel »*Gloria*«, der im Frühjahr 1965 in die amerikanischen Charts kam und heute zum Markenzeichen von Them geworden ist. Anfang 1966 hatte die US-Garagen-Band Shadows Of Knight damit einen Top-10-Erfolg in den USA. Nachdem diese Cover-Version in den USA so erfolgreich wurde, trennte sich Van Morrison von Them und ging zu Berns nach Amerika. Mitte 1967 erschien auf Bang Records der US-Top-10-Erfolg »*Brown Eyed Girl*«, der erste Single-Hit des Solisten Van Morrison. Es folgten weitere Besetzungen von Them, deren Sänger Ken McDowell Van Morrison jedoch nicht das Wasser reichen konnte. In Deutschland wurde der bekannteste Titel die Nummer »*It's All Over Now Baby Blue*«, eine Komposition von Bob Dylan, die im Februar 1974 bis auf Platz 13 kam. Sie war vorher als Hintergrundmelodie in dem TV-Krimi »Die Rocker« gelaufen. Obwohl es die Band über viele Jahre nicht konstant gab, hielt

Billy Harrison immer Kontakt zu den ehemaligen Mitgliedern. 1978 versuchte Harrison noch einmal ein Comeback mit diversen Musikern als Them, das jedoch nichts brachte.

Der Hit: *Here Comes The Night*
Der Tip: *Them Featuring Van Morrison* (London 820 925-2)

They Might Be Giants

John Flansburgh, g/v; John Linnell, acc/v.
1988 wurden die beiden Mitglieder der Gruppe von der amerikanischen Zeitschrift Esquire zu den einflußreichsten Amerikanern im Musikbusineß gezählt. Niedergeschlagen hat sich das in der amerikanischen Hitparade zumindest nicht. Im Frühjahr 1990 stand »*Birdhouse In Your Soul*« auf Platz 6 nicht der amerikanischen, sondern der britischen Hitparade. Auch der Nachfolger »*Istanbul (Not Constantinople)*« schaffte nur den Einstieg in die GB-, nicht aber in die US-Charts. 1986 hatte dieses Duo, das anfangs eine kleine Fan-Gemeinde in New York um sich scharte, eine selbstproduzierte und -vertriebene Kassette veröffentlicht. Das ebnete ihnen den Weg zu einem Independent Label. Anfang 1988 sorgte MTV dafür, daß das Video zu »*Don't Let's Start*« sie über die Grenzen von New York hinaus bekannt machte. Möglich, daß die ironische und skurrile Musik der beiden in den USA bisher eben nur für die College Charts interessant war.

Der Hit: *Birdhouse In Your Soul*
Der Tip: *Flood* (Elektra 960 907-2)

Thin Lizzy

Phil Lynott, v/b (* 20.8.1951, † 4.1.1986); Eric Bell, g (* 3.9.1947); Brian Downey, d (* 27.1.1951); Gary Moore, g (* 4.4.1954); Scott Gorham, g (* 17.3.1951); Brian Robertson, g (* 12.9.1956); Snowy White, g (* 3.3.1950); John Sykes, g (* 29.7.1959); Darren Wharton, key.
Die Band wurde 1969 in Dublin, Irland, von Phil Lynott, Sohn brasilianisch/irischer Eltern gegründet. Mitstreiter wurden Downey und Bell. 1970 erhielten sie einen Plattenvertrag, und die ersten beiden LPs waren nicht sonderlich erfolgreich. Ihre Single »*Whisky In The Jar*« kam im Januar 1973 in die GB-Charts und erreichte Platz 6. Ein Jahr später verließ Bell die Band, für ihn kam Gary Moore, der jedoch schon vier Monate später kurz durch Andy Gee und John Cann ersetzt wurde, bevor als feste Mitglieder Robertson und Gorham kamen. »*The Boys Are Back In Town*« war im Frühjahr 1976 der nächste Top-10-Erfolg der Gruppe. Anfang 1977 wird Robertson aufgefordert, die Band zu verlassen. Noch einmal kommt kurz-

fristig Gary Moore dazu und hilft aus, bis Robertson sich wieder erholt hat. Dieses Spiel wiederholt sich 1978 noch einmal, bis Robertson schließlich zu Wild Horses geht und Moore mit Hilfe von Lynott die Single *»Parisian Walkways«* Mitte 1979 bis auf Platz 8 in GB bringt. Eigentlich hätte es eine Lynott-Soloplatte sein müssen, denn er singt und Moore spielt Gitarre. Auch in den nächsten Jahren wechselt die Besetzung recht häufig. Konstante ist immer Phil Lynott. Erst im August 1983 löst Lynott Thin Lizzy endgültig auf. Mit *»Waiting For An Alibi«* 1979 und *»Killer On The Loose«* 1980 hatte die Band noch zwei weitere Top-10-Erfolge. Nach dem August 1983 werden sie auch nicht mehr in den Single-Charts notiert. Am 4. Januar 1986 stirbt Lynott an Leberversagen.

Der Hit: *Whisky In The Jar*
Der Tip: *The Very Best Of* (Vertigo 848 192-2)

Third World

Milton Hamilton, v/g; Bunny Rugs, v/g (* als William Clarke); Stephen H. »Cat« Coore, g/b/v (* 1960); K. Michael »Ibo« Cooper, key/v/g; Richard »Bassheart« Daley, b (* 1955); Irvin »Carrott« Jarrett, per (* 1951); William John Lee »Root« Stewart, d (* 15.2.1953); Cornell Marshall, d.
Third World wurde Mitte 1973 auf Jamaika gegründet und kam zwei Jahre später nach GB. Dort erhielten sie einen Plattenvertrag bei Island Records, die auch Bob Marley & The Wailers unter Vertrag hatten. Der Titel *»Now That We Found Love«* kam Ende 1978 in die GB-Charts und erreichte Platz 10. In den USA wurde es die einzige Hit-Notierung der Band, Platz 47. *»Dancing On The Floor (Hooked On Love)«* war Mitte 1981 ein weiterer Platz 10 der Band in GB. Danach folgte nichts Neues mehr in den Hitparaden.

Der Hit: *Now That We Found Love*
Der Tip: *Journey To Addis* (Island 26476)

38 Specials

Donnie van Zant, v (* 11.6.1952); Don Barnes, g/v (* 3.12.1952); Jeff Carlisi, g (* 15.7.1952); Ken Lyons, b; Larry Jungstrom, b (* 22.6.1949); Steve Brookins, d (* 2.6.1951); Jack Grondin, d (* 3.10.1951); Danny Chauncey, g/v; Max Carl, d.
Diese aus Florida stammende Rock-Gruppe wurde im Sommer 1975 durch den jüngeren Bruder von Ronnie van Zant, Donnie, gegründet. Das erste Album der Band erschien 1977. An den meisten der frühen Hits hatte Jim Peterik von der Gruppe Survivor mitgeschrieben. Noch bevor es 1980 mit *»Rockin' Into The Night«* zur ersten Hit-Notierung kam, wurde Lyons durch Jungstrom ersetzt.

»Caught Up In You« war im Frühjahr 1982 der erste Top-10-Erfolg der Band. 1988 gingen Barnes und Brookins, und für sie kamen Chancey und Carl. *»Second Chance«* hieß der zweite Top-10-Hit der Band Anfang 1989. Ihre letzte Hit-Notierung hatten sie Mitte 1991 mit *»The Sound Of Your Voice«*.

Der Hit: *Caught Up In You*
Der Tip: *Flashback* (A&M 393 910 2)

Thomas, B. J.

* 7.8.1942 als Billy Joe Thomas. Der Amerikaner begann noch als Schüler bei der Gruppe Triumphs, mit der er im Frühjahr 1966 den US-Top-10-Hit *»I'm So Lonesome I Could Cry«* hatte. Nach drei weiteren Hit-Notierungen sang er als Solist. *»Hooked On A Feeling«* erreichte Ende 1968 Platz 5 in den USA und wurde ein Millionseller. Der Song *»Raindrops Keep Fallin' On My Head«* aus dem Film »Butch Cassidy And The Sundance Kid« kam ein Jahr später in die US-Charts, wurde ebenfalls Millionseller und Spitzenreiter. *»I Just Can't Help Believing«* wurde Mitte 1970 der nächste Top-10-Erfolg, und im Frühjahr 1975 gelang ihm wieder ein Spitzenreiter und Millionseller in den USA mit *»(Hey Won't You Play) Another Somebody Done Somebody Wrong Song«*. Das schien die richtige Platte zu sein, um sich in der Kneipe bei Liebeskummer einen reinzuziehen. Nach 1976 verlegte sich Thomas mehr auf die Gebiete Country und Gospel. So gelangen ihm z. B. mit *»Whatever Happened To Old Fashioned Love«* und *»New Looks From An Old Lover«* 1983 zwei Spitzenpositionen in den C&W-Charts. Bemerkenswert auch der Titel *»Rock & Roll Shoes«*, der im Herbst 1984 in den Top 20 der C&W-Charts war und den er im Duett mit Ray Charles sang.

Der Hit: *Raindrops Keep Fallin' On My Head*

Thomas, Carla

* 21.12.1942. Die amerikanische Sängerin ist die Tochter von Rufus Thomas, mit dem sie auch 1960 ihre ersten Platten im Duett sang. Als Solistin gelang ihr Anfang 1961 der US-Top-10-Erfolg *»Gee Whiz (Look At His Eyes)«*. Im Duett mit Otis Redding hatte sie Mitte 1967 die beiden Hits *»Tramp«* und *»Knock On Wood«*. Ihre Hit-Notierungen reichen bis in das Jahr 1969. Bis Mitte der 70er Jahre die Plattenfirma Stax Bankrott anmelden mußte, machte Carla weiter Platten. Danach trat sie noch gelegentlich mit Revival Shows auf.

Der Hit: *Gee Whiz (Look At His Eyes)*

Thomas, Evelyn

* 22.8.1953. Diese aus Chicago stammende Sängerin hatte mit »*Weak Spot*« Anfang 1976 in GB ihre erste Top-30-Notierung. Mit 19 war sie eine in den USA gefragte Gospel- und Jazzsängerin. 1975 traf sie mit dem amerikanischen Produzenten Danny Leake sowie dessen Londoner Kollegen Ian Levine zusammen. Das Ergebnis war der erste Hit. Nachdem keine weiteren Erfolge mehr gelangen, zog sie sich 1979 zurück. Vier Jahre später erinnerte sich Levine, der nun mit einem neuen englischen Plattenlabel kooperierte, an die stimmgewaltige Sängerin und lud Evelyn nach GB ein, um dort einige Demos zu produzieren. Heraus kam die Disco-Nummer »*High Energy*«, die Platz 5 in GB und Platz 1 in Deutschland erreichte. Nach einem weiteren Top-40-Hit in Deutschland, »*Masquerade*«, hat sie sich erneut aus dem Geschäft zurückgezogen.

Der Hit: *High Energy*
Der Tip: *High Energy* (Ariola 206 554)

Thomas, Kenny

* 12.9.1968. Thomas, halb Spanier und halb Engländer, wuchs in Las Palmas auf. Als Teenager kehrte er nach London zurück und interessierte sich vor allem für die Musik von Stevie Wonder, Roy Ayers oder Earth, Wind & Fire. 1991 erschien seine Debüt-Single »*Outstanding*«, eine Cover-Version eines Gap-Band-Hits. Sie erreichte im Frühjahr Platz 12 in GB. Die Nachfolge-Single »*Thinking About Your Love*« brachte es bis auf Platz 4, und Ende des Jahres erschien mit »*Best Of You*« seine dritte Single, die bis auf Position 11 stieg. Nachdem 1991 abgelaufen war, gehörte Kenny zu den 11 erfolgreichsten Künstlern des Jahres. Seine Debüt-LP »*Voices*« stieg bis auf Platz 3 in GB.

Der Hit: *Thinking About Your Love*
Der Tip: *Voices* (Cool Tempo CCD 1890 321 8902)

Thomas, Nicky

Dem Jamaikaner Nicky Thomas gelang mit der Nummer »*Love Of The Common People*« Mitte 1970 Platz 9 in GB. 1983 sollte die Version von Paul Young Platz 2 erreichen. Ein Nachfolge-Hit gelang Thomas nicht.

Der Hit: *Love Of The Common People*
Der Tip: *Tell it Like It Is* (Trojan TRLS 25)

Thomas, Peter

* 1.12.1925. Peter Thomas war mit seinem Sound-Orchester verantwortlich für viele TV-Melodien. Seine erste Hit-Notierung, einen Platz 4, hatte er mit der Nummer »*Melissa*«, die den gleichnamigen Francis-Durbridge-Krimi untermalte. Das war im Frühjahr 1966 – zu der Zeit, als Durbridge-Krimis noch echte Straßenfeger waren. Seine zweite Hit-Notierung, Platz 27, war »*Raumpatrouille*« im Januar 1967. Bei Wiederholungen dieser deutschen Weltraumsaga wirkt sie schon wieder so naiv, daß man sie lieben muß. Sie hat alles, was eine Kultsendung ausmacht.

Der Hit: *Melissa*

Thomas, Rufus

* 26.3.1917. Der amerikanische Rhythm-&-Blues-Sänger, Songschreiber, Tanzerfinder und Diskjockey begann seine Karriere als Mitglied der Rabbit Foot Minstrels im Jahre 1935. Als Solist machte er seine ersten Platten 1950. Auf dem Sun Label hatte er mit der Nummer »*Bear Cat*« 1953 seinen ersten Erfolg in den Rhythm-&-Blues-Charts. Es handelte sich bei diesem Lied um einen Antwortsong auf Big Mama Thorntons »*Hound Dog*«. Sein größter Pop-Hit war 1963 »*Walking The Dog*«, Platz 10 in den USA. 1970 gelang ihm mit »*Do The Funky Chicken*« noch eine Notierung unter den ersten 30 in den USA und in GB. Von 1953 bis 1974 arbeitete er als Diskjockey bei einer Rundfunkstation in Memphis. Seine Tochter ist die Soul-Sängerin Carla Thomas. Platten von Rufus erscheinen bis in die 90er Jahre. In den 80ern machte er auch Rap- und Blues-orientierte Aufnahmen. 1992 erschien mit »*Timeless Funk*« eine erstaunlich gute, neue Produktion von Thomas.

Der Hit: *Walking The Dog*
Der Tip: *Timeless Funk* (CNR Records 656.796-2)

Thomas, Timmy

* 13.11.1944. Der amerikanische Sänger, Tastenspieler und Songschreiber spielte zusammen mit Donald Byrd und Cannonball Adderley, bevor er Studiomusiker in Memphis wurde. 1970 ging er nach Miami und arbeitete dort für Betty Wright, George und Gwen McCrae, Leif Garrett, Nicole und K.C. & The Sunshine Band. Mit der selbstgeschriebenen Nummer »*Why Can't We Live Together*« kam er Ende 1972 in die US-Charts, erreichte dort Platz 3 und die Top 20 in GB. Es folgten weitere Plattenveröffentlichungen, aber an ihm hing immer sein erster großer

Erfolg, der, als er im Herbst 1990 noch einmal in Deutschland veröffentlicht wurde, in die Top 30 kam.

Der Hit: *Why Can't We Live Together*
Der Tip: *Why Can't We Live Together* (Polydor 2310 249)

Thompson, Chris

* 9.3.1948. Der neuseeländische Sänger, Gitarrist und Songschreiber kam 1974 nach GB und wurde zwei Jahre später Mitglied bei Manfred Mann's Earthband. Seine Stimme war es, die Songs wie »*Blinded By The Light*« 1976 oder »*Davy's On The Road Again*« 1978 zu Hits machte. 1979 startete er seine eigene Gruppe Night, deren größte Single-Erfolge 1979 »*Hot Summer Nights*« und »*If You Remember Me*« waren. Nach zwei LPs machte er als Solist weiter, war aber auch wieder als Gastsänger bei Manfred Mann zu hören. Durch die 80er und bis in die 90er Jahre erschienen immer wieder Soloplatten von Chris. Lediglich in Deutschland gelang ihm mit der Titelmelodie zum Wimbledon-Tennisturnier 1989, »*The Challenge (Face It)*« ein Top-10-Erfolg. Produziert hatte die Nummer Harold Faltermeyer. Den Erfolg hat Chris sicher auch der Tatsache zu verdanken, daß dieses Turnier in Wimbledon, das vom 26.6. bis 9.7.1989 stattfand, für die Deutschen überdurchschnittlich gut ausging. Boris Becker schlug Stefan Edberg in drei Sätzen, Steffi Graf brauchte drei Sätze, um Martina Navratilova zu besiegen. Man kann sich also vorstellen, daß viele deutsche Zuschauer die Fernsehübertragungen sahen und deshalb den Titel von Thompson hörten. Im Frühjahr 1991 hatte er mit der Titelmelodie aus der ARD-Serie »*Jolly Joker*« einen Top-40-Erfolg. Als Studiomusiker ist Chris auf Platten von Elton John, den Doobie Brothers, Def Leppard, Robbie Neville oder Frankie Goes To Hollywood zu hören. Als Songautor schrieb er mit anderen die Nummer »*You're The Voice*«, mit der John Farnham einen großen Hit hatte.

Der Hit: *The Challenge (Face It)*
Der Tip: *Beat Of Love* (Ariola 261 417)

Thompson, Sue

* 19.7.1926 als Eva Sue McKee. Der amerikanischen Sängerin gelangen 1961 mit »*Sad Movies (Make Me Cry)*« und »*Norman*« – beides Titel von John D. Loudermilk – zwei Top-10-Erfolge in den USA. Nach fünf weiteren Notierungen, die nicht mehr unter die ersten 10 kamen, war 1965 ihre Karriere in den Pop-Charts wieder beendet. Zwischen 1972 und 1976 hatte Sue 12 Notierungen in den amerikanischen Country-Charts. Country-Music hatte sie auch vor ihrer

Chris Thompson *(Ariola)*

Karriere als Pop-Sängerin bereits gemacht. So sah man sie bereits als Teenager in der »Hometown Hayride« TV-Sendung in San Francisco. Zusammen mit Red Foley hatte sie in den späten 50er Jahren an der Grand Ole Opry gearbeitet. Zwischen 1953 und 1963 war sie mit dem Country-Star Hank Penny verheiratet, der in der zweiten Hälfte der 40er Jahre in den US-Charts erfolgreich war.

Der Hit: *Norman*
Der Tip: *Golden Hits* (Hickory Records HJN 198)

Thompson Twins

Tom Bailey, v/syn (* 18.1.1956); Peter Dodd, g; John Roog, g; Chris Bell, d; Joe Leeway, conga/syn (* 15.11.1957); Alannah Currie, per (* 28.9.1957); Matthew Seligman, b.
In dem Cartoon »Tin Tin« heißen zwei Figuren Thompson Twins. Nach ihnen benannten sich Bailey, Dodd und Roog, die 1977 diese britische Formation gründeten. 1978 nehmen sie als Schlagzeuger Chris Bell hinzu. Im Frühjahr 1980 erschient ihre erste Single *»Squares And Triangles«*, ein halbes Jahr später *»She's In Love With Mystery«*. Ab Ende 1980 trifft sich Bailey häufig privat mit der aus Neuseeland stammenden Alannah Currie. Im Frühjahr 1981 erhalten die

Thompson Twins einen Plattenvertrag bei einer Major Company und veröffentlichen »*Perfect Game*«. Im August des gleichen Jahres spielt Currie erstmals Percussion für die Band. Leeway, ein alter Freund aus Urtagen, der bisher Roadie für die Twins war, steht nun ebenfalls auf der Bühne, nachdem man ihm Bongos gekauft hatte. Im Herbst des Jahres erscheint mit »*Make Believe*« eine nächste Single der Formation. Bassist Matthew Seligman wird Anfang 1982 in die Gruppe aufgenommen. Zwei Monate später erscheint die LP »*Set*«, die in GB die Top 50 erreicht. »*In The Name Of Love*«, von dieser LP, wird in den USA ein Platz 1 in den Dance Charts. Manager Hadd kommt zu dem Ergebnis, daß die Band überbesetzt ist. Bell, Dodd, Seligman und Roog werden rausgeschmissen, und übrig bleibt das Trio Bailey, Leeway, Currie. Im Mai des gleichen Jahres erscheint »*Runaway*«, im Oktober »*Lies*«, und damit haben sie ihren ersten Chart-Erfolg in GB. »*Love On Your Side*«, »*We Are Detectives*« und »*Hold Me Now*« sind Top-10-Erfolge 1983, »*Doctor! Doctor!*« und »*You Make Me Up*« 1984. »*Hold Me Now*« ist im Frühjahr 1984 der erste Top-10-Erfolg der Thompson Twins in den USA. »*Lay Your Hands On Me*« 1985 und »*King For A Day*« 1986 werden dort die weiteren Top-10-Plazierungen. Ende 1986 verläßt Leeway das Trio. Platten des verbliebenen Duos erreichen nicht mehr die britischen oder amerikanischen Top 20. 1988 bekommen Bailey und Currie ihr erstes Kind. Für Deborah Harry schreiben sie den Titel »*I Want That Man*«, der 1989 unter die ersten 20 in GB kommt.

Der Hit: *Hold Me Now*
Der Tip: *Into The Gap* (Arista 205 971)

Thorne, Ken

Der Brite war Leiter des gleichnamigen Orchesters, das Mitte 1963 mit »*Theme From The Film ›The Legion's Last Patrol‹*« Platz 4 in GB erreichte. Es blieb sein einziger Erfolg.

Der Hit: *Theme From The Film ›The Legion's Last Patrol‹*

Three Degrees

Fayette Pinkney, Linda Turner, Shirley Porter, Sheila Ferguson, Valerie Holiday, alle v.
Bereits mit seiner ersten Single hatte das aus Philadelphia stammende Mädchentrio seinen ersten Hit: »*Gee Baby (I'm Sorry)*« erreichte Anfang 1965 die amerikanische Hitparade. Im darauffolgenden Jahr wurden die Urmitglieder Turner und Porter durch Ferguson und Holiday ersetzt. »*Maybe*« wurde Mitte 1970 dann die erste Top-30-Notierung der Formation in den USA. Der Titel »*TSOP (The*

Sound Of Philadelphia)«, veröffentlicht unter dem Gruppennamen MFSB featuring The Three Degrees, wurde im Frühjahr 1974 Millionseller und Spitzenreiter in den USA. Das dürfte die Nummer der Tatsache zu verdanken haben, daß sie die Titelmelodie der erfolgreichen US-TV-Show »Soul Train« war. Der Gesangsteil der Three Degrees ist so groß, daß sie heute noch als Instrumentalplatte bezeichnet wird. Auf der anderen Seite half die Nummer, den Namen Three Degrees populär zu machen. Im Herbst des gleichen Jahres gelang den dreien mit *»When I Will See You Again«* ein eigener Millionseller und Platz 2 in den USA. In GB wurde die Platte Spitzenreiter. In den USA war nach der Nummer Schluß für die Three Degrees, in GB gelangen ihnen mit *»Take Good Care Of Yourself«* 1975 und *»Woman In Love«*, *»The Runner«* und *»My Simple Heart«* 1979 weitere Top-10-Erfolge. Letztmals werden sie 1985 aufgeführt. In Deutschland hört man von der Gruppe erst wieder, als sie 1993 zusammen mit Thomas Anders, einst ein Teil von Modern Talking, eine neue Version von *»When I Will See You Again«* veröffentlichen.

Der Hit: *When I Will See You Again*
Der Tip: *The Three Degrees* (CBS PIR 65 858)

Three Dog Night

Danny Hutton, v (* 10.9.1942); Cory Wells, v (* 5.2.1942); Chuck Negron, v (* 8.6.1942 als Charles Negron); Jim Greenspoon, org (* 7.2.1948); Joe Schermie, b (* 12.2.1945); Mike Allsup, g (* 8.3.1947); Floyd Sneed, d (* 22.11.1943); Jay Gruska, v.

Die Formation kommt 1968 in Los Angeles zusammen. Leadsänger wird Danny Hutton, der vorher bereits als freier Produzent, Session-Sänger und als Solist gearbeitet hatte. Sein größter Solo-Erfolg war *»Roses And Rainbows«* und stand Ende 1965 unter den ersten 80 der US-Charts. Nachdem er sich erfolglos um einen Platz in der Retortengruppe Monkees beworben hatte, wurde er Gründer von Three Dog Night. Ende 1968 erhalten sie einen Plattenvertrag, und ihre erste Single, *»Nobody«*, kauft niemand. Mit *»Try A Little Tenderness«*, im Original ein Hit von Otis Redding aus dem Jahre 1967, haben sie Anfang 1969 ihre erste Hit-Notierung, Top-30 in den USA. Drei Monate später erscheint die Harry-Nilsson-Komposition *»One«*, die ein Millionseller und Platz 5 in den USA wird. Weitere Millionseller der Band sind *»Mama Told Me (Not To Come)«* 1970, *»Joy To The World«* und *»An Old Fashioned Love Song«* 1971, *»Black & White«* 1972, *»Shambala«* 1973 und *»The Show Must Go On«* 1974. 1976 trennt sich die Band, im Juni 1981 kommt sie noch einmal für weitere Platten zusammen, jedoch ohne Erfolg. Kurz bevor sie sich auflösen, wird Hutton durch Gruska ersetzt. Die Reunion jedoch geht wieder von Hutton aus. Der einzige Top-10-

Erfolg von Three Dog Night in GB war die Randy-Newman-Komposition *»Mama Told Me (Not To Come)«* im Herbst 1970.

Der Hit: *Mama Told Me (Not To Come)*
Der Tip: *16 Original World Hits* (MCA 8.62010 LZ)

Three Flames

Tiger George Haynes, g (* 13.12.1907); Roy Testamark, p († 1954); Averill »Rill« Pollard, b († 1977).
Das New Yorker Rhythm-&-Blues-Trio hatte einen einzigen Hit: *»Open The Door, Richard«*. Die Platte wurde im Frühjahr 1947 Spitzenreiter in den US-Charts. Zwei Jahre später hatten die drei ihre eigene TV-Show, und von 1956 bis 1957 waren sie Bestandteil der Serie »Washington Square«. Das Trio bestand mit etlichen Umbesetzungen bis in das Jahr 1964. Haynes wurde später Schauspieler und Tänzer in Broadway-Shows. So sah man ihn z. B. als Tin Man in *»The Wiz«*, in dem Film *»All That Jazz«* und 1982 in dem TV-Film »Benny's Place«.

Der Hit: *Open The Door, Richard*

Three Suns

Al Nevins, g; Morty Nevins, acc; Artie Dunn, org; Tony Lovello, acc; Johnny Romano, g.
Dieses populäre amerikanische Instrumentaltrio hatte Mitte 1944 mit *»Long Ago (And Far Away)«* seine erste Hit-Notierung. Die Urbesetzung bestand aus den Brüdern Nevins und Artie Dunn. Dunn war auch derjenige, der sang, wenn es notwendig war. Das Trio hatte bereits 1939 in Philadelphia begonnen und trat, wie es in jenen Jahren üblich war, durch die 40er Jahre in Radiosendungen auf. *»How Many Hearts Have You Broken«* 1944, *»All Of My Life«* 1945 und *»Five Minutes More«* und *»Rumors Are Flying«* 1946 waren die ersten Top-10-Erfolge. *»Peg O' My Heart«* stand Mitte 1947 auf Platz 1, und *»I'm Looking Over A Four-Leaf Clover«* war 1948 ihr letzter Top-10-Hit. In den Charts werden sie noch bis 1954 notiert. In den 50er Jahren kam es zu häufigen Umbesetzungen. 1957 wurde die Gruppe neu formiert mit Dunn, Lovello und Romano.

Der Hit: *Peg O' My Heart*

Thunder, Johnny

* 15.8.1941 als Gil Hamilton. Dem amerikanischen Rhythm-&-Blues-Sänger gelang mit der Nummer *»Loop De Loop«* Ende 1962 ein Platz 4 in der amerikani-

schen Hitparade. Zwei weitere Hit-Notierungen 1965 und 1967 konnten diesen Erfolg nicht wiederholen. Seinen Hit hatte er zusammen mit dem Produzenten Teddy Vann geschrieben, nachdem er bereits ohne Erfolg einige Platten unter seinem richtigen Namen veröffentlicht hatte. 1959 war er für kurze Zeit Mitglied der Drifters gewesen. Obwohl er keine Hits mehr hatte, trat er bis in die 80er Jahre weiter auf.

Der Hit: *Loop De Loop*

Thunderclap Newman

Speedy Keen, v (* 29.3.1945 als John Keen); Andy Newman, p; Jimmy McCulloch, g (* 4.6.1952, † 27.9.1979); Jim Pitman-Avory, b; Jack McCulloch, d.
Für das *»Sell Out«* Album der Who hatte Speedy Keen den Titel *»Armenia, City In The Sky«* geschrieben. Um ihn herum baute Pete Townshend eine Band auf, die er produzierte und die mit *»Something In The Air«* Mitte 1969 Platz 1 in GB belegte. In Deutschland kam die Platte in die Top 20, in den USA in die Top 40. Der Titel war auch in dem Film »The Magic Christian« zu hören und kann heute im Rückblick als frühe Umweltnummer angesehen werden. Ein Nachfolgehit wollte der Gruppe nicht gelingen, und es half auch nichts, das ursprüngliche Trio auf ein Quintett aufzublasen. Die Band fiel wieder auseinander. Keen und Newman machten Soloplatten. Jimmy ging zu Stone The Crows und wurde schließlich von 1975 bis 1977 Mitglied der Wings. Er schloß sich kurzfristig den Small Faces an, war auf Platten von Nick Gilder, Roy Harper und Roger Daltrey zu hören. Gerade hatte er seine eigene Band Dukes gegründet, als er unter ungeklärten Umständen starb.

Der Hit: *Something In The Air*
Der Tip: *Hollywood Dream* (Polydor 2480 009)

Thurston, Bobby

Der Amerikaner wurde von seiner Plattenfirma als »The New Wave In Black Magic« angeboten. Während seiner High-School-Tage hatte er als Studiomusiker mit den Commodores, Earth, Wind & Fire, George McCrae oder Skip Mahoney & The Casuals gespielt. Schließlich wurde er Mitglied bei Spectrum Ltd. Zuerst spielte er Congas und sang im Hintergrund, dann wurde er Leadsänger. Bobby gelang mit der Disco-Nummer *»Check Out The Grove«* im Frühjahr 1980 ein Platz 10 in den britischen Charts. Weitere Hits konnte er nicht für sich verbuchen. Nebenher arbeitete er für das US State Department – oder umgekehrt?

Der Hit: *Check Out The Grove*
Der Tip: *You Got What It Takes* (Jupiter Records 202 090-320)

Tiffany

Tiffany *(MCA)*

* 2.10.1971 als Tiffany Renee Darwisch. 1987 tauchte die amerikanische Sängerin in der TV-Serie »La La La Lolitas« auf und machte als Kind Musik für Kinder. Ihre erste Hit-Notierung war im August 1987 ein Nachzieher des Tommy-James-&-Shondells-Hits *»I Think We're Alone Now«* aus dem Jahre 1967. James brachte es bis auf Platz 4, Tiffany wurde Spitzenreiter in den USA und in GB. Drei Monate später kam ihre Nachfolge-Single *»Could've Been«* ebenfalls auf Platz 1 der amerikanischen Charts. *»I Saw Him Standing There«*, der Beatles-Klassiker aus weiblicher Sicht, und *»All This Time«* waren 1988 zwei weitere Top-10-Erfolge für Tiffany. Mit Beginn der 90er Jahre wurde es stiller um sie.

Der Hit: *I Think We're Alone Now*
Der Tip: *Tiffany* (MCA 255 162-2)

Tight Fit

Roy Ward, v; Steve Grant; Julie Harris; Denise Gyngell; Vicki Pemberton; Carol Stevens.
Nachdem der Holländer Jaap Eggermont mit seinen Stars On 45 weltweit Erfolg hatte, reizte er natürlich viele Produzenten zur Nachahmung. Einer davon war der Brite Ken Gold, der mit Studiomusikern *»Back To The Sixties«* produzierte und mit diesem Medley Mitte 1981 bis auf Platz 4 in den GB-Charts kam. Teil 2 dieser Rückbesinnung auf die 60er Jahre war schon nicht mehr so erfolgreich, und ab 1982 änderte Ken die Taktik. Mit dem Sänger Roy Ward nahm er einen Oldie in seiner vollen Länge auf und ließ ihn von drei Models/Tänzern darstellen. Der alte Klassiker der Tokens *»The Lion Sleeps Tonight«* kam auf diese Art und Weise wieder zu Hit-Ehren: Anfang 1982 Spitzenreiter in GB, in Deutschland Platz 3. Dargestellt wurde der Titel von Steve Grant und den beiden Tänzerinnen Harris und Gyngell. Der Nachfolger *»Fantasy Island«* erreichte noch Platz 5, *»Secret Heart«* Mitte 1982 nicht einmal mehr die Top 40. Gold tauschte die Mädchen um Steve Grant, und damit war es dann ganz aus. Steve versuchte sich erst in der Disco-Truppe Splash und dann als Solist.

Der Hit: *The Lion Sleeps Tonight*
Der Tip: *Tight Fit* (Jive Records 6.25309)

Tikaram, Tanita

* 12.8.1969. Diese britische Sängerin galt 1988 als die Überraschung des Jahres. Ihr Vater stammte von den Fidschiinseln und gehörte der britischen Armee an, ihre Mutter war Britin. Tanita wurde in Münster geboren, wo ihr Vater stationiert war, und lebte dort bis 1982. Dann zog die Familie nach GB. 1988 erschien Tanitas Debüt-Album, auf dem sich die Nummer »*Good Tradition*« befand, die es in GB Mitte des Jahres bis auf Platz 10 brachte. Von der Anlage ihrer Stimme erinnerte Tanita an die junge Helen Shapiro. Der Nachfolger »*Twist In My Sobriety*« erreichte im Herbst 1988 nur noch Platz 22 in GB, wurde dafür aber Anfang 1989 Platz 2 in Deutschland. Ihre ersten drei LPs hat Rod Argent mitproduziert. Ab 1992 und »*Eleven Kinds Of Loneliness*« produzierte sie sich selbst. Einen weiteren Hit brachte es bisher nicht.

Der Hit: *Twist In My Sobriety*
Der Tip: *Ancient Heart* (WEA 243 877-2)

Tillotson, Johnny

* 20.4.1939. Bereits als Neunjähriger hatte der kleine Johnny bei einer lokalen Radiostation seine eigene Sendung. Später wurde er hauptberuflich Diskjockey und hatte auch seine eigene TV-Show. Ende 1958 gelang ihm mit »*Well I'm Your Man*« seine erste Hit-Notierung. Im gleichen Jahr hatte er einen Plattenvertrag erhalten. Bis 1965 gelangen ihm 26 Hit-Notierungen. Seine größten Hits waren »*Poetry In Motion*«, Ende 1960 Platz 2 in den USA und Spitzenreiter in GB, »*Without You*« 1961, »*It Keeps Right On A-Hurtin'*« 1962 und »*Talk Back Trembling Lips*« 1963. Von Tillotson stammte das Original des Bernd-Spier-Hits »*Das kannst du mir nicht verbieten*«. Bei Johnny hieß die Nummer »*You Can Never Stop Me Loving You*«. Seine Plattenveröffentlichungen reichten bis in die 80er Jahre. Seine letzte Hit-Notierung hatte Tillotson mit »*Lay Back (In The Arms Of Someone)*« im Frühjahr 1984 in den US-Country-Charts.

Der Hit: *Poetry In Motion*
Der Tip: *All His Early Hits – And More!!!!* (Ace CD CHD 946 TIS)

Tilton, Martha

* 12.11.1918. Die amerikanische Sängerin wurde bekannt, als sie zwischen 1937 und 1939 bei Benny Goodman war. So sang sie für ihn z. B. die beiden amerikanischen Spitzenreiter *»I Let A Song Go Out Of My Heart«* 1938 und *»And The Angels Sing«* 1939. Ab 1944 wird sie als Solistin in den US-Charts notiert. *»Texas Polka«* war Mitte jenes Jahres ihre erste Eintragung, die B-Seite *»I'll Walk Alone«* erreichte Platz 4. *»I Should Care«* und *»Stranger In Town«* 1945, *»How Are Things In Glocca Mora?«*, *»That's My Desire«* und *»I Wonder, I Wonder, I Wonder«* 1947 waren ihre weiteren Top-10-Erfolge. In den 50er Jahren machte sie nur noch gelegentlich Platten. 1956 sah man sie in dem Film *»The Benny Goodman Story«*.

Der Hit: *I'll Walk Alone*

Til Tuesday

Aimee Mann, v/b; Robert Holmes, g; Joey Pesce, key; Michael Hausmann, d; Michael Montes, d.
Dieses aus Boston stammende Pop-Quartett hat im Frühjahr 1985 mit *»Voices Carry«* seine erste Hit-Notierung und einzigen Top-10-Erfolg in den USA. Auf Plattenhüllen wurde mehr und mehr Aimee Mann in den Vordergrund gestellt. Nachdem Anfang der 90er Jahre wenig gelungen war, kam sie Mitte 1993 mit einem Soloprojekt.

Der Hit: *Voices Carry*
Der Tip: *Everything's Different Now* (Epic 460 737 1)

Time

Morris Day, v; Terry Lewis, b/v; Jimmy »Jam« Harris, key/v; Monte Moir, key/v; Jesse Johnson, g/v; Jellybean Johnson, d/v; Jerome Benton, per/v.
Diese aus Minneapolis stammende Funk-Gruppe wurde Ende der 70er Jahre von Lewis, Moir, Jellybean Johnson und Harris gegründet. Diese vier hatten vorher Rhythm & Blues mit Flitetime gespielt. 1980 nahmen sie Day und Jesse Johnson in die Band und kürzten den Namen auf Time. Mit der Unterstützung von Prince erhielten sie einen Plattenvertrag, und das Stück *»Cool (Part I)«* kam Anfang 1982 als erste Single in die US-Charts. *»Jungle Love«* war 1984 ein erster Top-20-Erfolg. Er stammte aus dem Film *»Purple Rain«*, in dem einige Mitglieder der Gruppe mitwirkten. Es kriselte in der Band, und mit Jerome Benton kam noch 1984 ein weiteres Mitglied. Trotzdem lösten sie sich Ende des Jahres auf. Morris Day und

Time *(Warner Records)*

Jesse Johnson machten Soloplatten, beide mit mittlerem Erfolg. Lewis und Harris wurden ein erfolgreiches Songschreiber- und Produzententeam. Die Originalformation plus Benton kam 1990 wieder zusammen, veröffentlichte die Single *»Jerk Out«*, hatte einen Millionseller und einen Platz 9 in den USA.

Der Hit: *Jerk Out*
Der Tip: *Pandemonium* (Reprise 759 927 490-2)

Timelords

King Boy D. Bill Drummond (* 29.4.1953 als William Butterworth); Rockman Rok (* 1954 als Jimmy Cauty).
Die Timelords sind ein Projekt der Jungs, die auch als KLF erfolgreich werden sollten. Die Sample-Künstler veröffentlichten Mitte 1988 *»Doctorin' The Tardis«* und schafften damit innerhalb von drei Wochen Platz 1 in der britischen Hitparade. In Deutschland kam die Platte in die Top 30. Die Justified Ancients Of Mumu, wie sie sich auch noch als Plattenkünstler nannten, wandten sich anderen Projekten zu.

Der Hit: *Doctorin' The Tardis*

Time To Time

Der Frankfurter Produzent Michael Staab steckte hinter dem Projekt Mysterious Art, das den Hit *»Das Omen«* hatte. Time To Time war ebenfalls seine Kreation, die er zusammen mit drei jungen Frankfurter Musikern verwirklichte. Fröhlich wurde auf ihrer Single *»Zehn kleine Negerlein«* vermerkt: »Altes Kinderlied wiederentdeckt«. Das Lied beschäftigte im Mai 1991 sogar den Spiegel. Die Zeitschrift stellte fest: »Heraus kam Postmoderne für Bierkeller: ein Stück aus jener Zeit, als der Schwarze noch Neger hieß und als dumm, geil und unzivilisiert galt – holprig gereimt im Jargon ausgeflippter Provinzler.« Textauszug: »Ein kleines Negerlein, das hatte einen stehn. Es schnappte sich 'ne geile Braut, bald waren's wieder zehn.« In Briefen wurde die Plattenfirma von Time To Time aufgefordert, das menschenverachtende und rassistische Lied zurückzuziehen. Die Electrola tat es. Bis zu diesem Zeitpunkt hatte sich die Platte in der deutschen Hitparade bis auf Platz 2 hochgehangelt. Vom Managing Director der Firma wurde in einem Statement veröffentlicht: »Da der Text in dieser Woche von einigen gesellschaftlichen und politischen Gruppen als rassistisch und faschistoid fehlinterpretiert wurde, haben Band und Schallplattenfirma gemeinsam beschlossen, auf den weiteren Verkauf der Platte zu verzichten.«

Der Hit: *Zehn kleine Negerlein*

Timex Social Club

Michael Marshall, v; Jay Logan, key; Steve McCraw, g; Isaiah Mosely, d; Chris Jordan, d; Bryan, human beatbox; Bob Spencer, sax.
Diese amerikanische Rap/Disco-Truppe veröffentlichte Mitte 1986 die Single *»Rumors«*, die es bis auf Platz 8 in GB und 13 in den USA brachte. Es folgte mit *»Mixed Up World«* noch ein Platz 50 in der deutschen Hitparade, danach hörte man von Timex Social Club nichts mehr. Anfang 1987 tauchte in den amerikanischen Charts ein Club Nouveau auf. Clubchef war Jay King = Jay Logan, der das wohl als seine neue Spielwiese betrachtete. *»Lean On Me«* mit dem neuen Club wurde Millionseller und Spitzenreiter in den USA.

Der Hit: *Rumors*
Der Tip: *Vicious Rumors* (Mercury 830 635-1)

Titanic

Roy Robinson, v (* 31.12.1945); Kjell Asperud, per/v (* 24.9.1946); Janni Loseth, g/v (* 8.7.1947); John Lorck, d/v/mand (* 2.6.1946); Kenny Aas, org (* 18.6.1947);

Helge Groslie, org; Arcia Siggs, b; John Williamson, g/b/v; Andrew Poulton, d; Claude Chamboissier, key; Saintclair Brunet, b/v.

Im Herbst 1971 tauchte diese norwegische Gruppe mit dem britischen Sänger Roy Robinson in GB mit dem Titel »*Sultana*« auf Platz 5 der Charts auf. Die Band hatte sich in Norwegen mit Asperud, Loseth, Lorck und Aas formiert, ging auf Tournee durch Dänemark und Deutschland, und erst hier gesellte sich Robinson dazu. 1970 wurden sie von Filmfirmen engagiert, um an den Stränden des französischen Mittelmeeres zur Einführung des Woodstock-Films zu spielen. Das brachte ihnen erste Fans in Frankreich ein, und sie ließen sich dort nieder. Dann, im Frühjahr 1971, in Frankreich und in Deutschland erste Erfolge mit »*Sultana*«. In gewisser Weise erinnert der Titel an die Gruppe Santana: Rock mit südamerikanischen Rhythmen. Mit Titeln wie »*Santa Fe*«, Ende 1971 Top 40 in Deutschland, oder »*Macumba*« versuchte man diesen Eindruck noch zu verstärken. Ein zweiter Hit gelang ihnen jedoch nicht. Auch Wechsel der Besetzung brachten keinen weiteren Erfolg.

Der Hit: *Sultana*
Der Tip: *Titanic* (CBS S 64791)

TLC

Tionne »T-Boz« Watkins, Lisa »Left Eye« Lopez, Rozonda »Chilli« Thomas.

Der Name dieser Rap-Formation aus Atlanta setzt sich aus den Anfangsbuchstaben der Spitznamen der drei Mitglieder zusammen. Die beiden Produzenten, Songschreiber und Interpreten L.A. Reid und Babyface hatten sich Anfang 1992 eine eigene Plattenfirma geleistet, und die drei Mädchen waren die ersten Künstler, die sie unter Vertrag nahmen. Alle drei waren zum Zeitpunkt ihres ersten Hits 21 Jahre alt »*Ain't 2 Proud 2 Beg*« kam im Frühjahr 1992 in die US-Charts und wurde Platz 6. Die Platte wurde mit Platin bedacht. Im Stück selbst waren Samples von James Brown, Kool & The Gang, AWB, Silver Convention und Bob James zu hören. Mitte des gleichen Jahres kam »*Baby – Baby – Baby*« auf den Markt, erreichte Platz 2 in den USA. Ihre dritte Veröffentlichung 1992 war »*What About Your Friends*«. Sie erreichte Platz 7 und Goldstatus. In GB war »*Ain't 2 Proud 2 Beg*« mit Platz 13 die bisher höchste Notierung. Die beiden anderen Platten blieben unterhalb der Position 50 hängen.

Der Hit: *Baby – Baby – Baby*

Todd, Art & Dotty

Arthur (* 11.3.1920) und Dotty (* 23.6.1923) Todd.
1941 lernten sich diese beiden Amerikaner in Rhode Island kennen und heirateten. Sie begannen als Duo zu singen, und in den frühen 50er Jahren erhielten sie einen Plattenvertrag bei RCA. Mit *»Broken Wings«* hatte das Duo im Frühjahr 1953 einen Platz 6 in den britischen Charts. Überhaupt waren sie in GB in der ersten Hälfte der 50er Jahre wesentlich erfolgreicher als in ihrer Heimat. Das sollte sich dann ändern, als sie mit dem Titel *»Chanson D'Amour (Song Of Love)«* im Frühjahr 1958 in die amerikanischen Charts kamen und dort ebenfalls Platz 6 erreichten. In beiden Fällen blieben die jeweiligen Titel die einzigen Hit-Notierungen. Auch erfolgreich wurden mit *»Chanson D'Amour«* ebenfalls 1958 die Fontane Sisters und 1977 Manhattan Transfer, die damit sogar Spitzenreiter in GB wurden. In Las Vegas waren Art & Dotty noch lange Stars.

Der Hit: *Chanson D'Amour*

Todd, Dick

* 1915. Der kanadische Sänger war zwischen 1938 und 1953 mit insgesamt 15 Titeln in den US-Charts vertreten. Sein erster Hit war *»The Girl In The Bonnet Of Blue«*. Mit *»The Gaucho Serenade«* gelang ihm im Frühjahr 1940 ein Platz 4 und sein einziger Top-10-Erfolg. Seine letzte Hit-Notierung war *»Til I Waltz Again With You«*. Bis in die 60er Jahre veröffentlichte er weiter Platten. In den 70ern hielt er sich als Bühnenarbeiter über Wasser, obwohl er seit Jahren an Arthritis litt.

Der Hit: *The Gaucho Serenade*
Der Tip: *Dick Todd* (RCA VAL 1 0176)

Tokens

Hank Medress, v/p/b (* 19.11.1938), Neil Sedaka, v/p (* 13.3.1939), Eddie Rabkin, Cynthia Zolitin, Jay Siegel, v (* 20.10.1939), Philip Margo, p/d/g (* 1.4.1942), Mitchell Margo, v/p/d (* 25.5.1947).
Die Tokens wurden 1955 in Brooklyn gegründet. Die erste Besetzung bestand aus Medress, Sedaka, Rabkin und Zolitin. 1956 machten sie ihre ersten Plattenaufnahmen, die sich jedoch nicht durchsetzten. Daraufhin verließ Rabkin die Band und wurde durch Siegel ersetzt. 1958 – der Durchbruch stellte sich immer noch nicht ein – verließen Zolitin und Sedaka die Band. Sedaka hatte kurz darauf seine ersten Erfolge als Songschreiber und Ende des Jahres 1958 mit *»The Diary«* seinen ersten Solohit. Medress gründete Darrell & The Oxfords, brachte aber 1960 wieder die Tokens, jetzt mit Siegel und Phil und Mitch Margo, zusammen. Anfang

1961 erschien *»Tonight I Fell In Love«* und erreichte die Top 20. Mit dem südafrikanischen Zulu-Song *»Wimoweh«*, aus dem Weiss, Peretti und Creatore *»The Lion Sleeps Tonight«* gemacht hatten, kamen die Tokens Ende 1961 bis auf Platz 1 in den USA, unter die Top 20 in GB und die Top 30 in Deutschland. Bis 1970 gelangen der Gruppe noch neun weitere Hit-Notierungen. Ihre letzte war *»Don't Worry Baby«* im Frühjahr 1970. Zu diesem Zeitpunkt wurde Medress Produzent von Tony Orlando & Dawn und verließ die Tokens, die noch bis 1973 weitere Platten veröffentlichten. Im Oktober 1981 kamen noch einmal alle vier Mitglieder, die bei dem großen Hit mitmachten, für eine Doo-Wop-Show in der New Yorker Radio City Music Hall. Die drei Songschreiber George Weiss, Hugo Peretti und Luigi Creatore hatten auch noch mit der Bearbeitung einer anderen älteren Melodie den richtigen Riecher bewiesen: 1961 änderten sie *»Plaisir D'Amour«* in *»Can't Help Falling In Love«* um, und Elvis Presley hatte damit im gleichen Jahr wie die Tokens einen Hit und Millionseller. Wie auch das Lied der Tokens wurde *»Can't Help Falling In Love«* danach etliche Male aufgenommen und wieder in die Hitparaden gebracht. Andy Williams 1970, die Stylistics 1976 und UB 40 1993 hatten damit Top-10-Erfolge. Autor von *»Can't Help Falling In Love«* war Jean-Paul Martini (1741-1816), der eigentlich Johann Paul Ägidius Martin hieß und in Freystadt in der Oberpfalz geboren wurde.

Der Hit: *The Lion Sleeps Tonight*

Tolga Flim Flam Balkan

Diese House-Mix-Sample-Platte versprach, sie sei »even better than the bootleg«. Ihr Titel *»Joint Mix«* mischte alles, was schlecht und billig war, und weil die Diskogänger nur auf Bässe ansprechen, merkte es keiner. Die Platte erreichte Mitte 1988 Platz 4 in der deutschen Hitparade. Dabei blieb es. Man möchte fast sagen, glücklicherweise.

Der Hit: *Joint Mix*

Tom & Tommy

»Eine Handvoll Heimaterde« brachte dieses Duo Ende 1959 bis auf Platz 4 in der deutschen Hitparade. Auch die Nachfolge-Singles *»Alles würd' ich dafür geben«*, *»Ob wir es noch einmal erleben«* oder *»Die Wälder der Heimat«* schlugen in die Kerbe »verschlagen in fremde Länder« und »Opa erzählt wieder vom Krieg«. Kurth Stephan und Richard Gatermann vom Roland-Trio verbargen sich hinter Tom & Tommy.

Der Hit: *Eine Handvoll Heimaterde*

Tommy Tutone

Tommy Heath, v; Jim Keller, g; Jon Lyons, b; Victor Carberry, d; Steve LeGassick, key; Lonnie Turner, b; Rick Cutler, d.
Die beiden Köpfe dieser amerikanischen Formation aus San Francisco waren Heath und Keller. Mit wechselnden Musikern spielten sie ihre Platten ein. »*Angel Say No*« war Mitte 1980 die erste Hit-Notierung unter den ersten 40 in den USA. »*867-5309/Jenny*« kam Anfang 1982 in die US-Charts und erreichte Platz 4. Es blieb der einzige Top-10-Erfolg dieser Rock-Band.

Der Hit: *867-5309/Jenny*
Der Tip: *Tommy Tutone-2* (CBS 85222)

Tom Tom Club

Tina Weymouth, b (* 22.11.1950 als Martina Weymouth); Chris Frantz, d (* 8.5.1951 als Charlton Christopher Frantz); Stephen Stanley, key; Monty Brown, g; Laura Weymouth, v; Steve Scales, per; Alex Weir, g; Tyron Downie, key.
Neben seiner Mitgliedschaft bei den Talking Heads machte das Ehepaar Frantz 1981 die Formation Tom Tom Club. Was zunächst wie Beschäftigungstherapie aussah, entwickelte sich mehr und mehr zu einer ernsthaften Formation, die schließlich sogar Talking Heads überlebte. Ihre erste Single-Veröffentlichung war die Nummer »*Wordy Rappinghood*«, die es bis auf Platz 7 der GB-Charts brachte. Tina und Chris kümmerten sich außerdem um Produktionen von Ziggy Marley, den Happy Mondays und anderen.

Der Hit: *Wordy Rappinghood*
Der Tip: *Tom Tom Club* (Island 204 102-320)

Tone Loc

* 1966 als Anthony Terrell Smith. Der aus L. A. stammende Rapper lehnte seinen Namen an seinen spanischen Spitznamen Antonio Loco an.
Seine erste LP, »*Loc-ed After Dark*«, kam Anfang 1989 in die US-Charts, wurde Spitzenreiter und über zwei Millionen mal verkauft. Darauf war die Nummer »*Wild Thing*« zu finden, die Ende 1988 in die US-Charts kam und Platz 2 erreichte. Die nächste Auskopplung »*Funky Cold Medina*« kam im Frühjahr 1989 auf Platz 3 in den US-, 13 in den GB-Charts und auf 7 in Deutschland. Beide Singles

erreichten Platinstatus. Nachfolge-Singles und die LP *»Cool Hand«* konnten den Anfangserfolg bei weitem nicht erreichen.

Der Hit: *Funky Cold Medina*
Der Tip: *Loc-ed After Dark* (Island 259 780)

Tony! Toni! Toné!

Dwayne Wiggins, Raphael Wiggins, Timothy Christian, Elijah Baker, Carl Wheeler. Köpfe dieser Rhythm-&-Blues-Funk-Gruppe aus Oakland, Kalifornien, sind die beiden Brüder Wiggins und ihr Cousin Christian. Wem der Begriff Rhythm & Blues in diesem Zusammenhang unzutreffend erscheint, der mag die Musik von Tony! Toni! Toné! als Hiphop-Postmodern-Gospel-Rhythm-&-Blues-Funk bezeichnen. Ihre erste Hit-Notierung war Mitte 1988 *»Little Walter«*. *»Feels Good«* kam im Herbst 1990 in die US-Charts, wurde Millionseller und Top 10. Es wurden weitere Platten veröffentlicht, die jedoch bisher nicht mehr in die Top 40 kamen.

Der Hit: *Feels Good*
Der Tip: *The Revival* (Wing 841 902-2)

Topol

Dieser israelische Sänger hatte mit *»If I Were A Rich Man«* aus dem Musical *»Anatevka«* im Frühjahr 1967 einen Platz 9 in der britischen Hitparade und damit seine einzige Top-10-Notierung.

Der Hit: *I I Were A Rich Man*

Torfrock

Klaus Büchner, v/fl (* 1948); Raymond Voss, g/b/v (* 1952); Thomas Rieckmann, b/g/v; Reinhard Heinrichs, harm/per (* 1950); Gunnar Kämmer, per/d (* 1953); Uwe Meitzner, b/g/v (* 1958).
Ihre ersten Platten waren rockige Blödelnummern à la *»Preßlufthammer B-B-Bernhard«* oder *»Volle Granate, Renate«*. Die Band wurde Mitte der 70er Jahre gegründet. 1977 erschien die erste LP *». . . dat matscht so schön«*, auf der oben erwähnte Titel oder auch *»Wikinger Rollo«* zu finden waren. Sprüche wie *»Ratata-zong! Weg ist der Balkong!«* machten in Schleswig-Holstein die Runde. Nach fünf LPs löste sich die Band 1982 auf. Klaus Büchner hatte zusammen mit Klaus Baumgart noch 1982 das Bödel-Duo Klaus & Klaus gegründet, das mit Stimmungsnummern wie *»An der Nordseeküste«* oder *»Der Eiermann«* in Deutschland

erfolgreich war. Ab 1988 gab es dann auch wieder Torfrock und die Nummer *»Beinhart«*, der Titelsong aus dem Film *»Werner – Beinhart«*

Der Hit: *Beinhart*
Der Tip: *... Alle an die Ruder!* (Polydor 847 896-2)

Torme, Mel

* 13.9.1925 als Melvin Howard. Der amerikanische Sänger und Songschreiber arbeitete auch als Produzent, Pianist, Schlagzeuger und Schauspieler. Im Alter von vier Jahren sang er mit der Band von Coon-Sanders im Radio, mit neun wirkte er in Radio-Seifenopern mit. 1942 spielte er Schlagzeug in einer Band, die von Chico Marx geleitet wurde. 1944 gründete er seine eigene Formation, die Mel-Tones, 1945/46 sang er mit Artie Shaw, so z. B. dessen Top-20-Hit *»I Got The Sun In The Morning«* 1946. Mit den Mel-Tones und Eugene Baird wurde er Ende 1945 erstmals in den US-Charts notiert: *»I Fall In Love Too Easily«*. *»Careless Hands«*, Tormes erste Soloplatte, kam im Frühjahr 1949 in die amerikanische Hitparade und wurde Spitzenreiter. *»Again«* im gleichen Jahr, *»The Old Master Painter«* – zusammen mit Peggy Lee – und *»Bewitched«* 1950 waren seine weiteren Top-10-Erfolge. Zu seinen größten Erfolgen als Autor gehört der *»Christmas Song«*, der 1946 und in den folgenden Jahren jeweils zum Fest ein Hit für Nat King Cole wurde. Torme wirkte auch in etlichen Filmen mit und moderierte die Fernsehsendungen »TV's Top Tunes« 1951, »Summertime U.S.A.« 1953 und »It Was A Good Year« 1971. Mels Spitzname ist »The Velvet Fog«.

Der Hit: *Careless Hands*

Tornados

Alan Caddy, g (* 2.2.1940); George Bellamy, g (* 8.10.1941); Roger LaVerne Jackson, key (* 11.11.1938); Heinz Burt, b (* 24.7.1942); Clem Cattini, d (* 28.8.1938).
Die Tornados waren in ihren Anfängen die Begleitgruppe von Billy Fury. 1962 produzierte Joe Meek mit ihnen die Platte *»Telstar«*, die es bis auf Platz 1 in GB und den USA, Platz 6 in Deutschland brachte. Mit Telstar begann ein neues Zeitalter der Kommunikation zwischen den USA und Europa. Der Satellit war am 10.7.1962 hochgeschossen worden und konnte Fernsehsignale zwischen den beiden Kontinenten übermitteln. Ein neues Zeitalter läutete auch der Titel *»Telstar«* ein. Die Gruppe Tornados war die erste britische Band – und die einzige, bis die Beatles kamen –, die einen Platz 1 in den USA schaffte. Zwei der Mitglieder hatten vor ihrer Arbeit als Gruppe für Billy Fury bereits in anderen

Bands gespielt. Cattini kam von Mike Berry's Outlaws, Caddy von den Pirates. Die erste Single der Tornados war *»Love And Fury«*, die zweite *»Telstar«*. Die Tornados hatten in den USA mit *»Ridin' The Wind«* Anfang 1963 eine weitere Hit-Notierung, in GB kam *»Globetrotter«* zum gleichen Zeitpunkt auf Platz 5, und nach drei weiteren Eintragungen war die Gruppe wieder verschwunden. Burt begann eine Solokarriere als Heinz und machte auf Eddie Cochran, und nach 1963 hatten alle Mitglieder die Band verlassen. Das, was dann als Tornados spielte, hatte mit der Urbesetzung nichts mehr zu tun.

Der Hit: *Telstar*
Der Tip: *Yesterday's Pop Scene* (Decca ND 766)

Torok, Mitchell

* 28.10.1929. Der texanische Sänger nahm 1948 seine ersten Platten auf und wurde als Mitchell Torok & Louisiana Hayride Band im Herbst 1953 mit dem Titel *»Caribbean«* erstmals in den US-Charts notiert. Bis 1960 gelangen ihm noch einige Erfolge, die jedoch nicht mehr die Top 20 erreichten. In GB brachte Torok die Nummer *»When Mexico Gave Up The Rumba«* im Herbst 1956 auf Platz 6 der Charts. Torok hatte als Songschreiber Erfolge mit *»Mexican Joe«* für Jim Reeves und *»Pledge Of Love«* für Ken Copeland.

Der Hit: *When Mexico Gave Up The Rumba*

Torriani, Vico

* 21.9.1920 als Vicos Oxens Torriani. Der Schweizer Sänger, Filmschauspieler und TV-Moderator arbeitete nach einer Lehre im Hotelfach als Skilehrer und war Soldat und nach dem Zweiten Weltkrieg als Oberkellner in Zürich. 1946 gewann er einen »JeKaMi«-Abend und wurde als Sänger engagiert. Ab 1948 nahm er auch Platten auf. Zu seinen ersten Titeln gehörten *»Liebes gutes Mütterlein«*, *»Lied der Liebe«* oder *»Vision am Lido«*, alle 1948. 1954 begann sein Erfolg in der Bundesrepublik, und er hatte einen ersten Hit mit *»Tausend Mandolinen«*. *»In der Schweiz«* 1955, *»Grüß mir die Damen«* 1956, der Spitzenreiter *»Siebenmal in der Woche«* und *»Ananas aus Caracas«* 1957, *»Schön und kaffeebraun«* 1958, die Goldplatte und Spitzenreiter *»Kalkutta liegt am Ganges«* 1960, *»Café Oriental«* 1961 und *»Pepito«* 1963 waren seine Top-10-Erfolge. Nach 1964 gelang ihm kein Hit mehr. Als TV-Moderator sah man ihn in »Grüezi Vico«, »Hotel Victoria« und »Der goldene Schuß«.

Der Hit: *Kalkutta liegt am Ganges*

Toto

Bobby Kimball, v (* 29.3.1947 als Robert Toteaux); Steve Lukather, g (* 21.10.1957); David Paich, key (* 25.6.1954); Steve Porcaro, key (* 2.9.1957); David Hungate, b; Jeff Porcaro, d (* 1.4.1954, † 5.8.1992); Mike Porcaro, b (* 29.5.1955); Fergie Frederiksen, v (* 25.5.1951); Joseph Williams, v; Jean-Michel Byron, v.

Diese ausgezeichnete amerikanische Jazzrock/Pop-Formation kam 1978 zusammen. Einzelne Mitglieder hatten sich als Studiomusiker bei Jackson Browne, Aretha Franklin, Barbra Streisand oder als Mitglieder in der Band von Boz Scaggs betätigt. Auf den Namen Toto kamen sie, indem sie Bobby Kimballs richtigen Nachnamen in der Schreibweise vereinfachten. Andererseits waren sie alle Fans von »The Wizard Of Oz«, und der Hund darin heißt ebenfalls Toto. Im Herbst 1978 erscheint ihre Debüt-Single *»Hold The Line«*, die Millionseller wird und Platz 5 in den US-Charts erreicht. Die dazugehörende LP kommt in den USA ebenfalls in die Top 10 und verkauft sich über zwei Millionen mal. *»Rosanna«* und *»Africa«* 1982 und *»I Won't Hold You Back«* 1983 sind weitere Top-10-Erfolge der Band. *»Africa«* kommt im Frühjahr 1983 in die GB-Charts und wird dort ihre einzige Notierung unter den ersten 10. Als Anfang 1983 die Grammys für 1982 verteilt werden, gewinnt Toto sechs Preise, die meisten davon für ihre LP *»Toto IV«*, die sich über drei Millionen mal in den USA verkaufte. 1984 verließen Hungate und Kimball Toto und wurden durch den dritten Porcaro-Bruder Mike und Fergie Frederiksen ersetzt. Kimball versuchte sich als Solist und machte später in der Frank Farian Far Corporation mit. 1985 ist Toto verantwortlich für die Instrumentierung der Nummer *»We Are The World«* von USA For Africa. 1986 wird mit Joseph Williams ein neuer Leadsänger vorgestellt. 1987 geht Steve Porcaro und wird nicht ersetzt. 1990 kommt Toto in der Besetzung Paich, Lukather, Jeff und Mike Porcaro und dem neuen Leadsänger Jean-Michel Byron zur Produktion von *»Past To Present 1977 - 1990«* wieder zusammen. Im September des gleichen Jahres beginnen sie eine Tournee durch Europa. Im August 1992 starb Jeff Porcaro an den Folgen seiner Kokainsucht. Kurz darauf erschien »in memory and dedication to Jeff Porcaro« die CD *»Kingdom Of Desire«*.

Der Hit: *Africa*
Der Tip: *Past To Present 1977 – 1990* (CBS 465 998 2)

Toto Coelo

Mit der Billig-Disco-Nummer *»I Eat Cannibals«*, u. a. geschrieben von Barry Blue, kamen die fünf britischen Sängerinnen Ros, Lindsey, Lacey, Anita und Sheen, die man mühevoll auf Manta getrimmt hatte, im August 1982 in die britischen Charts und erreichten Platz 8. Schon der Nachfolger »*Dracula's Tango*« brachte es nur noch auf Platz 54. Nach einigen weiteren Veröffentlichungen kam 1985 Toto Coelo als Trio. Für das Make-up des Trios war Helen Porter zuständig, für die Haare Dave at Memory Lane, der die Telefonnummer 01 863 2063 hat. Das steht auf der Hülle. Wie die Mädchen heißen, nicht.

Der Hit: *I Eat Cannibals*

Tottenham Hotspur F.A. Cup Final Squad

Wieder eine der vielen britischen Fußballmannschaften, die sich ein Liedlein zutrauten. Im Mai 1981 kam »*Ossie's Dream (Spurs Are On Their Way To Wembley)*« bis auf Platz 5 in GB. »*Tottenham Tottenham*« 1982 und »*Hot Shot Tottenham!*« 1987 waren weitere Top-20-Erfolge der Fußballer. Die beiden ersten Hits wurden gesanglich und instrumental unterstützt vom Duo Chas & Dave.

Der Hit: *Ossie's Dream (Spurs Are On Their Way To Wembley)*

Tourists

Annie Lennox, v (* 25.12.1954); David Allan Stewart, g (* 9.9.1952); Peet Coombes, v/g; Eddie Chin, b; Jim Toomey, d.

Nachdem Annie Lennox und Dave Stewart einige erfolglose Versuche in Gruppen hinter sich gebracht hatten, gründeten sie Mitte 1979 die Formation Tourists. Ihre erste Veröffentlichung war die Nummer »*Blind Among The Flowers*« und wurde auch die erste Hit-Notierung für sie in GB. Als dritte Single kam »*I Only Want To Be With You*«, ein Remake des Dusty-Springfield-Hits von 1963, auf den Markt. Der Nachfolger »*So Good To Be Back Home Again*« erreichte im Frühjahr 1980 Platz 8 in GB. Als im Herbst des gleichen Jahres mit »*Don't Say I Told You So*« die letzte Single in den GB-Charts notiert wurde, waren die Tourists gerade auf Tournee in Australien, wo die Gruppe plötzlich und unerwartet auseinanderbrach. Noch im Dezember 1980 gingen Stewart und Lennox in das Studio von Conny Plank in der Nähe von Köln, und wenig später sollte die Karriere von Eurythmics beginnen.

Der Hit: *So Good To Be Back Home Again*
Der Tip: *Reality Effect* (Logo 0064.021)

Townshend, Pete

* 19.5.1945. Dieser britische Sänger, Gitarrist und Songschreiber war die treibende Kraft hinter einer der qualitativ besten Rock-Bands der 60er Jahre. Aber auch in den 70er Jahren hatte die Gruppe noch genug Power, mitzuhalten. Nachdem sich die Who 1982 aufgelöst hatten, widmete sich Pete nicht nur weiter der Pop-Musik, sondern wurde nebenher auch noch Lektor im angesehenen Verlag Faber & Faber. In diesem Haus veröffentlicht er 1985 sein »Horse's Neck«. Schon ab 1972 hatten die einzelnen Mitglieder der Who Soloprojekte verfolgt. Townshends erste Solo-LP trug den hintersinnigen Titel *»Who Came First«*. Aber noch war Pete zu sehr mit dem Songschreiben für die Who beschäftigt, um sich um seine eigenen Platten zu kümmern. Er und Ronnie Lane veröffentlichten im Herbst 1977 die LP *»Rough Mix«*. Als Gastmusiker waren Eric Clapton und John Entwistle zu hören. Mitte 1980 erschien *»Empty Glass«*, und auch dieser Titel war hintergründig. Zu diesem Zeitpunkt hatte er erhebliche Alkoholprobleme, die er schließlich mit Drogen wie Heroin kompensierte. Erst nach einer Entziehungskur, der er sich gemeinsam mit seiner ebenfalls alkoholabhängigen Mutter unterzog, konnte er weitermachen. Zwei Jahre nach *»Empty Glass«* erschien die LP *»All The Best Cowboys Have Chinese Eyes«*. Im Frühjahr 1983 stellte er eine Reihe von Demoaufnahmen zu *»Scoop«* zusammen. Ende 1985 kam die hervorragend gemachte Platte *»White City – A Novel«*. Nach einer Live-LP 1986 erschien, inhaltlich an den ersten *»Scoop«* erinnernd, *»Another Scoop«*. 1989 veröffentlichte er das Konzeptalbum *»The Iron Man«*. Als Gastmusiker waren z. B. Nina Simone oder John Lee Hooker zu hören. Mitte 1993 kam Pete mit *»Psychoderelict«*, einem weiteren Konzeptalbum, das in seiner Anlage an Tommy erinnert. Erzählt wird die Geschichte des abgehalfterten Rockmusikers Ray Highsmith, der sich in einer Persönlichkeits- und Schaffenskrise befindet. Sein Manager hat nur den kommerziellen Erfolg im Auge und verbündet sich mit der Radiojournalistin Ruth Steering, die Highsmith haßt und selbst gerne ein Rockstar wäre. Manager und Journalistin schmieden gemeinsam ein Komplott, das sie reich macht, den Rockstar aber mit seinen Problemen alleine läßt. Pete Townshend hat es immer wieder geschafft, seine Ängste und Nöte in Songs zu packen und zu verarbeiten. War es am Anfang *»My Generation«*, so berührte ihn 1993 die Ausbeutung der Musiker, Sänger und Songschreiber durch die Vermarktung. In GB war Petes erfolgreichste Singleplatte die Nummer *»Rough Boys«*, die im Frühjahr 1980 in die Top 40 kam. In den USA schaffte er ebenfalls 1980 mit *»Let My Love Open The Door«* einen Platz 9 und seinen einzigen Top-10-Erfolg. Daß Townshend die Dinge trotzdem mit einigem Abstand und der nötigen Selbstironie betrachten kann, zeigt seine 1993er Antwort auf die Frage nach seinen Problemen: Das einzige, was ihm zu schaffen mache, sei sein nicht zu stoppender Haarausfall.

Der Hit: *Let My Love Open The Door*
Der Tip: *The Iron Man* (Virgin CDV 2592)

Toyah

Toyah, v (* 18.5.1958 als Toyah Ann Wilcox); Peter Bush, key; Mark Henry, b; Steve Bray, d; Charlie Francis, b.
Dank der britischen Sängerin Toyah wissen wir, wie vielfältig Frisuren und Haarfarben sein können. Was am Anfang noch schrill war, kam irgendwann so vertraut daher, daß sie schließlich ganz auf den Firlefanz verzichtete. 1976 hatte sie ihre ersten Fernsehauftritte. Danach sah man sie in Filmrollen, wie z. B. in »*Quadrophenia*« 1978. In demselben Jahr machte sie auch ihre ersten Platten. »*Four From Toyah*«, eine EP, kam im Frühjahr 1981 in die GB-Charts und erreichte Platz 4. Noch im gleichen Jahr standen mit »*I Want To Be Free*« und »*Thunder In The Mountains*« zwei weitere Singles unter den ersten 10 der britischen Hitparade. Die Reihe der Hit-Notierungen geht bis ins Jahr 1987, dann heiratete sie Robert Fripp, den Kopf von King Crimson, und ward in den Charts nicht mehr gesehen.

Der Hit: *Thunder In The Mountains*

Toy Dolls

Michael (Olga) Alger, v/g; Pete Zulu, b; Paul Smith, d.
Als Fun-Punk wurde das bezeichnet, was die Toy Dolls Ende 1984 machten, als sie mit »*Nellie The Elephant*« bis auf Platz 4 der britischen Hitparade kamen. Vor allem aber waren es Kids, die die Band liebten. Die Toy Dolls waren die erste Band, die in die beliebte englische Jugendsendung »Tube« eingeladen wurde. In der TV-Show »Razzamatazz« waren sie des öfteren zu hören. Sie schrieben dafür Jingles und die Themenmusik. Trotzdem blieb der Elefant die einzige Hit-Notierung dieser Band.

Der Hit: *Nellie The Elephant*
Der Tip: *A Far Out Disc* (Volume Records Int. 147.149)

Toys

Barbara Harris, v (* 18.8.1945); June Monteiro, v (* 1.7.1946); Barbara Parritt, v (* 1.10.1944).
Dieses amerikanische Soul-Trio aus New York hatte mit einer Adaption von Bachs Menuett in G als »*A Lover's Concerto*« im Herbst 1965 Platz 2 in den USA,

Platz 5 in GB. Der Nachfolger *»Attack«* kam ebenfalls in beide Charts, aber schon nach 1966 und zwei weiteren kleinen Hits in den USA war ihre Karriere wieder vorüber, und sie trennten sich.

Der Hit: *A Lover's Concerto*

Tozzi, Umberto

* 4.3.1952. Dieser italienische Sänger und Songschreiber gilt in seiner Heimat als ausgezeichneter Gitarrist und kam nur zufällig zum Gesang: er summte einigen Studiomusikern eine Melodie vor. Vorher hatte er in den Gruppen Data und La Strana gespielt. In unseren Breiten wurde er bekannt mit der Nummer *»Ti Amo«*. Sie kam Ende 1977 in den deutschen Charts bis auf Platz 4. *»Tu«* kletterte Mitte 1978 bis auf Platz 17. In Italien war die Platte für 13 Wochen Platz 1. Umbertos selbst geschriebener Titel *»Gloria«* erreichte Mitte 1979 die deutschen Charts und wurde Platz 8. Die Amerikanerin Laura Branigan hatte mit ihrer Version 1982 einen Top-10-Erfolg in den USA und in GB.

Der Hit: *Ti Amo*
Der Tip: *Le Mie Canzoni* (CGD 9031-75645-2)

T'Pau

Carol Decker, v (* 10.9.1957); Ronnie Rogers, g (* 13.3.1959); Michael Chetwood, key (* 26.8.1954); Paul Jacksons, b (* 8.8.1961); Tim Burgess, d (* 6.10.1961).
Decker und Rogers trafen sich 1982 in der Gruppe Lazers. 1986 – inzwischen waren die beiden ein Songschreiberteam geworden – gründeten sie T'Pau. Die ersten Singles klangen sehr vielversprechend und waren auch erfolgreich: *»Heart And Soul«*, im Sommer 1987 die erste Hit-Notierung, in den USA und in GB Platz 4, in Deutschland 10, *»China In Your Hand«*, im Herbst des gleichen Jahres Spitzenreiter in GB und Platz 2 in Deutschland und *»Valentine«*, Anfang 1988 Top 10 in GB. Danach erschienen bis Mitte 1991 weitere Singles, die es jedoch nicht mehr in die Top 10 brachten. Der letzte nennenswerte Erfolg war *»Whenever You Need Me«*, Mitte 1991 ein Platz 16 in GB. Danach trennten sie sich. Im Frühjahr 1993 erschien eine CD-Single mit dem Titel *»Valentine«*, ein Mitschnitt aus dem Londoner Hammersmith Odeon aus dem Jahre 1988, der noch einmal zeigte, was die ausdrucksstarke Sängerin Decker kann.

Der Hit: *China In Your Hand*
Der Tip: *Bridge Of Spies* (Siren CDSRN 8)

Trace, Al

* 25.12.1900. Der amerikanische Bandleader und Komponist hatte mit seiner Eigenkomposition *»Mairzy Doats«* im Frühjahr 1944 seine erste Hit-Notierung, Platz 7 in den USA. Die erste Band hatte er 1933 zur Weltausstellung in Chicago zusammengestellt. In den 30er Jahren spielte er vorwiegend in dem Hotel Sherman in Chicago. In den 40ern ging er nach New York, und damit kam der Erfolg. *»You Call Everybody Darlin'«*, ebenfalls von Al geschrieben, kam Mitte 1948 für sechs Wochen auf Platz 1 in den US-Charts. Seine letzten Spuren in der Hitparade hinterließ Trace 1951. Als Songschreiber hatte er sich auf Novelty-Nummern spezialisiert. Zu seinen großen Erfolgen auf diesem Gebiet gehört z. B. der Titel *»If I Knew You Were Coming I'd've Baked A Cake«*, der 1950 in fünf verschiedenen Versionen in den US-Charts stand, darunter Platz 1 mit Eileen Barton, Platz 5 mit Georgia Gibbs.

Der Hit: *You Call Everybody Darlin'*

Tracie

* 25.3.1965 als Tracie Young. Tracie begann als Sängerin im Chor hinter Paul Weller und Jam. So ist sie auf der Single *»Beat Surrender«* zu hören. Sie muß Paul so begeistert haben, daß er mit ihr auf seinem eigenen Respond Label *»The House That Jack Built«* produzierte. Die Single kam im Frühjahr 1983 in die GB-Charts und erreichte Platz 9. Tracie ging schließlich mit Wellers neuer Band Style Council auf Tournee und entwickelte sich dabei immer mehr zum eigenständigen Act. Es folgten bis Ende 1985 noch vier weitere Hit-Notierungen. Keine kam jedoch in die Top 20. Ab 1985 erschienen ihre Platten schon unter dem vollständigen Namen Tracie Young. Ihr einziger Top-10-Hit hat übrigens nichts zu tun mit dem gleichnamigen Titel von Alan Price.

Der Hit: *The House That Jack Built*
Der Tip: *Far From The Hurting Kind* (Respond Records 6.26033)

Traffic

Steve Winwood, key/g/b/v (* 12.5.1948); Dave Mason, g (* 10.5.1947); Chris Wood, fl/sax (* 24.6.1944, † 12.7.1983); Jim Capaldi, d (* 24.8.1944); Rick Grech, b (* 1.11.1946); Reebop Kwaku-Baah, b (* als Anthony Kwaku-Baah in Ghana); Jim Gordon, d; Roger Hawkins, d; David Hood, b; Rosko Gee, b.
Als Steve Winwood 1967 diese Formation gründete, war er schon der Star der Spencer Davis Group gewesen und trotzdem erst 19 Jahre alt. Die drei anderen

Musiker waren der ehemalige Spencer-Davis-Roadie Mason, das Ex-Sounds-Of Blue-Mitglied Wood und Capaldi, der einst mit Mason bei den Hellions gespielt hatte. Mitte 1967 erschien die erste Single, *»Paper Sun«*, die gleich in die GB-Charts kam und Platz 5 wurde. Auch die psychedelisch angehauchten Nachfolger *»Hole In My Shoe«* und *»Here We Go Around The Mullberry Bush«* erreichten noch im gleichen Jahr die Top 10. Im Frühjahr 1968 kam *»No Face, No Name, No Number«* als letzte Single des Quartetts auf Platz 40. Insgesamt bestand die Gruppe rund sieben Jahre. Die Fluktuation in der Band war gewaltig und wird am Beispiel Mason am deutlichsten: Ende 1967 verließ er die Gruppe, kam aber im Mai 1968 wieder, um im Oktober des gleichen Jahres wieder zu gehen. Vielleicht lagen die Schwierigkeiten in der Band daran, daß sich hier mit Winwood, Capaldi und Mason drei Ausnahme-Songschreiber zusammengefunden hatten. Dave Mason schrieb z. B. im Alleingang die Nummern *»Hole In My Shoe«* oder *»Feelin' Alright«*. Im Januar 1969 fiel Traffic erst einmal ganz auseinander, als Winwood neben Eric Clapton, Rick Grech und Ginger Baker Mitglied bei Blind Faith wurde. Mick Weaver, ehemals bei Amen Corner und später mit den Strawbs und den Bee Gees und vielen anderen, bildet mit den drei übrigen kurzzeitig die Gruppe Wooden Frog. Schon nach einem Jahr fällt Blind Faith wieder auseinander, und Winwood entschließt sich, ein Solo-Album aufzunehmen. Capaldi und Wood nehmen an den Aufnahme-Sessions teil, und alles klappt so gut, daß Traffic wieder neu belebt wird. Bis 1975 erscheint eine Reihe sehr interessanter, guter und auch erfolgreicher LPs, darunter *»John Barleycorn Must Die«* 1970, *»The Low Spark Of High Heeled Boys«* 1971, *»Shoot Out At The Fantasy Factory«* 1973 und *»When The Eagle Flies«* 1974. Alle genannten LPs wurden in den USA vergoldet. Wood starb 1983 nach längerer Krankheit an einem Leberleiden. Der Titel *»Hole In My Shoe«* kam 1984 noch einmal zu Hit-Ehren. Der Sänger Neil erreichte damit ebenfalls Platz 2 in den GB-Charts.

Der Hit: *Hole In My Shoe*
Der Tip: *Smiling Phases* (Island 314-510553-2)

Trammps

Jimmy Ellis, v; Earl Young, d; Harold »Doc« Wade, g; Stanley Wade, b; Dennis Harris, g; Ron Kersey, key; John Hart, key; John Davis, sax; Fred Jointer, pos; Roger Stevens, tr; Michael Thompson, d; Robert Upchurch, v.

Ellis war der Lead-Sänger dieser Soul- und Disco-Formation aus Philadelphia. Ihre erste Hit-Notierung hatte die Gruppe Mitte 1972 mit der Neuauflage eines Judy-Garland-Hits aus dem Jahre 1943: *»Zing Went The Strings Of My Heart«*. Zweieinhalb Jahre später kam der Titel in die GB-Charts und wurde dort ein Top-30-Erfolg. *»Hold Back The Night«* ist der einzige Top-10-Erfolg der Trammps, im

Herbst 1975 in GB Platz 5. Der größte Hit der Truppe in den USA wurde im Frühjahr 1978 *»Disco Inferno«*, ein Platz 11. Der Titel stand Anfang 1977 bereits schon einmal in den US-Charts, fiel aber nach neun Wochen wieder raus. Nachdem er dann in dem Film *»Saturday Night Fever«* zu hören war, kam er im Februar 1978 erneut in die Charts und erreichte die angegebene Position.

Der Hit: *Hold Back The Night*
Der Tip: *Legendary Zing Album* (Buddah Records MLP 15.719)

Tramps

Dieser deutschen Formation gelang mit *»Am Missouri«* Ende 1961 Platz 4 in der deutschen Hitparade. Es handelte sich dabei um eine deutschsprachige Version des Highwaymen-Titels *»Michael«*. Auch ansonsten brachten die Tramps meist deutsche Ausgaben von amerikanischen Folk-Songs, wie *»Walk Right In«* oder *»Cotton Fields«*. Mitte 1962 folgte eine weitere Top-40-Notierung mit *»Nur eine kleine Träne von dir«*, in diesem Fall war es eine Neuauflage des Burl-Ives-Titels *»A Little Bitty Tear«*. Die Tramps waren wieder einmal die drei Mitglieder des Roland-Trio Richard Gatermann, Kurth Stephan und Joachim Kipka. Als vierter Mann kam der damals noch recht junge Sänger und Gitarrist Knut Kiesewetter hinzu.

Der Hit: *Am Missouri*

Tranvision Vamp

Wendy James, v (* 21.1.1966); Nick Christian Sayer, g (* 1.8.1964); Dave Parsons, b (* 2.7.1962); Ted Axile, key (* 30.7.1963); Pol Burton, d (* 1.7.1964).
Mit einigen Punk-Attitüden aus den 70er Jahren, mit hartem Rock 'n' Roll, gewagten Video-Szenen und dem blonden Blickfang, Sängerin Wendy James, kam diese britische Formation im Frühjahr 1988 mit *»Tell That Girl To Shut Up«* erstmals in die GB-Charts. *»I Want Your Love«* wurde Mitte des gleichen Jahres Platz 5, *»Baby I Don't Care«* im Frühjahr 1989 Platz 3 in GB. Mehr noch als durch ihre Musik macht die Formation durch Wendys ausgeprägten Hang zur Selbstdarstellung um jeden Preis von sich reden. Im Frühjahr 1991 erschien *»(I Just Wanna) B With U«* und erreichte Platz 30 in GB. Ihre letzte Chart-Notierung wurde im Sommer des Jahres *»If Looks Could Kill«*. Danach fiel die Band auseinander, und im Frühjahr 1993 erschien mit *»Now Ain't The Time For Your Tears«* eine Soloplatte von Wendy James.

Der Hit: *Baby I Don't Care*
Der Tip: *Velveteen* (MCA 256 618-2)

Trans-X

Pascal Languirand, ein Sänger und Songschreiber aus Montreal/Kanada, steckte hinter diesem Projekt, das mit *»Living On Video«* Mitte 1986 in den USA bis auf Platz 61, in Deutschland bis auf Platz 9 kam. Eine Wiederholung des Hits war nicht angesagt.

Der Hit: *Living On Video*

Trashmen

Tony Andreason, g (* 1943); Dal Winslow, g (* 1942); Bob Reed, g (* 1942); Steve Wahrer, d (* 1942, † 21.1.1989).
Diese Müllmänner aus Minneapolis/St. Paul bildeten eine der vielen Surf-Rock-Gruppen, die 1963 nach oben geschwemmt wurden. Ihre Nummer erinnerte stark an *»The Bird's The Word«*. Auch ihren zweiten Hit hatten sie den Rivingtons abgeschaut: aus *»Papa-Oom-Mow-Mow«* wurde bei ihnen *»Bird Dance Beat«* und erreichte im Frühjahr 1964 die Top 30. Danach gingen sie zurück zur Müllabfuhr – oder so.

Der Hit: *Surfin' Bird*
Der Tip: *20 Biggest Hits* (Garrett Records 300)

Travis & Bob

Travis Pritchett (* 18.3.1939); Bob Weaver (* 1939); beide v.
Das aus Jackson, Alabama, stammende Duo brachte es lediglich auf einen einzigen Erfolg. *»Tell Him No«*. In den Pop-Charts erreichte dieser Titel Platz 8. Mit den beiden wurde der Versuch unternommen, an den Erfolg der Everly Brothers anzuschließen. Es folgten nach dem Hit Veröffentlichungen wie *»Wake Up And Cry«* und *»Little Bitty Johnny«*, aber den ersten Erfolg konnten sie nicht wiederholen.

Der Hit: *Tell Him No*

Travolta, John

* 18.2.1954. Der amerikanische Sänger und Schauspieler hatte seinen ersten Erfolg als Vinnie Barbarino in der TV-Serie »Welcome Back Kotter«, die ab 1975 ausgestrahlt wurde. Höhepunkt seiner Karriere war die Rolle im Disco-Schinken *»Saturday Night Fever«* 1977. Weitere Filme von John: *»Grease«*, *»Blow Out«*,

»Urban Cowboy« oder *»Kuck mal wer da spricht«*. Seinen ersten Hit als Sänger hatte er im Frühjahr 1976 mit *»Let Her In«*, Platz 10 in den USA. Zwei Jahre später gelang ihm in GB mit *»Sandy«* ebenfalls eine Notierung unter den ersten 10. Zusammen mit Olivia Newton-John schaffte er noch 1978 einen Spitzenreiter in den USA – hier außerdem Platinstatus –, GB und Deutschland: *»You're The One That I Want«*. Zumindest in GB belegten die beiden auch mit *»Summer Night«* den Spitzenplatz, in den USA und in Deutschland kamen sie unter die ersten 10.

Der Hit: *Sandy*
Der Tip: *John Travolta* (Polydor 2344 124)

Tremeloes

Alan Blakely, g/v (* 1.4.1942); Ricky West, g/v (* 7.5.1943 als Richard Westwood); Alan Howard, b/v (* 17.10.1941); Mike Clark, b/v; Len »Chip« Hawkes, v/b (* 11.11.1946); Dave Munden, d/v (* 2.12.1943).
Nachdem sich im Januar 1966 Brian Poole von den Tremeloes getrennt hatte, sah es so aus, als würde seine Begleitgruppe in der Bedeutungslosigkeit versinken und er könnte eine Solokarriere aufbauen. Das glaubte wohl auch Alan Howard, der wenig später die Gruppe verließ und durch Clark ersetzt wurde. Howard ging ganz aus dem Musikgeschäft und versuchte sich mit Trockenreinigung. Die erste Single der Tremeloes war eine Cover-Version von Paul Simons *»Blessed«*, die nicht in die Hitparade kam. Auch *»Good Day Sunshine«*, ein Stück von der Beatles-LP *»Revolver«*, wurde in der Version der Tremeloes kein Erfolg. Len »Chip« Hawkes wurde als neuer Sänger eingekauft und ersetzte außerdem den Bassisten Mike Clark. Im Februar 1967 kam die Cover-Version des Cat-Stevens-Hits *»Here Comes My Baby«* in die GB-Charts und erreichte Platz 4, in den USA wurde es ein Platz 13. Die Nachfolger *»Silence Is Golden«* – Spitzenreiter in GB, Platz 11 in den USA – und *»Even The Bad Times Are Good«* kamen noch im gleichen Jahr in die britischen Top 10. *»Suddenly You Love Me«* und *»My Little Lady«* 1968, *»(Call Me) Number One«* 1969 und *»Me And My Life«* 1970 waren weitere Top-10-Erfolge der Band in GB. Die Karriere der Tremeloes war also gegen alle Erwartungen erfolgreich, die von Brian Poole ging nie richtig los. 1974 verläßt Hawkes die Band, 1975 Blakely. Die Plattenveröffentlichungen der Tremeloes reichen bis in die 90er Jahre. Auf *»All For One And One For All«* aus dem Jahre 1992 sind von der Originalbesetzung noch Munden, Blakely und West dabei. Chips Sohn Chesney Hawkes hat inzwischen eine erfolgreiche Solokarriere begonnen.

Der Hit: *Silence Is Golden*
Der Tip: *By The Way* (Zounds CD 27200217 B)

Trent, Jackie

* 6.9.1940 als Jacqueline Trent. Nachdem die britische Sängerin und Texterin seit ihrem dreizehnten Lebensjahr in verschiedenen Bands mitgewirkt hatte, wurde sie mit 17 Profi. Anfang der 60er Jahre machte sie ihre ersten Plattenaufahmen. 1964 wechselte sie zu Pye Records und lernte dort den Produzenten und Komponisten Tony Hatch kennen, den sie 1967 heiratete. Gemeinsam schreiben sie *»Where Are You Now«*, für Jackie 1965 ein Spitzenreiter in GB. Nach zwei weiteren Top-40-Notierungen war nach 1969 die Gesangskarriere von Jackie beendet. Als Songschreiberin hat sie weiterhin mit ihrem Mann erfolgreich gearbeitet. Mitte der 80er Jahre zogen die beiden nach Australien und schrieben dort u. a. die Themenmusik zur Erfolgsserie *»Neighbours«*.

Der Hit: *Where Are You Now*

Tresvant, Ralph

* 16.5.1968. Die Karriere dieses amerikanischen Sängers begann 1982 in der Kindertruppe New Edition. Ebenso wie die anderen Mitglieder dieser Formation konnte Ralph seine Karriere auch nach New Edition fortsetzen. *»Sensitivity«* kam Ende 1990 in die US-Charts und erreichte Platz 4. Es folgten weitere Hit-Notierungen und eine Millionseller-LP. Tresvant spielte mit in dem Film *»The House Party 2«*. Zusammen mit Luther Vandross und Janet Jackson sang Ralph auf der Single *»The Best Things In Life Are Free«*, die Mitte 1992 in die US-Top-10 kam. Das Stück stammte aus dem Film *»Mo' Money«*.

Der Hit: *Sensitivity*
Der Tip: *Ralph Tresvant* (MCA 9031-72914-2)

T. Rex

Marc Bolan (* 30.9.1947 als Marc Feld, † 16.9.1977) war die treibende Kraft hinter dieser erfolgreichen britischen Rock-Band. Im November 1965 änderte er seinen Bühnennamen von Toby Tyler in Marc Bolan und veröffentlichte die Platte *»The Wizard«*, die floppte. Auch die Nachfolger *»The Third Degree«* und *»Hippy Gumbo«*, beide 1966, kamen in keine Charts. Im Mai 1967 wurde er neben Andy Ellis, John Hewlett und Chris Townson Mitglied bei John's Children, die ebenfalls erfolglos drei Singles veröffentlichten und im Herbst des gleichen Jahres aufgaben. Zusammen mit Steve Peregrine Took (* 28.7.1949, † 27.10.1980) gründete Bolan das Akustikduo Tyrannosaurus Rex. Die Single *»Debora«* war im Frühjahr 1968 die erste Hit-Notierung des Duos. LP-Veröffentlichungen der beiden waren in GB

recht erfolgreich, trotzdem verließ Took im Oktober 1969 das Duo und wurde durch Mickey Finn (* 3.6.1947) ersetzt. Ende 1970 kürzt Bolan auf Druck des Produzenten den Gruppennamen auf T. Rex. Damit beginnt eine drei Jahre anhaltende europaweite Karriere. »*Ride A White Swan*« kommt noch im Oktober 1970 in die GB-Charts und erreicht Platz 2. »*Hot Love*« wird Anfang 1971 der erste Spitzenreiter für T. Rex, »*Get It On*« ebenfalls 1971, »*Telegram Sam*« und »*Metal Guru*« 1972 die weiteren. »*Get It On*« ist die einzige Platte von T. Rex, die in den USA in die Top 10 kommen konnte. Überhaupt hatten die Amerikaner für Bolans Glitter-Rock wenig übrig – und Bands, die Boogie als treibende Kraft in ihrer Musik hatten, gab es in den Staaten genug. Mitte 1973 wird »*The Groover*« die letzte Top-10-Notierung von T. Rex in GB. Danach läßt der Erfolg merklich nach.
Gerade will Marc zu einem Comeback ansetzen, da setzt seine Freundin Gloria Jones seinen kleinen Mini-Cooper gegen einen Baum. Fahrerin Gloria überlebt – Beifahrer Marc stirbt.

Der Hit: *Get It On*
Der Tip: *Hot Love* (Zounds CD 272 00330 B)

Trio

Stephan Remmler, v (* 25.10.1946); Kralle Gerd Krawinkel, g (* 21.4.1949); Peter Behrens, d (* 4.9.1947).
Nachdem sie jahrelang die Lokalmatadoren in 26197 Großenkneten waren, avancierten sie mit »*Da Da Da – ich lieb dich nicht, du liebst mich nicht*« zu Goldjungs. Die Platte erschien im Frühjahr 1982, wurde Platz 2 in der Hitparade und vergoldet. Bei Trio paarte sich die neue deutsche Welle mit dem Minimalismustrend, und damit trafen sie, wohlüberlegt und durchdacht, den Nerv der Zeit. Wer Trio mit den anderen, zu dieser Zeit aufkommenden NDW-Kapellen in einen Topf schmiß, lag falsch. Im Herbst des gleichen Jahres erschien »*Anna – laßmichrein, laßmichraus*«. Die Platte wurde Platz 3. Ihre Lieder übersetzten die Jungs in unverfälschtes Ostfriesenenglisch, was ihnen Mitte 1982 mit »*Da Da Da*« einen Platz 2 in der britischen Hitparade einbrachte. Auch »*Anna*« wurde kongenial übersetzt: »*Anna – Letmein, Letmeout*«. Wenn man sieht, wie Kinoverleiher amerikanische oder englische Filmtitel ins Deutsche übertragen, ist die Übersetzung von Trio äußerst gelungen. »*Bum Bum*« und »*Turaluraluralu – ich mach bubu, was machst du?*« waren 1983 zwei weitere Top-10-Hits in Deutschland.
Nach 1984 fiel die Band bedauerlicherweise auseinander. 1986 kam Stephan Remmler mit Top-10-Erfolgen wie »*Keine Sterne in Athen*« und 1987 »*Alles hat ein*

Ende, nur die Wurst hat zwei«. Auch Peter Behrens und Kralle machten Solo-Platten, die allerdings nicht so erfolgreich waren.

Der Hit: *Da Da Da – ich lieb dich nicht, du liebst mich nicht*
Der Tip: *10 Jahre bei der Stange* (Mercury 849 931 2)

Trio Kolenka

Wieder eins der vielen Trios, die Anfang der 60er Jahre ein Mittelding zwischen Sehnsucht-, Heimat- und volkstümlichem Schlager brachten. *»Hüh-a-Hoh – vier Schimmel, ein Wagen«* war Mitte 1961 Platz 4 in Deutschland. Es handelte sich dabei um eine deutsche Version des international sehr erfolgreichen Titels *»Wheels«*. Der Nachfolger *»Du, du liegst mir am Herzen«* lag dann schon wieder so vielen im Magen, daß er nur auf Platz 41 kam und keine weiteren Hit-Notierungen folgten. Kolenka waren die Anfangsbuchstaben der Nachnamen der drei Interpreten, die wieder einmal vom Cornel-Trio bzw. dem Sunshine-Quartett kamen: Peter Cornehlsen, Michael Lengauer und Reni Kamberg.

Der Hit: *Hüh-a-hoh – vier Schimmel, ein Wagen*

Trio Rio

Peter Fessler, v; Oliver Heuss, key/v; Cläusel Quitschau, b/v; Pablo Escayola, per/v; Klaus Mages, d.
In der zweiten Hälfte der 80er Jahre kamen sowohl international als auch national einige Gruppen hoch, die Samba, Salsa, Bossa Nova, Calypso und Funk-Elemente mit Latin Rock abrundeten und damit eine sehr temperamentvolle, tanzbare Musik machten. In Deutschland waren es vor allen Dingen die Fritz-Brause-Band und Trio Rio. Mit *»New York – Rio – Tokyo«* schaffte die Formation im Herbst 1986 ihre einzige Hit-Notierung in Deutschland, einen Platz 3. Die Gruppe hätte auch internationale Erfolge verdient gehabt. Weshalb es nicht dazu kam, ist nicht nachzuvollziehen. Das Potential jedenfalls war da. 1987 kam es zu Umbesetzungen innerhalb er Gruppe. Neuer Sänger wurde Serge Mayllard. Schlagzeuger Mages wurde nicht ersetzt, nachdem er gegangen war. Der gewünschte Erfolg stellte sich nicht ein, und Trio Rio kam 1990 wieder mit einer neuen Besetzung. Neben den vier Musikern der letzten Besetzung waren nun noch etliche Studiomusiker hinzugekommen. Nach dieser LP hörte man nichts mehr von Trio Rio. In den 90er Jahren tauchte Mayllard als Sänger der Soulcats auf.

Der Hit: *New York – Rio – Tokyo*
Der Tip: *Trio Rio* (Metronome 829 408-1)

Troggs

Reg Presley, v (* 12.6.1943 als Reginald Ball); Dave Wright, g; Howard Mansfield, g; Chris Britton, g (* 21.1.1945); Pete Staples, b (* 3.5.1944); Ronnie Bond, d (* 4.5.1943 als Ronald Bullis).

Presley hatte diese britische Band 1964 als Troglodytes gegründet. Neben ihm spielten Bond, Wright und Mansfield. Zuerst waren sie eine semiprofessionelle Gruppe, die vorwiegend in und um Andover, Presleys Heimatstadt, spielte. Nachdem es nicht voranging, fiel die Gruppe auseinander, und wenig später machten Presley und Bond mit den Überresten einer anderen lokalen Band aus Andover, den Ten Feet Five, eine Neuauflage der Troglodytes. Die Besetzung war jetzt Presley, Bond, Britton und Staples. Ein Jahr später sah Larry Page, der Manager der Kinks, die Band und nahm sie unter Vertrag. Noch im gleichen Jahr galten sie als die führende Punk-Band in GB. 1966 kürzten sie ihren Namen auf Troggs. Ihre Single *»Lost Girl«*, die im Februar 1966 erschien, kam nicht in die Charts. Zwei Monate später veröffentlichten sie *»Wild Thing«* und hatten damit einen weltweiten Hit: 2 in GB, Spitzenreiter in den USA, 7 in Deutschland. Dabei wurde die Platte wegen sogenannter zweideutiger Texte in vielen Rundfunkanstalten rund um die Erde – oder zumindest da, wo man Englisch versteht – nicht gespielt. Aber gerade das machte die Gruppe und den Titel populär. Die nächste Single ist *»With A Girl Like You«*. Sie wurde Mitte 1966 Spitzenreiter in GB und Platz 2 in Deutschland. Noch im gleichen Jahr setzte es zwei weitere Top-10-Erfolge: *»I Can't Control Myself«* und *»Anyway That You Want Me«*. Im Herbst 1967 erschien mit *»Love Is All Around«* der letzte Top-10-Hit. Diese Aufnahme stellte die Band in den USA in die Flower-Power-Ecke, worüber sich Reg köstlich amüsierte. Alles in allem paarte sich bei den Troggs ein Schuß Chuzpe mit etwas Schlüpfrigkeit und hartem Beat. Anfang der 70er Jahre waren die Troggs am Ende. Es erschienen zwar noch weitere Platten, doch der Schwung war hin. In den 80er Jahren kam Reg Presley immer mal wieder mit Neuproduktionen der Troggs auf den Markt. 1992 erschien mit *»Athens Andover«* wieder eine hervorragend gemachte CD der Troggs. Außer Presley war von den Originalmitgliedern noch Britton mit dabei. Geholfen hatten bei der Produktion etliche Mitglieder der Formation R.E.M., die die Troggs, insbesondere jedoch Reg Presley, immer bewundert hatten.

Der Hit: *Wild Thing*
Der Tip: *Archeology 1966 - 1976* (Fontana 314 512 936 2)

Troy, Doris

* 6.1.1937 als Doris Payne. Die amerikanische Sängerin und Songschreiberin begann mit der Jazzformation Halos und bei Jay & Dee. Außerdem war sie Backgroundsängerin bei Chuck Jackson und Solomon Burke. Als Solistin hatte sie einen Hit: *»Just One Look«*, von ihr mitgeschrieben, erreichte Mitte 1963 die Top 10 der US-Charts. Eine Cover-Version dieser Nummer bescherte der britischen Band Hollies 1964 ebenfalls einen Erfolg. Ende der 60er Jahre ging Troy nach London und nahm dort für das Apple-Label der Beatles eine LP mit Unterstützung von George Harrison und Eric Clapton auf. Später arbeitete sie als Session-Sängerin und war auf Platten der Rolling Stones, von Humble Pie, Carly Simon, Spencer Davis oder Scaffold zu hören. In den 80er Jahren wirkte sie in den USA in Musicals mit.

Der Hit: *Just One Look*
Der Tip: *Doris Troy* (Apple CDP 7 98701 2)

True, Andrea Connection

Bevor Andrea True im Frühjahr 1976 mit dem Millionseller *»More, More More Pt. I«* sowohl in den USA als auch in GB und Deutschland in die Top 10 kam, hatte sie sich bereits auf einem anderen Gebiet mit Erfolg versucht. Die »vielseitige« Schauspielerin wurde nach dem 1972 gedrehten Debütfilm *»Illusions Of A Lady«* ein Star des US-Pornokinos. Ihre Talente stellte sie in etlichen Streifen dar. 1975 schrieb sie das Drehbuch für *»Once Over Nightly«* und führte auch Regie. Ende 1975 wurde sie Vertragskünstlerin des Buddah Labels und ihre Debüt-Single war ihr größter Hit. Bis 1978 gelangen ihr in den USA weitere Hit-Notierungen, darunter im Frühjahr 1977 der Top-30-Hit *»N.Y. You Got Me Dancing«*. Mit dem Anfang der 80er Jahre war sie wieder verschwunden.

Der Hit: *More, More, More Pt. I*
Der Tip: *More, More, More* (Buddah Records 67.001)

Tubb, Ernest

* 9.2.1914 als Ernest Dale Tubb, † 6.9.1984. Der amerikanische Countrysänger und Songschreiber trug den Spitznamen »Texas Troubadour«. Schon Mitte der 30er Jahre arbeitete er für diverse US-Radiostationen. Er trug Lieder seines Lieblingsinterpreten Jimmie Rodgers vor. Seine erste Platte machte er 1936. Nach dem von ihm selbst geschriebenen Millionseller *»Walking The Floor Over You«* 1941 siedelte er 1943 nach Hollywood über und spielte in etlichen Filmen

mit. Ab 1947 wurden aus seinem eigenen Plattengeschäft in Nashville regelmäßige Radiosendungen ausgestrahlt. Bis zum Ende der 70er Jahre brachte er es in der Country-Hitparade auf 80 Eintragungen als Solist und etliche im Duett mit Red Foley und Loretta Lynn. Außerdem machte er noch Platten mit den Andrews Sisters, Wilburn Brothers oder Willie Nelson. Seinen einzigen Top-10-Erfolg in den Pop-Hitparaden hatte Tubb zusammen mit Red Foley im Herbst 1950 mit *»Goodnight, Irene«*.

Der Hit: *Goodnight, Irene*

Tubes

Fee Waybill, v (* 17.9.1950 als John Waldo); Rick Anderson, b (* 1.8.1947); Michael Cotten, key (* 25.1.1950); Bill Spooner, g (* 16.4.1949); Roger Steen, g (* 13.11.1949); Vince Welnick, key (* 21.2.1951); Prairie Prince, d (* 7.5.1950). Diese aus San Francisco stammende Gruppe wurde 1972 gegründet. Eine Zeitlang galten sie als eine der originellsten Rock-Bands der Welt. Sie vermischten Elemente des Theaters, übliche Rock-Präsentationen und Provokation. Schnell wurden sie Lieblinge der internationalen Underground-Presse und Schock für das gut bürgerliche Bewußtsein, da auch Dinge wie Sex in ihren Texten und Shows nicht ausgespart wurden. 1975 wurden sie erstmals in der US-LP-Hitparade notiert. Bis 1985 erreichten sie neunmal die LP-Charts, kamen jedoch über Platz 18 nie hinaus. Erstaunlicherweise hatten sie auch Single-Erfolge. 1976 notierte man die Gruppe erstmals mit *»Don't Touch Me There«*. 1983 hatten sie ihren einzigen Top-10-Erfolg mit *»She's A Beauty«*. In den 70er Jahren wurde das in den USA allgegenwärtige Fernsehen von der Gruppe besonders aufs Korn genommen. Titel wie *»Prime Time«* oder *»TV Is King«* dokumentieren das. Die Single, die jedoch dem, was die Tubes ausmachte, am nächsten kommt, stand Ende 1977 als erste Notierung der Tubes in GB auf Platz 28: *»White Punks On Dope«*.

Der Hit: *She's A Beauty*
Der Tip: *The Best Of* (Capitol 7 98359 2)

Tubeway Army

siehe Numan, Gary

Tucker, Orrin

* 17.2.1911. Orrin leitete in den USA seine ersten Tanzbands schon in den 30er Jahren. Er war ein ausgesprochen vielseitiger Musiker, spielte Tenor- und Altsaxophon, Klarinette, sang, komponierte und schrieb Texte. Erfolgreich wurde er Mitte 1939, als der von ihm gesungene Titel »*Wishing (Will Make It So)*« in den Charts notiert wurde. Noch im gleichen Jahr hatte er »*Oh, Johnny, Oh, Johnny, Oh!*« auf Platz 2 der Hitparade. Bis 1942 folgten noch 14 weitere Hits, sechs davon erreichten die Top 10. Dann wurde er zum Militär eingezogen. Nach dem Zweiten Weltkrieg kam er mit einer neuen Band, konnte aber an seine Vorkriegserfolge nicht mehr anschließen. In den frühen 50er Jahren hatte er an der Westküste noch eine eigene TV-Show. 1975 übernahm er in Hollywood einen Ballroom, in dem seine Band über viele Jahre an fünf Tagen pro Woche spielte.

Der Hit: *Oh, Johnny, Oh, Johnny, Oh!*

Tucker, Tommy

* 18.5.1908. Der Pianist, Komponist und Songschreiber Tommy Tucker leitete ab den frühen 30er bis in die frühen 50er Jahre eine eigene Band. Tucker spielte nie in einer fremden Gruppe, er begann sofort als Bandleader. In den Charts wird er erstmals Ende 1939 mit dem Novelty-Song »*The Man Who Comes Around*« notiert. »*There I Go*« wurde Ende 1940 sein erster Top-10-Erfolg, »*I Don't Want To Set The World On Fire*« im Herbst 1941 Platz 4 und sein größter Hit in den USA. Nach 1945 und »*On The Atchison, Topeka And The Santa Fe*«, seiner letzten Top-10-Notierung, gab es keinen weiteren Hit mehr für ihn. In den späten 40er Jahren zog er sich zunächst ganz aus dem Musikgeschäft zurück, kam dann aber Ende 1949 doch wieder mit einer neuen Band. Von 1960 bis in die frühen 70er lehrte er an einem College in New Jersey. Nachdem er diese Tätigkeit aufgegeben hatte, spielte er Diskjockey in einer Nostalgie-Music-Show.

Der Hit: *I Don't Want To Set The World On Fire*

Tune Weavers

Margo Sylvia (* 4.4.1936); John Sylvia (* 8.9.1935); Gilbert Lopez (* 4.7.1934); Charlotte Davis (* 12.11.1936); William Morris jr., alle v.
Mit der selbstgeschriebenen Nummer »*Happy, Happy Birthday Baby*« schaffte diese Rhythm-&-Blues-Gruppe im Herbst 1957 Platz 5 in den US-Charts. Im Laufe der Jahre sind insgesamt zwei Millionen Exemplare des Titels verkauft worden. Danach traten die Tune Weavers im Apollo Theater auf, waren mit

Alan Freed in der Rock-'n'-Roll-Show im Paramount Theater und in Dick Clark's »American Bandstand« zu sehen. 1958 stieg Charlotte aus und wurde durch William Morris jr. ersetzt. Es folgten etliche weitere Singles, aber keine kam mehr in die Charts. 1988 erzählte Margo, daß weder sie noch ihr Bruder Gilbert jemals einen Pfennig an Künstlerlizenzen erhalten hätten. Korruption und Raffgier im Musikgeschäft waren für sie der Grund, mit dem Singen aufzuhören.

Der Hit: *Happy, Happy Birthday Baby*

Turner, Ike & Tina

Ike Turner, key/v (* 5.11.1931); Tina Turner, v (* 26.11.1938 als Anna Mae Bullock).
Der amerikanische Tastenspieler, Gitarrist, Sänger und Songschreiber, Talentscout und Produzent Ike Turner begann seine Karriere im Alter von 11 Jahren, als er Blues-Musiker wie Sonny Boy Williamson und Robert Nighthawk am Piano begleitete. 1951 spielte seine Band Kings Of Rhythm im Sun Studio in Memphis *»Rocket '88«* ein. Leadsänger war der Saxophonist der Gruppe, Jackie Brenston. Unter dessen Namen wurde die Single auch veröffentlicht und gilt heute als eine der ersten Rock-'n'-Roll-Platten. Turner wurde einer der Top-Session-Gitarristen und produzierte in den 50er Jahren Junior Parker, Howlin' Wolf, B. B. King, Roscoe Gordon oder Johnny Ace. 1956, die Kings Of Rhythm spielten in St. Louis, entdeckte er unter den Zuschauern Anna Mae Bullock, heiratete sie 1958 und trat danach mit ihr als Ike & Tina Turner auf. *»A Fool Of Love«* war im Herbst 1960 die erste Hit-Notierung des Ehepaares. In jenen Tagen bauten sie um Tina herum die Ike & Tina Turner Revue auf, die sich durch eine energiegeladene Bühnenshow auszeichnete. In den USA hat das Duo etliche Hits in den höheren Regionen der Rhythm-&-Blues-Charts, in den Pop-Charts waren sie jedoch nur ein einziges Mal unter den ersten 10 vertreten: *»Proud Mary«* kam Anfang 1971 in die Hitparade, wurde Platz 4 und Millionseller. In GB erreichte *»River Deep Mountain High«*, produziert von Phil Spector, 1966 und *»Nutbush City Limits«*, eine Komposition von Tina, 1973 die Top 10. Die privaten Schwierigkeiten zwischen den beiden werden von Tina dargestellt. 1974 trennten sich die beiden, 1976 wurden sie geschieden. Während sich Tina in den 80er Jahren zu einem Superstar entwickelte, sind alle weiteren Projekte von Ike nicht sonderlich erfolgreich. Ende der 80er Jahre bekommt er ernsthaft Probleme wegen Drogenbesitzes und -handels.

Der Hit: *Proud Mary*
Der Tip: *The Best Of* (EMI CDP 7 446599 2)

Turner, Sammy

* 2.6.1932 als Samuel Black. Der amerikanische Rhythm-&-Blues-Sänger begann als Leadsänger bei den Twisters. Seine erste Hit-Notierung, im Frühjahr 1959 ein Platz 100 in den US-Charts mit *»Sweet Annie Laurie«*, hatte er als Sammy Turner & The Twisters. Drei Monate später gelang ihm mit *»Lavender-Blue«* Platz 3 in den USA. Bis zum Jahre 1960 hatte er drei weitere Hit-Notierungen, aber keinen Top-10-Erfolg mehr. Danach nahm er für diverse Firmen, so z. B. Motown, 20th Century Fox oder Verve, Platten auf, die keine Erfolge wurden. In seiner Hit-Zeit wurde er produziert von Jerry Leiber und Mike Stoller.

Der Hit: *Lavender-Blue*

Turner, Tina

* 26.11.1938 als Anna Mae Bullock im Haywood Memorial Hospital in Brownsville, Tennessee. Aufgewachsen ist sie in dem Nest Nut Bush, dem sie in ihrem späteren Hit *»Nutbush City Limits«* ein fragwürdiges Denkmal setzte. In St. Louis trifft sie auf die Band von Ike Turner. Der holt sie zufällig auf die Bühne, um bei einem Stück mitzusingen. Niemand konnte zu diesem Zeitpunkt – 1956 – ahnen, daß hier eine große Karriere begann.

Ihren Mann Ike Turner hatten viele all die Jahre, die Tina mit ihm zusammenlebte und arbeitete, falsch eingeschätzt. Prügel hatte es gesetzt. Freundlichkeit im Umgang mit den Menschen, die ihn umgaben, war nicht Ikes Stärke. In ihrem Buch »Ich, Tina – mein Leben« enthüllt sie, welch zäher Kämpfe es bedurfte, bis sie den Mut und das Selbstvertrauen fand, sich seelisch wie materiell aus der Abhängigkeit von ihrem tyrannischen Ehemann Ike zu befreien. Die erste LP von Tina Turner nach ihrer Zeit mit Ike erschien 1978 und hieß *»Rough«*. Besonders beeindruckend ist ihre Cover-Version vom Bob-Seeger-Titel *»Fire Down Below«*, die zeigt, daß sie sich in Zukunft mehr dem Rock zuwenden würde. Im Juli 1976 war sie von Ike geschieden worden. Die Zeit nach dieser Trennung war turbulent. Tina mußte ihre vier Kinder durchbringen und war auf Sozialhilfe angewiesen. Schon zum damaligen Zeitpunkt war Tina in Europa populärer als in den USA, wo sie immer als Anhängsel von Ike angesehen wurde. Nachdem *»Rough«* in den USA kein Erfolg wurde, ließ ihre amerikanische Plattenfirma sie einfach fallen. Nur die europäische Plattenfirma EMI behielt Tina für den englischen Markt unter Vertrag. Für den Rest der Welt – USA, Europa, Ferner Osten – stand Tina ohne einen Plattenvertrag da.

Ende der 70er Jahre hat Tina eine halbe Million Dollar Schulden und spielt vorwiegend in Clubs, die auf musikalische Qualität recht wenig Wert legen. Zu diesem Zeitpunkt trifft sie den jungen Australier Roger Davies, der ihr langsam,

Tina Turner

aber sicher bessere Auftritte und auch eine bessere Begleitband verschafft. 1981 geht die Karriere von Tina Turner wieder bergauf. Sie tritt im Vorprogramm der Rolling Stones auf. Und wieder sind es nicht die Amerikaner, die sich für Tina interessieren, sondern junge britische Musiker: Ian Craig Marsh und Marty Ware von der Gruppe Heaven 17 und gleichzeitig Initiatoren der British Electric Foundation möchten, daß Tina auf einer ihrer Platten den Temptations-Song *»Ball Of Confusion«* singt. Die fertige Produktion ist schließlich nicht unbedingt so, wie sich Tina eine Platte vorstellt, da für ihren Geschmack zuviel Elektronik im Spiel war. Auf der anderen Seite kam Tina dadurch wieder ins Gespräch. Im Dezember 1981 tritt sie im Vorprogramm von Rod Stewart im Los Angeles Forum auf, und das Konzert wird weltweit per Satellit übertragen. Während Roger Davies Anfang 1982 für Tina Turner einen neuen Plattenvertrag bei Captiol/EMI abschließt, brennt Ike Turner das Studio ab, und man munkelt, er habe schwere Kokainprobleme. Wie sich später herausstellt, stimmte das, und Ike ging für einige Zeit hinter schwedische Gardinen. Ende 1982 will Roger Davies Tina Turner in New York der Führungsmannschaft von Capitol Records präsentieren, aber inzwischen hatte sich das Management dieser Plattenfirma verändert, und die, die jetzt dran waren, konnten mit Tina Turner wenig anfangen. Es schien so, als würde aus diesem neuen Plattenvertrag doch nichts werden. David Bowie wußte um die Probleme. Er hatte gerade mit Capitols Partner EMI einen Vertrag unterschrieben und war in New York, um dort seine demnächst erscheinende LP *»Let's Dance«* vorzustellen. Am Schluß der Vorstellung kündigt Bowie an, daß er sich jetzt seine Lieblingssängerin anschauen gehe, die ein Konzert geben würde – die Herren von der EMI schließen sich an und werden Zeugen eines überwältigenden Comeback-Konzertes. Der Vertrag ist gesichert. Ende 1983 erscheint mit *»Let's Stay Together«* Tinas erste Veröffentlichung auf Capitol Records, wird ein Top-10-Erfolg in GB und markiert den Beginn einer steilen Solokarriere von Tina. Schon ihre nächste Single, *»What's Love Got To Do With It«* wird Spitzenreiter in den USA und Millionseller. Danach reißt man sich weltweit wieder um Tina. Hatte sie 1975 im Film *»Tommy«* als Acid Queen noch eine kleinere Rolle gespielt, so war sie 1985 als Auntie Entity im Film *»Mad Max: Beyond Thunderdome«* schon eine der Hauptdarstellerinnen. 1985 brach sie auf ihrer Europatournee jede Menge Rekorde. Aus den acht angesagten Konzerten für Deutschland wurden 30. Im Sommer 1986 merkten auch die Amerikaner endgültig, was sie an Tina haben. Vor dem Gebäude von Capitol Records in Hollywood erhielt Tina ihren Star im »Walk Of Fame«. Ihre LP *»Private Dancer«* verkaufte sich alleine in den USA 5 Millionen mal. Auch ihre Tour im Jahre 1987, die unter dem Motto *»Break Every Rule«* steht, brach in 13 Ländern die Regel, was den normalen Kartenverkauf angeht. Als sie im Januar 1988 während ihrer Südamerika-Tournee im Maracana-Stadion in Rio de Janeiro spielt, kommen 180 000 Personen, um sich das Konzert anzuschauen. Es ist die größte Zuschauermenge, die jemals für einen Einzelkünstler zusammengeströmt ist. Während Tina Turner im Herbst 1989 weltweit mit der Single *»The Best«* in den Charts steht, tritt Ike eine vierjährige Strafe im Männergefängnis von St. Luis Obispo in Kalifornien an. 1986 war das Buch *»Ich, Tina – mein Leben«* erschienen. Walt Disney in Hollywood erschien dieses Leben so interessant, daß sie bei Tina anfragten, ob sie es verfilmen durften. Tina willigte ein, und am 9.9.1993 kam der Film in die Kinos. Ihre neueste Single ist die Bryan-Adams-Nummer *»Why Must We Wait Until Tonight«* aus dem Soundtrack zum Film *»What's Love Got To Do With It«*, der am 19. Juni 1993 in der britischen LP-Hitparade von 0 auf 1 eingestiegen ist. Laut eigener Aussage gehört Tina »zu der Sorte Mädchen, die, wenn sie einmal mit einem Mann im Bett gewesen sind, ihn als ihren Freund betrachten«. Seit geraumer Zeit lebt sie in Köln mit Erwin Bach, Managing Director bei der EMI. Als sie ihn das erste Mal sah, wurden ihr angeblich die Hände feucht. Auf die Frage, ob ihre Beziehung zu ihm sie glücklich gemacht habe, sagte sie, daß sie sich selbst in den letzten Jahren glücklich gemacht hat, ohne von einem Mann abhängig zu sein.

Der Hit: *What's Love Got To Do With It*
Der Tip: *Simply The Best* (Capitol CDP 7 96630 2)

Turtles

Mark Volman v/sax (* 19.4.1947); Howard Kaylan, v/sax (* 22.6.1947 als Howard Kaplan); Al Nichol, p/g (* 31.3.1945); Jim Tucker, g (17.10.1946); Chuck Portz, b (* 28.3.1945); Don Murray, d (* 8.11.1945).
1963 wurde aus der L.A.-Surf-Band Nightriders die Neugründung Crossfires. Auch sie spielte vorwiegend instrumentale Surf-Musik. Die Band gewann etliche Wettbewerbe und veröffentlichte schließlich noch 1963 mit *»Fiberglass Jungle«* ihre Debüt-Single. 1964 kamen die vielen britischen Beat-Bands und fegten die Surf-Musik von der Bildfläche. Auch Crossfires mußte ihren Stil ändern, und Sänger wurden Volman und Kaylan. Sie versuchten sich nun mehr mit Folk-Musik und nannten sich Crosswind Singers. 1965 erhielten sie ein Angebot für einen Plattenvertrag, sollten ihren Namen aber – analog zu den Byrds – in Tyrtles änderrn. Der Kompromiß hieß dann Turtles. Im Herbst 1965 erschien ihre Version des Bob-Dylan-Hits *»Ain't Me Babe«*, die es bis auf Platz 8 in den USA brachte. *»Happy Together«* war nach einigen kleineren Hits im Frühjahr 1967 Millionseller und Spitzenreiter in den USA, mit Platz 12 die erste Hit-Notierung in GB und 11 in Deutschland. *»She'd Rather Be With Me«*, ebenfalls 1967, und *»Eleonore«* 1968 waren sowohl in den USA als auch in GB Top-10-Erfolge. 1969 war *»You Showed Me«* ihre letzte Notierung in den amerikanischen Top 10. 1970 fiel die Band auseinander, in der die einzige Konstante über die Jahre Volman und

Kaylan waren. Danach wurden die beiden Mitglied bei den Mothers Of Invention, machten das Duo Phlorescent Leech & Eddie, später Flo & Eddie. Von ihnen stammte der Soundtrack zu dem Film »Strawberry Shortcake«. 1985 waren sie auch wieder als Turtles unterwegs. Zwischendurch betätigten sich die beiden als Gastmusiker bei vielen anderen Interpreten, darunter Blondie, Alice Cooper, T. Rex – sie sind zu hören auf den beiden Hit-Singles *»Hot Love«* und *»Get It On«* – und vielen anderen.

Der Hit: *Happy Together*
Der Tip: *20 Greatest Hits* (Rhino RNCD 5160 TIS)

Tweets

Diese britische Instrumentalgruppe hatte mit *»The Birdie Song (Birdie Dance)«* im Herbst 1981 Platz 2 in GB. Noch im gleichen Jahr schlugen sie in die gleiche Kerbe und hatten *»Let's All Sing Like The Birdies Sing«* in den Top 50. Ein ähnliches Ergebnis erzielte eine Neuauflage des ersten Hits Ende 1982. Damit waren die Entengesänge vorüber.

Der Hit: *The Birdie Song (Birdie Dance)*

Twenty 4 Seven feat. Captain Hollywood

»Hanks« Giovanni Falco (* 5.2.1969), »Jacks« Wolfgang Reiss (* 2.8.1968), »Nancy« Anna Franciena Coolen (* 10.9.1973), »Captain Hollywood« Tony Harrison (* 9.8.1962), alle v.
Dieses Disco-Projekt, produziert in Belgien mit Mitgliedern, die aus Italien, Deutschland oder den USA kommen, hatte in Deutschland seine ersten Erfolge. Im Mai 1990 erschien *»I Can't Stand It!«* in der deutschen Hitparade und erreichte Platz 3, wenig später Platz 7 in GB. Der Nachfolger *»Are You Dreaming«* kam noch im gleichen Jahr in beiden Ländern in die Top 20. Danach machte sich Captain Hollywood, der schon vor seiner Zeit als Aushängeschild von Twenty 4 Seven Soloplatten veröffentlicht hatte, wieder selbständig, und der Rest der Gruppe kam auf keine weiteren Erfolge.

Der Hit: *I Can't Stand It*
Der Tip: *Street Moves* (BCM Records 50247)

Twenty 4 Seven *(BCM)*

Twinkle

* 15.7.1947 als Lynn Annette Ripley. In ihrer Zeit war Twinkle eine echte Ausnahme. Im Gegensatz zu Dusty Springfield, Cilla Black oder Sandie Shaw schrieb sie sich ihre Lieder selbst. Ihr Song *»Terry«*, der inhaltlich an *»The Leader Of The Pack«* erinnerte, brachte es Ende 1964 auf Platz 4 in GB. Der Nachfolger *»Golden Lights«* brachte es nur noch auf Platz 21. Nachdem ihre Karriere als Sängerin nicht weiterging, wurde sie fest angestellte Songschreiberin in verschiedenen Verlagen, machte hin und wieder jedoch auch noch Platten. So sang sie 1972 eine Cover-Version des Monkees-Hits *»I'm A Believer«*. Nachdem dann eine LP mit Liebesliedern ebenfalls ein Reinfall wurde, gab sie sich mit ihrem Hausfrauendasein zufrieden. Auf die Frage, weshalb sie ihre Karriere nicht weiter verfolge, sagte sie 1993: »Weil ich mein ganzes Leben faul war. Als ich dann auch keinen Hit mehr hatte, verlor ich das Interesse an Musik. Mein Mann hat mir

immer gesagt, ich sei eben nicht hungrig genug gewesen.« 1986 nahm die Gruppe Smiths eine Cover-Version von »*Golden Lights*« auf.

Der Hit: *Terry*

Twitty, Conway

* 1.9.1933, † 5.6.1993 als Harold Lloyd Jenkins. Harold Lloyd verkörperte den netten Jungen von nebenan. Er war typisch amerikanisch: optimistisch, konform, eben ein nice guy. Er kam in seinen Filmen immer nur deshalb in komische Situationen, weil er mit Übereifer an die Befolgung gesellschaftlicher Spielregeln ging. Immer im Gedächtnis, wenn man den Namen hört: die waghalsige Kletterei am Uhrzeiger, die er ohne Stuntman durchführte. Diesen Filmschauspieler hatten die Eltern Jenkins im Gedächtnis, als ihr Sohn geboren wurde. 10 Jahre alt, sang der kleine Harold Lloyd Jenkins über die Ätherwellen der Radiostation seines Heimatortes Helena, Arkansas. Als Teenager gründete er seine erste eigene Band, dann kam die Militärzeit, und er wurde in Japan stationiert. Hier spielte er zusammen mit einer der vielen Army-Bands, den Cimarrons. Ein Mitglied der Band, von Harold Lloyds Stimme begeistert, gab ihm eine Adresse in den USA. Dort sollte er sich hinwenden, falls er eine Karriere als Sänger machen wollte. Zurück in den Staaten, trifft Harold Don Seat, der auch vom Talent des Mr. Jenkins überzeugt ist. Nur den Namen findet er schrecklich. Beiden fällt zunächst einmal nichts ein, dann ihr Blick auf eine Straßenkarte der USA. Wahllos suchen sie sich zwei Orte aus, die sie zum Künstlernamen zusammenschustern: Conway in Arkansas und Twitty in Texas. 1957 dann die ersten Plattenproduktionen und mit »*I Need Your Lovin'*« die erste Hit-Notierung. Im Herbst 1958 erscheint, von Twitty selbst geschrieben, »*It's Only Make Believe*«. Die Platte wird Spitzenreiter in den USA und in GB. »*Mona Lisa*« in GB, »*Danny Boy*« und »*Lonely Boy Blue*« in den USA werden 1959 weitere Top-10-Hits. Nach 1962 lassen Twittys Erfolge in den Pop-Hitparaden nach. Ab 1966 war er dann ständiger Gast in den Country-Charts. In der Liste der erfolgreichsten Country-Interpreten belegte er Platz 5. In den USA wurde er schließlich so bekannt, daß er sich in Hendersonville, Tennessee, für seine Fans einen eigenen Komplex baute, den er Twitty City nannte. Im Juni 1993 brach Twitty nach einem Konzert plötzlich wegen eines Magendurchbruchs zusammen. Er starb nach einer Notoperation.

Der Hit: *It's Only Make Believe*
Der Tip: *Greatest Hits* (Polydor 833 729-2)

2 In A Room

Dose, v (* 10.10.1969 als Rafael Vargas); Rog Nice, key (* 18.7.1967 als Roger Pauletta).
Dieses Dance-Duo aus New York, bei dem Dose für den Gesang und den Rap und Roger für Instrumentierung und Remix zuständig ist, hatte seine erste Hit-Notierung Ende 1989 in GB mit »*Somebody In The House Said Yeah!*« Ein Jahr später hatten sie in den USA ihren ersten Erfolg: »*Wiggle It*« erreichte Platz 15 und wurde ein Millionseller. Anfang des darauffolgenden Jahres kam die Platte in die GB-Charts, wurde Platz 3 und in Deutschland Platz 17. Mit ihrer Hiphop-orientierten Musik trafen sie Anfang der 90er Jahre genau den Nerv der Diskogänger.

Der Hit: *Wiggle It*
Der Tip: *Wiggle It* (Dance Pool 468 115 1)

Two Man Sound

Sylvain van Holme, Francis Deprijck, Pipou.
»Two Man Sound ist ein Gedicht, ein Gedicht und ein Trio, dessen Mitglieder, Musiker, Komponisten z. Zt. zu den markantesten Persönlichkeiten und zu den talentiertesten im heutigen Bereich zählen.« Das wurde Anfang 1976 von der Plattenfirma des Trios veröffentlicht. Für ihren Titel »*Charlie Brown*«, der zu jener Zeit in die deutsche Hitparade kam und Platz 7 erreichte, wäre so viel Talentbündlung nicht nötig gewesen. Außer dieser Mitgröl- und Happy-Disco-Nummer schaffte die Formation drei Jahre später in GB mit »*Que Tal America*« einen Top-50-Hit.

Der Hit: *Charlie Brown*

Two Of US

James Herter, g/syn; Thomas Dörr, d.
Die beiden Musiker hatten sich in Projekten der neuen deutschen Welle, wie Hubert KaH oder Kiz getroffen. Herter war davor Gitarrist und Songschreiber der Formation Zomby Wooff gewesen. 1978 richtete er sich ein Tonstudio ein, und zu seinen ersten Kunden zählte Hubert Kemmler, der Chef von Hubert KaH. Diese NDW-Gruppe arbeitete in den nächsten Jahren eng zusammen mit Herter, und zu Hubert KaH gehörte der damals 16jährige Thomas Dörr. 1982 arbeiteten Herter und Dörr zusammen in der Band Kiz, deren »*Sennerin vom Königsee*« 1983 Platz 3 in Deutschland wurde. Ab 1985 kamen Dörr und Herter als Two Of Us.

»Blue Night Shadow«, ihre erste Hit-Notierung Mitte 1985, wurde als Position 5 auch ihr größter Erfolg. Bis 1988 folgten weitere Chart-Eintragungen.

Der Hit: *Blue Night Shadow*
Der Tip: *Twice As Nice* (Blow Up Int. 145.514)

2 Unlimited

Kid Ray, Anita.
Dieses aus Amsterdam stammende Duo brachte Anfang der 90er Jahre für diese Zeit typische europäische Discomusik. Erstmals wurden sie im Oktober 1991 in GB mit *»Get Ready For This«* auf Platz 2 notiert. Der Nachfolger *»Twilight Zone«* erreichte Anfang 1992 das gleiche Ergebnis. Weitere Top-10-Erfolge wurden *»Workaholic«*, ebenfalls 1992, *»No Limit«* – Spitzenreiter in GB – und *»Tribal Dance«* 1993.

Der Hit: *No Limit*
Der Tip: *No Limits!* (ZYX 20251-2)

Tyler, Bonnie

* 8.6.1953 als Gaynor Hopkins. Mit 17 gewinnt die Waliserin einen Nachwuchswettbewerb und wird in ihrer Heimat zu einer Größe der Pub- und Club-Szene. 1976 muß sie sich einer Kehlkopfoperation unterziehen und hat danach die Stimme, die zu ihrem Markenzeichen wird: weiblicher Rod Stewart. *»Lost In France«* kommt Ende 1976 in die GB-Charts und wird Platz 9. In Deutschland belegte der Titel Platz 3. Ein Jahr später erreicht *»It's A Heartache«* Platz 4 in GB, im Frühjahr des darauffolgenden Jahres wird das Stück Platz 2 in Deutschland, Millionseller in den USA und Platz 3. Nach 1979 schien ihre Karriere wie abgerissen, doch dann kam sie im Frühjahr 1983 mit einer typischen Jim-Steinman-Nummer zurück. Gewaltiger Epos-Pop, wie Steinman ihn mit Vorliebe von Meat Loaf singen ließ, brachte Bonnie einen Millionseller und Spitzenreiter in den USA und auch in GB eine Nummer 1: *»Total Eclipse Of The Heart«*. *»Holding Out For A Hero«* aus dem Film *»Footloose«* brachte Bonnie im Herbst 1985 noch einen Platz 2 in GB. Ansonsten veröffentlichte sie bis in die 90er Jahre weiterhin Platten, die jedoch nicht mehr in die Top 10 kamen.

Der Hit: *Total Eclipse Of The Heart*
Der Tip: *Greatest Hits* (Telstar TCD 2291)

Tymes

George Williams, tr/v; George Hilliard, p/v; Donald Banks, v; Albert Berry, d/v; Norman Burnett, g/v; Terri Gonzalez, v; Melanie Moore, v.
Diese Soul-Gruppe aus Philadelphia startete 1956. Zuerst nannten sie sich Latineers. Ihre erste Hitnotierung wurde gleich Nummer 1 in den USA: *»So Much In Love«* Mitte 1963. Der Nachfolger *»Wonderful! Wonderful!«* erreichte Platz 7, und nach vier weiteren Hit-Notierungen sah es nach 1964 so aus, als könne man die Tymes vergessen. 1968/69 bäumten sie sich noch einmal auf. *»People«* aus dem Musical »Funny Girl« kam Ende 1968 unter die Top 40 der USA, Anfang 1969 in die Top 20 in GB. Danach hörte man für sechs Jahre nichts mehr von dem Tymes, bis sie im Sommer 1974 – Berry und Hilliard waren inzwischen durch die beiden Sängerinnen Gonzalez und Moore ausgewechselt – mit *»You Little Trustmaker«* wieder einen Top-20-Hit in den USA und in GB schafften. Ende des gleichen Jahres erreichten sie mit *»Ms. Grace«* den Spitzenplatz in GB. *»God's Gonna Punish You«* und *»It's Cool«* waren 1976 die letzten Notierungen dieser Formation.

Der Hit: *So Much In Love*

Typically Tropical

Jeffrey Calvert (* 13.11.1954) und Max West waren zwei britische Toningenieure, die freie Studiozeiten dazu nutzten, eigene Kompositionen aufzunehmen. Eine auf Reggae getrimmte Nummer mit dem Titel *»Barbados«*, in der Captain Tobias Wilcock von den Coconut Airways sonnenhungrige Briten in die Karibik karrt, gefiel in GB so gut, daß sie Mitte 1975 in die Charts kam und bis an die Spitze kletterte. Auf der Platte waren Studiomusiker zu hören. Andere Projekte von Calvert und West verliefen im Sande, als Songschreiber hatte Calvert mit der Nummer *»I Lost My Heart To A Starship Trooper«* und Sarah Brightman Ende 1978 einen weiteren Top-10-Erfolg in GB. Jedenfalls hat Calvert soviel Geld verdient, daß er sich in London ein eigenes Studio einrichten konnte, in dem er bis in die 90er Jahre Platten produzierte.

Der Hit: *Barbados*
Der Tip: *Barbados Sky* (Gull 26587-6U)

U

UB 40

Ali Campbell, v (* 15.2.1959 als Alistair Campbell); Robin Campbell, g/v (* 25.12.1954); Earl Falconer, b (* 23.1.1959); Astro, v (* 24.6.1957 als Terence Wilson); Michael Virtue, key (* 19.1.1957); Jim Brown, d (* 20.11.1957); Noman Hassan, per (* 26.1.1957); »Yomi« Babayemi, per.

Diese britische gemischtrassige Reggae-Band wurde 1978 gegründet. Der Name ist in GB die Abkürzung für ein Formular, mit dem man Arbeitslosenunterstützung beantragen kann. Im Frühjahr 1980 erschien ihre Debüt-Single *»King/Food For Thoughts«* und brachte es bis auf Platz 4 in GB. Auch die Nachfolger *»My Way Of Thinking/I Think It's Going To Rain«* und *»The Earth Dies Screaming/Dream A Lie«* brachten es noch im gleichen Jahr in die Top 10. *»One In Ten«* war ihr Top-10-Erfolg 1981. *»Red Red Wine«*, eine Komposition von Neil Diamond, wurde zwei Jahre später Spitzenreiter in GB. Diese Nummer war auch ihre erste Hitnotierung in Deutschland, Platz 12, und in den USA Platz 34. Dort sollte *»Red Red Wine«* im Herbst 1988 bei einer Wiederveröffentlichung Spitzenreiter und Millionseller werden. Zwischendurch waren sie in GB mit *»Please Don't Make Me Cry«*, noch 1983, *»If It Happens Again«* 1984, *»I Got You Babe«* – zusammen mit Chrissie Hynde ein Spitzenreiter – und *»Don't Break My Heart«* 1985, *»Sing Our Own Song«* 1986 und *»Breakfast In Bed«* – auch wieder im Team mit Hynde – 1988 erfolgreich. *»Homely Girl«* 1989 und *»Kingston Town«* 1990 waren die nächsten Top-10-Erfolge in GB. Dann kam im Herbst des gleichen Jahres der Millionseller und Top-10-Hit *»The Way You Do The Things You Do«* in den USA. Im Frühjahr des darauffolgenden Jahres stand dort *»Here I Am (Come And Take Me)«* ebenfalls unter den ersten 10. Mitte 1993 erschien *»(I Can't Help) Falling In Love With You«* und wurde Spitzenreiter in den USA und GB, Platz 2 in Deutschland. Der Titel stammte aus dem Soundtrack zu dem Sharon-Stone-Film »Sliver«. Eigentlich widersinnig: Die britische Band UB 40 mit dem weißen Sänger Ali Campbell ist die erfolgreichste Reggaeformation in den USA.

Der Hit: *Red Red Wine*
Der Tip: *The Best Of Volume I* (Virgin CDUBTV 1)

UB 40 *(Virgin)*

Ugly Kid Joe

Whitfield Crane, v (* 16.1.1968); Klaus Eichstadt, g (* 19.12.1967); Roger Lahr, g; Cordell Crockett, b (* 21.1.1965); Mark Davis, d (* 22.4.1964); David Fortman, g (* 11.7.1967).

1989 gründeten Crane und Davis zusammen mit Eichstadt, Lahr und Crockett die Formation White Alcoholic Trash, die sich bald in Ugly Kid Joe umbenannte. Ihren ersten Hit hatte die Gruppe mit *»Everything About You«*, der im Frühjahr 1992 in die amerikanischen Top 10 kam und auch in dem Film »Wayne's World« zu hören war. In GB wurde die Platte Platz 3, in Deutschland Platz 11. Im gleichen Jahr wurde Lahr durch den neuen Gitarristen Fortman ersetzt. Viele Kritiker rechneten damit, daß Ugly Kid Joe sich als One Hit Wonder entpuppen würde. Mit einem Remake des Harry-Chapin-Hits *»Cats In The Cradle«* aus dem Jahre 1974 schaffte die Band Anfang 1993 Platz 6 in den USA, Platz 7 in GB und Platz 10 in Deutschland.

Der Hit: *Everything About You*
Der Tip: *America's Least Wanted* (Mercury 512 571-2)

UKW

Peter Hubert, v; Peer Gerlach, b; Andreas Schwarz, g; Andreas Koch, key; Thomas Schütze, d.

Auch eine der deutschen Formationen, die mit eingängigen Melodien und leicht verdaulicher Lyrik Anfang der 80er Jahre mit der neuen deutschen Welle hochkamen. *»Sommersprossen«* wurde im Frühjahr 1982 Platz 5 in Deutschland, der Nachfolger *»Ich will!«* Platz 13 und *»Hey, Matrosen«* im Frühjahr 1983 nur noch Platz 67. Wie bei den meisten Gruppen dieses Genres war danach die Haltbarkeitsdauer abgelaufen.

Der Hit: *Sommersprossen*
Der Tip: *Ultrakurzwelle* (Telefunken 6.25092 AP)

Ullman, Tracey

* 30.12.1959. Die britische Sängerin war zusammen mit Shakin' Stevens in London in der Bühnenshow »Elvis« zu sehen. Anfang der 80er Jahre war sie die Hauptdarstellerin in der BBC-TV-Serie »Three Of A Kind«. Einen Plattenvertrag erhielt sie, nachdem sie angeblich beim Friseur die Frau des Stiff-Records-Bosses getroffen und bequatscht hatte. Zuerst wurde sie als Ulknudel angeboten. *»Breakaway«* erschien im Frühjahr 1983 und wurde ihr erster Top-10-Erfolg. Der Nachfolger *»They Don't Know«* erreichte Platz 2 in GB, Platz 8 in den USA, und *»Move Over Darling«* wurde noch im gleichen Jahr Platz 8 in den britischen Charts. Als ihr Erfolg nach 1984 und drei weiteren Notierungen abbröckelte, ging sie in die USA und hatte dort zwischen 1987 und 1990 eine eigene TV-Show, in der sie ihr komisches Talent voll zur Geltung bringen konnte. Als Filmschauspielerin sah man sie in *»I Love You To Death«*, *»Plenty«* und *»Give My Regards To Broad Street«*.

Der Hit: *They Don't Know*
Der Tip: *The Best Of* (Stiff Records REP 4243-WG TIS)

Ultravox

John Foxx, v/g (* als Dennis Leigh); Midge Ure, v/g (* 1.10.1953 als James Ure); Stevie Shears, g; Chris Cross, b/syn (* 14.7.1952 als Christopher St. John); Billy Currie, key (* 1.4.1952); Warren Cann, d (* 20.5.1952); Robin Simon, g.

Diese britische Elektro-Pop-Formation wurde 1973 als Tiger Lily gegründet. 1975 nahmen sie *»Ain't Misbehavin'«*, eine alte Fats-Waller-Nummer, auf, die kein Erfolg wurde. Ab Juli 1976, nachdem sie Gruppennamen wie Zips, Innocents, London Soundtrack oder Fire Of London ausprobiert hatten, wurden sie Ultravox und erhielten einen Monat später einen Plattenvertrag. Im Februar 1977 erschien ihre

Debüt-Single *»Dangerous Rhymes«*. Ein Jahr später stieg Shears aus und wurde durch Simon ersetzt. Anfang 1979 löst Island Records den Vertrag mit der Band, woraufhin Foxx eine Solokarriere beginnt. Sein Nachfolger wird Ure. Der hatte vorher schon in der Band Slik Hitparadenluft geschnuppert. Zum Frühjahr 1980 erhielten sie einen neuen Plattenvertrag und hatten mit *»Sleepwalk«* ihre erste Hit-Notierung in GB. *»Vienna«* kam Anfang 1981 in die britischen Charts und wurde Platz 2, *»Al Stood Still«* im gleichen Jahr Platz 8. Die LPs dieser Band waren nun überaus erfolgreich. *»Dancing With Tears In My Eyes«* wurde im Frühjahr 1984 der letzte Top-10-Erfolg der Formation, die sich 1986 trennte. 1992 gingen sie wieder ins Studio, allerdings ohne Midge Ure, und nahmen eine neue LP auf. Im Frühjahr 1993 wurde *»Vienna«* noch einmal veröffentlicht und erreichte wieder Platz 13.

Der Hit: *Vienna*
Der Tip: *Collection* (Chrysalis 610 390)

Umiliani, Piero

Der italienische Sänger war im Film »Sweden Heaven And Hell« mit der Nummer *»Mah-Na-Mah-Na«* zu hören. 1969 wurde er erstmals damit in den amerikanischen Charts notiert und erreichte Platz 55. Im Laufe der Jahre sollte sich dieses Lied als Hintergrundmelodie der »Benny Hill Show« etablieren und war auch eine gern gehörte Nummer in der Muppet Show. In GB kam die Platte im Frühjahr 1977 in die Single-Charts und erreichte Platz 8. Alles in allem sollte man die Nummer eher als Instrumentaltitel mit Gemurmel verstehen. Textlicher Inhalt ist jedenfalls nicht auszumachen.

Der Hit: *Mah-Na-Mah-Na*

Undercover

John Matthews, v; Steve Mac, producing.
Diese beiden Briten hatten sich darauf spezialisiert, Soft Rock der 70er Jahre aufzupäppeln und ihm, wie sie sagen, den Touch der 90er zu verpassen. Auf diese Art und Weise machten sie eine Kühlschrank-Version von Gerry Raffertys Superhit *»Baker Street«* aus dem Jahre 1978, die im Sommer 1992 bis auf Platz 2 in GB kam und Platz 3 in Deutschland erreichte. Im Herbst des gleichen Jahres nahmen sie sich Andrew Golds Titel *»Never Let Her Slip Away«*, ebenfalls von 1978, vor und erreichten damit erneut die britischen Top 10.

Der Hit: *Baker Street*
Der Tip: *Check Out The Groove* (PWL 4509-91371-2)

Untertones

Feargal Sharkey, v (* 13.8.1958); John O'Neill, g (* 26.8.1957); Damian »Dee« O' Neill, g; Michael Bradley, b; Billy Doherty, d.
Ende 1975 wurde diese Gruppe von fünf Freunden in Londonderry, Nordirland, gegründet. Im Herbst 1978 erhalten sie einen Plattenvertrag, und ihre Debüt-Single *»Teenage Kicks«* kommt noch im gleichen Jahr als erste Hit-Notierung in die britischen Top 40. *»Jimmy Jimmy«* wird im Frühjahr 1979 der erste Top-20-, *»My Perfect Cousin«* ein Jahr später der erste und einzige Top-10-Erfolg. Weil sie keine weiteren größeren Hitparaden-Notierungen erlangen, wechselt die Band die Plattenfirma, was jedoch auch nichts nützt. Mitte 1983 fällt sie auseinander. Sharkey wird neben Vince Clarke erst Mitglied bei Assembly und schließlich ein erfolgreicher Solokünstler.

Der Hit: *My Perfect Cousin*
Der Tip: *Cher O'Bowlies* (EMI CDP 7 46365 2)

Undisputed Truth

Joe Harris, Billie Calvin, Brenda Evans, alle v.
1971 brachte der Motown-Produzent Norman Whitfield Undisputed Truth bei Gordy Records unter. Whitfield hatte mit den Temptations und ihrem Psychedelic Soul Sound gerade großen Erfolg und wollte in die gleiche Kerbe hauen. Durch *»Smiling Faces Sometimes«* gelang ihm das Mitte 1971 mit Undisputed Truth auch. Das Stück erreichte Platz 3 in den USA. Die Nachfolgeplatten kamen über Platz 60 nicht mehr hinaus, und auch Wechsel innerhalb der Band nach 1973 – von den Originalmitgliedern blieb nur Harris übrig – brachten keine weiteren Erfolge.

Der Hit: *Smiling Faces Sometimes*
Der Tip: *Best Of* (Motown MOTD-5489)

Union Gap

siehe Puckett, Gary

Unit Four Plus Two

Buster Meikle, v/g (* 1.3.1942 als David Meikle); Tommy Moeller, v/tamb/p/g (* 23.2.1945); Peter Moules, v/g/bj (* 14.10.1944); Howard Lubin, g; Rodney Garwood, b (* 27.3.1944); Hugh Halliday, d (* 12.12.1944); Bob Henrit, d; Russ Ballard, g/v (* 31.10.1947).
1963 wurde ein folkorientiertes Quartett in GB gegründet, bestehend aus Meikle, Moeller, Moules und Lubin, das sich Unit Four nannte. Langsam, aber sicher entwickelte sich daraus mehr eine Pop-Rock-Gruppe, und nachdem Garwood und Halliday als Rhythm-Section hinzugekommen waren, nannte man sich Unit Four Plus Two. Ihre erste Hit-Notierung hatten sie im Frühjahr 1964 mit *»Green Fields«*. *»Concrete And Clay«* kam ein Jahr später in die Charts, wurde Spitzenreiter in GB und Top-30-Hit in den USA: Nach zwei weiteren Hit-Notierungen war die Hit-Zeit Mitte 1966 wieder vorbei. Auch Umbesetzungen, wie z. B. mit dem späteren Argent-Mitglied Henrit oder dem erfolgreichen Songschreiber Ballard, brachten keine Hits mehr. 1967 trennte sich die Band.

Der Hit: *Concrete And Clay*
Der Tip: *Concrete And Clay* (Repertoire 4191 WY TIS)

Upsetters

Studiogruppe von Reggae-Produzent Lee Perry, u. a. mit Glen Adams, Winston Wright, Aston Barrett, Boris Gardiner, Carlton Barrett, Lloyd Adams, Mikey Boo, Sly Dunbar, Clevie Browne, Hux Brown.
Diese jamaikanische Band, die aus Studiomusikern bestand, brachte die selbstgeschriebene Nummer *»Return Of Django/Dollar In The Teeth«* im Herbst 1969 in die britischen Top 10. Etliche der Musiker, wie z. B. Gardiner oder Dunbar, sollten später in anderen Formationen oder als Solisten erfolgreich werden.

Der Hit: *Return Of Django/Dollar In The Teeth*

Urban Hype

Bobby Dee und Mark Lewis sind zwei britische DJs, die wie so viele andere Vertreter ihres Berufsstandes mit einer Special P. A. durch die Lande ziehen und Techno spielen. Außerdem sind sie wieder ein Beweis dafür, wie einfach es manchmal ist, einen Titel in die Hitparaden zu bringen. *»A Trip To Trumpton«*, eine Mixtur aus Beats und Bleeps, kam im Sommer 1992 in die GB-Charts und erreichte Platz 6. Die beiden Nachfolger *»The Feeling«* und *»Living In A Fantasy«* kamen bereits nicht mehr über Platz 50 hinaus.

Der Hit: *A Trip To Trumpton*

Ure, Midge

* 10.10.1953 als James Ure. Dieser vielseitige britische Musiker und Songschreiber begann 1972 bei Salvation, die 1974 zu den Nachfolgern der Bay City Rollers umfunktioniert werden sollten und in Slik umbenannt wurden. Mit viel Hype brachte man *»Forever And Ever«* im Januar 1976 bis auf Platz 1 in GB, Platz 6 in Deutschland. Nachdem Nachfolgeknüller ausblieben, trennte sich die Band 1977, und Midge wurde zunächst Mitglied bei den Rich Kids und schließlich für Brian Robertson 1979 kurz Ersatz bei Thin Lizzy. Im April 1979 stieg er bei Ultravox ein, und mit ihm kam für diese Band der Erfolg. Im Dezember 1980 machte er neben seiner Arbeit für Ultravox noch das Projekt Visage, das *»Fade To Grey«* in die britischen Top 10 brachte. Im Juni 1982 veröffentlichte er mit *»No Regrets«* seine erste Solosingle, die in die britischen Top 10 kam. Neben all dem produzierte er auch noch Steve Harley. Im November 1984 realisierte er zusammen mit Bob Geldof das Band-Aid-Projekt *»Do They Know It's Christmas«*. Ende 1985 veröffentlichte er die LP *»The Gift«*, die Platz 2 in der entsprechenden britischen Hitparade erreichte. Einen Monat zuvor war er endgültig bei Ultravox ausgestiegen. *»If I Was«* kam zum gleichen Zeitpunkt in die britischen Single-Charts und wurde Spitzenreiter, in Deutschland Platz 2. Bis in die 90er Jahre veröffentlichte er weiter Singles und LPs. *»Cold, Cold Heart«* wird im Herbst 1991 ein Top-20-Erfolg.

Der Hit: *If I Was*
Der Tip: *If I Was* (Chrysalis 3 21987 2)

Uriah Heep

David Byron, v (* 29.1.1947 als Garrick Byron, † 28.2.1985); Mick Box, g/v (* 8.6.1947); Ken Hensley, g/key/v (* 24.8.1945); Paul Newton, b (* 1946); Alex Napier, d; Nigel Olsson, d (* 5.2.1949); Keith Baker, d; Ian Clarke, d; Lee Kerslake, d (* 16.4.1947)); Gary Thain, b (* 15.5.1948, † 19.3.1976); Trevor Bolder, b (* 9.6.1950); John Lawton, v (* 11.6.1946); John Sloman, v; John Sinclair, key; Bob Daisley, b; Peter Goalby, v; Bernie Shaw, v; Phil Lanzon, key.
Diese 1969 gegründete britische Hardrock-Band war zwischen 1971 und 1978 vorwiegend in der deutschen Hitparade vertreten. In GB schafften sie keinen einzigen Hitparaden-Erfolg, in den USA kamen sie über einen Platz 39 mit *»Easy Livin'«* Mitte 1972 nicht hinaus. Erstmals stand Uriah Heep im Januar 1971 in den deutschen Charts mit *»Gypsy«*. Der Nachfolger *»Lady In Black«* kam auf Platz 24, im Januar 1975 auf Platz 44 und im Herbst 1977 bis auf Platz 5. Dieser Dauerbrenner dürfte der größte Erfolg von Uriah Heep sein. Ansonsten machte die Band mehr dadurch von sich reden, daß die Fluktuation in der Gruppe sehr hoch war. Kopf Ken Hensley konnte offensichtlich Kritik innerhalb der Formation nur

Uriah Heep

schwer vertragen. Zu seinen Opfern gehörte auch Byron, die eigentliche Stimme von Uriah Heep. Nachdem der Ende der 70er Jahre gegangen war, schaffte die Band nicht einmal mehr in Deutschland Hits. Byron machte erst Soloplatten, gründete Rough Diamond und die Byron Band und starb viel zu früh im Februar 1985 an den Folgen übermäßigen Alkoholkonsums. 1989 erschien nach vierjähriger Abstinenz die Studio-LP *»Raging Silence«*. Sie war absoluter Durchschnitt. Gleiches gilt für *»Different World«* aus dem Jahr 1991.

Der Hit: *Lady In Black*
Der Tip: *Easy Livin'* (Zounds CD 27200279 B)

USA For Africa

Lionel Richie, Stevie Wonder, Paul Simon, Kenny Rogers, James Ingram, Tina Turner, Billy Joel, Michael Jackson, Diana Ross, Dionne Warwick, Willie Nelson, Al Jarreau, Bruce Springsteen, Kenny Loggins, Steve Perry, Daryl Hall, Huey Lewis, Cyndi Lauper, Kim Carnes, Bob Dylan, Ray Charles – die Solisten in der Reihenfolge ihres Auftretens.

Im Dezember 1984 stand »*Do They Know It's Christmas*« von Band Aid, besetzt mit internationalen hochkarätigen Musikern, auf Platz 1 in GB. Sinn und Zweck des Band-Aid-Projektes war es, finanzielle Mittel für die notleidende Bevölkerung in verschiedenen afrikanischen Staaten aufzubringen. Wie um zu beweisen, daß die Amerikaner das auch können, trafen sich am 28. Januar 1985 in L. A. in einem Studio 45 amerikanische Top-Künstler, um in einer zehnstündigen Session die Single »*We Are The World*« aufzunehmen. USA stand für United Support Of Artists. Das Ergebnis war überwältigend. Die von Michael Jackson und Lionel Richie geschriebene Nummer erreichte Platz 1 in den USA – dort erhielt sie Platinstatus –, Platz 1 in GB und Platz 2 in Deutschland. Der komplette Erlös aus dem Verkauf der Platte wurde einer zu diesem Zweck gegründeten Stiftung zugeführt.

Der Hit: *We Are The World*
Der Tip: *We Are The World* (CBS 26454)

U 96

Alex Christensen (* 7.4.1967). Nachdem der Hamburger ab 1983 als DJ in diversen Diskotheken erste Erfahrungen gesammelt hatte, bastelte er ab 1987 an neuen Klängen des Techno-Dancefloor-Sounds. 1991 fummelte er die Klaus-Doldinger-Komposition »*Das Boot*« aus dem gleichnamigen Film zu einer Disco-Technoplatte um, die Ende des Jahres in die deutsche Hitparade kam und Spitzenreiter wurde. In GB kam die Platte im Herbst 1992 in die Top 20. In Deutschland stand U 96 im Frühjahr 1992 mit »*I Wanna Be A Kennedy*« auf Platz 4, mit »*Come 2gether*« noch unter den ersten 40. Ein Jahr später erreichte »*Love Sees No Colour*« wieder die deutschen Top 10.

Der Hit: *Das Boot*
Der Tip: *Das Boot* (Polydor 513 185-2)

Utah Saints

Wieder einmal zwei britische DJs – Jez Willis und Tim Garbutt–, die mit einer

Mixtur aus Heavy-Metal-Elementen und House Music das Publikum zum Tanzen brachten. 1987 hatte Willis Baß in der Formation Cassandra Complex gespielt. 1991 gründete er die Band M.D.M.A., die ebenfalls Discomusik ablieferte. *»What Can You Do For Me«* war die erste Single der Utah Saints, die im Herbst 1991 erschien und Platz 10 in GB erreichte. Mitte 1992 stand *»Something Good«* auf Platz 4 in den britischen Charts.

Der Hit: *Something Good*

U2

Bono, v (* 10.5.1960 als Paul Hewson); The Edge, g (* 8.8.1961 als David Evans); Adam Clayton, b (* 13.3.1960); Larry Mullen Jr., d (* 1.10.1960 als Laurence Mullen).

Diese britische Rock-Band formierte sich 1976 in Dublin. Zuerst nannten sie sich Feedback, danach Hype und schließlich U2. Sie spielen in Pubs und Clubs in der Nähe von Dublin, bis sie im Frühjahr 1978 einen Talentwettbewerb gewinnen, der ihnen 500 britische Pfund und die Chance einbringt, einer Plattenfirma vorspielen zu dürfen. U2 erhalten einen Vertrag, und ihre erste Platte, eine EP mit dem Titel *»U2: 3«*, wird Spitzenreiter in der irischen Hitparade und ist auch nur dort erhältlich. Ihre erste Platte, die sich außerhalb von Irland in den Charts plazieren kann, ist *»Fire«*. Sie erreicht im Herbst 1981 die GB-Charts und wird 35. 1983 – inzwischen sind sie schon eine Kultband – haben sie mit *»New Year's Day«* einen ersten Top-10-Erfolg. *»Pride (In The Name Of Love)«* 1984 und *»The Unforgettable Fire«* 1985 werden vorerst die weiteren Notierungen unter den ersten 10. Im Frühjahr 1987 schwappt die U2-Welle auf den Rest der Welt über. *»With Or Without You«* wird Spitzenreiter in den USA, Platz 4 in GB, 7 in Deutschland. Mitte des gleichen Jahres wird *»I Still Haven't Found What I'm Looking For«* erneut Nummer 1 in den USA und Top 10 in GB. Noch im gleichen Jahr haben sie *»Where The Streets Have No Name«* unter den ersten 10 der britischen Charts. Im Herbst 1988 wird *»Desire«* Spitzenreiter in GB, Millionseller und Platz 3 in den USA, Top 10 in Deutschland. *»Angel Of Harlem«*, ebenfalls 1988, *»When Love Comes To Town«* und *»All I Want Is You«* 1989, der Spitzenreiter *»The Fly«* 1991 und *»One«* 1992 sind weitere britische Top-10-Erfolge. *»Mysterious Ways«* 1991 und ebenfalls *»One«* kommen auch unter die ersten 10 in den USA. Anfang der 90er Jahre galt U2 als eine der erfolgreichsten Bands der Welt. Das haben sie auch sicher der Tatsache zu verdanken, daß sie keine dümmlichen Liedchen mit Herz und Schmerz reimen, sondern mit ihren Songs aussagekräftige Texte und ihre Ideale transportieren wollen. Dazu kommen die charismatische Stimme von Bono und die charakteristische Gitarrenarbeit von Edge. Die LPs der Band waren ab 1983 durchweg Millionseller in den USA. *»The Joshua Tree«* war als

Album des Jahres Grammy-Gewinner, belegte neun Wochen Platz 1 der LP-Charts und verkaufte sich mehr als 5 Millionen mal alleine in den USA. Neuveröffentlichungen von U2 sind Medienereignisse. Vorabinformationen sind in der Regel schwer zu bekommen, weil die Gruppe angeblich Angst vor schlechten Kritiken hat. 1993 erschien ihre LP »*Zooropa*«, die weltweit Spitzenreiter wurde, darauf mit »*The Wanderer*« eine sehr interessante und gelungene Zusammenarbeit zwischen Johnny Cash und U2.

Der Hit: *With Or Without You*
Der Tip: *Zooropa* (Island 74321153712)

V

Valaitis, Lena

* 7.9.1943 als Anelé Valaitis. Anfang der 70er Jahre konnte sich diese aus Litauen stammende Schlagersängerin in den Hitparaden etablieren. Mit einer deutschen Version des »*Nickel Song*« von Melanie, »*Ob es so oder so oder anders kommt*«, hatte sie im Herbst 1971 ihre erste Hit-Notierung. »*Ein schöner Tag*« war Mitte 1976 Platz 11 in Deutschland, »*Johnny Blue*« im Frühjahr 1981 ihr einziger Top-10-Erfolg und letzte Hit-Notierung. Lena hatte mit dieser Aufnahme Deutschland beim Grand Prix Eurovision in Dublin vertreten und hinter dem Gewinner »*Making Your Mind Up*« von Bucks Fizz Platz 2 belegt.

Der Hit: *Johnny Blue*

Valance, Ricky

* 10.4.1940 als David Spencer. Seinen einzigen Hit hatte dieser britische Sänger mit einer Coverversion des Ray-Peterson-Hits »*Tell Laura I Love Her*«. Die Platte kam im Sommer 1960 in die GB-Charts und wurde Platz 1, obwohl die BBC diese Platte nicht spielte. Spencer den Künstlernamen Ricky Valance zu geben, zeugte von einer gewissen Unverfrorenheit. Das Pseudonym sollte unterschwellig an den ein Jahr zuvor zusammen mit Buddy Holly abgestürzten Künstler Ritchie Valens erinnern. Produzent der Platte war Norrie Paramor, der damals zu den erfolgreichsten Briten auf diesem Gebiet gehörte. Ein weiterer Hit ist Ricky nicht gelungen, aber bis in die 90er Jahre blieb er als Künstler aktiv.

Der Hit: *Tell Laura I Love Her*

Valens, Ritchie

* 13.5.1941 als Richard Steve Valenzuela, † 3.2.1959. Dieser amerikanische Sänger und Songschreiber war gerade auf dem Weg nach ganz oben, als er am 3.2.1959 zusammen mit Buddy Holly und Big Bopper mit einer kleinen Privat-

maschine abstürzte. Seine Komposition *»Donna«* war Ende 1958 in die US-Charts gekommen und hatte Platz 2 erreicht. Sein Song *»La Bamba«* erfreute sich nicht nur in Tex-Mex-Kreisen großer Beliebtheit – die Karriere von Valens stand also unter guten Zeichen. Das Leben von Ritchie wurde im Film »La Bamba« 1987 dargestellt.

Der Hit: *Donna*
Der Tip: *The Original Ritchie Valens Story* (Ultraphone 6.26598 AP)

Valente, Caterina

* 14.1.1931. Caterina stammte aus einer angesehenen Artistenfamilie. 1953 nahm Kurt Edelhagen sie als Sängerin in sein Orchester. 1954 verkaufte sich die Platte *»Ganz Paris träumt von der Liebe«* mehr als 500 000mal, für damalige Verhältnisse enorm viel. Caterina singt in 12 verschiedenen Sprachen und kann Hits in vielen Ländern vorweisen. Einer ihrer größten internationalen Erfolge war *»The Breeze And I«*, 1955 Top-10-Hit in den USA und in GB. Hierzulande hatte sie Hits als Solistin, unter verschiedenen Gruppennamen – Club Indonesia, Club Italia, Club Argentina, Club Manhattan, Club Honolulu oder Catrins Madison Club – und auch im Duett mit Peter Alexander oder ihrem Bruder Silvio Francesco. Sie einfach nur als Sängerin zu bezeichnen, wird ihr nicht gerecht. Auch als Schauspielerin in zahllosen deutschen Unterhaltungsfilmen machte sie trotz teilweiser dümmlicher Handlungen eine gute Figur. Ihre erste Hit-Notierung in Deutschland hatte sie im Herbst 1955 mit *»Fiesta Cubana«* und wurde Platz 6. Ihre Spitzenreiter waren Ende 1955 zusammen mit Peter Alexander *»Eventuell«* und zwei Jahre später die deutsche Version von Harry Belafontes *»Island In The Sun«*, *»Wo meine Sonne scheint«*. Vergoldet wurden *»Tschau, tschau, Bambina«* im Frühjahr 1959, eine der zahlreichen Versionen von *»Ein Schiff wird kommen«* Ende 1960 und, zusammen mit ihrem Brudo Silvio, im Frühjahr 1962 *»Der Popocatepetl-Twist«*. Die letzte Notierung in den Verkaufscharts hatte sie Ende 1978 mit *»Manuel«*, Platz 16. 1985 schrieb sie ihre Autobiographie »Bonjour Katrin!«.

Der Hit: *Tschau, tschau, Bambina*
Der Tip: *Caterina Valente Edition 1 – 13* (Bear Family BFX 15291 - 15303)

Valentine, Dickie

* 4.11.1929 als Richard Brice, † 6.5.1971. Der britische Sänger und Filmschauspieler sang ab 1949 in der Band von Ted Heath. Ab 1953 hatte er als Solist Erfolge und mauserte sich in GB zum Teenageridol. Seine erste Hit-Notierung war *»Broken Wings«* Anfang 1953. Die Nachfolger *»All The Time And Everywhere«*

und *»In A Golden Coach«* wurden noch in der ersten Hälfte 1953 Top-10-Erfolge. *»Finger Of Suspicion«* war Ende 1954 seine erste Nummer 1. Gleichzeitig kam in den Charts *»Mr. Sandman«* bis auf Platz 5. *»A Blossom Fell«*, *»I Wonder«* und der Spitzenreiter *»Christmas Alphabet«* 1955 und *»Christmas Island«* 1956 waren weitere Top-10-Erfolge. Letztmalig wird er Ende 1959 mit einer englischen Version des Titels *»Morgen«* als *»One More Sunrise«* notiert. Auch nachdem die Hits ausblieben, trat er weiter in Clubs auf. 1971 starb er bei einem Autounfall.

Der Hit: *Finger Of Suspicion*

Valentino, Henry

siehe Hans Blum

Valentinos Hawaiian Band

»Vergiß mich nie, Karolin« hieß der einzige Erfolg dieser Band, der Mitte 1957 auf Platz 9 der deutschen Hitparade stand. Bereits vorher hatte sie Songs wie *»Blumenmeer von Hawaii«* und *»Ich bin wie ein Schiff«* veröffentlicht. Weitere Platten waren z. B. *»Unter grünen Palmen«*, *»Weit unter fremden Sternen«* oder *»Sumbawa«*, die alle die Sehnsucht der Deutschen des Jahres 1957 – möglichst weit weg aus der Trümmerlandschaft – spiegelten. Hinter dieser Formation versteckte sich in erster Linie Willy Berendt, der in den 50er Jahren Deutschlands erfolgreichster Hawaiian- bzw. Steel-Gitarrist war. Zusammen mit den Rhythmusmusikern aus diversen Tanz- und Unterhaltungsorchestern, z. B. Adalbert Luczkowski oder Kurt Edelhagen, bildete er diese Hawaiian Band. Gesangliche Begleitung lieferten in der Regel Mitglieder der Comedians.

Der Hit: *Vergiß mich nie, Karolin*

Vallee, Rudy

* 28.7.1901 als Herbert Pryor Vallee, † 3.7.1986. Der amerikanische Sänger, Bandleader, Saxophonist, Klarinettist, Songschreiber und Schauspieler war ab 1929 in den US-Hitparaden vertreten. Bis 1946 schaffte er über 70 Notierungen. Mit *»Honey«* 1929, *»Stein Song (University Of Maine)«* 1930, *»Brother, Can You Spare A Dime?«* 1932, *»Vieni, Vieni«* 1937 und *»As Time Goes By«* 1943 gelangen ihm Spitzenreiter. Letztgenannter Titel war in dem Film »Casablanca« zu hören. Vallee hatte die Nummer, die ursprünglich aus dem Broadway-Musical »Everybody's Welcome« stammte, bereits 1931 aufgenommen und war zum damaligen

Zeitpunkt mit dem Titel bis auf Platz 15 gekommen. Vallee war es, der dadurch bekannt wurde, daß er in ein Megaphon sang und zum Beginn jeweils die Begrüßung »High-ho, everybody« losließ. Er trat auch in etlichen Filmen und Musicals auf und spezialisierte sich bei seinen späteren Streifen auf die Rolle des exzentrischen Millionärs. Schon 1929 sah man ihn in dem Film »The Vagabond Lover«. Bis 1975 brachte er es auf über 30 Filme. 1957 spielte er in »How To Succeed In Business Without Really Trying«, 1961 war er auch in der Broadway-Adaption zu sehen. Seinen letzten Filmauftritt hatte er in »Sunburst« 1975. Im gleichen Jahr erschien sein Buch »Let The Chips Fall«.

Der Hit: *As Time Goes By*

Valli, Frankie

* 3.5.1937 als Francis Castelluccio. Schon 1949 war der amerikanische Sänger Mitbegründer des Variety Trios, das Ende 1952 wieder auseinanderbrach. 1953 nahm er unter dem Namen Frank Valley die Platte *»My Mother's Eyes«* auf, die sich nur schwach verkaufte und heute unter Sammlern über 200 Dollar wert ist. Nach einem weiteren Versuch als Mitglied der Variatones wurde Frankie 1956 Mitglied der Gruppe The Four Lovers. Mit ihr hatte er auch seine erste Hit-Notierung: *»You're The Apple Of My Eye«*, Mitte 1956 Platz 62 in den USA. Nach etlichen Umbesetzungen entwickelte sich aus den Four Lovers 1961 die Formation Four Seasons. Von 1962 bis in die 80er Jahre war diese Gruppe erfolgreich. Ab 1966 versuchte sich Frankie auch als Solist. *»(You're Gonna) Hurt Yourself«* war 1966 seine erste Hit-Notierung. *»Can't Take My Eyes Off You«* brachte Valli im Frühjahr 1967 einen Millionseller und Platz 2 in den USA. 1969 brach seine Solokarriere ab. Ähnlich wie Allan Clarke von den Hollies ließ auch Valli immer wieder verlauten, er würde nie wieder zu den Four Seasons zurückkehren wollen und nur noch Soloplatten aufnehmen, ging jedoch immer wieder zurück. 1974 hatte er den Millionseller und Spitzenreiter *»My Eyes Adored You«*, der auch ein Top-10-Erfolg in GB wurde. 1978 wurde der Titelsong des Films »Grease« Spitzenreiter in den USA und mit Platin bedacht. Auch diese Platte erreichte die britischen Top 10. Nach 1980 ist sowohl ihm als Solist als auch den Four Seasons nicht mehr viel gelungen.

Der Hit: *Grease*
Der Tip: *25th Anniversary Collection* (Rhino RNRD 72998-2 TIS)

Valli, June

* 30.6.1930. Die amerikanische Sängerin gehört auch zu den vielen, die in Arthur Godfrey's Talent Scout TV-Programm gewonnen hatte. Das war 1952. Noch im gleichen Jahr gelang ihr mit *»Strange Sensation«* ihr erster Hitparaden-Erfolg. *»Crying In The Chapel«* 1953 und *»I Understand«* 1954 waren ihre Top-10-Erfolge. 1960 wurde sie letztmals mit *»Apple Green«* in den Charts notiert.

Der Hit: *Crying In The Chapel*

Van Burg, Lou

* 25.8.1917 als Louis Van Weerdenburg, † 26.4.1986. Bei uns wurde er bekannt als Onkel Lou, Mr. Wunnebar und als einer der erfolgreichsten Showmaster der 60er Jahre im ZDF. Als Sänger gelang ihm zusammen mit Barbara Kist Anfang 1960 die erste Hit-Notierung. *»Ich möchte dich so gern verwöhnen«* erreichte Platz 24. Die nächste Single – als Solist – *»Freunde fürs Leben«*, eine deutsche Version von *»Down By The Riverside«*, kam bis auf Platz 8 der deutschen Hitparade. Mitte 1962 wurde seine Hommage an Caterina Valente, *»Caterina«*, Platz 22 und seine letzte Hit-Notierung. Vom Schweizer Vico Torriani übernahm der Holländer im deutschen Fernsehen die Sendung »Der goldene Schuß«. Hier war Rhetorik gefordert und Sprüche wie »Der Kandidat hat 99 Punkte« wurden zu geflügelten Worten. Die Show lief gut, das Tourneegeschäft auch, und während der langen Auftrittsreisen durch die norddeutsche Tiefebene oder das bayerische Land kamen sich die Sängerin Angèle Durand und der Charmeur van Burg näher – Frau Julchen saß allein zu Haus. Das war kein Grund für die Herren vom ZDF, dagegen etwas zu unternehmen. Ein verheirateter Mann und eine Freundin, na und? Aber dann: der Busfahrer, der die Truppe durch die Lande karrte, hatte eine Frau namens Marianne. Ein Kind der beiden wurde Angèle-Lou genannt. Nachdem das Verhältnis Angèle und Lou spannungsreich geworden war, suchte Onkel Lou Trost bei Marianne, und genau das hat dazu geführt, daß das ZDF den Holzammer rausholte und Mr. Wunnebar nicht mehr für tragbar hielt. Aus für den goldenen Schuß und das heitere Spiel, bei dem Kandidaten vom heimischen Telefon aus Geldsäcke von der Decke schießen konnten. Nun war er selbst aus luftigen Höhen auf den Boden der Tatsachen zurückgeschossen worden. Über die Jahre hinweg war Lou auf über zweieinhalb Zentner angewachsen, tingelte über die Dörfer und war Höhepunkt für die älteren Generationen bei den Butterfahrten. Nach 19 Jahren gab man – irgendwann verjährt ja alles und selbst lebenslänglich dauert nicht ewig – Lou eine neue Chance. Er moderierte Sendungen wie »Wir machen Musik«, »Variété, Variété« und »So wird's nie wieder«. Letzteres bewahrheitete sich auch bei einer Neuauflage von »Der goldene Schuß«. Die

Presse schrieb: »Das Glück und Zufriedenheit verströmende, manchmal mokante Gelaber des schnaufenden Show-Sauriers kam beim Publikum nicht mehr an.« Lou van Burg starb 1986 an Leukämie.

Der Hit: *Freunde fürs Leben*

Vandross, Luther

* 20.4.1951. Der in New York geborene Soul-Sänger, Produzent und Songschreiber begann mit Werbejingles und wurde dann Session-Sänger. 1980 stellte der italienische Produzent Jacques Fred Petrus eine europäisch/amerikanische Studioformation zusammen. Luther sang bei einigen Stücken der ersten beiden Alben. Ab 1981 hatte er Solo-Erfolge: *»Never Too Much«* war seine erste Hit-Notierung. *»Here And Now«* wurde Ende 1989 Millionseller und Platz 6 in den USA. *»Power Of Love/Love Power«* erreichte im Frühjahr 1991 Platz 4, und im Duett mit Janet Jackson gelang Luther im Herbst 1992 ein Top-10-Erfolg in den USA, GB und Deutschland: *»The Best Things In Life Are Free«*. Das Stück stammte aus dem Film *»Mo' Money«*.

Der Hit: *Power Of Love/Love Power*
Der Tip: *The Best Of* (Epic 465 801 2)

Van Dyke, Leroy

* 4.10.1929. Der amerikanische Sänger und Songschreiber arbeitete als Zeitungsreporter, war in den frühen 50er Jahren in der US Army und wurde dann Auktionator. Genau daraus bezog er die Schnelligkeit, die er für den Song *»Auctioneer«* brauchte. Das Lied kam Ende 1956 in die US-Charts und plazierte sich unter den Top 20. Vier Jahre später gelang ihm mit *»Walk On By«* ein Top-10-Erfolg in den USA und in GB. Danach war er bis 1977 vorwiegend in den Country-Hitparaden zu finden. 1967 spielte er mit in dem Film »What Am I Bid?«.

Der Hit: *Walk On By*
Der Tip: *The Auctioneer* (Bear Family BCD 15 647 AH)

Vangelis

* 29.3.1943 als Evangelos Papathanassiou. Der griechische Keyboarder und Komponist begann als Mitglied der Rock-Gruppe Formynx. Nachdem in Griechenland das Militär an die Macht gekommen war, flüchtete Vangelis 1967 nach Paris. Mit anderen Exilgriechen gründete er dort die Band Aphrodite's Child, die

mit einer Melodie, die Johann Pachelbel nachempfunden war, 1968 einen Millionseller hatte: *»Rain And Tears«*. Nach Auflösung der Band arbeitete er als Studiomusiker und machte einige Soloprojekte, besonders Filmmusiken. Die Nummer *»Chariots Of Fire«* aus dem gleichnamigen Film erschien Ende 1981 und wurde Platz 12 in GB und später Spitzenreiter in den USA. Für diesen Titel erhielt Vangelis einen Oscar. Seit 1980 arbeitete er hin und wieder mit Jon Anderson, dem Sänger der Gruppe Yes als Jon & Vangelis zusammen und hatte einige Top-10-Erfolge.

Der Hit: *Chariots Of Fire*
Der Tip: *Themes* (Polydor 839 518-2)

Van Halen

David Lee Roth, v (* 10.10.1955); Eddie Van Halen, g (* 26.1.1957); Michael Anthony, b (* 20.6.1955); Alex Van Halen, d (* 8.5.1955); Sammy Hagar, v (* 13.10.1947).
1973 wird Roth in Kalifornien Mitglied der Rockband Red Ball Jets. Eine weitere bekannte Band in Pasadena waren die Broken Combs, in der die beiden Brüder Van Halen spielten. Roth und die Van Halens entschlossen sich, eine Heavy-Rock-Band zu gründen, die sie Mammoth nannten. 1974 stößt der Bassist Anthony zur Gruppe. 1975 gelten sie als die lauteste Band in der Region um Los Angeles. Zu diesem Zeitpunkt benennen sie sich in Van Halen um. 1977 erhalten sie einen Plattenvertrag, der der Gruppe volle Kontrolle über ihre Produktionen garantiert. Anfang 1978 erscheint ihr Debüt-Album, das sich unter den ersten 20 in den USA plaziert und im Laufe der Jahre über 6 Millionen mal verkauft. Alle nachfolgenden Alben bis 1991, die in den Charts notiert werden, erreichen zumindest Platinstatus. Die meisten finden mehr als 3 Millionen Käufer. Ihre erste Single-Notierung ist 1978 *»You Really Got Me«*, eine Neuauflage der Kinks-Nummer aus dem Jahr 1964. *»Jump«* erscheint Anfang 1984, wird Millionseller und Spitzenreiter in den USA, Platz 7 in GB und Platz 4 in Deutschland. Danach versucht sich Roth auch als Solist und nach seinem ersten Soloerfolg, *»California Girls«*, im Januar 1985 Platz 3 in den USA, gibt David Mitte des Jahres bekannt, daß er Van Halen verlassen wird. Anfang des darauffolgenden Jahres versucht die Plattenfirma Warner Brothers, den Brüdern Eddie und Alex klarzumachen, daß sie den Namen Van Halen ohne David nicht mehr verwenden sollten. Die kümmern sich nicht darum und stellen als Ersatz Sammy Hagar ein. Der war zwischen 1973 und 1975 Leadsänger der Gruppe Montrose und hatte ab 1977 etliche Solo-Hits, darunter den Top-20-Erfolg *»Your Love Is Driving Me Crazy«* 1982 und die Top-30-Notierung *»I Cant Drive 55«*. *»Why Can't This Be*

Van Halen *(Warner Records)*

Love« 1986 und *»When It's Love«* 1988 können Van Halen wieder unter den Top 10 plazieren. Die Plattenveröffentlichungen reichen bis in die 90er Jahre.

Der Hit: *Jump*
Der Tip: *1984* (WB 9 23985-2)

van Hoog, Grit

Mit *»Träumen, ist das nicht wunderschön«* gelang der holländischen Stewardeß Grit van Hoog Anfang 1963 ein Top-10-Hit. Der Nachfolger *»Weißes Traumboot«* kam noch bis auf Platz 14, doch mehr ist ihr in der deutschen Hitparade nicht gelungen.

Der Hit: *Träumen, ist das nicht wunderschön*

Vanilla Fudge

Mark Stein, v/key (* 11.3.1947); Vinnie Martell, g (* 11.11.1945 als Vince Martell); Tim Bogert, b (* 27.8.1944); Carmine Appice, d (* 15.12.1946).
Das Psychedelic-Symphonic-Rock-Quartett wurde 1966 in New York gegründet. Mitte des darauffolgenden Jahres erhielten sie einen Plattenvertrag, und ihre

Debüt-Single *»You Keep Me Hangin' On«*, eine Coverversion des Supremes-Hits, wurde ihre erste Hit-Notierung. Genau ein Jahr später kam dieser Titel erneut in die US-Hitparade und erreichte dieses Mal Platz 6. Weitere Single-Notierungen kamen nicht mehr unter die ersten 30. Die meisten Titel der Band eigneten sich jedoch auch nicht als Singles, da sie in der Regel recht lang waren. Auf der LP *»The Beat Goes On«* aus dem Jahre 1968 wird der Versuch unternommen, die Musikstile der letzten Jahrzehnte zu verschmelzen. Alleine der Titelsong dauert über 12 Minuten. 1970 gibt es Schwierigkeiten in der Band, die zum Auseinanderbruch führen. Appice und Bogert gründen die Heavy-Metal-Band Cactus und machen dann zusammen mit Jeff Beck das Trio Beck, Bogert & Appice. 1982, 1984 und 1988 kommt Vanilla Fudge wieder für Plattenaufnahmen oder für Auftritte zusammen.

Der Hit: *You Keep Me Hangin' On*
Der Tip: *The Beat Goes On* (Repertoire 4261-WY TIS)

Vanilla Ice

* 31.10.1968 als Robert Van Winkle. Der aus Dallas stammende weiße Rapper war eine der großen Überraschungen des Jahres 1990. Sein Titel *»Ice Ice Baby«* kam im Herbst in die Charts, erhielt Platin und wurde Spitzenreiter. Gleiches erreichte die Platte auch in GB. In Deutschland kam sie bis auf Platz 2. Nachdem leise angefragt wurde, ob er das Stück denn wirklich ganz alleine geschrieben hätte, mußte er zugeben, daß die Bass-Line vom Stück *»Under Pressure«* von Queen und David Bowie gesampelt war. Noch 1990 kam *»Play That Funky Music«* in die US-Charts, erhielt Gold und erreichte Platz 4. In GB plazierte sich der Titel ebenfalls unter den Top 10. Die weiteren Veröffentlichungen von Vanilla Ice kamen nicht unter die ersten 10. Die LP *»To The Extreme«* erreichte für 16 Wochen Platz 1 in den USA und verkaufte sich 7 Millionen mal.

Der Hit: *Ice Ice Baby*
Der Tip: *To The Extreme* (SBK Records CDP 7 95325 2)

Vanity Fare

Trevor Brice, v (* 12.2.1945); Tony Jarrett, b/g (* 4.9.1944); Tony Goulden, g (* 21.11.1944); Barry Landeman, key (* 25.10.1947); Dick Allix, d (* 3.5.1945). Diese britische MOR-Pop-Gruppe schaffte mit *»I Live For The Sun«* im Sommer 1968 ihre erste Hit-Notierung. *»Early In The Morning«* kam Mitte 1969 in die britischen Top 10 und Ende des gleichen Jahres auf Platz 12 in den USA. *»Hitchin' A Ride«* war Ende 1969 die letzte Hit-Notierung in GB: Platz 16. Im Frühjahr 1970 kam dieser Titel in die US-Charts, wurde Millionseller und Platz 5. Mit *»(I Remember) Summer Morning«* im Herbst 1970 wurden sie zum letztenmal in den USA notiert.

Der Hit: *Hitchin' A Ride*

Vannelli, Gino

* 16.6.1952. Dem aus Montreal stammenden weißen Pop/Soul-Sänger gelang im Herbst 1974 mit *»People Gotta Move«* seine erste Hit-Notierung in den USA. *»I Just Wanna Stop«* 1978 und *»Living Inside Myself«* 1981 waren seine Top-10-Erfolge. Letztmalig wird er 1987 notiert mit *»Wild Horses«*. Dieses Stück ist auch seine einzige Nummer in der deutschen Hitparade, Platz 30. Ginos Vater war Sänger in der Big-Band-Ära. Bei Vannellis zu Hause wurde Jazz gespielt. Gino war von Gene Krupa begeistert und spielte Schlagzeug, sein Bruder Joe Piano. Nachdem er seinen Vater hatte singen sehen, beschloß Gino, Sänger zu werden. Nach dem Aufkommen der Beatles nahm er Popmusik in sein Repertoire, und als er mit seinem Bruder Joe eine Band gründete, spielten sie Rhythm & Blues. Mit 16 nannte er sich Van Elli und nahm eine Single auf, die zumindest in Kanada ein kleiner Hit wurde. 1973 geriet eines seiner Demobänder in die Hände von Herb Alpert, der ihn unter Vertrag nahm und sein erstes Album, *»Crazy Life«*, produzierte. Ginos erfolgreichste LP war *»Brother To Brother«*. Sein Bruder Joe spielte mit, der jüngste Bruder Ross war Co-Produzent und Songschreiber des größten Hits von Gino, *»I Just Wanna Stop«*. Inzwischen ist Ross erfolgreicher Produzent von Howard Hewett, den California Raisins und Earth, Wind & Fire.

Der Hit: *I Just Wanna Stop*
Der Tip: *Classics Volume 7* (A & M CD 2505)

Vanwarmer, Randy

* 30.3.1955 als Randall Van Wormer. Der in den USA geborene Sänger, Gitarrist und Songschreiber zog im Alter von 12 Jahren, nachdem sein Vater bei einem Autounfall ums Leben gekommen war, mit seiner Mutter nach GB. Hier versuchte er sein Glück als Musiker. 1979 ging er zurück in die USA und hatte dort Erfolg mit dem Millionseller und Platz 4 *»Just When I Needed You Most«*. Zwei Nachfolge-Singles kamen nicht über Platz 50 hinaus. 1988 tauchte er in den US-Country-Charts auf.

Der Hit: *Just When I Needed You Most*
Der Tip: *Warmer* (Bearsville 200 693)

Vapors

David Fenton, v/g; Edward Bazalgette, g; Steve Smith, b; Howard Smith, d. Dieses britische Pub-Rock-Quartett kam Anfang 1980 mit »*Turning Japanese*« in die GB-Charts und wurde Platz 3. Der gleiche Titel erreichte sieben Monate später auch die US-Charts und plazierte sich in den Top 40. Nach zwei weiteren Single-Notierungen in den Top 50 der britischen Charts ward die Band dort nicht mehr verzeichnet.

Der Hit: *Turning Japanesse*
Der Tip: *New Clear Days* (UA 1C 064-82914)

Various Artists

Wie der Name schon sagt, handelt es sich hierbei um verschiedene Interpreten. Aus deren Platten wurden Stücke herausgeschnitten und zu einem neuen Titel verarbeitet. Mit großem Erfolg hatten die Briten das erstmals 1956 gemacht mit der »*All Star Hit Parade*«. Dieser Titel wurde Platz 2 und beinhaltete Schnipsel aus Nummern von Winifred Atwell, Joan Regan, Dave King, Lita Roza, Dickie Valentine und David Whitfield. Die »*All Star Parade No. 2*« erreichte ein Jahr später Platz 15, und danach wurde dieses Verfahren für viele Jahre eingestellt. Erst 1990 kam man mit »*The Brits 1990 (Dance Medley)*« mal wieder auf diese Idee und verwandte Teile aus Songs von Double Trouble, A Guy Called Gerald, S'Express, Beatmasters, Jeff Wayne, 808 State, D-Mob und der Cookie Crew. Dieser Mischmasch, der als »Highlights der britischen Dance Music« vom englischen Diskjockey Mike Grey vermixt worden war, kam im Frühjahr 1990 in die GB-Charts und erreichte Platz 2.

Der Hit: *The Brits 1990 (Dance Medley)*

Vaughan, Frankie

* 3.2.1928 als Frank Abelson. Dieser britische Sänger brachte es zwischen 1954 und 1968 auf 11 Top-10-Hits in seiner Heimat, zwei davon zusammen mit den Kaye Sisters. Erstmals wurde er im Januar 1954 mit »*Istanbul*« notiert. »*Green Door*« war Ende 1956 sein erster Top-10-Erfolg. Anfang 1957 wurde er Spitzenreiter mit »*Garden Of Eden*«. Frankie war einer der vielen Briten, die sich auf das Nachsingen amerikanischer Hits für den GB-Markt spezialisiert hatten. »*Tower Of Strength*« war Ende 1961 ein weiterer Spitzenreiter für ihn in GB. Zum letzten Mal wird er 1967 mit »*There Must Be A Way*« unter den ersten 10 verzeichnet.

1960 spielte er neben Marilyn Monroe und Yves Montand in dem Film »Machen wir's in Liebe«. In GB war er u. a. in dem Musical »42nd Street« zu sehen.

Der Hit: *Tower Of Strength*

Vaughan, Malcolm

In der ersten Hälfte der 50er Jahre tourten Vaughan und sein Partner Kenny Earle als Duo durch die britischen Theater. Earle spielte den Clown, Vaughan übernahm den musikalischen Teil. 1955 traten sie im Chiswick Empire in London auf. Ein Manager der EMI sah die beiden und nahm Vaughan unter Vertrag. Schon seine erste Veröffentlichung, *»Every Day Of My Life«*, brachte es Mitte 1955 auf Platz 5 in den GB-Charts. *»St. Therese Of The Roses«* Ende 1956, *»My Special Angel«* 1957 und *»More Than Ever (Come Prima)«* 1958 waren seine weiteren Top-10-Erfolge. Mit dem Aufkommen des Mersey Beats und der Beatlemania verschwand Vaughan als Plattenkünstler. Auftritte in den einschlägigen Pubs und Kabaretts absolvierte er weiter, z. B. auch mit Earle.

Der Hit: *St. Therese Of The Roses*
Der Tip: *The EMI Years* (EMI CDP 7 94143 2)

Vaughan, Sarah

* 27.3.1924 als Sarah Lois Vaughan, † 3.4.1990. Die amerikanische Sängerin und Pianistin war zwischen 1949 und 1966 erfolgreich. In den 30er Jahren hatte sie Piano studiert. 1942 gewann sie einen Amateurwettbewerb im berühmten Apollo Theater in Harlem. Das führte zu einem Vertrag in der Band von Earl Hines als Sängerin und zweite Pianistin. Die nächsten Stationen waren Billy Eckstine und Dizzy Gillespie. Mit letztgenanntem nahm sie den Klassiker *»Lover Man«* auf. Ab 1945 machte sie als Solistin Platten und erspielte sich den Namen *»The Divine One«*. Ihre erste Hit-Notierung war Ende 1947 *»Tenderly«*, ihr erster Top-10-Erfolg Mitte 1948 *»Nature Boy«*. *»Make Yourself Comfortable«* Ende 1954, *»Whatever Lola Wants«* 1955 und *»Broken-Hearted Melody«* 1959 – auch in GB – waren weitere Notierungen unter den Top 10. Sarah blieb bis in die 80er Jahre aktiv. 1989 wurde ihr der Lifetime Achievement Grammy verliehen. Sie starb an Lungenkrebs.

Der Hit: *Broken-Hearted Melody*
Der Tip: *A Lover's Concerto* (Mercury 30 PD-181)

Vaughn, Billy

* 12.4.1919 als Richard Vaughn, † 26.9.1991. Der amerikanische Orchesterchef und Arrangeur begann seine Karriere als Sänger mit den Hilltoppers, die Mitte 1953 mit *»P.S.: I Love You«* einen Top-10-Erfolg hatten. 1954 verließ Billy die Hilltoppers und wurde Musikchef bei Dot Records. Das Orchester unter seiner Leitung begleitete fast alle großen Hits von Pat Boone, Gale Storm und den Fontane Sisters. Nebenher machte Billy auch mit seinen Musikern Instrumentalaufnahmen. *»Melody Of Love«*, ein Titel, der bereits 1903 geschrieben worden war, kam Ende 1954 in die US-Charts und erreichte Platz 2. *»The Shifting Whispering Sands (Parts 1 & 2)«* plazierte sich im Herbst 1955 auf 5. Ende 1957 schaffte *»Sail Along Silv'ry Moon«* in den US-Charts dieselbe Position. Mitte des darauffolgenden Jahres wurde der Titel Spitzenreiter in der deutschen Hitparade und vergoldet. Und während die Nummer *»Raunchy«*, Ende 1957 Platz 10 in den USA, dort seine letzte Top-10-Notierung, wurde, ging seine Karriere in Deutschland erst richtig los. *»La Paloma«*, 1958 ebenfalls Spitzenreiter und Gold in Deutschland, *»Blue Hawaii«*, *»Aloha-Oe«* und *»Morgen«* 1959, der Spitzenreiter *»Wheels«* 1961 und *»Lili Marleen«* 1962 waren seine weiteren Top-10-Erfolge in Deutschland. Vaughn hatte es geschafft, einen eigenen Sound zu kreieren: quäkende Saxophone mehrstimmig nebeneinander. Wenn Billy Vaughn auch nicht mehr in den Single-Charts auftauchte, so scheint sein Sound doch so zeitlos zu sein, daß er es Ende 1978 mit der LP *»Moonlight Melodies«* in Deutschland auf Platz 1 brachte. Auch in den 80er Jahren war er mit *»Magic Moments«* oder *»Italian Memories«* in der deutschen LP-Hitparade zu finden. Auch in etlichen der großen deutschen Fernsehsendungen in den 80er Jahren war er noch ein gern gesehener und gehörter Gast, obwohl doch seine Hochzeit mit der Rock-Ära zusammenfällt, in der er jedoch mehr Erfolg hatte als jeder andere Orchesterchef.

Der Hit: *Sail Along Silv'ry Moon*
Der Tip: *16 Original World Hits* (MCA 8.62002 LZ)

Vee, Bobby

* 30.4.1943 als Robert Thomas Velline. Mit seinem Bruder und einigen Freunden gründete der Amerikaner 1959 die Shadows. In Bobbys Heimatstadt Fargo in North Dakota sollte am 3.2.1959 Buddy Holly auftreten, von dem alle Mitglieder dieser US-Shadows große Fans waren. Wie bekannt, stürzte Holly vorher ab. Vee und seine Mannen hatten das gesamte Repertoire von Holly drauf – und statt seiner traten sie an diesem Abend auf. Wenig später erhielten sie einen Plattenvertrag. Ihre erste Hit-Notierung *»Suzie Baby«* erschien noch im Herbst 1959 als

Bobby Vee & The Shadows, ab 1960 verzichtete man auf den Gruppennamen. *»Devil Or Angel«* und *»Rubber Ball«* 1960, Spitzenreiter *»Take Good Care Of My Baby«* und *»Run To Him«* 1961, *»The Night Has A Thousand Eyes«* 1962 waren weitere Top-10-Erfolge. In GB waren *»Rubber Ball«*, *»More Than I Can Say«*, *»How Many Tears«*, *»Take Good Care Of My Baby«* und *»Run To Him«* alle 1961 Top 10. Es folgten *»Sharing You«* 1962 und *»The Night Has A Thousand Eyes«* 1963. Nach 1963 ließ Bobbys Karriere nach, und bis 1967 fand man seine Platten vorwiegend in der unteren Hälfte der ersten 100. Dann gelang ihm mit *»Come Back When You Grow Up«* Mitte 1967 Platz 3 und Gold in den USA. Das reichte für weitere Hit-Notierungen bis in die 70er Jahre. In Oldie-Tourneen erlebt man Bobby bis in die 90er Jahre.

Der Hit: *Take Good Care Of My Baby*
Der Tip: *Legendary Masters Series* (Liberty CDP 7 92774-2)

Vega, Suzanne

* 12.8.1959. Die New Yorker Sängerin, Gitarristin und Songschreiberin trat 1985 in die Fußstapfen der Musiker, die in den 60er Jahren im Greenwich Village der traditionellen Folk-Musik auf die Beine geholfen hatten. Von aktuellen Trends à la Dance oder Discomusik hielt Vega wenig. Sie ließ sich inspirieren von Joan Baez, Joni Mitchell oder Bob Dylan. 1985 erschien ihr Debüt-Album, das die amerikanischen Studenten der Mittachtziger in Herz und Hirn traf. Die Platte erreichte in den LP-Charts einen Platz unter den ersten 100. 1987 kam *»Solitude Standing«*, erreichte Goldstatus und Platz 11 in den US-LP-Charts. Daraus ausgekoppelt wurde die Single *»Luka«*, die es Mitte 1987 bis auf Platz 3 in den USA brachte. In GB hatte Suzanne ihre erste Hit-Notierung bereits Anfang 1986 mit *»Small Blue Thing«*. Auch Titel wie *»Marlene On The Wall«* oder *»Left Of Center«* standen 1986 in den britischen Single-Charts. Auf der LP *»Solitude Standing«* war auch die A-capella-Nummer *»Tom's Diner«* zu hören. Die britische Formation DNA legte unter den Gesang Rhythmus, und Mitte 1990 erreichte *»Tom's Diner«* als DNA featuring Suzanne Vega Platz 2 in GB, Platz 1 in Deutschland, Platz 5 und Gold in den USA. Auch in den 90er Jahren sind sehr schöne, gefühlvolle, intelligente Titel von Suzanne erschienen. In die Top 10 kamen sie jedoch nicht.

Der Hit: *Luka*
Der Tip: *Solitude Standing* (A & M 395 136-2)

Ventures

Bob Bogle, g (* 16.1.1937); Noki Edwards, b (* 9.5.1939); Don Wilson, g (* 10.2.1937); Howie Johnson, d († 1988); Mel Taylor, d; Gerry McGee, b; John Durrill, key.

Wilson und Bogle, die tagsüber für eine Baufirma arbeiteten, spielten abends zusammen als Duo in den Kneipen ihres Heimatortes Portland, Oregon. Anfang 1960 kamen Edwards und Johnson hinzu. Das Quartett nannte sich Versatones, und Wilsons Mutter wurde ihr Manager. Einen Monat später nahmen sie in Seattle ihre ersten Platten auf, und als ihre erste Single erschien *»Cookies And Coke«*. Die zweite hieß *»Walk Don't Run«*. Jetzt hatte sich die Band in Ventures umbenannt. Der Titel kam Mitte 1960 in die US-Charts und erreichte Platz 2. Die gleiche Nummer wurde als *»Walk Don't Run '64«* Mitte 1964 erneut ein Top-10-Erfolg. Die Themenmusik aus der Fernsehserie »Hawaii Five-O« war Anfang 1969 ihre letzte Single unter den ersten 10. Im Laufe der Jahre sollte es zu etlichen Umbesetzungen kommen. Johnson wurde 1961 nach einem Autounfall, bei dem er ernsthaft verletzt wurde, gegen Taylor ausgetauscht. Der ging 1973 und gründete seine eigene Formation Mel Taylor & The Dynamics. 1978 kehrte er wieder zurück. Edwards verließ 1967 die Ventures und wurde durch McGee ersetzt, kam aber von 1972 bis 1985 wieder zurück. McGee ging daraufhin zu Delaney & Bonnie. Als sie nach 1969 nicht mehr in den Charts notiert wurden, nahmen sie mit Durrill einen Keyboarder in die Gruppe. 1965 war die Band erstmals auf Japan-Tournee gegangen. Just zu diesem Zeitpunkt entdeckten die Japaner gerade die elektrischen Gitarren, und das machte die Ventures zu der absoluten Gitarrenband der Japaner. Während sie in GB *»Walk Don't 'Run«* und *»Perfidia«* 1960 in die Top 10 gebracht hatten und ansonsten dieser Markt von den britischen Shadows besetzt war und in Deutschland keine Single der Band in die Charts kam, war ihre Popularität in Japan der der Beatles gleichzusetzen. Die Ventures haben etliche Stücke nur für den japanischen Markt geschrieben, die dann extra mit einem entsprechenden japanischen Text versehen wurden. In der Besetzung Bogle, Wilson, Taylor und McGee spielten die Ventures bis in die 90er Jahre.

Der Hit: *Walk Don't Run*
Der Tip: *Forever* (Liberty TOCP-5947-8)

Vera, Billy

* 28.5.1944 als William McCord Jr. Dieser amerikanische Sänger und Songschreiber wird erstmals zusammen mit Judy Clay und der Nummer *»Storybook Children«* Ende 1967 in den amerikanischen Charts notiert. Ein weiteres Duett der beiden,

»Country Girl – City Man«, brachte ihnen Anfang 1968 einen Top-40-Hit. Noch 1968 stand Vera als Billy & The Beaters in der amerikanischen Hitparade. Danach hörte man für viele Jahre nichts mehr von ihm. Er schrieb Titel für Pop-, R&B- und Country-Künstler, und 1979 belebte er die Formation Beaters wieder. Im Januar 1981 nahm er mit dieser Gruppe im Rosy in Los Angeles eine LP auf, aus der zwei Singles ausgekoppelt wurden. *»I Can Take Care Of Myself«* schaffte die Top 40, *»At This Moment«* Platz 79. Fünf Jahre später, Ende 1986, wurde in der amerikanischen TV-Serie *»Family Ties«* die Nummer *»At This Moment«* gespielt. Sie kam erneut in die Charts, kletterte bis an die Spitze und wurde vergoldet.

Der Hit: *At This Moment*
Der Tip: *By Request* (Rhino RNLP 70 858 TIS)

Verne, Larry

* 8.2.1936. Der aus Minneapolis stammende Verne arbeitete in einem Fotostudio im gleichen Haus mit den drei Songschreibern Fred Darian, Al DeLory und Joe van Winkle. Dieses Trio suchte für die von ihnen geschriebene Novelty-Nummer *»Mr. Custer«* jemanden, der mit einem Südstaatenakzent sprechen konnte. Genau das konnte Larry – und war somit ihr Mann. Er nahm den Titel auf, kam im Sommer 1960 in die US-Charts und wurde Spitzenreiter. Der Nachfolger *»Mister Livingston«* erreichte Ende des gleichen Jahres nur noch die unteren Regionen der Hitparade, und Larry beschäftigte sich wieder mit Schärfenmessung.

Der Hit: *Mr. Custer*

Video Kids

Peter Slaghuis (* 21.8.1963); Bianca Bonelli (* 2.1.1963).
Die holländische Sängerin Bianca begann in der Formation Sam & Joan Company und machte dann als New-Wave-Sängerin die Single *»Je Veux L'Amour – Follow Me«*, die in Holland sehr erfolgreich wurde. Ihre Produzenten schrieben ihr einige Songs, die sie besser mit einem Partner aufnehmen würde. Man fand in Hollands größter Disko, dem Blue Tick In in Rotterdam, den ehemaligen Friseur Peter Slaghuis. Zwei Wochen ging er mit Bianca, zwei Produzenten und einem Gesangslehrer in Klausur, dann wurde der Titel *»Woodpeckers From Space«* aufgenommen, der im Frühjahr 1985 in die deutsche Hitparade kam und Platz 4 erreichte. Einen Nachfolge-Hit gab es nicht. Slaghuis wurde 1989 als Hithouse mit *»Jack To The Sound Of Underground«* erfolgreich.

Der Hit: *Woodpeckers From Space*
Der Tip: *The Invasion Of The Spacepeckers* (Polydor 825 449-1)

Village People

Victor Willis – Polizist, Randy Jones (* 13.9.1952) – Cowboy, David Hodo (* 7.7.1950) – Bauarbeiter, Felipe Rose – Indianer, Glenn Hughes (* 18.7.1950) – Lederrocker, Alexander Briley (* 12.4.1956) – Soldat, Ray Simpson, Miles Jaye, Ray Stevens, Jeff Olson, Mark Lee, alle v.

Diese New Yorker Disco-Truppe wurde 1977 von dem französischen Produzenten Jacques Morali zusammengestellt. *»Macho Man«* kam Mitte 1978 in die US-Charts, ereichte Platz 25 und wurde vergoldet. *»YMCA«* kam im Herbst des gleichen Jahres in die US-Charts, erreichte Platz 2 und wurde Platin. In Deutschland erhielt sie Gold und wurde Spitzenreiter, wie auch in GB. Die Gruppe wurde zu diesem Zeitpunkt besonders in Homosexuellenkreisen gefeiert. Sie selbst legten sich auch die entsprechenden Attitüden zu, und man sagt sicher nichts Falsches, wenn man behauptet, daß sie absichtlich auf die Schwulenszene zugeschnitten wurden. In *»YMCA«* sangen sie den Refrain »Es macht Spaß, in den CVJM zu gehen«, was wiederum die entsprechenden kirchlichen Stellen auf den Plan rief. Letztendlich half das nur, die Band und die Platte populär zu machen. Auch *»In The Navy«* sang das Hohelied der Männerfreundschaft, dieses Mal zur See. In den USA wurde der Titel wieder vergoldet und erreichte dort und in Deutschland Platz 3, Platz 2 in GB. Alle weiteren Veröffentlichungen erreichten nicht mehr die Top 10. Nachdem sie etliche Jahre nicht mehr in den Charts notiert waren, kamen sie Anfang 1985 in GB noch einmal mit *»Sex Over The Phone«* in die Hitparade. 1979 war Willis durch Simpson, den Bruder von Valerie Simpson, ersetzt worden. Als Simpson ging, kam für ihn Jaye, und in der Folgezeit kam es zu etlichen weiteren Umbesetzungen. Morali starb 1991 im Alter von 44 Jahren an Aids.

Der Hit: *YMCA*

Der Tip: *Greatest Hits* (Rhino R2 70167 TIS)

Village Stompers

Frank Hubbell, Joe Muranyi, Dick Brady, Don Coates, Mitchell May, Al McManus, Ralph Casale, Lenny Pogan.

Diese New Yorker Band aus dem Greenwich Village machte auf Dixieland gestylte Musik. Ihre Nummer *»Washington Square«* kam im Herbst 1963 in die US-Charts und wurde Platz 2, in Deutschland Top 30. Nachdem sie *»From Russia With Love«* aus dem gleichnamigen Film und *»Fiddler On The Roof«* aus dem gleichnamigen Musical 1964 in den unteren Regionen der US-Hitparade plaziert hatten, wurden sie ab 1965 nicht mehr notiert. Plattenaufnahmen machten sie noch bis 1967.

Der Hit: *Washington Square*

Vincent, Anne

Dieser Sängerin gelang ein einziger Hit. *»You Call Everybody Darlin'«* kam Mitte 1948 in die US-Charts und erreichte Platz 6. Das war ihr Auftritt in der Popgeschichte.

Der Hit: *You Call Everybody Darlin'*

Vincent, Gene

* 11.2.1935 als Vincent Eugene Craddock, † 12.10.1971. Der Amerikaner gehörte zur ersten Garde der neu aufkommenden jungen Rocker, die sich ihre eigenen Songs schrieben. 1956 gründete er in Norfolk, Virginia, seine Band Blue Caps. Seine erste Eigenkomposition war die Nummer *»Be-Bop-A-Lula«*, die Mitte 1956 erschien und es in den USA bis auf Platz 7, in GB in die Top 20 brachte. Dabei war diese Nummer eigentlich die B-Seite seiner ersten Platte. Die A-Seite hieß *»Woman Love«* – hier klang Gene, als sei er der Zwillingsbruder von Elvis. Ein Diskjockey in Baltimore drehte die Platte glücklicherweise um und spielte die B-Seite. Nach dem Hit tourte Gene durch die USA, trat in der »Ed Sullivan Show« auf, war in »American Bandstand« und anderen wichtigen amerikanischen TV-Shows zu sehen. In dem Rock-Film »The Girl Can't Help It« mit Jayne Mansfield wirkte er ebenfalls mit. Dabei waren Auftritte von Gene Vincent absolut nichts Berauschendes. Er stand da und rührte sich nicht vom Fleck. Was viele nicht wußten: das Ganze war alles andere als eine Masche. Während er in der US Navy war, wurde sein linkes Bein schwer verletzt. Man wollte es amputieren, aber Gene wußte das zu verhindern. Dafür mußte er unsagbare Schmerzen auf sich nehmen. Nachdem ihm nach 1957 in den USA kein weiterer Top-10-Erfolg mehr gelungen war, zog es ihn 1960 nach GB. Am 17. April 1960 fuhr er mit seinem Freund und Mit-Rocker Eddie Cochran nach einem Auftritt zurück nach London. Das Auto wurde in einen schweren Unfall verwickelt. Gene mußte für mehrere Monate ins Krankenhaus, Eddie starb. 1967 ging Vincent zurück in die USA. 1971 träumte er von einem Comeback, und die Chancen standen nicht schlecht. Er war zu Besuch bei seinem Vater in Kalifornien, als er sich plötzlich sehr krank fühlte. Er wurde in ein Krankenhaus gebracht und starb kurz darauf an inneren Blutungen.

Der Hit: *Be-Bop-A-Lula*
Der Tip: *The Best Of* (Capitol CDP 7 90328 2)

Vinton, Bobby

* 16.4.1935 als Stanley Robert Vinton. Bobbys Vater war Bandleader, und der Sohn gründete noch während seiner Schulzeit die erste eigene Gruppe. Für Dick Clarks US-TV-Show »*Caravan Of Stars*« spielte diese Formation 1960 als Backing Band für die auftretenden Interpreten. 1962 verließ er diese Gruppe und begann eine Solokarriere – gleich mit einem Paukenschlag. »*Roses Are Red (My Love)*« erschien Mitte des Jahres, wurde Millionseller und Spitzenreiter. Auch in GB kam die Platte unter die ersten 20. Ein Jahr später hatte er mit »*Blue On Blue*« seinen nächsten Top-10-Hit, dem noch 1963 zwei weitere Spitzenreiter folgten: »*Blue Velvet*« und »*There! I've Said It Again*«. 1964 folgte »*My Heart Belongs To Only You*« und mit »*Mr. Lonely*« ein weiterer Spitzenreiter. »*Please Love Me Forever*« 1967 und die beiden Millionseller »*I Love How You Love Me*« 1968 und »*My Melody Of Love*« 1974 waren weitere Top-10-Erfolge. Zwischen 1975 und 1978 hatte er in den USA eine eigene TV-Show, und man hatte ihn nach 1980 schon fast wieder vergessen, als »*Blue Velvet*« 1990 erneut in die GB-Charts kam und Platz 2 erreichte. Der Titel war in dem gleichnamigen Film von David Lynch mit Isabella Rossellini zu hören gewesen.

Der Hit: *Blue Velvet*
Der Tip: *Greatest Hits* (Epic EK 26098)

Vipers Skiffle Group

Wally Whyton, Tommy Steele, v (* 17.12.1936 als Tommy Hicks); Hank Marvin, g (* 28.10.1941 als Brian Ranking); Jet Harris, g (* 6.7.1939 als Terence Harris); Bruce Welch, g (* 2.11.1941 als Bruce Cripps).
In der zweiten Hälfte der 50er Jahre hatte speziell Lonnie Donegan dafür gesorgt, daß die Briten ganz verrückt nach Skiffle music waren. Donegan hatte Hits wie »*Rock Island Line*«, »*Lost John*« oder Anfang 1957 »*Don't You Rock Me Daddy-O*« in die britischen Top 10 gebracht. Zum gleichen Zeitpunkt wie Donegan kam auch die Vipers Skiffle Group mit diesem Titel in die GB-Charts und erreichte Platz 10. Die Version der Vipers muß man als das Original ansehen, denn Whyton ist Mitautor.
Der Nachfolger »*Cumberland Gap*« kam im März 1957 in die britische Hitparade und erreichte ebenfalls Platz 10. Wieder war es Donegan, der einen größeren Erfolg vermasselte. Seine Version wurde einen Monat später Spitzenreiter. Immer noch im Frühjahr 1957 hatten die Vipers mit »*Streamline Train*« noch eine Notierung unter den ersten 30 in GB. Dann wurden sie nicht mehr verzeichnet. Die Fluktuation in der Band muß relativ groß gewesen sein. Drei der oben

angegebenen Musiker fanden sich wenig später als Mitglieder der Drifters wieder, aus denen schließlich die Shadows wurden: Marvin, Harris und Welch.

Der Hit: *Don't You Rock Me Daddy-O*

Virtues

Frank »Virtuoso« Virtue, g; Ralph Frederico, p; Sonny Ferns, sax; Jimmy Bruno, g; Barry Smith alias Joe Gillespie, d; Dave Raplin, v; John Renner, sax; Joe Vespe, d.
Diese aus Philadelphia stammende Rock-'n'-Roll-Instrumentalgruppe leitete ihren Namen vom Kopf der Band, Frank Virtuoso, ab. Frank hatte diese Formation bereits 1946 gegründet und mußte 13 Jahre lang warten, bis ihm mit dem *»Guitar Boogie Shuffle«* im Frühjahr 1959 Platz 5 in den USA gelang. Die Gruppe machte ohne Hits bis 1962 weiter und löste sich dann auf. Virtue machte weiter Platten unter den verschiedensten Pseudonymen und hatte schließlich zumindest als Produzent noch einmal Erfolg: Eddie Holman sang *»Hey There Lonely Girl«*.

Der Hit: *Guitar Boogie Shuffle*

Visage

Steve Strange (* 28.5.1959 als Steve Harrington); Midge Ure, g (* 10.10.1953 als James Ure); Rusty Egan, d (* 19.9.1957); Billy Currie, vln (* 1.4.1952); Dave Formula, key; John McGeogh, g; Barry Adamson, b.
Steve Strange war Roadie für Generation X, dann zusammen mit Chrissie Hynde Ende 1977 Mitbegründer der Moors Murderers, danach mit Photon und eröffnete schließlich die Diskothek Bill's Club zusammen mit Egan, der vorher bei den Rich Kids war. Dort hatte auch Ure, Mitbegründer des New Romantic Trends, gespielt, bevor er zu Thin Lizzy und dann zu Ultravox ging, bei denen auch Currie Mitglied war. Ende 1978 nahmen Strange und Ure ein Demo für die EMI auf, wurden aber abgewiesen. Daraufhin suchte sich das Duo die obengenannten Musiker und begann mit Proben. Ihre erste Single *»Tar«* ging unter. Nach einem Wechsel der Plattenfirma gelang ihnen mit *»Fade To Grey«* Ende 1980 ein Top-10-Hit in GB, Anfang 1981 Spitzenreiter in Deutschland. Der Nachfolger *»Mind Of A Toy«* erreichte noch die britischen Top 20 und die deutschen Top 10. Die Abstände zwischen den Veröffentlichungen wurden danach immer größer, bis die Band Mitte der 80er Jahre auseinanderging. Strange gründete Strange Cruise, die anderen kehrten zu ihren Hauptprojekten zurück.

Der Hit: *Fade To Grey*
Der Tip: *Fade To Grey The Singles Collection* (Polydor 815 347-2)

Visage *(Polydor)*

Vittorio

* 8.7.1934 als Vittorio Casagrande. Der italienische Sänger und Schauspieler war ab 1960 auch in der Bundesrepublik erfolgreich. *»Tintarella Di Luna«* war Anfang 1960 seine erste Hit-Notierung. *»Liebe, die nie vergeht«*, eine deutsche Version des Hits *»Cuando Calienta El Sol«*, wurde Ende 1962 Top 10 in Deutschland. Nach 1969 und drei weiteren Notierungen war Vittorio wieder aus den Hitparaden verschwunden.

Der Hit: *Liebe, die nie vergeht*

Vogues

Bill Burkette, Hugh Geyer, Chuck Blasko, Don Miller, alle v.
Diese amerikanische Gruppe formierte sich 1960. Die einzelnen Sänger hatten sich auf der High-School kennengelernt. *»You're The One«* kam im Herbst 1965 in die US-Charts und wurde Platz 4. Diese Position schaffte noch im gleichen Jahr

auch *»Five O'Clock World«*. *»Turn Around, Look At Me«* wurde vergoldet und erreichte wie *»My Special Angel«* 1968 Platz 7. Außerhalb der USA schaffte die Gruppe keinen einzigen Hit. Ihre letzte Hit-Notierung war 1969 *»Green Fields«*.

Der Hit: *Turn Around, Look At Me*

von der Lippe, Jürgen

Jürgen von der Lippe *(Phonogram)*

* 8.6.1948 als Jürgen Dohrenkamp. Erste Erfolge verbuchte er als Mitglied der Gebrüder Blattschuß, an deren großem Hit *»Kreuzberger Nächte«*, Ende 1978 Platz 2 in Deutschland, er gerade noch mitgearbeitet hatte. Seit 1978 tritt er als Solist auf und veröffentlichte etliche LPs. Sein größter Single- und einziger Top-10-Erfolg war Mitte 1987 *»Guten Morgen, liebe Sorgen«*. Der Nachfolger *»Dann ist der Wurm drin«* brachte es noch auf eine Top-30-Notierung. Seit 1980 moderiert er regelmäßig Fernsehsendungen wie »WWF Club«, »Show-Start«, »So isses«, »Donnerlippchen« und seine Eigenerfindung »Geld oder Liebe«.

Der Hit: *Guten Morgen, liebe Sorgen*
Der Tip: *Guten Morgen, liebe Sorgen* (Teldec 8.26441 ZP)

Voulzy, Laurent

* 8.12.1948. Der in Paris geborene Voulzy machte mit einer Mixtur aus *»The Locomotion«*, *»A Hard Day's Night«*, *»I Get Around«*, *»Gloria«* und *»I Can't Get No Satisfaction«* eine *»Rockollection Part I«*, die es in der deutschen Hitparade im Herbst 1977 bis auf Platz 8 brachte. Ursprünglich wollte Laurent die zitierten Passagen aus den Originaltiteln heraussampeln, die entsprechenden Plattenfirmen verweigerten ihm jedoch ihre Zustimmung, und so sang Voulzy sie nach.

Der Hit: *Rockollection Part I*

W

W. Roland

* 3.4.1941 als Roland Wächter. Mitte der 60er Jahre arbeitete Roland Wächter als Diskjockey in Köln. Ende 1967 landete er mit der mehr gesprochenen als gesungenen Nummer *»Monja«* auf Platz 4 der deutschen Hitparade. Mit *»My Maria«* gelang ihm im Frühjahr 1968 noch ein Nachfolgehit unter den ersten 30. Danach war er wieder aus den Charts verschwunden. Bis in die 90er Jahre war Roland in Oldie-Sendungen à la *»Die goldene Schlagerparade«* zu sehen. Ansonsten hat er sich in sein Haus in den Westerwald zurückgezogen und einen Namen als Porträtmaler gemacht.

Der Hit: *Monja*

Wade, Adam

* 17.3.1937. Dieser amerikanische Sänger, TV-Moderator und Schauspieler hatte 1960 mit *»Tell Her For Me«* seine erste Chart-Notierung. 1961 gelangen ihm drei Top-10-Erfolge: *»Take Good Care Of Her«*, *»The Writing On The Wall«* und *»As If I Didn't Know«*. Letztmalig wurde Adam Anfang 1965 mit einer der vielen Versionen von *»Crying In The Chapel«* in der amerikanischen Hitparade verzeichnet. Er wechselte das Fach, wurde Schauspieler und war z. B. in *»Shaft«* und *»Claudine«* zu sehen. Ab 1975 moderierte er als erster Schwarzer in den USA eine Daytime Game Show und in den 80er Jahren eine Talk-Show.

Der Hit: *The Writing On The Wall*

Waggershausen, Stefan

* 20.2.1949. Am Anfang seiner Karriere wurde der deutsche Sänger und Songschreiber von seiner Plattenfirma mal als Traum-Rocker, mal als deutscher Bob Dylan angeboten. Seine erste Hit-Notierung gelang ihm Ende 1980 mit dem Titel *»Hallo Engel«*, Top 30 in Deutschland. Zusammen mit der Italienerin Alice stand er im Frühjahr 1984 erstmals in den Top 20: *»Zu nah am Feuer«*. Im Duett

Stefan Waggershausen (mit Victor Laszlo)

mit der Belgierin Viktor Lazlo, »*Das erste Mal tat's noch weh*«, erreichte Stefan im Frühjahr 1990 Platz 6 der deutschen Hitparade.

Der Hit: *Das erste Mal tat's noch weh*
Der Tip: *Tief im Süden meines Herzens* (Polydor 841 882-2)

Wagner, Jack

* 3.10.1959. Als einer der Stars in der TV-Serie »General Hospital« – Jack spielte den Frisco Jones, Leadsänger der Rock-Band Riff-Raff – war er prädestiniert, auch ein Plättchen zu singen. »*All I Need*« kam Ende 1984 in die US-Charts, erreichte Platz 2 und wurde sein einziger nennenswerter Erfolg. Drei weitere Hit-Notierungen bis zum Jahre 1987 kamen nicht mehr über einen Platz 50 hinaus. Seine ersten Bühnenerfolge feierte Jack als Ensemblemitglied in »Oliver« und »Godspell«.

Der Hit: *All I Need*

Der Tip: *All I Need* (Qwest 925 214-1)

Waikikis

Diese belgische Instrumentalgruppe erreichte mit dem Titel *»Hawaii Tattoo«* Ende 1961 Platz 4 in der deutschen Hitparade. Mit *»Hilo Kiss«* 1962 und *»Hula-Hochzeit«* 1963 hatte die Formation noch zwei weitere Notierungen. Dann war sie für den deutschen Markt vergessen. Ende 1964 kam *»Hawaii Tattoo«* in die amerikanische Hitparade und wurde immerhin Platz 33.

Der Hit: *Hawaii Tattoo*

Wain, Bea

* 30.4.1917 als Beatrice Wain. Die in New York geborene Sängerin und Pianistin wurde in den späten 30er Jahren bekannt durch ihre Zusammenarbeit mit der Larry-Clinton-Band. Mit ihr hatte sie die Spitzenreiter *»Cry, Baby Cry«*, *»My Reverie«* und *»Heart And Soul«* 1938 und *»Deep Purple«* 1939. Nachdem man sie 1939 zur besten amerikanischen Bandsängerin gewählt hatte, versuchte sie sich als Solistin. *»I'm Nobody's Baby«* war 1940 ihre erste Chart-Notierung, *»Kiss The Boys Goodbye«* Mitte 1941 Platz 8, ihre höchste und letzte Plazierung. Durch die 40er Jahre war sie vorwiegend im Radio beschäftigt. Sie heiratete den Radiosprecher Andre Baruch, mit dem sie als Mr. and Mrs. Music Ende der 40er Jahre in New York Radiosendungen machte. 1960 zogen sie nach Florida und hatten dort bis 1974 eine Sendung.

Der Hit: *Kiss The Boys Goodbye*

Waite, John

* 4.7.1954. Der britische Sänger, Bassist und Songschreiber war 1976 Mitbegründer der Babys. *»Isn't It Time«* 1977 und *»Everytime I Think Of You«* 1979 erreichten jeweils Platz 13 in der amerikanischen Hitparade. Im Frühjahr 1981 lösten sich die Babys auf. John machte als Solist weiter, und seine erste Chart-Notierung war gleich Mitte 1984 ein Spitzenreiter in den USA: *»Missing You«*. In GB erreichte die Platte ebenfalls die Top 10. Nach acht weiteren Plazierungen, von denen keine über Platz 25 hinauskam, gehörte er 1988 zu den Gründungsmitgliedern von Bad English, die es auf einige Top-10-Erfolge brachte.

Der Hit: *Missing You*
Der Tip: *Essential* (Chrysalis 0946321864 2)

Wakelin, Johnny

In den 70er Jahren war der Brite in seiner Heimatstadt Brighton mehr oder weniger erfolgreich als Sänger in Clubs aufgetreten, bis ihm die glorreiche Idee kam, eine Hommage an den Boxchampion Muhammad Ali zu schreiben. Am 30. Oktober 1974 kämpfte Muhammad Ali in Kinshasa gegen George Foreman und schlug ihn in der achten Runde k.o. Im Januar 1975 kam Wakelins *»Black Superman (Muhammad Ali)«* in die GB-Charts und erreichte Platz 7, in den USA Platz 21. Danach gelang ihm erst nichts mehr. Dann besann er sich erneut auf diesen Kampf und schaffte Mitte 1976 mit *»In Zaire«* Platz 4 in GB und Platz 2 in Deutschland. Beide Nummern hat Wakelin selbst geschrieben. Weitere Hits kamen nicht mehr.

Der Hit: *In Zaire*
Der Tip: *Reggae Soul & Rock 'n' Roll* (Pye 27 948)

Wakely, Jimmy

* 16.2.1914 als Clarence Wakely, † 25.9.1982. Der amerikanische Country-Sänger, Pianist und Gitarrist hatte bereits 1937 ein eigenes Trio. 1943 wurde er erstmals in den US-Charts mit dem patriotischen Song *»There's A Star-Spangled Banner Waving Somewhere«* verzeichnet. Zusammen mit der Sängerin Margaret Whiting hatte er im Herbst 1949 den Millionseller und Spitzenreiter *»Slippin' Around«*. Schon in den frühen 40er Jahren spielte er in Radio Shows mit, was ihm den Spitznamen »Melody Kid« einbrachte. Von 1952 bis 1957 hatte er seine eigene Radio Show, 1961 TV-Serie »Five Star Jubilee« mit Tex Ritter. Jimmy spielte in mehr als 70 Billigwestern mit. Seine weiteren Top-10-Erfolge waren *»One Has My Name (The Other Has My Heart)«* 1948, *»I'll Never Slip Around Again«* 1949 und *»A Bushel And A Peck«* 1950. Nach 1951 war seine Hitparadenzeit vorüber. Im Duett mit Karen Chandler, die unter dem Namen Eve Young im Orchester von Benny Goodman gesungen hatte, gelang Jimmy im Herbst 1956 mit *»Tonight You Belong To Me«* noch einmal ein Top-50-Hit. Er starb 1982 nach langer Krankheit.

Der Hit: *Slippin' Around*

Wald, Jerry

* 15.1.1918 als Jervis Wald, † 1973. Der amerikanische Klarinettist und Bandleader wird 1944/45 mit drei Titeln in den US-Charts verzeichnet. Der Song *»Laura«* schafft es im Frühjahr 1945 als einziger in die Top 10. Seine Band spielte im Stil

von Artie Shaw. Arrangements für ihn schrieb Ray Conniff. Ende der 40er/Anfang der 50er Jahre war Jerry Leader einer Combo in Hollywood. Sein Orchester begleitete Frank Sinatra, Perry Como, Mel Torme, Frankie Laine oder Patti Page. In den TV-Shows von Kate Smith und Jackie Gleason war er mit seiner Band zu sehen. Wald starb 1973 in Las Vegas.

Der Hit: *Laura*

Walden, Narada Michael

* 23.4.1952. Der amerikanische Sänger, Songschreiber, Schlagzeuger und Produzent spielte bereits als Teenager mit Gruppen wie Ted Nuggent & The Amboy Dukes, MC 5, Bob Seger System oder Deacon Williams & The Soul Revival. 1972 wurde er Mitglied im Mahavishnu Orchestra von John McLaughlin. Nachdem sich diese Band 1976 aufgelöst hatte, machte Walden Soloplatten und arbeitete als Studiomusiker für Jeff Beck, Carlos Santana, Weather Report, Rick James, Roy Buchanan, Tommy Bolin und viele andere. Außerdem machte er sich einen Namen als Produzent von Stacy Lattisaw, Don Sherry, Sister Sledge oder Whitney Houston. Mit seinen Singles war er in den USA nicht erfolgreich. In GB gelang ihm im April 1980 Platz 8 mit »*I Shoulda Loved Ya*« und genau acht Jahre später erneut Platz 8 mit »*Divine Emotions*«.

Der Hit: *Divine Emotions*
Der Tip: *Divine Emotions* (Reprise 925 694-2)

Walker, Jr. & The All Stars

Jr. Walker, sax/v (* 1942 als Autry DeWalt II); Willie Woods, g; Vic Thomas, key; James Graves, d.
Die Formation machte 1962 ihre ersten Platten. Im Laufe der Jahre wurden etliche Mitglieder ausgetauscht. In den späteren Formationen spielte schon der Sohn Autry III. Schlagzeug. »*Shotgun*« kam im Frühjahr 1965 in die US-Charts und erreichte Platz 4. Gleiche Position belegte »*What Does It Take (To Win Your Love)*« Mitte 1969. In GB kam die Formation nie in die Top 10. Der größte Erfolg dort war »*(I'm A) Road Runner*«, im Frühjahr 1969 Platz 12. Hit-Notierungen gehen bis in das Jahr 1973, die Plattenveröffentlichungen – teilweise von Walker als Solist – bis in die 80er.

Der Hit: *Shotgun*
Der Tip: *Shotgun/Road Runner* (Tamla 886 057-225)

Jr. Walker *(White Field Records)*

Walker, Scott

* 9.1.1944 als Noel Scott Engel. 1964 wurde Scott Sänger und Bassist für die Walker Brothers, die es bis 1967 auf etliche Top-10-Erfolge, besonders in GB, brachten. Nach der Trennung des Trios machte Scott als Solist Platten, und seine erste Notierung war Ende 1967 *»Jackie«*, die Coverversion einer Jaques-Brel-Nummer. *»Joanna«*, geschrieben vom Ehepaar Hatch/Trend, kam Mitte 1968 in die GB-Charts und wurde sein einziger Top-10-Hit. Mit *»Lights Of Cincinnati«* stand Scott Mitte 1969 letztmalig in der britischen Hitparade. Im August 1975 kamen die Walker Brothers wieder zusammen, hatten einen weiteren Hit und trennten sich 1978 wieder. 1984 erschien erneut eine Solo-LP von Scott, 1987 machte er in GB TV-Werbung für Softdrinks.

Der Hit: *Joanna*
Der Tip: *Best Of* (Fontana 510 831-2)

Walker Brothers

Scott Walker, v/b (* 9.1.1944 als Noel Scott Engel); John Walker, v/g (* 2.11.1943 als John Maus); Gary Walker, v/d (* 3.9.1944 als Gary Leeds).
Im August 1964 entschloß sich Leeds, der gerade als Schlagzeuger für P. J. Proby spielte, mit seinen Freunden Engel und Maus, Bassist und Leadgitarrist bei den Dalton Brothers, eine eigene Formation zu gründen. Leeds war 1963 Mitbegründer der Standells, verließ die Band bereits nach zwei Singles, spielte danach erst mit Johnny Rivers und später mit Proby. Mit dem war er auch auf Tournee durch GB und spielte in der »Jack Good TV-Show«. Engel hatte vorher bereits einige Soloplatten aufgenommen, spielte 1963 mit den Routers auf deren Hit *»Let's Go«* und dem Nachfolger *»Make It Snappy«*. Maus hatte bereits als 12jähriger in der TV-Serie »Hello Mum« neben Betty Hutton gespielt. Noch im Oktober 1964 nahmen die Walker Brothers vier Titel auf und erhielten einen Vertrag mit dem Smash Label von Mercury. Ende des Jahres bedrängt Leeds die anderen, mit ihm nach GB zu gehen, weil er dort gesehen hat, welche potentiellen Möglichkeiten sich dort für Musiker bieten. In der Tat werden sie im Laufe der nächsten drei Jahre in GB erfolgreicher und populärer sein als in den USA. *»Love Her«* wird in GB im Frühjahr 1965 die erste Hit-Notierung. Es folgen noch 1965 *»Make It Easy On Yourself«*, Spitzenreiter in GB und Top 20 in den USA, und *»My Ship Is Coming In«*, Top 10 in GB. Im Frühjahr 1966 wird *»The Sun Ain't Gonna Shine Anymore«* wieder Nummer 1 in GB und 13 in den USA. Nach fünf weiteren Hit-Notierungen bis Mitte 1967 löst sich die Band auf, und alle drei versuchen sich als Solisten, behalten aber als Nachnamen immer Walker bei. Gary hatte mit *»You Don't Love Me«* und *»Twinkie Lee«* im Frühjahr 1966 zweimal Platz 26 in GB.

John schaffte Mitte 1967 Platz 24 mit »*Annabella*«. Am erfolgreichsten wurde Scott, der es auf eigene Top-10-Hits brachte. Im Laufe der nächsten Jahre veröffentlichen die Mitglieder, speziell Scott, weitere Platten, die nicht erfolgreich sind. Im Janaur 1974 veröffentlicht Leeds den Titel »*Hello How Are You*«, produziert vom Hollies-Sänger Allan Clarke. Mitte des gleichen Jahres kommen die Walker Brothers noch einmal zusammen und nehmen »*No Regrets*«, eine Komposition von Tom Rush, auf und erreichen Platz 7 in GB. Nachfolgeprojekte gehen bis 1978 – ohne Erfolg. Danach geht jeder wieder seinen eigenen Weg.

Der Hit: *The Sun Ain't Gonna Shine Anymore*
Der Tip: *Collection* (Line IMCD 9.00714 0)

Wallace, Jerry

* 15.12.1928. Dieser amerikanische Pop/Country-Sänger und Gitarrist nahm ab 1951 Platten auf. Seine erste Hit-Notierung hatte er im Frühjahr 1954 mit »*Little Miss One*«. Richtig in Gang kam seine Karriere ab 1958. »*Primrose Lane*« war im Herbst 1959 Platz 8 und Jerrys einziger Top-10-Erfolg. Später wandte er sich mehr der Country-music zu und war zwischen 1965 und 1980 mit insgesamt 35 Titeln in diesen Charts vertreten. Sein größter Hit war »*If You Leave Me Tonight I'll Cry*«, Mitte 1972 Platz 1 in den C&W-Charts.

Der Hit: *Primrose Lane*

Waller, Fats

* 21.5.1904 als Thomas Wright Waller, † 15.12.1943. Der amerikanische Jazz-Tastenspieler, Sänger und Songschreiber war ab 1929 Leiter einer eigenen Band, aber auch Solist. »*Ain't Misbehavin'*« war Ende 1929 seine erste Hit-Notierung in den USA. Er gilt als einer der stilbildenden Pianisten des Swing und schrieb so berühmte Standards wie den gerade genannten Hit »*Honeysuckle Rose*« oder »*I'm Gonna Sit Right Down And Write Myself A Letter*«. »*Truckin'*« und »*A Little Bit Independent*« 1935, »*All My Life*« und »*It's A Sin To Tell A Lie*« 1936, »*Smarty*« 1937 und »*Two Sleepy People*« 1938 waren alle Spitzenreiter in den USA. Seine einzige Hit-Notierung unter den Top 10 in den 40er Jahren war »*Little Curly Hair In A High Chair*«, im Frühjahr 1940 Platz 6. Sein letzter Erfolg wurde im Herbst 1943 »*Your Socks Don't Match*«. Fats war bekannt für seinen exzessiven Lebenswandel, aber auch als Workaholic. Er starb während einer Zugfahrt von L.A. nach New York an einer Lungenentzündung, als der Zug in Kansas City einlief.

Der Hit: *It's A Sin To Tell A Lie*
Der Tip: *You Rascal You!* (ASV CD AJA 5040 R)

Walsh, Steve

Dieser Steve Walsh hat nichts zu tun mit dem US-Sänger der Band Kansas. Dieser hier gehört zu den bekanntesten Live-DJs in GB. Auf Grund seiner Rundfunksendungen für die BBC machte er die Bekanntschaft mit der Gruppe Fatback. Die rieten ihm, ihren Titel aus dem Jahre 1984 »*I Found Lovin'*« neu aufzunehmen. Walsh tat es – und kam in den GB-Charts bis auf Platz 9. Das brachte auch Fatback mit ihrer Version wieder ins Gespräch. Sie kam einen Monat später ebenfalls in die britische Hitparade und erreichte Platz 7. Danach kümmerte sich das Produktionsteam Stock/Aitken/Waterman um Walsh, der es mit Nachfolgeplatten jedoch nur noch unter die ersten 40 schaffte.

Der Hit: *I Found Lovin'*

Walter & Agathe

Walter & Agathe

Walter, v/kamm (* 30.12.1939); Agathe von Fürstenberg, v (* 30.2.1949).
Dieses gemischtrassige, lingonationale Duo kam Ende 1962 erstmals in die deutsche Hitparade mit einer Coverversion der P.-Pan-Nummer »*Fuchs, du hast die Gans gestohlen*«. Der Titel erreichte Platz 8. Es blieb die einzige Hit-Notierung unter den ersten 10, obwohl Walter Ende der 50er Jahre etliche sehr schöne Stücke geschrieben hat, die dann jedoch von anderen Interpreten in die Hitparaden gebracht wurden, so z. B. »*Fox On The Run*« mit Manfred Mann, »*Foxy Lady*« mit Jimi Hendrix und »*Foxhole*« von Television. Obwohl es immer wieder behauptet wird, ist Walter jedoch nicht der Erfinder des Foxtrott und schrieb auch nicht »*Gans, Paris, träum' von der Liebe!*«. Agathe spielte auch in etlichen Kinoproduktionen mit, so z. B. »*Nils Holgersson*« 1965, »*Die Wildgänse kommen*« 1967 und »*Gans oder gar nicht*« 1982. Man kann dieses Duo als die Vorläufer von Guns 'n' Roses betrachten.

Der Hit: *Fuchs, du hast die Gans gestohlen*
Der Tip: *Box bei Bear Family ist in Vorbereitung*

Walters, Teddy

Der amerikanische Sänger war kurze Zeit Mitglied in der Band von Jimmy Dorsey. Mit dem Titel *»Laughing On The Outside (Crying On The Inside)«* hatte Teddy im Frühjahr 1946 Platz 4 in der US-Hitparade. Das war sein Auftritt in den Charts.

Der Hit: *Laughin On The Outside (Crying On The Inside)*

Walters, Trevor

Dieser britische Sänger wurde mit *»Love Me Tonight«* im Herbst 1981 erstmals in GB notiert. *»Stuck On You«* war Mitte 1984 Platz 9 in der britischen Hitparade. Ende des gleichen Jahres wurde er mit *»Never Let Her Slip Away«* zum letztenmal verzeichnet.

Der Hit: *Stuck On You*

Wang Chung

Jack Hues, v/g/key; Nick Feldman, b/k; Darren Costin, d; Hogg Robinson, sax. Diese britische Pop/Rock-Gruppe kam in ihren Ursprüngen bereits 1977 zusammen. Nick, Jack und Darren jammten zum damaligen Zeitpunkt in der Band Intellectuals. Dieses Sextett nannte sich dann irgendwann 57 Men, und als die drei anderen Mitglieder die Band verließen, beschlossen Hues, Feldman und Costin, selbständig weiterzumachen, und nannten sich Huang Chung. Diesen Namen entdeckten sie als Fußnote in einem deutschen Musikbuch. Es ist ein Begriff aus der chinesischen Musik und bezeichnet den vollkommenen Ton. 1979 veröffentlichten sie ihre Debüt-Single mit dem Titel *»Isn't It About Time We're On TV«*. Wie der Nachfolger *»Stand Still«* verkaufte sich die Platte nicht. 1980 kam als vierter Mann Robinson hinzu, und 1981 erhielt die Band einen Vertrag bei der Plattenfirma Arista. Die Debüt-LP der vier war wieder kein Erfolg, und 1983 hatte Robinson die Band wieder verlassen. Erstmals wurden sie in den britischen Charts, jetzt als Wang Chung, Anfang 1984 mit *»Dance Hall Days«* verzeichnet. Die Platte erreichte dort Platz 21, Platz 16 in den USA. 1985 verließ Costin die Gruppe und ohne ihn kamen die beiden amerikanischen Top-10-Erfolge *»Everybody Have Fun Tonight«* 1986 und *»Let's Go!«* 1987. Inzwischen war Wang Chung auf das Duo Hues und Feldman geschrumpft. Der amerikanische Produzent Peter Wolf wirkte 1986 als Keyboarder und Schlagzeuger auf der LP *»Mosaic«* mit, ebenso die Sänger Siedah Garrett und Michael McDonald.

Der Hit: *Everybody Have Fun Tonight*
Der Tip: *Mosaic* (Geffen 7599-24115-1)

War

Leroy »Lonnie« Jordan, key (* 21.11.1948); Howard Scott, g (* 15.3.1946); Charles Miller, sax (* 2.6.1939, † 1980); Morris »B.B.« Dickerson, b (* 3.8.1949); Harold Brown, per (* 17.3.1946); Thomas »Papa Dee« Allen, per (* 18.7.1931); Lee Oscar, harm (* 24.3.1948 als Oskar Levetin Hansen); Eric Burdon, v (* 11.5.1941); Luther Rabb, b; Alice Tweed Smyth, v; Pat Rizzo, horns; Ron Hammond, per.

Diese kalifornische Gruppe wurde 1969 gegründet. Im Frühjahr 1970 gelang ihnen mit Eric Burdon als Leadsänger der Hit *»Spill The Wine«*, der vergoldet und Platz 3 wurde. Nach einem weiteren Hit mit Burdon schaffte War ab 1971 auch selbständig Erfolge. *»Slippin' Into Darkness«* war Anfang 1972 Platz 16 in den USA und ein Millionseller. Top-10-Notierungen und/oder Millionseller wurden *»The World Is Ghetto«* 1972, *»The Cisco Kid«* und *»Gypsy Man«* 1973 *»Why Can't We Be Friends?«* und *»Low Rider«* 1975 und *»Summer«* 1976. Im Laufe der Jahre gab es etliche Umbesetzungen in der Gruppe. Einzelne Mitglieder, so z. B. Lee Oscar, machten auch sehr schöne Soloplatten. Die letzte Hit-Notierung war 1982 *»Outlaw«*.

Der Hit: *The Cisco Kid*
Der Tip: *The Best Of War & More* (LAX CD LAX 001)

Ward, Anita

* 20.12.1957. Diese aus Memphis stammende Rhythm-&-Blues/Disco-Sängerin erreichte im Frühjahr 1979 mit *»Ring My Bell«* Platz 1 in den USA und in GB, Platz 3 in Deutschland. Dieses Stück war eigentlich geschrieben für die zu diesem Zeitpunkt elfjährige Stacy Lattisaw. Es sollte das typische Teenie-Gehabe der Kids am Telefon nachvollziehen. Für Anita wurde der Song ein wenig umgeschrieben. Im nachhinein war Anita Ward nicht sonderlich glücklich mit ihrem großen Erfolg, weil es sie für alle Zeiten festlegte. Anscheinend zu Recht, denn ein weiterer Erfolg ist ihr nie gelungen.

Der Hit: *Ring My Bell*
Der Tip: *Ring My Bell* (Line 9.00404)

Ward, Cliford T.

* 10.2.1946. Der britische Sänger und Songschreiber war Englischlehrer, als er mit dem zarten selbstgeschriebenen Song *»Gaye«* Mitte 1973 in die GB-Charts kam und Platz 8 erreichte. *»Scullery«* war Anfang 1974 noch ein Top-40-Hit. Danach

war seine Chart-Zeit wieder vorüber, obwohl er mit »*Wherewithal*«, »*Homethoughts From Abroad*« oder »*To An Air Hostess*« sehr schöne weitere einfühlsame Songs schrieb und aufnahm. Was er nicht hatte: auch nur im entferntesten das Aussehen oder das Verhalten eines Pop-Stars. Seine Songs wurden von Justin Hayward oder Cliff Richard aufgenommen. Später erkrankte Ward an multipler Sklerose.

Der Hit: *Gaye*
Der Tip: *Gaye And Other Stories* (Virgin COM CD 4)

Warnes, Jennifer

Die amerikanische Pop-Sängerin hatte ihre ersten Erfolge als Sheila in der Los-Angeles-Produktion von »*Hair*«. 1969 erhält sie einen Plattenvertrag, und 1972 erscheint ihr erstes Album. Erstmals gelingt Jennifer Anfang 1977 ein Hit: »*Right Time Of The Night*« bringt es in den USA bis auf Platz 6. »*I Know A Heartache When I See One*« ist bis 1982 ihr einziger nennenswerter weiterer Erfolg, eine Top-20-Notierung. Dann singt sie zusammen mit Joe Cocker das Liebesthema aus dem Film »Ein Offizier und Gentleman«, »*Up Where We Belong*«, das im Herbst 1982 die Spitze in den USA und Platin erreicht, in GB Platz 7 und in Deutschland Platz 6. Fünf Jahre später gelingt ihr wieder mit dem Liebesthema aus einem Film ein Spitzenreiter in den USA. Dieses Mal singt sie zusammen mit Bill Medley in »*Dirty Dancing*« »*(I've Had) The Time Of My Life*«. In GB erreicht die Platte Platz 6 und bei einer Wiederveröffentlichung Ende 1990 Platz 8. Ihre Liebe hat wohl immer mehr der Folk-Musik gegolten. 1987 veröffentlichte sie mit »*Famous Blue Raincoat*« eine CD mit neun Liedern von Leonhard Cohen. Darauf eine sehr gute Version von »*First We Take Manhattan*«. 1992 erscheint die LP »*The Hunter*« , auf der u. a. die Donald-Fagen-Nummer »*Big Noise, New York*« zu finden ist. Fagen singt bei dem Titel im Hintergrund mit.

Der Hit: *Right Time Of The Night*
Der Tip: *Best Of* (Arista 258 554)

Warrant

Jani Lane, v (* 1.2.1964); Erik Turner, g (* 31.3.1964); Joey Allen, g (* 23.6.1964); Jerry Dixon, b (* 15.9.1967); Steven Sweet, d (* 29.10.1965).
Diese aus Los Angeles stammende Hardrock-Band veröffentlichte 1989 ihre Debüt-LP mit dem sympathischen Titel »*Dirty Rotten Filthy Stinking Rich*«. Auch ansonsten hatten sie alle Attitüden, die in diesem Genre wohl sein müssen. Haare in splißgefährdeter Länge, rotzig und frech. Ihre erste Hit-Notierung war im

Frühjahr 1989 *»Down Boys«*. Der Nachfolger *»Heaven«* kam Mitte des Jahres bis auf Platz 2 und wurde vergoldet. *»Cherry Pie«* und *»I Saw Red«* kamen noch 1990 in die Charts und erreichten jeweils Platz 10. Ihre zweite LP, *»Cherry Pie«*, wurde wie die erste zwei Millionen mal verkauft. Ende 1992 erschien als dritte LP *»Dog Eat Dog«*, die gleich vergoldet wurde.

Der Hit: *Heaven*
Der Tip: *Dirty Rotten Filthy Stinking Rich* (CBS 465 052 2)

Warren, Fran

* 4.3.1926. Mit *»A Sunday Kind Of Love«* hatte sie als Sängerin im Orchester von Claude Thornhill im Frühjahr 1947 einen Platz 16 in den US-Charts. Das mag sie mit ermuntert haben, es als Solistin zu versuchen. *»A Wonderful Guy«* war Mitte 1949 ihre erste Solo-Notierung in den USA. Im Duett mit Tony Martin stand sie Anfang 1950 mit *»I Said My Pyjamas (And Put On My Prayers)«* auf Platz 3. Nach 1953 ist ihre Chart-Zeit beendet. Bis in die 70er Jahre tritt sie weiter in Theatern und Clubs auf. Auch im Kino war sie zu sehen, so z. B. in *»Abbott And Costello Meet Captain Kidd« 1952.*

Der Hit: *I Said My Pyjamas (And Put On My Prayers)*

Warwick, Dionne

Dionne Warwick

* 12.12.1940 als Marie Dionne Warwick. Die amerikanische Sängerin begann in der Gospelgrupe Drinkard Singers und schloß sich dann mit ihrer Schwester Dee Dee und ihrer Tante Cissy Houston (Mutti von Whitney) als Trio Gospelaires zusammen. In den späten 50er Jahren arbeitete sie als Studiosängerin und wurde dabei von dem Songschreiber-Team Bacharach/David entdeckt, die Dionnes Stimme als sehr geeignet für ihre Kompositionen empfanden. *»Don't Make Me Over«* hieß Ende 1962 ihre erste US-Hit-Notierung. *»Anyone Who Had A Heart«* 1963, *»Walk On By«* 1964 – auch Top 10 in GB –, *»Message To Michael«* 1966, der Millionseller *»I Say A Little Prayer«* 1967, *»(Theme From) Valley Of The Dolls«*

und *»Do You Know The Way To San Jose«* 1968 – auch wieder Top 10 in GB –, *»This Girl's In Love With You«* und *»I'll Never Fall In Love Again«* 1969, zusammen mit den Spinners der Millionseller und Spitzenreiter *»Then Came You«* 1974, der Millionseller *»I'll Never Love This Way Again«* 1979, *»Heartbreaker«* – eine Komposition der Bee Gees, Top 10 auch in GB – 1982 und zusammen mit Elton John, Gladys Knight und Stevie Wonder der Millionseller und Spitzenreiter *»That's What Friends Are For«* 1985 waren ihre weiteren Top-10-Erfolge. Außer den bereits genannten britischen Top-10-Hits stand sie dort noch 1982 unter den ersten 10 mit *»All The Love In The World«*. In den 70er Jahren verlängerte Dionne ihren Namen durch ein »e«. Der Grund: Sie hatte entdeckt, daß ihr Vor- und Nachname insgesamt aus 13 Buchstaben bestanden. Nachdem ihr diese Änderung jedoch mehr Pech als Glück gebracht hatte, machte sie das wieder rückgängig. In den Jahren 1980/81 und 1985/86 moderierte sie die erfolgreiche amerikanische TV-Sendung »Solid Gold«.

Der Hit: *I Say A Little Prayer*
Der Tip: *Anthology 1962 - 1969* (Rhino RNCD 75898 TIS)

Washington, Dinah

* 29.8.1924 als Ruth Lee Jones, † 14.12.1963. Die amerikanische Jazz/Blues-Sängerin und Pianistin kam 1927 nach Chicago. In ihren Anfangstagen sang sie mit Gospelgruppen, darunter 1940/41 die Sallie Martin Gospel Singers. Zwischen 1941 und 1943 sang sie in Clubs in Chicago, danach für vier Jahre mit Lionel Hampton. Mit ihm machte sie 1943 ihre ersten Aufnahmen. Erstmals notiert werden die beiden im Frühjahr 1947 mit dem *»Blow Top Blues«*. Als Solistin gelingt ihr ihr erster Erfolg Mitte 1950 mit *»I Wanna Be Loved«*. In den frühen 50er Jahren nannte man sie die »Queen of the Juke Boxes«. Viele ihrer Nummern kamen nämlich nicht in die Pop-Charts, waren dafür aber sehr erfolgreich in der Rhythm-&-Blues-Hitparade. Ab 1959 war sie dann für einige Jahre auch auf dem Pop-Sektor erfolgreich. Die Nummer *»What A Diff'rence A Day Makes«*, erstmals 1934 ein Hit für die Dorsey Brothers, kam Mitte 1959 in die US-Charts und erreichte Platz 8. Zusammen mit Brook Benton hatte sie die beiden sehr schönen Duette *»Baby (You've Got What It Takes)«* und *»A Rockin' Good Way (To Mess Around And Fall In Love)«* 1960. Ihre Hit-Notierungen gehen bis in das Jahr 1963. In jenem Jahr starb sie an einer Überdosis Alkohol und Tabletten. 1992 verwandte Levi's für die 501-Werbung ihren Titel *»Mad About The Boy«*, der daraufhin zumindest wieder die Top 50 der GB-Charts erreichte.

Der Hit: *What A Diff'rence A Day Makes*
Der Tip: *The Best Of* (Mercury 512 214-2)

Washington, Grover Jr.

* 12.12.1943. Der amerikanische Jazz/Pop-Saxophonist und Songschreiber hatte bereits mit 16 eine eigene Band, die Four Clefs hieß. Später arbeitete er als Session-Musiker und machte auch Soloplatten. Daß es die Nummer *»Just The Two Of Us«* im Frühjahr 1981 bis auf Platz 2 in den britischen Pop-Charts brachte, dürfte jedoch weniger an ihm als vielmehr an Bill Withers liegen, der diese Nummer sang. Ansonsten waren seine Plattenveröffentlichungen mehr in der LP-Hitparade zu finden. Seinen größten Erfolg dort hatte er 1980 mit der Platinplatte *»Vinelight«*.

Der Hit: *Just The Two Of Us*

Was (Not Was)

Don »Was« Fagenson, b; David »Was« Weiss, fl; Sweet Pea Atkinson, v; Sir Harry Bowens, v.

Das aus Detroit stammende Funk-Rock-Ensemble wurde 1981 gegründet und hat im Laufe der Jahre alles geplündert, was es an Musiktiteln gegeben hat: Rap, Metal, Soul, Jazz, Schnulz. Mit *»Spy In The House Of Love«* hatten sie Ende 1988 ihre erste Hit-Notierung in den USA. Anfang 1989 erschien *»Walk The Dinosaur«* und brachte es bis auf Platz 7. In England erreichte die Platte ebenfalls die Top 10. *»Shake Your Head«* war dort Mitte 1992 Platz 4 in den Charts. Zu hören waren auf diesem Titel Kim Basinger und Ozzy Osbourne, die da sangen: *»Shake your head, let's go to bed«*. Bei Kim und Ozzy eigentlich nur schwer vorstellbar. Als Produzent hat sich inzwischen Fagenson einen Namen gemacht, Weiss hingegen als Filmkomponist.

Der Hit: *Walk The Dinosaur*
Der Tip: *Hello Dad . . . I'm In Jail* (Fontana 512 464-2)

Waterboys

Mike Scott, v (* 14.12.1958); Anthony Thistlethwaite, sax (* 31.8.1955); Karl Wallinger, key/per/v (* 19.10.1957); Kevin Wilkinson, d; Nick Linden, b.

1981 gründet Scott, der schon in etlichen erfolglosen britischen Formationen gespielt hat, zusammen mit dem Saxophonisten Thistlethwaite die Waterboys. Vom Dezember des gleichen Jahres bis zum November 1982 arbeiten sie an ihrem Debüt-Album mit einer ganzen Reihe von Studiomusikern. Wilkinson und Linden werden nun als feste Bandmitglieder genannt. Im Frühjahr 1983 erscheint diese LP, die kein Erfolg wird, ebensowenig die Single-Auskopplung *»A Girl Called*

Johnny«, ein Stück über Patti Smith, die Scott 1978 in London traf. Im April 1983 meldet sich auf eine Anzeige in der britischen Zeitschrift Sounds der Multimusiker Karl Wallinger. Mit ihm zusammen nehmen die Waterboys ihre nächste LP auf. Die dritte LP erscheint im Herbst 1985, und daraus wird das Stück *»The Whole Of The Moon«* ausgekoppelt. Dieser Titel ist schließlich Ende 1985 die erste Chart-Notierung der Band in GB, Platz 26. 1986 verläßt Wallinger die Band und macht sein eigenes Projekt World Party. Von den Waterboys werden weitere Platten aufgenommen und veröffentlicht, die jedoch nicht über einen Platz 30 hinauskommen. Erfolgreicher sind ihre LPs. Ende 1990 wird ihre LP *»Room To Roam«* Platz 5 in den britischen Charts. Im Frühjahr 1991 kommt im Zuge der Veröffentlichung *»The Best Of Waterboys '81 - '90«* *»The Whole Of The Moon«* erneut in die GB-Charts und erreicht dieses Mal Platz 2.

Der Hit: *The Whole Of The Moon*
Der Tip: *The Best Of The Waterboys '81 - '90* (Ensign CCD 1845)

Waterfront

Chris Duffy, v (* 26.5.1960); Phil Cilia, g (* 3.5.1960).
Dieses britische Duo traf sich in Cardiff, Wales, als sie beide 11 Jahre alt waren. Ihre erste Beschäftigung mit Musik drückte sich darin aus, daß sie ein Magazin schrieben und an ihre Mitschüler verkauften. Noch als Teenager gründeten sie das Duo Official Secrets. Unter dieser Bezeichnung gingen sie später nach London und spielten dort in Clubs. Dann machten sie einige Demoaufnahmen und verschickten sie an Plattenfirmen. Ein halbes Jahr verging, und dann meldete sich UK Polydor und sie erhielten einen Plattenvertrag. Auf den Namen Waterfront kamen sie durch den Film »At The Waterfront« mit Marlon Brando. Im Herbst 1988 veröffentlichten sie die Single *»Cry«*, die ein halbes Jahr später in die britische Hitparade kam und Platz 17 belegte. Ebenfalls im Frühjahr 1989 kam die Single in die US-Charts und kletterte bis auf Platz 10. Weitere Veröffentlichungen wurden nicht von Erfolg gekrönt.

Der Hit: *Cry*
Der Tip: *Waterfront* (Polydor 837 970-1)

Waterloo & Robinson

Hans Kreuzmayr, v/g/b (* 27.11.); Sepp Krassnitzer, v/g (* 15.4.).
Dieses österreichische Duo kam 1970 zusammen. Mit Hilfe von Christian Kolonovits und anderen österreichischen Künstlern – darunter Kurt Hauenstein, der später Supermax machen sollte, Jack Grunsky oder Trixi Neuntlinger –

nahmen sie die LP *»Sing My Song«* auf, die 1974 erschien. Darauf die Nummer *»Hollywood«*, die Kolonovits geschrieben hatte. Als Single-Auskopplung kam *»Hollywood«* Ende 1974 als erste Notierung in die deutsche Hitparade. *»My Little World«* erreichte Mitte 1976 Platz 7 in Deutschland und wurde ihr größter Erfolg. Weitere Veröffentlichungen der beiden gehen bis in die 80er Jahre, kamen aber nicht mehr in die Top 10. Nach 1980 trennten sich Hans und Sepp.

Der Hit: *My Little World*
Der Tip: *Sing My Song* (Atom 500.009)

Waterman, Dennis

* 24.2.1948. Dieser britische Schauspieler kam wie so viele andere Fernsehstars zu einem Plattenvertrag, weil er ein Gesicht hatte, von dem die Plattenbosse dachten, daß es sich bei Teenies verkauft. Zumindest einmal gelang es. *»I Could Be So Good For You«* kam im Herbst 1980 in die GB-Charts und erreichte Platz 3. Schon 1962/63 war Dennis als Neville Finch in »Fair Exchange« zu sehen. 1976 gab er den Sergeant Carter in »The Sweeney«, bei uns als »Die Füchse« auf den Bildschirmen zu sehen. Zusammen mit George Cole gelang ihm 1983 der Top-30-Erfolg *»What Are We Gonna Get 'Er Indoors«*.

Der Hit: *I Could Be So Good For You*
Der Tip: *Dennis Waterman* (EMI 1 C 064-64093)

Waters, Crystal

* 19.11.1963. Die aus New Jersey stammende Sängerin und Songschreiberin war musikalisch vorbelastet durch ihren Vater, den Jazzmusiker J. R. Waters, und ihre Tante, die Blues-Sängerin Ethel Waters. In Washington, D.C., wurde Crystal eine gesuchte Session-Sängerin, und nach einer Begegnung mit den Basement Boys wurde die von Waters und Neil Conway geschriebene Nummer *»Gypsy Woman (La Da Dee La Da Da)«* noch 1989 aufgenommen. Die Plattenfirma, die sie unter Vertrag hatte, veröffentlichte diesen Titel erst über ein Jahr später. In GB stieg die Single auf Platz 3 ein, kletterte auf Platz 2 und fiel dann wieder nach unten. In den USA erreichte sie Platz 8, in Deutschland ebenfalls Platz 2. Die Nummer gehörte allerdings zu den Titeln, die einen nach dreimaligem Hören nerven. Um nicht allzu dümmlich dazustehen, verzichtete man in den USA auf die Klammer La Da Dee La Da Da und setzte statt dessen *»She's Homeless«* hinein. Noch 1991 erschien *»Makin' Happy«*, zumindest in GB noch ein Top-20-Erfolg.

Der Hit: *Gypsy Woman (La Da Dee La Da Da)*
Der Tip: *Surprise* (Mercury 848 894-2)

Watley, Jody

* 30.1.1959. Jody begann als Tänzerin in der amerikanischen Fernsehsendung »Soul Train«. 1978 war sie mit bei der Gründung des Trios Shalamar, 1984 machte sie als Solistin weiter und hatte ihre erste Hit-Notierung im Frühjahr 1987 mit dem Platz 2 in den USA *»Looking For A New Love«*. *»Don't You Want Me«*, ebenfalls 1987, *»Some Kind Of Lover«* 1988, der Millionseller *»Real Love«*, *»Friends«* und *»Everything«* 1989. Ihre vorerst letzte Hit-Notierung hatte sie im Frühjahr 1992 mit *»I'm The One You Need«*, ein Top-20-Erfolg.

Der Hit: *Real Love*
Der Tip: *Larger Than Life* (MCA 256 317-2)

Watson, Paula

Diese amerikanische Rhythm-&-Blues-Sängerin und Pianistin kam Ende 1948 mit *»A Little Bird Told Me«* bis auf Platz 6 in den USA-Charts. In der R&B-Hitparade erreichte *»You Broke Your Promise«* 1949 noch die Top 20.

Der Hit: *A Little Bird Told Me*

Wayne, Bobby

Der amerikanische Sänger stand zwischen 1951 und 1953 mit insgesamt acht Titeln in der US-Pop-Hitparade. *»Let Me In«* war im Frühjahr 1951 seine erste, *»Oh Mis'rable Love«* Ende 1953 seine letzte und *»Wheel Of Fortune«* im Frühjahr 1952 mit Platz 6 seine höchste Chart-Notierung.

Der Hit: *Wheel Of Fortune*

Wayne, Jeff

1953 kam der New Yorker nach London, wo sein Vater Jerry Wayne in dem Musical »Guys And Dolls« auftrat. Nach vier Jahren zog die Familie nach New York zurück und später nach Kalifornien. Jeff studierte nach der Schule in New York Musik und ging 1966 wieder nach London, wo er zusammen mit seinem Vater das Musical »Two Cities« schrieb. Bis Mitte der 70er Jahre arbeitete Jeff als Komponist, Arrangeur und Produzent für Werbung, Radio, Film und Plattenaufnahmen. Nach drei Jahren Vorbereitung erschien 1978 *»The War Of The Worlds«*, ein Konzept-Album, das auf dem gleichnamigen Roman von H. G. Wells basierte. Mit dabei war der Schauspieler Richard Burton, außerdem die Sänger Justin

Jeff Wayne mit Richard Burton *(CBS)*

Hayward, Phil Lynott, Chris Thompson und Julie Covington. Ausgekoppelt aus diesem Werk wurde *»Forever Autumn«*, Mitte 1978 Platz 5 in GB und gesungen von Hayward. *»The Eve Of The War«* kam im Herbst des gleichen Jahres in die Top 40. Sänger war Chris Thompson. Ein Remix von *»The Eve Of The War«*, den Ben Liebrand besorgte, kam Ende 1989 in die britischen Charts und erreichte Platz 3. 1992 veröffentlichte Wayne seine musikalische Bearbeitung des Themas *»Spartacus«*. Es wurde bei weitem nicht so erfolgreich wie *»The War Of The Worlds.«*

Der Hit: *The Eve Of The War*
Der Tip: *The War Of The Worlds* (CBS 96 000)

Wayne, Jerry

* 1921. Auf das fertige Orgelplayback von »*You Can't Be True Dear*«, aufgenommen von Ken Griffin, sang Jerry Wayne im Frühjahr 1948 einen Text. Die Platte wurde für sieben Wochen Spitzenreiter in den USA und Millionseller. Im Herbst des gleichen Jahres stand »*You Call Everybody Darling*« unter Jerrys Namen in den US-Charts. Begleitet wurde er von einer Orgel. Hugo Winterhalter und sein Orchester begleiteten Jerry auf seinem einzigen Top-10-Erfolg, »*Room Full Of Roses*«, der im Herbst 1949 bis auf Platz 6 in den USA kam. 1953 ging er nach London und wurde dort der Star in der Produktion »*Guys And Dolls*«. Jerry Wayne ist der Vater von Jeff Wayne.

Der Hit: *Room Full Of Roses*

Wayne, Thomas

* 22.7.1940 als Thomas Wayne Perkins, † 15.8.1971. Scotty Moore, der Gitarrist von Elvis in dessen Anfangstagen, produzierte 1958 mit Wayne den Titel »*Tragedy*«, der Anfang 1959 in die US-Charts kam und Platz 5 wurde. Der Bruder von Thomas war Luther Perkins, der in der Band von Johnny Cash Gitarre spielte. Schon in seinen Schultagen hatte Thomas seine eigene Band gegründet, die er De-Lons nannte. Außer ihm waren noch drei Mädchen in dieser Gruppe. Diese De-Lons waren auch auf »*Tragedy*« zu hören. die Nachfolgeplatte »*Eternally*«, die zu sehr wieder in die gleiche Kerbe schlug, kam nur noch knapp unter die ersten 100. Es erschienen viele weitere Platten, die aber nicht mehr in die Hitparaden kamen. In den späten 60er Jahren zog er sich aus dem Showgeschäft zurück und wurde Angestellter bei Audio Recorders in Nashville. Im August 1971 starb er bei einem Frontalzusammenstoß in seinem Auto.

Der Hit: *Tragedy*

Weather Girls

Martha Wash, Izora Rhodes, beide v.

Dieses aus San Francisco stammende Rhythm-&-Blues/Disco-Duo begann als Two Tons O'Fun. Wenn man die beiden sieht, muß man feststellen, daß das eine charmante Untertreibung ist. In den späten 70er Jahren waren sie die Stimmen hinter dem Disco-Star Sylvester, so sind sie z. B. auf »*You Make Me Feel Mighty Real*« zu hören. Ab 1982 erhielten sie einen Plattenvertrag als Weather Girls und veröffentlichten einige nicht sonderlich erfolgreiche, aber sehr schöne LPs. Ihren einzigen Top-10-Erfolg hatten die beiden im Frühjahr

1984 in GB mit der mehr als ein Jahr zuvor in den USA erschienenen Single *»It's Raining Men«*. Die Aufnahme erreichte Platz 2. Ohne genannt zu werden, ist Martha Wash auf etlichen erfolgreichen Discoplatten zu hören. Seduction engagierten sie für *»You're My One And Only (True Love)«*, 1987 Top-30-Hit in den USA, Black Box für *»Everybody Everybody«*, Mitte 1990 Top 20 in GB, C & C Music Factory für *»Gonna Make You Sweat«*, 1990 Spitzenreiter in den USA und Deutschland, Platz 3 in GB. Ende 1992 erschien eine gut gemachte Solo-Platte von Martha Wash.

Der Hit: *It's Raining Men*
Der Tip: *Success* (CBS CK 38997)

Weavers

Pete Seeger, v/g/bj (* 3.5.1919); Lee Hays, v/g (* 1914, † 26.8.1981); Ronnie Gilbert, v; Fred Hellermann, v/g (* 13.5.1927).
Dieses legendäre amerikanische Quartett bemühte sich in den frühen 50er Jahren, die Folk-Musik in den USA wieder populär zu machen. Die Gruppe war hervorgegangen aus den Almanac Singers, bei denen Seeger, Hays und Woody Guthrie sangen. Pete und Lee gründeten die Weavers zusammen mit der Sängerin Gilbert und Hellerman. Weil sie politisch nicht in das Konzept der frühen 50er Jahre in den USA paßten, konnten sie nur wenige Platten aufnehmen. Trotzdem schaffte es die Gruppe 1955, mit einem Auftritt in der Carnegie Hall in New York einen neuen Folk-Boom zu entfachen. Die Seeger/Hays-Nummer *»If I Had A Hammer«* klingt bis heute wie ein Schlachtruf. 1981 erschien eine Dokumentation mit dem Titel *»Wasn't That A Time?«*. Peter blieb bis in die 80er Jahre politisch und künstlerisch aktiv. Ronnie trat in den 80er Jahren zusammen mit dem Folk-Sänger und Songschreiber Holly Near auf. Der erste Hit der Weavers war Mitte 1950 Platz 2 und Gold in den USA: *»Tzena, Tzena, Tzena«* mit der B-Seite *»Goodnight, Irene«*, die sich sogar bis auf Platz 1 vorschieben konnte. Anfang 1951 war *»So Long (It's Been Good To Know Ya)«* ein Platz 4 in den USA. Dieses Lied hatte Woody Guthrie geschrieben, und es handelte von seinen Erfahrungen während des Oklahoma Dust Bowl in den 30er Jahren. Zwei Monate später erschien *»On Top Of Old Smokey«*. Auch diese Platte wurde vergoldet und erreichte Platz 2 in den USA. Im Frühjahr 1952 kamen sie in die Top 20 mit *»Wimoweh«*, einer Adaption des südafrikanischen Zulu-Songs *»Mbube«*. Neun Jahre später sollten die Tokens mit diesem Lied als *»The Lion Sleeps Tonight«* eine Nummer 1 in den USA haben. Nach 1954 gelang den Weavers keine Hit-Notierung mehr. 1961 standen sie mit zwei Live-Platten aus der Carnegie Hall in den US-LP-Charts. 1958 hatte Seeger die Weavers verlassen.

Er wurde nacheinander ersetzt durch Erik Darling, Frank Hamilton und Bernie Krause. Ende 1963 trennten sich die Weavers.

Der Hit: *Goodnight, Irene*

Webb, Marti

* 13.12.1944. Die britische Sängerin wurde 1963 in der Musical-Produktion »Stop The World – I Want To Get Off« entdeckt und erhielt eine Hauptrolle in »Half A Sixpence«. Drei Jahre später sang sie die Nancy in »Oliver«. 1970 sang sie in dem biblischen Musical »Godspell« neben Jeremy Irons, David Essex und Julie Covington. Nächste Stationen waren »The Card« 1973 mit Jim Dale, 1974 »The Good Companions« mit John Mills, 1979 in »Evita« die Titelrolle. 1979 erschien auch ihre LP *»Tell Me On A Sunday«*. Das Ganze war nicht als Musical gestaltet worden, bildete aber trotzdem eine zusammenhängende Geschichte. Es ging um eine in New York lebende junge Engländerin, deren Erlebnisse und Erfahrungen dargestellt wurden. Daraus ausgekoppelt kam *»Take That Look Off Your Face«* als erste Single-Notierung von Marti in die GB-Charts und erreichte Platz 3. Die gleiche Position schaffte sie auch in Deutschland. Mit *»Ben«* gelang ihr Mitte 1985 in GB ein weiterer Top-10-Erfolg.

Der Hit: *Take That Look Off Your Face*
Der Tip: *Tell Me On A Sunday* (Polydor 833 447-2)

Weber, Joan

* 1936, † 13.5.1981. Die amerikanische Sängerin kam im Alter von 18 Jahren aus ihrer Heimatstadt New Jersey nach New York City. Zu diesem Zeitpunkt war sie mit einem jungen Bandleader verheiratet und schwanger. Joan wollte eine Karriere als Sängerin starten und bekam die Gelegenheit, für eine Demosängerin einzuspringen. Die Plattenfirma Columbia fand Gefallen an Joans Stimme und ließ sie den Titel *»Let Me Go, Lover«* aufnehmen. Der Titel war am 15.11.1954 in der TV-Sendung »Studio One« sechsmal zu hören und verkaufte sich innerhalb von zwei Wochen eine halbe Million mal. Als die Nummer im Januar 1955 Spitzenreiter in der amerikanischen Hitparade wurde, brachte Joan ihr Baby zur Welt. Bereits eine knappe Woche später trat sie in der Ed Sullivan Show auf. Weitere Single-Veröffentlichungen blieben ohne Erfolg, und anderthalb Jahre später lief ihr Plattenvertrag aus. Ihre Ehe ging ebenfalls in die Brüche, und Joan hielt sich zunächst in Bars als Sängerin über Wasser, arbeitete dann als Angestellte und wurde zeitweise in die geschlossene Abteilung eines Krankenhauses eingewiesen.

Der Hit: *Let Me Go, Lover*

Wedding Present

David Gedge, g/v (* 23.4.1960); Keith Gregory, b (* 2.1.1963); Peter Salowka, g; Shaun Charman, d; Simon Smith, d (* 3.5.1965); Paul Dorrington, g.
Diese britische Formation wurde 1985 von Gedge mit Gregory, Salowka und Charman gegründet. Ihre ersten Platten veröffentlichten sie auf dem eigenen Reception Records Label.
Als 1987 ihre Debüt-LP veröffentlicht wurde, verließ Charman die Band und wurde durch Smith ersetzt, 1991 kam für Salowka Dorrington. In den Hitparaden tauchte die Formation im Frühjahr 1988 erstmals auf. Notiert wurde *»Nobody's Twisting Your Arm«*. In der Folgezeit erschienen jede Menge Singles, von denen sich jedoch nur *»Come Play With Me«* im Frühjahr 1992 unter die ersten 10 setzen konnte. Als besonderen Gag hatte sich die Gruppe ausgedacht, im Jahre 1992 jeden Monat eine Single zu veröffentlichen. So wie sie dann notiert wurden, erschienen sie als *»Hitparade 1«* und *»Hitparade 2«* gesammelt auf zwei CDs.

Der Hit: *Come Play With Me*
Der Tip: *Hitparade 1* (RCA PD 75343)

Wedlock, Fred

* 23.5.1942. Bevor der Brite Anfang der 70er Jahre beschloß, sein Hobby Entertainment zum Beruf zu machen, hatte er in einem Warenhaus und als Lehrer gearbeitet. Er veröffentlichte auf verschiedenen Independent Labels seine ersten Platten, aber der Erfolg kam dann mit einer Veröffentlichung auf Elton Johns Rocket Label. *»The Oldest Swinger In Town«* erreichte Anfang 1981 Platz 6 in GB. Weitere Hitparaden-Notierungen folgten nicht, aber Wedlock konnte sich erfolgreich als Moderator in Funk und Fernsehen etablieren.

Der Hit: *The Oldest Swinger In Town*

Weedon, Bert

* 10.5.1920. Dieser britische Gitarrist und Songschreiber spielte in den 50er Jahren mit Stephane Grappelli, Django Reinhardt und Ted Heath. In den 60ern war er auf Platten von Cliff Richard und Dickie Valentine zu hören. Im Frühjahr 1959 veröffentlichte er das Instrumental *»Guitar Boogie Shuffle«*, das es bis auf Platz 10 brachte. Bis 1961 erschienen von *»Mr. Guitar«* sieben weitere Platten in den GB-Charts. Keine kam unter die ersten 20. Seine Gitarrenschulen *»Play In A*

Day« und *»Play Everyday«*, die mehrere Millionen mal verkauft wurden, hatten viel Einfluß auf die jungen britischen Musiker.

Der Hit: *Guitar Boogie Shuffle*
Der Tip: *Bert Weedon* (EMI CDB 7 52042 2)

Weems, Ted

* 26.9.1901 als Wilfred Theodore Weymes, † 6.5.1963. Schon in den frühen 20er Jahren machte sich Weems in Chicago und im mittleren Westen einen Namen als Bandleader und Sänger. Bereits an der High-School und der University of Pennsylvania spielte er Posaune in Tanzkapellen. 1922 gründete er seine erste eigene Band. Für viele Jahre spielte sein Bruder Art bei ihm Trompete. Schon 1922 wird Ted erstmals in den US-Charts mit *»Every Day«* auf Platz 11 notiert. Der Nachfolger *»Somebody Stole My Gal«* kommt im Frühjahr 1924 in die US-Charts, erhält Gold und wird Spitzenreiter. *»The Man From The South«* 1930 und *»Heartaches«* 1947 sind weitere Nummer-1-Hits. *»Heartaches«* verkaufte sich über 2 Millionen mal und war ursprünglich erstmals 1933 veröffentlicht worden. *»Mickey«* war Ende 1947 ein weiterer Millionseller für Weems. Seine letzte Hit-Notierung hatte er im Herbst 1948 mit dem Titel *»Hindustan«*. In den 50er Jahren ließ seine Popularität nach. Mitte der 50er Jahre war er Discjockey an einer Radiostation in Memphis. In den frühen 60ern arbeitete er als Agent und leitete hin und wieder eigene Gruppen.

Der Hit: *Heartaches*

Wee Papa Girl Rappers

Sandra Lawrence, Timmie Lawrence.
Mit einer Rap-Version des George-Michael-Titels *»Faith«* erreichten die beiden britischen Schwestern im Frühjahr 1988 erstmals die britischen Charts. Der Nachfolger *»Heat It Up«*, aufgenommen mit Two Men & A Drum Maschine (= 2/3 der Fine Young Cannibals), kam Mitte des gleichen Jahres bis auf Platz 21 und im Herbst, immer noch 1988, erreichte *»Wee Rule«* Platz 6 in GB, Platz 10 in Deutschland. Es erschienen etliche weitere Single-Veröffentlichungen, die nicht mehr in die Top 10 kamen. Es folgte eine unfreiwillige Pause, die durch Schwierigkeiten mit der früheren Produktionsfirma hervorgerufen wurde. Mitte 1993 meldeten sie sich als Wee Papa Girls mit einer neuen Platte zurück.

Der Hit: *Wee Rule*
Der Tip: *The Beat, The Rhyme, The Noise* (Jive 6.26901 AS)

We Five

Beverly Bivens, v; Mike Stewart, g/v; Pete Fullerton, b/v; Bob Jones, g/v; Jerry Burgan, g/v.

Dieses kalifornische Pop/Folk-Quintett um die Leadsängerin Bivens kam Mitte 1965 in die US-Charts bis auf Platz 3 mit »*You Were On My Mind*«. In GB sang Crispian St. Peters diesen Titel nach und erreichte im Frühjahr 1966 Platz 2. We Five schaffte mit »*Let's Get Together*« Ende 1965 eine zweite und letzte Hit-Notierung. Etliche Nummern der Gruppe wurden von John Stewart, Mikes Bruder, geschrieben, der Mitglied beim Kingston-Trio und später als Solist erfolgreich war. Um sich für einen längeren Zeitraum zu etablieren, fehlte den fünf das gewisse Etwas, das später z. B. die Mamas & Papas hatten.

Der Hit: *You Were On My Mind*
Der Tip: *You Were On My Mind* (A&M LP 111)

Weir, Frank

Der amerikanische Saxophonist und Bandleader schaffte mit seiner Version von »*Mein Vater war ein Wandersmann*« als »*The Happy Wanderer*« im Frühjahr 1954 Platz 4 in den USA. Ende 1960 kam Frank mit seinem Orchester noch einmal in die Top 50 der britischen Hitparade mit »*Caribbean Honeymoon*«. Franks Orchester spielte auch auf Hits von Vera Lynn mit, so z. B. Ende 1954 bei dem amerikanischen Top-30-Hit »*My Son, My Son*«.

Der Hit: *The Happy Wanderer*

Weissberg, Eric & Steve Mandell

Die Amerikaner waren populäre und gesuchte Studiomusiker. Beide waren z. B. auf Platten von Judy Collins und John Denver zu hören. Eric spielte außerdem bei Aufnahmen von z. B. Buffy Sainte-Marie, Jim Croce, Herbie Mann, Barbra Streisand, Melanie, Bob Dylan, Esther Phillips, Frankie Valli, Bette Midler, Blood, Sweat & Tears oder Talking Heads. Ihr gemeinsames Stück »*Dueling Banjos*«, das in dem Film »Deliverance« zu hören war, kam Anfang 1973 in die amerikanische Hitparade, wurde Millionseller und Platz 2. Auch die LP zum Film war erfolgreich. Sie wurde Spitzenreiter und erhielt ebenfalls Gold. Ansonsten beschränkten sich beide mehr auf ihre Arbeit im Hintergrund.

Der Hit: *Dueling Banjos*
Der Tip: *Deliverance* (WB 46 214)

Welch, Bob

* 31.7.1946. Der amerikanische Sänger, Gitarrist und Songschreiber begann in der Formation Head West. 1971 kam er zu der inzwischen schon heruntergewirtschafteten britischen Gruppe Fleetwood Mac, konnte dem schlingernden Schiff jedoch auch keine neue Richtung geben. Ende 1974 ging er wieder, gründete Paris, die zwei erfolglose LPs veröffentlichten, und machte ab 1977 Soloplatten. Ende des gleichen Jahres gelang ihm mit Hilfe der Fleetwood-Mac-Mitglieder Christine McVie und Lindsey Buckingham und dem Titel *»Sentimental Lady«* Platz 8 in den USA. Bis Mitte 1979 erschienen noch vier weitere Singles in der amerikanischen Hitparade, jedoch keine mehr unter den ersten 10. Die LP *»French Kiss«*, die ebenfalls 1977 erschienen war, erreichte Platz 12 in den Charts und Platinstatus. Der Vater von Bob war der Film- und TV-Produzent Robert L. Welch, worauf vielleicht zurückzuführen ist, weshalb der Sohn in den 80er Jahren vorwiegend an Soundtracks arbeitete.

Der Hit: *Sentimental Lady*
Der Tip: *French Kiss* (Capitol CP 28-1022)

Welch, Lenny

* 15.5.1938. Der schwarze Schlagersänger aus New Jersey wurde Anfang 1960 mit *»You Don't Know Me«* erstmals in den US-Pop-Charts notiert. Im Herbst 1963 gelang Lenny Platz 4 mit *»Since I Fell for You«*. Weitere Hits werden bis in das Jahr 1972 für ihn verzeichnet. Über Platz 30 kam er nicht mehr hinaus.

Der Hit: *Since I Fell For You*

Welk, Lawrence

* 11.3.1903, † 17.5.1992. Lawrence war seit Mitte der 20er Jahre in den USA Leiter von Polka- und Tanzbands. Er selbst spielte Akkordeon. 1938 schaffte Welk mit *»I Won't Tell A Soul (I Love You)«* seinen ersten Top-10-Erfolg. *»The Moon Is A Silver Dollar«* 1939, *»Don't Sweetheart Me«* 1944 und *»Oh Happy Day«* 1953 waren weitere Top-10-Hits für ihn. Nach einer längeren Hitpause in den Single-Charts kam er Ende 1960 mit der deutschen Komposition *»Calcutta«* in den USA auf Platz 1 und hatte einen Millionseller. Diesen Song hatten Heino Gaze und Hans Bradtke geschrieben, und Vico Torriani sang ihn in dem Film »O Sole Mio«. Als *»Kalkutta liegt am Ganges (Madeleine)«* war das Stück Spitzenreiter in Deutschland und erhielt eine goldene Platte. In der LP-Hitparade war Welk Anfang 1956 erstmals vertreten. Bis zum Jahre 1972 gelangen ihm mehr als 40 Notierungen, darunter die LP *»Calcutta!«*, die im Frühjahr 1961 für elf Wochen

die US-Charts anführte. Ab Mitte 1955 hatte Welk eine eigene TV-Show, die bis 1971 lief. In seiner Zeit war Welk einer der populärsten Bandleader mit sicherem Gespür für den Publikumsgeschmack. Er starb 1992 an einer Lungenentzündung.

Der Hit: *Calcutta*
Der Tip: *The Best Of* (Dot DLP-25 812)

Wells, Mary

* 13.5.1943, † 26.7.1992. Die amerikanische Rhythm-&-Blues-Sängerin und Songschreiberin war gerade 17 Jahre alt, als sie Berry Gordy das Lied *»Bye Bye Baby«* anbot, das sie für Jackie Wilson geschrieben hatte. Gordy war zu diesem Zeitpunkt auch Wilsons Produzent und von Wells so überzeugt, daß er sie für sein gerade neu gegründetes Motown Label unter Vertrag nahm. *»Bye Bye Baby«* war schließlich Marys erste Hit-Notierung in den US-Charts im Januar 1961. *»The One Who Really Loves You«* kam im Frühjahr 1962 in der US-Hitparade unter die ersten 10 und war der erste Top-10-Erfolg für Motown überhaupt. Nach *»You Beat Me To The Punch«* und *»Two Lovers«*, ebenfalls 1962, erreichte Mary mit *»My Guy«* im Frühjahr 1964 Platz 1 in den USA und hatte damit den ersten Spitzenreiter für Motown. *»My Guy«* war Marys einziger Top-10-Erfolg in GB, ebenfalls 1964. Bei einer Wiederveröffentlichung des Titels kam sie noch einmal in die Top 20. Alle Hits hatte Smokey Robinson produziert. Bis 1968 stand Mary mal als Solistin, mal als Duettpartnerin von Marvin Gaye regelmäßig in den US-Charts, dann ließ ihr Erfolg nach. 1990 wurde bei ihr Krebs diagnostiziert, 1992 starb sie daran.

Der Hit: *My Guy*

Wendehals, Gottlieb

* 5.6.1941 als Werner Böhm. Nach einer Lehre als Dekorateur begann Böhm ein Innenarchitekturstudium, wurde dann Werbetexter und schrieb später Schlager. Als Pianist spielte er in der Hamburger Rentnerband und kreierte für sich Ende der 70er Jahre die Figur Gottlieb Wendehals. Anfang 1980 kam *»Herbert«* in die deutsche Hitparade und erreichte Platz 4. *»Polonäse Blankenese«* war Ende 1981 Spitzenreiter in Deutschland und der Karnevalsschlager der Saison. Mit der Figur Gottlieb mußte sich Böhm die nächsten Jahre herumschlagen, und sie überdeckte die Tatsache, daß Werner ein guter Pianist ist. Seine letzte Hit-Notierung war im Frühjahr 1987 eine Version von *»Alles hat ein Ende, nur die Wurst hat zwei«*.

Der Hit: *Polonäse Blankenese*
Der Tip: *Hier fliegen gleich die Löcher aus dem Käse* (Master Records 6.25000)

Wendland, Gerhard

* 1.9.1921. Der gebürtige Berliner wollte eigentlich eine Laufbahn als Opernsänger beginnen. Schon vor dem Krieg sang er in Bands, die im Kino zwischen Vor- und Hauptfilm für musikalische Unterhaltung sorgten. 1937 sprang er bei einem Radiowettbewerb für den erkrankten Vokalisten des Orchesters Franz Grothe ein, kam beim Publikum an und hatte mit *»Es ist alles Komödie«* und *»Man sagt, ich liebe dich«* seine ersten Hits. Nach dem Krieg sang er zunächst in amerikanischen Clubs und wurde 1948 mit Gitta Lind und Kari Barnett vom Tanzorchester des Bayerischen Rundfunks engagiert. 1950 spielte er in dem Film »Die dritte von rechts« mit.

Drei Jahre später trat er erstmals im jungen deutschen Fernsehen auf, zu dessen gefragtesten Stars er für lange Zeit gehörte. *»Das machen nur die Beine von Dolores«* war 1951 ein großer Erfolg für ihn, *»Lebewohl du schwarze Rose«* 1952, *»Das Vagabundenlied«* 1953. Ende 1955 steht *»Bei uns in Laramie«* erstmals in den neu gegründeten Charts auf Platz 3. *»Arrivederci Roma«* 1956, Spitzenreiter und Goldplatte *»Tanze mit mir in den Morgen«* 1961, *»Schau mir noch mal in die Augen«*, *»Schläfst du schon«* und *»Mary-Rose«* 1962 und *»Mach die Augen zu«* 1964 waren seine weiteren Top-10-Erfolge. Letztmalig gelingt ihm 1966 mit *»Nein, nein, nein, Valentina«* eine Notierung in den Hit-Charts. Bis in die 70er Jahre veröffentlichte er weitere Platten.

Der Hit: *Tanze mit mir in den Morgen*
Der Tip: *Motive* (Philips 6449 053)

Werding, Juliane

* 19.7.1956. Die deutsche Sängerin, Gitarristin und Songschreiberin war 15 Jahre alt, als sie mit *»Am Tag, als Conny Kramer starb«* Platz 1 in der deutschen Hitparade erreichte. Es handelte sich dabei um eine deutsche Version des Songs *»The Day They Drove Old Dixie Down«*, geschrieben von Robbie Robertson von The Band. Auf der Hülle ihrer ersten LP hatte die Plattenfirma eine Todesanzeige abgebildet, auf der zu lesen stand: »Unsere geliebte, heile Welt, in deren Schoß einst Illusionen von Liebe, Frieden und Freiheit geboren wurden, ist nach langen und blutigen Kämpfen im 20. Jahrhundert endgültig von uns gegangen. In tiefer Trauer Juliane Werding.« Starker Tobak für eine 15jährige. Mitte 1975 reimte Gunter Gabriel für sie *»Wenn du denkst, du denkst, dann denkst du nur, du denkst«*, ein Platz 4 in Deutschland.

Mit einigen Unterbrechungen war Juliane bis in die 90er Jahre in den Hitparaden vertreten. Inzwischen legte sie nach einer Ausbildung ihre Prüfung als Heilpraktikerin ab.

Der Hit: *Am Tag, als Conny Kramer starb*

Werner, Max

* 1954. In den 70er Jahren kam der holländische Schlagzeuger und Sänger als Mitglied der Gruppe Kayak erstmals zu Plattenehren. Ende März 1981 wurde Max die Komposition *»Rain In May«* vorgespielt, die dem entsprach, was Max musikalisch besonders lag. Heraus kam eine Hommage an Phil Collins und die Beach Boys. *»Rain In May«* kam in die deutsche Hitparade und erreichte Platz 2. Zwei nachfolgende Singles kamen über Platz 20 nicht mehr hinaus.

Der Hit: *Rain In May*
Der Tip: *Seasons* (CNR 0060.430)

West, Keith

* 6.12.1943 als Keith Hopkins. Der Brite war zunächst Leadsänger bei der Formation In Crowd, später dann bei Tomorrow. Während er noch Mitglied dieser Gruppe war, veröffentlichte er 1967 seine erste Solo-Single: *»Excerpt From A Teenage Opera«* wurde im Herbst des Jahres Platz 2 in GB und Deutschland. Der Nachfolger *»Sam«* erreichte noch im gleichen Jahr die britischen Top 40. 1968 löste sich auch Tomorrow auf, und West zog sich einige Jahre aus dem Musikgeschäft zurück. 1973 begann er wieder mit Plattenaufnahmen und gründete zusammen mit dem ehemaligen Animals-Gitarristen John Weider die Formation Moonrider.

Der Hit: *Excerpt From A Teenage Opera*

Weston, Paul

* 12.3.1912 als Paul Wetstein. Der amerikanische Pianist und Bandleader begann 1934 als Arrangeur für Rudy Vallee und andere. 1935 ging er in gleicher Funktion zu Tommy Dorsey und blieb bis Ende der 30er Jahre, 1940 wechselte er zu Bob Crosby. Bis 1945 arbeitete er als freier Arrangeur für Sänger, Bands und Filme. Schließlich wurde er der erfolgreichste Dirigent und Arrangeur für das neu geschaffene Capitol Label. Mit seinem Orchester und Margaret Whiting als Sängerin stand Paul im Herbst 1945 erstmals in den US-Charts: *»It Might As Well Be Spring«* ereichte Platz 6. *»Some Enchanted Evening«* 1949, *»Nevertheless*

(I'm In Love With You)« 1950 und *»Charmaine«* 1951 waren weitere Top-10-Erfolge. Mit seinem Orchester unterstützte er den Gesang von z. B. seiner Frau Jo Stafford, Doris Day, Frankie Laine und den Pied Pipers. In den 60er und 70er Jahren arbeitete er in den TV-Shows von Danny Kaye und anderen. Was er in den 50er Jahren für den Film gemacht hatte, tat er in den 60er Jahren regelmäßig für das Fernsehen. Hitparaden-Notierungen kamen dabei nicht mehr heraus. In den 90er Jahren gründete er zusammen mit seiner Frau Jo ein eigenes Plattenlabel.

Der Hit: *Nevertheless (I'm In Love With You)*

Wet Wet Wet

Graeme Clark, b/v (* 15.4.1966); Neil Mitchell, key (* 8.6.1967); Marti Pellow, g (* 23.3.1966 als Mark McLoughlin); Tom Cunningham d (* 22.6.1965).
Diese schottische Formation kommt 1982 zusammen. 1984 nehmen sie ein Demoband auf und verschicken es an die großen Plattenfirmen in London. Das führt dazu, daß sich neun dieser Firmen um Wet Wet Wet reißen. Phonogram gewinnt – und das nur, weil sie dem Manager der Gruppe zusichern, daß sie ihm eine monatliche Sendung Whiskas garantieren. Trotzdem dauert es noch geraume Zeit, bis die erste Platte erscheint. *»Wishing I Was Lucky«* ist das Debüt der Band im Frühjahr 1987 und erreicht Platz 6 in GB. Noch im gleichen Jahr sind *»Sweet Little Mystery«* und *»Angel Eyes (Home And Away)«* unter den ersten 10. Mit einer Cover-Version der Beatles-Nummer *»With A Little Help From My Friends«* kommt Wet Wet Wet im Frühjahr 1988 bis auf den Spitzenplatz in GB. *»Sweet Surrender«* erreicht im Herbst 1989 Platz 6 in GB, *»Goodnight Girl«* Anfang 1992 wieder die Spitze.

Der Hit: *Goodnight Girl*
Der Tip: *High On The Happy Side* (Precious 510 988-2)

Wet Willie

Jimmy Hall, v/sax/harm (* 26.4.1949); Jack Hall, b (* 25.3.1947); Ricky Hirsch, g; John Anthony, key; Lewis Ross, d; Michael Duke, key; Larry Bernwald, d; Marshall Smith, g; Theophilus Lievely, d.
Die Südstaaten-Rockband wird von den beiden Brüdern Hall angeführt. Die Formation war 1970 als Fox gegründet worden. Ihre erste LP nahmen sie mit dem Produzenten Eddie Offord auf. Der Erfolg stellte sich im Frühjahr 1974 ein, als Wet Willie mit *»Keep On Smiling«* ein Top-10-Hit in den USA gelang. In den nächsten Jahren erschienen regelmäßig Langspielplatten von der Band. Single-Auskopplungen kamen über einen Platz 20 nicht mehr hinaus. Auch die LPs

wurden wohl vorwiegend in Südstaatenkreisen verkauft und kamen damit nicht über die Position 100, mit Ausnahme der LP *»Keep On Smiling«*, die die Top 50 erreichte. Nach einigen Umbesetzungen im Laufe der Jahre trennte sich die Formation 1980.

Der Hit: *Keep On Smiling*
Der Tip: *Greatest Hits* (Polydor 835 116-4)

Wham!

George Michael, v (* 25.6.1963 als Georgios Kyriako Panayiotou); Andrew Ridgeley, g/v (* 26.1.1963).
1979 kommt es zur Gründung der Ska-orientierten Band Executive. Im Laufe der nächsten zwei Jahre schreiben sich Andrew und George eigene Aufnahmen und konzentrieren sich auf die beabsichtigte Trennung von der Gruppe, um ein Duo zu gründen. 1982 nehmen sie Demos der selbstgeschriebenen Stücke *»Wham! Rap«*, *»Come On«*, *»Club Tropicana«* und *»Careless Whisper«* im Haus von Andrews Eltern auf. Die Plattenfirmen, denen die Bänder vorgespielt werden, zeigen kein Interesse. Ein ehemaliger Mitarbeiter der Firma Phonogram hatte gerade sein eigenes kleines Label Innervision gegründet und gab ihnen einen Vertrag. Als Debüt-Single erscheint *»Wham! Rap«* und schafft es nicht einmal in die ersten 100 der GB-Charts. Der Nachfolger *»Young Guns (Go For It)«* kommt im Oktober 1982 in die britische Hitparade und klettert bis auf Platz 3. Anfang 1983 wird *»Wham! Rap«* erneut veröffentlicht und wird dieses Mal Top 10. Ebenso noch im gleichen Jahr *»Bad Boys«* und *»Club Tropicana«*. *»Wake Me Up Before You Go Go«* wird 1984 Spitzenreiter in GB und den USA, *»Freedom«* im gleichen Jahr ebenfalls Nummer 1 in GB und immer noch 1984 erreicht *»Last Christmas/Everything She Wants«* rechtzeitig zum Fest Platz 2 in GB. In den USA haben Wham! Ende 1984 *»Careless Whisper«* wieder auf Platz 1. Beide Spitzenreiter in den USA werden auch Millionseller. Ende 1985 steht *»I'm Your Man«* wieder auf Platz 1 in GB. Gleiches schafft Mitte 1986 *»The Edge Of Heaven/Where Did Your Heart Go«*. Inzwischen kristallisiert sich jedoch mehr und mehr heraus, daß Michael auch ohne Ridgeley arbeiten kann. Schon *»Careless Whisper«* wird in den USA als Wham! featuring George Michael veröffentlicht. Als dort 1985 *»Everything She Wants«* Spitzenreiter wird, ist von Wham! schon nicht mehr die Rede. Im April 1986 wird die Trennung des Duos offiziell. Am 28. Juni des Jahres geben die beiden vor 72 000 Fans im Wembley Stadium in London ein Konzert unter der Überschrift »The Final«. Versuche von Ridgeley, als Solist Fuß zu fassen, sind bei weitem nicht so erfolgreich wie die Soloarbeiten von George Michael.

Der Hit: *Wake Me Up Before You Go Go*
Der Tip: *The Final* (Epic 88681)

Whispers

Walter & Wallace Scott (* 23.9.1943), Marcus Huston (* 8.1.1943), Nicholas Caldwell (* 5.4.1944), Gordy Harmon, Leaveil Degree (* 31.7.1948).
Die aus Los Angeles stammende Soul-Formation wurde 1964 mit Huston, Caldwell, Harmon und den Zwillingen Scott gegründet. Fünf Jahre später tauchten sie erstmals in den Rhythm-&-Blues Charts mit dem Titel *»Time Will Come«* auf. Ab Herbst 1970 wurden sie auch in den Pop-Charts verzeichnet. *»And The Beat Goes On«* wurde Anfang 1980 ein Millionseller in den USA, kam aber nur auf Platz 19. In GB erreichte die Platte Platz 2. *»It's A Love Thing«* wurde ein Jahr später ebenfalls Top 10 in GB. Bereits vor dem ersten Hit war Harmon durch Degree ersetzt worden. In den USA schaffte Whispers Mitte 1987 mit *»Rock Steady«* endlich auch einen Hit unter den ersten 10. Die Hit-Notierungen reichen bis in die 90er Jahre.

Der Hit: *And The Beat Goes On*
Der Tip: *The Whispers* (RCA FL 13 521)

Whistle

Garvin Dublin, Brian Faust, Rickford Bennett, Kerry »Kraze« Hodge, Tareck Stevens, alle rap.
Diese aus Brooklyn stammende Rap-Formation kam 1985 als Trio zusammen. 1988 kam als vierter Mann Hodge hinzu. Als Dublin ging, wurde er durch Stevens ersetzt. In den USA hatten sie 1989 ihre erste Hit-Notierung. In GB kam ihre Mixtur aus Hiphop und Elektro-Pop schon früher an: *»Just Buggin'«* erreichte Anfang 1986 Platz 7 in den dortigen Charts.

Der Hit: *Just Buggin'*

White, Barry

* 12.9.1944. Mag der amerikanische Sänger, Songschreiber und Produzent auch nicht so aussehen: für viele war er das Sexsymbol der 70er Jahre. Nachdem Frauen auf Männer mit sonoren Stimmen eher stehen als auf Piepmätze, läßt sich das inzwischen sehr wohl erklären. Bereits mit 16 Jahren spielte er in Los Angeles in der Rhythm-&-Blues-Band Upfronts. Mit dieser Formation machte er 1960 auch seine ersten Plattenaufnahmen. Mit 18 Jahren arrangierte er für Bob & Earl den Hit *»Harlem Shuffle«*. Zwischen 1966 und 1967 arbeitete er als A&R-Mann für eine Plattenfirma. 1969 gründete er Love Unlimited. Seine erste Hitnotierung als Solist hatte Barry im Frühjahr 1973 mit dem Millionseller und Platz 3 *»I'm*

Gonna Love You Just A Little More, Baby«. Platz 7 und ein weiterer Millionseller gelang ihm noch 1973 mit *»Never, Never, Gonna Give Ya Up«. »Can't Get Enough Of Your Love, Babe«* wurde 1974 Spitzenreiter in den USA, Platz 8 in GB und ebenfalls Millionseller. Im gleichen Jahr erfolgreich: *»You're The First, The Last, My Everything«* – Millionseller und Platz 2 in den USA, Spitzenreiter in GB, Top 10 in Deutschland. 1975 hieß sein Top-10-Erfolg in den USA *»What Am I Gonna Do With You«.* Im Herbst 1977 schaffte Barry seinen letzten Millionseller und Top-10-Erfolg in den USA: *»It's Ecstasy When You Lay Down Next To Me«.* Nach 1978 hörte man längere Zeit nichts mehr von Barry White. Im Frühjahr 1990 machte er mit bei einem Projekt von Quincy Jones zusammen mit Al B. Sure!, James Ingram und El DeBarge: *»The Secret Garden (Sweet Seduction Suite)«* erreichte die amerikanischen Top 40. Zu Hit-Ehren als Songautor kam er Mitte 1993 bei der OMD-Nummer *»Dream Of Me«*, die auf dem *»Love's Theme«* von Barry aufbaute.

Der Hit: *You're The First, The Last, My Everything*
Der Tip: *Just For You* (Mercury 314 514 143-2)

White, Karyn

* 14.10.1965. Die amerikanische Sängerin übernahm 1984 die Leadstimme bei Legacy, die ein Jahr später ihren größten Erfolg mit *»Don't Waste The Night«* in der Rhythm-&-Blues-Hitparade hatten. Nebenher arbeitete sie als Session-Sängerin in Los Angeles. Zusammen mit dem Jazz-Keyboarder Jeff Lorber gelang ihr ein erster Hit Ende 1986: *»Facts Of Love«* erreichte die amerikanischen Top 30. Danach sang sie weiter auf Platten von Ray Parker jr., den Commodores oder Richard Marx, bevor sie 1987 einen Solovertrag erhielt. *»The Way You Love Me«* kam Ende 1988 in die US-Charts, wurde Platz 7 und Millionseller. Platz 8 und ebenfalls Millionseller wurde Anfang 1989 *»Superwoman«. »Secret Rendezvous«* war ein weiterer Top-10-Hit 1989. Im Sommer 1991 erreichte ihr Song *»Romantic«* Platz 1 in den USA.

Der Hit: *Romantic*
Der Tip: *Ritual Of Love* (WB 7599-26320-2)

White, Snowy

Der Brite galt jahrelang als einer der gefragtesten und besten Gitarristen Englands. 1969 wurde er Profimusiker und spielte mit bei unendlich vielen Konzerten und Studio-Sessions. Auf Platten von Cockney Rebel, Al Stewart, Linda Lewis, Cliff Richard und Peter Green ist er zu hören. Zwischen 1976 und 1980 war Snowy als fest engagierter Gitarrist bei allen Pink-Floyd-Konzerten dabei. Danach spielte er für zwei Jahre mit Thin Lizzy, und ab 1982 konzentrierte er sich auf eine Solokarriere. Anfang 1984 kommt die Single »*Bird Of Paradise*«, die aus seiner 1983 erschienenen DB-LP »*White Flames*« ausgekoppelt ist und Platz 6 in GB erreicht. Auf der LP spielt Snowy alle Gitarrenparts und singt. Für einen weiteren Top-50-Hit reicht es nicht mehr.

Der Hit: *Bird Of Paradise*
Der Tip: *White Flames* (Repertoire RR 331 009)

White, Tony Joe

* 23.7.1943. Der amerikanische Sänger, Gitarrist und Songschreiber bezeichnet sich selbst als Bayou-Rock-Singer und trägt wohl deshalb auch den Spitznamen »Swamp Fox«. »*Polk Salad Annie*« kam Mitte 1969 in die US-Charts und erreichte Platz 8. Produziert wurde er in jenen Tagen von Billy Swan. Brook Benton hatte mit der von White geschriebenen Nummer »*Rainy Night In Georgia*« Anfang 1970 einen Millionseller in den USA. Weitere Titel von White, die ausgesprochen schön waren, wie »*Roosevelt And Ira Lee (Night Of The Mossacin)*« oder »*Save Your Sugar For Me*«, kamen nicht über eine Position 40 hinaus. Lange Jahre hörte man wenig von White. Dann arbeitete er 1989 zusammen mit Tina Turner auf deren LP »*Foreign Affair*«. Tinas Manager Roger Davies nahm jetzt auch White unter seine Fittiche, und 1991 erschien die sehr schöne CD »*Close To The Truth*«, darauf Tony Joes Versionen der von ihm geschriebenen Titel »*Steamy Windows*« und »*Undercover Agent For The Blues*«. Beide hatte vorher Tina Turner aufgenommen.

Der Hit: *Polk Salad Annie*
Der Tip: *Closer To The Truth* (Polydor 511 386-2)

White Lion

Mike Tram, v (* 14.1.1961 in Dänemark); James Lomenzo, b (* 13.1.1959); Vito Bratta, g (* 1.7.1961); Greg D'Angelo, d (* 19.12.1963); Tommy Caradonna, b; Jimmy DeGrasso, d.
Die in ihrer Wahlheimat New York lebende amerikanische Rockband stand im Frühjahr 1988 mit »*Wait*« erstmals in den Top 10 der USA. Das Stück war ausgekoppelt aus ihrer Ende 1987 erschienenen LP »*Pride*«, die mehr als 2 Millionen mal in den USA verkauft wurde. »*When The Children Cry*« wurde Ende 1988 Platz 3 in der amerikanischen Hitparade. Danach kam es zu Umbesetzungen. Lomenzo und D'Angelo gingen 1991. Für sie kamen Caradonna und DeGrasso. Im Oktober 1992 veröffentlichte ihre Plattenfirma eine Hit-Zusam-

menstellung und ließ dazu verlauten: »White Lion gibt es nicht mehr. Mit dem Verlust von White Lion ist die Hardrock-Szene um eine Perle ärmer.«

Der Hit: *When The Children Cry*
Der Tip: *The Best Of* (Atlantic 7567-82425-2)

White Plains

Tony Burrows, Robin Shaw, Pete Nelson, Roger Greenaway, alle v.
Wieder eins der vielen britischen Studioprojekte, in denen Tony Burrows den Leadsänger mimte und das nach einem Erfolg mit Musikern zum Leben erweckt wurde. Nach dem Hit *»My Baby Loves Lovin'«*, im Frühjahr 1970 Platz 9 in GB und 13 in den USA, gelangte Ende des gleichen Jahres *»Julie, Do Ya Love Me«* ebenfalls unter die ersten 10 in GB. *»When You Are A King«* wurde Mitte 1971 Top 20, *»Step Into A Dream«* Anfang 1973 Top 30 in GB, und dann war der Traum ausgeträumt.

Der Hit: *My Baby Loves Lovin'*
Der Tip: *White Plains* (Deram SML 1067)

Whitesnake

David Coverdale, v (* 21.9.1951); Micky Moody, g (* 30.8.1950); Bernie Marsden, g; Neil Murray, b; Brian Johnston, key; David Dowle, d; Pete Solley, key (* 19.10.1948); Jon Lord, key (* 9.6.1941); Ian Paice, d (* 29.6.1948); Cozy Powell, d (* 29.12.1947); Mel Galley, g; Colin Hodgkinson, b (* 14.10.1945); John Sykes, g (* 29.7.1959); Richard Bailey, key; Don Airey, key; Aynsley Dunbar, d (* 10.1.1946); Adrian Vandenberg, g (* 31.1.1954); Bill Cuomo, key; Mark Andes, b (* 19.2.1948); Danny Carmassi, g; Vivian Campbell, g; Rudy Sarzo, b; Tommy Aldridge, d (* 15.8.1950); Steve Vai, g.
Im Frühjahr 1976 hatte Coverdale die Gruppe Deep Purple nach einer katastrophalen Tournee durch GB verlassen. Vertragliche Vereinbarungen machten es ihm für die nächste Zeit unmöglich, in GB zu arbeiten. Also zog er mit seiner gesamten Familie nach Deutschland. Ein Jahr später erschien sein Solo-Album *»Whitesnake«*, das er in München aufgenommen hatte. Im Januar 1978 kehrt er nach GB zurück und macht dort Promotion für sein zweites Solo-Album *»North Wind«*. Für Live-Konzerte nimmt er die Session-Musiker, die auch schon auf seiner Platte mit dabei waren: Moody, Marsden, Murray, Johnston und Dowle. Diese Formation zieht nun als David Coverdale's Whitesnake durch GB. Mitte des Jahres geht Johnston, und für ihn kommt Solley. Mit ihm und den anderen Musikern wird die EP *»Snake Bite«* aufgenommen, die schließlich die erste Hit-

Notierung für Whitesnake wird. Kurz darauf verläßt Solley die Band und wird durch Coverdales ehemaligen Deep-Purple-Kollegen Lord ersetzt. Mitte 1979 kommt ebenfalls von Deep Purple Ian Paice als Ersatz für Dowle. In der zweiten Hälfte des Jahres 1981 macht Whitesnake eine Pause, und als Coverdale 1982 die Band wieder zusammenstellt, sind Marsden, Murray und Paice nicht mehr dabei. Neu hinzu kommen Powell, Galley und Hodgkinson. Im November 1983 gehen Moody und Hodgkinson wieder. Neuer Gitarrist wird Sykes, außerdem kommt Murray wieder zurück. Im Mai 1984 geht Lord und schließt sich der reformierten Band Deep Purple an. Seine Lücke füllt Bailey aus. Ende 1985 beginnt Whitesnake in Vancouver, Kanada, mit der Produktion einer neuen LP. Coverdale, Murray und Sykes werden jetzt begleitet von Dunbar und Airey. Im Januar des nächsten Jahres fliegt Sykes nach Hause, nachdem sein ehemaliger Thin-Lizzy-Kollege Phil Lynott gestorben war. Stimmliche Probleme bei Coverdale bringen das gesamte Projekt ins Wanken. Nachdem eine Verbiegung der Nasenscheidewand operativ korrigiert werden mußte, kehrt er im August 1986 ins Studio zurück, um die LP fertigzustellen. Vom Rest der alten Musiker ist keiner mehr dabei. Es spielen jetzt Vandenberg, Andes, Carmassi. Als die Platte dann 1987 erscheint, wird sie die erfolgreichste LP von Whitesnake. Allein in den USA verkauft sie sich 6 Millionen mal. Die beiden Single-Auskopplungen *»Is This Love«* und *»Here I Go Again«* sind im gleichen Jahr die ersten Top-10-Erfolge für Whitesnake in GB und in den USA. *»Here I Go Again«* wird dort sogar Spitzenreiter. Wieder wechselt Coverdale die Musiker aus. Es spielen nun Vandenberg, Campbell, Sarzo und Aldridge. Ende 1988 verläßt Campbell wieder die Band. Vandenberg verletzt sich das Handgelenk, für ihn kommt Vai. 1990 geht die Band auf große Welttournee. Mitglieder sind Coverdale, Vai, Vandenberg, Sarzo und Aldridge.

Der Hit: *Here I Go Again*
Der Tip: *1987* (EMI CDP 7 46702 2)

Whitfield, David

* 2.2.1926, † 15.1.1980. Der Brite gilt als der erste GB-Sänger, der es in den USA zu einem Millionseller brachte. Sein Song *»Cara Mia«* kam im Sommer 1954 in die US-Charts und erreichte Platz 10. In GB wurde er Spitzenreiter. Auf dem Titel begleitete David das Orchester von Mantovani, der unter seinem Pseudonym Tulio Trapino Co-Autor der Nummer ist. Vorher war Whitfield schon in GB erfolgreich. *»Bridge Of Sighs«* wurde im Herbst 1953 seine erste Top-10-Notierung, im gleichen Jahr kam *»Answer Me«* bis auf den Spitzenplatz in GB. *»Rags To Riches«*, *»The Bock«*, *»Cara Mia«* und *»Santo Natale«* waren 1954 seine Top-10-Erfolge. Im darauffolgenden Jahr standen *»Beyond The Stars«*, *»Ev'rywhere«* und *»When You Lose The One You Love«*, 196 *»My September Love«*, 1957 *»Adoration

Waltz« ebenfalls unter den ersten 10. Nach 1960 war seine Hitparaden-Karriere beendet. Er gilt als Künstler, der Mitte der 50er Jahre in GB die meisten Platten verkaufte. Auf diesem Ruhm konnte er aufbauen und ihn über die Jahre auf weltweiten Tourneen vermarkten. Er starb am Schluß einer Australientournee in Sydney.

Der Hit: *Cara Mia*

Whiting, Margaret

* 22.7.1924. Die amerikanische Sängerin machte ab 1946 Soloplatten. Vorher sang sie in den Orchestern von Freddie Slack – z. B. auf dem Hit *»That Old Black Magic«*, im Frühjahr 1943 Top 10 in den USA –, Billy Butterfield – *»Moonlight In Vermont«*, Anfang 1945 Platz 15 und Millionseller – und Paul Weston – *»It Might As Well Be Spring«*, Ende 1945 Platz 6 in den USA. Ihre erste Hit-Notierung als Solistin hatte sie mit *»All Through The Day«* im Frühjahr 1946. *»Guilty«*, noch im gleichen Jahr, *»You Do«* und *»Pass The Peace Pipe«* 1947, *»Now Is The Hour (Maori Farewell Song)«*, Spitzenreiter und Millionseller *»A Tree In The Meadow«* und *»Faraway Places«* 1948, *»Forever And Ever«*, *»Baby It's Could Outside«* zusammen mit Johnny Mercer, Spitzenreiter und Millionseller *»Slippin' Around«* mit Jimmy Wakely und *»I'll Never Slip Around Again«* 1949 und *»A Bushel And A Peck«* 1950 waren ihre weiteren Top-10-Erfolge. Margaret brachte es insgesamt auf 45 Hits in den USA. Ihre letzte Notierung hatte sie Mitte 1967: *»Only Love Can Break A Heart«*. Bis in die 90er Jahre veröffentlichte sie weiter Platten.

Der Hit: *A Tree In The Meadow*

Whitman, Slim

* 20.1.1924 als Otis Dewey Whitman Jr. Der amerikanische Country-Sänger und »Yodeller« machte 1950 seine ersten Platten. Mitte 1952 kam seine Single *»Indian Love Call«* in die US-Charts, erreichte Platz 9 und wurde vergoldet. Sein Song *»Rose-Marie«* stand Mitte 1954 in den US-Charts auf Platz 22, ein Jahr später auf Platz 1 in GB. Dort erschien daraufhin auch *»Indian Love Call«* und erreichte Platz 2. *»Serenade«* 1956 und *»I'll Take You Home Again Kathleen«* 1957 waren weitere Top-10-Erfolge. Danach wurde es für viele Jahre still um ihn. 1974 stand *»Happy Anniversary«* plötzlich auf Platz 14 in den britischen Charts. Gleichzeitig erschien in GB eine LP unter diesem Titel, die in den entsprechenden britischen Charts seine erste Notierung war. Jeweils im Januar 1976 und 1977 wurden LP-Veröffentlichungen Spitzenreiter in den LP-Charts. Die LP *»Home On The Range«* kam Ende 1977 auf den Platz 2 in GB. In den USA wurde Whitman dadurch populär, daß er

einer der ersten Künstler war, der seine LP-Compilations exklusiv über das Fernsehen verkaufte. Diese Absätze werden in den LP-Hitparaden nicht vermerkt. Plattenveröffentlichungen reichen bis in die 90er Jahre. Inzwischen tritt er häufig mit seinem Sohn Byron zusammen auf.

Der Hit: *Indian Love Call*
Der Tip: *Best Of 1951 - 1971* (Rhino R2 70976 TIS)

Whittaker, Roger

* 22.3.1936. Roger wurde als Sohn eines Kolonialbeamten in Nairobi geboren. Stets bezeichnete man ihn als den Sänger der kaffeetrinkenden, schweigenden Mehrheit. Von sich selbst behauptet Roger, nie ein Sex-Sänger gewesen zu sein. Stimmt – in den Anfangstagen hat er seine Lieder gepfiffen. Ende 1969 erschien er erstmals in den britischen Charts mit »*Durham Town (The Leavin')*«. Im Frühjahr 1970 erreichte »*I Don't Believe In If Anymore*«, Mitte 1975 »*The Last Farewell*« die britischen Top 10. Letztgenannte Platte war die einzige Hit-Notierung für Roger in den USA, ein Top-20-Erfolg. Nachdem er in GB nicht mehr erfolgreich war, begann seine Hit-Zeit in Deutschland. »*River Lady (A Little Goodbye)*« wurde im Frühjahr 1976 Platz 4, »*Albany*« sechs Jahre später Platz 3 und »*Abschied ist ein scharfes Schwert*« wiederum zwei Jahre später Platz 9 in der deutschen Hitparade. Im Duett mit Des O'Connor gelang Roger Ende 1986 ein Platz 10 in GB: »*The Skye Boat Song*«. Whittakers Plattenveröffentlichungen reichen bis in die 90er Jahre.

Der Hit: *The Last Farewell*
Der Tip: *The Best Of* (Aves MLP 15.953)

Who

Roger Daltrey, v (* 1.3.1944); Pete Townshend, g/v (* 19.5.1945); John Entwistle, b (* 9.10.1944); Keith Moon, d (* 23.8.1947, † 7.9.78); Kenny Jones, d (* 16.9.1948). Schon Ende der 50er Jahre spielten Townshend, Entwistle und ein Musiker namens Phil Rhodes als Confederates, manchmal aber auch als Aristocrats oder Scorpions zusammen. Schon zu diesem Zeitpunkt hatte sich Townshend in den Kopf gesetzt, Pop-Star zu werden. 1961 ist ihre Schulzeit zu Ende. Townshend geht wie viele andere britische Rocks-Stars der 60er Jahre auf eine Art College. 1962 fragt Daltrey an, ob Entwistle nicht in seine Band, die Detours, kommen möchte. Der kommt, und wenig später folgt ihm Townshend. Mit ihnen spielt ein zehn Jahre älterer Schlagzeuger namens Doug Sandom. 1963 tritt diese Gruppe im Vorprogramm anderer Künstler, z. B. der Rolling Stones, auf. Ihr

Who

Material geht von James Brown bis Rhythm & Blues à la Bo Diddley. 1964 werden die Detours mit Hilfe des freien Journalisten Pete Meaden in Richtung Mods getrimmt. Diese britische Jugendkultur war eine Reaktion auf die Rocker. Sie fuhren keine schweren Motorräder, sondern Motorroller wie Vespas, waren adrett gekleidet und hatten bessere Manieren. Zu diesem Zeitpunkt verließ Sandom die Band, und es wurden verschiedene Schlagzeuger ausprobiert. Bei einem Auftritt in der Acton Town Hall saß während einer Pause plötzlich ein Betrunkener am Schlagzeug und spielte wie ein Wilder. Es war Keith Moon, der als fester Schlagzeuger in die Band genommen wurde und der seine Marotten mit der Trunkenheit bis zu seinem Lebensende beibehalten sollte. Meaden änderte ihren Namen jetzt in High Numbers, was in der Sprache der Mods bedeutete, daß man Stil hat. Er besorgte einen Plattenvertrag, und Mitte 1964 erschien *»I'm The Face«*. Die Platte wird ein Flop. Eine Wiederveröffentlichung der Aufnahme im Jahre 1980 erreicht die britischen Top 50. Im Herbst 1964 sucht der Regisseur Kit Lambert für einen Film eine Gruppe. Er sieht die High Numbers und ist von ihnen so begeistert, daß er sofort das Management der Band übernimmt, indem er Meaden mit 500 Pfund auszahlt. Lambert ist auch derjenige, der ihren Namen in Who umändert und der gelegentliche Ausfälle der Band, die zur Zerstörung des gesamten Musikequipments führten, förderte. Er war sich der Tatsache bewußt, daß das ein guter Promotiongag war. Anfang 1965 erscheint mit *»I*

Can't Explain« die erste Single der Who, die in GB die Top 10 erreicht. Der Titel ist auch die erste Hit-Notierung in den USA und obwohl sich diese britische Band auch dort einen Namen machen kann, schafft sie lediglich Ende 1967 mit *»I Can See For Miles«* ihren einzigen Top-10-Erfolg. Anders in GB: *»Anyway Anyhow Anywhere«* und *»My Generation«*, ebenfalls 1965, *»Substitute«*, *»I'm A Boy«* und *»Happy Jack«* 1966, *»Pictures Of Lily«* und *»I Can See For Miles«* 1967, *»Pinball Wizard«* 1969, *»Won't Get Fooled Again«* 1971, *»Join Together«* 1972, *»Squeeze Box«* und eine Wiederveröffentlichung von *»Substitute«* 1976 und *»You Better You Bet«* 1981 sind dort Top-10-Erfolge der Who. In ihren Anfangstagen waren sie mit Titeln wie *»I Can't Explain«*, *»My Generation«* oder *»Substitute«* Sprachrohr der britischen Jugendlichen jener Tage. Die meisten Stücke hat Pete Townshend im Alleingang geschrieben. Diesem hochsensiblen und intelligenten Songschreiber hat die Welt auch die Rockopern »Tommy« 1969 und »Quadrophenia« 1973 zu verdanken. Beide Themen wurden verfilmt und kamen 1975 bzw. 1979 in die Kinos. 1979 erschien außerdem als Film die Who-Biographie »The Kids Are Alright«. 1993 wurde eine von Townshend überarbeitete Version von »Tommy« erfolgreich am Broadway uraufgeführt. Ab 1972 machten die einzelnen Mitglieder der Gruppe auch Soloplatten. Den einzigen Wechsel in der Band gab es, als Keith Moon 1978 nach einer Überdosis Drogen starb und durch das ehemalige Small-Faces- bzw. Faces-Mitglied Kenny Jones ersetzt wurde. 1982 lösten sich die Who auf, spielten allerdings 1986 beim Live-Aid-Konzert noch einmal zusammen und geben in der Besetzung Daltrey, Townshend und Entwistle 1989 15 Konzerte in den USA. Jones gründete 1991 zusammen mit Paul Rodgers The Law. 1990 wurden die Who in die Rock 'n' Roll Hall of Fame aufgenommen.

Der Hit: *My Generation*
Der Tip: *Who's Better, Who' s Best* (Polydor 835 389-2)

Wichtig, Werner

* als Raimund Thielicke. Mit einer ziemlich plumpen deutschen Version von *»Pump Up The Jam«* – *»Pump ab das Bier«* – kam Werner, wie er sich zu diesem Zeitpunkt nur nannte, Anfang 1990 in die deutschen Charts und erreichte innerhalb von drei Wochen Platz 1. Offensichtlich waren viele Käufer der Meinung, daß es sich hierbei um den Werner aus der Comic-Serie des Semmel-Verlach von Rötger Feldmann, genannt Brösel, handelte. Die Plattenfirma stellte in einem Rundschreiben klar, daß beide nichts miteinander zu tun haben, und veröffentlichte weitere Platten als Werner Wichtig. Wichtig für die Charts war das nicht mehr.

Der Hit: *Pump ab das Bier*

Wiedlin, Jane

* 20.5.1958. Die amerikanische Gitarristin, Sängerin, Songschreiberin und Schauspielerin war 1978 Mitbegründerin der weiblichen Rock-Gruppe Go-Go's. 1982 gelangen der Formation mit *»We Got The Beat«* und *»Vacation«* zwei Top-10-Erfolge. 1983 veröffentlichte Jane die Solo-LP *»Blues Kiss«* und sang im Duett mit Russell Mael von den Sparks den Titel *»Cool Places«*, der es in den USA unter die ersten 50 brachte. 1984 verläßt Jane die Go-Go's und wird durch Paula Jean Brown ersetzt. Sie arbeitet weiter an ihrer Solokarriere und erreicht mit *»Rush Hour«* im Frühjahr 1988 erstmals die Top 10 in den USA. In GB wird diese Platte Platz 12. Das Stück stammt von ihrer zweiten Solo-LP *»Fur«* – Fur = Pelz, und diesem Thema gilt in den 90er Jahren ihr Engagement: sie setzt sich für den Tierschutz ein. 1990 erschien ihre LP *»Tangled«*.

Der Hit: *Rush Hour*
Der Tip: *Fur* (EMI CDP 7 48683 2)

Wigan's Chosen Few

Die kanadische Surf-Formation Chosen Few nahm 1967 die Nummer *»Footsee«* auf, was in der Öffentlichkeit unbemerkt blieb. Jahre später entdeckte Simon Soussan, daß sich die Instrumentalfassung viel besser anhörte, wenn man sie beschleunigt. Das geschah, und außerdem wurde das Geräusch eines Preßlufthammers und der jubelnden Menge beim Fußballendspiel 1966 hinzugefügt, und fertig war der neue Titel *»Footsee«*. Unter dem Gruppennamen Chosen Few durfte er nicht mehr veröffentlicht werden, also machte die neue Plattenfirma Wigan's Chosen Few daraus. Im Januar 1975 erreichte *»Footsee«* die Top 10 der britischen Charts. Die ursprünglichen »auserwählten« Kanadier konnten nicht mehr ausfindig gemacht werden, da sie nach ihrem Flop in der Versenkung verschwunden waren.

Der Hit: *Footsee*

Wilde Cherry

Robert Parissi, v/g (* 29.12.1950); Bryan Bassett, g (* 11.8.1954); Mark Avsec, key; Allen Wentz, b (* 16.5.1951); Ron Beitle, d.
Diese weiße amerikanische Electric-Funk-Band wurde in den frühen 70er Jahren gegründet. Kopf, Schreiber aller Hits und Produzent war Bob Parissi. Die erste Single-Notierung der Band in den US-Charts war Mitte 1976 die Platinplatte *»Play That Funky Music«*, die es in den USA bis auf Platz 1, in GB auf Platz 7 brachte. In

den beiden darauffolgenden Jahren wurden vier weitere Hits von Wild Cherry in den Single-Charts notiert, keine kam über Platz 40 hinaus. Im Februar 1979 trennte sich die Gruppe.

Der Hit: *Play That Funky Music*
Der Tip: *Wild Cherry* (Epic 81630)

Wilde, Kim

* 18.11.1960 als Kim Smith. Die Tochter von Marty Wilde, der zwischen 1958 und 1962 ein erfolgreicher Teenie-Star in GB war, trat Anfang 1981 in die Fußstapfen ihres Vaters. Ihre erste Hit-Notierung war gleich ein Platz 2 in den britischen Charts, Top 30 in den USA, Top 10 in Deutschland: »*Kids In America*«. Geschrieben hatten die Nummer, wie auch viele der weiteren Hits von Kim, Vater Marty und Bruder Ricky. Viele Erfolge von Kim wurden auch von Ricky produziert. Seine Versuche, selbst als Interpret Fuß zu fassen, schlugen fehl. 1972 hatte er, noch mit Teenie-Stimme, den Song »*I Am An Astronaut*« gequäkt, der es nicht in die Charts brachte. »*Chequered Love*« war, immer noch im Frühjahr 1981, der zweite Top-10-Erfolg für Kim in GB, Platz 2 in Deutschland. Während sie in GB zwischen 1982 und Ende 1986 keine weiteren Top-10-Hits mehr hatte, stand sie in Deutschland mit »*View From a Bridge*« 1982 und »*The Second Time*« 1984 weiter unter den ersten 10. »*You Keep Me Hangin' On*«, Ende 1966 Spitzenreiter für die Supremes in den USA, erreichte Ende 1986 Platz 2 in GB, 8 in Deutschland und im Frühjahr 1987 Platz 1 in den USA. Danach schaffte sie in Amerika keine weitere Top-40-Plazierung mehr, in GB und Deutschland hingegen war sie bis in die 90er Jahre erfolgreich. »*You Came*«, »*Never Trust A Stranger*« und »*Four Letter Word*« schafften 1988 alle den Sprung in die britischen Top 10.

Der Hit: *You Keep Me Hangin' On*
Der Tip: *Love Blonde* (EMI 7 81085 2)

Wilde, Marty

* 15.4.1939 als Reginald Smith. Auch dieser britische Sänger war dazu auserkoren, englische Versionen amerikanischer Hits nachzusingen. Er begann als Mitglied der Hound Dogs, machte dann Soloplatten als Reg Patterson und schließlich als Marty Wilde. Zwischen 1958 und 1962 hatte er 13 Hit-Notierungen in GB, darunter die Top-10-Hits: »*Endless Sleep*« 1958, »*Donna*«, »*A Teenager In Love*«, »*Sea Of Love*« und »*Bad Boy*« 1959 und »*Rubber Ball*« 1961. In den Jahren nach seiner eigenen Hit-Zeit sorgte er dafür, daß aus seinen Kindern etwas

Anständiges wurde. Zumindest seine Tochter schaffte es: sie wurde Pop-Star. Verheiratet ist Wilde mit Joyce Baker, einst Mitglied der Vernon Girls.

Der Hit: *A Teenager In Love*
Der Tip: *Rock ! Rock! Rock 'n' Roll* (Philips 6381 048)

Wildecker Herzbuben

Wolfgang Schwalm (* 16.8.1954) und Wilfried Gliem (* 19.9.1946) spielten einst nebenberuflich in der Begleitgruppe von G. G. Anderson. Der suchte für die von ihm geschriebene Nummer »*Herzilein*« geeignete Interpreten. Er fand sie in diesen beiden alten Kumpeln. Die Platte erschien im Frühjahr 1990 und erreichte Platz 9 in Deutschland. Es folgten weitere Songs der beiden, wie »*Und heut' verwöhn ich dich – Herzilein Teil 2*«, »*Zwei Kerle wie wir*«, »*Hallo Frau Nachbarin*« oder »*Weil wir Freunde sind*«. An den Wildecker Herzbuben polarisierte sich der Geschmack der Deutschen. Otto reimte über sie: »Seh' ich die beiden Moppel dort, denk' ich gleich an Doppelmord.« Kollegen wie Karl Dall, Jan Willem, Kurt Brummer oder die Bayerischen 7 machten sogenannte Juxversionen von »*Herzilein*«. Als wenn es derer bedurft hätte. Am erstaunlichsten war der Nachzieher von Rudolf Rock & die Schocker. Ihre Version von »*Herzilein*«, gespielt im Stil von Status Quo, erreichte immerhin Anfang 1991 Platz 12 in Deutschland.

Der Hit: *Herzilein*

Wilder, Matthew

Der New Yorker Gitarrist, Pianist, Sänger und Songschreiber begann als Straßenmusiker im Alter von 15 Jahren im Greenwich Village. Später zog er nach Los Angeles und machte sich dort einen Namen als Songschreiber und Backgroundsänger. Für Eddie Kendricks schrieb er z. B. »*Love, Love, Love*« und war beteiligt an »*Let Me Drive*« von Bette Midler. Als Sänger ist er zu hören auf Platten von Rickie Lee Jones, Robbie Dupree und Bette Midler. Der Titel »*Break My Stride*«, den er sich selbst geschrieben hatte, brachte ihm Ende 1983 seinen ersten Erfolg in den Charts: Platz 5 in den USA, 4 in GB, 7 in Deutschland. Mit »*The Kids In America*« folgte im Frühjahr 1984 noch ein Top-40-Hit in den USA und in Deutschland. »*Bouncin' Off The Walls*« war im gleichen Jahr seine letzte Hit-Notierung.

Der Hit: *Break My Stride*
Der Tip: *I Don't Speak The Language* (CBS 35 DP 136)

Willem

Wilken F. Dincklage (* 21.8.1942) versteckte sich hinter diesem Kürzel. Er arbeitete jahrelang als Rundfunkmoderator, bevor ihm mit »*Tarzan ist wieder da*« im Frühjahr 1977 seine erste Chart-Notierung, ein Platz 5, in Deutschland gelang. »*Wat?*«, eine deutschsprachige Version des Captain-Sensible-Hits »*What?*«, erschien sechs Jahre später und erreichte Platz 19. Es war sein letzter Hit-Eintrag.

Der Hit: *Tarzan ist wieder da*
Der Tip: *Wat? – Seine stärksten Songs* (Intercord 145.075)

Williams, Alyson

Diese in Harlem, New York, geborene »Soultress« (Abkürzung für eine Soul-Sängerin = Soul Songstress) hatte lediglich in GB Erfolge. Ihre Karriere begann, als sie im Hintergrund von Whodini und Kurtis Blow sang. Sie wurde dann Leadsängerin bei Orange Crush und sang im Duett mit Oran »Juice« Jones. »*Sleep Talk*« war Alysons erste Hit-Notierung, im Frühjahr 1989 Top 20. »*I Need Your Lovin'*« kam im Herbst des gleichen Jahres bis auf Platz 8 in GB. Mit dem Beginn der 90er Jahre war sie wieder aus den Charts verschwunden.

Der Hit: *I Need Your Lovin'*
Der Tip: *Cooked* (Def Jam 466 799 2)

Williams, Andy

* 3.12.1928 als Howard Andrew Williams. Zusammen mit seinen drei Brüdern, Bob, Dick und Don trat dieser amerikanische Sänger als Williams Brothers Quartet auf. Die vier sangen z. B. beim Bing-Crosby-Hit »*Swinging On A Star*«, der im Frühjahr 1944 Spitzenreiter in den USA wurde. 1952 trennten sich die Brüder, und Andy begann eine Solokarriere. Ab 1956 bis weit in die 70er Jahre war er mit insgesamt 45 Titeln in den US-Charts vertreten. »*Walk Hand In Hand*« war im Frühjahr 1956 seine erste Hitnotierung, sein erster Top-10-Erfolg im Herbst des gleichen Jahres »*Canadian Sunset*«. Im Frühjahr 1957 gelang ihm mit »*Butterfly*« Platz 1 in den USA und in GB. Seine weiteren Top-10-Notierungen waren »*I Like Your Kind Of Love*« 1957, »*Are You Sincere*« 1958, »*Lonely Street*« und »*The Village Of St. Bernadette*« 1959, »*Can't Take My Eyes Off You*« 1968, »*Can't Help Falling In Love*« und »*Home Lovin' Man*« 1970 und »*Solitaire*« 1973. Williams gilt als einer der größten amerikanischen Schlagersänger. Zwischen 1962 und 1967 und wiederum von 1969 bis 1971 hatte er eigene TV-Shows. Schon zwischen 1952 und 1955 trat er regelmäßig in der »Tonight« Show auf. 1964

spielte er mit in dem Film »I'd Rather Be Rich«. 1962 heiratete er die französische Sängerin Claudine Longet, von der er 1970 wieder geschieden wurde. Trotzdem traten sie bis 1977 regelmäßig in der jährlichen Weihnachtssendung von Williams mit ihren drei Kindern auf. Das wurde abrupt beendet, als Claudine für schuldig befunden wurde, ihren Liebhaber, den Skiprofi Spider Sabich, erschossen zu haben.

Der Hit: *Butterfly*
Der Tip: *16 Most Requested Songs* (CBS 57061)

Williams, Billy

* 28.12.1910, † 17.10.1972. Der amerikanische Sänger begann 1930 als Leader der Harmony Four, die ab 1935 als Charioteers Platten aufnahmen. Populär wurden sie durch regelmäßige Auftritte in der »Kraft's Music Hall«, einer gesponserten Radio Show, die Bing Crosby präsentierte. Ihre erste Hit-Notierung hatten sie im Herbst 1940 mit *»So Long«*. Ihr größter Erfolg war 1947 eine der vielen Versionen von *»Open The Door, Richard«*. Auch bei anderen Interpreten sang die Gruppe im Hintergrund mit, so z. B. bei *»Don't Forget Tonight Tomorrow«*, Ende 1945 ein Top-10-Hit für Frank Sinatra, oder *»Now Is The Hour (Maori Farewell Song)«*, im Frühjahr 1948 Top 10 für Buddy Clark. Billy blieb bis 1949 bei dieser Formation. Danach arbeitete er mit einem eigenen Quartett oder als Solist. Sein größter Erfolg war Mitte 1957 eine Version des Fats-Waller-Hits aus dem Jahre 1935 *»I'm Gonna Sit Right Down And Write Myself A Letter«*, die es in den USA auf Platz 3 brachte. Anfang der 60er Jahre verschwand er aus den Charts. Er litt an Diabetes und verlor seine Stimme. Schließlich zog er nach Chicago, um dort bis zu seinem Tod als Sozialarbeiter zu wirken.

Der Hit: *I'm Gonna Sit Right Down And Write Myself A Letter*

Williams, Christa

* als Rita Maria Bojarzin. Diese Schlagersängerin stand zusammen mit Jo Roland (Rolando Bornadelli, * 13.6.1932) Mitte 1958 auf Platz 3 der deutschen Hitparade: *»Himmelblaue Serenade«*. *»Pilou, Pilou«* war Ende 1960 Christas einziger nennenswerter Solo-Erfolg und stand unter den Top 40. Christa sang auch im Duett mit Gitta Lind. Hier schaffte sie Mitte 1959 Platz 3 in GB mit dem Titel *»My Happiness«*. *»Ein kleines Haus«* und *»Vaya Con Dios«* waren 1961 zwei weitere Top-40-Produktionen für Gitta und Christa.

Der Hit: *My Happiness*

Williams, Danny

* 7.1.1942 in Südafrika. 1960 war Danny nach England gezogen. Zwischen 1961 und 1964 war er als eine Art Johnny Mathis für die Briten in GB recht erfolgreich. Seine erste Hit-Notierung hatte Danny im Frühjahr 1961 *»We Will Never Be As Young As This Again«*, Henry Mancinis *»Moon River«* stand Ende des gleichen Jahres auf Platz 1 in GB. *»Wonderful World Of The Young«* wurde Mitte 1962 ein weiterer Top-10-Hit in den GB-Charts, dann ließ dort sein Erfolg nach. In den USA hatte Danny Anfang 1964 Erfolg: *»White On White«* erreichte die Top 10. Nach 1964 wurde er für viele Jahre nicht mehr in den Hitparaden gesichtet, dann schaffte er völlig unerwartet mit *»Dancin' Easy«* Mitte 1977 einen Top-30-Erfolg in GB. Seine Plattenveröffentlichungen reichen bis in die 90er Jahre.

Der Hit: *Moon River*

Williams, Deniece

* 3.6.1951 als Deniece Chandler. Die amerikanische Soul-Sängerin und Songschreiberin begann mit Wonderlove, der Backing Group von Stevie Wonder. Dort sang sie zwischen 1972 und 1975. Danach startete sie eine Solokarriere und hatte Ende 1976 mit *»Free«* ihre erste Hit-Notierung. Die gleiche Platte kam im Frühjahr 1977 auf Platz 1 in GB. Im Duett mit Johnny Mathis erreichte sie im Frühjahr 1978 Platz 1 in den USA, Millionseller und Platz 3 in GB mit *»Too Much, Too Little, Too Late«*. *»Let's Hear It For The Boys«* aus dem Film »Footloose« wurde im Frühjahr 1984 wieder Spitzenreiter in den USA, Millionseller, Platz 2 in GB und Top 10 in Deutschland. Nach 1988 wird sie in den Pop-Charts nicht mehr verzeichnet.

Der Hit: *Let's Hear It For The Boys*
Der Tip: *Let's Hear It For The Boys* (CBS 26 010)

Williams, Geoffrey

* 1965. Williams wurde als Sohn westindischer Eltern in London geboren. Nach seinem College-Abschluß zog er als Sänger der Soul-Band Caleche durch GB und Skandinavien. Die Band wollte jedoch seine selbstgeschriebenen Songs nicht ins Repertoire aufnehmen, und deshalb versuchte er sich als Solist. Mit Demos in einem Londoner Studio beschäftigt, fiel er Talentsuchern auf. Mitte 1988 erschien seine Single *»Cinderella«*, die im Frühjahr 1989 in die deutsche Hitparade kam und Platz 9 erreichte. Seit diesem Zeitpunkt erscheinen von ihm bei wechselnden Firmen immer wieder Platten, die es in den Charts nur in die unteren Bereiche bringen.

Der Hit: *Cinderella*

Williams, John

* 8.2.1932 als John Towner Williams. Der amerikanische Songschreiber und Orchesterchef ist für viele Filmmusiken verantwortlich. 1980 wird er der Nachfolger von Arthur Fiedler als Leiter des Boston Pops Orchestra. Im Laufe seiner Karriere hat er 15 Grammys gewonnen. Sein einziger Single-Top-10-Erfolg in den USA war *»Star Wars (Main Title)«* Mitte 1977. Außer *»Star Wars«* schrieb er u. a. die Musik zu »Jaws«, »Close Encounters Of The Third Kind«, »Superman«, »E.T.«, »The Empire Strikes Back«, »The Return Of The Jedi«, »Indiana Jones«, »Born On The 4th Of July«, »JFK« oder »Hook«. 1986 wurde sein Sohn Joseph Williams für einige Zeit Leadsänger der Gruppe Toto.

Der Hit: *Star Wars (Main Title)*

Williams, Larry

* 10.5.1935, † 7.1.1980. Der amerikanische Pianist, Sänger und Songschreiber begann in der Begleitgruppe von Lloyd Price, in dessen Fußstapfen er auch treten wollte. Erstmals wird Larry Mitte 1957 in den US-Charts notiert – es ist *»Short Fat Fannie«*, die es bis auf Platz 5 bringt. Der Nachfolger *»Bony Maronie«* wird Top 20 in den USA und in GB. Nach 1958 hört man lange nichts mehr von ihm. 1960 wird er wegen Drogenhandels verurteilt. Später munkelten böse Zungen, er würde mehr an den Mädchen verdienen, die für ihn laufen, als an seinen Platten, die er immer noch aufnahm. Zusammen mit Johnny Watson wurde er im Frühjahr 1967 mit *»Mercy, Mercy, Mercy«* noch einmal im unteren Bereich aufgeführt. Dann konnte man lesen, daß Larry am 7.1.1980 durch einen Revolverschuß getötet worden sei. Bandenkrieg im Rotlichtbezirk?

Der Hit: *Short Fat Fannie*
Der Tip: *Best Of* (Ace Speciality CDCH 917 TIS)

Williams, Mason

* 24.8.1938. Der amerikanische Gitarrist und Songschreiber hatte seine größte Zeit in der zweiten Hälfte der 60er Jahre. Sein Titel *»Classical Gas«*, für viele andere Gitarristen eine Übungsnummer, kam Mitte 1968 bis auf Platz 2 in den USA, Platz 9 in GB. Mason verfaßte für Esther & Abi Ofarim den Titel *»Cinderella Rockefella«* und schrieb etliche erfolgreiche TV- und Film-Themen. Aber auch als

Sketche-Schreiber hatte er Erfolg. Von 1967 bis 1969 sah man das in der *»Smothers Brothers Comedy Hour«* in den USA. 1980 wirkte er in *»Saturday Night Live«* mit.

Der Hit: *Classical Gas*
Der Tip: *Phonograph Record* (WB 1729)

Williams, Maurice

* 26.4.1938. Der amerikanische Pianist und Songschreiber gründete 1955 die Royal Charms, aus denen wenig später die Gladiolas wurden. Unter diesem Namen hatten sie im Frühjahr 1957 den Top-50-Hit *»Little Darlin'«*. Mit den Diamonds wurde diese von Williams geschriebene Nummer zum gleichen Zeitpunkt ein Platz 2 in den USA und 3 in GB. Ab 1958 nannten sie sich Excellos, ab 1959 Maurice Williams & The Zodiacs. *»Stay«* kam Ende 1960 in die US-Charts und wurde Spitzenreiter. Maurice hat diesen Titel geschrieben, und die Four Seasons, Jackson Browne und die Hollies standen ebenfalls unter den Top 20 damit. Nach zwei weiteren Hit-Notierungen 1961 im unteren Bereich der US-Charts war Williams wieder verschwunden. In den 70er und 80er Jahren spielte er mit immer wechselnden Musikern als Zodiacs in Clubs.

Der Hit: *Stay*

Williams, Roger

* 1925 als Louis Weertz. Schon im Alter von 12 Jahren konnte der Sohn eines Musiklehrers etliche Instrumente spielen. 1951 ging er von seiner Heimatstadt Omaha, Nebraska, nach New York und schrieb sich dort an der Juilliard School of Music ein. Er beteiligte sich an Arthur Godfreys Talentscout-Sendung und gewann. Dave Kapp, Präsident der gleichnamigen Plattenfirma, hörte ihn singen und nahm ihn unter Vertrag. Im Herbst 1955 wird Roger erstmals in den USA notiert: *»Autumn Leaves«* wird Spitzenreiter. *»Near You«* 1958 und *»Born Free«* 1966 sind seine weiteren Top-10-Erfolge. Zwischen 1956 und 1972 – immer bei Kapp Records – hat er knapp 40 LPs in den US-Charts. Seine erfolgreichste ist *»Till«* im Frühjahr 1958.

Der Hit: *Autumn Leaves*

Williams, Tex

* 23.8.1917 als Sol Paul Williams, † 11.10.1985. Der amerikanische Country-Sänger, Gitarrist, Songschreiber und Filmschauspieler arbeitete 1930 bei einem Radiosender in Illinois. Mitte der 30er Jahre zog er mit seiner Band, den Reno Racketeers, nach Kalifornien und trat dort in vielen Western auf. Schließlich wurde er Sänger der Spade-Cooley-Band und gründete 1946 wieder eine eigene Gruppe, die Western Caravans. Von da an war er bis 1974 regelmäßig in den Country-Hitparaden zu finden. Sein größter Pop-Hit war Mitte 1947 der Millionseller *»Smoke! Smoke! Smoke! (That Cigarette)«*: die Platte erreichte Platz 1. In den 60er Jahren hatte er eine eigene TV-Show. Es entbehrt nicht einer gewissen Ironie, daß Williams 1985 an Lungenkrebs starb.

Der Hit: *Smoke! Smoke! Smoke! That Cigarette*

Williams, Vanessa

* 18.3.1963. Zuerst war sie nur Miss Syracuse, dann Miss New York State und schließlich die erste Schwarze, die 1983 Miss America wurde. Nachdem sie in Penthouse gezeigt hatte, wie gut sie gebaut ist, mußte sie den Titel wieder abgeben. 1985 gab sie ihr Broadway-Debüt in dem Musical »One Man Band« und hatte zu diesem Zeitpunkt schon eine exzellente musikalische und schauspielerische Ausbildung hinter sich, die bereits in früher Kindheit begonnen hatte: ihre Eltern waren beide Musiklehrer. 1987 folgte in »The Pick Up Artist« dann das Filmdebüt. 1988 spielte sie mit im TV-Special »Motown Returns To The Apollo«, in dem sie Josephine Baker porträtierte. Im Sommer des gleichen Jahres erschien ihre erste LP, *»The Right Stuff«*. Die Platte erreichte die Top 40 und wurde vergoldet. Eine Auskopplung daraus war das Stück *»Dreamin'«*, das es im Frühjahr 1989 in die Top 10 der US-Charts brachte. *»Save The Best For Last«* erschien im Frühjahr 1992 und erreichte Platz 1 in den USA, 3 in GB und die Top 20 in Deutschland. Zusammen mit Brian McKnight gelang ihr Anfang 1993 Platz 3 in den USA mit *»Love Is«*. Das Ganze stammte aus dem Soundtrack zur TV-Serie »90210 Beverly Hills«.

Der Hit: *Save The Best For Last*
Der Tip: *The Comfort Zone* (Polydor 511 267-2)

Willis, Bruce

* 19.3.1955. Bevor der Amerikaner Mitte der 70er Jahre seine Karriere als Schauspieler begann, spielte er Saxophon in einer Rhythm-&-Blues-Band namens

Loose Goose. Nach einigen Nebenrollen gelang ihm in der TV-Serie »Moonlighting« ab 1985 der erste Erfolg. Es folgten Hauptrollen in »Blind Date« 1987, »Die Hard I« 1989, »Die Hard II« oder »Death Becomes Her« 1992. In den Pop-Charts wird Bruce Anfang 1987 mit *»Respect Yourself«*, einem Song aus dem TV-Film »The Return Of Bruno«, verzeichnet. In den USA erreicht die Platte Platz 5, in GB Platz 7. Der Nachfolger *»Under The Boardwalk«* wird zumindest in GB Platz 2, in den USA kommen weitere Veröffentlichungen nicht mehr in die Top 50. Immerhin erschienen die Platten von Bruce Willis auf dem Motown Label. Bei *»Under The Boardwalk«* wirken denn auch als Backing-Sänger die Temptations mit. Ende 1987 heiratete Willis die erfolgreiche Schauspielerin Demi Moore.

Der Hit: *Respect Yourself*
Der Tip: *The Return Of Bruno* (Motown ZD 72571)

Willis, Chuck

* 31.1.1928, † 10.4.1958. Der schwarze amerikanische Rock-'n'-Roll-Sänger und Songschreiber zählt zu den Wegbereitern dieses Genres. 1951 begann er als Rhythm-&-Blues-Künstler beim Okeh Label. Er schrieb die Nummer *»C. C. Rider«*, mit der er selbst im Frühjahr 1957 auf Platz 12 der amerikanischen Single-Hitparade stand. Seinen größten Hit als Interpret hat Chuck nicht mehr erlebt. Er hieß, makaber genug, *»What Am I Living For«* und erreichte im Frühjahr 1958 Platz 9 in den USA. Auch die B-Seite wurde notiert: *»Hang Up My Rock 'n' Roll Shoes«*. Seine letzte Plazierung war im August 1958 *»My Life«*. Stücke von Chuck wurden von vielen anderen Interpreten, z. B. Elvis Presley, Buddy Holly oder den Drifters übernommen. Im Frühjahr 1958 erkrankte er an einer Bauchfellentzündung und starb nach einer schweren Operation.

Der Hit: *What Am I Living For*
Der Tip: *Keep A Drivin'* (Charly R&B 1074 TIS)

Wills, Johnnie Lee

* 2.9.1912, † 25.10.1984. Der Amerikaner hatte mit *»Rag Mop«* im Frühjahr 1950 Platz 9 in den US-Charts. Die Ames Brothers erreichten mit dem gleichen Titel zur gleichen Zeit Platz 1 in den USA und hatten einen Millionseller. Sein Bruder war der wesentlich erfolgreichere Bob Wills, der King of Western Swing. Bob schaffte zwar nie einen Top-10-Erfolg in den Pop-Charts, hatte dafür aber mit *»New San Antonio Rose«* Ende 1940 einen Millionseller. Zwischen 1933 und 1940 hatte Johnnie Lee mit den Texas Playboys, der Band seines Bruders, gespielt. Dann gründete er eine eigene Gruppe, die bis 1964 hielt. Den Rest der 60er

Jahre führte er einen Western-Store in Tulsa und organisierte dort Rodeos. In den 70er Jahren hatte er wieder eine Band.

Der Hit: *Rag Mop*
Der Tip: *Rompin' Stompin' Singin' Swingin'* (Bear Family BFX 15103)

Wills, Viola

Die Amerikanerin wurde von Barry White entdeckt, der sie zunächst als Session-Sängerin einsetzte und ihr 1965 einen Plattenvertrag gab. Sie veröffentlichte eine ganze Reihe Singles, die jedoch alle untergingen. 1972 wurde sie für die Sanctified Sisters verpflichtet, die Joe Cocker auf seiner »Mad Dogs & Englishmen«-Tournee begleiteten. Nach dieser Tour machte Wills wieder Soloplatten, aber der Erfolg ließ noch auf sich warten. Im Herbst 1979 gelang ihr mit *»Gonna Get Along Without You Now«* Platz 8 in den britischen Charts. Der Song war 1956 ein Hit für Patience & Prudence. Im Frühjahr 1986 wurde *»Both Sides Now/Dare To Dream«* in den GB-Charts noch einmal unter den Top 40 notiert. Ansonsten hatte sie keine Single-Erfolge.

Der Hit: *Gonna Get Along Without You Now*
Der Tip: *If You Could Read My Mind* (Hansa 203 183-320)

Will To Power

Bob Rosenberg, Dr. J, Maria Mendez, Elin Michaels.
Den Namen für seine Gruppe entnahm der in Florida beheimatete Ex-DJ Rosenberg dem Buch des deutschen Philosophen Friedrich Nietzsche »Der Wille zur Macht«, erschienen 1901. Mitte 1987 erschien mit *»Dreamin'«* die erste Hit-Notierung der Band in den USA. Eine Mixtur aus *»Baby I Love Your Way«* – im Original ein Hit von Peter Frampton – und *»Freebird«* – ein Stück von Lynyrd Skynyrd kam als *»Baby I Love Your Way/Freebird Medley (Free Baby)«* Ende 1988 in die US-Charts, erreichte Platz 1 und wurde ein Millionseller. In GB kam die Platte auf Platz 6, in Deutschland wurde es ein Top-20-Erfolg. 1990 reduzierte Rosenberg das Trio auf ein Duo, Dr. J. und Mendez gingen, und neben Bob agierte jetzt die Sängerin Elin Michaels. Eine Neuaufnahme des 10cc-Hits *»I'm Not in Love«* brachte dem Duo Ende 1990 Platz 7 in den USA.

Der Hit: *Baby I Love Your Way/Freebird Medley (Free Baby)*
Der Tip: *Will To Power* (Epic EK 40940)

Wilma

Wilma Landkroon (* 28.4.1957) aus Holland sollte Anfang 1969 an die großen Erfolge des Landsmannes Heintje als Kinderstar anknüpfen. Sie sang *»Heintje, baue ein Schloß für mich«* und erreichte Platz 10 in Deutschland. Da das kleine Zauberwort »bitte« im Lied fehlte, hat Heintje ihr was gepfiffen. Mitte des gleichen Jahres 1969 stand *»Zauberfee«* noch unter den ersten 30 in Deutschland, dann war Wilma erledigt.

Der Hit: *Heintje, baue ein Schloß für mich*

Wilson, Al

* 19.6.1939. Der amerikanische Sänger und Schlagzeuger startete seine Karriere in Gruppen wie Jewels, Rollers und mit Johnny »Legs« Harris & The Statesmen. Seine erste Hit-Notierung, produziert durch Johnny Rivers, hatte Wilson im Herbst 1968 mit *»The Snake«*. Die Jerry-Fuller-Nummer *»Show And Tell«* nahm Al Ende 1973 auf und hatte damit einen Millionseller und Platz 1 in den USA. Bis 1976 werden weitere Titel in den Pop-Charts von ihm verzeichnet, danach gelingen ihm bis Ende der 70er Jahre noch einige R&B-Hits.

Der Hit: *Show And Tell*

Wilson, Ann

* 19.6.1951. Ann war zusammen mit ihrer Schwester Nancy die treibende Kraft hinter der Rock-Band Heart. Zusammen mit Mike Reno von Loverboy gelang Ann Mitte 1984 der Top-10-Erfolg *»Almost Paradise ... Love Theme From Footloose«* aus dem Film »Footloose«. Auch ihr zweiter Top-10-Erfolg stammte aus einem Film, und auch ihn sang sie im Duett mit einem prominenten Partner: *»Surrender To Me«* aus dem Film »Tequila Sunrise« erreichte Ende 1988 Platz 6 in den US-Charts. Ihr Partner war Robin Zander, Leadsänger von Cheap Trick.

Der Hit: *Surrender To Me*

Wilson, J. Frank & The Cavaliers

J. Frank Wilson, v (* 11.12.1941, † 4.10.1991); Gene Croyle; Jerry Graham; Phil Trunzo, Bobby Woods.
Der aus Texas stammende Frank hatte Anfang der 60er Jahre in San Angelo seine eigene Band, die Cavaliers, gegründet. *»Last Kiss«* erschien im Herbst 1964 und

erreichte Platz 2 in den US-Charts. Es war eine der vielen Kurzliebesgeschichten, die zwischen einem Auto, einem Mädchen, einem Jungen und einem Unfall spielten. Die Nummer hatte der weiße Soul-Sänger Wayne Cochran geschrieben, der mit seiner Version nicht in die Hitparade kam. Nach »*Last Kiss*« hatte Frank »*Hey Little One*«, ebenfalls noch 1964, in den Charts. Danach wurde er nicht mehr notiert, bis eine Wiederveröffentlichung von »*Last Kiss*« 1973 sich noch einmal plazieren konnte.

Der Hit: *Last Kiss*

Wilson, Jackie

* 9.6.1934, † 21.1.1984. Der amerikanische Soul-Sänger und Songschreiber begann seine Karriere in einer Gospelgruppe, wurde Amateurboxer und trat schließlich als Gesangssolist auf. Das alles brachte nichts, bis er 1953 als Ersatz für Clyde McPhatter zu Billy Ward & His Dominoes kam. »*You Can't Keep A Good Man Down*«, im Herbst 1953 ein Top 10 in den Rhythm-&-Blues-Charts, sang er als Mitglied dieser Formation. Ab 1957 ging er wieder als Solist. Seine erste Hit-Notierung war »*Reet Petite*«. Die Platte kam Ende 1957 bis auf Platz 62 in den USA, auf Platz 6 in GB. Als der Titel Ende 1986 erneut in GB veröffentlicht wurde, erreichte er dort die Spitze und Platz 4 in Deutschland. »*Lonely Teardrops*« 1957, »*Night*« und »*Alone At Last*« 1960, »*My Empty Arms*« 1961, »*Baby Workout*« 1963 und »*(Your Love Keeps Lifting Me) Higher And Higher*« 1967 waren seine weiteren Top-10-Erfolge in den USA. »*I Get The Sweetest Feeling*« erreichte in GB 1972 Platz 9 und im Frühjahr 1987 Platz 3. Am 29.9.1975 fiel Jackie nach einem Herzanfall in ein Koma, aus dem er nicht mehr erwachte. Er starb, nachdem er all die Jahre im Krankenhaus gelegen hatte, am 21.1.1984. Viele der großen Soul- und Pop-Stars nennen ihn als ihr Vorbild. Sein Patenkind ist die inzwischen erfolgreiche Jody Watley.

Der Hit: *(Your Love Keeps Lifting Me) Higher And Higher*
Der Tip: *The Jackie Wilson Story* (Epic EGK 38 623)

Wilson, Mari

* 29.9.1957 als Mari MacMillan Ramsey Wilson. Diese britische Sängerin erfüllte sich im Herbst 1982 mit einem Platz 8 in den GB-Charts ihren größten Wunsch: »*Just What I Always Wanted*«. Mari ist in einer Familie aufgewachsen, in der sich die Eltern für Peggy Lee und Judy Garland interessierten. Das machte aus ihr eine Hohepriesterin des Haarsprays und eine Nymphe des Nagellacks. Sich selbst bezeichnete sie, als sie 1982 den Hit hatte, als einen 26jährigen, veralteten

Teenager. Inzwischen hat sie ihre Verkleidung abgelegt und sich mehr dem Jazz-Pop zugewandt.

Der Hit: *Just What I Always Wanted*
Der Tip: *Showpeople* (Metronome 810 999 1)

Wilson, Meri

Diese amerikanische Sängerin wurde in Japan geboren und wuchs in Georgia auf. Im Juni 1977 kam diese One Hit Wonder in die US-Charts, erreichte Platz 18 und hatte einen Millionseller: *»Telephone Man«*. Zwei Monate später kam die Platte auch in die GB-Charts und erreichte dort Platz 6. Vorher hatte Meri in Clubs und in Dallas für Werbe-Jingles gesungen. Meri versuchte später, diesen Novelty-Hit *»Telephone Man«* zu wiederholen und veröffentlichte Platten wie *»Midnight In Memphis«* oder *»Peter The Meter Reader«*. Nichts kam in die Charts.

Der Hit: *Telephone Man*

Wilson Phillips

Carnie Wilson (* 29.4 1968), Wendy Wilson (*16.10.1969), Chynna Phillips (*12.2.1968 als Chynna Gilliam Phillips), alle v.
Dieses musikalisch vorbelastete Trio war förmlich zum Erfolg verpflichtet. Carnie und Wendy sind die Töchter von Beach Boys-Brain Brian Wilson, Chynna ist Sprößling von John und Michelle Phillips, die 50% der Mamas & Papas ausmachten. Von den dreien ist Chynnah ohne Zweifel die hübscheste. Sie spielte dann auch mit in dem Film »Caddyshack II«. *»Hold On«*, die erste Single des Trios, erschien im Frühjahr 1990, wurde Spitzenreiter in den USA und Millionseller. In GB erreichte der Titel Platz 6, in Deutschland Platz 15. Die Nachfolge-Single *»Release Me«* wurde erneut Spitzenreiter in den USA und Millionseller. *»Impulsive«*, noch 1990, und der Spitzenreiter *»You're In Love«* im Frühjahr 1991 waren die weiteren Top-10-Erfolge der drei. Die Mädchen kennen sich bereits seit ihren Kindertagen: Sie sind zusammen aufgewachsen. Bei ihren Plattenaufnahmen beschränkten sie sich nicht darauf, angeliefertes Hit-Material runterzusingen, sondern haben die meisten Titel auch mitgeschrieben. Ihr Debüt-Album kam im Frühjahr 1990 in die US-Charts, stand 10 Wochen lang auf Platz 2, blieb insgesamt zweieinhalb Jahre in der Hitparade und verkaufte sich über 5 Millionen mal.

Der Hit: *Hold On*
Der Tip: *Wilson Phillips* (SBK Records 7 93745 2)

Winding, Kai

* 18.5.1922 als Kai Chresten Winding, † 6.5.1983. Der dänische Posaunist und Komponist wanderte 1934 in die USA aus. Dort spielte er 1940 bei Shorty Allen, 1941 u. a. bei Alvino Rey und ab 1942 in Army-Bands. Nach dem Militär ging er zu Benny Goodman 1945/46, Stan Kenton 1947 und Charlie Ventura 1948. Danach arbeitete er mit eigenen Gruppen und als Studiomusiker. In den 50er Jahren spielte Kai mit Jay Jay Johnson zusammen in einem Quintett. In den 60ern war er u. a. Komponist für Filmmusiken. Aus dieser Zeit stammt auch sein einziger Hitparadenerfolg: »*More*«, Mitte 1963 Platz 8 in den USA. Es war das Thema aus dem Film »Mondo Cane«. Winding arbeitete auch als Produzent, Agent, Veranstalter und Lehrer. Kai trat regelmäßig bei Jazz-Festivals auf. Er starb 1983 in Spanien, wohin er sich seit einiger Zeit zurückgezogen hatte, an einem Gehirntumor.

Der Hit: *More*

Windows

Peter Petrel (*14.4.1940), Jeannie McKinnley.
Anfang 1972 hatte das holländische Duo Mouth & MacNeal einen großen Erfolg mit seiner Nummer »*How Do You Do*«. Für eine deutsche Version stellte man das Duo Windows zusammen, und beide Aufnahmen kamen am 21.2.1972 in die deutsche Hitparade. Mouth & MacNeal erreichten Platz 5, die Windows Platz 1. Während die Holländer im gleichen Jahr mit »*Hello-A*« einen weiteren Top-10-Erfolg hatten, kamen Nachfolgeplatten der Windows nicht mehr unter die ersten 40. Peter Petrel veröffentlichte auch Soloplatten. Sein größter Erfolg war Anfang 1981 »*Ich bin viel zu bescheiden*«, Top 20 in Deutschland.

Der Hit: *How Do You Do*

Wingfield, Pete

* 7.5.1948. Der britische Tastenspieler, Songschreiber, Produzent und Sänger begann in der Gruppe Jellybread. Schon mit 16 hatte Pete ein monatliches Rhythm-&-Blues-Magazin namens Soul Beat herausgegeben. Durch die 70er Jahre schrieb er immer wieder Artikel für die Zeitschrift Let it Rock. Nach seiner Zeit mit Jellybread ging Pete für ein halbes Jahr zur Keef-Hartley-Band, und ab 1972 wurde er für zwei Jahre Pianist bei Colin Blunstone. Im Anschluß daran ging er auf Europa- und Amerikatournee mit Maggie Bell und Van Morrison. Mit beiden machte er auch Studioaufnahmen, ebenso wie mit Freddie King, Jimmy Witherspoon, Jess Roden, Bloodstone, Al Stewart oder Mud. Zwischendurch

Pete Wingfield *(Island)*

begleitete er immer wieder Live-Konzerte von Musikern, so z. B. die Hollies auf ihrer US-Tournee. Mitte 1975 erschien seine Soloplatte *»Eighteen With A Bullet«* und erreichte Platz 7 in GB, Platz 15 in den USA. In den Jahren danach machte er sich einen Namen als erfolgreicher Produzent, z. B. von Dexy's Midnight Runners, der Kane Gang oder Blue Rondo A La Turk. Aber auch als Studiomusiker war er weiterhin auf vielen Produktionen zu hören: Level 42, Elton John, Everly Brothers, Justin Hayward, Gilbert O'Sullivan, Hot Chocolate, Chris Rea oder Gerry Rafferty bedienten sich der Tastenspielkunst von Pete Wingfield.

Der Hit: *Eighteen With A Bullet*
Der Tip: *Breakfast Special* (Island 89 141 XOT)

Wings

siehe McCartney, Paul

Winners

Der deutsche Songschreiber und Sänger Wolfgang Jass plus vier Backgroundsängerinnen versteckten sich hinter diesem Gruppennamen. Für die Olympischen Spiele in Seoul 1988 nahmen die Winners den Titel *»Go For Gold«* auf, der es Ende 1988 bis auf Platz 3 in den deutschen Charts brachte. Sämtliche weiteren Veröffentlichungen dieser Formation wurden kein Erfolg. Jass hatte als Autor von *»Seven Tears«* oder *»Sun Of Jamaica«* für die Goombay Dance Band europaweit Erfolg.

Der Hit: *Go For Gold*

Winstons

Richard Spencer, v/sax; Ray Maritano, sax/v; Quincy Mattison, g/v; Phil Toletta, v/org; Sonny Peckrol, b/v; G.C. Coleman, d/v.
Dieses Soul-Sextett aus Washington, D.C., wurde von der Gesangsgruppe Impressions in einem Club gesehen und dann gefragt, ob sie nicht als Begleitband für sie spielen wollten. Sie willigten ein und machten sich im Laufe der Zeit auch als eigenständige Formation einen Namen. Einige Mitglieder der Gruppe hatten vorher als Begleitmusiker von Otis Redding, Arthur Conley oder den Marvelettes gespielt. Im Frühjahr 1969 erschien ihre Single *»Color Him Father«*. Die Platte wurde ein Millionseller und Platz 7 in den USA. Der Nachfolger *»Love Of The Common People«* kam schon nicht mehr unter die ersten 50, und nach diesen beiden Hit-Notierungen verschwanden die Winstons wieder.

Der Hit: *Color Him Father*
Der Tip: *Color Him Father* (CBS 63 824)

Winter, Edgar

* 28.12.1946. Der amerikanische Sänger, Tastenspieler, Saxophonist und Songschreiber ist der jüngere Bruder von Johnny Winter, in dessen Band er Anfang der

60er Jahre spielte. Johnny war gerade 15, Edgar 13, als sie als Johnny & The Jammers ihre erste Platte aufnahmen. Später nannten sie sich Black Plague. Als das nichts wurde, versuchten beide als Solisten ihr Glück. Edgar gründete White Trash und dann die Edgar Winter Group, in der Ronnie Montrose und Rick Derringer Leadgitarre und Dan Hartman Baß spielten. In dieser Besetzung gelang im Frühjahr 1973 der Millionseller und Spitzenreiter in den USA *»Frankenstein«*. Bis 1974 hatte Edgar noch einige andere Chart-Notierungen. Dann fiel seine Band wieder auseinander. Er spielte als Solist, dann wieder mit seinem Bruder oder auch auf Platten von Montrose, Meat Loaf oder Bette Midler.

Der Hit: *Frankenstein*
Der Tip: *Best Of* (Epic 467 507 2)

Winterhalter, Hugo

* 15.8.1909, † 17.9.1973. Der amerikanische Orchesterchef arbeitete zwischen 1950 und 1963 für die Plattenfirma RCA und begleitete viele der großen Hits von Eddie Fisher, Perry Como, Billy Eckstine, Kay Starr, den Fontane Sisters, Eddy Arnold und den Ames Brothers. Er selbst hatte mit seinem Orchester zwischen 1949 und 1956 knapp 30 Hits in den USA. Seine erste Notierung war Ende 1949 *»Jealous Heart«*, gleich ein Top-10-Erfolg. Seine letzte Plazierung war sein größter Hit: *»Canadian Sunset«* erreichte Mitte 1956 Platz 2 in den USA. Als Pianist war darauf Eddie Heywood zu hören. 1973 starb Winterhalter an Krebs.

Der Hit: *Canadian Sunset*

Winters, Lawrence

* 15.11.1915, † 24.9.1965. Der amerikanische Bariton war in der Bundesrepublik erfolgreich. Erstmals wurde er Anfang 1956 mit *»Drei Münzen im Brunnen«* in den Charts verzeichnet. Die Platte erreichte Platz 10. Sieben Jahre später hatte er eine zweite und letzte Hit-Notierung: *»Miteinander, füreinander«*, Top 30 in Deutschland. Er starb im September 1965 in Hamburg.

Der Hit: *Drei Münzen im Brunnen*

Winters, Ruby

Die amerikanische Soul-Sängerin wurde 1967 erstmals in den US-Charts notiert. Zusammen mit Johnny Thunder sang sie *»Make Love To Me«*. 1969 hatte sie in ihrer Heimat zwei Platten knapp unter den ersten 100 der Charts stehen, dann war sie dort für die Pop-Hitparaden vergessen. Ende 1977 kam sie in die GB-Charts mit dem Stück »*I Will*« und erreichte Platz 4. Dieser Titel war vier Jahre zuvor unter den ersten 40 der R&B-Hitparade. »*Come To Me*« kam im April 1978 bis auf Platz 11 in GB. Zwei weitere Hit-Notierungen erreichten nicht mehr die Top 40. Nach Mitte 1979 war sie auch wieder aus den GB-Charts verschwunden.

Der Hit: *I Will*

Winwood, Steve

* 12.5.1948. Der britische Sänger, Keyboarder, Komponist und Produzent begann seine Karriere 1963 bei der Spencer Davis Group. Er war die Stimme hinter den Hits »*Keep On Running*«, »*Somebody Help Me*«, »*Gimme Some Loving*« oder »*I'm A Man*«. Im April 1967 war er Mitbegründer von Traffic, 1969 von Blind Faith. Danach wurde Traffic neu formiert und hielt bis 1974. Steve arbeitete in der Folge mit Stomu Yamashta und Klaus Schulze. Ab 1977 machte er Soloplatten. »*While You See A Chance*« war Anfang 1981 seine erste Hit-Notierung. Er erreichte damit die Top 10 in den USA. »*Higher Love*« war Mitte 1986 Spitzenreiter in den US-Charts. »*The Finer Things*« und »*Valerie*« 1987, der Spitzenreiter »*Roll With It*« und »*Don't You Know What The Night Can Do*« 1988 waren weitere Top-10-Erfolge für ihn in den USA. In GB erreichte er die ersten 10 der Single-Charts nie. Dafür konnte er dort seine LPs »*Talking Back To The Night*« 1982, »*Back In The High Life*« 1986 und »*Roll With It*« 1988 in den Top 10 plazieren. »*Back In The High Life*« war in den USA 1986 Platz 3 und wurde 3 Millionen mal verkauft. »*Roll With It*« wurde 1988 Spitzenreiter und über 2 Millionen mal verkauft.

Der Hit. *Higher Love*
Der Tip: *Chronicles* (Island 258 595)

Wisdom, Norman

* 4.2.1918. Dieser britische Slapstick-Komiker schaffte mit »*Don't Laugh At Me*« Anfang 1954 Platz 3 in den GB-Charts. »*Wisdom Of A Fool*« kam drei Jahre später bis auf Platz 13 in GB. Ansonsten ist er seit fast vier Jahrzehnten einer der beliebtesten britischen Entertainer. Auch als Filmschauspieler war er erfolgreich. 1953 spielte er in »Trouble In Store«. In den 50er Jahren folgte eine ganze Reihe von sehr erfolgreichen Streifen. Inhaltlich waren sie alle nach dem gleichen Strickmuster: Norman kämpfte gegen den Rest der Welt, um Gerechtigkeit und seine Liebste zu bekommen. Klar, daß er siegte und man sich in den Armen lag. Außerdem sang er natürlich auch in all seinen Filmen, und sein größter Hit

Steve Winwood *(Ariola)*

»Don't Laugh At Me«, den er mitgeschrieben hatte, wurde sein Erkennungslied. Wisdom blieb bis in die 90er Jahre aktiv.

Der Hit: *Don't Laugh At Me*

Wishful Thinking

Tony Collier, v/b/g; Kevin Finn, g/v; John Franklin, g/v; Jon Redpath, d.
1969 nahm diese englische Formation den Titel *»Hiroshima«* auf, der keinerlei Spuren hinterließ. Die Band fiel auseinander, und jahrelang waren die einzelnen Mitglieder mit anderen Projekten beschäftigt. Collier war hauptberuflich bei der BBC London als Songschreiber beschäftigt. Finn arbeitete als Session-Sänger für die Kinks, New Seekers, Madeline Bell oder Olivia Newton-John. Franklin schrieb ebenfalls Lieder und hatte sich in der Nähe von London ein eigenes Studio gebaut. Außerdem war er der musikalische Leiter der New Seekers. Der Urschlagzeuger war nicht mehr aufzutreiben, und deshalb nahm man 1979, als Wishful Thinking wieder zusammenkam, aus der Begleitgruppe der New Seekers den Drummer Redpath. Inzwischen war folgendes geschehen: Der Titel *»Hiroshima«* wurde von deutschen Runkfunkanstalten so häufig gespielt, daß eine enorme Nachfrage entstand. Im Frühjahr 1978 kam die Platte in die deutsche Hitparade und erreichte Platz 8. Daraufhin wurden die Mitglieder gebeten, für neue Produktionen wieder zusammenzukommen. Das geschah 1979, jedoch mit wenig Erfolg. Es blieb bei diesem einen Hit, der es auch ansonsten weder in den USA noch in GB in die Charts schaffte.

Der Hit: *Hiroshima*
Der Tip: *Wishful Thinking* (Global 0063.202)

Withers, Bill

* 4.7.1938. Der amerikanische Sänger, Gitarrist und Songschreiber nahm 1970, produziert von Booker T. Jones, seine ersten Platten auf. *»Ain't No Sunshine«* war Mitte des darauffolgendes Jahres Millionseller und Platz 3 in den USA. 1972 hatte er zwei weitere Millionseller: *»Lean On Me«*, außerdem Spitzenreiter, und *»Use Me«*, Platz 2. Nach 1977 ließ Bills Erfolg nach. Dann war er als Sänger auf der Nummer *»Just The Two Of Us«* von Grover Washington Jr. zu hören, die es im Frühjahr 1981 bis auf Platz 2 in den USA brachte. Als Ende der 80er Jahre die Remix-Welle grassierte, nahm man sich auch die Songs von Bill Withers vor. *»Lovely Day«*, ursprünglich in GB ein Top-10-Hit Anfang 1978, kam Ende 1988 in der Remix-Version von Ben Liebrand bis auf Platz 4 in GB und in die deutschen Top 30. Seine Hits hat Withers alle selbst geschrieben und ist als Songschreiber weiterhin gut im Geschäft.

Der Hit: *Lean On Me*
Der Tip: *The Sound Of Soul* (Castle Communications BLAT CD 13)

Witt, Joachim

* 22.2.1949. Der deutsche Sänger, Gitarrist und Songschreiber war 1977 Mitbegründer der Formation Düsenberg. Nach drei Jahren und drei LPs stieg er aus und versuchte sich als Solist. Im Zuge der neuen deutschen Welle gelang ihm mit *»Goldener Reiter«* ein Platz 2 in den deutschen Charts. *»Kosmetik«* und *»Tri Tra Trulala (Herbergsvater)«* waren 1982 noch zwei weitere Hit-Notierungen. Danach erschienen unter dem Motto *»Laßt es sein, Kinder«* weitere Singles und LPs von Witt, die an den früheren Erfolg nicht mehr anschließen konnten.

Der Hit: *Goldener Reiter*
Der Tip: *Silberblick* (WEA 58 231)

Wizzard

Roy Wood, v/g (* 8.11.1946 als Ulysses Adrian Wood); Pick Price, v/b (* 10.6.1944); Hugh McDowell, cello; Bill Hunt, key (* 23.5.1947); Mike Burney, sax; Nick Pentelow, sax; Keith Smart, d (* 10.12.1946); Charlie Grima, d (* 1.12.1944).
Diese britische Formation war ein weiteres Projekt von Roy Wood, der Anfang der 70er Jahre und nach seinen großen Erfolgen mit Move nach einer neuen Herausforderung suchte. Eine hieß ELO, die andere Wizzard. Von beiden Formationen erschienen 1972 die ersten Platten. Im gleichen Jahr war mit *»California Man«* die letzte Single von Move erschienen. Schon die Anfänge von ELO zeigten, daß das mehr die Gruppe von Roy Woods Bandkollegen Jeff Lynne werden würde. Also machte Roy mit Wizzard seinen eigenen Ableger von Move. *»Ballpark Incident«* kam noch Ende 1972 in die GB-Charts und erreichte Platz 6. 1973 kletterte Wizzard zweimal auf Platz 1 in GB mit *»See My Baby Jive«* und *»Angel Fingers«*. *»I Wish It Could Be Christmas Everyday«* war Ende 1973 ein weiterer Top-10-Erfolg für Wizzard. 1981 und 1984 kam dieser Titel erneut in die britische Hitparade. *»Rock 'n' Roll Winter«* und *»Are You Ready To Rock«* hießen die beiden Top-10-Erfolge von Wizzard 1974. Im Februar 1975 trennte sich die Band. Dafür kamen neu die Wizzo Band, schließlich Roy Wood's Helicopters und wieder Soloplatten von Roy.

Der Hit: *See My Baby Jive*
Der Tip: *You Can Dance The Rock 'n' Roll* (Harvest CDP 7 92586 2)

Wolfgang

* 17.2.1950 als Wolfgang Hofer. Der in Linz, Österreich, geborene Sänger, Texter und Komponist stand im Frühjahr 1971 mit »*Abraham (Das Lied vom Trödler)*« auf Platz 3 der deutschen Hitparade. Der Nachfolger »*Song For Julia*« erreichte noch die deutschen Top 30. Danach nahm Wolfgang zwar noch weitere Platten auf, war allerdings als Sänger nicht mehr sonderlich gefragt. Dafür freuten sich seine Kollegen, darunter Udo Jürgens, über seine Kompositionen, die sie aufnahmen. Mehr und mehr verstärkte sich Hofer auf die Arbeit für das Fernsehen. So ist er für etliche TV-Sendungen Drehbuchschreiber.

Der Hit: *Abraham (Das Lied vom Trödler)*

Womack, Bobby

* 4.3.1944. Der amerikanische Soul-Sänger, Gitarrist und Songschreiber war zusammen mit seinen vier Brüdern in der Gospelformation Womack Brothers. Zwischen 1962 und 1967 wurde daraus die Gruppe Valentinos, die Mitte 1964 das Original von »*It's All Over Now*« brachte. Dieses Stück wurde von den Rolling Stones gecovert und kam wenig später auf Platz 1 in den britischen Charts. Danach tourte Bobby als Gitarrist mit Sam Cooke, um schließlich dessen Witwe zu heiraten. Nebenher sei gesagt, daß sein Bruder Cecil die Tochter von Sam Cooke heiratete und mit ihr als Womack & Womack recht erfolgreich war. Ab 1965 begann Bobby Womack mit einer Solokarriere und wirkte nebenher als Session-Gitarrist auf Platten von Wilson Pickett, den Box Tops, Joe Tex, Aretha Franklin und Janis Joplin mit. Seine erste eigene Hit-Notierung war im Herbst 1968 »*Fly Me To The Moon*«. »*Harry Hippie*« kam Ende 1972 in die US-Charts, erreichte Platz 31 und wurde ein Millionseller. »*Lookin' For A Love*« war zwei Jahre später ebenfalls Millionseller, aber auch Top 10 in den USA. Das Stück hatten 1962 bereits die Valentinos aufgenommen, und 1972 war es ein Top-40-Hit für die J.-Geils-Band. Bobby nahm auch zusammen mit dem amerikanischen Tenorsaxophonisten Wilton Felder und mit der Gruppe Living In A Box Platten auf.

Der Hit: *Lookin' For A Love*
Der Tip: *Greatest Hits* (UA S 29715 XO)

Womack & Womack

Cecil Womack (*1947), Linda Cooke Womack (*1952).
Cecil Womack bildete zusammen mit seinen Brüdern Bobby, Curtis, Cedric und Harry die Gospelgruppe Womack Brothers, aus der 1962 Sam Cooke die

Valentinos machte. Cecil war erst mit der Sängerin Mary Wells verheiratet und ehelichte 1976 Linda, die Tochter von Sam Cooke, die sich seit 1964 als Songschreiberin betätigte. Die beiden gemeinsam schrieben Songs für Chaka Khan, Millie Jackson, Ben E. King und Blondie. Als Womack & Womack veröffentlichte das Ehepaar Ende 1983 die erste gemeinsame LP *»Love Wars«*. In den folgenden Jahren erschienen weitere LPs der beiden, die jedoch in den USA nicht sonderlich erfolgreich waren. Im Herbst 1988 gelang ihnen mit dem Stück *»Teardrops«* ein Platz 3 in den britischen Single-Charts, Platz 2 und Gold in Deutschland. TV-Auftritte des Paares zeigen deutlich, daß die Dynastie der Womacks im Musikbereich fortbestehen wird. Diverser Nachwuchs tummelt sich da mit einer Lust auf der Bühne, die das sicherstellt.

Der Hit: *Teardrops*
Der Tip: *Conscience* (Island 259 139)

Wombles

Diese britische Studiogruppe war eine Kreation von Mike Batt (* 6.2.1950). Nachdem sich *»The Wombling Song«* Anfang 1974 bis auf Platz 4 in den GB-Charts hochschrauben konnte, stellte Mike Batt schnell eine Band zusammen, die die Wombles im Fernsehen darstellen konnte. Laut eigener Aussage mußte Mutter Batt die ganze Nacht über die Kostüme nähen, mit denen die Musiker dann am nächsten Tag auftraten. Nun sieht Mike Batt wirklich nicht wie ein Pop-Star aus, aber das wäre nicht nötig gewesen. Im gleichen Jahr hatten die Wombles mit *»Remember You're A Womble«*, *»Banana Rock«* und *»Wombling Merry Christmas«* drei weitere Top-10-Erfolge. 1975 gelangen wieder drei Hit-Notierungen, von denen jedoch keine über Platz 20 hinauskam. Ab Ende 1975 – Mike Batt hatte jetzt unter seinem Namen »Summertime City« in die Top 10 gebracht – war die Maskerade beendet.

Der Hit: *Remember You're A Womble*
Der Tip: *Remember You're A Womble* (CBS 80191)

Wonder, Stevie

* 13.5.1950 als Steveland Judkins Morris. Direkt nach der Geburt mußte Wonder in einen Brutkasten, und durch eine Fehlversorgung erblindete er. Trotz seiner Behinderung begann Wonder mit sieben Jahren, Piano zu lernen, mit neun spielte er außerdem noch Schlagzeug und Mundharmonika. Noch als Pre-Teen sang er in einem Gospelchor. Stevies Musik wurde zu einem Mittelding aus Rhythm & Blues und Gospel, aus den Einflüssen von Ray Charles und Sam Cooke. 1961 wurde er

Stevie Wonder

von Ron White, Mitglied der Miracles, entdeckt, und der arrangierte für ihn einen Vorspieltermin bei Motown Records. Berry Gordy war sofort überzeugt und machte mit ihm einen Vertrag. Seine ersten Singles, *»I Call It Pretty Music«* – Marvin Gaye spielte hier Schlagzeug –, *»Waterboy«* und *»Contract On Love«* erschienen – und verkauften sich nicht. Das änderte sich schlagartig, nachdem Mitte 1963 *»Fingertips – Pt 2«* in die US-Charts gekommen war und Platz 1 erreichte. Was sich zunächst anließ wie die Karriere eines Wunderkindes, das ein paar Platten veröffentlicht und dann wieder verschwindet, hatte Bestand und geht bis in die 90er Jahre. Schon ab Mitte 1964 war nicht mehr von Little Stevie Wonder wie auf den ersten Platten, sondern nur noch von Stevie Wonder die Rede. *»Uptight (Everything's Alright)«* Ende 1965, *»Blowin' In The Wind«* und *»A Place In The Sun«* 1966, *»I Was Made To Love Her«* 1967, *»Shoo-Be-Doo-Be-Doo-Da-Day«* und *»For Once In My Life«* 1968, *»My Cherie Amour«* und *»Yester-Me, Yester-You, Yesterday«* 1969, *»Signed, Sealed, Delivered I'm Yours«* und *»Heaven Help Us All«* 1970, *»If You Really Love Me«* 1971 waren alles Top-10-Erfolge für ihn in den USA. Dabei ist zu bedenken, daß sich Stevie Wonder in der Hochzeit des Mersey Beats gegen die britische Invasion durchsetzen konnte. Aber ab 1972 – also schon fast 10 Jahre nach Karrierebeginn – kamen die richtig großen Hits. *»Superstition«* 1972, *»You Are The Sunshine Of My Life«* 1973, *»You Haven't Done Nothin'«* – hier sangen die Jackson Five im Hintergrund – 1974, *»I Wish«* 1976, *»Sir Duke«* – eine Hommage an Duke Ellington – 1977, *»Ebony And Ivory«* zusammen mit Paul McCartney 1982, *»I Just Called To Say I Love You«*, *»Part-Time Lover«* und als Teil von Dionne & Friends zusammen mit Elton John und Gladys Knight *»That's What Friends Are For«* 1985 waren alles Spitzenreiter in den USA. Dazu kommt noch eine ganze Anzahl von weiteren Top-10-Erfolgen. In GB hatte Wonder ab 1966 Erfolge. Er brachte es dort auf 16 Top-10-Hits, aber auf nur einen Spitzenreiter als Solist: *»I Just Called To Say I Love You«* 1984. Zwei Jahre zuvor stand er zusammen mit Paul McCartney und *»Ebony And Ivory«* auf dem ersten Platz. Diese beiden Titel waren auch seine einzigen Nummer-1-Hits in Deutschland. Wonder hat nicht nur die meisten dieser Titel im Alleingang geschrieben, sondern auch ohne weitere Musiker und fremde Produktionshilfe aufgenommen. Dazu war und ist er als Multi-Instrumentalist in der Lage. Im Laufe seiner Karriere hat er 17 Grammys gewonnen. Er spielte mit in den Filmen »Bikini Beach« und »Muscle Beach Party«. 1989 wurde er in die Rock 'n' Roll Hall of Fame aufgenommen. Für die Produktion neuer Platten läßt sich Wonder in den letzten Jahren Zeit. Dafür erscheinen dann auch Meisterwerke. Wenn er neue Platten vorstellt, warnt er anwesende Journalisten schon mal: »Wenn ihr keine gute Kritik schreibt, fahre ich euch persönlich nach Hause.«

Der Hit: *I Just Called To Say I Love You*
Der Tip: *Song In The Key Of Life* (Tamla ZD 72131-1/2)
Original Musiquarium I (Tamla ZD 72133-1/2)

Wonder Stuff

Miles Hunt, v/g; Malcolm Treece, g; Rob Jones, b; Martin Gilks, d; Paul Clifford, b; Martin Bell, p/fiddle/banjo.
Diese britische Pop-Gruppe wurde 1986 gegründet. Im darauffolgenden Jahr veröffentlichten sie als erste Platte eine EP mit dem Titel *»It's A Wonderful*

Day«, die von der Presse wohlwollender als von den Käufern aufgenommen wurde. *»Give Give Give Me More More More«* war im Frühjahr 1988 ihre erste Hit-Notierung. Nach etlichen weiteren Platten, die sich vorwiegend in dem Bereich 20 bis 40 plazieren konnten, gelang Wonder Stuff mit *»The Size Of A Cow«* im April 1991 ein Platz 5 in GB. Ende des gleichen Jahres gelang ihnen mit Vic Reeves und einer neuen Version des Tommy-Roe-Hits *»Dizzy«* aus dem Jahre 1969 ein Platz 1 in der britischen Hitparade. Anfang 1992 brachte Wonder Stuff die EP *»Welcome To The Cheap Seats«* in die britischen Top 10. Auf dieser EP waren außer dem Titeltrack *»Me, My Mom, My Dad And My Brother«*, *»Will The Circle Be Unbroken«* und *»That's Entertainment«*. Bereits Ende der 80er Jahre hatte es Umbesetzungen gegeben: für Jones kam Clifford und als Verstärkung Bell hinzu.

Der Hit: *The Size Of A Cow*
Der Tip: *Never Loved Elvis* (Polydor 847 252-2)

Wood, Brenton

* 26.7.1941 als Alfred Smith. Der amerikanische Soul-Sänger, Songschreiber und Pianist machte 1958 seine ersten Platten mit Little Freddie & The Rockets. *»The Oogum Boogum Song«* war im Frühjahr 1967 seine erste Hit-Notierung als Solist. Im gleichen Jahr gelang ihm mit der von ihm mitgeschriebenen Nummer *»Gimme Little Sign«* Platz 9 in den USA, 8 in GB. Schon nach 1968 und zwei weiteren Hit-Notierungen war Wood wieder im Unterholz verschwunden.

Der Hit: *Gimme Little Sign*

Wood, Del

* 22.2.1920 als Adelaide Hazelwood. Diese amerikanische Ragtime- and Country-Pianistin und Sängerin hatte im Herbst 1951 einen Millionseller und Platz 4 in der amerikanischen Hitparade mit *»Down Yonder«*. *»Elmer's Tune«* erreichte Mitte 1953 noch die Top 30 der US-Charts, dann war ihre Hitparadenzeit vorüber. Ab 1951 war sie regelmäßig in der Grand Ole Opry aufgetreten und führte das über viele Jahre fort.

Der Hit: *Down Yonder*

Wood, Roy

* 8.11.1946 als Ulysses Adrian Wood. Dieser britische Sänger, Multi-Instrumentalist und Songschreiber der Extraklasse begann schon 1963 in seiner Heimatstadt

Birmingham mit Gerry Levene & The Avengers. Von 1964 bis Januar 1966 spielte Roy bei Mike Sheridan & The Nightriders und gründete im Februar 1966 seine eigene Formation Move. Die Gruppe hielt sich bis zum Jahr 1972. Schon im Herbst kam mit dem Electric Light Orchestra, kurz ELO, ein neues Projekt, aus dem Roy jedoch kurze Zeit später wieder ausstieg und mit Wizzard erfolgreich neue Pläne verfolgte. Als Solist wird Roy im Sommer 1978 mit der Single *»Dear Elaine«* erstmals in den GB-Charts verzeichnet. Ende des gleichen Jahres gelingt ihm mit *»Forever«* sein einziger Top-10-Erfolg unter seinem Namen. Hierbei sei angemerkt, daß alle anderen Bands – Move, ELO und Wizzard – etliche Top-10-Erfolge verbuchen können. Aus Wizzard wurde im April 1977 die Wizzo Band, im September 1981 startete er Roy Wood's Helicopters.

Der Hit: *Forever*
Der Tip: *You Can Dance The Rock 'n' Roll* (Harvest CDP 7 92586 2)

Wooley, Shep

* 10.4.1921. Der amerikanische Country-Sänger, Songschreiber und Schauspieler war in »High Noon« der Killer Ben Miller, der dem freundlichen Sherriff ans Fell wollte. Zwischen 1959 und 1965 sah man ihn als Peter Nolan in der TV-Serie »Rawhide«. Auch in »Rocky Mountain«, »Giant« oder »Hoosiers« spielte Shep mit. Schon 1948 hatte er seine ersten Platten aufgenommen, von denen er viele selbst geschrieben hat. Ende 1955 stand Shep erstmals in den US-Charts mit *»Are You Satisfied?«*, Mitte 1958 wurde sein Titel *»The Purple People Eater«* Spitzenreiter in den USA und 12 in GB. Der deutsche Nachzieher hieß – kongenial übersetzt – *»Wumba-Tumba-Schokoladeneisverkäufer«* und war ein Top-10-Hit für Bill Ramsey. Seine letzte Pop-Chart-Notierung in den USA war Anfang 1961 *»That's My Pa«*, die es in der C&W-Hitparade gar bis auf Platz 1 brachte. Ab Ende 1962 machte Shep unter dem Pseudonym Ben Colder Parodien auf bestehende Hits, die jedoch in den Pop-Charts nicht über einen Platz 50 hinauskamen. Bis zum Beginn der 80er Jahre veröffentlichte er weiter Platten, bis in die 90er Jahre trat er noch auf.

Der Hit: *The Purple People Eater*

Wreckx-N-Effect

Aquil Davidson, Markell Riley, Brandon Mitchell († 1990).
Die erste Plattenveröffentlichung dieses amerikanischen Trios lief unter der Überschrift »New Jack Swing«. Man versuchte, einen neuen Musikstil zu kreieren und bezeichnete diesen als eine Mixtur aus »shuffelndem Rhythmus, Hiphop-Beat

und funky Grooves«. Ihr Debüt-Album erschien Ende 1989 und hinterließ keine sonderlichen Spuren. Im darauffolgenden Jahr mußte die Formation einen schweren Schlag verkraften: Mitchell wurde erschossen, aber Davidson und Riley machten als Duo weiter. Ende 1992 kam die LP *»Hard Or Smooth«* in die US-LP-Charts und wurde über eine Million mal verkauft. Die Single-Auskopplung *»Rump Shaker«* erreichte Platz 2 in den USA und erhielt Platin. In GB kam diese Platte auf Platz 24. Dort hatte die Rap-Formation Anfang 1990 mit *»Juicy«* als erste Hit-Notierung einen Top-30-Erfolg. Produziert werden Wreckx-N-Effect von Markells Bruder Teddy Riley, der auch für Platten von Bobby Brown oder Michael Jackson verantwortlich ist. Teddy war vorher bei der Rhythm-&-Blues-Formation Kids At Work und bei Guy.

Der Hit: *Rump Shaker*
Der Tip: *Hard Or Smooth* (MCA MCD 10566)

Wright, Betty

* 21.12.1953. Die amerikanische Soulsängerin war bereits als Dreijährige Bestandteil des Familien-Gospelchors The Echoes Of Joy. 1966 machte sie ihre ersten Soloplatten. *»Girls Can't Do What The Guys Do«* war im Herbst 1968 ihre erste Chart-Notierung. *»Clean Up Woman«* wurde Ende 1971 Millionseller und Platz 6 in den USA. Zusammen mit Peter Brown und dem Titel *»Dance With Me«* stand sie im Frühjahr 1978 auf Platz 8 der amerikanischen Hitparade. Nachdem sie lange Jahre nicht mehr in den Pop-Charts verzeichnet wurde, konnte sich 1990 der Titel *»How 'Bout Us«* aus dem Film »True Love«, den sie zusammen mit Grayson Hugh sang, zumindest noch in den Hot 100 plazieren. In den R&B-Charts hatte Betty durch die Jahre Erfolg.

Der Hit: *Clean Up Woman*

Wright, Gary

* 26.4.1943. Der amerikanische Pop/Rock-Sänger, Keyboarder und Songschreiber spielte im Alter von sieben Jahren in der US-TV-Serie »Captain Video« mit. Mit seiner Formation New York Times trat er 1967 im Vorprogramm von Traffic bei deren Skandinavientournee auf. Danach wurde er Mitglied in der gerade neu gegründeten Formation Spooky Tooth. Die Band veröffentlichte in der Folgezeit sehr schöne, aber auch sehr erfolglose Platten. 1970 trennte man sich, und Gary versuchte sich als Solist – ohne Erfolg. 1973/74 kam Spooky Tooth noch einmal zusammen, und als es erneut zu keinen Hits kam, faßte Gary endgültig eine Solokarriere ins Auge. Anfang 1976 kam *»Dream Weaver«* in die US-Charts,

erreichte Gold und Platz 2. »*Love Is Alive*« wurde im Frühjahr des gleichen Jahres ebenfalls Platz 2 für Gary. Weitere Hit-Notierungen gehen bis in das Jahr 1981.

Der Hit: *Dream Weaver*
Der Tip: *The Dream Weaver* (WB 256 141)

Wright, Ruby

Diese britische Sängerin hatte im Frühjahr 1954 den Top-10-Erfolg »*Bimbo*«. 1957 stand sie in den US-Top-50 mit dem Weihnachtslied »*Let's Light The Christmas Tree*«. »*Three Stars*« kam im Mai 1959 in die britische und amerikanische Hitparade. Der Titel handelte von den wenige Monate zuvor bei einem Flugzeugabsturz ums Leben gekommenen Sängern Buddy Holly, Big Bopper und Ritchie Valens. Als Moderator war auf der Platte Dick Pike, ein DJ aus Cincinatti, zu hören. Mit dem Beginn der 60er Jahre verschwand Ruby aus den Hitparaden.

Der Hit: *Bimbo*

Wums Gesang

Wum und Wendelin sind die Zeichentrickfiguren, die seit Urzeiten den »Großen Preis« anpreisen. Die Stimme beider Figuren spricht bzw. singt Loriot (*12.11.1923 als Freiherr Bernhard Victor Christoph Carl von Bülow). Wums »*Ich wünsch' mir 'ne kleine Miezekatze*« kam Ende 1972 in die deutsche Hitparade und wurde Spitzenreiter. »*Abbl-Dibabbl*« war ein Jahr später noch ein Top-40-Erfolg, dann beschränkte sich Loriot wieder aufs Zeichnen und Sprechen.

Der Hit: *Ich wünsch' mir 'ne kleine Miezekatze*

Wurzels

Adge Cutler († 1974), Tommy Banner, Tony Baylis, Pete Budd.
Adge Cutler, der vier Jahre lang Roadmanager von Acker Bilk gewesen war, gründete diese Formation als Adge Cutler & The Wurzels. Nachdem er bei einem Autounfall ums Leben gekommen war, machten die Wurzels als Trio weiter. Sie nahmen Platten in der Tradition von Blödeltruppen à la Goons oder Textverdrehern wie den Baron Knights auf. Ihre erste Hitnotierung Mitte 1976 war gleich ein Spitzenreiter in GB: »*The Combine Harvester*« war ein Veralberung des Titels »*Brand New Key*« von Melanie. Aus »*Una Paloma Blanca*« machten sie

Tammy Wynette

im Herbst des gleichen Jahres *»I Am A Cider Drinker«*. Die Platte erreichte Platz 3. Mitte 1977 wurde aus *»I Was Kaiser Bill's Batman«* *»Farmer Bill's Cowman«*. Mit diesem Titel wurden sie letztmalig in GB notiert. Er kam unter die ersten 40.

Der Hit: *The Combine Harvester*
Der Tip: *Greatest Hits* (EMI OC 058-07154)

Wynette, Tammy

* 5.5.1942 als Virginia Wynette Pugh. Die amerikanische Country-Sängerin wurde Ende 1966 erstmals in der US-Country-Hitparade notiert. Inzwischen brachte sie es auf weit über 60 Hits, davon 20mal Platz 1. In den US-Pop-Charts erreichte sie ihre höchste Notierung mit *»Stand By Your Man«*, Ende 1968 Platz 19. Dieser Titel wurde im Frühjahr 1975 in GB veröffentlicht und dort Spitzenreiter. Der Nachfolger *»D.I.V.O.R.C.E.«* schaffte Platz 12, und danach schien ihre erfolgreiche Hit-Zeit in den GB-Pop-Charts zu Ende. Ende 1991 kam sie als Gastsängerin der englischen Band KLF bei dem Song *»Justified And Ancient«* in GB bis auf Platz 2, in Deutschland auf Platz 3 und Anfang 1992 in den USA bis auf Platz 11. In den USA

trägt sie den Beinamen »The First Lady of Country Music«. Zwischen 1969 und 1975 war sie mit dem Country-Star George Jones verheiratet.

Der Hit: *Stand By Your Man*
Der Tip: *The Best Of* (CBS 63 578)

Wynter, Mark

* 29.1.1943 als Terence Lewis. Ein weiterer britischer Sänger, der US-Hits nachsingen durfte. Mark verkörperte Frankie Avalon und Tommy Sands. Zwischen 1960 und 1964 hatte er neun sogenannte Teen-Dream-Records in den britischen Charts. Seine erfolgreichsten waren *»Venus In Blue Jeans«* und *»Go Away Little Girl«*, beide in der zweiten Hälfte des Jahres 1962 Top-10-Hits. Nachdem der Erfolg nachgelassen hatte, wanderte Wynter nach Australien aus, zog später wieder nach GB zurück und galt dann als passabler Mime in Musicals.

Der Hit: *Venus In Blue Jeans*

X

Xpansions

Hinter diesem Projekt steht der englische Discjockey, Produzent und Songschreiber Richie Mallone. Anfang 1991 erschien der Titel *»Move Your Body (Elevation)«* erst in den Dance-, dann auch in den Pop-Charts und erreichte Platz 7. Wie viele seiner Discjockey-Kollegen konnte Mallone zumindest bisher keinen weiteren Erfolg verbuchen.

Der Hit: *Move your Body (Elevation)*

XTC

Colin Moulding, v/b (* 17.8.1955); Andy Partridge, v/g (* 11.11.1953); Barry Andrews, key (* 12.9.1956); Terry Chambers, d (* 18.7.1955); Dave Gregory, key. Im Herbst 1977 wird diese britische Band auf dem Höhepunkt des Punk-Booms gegründet. Ihre erste LP erscheint Anfang 1978, heißt *»White Music«* und wird Top 40 in England. Anfang 1979 verläßt Andrews die Band und wird durch Gregory ersetzt. *»Senses Working Overtime«* ist Anfang 1982 der einzige Top-10-Erfolg für XTC in GB. Vom Punk wenden sie sich schnell ab und werden eine der führenden New-Wave-Bands. Im April 1982 verläßt Chambers die Band, XTC macht als Trio weiter. Die drei veröffentlichen auch Platten als The Three Wise Men oder The Dukes Of Stratosphear. In den 90er Jahren verwandelt sich XTC immer mehr in eine Pop-Band. Ihre Veröffentlichung *»Nonsuch«* im Frühjahr 1992 ist voll sogenannter perfekter Pop-Songs. Von der britischen Presse werden Andys Talente als Songschreiber mit denen von Ray Davies (Kinks) verglichen.

Der Hit: *Senses Working Overtime*
Der Tip: *Nonsuch* (Virgin CDV 2699)

Y

Yanai, Kate

Die Tochter eines amerikanischen Filmmusikproduzenten sang ein Werbejingle für den Rumhersteller Bacardi. Nachdem dieses Lied als Bootleg in Diskotheken in ganz Europa aufgetaucht war, entschloß sich der Komponist des Originals, der Franzose Olivier Bloch-Lainé, das Stück noch einmal neu aufzunehmen. Yanai war gerade in den USA auf einer Tournee mit James Taylor, fand aber Zeit, in einem Studio in Los Angeles den Titel neu einzusingen. Das fertige Band wurde dann in Paris mit dem Originalmaster der Instrumentalparts zusammengemixt, und fertig war der Deutschland-Sommerhit 1991. Im August erreichte *»Bacardi Feeling«* Platz 1 der Hitparade.

Der Hit: *Bacardi Feeling*

Yankovic, Frank

* 28.7.1915. Der aus Cleveland stammende Akkordeonspieler und Polka-Bandleader stand im Frühjahr 1948 mit *»Just Because«* unter den ersten 10 der US-Pop-Charts. Knapp ein Jahr später wurde *»Blue Skirt Waltz«* Platz 12 in den USA und Millionseller. Als ob die Anzahl der jährlich vergebenen Grammys noch nicht genug wäre, fügte man ab 1986 einen Grammy für die beste Polkaplatte hinzu. Erster Gewinner war Frankie.

Der Hit: *Just Because*

Yarbrough & Peoples

Calvin Yarbrough, Alisa Peoples.
Das Soul-Duo aus Dallas wurde von der Gap-Band entdeckt und gefördert. Ihr erster Hit war auch gleich ihr größter: *»Don't Stop The Music«* kam Ende 1980 in die GB-Charts und wurde Platz 7. In den USA erreichte die Aufnahme im

Frühjahr 1981 zwar nur die Top 20, wurde aber ein Millionseller. In den Hitparaden werden sie bis 1986 notiert, jedoch nicht mehr unter den Top 40.

Der Hit: *Don't Stop The Music*

Yardbirds

Keith Relf, v/harm (* 22.3.1944, † 14.5.1976); Paul Samwell-Smith, b (* 8.5.1943); Chris Dreja, g (* 11.11.1944); Tony »Top« Topham, g; Jim McCarty, d (* 25.7.1944); Eric Clapton, g (* 30.3.1945 als Eric Clapp); Jeff Beck, g (* 24.6.1944); Jimmy Page, g (* 9.1.1944).
1963, als in GB der Rhythm & Blues boomte, wurden die Yardbirds gegründet. Schon im Gründungsjahr verläßt Topham wieder die Band und wird durch Clapton ersetzt. Anfang 1964 erhalten sie einen Plattenvertrag und veröffentlichen Mitte des gleichen Jahres ihre Debüt-Single *»I Wish You Would«*. In die Charts kommt die Platte nicht, von der Presse wird sie jedoch gut besprochen. Im Herbst 1964 erscheint *»Good Morning Little Schoolgirl«* und wird die erste Chart-Notierung der Yardbirds. *»For Your Love«* erreicht im Frühjahr 1965 die GB-Charts und kommt bis auf Platz 3. Zum gleichen Zeitpunkt verläßt Clapton die Band wieder, weil er genau diese Nummer mag wie Halsschmerzen. Er geht zu John Mayall, und für ihn kommt Beck. *»Heart Full Of Soul«* und *»Evil Hearted You/Still I'm Sad«* 1965 und *»Shapes Of Things«* und *»Over Under Sideways Down«* 1966 sind weitere Top-10-Hits. In der amerikanischen Hitparade können sich *»For Your Love«* und *»Heart Full Of Soul«* ebenfalls unter den ersten 10 plazieren. Im Herbst 1966 wird *»Happenings Ten Years Time Ago«* ihre letzte Chart-Notierung. Mitte 1966 verläßt Samwell-Smith die Gruppe, für ihn kommt Jimmy Page. Im Oktober des gleichen Jahres geht auch Beck und macht mit Rod Stewart und Ron Wood die Jeff Beck Group. Am 8. Mai 1967 treten die Yardbirds beim Cannes-Filmfestival auf. Dort ist u. a. der Streifen »Blow Up« zu sehen, in dem sie das Stück *»Stroll On«* gespielt haben. Im Frühjahr 1968 wird ein Auftritt der Yardbirds in New York für ein mögliches Live-Album mitgeschnitten. Nachdem sie die Aufnahmen gehört haben, überzeugen sie ihre Plattenfirma, das Album lieber nicht zu veröffentlichen. Am 7. Juli 1968 wird die offizielle Trennung der Yardbirds bekanntgegeben. Dreja wird Fotograf, Relf und McCarty planen eigene Bands, Page gründet die New Yardbirds, aus denen später Led Zeppelin wird. Relf stirbt im Mai 1976 an einem Elektroschlag durch seine Gitarre. Mitte 1983 kommen Dreja, McCarty und Samwell-Smith für Auftritte im Marquee Club in London wieder zusammen. Mit John Fiddler bilden sie danach die neue Grupe Box Of Frogs.

Der Hit: *For Your Love*
Der Tip: *Greatest Hits Volume I* (Rhino RNCD 75895 TIS)

Yazoo

Vince Clarke, key (* 3.7.1961); Alison Moyet, v (* 18.6.1961).
Clarke hatte gerade das Projekt Depeche Mode verlassen, als er im Januar 1982 Yazoo vorstellte. *»Only You«* und *»Don't Go«* 1982 und *»Nobody's Diary«* 1983 waren Top-10-Erfolge. Dann wandte sich Clarke zuerst Assembly mit Feargal Sharkey und schließlich Erasure zu. Moyet wurde eine erfolgreiche Solistin. In den USA erschienen die Platten des Duos unter dem Namen Yaz. Im November 1983 wurde *»Only You«* Spitzenreiter für die Formation Flying Pickets. Ende 1990 wurde von ihrer ehemaligen Plattenfirma das Stück *»Situation«* noch einmal veröffentlicht und schaffte es immerhin in die Top 20.

Der Hit: *Only You*
Der Tip: *Upstairs At Eric's* (Mute Records Int. 146.803)

Yazz

* 19.5.1963 als Yasmin Evans. Die Tochter eines Jamaikaners und einer Engländerin schloß sich Ende der 70er Jahre der Band Biz an. Danach arbeitete sie vorübergehend als Model und wurde schließlich 1987 von der Gruppe Coldcut zur Produktion der Platte *»Doctorin' The House«* hinzugezogen, die Anfang 1988 Platz 6 in GB erreichte. Diesen Erfolg nutzte Yazz als Sprungbrett für eine Solokarriere. *»The Only Way Is Up«* kam Mitte 1988 in die GB-Charts und wurde Spitzenreiter. Seitdem geht's bergab. *»Stand Up For Your Love Rights«* und *»Fine Time«* erreichten 1989 noch die Top 10. *»Where Has All The Love Gone«*, noch 1989, und *»Treat Me Good«* Mitte 1990 kamen schon nur noch in die Top 20.

Der Hit: *The Only Way Is Up*
Der Tip: *Wanted* (Intercord 892.641)

Yello

Dieter Meier (* 4.3.1945), Boris Blank (* 15.1.1953), Carlos Peron.
Diese Gruppe ist wohl die einzige Schweizer Formation mit Weltgeltung. Dabei verstehen sich Blank und Meier weniger als Gruppe, sondern als Multi-Media-Projekt. Legendär sind ihre Videos. In den Anfangstagen waren Peron und Blank Yello, 1979 kam Meier hinzu, und mit *»Solid Pleasure«* erschien 1980 ihre Debüt-LP. Vor allen Dingen in den Diskotheken von New York und London wurden Yello ab sofort als Techno-Disco-Stars gehandelt. 1982 trennte sich Peron von Yello, Meier und Blank machten als Duo weiter. *»I Love You«* war Mitte 1983 die erste Hitnotierung von Yello in GB, *»The Race«* Mitte 1988 Platz 4 in Deutschland, 7 in

GB. Sehr schön auch die Aufnahme *»Rhythm Divine«*, auf der Shirley Bassey sang. Hitnotierungen gehen bis in die 90er Jahre.

Der Hit: *The Race*
Der Tip: *Essential* (Mercury 512 390 2)

Yellow Dog

Kenny Young, g/v; Herbie Armstrong, g/v; Gerry Conway, d; Andy Roberts, g; Jim Gannon, g; Gary Taylor, b; Phil Palmer, g; Nick Feet, b; Peter van Hooke, d; Rod Demick, g/v.
Der erfolgreiche amerikanische Songschreiber Kenny Young hat Hits für die Drifters und die Rolling Stones – *»Unter The Boardwalk«* –, Herman's Hermits, Ben E. King, die Searchers, Status Quo, Seekers, Mark Lindsay und viele andere geschrieben. Außerdem betätigte er sich als Produzent für Nancy Sinatra, Amazing Blondel und die Average White Band. Nachdem er für Warner Brothers zwei Solo-Alben veröffentlicht hatte, siedelte er 1968 nach GB über. Zusammen mit dem Iren Armstrong gründete er die Gruppe Fox, die mit den Nummern *»Only You Can«* 1975 und *»S-S-Single Bed«* 1976 Top-10-Hits hatte. Young und Armstrong waren es auch, die Anfang 1978 als Yellow Dog *»Just One More Night«* herausbrachten. Das Stück erreichte Platz 8 in den GB-Charts. Bei der Veröffentlichung dieser witzigen Nummer in Deutschland wurde ein Joke beim Überspielen der Single übersehen. Der Schluß – man hatte ihn gerade rausgeschmissen und war froh, daß er endlich weg war, da klingelt das Telefon, und schon wieder bettelt er darum, eine weitere Nacht bleiben zu dürfen – wurde aus Dusseligkeit nicht mit überspielt. Neben den beiden spielten bei Yellow Dog jede Menge andere Musiker mit. Nach der ersten LP, die 1977 erschien, verließen Conway, Roberts, Gannon und Taylor die Urzelle Young/ Armstrong. Die Single *»Just One More Night«* wurde anscheinend nur von diesen beiden eingespielt. Für die Produktion der nächsten LP kamen dann Palmer, Feet und van Hooke. Noch im Januar 1978 verließ Palmer Yellow Dog, und für ihn kam Demick. Der hatte vorher mit Armstrong im Duo Demick & Armstrong gespielt und zwei erfolglose Platten veröffentlicht.

Der Hit: *Just One More Night*
Der Tip: *Beware Of The Dog* (Virgin 26189 XOT)

Yes

Jon Anderson, v (* 25.10.1944); Peter Banks, g (* 7.7.1947); Tony Kaye, key (* 11.1.1946); Chris Squire, b (* 4.3.1948); Bill Bruford, d (* 17.5.1948); Steve

Howe, g (* 8.4.1947); Alan White, d (* 14.6.1949); Rick Wakeman, key (* 18.5.1949); Patrick Moraz, key (* 24.6.1948); Trevor Horn, g (* 15.7.1949); Geoff Downes, key; Trevor Rabin, g (* 13.1.1955).

Diese progressive Rock-Gruppe wurde 1968 in London gegründet. Ihr teilweise sehr langes Material war für Single-Veröffentlichungen nur schlecht geeignet. Die Fluktuation innerhalb der Band war im Laufe ihres Bestehens recht groß. Im November 1969 war das Debüt-Album »*Yes*« erschienen, das keinerlei Spuren in Hitparaden hinterließ. Wenig später verließ Banks Yes und wurde durch Howe ersetzt. Im Frühjahr 1971 erscheint »*The Yes Album*« als dritte LP, die es erstmals unter die Top 10 in GB schafft und die erste Notierung für Yes in den USA ist. In den Single-Hitparaden wird im Herbst 1971 »*Your Move*« als erste Platte aufgeführt. Erste Notierung in GB war der einzige Top-10-Erfolg der Gruppe dort: »*Wonderous Stories*« wurde im Herbst 1977 Platz 7. In den USA war die einzige Top-10-Notierung Ende 1983 der Spitzenreiter »*Owner Of A Lonely Heart*«. Zum Besetzungskarussell von Yes: Kaye hatte im August 1971 die Band verlassen und war durch Wakeman ersetzt worden. Ein Jahr später ging Bruford, für ihn kam White. Mitte 1974 verließ Wakeman Yes und wurde durch den Schweizer Moraz ersetzt. Der ging Ende 1976, und Wakeman kam wieder zurück. Ab Anfang 1980 – zwischenzeitlich hatten die meisten Mitglieder schon mal Soloprojekte ausprobiert – machte Anderson zusammen mit Vangelis das Projekt Jon & Vangelis. Wenig später verläßt Anderson die Gruppe ganz, und Wakeman geht ebenfalls. Die beiden Buggles Horn und Downes kommen als Ersatz. Im April 1981 gehen Squire und White, und der Auseinanderbruch der Band wird offiziell bestätigt. Im Herbst 1982 kommt es mit Anderson, Squire, Rabin, White und Kaye zu einer Wiedervereinigung von Yes, die man jedoch mehr als eine lockere Verbindung sehen muß. 1988 fällt auch die wieder auseinander, 1989 – jetzt nicht als Yes, sondern als Anderson, Bruford, Wakeman & Howe – kommen einige Mitglieder wieder zusammen, um schließlich 1991 unter Hinzunahme von Kaye, Squire, White und Rabin wieder als Yes zu spielen. Die gemeinsam aufgenommene LP »*Union*« aus dem Jahr 1991 erhält Gold in den USA. Platin erhielten »*Tarmato*« 1978, »*90125*« 1983 und »*Big Generator*« 1987.

Der Hit: *Owner Of A Lonely Heart*
Der Tip: *90125* (Atco 90125)

Yogi Yorgesson

* Harry Stewart. Mit den beiden Novelty-Nummern »*I Yust Go Nuts At Christmas*« und »*Yingle Bells*«, die auf einer Single zu finden waren, stand Yogi pünktlich zum Fest des Jahres 1949 unter den ersten 10 in den USA. Die Platte wurde ein Millionseller. Ein weiterer Hit als Yogi gelang ihm nicht mehr. Als Harry Kari & His

Six Saki Sippers stand er im Frühjahr 1953 unter den Top 30 der USA mit *»Yokohama Mama«*.

Der Hit: *I Yust Go Nuts At Christmas/Yingle Bells*

Young, Faron

* 25.2.1932. Der amerikanische Country-Sänger mit dem SpitznamenThe Young Sheriff machte ab 1951 Platten und stand ab 1953 regelmäßig in den C&W-Charts. In der Liste der erfolgreichsten Country-Interpreten wurde er lange unter den ersten 20 geführt. Die Zahl seiner Hits reicht bis in die 90er Jahre. In den Pop-Charts war seine erste Notierung Mitte 1957 *»The Shrine Of St. Cecilia«*. *»Hello Walls«* wurde im Frühjahr 1961 sein erfolgreichster US-Pop-Hit, ein Platz 12. Seine einzige Notierung in GB ist *»It's Four In The Morning«*, Mitte 1972 Platz 3. Young war auch als Schauspieler in vielen Western zu sehen und Gründer und Verleger der Zeitschrift Music City News in Nashville.

Der Hit: *It's Four In The Morning*
Der Tip: *Greatest Hits* (Mercury 6338 518)

Young, Jimmy

* 21.9.1923. Der britische Sänger begann seine Karriere 1949 als Profi. 1951 machte er seine ersten Platten. Wenig später war er ein Superstar in GB. Seine erste Hit-Notierung war Anfang 1953 *»Faith Can Move Mountains«*. *»Eternally«* kam im August des gleichen Jahres bis auf Platz 8 und war seine erste Top-10-Notierung. *»Unchained Melody«* und *»The Man From Laramie«* waren beide 1955 Spitzenreiter in GB. *»Chain Gang«* und *»More«* 1956 wurden seine letzten Top-10-Erfolge. Nach 1957 war er für sechs Jahre aus den Charts verschwunden. Ende 1963 stand *»Miss You«* unter den Top 20 in GB, und Anfang 1964 war eine Neuaufnahme von *»Unchained Melody«* seine letzte Chart-Notierung, Top 50. Ab 1967 machte er sich einen Namen als Rundfunkmoderator.

Der Hit: *Unchained Melody*

Young, John Paul

* 21.6.1950. Dieser britische Sänger war mit seinen Eltern in den 60er Jahren nach Sydney ausgewandert. Mit dem Team Vanda/Young (keine Verwandtschaft zu Paul) brachte er *»Standing In The Rain«* Mitte 1977 bis auf Platz 4 in den deutschen Charts. Sein größter internationaler Erfolg wurde die Nummer *»Love Is*

In The Air«, die Ende 1977 erst in die deutsche Hitparade kam und dort Platz 3 wurde. Im Frühjahr 1978 stand sie dann in GB auf Platz 5 und Mitte des gleichen Jahres auf Platz 7 in den USA. Danach erschienen viele Singles und LPs, die diesen locker-flockigen Sound des großen Hits wiedergeben wollten, ihm aber teilweise zu nahe kamen und deshalb wie schlechte Kopien wirkten. Seine ersten Sporen als Sänger hatte sich John Paul in der Gruppe Elm Tree und als Mitglied im Musical »Jesus Christ Superstar« verdient. Nach seiner Karriere als Pop-Star wurde er bei einer Radiostation in Newcastle, South Wales (Australien), Diskjockey.

Der Hit: *Love Is In The Air*
Der Tip: *Yesterday's Hero* (Repertoire 4277-WG TIS)

Young, Karen

* 1946. Der britischen Sängerin gelang mit dem Folk-Standard *»Nobody's Child«* im Herbst des Jahres 1969 ein Platz 6 in den GB-Charts. Mehr ist ihr nicht gelungen. Bevor sie sich endgültig aus dem Musikgeschäft zurückzog, trat sie noch eine Zeitlang in Clubs auf. Sie ist nicht zu verwechseln mit der amerikanischen Sängerin Karen Young, die im Janaur 1991 gestorben ist.

Der Hit: *Nobody's Child*

Young, Kathy

* 21.10.1945. Die von Wink Martindale entdeckte amerikanische Popsängerin hatte, begleitet von der Gruppe Innocents, im Herbst 1960 Position 3 in den USA mit *»A Thousand Stars«*. Nach zwei weiteren Chart-Notierungen 1961 verschwand sie wieder aus den Charts. Eine Zeitlang war sie verheiratet mit John Maus von den Walker Brothers.

Der Hit: *A Thousand Stars*

Young, Neil

* 12.11.1945. Nachdem der Kanadier Mitglied in verschiedenen High-School-Rockbands gewesen war, gründete er 1965 die Mynah Birds. Leadsänger war der junge Rick James. Im März 1966 wird er zusammen mit Stephen Stills und Richie Fury Mitglied bei Buffalo Springfield. Die Band hält sich zwei Jahre und legt eine Reihe sehr guter Produktionen vor. Im Mai 1969 gründet Neil die Band Crazy Horses, die ihn in den nächsten Jahren häufig bei Plattenaufnahmen und Live-Auftritten unterstützt. Mitte des gleichen Jahres spielt Neil erstmals mit Crosby,

Neil Young *(Warner Records)*

Stills & Nash zusammen, mit denen er im Verlauf der nächsten Jahre immer mal wieder Platten aufnimmt. Herausragend das Debüt-Album der vier: *»Déjà Vu«*, erschienen im Frühjahr 1970. *»Cinnamon Girl«* wird Mitte 1970 die erste Platte, die unter dem Namen Neil Young in den Charts verzeichnet wird. Anfang 1972 hat er den Millionseller und Spitzenreiter *»Heart Of Gold«*, der auch Top 10 in GB und Deutschland wird. Hintergrundgesang bei diesem Titel stammen von Linda Ronstadt und James Taylor. Ansonsten steht keine der vielen Platten von Neil unter den ersten 10. Dafür sind seine LPs überaus erfolgreich. *»After the Gold*

Rush« verkauft sich 1970 2 Millionen mal, *»Harvest«* 1972 3 Millionen mal. Im Laufe der nächsten Jahre erscheinen schöne, vielseitige Platten von Neil Young, der sich nicht in eine Schublade pressen läßt. Das drückt z. B. der Song *»This Note's For You«* 1988 aus, in dem er klarmacht, daß er sich nie, wie z. B. Michael Jackson, für Pepsi fest in eine kommerzielle Strategie einspannen ließe. Ebenfalls 1988 erscheint nach 14 Jahren wieder eine sehr schöne Platte von Crosby, Stills, Nash & Young: *»American Dream«*. An den großen Erfolg der LP *»Harvest«* versuchte Neil 1992 anzuschließen, als er *»Harvest Moon«* veröffentlichte. Zumindest was den Erfolg anging, kam die CD nicht an die Vorläufer heran. Die Single-Auskopplung des Titelsongs kam Anfang 1993 in GB knapp in die Top 40.

Der Hit: *Heart Of Gold*
Der Tip: *Greatest Hits* (Reprise 925 271-2)

Young, Paul

* 17.1.1956. Nachdem der Brite in seiner Heimatstadt Luton in zwei lokal bekannten Bands mitgespielt hatte, gründete Paul 1977 die Formation Streetband. Ende 1978 macht diese Gruppe die Single *»Toast«*, die bis in die GB Top 20 kommt. Knapp ein Jahr später fällt die Band auseinander. Einige der Mitglieder gründen mit Young als Leadsänger die achtköpfige Formation Q Tips. Die Band wird als Live-Act populär, kann aber keine Platten verkaufen. Anfang 1983 erscheint Pauls erste Soloplatte, *»Love Of The Common People«*, die kein Hit wird. Begleitet wird er bei der Aufnahme von The Royal Family. Mitte des gleichen Jahres kommt eine Cover-Version der Marvin-Gaye-Nummer *»Wherever I Lay My Hat (That's My Home)«* in die GB-Charts und wird Platz 1. *»Come Back And Stay«* – Spitzenreiter in Deutschland – und die wiederveröffentlichte Single *»Love Of The Common People«*, ebenfalls 1983, *»I'm Gonna Tear Your Playhouse Down«* und *»Everything Must Change«* 1984 und *»Every Time You Go Away«* 1985 sind weitere Top-10-Erfolge für Young. *»Every Time You Go Away«*, geschrieben von Daryl Hall von Hall & Oates, wird in den USA Millionseller und Spitzenreiter. Nach etlichen weiteren Hit-Notierungen, die jedoch nicht in die Top 20 kommen, gelingt Paul Mitte 1990 mit einem Nachzieher der Chi-Lites-Nummer *»Oh Girl«* in den USA Platz 8. Zusammen mit Zucchero singt er im Frühjahr 1991 das Stück *»Senza Una Donna (Without A Woman)«* und schafft Platz 4 in GB, Platz 2 in Deutschland. Ebenfalls 1991 singt er mit der Gruppe Clannad das Stück *»Both Sides Now«*, das im Film »Switch« von Blake Edwards zu hören ist. Ein Hit wird es nicht, schön ist die Platte trotzdem.

Der Hit: *Every Time You Go Away*
Der Tip: *From Time To Time* (CBS 468 825 2)

Paul Young *(CBS)*

Young, Victor

* 8.8.1900, † 11.11.1956. Der amerikanische Orchesterleiter und Komponist begann als Konzertviolinist, wurde dann Bandleader und dirigierte die Radioshows von Al Jolson. Für mehr als 30 Filme schrieb er die Musik, aber erst nach seinem Tode sollte er für den Soundtrack zu »Around The World in 80 Days einen Oscar bekommen. Seine erste Hit-Notierung hatte Victor Ende 1931 mit *»Gems From The Band Wagon«*. Den ersten Millionseller, Platz 5 in den USA Ende 1939, hatte er zusammen mit Judy Garland und der Aufnahme *»Over The Rainbow«* aus dem Film »The Wizard Of Oz«. Weitere Millionseller: zusammen mit Bing Crosby, *»Too-Ra-Loo-Ra-Loo-Ral«*, Ende 1944 Platz 4 und *»Galway Bay«*, Anfang 1949 Platz 3. Der größte Hit für Victor unter seinem Namen war *»She's A Latin From Manhattan«*, Mitte 1935 Platz 1. *»Mona Lisa«* 1950 und *»The High And The Mighty«* 1954 waren seine letzten Top-10-Erfolge.

Der Hit: *She's A Latin From Manhattan*
Der Tip: *Deluxe* (MCA P 11538)

Youngblood, Sydney

* 2.12.1960 als Sydney Ford. Der in Texas geborene Sydney war als G.I. in Deutschland stationiert. In kleinen Clubs trat er mit Freunden auf. Zurückbeordert in die USA, kehrte er nach seiner Entlassung wieder nach Deutschland zurück und zog nach Schwetzingen. Zunächst trat er zusammen mit Charles Shaw als Duo auf. 1988 bekam er einen Plattenvertrag als Solist. Als erste Single erschien »*Ain't No Sunshine*«, im Original ein Millionseller von Bill Withers aus dem Jahre 1971. Für Sydney wurde es kein Erfolg. Der kam im Sommer 1989 mit »*If Only I Could*«, Platz 3 in Deutschland und GB. Der Nachfolger »*Sit And Wait*« stand Ende des gleichen Jahres auf Platz 2 in Deutschland, 16 in GB. Im Herbst 1990 gelang Sydney mit dem Etta-James-Klassiker »*I'd Rather Go Blind*« seine erste Chart-Notierung in den USA.

Der Hit: *If Only I Could*
Der Tip: *Feeling Free* (Circa Records 260 119 222)

Youngbloods

Jesse Colin Young, v (* 11.11.1944 als Perry Miller); Jerry Corbitt, v; Banana, g/p (* 1946 als Lowell Levinger III); Joe Bauer, d (* 26.9.1941); Michael Kane.
Diese amerikanische Folk-Rock-Gruppe wurde in New York 1965 gegründet. 1967 zogen die Mitglieder nach Kalifornien. »*Grizzly Bear*« war Ende 1966 ihre erste Chart-Notierung in den USA gewesen. Im Herbst des darauffolgenden Jahres erschien »*Get Together*« und brachte es in den USA bis auf Platz 62. Knapp zwei Jahre später wurde der Song eine Art Themamusik für den National Council of Christians and Jews, kam wieder in die Hitparade und kletterte dieses Mal bis auf Platz 5. Außerdem wurde es ein Millionseller. Nach einer weiteren Hit-Notierung im Frühjahr 1970 verschwand die Gruppe, und Leader Jesse Colin Young machte als Solist Platten.

Der Hit: *Get Together*

Young-Holt Unlimited

Eldee Young, b (* 7.1.1936); Isaac Red Holt, d (* 16.5.1932); Don Walker, p.
In den frühen 50er Jahren spielten Young und Holt mit Ramsey Lewis in der Gruppe Clefs. 1956 gründeten die drei die Gentlemen Of Swing, die noch im gleichen Jahr ihre ersten Platten aufnahmen und sich später in Ramsey Lewis Trio umbenannten. Nach dem Hit »*The In-Crowd*« trennten sich Eldee und Isaac von Ramsey und machten zusammen mit Don Walker das Young-Holt-Trio. »*Wack*

Wack« war Ende 1966 Platz 40 in den USA. Nachdem Walker 1968 das Trio verlassen hatte, gaben sie sich den Namen Young-Holt Unlimited. *»Soulful Strut«*, der Instrumentaltrack für Barbara Acklins Hit *»Am I The Same Girl«*, kam Ende 1968 in die US-Charts, wurde Millionseller und Platz 3. Dasselbe Stück mit Gesang erreichte wenig später Platz 79. Im Frühjahr 1969 kam *»Who's Making Love«* in die Top 60. Dann gelang ihnen nichts mehr in den Pop-Charts. 1983 kam das Ramsey-Lewis-Trio in seiner ursprünglichen Besetzung wieder zusammen.

Der Hit: *Soulful Strut*

Young Idea

Tony Cox (* 10.11.1945), Douglas Ugo Granville Allesandro MacRae-Brown (* 17.4.1947).
Dieses britische Duo schaffte Mitte 1967 mit einer Cover-Version des Beatles-Titels *»With A Little Help From My Friends«*, die sich sicherheitshalber nicht zu weit vom Original entfernte, Platz 10 in GB. Joe Cocker hat ihnen ihren eigenen Erfolg nicht versaut. Dessen Version kam erst im Herbst des darauffolgenden Jahres in die GB-Charts. Mehr ist Young Idea nicht gelungen. Cox wurde später Produzent.

Der Hit: *With A Little Help From My Friends*

Young MC

* als Marvin Young. Der Rapper wurde in England geboren und wuchs in New York auf. Seine ersten Erfolge hatte er als Co-Autor für die Tone-Loc-Hits *»Wild Thing«* und *»Funky Cold Medina«*. Er selbst wurde erstmals im Sommer 1989 in den US-Single-Charts notiert. Sein Platin-Hit *»Bust A Move«* erreichte Platz 7. Nachfolgende Singles waren bis 1991 vorwiegend in den Rhythm-&-Blues-Charts erfolgreich. Um nicht vom musikalischen Erfolg abhängig zu sein, absolvierte Young ein Studium der Wirtschaftswissenschaften in Kalifornien.

Der Hit: *Bust A Move*
Der Tip: *Brainstorm* (Capitol CDP 7 96337 2)

Young Rascals

siehe Rascals

Yuro, Timi

* 4.8.1940 als Rosemarie Timothy Aurro Yuro. Schon 1952 begann die amerikanische Sängerin im italienischen Restaurant ihrer Eltern zu singen. 1959 erhielt sie einen Plattenvertrag. Ihr erster wurde auch ihr größter Erfolg: »*Hurt*«, ein englischsprachiger Nachzieher des Fausto-Leali-Hits »*Aqui*« kam Mitte 1961 bis auf Platz 4 in den USA. Bis 1965 schaffte sie weitere 10 Hits. Der einzige, der noch die Top 20 erreichte, war Mitte 1962 »*What's A Matter Baby (Is It Hurting You)*«. 1980 verlor sie ihre Stimme und mußte sich mehreren Operationen unterziehen.

Der Hit: *Hurt*
Der Tip: *This Is Timi Yuro* (UA 29 741/42 XC)

Z

Zacharias, Helmut

* 27.1.1920. Schon 1950 schrieb Zacharias das Lehrbuch »Die Jazz-Violine«. Bereits als Schüler trat er im Rundfunk auf. Er studierte bei Fritz Kreisler und wurde danach Mitglied des Berliner Kammerorchesters. Nach dem Zweiten Weltkrieg stellte er ein eigenes Orchester zusammen. Ab 1948 arbeitete er beim NWDR in Hamburg, und ab 1952 war er als Solist erfolgreich. *»When The White Lilacs Bloom Again«* wurde im Herbst 1956 Platz 12 in den USA, die *»Tokyo Melody«* Ende 1964 Top 10 in GB. Im Laufe seiner Karriere schrieb Zacharias über 400 Musiktitel.

Der Hit: *Tokyo Melody*
Der Tip: *Ich habe Rhythmus* (Bear Family BCD 15642)

Zacherle, John

* 26.9.1918. In den späten 50er Jahren präsentierte er bei einer Fernsehstation in Philadelphia Horrorfilme. Schnell hatte er sich den Spitznamen The Cool Ghoul eingehandelt. Im Frühjahr 1958 veröffentlichte er die Novelty-Platte *»Dinner With Drac Part I«*, die es bis auf Platz 6 in den US-Charts brachte. Bei diesem Hit blieb es. Eine LP mit dem Titel *»Monster Mash«*, die Ende 1962 erschien, kam immerhin noch unter die ersten 50. Zacherle zog später nach New York und arbeitete bei einer dortigen TV-Station bis in die 90er Jahre.

Der Hit: *Dinner With Drac Part I*

Zadora, Pia

* 5.4.1955 als Pia Schipani. Ihr millionenschwerer Ehemann Meshulem Riklis war 53 Jahre alt, als er Pia heiratete – sie war 22. Pias Mutter hatte das Kind bereits im Alter von sechs Jahren an den Broadway geprügelt. Im Laufe der nächsten Jahre spielte sie in rund zehn Produktionen mit, darunter »Fiddler On The Roof« und

»Dames At Sea«. Nach der Hochzeit mit Riklis wollte der sie zum Sexsymbol der 80er Jahre machen. Er setzte auf diese Art und Weise etliche Millionen in den Sand, so z. B. für ihren ersten Film »Butterfly«. Schmollmündchen alleine bringt es nicht, und auch ihr Duett mit Jermaine Jackson aus dem Jackson-Clan brachte ihr lediglich einen Hit in Deutschland. *»When The Rain Begins To Fall«* wurde Ende 1984 Spitzenreiter der Hitparade. Außerdem setzte es Gold für diese Platte. Solo stand *»Let's Dance Tonight«* Anfang 1985 auf Platz 11 und *»Little Bit Of Heaven«* im Sommer des gleichen Jahres auf Platz 10 in der deutschen Hitparade. Produzent war der quirlige Jack White. International schaffte Pia Ende 1982 mit *»The Clapping Song«* einen Top-40-Hit in den USA. »A Lonely Lady« 1983 und »Hairspray« 1988 waren weitere Filme, in denen Pia mitspielte.

Der Hit: *When The Rain Begins To Fall*

Zager, Michael

* 3.1.1943. Der amerikanische Tastenspieler und Songschreiber spielte zwischen 1968 und 1973 mit der Formation Ten Wheel Drive. Dann folgte er der Disco-Welle und stellte eine Studiogruppe zusammen, die ihre erste Hit-Notierung im Frühjahr 1976 mit *»Do It With Feeling«* hatte. Mitglied in der Band von Michael Zager war Peabo Bryson. Mit *»Let's All Chant«*, einer Klatsch- und Mitsingnummer, kam Michael im Frühjahr 1978 in die GB-Top-10 und die deutschen Top 20. Mehr gelang ihm nicht.

Der Hit: *Let's All Chant*

Zager & Evans

Denny Zager, v (* 15.2.1944); Rick Evans, g/v (* 20.1.1943).
Die beiden Amerikaner trafen sich erstmals 1962 bei einem Talentwettbewerb, und Denny bot Rick an, in seiner Band Eccentrics zu spielen. Rick akzeptierte und blieb bis 1965. Dann gründete er seine eigene Band DeVilles. Ende der 60er Jahre – als ihre Formationen nichts gebracht hatten – taten sich die beiden zusammen und gründeten ein Folk-Duo. Schon 1964 hatte Rick das Lied *»In The Year 2525«* geschrieben, jetzt sollte das Duo es bei Live-Auftritten spielen, worüber Denny nicht sehr glücklich war. Dem Publikum schien es jedoch zu gefallen. Rick überredete Denny, mit ihm nach Odessa, Texas, zu fahren, um dort den Song aufzunehmen, von dem dann schnell 1000 Kopien gepreßt würden, die man bei Konzerten verkaufen könne. Das fertige Produkt hörte ein Mitarbeiter der Plattenfirma RCA und nahm die beiden unter Vertrag. Mitte 1969 kam *»In The Year 2525 (Exordium & Terminus)«* in die US-Charts, erreichte Platz 1 und wurde ein Millionseller. Auch in GB und Deutschland belegte der Titel den Spitzenplatz.

Insgesamt sollen mehr als 5 Millionen Platten verkauft worden sein. Nachdem ein zweiter Hit partout nicht gelingen wollte, ließ Denny noch 1970 das Duo platzen. Er lebte später in Lincoln, Nebraska, stellte dort Saiteninstrumente her, lehrte Musik und trat hin und wieder mit Country-Songs in lokalen Clubs auf. Rick ging nach Arizona und wurde dort Grundstücksmakler. Ab und zu schreibt er noch Songs.

Der Hit: *In The Year 2525*
Der Tip: *2525* (RCA LSP 4214)

Zamfir, Gheorghe

* 1941. Der in Bukarest geborene Panflötist galt international als der »Hexer auf der Hirtenflöte«. Mit *»(Light Of Experience) Doina De Jale«* kam er im Herbst 1976 in die britische Hitparade und erreichte Platz 4, was wohl daran lag, daß die BBC diese alte Trauermelodie als Thema ihrer TV-Serie »The Light Of Experience« einsetzte. In die deutschen Single-Charts kam er nicht, dafür wurde seine LP *»Traumland der Panflöte«* Ende 1979 Platz 2 in der Hitparade und vergoldet. Inzwischen lebt er in Frankreich, wo er wie in den meisten europäischen Ländern weiterhin Platten veröffentlicht.

Der Hit: *(Light Of Experience) Doina De Jale*
Der Tip: *Gheorghe Zamfir 2* (Pandora 6.22654)

Zander, Frank

* 4.2.1942. Seine ersten Erfolge hatte er mit der Berliner Big Band Gloomys, Danach wurde er Begleitmusiker von Gunter Gabriel, und ab 1975 war er als Solist erfolgreich. Seine erste Hit-Notierung war Anfang 1975 der *»Ur-Urenkel von Frankenstein«*. Der Nachfolger *»Ich trink' auf dein Wohl, Marie«* erreichte Platz 4. *»Oh, Susi (Der zensierte Song)«*, war zwei Jahre später Platz 2 in Deutschland. *»Da Da Da Ich weiß Bescheid, du weißt Bescheid«* erreichte Mitte 1982 ebenfalls diese Position. Anfang 1990 erreichte die sehr gut gemachte Platte *»Hier kommt Kurt«* erneut die Top 10. Hier zeigte sich auch, daß die Bezeichnung Blödelinterpret nicht zutreffend ist. Viele seiner Lieder zeugen von Selbstironie und guter Beobachtungsgabe. Als Fred Sonnenschein und seine Freunde hatte er mit *»Ja, wenn wir alle Englein wären«* im Herbst 1981 eine Nummer 1 in der deutschen Hitparade und erhielt Gold. Auch als Songschreiber und Produzent kann Zander auf Erfolge zurückblicken.

Der Hit: *Hier kommt Kurt*
Der Tip: *Kurt (Quo Vadis)* (Blow Up INT 845.544)

Zappa, Frank

* 21.12.1940 als Frank Vincent Zappa. Der amerikanische Sänger, Gitarrist und Songschreiber begann Ende der 50er Jahre in der Gruppe Blackouts. 1960 spielte er Cocktail Music in Cafés und versuchte sich als Komponist für Filmmusiken. 1963 wurde er Mitglied der Scouts, 1964 bei den Soul Giants, die er wenig später in Muthers, dann in Mothers umbenannte. Seither galt er als Quintessenz des Grotesken in der Rockmusik. Was er machte, war auf keinen Fall Musik für die Hitparaden, auf die er wohl auch wenig Wert gelegt hat. Die einzige Ausnahme: »*Bobby Brown*« kam im Frühjahr 1980 in die deutsche Hitparade und wurde Platz 4. Darüber wird sich Frank Zappa sicher köstlich amüsiert haben. Daß der Titel bei uns in die Charts kam, ist wohl nur dadurch zu erklären, daß kaum jemand verstand, was er da sang. Mangelnde Produktivität kann man Frank Zappa sicher nicht vorwerfen. Seine erste LP »*Freak Out!*« kam im Frühjahr 1967 in die US-LP-Charts und bis 1986 brachte er es dort auf 33 Notierungen. Seine Texte sind frech, bissig und provozierend. Er erwies sich als Zyniker und Sarkast. Mit ihm und seinen Mothers Of Invention spielte eine ganze Armada von Musikern, von denen viele später als Solisten oder in anderen Formationen Erfolg hatten. 1988 bekam er einen Grammy für die LP »*Jazz From Hell*«. Inzwischen ist die nächste Generation von Zappas schon auf der Bühne. Sein Sohn Dweezil versucht sich auch als Rockmusiker. Mit seiner Tochter sang Frank im Duett.

Der Hit: *Bobby Brown*
Der Tip: *Sheik Yerbouti* (EMI CDP 7 90076 2)

Zavaroni, Lena

* 4.11.1963. Dieser britische Kinderstar kam im Frühjahr 1974 mit einer neuen Version der Nummer »*Ma He's Making Eyes At Me*« auf den Markt und brachte sie auf Platz 10 in GB. Im Sommer des gleichen Jahres gelang ihr mit einem Nachzieher des Lloyd-Price-Titels »*Personality*« eine zweite und letzte Eintragung unter den ersten 40. Danach wurde sie bei zahllosen Konzerten und Tourneen herumgereicht und hatte eine eigene Serie bei der BBC. Der Erfolg blieb trotzdem aus, und in den 80er Jahren – sie litt an Magersucht – zog sie sich ganz aus dem Musikgeschäft zurück.

Der Hit: *Ma He's Making Eyes At Me*

Frank Zappa

ZaZa

* 5.6.1951 als Peter La Bonte. Der Münchener wurde mit 12 Jahren Mitglied der Regensburger Domspatzen. Zehn Jahre später war er Grafiker und schließlich Schlagzeuger und Sänger in verschiedenen Münchener Rock-Gruppen wie M.P.A., Sonnenschiff oder Number Nine, 1978 Sänger und Leader der Reggae/New-Wave-Band Nighthawks. 1981 trennte er sich wieder von der Formation und begann 1982 mit dem Projekt ZaZa. Der Titel *»Zauberstab«* kam im Zuge der NDW in die deutsche Hitparade und erreichte Mitte 1982 Platz 8. Was der Zauberstab ist, bleibt der Phantasie eines jeden überlassen. In einem Interview sagte ZaZa: »Rock 'n' Roll ist Sex. In dieser Tradition muß man den Zauberstab sehen.«

Der Hit: *Zauberstab*
Der Tip: *ZaZa* (Blow Up INT 145.504)

Zoe

* 19.1.1969. Schon als Teenager sang die Londonerin in fünf namenlosen Soul-Bands. Die Single *»Sunshine On A Rainy Day«* kam im August 1991 in die britischen Charts, wurde Platz 4 und einer der Sommerhits des Jahres. Zoe, die Schauspielunterricht an der Lee Strasberg School genossen hatte und durchaus in der Lage war, an ihren Songs zumindest mitzuschreiben, sollte Mitglied in der Band von Youth, ehemals bei Killing Joke, werden. Dafür waren die musikalischen Differenzen dann doch zu groß. Zumindest hat Youth die Debüt-LP von Zoe, *»Scarlet, Red And Blue«*, produziert. Die Nachfolge-Single *»Holy Days«* kam jedoch schon nur knapp in die Top 75.

Der Hit: *Sunshine On A Rainy Day*
Der Tip: *Scarlet, Red And Blue* (Polydor 511 443-2)

Zombies

Rod Argent, key (* 14.6.1945); Colin Blunstone, v (* 24.6.1945); Paul Atkinson, g (* 19.3.1946); Chris White, b (* 7.3.1943); Hugh Grundy, d (* 6.3.1945); Sebastian Santamaria, key/g/v.
Diese britische Band wurde im Frühjahr 1963 durch Rod Argent gegründet. Mitte 1964 erhalten sie einen Plattenvertrag und veröffentlichen mit *»She's Not There«* ihre Debüt-Single in GB. Die Platte erreicht dort Platz 12, aber Platz 2 in den USA. Auch der Nachfolger *»Tell Her No«* wird in den USA Anfang 1965 Top-10-Erfolg. Im gleichen Jahr gelingen der Gruppe in den USA noch zwei weitere Hit-Notierungen, aber die nächsten Platten werden durchweg Flops. Mitte 1967 läuft der Dreijahresvertrag mit Decca aus, und die sind an einer Fortführung nicht interessiert. Aber auch weitere Veröffentlichungen bei der CBS noch im gleichen Jahr bleiben erfolglos. Ende des Jahres fällt die Gruppe auseinander. Blunstone verläßt das Musikgeschäft und nimmt einen Versicherungsjob an, die anderen Mitglieder tauchen erst einmal unter. Im Frühjahr 1968 veröffentlicht die CBS die LP *»Odyssey And Oracle«* und die Single *»Time Of The Season«* in GB. Die Platten erregen kein Aufsehen. In den USA sollen sie erst gar nicht veröffentlicht werden, bis Al Kooper – zu diesem Zeitpunkt Leader von Blood, Sweat & Tears und bei der gleichen Plattenfirma unter Vertrag wie die ehemaligen Zombies – die CBS drängt, die LP unbedingt zu veröffentlichen. Er selbst schreibt für das Plattencover die Liner Notes, und als Mitte des gleichen Jahres die amerikanische Gruppe People hingeht und das Stück *»I Love You«* – die B-Seite einer Zombies-Platte – bis auf Platz 14 der US-Pop-Charts bringt, wird die ehemalige B- dieses Mal als A-Seite veröffentlicht, und das Interesse an den Zombies steigt wieder. Anfang 1969 unterschreibt Blunstone einen Vertrag als Solist und macht eine neue Version von

»She's Not There« unter dem Pseudonym Neil MacArthur. Sie erreicht die britischen Top 40. Inzwischen hat sich in den USA der Song *»Time Of The Season«* im Radio durchsetzen können, erreicht die US-Single-Charts, wird Millionseller und Platz 3. Aus den USA kommen jetzt Bitten, die Zombies mögen sich wieder reformieren. Für einen einzigen Auftritt bietet man 20 000 Dollar an. Alle ehemaligen Mitglieder lehnen ab. Rod Argent ist schon dabei, seine neue Gruppe Argent auf die Beine zu stellen, doch der Plan, alte Aufnahmen der Zombies zu überarbeiten, wird schließlich nicht realisiert. Argent und White werden Produktionspartner. Rod selbst hat Erfolg mit seiner Band. Blunstone ist für einige Jahre als Solist recht erfolgreich. Atkinson und Grundy werden A&R-Manager für die CBS. 1990 nehmen die Zombies in der Besetzung Blunstone, White, Grundy und Santamaria mit den Gastmusikern Paul Atkinson und Tim Renwick die LP *»The Return Of The Zombies«* auf. Nicht schlecht, aber auch nicht erfolgreich.

Der Hit: *Time Of The Season*
Der Tip: *Collection Vol. 1 & 2* (Line IMCD 9.00692/3)

Zucchero

* 1956 als Aldelmo Fornaciari. Der italienische Sänger, Gitarrist und Songschreiber studierte zunächst in Bologna Tiermedizin. Ein afro-amerikanischer Student brachte ihm das Gitarrenspiel bei und die Soul-Musik näher. Ende der 70er Jahre gründete Zucchero eine eigene Band, hatte aber mehr Erfolg als Songschreiber für andere. Ab Mitte der 80er Jahre nahm er selbst Platten auf und wurde in Italien bald sehr erfolgreich. Bereits 1987 erschien auf seiner LP *»Blue's«* der Titel *»Senza Una Donna«*. Als er 1990 zusammen mit Paul Young eine neue Version aufnahm, wurde das der internationale Durchbruch für Zucchero. Im Frühjahr 1991 erreichte *»Senza Una Donna (Without A Woman)«* Platz 4 in GB, Platz 2 in Deutschland. Zusammen mit Randy Crawford wurde im Frühjahr 1992 *»Diamante«* Top 20 in Deutschland, mit Pavarotti und dem Titel *»Miserere«* erreichte er Ende des gleichen Jahres die britischen Top 20.

Der Hit: *Senza Una Donna (Without A Woman)*
Der Tip: *Zucchero* (London 828 209 2)

ZZ Top

Billy Gibbons, v/g (* 16.12.1949); Dusty Hill, v/b (* 19.5.1949); Frank Beard, d (* 11.6.1949).
Diese amerikanische Boogie-Rock-Formation kam 1969 in Houston zusammen.

Zucchero *(Polydor)*

Inzwischen gelten sie als eine der am längsten in unveränderter Originalbesetzung bestehenden Gruppen. Gibbons war vorher Leadgitarrist in der aus Houston stammenden Psychedelic-Rock-Band Moving Sidewalks. Hill und Beard spielten in Dallas in der Gruppe American Blues. Ihre erste Hit-Notierung war im Frühjahr 1972 *»Francene«*. Die A-Seite war englisch gesungen, die B-Seite spanisch. Frühe Singles wie *»La Grange«* 1974 oder *»Tush«* 1975 zeigten, wo es langgehen sollte. Zwischen 1977 und 1979 gönnten sich die Musiker eine Pause. 1984 kamen sie mit Macht. *»Legs«* wurde im Frühjahr ihre erste Top-10-Notierung in den USA, *»Gimme All Your Lovin'«* ihre erste in GB. *»Sleeping Bag«* war Ende 1985 eine weitere Top-10-Plazierung in den USA. Ihre Version von *»Viva Las Vegas«* – 1964 ein Hit für Elvis Presley – kam im Frühjahr 1992 in die GB-Charts und erreichte die Top 10. Ansonsten waren die LPs der Band erfolgreich. *»Eliminator«*, veröffentlicht im Frühjahr 1983, verkaufte sich 7 Millionen mal, *»Afterburner«*, Ende 1985 erschienen, mehr als 3 Millionen mal. Witzig der Auftritt der Band in dem

ZZ Top *(Warner Records)*

Film »Zurück in die Zukunft III«. Als Live-Band sind sie mit ihrem erdigen, kompromißlosen und harten Texas-Rock kaum zu schlagen.

Der Hit: *Legs*
Der Tip: *Greatest Hits* (WB 759-26846-2)

Nachwort

Ob ein Interpret für ein Lexikon wichtig oder unwichtig ist, entscheidet in den meisten Fällen der Autor. So kann die subjektive Ansicht über Künstler interessant und amüsant sein, aber stets bleibt die Frage, warum einer erwähnt wird und der andere nicht. Im vorliegenden Werk haben wir uns bemüht, eine objektive Auswahl zu treffen, also all diejenigen aufzustöbern, die ab 1940 in den USA, ab 1952 in GB und ab 1956 in Deutschland eine Platte unter den ersten 10 der jeweiligen Single-Hitparade hatten.

Über die US- und GB-Künstler haben wir im Laufe der letzten 25 Jahre sehr viele Unterlagen gesammelt. Schwieriger war es bei den deutschen Interpreten. Dort halfen uns Wolfgang Sauer, selbst ein erfahrener Rundfunkmann und erfolgreicher Sänger, Dietrich Heitz, Manfred Günther und Botho Lucas. Norbert Daniel aus Koblenz löste einige besonders knifflige Fälle. Einige Pressestellen der Plattenfirma steuerten altes biographisches Material bei – sofern überhaupt etwas vorhanden war. Besonders Petra Zeitz von der EMI faxte fix Fakten.

Bei den von uns angegebenen Tips handelt es sich in der Regel um die jeweils neueste auf dem Markt erhältliche Veröffentlichung. Erstaunlich, wie viele der großen Interpreten auftauchen, die trotz des Wiederveröffentlichungsbooms auf CD seit Jahren vom Plattenmarkt verschwunden sind. Sollte der eine oder andere Label-Manager erstaunt feststellen, daß in diesem Lexikon Plattenveröffentlichungen nicht erwähnt wurden, so kann er sich gern mit uns in Verbindung setzen, damit sie in einer Neuauflage des Buches berücksichtigt werden. Unsere Adresse:

Frank Laufenberg und Ingrid Hake
Postfach
76504 Baden-Baden

Über diese Adresse können die Leser uns auch Anregungen schicken und auf mögliche Fehler und Versäumnisse aufmerksam machen. Berücksichtigen Sie dabei, daß der Redaktionsschluß aus technischen Gründen der 31.12.1992 war. Nur Top-Ten-Hits bis zu diesem Zeitpunkt konnten in unser Lexikon aufgenommen werden.

Baden-Baden, November 1993 Frank Laufenberg Ingrid Hake

Register